천도교경전 공부하기

동경대전 용담유사 해월신사법설 의암성사법설

천도교경전 공부하기

| 증보 2판 |

라 명 재 주해

저 옛적부터 봄과 가을이 갈아들고 사시가 성하고 쇠함이 옮기지도 아니하고 바뀌지도 아니하니 이 또한 한울님 조화의 자취가 천하에 뚜렷한 것이로되, 어리석은 사람들은 비와 이슬의 혜택을 알지 못하고 무위이화로 알더니, 오제 후부터 성인이 나시어 일월성신과 천지도수를 글로 적어 내어 천도의 떳떳함을 정하여 일동일정과 일성일패를 천명에 부쳤으니, 이는 천명을 공경하고 천리를 따르는 것이니라. 그러므로 사람은 군자가 되고 학은 도덕을 이루었으니, 도는 천도요 덕은 천덕이라. 그 도를 밝히고 그 덕을 닦음으로 군자가 되어 지극한 성인에까지 이르렀으니 어찌 부러워 감탄하지 않으리오. 또 이 근래에 오면서 온 세상 사람이 각자위심하여 천리를 순종치 아니하고 천명을 돌아보지 아니하므로 마음이 항상 두려워 어찌할 바를 알지 못하였더라.

모시는사람들

증보2판 서문

대학 신입생 때 천도교에 입교했으니 천도교경전을 본 지 34년째다. 물론 전공서적 보느라, 생업에 매달리느라, 찬찬히 공부한 시간은 얼마 되지 않을 것이다.

그동안 공부한 것을 묶어 처음 책으로 낸 지도 10년 가까이 된다. 시간이 흐르고 공부를 할수록, 새롭게 알게 된 것도 있고, 기존의 해석이 달라지는 것도 생기니 개정 작업이 계속될 수밖에 없다. 이번에도 전에는 눈에 띄지 않던 오자를 비롯해 고치고 추가한 부분이 생겨 증보2판을 내게 되었다.

다만 아쉬운 것은 공부를 할수록, 내 삶의 실천이 가르침을 따라가지 못하고 있다는 자괴감이 드는 것이다. 그것은 내가 아는 것을 전할 때보다 내가 체험한 것을 전할 때 전달의 강도와 공감의 정도가 차이가 크기 때문이다.

신앙도 지식도 마찬가지이다. 알기만 할 뿐 자신의 생활에 실천해 삶을 바꿔나가지 못하면 진정으로 안다고 할 수 없을 것이다.

부디 스승님들 가르침을 많은 분들이 좀 더 쉽게 접할 수 있고, 그로써 우리의 삶과 세상이 달라지는 계기를 스스로 만들어가는 벅찬 감흥을 함께 느끼게 되길 바라며….

포덕158(2017)년 8월
중암 라명재 심고

『천도교경전』 전편을 주석해서 천도교를 신앙하는 분들뿐 아니라 천도교를 알고자 하는 분들에게 도움이 되었으면 좋겠다는 생각을 한 것은 대학생 시절부터니 오래된 소원이었다. 부족하지만 '천도교경전 공부하기'라는 제목으로 그동안 공부해 온 것들을 엮어서 책의 형태로 만든 지도 벌써 3년이 되었다.

이번 증보판에서는 부분적인 오자도 교정했지만, 무엇보다 공부하면서 기존의 해석이 뒤바뀌는 경우가 있었다. 대표적인 경우가 『용담유사』「용담가」의 '신라국은 소리를 지켜내네' 구절의 해석이다. 이전에는 신라에 만파식적이라는 신기한 피리가 있어서 소리로 외적을 물리쳤다는 『삼국유사』의 기록을 바탕으로 '소리로 지켜내네'의 와전으로 해석했다. 하지만 이번 판에서는 예부터 '소리'로 상징하는 음악과 같은 문화는 그 나라의 상태와 수준을 대표하고 평가하는 잣대가 되어 왔음을 토대로, 신라의 문화를 지켜 왔다는 뜻으로 해석했다. 그러니까 원문 그대로 '소리를 지켜내네'로 해석한 것이다. 실제 조선 세종 대에도 나라의 음을 바로잡는 사업을 국가적으로 벌인 기록이 있고, 『시경』이 쓰인 고대부터 현재까지 한 나라의 음악이 어떠한가를 살피는 것은 그 나라의 문화 수준과 국력을 평가하는 기준이 된다.

이런 예들을 보면 새삼 공부가 끝이 없고, 설익은 생각과 공부로 마치 다 아는 양 섣부르게 설명을 하는 것이 두려워지기도 한다.

하지만 무엇을 만들든지 이런 오류와 실수를 고쳐 나가면서 공부가 깊어지고, 작품은 완성도가 높아지는 것이 아니겠는가?

이번에는 지난번 판에서 일부 소소한 내용을 보완했다. 특기할 것은 용담유사 8편의 번역을 시도한 것이다. 원문이 한문인 동경대전은 꾸준히 한글로 번역되어 왔지만, 애초에 한글로 지어진 유사 8편은 원문에 한자 토만 달아서 읽어 왔다. 그러나 한글이라고는 하지만 용담유사에는 고어와 사투리, 한자 성어 등이 많아 오히려 그대로 읽어서는 뜻이 전달되기 어려웠다. 따라서 원문과 함께 번역을 병기해서 현대인들이 번역문을 읽고 뜻을 이해할 수 있도록 시도하였는데, 의도한 바가 얼마나 이루어졌는지는 모르겠다. 좀 더 깊은 공부를 위해서는 원문을 함께 봐야 함은 물론이지만, 아쉬운 대로 번역을 함께 봄으로써 뜻이 좀 더 쉽게 공부할 수 있으면 좋겠다.

또 지난 개정판의 부록 중에서 교사 부분은 더 자세히 할 경우 기존 교사教史 서적이 있으므로 별 의미가 없을 듯하고, 경전 공부 내용만 집중하는 게 좋을 듯하여 생략하였다.

지금 이 순간에도 세상은 빠르게 변하고 있다. 그 방향이 옳으냐 그르냐를 따지기 전에 공부를 하면서, 내가 거대한 역사의 큰 흐름 한가운데 있음을 알아챌 수 있으면 좋겠다. 그럴 경우, 조금이라도 사람과 모든 생명을 위하고 살리는 쪽으로 변화에 능동적으로 참여할 수도 있을 것이고, 최소한 그 속에서 살아가는 삶을 좀 더 주체적으로 해석하고 즐길 수 있지 않겠나 싶다. 그런 자각을 『천도교경전』을 저술하신 스승님들의 가르침에서 찾을 수 있기를 바라면서 부끄럽지만 졸고를 다시 내놓는다.

포덕154(2013)년 10월
중암 라명재 심고

개정판 서문

필자는 천도교대학생단 시절(포덕125년(1984))부터 동덕들과 함께 공부해 오면서 풀이하고 정리했던 것들을 모아, 그것을 교재로 삼아 여러 사람들과 함께 공부해 왔다. 특히 최근 5~6년 동안 송탄교구 교인들과 함께 공부하면서 많은 보완이 되었다. 그 성과를 반영해 부족하나마 천도교경전 공부에 참고는 할 수 있지 않을까 하는 생각으로 엮은 것이 『천도교경전 공부하기』(2007.6.29, 모시는 사람들)라는 책이 되어 나왔다.

그때는 미처 천도교경전 전편을 다 담지 못하여 아쉬움이 컸다. 이제 삼부경전(동경대전 용담유사, 해월신사법설, 의암성사법설) 전편을 담아 개정 증보판을 내게 되어 마음의 짐을 내려놓을 수 있게 되었다. 해월신사법설은 그 분량도 많지만, 내용이 다양하고 쉬운 편이어서 처음 천도교를 공부하는 사람들이 가장 많이 보는 부분이고, 의암성사법설은 도의 사회적 실천과 도와 정치와의 관계, 다양한 사회과학적 접근과 해석이 철학적으로 잘 정리되어 있어서, 이렇게라도 같이 묶어 낸 것이 감회가 깊다.

신앙은 생활이다. 일상생활과 괴리된 채 교회 갈 때만 이루어지는 신앙은 가장 경계해야 할 모습이다. 기도가 일상에서 실천되지 않으면 그야말로 이름이나 걸었다(託名)는 말을 들을 것이다. 경전 공부도 마찬가지이다. 경전을 보면서 느껴지는 감흥과 일상에서 느껴지는 경전의 말씀들이 유기적으로 이어져야 참된 공부가 된다.

그러기 위해서 이 책은 세세한 자구의 해석보다는 전체 대의를 놓치지 않는 범위 내에서, 각 경전 구절을 공부하면서 느낀 필자의 개인적인 생각들을 많이 담았다. 이 책을 읽으며 공부하는 분들도 생활 속에서 문득문득 떠오르고 경험되는 구절들을 찾아 갈피마다 적어 놓으면 그대로 자기만의 소중한 천도교경전 해의서가 되지 않을까 생각한다.

필자는 한문과 고전을 전공한 사람이 아니기 때문에 이 책을 집필함에 있어 전문적인 해석보다는 경전을 읽으며 생각하고 기도하는 방향을 제시하는 데 주안점을 두었다. 천도에 대한 지식이 아니라 잠자는 한울님 영성을 깨우는 데 도움이 되었으면 한다.

그러므로 이 책은 오직 뜻있는 학자들과 도력이 높은 선배들이 지혜롭게 천도교경전을 번역하고 해설해 주시는 책을 기대하는 호소문이라고 해도 좋을 것이다. 그때까지 이 책으로나마 여러 사람이 공부하면서 좀 더 온전한 스승님의 말씀이 전해지고, 그것이 각자의 신앙과 동학 이해에 도움이 된다면 다행일 것이다.

많은 분들의 공부가 천도를 좀 더 풍부하고 알기 쉬우면서도, 맛깔나고 살 내음 나는 것으로 다시 살려 내게 되기를 심고 드린다. 그러한 공부들이 깊어지고 넓어지면서 곳곳이 단절되고 막혀 있는 우리 삶도 좀 더 활발히 소통되어 하나 되는 것으로 개벽될 수 있을 것이다.

포덕151(2010)년 1월
평택 우거에서 라명재 심고

차례 천도교경전 공부하기 | 증보2판 |

동경대전

東
經
大
全

布德文포덕문1

盖2自上古以來 春秋迭代 四時盛衰 不遷不易 是亦天主造化之迹 昭然于天下也 ①

저 옛적부터 봄과 가을이 갈아들고3 사시4가 성하고 쇠함이 옮기지도 아니하고 바뀌지도 아니하니 이 또한 한울님5 조화의 자취가 천하6에 뚜렷한 것이로되,7

愚夫愚民 未知雨露之澤 知其無爲而化矣 ②

어리석은 사람들8은 비와 이슬의 혜택9을 알지 못하고 무위이화10로 알더

---

1 포덕 2년(1861) 7월 저술. 수운 선생이 한울님 모심을 자각한 '득도(得道)' 사건은 경신년(1860) 4월 5일의 일이다. 그것은 선생의 삶이 송두리째 바뀌는 강렬한 체험이었지만(안심가 4절 참조), 그것의 의미가 무엇이고, 일과성 체험에 머무르지 않고 삶을 바꾸는 지속성 있는 것이 되려면, 또한 어떻게 다른 이에게 전할 것인가 하는 것은 '거의 한 해를 닦고 헤아려 보는'(논학문 7절) 과정이 필요했다. 그렇게 사람들을 가르치기 위한 첫 문장이 포덕의 글이 된 것이고 그렇게 한울님의 도를 배우는 학(동학)이 만들어졌다.

2 盖; 蓋(덮을, 뚜껑 개)의 속자. 여기서는 문장을 시작하는 發語辭. 동경대전은 가급적 원문(한자)을 읽으며 뜻을 새기는 것이 좋다. 각 경편 끝에 생각할 거리(話頭)를 정리하였다.

3 춘추가 갈아듦은 해가 바뀌는 것을 의미. 본래 춘추시대 노나라의 사관이 기록한 편년체 역사책. 여기에 공자가 독자적 사관으로 편집한 춘추가 유가의 經으로 자리 잡게 되어, 춘추는 해가 바뀌는 것뿐 아니라 역사(책)의 대명사가 되었다.

4 四時; 봄여름가을겨울의 사계절.(사서집해사전, 성보사, 354쪽)

5 여기서 한울님(天主) 개념은 물리적 하늘 위에 있는 것으로 여겨지던 일반적 신의 개념과는 다른 동학 고유의 신관을 반영한 명칭이다. 일반적으로 신은 중국의 옥황상제와 같이 사람들과 수직적인 관계에서 군림하고 주재하는 존재이지만, 동학의 한울님은 수직적이면서 동시에 사람들 속에 내재한 수평적인 관계도 포함하는 존재이다. 그러므로 고유한 '한울님'인 것이다.(포덕문 공부하기 참조)

6 천하; 1. 중국 영역 안에 있는 땅, 2. 옛날에는 땅이 하늘 아래 있다고 해서 대지를 천하라 하였다. 옛 문헌에서는 家, 國, 天下를 연이어 설명하여 집이 모여 나라가 되고 나라가 모여 천하를 이룬다고 하였다.(사서집해사전, 성보사, 796쪽)

7 우리가 당연하게 생각하는 것들을 다시 생각해 보자. 공기, 물, 계절의 변화…. 너무나 익숙하고 필수적인 것들은 오히려 그 고마움을 잊고 살기 마련이다. 한울님이란 그런 분 아닐까? 늘 함께 계시지만 그 고마움조차 느끼기 어려울 정도로 너무나 친숙한….

8 夫; 사내, 장정, 지아비 부, 民; 백성(시민) 민. 그러므로 부와 민은 '사람들'로 해석한다.

니,11

自五帝之後 聖人以生 日月星辰 天地度數 成出文卷而以定天道之常然 一動一
靜一盛 一敗 付之於天命 是敬天命而順天理者也 故 人成君子 學成道德 道則
天道 德則天德 明其道而修其德 故 乃成君子 至於至聖 豈不欽歎哉 ③

오제12 후부터 성인이 나시어 일월성신과 천지도수를 글로 적어 내어13 천
도의 떳떳함을 정하여 일동일정과 일성일패를 천명에 부쳤으니,14 이는 천
명15을 공경하고 천리를 따르는 것이니라. 그러므로 사람은 군자가 되고 학
은 도덕을 이루었으니, 도는 천도요 덕은 천덕이라. 그 도를 밝히고 그 덕을
닦음으로 군자가 되어 지극한 성인에까지 이르렀으니 어찌 부러워 감탄하

---

9 澤; 연못, 윤택할, 은혜 입을 택. 여기서는 은덕이나 덕망의 뜻으로 쓰였다. 비와 이슬의 혜택이란
   결국 한울님 조화의 구체적 사례를 표현한 것이다.

10 여기서 무위이화는 글자 그대로 사람들의 노력 없이 저절로 된다는 뜻으로 해석되어 있다. 그러
   나 실제로 논학문 9절의 '무위이화'와는 다른 용례로 사용된 것일까?(논학문 참조) 또한 무위이
   화는 동학의 핵심 요의 중 하나인데 경전에서 각기 다른 뜻으로 쓰였을까? 무위이화에 대한 바
   른 이해는 천도교 공부의 핵심 과제 중 하나다.('포덕문 공부하기' 참조)

11 왜 사람들이 어리석다고 했을까? 고마움을 모르기 때문이다. 내 생명과 먹을 것과 입을 것, 사
   랑하는 사람들. 이 모두 내가 만들었나? 감사해야 할 것들이 너무나 많지 않은가?

12 삼황오제는 중국 고대 전설 속의 임금들로 삼황은 천황, 지황, 인황을 가리키지만 문헌에 따라
   선 복희, 신농, 황제를 들기도 한다. 사마천은 3황의 전설을 믿을 수 없는 것으로 생각하여 '史
   記'를 오제본기에서 시작한다. 오제는 황제헌원, 전욱고양, 제곡고신, 제요방훈, 제순중화를 꼽
   는다. 동양 역사에서는 오제 이후부터 비로소 사람들이 원시 상태에서 벗어나 문화를 형성하기
   시작하는 것으로 본다. 그러므로 오제는 실존인물이라기 보다 선사시대 사람들을 깨우쳐 문명
   을 시작하게 한 선각자의 상징으로 생각하면 된다.

13 해와 달, 별 등 자연의 운행을 관찰하여 역서(曆書)를 만들고 농사에 활용하는 등 천도의 이치를
   밝히고 배움. 역서는 천지 운행의 비밀을 읽는 행위로 매년 역서를 간행해 제후국과 신하들에게
   배포하는 것은 天子의 고유 권한으로 여겼다.

14 성인의 삶은 개인적 사욕이나 편견이 없는, 그래서 오히려 자유로운 것이다. 모든 일을 한울의
   이치에 따라 행하고 한울의 명에 순응하는 것이다. 이를 의암 선생은 공도공행이라 하였다.(무
   체법경 삼심관)

15 天命; 일반적으로 사람의 힘으로 바꿀 수 없는 객관적인 필연성, 초자연적인 힘을 가리킨다. 보
   다 고대인 夏, 商, 周 시대에는 천명을 上帝의 뜻이자 명령으로 간주하였다.(중용; 천명지위성,
   사서집해사전, 성보사, 794쪽) 명이란 해야만 하는 어떤 것이다. 하늘이 부여한 명은 자신의 성
   격이나 재능 그리고 노력에 따라 달라질 것이다.(팔절 참조)

지 않으리오.16

又此挽近以來 一世之人 各自爲心 不順天理 不顧天命 心常悚然 莫知所向
矣17 ④

또 이 근래에 오면서 온 세상 사람이 각자위심18하여 천리를 순종치 아니하
고 천명을 돌아보지 아니하므로 마음이 항상 두려워 어찌할 바를 알지 못하
였더라.19

至於庚申 傳聞西洋之人 以爲天主之意 不取富貴 功取天下 立其堂 行其道故
吾亦有其然豈其然之疑 ⑤

경신년에 와서 전해 듣건대 서양 사람들은 천주의 뜻이라 하여 부귀는 취하
지 않는다 하면서 천하를 쳐서 빼앗아 그 교당을 세우고 그 도를 행한다고
하므로20 내 또한 그것이 그럴까 어찌 그것이 그럴까 하는 의심이 있었더

---

16 성인이란 비와 이슬의 혜택 같은, 한울님 조화를 감사하고 그에 따르는 사람이다. 일동일정과
　 일성일패를 천명에 부치니 매사에 한울님 은덕을 생각하고 성패에 관계없이 감사할 줄 아는 것
　 이다. 이를 자유자재하는 이가 성인이요, 수행하고 노력하여 도덕적으로 완성된 사람이 군자
　 다.(명리전, 치국평천하지정책장 7절 참조)
17 挽; 당길 만, 悚; 두려워할 송
18 성인의 가르침이 행해지는 세상은 누구나 한울님의 은덕으로 살아감을 감사하지만, 어지러운
　 지금 세상 사람들은 작은 육신에 한정된 나만 알고 자신의 욕심을 채우려 남을 해하고 자연을
　 훼손한다. 나와 한울이 단절되므로 나(작은 나)와 한울(큰 나)이 모두 병이 든다. 세상의 모든 악
　 과 괴로움이 나밖에 모르는 이기심과 분별심, 육신관념에서 비롯되니 수운 선생은 이를 각자위
　 심이라 정의하였다.
19 자기 육신의 욕심만 따르면 한울님 은혜를 모르는 어리석은 사람. 이들을 보고 수운 선생은 왜
　 마음이 두려웠을까? 자기 욕심만 채우기 위해 남을 해하고 다른 나라를 침략하는 것은 오늘날
　 까지도 해결되지 않은 숙제이다. 온 세상은 하나의 기운(천지인 귀신 음양, 1−2절)이므로 욕심
　 따위의 악한 기운이 세상에 가득하면 그곳에서 사는 모든 생명이 괴로울 수밖에 없다. 수운 선
　 생의 두려움의 원인은 이것이고 이는 오늘의 우리에게도 똑같이 적용된다.
20 19세기 제국주의의 팽창 과정은 항상 기독교와 자본이 동반 진출하는데, 이는 서양인들이 보는
　 '자연'은 무질서하고 미개하며 문명의 혜택을 받지 못한 상태로서 문명의 혜택을 주거나 아니면
　 극복되어야 하는 존재이기 때문이다. 여기서 문명이란 주로 기독교와 자본주의를 지칭한다. 여
　 기에 동화되지 못하는 문명(아프리카나 아메리카 원주민 등의 문명뿐 아니라 당시엔 아시아도
　 같은 대상이었다)은 야만으로 규정되어 철저한 파괴와 학살이 이루어졌다. 이 당시 이미 '아편
　 전쟁' 등의 추악한 침략 행위가 조선에 알려져 민중의 동요가 심했다. 그러므로 수운 선생은 서

니,21

不意四月 心寒身戰 疾不得執症 言不得難狀之際 有何仙語 忽入耳中 驚起探問則 曰勿懼勿恐 世人謂我上帝 汝不知上帝耶 問其所然 曰余亦無功故 生汝世間 敎人此法 勿疑勿疑 曰然則 西道以敎人乎 曰不然 吾有靈符 其名仙藥 其形太極 又形弓弓 受我此符 濟人疾病 受我呪文 敎人爲我則 汝亦長生 布德天下矣 ⑥

뜻밖에도 사월에 마음이 선뜩해지고 몸이 떨려서 무슨 병인지 집중할 수도 없고 말로 형상하기도 어려울 즈음에 어떤 신선의 말씀이 있어 문득 귀에 들리므로 놀라 캐어 물은즉 대답하시기를 「두려워하지 말고 두려워하지 말라. 세상 사람이 나를 상제라 이르거늘 너는 상제를 알지 못하느냐.」22 그 까닭을 물으니 대답하시기를 「내 또한 공이 없으므로23 너를 세상에 내어 사람에게 이 법을 가르치게 하니 의심하지 말고 의심하지 말라.」 묻기를 「그러면 서도로써 사람을 가르치리이까.」 대답하시기를 「그렇지 아니하다. 나에게 영부

학과 제국주의가 동전의 양면과 같다고 파악하였을 것이다. 그렇기 때문에 과연 서학이 민중을 구원할 진정한 진리인가를 회의한 것이다. 그러므로 다음 구절에서 당신은 서학으로 사람을 가르치고자 하는 것이 아니라고 한다.

21 수운 선생은 세상 사람들이 천명을 따르지 않고 각자위심으로 자신과 세상을 망치므로 이를 고칠 도를 구하던 중이었다. 이때 조선에는 하늘의 도를 전한다는 서학이 전해져 뜻있는 사람들이 관심을 보이고 있었다. 수운 선생도 처음에는 그러한 기대를 갖고 서학을 접해 보았던 것으로 보인다.

22 한울님의 기와 접하여 내 눈이 아닌 한울님 시각으로 세상을 보는, 일생의 가치관이 송두리째 변하는 체험을 '강령'이라 한다. 이때만 해도 수운 선생은 당시 사람들의 통념대로 한울님을 하늘에 계신 상제로 알고 있었던 것으로 보인다. 이후 수행이 깊어지면서 오심즉여심, 곧 내 몸 안에 한울님을 모시고 있다는 시천주를 깨닫는다.(안심가 4절 각주 참조)

23 용담가(3절)에도 '개벽 이후 勞而無功'했다는 구절이 나온다. 한울님이 공을 이루지 못했다? 기존의 神 개념을 잊자. 한울님은 자체가 우주의 큰 생명으로 모든 생명의 조화 속에서 성장과 향상을 개체생명과 주고 받으며 이루어간다. 그러므로 19세기 말까지의 생명을 경시하고 약육강식하던 세상은 한울의 참뜻이 펼쳐지는 세상이 아니었다. 또한 모든 생명이 한울을 모시고 있다는 '오심즉여심'을 바르게 깨달은 사람도 없었다. 이것이 한울님이 노력했지만 공이 없었다는 말의 뜻이다.

있으니 그 이름은 선약이요 그 형상은 태극이요 또 형상은 궁궁이니, 나의 영
부를 받아 사람을 질병에서 건지고24 나의 주문을 받아 사람을 가르쳐서 나
를 위하게 하면 너도 또한 장생25하여 덕을 천하에 펴리라.」26

吾亦感其言 受其符 書以呑服則 潤身差病 方乃知仙藥矣 到此用病則 或有差
不差故 莫知其端 察其所然則 誠之又誠 至爲天主者 每每有中 不順道德者 一
一無驗 此非受人之誠敬耶 ⑦

나도 또한 그 말씀에 느끼어 그 영부를 받아서 물에 타서 마셔 본즉 몸이
윤택해지고 병이 낫는지라,27 바야흐로 선약인 줄 알았더니 이것을 병에 써

---

24 영부란 신령한 부적. 그 형상이 태극과 궁궁(음양이 순환하는 기의 형상을 나타낸다)이니 한울
님 마음, 참된 기운을 상징한다. 악한 기운을 버리고 참된 기운을 회복하면 모든 병(사람의 병,
세상의 병)을 고칠 수 있다. 태극과 궁궁은 한울님 기운, 한울님 자신을 상징한다. 낡은 것과 새
것이 서로 갈아드는 것이 만물화생의 기본 원리요 한울 기운의 모습으로 이것을 형상화한 것이
태극이고 궁궁이다. 그러므로 해월 최시형 선생은 "궁을의 모양은 곧 마음 심 자요, 천지의 형체
이니라."(영부주문)라고 하였다.
25 새것과 낡은 것은 갈아들지만 갈아드는 진리는 변함이 없다. 장생은 각자위심에서 벗어나 천심
이 회복되면서 몸도 건강해지는 장생과, 각자의 욕심(各自爲心)에 의한 번뇌를 끊고, 영원히 변
함없는 진리의 자리에 드는 것을 의미하기도 한다.(논학문 공부하기 6. 동학의 주문 참조) 실제
로 수운 선생은 진리를 믿는 후학들 마음속에 오늘도 살아 있다.
26 내 기운과 한울님 기운이 통하면 어떤 일이 일어날까? 한울님과 수운 선생의 문답(天師問答)은
다음 해(辛酉, 1861) 봄까지 1년 동안 계속되었다. 그때의 문답 중에는 한울님께서 수운 선생에
게 금력, 권력, 권모술수를 주어 천하를 다스리게 하겠다는 제의를 하지만 수운 선생이 물리치
는 일화도 있다. 아마도 마음공부의 단계 중 세상의 모든 이치가 꿰뚫어 보여 "밝지 아니한 곳이
없고 알지 못할 곳이 없는…"(의암성사법설, 삼신관) 허광심력 단계의 체험을 하신 듯하다. 수
운 선생은 이러한 조화와 술법의 신통력도 근본 이치가 아니라고 믿고 정진을 계속하여 드디어
밖에만 계시는 한울님이 아닌 스스로 모신 한울과 "吾心卽汝心"(동경대전, 논학문)임을 깨닫게
되는 것이다.(포덕문 공부하기 4 참조)
27 영부는 지극한 수련을 통해 생명의 원형을 체험한 것을 형상화한 것이다. 받는 사람의 몸과 마
음 상태에 따라 그 형태는 모두 다르지만 태극과 궁을 모습이 가장 많은 유형을 나타낸다. 그
것을 물에 타서 마신다는 것은 자기가 체험한 것을 영원히 잊지 않고 지키겠다는 맹서의 의미
가 아닐까?(포덕문 공부하기 5 참조) 영부로서 불치의 병을 치료하는 것은, 한울 이치를 거스르
며 살아온 결과로 생긴 병을 다시 한울 이치에 맞게 삶으로서 나타나는 자연스런 결과다. 다만
일반적인 생활습관을 교정하는 것보다 빠르고 극적인 변화가 올 뿐이다. 이런 체험은 지금도 수
련하는 분들에게 실증할 수 있다. 그러나 몸이 아플 때 지극했던 마음과 정성은 몸이 낫고 편해
지면 지속되기 어려운 경우가 많고, 그래서 다시 예전 삶으로 돌아가면 병은 재발한다. 관련 기
사는 용담유사 곳곳에 생생히 전한다(교훈가 7-8절, 각주 78 참조).

봄에 이르른즉 혹 낫기도 하고 낫지 않기도 하므로 그 까닭을 알 수 없어 그러한 이유를 살펴본즉 정성 드리고 또 정성을 드리어 지극히 한울님을 위하는28 사람은 매번 들어맞고 도덕을 순종치 않는 사람은 하나도 효험이 없었으니29 이것은 받는 사람의 정성과 공경이 아니겠는가.30

是故 我國惡疾滿世 民無四時之安 是亦傷害之數也 西洋戰勝功取 無事不成而天下盡滅 亦不無脣亡之歎 輔國安民 計將安出 ⑧

이러므로 우리나라는 악질이 세상에 가득 차서 백성들이 언제나 편안할 때가 없으니 이 또한 상해의 운수요,31 서양은 싸우면 이기고 치면 빼앗아 이루지 못하는 일이 없으니 천하가 다 멸망하면 또한 순망지탄이 없지 않을 것이라.32 보국안민의 계책이 장차 어디서 나올 것인가.33

惜哉 於今世人 未知時運 聞我斯言則 入則心非 出則巷議 不順道德 甚可畏也

---

28 한울님을 위하기 위해선 나를 먼저 비워야 한다. 내 자존심을 버리고 위하는 마음을 내야 각자 위심을 극복할 수 있다.

29 같은 물을 마시고 소는 우유를 만들지만 뱀은 독을 만든다. 아무리 좋은 약을 써도 차도가 없는 사람이 있고 가짜약(플라시보)을 먹어도 낫는 사람이 있다. 원래 병이란 내 몸의 균형이 안 맞아 생긴다.(세포와 각 장기의 각자위심) 원인을 고치지 않고 약만 먹는다고 병이 낫지는 않는다. 약을 먹어도 약과 그를 처방한 사람 그리고 병이 낫는 이치에 대한 신뢰가 병을 낫게도 안 낫게도 한다. 어찌 병뿐이겠는가, 세상 모든 일이 다 마찬가지다.(포덕문 공부하기 6 참조)

30 한울님의 은혜는 지금 이 순간에도 차별 없이 만물에 베풀어지고 있다. 그것을 감사할 줄 알아 온전히 받는 것은 받는 사람 하기 나름이다. 한울님 은혜에서 계속 멀어지면 어떻게 될까? 반수기앙(안심가 3절 각주 참조)이라는 말의 뜻을 알아보고, 생각하고 또 생각할 일이다.

31 사람들이 한울의 이치(나와 다른 사람, 세상이 하나의 기운, 한 한울인)를 모르고 그를 따르지 않으며 각자의 욕심만 채우려 드니 서로 상할 수밖에 없다.

32 당시 동양의 관점에서 볼 때 세상의 중심(오늘날 허브 국가)은 중국이었다. 그러므로 당시 천하라는 말은 곧 중국을 뜻하는 술어이기도 했다. 중국이 서양 세력에 의해 망하면 당시 중국에 대외관계를 의지하던 조선도 입술이 없으면 이가 시린 것처럼 어려움을 겪을 것을 걱정한 것이다.

33 나와 세상의 운은 하나로 이어져 있다.(논학문 17절) 혼자 기도해서는 세상이 변하지 않는다. 그러므로 나를 바르게 닦고 가정을 일으키고 나라를 다스리는 것이 일관된 도요 공부다(의암성사법설, 치국평천하지정책장 참조)

賢者聞之 其或不然而 吾將慨歎 世則無奈 忘略記出 諭以示之 敬受此書 欽哉 訓辭 ⑨

애석하도다. 지금 세상 사람은 시운을 알지 못하여 나의 이 말을 들으면 들어가서는 마음으로 그르게 여기고 나와서는 모여서 수군거리며 도덕을 순종치 아니하니 심히 두려운 일이로다.[34] 어진 사람도 이를 듣고 그것이 혹 그렇지 않다고 여기니 내 못내 개탄하거니와 세상은 어찌 할 수 없는지라, 간략하나마 적어내어 가르쳐 보이니 공경히 이 글을 받아 삼가 교훈의 말씀으로 삼을지어다.[35]

<포덕문 공부하기>

1. 한울님

논학문에서 한울님을 '지극히 창창한 허령이 일에 간섭치 아니함이 없고 일에 명령하지 않음이 없으나, 모양이 있는 것 같으나 형상하기 어렵고 들리는 듯하나 보기는 어려우니 이것은 혼원한 한 기운'이라고 설명하고, 이 혼원하고 신령한 기운을 세상 사람이 모시고(侍) 있다고 하였다.

즉 사람뿐 아니라 만물이 가진 근원적 생명이 한울이자 기운이며 그 기운들은 우주에 가득 찬 신령한 기운인 지기至氣로도 표현된다. 이렇게 만물이 같은 기운으로 소통되는 하나임을 잊고, 자신만을 위하는 이기적 생각(各

---

34 올바른 가르침을 들어도 수십 년 간 습관된 삶을 바꾸기란 쉽지 않았을 것이다. 더구나 세상 사람들이 모두 각자위심하는데 혼자서 봉건적 삶의 의식과 양식을 바꾸고 가르치려면 얼마나 큰 용기와 믿음이 필요했겠는가?

35 진리를 전하여 참되게 사는 길을 가르쳐도 사람들의 생각이 열리고 고정관념이 깨지지 않으면 받아들여질 수 없다. 이것이 시운일까? 도를 처음 여신 분들의 처음은 이렇듯 고정관념과의 어려운 싸움에 다름 아니었다.

自爲心)과 행동을 하는 것이 자신과 만물을 병들게 하는 악질의 원인이며, 이를 극복하고 치유하기 위해선 이런 단절을 모심으로 극복해야 한다고 가르치신 것이다.

해월 최시형 선생은 이 모심을 한울님을 단순히 소유, 보관하거나 감금하는 것이 아니라 '함께 같이 있어 내 안에서 기르며 섬기는 분(천지 섬김을 부모 섬김과 같이 하되…. 도결, 255쪽)이라고 말씀하였다. 즉 "한울을 양할 줄 알아야 한울을 모실 줄 아는 것"(양천주, 367쪽)이라고 하였다. 이는 진리를 깨닫지 못하고 습관적으로 각자위심하며 살아가는 사람은 신령한 생명이 있다 해도 한울을 올바르게 모시고 있지 못한 것이니, 자신의 내면에 모신 신령한 기운을 자각하고 거기서 비롯된 신령한 행동을 늘려 가라는 적극적인 실천을 주문한 것이다.

또한 해월 선생은 "푸르고 푸르게 위에 있어 일월성신이 걸려 있는 곳을 사람이 다 한울이라 하지마는, 나는 홀로 한울이라고 하지 않노라. 알지 못하는 사람은 나의 이 말을 깨닫지 못할 것이니라."(천지인 귀신 음양)고 하여 동학의 한울은 물리적 한울이 아닌 우주 만물을 관통하는 혼원지일기로서 고유의 신관임을 분명히 하였다.

의암 손병희 선생은 "모실 시 자는 한울님을 깨달았다는 뜻이요, 천주의 님 주자는 내 마음의 님이라는 뜻이니라. 내 마음을 깨달으면 상제가 곧 내 마음이요, 천지도 내 마음이요, 삼라만상이 다 내 마음이니라."(神通考)고 하여 한울님을 내 마음에 모셔(侍天主) 기르면(養天主) 삼라만상이 다 같은 한울님임을 깨닫게(覺天主) 된다고 가르쳤다. 곧 사람이 한울(人乃天)인 것이며 '한울을 모시고 한울대로 행함으로써 한울님을 체현'(三戰論 서론 참조)하는 주체로서 사람의 역할을 규정하였다.

고대부터 신이란 뭔가 사람 범접키 어려운 존재로 여겨졌지만 신의 자손이란 자부심과 신과 항상 함께한다는 생각도 있어 왔다. 특히 이런 천손사상은 전통적으로 중국보다는 동이족에 특징적으로 나타나는데, 중국의 하夏족과 동이족이 하늘을 이해하는 관념이 다름을 보여주는 단서가 서경書經에 있다. 서경은 고대 중국 하은주夏殷周의 역사를 기록해 바른 정치를 하도록 경계한 역사서로 유가의 기본 경전이다.(수덕문 6절, 삼대적 경천 구절 각주 참조)

"위대하신 임금께서…땅이 하늘과 통하는 것을 막아 천신의 강림함이 없게 하시니….”(書經, 周書, 呂刑 편)

땅이 하늘과 통하면, 땅위의 사람이 모두 하늘과 통하게 된다. 그렇게 되면 땅 위의 사람들이 각자가 하늘과 통한다고 하여 세상이 혼란해질 수 있으므로 천자는 땅이 하늘과 통하는 것을 막아 사람들로 하여금 직접 하늘과 통하지 못하게 하고, 오직 천자를 통해서 간접적으로 통하게 했다. 천자 한 사람을 중심으로 하나의 체계로 통일되어야 혼란이 없다고 생각한 것이다. 이것이 하족(화하족, 현 漢族의 조상)의 기본적인 생각이었다. 반면에 동이東夷족은 세상이 어지럽고 사람을 믿을 수 없게 되는 것은 하늘을 모르기 때문이라고 여겼다. 그러므로 사람들에게 하늘과 통하도록 하여 천심을 알고 그에 따르게 하는 것이 세상을 편안하게 다스리는 것이라고 생각했다.(이기동, 서경강설, 성균관대출판부, 686-687쪽 참조)

그러므로 정치에서도 천자가 하늘의 뜻을 독점하고 대리하고 천자의 명령을 백성들이 듣지 않으면 벌로 다스린 것이 하족이라면, 백성들의 삶이 어지럽고 어려워진 것은 하늘의 뜻을 백성들에게 잘 알리고 이끌지 못한 탓이므로 천명을 잘 아는 현명한 사람으로 지도자를 바꾸는 것이 동이족이었다. 이런 차이는 후에 맹자의 왕도정치와 혁명의 개념으로 계승된다.

역사적으로 하족이 세운 주나라가 하늘을 분리하고, 사람들 사이 사회에서의 차등적 질서를 통해 질서와 예법으로 통치한 것이, 점占을 통해 하늘의 뜻을 받아 다스린 은나라와의 차이점이기도 했다. 그렇게 왕이 천하를 다스리고, 왕의 방계 혈족과 공신이 제후국을 다스리고, 사족이 제후를 도와 백성을 지배하는 것이 봉건질서였고, 이것이 무너지고 혼란해진 것이 춘추전 국시대였다. 그런 혼란기에 무너진 주나라의 봉건질서와 예법을 다시 회복 하는 꿈을 꾼 사람이 공자였고, 그 제자들이 공자의 가르침을 이어간 것이 유학이다. 유학은 한나라 이후 중국의 국가 지도이념으로 자리 잡았고, 그런 계급적 차등질서 속에서 자신의 역할을 하는 것이 개인의 명이 되었다. 반면 에 전통적으로 신과의 교감을 중시하고, 계급보다는 개개인과 만물의 생명 자체를 신성이 깃들고 신과 소통할 수 있는 존재로 존중해 온 동이족은 고 려시대 이후 유학이 들어온 뒤에도 백성을 하늘같이 섬긴다는 개념이 민중 의식 저류에 이어지고 있었고, 그것은 지배층이 받아들인 반상과 적서차별 같은 유교적 이념과 충돌과 공존을 반복해 오고 있었다. 고려시대 묘청의 난이 이런 갈등이 실제 정치적 충돌로 나타난 실례로, 자주적 의식으로 만 주 고토 회복을 주장한 묘청세력이 중국에 대한 사대를 주장하는 유학 집권 세력에 꺾인 사건이다. 단재 신채호는 이 사건을 '조선역사 일천년래 대사 건'이라 평하였다. 그러므로 유학이 국가 지도이념으로 확고히 자리 잡은 조선말에 누구나 스스로 한울님을 모심으로서 모든 단절된 소통을 복원하 고, 그럼으로써 모든 질병과 세상 부조리를 개벽한다는 동학이 나타난 것은 유교적 질서 속에 안주해 온 지배층에겐 용납할 수 없는 것이었고, 실제 초 기 동학에 혹심한 탄압을 가한 것도 이러한 유교 세력이었다. 민주적 정치제 도가 도입되기 전에는 계급적 질서를 통한 정치가 분쟁을 조정하고 사회 안 정에 도움이 되었을 것이나, 그만큼 개인의 인권은 제약이 많을 수밖에 없 었다. 이제 사람마다 모신 한울을 회복하는 것은 곧 개인의 인권과 민주의 회복인 역사적 필연이다.

2. 하느님인가 한울님인가?

동학의 한울님은 물리적 하늘이 아닌 고유의 신관을 담은 명칭이다. 하느님의 명칭은 예전에는 ᄒᆞᆫ날님, ᄒᆞ늘님 등으로 표기되어 구분 없이 사용되다가 최근에는 종교마다 고유의 신관을 담아 표기가 달라진 채 사용된다. 물리적 하늘 위에 신이 계시다고 여겨 온 가톨릭은 ᄒᆞ늘님의 현대어인 '하느님'으로, 유일신을 강조하는 개신교는 '하나님'으로 표기한다. 동학 천도교의 신도 동학 고유의 개념이 담긴 '한울님'으로 표기하는 견해(야뢰 이돈화 선생)와 '천주'(天主, 하늘님)를 번역한 현대어인 '하느님'으로 써야 한다는 견해(최동희, 김용옥 교수)가 있어 왔다. 그러나 대체로 동학의 신관이 가진 특징상 물리적 하늘보다 확장된 고유의 개념인 한울님으로 표기하는 것이 맞다고 의견이 모아져 있다. 참고로 윤석산 교수의 설명을 요약 소개한다.

오늘 천도교에서 부르는 신의 이름은 '한울님'이다. 그러나 초기 동학의 기록, 즉 계미판(1883) 등의 용담유사에는 '하늘님', 'ᄒᆞ늘님', 'ᄒᆞ날님' 등으로 표기가 되어 있다. 따라서 가장 오래된 기록인 '하늘님'의 현대적 표기인 '하날님', 또는 '하느님'으로 표기를 해야 한다는 주장이 제기되곤 했었다.

김용옥 교수는 야뢰 이돈화가 신인철학을 통해서 개진한 「흥비가」의 마지막 구절인 "무궁한 이 울 속에 무궁한 내 아닌가."와 '천주'의 개념과는 무관한 것이며, 이 구절은 흥興을 나타내는 하나의 비유적 표현이라고 말한다. 나아가 '울'과 '하늘'과는 차원과 맥락을 달리하는 것으로 비교되거나 등식화될 수가 없다고 말한다.

그러나 흥비가의 "무궁한 이 울 속에 무궁한 내 아닌가."는 단순히 비유적 '흥'의 표현은 아니다. 용담유사 여덟 편은 모두 서로 연계된 것으로, 연속되는 성격을 띤다. 그러므로 흥비가는 여덟 편 가사의 마지막 가사이며, 이의 마지막 구절인 "무궁한 이 울 속에 무궁한 내 아닌가."는 용담유사 여덟 편 가르침의 대미를 장식하는 중요한 가르침의 구절이 된다. 즉 여덟 편의 가사에서 누이 강조해 온 가르침을 바탕으로, "무궁한 그 이치를 불연

不然 기연其然 살펴내어" 무궁한 이 우주와 더불어 스스로 무궁한 한울님을 모시고 있는(侍天主) 무궁한 자신임을 깨달아야 함을 강조한 동학 천도교의 핵심적인 가르침이 담겨진 구절이 된다.

따라서 이 흥비가의 마지막 구절인 "무궁한 이 울 속에 무궁한 내(나)"는 수운대신사가 천명한 '시천주侍天主'의 다른 표현이며, 동시에 해월신사의 '인시천人是天', '인즉천人卽天', '인내천人乃天'을 표현한 동학 천도교의 가장 중추적인 가르침이 된다.

그러므로 실상 어원적으로 '무궁한 이 울'의 '울'과 '하늘'과는 등식화될 수는 없다. '울'은 단순한 '하늘'이기보다는 하늘과 땅 모두를 포괄하는 '우주'를 의미하는 말이다. 특히 '무궁한 이 울'이 의미하는 바는 '제약적 개념'이기보다는 무궁한 우주이며, 바로 우주적 차원의 무극대도인 것이다. 따라서 '하늘'과는 등식화될 수 없음이 사실이다.(윤석산, 『동학교조 수운 최제우』, 도서출판 모시는사람들, 2004, 197-202쪽 참고)

3. 무위이화에 대한 이해

현재 포덕문의 해설에서는 '무위이화'를 "어리석은 사람들이 비와 이슬의 은혜를 모르고 다만 저절로 되는 것인 줄 알았다"고 번역하였다. 그러나 논학문에서 수운 선생이 정의한 무위이화는 '인위가 아닌 자연스러운, 순리대로'의 의미이다.(논학문 9절 각주 참조) 이러한 뜻으로 쓰였다면 포덕문에서 '무위이화'의 뜻은 "사람들이 비와 이슬이 한울님의 은혜인 것은 몰랐어도 무위이화는 알고 있었다", 즉 순리대로 살고 자연을 거스르지 않았다고 해석할 수 있다. 이 경우 '우부우민은 미지우로지택이나 지기무위이화이러니'로 읽어야 한다. 백세명 선생도 '비와 이슬의 혜택은 알지 못하되 함이 없이 되는 이치를 알았더라.'라고 해석하였다[백세명, 천도교경전해의, 포덕104년(1963)].

4. 마음공부의 단계

한울을 마음 밖에 두는 것은 시천주侍天主의 전 단계이다(성심신삼단). 이후 천사문답도 같은 단계로 1년간 수행하고 체행하는 동안(아직 의심이 가시지 않은 상태) 한울님 마음과 수운 선생의 마음이 둘이 아닌 하나가 되는 시천주, 즉 오심즉여심吾心卽汝心의 경지에 이른다.

마음공부(수련)의 시작은 밖의 한울님의 강림을 기원하며 그동안 내 안의 습관된 마음이 버려지는 것을 체험하는 것이다. 점차 내 욕심이 사라진 맑은 마음이 되면서 그러한 자기 본래 마음이 곧 한울님임을 깨닫게 된다.

5. 영부에 관하여

영부는 수운 선생이 한울님을 처음 만날 때 받은, 한울의 지기가 약동하는 모습을 그린 것이다.(안심가 5절에 영부를 받는 자세한 모습이 기술되어 있다.) 그러므로 영부를 받는 것은 한울님의 신령한 기를 받는 것이고, 그 실재함을 체험하는 것이며, 그로써 한울의 이치를 받아들이는 것을 뜻한다. 그러므로 동학에선 주문수행과 함께 영부를 받는 수행을 중시해 왔고, 영부로써 병을 고치는 수행(안심가 5-6절)을 해 왔다.

마음의 병과 몸의 병 모두 한울님 순리대로 생명의 기운을 운용하지 못하고 역천함으로써 생긴다. 이를 바로 잡기 위해선 그러한 잘못된 인과를 참회 반성해야 하고, 그럼에도 지금 현재 잘 살고 있음에 무엇이든, 작은 것까지 매사에 한울님 간섭과 감응 덕분임을 감사해야 하고, 어차피 내 몸도 영원한 것이 아닌 잠시 빌려 쓰고 있는 것이고, 무형의 한울로 언제든 돌아가는 것이니. 몸에 깃든 병도 본래 없는 것임을 자각해야 한다. 이 모두가 진리를 수행하며 깨닫고 확고히 믿으면 병이 낫는 이치이다. 하지만 포덕문 7절의 기사와 같이 아무리 한울님의 기를 받은 신령한 영부라 해도 본인이 믿지 않고 삶을 바꾸지 않는다면 어쩔 수 없다.

예부터 제사를 지낸 뒤 지방을 불에 사르곤 했다. 그것이 타올라 하늘로 잘 날아오르면 제사 지낸 정성이 하늘에 온전히 전해지는 것으로 여겼는데, 영부를 태운 뒤 물에 타서 먹는 것도 같은 맥락이라고 생각된다.

한지에 먹으로 그린 영부는 그것을 태운 재를 물에 타서 먹는다 해도 의학적으로 해가 될 것은 없다. 오히려 요즘도 중독 환자에게는 독을 중화하기 위해 활성탄을 먹인다. 또한 영부를 탄 물은 영부에 담긴 생명의 원기를 물 분자에 기억시키고, 복용하는 사람의 생명을 북돋는 역할도 할 수 있을 것이다(동종요법; 물은 모든 것을 기억한다 - '신과학이 세상을 바꾼다', 방건웅).

6. 청수의 효험

필자의 장모님은 천주교를 신앙한다. 아내가 어릴 때 장모님이 성당에서 받아온 성수聖水는 만병통치약이었다고 한다. 두드러기, 습진, 가벼운 상처 등 모든 곳에 성수를 발랐고 신기하게 효험이 있었다는 것이다. 우리 아이들이 어려서 처가에 있을 때도 역시 성수는 만병통치약으로 사용되었고 한여름에도 아이들은 땀띠 한 번 없이 잘 자랐다.

그런데 아내도 우리 아이들도 모두 자라면서 언제부턴가 같은 성수임에도 효과를 보지 못하였다. 성수가 변한 것인가? 마음이 변한 것인가? 사회에 눈을 뜨고 제도권 교육을 받는 것은 순수한 마음을 잃어 가는 과정은 아닌가?

돌아보면 교육이 상상의 힘, 생각의 자유를 잃게 만들고, 오직 자신이 보고 듣는 것만 믿게 만들고 있는 것이 아닌지. 하지만 우리 의식이 미치는 범위는 얼마나 좁으며, 끝이 없는 우주에서 우리가 아는 것은 또 얼마나 되는가? 내가 아는 것의 한계, 나 자신의 유한함, 보잘 것 없음을 인정하고 비우는 데서 새로운 배움과 개안開眼이 시작될 것이다.

論學文논학문1

夫天道者 如無形而有迹 地理者如廣大而有方者也 故 天有九星 以應九州 地
有八方 以應八卦而 有盈虛迭代之數 無動靜變易之理 陰陽相均 雖百千萬物
化出於其中 獨惟人最靈者也 ①

무릇 천도란 것은 형상이 없는 것 같으나 자취가 있고,2 지리란 것은 넓은
것 같으나 방위가 있는 것이니라.3 그러므로 한울에는 구성4이 있어 땅의
구주5와 응하였고 땅에는 팔방이 있어 팔괘와 응하였으니,6 차고 비고 서로
갈아드는 수는 있으나 동하고 정하고 변하고 바뀌는 이치는 없느니라.7 음

---

1 포덕3년(1862) 1월 지음. 당시에는 '동학론'이란 제목으로 알려졌으며, 동학 핵심 교리를 설명.
2 포덕문 1절 참조. 한울님의 자취(은혜)는 눈에 보이지 않아도 우리 일상 중에 항상 베풀어진
 다. 바람이 보이지는 않지만 꽃 속의 씨를 날려 종자를 퍼뜨리듯이.
3 땅이 넓어도 방향을 알면 찾아갈 수 있듯이 한울님 자취-진리도 원리와 이치를 알면 이해할 수
 있다. 다음에 설명되는 음양, 오행 등이 예부터 동양에서 우주의 운행을 이해하는 원리. 진나라
 때의 여씨춘추에 天圓地方이라 하여 하늘은 둥글고 땅은 네모진 평면으로 설명하는 구절이
 나온다. 이는 이후 중국인과 동양인의 사고를 규정하는 한 틀이 되었다. 즉 농경사회의 땅은
 옮길 수 없는 터전이고, 계절에 맞춰 농사 짓지 못하면 생존할 수 없었기 때문에 엄격한 경험
 에 의존한 규칙과 규율이 지배적인 문화가 되었고, 이는 학문선 유학으로, 문화에선 사합
 원이나 만리장성 같은 안팎을 구분하는 벽으로 이어진다. 그것이 方이라면, 반면 유목민에게
 땅은 가축을 먹일 풀이 없으면 언제든 버리고 떠나야 할 대상이었고, 그들에게 이동의 기준
 이 되는 것은 변하는 땅이 아니라 언제나 변함없는 하늘의 별이었다. 이들의 삶은 지닐수록
 이동과 사냥에 거추장스러웠으므로 무소유의 자유를 좇게 되었고, 이는 후일 도교의 사상으로
 이어졌다. 이것은 안팎의 분별이 없는 圓에 부합한다. 이후의 중국 역사는 농경민과 유목민, 규율
 과 자유, 유가와 도가의 경쟁과 갈등이 서로 영향을 주고받으며 이어진다.
4 구성이란 금, 목, 수, 화, 토 오행을 하늘의 중앙과 팔방에 배열한 것. 또는 탐랑, 거문, 녹존, 문곡,
 염정, 무곡, 파군, 좌보, 우필의 九星. 또는 수성, 금성, 지구, 화성, 목성, 토성, 천왕성, 해왕성,
 명왕성(최근 명왕성은 태양계 행성의 지위가 박탈되었다: 2006.8.24. 국제천문명명총회)의 태
 양계 9개 행성. 여기서 구성은 하늘 전체를 의미한다. 9라는 수는 '수의 모두'라는 뜻이 있다.
5 구주란 중국 전체를 기주, 연주, 청주, 서주, 楊州, 예주, 형주, 옹주, 梁州로 나눈 것으로 땅 전체
 를 의미한다.
6 팔방은 동서남북, 서북 동북 서남 동남의 모든 방향. 여기에 상하를 합하면 시방(十方). 팔괘는 易
 에서 말하는 천지만물의 변화하는 방향을 상징한다.(팔괘는 논학문 공부하기 참조)
7 하늘과 땅에서 달이 차고 비고, 더위와 추위가 갈아드는 것은 數理, 즉 과학이요 천도이지만, 하
 늘과 땅 자체가 움직이고 변하지는 않는다. 즉 본질, 진리는 변하지 않는다. 예를 들어 가로수가
 계절에 따라 잎이 나고 단풍 들고 지지만 그것은 나무의 성질이지 나무가 변한 것은 아니다.

과 양이 서로 고루어 비록 백천만물이 그 속에서 화해 나지마는[8] 오직 사람이 가장 신령한 것이니라.[9]

故定三才之理 出五行之數 五行者何也 天爲五行之綱 地爲五行之質 人爲五行之氣 天地人三才之數 於斯可見矣 ②

그러므로 삼재의 이치를 정하고 오행의 수를 내었으니 오행이란 것은 무엇인가. 한울은 오행의 벼리가 되고 땅은 오행의 바탕이 되고 사람은 오행의 기운이 되었으니, 천·지·인 삼재의 수를 여기에서 볼 수 있느니라.[10]

四時盛衰 風露霜雪 不失其時 不變其序 如露蒼生 莫知其端 或云天主之恩 或

---

8 동양에서는 우주의 기원을 무극에서 태극(음양)으로 다시 오행으로, 물질의 성질에 따라 나눠지고 합쳐지며 만물이 생기는 것으로 본다. 이는 현대 물리학에서 말하는 우주의 기원(빅뱅설; 모든 원소가 강력한 중력으로 한 점에 뭉쳐 있다 대폭발을 일으켜 우주공간에 퍼져 나가고 그 사이에서 별과 성운, 만물이 형성되었다는 이론)과 큰 차이가 없다. 신화적 창조론과 대비해 보라.

9 무한한 듯 넓은 땅도 방향이 있어 찾아갈 수 있듯이 한울님이 주시는 가르침(천도)도 어렵고 분명하진 않지만 그 자취를 찾을 수 있다. 그것은 바로 한울이치로 화해 난 백천 만물과 사람 그 자체이다. 그러므로 모든 과학(자연과학, 사회과학, 인문과학)이 천도의 자취를 공부하는 것이다. 사람이 가장 신령하다고 한 이유는 무엇일까? 백천 만물이 모두 한울 이치로 화생되었고 서로 기운을 주고받는 지기의 그물 안에 있으므로 한울과 사람, 물건까지 공경해야 마땅하다.(해월신사법설, 삼경) 그러나 한울 이치를 알고 그것을 적극적으로 실현하기도 하고 반대로 해악을 끼치기도 할 수 있는 것이 사람이다. 사람과 짐승과의 차이는 무엇일까? 짐승들도 위험이 닥치면 신호를 보내 동료들을 피신시키며, 훈련을 하면 간단한 단어를 구분할 수 있다고 한다. 그러나 언어를 통해 표현되는 추상적 상징이나 개념을 이해할 수 없고 눈빛이나 표정을 통한 방향 지시 같은 상징도 이해하지 못한다. 사람만이 서로의 생각과 인식, 의도를 공유할 수 있고 이런 능력은 곧 절대진리를 이해하고 하나가 될 수 있는, 우주 진리-한울과의 소통과 합일을 위한 첫걸음이자 다른 동물과의 차이가 된다. 그러나 동물들은 물론, 식물들과 미생물들도 고유한 신호전달 체계를 통해 서로 소통하고 있음이 밝혀지고 있다. 한울님 기운 안에서 같은 생명인 것이다. 그러므로 최령자의 뜻은 다른 생명을 지배하는 개념(서양의 만물의 영장)이 아닌 능력과 특징의 차이 정도로 이해하는 게 맞을 듯하다.

10 오행(金木水火土, 地水火風意)이란 한울님 이치를 이해하는 실마리(자취). 이 다섯 가지가 상징하는 원소로 만물이 만들어졌는데 그 원료는 땅에서, 그 원리는 하늘에서 취하되 그 원리와 원소가 가장 함축되어 나타난 것이 사람이라고 본다; 한울이 처음 나뉘니 이것이 음양이요, 탁하면 땅이 되고 맑으면 한울이라. 땅은 수화금목토(형태 있는 것의 원소)요, 한울은 해와 달, 구성의 밝음(형태 없는 것의 원소)이라…만물은 그 가운데서 화생한 것이요…. (의암성사법설, 명심장; 해월신사법설, 천지이기; 의암성사법설, 각세진경 각주 참조)

云化工之迹 然而以恩言之 惟爲不見之事 以工言之 亦爲難狀之言 何者 於古
及今 其中未必者也 ③

사시성쇠와 풍로상설이 그 때를 잃지 아니하고 그 차례를 바꾸지 아니하되
여로창생은11 그 까닭을 알지 못하여 어떤 이는 한울님의 은혜라 이르고 어
떤 이는 조화의 자취라 이르나, 그러나 은혜라고 말할지라도 오직 보지 못한
일이요 조화의 자취라 말할지라도 또한 형상하기 어려운 말이라.12 어찌하여
그런가. 옛적부터 지금까지 그 이치를 바로 살피지 못한 것이니라.13

夫庚申之年 建巳之月14 天下紛亂 民心淆薄 莫知所向之地 又有怪違之說 崩
騰又世間 西洋之人 道成立德 及其造化 無事不成 攻鬪干戈 無人在前 中國燒
滅 豈可無脣亡之患耶 都緣無他 斯人 道稱西道 學稱天主 敎則聖敎 此非知天
時而 受天命耶 ④

　경신년 사월에 천하가 분란하고15 민심이 효박하여 어찌할 바를 알지 못
할 즈음에 또한 괴상하고 어긋나는 말이 있어 세간에 떠들썩하되, 「서양 사

---

11 사시성쇠와 풍로상설 같은 천지우주의 운행에 비하면 사람의 일생은 해가 뜨면 사라지는 아침
　이슬과 같이(如露蒼生) 짧다. 그 속에서 마음을 상하고 다투고 있으니 그 굴레를 벗어나려면 작
　은 나를 벗어나 길고 멀리 보는 한울의 시야를 회복해야 한다.
12 사람이 확인하기 어려운 일들은 한울님의 은혜(신앙과 영성)로 여기고 사람이 미루어 알 수 있
　는 일들은 조화(이성과 과학)라 하였다.(불연과 기연) 하지만 한울님을 보았나? 모든 일을 과학
　적으로 설명할 수 있는가? 한울님의 은혜만을 생각하고 한울의 이치를 생각하지 않는 사람은
　守株待兎(수주대토, 자신이 할 바를 하지 않고 요행만 바라는)하는 우를 범하기가 쉽고, 과학과
　이성적인 사고만을 강조한다고 해도 인간의 이성으로 밝혀지지 않은 것들이 무한하니 이 또한
　한계가 있다. 우주에 대해 아는 것이 무엇인가? 바다의 대부분은 탐사되지 못한 채고, 인체의
　신비도 밝혀지지 못한 부분이 많다. 이 모두 불연이지만, 그 또한 한울 이치일 따름이다. 오늘
　필요한 것은 영성과 이성의 대립과 갈등이 아니라 그것의 조화다.
13 사시성쇠와 풍로상설이 모두 한울님의 은혜임에도 불구하고 사람들이 이를 모르는 것은 오늘
　날도 마찬가지다. 이유가 뭘까?(포덕문 1, 2절 참조)
14 建; 세울 건, 月 건. 여기선 달의 뜻. 경신년(1860) 음력 4월은 辛巳月이었다.
15 천하는 '온나라'의 뜻과 '중국'의 뜻이 있다. 당시 중국은 서양 세력의 침탈로 마카오(1887년에
　포르투갈)와 홍콩을 할양(1차 아편전쟁 결과 영국, 1840)하고 영불 연합군에 북경을 함락당하
　는 등(2차 아편전쟁, 구룡반도를 영국에 추가 할양하고 연해주를 러시아에 양도. 1856-1860)
　온 나라가 어지러웠다.

람은 도성입덕하여 그 조화에 미치어 일을 이루지 못함이 없고 무기로 침공함에 당할 사람이 없다 하니 중국이 소멸하면 어찌 가히 순망의 환16이 없겠는가.」「도무지 다른 연고가 아니라, 이 사람들은 도를 서도라 하고 학을 천주학이라 하고 교는 성교라 하니, 이것이 천시를 알고 천명을 받은 것이 아니겠는가.」17

擧此一一不已故 吾亦悚然 只有恨生晚之際 身多戰寒 外有接靈之氣 內有降話之敎 視之不見 聽之不聞 心尙怪訝 修心正氣而問曰 何爲若然也 ⑤

이를 일일이 들어 말할 수 없으므로 내 또한 두렵게 여겨 다만 늦게 태어난 것을 한탄할 즈음에, 몸이 몹시 떨리면서 밖으로 접령하는 기운이 있고 안으로 강화의 가르침이 있으되, 보였는데 보이지 아니하고 들렸는데 들리지 아니하므로18 마음이 오히려 이상해져서 수심정기19하고 묻기를 「어찌하여 이렇습니까.」20

曰吾心卽汝心也 人何知之 知天地而無知鬼神 鬼神者吾也 及汝無窮無窮之道 修而煉之 制其文敎人 正其法布德則 令汝長生 昭然于天下矣 ⑥

---

16 입술이 없으면 이가 시리다. 중국이 망하면 그 해가 우리나라까지 미칠 것을 염려한 것. 당시의 조선과 중국의 관계는 오늘 한국이 국가 안보를 미국에 의존하는 것과 같은 국제 역학관계로, 당시 중국이 망할 것 같은 불안감은 6·25 직후 미군이 철수하려 할 때 온 나라가 불안에 떨며 철수 반대 시위를 했던 것 이상의 상황이었을 것이다.

17 세상이 어지러운 것은 한울님의 도를 사람들이 모르거나 따르지 않기 때문인데 서학에서 하늘의 도를 가르친다 하여 많은 뜻있는 조선 사람들이 서학을 공부하였다.

18 볼 視(시)는 능동적으로 정신 차려 자세히 보는 것, 見(견)은 수동적으로 보인다는 의미 차이가 있다. 聽과 聞도 같은 차이.

19 한울님과 대화하는 데 마음을 닦고 하는가, 내 본심(한울마음)을 지키고 하는가? 9절에서 수심정기의 뜻이 정확히 밝혀진다. 그러므로 닦을 修(수)가 아닌 지킬 守(수)가 맞다.(수심정기 추가 설명은 논학문 공부하기 참조)

20 나와 만물의 생명을 주관하시는 분은 한울님. 수운 선생이 두려웠던 것은 사람들이 이를 모르기 때문이고, 수운 선생 신체의 이상 반응은 한울님 이치는 알았으되 그 기운을 처음 느끼는 때문이었다.

대답하시기를 「내 마음이 곧 네 마음이니라.21 사람이 어찌 이를 알리오. 천지는 알아도 귀신은 모르니 귀신이라는 것도 나니라.22 너는 무궁 무궁한 도에 이르렀으니23 닦고 단련하여 그 글을 지어 사람을 가르치고24 그 법을 바르게 하여 덕을 펴면25 너로 하여금 장생26하여 천하에 빛나게 하리라.」27

吾亦幾至一歲 修而度之則 亦不無自然之理 故 一以作呪文 一以作降靈之法一

---

21 수운 선생의 생명과 한울의 생명은 하나의 기운, 지기이다. 그렇기 때문에 해월 선생은 검곡에서 기도하던 중에 수운 선생이 남원 은적암에서 읽는 "찬물에 갑자기 앉는 것은 몸에 해롭다."(수덕문)는 말씀을 들을 수 있었다. 좀 더 흔한 경우로는, 가까운 가족이나 동료들이 내가 표현을 하지 않아도 내 기분이나 마음 상태를 너무도 잘 느끼고 아는 것도 마찬가지. 또한 오심즉여심은 나와 한울, 나와 타인, 나와 사물, 옳고 그름의 분별과 차별이 사라진 경지(동귀일체, 물물천사사천)를 뜻한다.(불연기연 참조)

22 천지와 귀신은 숨어 있음과 나타남의 차이일 뿐, 오직 하나의 지기이다.(해월신사법설, 천지이기) 그러므로 선신이나 악신, 마귀 등도 오직 내 마음의 투영일 뿐이고 따로 있는 것이 아니다. 이로써 유사 이래 수많은 신들이 있는 것으로 알던 종교의 역사가 근본적인 변혁을 맞았다. 일신교라고 하는 기독교나 이슬람교도 수많은 악마와 천사를 얘기하는 다신교에 다름 아닌 반면, 동학에선 우주의 모든 작용이, 귀신과 악신의 장난으로 여겨졌던 것조차, 일체가 하나의 한울님 작용임을 명확히 밝힌 것이다.

23 한울님이 일방적으로 준 것이 아니라 수운 선생의 기도와 노력-공부가 한울님과 통하였다.

24 진리를 가르치는 글은 좁게는 21자 주문이요, 넓게는 경전과 모든 말씀을 뜻한다.

25 그 법은 한울님의 법, 진리다. 인간사의 실정법이 아닌 우주자연의 이법이다. 그러한 자연한 이치가 어그러진 것을 바로잡는 것이 덕을 펴는 것이 된다. 그러므로 포덕이란, 가르침을 전하는 포교의 좁은 의미를 넘어서 병든 이는 낫게 하고, 잘못된 사회는 올바르게 하는, 모든 것이 본래의 모습을 되찾도록 하는 포괄적인 실천이다.

26 여기선 생물학적 육신이 오래 사는 것뿐 아니라(실제 수련으로 건강해지기도 하지만), 세상에 편 덕이 오래감을 뜻한다. 수운 선생의 가르침이 후학들에게 이어지는 한 수운 선생은 제자들의 마음속에 살아 있다(장생). 이 장생의 개념이 조상의 영은 자손의 영을 통해 이어지고(해월, 향아설위), 수운 선생의 뜻이 우리를 통해 세상에 나타난다(의암, 성령출세설)는 개념으로 발전된다.

27 오심즉여심은 수운 선생과 한울님의 기가 하나가 되었음을 말하고, 한울님은 우주에 가득한 한 기운(一氣)이므로 눈에 보이는 천지도, 보이지 않는 귀신도 모두 하나의 기(至氣)요 하나의 생명임을 뜻한다. 이로써 누구나 한울과 같은 기운을 모신 신령한 존재임이 밝혀졌다. 이는 무엇을 뜻하는가? 이 전에는 신과 소통한다고 하는 소수의 사람들이 신을 대리해서 사람들의 기도를 대리(성직자의 신권독점)하거나 그 권한을 빌어 갈등을 조정하는 역할(권력자의 세속 권한 독점)을 했다. 즉 소수의 사람이 권력을 독점했던 것이다. 그것을 누구나 기도하고 신과 소통할 권한과 능력이 있다고 선언한 것이니, 구세계의 질서를 개벽할 위대한 소식이 아닐 수 없다.(해월신사법설, 향아설위 각주 참조) 반면 기득권층에겐 그만큼 체제가 흔들릴 위험한 소식이었으니 이후 동학이 걷게 될 피 흘린 역사를 예고하는 것이기도 하다.

以作不忘之詞 次第道法 猶爲二十一字而已 ⑦

내 또한 거의 한 해를 닦고 헤아려 본즉, 또한 자연한 이치가 없지 아니하므로[28] 한편으로 주문을 짓고 한편으로 강령의 법을 짓고 한편은 잊지 않는 글을 지으니,[29] 절차와 도법이 오직 이십일 자로 될 따름이니라.[30]

轉至辛酉 四方賢士 進我而問曰 今天靈降臨先生 何爲其然也 曰受其無往不復之理 曰然則何道以名之 曰天道也 曰與洋道無異者乎 曰洋學如斯而有異 如呪而無實 然而運則一也 道則同也 理則非也 ⑧

신유년에 이르러 사방에서 어진 선비들이 나에게 와서 묻기를 「지금 천령이 선생님께 강림하였다 하니 어찌된 일입니까.」

　　대답하기를 「가고 돌아오지 아니함이 없는 이치[31]를 받은 것이니라.」

　　묻기를 「그러면 무슨 도라고 이름합니까.」

　　대답하기를 「천도이니라.」

　　묻기를 「양도와 다른 것이 없습니까.」

---

28 도통했다고 곧장 세상에 나서는 것이 아니라 깨달은 것이 이치에 맞는지 확인하고, 또한 스스로가 도에 어긋나지 않도록 수행하고 체화(양천주-각천주)한다. 스스로 준비된 뒤에라야 다른 사람을 가르치는 절차와 도법을 정한다.

29 지기금지 원위대강은 강령의 글, 시천주 조화정은 주문, 영세불망 만사지는 잊지 않는 글로 해석하기도 한다. 김승복 선생은 수련의 과정을 강령, 강화, 자천자각 해탈, 대도견성(의암성사법설, 진심불염 참조)으로 보고 지기금지 원위대강은 강령의 글로, 시천주는 강화, 조화정은 자천자각·해탈, 영세불망 만사지는 대도견성의 과정으로 설명하기도 했다. 실제 수운 선생도 경신년 사월오일에는 밖의 한울님과 접하는(接靈) 단계였으나 일 년간 닦고 시험해 본 뒤에야 한울님의 마음과 하나가 되는 오심즉여심-자천자각 해탈의 단계에 이르러 세상에 도를 포덕하기 시작했다. "처음 배워 덕에 들어가려는 사람은 시천주 석자로써 덕에 합하고, 다시 선생의 포덕을 받아 만사지 석자로써 대도견성하는 것이 어떠하리오."(의암성사법설, 수수명실록 참조)

30 한울님의 가르침을 사람들에게 펴는 절차가 21자로 정리가 되었으니 곧 '주문'이다. 제자들이 쉽게 언제 어디서나 가르침을 잊지 않고 행하기 위해 함축하여 지은 것이므로 이를 외움으로써 일상에서도 참된 마음을 지킬 수 있고 수행할 수 있으니 주문 수행은 동학의 가장 큰 특징이다.

31 서학의 신은 만물 밖에서 세상을 창조하고 간섭하므로 시작과 끝(종말)이 있을 수밖에 없다. 그러나 동학의 신은 만물 그 자체로서 생성 변화하므로 생명의 본질은 항상 반복될 뿐, 변하는 것이 아니다.(무왕불복은 논학문 공부하기 참조)

대답하기를 「양학은 우리 도와 같은 듯하나 다름이 있고 비는 것 같으나 실지가 없느니라.[32] 그러나 운인즉 하나요 도인즉 같으나 이치인즉 아니니라.」[33]

曰何爲其然也　曰吾道無爲而化矣　守其心正其氣　率其性受其敎　化出於自然之中也　西人　言無次第　書無皀白而　頓無爲天主之端　只祝自爲身之謀　身無氣化之神　學無天主之敎　有形無迹　如思無呪　道近虛無　學非天主　豈可謂無異者乎 ⑨

묻기를 「어찌하여 그렇게 됩니까.」

대답하기를 「우리 도는 무위이화[34]라. 그 마음을 지키고 그 기운을 바르게 하고[35] 한울님 성품을 거느리고 한울님의 가르침을 받으면, 자연한 가운

---

32 당시는 하늘의 뜻을 받았다고 하는 천주교가 많이 퍼지던 때였다. 수운선생이 자신의 도를 천도라고 하니, 그 천주교의 유파가 아닌가 생각했을 것이다. 서(양)학도 한울님께 비는 것은 같으나 생명에 내재해 계신 신을 모르고(스스로의 수행이 없다) 따로 멀리 계신 절대자에게 기도하며 (대상이 어긋났다) 그 기도 또한 아무나 직접 할 수 없고 중재자(예수-성직자)를 통해서만이 가능하다. 이러한 이치가 다르지만 사람들을 바른 삶으로 이끌고자 하는 점에선 같은 도요 같은 운일 수밖에 없다. 실지가 없다고 말하는 이유는 다음 구절에서 설명하였다.

33 한 사람이 나고 죽음은 시작과 끝이 있지만 생명 전체로 보면 그러한 탄생과 죽음이 끊임없이 반복된다.(무왕불복) 생명 전체를 관조하며 한울님 이치를 생각해 본다.

34 "무위란 노자철학의 핵심적 사상이 되는 개념으로 아무것도 하지 않음을 의미하는 것은 아니다. 유위적이고 조작적인, 도의 흐름에 배치되는, 위선·거짓·독선을 내포한 부분적인 것에 대비되는 것이 무위이다."(김용옥. 노자철학과 21세기, 131쪽) 무위이화는 각자의 욕심에 따른 인위를 배제하고 자연의 이치에 모든 행위와 결과를 맡긴다는 개념으로 아무것도 하지 않는 것이 아니라 모든 행동에 공적인 책임을 요구하는 적극적인 개념으로 이해해야 한다. 의암 선생은 이처럼 자신의 사욕과 인위가 배제된 행을 公道公行이라고 하였다. 그러므로 무위이화와 공도공행은 같은 개념이라고 할 수 있다. "성품과 마음이 자유로우면…일동일정과 일용행사를 내가 반드시 자유롭게 하나니 좋으면 좋고, 착하면 착하고, 노하면 노하고, 살면 살고, 죽으면 죽고, 모든 일과 모든 쓰임을 마음 없이 행하고 거리낌 없이 행하니 이것을 천체의 공도공행이라 하느니라."(의암성사법설, 三心觀); "진리가 너희를 자유케 하리라."(성경, 요한복음)

35 수운 선생이 다시 정했다고 강조한 '守心正氣'의 語源이다. 지키고 바르게 해야 할 '그'(其) 마음과 기운은 우리 몸에 있는 자연-한울-천주…. 욕심에 물들은 습관된 마음이 아니다. 습관된 마음에 가려져 있던 참된 본래의 마음이니 수행으로 그 마음을 먼저 찾아야 할 것이다.; 마음을 지킨다는 것은 바른 생각을 함이요, 기운을 바르게 함은 바른 행동을 함이다.(백세명, 천도교경전해의, 73쪽)

데 화해나는 것이요,36 서양 사람은 말에 차례가 없고 글에 순서가 없으며37 도무지 한울님을 위하는 단서가 없고 다만 제 몸만을 위하여 빌 따름이라.38 몸에는 기화지신이 없고39 학에는 한울님의 가르침이 없으니40 형식은 있으나 자취가 없고 생각하는 것 같지만 주문이 없는지라,41 도는 허무한데 가깝고 학은 한울님 위하는 것이 아니니, 어찌 다름이 없다고 하겠는가.」42

曰同道言之則 名其西學也 曰不然 吾亦生於東 受於東 道雖天道 學則東學 況 地分東西 西何謂東 東何謂西 孔子生於魯 風於鄒 鄒魯之風 傳遺於斯世 吾道 受於斯布於斯 豈可謂以西名之者乎 ⑩

묻기를 「도가 같다고 말하면 서학이라고 이름합니까.」

대답하기를 「그렇지 아니하다. 내가 또한 동에서 나서 동에서 받았으니 도

---

36 성품을 거느리고 가르침을 받으면 삶속에서 도가 실현되어야 한다. 그것이 인위적으로 되는 것이 아닌 무위이화로 된다는 뜻. 산속에서 성품과 가르침을 지키기만 하는 사람도 있으니.

37 단순히 어순의 차이를 말하는 것일까? 동양에서 말이란 실천을 담보하는 것이었다. 말과 행동이 같지 않으면 바른 말이 아니었다. 그러므로 학문으로 배운 것은 현실 정치에서 그대로 실천되고 구현되어야 했다. 이를 道學政治라고도 한다. 아마도 사랑을 가르치면서 한편으론 무력으로 침략해 오는 그들의 정치 군사적 행태를 비판한 것이 아닐까? 早白은 검은색과 흰색, 즉 잘잘못의 뜻이 있다. 그들의 글을 봐도 명확히 옳고 그름을 파악할 수 없다는 뜻. 실제 구약은 유대민족이 주변종족과 치른 정복과 피정복의 피로 얼룩진 역사이고 그 속에 담긴 유대민족의 구원에 대한 염원일 뿐 다른 민족의 구원을 말하진 않는다. 또한 한울님을 위한다고 하지만 멀리 천상에 따로 떨어진 신에게 기원할 뿐이니, 나와 만물에 모셔진 한울을 깨닫고 위하는 것을 모르니 자기 자신의 복만을 기원하며 다른 생명을 해하게 된다.

38 동학과 서학 비교는 논학문 공부하기 참조.

39 한울님 모심을 깨닫지 못하고 각자위심으로 살면 한울님 간섭이 끊기므로 병도 생기고 죽음도 무상하다.(의암성사법설 권도문 참조) 내 안의 천심을 다시 회복해 내 마음과 한울의 큰 기운이 다시 소통되고 하나가 되는 것이 강령이요 기화지신을 몸에 모시는 것이 된다. 그러나 서학은 신을 우러르고 기원할 뿐, 그 기운을 모시고 하나가 되는 것을 모른다.

40 피조물로서 수동적인 신앙을 하면 기도만 할 뿐 세상을 바꾸는 주체로서 修身하고 실천하는 것이 부족할 수밖에 없다. 또한 그러한 신앙을 가르치는 學도 제자들이 스승의 언행을 기억하며 적은 이야기일 뿐 한울님의 진리를 직접 깨달은 사람의 육성이 부족하다.

41 신앙의 형식은 있으나(기도는 하지만) 삶의 변화가 없고, 생각하는 것 같지만(기원만 할 뿐) 수행이 없다.

42 어떤 마음을 지키고 어떤 기운을 지키는가? 내 욕심이 앞서면 제 몸만을 위하는 것이요, 有爲가 될 것이다.

는 비록 천도나 학인즉 동학이라. 하물며 땅이 동서로 나뉘었으니 서를 어찌
동이라 이르며 동을 어찌 서라고 이르겠는가. 공자는 노나라에 나시어 추나
라에 도를 폈기 때문에 추로의 풍화가 이 세상에 전해 온 것이거늘 우리 도는
이 땅에서 받아 이 땅에서 폈으니 어찌 가히 서라고 이름하겠는가.」43

曰呪文之意何也 曰 至爲天主之字故 以呪言之 今文有古文有 ⑪
묻기를 「주문의 뜻은 무엇입니까.」
　대답하기를 「지극히 한울님을 위하는 글이므로 주문이라 이르는 것이니,
지금 글에도 있고 옛 글에도 있느니라.」44

曰降靈之文 何爲其然也 曰至者45 極焉之爲至 氣者虛靈蒼蒼 無事不涉 無事
不命 然而如形而難狀 如聞而難見 是亦渾元之一氣也 今至者 於斯入道知其氣
接者也 願爲者 請祝之意也 大降者 氣化之願也 ⑫
묻기를 「강령의 글은 어찌하여 그렇게 됩니까?」
　대답하기를 「지」라는 것은 지극한 것이요
　「기」라는 것은 허령46이 창창하여 일에 간섭하지 아니함이 없고 일에 명

---

43 동학의 어원이 밝혀진다. 수운 선생은 이미 서학을 공부하시고 그로써 세상을 구원하는 것의 한
　계를 보았다(앞절). 따라서 서학에 대비한 동학이라 명명한 것이다. 도는 천도지만 이 땅에 사는
　사람들에게 가르치기 위해서는 이 땅의 말(동학)로 가르칠 수밖에 없는 것이다.(동학에 대해서
　는 논학문 공부하기 참조)
44 주문이란 무엇인가 원하고 바라는 말을 뜻한다. 특히 사람들은 인력으로 어려운 일들은 신에게
　빌곤 했다.(주문에 대해서는 논학문 공부하기 참조)
45 者; 놈, 사람, 것, 어떤 행위 등을 지칭.
46 '비어 있는 영'이란 어떤 뜻일까? 기나 영은 눈에 보이지 않으므로 빈 것으로 표현할 수 있다. 그
　러나 동양에선 '허'란 "단순히 비어 있는 것을 뜻하지 않고 신령한, 영험한 성질을 가진다."(도
　올선생 중용강의 154쪽)고 하였다. 虛의 좀 더 구체적인 설명은 해월신사법설의 <허와 실>에
　잘 나와 있다. "그릇이 비었으므로 만물을 받아들일 수 있고…마음이 비었으므로 능히 모든 이
　치를 통할 수 있다." 내 마음에 욕심과 아집이 꽉 차 있으면 진실을 볼 수 없다. 그러므로 '비었
　다'는 것은 아무것도 없다는 뜻보다는 모든 것이 시작되고 만들어지기 전의 무한한 가능태를 뜻
　한다고 보아야 한다. 우주가 처음 시작될 때는 시간과 공간도 없는 한 점일 뿐이었다.(브라이언

령하지 아니함이 없으나, 그러나 모양이 있는 것 같으나 형상하기 어렵고 들리는 듯하나 보기는 어려우니, 이것은 또한 혼원한 한 기운이요47

　「금지」라는 것은 도에 들어 처음으로 지기에 접함을 안다는 것이요

　「원위」라는 것은 청하여 비는 뜻이요

　「대강」이라는 것은 기화를 원하는 것48이니라.49

侍者 內有神靈 外有氣化 一世之人 各知不移者也 主者 稱其尊而與父母同事
者也 造化者 無爲而化也 定者 合其德定其心也 永世者 人之平生也 不忘者
存想之意也 萬事者 數之多也 知者 知其道而受其知也故 明明其德念念不忘則
至化至氣 至於至聖 ⑬

「시」라는 것은 안에 신령이 있고 밖에 기화가 있어 온 세상 사람이 각각 알아서 옮기지 않는 것이요50

---

47 한울님을 표현한 글을 모아 읽어 보고 동학의 '신'을 이해한다. "기란 천지 귀신 조화 현묘를 총칭한 이름이니 도시 한 기운이니라."(해월신사법설, 天地理氣) "처음에 기운을 편 것은 이치요, 형상을 이룬 뒤에 움직이는 것은 기운이니…."(天地理氣) "천지의 기운은 호호창창하여 천지에 가득차고 우주에 뻗쳐 있느니라."(해월신사법설, 靈符呪文) "우주에 가득 찬 것은 도시 혼원한 한 기운이니, 한 걸음이라도 감히 경솔히 걷지 못할 것이니라."(해월신사법설, 誠敬信) "나의 한 기운은 천지 우주의 원기와 한줄기로 서로 통했으며…."(해월신사법설, 其他) "본래의 나는 보려 해도 볼 수 없고…만물이 스스로 몸에 갖추어지며, 만물이 자연히 나는 것이니, 천지를 이루어내고 도로 천지의 본체에서 살며, 무선무악하고 불생불멸 하나니…."(의암성사법설, 三性科) 실로 우주 어디나 연결돼 만물을 품고 있는 생명의 그물망이 아니신가!

48 한울님 기운을 느껴 보자. 한울님 기운은 어디에서 오는가? 하늘에서, 내 몸에서, 다른 사람에게서, 짐승이나 물건에서, 먹는 것에서?

49 神(사람 모양을 한)에 대한 고정관념을 벗어 던져야 한다. 동학의 신은 제우스같이 사람 모습을 한 신이 아니라 우주에 가득한 원리이자 원소이다. 그렇기 때문에 지극한 기운으로 표현한 것이다. 지기로서 한울님을 어떻게 느꼈는지 경험을 나눠 보자.; "신은 광물 속에서는 잠들고, 식물 속에서는 깨고, 동물 속에서는 걷고, 인간 속에서는 사유한다."(우파니샤드); 강령의 글은 한울님을 잊고 습관대로 살아오던 사람들이 천심을 회복하기 위한 발원문이요, 한울님의 가르침을 받고 그대로 살고자 다짐하는 서원이다. 항상 모든 일에 자기 욕심이 아닌 천심으로 행하고자 한다면 강령의 글을 언제 어디서나 외우고 기원해야 할 것이다.

50 주문의 핵심이자 동학의 핵심 요의. 내유신령은 내 안의 생명, 외유기화는 나와 소통하는 나 밖

「주」라는 것은 존칭해서 부모와 더불어 같이 섬긴다는 것이요[51]

「조화」라는 것은 무위이화요[52]

「정」이라는 것은 그 덕에 합하고 그 마음을 정한다는 것이요[53]

「영세」라는 것은 사람의 평생이요

「불망」이라는 것은 생각을 보존한다는 뜻이요[54]

의 모든 생명. 사람은 내 안의 생명이 없어도, 나 밖의 생명(공기, 음식, 물과 동식물, 미생물, 그리고 나와 소통하며 교류하는 생명과의 교감)이 없어도 살 수 없다. 그러므로 내유신령과 외유기화는 서로 떨어지거나 옮길 수 없는 하나의 지기. 이것을 알고 한울생명으로의 삶을 실천하는 것(각지불이)이 모심의 뜻이다. 그로써 모든 생명은 한울로 동귀일체하게 되므로 모심은 각지불이의 실천이 있어야 완성. 의암 선생은 온전한 생명의 조건을 스스로 생각하고 판단하는 마음(내유신령)과 나를 비롯한 우주를 관통하는 원리(성품, 외유기화) 그리고 그것을 행하는 몸(각지불이)의 세 가지로 설명하였다.(성심신삼단) "안에 신령이 있다는 것은 처음 세상에 태어날 때 갓난아기의 마음이요, 밖에 기화가 있다는 것은 포태할 때 이치와 기운이 바탕에 응하여 체를 이룬 것이라."(해월신사법설, 영부주문) "안에 신령이 있다 함은 한울을 이름이요, 밖에 기화가 있다 함은 한울로서 한울을 먹는 것을 말씀한 것이니….".(해월신사법설, 이천식천); 모심이란 잉태한 순간, 태어난 때, 포덕 강령의 때 어느 때를 말함인가.(해월신사법설, 기타)

51 천의 설명이 없는 것은 형상이 없는 기운이기 때문.('기' 설명 참조) 우주에 가득하고 모든 것을 주관하는 대생명인 한울님에 비하면 인간은 얼마나 작은 존재인가? 그 인간의 짧은 언어로 신을 규정하려 함은 또 얼마나 어리석은 일인가? 수없이 많은 신에 대한 논란이 있어 왔지만 장님 코끼리 만지기 식의 자의적 이해와 다툼밖에 더 있었는가? 道可道 非常道 名可名 非常名(도를 도라고 칭하면 이미 도가 아니다. 도덕경) 이다. 한울님을 인간의 언어와 인식 범위 안에 가둘 것이 아니라, 사람의 인식을 무한히 확장하는 데 힘써야 할 것이다. * 이러한 차가운 이론적 기를 머리로 이해만 할 것이 아니라 뜨거운 감정을 통하여 산 작용을 할 수 있게 한 것이 '부모와 같이 섬긴다'는 개념이다. 이로써 한울님을 모시고 심고하고 대화하는 적극적인 종교 행위가 가능해진 것이다.(백세명, 천도교경전해의, 83~84쪽) (해월신사법설, 천지부모 참조) * 실제 천도교 신앙이 어렵다고 하는 데는 이런 시천주-양천주가 생략된 채 '인내천'(체천주)만이 알려지고 강조된 탓이 크다. 스스로가 한울로서 자기 제어로 한 치도 어긋남이 없이 되기(성인의 경지=인내천) 전에는, 욕심을 버리고 내 작은 육신에 갇혀 잊혀진 한울님을 찾아 구하고 귀의하는 과정이 필요하다. 그것이 천지부모(한울님)를 부모님처럼 늘 가깝게 모시고, 섬기는 시천주-양천주이다.

52 기도하면 자신의 욕심이나 원하는 것이 이루어지길 바라는가? 그것은 바른 기도도 조화도 아니다. 한울의 조화는 욕심을 버리고 나를 비우는 속에서 자연히 이루어지는 덕이다. 그래서 무위이화.

53 그 덕과 그 마음은 어떤 마음인가? 내 욕심인가, 한울마음인가? 小我보다 大我가 시키는 것에 내 몸과 마음을 맡겨 변하지 않는 것이 定의 뜻이다. 한울의 덕과 마음에 하나가 됨은 나의 삶을 한울의 이치에 맞추는 것이다. 다른 기준이나 유혹에 빼앗기지 않고.

54 마음을 정하거나 깨달음을 얻기는 어렵지 않다. 그러나 그 깨달음을 살면서 일관되게 행하기는 쉽지 않다. 그래서 스승님들은 수심정기를 강조하였다. 어제 겪은 일에서 교훈을 얻은 듯해도 오늘 또 같은 실수와 잘못을 반복하는 것이 보통 사람들의 모습이다. 그 고리를 끊고 참된 변화

「만사」라는 것은 수가 많은 것이요55

「지」라는 것은 그 도를 알아서 그 지혜를 받는 것이니라.56

그러므로 그 덕을 밝고 밝게 하여 늘 생각하며 잊지 아니하면 지극히 지기에 화하여 지극한 성인57에 이르느니라.58

曰天心卽人心則 何有善惡也 曰命其人 貴賤之殊 定其人 苦樂之理 然而君子之德 氣有正而心有定故 與天地合其德 小人之德 氣不正而心有移故 與天地違其命 此非盛衰之理耶 ⑭

묻기를 「한울님 마음이 곧 사람의 마음이라면 어찌하여 선악이 있습니까.」

대답하기를 「그 사람의 귀천의 다름을 명하고 그 사람의 고락의 이치를 정했으나,59 그러나 군자의 덕은 기운이 바르고 마음이 정해져 있으므로 천

를 시작하는 것은 그래서 중한 맹세가 된다. 세상을 바꾸는 것도 여기서부터이다.

55 동양에서 수는 다양한 경우의 수를 뜻한다. 우리는 일상 속에서 다양한 경우의 수 중에서 선택을 계속한다. 그러한 수를 살피고, 선택이 길할지를 예측하려는 것이 '주역'이다. 그러므로 많은 수는 모든 일어날 수 있는 경우를 뜻하며 그것을 내 욕심이 아닌 한울님의 마음에서 선택하고 행하며 결과 또한 승복한다는(무위이화) 것이다.

56 지혜는 단순한 지식이 아닌 생활 속의 실천과 그 안에서의 체험을 포함한 개념이다. 모든 학문은 자신의 무지를 자각하는데서 시작된다고 한다.('너 자신을 알라'도 같은 의미) 아무리 많은 공부를 해도 무한한 우주의 모든 이치를 알 수는 없다. 그러나 한울님은 무한한 우주 자체이시니 시천주 수행으로 하나가 되면 그 무한한 지혜를 받을 수 있다. 모르는 것도, 해결하지 못할 문제도, 극복하지 못할 어려움도 없다. 그것이 한울님의 지혜. 어렵고 힘들수록 어린아이가 엄마를 찾듯이 한울님께 묻고 그 지혜를 구하며 의지해야 한다.

57 성인이란 천도교가 추구하는 인간상이다. "성인은 밝고 밝아 한울님 성품을 잃지 아니하고, 한울님과 더불어 덕을 같이하고…천지가 하는 바를 성인도 할 수 있나니라."(해월신사법설, 성인지덕화) "성인은 내 성품을 물들이지 아니하고, 내 마음을 변치 아니하고…마음을 쓰고 세상을 쓰는 데 거리낌이 없으며, 선이 아니면 행치 아니하고…."(의암성사법설, 성범설)

58 우리(내유신령)가 지기(한울님)로부터 기운을 받지(모시지) 못하면 어찌 될까? 또한 한울님 모심이란 어떤 것들인지 생각해 보자.(호흡, 음식섭취 등) 내유신령과 외유기화가 단절되면 생명이 상한다. 질병과 죽음이다(위생보호장, 권도문 참조). 이렇게 악질이 많아진 세상에 끊어진 기운을 다시 이어주는 법문이 주문인 것이다(해월신사법설, 수심정기). 반대로 주문을 통해 한울님과 하나가 되면 내 삶은 어떻게 변할까? 병이 낫고(물약자효), 건강해지며(가는 몸이 굵어지고), 지혜로워지면(한울의 지혜를 받아), 삶을 개벽할 수 있을 것이다(제인질병, 포덕천하).

59 태어날 때 나라와 부모를 선택할 수는 없다. 그러나 주어진 여건보다 성공하는 사람이 있는가 하면 자신의 재능과 자산을 낭비하고 실패하는 사람도 있다. 그 차이는 무엇인가?(논학문 공부

지와 더불어 그 덕에 합하고60 소인의 덕은 기운이 바르지 못하고 마음이
옮기므로 천지와 더불어 그 명에 어기나니, 이것이 성쇠의 이치가 아니겠는
가.」61

日一世之人 何不敬天主也 曰臨死號天 人之常情而命乃在天 天生萬民 古之聖
人之所謂而 尚62今彌留 然而 似然非然之間 未知詳然之故也 ⑮

묻기를 「온 세상 사람이 어찌하여 한울님을 공경치 아니합니까.」63 대답하
기를 「죽음에 임하여 한울님을 부르는 것은 사람의 상정이라.64 목숨이 한
울에 있음과 한울이 만민을 내었다는 것은 옛 성인의 하신 말씀으로서 지금
까지 미루어 오는 것이나 그런 것 같기도 하고 그렇지 않은 것 같기도 하여
자세한 것을 알지 못하기 때문이니라.」65

하기. 군자와 소인 참조)

60 道가 만물의 이치라면 德은 그 이치를 실천하는 것이다. "덕이란 것은 정성을 다하고 공경
   을 다하여 나의 도리를 다함이니…."(해월신사법설, 강서) 즉 사람의 덕은 사람으로서 해야
   할 이치를 정성껏 실천하는 것이다. 사람이 해야 할 도리는 무엇인가? 그 구체적 실천들은
   해월 선생의 평생을 일관한 주제였다. 한울님, 천지부모에게 은혜를 되갚는 효와 그를 위한
   食告, 그 마음을 잊지 않는 守心正氣 등이 그것이다. 이는 다시 의암 선생에 와서 모든 사람
   과 생명을 위하는 爲爲心으로 정리된다. "성인의 위위심은 곧 自利心이니 자리심이 생기면
   利他心이 저절로 생기고, 이타심이 생기면 共和心이 저절로 생기고, 공화심이 생기면 自由
   心이 저절로 생기고 자유심이 생기면 極樂心이 저절로 생기느니라."(의암성사법설, 성범
   설) "내가 사는 것은 누구를 위하여 사는 것인가. 내가 사는 것은 창생을 위하여 사는 것이
   라."(의암성사법설, 시문)
61 내 안의 내유신령과 바깥의 외유기화(至氣)가 어긋나지 않는 성인은 어떤 상태일까? 성인과 소
   인은 어떤 차이가 있고 성쇠의 이치는 무엇인가?(논학문 공부하기 참조)천하게 태어나고 괴로
   운 일이 있어도 한울을 위하고 감사하는 마음을 잃지 않는 자와, 귀하게 태어나고 즐거움이 가
   득한 속에서도 더 좋은 것을 욕심내며 자기만 아는 자가 있다면 성쇠가 어찌될까?
62 尚; 오히려 상.
63 한울님을 공경한다면 어찌 생명을 상하는 참혹한 일들이 늘 일어날 수 있겠는가? 그렇다면 왜
   사람들이 한울님과 진리에서 멀어지는가? 오늘날에도 똑같은 질문이 던져지지 않을까?
64 임사호천은 무슨 뜻인가? 사람들은 편안할 때는 몸과 마음이 게을러진다. 하지만 혼자 힘으로
   해결하기 어려운 난관을 닥치면 도움을 찾게 된다. 가족과 친구들의 도움으로도 어려운 일은 하
   늘에 기원하게 마련이다.
65 사람과 만물은 모두 한울의 기가 형상화된 것이다. 그러나 스스로 움직이고 살아가면서 한울과
   의 관계(내유신령, 외유기화)를 잊고 자신이 보고 들은 것만을 가지고 자아를 형성해 간다.(제2

曰毀道者何也 曰猶或可也 曰何以可也 曰吾道今不聞古不聞之事 今不比古不
比之法也 修者如虛而有實 聞者如實而有虛也 ⑯

묻기를 「도를 훼방하는 자는 어째서입니까.」

　대답하기를 「혹 그럴 수도 있느니라.」

　묻기를 「어찌하여 그렇습니까.」

　대답하기를 「우리 도는 지금도 듣지 못하고 옛적에도 듣지 못하던 일이
요, 지금도 비교하지 못하고 옛적에도 비교하지 못하는 법이라.66 닦는 사
람은 헛된 것 같지만 실지가 있고, 듣기만 하는 사람은 실지가 있는 것 같지
만 헛된 것이니라.」67

曰反道而歸者何也 曰斯人者不足擧論也 曰胡不擧論也 曰敬而遠之 曰前何心
而後何心也 曰草上之風也 曰然則 何以降靈也 曰不擇善惡也 曰無害無德耶
曰堯舜之世 民皆爲堯舜 斯世之運 與世同歸 有害有德 在於天主不在於我也
──究心則 害及其身 未詳知之 然而斯人享福 不可使聞於他人非君之所問也
非我之所關也 ⑰

묻기를 「도를　배반하고 돌아가는 자는 어째서입니까.」

　　천심) 이렇게 한울과의 관계가 끊긴(各自爲心) 상태가 모든 잘못과 질병 그리고 불행의 근원이
　　다. 그러나 일이 최악의 상황에 이르러야 한울님을 찾는 것은 사람들에게 이러한 진리를 바르고
　　정확하게 밝혀 주지 못했기 때문이다.

66 스승님 살아 계실 당시에도 도를 배반하는 사람이 있었으니 지금이야 말할 것이 없다. 도를
　　떠나는 이유는 첫째 도를 정확하게 이해하지 못했기 때문이요, 둘째 도를 행하면서 한울님
　　의 존재와 한울님의 감응(간섭)을 증험하지 못했기 때문이다. 사람이 한울의 영기를 모신
　　신령한 존재임을 수운 선생이 처음 밝혀주었으니(금불문고불문, 금불비고불비), 그것을 이
　　해하고 받아들일 근기와 인연(신을 하늘에 있는 옥황상제로 알고 두려워하는 사람에게 네
　　몸에 모셨다고 하면 올바로 받아들여지겠는가?)이 되지 못하면 어쩔 수 없고, 도에 들었으
　　되 머리로만 이해할 뿐 그것을 행하며 삶의 변화를 이끌어 내는 체험이 없다면 신앙을 꾸준
　　히 하기가 어렵다.

67 누구나 기존의 사고방식과 생활방식을 변화시키는 데 저항감을 느낀다. 진리는 생각에만 머
　　무르지 말고 실천해 실질적인 변화를 만들어야 그 의미가 있다. 교리는 해박해도 사는 모습은 그
　　대로인 말만 그럴듯한 사람이 있고, 실제 수련을 하며 자기생활과 삶을 바꿔가는 사람이 있다.

대답하기를 「이런 사람은 족히 거론하지 않느니라.」68

묻기를 「어찌하여 거론하지 않습니까.」

대답하기를 「공경하되 멀리 할 것이니라.」69

묻기를 「입도할 때 마음은 무슨 마음이었으며 도를 배반할 때의 마음은 무슨 마음입니까.」

대답하기를 「바람 앞의 풀과 같은 것이니라.」70

묻기를 「그렇다면 어찌 강령이 됩니까.」

대답하기를 「한울님은 선악을 가리지 않기 때문이니라.」71

묻기를 「해도 없고 덕도 없습니까.」

대답하기를 「요순의 세상에는 백성이 다 요순같이 되었고 이 세상 운수는 세상과 같이 돌아가는지라 해가 되고 덕이 되는 것은 한울님께 있는 것이요 나에게 있지 아니하니라.72 낱낱이 마음속에 헤아려 본즉 해가 그 몸에 미칠는지는 자세히 알 수 없으나73 이런 사람이 복을 누리리라는 것은

---

68 "飜覆之心(번복지심, 이랬다 저랬다 하는 마음) 두게 되면 이는 역시 逆理者(역리자, 이치를 거스르는 사람)요….."(용담유사, 도덕가) 이리 저리 마음을 정하지 못하는 사람은 세상의 이목이나 유행, 눈앞의 이익을 따라 철새처럼 몰려다닌다. 그러나 자신이 옳다고 믿는 바를 꾸준히 행하는 사람이 제대로 된 결과를 얻는 법이다. 그러므로 이리저리 몰려다니는 사람들까지 일일이 대응할 필요가 없다는 말씀.

69 경이원지; 논어 6:22에 나오는 구절로 원래 "敬鬼神而遠之", 즉 귀신은 공경하되 멀리 하라는 말. 사람도 제대로 돌보지 못하거늘 어떻게 귀신을 돌볼 수 있겠느냐는 공자의 태도를 잘 나타낸 글이다. 인연이 닿지 않는 사람을 억지로 끌고 갈 수는 없다. 다만 그 사람도 한울을 모신 존재이므로 바른 삶을 살 수 있도록 최선을 다해 안내하고 기도할 뿐.

70 초상지풍; 논어 안연편 "草上之風必偃 誰知風中草復立" 풀 위에 바람이 불면 반드시 눕는다. 그러나 바람이 지나가면 다시 일어선다. 위정자들 앞에서 고개 숙이지만 지나가면 다시 자신들의 삶으로 돌아가는 백성들을 표현. 여기선 자기 주관이 없이 주변 시류에 흔들리는 사람을 표현.

71 나쁜 짓이라도 지극한 정성으로 노력하면 이룰 수 있다. 그러므로 도를 행하되 바른 도를 해야 하는 것이다. 지극한 정성이 올바르게 사용되도록 가르치고 안내하는 것이 스승의 역할이다. 그래서 '道成立德은 在誠在人'(수덕문)이라고 하였다.

72 세상 사람들의 마음이 모두 혼탁하면 세상도 또한 혼탁할 것이다. 세상의 기운이 혼탁하면 한울이 혼탁한 것이니 그래서 "천지만물의 개벽은 공기로써 하고 인생만사의 개벽은 정신으로써 하나니, 너의 정신이 곧 천지의 공기이니라."(의암성사법설, 인여물개벽설)고 하였다. 즉 도를 배반하는 사람은 대신사 개인에게 해가 되는 것이 아니라 전체 생명 공동체에 해가 된다는 말씀.

다른 사람에게 듣게 해서는 안 되니,74 그대가 물을 바도 아니요 내가 관여할 바도 아니니라.」75

嗚呼噫噫 諸君之問道 何若是明明也 雖我拙文 未及於精義正宗 然而矯其人 修其身養其才 正其心 豈可有岐貳之端76乎 凡天地無窮之數 道之無極之理 皆載此書 惟我諸君 敬受此書 以助聖德 於我比之則 恢若 甘受和白受采77 吾今樂道 不勝欽歎故 論而言之 諭而示之 明而察之 不失玄機 ⑱

아! 참으로 감탄할 일이로다. 그대들의 도를 물음이 어찌 이같이 밝고 밝은가. 비록 나의 졸렬한 글이 정밀한 뜻과 바른 종지에 미치지 못했을지라도, 그 사람을 바르게 하고 그 몸을 닦고 그 재주를 기르고 그 마음을 바르게 함에 어찌 두 갈래 길이 있겠는가.78 무릇 천지의 무궁한 수와 도의 무극한 이치가 다 이 글에 실려 있으니, 오직 그대들은 공경히 이 글을 받으라. 성스러운 덕을 돕기를 내게 비하면79 황연히 단 것이 화청을 받고 흰 것이 채

---

73 도를 알지 못해도 바른 마음과 삶을 산다면 해가 없겠지만 도를 하는 제자라도 마음과 기운이 바르지 못하면 해가 있을 수 있다. 정해진 운명이 아니라 본인의 선택과 삶의 인과에 따라 변하는 것이므로 대신사도 알 수 없는 것. 삶의 인과에 대한 것은 의암성사법설 삼성과 참조.

74 불가사문어타인은 '다른 사람에게 들려 줄 바가 아니다'라고 해석해야 문맥이 통한다. 背道者의 해악은 그만큼 한울 세상이 멀어짐이니 한울님에게 있는 것이요, 배도자가 개인적 치부를 할지 여부는 알 바 아니다, 알 가치도 없다는 뜻. 세속적인 성공과 치부를 할지는 몰라도 그 사람이 행복할까? 또한 그 명예와 부라는 것은 얼마나 부질없는 것인가? 더구나 천리를 거스르며 쌓은 권력과 재산은 오래가지 못해 비참한 파국을 맞는 것은 동서고금의 역사가 보여주는 진리. 그러나 진리를 모르는 사람들은 그런 헛된 겉모습에 현혹되기 쉽기 때문에 이런 말씀을 한 것이다.

75 한울님의 자리에서는 인간의 기준에 따른 선악의 구분은 무의미하다. 그렇기 때문에 한울의 덕을 실천하는 사람이 바르게 믿고 바르게 행하는 것이 중요한 것이다.

76 岐貳之端; 갈라져 어긋남(두 갈래로 나뉨)

77 甘受和; 단 음식에 조미료를 더함, 白受采; 흰 바탕에 채색함

78 모든 학문은 한울의 진리에 근본을 둔다. 바른 진리를 배우는 것은 그러므로 모든 배움과 통한다. 대신사의 글이 사람을 고치고 몸을 닦고 재주를 기르고 마음을 바르게 하는 바른 길이고 다른 길이 있을 수 없다는 말씀.

79 성스러운 덕은 한울님 도를 세상에 실현하는 것. 대신사 같은 성인이라도 혼자 실천하는 것보다 뜻을 함께하는 도반과 제자들과 함께 실천하는 것이 삶과 세상을 개벽하는 속도와 깊이에

색을 받는 것 같으리니 내 지금 도를 즐거워하여 흠모하고 감탄함을 이기지 못하므로 논하여 말하고 효유하여 보이니 밝게 살피어 현기를 잃지 말지어다.[80]

<논학문 공부하기>

1. 팔괘

주역 계사상전 12장에 "역유태극易有太極하니 시생양의是生兩儀하고, 양의생사상兩儀生四象하고, 사상四象이 생팔괘生八卦라." 했다.

즉 우주의 처음은 아무것도 없는 무극이지만, 거기에서 음양과 모든 만물이 생성되기 시작한다. 이를 설명한 것이 역易이고 괘상卦象이다.

양의는 음양을 뜻한다. 사상은 태음, 소음, 태양, 소양의 사괘. 팔괘는 일 건천乾天, 이 태택兌澤, 삼 리화離火, 사 진뢰震雷, 오 손풍巽風, 육 감수坎水, 칠 간산艮山, 팔 곤지坤地로 우주대기, 천지만물이 쉬지 않고 변화하는 모습을 상징한다. 방위로 말하면 건乾(태양)이 남이고 곤坤(태음)이 북일 때 이離(소음), 감坎(소양)은 동, 서가 되고, 시간적으로 말하면 춘하추동에 중간절을 넣은 것이 팔괘가 된다.

우주의 원리는 하나이다. 한 근원으로부터 만상이 생긴다. 근원에서 태극, 태극에서 사상, 사상에서 팔괘가 생기듯이. 작은 것, 즉 풀 한 포기에는

큰 차이가 날 수밖에 없다. 그러므로 함께 도를 실천할 것을 간곡히 권유하신다.

80 몸과 마음을 닦는 데 있어 그 길을 정확하게(밝게) 확인하고 확인된 후에는 一路精進해야 한다. 한번 마음을 정한 뒤 진리를 깨달을 때까지 정진하지 않으면 마음이 나태해지고 흐려져서 좋은 기회(현기)를 잃게 될 것이다. 삶에 있어 전환이 될 기회가 종종 찾아오지만 자신의 눈이 밝지 못해 알아채지 못하거나, 알아도 현명한 스승의 바른 지도를 받지 못하여 기회를 잃으면 도약하기 어렵다.

한 포기 풀의 태극이, 한 사람에게는 한 사람의 태극이 있다.(남동원, 주역해의, 16-20쪽)

경전의 여러 곳에 음양오행의 우주관을 설명한다. "한울과 땅이 시판되기 전은 북극 태음 한 물이니라. 물에는 음수와 양수가 있느니라. 해는 양의 정이요, 달은 음의 정이니라."(해월신사법설, 천지이기)

"한울님은 음양오행으로써 만민을 화생하고…."(해월신사법설, 도결)

"처음에 한 물건이 있었으니… 무극이니, 다만 처음의 나눔이 있어 이른바 무극이 태극을 낳은 것이라. 무극은 음이요, 태극은 양이니…."(의암성사법설, 각세진경)

동양의 전통적인 이 사상은 그러나 오늘날 더 주목받고 각광받고 있다.(해월신사법설, 천지이기 공부하기 참조)

2. 수심정기

동경대전에 사용된 수심정기는 두 가지다. 하나는 수심정기守心正氣요 하나는 수심정기修心正氣다. 이 역시 수운 선생이 사용한 문장의 엄밀함으로 미루어 보건대 당신이 새롭게 만들었다고까지 한 핵심 조어를 구절마다 다르게 사용했을 리 없다. 아마도 동경대전이 수운 선생 당시에는 필사본으로 전해지고 해월 선생 때 와서야 목판본으로 인쇄되지만, 혹심한 탄압을 피해 필사하거나 인쇄하던 당시의 사정상 몇 군데의 오자는 불가피했을 것으로 보인다. 또한 그것의 검증도 몇몇 두목들의 기억에 의존하느라 한계가 있을 수밖에 없었다. 이런 오자의 흔적은 동경대전과 용담유사 곳곳에서 보인다.

수심정기는 '인의예지는 선성이 정한 바요, 수심정기는 내가 다시 정한 것이다.'고 하실 만큼 중요한 교의이다.

수심정기가 정확하게 표현된 곳은 논학문 9절이다. 즉 '오도무위이화의吾道無爲而化矣 수기심정기기守其心正其氣 솔기성수기교率其性受其教 화출어자연지

중야化出於自然之中也.' 수운 선생 자신의 도를 정의한 구절로 '우리 도는 무위이화이니 그 마음을 지키고 그 기운을 바르게 하여 그 성품을 거느리고 그 가르침을 받으면 자연한 가운데 화해 나는 것'이라는 뜻이다.

여기서 반복되는 그(其)는 무엇인가? 무엇을 지키는가? 바로 각자 생명에 모시고 있는 한울님, 본래 마음, 본래 성품인 것이다. 다른 종교에서 마음을 닦는 것은 수없이 가르쳐 왔다. 그러나 이미 내 몸 안에 본래 한울님 마음이 있으므로 그것을 깨달아 잊지 않고 지키면 된다는 것이 수운 선생이 깨달은 무극대도인 것이다. 그러므로 수심정기가 닦을 수修가 되면 하나도 새로울 것이 없는 가르침이 된다. 그렇기 때문에 논학문 5절에도 지킬 수守가 맞다.(포덕109(1970)년판 경전은 守로 되어 있다.) 수덕문 9절에도 지킬 수로 해야 한다. 또 하나 수심정기를 수운 선생의 수제자들은 어떻게 사용했는가? 해월 선생과 의암 선생이 일관되게 지킬 수로 쓰신 것을 보아도 알 수 있다.

마조스님이 젊었을 때 회양선사 문하에서 수행했다. 하루는 선사가 좌선하는 제자에게 묻는다. "거기서 무엇 하나?" "좌선합니다." "좌선은 해서 뭐하게?" "부처가 되려고 좌선하지요." 그러자 선사는 제자가 좌선하는 앞에서 벽돌을 바위에 간다. 제자가 그 모습을 보고 묻는다. "벽돌을 갈아서 어디 쓰시렵니까?" "거울을 만들 거야." "벽돌을 갈아 거울을 만들다니요?" "그럼 앉아만 있으면 부처가 될 줄 아나?" 이 말에 젊은 제자는 정신이 번쩍 든다. "그럼 어찌 해야 되겠습니까?" "소 수레가 움직이지 않으면 수레를 몰아야 하나 소를 몰아야 하나? 선은 앉거나 눕는데 상관이 없으며, 부처는 한 자리에 가만히 앉아 있는 것이 아니다. 어디에도 집착이 없어 취하고 버릴 게 없는 이 진짜 선이다." 이 말에 젊은 마조스님은 문득 깨닫는다.

물물천 사사천이요, 한마음 깨달으면 누구나 한울이다. 요는 그것을 얼마나 잊지 않고 지키며 사느냐, 즉 수심정기가 중요한 것이다.

3. 무왕불복

주역에 지천태괘地天泰卦가 있다.(해월신사법설, 부화부순 각주 참조) 이 괘를 설명하는 구절 중 다음과 같은 문구가 있다. "구삼九三은 무평불피无平不陂하며 무왕불복无往不复이니 간정무구艱貞无咎하고 물휼기부勿恤其孚하면 우식유복于食有福이리라"(남동원, 주역해의 I, 291쪽) 이는, "평평한 것은 때가 되면 비탈지게 되고, 태평이 언제까지 지속되진 않는다. 간 것은 필연코 돌아오게 된다. 어려움이 있어도 바르게 하고 허물이 없으며 근심하지 않고 참된 믿음이 있으면 좋은 일이 있을 것"이라는 뜻이다.

해가 뜨면 밤이 가고, 달이 뜨면 낮이 가듯이 좋은 일이 있어도 영원하진 않고, 마찬가지로 나쁜 일도 계속되진 않는다. 인생의 희로애락은 끊임없이 반복된다. 다만 그것을 어떻게 받아들이고, 극복하는가 좌절하는가의 차이는 그것을 겪어 내는 사람의 선택에 달려 있다.

"동양인의 세계관에서 모든 움직임은 리듬성과 순환성으로 파악된다. 직선도 순환의 미시적 계기일 뿐이다. 동양인은 순환 속에 직선을 포섭시켰고, 서양인들은 직선 속에 순환을 포섭시켰기 때문에 종말론적 사유가 팽배하게 된 것이다. 생명의 본질은 죽음보다 삶에 있고 죽음은 직선이지만 삶은 순환으로 파악될 수밖에 없다."(김용옥, 노자와 21세기(3), 49쪽)

지구상의 생물들이 수만 년을 주기로 가혹한 자연재해와 함께 멸종과 재번식의 과정을 반복해 왔음이 밝혀졌고(칼 짐머, 진화, 세종서적, 2004) 우주조차도 처음 한 점의 빅뱅으로 시작해서 팽창하다가 어느 시점(수백억 년 뒤) 이후엔 다시 수축을 시작해 한 점으로, 다시 대폭발을 반복하는 것으로 추측한다.(브라이언 그린, 엘러건트 유니버스)

무왕불복하는 하늘의 이치는 우리 삶에 구체적으로 어떻게 나타나는가? 그 일단을 짐작할 수 있는 구절을 보면, "너에게서 난 것이 너에게로 돌아가느니라."(의암성사법설, 강서, 403쪽) "마음을 지키고 성품을 단련하는 사람은 법체의 인과를 얻지 못하면 좋은 성과를 얻기 어렵고···."(삼성과, 465쪽) 등이다. 내 삶은 내 마음과 행동의 결과로 빚어질 뿐, 정해진 운명대로가 아니다. 이를 인과라고 한다.

4. 동학과 서학의 비교·비판

서학에서 신과 인간은 조물자와 피조물의 관계이다. 피조물은 조물자와 자신 외의 다른 신은 믿지 않을 것을 '계약'한다.(십계명-서학에서의 신은 다른 신을 인정하며 질투하는 唯一神. 따라서 다른 신을 믿거나 다른 신앙을 하는 사람과 사회를 철저하게 배척한다) 스스로가 우주 전체 생명의 일부로서 주체적인 신앙(자신이 중심, 현실 속에서 자신의 몸과 마음과 성령을 함께 완성하기 위해 신앙; 性心身三端 참조)을 하는 것이 아닌, 피조물로서 계약된 만큼만 수동적인 신앙(신 중심, 원죄; 현실 부정⇒영혼 구원 위주)을 하는 것은 한울님-전체 생명보다 자신만을 위한 신앙이 되기 쉽다. 서학에서 세상은 신에 의해 '창조'된 것이므로 신은 우리가 사는 세상과는 떨어져 있다. 따라서 중재자(예수-성직자)가 필요하고, 이 중재자(신의 아들)는 '신성'인가 '인성'인가가 신학의 해결되지 않는 숙제이다.(신의 아들이 생물학적인 생식을 통해 태어났는가, 처녀잉태를 통해 태어났는가 하는 문제도 마찬가지) 그래서 수운 선생이 서학은 기화지신이 없다고 비판한 것이다. 사람과 신은 단절되어 신에게 기원할 뿐. 그러나 동학에서는 세상 모든 생명(무생물 포함) 자체가 한울님이 스스로 생성변화(진화 개념도 무왕불복 개념 속에 포함된다)한 것이며 스스로 그러할 뿐(自然)이다. 그러므로 동학에서 생명의 핵심으로 파악한 모심은 신과 모든 생명체, 그리고 생명체 간 중단 없는 교류와 소통(기화지신)이 생명을 유지하고 생명답게 만든다는 것을 선언한 것이다. 따라서 서학에서 자연과학과 창조론의 신학이 끝없는 평행선을 달리는 데 반해(근대의 자연과학 발달사는 기독교 신학과의 투쟁사이다) 동학에서는 과학의 모든 성과를 포용한다.

항목	동학	서학
신	우주 自然 자체	조물자
인간	자연의 일부	신의 피조물, 노예
신과 인간의 관계	자연의 순환 속에 합일	단절, 격리, 중재자 필요
신앙	스스로 주체, 인간 중심	신 중심
현세에 대한 태도	육신과 현실긍정	육신과 현실 부정
구원	현세의 구원, 지상천국	내세, 영혼 구원 위주
진리란	모든 학문이 진리와 상통	신학 우선

권학가에서 "우습다 저 사람은 저의 부모 죽은 후에 신도 없다 이름하고 제사조차 안 지내며 오륜에 벗어나서 유원속사 무삼일고"라고 한 것에서 서학을 판단한 입장을 볼 수 있다. 제사는 동양에서 인륜(가족제사)과 천륜(천지에 지내는 제사)의 상징이요, 개인이 사회·자연과 융합하는 통로였다. 이를 거부하고 죽은 뒤에 천당에 가겠다고 비는 것은 현실의 모든 관계를 부정하고 빨리 죽겠다고 하는 것이니 이해하기가 어려웠다.

5. 왜 동학이라 이름하였는가?

당시엔 많은 조선의 지식인들이 조선의 암울한 상황을 해결할 진리로 서학이 성리학을 대체할 수 있다고 여기고 많이 입교하였다. 서학에서 가르치는 만민평등 사상과, 무엇보다 발달된 그들의 과학기술이 매력적이었다. 그러나 과학기술은 서학이 아니어도 배울 수 있었고(일본에는 15세기 이후 네덜란드 상인들에 의해 서양 과학이 소개되었고 이를 난학이라 하여 서양학문이 뿌리 내렸다.) 그들의 만민평등은 '신 아래'에서의 평등이었다. 그러므로 '같은 신' 아래 있지 않은 사람들은 더 심한 차별을 받았다. 예를 들면 1179년 3차 라테란 공의회는 "독실한 신앙인들 모두 이교도와 싸울 것이며, 이교도들의 재산은 몰수될 것이며, 모든 군주들은 그들을 노예로 만들 권리를 가질 것이다."라고 하였다. 십자군운동의 주된 동력과 목적도 이러한 이교도들의 재산과 땅을 차지하기 위한 것이었다.

이미 그들의 신은 동학이 나오는 같은 시기에 사망선고를 받았다.(19세기 니체가 '신은 죽었다'며 신 중심의 서구문명에 종언을 고한 것이 같은 시기) 서학의 신과 종교(유대교, 기독교, 이슬람교는 모두 한 뿌리에서 나온 종교로 구약을 공통으로 인정한다)는 더 이상 세상을 이끌어갈 동력을 상실하고 부작용만 일으키고 있다. 최근에 그러한 시각을 잘 정리해 내놓은 책이 리처드 도킨스의 『만들어진 신』(원제는 신이라는 망상; *God Delusion*)이다. 이 책에서 서양 사람들도 이미 '구름 위에 있는 흰 수염 달린 신'은 믿지 않는다고 하며, 부시가 이라크를 침공할 때 '신께서 적을 응징하라고 계시를 주었다.'고 한 것이 오늘의 이라크의 비극이 되는 아이러니를 지적하였다.

도는 천도지만 이 땅에 사는 사람들에게 가르치기 위해선 이 땅의 말(동학)로 가르칠 수밖에 없다. 그러므로 동학인 것이다. 그런데 동학이 이곳에서 사는 사람의 생활 습관과 정서에 잘 맞는다면 반대로 해외에 포덕할 때는 어찌 해야 할까? 당연히 그 땅의 학이 되어야 할 것이다. 또 현대가 서학의 세계관이 지배하는 세상이 되었다면 현대의 모순들-전쟁, 환경오염, 인간성 상실 등-을 해결할 수 있는 비전을 동학(과 전통적인 생활양식)에서 찾을 수 있는가 고민해 볼 일이다.

현대는 대량생산과 대량소비로 상징되는 자본주의와 익명이 보장되는 도시생활로 대표된다. 물자가 궁핍했고 배고팠던 시절에는 도시의 풍족한 물자와 삶이 부러움의 대상이었지만, 이는 화석연료와 핵연료 등에 의지하고 환경에 돌이킬 수 없는 손상을 가하는 지속할 수 없는 문명이다. 익명이 보장되는 도시에서 사람들은 자유로움을 만끽했지만, 익명의 가면 속에 숨은 사람들은 다른 사람들에게 서슴지 않고 폭력을 휘두르며 일탈을 계속한다. 소규모의 공동체에서 부족하지만 자급자족하며, 공동체 안에서 가족같이 갈등을 조정해 나가는 전통사회가 다시 미래사회의 대안으로 조명 받는 이유다.(최진석, 노자의 목소리로 듣는 도덕경; 헬레나 노르베리 호자, 오래된 미래; 재레드 다이아

몬드, 어제까지의 세계, 등 참조) 세상은 역시 무왕불복하는가?

6. 동학의 주문

경전에 설명된 내용을 통해 주문의 의미를 정리해 보면

첫째, 주문은 한울님의 진리를 사람에게 가르치는 글이다. "나의 영부를 받아 사람을 질병에서 건지고, 나의 주문을 받아 사람을 가르쳐서…."(동경대전, 포덕문)

둘째, 한울님의 가르침을 받아 수운 선생이 지은 절차와 도법이다. "내 또한 거의 한 해를 닦고 헤아려 본즉… 한편으로 주문을 짓고…."(논학문)

셋째, 한울님을 위하는 글은 모두(종교나 언어에 관계없이) 주문이다. "주문의 뜻은… 지극히 한울님을 위하는 글이므로 주문이라 이르는 것이니 지금 글에도 있고 옛글에도 있느니라."(논학문)

넷째, 주문은 장생하는 글이다. "입으로 장생하는 주문을 외우니…."(수덕문) "한울님께 복록정해 수명을랑 내게 비네."(용담유사, 안심가)

- 영적 장생; "성령은 사람의 영원한 주체요, 육신은 사람의 한때 객체니라."(의암성사법설, 이신환성설)

- 덕업 장생; "대인의 덕은 천지와 더불어 같이 성령이 활용하는 것이라. 그러므로 한울과 우리 신사는 다만 형상이 있고 형상이 없는 구별이 있을 뿐이요…."(의암성사법설, 성령출세설)

- 육적 장생; "한울님을 공경하면 자아시 있던 신병 물약자효 아닐런가."(용담유사, 권학가) "가는 몸이 굵어지고 검던 낯이 희어지네."(용담유사, 안심가)

다섯째, 주문은 세상 악마(거짓, 질병, 부조리…)를 물리치는 글이다. 주문은 인력으로 어쩔 수 없는 불가항력의 안 좋은 일을 막는다. "삼칠자를 그려 내니 세상 악마 다 항복하네."(동경대전, 강시)

"세상 악마의 항복은 삼칠자의 신령한 주문을 믿는데 있다."(해월신사법설,

기타) 모든 것이 지기의 작용과 움직임이고 인과이므로 주문으로써 좋은 마음과 좋은 기운을 회복하여 좋은 인과를 만들어 가면 세상의 마를 이겨낼 것이다.

여섯째, 주문은 만권시서에서도 밝히지 못한 우주의 근본 이치를 담고 있다. "열세 자 지극하면 만권시서 무엇하며…"(교훈가) 주문은 우주와 만물이 생겨나고 유기적으로 연결되어 있음을 밝혀 낸 글이다. "주문 삼칠자는 대우주, 대정신, 대생명을 그려낸 천서이니…"(해월신사법설, 영부주문) 사람이 생명을 유지하는 근본이치(내유신령, 외유기화)를 가르치는 글이 주문이다. "십삼자 주문은 사람 된 근본이니…"(의암성사법설, 강론경의)

7. 군자와 소인, 성과 쇠

한울님은 선악 분별 이전의 자리이다.(논학문, 17절) 선악, 성쇠는 사람의 입장에서 생긴 구분이다.

"본래의 나는 무선무악하고 불생불멸 하나니"(삼성과) "선과 악은 베풀어 이루는 데서 그 자취를 말하는 것이요, 향하고 등지는 데서 일어난 생각이니 …선한 것도 악한 것도 없는 것은 한울이요…"(의암성사법설, 도는 무선무악) 한울님이 무선무악하시므로, 도를 알고 그것을 쓰는 사람의 역할이 중요한 것이다. "마음을 들어 도를 쓰는 사람이 성품을 얻지 못하면 도가 빈 데 돌아가고, 세상이 반드시 거칠어질 것이니…"(의암성사법설, 극락설)

서학에서 해결되지 않은 신학적 문제가 바로 선악의 문제이다. 즉 선한 신이 어떻게 죽음, 소멸, 도덕적 오류로 점철된 우주를 창조할 수 있었는가? 만약 신이 악을 창조하고 그것이 존재하게끔 허용한다면 그는 선할 수 없다. 그러나 만약 그가 선하다면 그는 전능할 수 없다. 그가 전능하다면 우리에게 죄와 고통을 부여하지 않았을 것이기 때문이다.

이에 대한 전통적인 설명은 "악은 신에 의해 창조된 것이 아니며, 그것은 존재의 불충분함 또는 '결여'에 불과하다."는 성 아우구스티누스의 견해이다.(리처드 루빈스타인, 아리스토텔레스의 아이들, 209-212쪽)

"아이가 엄마에게 떼를 쓰고 엄마는 아이를 다독거리듯, 한울님은 사람들의 소망과 욕망을 듣지만 일어날 일은 일어나고 안 되는 일은 안 되고 합니다. 성취하고 실패하는 것은 인간의 관점이며 한울님의 선택이 아닙니다. 성패의 과정에서 느끼는 기쁨, 슬픔, 고통, 즐거움을 어떻게 정리하는가 하는 것만이 사람의 몫입니다."(이순임, 감응, 신인간 651호(145.11), 10쪽)

그러므로 모든 성과 쇠, 선과 악, 그리고 군자가 되느냐 소인이 되느냐는 오로지 자신의 선택에 달린 것이다. 어떤 생각을 가지고 어떻게 선택을 하는가에 따라 인생의 모습이 달라지는 것이다. 그래서 운명은 타고날 때 이미 결정된 것이 아니고 스스로 선택하고 개척하는 것이다. 이렇게 삶의 모습이 달라지는 것을 인과로 정리한 것이 삼성과(의암성사법설).

8. 운명개척

누구나 태어날 때 각각의 운명을 타고난다. "명명한 이 운수는 다 같이 밝지마는 어떤 사람 저러하고 어떤 사람 이러한지 이리 촌탁 저리 촌탁 각각 명운 분명하다."(흥비가) 태어난 해에 흉년이 심하게 들었다면 갓난아이가 목숨을 잃을 수도 있고 다행히 명을 이어 가도 충분치 못한 영양으로 건강하지 못한 삶을 살 수도 있다. 태어나는 달이 혹독한 추위나 더위가 심해도, 태어나는 날이 일기가 불순해도, 태어나는 시간이 주변 사람의 도움을 받기 힘든 새벽이거나, 예정일보다 갑자기 일찍 나오거나 해도 아이의 운명은 어찌될지 가늠하기 어렵다. 이런 생년월일시를 보통 사주팔자라고 한다.

사람들이 태어날 때 이런 조건들을 골라서 나오지는 못한다. 그것은 부모와 조상의 인과에 의해 정해진다. 키가 크거나 작거나, 피부가 희거나 검거나, 머리카락이 직모이거나 곱슬이거나 하는 신체적인 조건들이 자손에게 유전이 되는 것은 이제 잘 알려져 있다.

하지만 최근에는 이러한 유전자들도 우리가 살아가는 동안 손상이 되고 수리도 되고 하며 변형이 되는 것이 알려졌다. 건강한 유전자를 가진 사람이라도 술과 담배 같은 독성물질에 반복적으로 노출이 되면 유전자가 손상되고 손상된 유전자는 비정상 세포를 생산한다. 그런 비정상 세포가 모여 암이 된다. 그런 독성물질 외에도 심리적인 스트레스 역시 유전자에 손상을 가하는 것으로 밝혀졌고, 이런 마음의 상처가 신체적 질병의 원인이 되는 것은 최근에 잘 알려져 있다.

이렇게 부모에게 좋은 유전자를 물려받은 사람이라도 그 사람이 마음을 어떻게 쓰고 어떤 음식을 먹고, 어떤 생활을 하는가에 따라 삶의 모습이 크게 달라질 수 있다. 문제는 그런 달라진 삶의 모습이 유전자에도 변화를 주고, 좋은 변화든 안 좋은 변화든 유전자를 통해 자손에게 그대로 전해진다는 것이다. 그것이 인과다.

그러므로 우리의 현재 모습은 부모와 조상들이 만들어온 인과들이 쌓인, 유전자들이 전해진 결과인 셈이다. 그래서 불연기연에서 "나에 나 된 것을 생각하면 부모가 이에 계시고, 뒤에 뒤 될 것을 생각하면 자손이 저기 있도다."라고 하신 것이다.

보통 사람들은 이렇게 받은 유전자와 인과로 만들어진 운명을 벗어나지 못한다. 가난한 대로, 머리가 둔한 대로, 몸이 허약한 대로 산다. 그 사는 모습이 다 다르기 때문에 各有成 各有形이고 각각명운 분명한 것이다.

하지만 병이 생기는 이치가 있으면 낫는 이치도 있는 게 한울님 이치다. 내가 살면서 좋은 음식을 먹고 위생을 보호해서 몸의 건강을 되찾는 게 혈각성의 인과라고 한다면, 좋지 않은 생각과 마음으로, 그런 스트레스로 내 몸도 상하고, 그런 미워하고 싫어하고, 원망하는 마음으로 주변사람들과 관계를 망쳐온 것을, 마음을 바꿔 감사하고, 사랑하고, 즐거워하는 마음으로 몸의 병도 낫고 가족의 분위기를 화목하게 만들고 직장의 모습도 바꿔 나가는 것은 비각성의 인과라고 할 수 있다. 나아가 육신과 물질의 욕심과 감각에 노예가 되어 있던 습관된 나를 한울님을 위하는 주문을 외며, 육신보다 성령性靈을 물질보다 마음을 보는 것으로 바꿔야 한다. 그렇게 나보다 사람들을 위하고, 물건을 위하며 행하게 되면 한울님이 감응하시고 기뻐하신다. 한울님이 감응하시고 기뻐하시면 손상된 유전자가 수리되고, 망가진 세포가 정상이 되며 건강을 되찾을 수 있다. 마음먹은 대로 내 삶을 바꿀 수 있는 것이다. "일념재자하면 만사여의"(탄도유심급)되는 것이다. 그렇게 내 삶이 바뀌고, 그 바뀐 삶의 향기가 가족을 바꾸고, 세상을 바꾸는 힘이 되는데 그것을 법의 인과, 원각성의 인과라 한다.

　이렇게 운수와 인과를 깨닫게 되면, 타고난 운명이 달라지게 할 수 있다. 건강해지니 수명도 달라지고, 한울님 감응 속에 만사여의하게 되니 삶도 달라지고, 그렇게 달라진 운명과 유전자를 후손에게 전할 수 있으니 자손의 운명까지 바꾸는 것이다. 그래서 천도교 하는 사람은 운명을 개척한다고 하는 것이다.

修德文수덕문1

元亨利貞 天道之常 惟一執中 人事之察 故 生而知之 夫子之聖質 學而知之先儒
之相傳 雖有困而得之 淺見薄識 皆由於吾師之盛德 不失於先王之古禮 ①

원형이정2은 천도의 떳떳한 것이요,

오직 한결같이 중도를 잡는 것은 인사의 살핌이니라.3 그러므로 나면서부터
아는 것은 공부자의 성인 바탕이요, 배워서 아는 것은 옛 선비들의 서로 전
한 것이니라. 비록 애써서 얻은4 천견박식이라도 다 우리 스승의 성덕으로
된 것이요 선왕의 옛 예의를 잃지 아니한 것이니라.5

---

1 포덕3년(1862) 6월 저술. 포덕문과 논학문은 동학 창도의 당위성과 동학의 이치를 논리적으로
설명하였고, 수덕문은 수운 선생의 가계와 포덕3년까지의 역정을 서정적으로 서술하였다.

2 원형이정; 주역의 첫 문장. 64괘 중 첫 괘인 乾卦를 설명한 글로 天道를 의미한다. '乾은 元亨利貞
하니라.' 원형은 크게 형통하다는 의미이고 이정은 貞함으로써 이롭다는 의미인데 정은 천도의
眞實无妄을 뜻한다. 즉 하늘의 도는 온누리에 크게 하나로 통하며 거짓이 없이 진실됨을 뜻한다.
(남동원, 주역해의, 나남출판, 2001, 36-37쪽) 또 다른 해석은 씨뿌리고(원), 키우고(형), 거두고
(이), 저장한다(정)로 해서 봄 여름 가을 겨울의 계절이 순환함 또는 나고 자라고 열매 맺고 갈무
리하는 생명의 순환을 상징한다고 하기도 한다.

3 惟一執中: 주희가 쓴 중용의 서문격인 '中庸章句序'에 나오는 글. 즉 요순시대에 요임금과 순임
금, 우임금으로 임금의 자리를 물려주면서 천하를 다스리는 가르침을 전해 주었는데 그 내용은
'中'이었다. 즉 "사람의 마음은 위태롭고 도의 마음은 아직 은미하니 오직 그 정수를 잘 간직하고
하나로 마음을 모아서 중을 잘 간직하여라(人心惟危 道心惟微 惟精惟一 允執厥中)"가 그것이다.
여기서 중은 치우치거나 기댐이 없으며 지나치거나 부족함이 없는 것을 뜻한다.(김미영 옮김, 대
학·중용, 홍익출판사, 47-50쪽) 유일집중은 이 4구를 요약한 말이다. 실로 살아가며 한쪽에 치우
치지 않고 두루 관심 갖고 고르게 정성드리기가 얼마나 어려운가! 문무의 균형과 좌우의 균형뿐
아니라 모든 일에 있어 완급과 소외됨 없도록 하는 것은 평생을 두고 지향해야 할 가르침이다.

4 중용 20장 9절에 나오는 글; 或生而知之, 或學而知之, 或困而知之 어떤 사람은 나면서부터 알고,
어떤 사람은 배워서 알기도 하며, 어떤 사람은 고심해서야 알기도 하지만 안다는 점에선 동일하
다. 무엇을 아는가? 유일집중하는 사람의 도리를 일찍 알수록 성인되기가 쉬울 것이다.

5 하늘의 도리(원형이정)가 있고 사람의 도리(유일집중)가 있다. 하늘의 도리를 사람에게 가르친
것이 성인이요 그 가르침을 전해 받은 것이 스승이다. 스승들 가운데 가장 뛰어난 스승이 임금이
되었다(세습하기 전). 지금 현재를 사는 것은 이러한 이치가 있고 그것을 가르쳐준 교육이 있었
던 덕분이다. 이것을 문명이라 한다. 오늘날에도 다음 날 춥고 비가 올 것을 미리 알고 대비하는
것은 앞선 학자들이 인공위성을 개발해 공기의 흐름을 보는 등의 연구 덕분이다. 모든 문명이 앞
선 스승들의 노력으로 이룩된 것이다. 나는 사람들의 삶에 어떤 기여를 할 것인가?

余出自東方 無了度日 僅保家聲 未免寒士 先祖之忠義 節有餘於龍山 吾王之
盛德 歲復回於壬丙 若是餘蔭 不絶如流 家君出世 名盖一道 無不士林之共知
德承六世 豈非子孫之餘慶 ②

나는 동방에 태어나 부질없이 세월을 보냈으니, 겨우 가문의 명예를 보존했
을 뿐이요 빈한한 선비임을 면치 못하였노라. 선조의 충의는 절개가 용산에
남음이 있고,6 우리 임금의 성덕은 해가 다시 임진 병자에 돌아왔더라.7 이
같이 남은 음덕이 그치지 아니하고 물 흐르듯 하여 아버님이 세상에 나타나
심에, 이름이 한 도에 덮였으니 선비들이 모르는 이가 없었고8 덕이 육대를
이었으니 어찌 자손의 남은 경사가 아니겠는가.9

噫 學士之平生 光陰之春夢 年至四十 工知笆籬之邊物 心無靑雲之大道 一以
作歸去來之辭 一以詠覺非是之句 携筇理履 怳若處士之行 山高水長 莫非先生
之風 龜尾之奇峯怪石 月城金鰲之北 龍湫之淸潭寶溪 古都馬龍之西 園中桃
花 恐知漁子之舟 屋前滄波 意在太公之釣 檻臨池塘 無違濂溪之志 亭號龍潭
豈非慕葛之心 ③

슬프다. 학사의 평생은 세월이 봄꿈과 같이 흘러가서 나이 사십에 이름에,
공부한 것은 울타리 가에 버린 물건으로 아시고 마음에는 벼슬할 뜻이 없었
노라. 한편으로는 귀거래사를 지으시고 한편으로는 각비시의 글귀를 읊으
시니라.10 지팡이를 짚고 짚신을 신은 것은 마치 처사의 행색 같고, 산이 높

6 수운 선생 7대조 최진립 장군은 임진왜란 공신으로, 병자호란 때 순국하였다. 나라에서는 龍山書
　院을 세워 이를 추모하였다. 정무공 진립-東吉-國銓-壽其-慶雨-宗夏-옥-제우.
7 최진립 장군의 공로에 대하여 용산서원을 세워 준 임금의 성덕을 받았다는 뜻.
8 수운 선생의 아버지 근암 최옥은 퇴계 이황의 학맥을 잇는 영남학파의 이름난 학자였다.
9 내 오늘은 부모 조상의 음덕과 스승의 가르침 덕분이다. 어떤 결과든 갑자기 뚝 떨어지진 않는다.
　수운 선생의 오늘(동학 창도)이 있기까지 나라와 조상과 부모의 노력이 있었음을 생각하고, 자신
　의 오늘에 대해서나, 또한 후손들에게 내 덕이 어떻게 미칠 것인지에 대해서 생각해 보자.
10 중국 晉나라 때 도연명이 벼슬을 버리고 전원으로 돌아가면서 지은 글이 귀거래사다. 도연명이
　살던 시기는 중국 역사에서 한나라가 망하고 수나라가 다시 대륙을 통일할 때까지 5호16국시대

고 물이 긴 것은 선생의 풍도와 다름이 없더라. 구미산의 기이한 봉우리와 괴이한 돌은 월성 금오산 북쪽이요, 용추의 맑은 못과 보배로운 시내는 옛 도읍 마룡의 서쪽이라. 동산 가운데 복숭아꽃은 고기잡이배가 알까 두려워 함이요,[11] 집 앞에 푸른 물은 뜻이 강태공[12]의 낚시에 있었더라. 난간이 못 가에 다다름은 주렴계[13]의 뜻과 다름이 없고, 정자 이름을 용담이라 함은 제갈량[14]을 사모하는 마음이 아니겠는가.[15]

難禁歲月之如流 哀臨一日之化仙 孤我一命 年至二八 何以知之 無異童子先考 平生之事業 無痕於火中 子孫不肖[16]之餘恨 落心於世間 豈不痛哉 豈不惜哉
④

세월의 흘러감을 막을 길이 없어 하루아침에 신선되는 슬픔을 당하니[17] 외로운 나의 한 목숨이 나이 겨우 열여섯에 무엇을 알았으리오. 어린아이나

라 불리던 극심한 혼란기였다. 정도와 예의가 땅에 떨어지고 민생이 도탄에 빠져 있었다. 귀거래사에 보면 '이제 고향 전원이 황폐해지려 하니 돌아가련다.…(벼슬을 버린)지금이 바른 삶이요 어제는 그릇됨을 알았네(歸去來兮 田園將蕪胡不歸…覺今是而昨非)' 하는 구절이 있다. 각 비시의 글귀란 이를 뜻하는 것이다. 근암 최옥도 귀거래사의 운에 맞춰 글을 지은 것이 전해 온다.

11 근암 최옥이 은거하던 가정리와 용담정 일대의 풍경을 읊었다. 복숭아꽃을 고기잡이배가 알까 두렵다는 것은 '무릉도원'의 고사를 빗댄 것이다. 용담정 인근의 풍광이 무릉도원같이 좋음을 은유적으로 표현했다.

12 중국 殷나라 말의 정치가로 백이의 후손이라 한다. 문왕을 도와 은을 멸망시켜 주나라를 건국하는 공신이 되고, 그 공으로 제나라의 제후로 봉해졌다. 자신의 뜻을 펼칠 사람을 만나기 위해 빈 낚시를 하며 기다린 일화가 전한다. 아마도 은나라를 구성하는 동이족 중 주류에서 밀려난 부족의 대표였던 것으로 보이며 이들과 서하족(주나라)의 연합이 은을 멸망시킨다.

13 중국 송나라 때 태극도를 창안. 주렴계는 연꽃 애호가로도 유명하다. '처사가' 각주 참조.

14 한나라 말 촉의 정치가로, 출사하기 전 와룡강 가 고향에 은둔하며 호를 와룡이라 했다. 유비가 제갈량을 軍師로 영입하고자 삼고초려의 고사성어가 된 일화를 남겼다.

15 수운 선생의 아버님(근암공)을 추모한다. 근암공은 혼란한 세상에서 뜻과 실력은 있으되 이를 펼치지 못한 분이었다. 당시의 조선은 서인이 장기 집권하고 있어서 근암공과 같은 남인은 벼슬길에 나가기 어려웠다. 주렴계, 강태공, 제갈량 모두 단순히 은둔한 것이 아니라 세상에서 자신의 뜻을 펼칠 기회를 기다리고 있었다. 1절에선 천도, 선성과 선왕, 2절에선 직계 선조, 3절에선 부모를 추모하고 그분들의 음덕에 감사드린다.

16 불초: 父祖의 덕망이나 유업을 제대로 계승하지 못한 사람. 자기의 겸칭.

17 1840년 2월 20일 수운 선생이 17세 때 근암공이 79세를 일기로 생을 마쳤다.

다름이 없었더라.18 아버지의 평생 사업은 불 속에서 자취마저 없어지고 자손의 불초한 여한은 세상에서 낙심하게 되었노라.19 어찌 슬프지 아니하며 어찌 애석치 아니하랴.20

心有家庭之業 安知稼穡之役 書無工課之篤 意墜靑雲之地 家産漸衰 未知末稍 之如何 年光漸益 可歎身勢之將拙 料難八字 又有寒飢之慮 念來四十 豈無不 成之歎 巢穴未定 誰云天地之廣大 所業交違 自憐一身之難藏 自是由來 擺脫 世間之紛撓 責去胸海之弸結 ⑤

마음으로는 가정을 돌볼 생각이 있지마는21 어찌 심고 거두는 일을 알며, 글공부를 독실히 하지 못하였으니 벼슬할 생각이 없어졌노라. 살림이 점점 어려워지니 나중에 어떻게 될는지 알 수 없고, 나이 차차 많아가니 신세가 장차 궁졸해질 것을 걱정하였노라.22 팔자를 헤아려 보니 춥고 굶주릴 염려

---

18 소년시절의 학문적 수련기를 아버지의 훈도 아래에서 보낸 수운 선생은 동학의 사상적 원천의 한 줄기를 조선의 완숙한 성리학으로 구성하게 된다. "얼굴은 관옥이요 풍채는 두목지라. 그러 그러 지내나니 오륙 세 되었더라. 팔세에 입학해서 허다한 만권시서 무불통지 하여내니 생이지 지 방불하다. 십 세를 지내나니 총명은 사광이요 지국이 비범하고 재기 過人(보통을 넘어섬)" (몽중노소문답가)한 총명함이 있었고 학문이 뛰어난 아버지 밑에서 학업에 열중하여 만권시서 무불통지하는 성과도 보였으나 개인적으로는 재가녀의 자식(과거를 못 본다. 이는 오늘날 뜻있 는 젊은이가 대학 진학을 할 수 없는 것 이상의 제약과 좌절을 안겨 주었을 것이다)이었고 가정 적으로는 10세에 어머니가 돌아가시고, 17세에 아버지마저 돌아가시는 시련이 거듭된다. 학식 은 있지만 사회의 경험이 없는 17세의 수운은 불안과 자신감이 교차하는 혼란스러운 지금의 청 소년과 마찬가지였을 것이다.
19 20세 때 큰 화재로 물려받은 가산과 모든 유물이 타 버리고 말았다. 조상의 명성을 잇기는커녕 생활고에 시달리는 자신이 얼마나 한심했을까? 그리하여 수운 선생은 가솔을 울산 처가에 의탁 한 후 암울한 사회 상황과 개인적·가정적인 시련을 타개할 근본 진리를 찾아 나서게 되니 이것 이 10여 년간의 주유천하의 출발점이 되었다.
20 아버님의 뜻을 배우고 이어받기 전에 돌아가심을 안타까워한다. 이후 수운 선생은 생계에 대한 책임과 자신의 포부와 부모의 뜻, 사회현실 속에서 방황하게 된다.
21 수운 선생은 아버지의 삼년상을 마친 후 19세에 울산의 월성박씨를 부인으로 맞아 결혼하였 다.(표영삼, 동학1, 54쪽)
22 19세부터 2년 동안 무예 수련에 전념한다. 조상인 최진립 장군의 영향도 있었고, 문과에 응시할 수 없는 신분이었으므로 무과에 뜻을 두기도 했던 것 같다. 그나마 가정 형편이 어려워 그만 두 고 21세부터 31세까지 10년간 전국을 다니며 장사를 하여 생활비를 마련하고, 또한 세상 돌아

가 있고,23 나이 사십이 된 것을 생각하니 어찌 아무런 일도 해놓은 것이 없음을 탄식하지 않으랴.24 몸담을 곳을 정하지 못하였으니 누가 천지가 넓고 크다고 하겠으며, 하는 일마다 서로 어긋나니 스스로 한 몸 간직하기가 어려움을 가엾게 여겼노라.25 이로부터 세간에 분요한 것을 파탈하고 가슴속에 맺혔던 것을 풀어 버리었노라.26

龍潭古舍 家嚴27之丈席28 東都新府 惟我之故鄉 率妻子還捿之日 己未之十月
乘其運道受之節 庚申之四月 是亦夢寐之事 難狀之言 察其易卦大定之數 審誦
三代敬天之理 於是乎 惟知先儒之從命 自歎後學之忘却 修而煉之 莫非自然

가는 것을 살펴보았다. 이를 동학의 교사에서는 周遊天下라 이름한다. 이 기간 중에 많은 학문, 사람을 접하고 서학에도 접한 것으로 보인다.(몽중노소문답가, 참조)

23 옛사람들에게 주역과 괘를 뽑아 점을 치는 것은 오늘 우리가 일기예보를 보고 우산이나 옷을 준비하는 것과 마찬가지였다. 길하면 길한 대로 흉하면 흉한 대로 조심하고 삼가야 할 부분을 점검하는 일과였고, 사주나 팔자를 헤아려 보는 것도 마찬가지.

24 주유천하를 통해서도 어지러운 세상과 당신의 갈 길을 찾지 못한 수운 선생은 1854년(31세) 10월경에 가족과 함께 울산(처가댁)으로 이거하고 선생 자신은 여시바윗골에 초당을 마련하여 사색을 계속한다. 다음해(1855) 을묘해에 乙卯天書를 받고 이제까지 기존의 학문과 수행 전통, 사상 들에서 답을 찾던 것을 한울님께 직접 기도하는 것으로 전환한다. 이후 1856년에 천성산 내원암에서, 1857년엔 천성산 적멸굴에서 49일 기도를 수행한다. 을묘천서란 한 異僧이 금강산 유점사에서 백일기도를 한 끝에 받은 異書를 해독치 못하여 전국을 유람하다가 수운 선생을 만나 이를 전해 주고, 수운 선생이 그 내용을 사흘 만에 온전히 해독하게 되었다는 敎史에 등장하는 書冊을 일컫는 말로서, 수운 선생의 종교체험의 하나로 본다.

25 울산에서 수행 중 생계가 어려워지자 鐵店(철광석을 製鍊하여 판매)을 운영하기도 했으나 이도 실패하고 기도를 통해서도 결정적인 답을 얻지 못했다. 결국 1859년 10월에 가족과 함께 고향으로 돌아와 마지막이라는 심정으로 중한 맹세를 하고 이름과 호를 바꾼다.(용담가 참조)

26 세속적인 욕심들에(생계, 벼슬)에 얽매여서는 참된 마음을 얻기 어렵다. 수운 선생의 당시는 극한 상황에서 모든 것을 버리고 새로 시작하기 위해 처음(태어난 곳)으로 되돌아가는 심정이었을 것이다. "그릇이 비었으므로 능히 만물을 받아들일 수 있고, 집이 비었으므로 사람이 능히 거처할 수 있으며, 천지가 비었으므로 능히 만물을 용납할 수 있고, 마음이 비었으므로 능히 모든 이치를 통할 수 있는 것이니라."(해월신사법설, 허와 실) 실로 어려운 때일수록 자신의 근원이 무엇인지, 무한한 생명의 진리를 공부해 볼 일이다. 구덩이 속에선 보이지 않던 것이, 현실에서 한 걸음 떨어져 크게 멀리 보면 해법이 보이는 법이다.

27 가엄; 아버지.

28 장석; 어른 계시는 자리.

覺來夫子之道則 一理之所定也, 論其惟我之道則 大同而小異也. 去其疑訝則 事理之常然 察其古今則 人事之所爲 ⑥

용담의 옛집은 가친께서 가르치던 곳이요 동도신부는 오직 내 고향이니라. 처자를 거느리고 용담으로 돌아온 날은 기미년 시월이요 그 운수를 타고 도를 받은 시절은 경신년 사월이러라.29 이 또한 꿈같은 일이요 형상하기 어려운 말이니라.30 주역괘의 대정수31를 살펴보고 삼대32적 경천한 이치를 자세히 읽어 보니, 이에 오직 옛날 선비들이 천명에 순종한 것을 알겠으며 후학들이 잊어버린 것을 스스로 탄식할 뿐이로다. 닦고 단련하니 자연한 이치 아님이 없더라.33 공부자의 도를 깨달으면 한 이치로 된 것이요, 오직 우리 도로 말하면 대체는 같으나 약간 다른 것이니라.34 의심을 버리면 사리의 떳떳한 것이요, 예와 지금을 살피면 인사의 할 바니라.35

---

29 용담정으로 돌아온 다음 해, 1860년 4월 5일 무극대도를 받으신다.

30 "대저 생령 많은 사람 사람 없어 이러한가…윤회같이 둘린 운수 내가 어찌 받았으며 억조창생 많은 사람 내가 어찌 높았으며…사람을 가렸으면 나만 못한 사람이며 재질을 가렸으면 나만 못한 재질이며….''(교훈가)

31 대정수; 음양을 풀이하는 숫자. 음과 양의 조화로 세상이 이루어져 있음을 설명하는 것이 주역이다. 옛 사람들은 중요한 일을 앞두고 괘를 뽑아 길흉을 점치고, 그로써 일을 함에 있어 삼가고 경계하는 지침으로 삼았다. 요즈음 그것이 단순히 吉凶禍福을 알아보는 것으로만 전해진 것은 잘못된 것이다.

32 동양의 역사에서 삼대라 하면 중국고대의 夏, 殷, 周 시대를 가리키며, 이때는 聖王에 의한 이상적 정치가 실현되었던 시대로 일컬어진다.(수덕문 공부하기 참조)

33 하늘의 도는 자연스러운 것이다. 또한 예부터 이를 공경하고 지켜오다가 잊었을 뿐이다.

34 인의예지를 가르치는 것은 공자의 가르침과 같지만 약간 다른 것은 무엇인가? 공자는 자연 이법 외의 초월적인 신을 인정하지 않은 듯하다. 그렇기 때문에 신과 죽음의 문제는 언급하지 않고 인간의 현실만을 일관되게 천착했다. 제자인 자로가 죽음에 대해 묻자, "아직 생에 대해서도 모르는데 어찌 죽음을 알랴."(선진편, 12장)고 하거나, "공자께선 怪力亂神에 대해선 입에 담지 않으셨다."(술이편, 20장)는 제자들의 전언이 이를 알게 한다. 동학에서는 형이상학적 한울님을 가르치고, 육신보다 성령이 중함을 말하며 長生과 性靈出世 같은 사후관을 말한다. 유학이 이성과 현실에 치중했다면 기독교는 신앙과 내세를 기반으로 하는 종교이다. 동학은 이 모두를 아우른다.(의암성사법설, 교비평설 참조)

35 한울님이 만물을 내고 생명을 주신 것은 변한 적이 없다. 사람이 그것을 잊었을 뿐이다. 그것을 깨우치기 위해 노력한 분들이 성인들이니 그 가르침들 또한 한울님의 이치일 터이다.

不意布德之心 極念致誠之端 然而彌留 更逢辛酉 時維六月 序屬三夏 良朋滿座 先定其法 賢士問我 又勸布德 ⑦

포덕할 마음은 두지 않고 지극히 치성할 일만 생각하였노라.36 그렇게 미루어 다시 신유년을 만나니, 때는 유월이요 절기는 여름이었더라. 좋은 벗들이 자리에 가득함에 먼저 도 닦는 법을 정하고,37 어진 선비들이 나에게 물음에 또한 포덕을 권하니라.38

胸藏不死之藥 弓乙其形 口誦長生之呪 三七其字 開門納客 其數其然 肆筵設法 其味其如 冠子進退 況若有三千之班 童子拜拱 倚然有六七之詠 年高於我 是亦子貢之禮 歌詠而舞 豈非仲尼之蹈 ⑧

가슴에 불사약을 지녔으니 그 형상은 궁을이요,39 입으로 장생하는 주문을 외우니 그 글자는 스물한 자라.40 문을 열고 손님을 맞으니 그 수효가 그럴 듯 하며, 자리를 펴고 법을 베푸니 그 재미가 그럴 듯하도다. 어른들이 나아

---

36 득도 이후 일 년간 한울님께 받은 도를 자신이 직접 수련하고 체험하였다.; "이 말씀 들은 후에 바삐 한 장 그려내어 물에 타서 먹어 보니…그럭저럭 먹은 부가 수백 장이 되었더라. 칠팔 삭 지내나니 가는 몸이 굵어지고 검던 낯이 희어지네."(안심가)

37 제자들에게 출입 기거에 '告天'할 것과 하루 세 번(자, 인, 오) 청수 모시는 법을 가르쳤다. 또한 친히 목검을 들고 검무를 추고, 또 제자들에게도 가르쳤다. 이렇듯 기록에 의하면 초기 동학의 수행법은 주문을 읽는 것, 심고하는 것, 청수 모시고 기도하는 것과 검무 등이 있었다.

38 왜 득도 후 처음엔 포덕할 마음을 두지 않으시고, 제자들의 물음엔 포덕을 권하였을까? 논학문을 보면 수운 선생이 도를 받은 후 그것을 체화하기 위한 수련의 기간이 필요했음을 알 수 있다. (시천주 이후 양천주의 기간) "내 또한 거의 한 해를 닦고 헤아려 본즉…" 敎史에서는 이 시기에 한울님이 수운 선생에게 금력과 권력 등으로 세상을 구하라는 유혹을 하지만, 수운 선생이 이를 거부하는 일화도 전한다. 이러한 수련의 결과 당신께서 매사 공도공행의 경지에 이르고, 또한 주문과 수도의 절차를 갖추게 되니 신유포덕은 그에 따른 자연스런 결과요, 제자들에게 포덕을 권함은 자신이 확인한 도와 수도 절차의 준비가 된 데 따른 것으로 볼 수 있다.

39 弓乙로 상징되는 불사약은 모든 생명에 내재한 한울님의 영기, 우주의 기운이다. 기운이 약동하는 모습을 한자로 표현하면 궁 자와 을 자가 이에 가깝다. 현대과학에서 밝혀낸 것처럼 모든 에너지가 파동을 가지고 있는 것과, 물질의 궁극적인 모습이 파동 치는 끈의 모습(초끈이론)일 것이라는 것과 상통한다.

40 장생에 대해서는 논학문 6절과 11절 각주 참조. 주문에 대해선 논학문 공부하기, 동경대전 주문 각주 참조.

가고 물러가는 것은 마치 삼천제자의 반열 같고, 어린이들이 읍하고 절하는 것은 육칠의 읊음이 있는 것 같도다.41 나이가 나보다 많으니 이 또한 자공의 예와 같고,42 노래 부르고 춤을 추니43 어찌 공자의 춤과 다르랴.44

仁義禮智 先聖之所敎 守心正氣 惟我之更定 一番致祭 永侍之重盟 萬惑罷去
守誠之故也 衣冠整齊 君子之行 路食手後 賤夫之事 道家不食 一四足之惡肉
陽身所害 又寒泉之急坐 有夫女之防塞 國大典之所禁 臥高聲之誦呪 我誠道之
太慢 然而肆之 是爲之則 ⑨

인의예지는 옛 성인의 가르친 바요, 수심정기45는 내가 다시 정한 것이니라. 한번 입도식을 지내는 것은 한울님을 길이 모시겠다는 중한 맹세요,46 모든

---

41 공자 문하 제자가 삼천 명이라고 한다. 공자가 여러 제자들에게 자신의 포부를 말해보라고 하자 제자 증점이 (세속적 출세가 아니라) 봄날 동자 6-7인을 데리고 기수에 가서 목욕하고 시나 읊겠다고 한다. 그러자 공자가 자기도 증점과 함께 하고 싶다며 칭찬했다. 나이 어린 사람도 수운 선생의 제자가 된 것과 세속의 욕망을 떠나 가르치는 기쁨을 비유한 것.

42 자공은 공자의 제자로 공자보다 연하였다. 그러나 자공이 공자에게 어떻게 예를 표하는지를 물었고 공자는 "예란 절제로서 중도를 이루는 것이다"라고 답하였다. 즉 자신보다 나이 많은 사람을 어떻게 대할 것인가를 답한 예에서 수운 선생도 자신보다 나이 많은 제자를 가르쳤음을 비유하신 것.

43 검가를 부르며 검무를 가르쳤다. 수운 선생이 주유천하 이전에 무예를 수련한 기록이 있다. '본교역사'에 보면 "삼년상을 마치니 가산은 점점 쇠퇴하고 글공부도 이루지 못하였다. 다시 무예공부로 돌아간 지 2년 만에 활을 거두고 장삿길로 나섰다"고 하였다.(표영삼, 을묘천서와 적멸굴 이야기, 신인간, 포덕144년 2월호, 23쪽) 검가는 포덕2년(1861, 신유)에 지은 글로 이 글을 외우며 목검으로 칼춤을 추고 제자들에게도 가르쳤다.(검가 각주 참조)

44 우주에 가득한 지기를 호흡하며 이를 가르치니 이 얼마나 기쁘고 즐거운 일인가? 공자와 수운 선생의 그것이 차이가 없었을 것이다.

45 이 구절도 지킬 守가 맞다.(논학문 5, 9절 참조, 포덕77년(1936) 판 이후 경전은 守로 되어 있다. 계미 중하판, 무자판에는 修) 인의예지 같은 좋은 가르침도, 잊지 않고 지키며 삶속에 실천하지 않으면 의미가 없다. 그래서 수심정기가 중요하다고 강조한 것이다. 세상이 가르침이 부족해서 어지러운가? 성인이 없어서 혼란스러운가? 문제는 실천해서 실질적 변화를 이끌어내는 것이다. 인의예지는 유교의 대표적 가르침. 의암성사법설, 천도태원경 '교비평설' 각주 참조.

46 입도식을 하기 전 初學呪文을 주고 한울님을 위하는 마음을 기르게 하는 수행을 한 연후에 정식 입도식과 함께 本呪文을 수여했다. 入道式은 동학에 입도하여, 진리를 배우고 믿고 실천하겠다는 중한 맹세를 하는 의식이며, 전교인과 수교인 간 사제의 의를 맺는 것(연원 계통이 이로써 형성된다)이기도 하다. 이러한 절차는 도를 헛되게 사용하거나 삿된 길로 빠지는 것을 경계하는 장치이기도 했다. 실제 동학 당시에는 용하다는 소문이 나면서 흘러들어온 주문을 외는 사람과 사

의심을 깨쳐버리는 것은 정성을 지키는 까닭이니라.47 의관을 바로 갖추는 것은 군자의 행실이요,48 길에서 먹으며 뒷짐 지는 것은 천한 사람의 버릇이니라.49 도가에서 먹지 아니할 것은 한 가지 네발짐승의 나쁜 고기요,50 몸에 해로운 것은 또한 찬물에 갑자기 않는 것이니라.51 유부녀를 막는 것은 나라 법으로도 금하는 것이요,52 누워서 큰 소리로 주문 외우는 것은 나

사로이 宗門을 별립하는 사람이 많았다.

47 12절에서 믿음을 정의하였다. 어느 일이건 신뢰가 없으면 이룰 수 없다. 버스가 적혀 있는 행선지로 가지 않고 제멋대로 간다면 누가 이용할 수 있겠는가? 그래서 믿음이란 모든 일의 시작이라고 한 것이다. "사람의 믿음 있는 것이 오행의 土가 있음과 같으니. 억천만사가 도시 믿을 신 한 자뿐이니라."(성경신)

48 의관을 바르게 하는 것은 몸가짐을 바로한다는 뜻이다. 몸이 흐트러지면 마음도 나태해지기 쉽고, 옷차림이 지나치게 사치하면 마음이 거만해지기 쉽다. 헌 옷이라도 깨끗하고 단정하게 하는 것이 중요하다. 내유신령과 외유기화가 하나로 통하기 때문에 수행함에 있어 이런 모든 것이 중하지 않은 것이 없다.

49 먹는 것은 내 몸의 한울기운을 키우고 보충하기 위해 몸 밖의 한울기운(음식)을 먹는 것이므로 신성한 행위이다.(해월 선생은 제사로까지 표현) 길에서 먹는 군것질은 먹는 사람이나 파는 사람이나 그런 정성이 부족하기 마련이다. 뒷짐 지는 것은 마음이 교만해지기 쉽다.

50 해월 선생은 내칙에서 '아무 고기라도 먹으면 그 고기 기운을 따라 사람이 나면 모질고 탁하니….'라고 하였고, 의암 선생은 위생보호장에서 '사람이 먹는 물건 중에 제일 고기류는 해가 많다.'고 하였다. 육식 위주의 식생활이 각종 성인병과 암의 원인이 된다는 사실은 이제 상식이고, 최근에는 늘어나는 육류 소비를 충족시키기 위한 비 생태적인 사육 환경-좁은 공간, 거세, 항생제 남용, 성장 호르몬 주사, 동물성 사료 남용 등-과 그로 인한 새로운 질병들-광우병, 조류독감 등-이 또다시 인류 건강을 위협한다. 천도교에서는 스승님 당시부터 '魚肉酒草'를 삼가도록 했지만 특히 '한 네 발 짐승의 나쁜 고기'를 개고기로 보고 금기시하는 習俗이 전한다.

51 36도의 정상 체온인 사람이 찬물에 갑자기 들어가면 심장마비 등을 일으킬 수 있다. 오늘날 목욕탕에서 열탕과 냉탕을 반복해 오가는 사람이 간혹 있는데 열탕에서 이완된 혈관이 냉탕에서 급격히 수축되며 혈압이 올라가면 뇌졸중과 심장마비를 일으켜 급사하는 사고가 생긴다. 그런데 왜 이런 상식적인 이야기를 했을까? 요즘도 도를 닦는다며 얼음물 속에 들어가거나 기이한 자세로 육신을 학대하는 경우가 종종 있다. 그러나 마음-정신이 깃드는 곳이 몸인데 몸이 건강하지 않고 바르지 못하면 바른 도를 이룰 수 없다. 천도는 지극히 상식적이고 정상적인 자연의 흐름인 것이다. 이 구절과 관련한 일화는 수덕문공부하기 참조.

52 이 구절은 '남편이 있는 여인을 지키고 보호하는 것은 나라 법에도 정한 것이다'로 번역하면 뜻이 잘 통할 듯하다. 생활여건이 혹독했던 옛날엔 가족의 생계를 맡은 남편이 없으면 부인과 자녀들의 생존이 위험해지곤 했다. 이를 막고 인구(인구가 국력이던 시대)를 유지하기 위한 제도가 고구려의 형사취수제나 이슬람의 일부다처제 등이었다. 남편은 군역 등에 동원되어 가정을 떠나있는 경우도 많았고 실제 평균수명도 짧았다. 이렇게 남편이 떠나 있는 동안 가족의 안위를 국가가 보장해주지 못하면 장시간 변방에서의 군역 등에 사람들을 동원할 수 없었을 것이다. 성종 때 완성된 경국대전에 따르면 평민남자들은 16~60세까지 군역의 의무를 수행해야 했다. 2

의 정성된 도에 태만함이니라.53 그렇듯이 펴니 이것이 수칙이 되느니라.54

美哉 吾道之行 投筆成字 人亦疑王羲之迹 開口唱韻 孰不服樵夫之前 懷咎斯
人 慾不及石氏之貨 極誠其兒 更不羨師曠之聰 容貌之幻態 意仙風之吹臨 宿
病之自效 忘盧醫之良名 ⑩

아름답도다, 우리 도의 행함이여. 붓을 들어 글을 쓰니 사람들이 왕희지의
필적인가 의심하고, 입을 열어 운을 부르니 누가 나무꾼 앞에서 머리를 숙
이지 않겠는가.55 허물을 뉘우친 사람은 욕심이 석숭56의 재물도 탐내지 아
니하고, 정성이 지극한 아이는 다시 사광57의 총명도 부러워하지 않더라.

개월에서 1년 정도를 교대로 근무하였는데 봉급이 지급되지 않았고 무기나 군복도 스스로 마련
해야 했다. 이렇게 일반 양인으로 구성된 정병(正兵)이 조선의 정규군으로, 8교대로 2개월씩 서
울로 상경해 근무하거나, 지방의 여러 진(鎭)에서 4교대로 1개월씩 근무했다. 조선시대 군역은
오늘날과 달리 60세까지 같은 과정을 반복해야 했다.

53 일동일정, 매매사사가 도 아님이 없고 한울님 은덕 아님이 없다. 매사에 주문을 읽으며 사적인
욕심보다 한울을 생각하며 일하는 것이 도인의 의무이다. 그렇다면 누워 잘 때도 주문을 외면서
자야 맞겠다.("행주좌와와 어묵동정이 어느 것이나 조화의 자취 아님이 없건마는…." 해월신사
법설, 도결) 하지만 여기서 수운 선생이 경계한 것은 평소에는 자기 욕심만 챙기다가 급한 일이
닥쳐서 한울님을 찾거나, 시간이 남고 편히 쉬는 시간에만 도를 여가처럼 닦는 것으로 여기는
태도일 것이다.

54 인의예지-수심정기-입도식-정성-의관-먹을거리-행실 등 도 닦는 수칙을 설명하였다. 동학
의 수행 수칙은 어느 것 하나 일상을 벗어나지 않는다.

55 글씨를 쓰고 시와 노래하는 것은 전통적인 수행법이다. 글씨와 노래에 재주와 기교가 뛰어난 사
람이 있고 그렇지 못한 사람이 있다. 그러나 마음이 바르면 그 뜻이 글씨와 노래에 담긴다. 천하
명필 추사 김정희의 최고작으로 꼽는 것은 그의 말년에 쓴 글씨들인데 이들은 한결같이 기교를
거의 쓰지 않은 고졸한 작품들이다. 중요한 것은 그것을 쓰고 부르는 사람의 마음인 것이다. 실
제 수련과정에서 강서를 받는 분들이 있다. 글을 모르고 서예를 배운 적이 없던 사람도 강령으
로 한울님 기운과 하나 되면 자신의 한계를 벗어나 신필을 휘두른다. 어찌 글씨뿐이겠는가! ★ 자
신이 직접 경험하지 못한 이야기를 전할 때는 비유가 되고 방편이 된다. 불경과 성경에 수많은
비유와 방편이 실제 있었던 사건과 혼동을 일으키는 것도 그 때문이다. 하지만 수운 선생의 이
기록은 본인이 체험한 것을 직접 기록한, 비유가 아닌 정확한 기사다. 그러므로 선생의 가르침
대로 하면 지금도 누구나 재현할 수 있다.

56 석숭(石崇, 249-300); 중국 西晉(위진남북조시대의 나라)의 부호.(수덕문 공부하기 참조)
일체가 한울임을 깨닫는다면 물욕에 끌려 다니지 않을 것이다.

57 사광은 춘추시대 晉나라 平公 때의 사람. 진나라에서도 가장 총명한 선비였다.(수덕문 공부하
기 참조) 참된 성공은 잔꾀보다 정성으로 이루어지게 마련이다.

용모가 환태된 것은 마치 선풍이 불어온 듯하고, 오랜 병이 저절로 낫는 것은 편작58의 어진 이름도 잊어버릴 만하더라.59

雖然 道成德立 在誠在人 或聞流言而修之 或聞流呪而誦焉 豈不非哉 敢不憫然 憧憧我思 靡日不切 彬彬聖德 或恐有誤 是亦不面之致也 多數之故也 遠方照應而 亦不堪相思之懷 近欲敍情而必不無指目之嫌 故 作此章 布以示之 賢我諸君 愼聽吾言 ⑪

비록 그러나 도성덕립이 되는 것은 정성에 있고 사람에 달렸느니라.60 혹은 떠도는 말을 듣고 닦으며 혹은 떠도는 주문을 듣고 외우니, 어찌 그릇된 일이 아니며 어찌 민망한 일이 아니겠는가. 안타까운 나의 심정은 날로 간절치 않은 날이 없고, 빛나는 거룩한 덕을 혹 그르칠까 두려워하노라. 이것은 또한 직접 만나지 못한 탓이요, 사람이 많은 까닭이라. 먼 곳에서도 서로 마음과 마음은 비치어 응하지만 또한 그리운 회포를 이기지 못하겠고, 가까이 만나서 정회를 펴고자 하나 반드시 지목 받을 혐의가 없지 아니하므로 이 글을 지어 펴서 보이니, 어진 그대들은 삼가 나의 말을 들을지어다.61

58 편작; 중국 전국시대의 名醫.(수덕문 공부하기 참조) 몸과 마음을 함께 닦는 것이 동학의 수행이다. 마음이 밝아지고 몸이 건강해지면 병도 낫고 병으로 인해 일그러졌던 용모도 변할 것이다. 수운선생이 한울님에게 처음 받은 명도 질병에 허덕이는 사람들을 구하라는 것이었고, 득도후 본인 스스로 한울님의 영부로 몸이 변화되는 것을 확인(검던 낯이 희어지고 가는 몸이 굵어지는)했으며, 병든 사람들을 고쳐 주기도 했다. 생명도 질병도 모두 한울님의 이치요 간섭 작용이기 때문이다. 지금도 현대의학마저 포기한 불치의 병을 수련으로 고친 사례들은 수없이 많다.
59 한울 이치로 화생된 우리 몸이지만 그 이치를 벗어나면 병이 생긴다. 다시 한울이치에 맞추면 잘못 됐던 것(병)이 나을 뿐 아니라 사물과 자연스럽게 화할 수 있을 것이다. 9절까지 도의 수칙이 설명되고 그를 따라 제자들이 공부하고 변화하는 모습이 아름답게 그려진다.
60 바른 공부를 위해서는 본인의 정성도 중요하지만 공부를 바르게 인도할 선생님도 중요하다. 실제 동학의 역사에서, 떠도는 말을 듣고 혼자 공부하여 자의대로 해석하고 교문을 난립하니 구한말에 동학 계열 신흥종교가 수백 개에 달했다고 한다.
61 이 글은 수운 선생이 남원 은적암에 피신해 있으면서 경상도에서 수행하는 제자들의 바른 공부를 위해 쓴 글이다. 아무리 훌륭한 진리라도 본인이 정성 들이지 않으면 소용없다. 또한 본인이 아무리 노력해도 좋은 스승의 가르침을 받으며 공부하는 것과 혼자 노력하는 것은 성패는 물론 성취도에 큰 차이가 날 수밖에 없다.

大抵此道 心信爲誠 以信爲幻 人而言之 言之其中 曰可曰否 取可退否 再思心
定 定之後言 不信曰信 如斯修之 乃成其誠 誠與信兮 其則不遠 人言以成 先
信後誠 吾今明諭 豈非信言 敬以誠之 無違訓辭 ⑫

대저 이 도는 마음으로 믿는 것이 정성이 되느니라. 믿을 신자를 풀어 보면
사람의 말이라는 뜻이니62 사람의 말 가운데는 옳고 그름이 있는 것을, 그
중에서 옳은 말은 취하고 그른 말은 버리어 거듭 생각하여 마음을 정하라.
한번 작정한 뒤에는 다른 말을 믿지 않는 것이 믿음이니 이와 같이 닦아야
마침내 그 정성을 이루느니라. 정성과 믿음이여, 그 법칙이 멀지 아니하니
라. 사람의 말로 이루었으니 먼저 믿고 뒤에 정성하라.63 내 지금 밝게 가르
치니 어찌 미더운 말이 아니겠는가. 공경하고 정성들여 가르치는 말을 어기
지 말지어다.64

<수덕문 공부하기>

1. 정무공 최진립

정무공 최진립(1568-1636) 장군은 고운 최치원 선생의 17대 손으로 경주시
현곡면 하구리에서 태어나 경주시 내남면 이조리 가암마을에 정착하면서 경
주최씨 가암파의 파조가 된다. 수운 선생은 이곳 수덕문과 용담유사 곳곳에
서 가문에 대한 자부심을 표현하시는데, 가암최씨의 시조인 정무공은 조선

---

62 한자는 象形, 轉注, 假借, 會意, 指事, 形聲의 원리로 만들어졌다. 믿을 신자는 뜻이 다른 두 글
  자가 모여 만들어진 글자로 會意 문자다. 글자를 破字하여 본뜻을 추구하는 것은 오랜 공부 방
  법이다.
63 정성이란 변하지 않고 꾸준함을 뜻한다.(해월신사법설, 성경신 참조) 자신이 하는 것에 대한 확
  신이 없다면 꾸준할 수 없다. 그러므로 믿음이 선행되어야 정성이 가능해진다.
64 지금 우리는 옳은 말 그른 말을 잘 구분하는가? 구분된 뒤엔 변함없이 믿고 정성들이는가?

역사에서도 유례를 찾기 어려운 특별한 공신이었다.

정무공은 1592년(선조25)에 임진왜란으로 경주성이 함락되자 25세의 나이에 의병을 일으켜, 다른 의병장들과 함께 경주, 영천등지에서 왜적과 싸워 공을 세웠다. 전란 중 27세 때 무과에 급제하고, 30세 때인 정유재란에서도 공을 세워, 임란 후 선무원종공신에 책록되고 경기 수군통제사, 전라우도 수군 절도사 등을 역임하였다.

1630년 인조가 공조참판에 제수하지만, 공은 그런 중책을 무인으로서 맡을 수 없다고 하자 '뭇 사람이 우러르고 굳센 절개 공경하노라. 재물을 좋아하는 사람을 벗하지 않고 청렴하고 삼감을 내가 공경한다'는 글을 내린다. 공은 이렇게 여러 벼슬을 거치는 동안 한결같이 청백함이 나라에 알려졌다.

1636년(인조18) 공이 69세 때 공주영장 재임 시 병자호란이 발발했다. 인조가 남한산성에서 청나라 군대에 포위되자, 충청도 관군들과 함께 군사를 일으켜 근왕을 위해 진격했다. 이때 장군의 연세가 칠십이라 충청감사 정세규가 "늙어 전장에 나가기 마땅치 않다" 며 후방을 지켜 줄 것을 간청하였으나 장군은 비장한 목소리로 "내 비록 늙어 잘 싸우지는 못할지언정 싸우다 죽지도 못하겠는가?"라고 하면서 출전한 일화는 유명하다.

1637년 1월 2일, 청나라 장수 양고리(楊古利, 양굴리)가 이끄는 적과 용인 험천땅에서 대치하게 되었다. 그런데 총지휘관인 충청 병사 이의배가 겁을 먹고 단신으로 도망쳐버렸다.

최진립, 나성 현감 김홍익, 남포 현감 이경징, 금정 찰방 이상재 등은 총지휘관이 도주한 상황이었지만 포기하지 않았다. 한국학중앙연구원의 <향토문화전자대전>은 이들이 '훈련이 부족하고 전투력이 미약한 소수 부대'를 잘 통솔하여 적과 대등하게 싸웠다고 표현하고 있다. 하루 종일 10여 차례 전투가 벌어졌다. 하지만 해 질 무렵이 되자 아군은 탄약과 화살도 떨어지고 병력도 모자라 마침내 김홍익, 이경징, 이상재 등이 모두 전사하고 말았

다. 군사도 이미 반이나 잃었다. 백전노장 최진립도 순절했다. <향토문화전
자대전>은 "최진립도 공주 영장으로서 군사를 이끌고 험천 전투에 참여하
여 용전하다가 장렬히 순절했다. 다음 해에 시체를 수습했는데 그 모양이
살아 있는 듯하고 화살이 고슴도치처럼 박혀 있었다고 한다."라고 했다.

25세에 임진왜란에도 참전하였고, 다시 69세 고령으로 병자호란에 참전
하여 전장에서 장렬히 전사한 노장의 전역(戰役)은 유례도 없거니와 사람들
을 감동시킬 만한 일이었다.

나라에서는 공을 기려 경주 생가 인근의 1699년 창건된 용산서원에 제향
하는데 용산서원은 조선시대 국왕으로부터 편액·서적·토지·노비 등을 하사
받아 그 권위를 인정받은 전국 3대 사액서원 중 하나이다.

무인으로서 향사된 경우는 희귀하지만 정무공은 장군이면서 공조참판의
벼슬을 한, 문무를 겸비한 선비였기 때문에 향사에 모셔졌다. 이는 드문 경
우로서 충무공 이순신 장군이 향사된 예가 있다.

정무공 종가에선 현재도 공의 불천위 제사를 지내는데, 특이한 것은 공을
따라 종군하다 함께 전사한 기별과 옥동 두 노비에 대한 제사를 함께 지낸
다는 것이다. 용인 험천 전투에서 최진립이 자신을 평생 동안 모시느라 환
갑을 넘긴 두 노비에게 "너희는 집으로 돌아가 목숨을 지키도록 하라." 하
고 명령했을 때 "주인이 목숨을 버려 충신이 되는데 어찌 우리 종들이 충노
가 되지 않을 수 있겠습니까?"고 답하며 끝까지 함께했다고 한다.

종가에서는 이들의 영령을 기려 장군의 불천위 제사 뒤 상을 물려 제사
를 지내는 전통을 지금도 이어오고 있다. 신분 구분이 엄격하던 시절부터
지금까지 여러 양반들로부터 어떻게 종에게 양반이 절을 올리느냐고 많은
손가락질을 받으면서도 꿋꿋하게 이어져 내려오는 집안의 전통이다.

정무공의 셋째아들이 경주 교촌 최부자집(최부자집에 대해선 조용헌 저, 『5백년
내력의 명문가 이야기』 참조)이고 넷째아들이 수운 선생의 집안이다.

2. 삼대

중국 역사는 하, 은, 주 세 고대국가에서 시작된다. 이를 삼대라 한다.

중국 역사는 삼황오제로부터 시작된다고 하지만 삼황은 전설로 여겨지고 중국인들도 오제부터 시작되는 것으로 생각한다. 실제 고고학적 발굴에서는 상(은)나라의 존재까지 확인되었다. 중국 기록에 의하면(서경 등) 문명을 처음으로 연 것은 요堯임금이다. 이때 농경을 시작했고 농경을 위한 역법과 수리법 등이 고안되었다. 또한 고대의 중원에서는 여러 부족이 공존하며 신라의 화백회의처럼 원로들이 모여 중대사를 결정하고 덕이 있는 자에게 임금 자리를 물려준 것으로 보인다. 말하자면 이때 임금은 전제군주가 아닌 원로회의 대표 정도였을 것이다. 그렇게 해서 요임금 다음으로 효자로 유명한 가난한 농부인 순舜에게 제위가 돌아갔는데, 순은 이족夷族이었던 것으로 여겨진다. 중원의 여러 부족들 중 동쪽의 이족과 서쪽의 하족夏族 그리고 남쪽의 묘족苗族이 균형을 이루며 주변 군소 부족을 이끌었던 것으로 보인다. 순임금은 치수를 담당한 관리였던 하족의 우禹에게 제위를 물려준다. 그런데 고대부터 이족은 하늘의 천명을 중시하고 따르며 이에 하나 되는 것을 중시하였으며 정치는 천명을 대신해 백성을 돌보는 것으로 여긴 반면, 하족은 힘과 규율을 숭상하고 재산과 영토 등 현실적 이익을 추구하는 경향이 있었으며 정치란 힘과 법으로 규율을 세워나가는 것이라고 여겼다. 그렇기 때문에 순에서 우로의 선위는 사기史記에는 양위로 기록되어 있지만 일부 도가道家에선 우가 군사를 일으켜 제위를 찬탈한 것이라는 구전이 전한다. 그래서인지 우임금 이후에는 선위가 아니라 아들에게 왕위가 세습되는 중국 최초의 하왕조가 열린다.(중국인들은 자신들을 華夏族이라 부른다)

하왕조의 마지막 임금 걸桀이 폭정을 일삼자 동이東夷의 탕湯이 이를 치고 상商왕조를 세웠다. 상은 이후 수도를 은殷으로 옮겨 은으로도 불린다. 탕임금은 천명을 공경하고 백성을 위했으나 몇 대를 지나면서 이를 잊고 은의 마지막왕인 주紂에 이르러서 폭정이 심하였다(주지육림의 고사). 이때 서하西夏의 희창姬昌이 여黎나라를 평정하고 공을 세워 서백西伯이 되었다. 서백이 주周를 세우고 문왕文王이 되었는데, 문왕의 아들 무왕武王에 이르러 은주왕殷紂王을 치니 이때 은이 망하고 주왕조가 시작되었다. 이렇듯 서하족과 동이족의 싸움이 오락가락하다가 이때 동이족이 패한 뒤로 다시 중원의 주도권을 잡지 못하였다. 은이 망한 뒤에도 은의 세력은 무시할 수 없어 주紂왕의 아들을 송나라에 봉하고 제사를 받들게 했고, 은의 기자는 동으로 유민들을 이끌고 가 기자조선을 세웠다고 한다. 조선은 여러 동이족 부족이 세운 제후국들로 구성되었던 것으로 보이는데 기자조선은 그중의 하나로 지금의 산동성 부근에 자리 잡은 것으로 여겨진다. 삼국유사에 따르면 이미 요임금 즉위 50년에 단군이 평양에 도읍하며 조선을 세웠다고 하므로 고대에는 동이족의 여러 제후국과 하족이 중원에 할거割據하고 교류하며 발전해 왔다고 보아야 한다.

주나라는 각 지역에 인척과 공신을 봉하여 다스리게 하였는데, 세월이 지나면서 주 왕실은 쇠약해지고 각 지역 제후들의 세력이 커져 서로 세력을 다투는 춘추전국시대로 접어든다. 결국 진나라의 시황제에 의해 중국 대륙이 통일되고 한나라로 이어지며 중국의 역사가 계승된다. 춘추전국시대, 각 지역의 소국들이 할거하며 지역의 자치를 추구하는 흐름과 통일 제국을 지향하는 세력이 통일과 분열을 반복하는 것이 중국역사의 전개가 된다. 사상적으로는 小國寡民(소국과민, 작은 나라에 적은 인구)과 백성들의 자율에 맡길 것을 주장하는 무위사상의 도가와, 일정한 도덕과 규율로 백성들을 교육하고 인도(學而時習之)하여 이상적 문화 체계인 예로 나아간다는 유가가 대척점에 서게 된다. 통일 제국인 한나라 이후 유학이 통치 이념으로 채택된 것은 그런 배경이 있는 것이다.(최진석, 노자의 목소리로 듣는 도덕경, 107-109)

이런 고대 중국의 하-은-주로 이어지는 역사와 그 속에서 흥하는 임금과

망하는 임금의 정치를 기록한 것이 서경이다. 즉 경천순천하면 흥하고 배천
역리하면 망하는 것을 경계한 것이며 유교 국가였던 조선에서 사서삼경 중
하나인 서경은 가장 기본이 되는 교과서였다.(이기동, 서경강설; 이덕일·김병기, 고
조선은 대륙의 지배자였다, 참조)

3. 찬 물에 앉지 마라

해월 선생이 입도한 후 다른 제자들이 강령과 강화를 받는 등 공부의 진척
이 있는 것을 보고 자신의 정성이 부족함을 부끄러워하셨다. 그래서 '(수운)
선생께서 독공하실 때 한울님 말씀을 들었다 하시니 성력을 다하여 한울님
마음을 움직이리라.' 마음먹고 한겨울 혹한에 매일 목욕재계를 하고 수련하
였다. 어느 날 문득 공중에서 "찬물에 갑자기 앉는 것은 몸에 해로우니라."
하는 소리가 들리므로 이상히 여겨 냉수욕을 그만두었다. 그 뒤 수운 선생
에게 이 일을 말씀드리니 수운 선생은 "그대가 한울님 말씀을 들은 시간은
내가 (은적암에서) 수덕문을 읊던 시간이니, 수덕문 가운데 '양신소해陽身所害는
우한천지급又寒泉之急坐니라.' 하는 구절이 있어 내가 글 읽는 소리가 (우주에
가득한 지기를 통해) 그대에게 들린 것이다." 하였다. 이렇게 해월 선생은 오심
즉여심의 체험을 한 것이다.(천도교백년약사, 102-104쪽; 표영삼, 동학 1, 205쪽)

모든 생명은 다 같은 기운 작용으로 생겨난다. 이를 지기, 한울, 우주 대
생명이라 한다. 한 나무에서 돋아난 가지임에도 자의식이 생기면 나무에서
비롯됨을 잊고 가지-자신만을 위하니 이를 각자위심이라 한다. 이 각자위
심과 자존심을 참회하고 본래의 기운과 마음을 회복하는 것이 동학의 수행
이다. 이렇게 본래의 마음을 회복하면 우주에 가득한 기운과 하나가 되니,
그것이 강령이고, 멀리 있는 사람과 뜻이 통하기도 하는 영적을 체험하게
된다.

현대 과학에서도 이런 영적 현상을 연구한다. 그러나 주로 군사적 목적으

로 연구하므로 그 성과 등이 많이 알려지지 않았다. 다만 우주선을 타고 비행하는 사람과 지상에 있는 사람 간에 카드를 맞추는 등의 텔레파시 같은 실험이 간간이 알려지고 있을 뿐이다.

포덕3년 3월에 수운 선생이 은적암에서 경주로 돌아와 박대여의 집에서 지내실 때 하루는 최경상(해월)이 뜻하지 않게 찾아왔다. 수운 선생은 아무에게도 알리지 않고 이곳에서 조용히 있는데 어찌 알고 왔느냐고 묻자 최경상이 "아침에 일찍 일어나 심고를 한즉 선생님께서 이곳에 계신 듯한 영감이 있으므로 찾아 왔습니다." 하였다.(조기주, 동학의 원류, 54쪽)

의암 선생 당시(전화나 전보가 일반화되어 있지 않은 일제시대)만 해도 봉황각에서 각지의 두목을 모아 수련을 할 때 특별히 연락을 하지 않아도 지방의 두목들이 일과 중 문득 성사님이 뵙고 싶어 상경하면 그것이 곧 성사님이 부른 것이었다고 일화가 전하기도 한다. 우리 일상 중에도 마음이 서로 통해, 같은 선물을 준비하거나 같은 음식을 준비하는 일이 종종 있다. 이 모두가 참된 마음은 하나이며 하나로 통함을 보여주는 것이다.

4. 석숭

발해渤海 난피南皮 사람. 징저우자사荊州刺史가 되었다. 진晉나라 무제 때의 사람으로 남조南朝의 고급 관리 중에는 부호가 많았는데 그 대표적인 인물이다. 집안을 금옥金玉과 산호珊瑚로 단장하고, 땔감은 밀랍을 사용할 정도였다고 한다. 그러나 재산은 정당하게 번 것이 아니고 부정축재를 하여 지극히 호화로운 생활을 하였다고 한다. 팔왕八王의 난亂 때 어느 세력가가 그의 애첩인 녹주綠珠를 빼앗으려는 것을 거절하다가 그의 무고를 받아서 조왕趙王 윤倫에게 참수형을 받아 비참한 말로를 당하였다.

5. 사광

그는 어려서부터 음악을 매우 좋아했다. 그러나 늘 음악에 전념하지 못하는 자신에 대해 고민했다. 어느 날 사광이 탄식하길 '기법이 정밀하지 못한 것은 생각이 여러 곳으로 흩어져 있기 때문이다. 또 마음을 하나로 통일하지 못하는 것은 눈으로 너무 많은 것을 보기 때문이다.'고 하여 쑥에 불을 붙여 자기 눈을 태웠다. 그는 마음을 통일하고 오로지 음악에만 전심전력을 기울이기 위해 스스로 소경이 됐고 음악에만 몸과 마음을 바쳤다.

드디어 사광은 음악으로써 기후氣候의 영허盈虛와 음양陰陽의 소장消長을 통달하였다. 하늘의 변화와 인간의 일을 음악으로써 알아맞히되 추호도 틀리지 않았다. 심지어 물건 놓는 소리와 새나 짐승의 울음소리만 들어도 그 길흉을 짐작했다.(김구용역, 동주 열국지 권7, 23-24쪽)

6. 편작

성은 진秦 이름은 월인越人. 노나라에 살았기 때문에 노의라고도 하였다. 광범위한 종류의 병을 침, 약초 등으로 치료했으며 맥박에 의한 진단에 탁월했다고 한다. 후세에 명의의 대명사로 알려졌다.

不然其然불연기연[1]

歌曰 而千古之萬物兮 各有成各有形 所見以論之則 其然而似然 所自以度之則 其遠而甚遠 是亦杳然之事 難測之言 我思我則 父母在玆 後思後則 子孫存彼 來世而比之則 理無異於我思我 去世而尋之則感難分於人爲人 ①

노래하기를 천고의 만물이여, 각각 이룸이 있고 각각 형상이 있도다. 보는 바로 말하면 그렇고 그런 듯하나 그 부터 온 바를 헤아리면 멀고도 심히 멀도다.[2] 이 또한 아득한 일이요 헤아리기 어려운 말이로다. 나의 나 된 것을 생각하면 부모가 이에 계시고, 뒤에 뒤 될 것을 생각하면 자손이 저기 있도다. 오는 세상에 견주면 이치가 나의 나 된 것을 생각함에 다름이 없고,[3] 지난 세상에서 찾으면 의심컨대 사람으로서 사람 된 것을 분간키 어렵도다.[4]

噫 如斯之忖度兮 由其然而看之則 其然如其然 探不然而思之則 不然于不然 何者 太古兮 天皇氏 豈爲人 豈爲王 斯人之無根兮 胡不曰 不然也 世間 孰能 無父母之人 考其先則 其然其然又其然之故也 ②

아! 이같이 헤아림이여. 그 그러함을 미루어 보면 기연은 기연이나 그렇지 않음을 찾아서 생각하면 불연은 불연이라. 왜 그런가. 태고에 천황씨[5]는 어

---

1 포덕4년(1863) 11월 지음.

2 만물은 모두가 한울이 형상을 이루고 다시 그 안에서 사는 것(의암성사법설, 삼성과, 463쪽)이다. 더운 곳에서 사는 것은 거기에 맞게, 추운 곳에서 사는 것은 또 거기에 맞는 형상을 갖추고, 거기에 맞는 삶을 산다. 그것을 자세히 관찰하고 공부하면 그 이치를 알 수 있다(기연). 그러나 그 생명의 근본은 무엇인가에 대한 보다 깊은 것은 자세히 공부해도 알기 어려운 부분이 된다(불연).

3 지금 세상의 모습은 부모 세대가 살고 이루어 온 결과와 영향이고, 앞으로의 세상은 지금 현재를 사는 우리 모습을 반영한다.

4 세상의 만물은 아무 뜻 없이 존재하는 것은 없다. 우주를 구성하는 한울님 이치와 법칙에 의해 생기고 형상을 갖춘다. 그러나 사람은 스스로의 인식 범위 내에서만 알려고 할 뿐이다. 내 인식 범위를 넘어선 경우는 어떻게 알 수 있을까?

5 사기(史記)에는 이 세상을 처음 연 이를 천황씨라 하였다. 즉 삼황기(三皇記)에 "삼황이란 천황, 지황, 인황의 삼황을 말한다. 이 천지는 삼황이 처음 세웠다."고 하였다. 천지를 세웠다는 말은

떻게 사람이 되었으며 어떻게 임금이 되었는가. 이 사람의 근본이 없음이여, 어찌 불연이라고 이르지 않겠는가. 세상에 누가 부모 없는 사람이 있겠는가. 그 선조를 상고하면 그렇고 그렇고 또 그런 까닭이니라.6

然而爲世 作之君作之師 君者以法造之 師者以禮敎之 君無傳位之君而法綱何 受 師無受訓之師而禮義 安效 不知也不知也 生以知之而然耶 無爲化也而然耶 以知而言之 心在於暗暗之中 以化而言之 理遠於茫茫之間 ③

그렇게 세상이 되어서 임금을 내고 스승을 내었으니 임금은 법을 만들고 스승은 예를 가르쳤느니라.7 임금은 맨 처음 자리를 전해준 임금이 없건마는 법강을 어디서 받았으며, 스승은 맨 처음 가르침을 받은 스승이 없건마는 예의를 어디서 본받았을까. 알지 못하고 알지 못할 일이로다. 나면서부터 알아서 그러함인가, 자연히 화해서 그러함인가.8 나면서부터 알았다 할지라도 마음은 어두운 가운데 있고,9 자연히 화했다 해도 이치는 아득한 사이에 있도다.10

세상을 열었다는 말이며 삶의 틀을 열었다는 말이다. 바꾸어 말하면 인류의 문화를 처음 열었다는 말이다. 천황씨는 바로 이 천지(문화)를 처음 연 분이다. 수운 선생은 자신을 후천의 천황씨라 하였다. 이는 스스로 새로운 문명을 연(개벽) 시조임을 자부한 말이다.

6 사람의 인식 범위 내에서 인과가 뚜렷한 것은 그렇다(其然)고 알 수 있지만 인과를 명확히 밝히기 어려운 것은 그렇지 않다(不然)고 말한다. 무엇이 기연이고 무엇이 불연인가? 내 지식이 짧은 것은 모른 채 불연이라고 할 수 있는가? 누구를 기준으로 말하는가?

7 세상 사람들 중에 뛰어난 사람이 다른 사람들을 바르게 살도록 가르치고 인도하였다. 그 역할이 두 가지로 대표되니 하나는 현실의 규범(임금이 법으로 다스림)이요, 또 하나는 보다 폭넓은 삶을 인도하는 윤리(스승이 예의를 가르침)이다. 作之君作之師; 서경 周書 泰誓 上편에 나오는 말이다. 해월신사법설 강서 첫 번째 구절 각주 참조.

8 생이지지는 나면서부터 아는 지혜로움. 첫 스승과 임금은 누구에게서 가르침을 받았는가? 사람은 누구나 다른 사람(스승)과 자연(한울님)으로부터 경험하고 배운다.

9 어둠이란 無明이고 어리석음이다. 나면서부터 알아 임금이 되었다고 해도 마음은 이해가 잘 안 된다는 뜻. 몰라서 저지르는 악도 나쁘기는 마찬가지다. 설사 안다고 해도 명확히 이치를 알지 못하면 잘못에 쉽게 빠질 수 있다. "밝음이 있는 바를 알지 못하거든 멀리 구하지 말고 나를 닦으라." (전팔절)

10 자연히 화하게 된 이치를 알 수 없다는 뜻. 유가의 전통적인 학습 방법은 '格物致知'이다. 자세

夫如是則 不知不然故 不曰不然 乃知其然故 乃恃其然者也 於是而揣其末 究
其本則 物爲物理爲理之大業 幾遠矣哉 況又斯世之人兮 胡無知胡無知 ④

무릇 이와 같은즉 불연은 알지 못하므로 불연을 말하지 못하고, 기연은 알
수 있으므로 이에 기연을 믿는 것이라. 이에 그 끝을 헤아리고 그 근본을 캐
어 본즉 만물이 만물되고 이치가 이치 된 큰 일이 얼마나 먼 것이냐. 하물며
또한 이 세상 사람이여, 어찌하여 앎이 없는고, 어찌하여 앎이 없는고.11

數定之幾年兮 運自來而復之 古今之不變兮 豈謂運豈謂復 於萬物之不然兮 數
之而明之 記之而鑑之 四時之有序兮 胡爲然胡爲然 山上之有水兮 其可然其可
然 赤子之稱稱兮 不言知夫父母 胡無知胡無知 斯世人兮 胡無知 聖人之以生
兮 河一淸千年 運自來而復歟 水自知而變歟 耕牛之聞言兮 如有心如有知 以
力之足爲兮 何以苦何以死 烏子之反哺兮 彼亦知夫孝悌 玄鳥之知主兮 貧亦歸
貧亦歸 ⑤

수12가 정해진지 몇 해런고, 운이 스스로 와서 회복되도다.13 예와 이제가
변치 않음이여, 어찌 운이라 하며 어찌 회복이라 하는가. 만물의 불연이여,
헤아서 밝히고 기록하여 밝히리라.14 사시의 차례가 있음이여, 어찌하여 그

히 끊임없이 관찰하여 궁극적인 원리를 찾는다. 그러나 그 대상이 단편적인 것을 벗어나면 한
계에 봉착할 수밖에 없다.
11 기연은 눈앞에 보이고 확인되는 것이지만 사람들은 그 속에 감춰진 근본을 알려 하지 않는다.
결국 눈앞의 얕은 지식만 가지고 근본은 모르는 우물 안 개구리가 되는 것이다. 胡는 어찌호. 그
러므로 胡無知는 왜 모르느냐, 이 또한 모를 일이다 정도의 뜻.
12 "오제 후부터 성인이 나시어 일월성신과 천지도수를 글로 적어 내어…."(포덕문)라고 한 것처
럼 數는 天地度數, 즉 천지 운행의 이치, 법칙을 말한다. 또한 수는 이러한 천지 운행의 이치와
하늘의 때(천시=씨뿌리는 때, 거두는 때, 저장하는 때)를 따지는 방법을 뜻하기도 한다. 이를 체
계화한 것이 주역이다.(불연기연 공부하기 참조)
13 천지 운행의 법칙은 무왕불복이다. 수축-팽창, 자전-공전, 나고 죽음, 이 모두가 반복된다.
14 모든 생명(우주만물 포함)의 속성은 반복이다. 나고 자라고 죽기를 반복한다.(무왕불복) 그러므
로 매번 일어나는 일을 잘 살피고 기록하면 그 이치를 알 수 있게 된다. 이는 모든 학문의 기본
방법이다. 원문의 於萬物之不然兮에서 於는 감탄사로 사용. 호흡 다할 오로 읽는다.

리 되었으며 어찌하여 그리 되었는고. 산 위에 물이 있음이여, 그것이 그럴 수 있으며 그것이 그럴 수 있는가.15

갓난아기의 어리고 어림이여, 말은 못해도 부모를 아는데 어찌하여 앎이 없는고. 어찌하여 앎이 없는고.16 이 세상 사람이여, 어찌하여 앎이 없는 고.17 성인의 나심이여, 황하수가 천 년에 한 번씩 맑아진다니 운이 스스로 와서 회복되는 것인가, 물이 스스로 알고 변하는 것인가.18 밭가는 소가 사람의 말을 들음이여, 마음이 있는 듯하며 앎이 있는 듯하도다. 힘으로써 족히 할 수 있음이여, 왜 고생을 하며 왜 죽는가.19

---

15 물은 낮은 곳으로 흐르므로 산 위로 오를수록 물이 귀하다. 그러나 천지나 백록담 등의 예외도 있다. 예부터 우리 민족은 높은 산 위에 있는 물을 신성시해 그곳에서 하늘에 제사를 지냈다. 높은 산 위에 물이 있게 된 것은 대개 화산 활동으로 인한 것이므로 땅 가장 깊은 곳과 가장 높은 곳이 연결된 穴處이기도 하다. "산 높은 곳에 있는 연못을 신성시하고 그곳에서 신령한 제사와 장터와 공동체의 정치회의를 벌인 역사와 전통이 바로 중앙아시아에서 시작되어 한민족의 풍류, 신시, 화백으로 이어졌음을…."(김지하, 예감, 84쪽) 해월 선생은 "산 위에 물이 있는 것은 우리 교 도통의 연원이라"(명심수덕)고 하였다. 즉 산 위의 물이 모든 물의 근원이 되듯, 용담의 물=수운 선생의 진리가 모든 세상을 밝히게 될 것을 말씀한 것이다.
16 稚 어릴 치, 어린 벼. 갓난아기의 마음은 물욕과 습관심에 물들지 않아 깨끗하다. 배고프고 배부르고, 좋고 나쁘고에 거짓이 없다. 하지만 이런 본능적인 행동은 어디서 배워 나왔을까?
17 사람의 몸은 한울님 기운 작용의 정화다.('사람은 오행의 빼어난 기운이요', 해월신사법설, 천지부모)그러므로 욕심에 마음이 흐려지지만 않는다면 천지의 이치가 보이고, 그것을 알 수 있을 것이다. 이 구절 역시 사람이 학습하기 이전 본능적 행동은 그 이치를 알기 어렵다는 탄식.
18 옛날엔 황하를 '河'로 표기했다. 중국에서는 예부터 성인이 날 때는 황하수가 맑아진다고 하였는데 천년 만에 한 번씩 맑아진다는 말이 전한다. 또 옛 사람들은 천지(天地)의 기운이 심상치 않으면 몸과 마음을 바로 하여 삼갔다. 가물거나 홍수가 지면 임금이 먼저 거친 옷을 입고 거친 밥을 먹으며 천지에 기도하고 죄수들을 사면하던 것도 이 때문이다. 至氣와 각개 생명의 내유신 령은 하나로 통하기 때문에 사람들의 기가 혼탁해지면 천지 기운이 어지럽고 일기가 불순할 것 이고, 사람들의 기가 맑아지면 천지 기운도 맑아질 것이다. 어지러운 세상이 밝고 깨끗한 세상 이 되면 이것이 개벽이다.
19 갓난아기라도 앎이 있고, 성인이 태어남을 물이 알려주고, 소도 앎이 있는 듯하다. 이렇듯 만물이 지기와 하나로 통하여 지혜를 주므로 힘써 노력하여 자연이 주는 가르침을 알고 천지의 이치를 알면 고해(苦海, 고생과 죽음)에서 벗어날 수 있다. 그러나 사람도 소도 살아오던 습관의 굴레를 벗어나지 못해 고생하고 죽는다. 자신을 얽어매는 고정관념과 습관심을 벗어 던져 일체가 하나임을 깨우치면 자유로워 질 것을. 심리학에선 '학습성 무력감'이란 용어가 있다. 불쾌한 스트레스를 계속 받고 있지만 거기서 벗어나려는 생각조차 하지 못하는 상태를 말한다. 예를 들어 서커스단의 코끼리는 가는 줄로 묶여 있지만 힘써 빠져나갈 생각을 하지 않는다. 새끼 때부터 묶여 살면서 '저항해 봐야 소용없다'는 무력감이 몸에 밴 탓이다. 줄에 매여 힘든 노동을 강제당

가마귀 새끼가 도로 먹임이여,20 저것도 또한 효도와 공경을 알고, 제비가 주인을 앎이여,21 가난해도 또 돌아오고 가난해도 또 돌아오도다.22

是故 難必者不然 易斷者其然 比之於究其遠則 不然不然 又不然之事 付之於造物者則其然其然 又其然之理哉 ⑥

이러므로 기필키 어려운 것은 불연이요, 판단하기 쉬운 것은 기연이라.

먼 데를 캐어 견주어 생각하면 그렇지 않고 그렇지 않고 또 그렇지 않은 일이요, 조물자에 부쳐 보면 그렇고 그렇고 또 그러한 이치인저.23

<불연기연 공부하기>

1. 천지도수

물리학자들이 우주를 연구하다가 우주와 그 속에 있는 지구가 생명이 살 수 있는 매우 특수한 조건으로 이루어져 있음을 발견하였다. 우주에 공통되는

하는 소나 코끼리는, 적성에 맞지 않는 일을 억지로 하며 과로에 시달리고 과로사 내지는 극단적 선택을 하는 현대인들의 모습과 다를 바 없다. 왜 고생을 하며 왜 죽는가? 자신의 힘을 자각하고 부조리한 상황을 벗어나거나, 억압을 강제하는 제도적 모순을 바꿔야 한다. 이러한 가르침은 사람의 이해를 넘어서는 불연의 영역이다. 머리로 이해할 것이 아니라 마음으로 직각해 실천하고 삶을 바꿔야 한다. 묶인 줄을 끊고 자유로워져야 한다. 실로 같은 세상을 살아도 이런 진리를 아는 사람은 지상천국이지만, 진리를 모르면 고해일 것이다.

20 도로 먹인다는 것은 자신이 받은 은덕을 되돌리는 것이다.(불연기연 공부하기 참조)

21 제비는 남쪽으로 겨울을 나기 위해 내려갔다가 봄이 되면 다시 돌아오는 철새다. 그런데 한옥의 처마 밑에 지은 제비집으로 해가 바뀌면 다시 돌아오는 모습을 집 주인에 대한 신의를 지키는 것으로 여겼다. 효와 신의는 전통사회에서 가장 중시하던 덕목이었다.

22 알기 어려운 것(불연)도 이치를 헤아리고 기록하여 연구하면 알 수 있다.(과학적 학문의 자세) 필요한 것은, 알고자 하는 열의와 자세하게 따지고 확인하는 열정 그리고 자신의 한계(모르고 이해하지 못하는 것이 더 많은, 불연의 영역)를 솔직하게 인정하는 겸손함일 뿐이다. 결국 궁극적인 이치는 하나로 통하므로.

23 모두 자신이 아는 한도 내에서 판단하므로 시비도 생기고 다툼도 생긴다. 그러나 한울님 진리는 하나일 뿐이며, 한울님 입장에선 모두 기연일 뿐이다.(불연기연 공부하기 참조)

근본상수가 조금만 달랐어도 우주에 생명이 살기 어려웠을 거라고 한다. 예를 들어 원자핵 간의 강력은 0.007인데 이보다 작아 0.006이면 원소들의 결합이 어려워 우주에는 수소밖에 없었을 것이고, 강력이 0.008처럼 크다면 수소는 모두 융합되어 더 무거운 원소가 되고 수소가 없다면 물과 그 밖의 조건들이 생명 발생에 필요한 화학 반응이 어렵게 된다.

또한 태양과 같은 항성 주위에는 골디락스 영역(Goldilocks zone)이 있는데, 이 얇은 영역보다 멀어지면 물이 얼어붙고, 더 가까우면 물이 끓는다. 즉 이 영역에서만 생명이 살 수 있는 것이다. 지구가 그 영역에 속해 있다. 이 모두가 천지도수이다.

2. 반포지효

명明나라 말기의 박물학자 이시진(李時珍:1518~1593)이 지은 본초강목本草綱目에 '까마귀는 부화한 지 60일 동안은 어미가 새끼에게 먹이를 물어다 주지만 이후 새끼가 다 자라면 먹이 사냥에 힘이 부친 어미를 먹여 살린다고 한다.'는 내용이 실려 있다. 그래서 까마귀를 자오(慈烏:인자한 까마귀) 또는 반포조反哺鳥라 한다. 곧 까마귀가 어미를 되먹이는 습성을 반포反哺라고 하는데 이는 극진한 효도를 의미한다.(두산백과)

실제 까마귀는 지능이 높은 새로 알려져 있다. 사람과 사물을 기억하고 낯선 사람이 오면 울기 때문에 까치나 까마귀가 울면 손님이 온다는 말이 전하고, 먹이를 주며 친해진 사람에게 여러 가지 물건을 물어다 주기도 한다. 그래서 누군가 관찰해서 기록했을 위의 이야기가 신빙성이 있어 보인다.

까마귀 새끼는 부모가 낳았지만 천지가 주는 벌레와 공기와 물이 있어야 자란다. 사람도 마찬가지. 그러므로 사람들을 돌보고 성미와 성금을 내며, 만물을 위하는 마음을 내는 것이 모두 한울님께 받은 것을 도로 먹이는 것이다.

"부모가 나를 낳고 기르나 자연히 성장하는 것은 천지의 조화요, 천지가 나를 화생하고 성장하게 하나 천명을 받아 가르치고 기르는 것은 부모의 은덕이니…."(해월신사법설, 천지부모)

3. 불연기연

불연기연의 법칙에서 불연과 기연의 대립은 서로 다투는 관계가 아니다. 모두가 한울의 이치요 기운 작용일 따름이다.

불연과 기연의 관계는 여러 가지로 바꿔 대입해 볼 수 있다. 해월 선생은 천지이기 장에서 음수와 양수를 말씀하였다. 눈에 보이지 않는 무형의 세계, 이론의 세계, 직관의 영역을 음수 또는 불연이라 한다면 눈에 보이는 현상계, 경험과 육관의 영역을 양수 또는 기연으로 생각할 수 있다. 또한 이를 '허와 실'로도 표현하였다.('虛와 實' 참조) 의암 선생은 근본 이치의 자리를 원리원소, 성품 또는 무형천이라 하였고, 한울 근본 이치에서 형상이 나타난 것을 육신 또는 유정천이라 하였다. 또한 성령출세설에서는 형상이 없는 이치의 세계를 영의 소극적 섭리로, 형상이 있는 현상계를 영의 적극적 표현이라 하였고, 이신환성설에서는 성령과 육신, 주체와 객체로 나누어 설명하였으니 이 모두가 불연과 기연의 다른 설명이요 표현이다.

또한 불연과 기연은 우리 삶에서도 매일 겪는 실생활이기도 하다. 사랑과 싸움, 기쁨과 슬픔, 부와 가난, 고통과 즐거움, 삶과 죽음, 낮과 밤, 허와 실…. 누구나 슬픔과 고통보다는 기쁨과 즐거움을 원하지만 이것은 동전의 양면과 같다. 만약 슬픔과 고통의 과정과 그를 인내하는 노력이 없다면 기쁨과 즐거움이 의미가 있을까? 밤의 어둠이 있어 낮의 밝음이 의미가 있고, 죽음이 있어 삶이 가치가 있다. 과일은 서리 맞으며 당도를 더해 가고 사람은 고난을 극복하며 성숙해진다.

"욕심을 버림으로써 더 큰 이익을 얻고, 마음을 비우면 더 큰 세상이 열린다."(해월신사법설, 허와 실) 결국 도를 공부하는 것도 선과 악, 나와 남, 이쪽과 저쪽의 분별을 넘어서기 위해서다. 한울은 선악 분별 이전, 분별이 극복된 자리이므로.

세상의 모든 것은 이분법으로 단순하게 나누기 어려운 복합적인 의미가 있기 마련이다. 좋은 일이건 나쁜 일이건 '불연기연'의 의미를 한 번씩 되새겨 볼 일이다.

우화 하나. 어느 악한이 죽은 뒤 지옥으로 갔다. 그런데 그곳은 먹을 것도 풍족하고 일도 없고 편하게 놀고먹으면 그만이었다. 악한이 놀라 자기가 천당으로 잘못 왔나 보다 했는데 얼마 안 가 그곳이 더 할 나위 없는 지옥임을 알게 되었다.

우리가 이루고자 하는 지상천국은 어디인가? 처한 상황이 어떠하든, 지금 현재의 삶에서 천국을 느끼고 감사하지 못하면 어디에서 찾을까?

불연이요 기연이다.

祝文축문

生居朝鮮 忝處人倫 叩感天地盖載之恩 荷蒙日月照臨之德 未曉歸眞之路 久沉
苦海 心多忘失 今玆聖世 道覺先生 懺悔從前之過 願隨一切之善 永侍不忘 道
有心學 幾至修煉 今以吉朝良辰 淨潔道場 謹以淸酌 庶需 奉請尙 饗

조선에 태어나 살면서 욕되이 인륜에 처하여1 천지의 덮고 실어주는 은혜를
느끼며 일월이 비추어 주는 덕을 입었으나,2 아직 참에 돌아가는 길을 깨닫
지 못하고 오랫동안 고해에 잠기어 마음에 잊고 잃음이 많더니,3 이제 이
성세에 도를 선생께 깨달아 이전의 허물을 참회하고 일체의 선에 따르기를
원하여, 길이 모셔 잊지 아니하고 도를 마음공부에 두어 거의 수련하는 데
이르렀습니다. 이제 좋은 날에 도장을 깨끗이 하고, 삼가 청작4과 서수5로
써 받들어 청하오니 흠향하옵소서.6

---

1 忝 더럽히다, 욕되게 할 첨. 그러므로 사람 도리를 제대로 못하고 욕되게 살아왔다는 뜻. 이후의
  천지의 은혜를 입었음에도 고해 속에서 살아 왔다는 것이 인륜을 욕되게 한 구체적 내용.

2 주변에 늘 있는 것들을 생각해 보자. 그런 것들이야말로 없어서는 안 될 소중한 존재들임에도 고
  마워하지 못하고 당연한 것으로 여기지 않는가? "한울과 땅이 덮고 실었으니 덕이 아니고 무엇
  이며, 해와 달이 비치었으니 은혜가 아니고 무엇이며, 만물이 화해 놓으니 천지 이기의 조화가 아
  니고 무엇인가."(해월신사법설, 천지부모)

3 재산의 유무, 권력의 유무와 관계없이 자신이 처한 삶을 비관적으로 보면 고해이지만 낙관적으로
  보면 지상천국이 될 수 있다. 본래 마음(한울 마음)을 잊고 있을수록 욕심이 몸을 고달프게 할 것
  이니 어찌 고해가 아니겠는가?

4 淸酌은 제사에 쓰는 깨끗한 술. 해월신사께서 청수로써 의식의 표준을 삼기 전까지 술과 제물 등
  전통적인 제수가 사용되었다.

5 여러 가지 제사 음식.

6 흠향은 신명이 제물을 받는 것을 뜻한다. 제물을 정성껏 차리고 새로운 삶을 맹세하니 천지신명
  과 참례한 모든 사람이 이 각오를 증거하고 어길 시엔 벌을 달게 받겠다는 각오가 내포되어 있는
  것이다. 해월 선생이 청수일기라도 좋다고 한 것(향아설위 참조)은 그만큼 동학교단의 세가 성장
  하고 자신감이 생긴 상황을 반영한 것이다. 수운선생 당시에는 많은 제물을 차리고 의식을 지냈
  다. 일체가 한울이고 내게 모셨으니 제사도 정성만 있으면 간소하게 할 수 있지만 당시는 유학이
  국교인 조선시대였다. 그런 급격한 개혁까지 시도했다면 수운선생은 4년도 도를 펴지 못하고 횡
  액을 당하였을 것이다. 축문은 수운 선생 당시 입도식에 사용된 듯하다. 현재 입교식에서는 의암
  선생이 일부 수정한 참회문이 사용된다.

懺悔文참회문[7]

姓名某 生居某國 忝處人倫 叩感天地盖載之恩 荷蒙日月照臨之德 未曉歸眞之
路 久沉苦海 心多忘失 今妓聖世 道覺先生 懺悔從前之過 願隨一切之善 永侍
不忘 道有心學 幾至 修煉 今以吉辰 淨潔道場 至誠至願 奉請感應

성명 「아무」는 「아무」 나라에 태어나 살면서 욕되이 인륜에 처하여 천지의
덮고 실어주는 은혜를 느끼며 일월이 비추어 주는 덕을 입었으나,[8] 아직 참
에 돌아가는 길을 깨닫지 못하고 오랫동안 고해에 잠기어 마음에 잊고 잃음
이 많더니,[9] 이제 이 성세에 도를 선생께 깨달아 이전의 허물을 참회하고
일체의 선에 따르기를 원하여, 길이 모셔 잊지 아니하고 도를 마음공부에
두어 거의 수련하는 데 이르렀습니다. 이제 좋은 날에 도장을 깨끗이 하고
지극한 정성과 지극한 소원으로 받들어 청하오니 감응하옵소서.[10]

---

7 축문의 일부를 수정한 글. 포덕51년(1910) 4월 20일 의암 선생이 축문 일부를 수정해 참회문이
  라 하였다.(조기주, 동학의 원류, 285) 참회는 모든 신앙의 시작이다. 기존의 삶에 대한 반성 없
  이는 새로운 삶을 시작할 수 없고, 삶을 바꾸지 못하고 사변에만 머무는 신앙은 의미가 없다. 내
  신앙은 어떤 신앙인가? 예부터 모든 종교가 원죄를 이야기하고 윤회를 이야기하는 것도 참회를
  하며 새로운 삶을 시작하도록 하는 데 있다. 원죄는 아니어도 살아오면서 저지른 허물과 죄가 어
  찌 없으랴. 알면서 저지르기도 하지만 이치를 알지 못해 저지르는 허물도 많은 까닭이다.
8 해월신사법설, 천지부모 참조.
9 무엇을 잊고 잃는가? 내 본래 모습과 본성은 무엇인가? 그 참된 마음은 어디로 가고 욕심과 자만
  심만 가득한 육신만 남았는가? "아이가 난 그 처음에 누가 성인이 아니며, 누가 대인이 아니리오
  마는 뭇 사람은 어리석고 어리석어 마음을 잊고 잃음이 많으나…."(해월신사법설, 성인지덕화)
10 우리는 부모님의 은덕으로 이 땅에 태어나 살고 있습니다. 하지만 생명을 주신 부모님의 은혜를
  당연한 것으로 여겨 잊고, 생명을 유지해 주는 햇빛과 공기와 어머님 땅의 고마움을 모르고 살
  고 있지요. 오랜 추위에 떨어봐야 해의 고마움이 절실하고, 미세먼지로 숨이 답답해야 맑은 공
  기가 감사하고, 오염된 땅에서 먹거리가 나지 않으니 모든 것을 내주는 땅이 얼마나 감사한지
  요. 이 모두가 조건 없이 내어주는 한울님의 덕입니다. 이를 깨닫고 감사하며 한울님의 덕을 훼
  손하지 않아야 하거늘 우리의 삶은 오늘도 그 고마움을 잊고, 내 것이 아닌 걸 욕심내고 다투고
  있습니다. 그로써 상하는 마음과 몸이 온갖 병이 되어 나를 괴롭히니 삶이 고해가 되기에 이르
  렀습니다. 하지만 이제 이 모든 고해를 내려놓고 벗어 던질 수 있는 진리를 스승님께서 밝혀 주
  셨으니, 내 마음과 몸을 상하게 하는 모든 이제까지의 허물을 참회하고 모든 행과 삶을 한울님
  주신 참 생명을 위하는 길로 따르며, 그러한 가르침을 잊지 않고 실천하길 맹세합니다. 좋은 날
  에 도장에 모여 지극한 정성과 소원으로 기도하오니 감응하옵소서.

呪文주문[11]

先生呪文[12]

降靈呪文: 至氣今至四月來[13]

本呪文 : 侍 天主令我長生無窮無窮萬事知[14]

弟子呪文[15]

初學呪文: 爲 天主顧我情永世不忘萬事宜[16]

---

11 포덕2년(1861) 3월경 주문과 강령지문, 검결, 심고법 등을 만들었다. 즉, 무극대도(동학)를 사
     람들에게 가르칠 준비를 한 것이다. 주문은 스스로 지었다고도 했고, 한울님으로부터 받았다고
     도 했다. 그 두 가지 사건이 둘이 아닌 하나로 통하는 자리에 득도(得道)와 각도(覺道)와 수도(受
     道)의 묘미가 서로 소통하고, 무극대도의 무극한 이치가 있을 것이다.

12 포덕73년(1932) 천도교중앙종리원의 대령 정광조가 발표한 제9호의 공함에, 동년 12월11일부
     터 17일까지 특별기도시, 선생주문의 본주문을 외우라고 함.(청수시간에 105회, 아침저녁으로
     1500독씩). 포덕77년(1936) 2월 7일부터 2월 27일까지 천도교 중앙교회의 대종사장 권동진의
     공함(大發第6號)에, 이번 21일 특별기도는 춘암 박인호 교주가 각 포(包)의 대표인 교장(敎長)
     들에게 명하여, 선생주문3.7자를 21회씩 암송(暗誦)하라고 공고. 선생주문은 교회의 각 포 지
     도자 지위에 있는 사람들에게 송주토록 하여 장생과 한울님의 지혜를 축원한 듯하다.(정암 주선
     원 동덕 자료제공)

13 지극한 기운이 오늘에 이르러 후천개벽의 경신 사월이 왔다.

14 한울님을 모시니 나로 하여금 장생하게 하여 다함없이 영원토록 모든 일에 지혜롭게 하라.

15 기록에 의하면 입교하는 사람은 몸을 정결하게 하고 먼저 13자(초학주문)를 받는다. 그다음에
     는 8자(강령주문)를 받고 또 그 다음에는 13자(본주문)를 받는다.(유병덕 편저, 동학·천도교,
     371쪽) 전교인의 지도에 따라 일정한 과정을 거치며(대개 3개월 정도) 단계적으로 주문이 전해
     진 것으로 보인다. 지금도 입교 후 일정 기간까지는 초학주문을 꾸준히 공부해야 할 것으로 생
     각된다.

16 한울님 모심을 체험하기 전에 한울님 위하는 수행이 선행되어야 한다. 그러기 위해선 욕념이 일
     어나는지 내 마음을 항상 살펴(顧我情) 내 주위의 사람 한울님, 물건 한울님 등을 먼저 위하고
     (爲天主) 상대방의 마음, 기운이 내 마음에 느껴지고 모셔지는지(侍天主) 확인해 보자.
     초학주문에서 위천주를 가르친 뜻은 명확하다. 각자위심의 습관천인 나보다, 다른 생명을 위하
     는 마음(爲爲心)을 發하고 養해야 모심으로 나아갈 수 있다. 남을 위하는 것이 곧 큰 나인 한울
     님을 위하는 것이기 때문이다. 그러나 위하는 것과 모시는 것은 차원과 격이 다르다. 봉사 활동
     을 가서 노숙자나 독거노인들을 위해 밥을 해서 먹이고 도와줄 수는 있지만 그분들을 우리 가족
     모시듯이 하지는 못한다. 한울님을 위하는 마음은 시작이고 그 체험이 쌓이고 내 안에 체화되면
     비로소 모심을 체험할 수 있다. 한울님을 모시면(시천주) 위천주는 자연스럽게 이루어질 뿐 아
     니라 더욱 차원이 높아지는 것이다. 어려울 때는 초심으로 돌아가야 한다. 마음이 힘들고 신앙

降靈呪文: 至氣今至願爲大 降

本呪文 : 侍 天主造化定永世不忘萬事知[17]

이 흔들리면 초학주문을 공부해 보자. 다음은 초학주문의 우리말 풀이이다. "내 마음 길을 항상 잘 살펴 한울님을 위하겠습니다. 이 마음을 잊지 않으면 모든 일이 마땅함을 보이시옵소서."

17 주문의 우리말 풀이이다.(직역) "우주에 가득하여 만물을 간섭하고 명령하시는 한울님 기운(至氣)을 오늘에 이르러(今至) 내 기운과 기화되어 크게 깨달아 하나 되도록 기원합니다(願爲大降). 한울님 기운을 내 몸에 모셨으니(侍天主) 한울님 이치대로 모든 일이 자연스럽게 이루어질 것을(造化定) 평생 잊지 않고(永世不忘) 모든 일에 그 지혜를 받아 행하며 살아가겠습니다(萬事知)" (의역)"온누리에 함께 하신 한울님. 오늘도 한울님 뜻대로 살겠습니다. 제 어리석음과 욕심으로 한울님 모심을 잊는 일이 없도록 하겠사오니, (잘되거나 잘못 되거나) 모든 일이 한울님 뜻대로 이루어짐을 항상 잊지 않고 감사드리며 살도록 해주십시오." ★ 주문은 논학문에 자세히 설명해 주신 대로 한울님을 모시고, 위하는 글이며, 대도가 담겨있는 글(논학문 공부하기 참조)이니 천도교 수행의 시작과 완성이 주문을 공부하는데 있다. 주문을 읽는 방법은 소리 내서 읽는 현송(現誦)과 소리 없이 읽는 묵송(黙誦), 주문의 뜻을 생각으로 읽는 염송(念誦)이 있다. 현송은 구송(口誦)이라고도 하며, 氣化가 주로 이루어지니 한울님 큰 기운을 처음 접하는 초학자의 강령공부나 기운공부에 적합하고, 21자를 모두 읽는다. "입으로 장생하는 주문을 외우니 그 글자는 스물한자라"(수덕문) 강령 공부할 때 강령주문 8자만 읽기도 하지만 일반적인 주문수련에선 21자를 함께 외우며 한울님 기운과 하나 됨을 기원한다. 저녁기도식 같은 의식에선 21자를 105회 묵송하기도 한다. 묵송은 본래의 내 모습이 무엇인가 우주의 근본은 무엇인가를 느끼기 위해 고요하고 깊게 침잠하는 성품(이치)공부가 주가 되겠다. 이치공부는 "열세 자 지극하면 만권시서 무엇하며"(교훈가, 11절) 하신 것처럼 본주문 13자를 읽는다. 우주만물의 이치가 한울이치 아닌 것이 어디 있는가! 강령의 체험으로 한울님 모심을 깨달았으면 한울의 진리가 어떤 것인가를 헤아리는 단계다. 무형하고 빈 본래 자리를 묵상하기도 하고, 교리나 삶 속에서의 의문을 화두삼아 그 답을 구하기도 한다. 일상 활동 중에도 한울님의 기운을 빌려서 힘을 써야하는 일을 할 때는 강령주문을 포함한 21자를 외도 되지만, 그 외의 활동 중에는 조용히 속으로 13자를 외며 한울님 모심을 잊지 않는 공부를 하는 것이 좋다. 이렇게 현송과 묵송을 항상 치우치지 않게 함께 공부해야 진리를 공부하면서 현실도 또한 벗어나지 않는 참된 도를 행할 수 있을 것이다. ★★ 관변기록에 다음과 같은 대화가 실려 있다. 어떤 제자가 배운 주문을 口讀하지 않고 마음속으로 읽는 것이 어떠하냐고 물었다. 수운은 "心讀할 뿐이고 구독하지 않으려면 차라리 배우지 않는 것이 좋다."라고 아주 잘라 대답하였다.(유병덕 편저, 동학천도교, 379) 동학을 하는 것이 곧 재산과 목숨을 빼앗길 수도 있는 탄압받던 시절에도 주문을 소리 내어 외며 수행했던 것이다. ★★★ 주문을 아이들에게 가르치다 보니, 아이들에게는 한자보다 우리말로 간결하게 가르치면 더 쉽게 기도할 수 있었다. 주문의 뜻이 어긋나지 않는 범위에서 아름다운 '기도말'이 많이 만들어지면 좋겠다. ★★★★ 현재 수운 선생이 지으신 주문 외에 의암 선생이 제정한 신사주문이 함께 쓰인다. 포덕50년(1909) 12월 18일 종령 제91호로, 기존에 실행해 오던 오관을 일반교인들이 절대 실행할 종규(宗規)로 확정 공포하는 동시에 그 실행 세칙을 시달하였는데, 기도는 통상기도와 특별기도로 구분하고 통상기도는 매 시일(侍日, 일요일) 하오 9시에 청수와 정미 5합을 같이 봉전하고 신사주문 백오 회를 顯誦 또는 黙誦한다고 하였다. 신사주문은 '神師造氣 我心定 無窮造化 今日至'로, 포덕55년(1914) 9월 10일에는 종령 제112호로 특별기도를 정하고 '일반교인의 수명을 수운 선생에게 기원함이 타당'하므로 기도 기간에 신사주문 105회 읽도록 하였다.(조기주, 동학의 원류, 278-281쪽) 오늘날에는

立春詩입춘시18

道氣長存邪不入

도의 기운을 길이 보존함에 사특한 것이 들어오지 못하고,19

世間衆人不同歸

세간의 뭇사람과 같이 돌아가지 않으리라.20

絶句절구21

河淸鳳鳴孰能知 運自何方吾不知

황하수22 맑아지고 봉황새 우는 것을 누가 능히 알 것인가.23

시일 저녁기도식 때, 평일과는 달리 신사주문을 105회 묵송한다.(평일에는 21자 주문 묵송)

18 주유천하를 마친 수운 선생은 포덕전1년(1859) 10월에 처자를 데리고 용담으로 돌아와 선친이 지은 용담정에 은거하면서 '不出山外'라는 글을 써 붙여 구도의 의지를 다졌다. 아울러 이름 '濟宣'을 '濟愚'로 字를 '道彦'에서 '性黙'으로 고쳐 백성 구제의 뜻을 표현하였다. 이듬해 입춘에는 '道氣長存邪不入 世間衆人不同歸'라는 입춘시를 써 붙이고 하루 세 때(자, 인, 오) 청수를 모시고 수행하였다.

19 우리 몸을 움직이는 것은 한울의 氣이다. 이 기운을 바르게 하여(道氣長存)야 헛된 욕심과 어리석음(邪)에 빠지지 않는다. 참된 기운과 마음을 보존하는 것은 모든 생명을 위하는 마음을 잃지 않고 자신의 욕심을 버리는 수행이 필요하다.

20 세상 사람들이 추구하는 것은 물질적 부귀와 세속적 공명이다. 이를 따르는 사람들은 누구나 갈등과 다툼 속에서 삶이 고해가 된다. 그런 세상의 어지러움에 휩쓸리지 않고 참된 마음과 삶을 지켜나가려는 득도 전 수운 선생의 결심을 엿볼 수 있다.

21 포덕1년(1860) 10월경 득도 후 7-8개월간 대도를 직접 수행하고, 검던 낯이 희어지고 가는 몸이 굵어지는 변화를 체험한 뒤, 대도에 대한 확신을 시로 표현한 것이다. 절구는 漢詩의 한 형태로 起承轉結의 4구로 구성되는데, 5자가 한 구면 5언 절구, 7자가 한 구면 7언 절구가 된다. 시는 간결하고 응축된 언어로 다중적 표현을 할 수 있다. 특히 깨달음과 같은 종교 체험은 직접 경험해 보지 않으면 말로써 그 감흥을 전달하기 어렵다. 그러므로 예부터 도를 깨닫는 것은 不立文字라고 하였고, 대신 그 감흥을 시로써 많이 남겨 왔다. 대표적인 것이 인도의 게송(gatha), 중국의 禪詩 등이 있다. 유학자들 중에도 자연을 노래하며 깨달음을 표현한 시들이 많다. 그러므로 경전의 시문은 시어가 표현하는 것(교리나 깨달음)을 음미하며 깊은 속뜻도 생각해 보면 좋을 것이다.

22 고대에는 黃河를 河라고 하였다.

23 예부터 성인이 날 때는 황하가 맑아지고 봉황이 거동한다고 하였다. 수운선생 당신이 대도를 받

운수가 어느 곳으로부터 오는지를 내 알지 못하노라.24

平生受命千年運 聖德家承百世業

평생에 받은 천명은 천년 운수요,

성덕의 우리 집은 백세의 업을 계승 하였네.25

龍潭水流四海源 龜岳春回一世花

용담의 물이 흘러 네 바다의 근원이요,

구미산에 봄이 오니 온 세상이 꽃이로다.26

降詩강시27

圖來三七字 降盡世間魔

삼칠자28를 그려내니 세상 악마 다 항복하네.29

은 게 꿈만 같다. 이런 운이 어디에서 오는지 모르겠다. 황하가 맑아지고 봉황이 우는 전조가 있
었던가?

24 한울님의 뜻은 사람이 원한다고 받을 수 있는 것이 아니다. 그러나 뜻이 있는 사람(수운 선생)이
한울님께 기원을 정성껏 하면 천명을 받을 수 있을 것이다.

25 이제 천년을 이어갈 천명을 받았는데, 이 모두가 백세 동안 집안의 공덕이 쌓이고 이어져
이런 성스러운 덕을 받은 것이 아니겠는가? 한 개인의 오늘은 조상의 업과 자기 노력의 결과
이다. 조상의 업이 아무리 훌륭해도 자기 노력이 없으면 운을 받을 수 없다.

26 용담과 구미산은 수운 선생과 그 진리를 상징한다. 이 구절은 포덕4년(1863)7월 영덕에서 지은
것으로 기록에 전한다. 그러므로 위 구절들과 다른 시문인 듯.

27 포덕2년(1861) 11월경 저술. 신유포덕 이후 늘어난 제자만큼 세상의 질시와 음해가 심했을 것
이다. 이 시는 그러한 '모든 마'를 3·7자로 상징되는 진리로 극복하내는 것을 표현했다.

28 21자의 주문을 3.7로 표현하는 것은 의암성사법설 '백오일기도음' 각주 참조.

29 주문 삼칠자는 내 욕심(각자위심)을 버리고 한울님 마음을 회복하는 법문이다. 모든 일은 생각
에서 비롯된다. 좋은 일은 좋은 생각에서, 나쁜 일은 나쁜 생각에서 시작된다. 그러므로 안 좋은
일이나 나쁜 마음(魔)이 들 때는 주문을 생각하고 외워 마음을 밝히고 마를 이겨 내야한다. 의암
선생은 마를 좀 더 구체적으로 魔奪心이라고 하였다. 진리를 모르는 凡人들은 자기의 본래 마음
을 잃고 그때그때의 욕심에 마음이 갈피를 못 잡으니 몸과 마음이 피폐해진다.(의암성사법설,
성범설) 마는 밖에서 오는가 안에서 생기는가? 결국 내 마음이 화하면 바깥의 마도 순히 화할 것
이나 내 마음이 천심을 잃고 욕념과 각자위심으로 행하면 바깥의 한울도 감응하지 않을 것이다.
여름에 차를 운전하다가 파리 한 마리가 차 안으로 들어와 날아다닌다. 길을 멀리 보며 운전하
면 조금 어른거리는 정도지만 그놈을 쫓으려 창을 열고 팔을 휘두르기 시작하면 정신이 분산되

座箴좌잠[30]

吾道博而約 不用多言義 別無他道理 誠敬信三字

우리 도는 넓고도 간략하니 많은 말을 할 것이 아니라,

별로 다른 도리가 없고 성·경·신 석자이니라.[31]

這裏做工夫 透後方可知 不怕塵念起 惟恐覺來知

이 속에서 공부하여 터득한 뒤에라야 마침내 알 것이니,

잡념이 일어나는 것을 두려워하지 말고

오직 깨우쳐 「지」에 이르도록 염려하라.[32]

어 큰 사고가 날 수도 있으니 파리 한 마리가 얼마나 큰 魔인가? 그런데 파리가 마인가, 파리를 쫓는 내 마음이 마인가?

30 포덕4년(1863) 4월, 영덕에 사는 제자 강수가 용담정에 찾아와 수도의 절차를 물을 때 좌우명으로 준 글이다. 강수는 훗날 동학의 역사서 '도원기서'를 저술하고, 해월 선생을 지근거리에서 보필한 수제자 중의 한 사람이다.

31 의암 선생은 성경신에 법을 더하여 四科로 정리하여 수행의 지침으로 삼았다. 즉 法은 규칙으로, 도법을 배우고 참된 것을 판단할 수 있는 능력을 기르는 것이다. 이러한 능력은 오관 실행 등의 구체적인 실천을 통해 길러진다. 信은 진리(법)를 배우고 행하면서 스스로 변하지 않고 지키는 것이 믿음이 된다. 敬은 진리를 알고 그에 대한 믿음이 있어야 한울을 공경하고 사람을 공경하고 물건을 공경하는 실천이 이루어진다. 誠은 진리의 실천을 어떠한 어려움에도 변하지 않고 순일하게 행하는 것이요, 한울님의 참모습이다.(무체법경, 신통고)

32 포덕77년(1936) 이후 遲로 써 오다, 계미중하판, 무자판 발견 후 知 자로 바꿨다. 이 경우 '오직 깨달아 오는 앎이 되도록 염려하라'로 해석된다. 얄팍한 지식으로 아는 것이 아닌 치열한 수행 끝에 오는 '지'가 참된 앎일 것이다. *普雨 대사의 설법에 "不怕塵念起 惟恐覺來遲"라는 글이 있다.(표영삼, 동학) 잡념이 일어남을 두려워말고 오직 깨달음이 더딤을 두려워하라는 뜻이다. 이를 인용한 것으로 볼 수도 있다. 옛 사람의 좋은 글귀를 인용해 시문을 짓는 것은 用事라 하여 한자 문화권의 전통으로 조선시대에 흔한 예였다. 동경대전과 용담유사의 다른 구절에도 주역과 중용 등 유가 경전을 비롯해 다른 사람의 시문을 인용한 글이 많다.

和訣詩 화결시[33]

方方谷谷行行盡 水水山山箇箇知

방방곡곡 돌아보니 물마다 산마다 낱낱이 알겠더라.[34]

松松栢栢靑靑立 枝枝葉葉萬萬節

소나무 잣나무는 푸릇푸릇 서 있는데

가지가지 잎새마다 만만 마디로다.[35]

老鶴生子布天下 飛來飛去慕仰極

늙은 학이 새끼 쳐서 온 천하에 퍼뜨리니[36]

날아오고 날아가며 사모하기 극치로다.[37]

運兮運兮得否 時云時云覺者

운이여 운이여, 얻었느냐 아니냐, 때여 때여, 깨달음이로다.[38]

鳳兮鳳兮賢者 河兮河兮聖人

봉황이여 봉황이여, 어진 사람이요, 하수여 하수여, 성인이로다.[39]

春宮桃李夭夭兮 智士男兒樂樂哉

봄궁전의 복숭아꽃 오얏꽃이 곱고도 고움이여,

---

33 수운 선생은 포덕3년 6월 하순경 은적암에서 경주로 돌아온다. 그러나 박대여의 집에서 머물던 중 많은 제자들이 모여들자 9월 29일, 경주부에 체포 수감된다. 이때 수백 명의 제자들이 모여들어 항의한 끝에 10월 10일경 석방된다. 그 뒤 11월경 흥해 매곡의 손봉조 집에 머물면서 이 시를 읊은 것으로 기록에 전한다. 내용은 제자들의 기상과 높은 뜻을 찬양하는 것이다.

34 수운 선생은 20세부터 30세까지 세상을 두루 다니며 진리를 찾아보았다. 낱낱이 안다는 것은 피상적·사변적으로 아는 것이 아니다. 세상의 삶을 직접 확인하고 체험한 것이다.

35 푸르게 서 있는 소나무 잣나무도 자세히 보면 해마다 추위와 역경(마디)을 이겨 낸 흔적이 있다. 어떤 일을 이루기 위해서는 많은 어려움을 겪어야만 한다. 쉽게 얻은 것은 쉽게 잃는 것이므로.

36 수운 선생이 제자들을 가르쳐 곳곳으로 퍼져 나가는 것을 은유적으로 표현하였다.

37 가고 오는 것은 어미와 자식 간의 사랑인가? 천지부모와 자식 간의 관계도 마찬가지일 것이다. 자식이 부모를 그리듯 한울을 그리고 모양하는 마음이 가장 지극한 것이다.

38 운이라 함은 무극대도를 받은 천운이요, 개벽의 때를 깨달았다는 뜻이다.

39 예부터 봉황이 거동하면 어진이가 나고 황하가 맑아지면 성인이 난다고 하였다. 수운 선생이 탄생하고 득도한 것을 봉황과 하수로 은유하여 표현하였다.

지혜로운 사나이는 즐겁고 즐거워라.40

萬壑千峯高高兮 一登二登小小吟

만학천봉 높고도 높을시고, 한걸음 두걸음 오르며 나즉이 읊어보네.41

明明其運各各明 同同學味念念同

밝고 밝은 그 운수는 저마다 밝을시고,

같고 같은 배움의 맛은 생각마다 같을러라.42

萬年枝上花千朶43 四海雲中月一鑑

만년 묵은 가지 위에 꽃이 피어 천 떨기요,

사해의 구름 가운데 달 솟으니 한 개의 거울일세.44

登樓人如鶴背仙 泛舟馬若天上龍

누각에 오른 사람은 학의 등에 신선 같고

뜬 배에 있는 말은 한울 위에 용 같아라.45

人無孔子意如同 書非萬卷志能大

사람은 공자가 아니로되 뜻은 같고,

글은 만권이 아니로되 뜻은 능히 크도다.46

---

40 겨울의 고난을 이겨내고 봄에 피는 꽃들은 진리, 지혜로운 사나이는 진리를 깨달은 사람.

41 만 개의 골짜기와 천 개의 봉우리는 진리를 공부하고 실천하는 과정과 진리를 표현한 말이다. 진리는 하나여도 만물에 베풀어질 때는 굴곡이 있게 마련이다. 오를 때도 내려갈 때도 있다. 깨달은 사람이라도 육신이 있는 한 하나씩, 한 걸음씩 실천해 가야 한다.

42 각각의 사람마다, 일마다, 운수는 다를지라도 한울님 이치를 깨달으면 밝게 알 수 있을 것이다. 운수는 각각이어도 한울님의 가르침은 하나이므로 배움과 생각은 같을 수밖에 없다.

43 朶; 늘어질 타, 꽃가지나 꽃송이를 세는 말.

44 만년 묵은 가지는 오래 된 인간의 문명. 나무가 죽지 않는 한 가지에서는 꽃이 피고 지고 한다. 수많은 학문(사해운중)이 있지만 한울님 진리(만물을 비추는 거울)는 하나이다. 구름은 수운선생을, 달은 해월선생을 은유한 것 일수도 있다.

45 누각과 뜬 배는 동학의 교문. 여기에 든 사람은 하늘의 신선이나 용과 같은 사람이 되는 것.

46 사람은 수운 선생을 지칭한다. 공자도 사람들을 교화해 세상을 바꾸려 노력했다. 글은 주문. 글자 수는 13자(시천주 조화정 영세불망 만사지)지만 온 세상을 관통하는 진리를 담고 있다. "열세 자 지극하면 만권시서 무엇하며"(교훈가) * 이 구절까지와 다음 구절부터는 다른 시문인 듯, 내용이 연결되지 않고 7언 절구와 5언 절구로 운율도 맞지 않는다.

처사가[47]

片片飛飛兮 紅花之紅耶

조각 조각 날고 날림이여, 붉은 꽃의 붉음이냐.[48]

枝枝發發兮 綠樹之綠耶

가지 가지 피고 핌이여, 푸른 나무의 푸름이냐.[49]

霏霏紛紛兮 白雪之白耶

부슬 부슬 흩날림이여, 흰 눈의 흰 것이냐.[50]

浩浩茫茫兮 淸江之淸耶

넓고 넓고 아득하고 아득함이여, 맑은 강의 맑음이냐.[51]

泛泛桂棹兮 波不興沙十里

둥둥 뜬 계수나무 노여, 물결도 일지 않는 모래밭 십리로다.[52]

---

47 포덕2년 5월경 처사가를 지었다는 기록이 있다. 그러나 따로 처사가로 이름 붙여 전하는 시
　문은 없다. 교회 원로들(최단봉, 조기주 등)이 화결시에 있는 편편비비혜부터 진시한담고금
　까지가 처사가라고 전한다고 증언했다. 처사의 심경을 노래했을 뿐 아니라 글에 세이처사
　위우라는 구절이 있어 동학 당시부터 처사가라고 불러 왔다는 것이다.(표영삼, 동학) 득도
　후 1년 뒤 신유포덕을 시작해 많은 제자들을 가르치던 때의 기상과 포부를 느낄 수 있다.

48 붉은 꽃잎이 팔락이며 날아가는 모습을 보며 꽃잎의 붉음이 새삼 느껴짐을 표현한 것이다. 일체
　만물이 한울임을 깨닫고 난 뒤에 보이는 자연과 사물은 이전과는 사뭇 다르게 느껴질 것이다.
　모든 만물이 각각 그 형상이 다르지만 다 한 나무(한울)에 핀 꽃잎과 가지이다. 나무의 꽃잎과
　한울에 핀 나는 모두 같은 꽃잎이다. 나와 꽃잎의 경계와 분별이 사라져 일체가 된 것이다. 이것
　이 진정한 '모심'이다.

49 가지마다 발랄하게 흔들리는 녹색 잎은 또 얼마나 푸른가?

50 펄펄 날리는 흰 눈은 또 얼마나 하얀가? 한울님 마음을 깨달은 뒤에 보이는 만물은 어떻게 보일
　까? 붉은 꽃의 붉음과 푸른 나무의 푸름, 흰 눈의 순백 같은 만물의 본성이 왜곡됨 없이 그대로
　보이고 느껴지는 것이다. "저 남산의 비온 뒤 정신이여, 다시 새로워진 세계로다. 푸른 나무가
　푸른 것이냐 붉은 꽃이 붉은 것이냐. … 푸른 그늘과 꽃빛은 한결같이 자유의 기운을 얻었구
　나."(의암성사법설, 우후청산) 선입견으로 왜곡해 보거나, 보고 싶은 것만 보는 것이 아니라 사
　물의 본질을 그대로 보는 것이다.

51 넓고 아득한 푸른 강물의 맑음이여! 깊어 모든 것을 포용하지만 한 점 가릴 것 없어 투명하게 맑
　은 물은 진리의 상징.

路遊閑談兮 月山東風北時

길에서 거닐며 한가로이 말함이여,

달은 동산에 솟고 바람은 북쪽에 불 때로다.53

泰山之峙峙兮 夫子登臨何時

태산이 높고 높음이여, 부자께서 오른 것이 어느 때인가.54

淸風之徐徐兮 五柳先生覺非

맑은 바람이 서서히 불음이여, 오류선생이 잘못을 깨달음이라.55

淸江之浩浩兮 蘇子與客風流

맑은 강의 넓고 넓음이여, 소동파와 손님의 풍류로다.56

池塘之深深兮 是濂溪之所樂

연못의 깊고 깊음이여, 바로 주렴계의 즐거움이로다.57

---

52 넓고 맑은 강 위에 한 척의 배가 조용히 노를 저어 가고, 파도가 일지 않는 흰 모래밭이 10리나 펼쳐져 있구나. 계수나무 노를 젓는 배는 진리를 즐기는 수운 선생(깨달은 사람)인가? 맑은 물(진리)에 씻긴 흰 모래알들은 수많은 세상 사람들과 세상일들을 말하는가?

53 길에서 거닒은 세상사에 참여하는 것이고 한가로이 말함은 진리를 실천하는 것이다. 참된 성품은 욕심과 번잡함을 벗어나 천천히 간결하게 행하여지는 것이기 때문이다. 동쪽에 솟는 달은 수운 선생과 그가 밝힌 진리이고 바람이 북쪽에 부는 것은 경주 북쪽으로 포덕이 되어 나감을 노래한 것인가?

54 태산은 오르기 힘든 진리를 상징한다. 높은 진리를 공자가 밝힌 뒤 오래도록 오른 이가 없었는데 수운 선생이 올라 진리를 밝혔음과 그 자부심을 은유. ＊“공자께서 동산에 올라 노나라가 작은 것을 알았고, 태산에 올라 천하가 작은 것을 알았다(孔子 登東山而小魯 登泰山而小天下)” 孟子 盡心章 下.

55 오류 선생은 귀거래사를 지은 도연명. 도연명의 집 앞에 다섯 그루의 버드나무가 있었다고 하여 오류선생이라 부른다. 도연명이 귀거래사에서 고향으로 돌아가며 어제는 잘못되었고 오늘이 옳은 삶임을 깨달았다(覺非是)고 노래하였다.(수덕문 3절 참조) 맑은 바람은 세속의 번잡함을 벗어난 대자연의 기운, 또는 대도를 뜻한다.

56 맑은 강이 넓고 호탕한 것이 마치 중국 송나라 때의 시인 소동파가 장강의 적벽에서 친구들과 여름, 겨울에 함께 놀며 적벽부를 지은 풍류를 느끼게 한다는 뜻. 맑고 넓은 진리의 세계에선 세상의 흙탕물 같은 시비를 떠난 곳이니 삶이 즐거운 풍류가 된다.

57 연꽃을 좋아했던 周濂溪는 愛蓮說을 쓰면서, 연꽃의 특징을 군자의 성품에 비유하였다. “진흙에 나서 물들지 않고(出於泥而不染), 맑은 물결에 씻기면서도 요염하지 않고(濯淸漣而不妖), 가운데는 통하고 밖은 곧으며(中通外直), 넝쿨도 없고 가지도 없으며(不蔓不枝), 향은 멀리 가면

綠竹之綠綠兮 爲君子之非俗

푸른 대의 푸르고 푸름이여, 군자의 속되지 않음이로다.58

靑松之靑靑兮 洗耳處士爲友

푸른 솔의 푸르고 푸름이여, 귀 씻던 처사의 벗이로다.59

明月之明明兮 曰太白之所抱

밝은 달의 밝고 밝음이여, 이태백이 안으려던 바요.60

耳得爲聲目色 盡是閑談古今

귀에 들리는 것은 소리요 눈에 보이는 것은 빛이니,

다 이것이 한가로이 예와 이제를 말함이라.61

화결시62

萬里白雪紛紛兮 千山歸鳥飛飛絶

---

58 대나무는 사철 푸르고 곧게 자라는 성질로 인하여 지조와 절개의 상징으로 인식되어 왔다.

서 더욱 맑아진다(香遠益淸)." 연꽃이 있는 연못은 진흙과 군자가 함께 있는 세상, 즉 온갖 세상 일이 벌어져도 거기 물들지 않고 맑은 꽃을 피우는 군자가 사는, 지상천국으로 비유할 수 있다.

59 사마천이 쓴 사기 열전에 隱逸한 인사 허유 이야기가 나온다. 사람이 너무 소탈하고 반듯하며 거짓이나 사위스러움을 가장 미워하고 싫어하였다. 어느 날 堯 임금이, 배운 학식이나 처신함이 범인과 다르게 높고 바르며 깨끗하고 한 점 부끄러움이 없이 떳떳한 처신을 하니 왕위를 허유에 게 내어 주기로 하였다. 허유를 오라 해서 자기 뜻을 소상히 말하며 나라를 다스려 줄 것을 청원 하였는데, 허유, 머뭇머뭇하다 말없이 왕 앞을 벌떡 일어나 어허 어허 하고 자리를 뜨면서 곧바 로 기산 아래 저수 강가에 나아가 洗耳於淸冷之水(냉수에 귀를 씻어 버림) 하였다. 요 임금이 양 위하며 자신에게 왕이 되라는 들어선 안 될 이야기(더러운 이야기)를 들은 귀를 깨끗이 씻은 것이 다. 계절에 상관없이 사철 푸른 소나무는 자신의 뜻을 변치 않는 처사(군자)를 상징한다.

60 당나라의 시성으로 불리는 이태백은 62세에 파란 많은 귀양살이를 마친 뒤, 장강 위에 배를 띄 워 놀던 중 크게 취하여 강물 위에 비친 달을 잡으려다 익사했다고 전해진다.

61 태산과 공자, 오류선생, 소동파, 주렴계, 군자, 처사, 이백 등을 빗대 예와 지금을 말했다는 뜻. 귀에 들리고 눈에 보이는 것도 뜻을 알고 나서 보고 들으면 달리 느껴지는 법이다.

62 수운 선생이 포덕할 때 서학으로 지목받고 탄압을 받았다. 이 시문은 동학의 포덕에 서학이 장 애가 됨을, 또는 동양의 운명이 서양제국주의에 의해 어려워질 것임을 은유한다. 수운 선생은 포덕3년(1862)에, 서학으로 지목 받다가 9월 29일 경주영에 체포된 적이 있다. 이때 6~7백 명 의 교인들이 모여 시위하자 석방되었는데 이 시는 그 이후 겨울에 쓴 것으로 추정된다.

만리에 흰 눈이 어지럽게 흩날림이여,

천산에 돌아가는 새 날음이 끊어졌네.63

東山欲登明明兮 西峯何事遮遮路

동산이 밝고 밝아 오르고자 함이여,

서봉은 무슨 일로 길을 막고 막는고.64

---

63 흰 눈이 날림은 시련을 뜻한다. 새가 날지 못함은 도가 펴지지 못함을 은유한다.
64 동산은 동학의 진리, 동학의 세상. 길을 막는 서봉은 개벽을 방해하는 모든 것.

歎道儒心急탄도유심급[1]

山河大運 盡歸此道 其源極深 其理甚遠

산하의 큰 운수가 다 이 도에 돌아오니[2] 그 근원이 가장 깊고 그 이치가 심히 멀도다.[3]

固我心柱 乃知道味 一念在玆 萬事如意

나의 심주를 굳건히 해야 이에 도의 맛을 알고, 한 생각이 이에 있어야 만사가 뜻과 같이 되리라.[4]

消除濁氣 兒養淑氣[5]

흐린 기운을 쓸어버리고 맑은 기운을 어린 아기 기르듯 하라.[6]

---

1 포덕4년(1863) 8월경 저술한 것으로 추정. 이 해 12월에 수운 선생이 관에 체포당하기 전까지 도인들은 새 세상이 빨리 열리기 바라는 마음과 움직임이 많았을 것으로 보인다. 이 글은 그런 상황에서 제자들의 조급한 마음과 태도를 경계한 글이다.

2 수운 선생은 모든 생명이 한울을 모신 신령한 존재임을 온전히 밝혔다. 진리는 모습은 다를 수 있지만 그 본질은 하나일 수밖에 없다.(天道와 儒佛仙, 三花一木 참조)

3 그 근원과 이치는 무극대도의 근원과 이치. 무극대도라 이름한 것은 수운 선생이나 한울의 도는 세상이 시작되기 전부터 있었고, 온 우주 아무리 먼 곳이라도 미치지 않음이 없다.

4 마음이 이리저리 흔들리면 온전한 진리를 보기 어렵거니와 믿음이 이루어지지 않는다. 진리에 대한 믿음이 굳건하고 늘 마음이 거기 있어야 한울님 감응을 받아 뜻대로 일이 이루어질 것이다. 의암 선생에게 한 사람이 "불교의 법력은 지상에서 5자위로 둥둥 떠서 공중에서 떨어지지 않고 다니는 것이라고 하는데 선생님네 도의 법력은 무엇이오?"하고 물었다. 선생께선 "옛날에는 공중에서 5자 떠다니는 것이 법력일지 모르지만, 지금은 비행기가 공중 수천 미터 상공을 날아다니는데 그런 법력이 무슨 소용이겠소?" 하시고 "만약 어떤 사람이 천도교의 법력이 무엇이냐 물으면 내 마음 먹은 대로 되는 것(만사여의)이오. 라고 대답해야 한다."고 하셨다.(회암 하준천 천도강론, 모시는 사람들) 일념재자 만사여의란, 매사에 한울님 모심을 조금도 잊지 않고 행하면 (천리에 어긋나지 않으니) 만사가 뜻대로 된다(무위이화)는 뜻이다. 개인이고 나라고 만사여의가 된다면 얼마나 좋겠는가?

5 兒는 아이라는 뜻일 때는 아로 읽고 성씨로 쓰일 때는 '예'로 읽는다.

6 흐린 기운은 욕심, 미움…. 맑은 기운은 만물을 위하는 한울님 마음(위위심)이다. 흐린 기운은 무엇이고 맑은 기운은 무엇일까? 아이들에게 물었다. 큰 아이 답. 흐린 기운은 겨울에 추우니까 학교가기 싫은 마음, 맑은 기운은 그래도 정신 차리고 일어나 학교 가서 뭔가 배우고 난 뒤 뿌듯한 마음? 막내 아이 답. 흐린 기운 똥 싸기 전, 맑은 기운 똥 싼 후. 큰 애 답이 모범답안이라면 막내 답은 몸의 느낌에 솔직한 답. 똥 싸야 할 때 못 누면 배도 아프지만 뭔가 해야 할 일을 하지 않을 때의 찜찜한 기분과 같다. 똥 누고 나면 배도 편안하고 몸도 가볍고 상쾌하다. 뭐든 해야 할 일은 해야 몸과 마음이 편안한 법이다.

非徒心至 惟在正心 隱隱聰明 仙出自然 來頭百事 同歸一理

한갓 마음이 지극할 뿐 아니라, 오직 마음을 바르게 하는데 있느니라.7

은은한 총명은 자연히 신선스럽게 나오고,8 앞으로 오는 모든 일은 한 이치에 돌아가리라.9

他人細過 勿論我心 我心小慧 以施於人

남의 작은 허물을 내 마음에 논란하지 말고, 나의 작은 지혜를 사람에게 베풀라.10

如斯大道 勿誠小事 臨勳盡料 自然有助 風雲大手 隨其器局 玄機不露 勿爲心急 功成他日 好作仙緣

이와 같이 큰 도를 작은 일에 정성들이지 말라.11 큰일을 당하여 헤아림을

---

7 수도자는 마음을 바르게 해야 한다. 지극한 마음을 악한 데 쓰면 안 된다는 말이다. 한울님은 무선무악하시고(논학문) 구하는 대로 주시기 때문(신통고)이다.

8 무위이화는 억지로 하는 인위를 배격한 상태에서 자연(한울님)의 이치로부터 나온다. *이전 판 경전에는 '化出自然'으로 '은은한 총명은 자연스럽게 나온다.'고 되어 있었다. 그러다가 계미중하판(포덕24년, 1883) 동경대전이 발견된 뒤 그에 따라 仙出自然으로 표기가 바뀌었다. 그러나 앞 뒤 문맥을 살펴보면 '마음을 지극히 하고 바르게 하면 은은한 총명이 자연히 나온다.'고 하는 것이 자연스럽다. 그러므로 선보다 화로 표기하는 것이 맞는 것으로 생각된다. 포덕77년(1936) 이후 화로 표기되어 왔다. 해월 선생이 경전을 인쇄할 당시는 엄격한 교정을 할 여유가 별로 없이 피해 다니며 하던 작업이었다. 이런 오자가 다른 곳에도 종종 발견되는 것도 그 때문이다.(논학문 공부하기, 2. 수심정기 설명 참조) * '吾聞諸 聖師하니 仙出自然이 卽 化出自然이라. 仙也化也 字雖不同이나 其義는 一也니라.'(천도교회월보 통권 제80호 포덕58년 3월 15일) 당시 금융관장 盧憲容이 의암 선생께 이 문제를 묻고, 글자는 다르나 뜻은 같다는 답을 들은 것을 월보에 실은 기사. 이후 간행된 경전과 교서에 화출자연으로 표기된 것은 이런 논의 과정을 거친 결과인 듯.(심암 이동초 선생 자료 제공)

9 사람들의 공부가 깊어지고 깨달을수록 그 이치는 한울이치로 귀일되게 마련이다. 지금의 백가쟁명은 진리를 온전히 알지 못하고 단편만을 가지고 싸우기 때문이다. 결국은 하나인 것을….

10 해월 선생은 "사람을 대함에 악을 숨기고 선을 찬양하며…너그럽게 용서하여, 나 자신을 살피는 것을 주로 하고 사람의 잘못을 그대로 말하지 말라."(대인접물)고 하였고, 의암 선생은 "성인의 위위심은 곧 자리심이니, 이타심이 저절로 생긴다"(성범설)고 하였다. 결국 다른 사람을 위하는 것이 큰 나(한울님)를 위하는 것이 되는 것이다.

11 물물천 사사천(物物天 事事天)이므로 작은 일에도 큰 일과 차별 없이 정성들여야겠다. 그러나 자기 욕심만을 위한 정성과 기도는 바른 기도가 아니다. 예를 들어 자기 자식 합격하게 해달라고 하면 누군가는 떨어져야하고, 자기 팀이 이기게 해달라고 하면 다른 팀은 지게 된다. 이건 욕심이지 기도가 아니다. 작은 일보다 큰 일, 작은 기도보다 큰 기도, 작은 나보다 큰 나를 보는 수행이 필요하겠다. 수운 선생의 이 말씀은 작은 일에 얽매여 큰 그림을 놓치

다하면 자연히 도움이 있으리라.12 풍운대수는 그 기국에 따르느니라.13 현묘한 기틀은 나타나지 않나니 마음을 조급히 하지 말라.14 공을 이루는 다른 날에 좋이 신선의 연분을 지으리라.

心兮本虛 應物無迹 心修來而知德 德惟明而是道

마음은 본래 비어서 물건에 응하여도 자취가 없는 것이니라. 마음을 닦아야 덕을 알고, 덕을 오직 밝히는 것이 도니라.15

在德不在於人 在信不在於工 在近不在於遠 在誠不在於求 不然而其然 似遠而非遠

덕에 있고 사람에게 있는 것이 아니요,16 믿음에 있고 공부에 있는 것이 아

지 말라는 경구로 보면 된다. 그러므로 번역도 '작은 일에 정성들이듯 하지 말라.'고 하는 것이 자연스럽다. 경전 공부하는 이치도 너무 세세한 자구 해석에 얽매이면 스승님이 전하고자 한 큰 뜻을 놓칠 수 있다.

12 큰일이 닥치면 누구나 당황하게 마련이다. 이럴 때 누군가 도와주겠다며 속이면 쉽게 넘어가는 게 사람이다. 그럴수록 자신의 얄팍한 지식이나 욕심이 앞선 것은 아닌지 한 걸음 물러서서 마음을 비우고 한울님께 맡기면 의외로 일이 수월하게 풀려나갈 수 있다. 이것이 무위이화요 한울님 간섭이다. 이런 자연한 도움이 있음을 경험하면 신앙이 더욱 깊어진다.

13 風雲大手는 시대나 형편의 대세를 뜻한다. 기회가 왔을 때 안목이 큰 사람은 큰 결과를 얻지만 안목이 작으면 작은 결과밖에 얻지 못한다. 따라서 항상 깊고 넓게 공부하여 큰 실력을 닦아야 한다. 그릇을 키우기 전, 자기 실력보다 과분한 운이나 자리에 있게 되면 흔히 기회가 재앙이 되기도 한다.

14 사람이 아무리 아는 것이 많아도 시간과 공간의 제약이 있게 마련이다. 섣부르게 행동함은 인위지만 자기가 할 일을 충실히 노력하며 결과를 이끌어냄은 무위이화일 것이다. 그러므로 '현묘한 기틀은 나타나지 않더라도 마음을 조급히 하지 말라.'고 하는 것이 자연스럽다. 이 구절은 해월 선생이 동학혁명 초기에 기포를 만류할 때 인용하였다. 당시 동학혁명은 관군, 일본군, 청군의 공격은 물론, 지역 공동체 내부에서도 양반 계급의 공격을 받는 등 사면 공격을 받았다. 그러나 그 뒤 을미 의병전쟁에서는 양반 상놈을 막론하고 전 민족이 일본에 항거하여 민족운동을 일으켰다. 역사에 가정은 있을 수 없지만, 만약 전 국토, 전 민족적인 의병전쟁이 수천 년에 걸친 사회제도를 타파하고 사회적 질곡을 혁파하려는 동학의 후천개벽운동과 통일전선을 이룰 수 있었다면 어떻게 되었을까?(김지하, 동학이야기, 솔, 1994, 101~104쪽)

15 마음은 실체가 없으므로 아무리 좋은 생각이라도 몸으로 실천하지 않으면 덕이 되지 않는다. 그렇기 때문에 의암 선생은 "몸이 있을 때는 몸을 주체로 알아야 하니, 마음은 몸에 속한 것이라."(의암성사법설, 성심신삼단)고 하여 성품(한울님 진리), 마음(기운), 몸(실천)을 같이 닦아야 한다고 가르쳤다. 또한 그 실체가 없는 마음이 욕심으로 가득 차면 얼마나 많은 말썽이 일어나는가? 마음뿐인가, 내 몸도 수십억 년의 우주 공간과 시간 속에선 찰나에 왔다 가는 허상일 뿐이다. 그래서 나를 비우면 한울을 얻고, 나를 버리면 진리가 산다.(허와 실)

니요,17 가까운데 있고 멀리 있는 것이 아니요,18 정성에 있고 구하는데 있는 것이 아니니19 그렇지 않은 듯하나 그러하고20 먼 듯하나 멀지 아니하니라21.

---

16 덕은 도의 속성을 만유와의 관계에서 관주해 주고 현현하는 것이다.(김충열, 김충열 교수의 노자강의, 예문서원, 357-358쪽) 그러므로 덕이란 한울님의 도를 실현함으로써 나타나는 것이라고 볼 수 있다. 훌륭한 사람은 그 사람의 행동과 도의 실천이 있음으로써 훌륭한 것이지 그의 외모나 지위가 훌륭한 것은 아니다.

17 믿음은 실천이고 공부는 헤아림이다. 믿음은 마음으로(EQ), 공부는 이성으로(IQ) 한다. 머리로 재기만 하는 사람은 마음으로 느끼는 사람을 못 따르고, 마음으로 느끼는 사람은 발로 행하며 함께 자취(덕)를 만들어가는 이 만 못하다. 알았으면 말만 할게 아니라 행하며 실제 삶의 변화를 만들어 내야 한다.

18 "네 몸에 모셨으니 사근취원 하단 말가."(교훈가)

19 결과를 따지지 않고 정성들임은 무위요, 결과만을 구함은 유위다.

20 모든 일은 양면성이 있다. 최악의 상황에도 희망이 있고, 최고의 순간에도 추락의 위기가 동반된다. 그것이 변함없이 순환하는(무왕불복) 것이 천도요, 굴곡지지 않게 조절하는 것이 수행이다. 그러므로 매번 일의 결과에 일희일비할 필요 없다. 다만 정성드릴 뿐.

21 등산 하다보면 내려오는 사람에게 얼마나 남았는지 묻게 된다. 다리가 아프고 힘들수록 더 자주 묻는다. 돌아오는 답은 언제나 같다. "조금만 가면 되요." 얼마나 먼지 알면 포기하고 싶은 마음이 들지만, 모르고 한걸음씩 걷다 보면 어느새 탁 트인 정상을 만나게 된다. 우리의 삶도 수행도 마찬가지다.

詩文시문[1]

纔得一條路 步步涉險難 山外更見山 水外又逢水

겨우 한 가닥 길을 얻어 걸음 걸음 험한 길 걸어가노라.[2]

산 밖에 다시 산이 보이고 물 밖에 또 물을 만나도다.[3]

幸渡水外水 僅越山外山 且到野廣處 始覺有大道

다행히 물 밖에 물을 건너고 간신히 산 밖에 산을 넘어 왔노라.[4]

바야흐로 들 넓은 곳에 이르니 비로소 대도가 있음을 깨달았노라.[5]

시문[6]

苦待春消息 春光終不來 非無春光好 不來卽非時

안타까이 봄소식을 기다려도 봄빛은 마침내 오지를 않네.[7]

봄빛을 좋아하지 않음이 아니나 오지 아니하면 때가 아닌 탓이지.[8]

玆到當來節 不待自然來 春風吹去夜 萬木一時知

---

1 포덕3년 말에서 4년 초에 문도들이 많아지고 세상은 갈수록 어지러워 세상이 빨리 개벽되기를 바라는 교인들이 많았다. 이런 조급함을 경계하는 탄도유심급을 이 무렵에 지었고, 이 시문도 같은 시기에 같은 내용으로 지은 것으로 보인다.

2 길은 도와 같은 뜻. 천도를 깨닫는 길은 외롭고 유혹과 난관이 많은 험한 길이다.

3 수행의 계단은 한꺼번에 넘기 어렵다. 어찌 수행뿐이랴. 삶도 굴곡과 난관이 없을 수 없다. 거기에 좌절하는 사람이 있는가 하면 그것을 극복하면서 성숙해지고 자라는 사람도 있다. 오직 정성드리고 묵묵히 체행해야 한다.

4 아무리 큰 난관도 내 욕심을 버리고 한울님께 비춰 보고 정성 드리면 답을 구할 수 있다.

5 대도는 넓은 들처럼 막힘없이 트여 있고 장애가 없다. 어떤 일에 닥쳐도 내 마음이 너른 들처럼 자유로워야 한다. 그렇게 자유로우니 대도가 있음을 느낀다.

6 천도교경전에는 이어져 있지만 앞 구절과 내용상 다른 시문이다.

7 봄소식은 공부하는 사람에게는 득도의 때요, 기도하는 사람에겐 개벽의 때가 될 것이다.

8 봄을 원한다고 인력으로 억지로 봄을 만들 수는 없다. 사람의 때가 있고 한울님의 때가 있다. 한울의 때가 왔을 때 그것을 누리기 위해서는 준비하고 인내해야 한다. 봄이 왔어도 농사지을 준비가 되어 있지 않은 사람은 한해 농사를 망칠 것이다.

비로소 올만한 절기가 이르고 보면 기다리지 아니해도 자연히 오네.9

봄바람이 불어 간밤에 일만 나무 일시에 알아차리네.10

一日一花開 二日二花開 三百六十日 三百六十開

하루에 한 송이 꽃이 피고 이틀에 두 송이 꽃이 피네.11

삼백 예순 날이 되면 삼백 예순 송이가 피네.12

一身皆是花 一家都是春

한 몸이 다 바로 꽃이면 온 집이 모두 바로 봄일세.13

시문14

瓶中有仙酒 可活百萬人 釀出千年前 藏之備用處

병 속에 신선 술이 있으니 백만 사람을 살릴 만하도다.15

빚어내긴 천 년 전인데 쓸 곳이 있어 간직하노라.16

無然一開封 臭散味亦薄 今我爲道者 守口如此瓶

부질없이 한 번 봉한 것 열면 냄새도 흩어지고 맛도 엷어지네.17

---

9 자연이란, 한울님 이치란 이렇게 무위이화로 이루어진다.

10 자연(한울님)에 마음이 항상 열려 있어야 봄바람이 부는 것을 알 것이다. 나무처럼. 봄바람은 개
  벽의 소식. 진리의 소식. 대도의 가르침.

11 꽃은 깨달음을 상징한다. 모든 사람이 시천주를 깨닫는 세상이 개벽된 세상(봄)일 것이다.

12 봄바람이 불어도 한꺼번에 꽃이 피는 것이 아니라 하루에 한 송이가 핀다. 깨달음과 개벽은 하
  루하루의 노고가 있어야 한다. 한 사람이 깨달았다고 주위 사람들이 저절로 깨달음을 얻는 것은
  아니다. 각자의 노력이 필요한 것이다.

13 한 몸은 온 세상사람. 온 집은 온 세상. 봄은 개벽. 봄이 오니 꽃이 피는가, 꽃이 피니 봄인가? 계
  절이 바뀌어도 내 마음이 바뀌지 않으면 봄이 아니다.

14 앞 구절과 내용상 다른 시문이다.

15 병 속의 신선 술은 대도의 진리를 상징한다.

16 무극대도는 어느 날 갑자기 뚝 떨어진 것이 아니다. 수천 년 동안 선지식들의 고민과 공부가 축
  적되어 사람들의 지혜가 열림으로 해서 완성될 수 있었다. 그러나 선각자 외의 모든 사람들에게
  받아들여지기 전에는 몰이해에 따른 고난이 있을 수밖에 없었다.

17 술이 채 익기 전에 개봉하면 술맛이 떨어지고, 그것이 약이라면 약효도 떨어진다. 아무리 무극

지금 우리 도를 하는 사람은 입 지키기를 이 병같이 하라.18

訣결19

問道今日何所知 意在新元癸亥年

도를 묻는 오늘에 무엇을 알 것인가. 뜻이 신원 계해년에 있더라.20

成功幾時又作時 莫爲恨晩其爲然

공 이룬 얼마 만에 또 때를 만드나니

늦다고 한하지 말라, 그렇게 되는 것을.21

時有其時恨奈何 新朝唱韻待好風

때는 그 때가 있으니 한한들 무엇하리.22

대도라도 그를 정확히 이해하고 체행하지 못한 상태에선 자행자지, 난법난도 할 수 있다.

18 마음 다스림이 성숙하지 못하면 입에서 나오는 말이 다른 사람과 내 마음을 상할 수 있다. 또한 대도를 펼 주변 여건이 성숙하지 못하면 안팎으로 많은 어려움이 있을 수 있다. 동학혁명 이후의 고난이 그 좋은 예일 것이다. 시천주 수행으로 한울님의 무한하고 신령한 기운과 하나가 되면 생각하는 대로, 말하는 대로 이루어지는 것을 경험하게 된다.(성심신삼단, 신통고) 그러나 그런 신통력은 수련의 과정에서 자연히 나타나는 과정이지 목적이 되선 안 된다. 그런 현상에 마음을 빼앗겨 욕심이 생기면 도가 삿되게 빠지고(점쟁이, 교문별립) 공부도 신통력도 모두 절벽처럼 끊기게 되니, 정말 꼭 필요할 때만 사용해야 할 것이다. * 朱文公曰, 守口如甁, 防意如城(명심보감). 주자가 말씀하시길, "자기 입 지키기를 병처럼 하고, 자기 뜻 막기를 성처럼 하라" 말을 함부로 하는 것이 화가 됨은 쉽게 알 수 있다. 그러나 그러한 말은 그 사람의 평소 생각이 표현되어 나오는 것이니 평상시 뜻을 삼가고 굳건히 하지 않으면 말과 행동이 잘못되는 것은 순식간이다.

19 앞 구절과 내용상 다른 시문이다.

20 새해를 맞아 도를 묻는 제자들의 질문에 "이제 새해가 되었으니 (묵은 마음, 습관 된 마음을 버리고) 새로운 마음으로 도에 매진하면 깨달음을 얻을 수 있다"고 한 것이 아닐까? 계해년은 포덕4년(1863). 그러므로 이 시는 포덕3년, 임술 12월에 쓰신 것으로 추정된다.

21 幾; 기미, 조짐, 낌새 기. 성공의 조짐이 있는 시기는 또한 때를 만들어야 온다. 준비하지 않는 사람에게 기회는 오지 않는다. 사람 마음을 움직이고, 지리적인 이점을 취하며 천시가 오기를 기다린다. 또한 당시는 수운 선생이 제자들의 조급함을 경계하신 탄도유심급을 저술하신 것과 같이 언제쯤 개벽된 세상이 올 것인가를 갈구하는 목소리가 높았다. 그에 대해 이제 대도를 연지(경신년에 공을 이룬 것) 얼마 안 되었으니 조급히 여기지 말고 정진하라는 경계의 말씀이기도 하다.

22 모든 생명은 나고 죽고, 쉬고 움직이고, 자고 깨고, 그 때가 있다. 그러한 생명의 리듬에 맞춰 나

아침에 운을 불러 좋은 바람 기다리라.23

去歲西北靈友尋 後知吾家此日期

지난 해 서북에서 영우가 찾더니

뒤에야 알았노라 우리 집 이날 기약을.24

春來消息應有知 地上神仙聞爲近

봄 오는 소식을 응당히 알 수 있나니 지상신선의 소식이 가까워 오네.25

此日此時靈友會 大道其中不知心

이 날 이 때 영우들이 모였으니 대도 그 가운데 마음은 알지 못하더라.26

偶吟우음27

南辰圓滿北河回 大道如天脫劫灰

남쪽 별이 둥글게 차고 북쪽 하수가 돌아오면 대도가 한울같이 겁회를 벗으리라.28

가면 건강도 성공도 얻지만, 맞추지 못하면 생명을 거스르는 것이니 잃는 것이 많을 것이다.

23 새 아침에 부르는 시는 새 세상을 열 法文이요, 좋은 바람은 개벽을 알리는 도의 기운일 것이다. 韻은 한시나 말에서 첫머리를 시작하는 것을 뜻한다.

24 영우란 도를 함께하는 同德. 동학에선 道友를 동덕이라 부른다. 동학은 수운 선생이 있는 경주(동남쪽)에서 내륙(서북)으로 퍼져 나갔다. 검곡의 해월 선생도 청주의 의암 선생도 경주에서 서북쪽이다. 또한 동학혁명 이후 도의 주력이 되는 이북 지역도 서북이다. 그러므로 도의 앞날을 서북쪽에서 기약한 것이다.

25 봄소식은 포덕천하의 소식. 포덕천하가 되면 사람이 모두 시천주한 지상신선(인내천)이 될 것이다.

26 영우들이 모였으니 대도가 그 가운데 있는 것을, 모여 있으면서도 그것을 모르는 마음은 누구의 마음인가?

27 경주 고향을 떠나 은적암으로 향하신 것은 포덕2년 음력 11월의 겨울이었고, 포덕3년 3월(음)에 경주로 돌아오신다. 글 중에 '말 위에서 한식을 만나니'라는 구절이 있어 경주로 돌아오는 말 위에서 한식을 맞이하며 저술한 것으로 보인다.

28 남쪽별이 차고 북쪽 은하수가 돌아오는 것은 무엇을 뜻할까? 이때에 대도가 겁회를 벗는다 하였다. 모든 생명의 기는 하나로 연결되어 있다. 해가 있고 없고에 따라 심리적 상태가 변하고 달의 주기에 따라 여성의 생리주기가 변하는 것이 한 예. 별자리가 바뀌는 우주의 큰 변화가 사람

鏡投萬里眸先覺 月上三更意忽開

거울을 만리에 투영하니 눈동자 먼저 깨닫고,

달이 삼경에 솟으니 뜻이 홀연히 열리도다.29

何人得雨能人活 一世從風任去來

어떤 사람이 비를 얻어 능히 사람을 살릴 것인가.

온 세상이 바람을 좇아 임의로 오고가네.30

百疊塵埃吾欲滌 飄然騎鶴向仙臺

겹겹이 쌓인 티끌 내가 씻어 버리고자

표연히 학을 타고 선대로 향하리라.31

淸霄月明無他意 好笑好言古來風

하늘 맑고 달 밝은 데 다른 뜻은 없고

좋은 웃음 좋은 말은 예로부터 오는 풍속이라.32

들의 삶에 영향을 미칠 것으로 여기는 것도 같은 까닭이다. 창도 이후 봉건 세력 및 제국주의와 싸워 온 대도는 현재 분단(국가적 각자위심, 자본주의와 공산주의라는 이데올로기)과 싸우고 있다. 남과 북 모두 정치적 경제적 질곡에서 자유로워야 온전한 대도를 펼 수 있을 것이다. "우리 도의 운수는 세상과 같이 돌아가는 것이니…."(오도지운) 그때까지 기다리는 것이 아니라 그런 때를 만들어 나가는 것이 교의 역할이다. "남쪽별이 둥글게 차고 겁회를 벗어나니…."(강시) "남쪽별이 둥글게 차니 봉황이 와 거동하고, 북쪽하수가 맑고 맑으니 대도가 겁회를 벗느니라."(기타시문) 수운, 해월, 의암 세 분이 모두 같은 강시를 읊었다. 그만큼 대도의 운명에 중요한 내용을 암시한 것이 아닐까? 내용상 남북의 관계를 상징한 것으로 보이며 시가 상징하는 은유를 생각하면 다양한 해석이 가능하다. 예를 들면 남쪽별이 둥글게 차는 것은 남한의 정치 경제가 성숙해서 상대를 포용할 수 있는 관계의 주도권을 상징하는 것으로 볼 수 있고, 북쪽의 물이 맑은 것은 자본에 물들지 않은 정신적 순수함이 남쪽의 성숙함과 어우러져 새로운 문명의 가능성을 여는 것으로도 볼 수 있겠다.

29 만리에 투영하는 거울은 잡념이 닦인 본성. 이를 비추면 만물의 본질이 왜곡됨 없이 드러날 것이다. 삼경에 솟은 달(가장 어두울 때 솟으니 제일 밝게 비출 것이다)도 같은 비유. 진리를 깨달으면 모든 것이 환해질 것이다. "거울이 티끌에 가리우지 않으면 밝고…."(수심정기)

30 사람을 살리는 비는 '진리'이지만 세상 사람들이 좇아 우왕좌왕하는 바람은 '세속의 욕망'이다.

31 티끌은 개인의 번뇌, 사회의 부조리. 이를 씻는 곳인 선대는 진리를 베푸는 곳(교회)이요, 도구인 학은 사람들을 가르칠 '동학'이다.

32 맑은 하늘과 밝은 달은 숨김없이 진실한 것을 뜻한다. 진실한 마음에서 나오는 좋은 말과 웃음은 사람 사이를 이어주는 훌륭한 가교이다. 그러나 간혹 좋은 얼굴 뒤에 다른 뜻을 감춘 경우가 있으니 감별할 수 있어야 할 것이다.

人生世間有何得 問道今日授與受

사람이 세상에 나서 무엇을 얻을 건가.

도를 묻는 오늘날에 주고받는 것이로다.33

有理其中姑未覺 志在賢門必我同

이치 있는 그 내용을 아직 못 깨달아,

뜻이 현문에 있으니 반드시 나 같으리.34

天生萬民道又生 各有氣像吾不知

한울이 백성을 내시고 도 또한 내었으니,

각각 기상이 있음을 나는 알지 못했네.35

通于肺腑無違志 大小事間疑不在

폐부에 통했으니 어그러질 뜻이 없고,

크고 작은 일에 의심이 없네.36

馬上寒食非故地 欲歸吾家友昔事

마상의 한식은 연고지가 아니요,37

---

33 사람으로 태어나 무엇을 얻었는가? 진리를 깨달아 자신의 삶이 의미를 찾는다면 그때부터 새로
운 삶이 시작될 것이다. 주고받는 것은 무엇인가?(후팔절 참조) 무엇을 얻고 또 무엇을 남기고
갈 것인가는 모든 인생의 숙제다. 의암 선생은 이를 수수명실록(의암성사법설)으로 정리하셨다.

34 주고받은 그중에 이치가 있지만 아직 깨닫지 못했구나. 그러나 뜻을 지혜로운 도문에 두고 있으
니 반드시 나와 같이 깨닫게 될 것이다.(동귀일체 할 것이다)

35 한울이 모든 사람을 낳고 세상을 움직일 도를 내었지만 각각이 한울의 기운과 형상(시천주)임
을 미처 몰랐다.

36 (만물이 한울의 기상을 갖고 있음을) 진실로 깨달았으니(폐부에 통했다) 진리를 어길 뜻이 없
고, 그러면 대소사에 의심이 없어진다.

37 馬上逢寒食; 당나라 시인 宋之問(656-712년)의 시 途中寒食의 첫 구절.
'馬上逢寒食 말 위에서 한식날을 맞이했으니, 途中屬暮春 나그네길 가는 중에 늦봄 되었네.
可憐江浦望 애석하게도 강 포구를 바라보자니, 不見洛橋人 낙교 위에 사람들은 보이지 않네.'
한식에는 성묘를 하는 풍습이 있어서 대부분의 사람들은 한식 무렵이면 조상의 묘가 있는 고향
에 머문다. 그래서 어쩌다 한식날 타향에 떠돌게 되면 향수(鄕愁)를 더욱 진하게 느끼고 그런
감상을 시로 많이 남겼다. 송지문은 당나라 초기의 유명한 시인인데, 이 시는 귀양살이 가는 중
에 한식을 맞아 멀리 서울 낙양을 바라보며 그리워하는 작품이다. 옛날 서당에서 한시 배우는
필독서로 '唐音'이라는 책이 있는데, 이 시는 그 첫머리에 실려 있다. 그런 만큼 옛 사람들은 이
시가를 귀에 못이 박이도록 들었고 그만큼 익숙하였다.

우리 집에 돌아가서 옛 일을 벗하고 싶네.38

義與信兮又禮智 凡作吾君一會中

의리와 신의여, 또한 예의와 지혜로다.

무릇 나와 그대 한 모임을 지으리.39

來人去人又何時 同坐閑談願上才

오는 사람 가는 사람 또 어느 때일까.

같이 앉아 한담하며 상재를 원할까.40

世來消息又不知 其然非然聞欲先

세상 되어오는 소식 또한 알지 못해서,

그런가 안 그런가 먼저 듣고 싶어 하네.41

雲捲西山諸益會 善不處卜名不秀

서산에 구름 걷히고 모든 벗 모이리니,

처변을 잘못하면 이름이 빼어나지 못하리라.42

何來此地好相見 談且書之意益深

---

38 은적암에서 경주로 돌아오는 말 위에서 한식을 맞이한 듯하다. 지목을 피하고 세상 돌아감도 살피며 포덕을 겸한 여행이었을 것이다. 하지만 낯선 곳에서 고향의 가족과 제자가 그리운 것은 수운 선생도 어쩔 수 없었을 것이다. "사람마다 낯이 설고, 인심 풍속 하는 거동 매매사사 눈에 거쳐 타도타관 아닐런가."(권학가)

39 옳음과 믿음, 또 예의와 지혜가 한결같으니 그대와 내가 한 모임을 만든다. 무릇 같은 뜻을 가진 사람들은 '의신예지'로써 함께 해야 할 것이다. 수운 선생이 은적암으로 갈 때 수행한 이는 최중희라는 제자였다. 고향을 떠나 반년이 넘도록 수운 선생을 '의신예지'로써 모셨다고 한다. 이를 표현한 것이기도 하다.

40 오고 가는 사람은 많지만 그 중에 마음이 맞는 사람은 적을 것이다. 뜻이 맞는 사람과 함께 한가롭게 이야기하며 자신의 뜻을 이어가고 빛낼 인재(上才)를 기다리는 마음을 표현 했다. 공자도 인생의 세 가지 즐거움이라 하여 '부모형제가 함께 살아가는 것, 하늘을 우러러 한 점 부끄러움이 없는 것, 천하의 영재를 얻어 가르치는 것'이라고 했다.

41 집을 떠나 길을 나서면 떠도는 풍문은 들을 수 있지만 고향 소식도 궁금하고 세상 돌아가는 소식도 더욱 궁금했을 것이다.

42 수운 선생의 시문에서 서산은 동학의 갈 길에 장애가 되는 것들을 뜻한다. 모든 장애가 걷히고 사람이 많이 모여 세가 커지면 처신을 더욱 조심해야 한다. 대개 사람들이 권력과 부를 얻으면 겸손할 줄 모르고, 절제하지 못하면 망신하게 된다.

어떻게 이곳에 와서 서로 좋게 보는 거냐.

말하고 글 쓰는 것 뜻이 더욱 깊더라.43

不是心泛久不此 又作他鄕賢友看

이 마음 들뜨지 말라, 오래 이렇지 않으리니.

또 타향에서 좋은 벗을 보리로다.44

鹿失秦庭吾何群 鳳鳴周室爾應知

사슴이 진나라 뜰을 잃었다니 우리가 어찌 그런 무리인가.45

봉황이 주나라에서 우는 것을 너도 응당 알리라.46

偶吟우음47

不見天下聞九州 空使男兒心上遊

천하를 보지도 못하고 구주는 말로만 들었으니,

공연히 남아로 하여금 마음만 설레게 하네.48

---

43 여행의 가장 큰 즐거움 중 하나는 새로운 사람을 사귀는 것이다. 객지에서 뜻이 맞는 사람을 만나면 얼마나 즐거울 것인가? 대화와 글을 주고받으며 만남의 의미가 더욱 깊어짐을 표현하였다. 은적암을 향하면서 많은 사람들을 입도시켰다고 전한다.

44 泛; 뜰범, 물에 띄우다. 마음이 들떠 있음은 옳지 않다(不是)고 하였다. 집을 떠나 객지를 돌아다니면 마음도 차분하지 못하고 들뜨기 쉽다. 마음을 차분히 해야 사고가 없음은 물론, 타향의 어진 사람을 알아보고 좋은 인연을 맺을 수 있을 것이다.

45 진나라 2세 황제 때 환관 조고가 황제에게 사슴을 말이라 속이고 바쳤는데도 신하들이 조고의 권세를 두려워하여 묵인하자 이를 기화로 황제까지 죽였다. 결국 이런 혼란 끝에 진나라는 멸망한다. 진이 망하자 중원의 모든 호걸들이 천하의 패권을 차지하기 위해 다투었는데 이를 진의 사슴을 좇는 것으로 표현한다. 이런 무리란 나라가 망해 가도 바른 말을 하지 못하는 사람들, 또는 권력만을 좇는 사람들.

46 중국 은나라 마지막 왕인 紂王의 주지육림의 폭정이 극에 달할 무렵, 周나라에서 천자가 날 때 나타난다는 봉황이 나타나 울었다. 결국 주나라의 文王에 의해 은나라가 망하고 새 왕조가 열린다. 그러므로 봉황이 운다는 것은 새로운 세상이 열리는 개벽을 은유한다.

47 포덕4년(1863) 4월경 저술로 추정

48 천하와 구주는 온 세상을 뜻한다. 큰 뜻을 품은 사람은 넓은 세상을 직접 보고 자신의 포부를 펴고자 하는 웅지가 있게 마련이다.

聽流覺非洞庭湖 坐榻疑在岳陽樓

흐르는 물소리를 들으니 동정호 아닌 줄 알겠고,

앉은 자리가 악양루에 있음인지 의심하네.49

偶吟우음50

吾心極思杳然間 疑隨太陽流照影

내 마음 지극히 묘연한 사이를 생각하니,

의심컨대 태양이 흘러 비치는 그림자를 따르네.51

---

49 동정호와 악양루는 당시 세상의 중심으로 여겨지던 중국의 절경. 동정호는 큰 호수이니 물 흐르는 소리가 없을 것이다. 몸은 어디에 있든지 세상을 포용할 큰 뜻을 잃지 않으면 직접 절경을 보지 못한들 무슨 상관이 있으랴. 한울의 지극한 기운은 온 우주에 가득 차 간섭하지 않음이 없으니 그 기운과 하나가 되면 몸이 어디 있던지 보고 듣고 아는데 문제가 없을 것이다. 이를 신통력이라 한다.(의암성사법설 성심신삼단 참조)

50 포덕4년 10월 저술.

51 마음이 묘연한 사이를 지극히 생각함은 오묘한 진리에 마음이 들었음(견성, 선정, 삼매)을 뜻한다. 마음이 진리에 들면 세상의 모든 것이 태양이 비추어 확연해지듯 의심이 없어지고 萬事知할 수 있을 것이다. "한울과 만물이 다 법상과 색상에 말미암은 것이라. 깨달아서 어둡지 아니하고 혼미하지 아니하면, 빈 가운데 빛이 날 것이라. 빛이 돌려 비치어 밝지 아니한 곳이 없고 알지 못할 것이 없으니…."(의암성사법설, 三心觀, 467-468쪽) 빛이 사물을 비추면 그림자가 생기고 그림자는 빛이 비추는 방향을 따라 움직인다.

前八節전팔절1

不知明之所在 遠不求而修我

밝음이 있는 바를 알지 못하거든 멀리 구하지 말고 나를 닦으라.2

不知德之所在 料吾身之化生

덕이 있는 바를 알지 못하거든 내 몸의 화해난 것을 헤아리라.3

不知命之所在 顧吾心之明明

명이 있는 바를 알지 못하거든 내 마음의 밝고 밝음을 돌아보라.4

---

1 포덕4년 11월 不然其然 章을 지은 후 저술. 수행의 교훈을 담은 말기 작품. 불가에서 팔정도(正見思語業命精念定)가 수행덕목이라면 동학에서는 팔절의 明, 德, 命, 道, 誠, 敬, 畏, 心 여덟 가지가 수행 실천 과목이 된다. 이 중 앞의 명덕명도는 한울과 사람이 형상을 이룬 근본이고, 성경외심은 형체를 이룬 후에 다시 한울 마음을 회복하는 절차(수도법)라고 해월 선생이 풀이하였다. 즉 앞의 네 덕목은 한울-생명의 본질, 누구에게나 있지만 잊어버린 참된 성품이고, 뒤의 네 덕목은 그러한 본성을 다시 되찾기 위한 수행이라는 것이다. 그래서 명덕명도는 所在(있는 곳, 본래 있는 것)를 알아야 하는 것이고, 성경외심은 所致(정성스레 끝까지 다함), 所爲(이루다, 성취하다), 得失(얻고 잃는다)하는 것으로 표현하였다.

2 明 밝을, 밝힐, 명확한, 명백한 명. 밝음은 깨달음이다. 어두운 미혹에서 벗어남이다. 내 밝은 본성을 가리는 미혹과 유혹이 외부에서 오는가? 내 본성도 내 마음에 있고, 미혹도 내 마음의 작용일 뿐이다. 그러므로 깨닫기 위해서는 마음이 유혹에 쉽게 흔들리지 않게 수행해야 할 것이다. "네 몸에 모셨으니 사근취원 하단 말가."(교훈가) "내 마음을 멀리 보내도 갈 곳이 없고, 저 한울이 내게 와도 들어올 곳이 없느니라. 도를 어느 곳에서 구할 것인가, 반드시 내 마음에서 구할 것이니 살필지어다."(의암성사법설, 신통고) "성품과 이치를 보고자 할지라도 내 마음에 구할 것이요, 조화를 쓰고자 할지라도 내 마음에 있는 것이요, 천지만물 세계를 운반코자 할지라도 내 마음 한쪽에 있는 것이니라." (의암성사법설, 견성해) "밝은 것은 어두움의 변함이니, 해가 밝은 것은 사람마다 볼 수 있고, 도의 밝은 것은 나 홀로 아는도다."(해월신사법설, 강서)

3 料 헤아릴, 생각할 료. 덕이란 한울님의 이치(도)가 실현된 것이다(도가 자연의 섭리를 뜻한다면 덕은 도의 속성을 만유와의 관계에서 관주해 주고 현현하는 것이다.(김충열, 김충열 교수의 노자 강의, 예문서원, 357-358쪽) 사물에 베풀어진 모든 것이 덕이다. 위하는 마음(위위심)이 있으되 실천하지 않으면 덕이 없다. 한울님 이치가 실현된 것은 만물이 다 그렇지만 내 몸이 가장 가깝고 놀라운 생명의 실현 아닌가?

4 命 목숨, 운수, 명할 명. 명이란 해야만 하는 어떤 것이다. 누구나 자신의 처지와 능력에 따라 해야 할 일(명)이 있다. 그것을 지키는 것이 분수를 아는 것. 자신의 능력에 걸맞지 않는 지위나 일을 하려 하면 망신하기 쉽다. 명을 알려면 자신의 상황, 자신의 마음(무엇을 원하는가)을 정확하게 아는 것이 중요하다. 자신의 명을 누구에게 묻겠는가? 내 마음 상태에 따라 내 마음이 원하는 대로 내 사명은 이루어 질 것이다. 이를 모르면 자신이 쥔 답을 점쟁이나 남에게 묻고 다니게 되니 안타까운 일이다. 명을 자신의 운명이나 생명으로 해석하기도 한다. "명이란 것은 운을 짝함

不知道之所在 度吾信之一如

도가 있는 바를 알지 못하거든 내 믿음이 한결같은가 헤아리라.5

不知誠之所致 數吾心之不失

정성이 이루어지는 바를 알지 못하거든

내 마음을 잃지 않았나 헤아리라.6

不知敬之所爲 暫不弛於慕仰

공경이 되는 바를 알지 못하거든 잠깐이라도 모앙함을 늦추지 말라.7

不知畏之所爲 念至公之無私

두려움이 되는 바를 알지 못하거든

지극히 공변되게 하여 사사로움이 없는가 생각하라.8

이니, 한울의 명은 다하지 못하고 사람의 명은 어기기 어렵도다."(해월신사법설, 강서) "서양의 운명은 필연을 전제로 한 것이며 인간의 자유의지를 거부하는 것이다. 그러나 동방인의 命이란 '天命之謂性'의 명으로서 동사적인 것이며, 하늘이 끊임없이 인간의 性에 품부하는 상호교섭을 의미한다."(김용옥, 맹자 사람의 길, 하 718)

5 도란 가야 할 길, 방향이다. 하늘의 도와 사람의 도와 사물의 도가 있다. 나고 자라고 늙고 병들고 죽는 것이 사람의 도다. 그럼 살면서 부딪치는 세세한 일의 도(이치)를 어찌 아는가? 한울님의 진리를 확신하면 알게 된다. 마음이 오락가락하면 모든 일의 전모를 파악할 수 없다. 가고자 하는 길이 바른 길인지 의심하면 목적지에 도착할 수 없다. "인의예지도 믿음이 아니면 행하지 못하고 금목수화도 토가 아니면 이루지 못하나니, 사람의 믿음 있는 것이 오행의 토가 있음과 같으니라."(해월신사법설, 성경신)

6 數 셀, 헤아릴 수. 정성이란 변함없이 꾸준한 것을 말한다. 한울님 마음을 꾸준히 지키기(수심정기)가 얼마나 어려운가? 마음은 이 순간에도 화려함과 아름다움과 미각과 고통 등으로 수 없이 드나든다. 그런 순간적인 가치에 마음을 빼앗긴 것을 마탈심이라 한다. 이런 유혹에 흔들리지 않고 영원한 가치(한울님 진리)를 잃지 않으면 그것이 정성이 될 것이다. "순일한 것을 정성이라 이르고 쉬지 않는 것을 정성이라 이르나니…."(성경신)

7 暫 잠시, 잠깐 잠. 진리를 보지 못하는 것은 마음의 거울이 때(자존심, 습관심, 我相)가 가득하기 때문이고 마음 그릇에 욕심이 가득하기 때문이다. 그것을 비워야 보이고 채울 수 있다. 그래서 나를 낮추는 공경함은 수행의 지름길이다. 나를 낮추면 한울님의 모든 덕을 볼 수 있다. 그것을 어찌 그리워하고 우러르지(慕仰) 않으리오. "정신을 개벽코자 하면 자존심을 모실 시 자로 개벽하고…."(의암성사법설, 인여물개벽설) "공경이란 것은 도의 주체요 몸으로 행하는 것이니, 도를 닦고 몸으로 행함에 오직 공경으로 종사하라."(해월신사법설, 강서)

8 畏 두려워할, 포위할, 심복할, 성심을 다해 따를 외. 여기서는 두려워함(삼가다. 경외지심)으로 해석했지만 성심을 다해 따름으로 해석할 수도 있겠다. 지나침은 모자람만 못하다. 사람은 어려울 때는 삼갈 수 있지만 잘 나갈 때는 겸손하기 어렵고 그것이 그 사람과 일을 망친다. 두려운 일이 아닐 수 없다. 일체가 한울임을 깨달으면 내 것만을 챙기는 것이 얼마나 부질없는가? 함께 누

不知心之得失 察用處之公私

마음의 얻고 잃음을 알지 못하거든 마음 쓰는 곳의 공과 사를 살피라.9

後八節후팔절

不知明之所在 送余心於其地

밝음이 있는 바를 알지 못하거든 내 마음을 그 땅에 보내라.10

不知德之所在 欲言浩而難言

덕이 있는 바를 알지 못하거든

말하고자 하나 넓어서 말하기 어려우니라.11

리면 자연히 돌아오는 것을. 사사로운 욕심(육신관념, 마탈심)으로 움직이면 한울 마음을 잃고 전체를 균형 있게 보고 판단하는 능력을 잃게 된다. 그것은 일과 사람을 망치게 되는 지름길이니 어찌 두렵지 않으랴! "두려움이란 것은 사람이 경계하는 바니, 한울의 위엄과 신의 눈이 이르지 않는 곳이 없도다."(해월신사법설, 강서) "성품과 마음이 자유로우면…일동일정과 일용행사를 내가 반드시 자유롭게 하나니…모든 일과 모든 쓰임을 마음 없이 행하고 거리낌 없이 행하니 이것을 천체의 공도공행이라 하나니라."(의암성사법설, 삼심관)

9 마음이 모든 일의 시작이다. 마음으로 원한 것은 언젠가 이루어진다. 좋은 것이건 나쁜 것이건. 그래서 마음이 일고 앉는 것을 관찰하는 것이 마음공부의 시작이다. 그 마음이 내 육신관념에 따라 움직이는가, 한울을 위하는 마음을 따라 움직이는가?(해월신사법설, 이심치심) 한 걸음 떨어져 내 마음이 어떻게 움직이는지 관찰해 보면 욕심과 흥분이 가라앉고 객관적인 판단을 할 수 있다.(의암성사법설, 십삼관법 참조) "마음이란 것은 허령의 그릇이요 화복의 근원이니, 공과 사 사이에 득실의 도니라."(해월신사법설, 강서)

10 그 땅은 천지가 갈리기 전의 곳,(성심변) 즉 한울님 본래 성품의 자리. 한울님 본성은 선악 분별 이전의 자리다. 우주의 스케일에선 인간사의 희로애락이 의미가 없지만 그것이 마음을 가리고 진실을 보는 눈을 가린다. 어렵고 힘들 땐 모든 번뇌를 잊고 한울님(천지부모)을 찾고(자식이 힘들 때 부모를 찾는 것은 당연한 것이다) 한울님의 입장으로 생각해 볼 일이다.; 밝음은 진실이기도 하지만 즐거움, 기쁨이기도 하다. 한울님의 본성을 깨달으면 어떤 번뇌에도 걸림 없이 감사하고 즐거울 수 있다. 긍정적인 마음이야말로 모든 어려움을 이겨 내는 힘이기도 하다. "마음이 기쁘고 즐거워야 한울이 언제나 감응하느니라."(해월신사법설, 수심정기)

11 덕이란 실천이고 드러남이다. 말보다 행으로 체험해야 하는 것이다. 한울님의 덕과 조화는 아무리 작고 하찮아도 그것을 말로 하려면 수만 권의 책으로도 모자란다.(작은 물체 하나도 그것의 색과 모양, 굳기에서 분자 구조와 성질까지 기술하려면 책 한 권을 써도 모자란다.) 말이란 규정이다. 인간의 지식과 언어로 진실의 일부를 설명할 수는 있으되 모든 것을 표현할 수는 없다. 그러므로 제한된 언어에 갇혀 있을 것이 아니라 진리의 무한한 세계를 직각하여 자유로워져야 한다. 도를 도라고 말하는 순간 도가 아니라고 하지 않던가.

不知命之所在 理杳然於授受

명이 있는 바를 알지 못하거든 이치가 주고받는 데 묘연하니라.12

不知道之所在 我爲我而非他

도가 있는 바를 알지 못하거든

내가 나를 위하는 것이요 다른 것이 아니니라.13

不知誠之所致 是自知而自怠

정성이 이루어지는 바를 알지 못하거든

이에 스스로 자기 게으름을 알라.14

不知敬之所爲 恐吾心之牾昧

공경이 되는 바를 알지 못하거든

내 마음의 거슬리고 어두움을 두려워하라.15

---

12 杳 어두울, 멀, 깊고 넓은 모양 묘. 내 사명은 무엇인가? 한울이 내게 준 천명(수명, 운명, 해야
   할 일)은 무엇인가? 그것을 주고받는 것은 주는 자와 받는 자의 마음 상태에 따라 무한히 다를
   것이다. 한울님께 받을 것인가, 스승님께 받을 것인가, 부모 친구 동료…. 누구에게 무엇을 받을
   것인가? 선택은 자신의 몫이다.(의암성사법설, 수수명실록 참조) "그러나 자고급금 사사상수
   한다 해도….(흥비가) "도성덕립이 되는 것은 정성에 있고 사람에 달렸느니라. 혹은 떠도는 말
   을 듣고 닦으며 혹은 떠도는 주문을 듣고 외우니 어찌 그릇된 일이 아니며…. 이것은 또한 직접
   만나지 못한 탓이요, 사람이 많은 까닭이라."(수덕문) ★命을 목숨으로 해석해서 부모에게서 생
   명이 전해지는 것이 오묘하다고 해석하기도 한다. "보는 바로 말하면 그렇고 그런 듯하나 그부
   터 온 바를 헤아리면 멀고도 심히 멀도다. 나의 나 된 것을 생각하면 부모가 이에 계시고, 뒤에
   뒤 될 것을 생각하면 자손이 저기 있도다."(불연기연)
13 욕망이 내 마음인가, 만물을 위하는 마음이 참 내 마음인가? 잠깐 빌려 쓰는 육신이 나인가, 억
   만년을 관통하는 대 생명이 나인가? 나를 위한다 함은 어떤 나를 말함인가? "성품을 보고 마음
   을 깨달으면 내 마음이 극락이요, 내 마음이 천지요, 내 마음이 풍운조화니라. 마음 밖에 빈 것
   도 없고…자심을 자경하고 자심을 자경하고 자심을 자신하고 자심을 자법하여…."(신통고) 자
   신이 한울생명을 모신 신령한 존재임을 자각하게 되면 남의 눈치 보지 않고 진정으로 자신을 위
   한, 자신이 하고 싶은 일을 하며 살 수 있다. 스스로 돌아보자. 남의 이목 신경 안 쓰고 자신이 원
   하는 삶을 살고 있는가?
14 일이 이루어지지 않을 때 성숙하지 못한 사람이 남 탓을 한다. 여건이 어떻더라도 정성이 있는
   사람은 그것을 이룬다. 이루지 못해도 스스로 반성할 뿐, 탓을 하진 않는다.
15 昧 새벽, 어두울, 어리석을 매. 벼가 익을수록 고개를 숙이고, 성숙한 사람일수록 자만심을 버리
   고 공경을 행한다. 고개가 숙여지지 않으면 마음 안에 불필요한 자존심-육신관념과 그로 인한
   탐욕, 성냄, 어리석음이 남아 있음이니 자신과 도를 위해 두려운 일이다. "혹 도력이 차지 못하
   여 경솔하고 급작스러워 인내가 어려워지고 경솔하여 상충되는 일이 많으니, 이런 때를 당하여

不知畏之所爲 無罪地而如罪

두려움이 되는 바를 알지 못하거든

죄 없는 곳에서 죄 있는 것같이 하라.16

不知心之得失 在今思而昨非

마음의 얻고 잃음을 알지 못하거든

오늘에 있어 어제의 그름을 생각하라.17

나를 순히 하여 처신하면 쉽고, 나를 거슬려 처신하면 어려우니라."(대인접물) *예전에는 瘠寐 (깰 오, 잠잘 매)의 오기로 생각해 이렇게 표기하기도 했다. 이 경우 마음이 자나 깨나 두려워하고 삼가라고 해석했다. 즉, 마음이 잠들어 한울 마음을 잃지 않도록 항상 깨어 있으라고 한 것이다. 그런데 戊子版 동경대전이 발견되고 거기에 따라 牾昧(거스를 오, 어두울 매)로 표기한다.

16 마음을 삼가지 못하고 함부로 함은 모든 실패의 원인이 된다. *죄 없는 곳; 수운 선생이 호남으로 향할 때 무주에서 하룻밤을 자게 되었는데 중 마을사람들이 모여 세상에서 제일 무서운 것이 무엇인가? 하는 문제를 놓고 "질병이다", "흉년이다", "전쟁이다" 등의 논란이 있었다. 수운 선생이 답하기를 "無罪之地가 제일 무섭다."하였다. 그 뜻은 "마음이 곧 죄 없는 땅이라, 마음으로는 어떤 생각을 해도 남이 알지 못하니 죄 줄 사람이 없음이라. 세상 사람들이 육체로는 죄를 삼가되 마음으론 삼가지 않고 아무렇게나 마음을 쓰니, 그 실은 모든 죄는 마음에서 생기는 것이라 마음이 제일 무섭지 않소?" 하여 마음으로 죄를 짓지 않는 바른 도를 설파하니 그 자리에 듣고 있던 일곱 사람이 감응하여 입도하였다. 혼자 있을 때도 삼간다는 신기독야의 가르침과 일맥상통. '道也者 不可須臾離也. 可離 非道也. 是故 君子 戒慎乎其所不睹, 恐懼乎其所不聞, 莫見乎隱, 莫顯乎微. 故 君子慎其獨也.' 도는 잠시도 떠날 수 없는 것이니, 떠날 수 있다면 도가 아니다. 그러므로 군자는 보이지 않는 데서 조심하고 삼가며, 들리지 않는 곳에서 두려워한다. 숨은 것보다 더 잘 드러나는 것은 없으며, 작은 것보다 더 잘 나타나는 것은 없다. 그러므로 군자는 홀로 있을 때 삼가는 것이다.(中庸 1장)

17 매일 같은 일상을 반복하다보면, 마음에 별 동요 없이 거짓과 부조리를 행하게 된다. 가만히 앉아 하루를 돌아보면 내 마음을 속이고 다른 사람을 상하게 한 일이 얼마나 많았는지 반성하게 된다. 이렇게 마음을 챙기길 매일 거듭하면 흔들리지 않는 심주를 닦을 수 있을 것이다. 십무천을 읽고 되돌아보면 좋을 것이다.

題書제서1

得難求難 實是非難 心和氣和 以待春和

얻기도 어렵고 구하기도 어려우나 실은 이것이 어려운 것이 아니니라.

마음이 화하고 기운이 화하여 봄같이 화하기를 기다리라.2

詠宵영소3

也羞俗娥翻覆態 一生高明廣寒殿

항아4가 세속에서의 번복한 꼴을 부끄럽게 여겨,

한평생 광한전5에 높게 밝았노라.6

---

1 포덕4년(1863) 11월 동해안의 북도중 교인들에게 風濕이란 병이 돌아 영해접주 박하선이 수운 선생에게 하소연하니, 이에 수운 선생이 써 준 글. 즉 병이란 몸의 기가 제대로 운행되지 않아 생기는 것이니, 마음과 기를 봄처럼 순히 다스리면 물약자효할 수 있을 것이다. "마음으로써 마음을 다스리면 마음으로써 병을 낫게 하는 것이니라."(영부주문, 291쪽)

2 잘 안 되는 일은 억지로 강행해야 소득이 없다. 한 발짝 물러서서 욕심을 버리고 전체를 조망해 보면(심화기화) 순리대로 풀리는 길을 찾을 수 있다. 우.묵.눌!

3 포덕4년 8월경에 저술한 것으로 추정된다. 달밤에 자연을 노래하는 서정으로 도를 깨달은 마음을 읊었다. 宵 밤 소. 밤을 노래함.

4 항아; 중국신화에 나오는 달의 여신. 상아 또는 소아라고도 한다. 많은 시와 소설에서 그녀의 아름다움과 상반된 행적은 소재와 비유의 대상이 되었다. 신화에 따르면 옛날 천제의 아들이 열 명 있었는데, 이들은 다리 셋인 황금새로 하루에 하나씩 하늘에 뜨면 그것이 해가 뜬 것이었다. 어느 날, 아들들의 장난기가 동해 열개의 해가 한꺼번에 떠 지상의 생명들이 마르고 타죽는 재앙이 닥쳤다. 사람들이 이를 호소하자 천제가 천신 중 활의 명인인 예를 내려 보낸다. 예는 자신의 아내인 상아와 함께 지상에 내려와 사람들을 도왔는데, 황금새를 활로 쏘아 아홉 마리를 떨어뜨렸다. 그러나 신예는 천제의 아들을 죽인 죄로 천신의 자격을 잃고 지상에서 인간처럼 생로병사의 고통을 겪게 되었다. 예는 다시 신이 되길 원하는 상아를 위해 곤륜산의 서왕모에게 불사약 두 알을 얻어 오는데 한 알을 먹으면 죽음을 초월한 신선이, 두 알을 먹으면 하늘에 오를 수 있는 영약이었다. 길일에 함께 복용하기로 한 영약을 상아는 남편이 잠든 틈에 두 알 모두 먹고 하늘로 올라가지만, 천제의 진노를 사 달의 냉궁에 갇히고 곱던 자태도 추한 두꺼비로 변했다 한다. 항아는 누구인가? 어제의 약속도, 친구와의 우정은 물론 한울님 가르침을 지키고자 맹세한 것도 잊고, 그날그날의 욕망에 흔들리는 우리 모두가 항아가 아닌가! ★ 윤석산 교수는 也羞俗娥를 야소에 속 아라는 이두식 표기로 해석하였다. 그에 따르면 조선말의 혼란한 상황에서 서학에 의지하려는 세태를 탄식한 표현이 된다. ★ 중국의 달 탐사 계획이 이를 딴 창어계획이라 한다.

此心惟有淸風知 送白雲使藏玉面

이 마음 이런 줄을 맑은 바람이 알고,

흰 구름을 보내어 얼굴을 가리게 하네.7

蓮花倒水魚爲蝶 月色入海雲亦地

연꽃이 물에 거꾸로 서니 고기가 나비되고,

달빛이 바다에 비치니 구름 또한 땅이로다.8

杜鵑花笑杜鵑啼 鳳凰臺役鳳凰遊

두견 꽃은 웃는데 두견새는 울고,

봉황대 역사하는데 봉황새는 놀고 있네.9

白鷺渡江乘影去 皓月欲逝鞭雲飛

백로가 강 건널 때 제 그림자 타고 가고,

흰 달이 가고자 할 때 구름을 채찍질하여 날리네.10

魚變成龍潭有魚 風導林虎故從風

---

5 광한전; 월궁(달나라)에 있는 전각의 하나로, 이곳에는 달나라의 아름다운 선녀 항아(姮娥)가 산
   다고 한다.
6 달빛은 햇빛에 비해 은근한 밝음이다. 부끄러운 듯 나서지 않으면서 주위를 밝혀 준다. 달빛을 밝
   히는 항아의 심정이 그와 같지 않았을까? 이 구절의 주어는 은은한 빛의 달.
7 달밤에 구름이 살짝 달을 가린 모습을 항아의 마음(부끄러움)에 빗대어 표현하였다. 여기까지의
   구절은 달밤의 경치를 낭만적으로 묘사한 것으로, 이야기를 전개하기 위한 도입부.
8 달밤의 연못에 핀 연꽃은 물속에 거꾸로 선 듯도 보이고 그 속에서 노는 물고기는 꽃 사이를 다니
   는 나비와 같이 보인다. 물위에 비친 구름은 땅처럼 보이고. 어떤 일이든지 역지사지해야 정확한
   이해를 할 수 있다. 더 나아가 나라는 육신의 틀을 깨고 나와 너, 나와 환경의 분별과 경계가 없어
   진, 일체가 지기이자 한울인 경지를 노래한 것이기도 하다. "사람은 능히 양수는 보고 음수는 보
   지 못하느니라. 사람이 음수 속에서 사는 것이 고기가 양수 속에서 사는 것과 같으니라. 사람은
   음수를 보지 못하고 고기는 양수를 보지 못하느니라."(천지이기)
9 두견꽃이 피어야 두견새의 울음이 더욱 빛을 발하고, 놀 곳(봉황대)을 마련해야 봉황이 마음껏
   자태를 뽐낼 수 있다. 어떤 일이든지 준비가 있고 때와 격이 맞아야 온전히 이루어지는 법이다.
   (용시용활, 개벽운수 참조) *봉황대; 중국 육조의 송대에 남경성 서남쪽 산에 아름다운 새들이 많
   이 와 깃들어, 이곳에 높이 대를 쌓아 '봉황대'라 이름하였다고 한다.(용담가 1장 각주 참조)
10 달밤에 백로가 그림자를 드리우며 날고, 바람이 불어 구름이 달을 지나가는 모습. 달리는 말에
   채찍을 더하듯, 방향이 정해지면 매진해야 할 것이다.

고기가 변하여 용이 되었으나 못에는 고기가 있고,

바람이 숲 속에서 범을 끌어냈으니 범이 바람을 좇아가네.11

風來有迹去無迹 月前顧後每是前

바람이 올 때는 자취가 있으나 가는 자취 없고,

달 앞에서 뒤를 돌아보면 언제나 앞이로다.12

烟遮去路踏無迹 雲加峯上尺不高

연기가 가는 길을 가리웠으나 밟아도 자취 없고,

구름이 봉우리 위에 덮였으나 한 자도 높아지지 않네.13

山在人多不曰仙 十爲皆丁未謂軍

산에 사람이 많이 있다 해서 신선이라 이를 수 없고,

열십(十)자가 돌아가며 정(丁)자가 되어도 군사라고 할 수 없네.14

---

11 용을 배출한 연못에는 용이 되기 위한 고기들이 있기 마련이고, 숲속의 범은 바람에 실린 사냥 감의 냄새를 좇아간다. 용이 되었으면 하늘로 날아오르고 못에선 살 수 없다. 범도 숲 속에만 있 어선 뜻을 펼 수 없다. 용이 되기 위한 후학들을 격려하시는 듯. 용과 범은 뜻을 이룬 사람이고 바람은 진리를 상징한다. * 잉어가 용문의 급류를 거슬러 올라가면 용이 된다고 한다. 용문은 황 하 상류의 山西省과 陝西省 경계에 있는 협곡으로, 여울이 세차고 빨라 큰 물고기도 여간해선 거슬러 올라가지 못한다고 한다. 이를 올라 용이 되는 것을 성공한 사람에 빗대 등용문에 올랐 다고 한다. *주역에 '구름은 용을 좇고 바람은 호랑이를 좇는다(주역, 乾卦, 文言傳)'고 하였고, '호랑이는 陰 가운데 있는 陽의 짐승이며 바람과 같은 종류이다. 용은 陽 가운데 있는 陰의 벌레 로서 구름과 같은 종류이다(주역, 乾卦疏)'고 하였다. 그러므로 예부터 용은 구름과 비를 상징 하고 호랑이는 바람과 용맹, 위엄을 상징하였다.

12 한울의 기운은 자취가 없지만 어느 곳이나 없는 곳이 없다. 그러므로 어느 곳에서 어떤 일을 하 건 한울의 기가 간섭치 않은 곳이 없다. 그러나 한울의 기운이나 바람은 눈에 보이지 않으니 진 리를 아는 사람이라야 그것을 알고 행한다. "마음은 본래 비어서 물건에 응하여도 자취가 없는 것이니라."(탄도유심급, 85쪽) 달 앞에 서서 뒤를 돌아보면 그 또한 달 앞이라는 이야기는 진리, 생명은 지금 여기 전 방향에 살아 있으며 시방 전체에 생명이 움직이고 가득 차 있다는 뜻.(김지 하, 타는 목마름에서 생명의 바다로, 46쪽)

13 참된 진리행은 누가 알아주지 않아도, 자취가 남지 않아도 스스로 행할 뿐이다. 연기와 구름은 도를 행하는 길의 장애물인가? 장애물이 있어도 그것을 극복해도 진리는 그 자리에 있을 뿐이 다. 변하는 것은 사람의 마음일 뿐. "마음은 천지의 저울이 되나 달아도 한 푼의 무게도 없고, 눈 은 예와 지금의 기록이 되나 보아도 글자 한 자 쓴 것이 없느니라."(견성해)

14 산에 있다고 다 신선이 될 수는 없다. 신선의 자격이 있어야 한다. 성인 남자라고 해도 싸울 준 비와 훈련이 되 있지 않으면 군사라고 할 수 없다. 어떤 일이든지 프로가 되기 위해선 치열한 자 기 수련이 필요하다. 열 十자를 丁자로 破字하고 사람人과 뫼山이 합쳐지면 신선 仙자가 되는

月夜溪石去雲數 風庭花枝舞蝴尺

달밤에 시냇돌을 구름이 세어 가고,

바람 뜰에 꽃가지를 춤추는 나비가 자질하네.15

人入房中風出外 舟行岸頭山來水

사람이 방에 들면 바람은 밖으로 나가고,

배가 언덕으로 가면 산은 물로 마주 오네.16

花扉自開春風來 竹籬輝疎秋月去

꽃 문이 스스로 열림에 봄바람 불어오고,

대울타리 성글게 비치며 가을달이 지나가네.17

影沈綠水衣無濕 鏡對佳人語不和

그림자 물속에 잠겼으나 옷은 젖지 않고,

거울에 아름다운 사람을 대했으나 말은 화답치 못하네.18

勿水脫乘美利龍 問門犯虎那無樹

물 수(水) 탈 승(乘) 미리 룡(龍) 문 문(門) 범 호(虎) 나무 수(樹)19

것 같은 은유는 옛 글이나 일화에 흔히 나오는 언어유희. * 십은 동양에서 완전수, 진리를 뜻한다.(해월신사법설, 천지이기 공부하기, 북극일류수 참조)

15 달 밝은 밤, 구름이 흘러가면 시냇가의 돌에 구름의 그림자가 하나씩 세듯 지나간다. 꽃을 찾아온 나비가 하늘하늘 움직이는 모습은 마치 꽃가지를 측량하는 듯하다. 움직이는 모든 것이 기의 흐름 아닌 것이 없으니 각각이 다 원리가 있고 뜻이 있음이다. "各有成 各有形"(불연기연)

16 사람은 자신의 주관대로만 사물을 대하는 경향이 있다. 내 움직임에 의해 수동적으로 움직여지는 것들도 있고, 반대로 다른 사물들의 움직임에 의해 내가 수동적으로 움직여지는 경우(지구의 자전, 공전 등)도 있을 것이다. 모든 사물을 대하며 항상 객관적인 시각을 잃지 않아야 할 것이다. 깃발이 바람에 펄럭였다. 바람이 움직인 것인가, 깃발이 움직이는 것인가, 그것을 보는 이의 마음이 움직인 것인가?

17 扉 문짝 비. 좌우로 열리는 문. 꽃잎이 피는 것을 꽃문이 열리는 것으로 표현 했고, 여름에 무성하던 잎이 떨어지는 가을이 되면 대나무 울타리가 성글어져 달빛이 들어온다. 꽃과 대나무가 계절을 바꾸는가? 계절이 꽃과 대나무를 변화시키는가? 우리가 변함에 시간이 흐르는가? 시간이 우리를 변화시키는가?

18 그림자와 거울속의 사람은 진실이 아닌 허상. 허상은 현실을 바꿀 수 없다. 진실은 무엇이고 허상은 무엇인가? 나는 진실인가 허상인가? 우주의 공간에서, 영겁의 시간에서 찰나의 인생은 진정 진실인가?

영소20

半月山頭梳 傾蓮水面扇 烟鎖池塘柳 燈增海棹鉤

반달은 산머리의 빗이요, 기울어진 연잎은 수면의 부채로다.21

연기는 연못가 버들을 가리우고, 등불은 바다 노 갈구리를 더했더라.22

유시23

燈明水上無嫌隙 柱似枯形力有餘

등불이 물 위에 밝았으니 혐극이 없고,

기둥이 마른 것 같으나 힘은 남아 있도다.24

---

19 '빼어난 용이라도 물이 없으면 타고 오를 수 없고, 범이 문으로 침입 한다고 알리나 나무(몽둥이)가 없으니 어찌하리'(표영삼, 동학1, 247쪽) 진실을 알아도 그것을 실천할 수 있는 실력이 없으면 안 된다. '수운(과 그의 진리)이 아니면 천하를 건질 용(미리룡)이 오를 수 없으며, 동학도를 범인이라 하여 집을 물었으나 그들을 숨겨 줄 나무가 어찌 없겠습니까?'(한울님이 다 살려주신다는 뜻–진성당 허경일 번역) 뜻글자인 한문을 우리말 소리에 맞게 짓는 문장은 옛 사람들이 간혹 즐기던 유희였다. 한글이 창제되기 전에는 우리의 소리를 한자를 빌려 뜻과 상관없이 표기했고(이두, 향찰) 그런 전통은 아전들이 기록하던 관아의 문서 등에 조선 말까지 남아 있었다.

20 앞 구절까지 7언 절구로 한 시문이 끝나고, 이 구절은 5언 절구로 별개의 시문인 듯.

21 반달이 산머리에 걸려 있으면 머리 위에 빗이 있는 듯 보이고, 수면 위의 넓은 연잎은 마치 부채와 방불하다. * 하늘의 반달을 빗으로 표현한 것은, 황진이의 반달을 노래한 시가 조선시대에는 회자되었다. 詠半月(반달을 노래함) 誰斷崑山玉(누가 곤륜산의 옥을 떼어내어) 裁成織女梳(직녀의 빗을 만들어 주었는가) 牽牛離別後(견우와 이별한 뒤에) 愁擲碧空虛(시름에 겨워 허공에 던져두었네)

22 棹; 노, 키 도. 鉤; 갈고리, 낫 구. 연못가의 자욱한 물안개는 버들가지를 가리지만, 등불에 비친 노나 갈구리는 그림자 때문에 더욱 길게 보인다. 허상에 가려진 진실을 보아야 한다.

23 포덕5년(1864) 2월 초 대구감영에서 모진 고문을 당한 뒤 남긴 최후의 시. 수운 선생의 옥바라지를 담당했던 곽덕원에 의해 전해진다.

24 물 위에 불을 비추니 숨어 있을 작은 틈도 없다. 기둥이 오래되고 말랐지만 썩지 않으면 힘을 받는다. 해월 선생에게 준 마지막 경구로, 관의 지목이 극심함과, 조선왕조가 망해가는 것 같아도 아직 버틸 힘이 남아 있으니 은인자중하라는 뜻으로 해석하기도 한다. 또는 대도는 물 위에 등불을 비치듯 아무런 혐의나 잘못이 없고 또는 모든 진리를 다 밝혔고, 수운 선생의 몸은 말라 죽은 나무기둥처럼 죽지만, 대도는 기둥에 힘이 남아 있듯이 이어지리라고 해석하기도 한다. "달이 푸른 강 속을 비치니 거꾸러진 한울에 적은 틈도 없고…."(의암성사법설, 우음)

筆法필법25

修而成於筆法 其理在於一心

닦아서 필법을 이루니 그 이치가 한 마음에 있도다.26

象吾國之木局 數不失於三絶

우리나라는 목국을 상징하니 삼절의 수를 잃지 말아라.27

生於斯得於斯 故以爲先東方

여기서 나서 여기서 얻었는 고로 동방부터 먼저 하느니라.28

愛人心之不同 無裏表於作制

사람의 마음이 같지 않음을 어여삐 여겨

글을 쓰는 데 안팎이 없게 하라.29

---

25 포덕4년(1863) 3월 저술. 글씨는 예부터 선비들의 수양법 중 하나였다. 마음을 준비하고 먹을 갈며, 글씨 쓰는 과정이 흐트러진 심신을 바로잡는 데 좋아 지금도 그 맥이 이어진다. 동학의 수련법으로 실전된 것 중 하나가 이 필법이다. "아름답도다 우리 도의 행함이여. 붓을 들어 글을 쓰니 사람들이 왕희지의 필적인가 의심하고…."(수덕문) "그 중에 가장 높아 신통육예 도통일세."(도수사) 육예란 춘추시대 고유의 학문으로 공자는 비록 육예를 제작하지는 않았지만 육예로서 제자들을 가르쳤다. 시로서 뜻을, 서로서 정치를, 예로서 행실을, 악으로서 화합을, 역으로서 음양의 이치를, 춘추로서 명분을 계도했다.(풍우란, 중국철학사, 박성규 역, 까치글방, 1997)
26 글씨를 쓰는 것과 세상 일이 결국 하나의 이치.
27 음양오행에서 동쪽은 나무 木이 상징하고, 숫자로는 3과 8이며, 맛으로는 신맛을 상징한다. 또한 나무는 자라면서 가지를 치며 구부러지고 휜다. 상처를 받거나 구부러지고 휘는 곳엔 마디가 생기게 마련이다.(해월신사법설, 천지이기, 북극일륙수 주석 참조) 동쪽의 우리나라(또는 동학?)는 세 번의 위기(마디)를 겪는다는 것이 삼절.(소나무 잣나무는 푸릇푸릇 서 있는데 가지가지 잎새마다 만만 마디로다, 화결시) 필법 등의 수련을 함에도 내 한 몸만이 아닌 나라의 운명을 살펴보고 함께 해야 한다는 뜻일까? 아니면 모든 수련을 함에 세 번 정도의 어려운 고비를 이겨내야 어느 정도 뜻을 이룬다는 것일까? "이 운은 동방에서 먼저 시작한 것이니 동방은 목운이라…우리 도는 삼절운에 창립하였으므로…."(개벽운수, 15-18절) *김지하 시인은 동학의 운수를 三隱 三顯이라 말한다. 즉 수운 선생의 순도와 이어진 탄압이 첫 번째요, 동학혁명과 이후의 살육이 두 번째, 그리고 분단과 한국전쟁을 전후해 남에서는 좌익으로, 북에서는 종파주의로 몰려 괴멸된 것이 세 번의 숨음이었고 해월신사의 중흥과 의암성사의 현도가 두 번의 드러남이라면 마지막 후천의 세상을 선도할 모습으로 드러나는 것이 우리 도의 운수라는 것이다.
28 "내가 또한 동에서 나서 동에서 받았으니 도는 비록 천도나 학인즉 동학이라."(논학문) 뜻은 우주를 관통해도 실천은 발 딛고 서 있는 곳부터 해야 한다.
29 사람의 마음이란 시작할 때와 끝날 때 다르고, 어려움이 닥칠 때마다 흔들리게 마련이다. 글을

安心正氣始畫 萬法在於一點

마음을 편안히 하고 기운을 바르게 하여 획을 시작하니

모든 법이 한 점에 있느니라.30

前期柔於筆毫 磨墨數斗可也

먼저 붓 끝을 부드럽게 할 것이요,

먹은 여러 말을 가는 것이 좋으니라.31

擇紙厚而成字 法有違於大小

종이는 두터운 것을 택해서 글자를 쓰니,

법은 크고 작음에 다름이 있도다.32

先始威而主正 形如泰山層巖

먼저 위엄으로 시작하여 바르기를 주로 하니

형상이 태산의 층암과 같으니라.33

쓸 때도 처음과 마무리를 한결같이 하기가 어려운 법이다. 다만 그런 한결같지 않은 마음을 미워하고 싫어하는 대신 제이천심임을 인정하고 사랑해야 그를 넘어서 본래 한울마음을 회복할 수 있다.

30 글씨를 쓰거나 모든 일에 시작점이 중요하다. 시작하기 전, 내 욕심을 버리고 한울님께 맡기면 마음이 편해지고 기운이 바르게 되어 실수가 없을 것이다. "욕념이 있으면 일신의 소란이 되는 것이니라."(수심정기, 3절)

31 부드러움이 강함을 이기는 것은, 자신의 주장만 강하면 다른 사람의 장점을 받아들일 수 없기 때문이다. 붓끝이 부드러워야 모든 방향으로 자연스럽게 선을 그을 수 있다. 붓이 아무리 좋아도 먹이 충분치 못하면 제대로 된 글씨가 나올 수 없다. 삶의 글씨를 쓸 때도 충분한 먹(실력)이 필요한 것은 당연.

32 종이가 너무 얇으면 먹이 번지고 찢어져 원하는 글씨를 얻을 수 없다. 자신이 아무리 실력이 좋아도 그것을 펼 여건이 되어야 한다. 여건이 안 되면 거기에 맞춰 크거나 작은 글씨를 쓸 수 있도록 자유자재해야 한다. 작은 글씨를 써야 할 곳에서는 큰 글씨가 받아들여지지 않는 법이다.

33 붓끝은 가볍지만 움직임도 너무 가벼우면 글이 안 좋다. 옳고 그름을 신중히 판단하여 한번 움직이면 어떤 어려움에도 굴하지 않는 바위 같은 굳셈이 있어야 한다.

流高吟유고음[34]

高峯屹立 群山統率之像
높은 봉우리가 우뚝 솟은 것은 모든 산을 통솔하는 기상이요,[35]

流水不息 百川都會之意
흐르는 물이 쉬지 않는 것은 모든 시내를 모으려는 뜻이니라.[36]

明月虧滿 如節符之分合
밝은 달이 이지러지고 차는 것은 절부의 분합과 같더라.[37]

黑雲騰空 似軍伍之嚴威
검은 구름이 공중에 떠오름은 군대의 위엄 같더라.[38]

地納糞土 五穀之有餘 人修道德 百用之不紆
땅은 거름을 드려야 오곡의 남음이 있고,
사람은 도덕을 닦아야 모든 일이 얽히지 않느니라.[39]

---

34 높은 봉우리를 읊으신 것으로 보아 은적암에서 지리산 연봉을 보며 포덕3년(1862) 5월경 지은
   것으로 추정된다.

35 사람들을 이끌기 위해선 가장 높은 뜻과 진리가 있어야 할 것이다.

36 뜻이 높고 귀해도 그것을 이루기 위한 과정은 끊임없는 노력뿐. "순일한 것을 정성이라 이르고
   쉬지 않는 것을 정성이라 이르니…"(성경신) 쉬지 않고 흐르는 냇물은 종국엔 모두 모여 바다
   (진리의 覺得과 개벽의 대의)를 이룬다.

37 초승달이 보름달이 되는 것이 마치 쪼개졌던 절부가 합해지는 것 같음을 비유. 뜻이 높고 정성
   이 있으면 그것을 따르는 사람들이 모여 하나가 된다. 천시 지리 인화가 모두 맞으면 좋은 결과
   를 낳는다. 무자판에 따라 節符로 표기(무자판 발견 전엔 節夫). 절부(부절)는 고대에 나무나 대
   나무 조각에 글을 쓰고 표식을 한 뒤 두 쪽으로 쪼개어 각기 한 조각씩 가지고 있다가 후일 서로
   아귀를 맞춰 확인했던 제도.

38 비 오기 전 먹구름이 몰려오는 것은 마치 군대의 그것처럼 두려움을 준다. 뜻있는 사내들이 구
   름처럼 모여 세상을 바꾸려 함은 동학군의 모습일까?

39 앞 구절과 내용과 형식이 달라 별개의 시문으로 보인다. 노력하고 투자한 만큼 거두는 것은 자
   연이 증명하는 한울님 진리.

偶吟우음40

風過雨過枝 風雨霜雪來

바람 지나고 비 지난 가지에 바람 비 서리 눈이 오는구나.41

風雨霜雪過去後 一樹花發萬世春

바람 비 서리 눈 지나간 뒤 한 나무에 꽃이 피면 온 세상이 봄이로다.42

---

40 하나의 수목이 온갖 시련을 겪은 후에야 꽃을 활짝 피게 된다는 내용으로 수운 선생과 그의 진리가 모진 시련 이후에 만개할 것을 은유한 글. 포덕4년(1863) 봄에 쓰신 것으로 추정된다. 우음이란 갑자기 떠오른 시상을 읊은 것.

41 어려움이 올 때는 겹쳐서 이어지기 마련이다. 인생의 어려움은 대개 자신의 잘못에 대한 인과이다. 그것을 빨리 깨닫고 고치지 못하면 잘못을 반복하고 어려움도 반복된다. "산 밖에 다시 산이 보이고 물 밖에 또 물을 만나도다."(시문)

42 어려움을 이겨내면 꽃을 피울 수 있고 온 세상에 봄을 전할 수 있다. 한 마음, 한 생각 깨달으면 매일 보는 세상도 똑같은 세상이 아니다.

용담유사 龍潭遺詞

교훈가敎訓歌1

왈이자질曰爾子姪2 아이들아	사랑하는 아이들아
경수차서敬受此書 하여스라3	공경하는 마음으로 이 글을 받아라.
너희도 이 세상에	너희도 이 세상에
오행五行으로 생겨나서4	한울님 조화로 생겨나서
삼강三綱을 법法을 삼고	사람의 도리를 배우고
오륜五倫에 참예參預해서5	예법을 지켜 가며 자라서
이십二十 살 자라나니	어느덧 스무 살이 되었구나.
성문고족盛門高族 이내 집안6	대대로 번성해 온 훌륭한 우리 집안이지만,
병수病數7 없는 너의 거동擧動	병도 없고 탈도 없이 잘 자라 준

---

1 포덕2년(1861) 11월 남원 은적암에서 지은 것이다. 가족(부인과 자제)들에게 수운 선생 당신이 득도할 때까지의 과정을 설명하고 바른 수도를 하도록 경계한 글. * 동경대전이 교리를 한문으로 써 논리적으로 설명했다면 용담유사는 한글로 노래하듯 지은 독특한 경전. 노래이므로 수운 선생의 감정 표현이 풍부하고, 한글로 당시 사용되던 말투로 저술되어 유교적 교육을 받지 못한 민중과 아녀자 등에게도 쉽게 전달되었다. 조선말 유행하던 4*4조 가사이므로 운율을 넣어 낭독해야 좋다. * 수운 선생 당시의 고어와 경주 사투리가 많고, 이것을 목판본으로 인쇄하는 과정에서 충청도 사투리도 일부 섞인 것으로 추정된다. 원문에 없는 한문은 후대에 이해를 돕기 위해 병기. * 다음 책을 참고하였다. 윤석산 주해, 용담유사, 동학사, 1999; 백세명 편저, 천도교경전해의, 천도교 중앙총부, 1963; 표영삼, 동학1, 통나무, 2004.

2 爾; 너 이, 왈이자질은 "말하노니 너희 자식(子女)과 조카들아!"

3 '하여라'의 고어형. 계미판의 스라, 서라 등의 표기를 하였어라로 고치면 명령형 어미가 과거형이 되어 어색해진다.(이후도 마찬가지)

4 예전엔 만물의 구성 원리를 다섯 가지로 이해했다.(논학문 1절 참조) 지금의 원자의 개념이라기보다는 물질을 구성하는 만물의 특성을 다섯 가지로 통칭해 이해하였다고 보는 것이 맞다. 생명이 나는 것을 신의 일방적 창조가 아닌 오행이라는 생명의 이치로 이해.

5 삼강오륜은 유교적 사회를 구성하는 핵심 윤리. 삼강오륜에 충실한 사람을 길러 내는 게 유교 교육. 오늘 우리 사회는 어떤 인간상을 요구하는가? * 삼강; 아버지는 아들의, 임금은 신하의, 남편은 아내의 모범이 되어야 한다.(父爲子綱, 君爲臣綱, 夫爲婦綱) *오륜; 父子有親, 君臣有義, 夫婦有別, 長幼有序, 朋友有信.

6 수운 선생의 집안은 신라시대의 최치원이 조상인 경주최씨. 수운 선생의 7대조 최진립 장군은 임진왜란, 병자호란 당시의 공신이었고 아버지 근암 최옥은 이황 선생의 학맥을 잇는 영남의 큰 학자였다. 말하자면 영남의 명문 집안이었다. 수덕문 2절 참조.

7 崇(빌미 수)로 쓰면 병으로 인한 빌미, 안 좋은 일. 病數, 즉 「질병과 재앙 등이 생기는 운수」로 해

보고 나니 경사慶事로다	너희 모습을 보니, 그게 바로 경사로구나.
소업所業 없이 길러 내니8	겨우겨우 길러낸 것을
일희일비一喜一悲 아닐런가 ①	생각하니 기쁘고도 아쉽구나.
내 역시亦是 이 세상世上에	나 역시 이 세상에 나와
자아시自兒時9 지낸 일을	어릴 때부터 지내온 일을
역력歷歷히 생각하니	하나하나 생각해 보니
대저 인간大抵人間 백천만사百千萬事	이 세상 모든 일이
행行코 나니 그뿐이오	살고 나니 그뿐이고,
겪고 나니 고생苦生일세	겪고 나니 고생이었구나.
그중中에 한 가지도	그 중에 어느 것도
소업 성공所業成功 바이 없어10	이룬 것 하나 없으니 어쩌랴.
흉중胸中에 품은 회포懷抱	가슴속에 품은 생각을
일소일파一笑一罷 하온 후에11	한번 웃음에 깨끗이 털어 버리고
이내 신명身命 돌아보니	내 모습을 돌아보니
나이 이미 사십四十이오	나이는 이미 사십이요,
세상 풍속世上風俗 돌아보니	세상일을 돌아보니
여차여차如此如此 우 여차又如此라	그렇고 그런 것이라.
아서라 이내 신명身命	그만두자, 내 신세와 운명은
이 밖에 다시 없다12	이제 와서 다른 수가 없구나.

석활 수도 있다.(윤석산, 용담유사주해, 동학사, 1999)

8 수운 선생이 특별한 생업이 없음에도 자손을 잘 길렀으니 기쁘지만, 자식이 장성하는 이날까지 뚜렷하게 이룬 일이 없음이 슬프다는 뜻.

9 어려서부터

10 수운 선생 10세에 어머니가, 17세에는 아버지가 돌아가셨다. 어려서부터 총명하여 학문을 닦았지만 재가녀(再嫁女)의 자손이란 신분 때문에 과거에 나갈 수 없었다. 그래서 이후 10년간 세상을 두루 다니며 잘못된 세상을 바로 잡을 길을 찾았지만 성공하지 못한다.

11 가슴에 큰 뜻을 품고 있어도 현실에선 일상의 소소한 일들이 있을 뿐이다. 이러한 불일치를 어찌할 것인가?

구미용담龜尾龍潭 찾아 들어13	구미용담으로 돌아와서
중重한 맹세盟誓 다시 하고	중한 맹세를 다시 하고
부처夫妻가 마주 앉아	부부가 마주 앉아
탄식歎息하고 하는 말이	탄식하고 하는 말이
대장부大丈夫 사십 평생四十平生	"대장부가 사십 평생
해음 없이14 지내나니	아무 일도 이루지 못하고 하염없이 지냈지만,
이제야 할 길 없네	이제는 할 수 없네. 자와 호 이름을 새로 짓고,
자호字號이름 다시 지어	도를 이루고야 산 밖으로 나가리라 하고
불출산외不出山外15 맹세盟誓하니	굳게 맹세했는데,
기의 심장其意深長 아닐런가 ②	그때 그 결심이 얼마나 깊은 것이었는가?"
슬프다 이내 신명	"슬프구나, 내 신세가
이리 될 줄 알았으면	이렇게 될 줄 알았다면,
윤산潤産16은 고사姑捨하고	재산은 못 늘려도,
부모父母님께 받은 세업世業	부모님께 받은 가업이나
근력기중勤力其中 하였으면	힘써서 했더라면
악의악식惡衣惡食17 면免치마는	먹고 입고 사는 것은 그런대로 됐으련만,

---

12 세상 속에 답이 있나 하여 풍속을 돌아보았지만 뾰족한 수가 없으니, 이제 용담으로 돌아가 스스로 한울님께 기원하기로 한 방법에 내 운수를 걸어 볼 수밖에 없다는 뜻.

13 수운 선생은 10년의 주유천하 후 가족과 함께 울산 처가에 살면서 기도하였다. 이때 을묘천서를 받는다. 그러나 생활에는 철점이 실패하는 등 완전히 파산하여 어디 한 곳 의탁할 곳이 없었다. 결국 선친이 구미산에 지어 놓은 암자(용담정)로 가족과 함께 오게 된 것이다.

14 하염없이. 시름에 싸여 하는 일 없이 지내는 것. 해음은 헤아림의 고어형.

15 수운 선생은 포덕전1년(1859) 10월에 처자를 데리고 경주로 돌아와 선친이 지은 용담정에 은거하면서 '不出山外'라는 글을 써 붙여 득도를 갈구한다. 아울러 이름 '濟宣'을 '濟愚'로 字를 '道彦'에서 '性黙'으로 고쳐 백성 구제의 뜻을 표현하였다. 이듬해 입춘에는 '道氣長存邪不入 世間衆人不同歸'라는 시를 써 붙이고 하루 세 때(자, 인, 오) 청수를 모시고 수행을 계속하였다.

16 재산을 불리는 것.

17 논어 里仁편. 子曰, "士志於道, 而恥惡衣惡食者, 未足與議也" 공자 말씀하시길, "도에 뜻을 둔 선비가 나쁜 옷과 나쁜 음식을 부끄럽게 여긴다면, 함께 도를 논할 수 없다." 바른 뜻을 세운 이라면 악의악식이 어찌 부끄럽겠는가? 오히려 비싸고 사치스러운 衣食에 세상의 온갖 부조리가

경륜經綸이나 있는 듯이	무슨 큰 경륜이나 있는 것처럼
효박淆薄한 이 세상에	어지러운 이 세상을
혼자 앉아 탄식歎息하고	혼자 앉아 탄식하고,
그럭저럭 하다가서	그럭저럭 지내다가
탕패산업蕩敗産業 되었으니18	살림마저 없앴으니,
원망怨望도 쓸데없고	원망하고 한탄해 봐야
한탄恨歎도 쓸데없네	무슨 소용이 있겠는가?"
여필종부女必從夫 아닐런가19	"부부는 결국 같은 운명 아니겠소?
자네 역시亦是 자아시自兒時로	당신도 역시 옛날 자라날 때엔
호의호식好衣好食 하던 말을	잘 입고 잘 먹었다는 말을
일시一時도 아니 말면	그만두지 않는다면
부화부순夫和婦順 무엇이며20	부화부순이 어찌 되겠으며,
강보襁褓에 어린 자식子息	어린 자식을 앞에 두고
불인지사不忍之事21 아닐런가	차마 그런 말을 할 수 있겠소?
그말 저말 다 던지고	그 말 저 말 다 그만두고
차차차차次次次次 지내 보세	차차차차 지내봅시다."
천생만민天生萬民 하였으니	"한울님이 사람을 내었으니
필수기직必授其職22 할 것이오	일 또한 주실 것이요,

함께 한다. 어찌 멀리하지 않겠는가? 여기선 호의호식 바라지 않고 악의악식에도 현실과 타협하지 않고 바른 도를 구해온 삶에 대한 자부심도 엿보인다.

18 어지러운 세상을 바로잡겠다고 잘난 체하며 다니다가(경륜이나 있는 듯이) 부모가 물려주신 것마저 탕진한 상태. 더 이상 갈 데 없이 바닥까지 망한 상태가 되었다.

19 결국 부부는 어려움을 함께 극복해 나갈 공동 운명체다. 좋은 것만 누리고 어려움을 함께하지 못하면 동반자의 자격이 없다.

20 부인이 어려서부터 잘 호강하며 컸는데 시집와서 이렇게 고생만 한다고 불평하면, 그것이 어찌 부화부순이 되겠는가!

21 부부는 견딜 수 있지만 어린 자식 앞에선 더욱 그런 불평을 할수 없다.

22 한울님이 생명을 나게 했으니 먹고 살 방안(직업)도 주실 것이다.

명내재천命乃在天23 하였으니

죽을 염려念慮 왜 있으며

한울님이 사람 낼 때

녹祿 없이는 아니 내네24

우리라 무슨 팔자八字

그다지 기험崎險할꼬

부富하고 귀貴한 사람

이전 시절以前時節 빈천貧賤이오

빈貧하고 천賤한 사람

오는 시절時節 부귀富貴로세

천운天運이 순환循環하사

무왕불복無往不復25 하시나니

그러나 이내 집은

적선적덕積善積德 하는 공功은

자전자시自前自是 고연固然이라26

한울님께 달린 목숨이니,

죽을 염려를 왜 합니까?

한울님이 사람 낼 때

살 길 없이는 아니 내는데,

우리는 무슨 팔자가

그토록 기막히고 험했을까?

부하고 귀한 사람

이전에는 빈천했고,

빈하고 천한 사람

오는 시절은 부귀라고 한다네.

천운은 돌고 돌아

가면 반드시 돌아오니,

더구나 우리 집안은

좋은 일을 많이 하여 쌓은 공이

이전부터 있었으니

---

23 사람의 수명은 하늘에 달려 있다. 생물학적인 수명을 다 누리지 못하거나 더 누리거나 하는 것은 크게 두 가지 요소가 작용한다. 하나는 스스로 몸 관리를 어떻게 하는가이고, 또 하나는 천재지변을 만나는가 여부이다. 자기 몸 또한 한울의 기운을 받아 생기고 작동하므로 그 이치를 바르게 알고 살면 천수를 누릴 것이고 천재지변 또한 대부분 자신과 주변 사람들이 만든 인과의 결과이므로 얼마든지 조절할 수 있다. 다만 자기 몸은 스스로 관리하기 비교적 쉽지만, 사람들의 인과가 모인 천재지변은 그만큼 혼자서는 관리가 어렵다. 예를 들면 과도한 에너지 사용으로 인한 지구 온난화와 그로 인한 기상이변은 전 인류적인 노력과 대처가 필요한 일이다. 결국 내안의 한울과 내 밖의 한울에 의해 명이 정해지니 명내재천이 맞다!

24 누구나 한울님께 생명을 받아 태어나면 '노력한 만큼 먹고 살 수 있다.' 이러한 진리가 행해지지 않는 것은 기회(교육, 직업 선택 등)의 불평등(개인 간, 국가 간) 때문이다. 인류 최후의 발명품인 자본주의의 미래는 이러한 불평등을 어떻게 해결하는가에 달려 있다.

25 삶이 있으면 죽음이 있고, 성함은 쇠함이 있어야 의미가 있다. 생명의 본질은 항상 순환하는 것이다. 그러므로 盛할 때 교만하지 말고 衰할 것을 대비해야 하고, 쇠할 때는 기회가 왔을 때 성할 수 있도록 실력을 쌓는 데 게으르지 않아야 한다.(논학문 8절 참조)

26 예부터 본래 그런 것이다. 수운 선생의 집안은, 멀리는 신라 말의 최치원에서 임진·병자의 공신 최진립 장군이 나라를 위해 공을 세웠고, 수운 선생의 부친은 퇴계 학맥을 계승한 영남의 거

여경餘慶인들 없을소냐 　　　　반드시 남은 경사가 자손에게 있을 거요.

세세유전世世遺傳 착한 마음27 　　대대로 내려오는 우리네 착한 마음을

잃지 말고 지켜내서 　　　　　　잃지 말고 지켜내어,

안빈낙도安貧樂道 하온 후에 　　　가난하더라도 즐겁게 지내면서

수신제가修身齊家 하여 보세28 　　스스로 삼가고 집안을 다스립시다.

아무리 세상사람 　　　　　　　아무리 세상사람들이

비방誹謗하고 원망怨望 말을 　　헐뜯거나 미워하는 말을 해도

청이불문聽而不聞 하여 두고 　　들려도 듣지 말고,

불의지사不義之事 흉凶한 빛을 　　옳지 못하고 흉한 모습은

시지불견視之不見 하여 두고29 　　보여도 보지 말고,

어린 자식子息 효유曉諭해서 　　어린 자식을 잘 타일러

매매사사每每事事 교훈教訓 하여 　매사를 가르치되,

어진 일을 본을 받아 　　　　　어진 일을 본받아서

가정지업家庭之業 지켜 내면 　　집안일을 해 나가면,

그 아니 낙樂일런가30 ③ 　　　어찌 즐겁지 않겠소?"

이러그러 안심安心해서 　　　　그럭저럭 마음을 편안히 하고

칠팔삭七八朔 지내나니 　　　　일고여덟 달을 지내는데,

꿈일런가 잠일런가 　　　　　　꿈속인가 잠속인가

무극대도無極大道 받아내어31 　　무극대도를 받았구나.

　유였다. 이렇게 집안에 쌓은 공이 많으니 자신에게 좋은 일이 있을 것이라고 자위하는 것이다.

27 명문가에는 자손이 빗나가지 않도록 엄격히 교육하는 풍조가 있었다. 수운 선생도 명문의 손으로 어려서부터 아버지에게 그런 교육을 받았을 것이다.

28 개인적 욕심이 없고 언행이 일치하면 한 몸과 한 집안이 절로 편안해질 것이다.

29 명문가의 자손이 세상을 구한다고 외지에 나가 거지꼴을 하고 나타났으니 고향사람들의 구설이 얼마나 많았을까? 당신이야 견딜 수 있었겠지만 어린 자식들은 아무리 들어도 못 들은 척, 보아도 못 본 척 하려 해도 따돌림과 상처를 받았을 것이다.

30 사람이 살면서 굴곡 없이 살 수는 없다. 시련을 극복하는 사람과 좌절하는 사람의 차이는 여러 가지겠지만 가장 중요한 것은 삶에 대한 긍정적 신념일 것이다.

정심수신正心修身 하온 후에	몸과 마음을 가다듬고
다시 앉아 생각하니	다시 앉아 생각해 보니,
우리 집안 여경餘慶인가	우리 집안의 남은 경사인가,
순환지리循環之理 회복回復인가32	좋은 운이 회복되는 것인가?
어찌 이리 망극罔極33한고	한울님 은혜가 어찌 이리 한없이 큰고?
전만고前萬古 후만고後萬古를34	예전 시절과 오는 시절을
역력히 생각해도	하나하나 살펴봐도
글도 없고 말도 없네35	글 속에도 없고 말 중에도 없구나.
대저 생령大抵生靈 많은 사람	이 세상 수 많은 사람 중에,
사람 없어 이러한가	나 말고는 사람이 없었나?
유도 불도儒道佛道 누천년累千年에	유도 불도가 도를 편 지 수천 년인데
운運이 역시亦是 다했던가36	운이 다해 이렇게 되었나?
윤회輪廻같이 둘린 운수運數	돌고 돌아 새롭게 바뀌는 이 운수를
내가 어찌 받았으며	내가 어찌 받게 되었을까?
억조창생億兆蒼生 많은 사람	많고 많은 사람 중에
내가 어찌 높았으며	내가 어찌 높았는가?

---

31 용담으로 돌아온 지 7~8개월 만인 1860년 4월 5일 득도하신다. 수운 선생은 자신의 도를 도는 천도이나 학은 동학이라 하셨다(논학문). 여기에선 무극대도라는 명칭을 사용하신다. 무극대도 란? 주역에서 만물은 음과 양의 조화로 생성되고 변화한다. 만물이 시작되는 生數는 1,2,3,4,5이 고, 만물이 완성되는 成數는 6,7,8,9,10이다.(해월신사법설, 천지이기 공부하기, 북극일륙수 참 조) 이렇게 모든 만물이 생하고 쇠하는 원리를 밝혔지만 만물이 생기기 이전, 음양 이전과 만물 이 없어진 후(사후)의 문제는 알 수 없는 영역으로 남겨 놓았던 게 유학이다. 그런 음양 이전 0의 자리, 무극의 원리까지 온전히 밝힌 것이 동학이다.(해월신사법설 천도와 유불선, 무체법경 성심 변 참조) 그러므로 무극대도라 하신 것이다.(사후관에 대해서는 성령출세설 공부하기 참조)
32 집안에 그동안 쌓인 공덕 덕분인가? 그동안 고생만 해 왔으니 좋은 일이 돌아올 차례인가?
33 망극; 은혜가 한이 없다.
34 전만고는 아득한 옛날, 후만고는 아득한 미래.
35 기존에 알려진 학문으로 헤아릴 수 없다는 뜻. 또는 말로는 형언할 수 없다는 뜻.
36 세상의 많은 인재, 많은 종교가 있음에도 본인에게 대도가 내렸음을 겸양하신 말씀. 유도 불도 자체의 운이 다한 것이 아니라, 그곳에서 깨달은 인재가 나지 않았음을 말한 것이다.

일 세상世上 없는 사람	이런 도를 받은 사람이 세상에 없었는데
내가 어찌 있었던고	내가 어찌 받았단 말인가?
아마도 이내 일은	아마도 이내 일은
잠자다가 얻었던가	잠자다가 얻었는가
꿈꾸다가 받았던가	꿈꾸다가 받았는가
측량測量치 못할러라	헤아리지 못하겠네.
사람을 가렸으면	사람을 골랐다면
나만 못한 사람이며	왜 나처럼 못난 사람을 고르셨으며
재질才質을 가렸으면	재질을 골랐다면
나만 못한 재질才質이며	왜 나처럼 못난 재질을 고르셨을까.
만단의아萬端疑訝37 두지마는	여러 생각이 많지만
한울님이 정定하시니	한울님이 정하시니
무가내無可奈라 할 길 없네38	어쩔 도리가 없구나.
사양지심辭讓之心 있지마는	사양하려 하지만
어디 가서 사양하며	어디 가서 사양하며,
문의지심問疑之心 있지마는	묻고자 하지만
어디 가서 문의하며	어디 가서 물어보나?
편언척자片言隻字39 없는 법法을	말 한 마디 글 한 구절도 세상에 없던 법이니
어디 가서 본本을 볼꼬	본받을 데가 전혀 없네.
묵묵부답默默不答 생각하니	말 없이 가만 생각하고 있으니
고친 자호字號 방불彷彿하고40	잠잠한 성품이란 고친 자호 그대로요,

---

37 여러 가지 의심.
38 대도를 막상 받고 나니 꿈만 같고, 세상에 많은 인재가 있을 것이라는 생각이 있지만 한울님이
　　정한 일이니 어쩔 수 없다는 뜻.
39 말 한마디 글 한 자.
40 자를 性黙(고요한 본성)으로 이름을 濟愚(어리석음을 구제)로 고쳤다.

어린 듯이 앉았으니	어리석은 듯 앉아있는 모습은
고친 이름 분명分明하다41 ④	어리석음을 건진다는 고친 이름 그대로구나.
그럭저럭 할 길 없어	어찌할 줄 모르다가
없는 정신精神 가다듬어	간신히 정신 차려
한울님께 아뢰오니	한울님께 아뢰오니,
한울님 하신 말씀	한울님 하신 말씀,
너도 역시 사람이라	"너도 역시 사람이니
무엇을 알았으며	무엇을 알겠느냐?
억조창생億兆蒼生 많은 사람	많고 많은 세상 사람들
동귀일체同歸一體42 하는 줄을	하나에서 나와 하나로 돌아가는 것을
사십 평생 알았더냐	사십 평생 사는 동안 알았더냐?
우습다 자네 사람	자네라는 사람은 참으로 우습구나.
백천만사百千萬事 행行할 때는	무슨 생각으로
무슨 뜻을 그러하며	그간의 모든 일을 해 왔으며,
입산入山한 그 달부터	입산한 그 달부터
자호字號 이름 고칠 때는	자호와 이름을 고친 것은
무슨 뜻을 그러한고43	무슨 생각 때문이었는가?
소위 입춘所謂立春 비는 말은	입춘의 글을 써 붙일 때
복록福祿은 아니 빌고	남들처럼 복록은 빌지 않고,
무슨 경륜經綸 포부抱負 있어	무슨 큰 경륜이나 포부가 있는 듯이

---

41 도를 받았지만 기존의 알려진 가르침이 아니므로 참고할 곳이 없다. 그러므로 어디서부터 시작해야 할지 막막한 심정이었을 것이다.

42 만물의 시작도 한울님의 생명에서 비롯되고 끝도 한울님의 원소로 돌아갈 뿐이다. 이렇게 나와 타인이 한울로서 하나임을 깨닫고 분별과 차별이 없어지는 것이 시천주—모심의 시작이다. 내유신령과 외유기화가 하나가 되어야 모심이라 한 것이 바로 이 뜻이다.(논학문)

43 수운 선생이 모든 일에 세상을 구할 뜻을 품고 이를 행하였고 용담에 들어와선 이름까지 고쳐가며 득도할 것을 결심한 것을 한울님이 다 보고 있었다고 이야기하는 것이다.

세간중인世間衆人 부동귀不同歸라44	'세상과 영합하며 가지 않으리라'고
의심疑心 없이 지어 내어	의심하지 않고
완연宛然히 붙여 두니	뚜렷하게 내걸었으니
세상 사람 구경할 때	세상 사람들이 구경할 때
자네 마음 어떻던고	자네 마음은 어떠하던가?
그런 비위脾胃 어디 두고	어디에 그런 비위가 있었을까?
만고萬古 없는 무극대도無極大道	이제 만고에 없는 무극대도를
받아 놓고 자랑하니	받아놓고 자랑하게 되니,
그 아니 개자한가45	그 얼마나 우스운가?
세상 사람 돌아보고	세상 사람들을 돌아보고
많고 많은 그 사람에	수 많은 사람들의
인지재질人之才質 가려내어	재질을 가려보면 큰 차이가 없으니
총명노둔聰明魯鈍46 무엇이며	총명과 우둔을 가리는 것이 무슨 소용이며
세상 사람 저러하여	그 사람이 어떻다고
의아탄식疑訝歎息 무엇인고	탄식한들 무엇하겠느냐.
남만 못한 사람인 줄	네가 남보다 못한 사람인 줄
네가 어찌 알았으며	어찌 알았으며
남만 못한 재질才質인 줄	남보다 못한 재질인 줄
네가 어찌 알잔 말고	어찌 안단 말이냐?
그런 소리 말았어라47	그런 소리 하지 말아라.

---

44 "도의 기운을 길이 보존함에 삿된 것이 들어오지 못하니, 도를 깨닫기 전에는 세상 사람들과 하나로 어울리지 않으리라."(道氣長存邪不入 世間衆人不同歸)는 시를 지었다.

45 '慨悌하다'가 변한 말. 겉모양과 기상이 온화하고 단정함:개자하다; 하는 짓이 똑똑하지 못하다.(방언) 또는 기자후다. 각주 49 참조.

46 총명노둔; 총명한 사람과 아둔한 사람.

47 과거형이 아닌 명령형의 종결어미.

낙지 이후落地以後48 첨이로다49　　　이 세상 생긴 후에 처음 있는 일이니라.

착한 운수 둘러 놓고　　　좋은 운수가 돌아오게 하여

포태지수胞胎之數 정定해 내어　　　포태의 이치로 이 세상에 너를 내었으니,

자아시自兒時 자라날 때　　　어린 시절부터 지나온 모든 일을

어느 일을 내 모르며50　　　내 어찌 모르겠으며,

격치만물格致萬物51 하는 법法과　　　만물을 대하는 법과

백천만사百千萬事 행行하기를　　　온갖 일을 행한 것도

조화중造化中에 시켰으니　　　조화 중에 시켰으니,

출등인물出等人物 하는 이는　　　그대처럼 뛰어난 인물이

비비유지比比有之52 아닐런가53　　　세상에는 종종 나온다네."

지각知覺 없는 세상사람　　　"지각없는 사람들이

원願한 듯이 하는 말이　　　바라듯이 하는 말이

아무는 이 세상에54　　　'아무는 이 세상에

재승박덕才勝薄德55 아닐런가　　　재주는 많지만 덕은 없겠구나.

---

48 낙지; 땅에 떨어진다는 뜻으로, 사람이 세상에 태어남을 이르는 말

49 한울님 보시기에 수운 선생이 이름까지 고쳐가며 세상을 건질 도를 받기를 기원하고 그렇지 않으면 세상으로 다시 돌아가지 않겠다고 했으면서 막상 도를 주니 세상에 재능이 뛰어난 사람이 더 많다며 겸양하니 어떻게 된 것이냐고 되묻는다. 아마도 수운 선생의 내면에 이런 두 가지의 양가감정이 동시에 있었을 것 같다.

50 실로 사람이 태어나려면 부부의 인연과 부모의 인연이 만나야 한다. 그 수많은 경우의 수를 거쳐 선택된 생명인 것이다. 이것이 한울님의 數이고, 태어난 후에도 자라나는 모든 것이 한울님의 정기를 받으며 기화하지 않으면 안 된다.

51 목판본의 적세만물은 格致만물의 誤記인 듯. 유가의 전통적인 학습법이 格物致知이다. 사물을 꾸준히 관찰하여 그 궁극적 이치를 깨닫는다는 것이다.

52 비비유지; 어떤 일이나 현상이 흔히 있음. 보통사람보다 더 열심히 공부하고 깨달음이 빠른 뛰어난 사람이 있기 마련이다.

53 한울님이 수운 선생에게 하신 말씀(강화); 수운 선생이 자라고 공부한 과정 등을 다 알고 자격이 되니 도를 주는 것이라는 내용.

54 이하의 구절은 고향사람들이 口舌하는 것.

55 재승박덕; 재주는 지나치고 덕은 모자란다. 세상 사람들이 보기에 수운 선생은 재주는 뛰어나나 하는 일마다 실패하여 가산을 탕진한 사람일 뿐이었다.

세전산업世傳産業 탕패蕩敗하고	집안 살림 말아먹고
구미용담龜尾龍潭 일정각一亭閣에	용담에 틀어박혀
불출산외不出山外 하는 뜻은	산 밖으로 나가지 않겠다 하니
알다가도 모를러라	그 뜻을 모르겠네.
가난한 저 세정世情에	세상살이 힘든 탓에
세상사람 한데 섞여	서로가 한데 섞여
아유구용阿諛苟容56 한다 해도57	아첨하며 구차하게 사는데도,
처자보명妻子保命58 모르고서	혼자 처자식은 굶기면서
가정지업家庭之業 지켜 내어	선비 집안의 전통을 지킨다며
안빈낙도安貧樂道 한단 말은	안빈낙도 한다 하니
가소可笑절창59 아닐런가60	우습기 짝이 없네.'
이말 저말 붕등崩騰해도	이런 말 저런 말 나돌아도
내가 알지 네가 알까61	네 마음을 내가 알지.
그런 생각 두지 말고	세상 사람들이 뭐라 하든 마음에 두지 말고
정심수도正心修道 하였어라	정심수도만 하시게나.
시킨 대로 시행施行해서	시킨 대로 시행해서
차차차차次次次次 가르치면	차츰차츰 가르치면,
무궁조화無窮造化 다 던지고	무궁한 조화는 물론이고
포덕천하布德天下 할 것이니62	온 세상에 덕을 펼 수 있을 것이니

---

56 아유구용: 남에게 잘 보이기 위해 아첨하는 것.
57 어려운 세상 사정 속에서 사람들이 아첨하며 살아간다고 하지만.
58 처자보명: 처자를 보호해서 살려 가는 것.
59 가소절창(可笑絶脹): 너무 우스워 창자가 끊어질 지경
60 (수운 선생이) 자기 가족조차 돌보지 못하면서 세상 사람들이 아첨이나 하면서 살아간다고 꾸
  짖는 것은 웃기는 일이다. 세상 사람들이 시기하는 말들.
61 다시 한울님 말씀. 이런 저런 세상 사람들 구설이 많아도 한울님은 수운 선생의 진정을 다 알고
  계시니 신경 쓰지 말라고 하심.

차제도법次第道法 그뿐일세	도 닦는 절차는 오로지 그뿐일세.
법法을 정定코 글을 지어	법을 정하고 글을 지어 사람들을 가르치면,
입도入道한 세상사람	입도한 세상 사람이
그날부터 군자君子63되어	그 날부터 군자 되어
무위이화無爲而化64 될 것이니	자연한 가운데 이룸이 있게 될 것이니,
지상신선地上神仙 네 아니냐65 ⑤	지상신선이 바로 너 아니겠느냐."
이 말씀 들은 후에	이런 말씀 듣고 나니
심독희心獨喜 자부自負로다66	마음이 기쁘고도 자랑스럽구나.
그제야 이날부터	그제야 이 날부터
부처夫妻가 마주앉아	부부가 마주 앉아
이말 저말 다한 후에	이 말 저 말 다하면서
회회낙담喜喜樂談 그뿐일세	기쁘고 즐거운 말 뿐이로구나.
이제는 자네 듣소	"이제는 당신 들어 보오.
이내 몸이 이리 되니	이내 몸이 이리 되니
자소시自少時 하던 장난67	어려서부터 하던 장난은
여광여취如狂如醉68 아닐런가	미친 듯이 보였지만,
내 역시 하던 말이	헛말처럼 하던 말도

---

62 무궁조화는 차치하고 포덕천하 할 것이다. 수운 선생이 바란 것은 조화와 술법이 아니라 세상이 한울님 이치대로 순리대로 돌아가도록 한울님의 덕을 펴는 것이었다.

63 군자는 한울님 도를 따르고 지키기 위해 노력하는 사람.(포덕문 3절 참조)

64 무위이화는 각자의 욕심에 따른 인위를 배제하고 자연의 이치에 모든 행위와 결과를 맡긴다는 것.(논학문 9절 참조)

65 세상 사람들의 말은 개의하지 말고 도에 힘쓰라는 한울님 말씀.

66 홀로 기쁜 마음이 들어 자부심이 생겼다는 뜻.

67 作亂. 작란이 오늘날 장난으로 변화. 원뜻은 새로운 일을 만들어 도전하는 의미(오늘날의 벤처 기업 같은)였으나 오늘의 장난은 가벼운 놀이의 뜻으로 달라졌다.

68 여광여취; 미친 듯 취한 듯. 젊어서부터 도를 깨닫기 위해 행한 일들이 지나고 보니 마치 미친 것 같고, 취한 것 같았다. 누구나 질풍노도의 시기를 거쳐야 성숙해지기 마련이다.

헛말이 옳게 되니
남아 역시男兒亦是 출세 후出世後에
장난도 할 것이오
헛말인들 아니 할까
자네 마음 어떠한고[69]
노처老妻[70]의 거동擧動 보소
묻는 말은 대답찮고
무릎 안고 입 다시며
세상 소리 서너 마디
근근僅僅히 끌어내어
천장만 살피면서
꿈일런가 잠일런가
허허 세상 허허 세상
다 같이 세상사람
우리 복福이 이러할까
한울님도 한울님도
이리 될 우리 신명身命
어찌 앞날 지낸 고생
그다지 시키신고
오늘사 참말인지
여광여취如狂如醉 저 양반을
간 곳마다 따라가서
지질한 그 고생을

이제는 옳게 되니,
남자로 세상에 태어나서
장난도 할 것이요,
헛말인들 아니할까,
자네 마음은 어떠한가?"
노처의 거동 보소.
묻는 말에는 대답하지 않고
무릎 안고 입 다시며
세상 소리 서너 마디를
간신히 하고 나서
천장만 살피더니,
"꿈인가 잠인가,
허허 세상, 허허 세상,
다 같이 세상 사람인데,
우리 복이 이렇게 되었나.
한울님도 한울님도
이렇게 될 우리 신명인데
어찌 그리 심한 고생을
지금까지 시키셨단 말인고.
오늘에야 말이지만,
미친 듯하고 취한 듯한 저 양반을
가는 곳마다 따라가서
지질하게 한 고생을

---

69 수운 선생이 부인에게 한 말.
70 '늙은 처'라기보다는 노형, 자네처럼. 상대를 존칭하는 말.

눌로 대해 그 말이며71	누구에게 다 말하겠나.
그 중에 집에 들면	그러다가도 집에 오면
장담壯談같이 하는 말이	장담하듯이 하는 말이
그 사람도 그 사람도	'이 사람아, 이 사람아,
고생이 무엇인고	무엇이 고생인가.
이내 팔자八字 좋을진댄	이내 팔자 좋아지면
희락喜樂은 벗을 삼고	즐거움이 벗이 되고
고생苦生은 희락喜樂이라72	고생마저 기쁨이 되리니.
잔말 말고 따라가세	잔말 말고 따라 오시게.
공로空老73할 내 아니라74	헛되이 늙지만은 않을 테니.'
내 역시 어쳑 없어	이런 말씀 하실 때는 나 역시 어이없어

---

71 수운 선생이 10년간 주유천하할 때 집안을 돌보는 것은 부인의 몫이었을 것이다. 그 후에도 울산과 경주를 이사 다녔는데 그때도 수운 선생이 가사에 큰 도움이 되지는 못했을 것이다. 도를 닦는다며 살림은 돌보지 않고 방황하며 기도만 해 온 남편이 곱게 보였을 리 없다. 때문에 대신사 득도 후 강령과 강화 받는 모습을 보시고, 마침내 정신이 나간 줄 알고 부인이 몇 번이나 연못에 빠져 죽으려 했다고 한다. 그런 남편이 자기가 깨달은 도를 함께 하자고 하니 용납이 되겠는가? 박씨 사모님을 포덕하기 위해 수운 선생이 수 없이 절을 하며 설득했다고 한다. 기성 종교와의 차이점도 여기에 있다. 기성 종교에선 도를 닦는데 속세의 삶이 장애가 된다 하여 가족과 직업을 모두 등지고 수행하였다. 그러나 과거에는 그럴 수밖에 없었다 해도, 모든 진리가 밝혀지고 의식이 깨어난 지금은 달라져야 한다. 세상을 구하기 위해 도를 닦는다 하면서 가장 가까운 가족마저 팽개치고 누구를 구원한다는 말인가? 대신사께서 10년의 주유천하동안 가족을 돌보지 않고 구도를 행한 것이 기존의 관념을 떨치지 못한 모습이었다면, 울산의 처가에 의탁했던 가족을 데리고 함께 용담에 돌아와서야 대도를 깨달으신 것은 기존의 관념을 반성하고 극복했다는 의미이고, 선천종교와 후천종교의 전환이기도한 것이다. 천도교에서는 수행을 위해 가족을 버리거나 직업을 버리지 않고 수고롭고 괴롭고 부지런하고 힘쓰는(의암성사법설, 권도문) 모든 삶을 함께 하며 닦는다. 그 자체가 한울의 모습이고 생명의 본질이기 때문이다.

72 고진감래라 했듯이 고생이란 사람을 더 성숙하고 크게 만든다. 이를 불평하고 피하려고만 하면 교훈을 얻지 못하고 같은 고생을 반복하겠지만 이를 즐겁게 받아들이면 더욱 크게 성장할 것이다. 그러므로 '반수기앙 무섭더라'라고 한 것이다.

73 헛되이 늙음.

74 수운 선생이 고생하는 부인을 위로하고 격려하고 있다. 득도할 때까지 힘들어도 수운선생은 당신이 원하는 것을 찾는 여정이었지만 집안 식구들의 고생은 어떠했을지 상상하기 어렵다. 그런 가족들을 어떻게 설득하고 이끌었는지, 또 한편으론 가족들에게 얼마나 미안했을지 느낄 수 있는 생생한 육성이 아닐 수 없다.

얼굴을 뻔히 보며	얼굴을 뻔히 보며
중심中心에 한숨 지어	속으로만 한숨지었네.
이적지 지낸 일은	지금까지 지낸 것은
다름이 아니로다	다름이 아니라,
인물 대접人物待接 하는 거동	사람을 대하는 당신의 모습이
세상사람 아닌 듯고	세상사람이 아닌 듯 하고,
처자妻子에게 하는 거동	처자식에 대해서는
이내 진정眞情 지극至極하니	진정으로 지극하니,
천은天恩이 있게 되면	한울님 은덕이 있게 되면
좋은 운수運數 회복回復할 줄	좋은 운수를 회복할 줄
나도 또한 알았습네75	나도 또한 알았습니다."
일소일파一笑一罷 하온 후에	한마디 하고 웃어 버리니
불승기양不勝氣揚76 되었더라 ⑥	기쁘고 즐거운 마음 그지없었더라.
그럭저럭 지내다가	그럭저럭 지내다가
통개중문洞開重門 하여 두고	닫힌 문을 열어놓고
오는 사람 가르치니	찾아오는 사람을 가르치니
불승감당不勝堪當77 되었더라78	감당하기 어려울 만큼 많구나.

---

75 수운 선생의 부인이 수운 선생에게 그간의 고생을 털어놓으며, 그러나 남편의 진심을 믿고 따라
  왔음을 말한다. 수운 선생이 도를 구하는 중에도 공부한다며 집안일을 팽개쳐 둔 것만은 아닌
  듯하다. 특히 당시의 엄격한 남녀 구별의 유교 풍습 속에서도 부인과 자식들에게 대하는 것과
  손님들을 대접하는 것이 진심을 다해 임하여 남달랐음을 알 수 있다.
76 즐거움을 이기지 못한다.
77 도를 배우러 오는 사람이 감당하기 어려울 정도로 많았다는 뜻이니, 그 중에는 진심으로 도를
  배우러 온 사람뿐 아니라 불순한 의도를 갖고 온 사람도 많았을 것이다.
78 경신년(1860)에 득도 후 이렇게 부인을 먼저 포덕하고, 스스로 수행하면서 체험함과 아울러 수
  행의 절차와 방법을 만든다. 1년 뒤 신유년(1861)에 가족 외의 사람들에게 포덕을 시작한다.(논
  학문 7절, 수덕문 7절 참조) 수운 선생의 수양딸이 증언한 바에 따르면, 신유년 당시 수운 선생을
  찾아오는 사람들이 예물로 곶감을 갖고 왔는데, 찾아오는 사람이 얼마나 많은지, 용담정 부근에
  버려진 곶감꽂이만 짊어지고 가도 인근 마을사람들의 땔나무가 되었다고 한다.(윤석산, 동학교

현인군자賢人君子 모여들어	현명하고 어진 사람들이 모여들어
명명기덕明明其德79 하여 내니	한울님의 큰 덕을 밝혀내니
성운성덕盛運盛德 분명分明하다 ⑦	큰 운수와 성대한 덕이 분명하구나.
그 모르는 세상사람	그런 이치를 모르는 세상 사람들이,
승기자勝己者80 싫어할 줄	자기보다 뛰어난 사람을 싫어하여
무근설화無根說話81 지어내어	근거 없는 말을 지어내서
듣지 못한 그 말이며	듣지도 못한 말과
보지 못한 그 소리를	보지도 못한 소리를
어찌 그리 자아내서	어찌 그렇게 만들어 내서
향鄕안 설화說話82 분분紛紛한고83	마을 안에 소문이 분분한가.
슬프다 세상사람	슬프다 헛된 소문에 흔들리는 세상 사람들아!
내 운수運數 좋자 하니	내 운수가 좋아지니
네 운수運數 가련可憐할 줄	네 운수는 가련해진다고
네가 어찌 알잔 말고	너는 어찌 그렇게 아는가!
가련하다 경주 향중慶州鄕中	가련하다 경주 고을,
무인지경無人之境 분명分明하다84	사람다운 사람 없음이 분명하구나.

조 수운 최제우, 모시는사람들, 138) 시골 민중들이 어려운 도당을 들으러 몰려왔겠는가? 한울님의 영부로 사람들의 병을 고치라는 한울님 말씀(포덕문)에 따라 영부로 불치의 병자를 고쳐주었을 것이다. 그런 소문은 금방 사방으로 퍼지게 마련이고, 돈 없고 병이 깊어 의지할 곳 없는 병자들이 비싼 쌀 대신 곶감이라도 들고 가족들과 함께 와서 병을 고치고 더러는 제자가 되기도 했을 것이다. 그런 사람들이 감당하기 어려울 정도로 몰려들었다는 생생한 기록이다.

79 명명기덕; 밝은 한울님의 덕을 밝힌다. 한울님의 덕은 어두운 부조리와 어리석음을 밝히는 빛이니 얼마나 크고 밝은 덕인가.

80 승기자; 자기보다 나은 사람.

81 근거 없는 말.

82 향안설화; 鄕 안, 즉 마을 안에 뜬소문.

83 입도하는 사람이 많아지자 이를 시기하는 사람들과 관의 지목이 심해졌다. 또한 선생의 영부로 병이 낫기도 했지만, 정성과 도덕이 없어 낫지 않는 경우도 있다(포덕문)고 했다. 그런 이가 자신의 정성이 없음을 자책했겠는가? 수운선생이 혹세무민한다고 비방하는데 앞장섰을 것이다.

84 수운 선생의 무극대도를 따르면 그 운수에 하나가 되지만, 진리를 따르지 않고 비방하는 사람들

어진 사람 있게 되면	어진 사람이 있다면
이런 말이 왜 있으며	이런 말들이 왜 떠돌겠는가?
향중풍속鄕中風俗 다 던지고	마을의 풍속은 다 그만두고라도,
이내 문운門運 가련可憐하다85	우리 집안의 운수마저 가련하구나.
알도 못한 흉언괴설凶言怪說	알지도 못하는 흉하고 괴이한 말을
남보다가 배倍나 하며	남들보다 배나 더하니
육친肉親이 무삼일고	친척이 무슨 일로
원수怨讐같이 대접待接하며	원수같이 대접하며
살부지수殺父之讐 있었던가	아비를 죽인 원한이 있는 듯이
어찌 그리 원수런고86	어찌 그리 원수같이 구는가?
은원恩怨 없이 지낸 사람	그 바람에 아무 상관없이 지낸 사람조차
그 중中에 싸잡혀서	그런 무리들과 하나 되어
또 역시 원수 되니	덩달아 원수가 되니
조걸위학助桀爲虐87이 아닌가⑧	엎친 데 덮친 격이구나.
아무리 그리 해도	아무리 그리 해도
죄 없으면 그뿐일세	죄 없으면 그뿐이라 생각하지만
아무리 그리하나	그렇다고 해도
나도 세상 사람으로	나도 세상 살아가는 사람인데
무단無端히88 사죄死罪 없이	죽을죄를 진 것도 없이

의 운수가 가련해질 것은 당연지사. 하지만 당시 그것을 아는 사람이 적었을 뿐 아니라 남의 운수 좋아짐을 시기만 하니 안타까운 일이다. 그러므로 고향에 진정한 사람이 없다고 탄식한다.

85 고향 동네에서 비방과 음해가 있는 것은 그만 두고라도 같은 최씨 문중에서도 후천운수를 따르는 사람이 적음을 안타까워하는 글.

86 당시는 같은 유교라 해도 성리학-주자학이 아니면 이단이라 하여 심하게 억압하던 시대였다. 경주최씨 문중에서도 집안에 화가 미칠 것을 염려하여 논란이 많았음을 짐작할 수 있다.

87 포악하기로 유명한 걸 임금을 도와서 학정을 하는 셈. 수운 선생과 아무 관계없는 사람도 비방하는 분위기에 휩싸여 같이 비방하니, 기막힌 사태였을 것이다.

88 無斷히; 아무 사유 없이, 허락 없이.

모함중謀陷中에 들단 말가89	모함을 받는단 말인가?
이 운수 아닐러면	한울님이 주신 운수가 아니라면
무죄無罪한들 면免할소냐	죄가 없어도 어찌 피할 수 있을까?
하물며 이내 집은	더구나 우리 집안은
과문지취科門之聚90 아닐런가	모두가 주시하는 명문이 아닌가?
아서라 이내 신명身命	이제 거취를 어찌 할까?
운수도 믿지마는	한울님이 주신 운수를 믿지만
감당堪當도 어려우되	이런 지목을 감당하기도 어렵고,
남의 이목耳目 살펴 두고	모함하는 사람들이 있음에도
이같이 아니 말면	이렇게 그냥 있으면
세상을 능멸凌蔑한 듯	세상을 능멸하는 듯 하고
관장官長을 능멸한 듯91	정부를 능멸하는 것 같으니
무가내라 할 길 없네 ⑨	어찌 할 도리가 없구나.
무극無極한 이내 도道는	한량없는 나의 도는
내 아니 가르쳐도	내가 직접 가르치지 않더라도
운수運數 있는 그 사람은	운수 있는 사람이라면
차차차차 받아다가	차차차차 받아다가
차차차차次次次次 가르치니	차차차차 배울 것이니
내 없어도 당행當行일세92	내가 없어도 다행히 잘되겠지.

89 모함하고 비방해도 자신만 떳떳하면 된다. 하지만 속상한 마음은 어쩔 수 없다.

90 科門之聚; 과거에 나간 이가 많은 학벌이 있는 가문. 그 때문에 지목이 더 심하다는 말씀. 지방에 영향력 있는 집안이라서 이단이 나오면 더욱 심한 지목이 있었을 것이다. 만약 한울님의 큰 운수가 아니었다면 죄가 없어도 벌써 크게 당했을 것이라고 여긴 것.

91 아무리 한울님의 큰 운수를 받았지만 이토록 심한 지목을 받으면서도 버티고 포덕을 계속하면, 자신을 욕하는 모든 사람들과, 벼슬아치를 모욕한 것 같은 상황이 될 것이다. 소나기가 올 때는 잠시 피하는 것이 좋다. 이같이 한다는 것은 지목을 피해 경주를 떠날 결심을 한 것.

92 당장 수운 선생 없어도 한울님의 큰 운을 받았으므로 인연되는 사람은 나중에라도 차차 배울 수 있을 것이다. ★ 목판본의 당행은 다행의 오기로 보기도 하고 당연히 행한다고 해석하기도 한다.

행장行裝을 차려내어	여장을 꾸려내어
수천리數千里를 경영經營하니93	수천 리 길을 떠나가니
수도修道하는 사람마다	수도하는 사람마다
성지우성誠之又誠 하지마는	정성에 또 정성이 지극하지만
모우미성毛羽未成94 너희들을	공부가 성숙하지 못한 너희들을
어찌 하고 가잔 말고	돌보지 못한 채 어찌 떠나갈까?
잊을 도리道理 전혀 없어	잊을 방법이 전혀 없어
만단효유萬端曉諭95 하지마는	여러 가지 타이르지만
차마 못한 이내 회포懷抱	마음속에 품은 생각을 어찌 다하랴.
역지사지易地思之96 하였어라	이런 내 마음 헤아릴 수 있겠느냐?
그러나 할 길 없어	그러나 어쩔 수 없이
일조분리一朝分離97 되었더라 ⑩	하루아침에 헤어지게 되었구나.
멀고 먼 가는 길에	가는 길은 멀고도 먼데
생각나니 너희로다	생각나는 것은 너희뿐이로구나.
객지客地에 외로 앉아	객지에 외로이 앉아
어떤 때는 생각나서	어떤 때는
너희 수도修道 하는 거동	너희 수도하는 모습이 생각나서
귀에도 쟁쟁하며	귀에도 쟁쟁하며
눈에도 삼삼하며	눈에도 삼삼하구나.
어떤 때는 생각나서	어떤 때는

---

93 포덕2년(1861) 11월, 수운 선생은 지목을 피하여 용담을 떠나 호남으로 향한다.(은적암행)
94 털과 깃이 다 자라지 못한 새와 같다. 공부가 부족한 자식(제자)들을 걱정한 말.
95 만단효유; 여러 가지로 깨달아 듣도록 타이름.
96 역지사지; 수운 선생이 자식들에게 바른 수도할 것을 걱정하는 마음을 당신의 마음으로 헤아려
    줄 것을 간곡히 당부한다.
97 일조분리; 하루아침에 서로 갈라지다.

일사위법日事違法98 하는 빛이　　　날마다 법도를 어기는 모습이 보이는 듯

눈에도 거슬리며　　　　　　　눈에도 거슬리며

귀에도 들리는 듯　　　　　　　귀에도 들리는 듯하다.

아마도 너희 거동　　　　　　　아마도 너희 거동이 하는 일마다

일사위법 분명分明하다99　　　법도를 어기는 게 아닌가 걱정되는구나.

명명明明한 이 운수運數는　　　밝고 밝은 이 운수는

원한다고 이러하며　　　　　　　원한다고 이렇게 되며

바란다고 이러할까100　　　　　바란다고 이렇게 될까.

아서라 너희 거동　　　　　　　아서라 너희 거동,

아니 봐도 보는 듯다　　　　　　아니 봐도 보는 듯

부자유친父子有親 있지마는　　아버지와 아들이 가깝다 해도

운수조차 유친이며　　　　　　　운수조차 같겠는가?

형제일신兄弟一身 있지마는　　형제가 한몸에서 나왔다 해도

운수조차 일신인가101　　　　　운수조차 하나겠는가?

너희 역시 사람이면　　　　　　너희 역시 사람이면

남의 수도修道 하는 법을　　　남의 수도 하는 법을

응당應當히 보지마는　　　　　　당연히 보겠지만

어찌 그리 매몰한고102　　　　어찌 그렇게 모르는가?

지각知覺없는 이것들아　　　　생각 없는 이 사람들아,

남의 수도修道 본을 받아103　　남의 수도 하는 모습을 본받아

---

98 일사위법; 날마다 하는 일이 도법에 어긋난다. 一로 하면 하는 일마다로 풀이할 수 있다.

99 대도를 완전히 전해 주지 못한 채 길을 나서니 항상 걱정하였을 것이다.

100 한울님의 진리는 꾸준히 수행하고 마음을 연 사람에게 허락된다. 개인적 욕심이 남아 있으면 운이 오지 않을 것이다.

101 부모나 형제가 뛰어나도 본인이 노력하지 않으면 안 된다는 뜻.

102 매몰차다; 인정 없이 쌀쌀맞다. 돌아보지 않는다.

103 자식들에게 하신 말씀이므로 이때 이미 가족 외에 다른 사람들도 수도에 힘쓰는 사람이 많았

성지우성誠之又誠 공경恭敬해서	정성을 다해 공경해서
정심수신正心修身 하여시라104	마음을 바르게 하고 몸을 수양하여라.
아무리 그러해도	아무리 그렇게 가르쳐도
이내 몸이 이리 되니105	이내 몸이 이렇게 멀리 떨어져 있게 되니
은덕恩德이야 있지마는	가르친 은덕이야 있겠지만
도성덕립道成德立 하는 법法은	도를 이루고 덕을 세우는 것은
한 가지는 정성이오	한 가지는 공부하는 사람의 정성이요
한 가지는 사람이라106	한 가지는 가르치는 사람에게 달려 있다.
부모父母의 가르침을	부모의 가르침을
아니 듣고 낭유浪遊107하면	듣지 않고 놀며 허송하면
금수禽獸에 가직하고108	금수나 다름이 없고,
자행자지自行自止109 아닐런가	제멋대로 사는 것이 아니겠는가?
우습다 너희 사람	우습다 너희들,
나는 도시都是 모를러라110	나는 도무지 모르겠구나.
부자형제父子兄弟 그 가운데	부자형제가 한 가족이라 해도
도성덕립道成德立 각각各各이라111	도와 덕을 이루는 것은 제각각이라.
대저 세상사람 중에	무릇 세상사람 중에

음을 알 수 있다.

104 '하여라'의 고어.

105 지목을 피해 전라도행을 하게 되었으니.

106 바른 도를 닦기 위해서는 본인도 노력해야겠지만 바른 스승에게서 바른 지도를 받는 것도 중
요하다. 헛된 길로 인도되어 헛된 노력만 기울인다면 정성 들여도 성공할 수 없다. 좋은 스승
을 만나, 고생하며 헤매지 않고 바른 깨달음을 얻을 수 있는 것은 인생에 얼마나 큰 행운인가!

107 낭유; 놀기만 한다.

108 가직하다; 가깝다.

109 자행자지; 제멋대로 가고 서고 한다.

110 가르침을 안 들으면 짐승이나 다름없는데 왜들 그렇게 사는지 도대체 모르겠다.

111 한 가족이라도 사는 모습이 자기 하는 바에 따라 제각각일 수밖에 없다.

정성 있는 그 사람은

어진 사람 분명하니

작심作心으로 본本을 보고112

정성공경精誠恭敬 없단 말가113

애달하다 너희들은

출등出等한 현인賢人들은

바랄 줄 아니로되

사람의 아래 되고

도덕道德에 못 미치면

자작지얼自作之孽114이라도

나는 또한 한恨이로다

운수運數야 좋거니와

닦아야 도덕道德이라

너희라 무슨 팔자

불로자득不勞自得 되단 말가115

해음 없는116 이것들아

날로 믿고 그러하냐

나는 도시 믿지 말고

한울님을 믿어셔라117

정성이 있는 사람이라면,

어진 사람이 분명하니

마음을 굳게 먹고 본받아

정성 공경해야 하지 않겠는가.

애달프구나 너희들이

뛰어난 현자가 되기를

바라지는 못하더라도,

못난 사람이 되고

도덕에 못 미치면

스스로 만든 재앙이라도

나는 또한 한이 될 것이다.

운수가 아무리 좋아도

닦아야 도덕을 이루느니

너희는 무슨 팔자라서

힘쓰지 않고도 얻을 수 있겠느냐.

분별 없는 이것들아

나를 믿고 그러하냐?

나는 도무지 믿지 말고

한울님을 믿었어라!

---

112 내(수운)가 없더라도 매사에 정성들이는 사람을 본받으면 틀림없다고 자식들을 가르치는 말.
113 정성 있는 사람을 본받아야 하는데 너희들은 왜 정성 공경하지 않느냐.
114 孽: 서자 얼. 꾸미다. 치장하다. 무너지다. 自作之孽은 스스로 못난이가 된다, 스스로 만든 재앙에 빠진다는 뜻. ★ 서경(태갑):'天作孽 猶可違 自作孽 不可逭'(하늘이 만든 재앙은 어길 수 있어도 스스로 만든 재앙은 면할 수 없다)
115 아무리 수운 선생의 가족이라 해도 바른 수도를 하지 않으면 깨달음을 얻지 못할 것이다.
116 헤아림 없는, 분별없는.
117 믿으라의 뜻을 갖는 명령형

네 몸에 모셨으니	네 몸에 모셨는데
사근취원捨近取遠118 하단 말가	어찌하여 멀리서만 찾느냐.
내 역시 바라기는	나 역시 바라기는
한울님만 전혀 믿고	오직 한울님만 믿고
해몽解夢119 못한 너희들은	어리석은 너희들이
서책書冊은 아주 폐廢코	책은 전혀 보지 않고
수도修道하기 힘쓰기는	수도에 힘쓴다면
그도 또한 도덕道德이라	그 또한 도덕이 되겠지만,
문장文章이고 도덕道德이고	공부도 안 하고 도덕도 이루지 못하면
귀어허사歸於虛事120 될까 보다	모든 것이 허사가 되지 않겠느냐?
열세자 지극至極하면	열세 자를 지극히 공부하면
만권시서萬卷詩書 무엇하며121	책으로는 얻을 수 없는 깨달음을 얻게 되고,
심학心學이라 하였으니	마음공부라 하였으니
불망기의不忘其意122 하여시라123	그 뜻을 잊지 말아라.
현인군자賢人君子 될 것이니	현인 군자가 될 것이니
도성입덕道成立德 못 미칠까	도를 이루고 덕을 세우지 못할까?

---

118 사근취원; 가까운 것을 버리고 먼 것을 취한다는 뜻, 내 몸에 모신 한울님을 위하고 수련하지 않고 밖에서만 진리를 찾는 것을 경계함. 대부분 성인의 생전에는 교단이 생기지 않는다. 성인 사후 제자들이 그를 신격화하며 성인의 가르침이 아닌 성인을 따르는 교단을 만들고 상을 만들어 간다. 이러한 선천의 타력신앙은 후천 무극대도에 와서 180도 달라진다. 수운 선생 스스로가 자신을 믿지 말고 누구나 모신 한울을 깨달으라고 하지 않는가! 그러므로 선천의 종교가 성직자에게 신과의 기도를 중재하는 반면 동학에선 누구나 성직자요 기도의 주재자가 된다.

119 解蒙; 어리석음을 일깨워 줌. 꿈 몽이 아닌 어리석을 몽으로 보아야 할 듯.

120 귀어허사; 헛일이 되고 말다. 글공부는 하지 않고 수도만 힘쓰는 것은 그 또한 도덕인 까닭인데, 수도마저 열심히 하지 않으면 문장(글공부)과 도덕이 다 헛일이 되겠다.

121 열세자 주문에 한울님 뜻의 정수가 담겨 있으므로 만권시서에 담긴 진리와 상통할 것이다.

122 불망기의; 그 뜻을 잊지 말라. 마음공부란 머릿속에 담아 두기만 하는 지식과는 다르다. 일상 중 마음의 변화에도 한울님의 이치를 잊지 말고 다스리며 실천하는 것이 마음공부.

123 잊지 말라는 명령형 어미

이같이 쉬운 도를	이렇게 쉬운 도를
자포자기自暴自棄 하단 말가	어찌 자포자기하는가?
애달다 너희 사람	애달프다 너희들은
어찌 그리 매몰한고124	어찌 그렇게 어리석은가.
탄식歎息하기 괴롭도다	탄식하기조차 괴롭다.
요순堯舜 같은 성현聖賢들도	요순 같은 성현들도
불초자식不肖子息 두었으니125	못난 자식을 두었다고 하니
한恨할 것이 없다마는	한탄할 것도 없다마는,
우선于先에 보는 도리道理	그래도 생각해 보니
울울鬱鬱한 이내 회포懷抱	우울한 이내 속마음을
금禁차 하니 난감難堪이오	그만 두자 하니 감당이 어렵고
두자 하니 애달해서126	또 애달파서, 우선 방법을 내어
강작强作히127 지은 문자文字	억지로 글을 지어 보낸다.
귀귀자자句句字字 살펴내어	그러니 한 구절 한 구절 잘 살펴
방탕지심放蕩之心 두지 말고	방탕한 마음 두지 말고
이내 경계警戒 받아내어	내가 경계한 것을 잊지 않으면,
서로 만날 그 시절時節에	후일 서로 다시 만나는 때에
괄목상대刮目相對128 되게 되면	크게 자란 모습 볼 수 있을 것이니 그리 되면

---

124 매몰차다. 쉬운 도를 포기하고 버리니 매몰차고 인정 없다.

125 불초; 어버이의 덕망이나 유업을 이어받지 못함. 또는 그래서 못나고 어리석은 사람. 요에게
   는 단주(丹朱)라는 아들이, 순에게는 상균(商均)이라는 아들이 있었지만, 제위를 물려받을
   인물이 못되어, 요 임금은 제위를 순에게 전하였고, 순 임금도 역시 인망이 높은 우(禹)에
   게 전하였다. 하지만 이때는 혈연으로 이어지는 왕조가 시작되기 전으로 가장 덕망높은 이
   에게 지도자를 물려주던 부족공동체 시기.

126 아무리 뛰어난 인물도 자식교육에 실패한 경우가 많다. 그렇기 때문에 당신 자식이 빗나가는
   것도 특별할 것은 없지만 그래도 그냥 둘 순 없는 심정을 얘기한다.

127 억지로 만들어

128 괄목상대; 눈을 비비고 상대편을 본다는 뜻으로, 남의 학식이나 재주가 놀랄 만큼 부쩍 늚을

즐겁기는 고사姑捨하고	즐겁기는 물론이요
이내 집안 큰 운수運數라	우리 집안 큰 운수가 될 것이다.
이 글 보고 개과改過하여	이 글 보고 그간의 잘못을 고쳐
날 본 듯이 수도修道하라	나를 보는 듯이 수도하여라.
부디부디 이 글 보고	부디부디 이 글 보고
남과 같이 하여스라129	남들 같이 수도하여라.
너희 역시 그렇다가130	너희 역시 그렇게 어리석게 하다가
말래지사未來之事 불민不憫하면	나중에 일이 잘 못되면
날로 보고 원망怨望할까	나를 보고 원망하겠는가?
내 역시 이 글 전해	나 역시 이 글 전해
효험效驗 없이 되게 되면	효험이 없게 된다면
네 신수 가련可憐하고	너희 삶이 가련할뿐더러
이내 말 헛말 되면	내 말이 헛말이 되게 되니
그 역시 수치羞恥로다131	그 또한 수치가 아니겠느냐.
너희 역시 사람이면	너희 역시 사람이면
생각고 생각할까 ⑪	생각하고 생각하여라.

이르는 말. 삼국지에 나오는 말로 오나라 왕 손권이 수하 장수 여몽이 무예는 뛰어나나 학문에 소홀함을 나무랐다. 그 뒤 학문에 힘쓴 여몽에게 노숙이 찾아와 달라진 모습에 놀라자 여몽이 노숙에게 '선비는 사흘 못 보고 다시 만나면 눈을 비비고 봐야 한다.'고 이야기한 데서 유래.

129 남과 같이 하라는 명령형 어미.

130 그렇게 방탕하게 지내다가.

131 바른 가르침을 전해도 본인이 따르지 않으면 어쩔 수 없다. 그러나 가르친 사람도 보람이 없음은 물론이다.

안심가安心歌[1]

현숙賢淑한 내집 부녀婦女	현숙한 내 집 부녀들께선
이 글 보고 안심安心하소	이 글 보고 안심하소서.
대저 생령大抵生靈 초목군생草木群生	무릇 세상의 모든 생명이
사생재천死生在天 아닐런가	죽고 사는 것은 한울에 달려 있지 않은가?
하물며 만물지간萬物之間	하물며 모든 생명 중에
유인惟人이 최령最靈일네[2]	사람이 가장 신령한 존재인데,
나도 또한 한울님께	나 또한 한울님께
명복命福 받아 출세出世하니	생명의 복을 받아 세상에 나왔다네.
자아시自兒時 지낸 일을	어려서부터 지낸 일들을
역력歷歷히 헤어 보니	하나하나 헤아려 보니,
첩첩疊疊이 험險한 일을	수많은 어려운 일들이
당當코 나니 고생苦生일네	지내고 보니 고생이었네.
이도 역시亦是 천정天定이라	이도 역시 한울님이 정하신 것이라
무가내[3]無可奈라 할 길 없다[4] ①	어쩔 도리가 없었다오.
그 모르는 처자妻子들은[5]	그런 사정을 모르는 처자들은
유의유식遊衣遊食[6] 귀공자貴公子를	놀고먹는 귀공자를

---

1 포덕2년(1861) 8월 저술. 득도 전후의 상황을 돌아보고 부인의 노고를 위로하며 쓴 글. 수운선생
은 득도 전 홀몸이 아닌 가족을 거느린 가장이었다. 가장이 살림살이 보다 구도행을 하는 동안 부
인의 고생이 어떠했을까? 그런 상황을 감안하며 읽어야 한다. 교훈가 6절, 각주 71 참조.

2 생각할 유. 유인 최령자(사람이 최령하다는 것은 어떤 의미인가)는 논학문 1절 각주 참조.

3 무가내= 막무가내. 어찌 할 수 없다.

4 나무나 풀 같은 만물조차 나고 죽는 것은 하늘에 달려 있는데 가장 신령한 영을 지닌 사람이 세상
에 나는 것은 하늘의 명이 있는 것이다. 그러므로 그간 고생한 것도 아무 뜻 없이 그런 것이 아니
라고 위로하며 부인에게 주는 형식의 글.

5 이렇게 고생하는 것도 다 한울님의 뜻이라며 감수하는데, 이런 이치를 모르는 (겉모습만 보고 판
단하는) 아내와 자식들은.

흠선欽羨해서7 하는 말이	부러워하며 하는 말이
신선神仙인가 사람인가	"신선인가 사람인가
일천지하一天之下 생긴 몸이	한 하늘 아래 생긴 몸이
어찌 저리 같잖은고8	어떻게 저렇게 다를 수 있는가?"
앙천탄식仰天歎息 하는 말을	하며 하늘을 우러러 탄식하니,
보고 나니 한숨이오	그런 모습을 보니 한숨만 나오고
듣고 나니 눈물이라9	그런 말을 들으니 눈물이 나온다.
내 역시亦是 하는 말이	나 역시 하는 말이,
비감회심悲感懷心10 두지 말고	"슬퍼하고 탄식만 하지 말고
내 말 잠깐 들어시라11	내 말 잠깐 들어보시오.
호천금궐昊天禁闕 상제上帝님도	하늘에 계신다는 상제님도
불택선악不擇善惡 하신다네12	선악을 가리지 않으신다네.
자 조정自朝廷 공경 이하公卿以下13	조정의 높은 관리에서부터 모든 사람이
한울님께 명복命福 받아	한울님께 생명과 복을 받아서,
부귀자富貴者는 공경公卿이오	잘된 사람은 공경이 되고
빈천자貧賤者는 백성百姓이라	가난한 사람은 백성이 된 것뿐이라오.
우리 또한 빈천자로	우리 또한 가난한 사람으로

---

6 遊; 놀 유 '놀고먹는', 裕; 넉넉할 유를 써서. 잘 입고 잘 먹는, 으로 해석하기도 한다.

7 흠모하고 부러워함.

8 같은 하늘 아래 살아도 사는 모습이 천차만별인 것은 그때나 지금이나 마찬가지.

9 처자들이 잘 사는 사람을 부러워하는 것을 보면 슬프기도 하고 한숨도 나온다. 수운 선생의 처지가 슬프기도 하고, 막연히 부러워만 하는 것도 슬펐을 것이다.

10 悔를 쓰면 슬퍼하고 후회하는 마음. 여기서는 品을 悔를 써서 슬픈 감정을 마음에 담아 두고로 해석. 잘사는 사람들을 보면 자신의 처지가 슬퍼질 수 있다.

11 들으라는 뜻의 명령형.

12 한울님은 천지자연 그 자체이자 천지자연이 순환하는 이법이기도 하다. 한울님에게는 인간사의 일들이 한낱 티끌일 뿐. 무선무악일 따름이다. 즉 물질적으로 잘사는 사람이 다 선한 것도 아니고 성공한 인생인 것도 아니다.

13 우리 조정의 높은 사람부터 모두가.

초야草野에 자라나서	초야에 자라나서,
유의유식 귀공자貴公子는	놀고먹는 귀공자를 부러워할 수는 있지만
앙망불급仰望不及14 아닐런가	그리 될 수 없으면 어찌할 것인가?
복록福祿은 다 버리고	복을 받기는커녕, 부러운 나머지
구설앙화口舌殃禍 무섭더라15	비방하는 말로 화를 입을까 무섭구나.
졸부귀猝富貴 불상不祥이라16	갑자기 부자가 되는 게 좋지 않다는 것은
만고유전萬古遺傳 아닐런가	예부터 전해오는 진리인데,
공부자孔夫子 하신 말씀	공자께서 말씀하신, 가난해도 행복하다는 것
안빈낙도安貧樂道 내 아닌가17	나를 두고 한 말이 아니겠는가.
우리라 무슨 팔자八字	우리라고 팔자에
고진감래苦盡甘來 없을소냐	고생 끝에 행복이 없겠는가? 오히려
흥진비래興盡悲來 무섭더라18	즐거움이 다하여 슬픔이 올까 두려우니,
한탄恨歎말고 지내 보세19 ②	한탄하지 말고 지내봅시다."
이러그러 지내나니	이럭저럭 지내니
거연사십居然四十 되었더라	어느덧 나이 사십이 되었구나.
사십평생四十平生 이뿐인가	사십 평생 산 것이 이 것 뿐인가
무가내無可奈라 할 길 없네	무어라 할 바가 없다.

---

14 바라보며 원하지만 미치지 못하는 것.
15 한울님께 생명을 받아 태어나는 것은 정해진 운명이다. 부귀한 집에 태어나건, 가난한 집에 태어나건 부모를 바꿀 수는 없다. 이후의 운명은 자신의 노력에 따라 바꿀 수 있음은 물론이다. 그러나 자신의 노력 없이 부모만 원망하고 남을 부러워한다면 어찌 화가 없을까?
16 자신의 노력과 관계없는 부귀는 결코 좋은 결말을 맺지 못한다.
17 무소유가 정신을 자유롭게 함은 많은 성인들이 가르쳤다. 필요 이상 많은 재산은 가까운 사람들조차 욕심으로 황폐하게 만드는 경우가 많다.
18 세상일은 굴곡이 있을 수밖에 없다. 어려움을 극복한 뒤의 과실은 그보다 달콤한 것이 있을 수 없겠지만, 편안함에 길들여지면 어려움이 닥쳤을 때 쉽게 좌절할 수 있다. 잘 나갈 때 겸손하며 어려움에 대비하는 지혜가 필요하겠다.
19 그동안 고생을 많이 했으니 이젠 좋은 일이 있을 것이라고 부인을 위로한다.

가련可憐하다 우리 부친父親	가련한 우리 부친께서
구미산정龜尾山亭 지을 때에	구미산에 정자 지을 때에
날 주려고 지었던가	나를 주시려고 지으셨던가? 이 곳 밖에
할 길 없어 무가내라	살 곳이 없으니, 어쩔 수가 없구나.
천불생무록지인天不生無祿之人20이라	하늘이 사람을 세상에 낼 때는 살 방도도
이 말이 그 말인가21	주신다고 하더니, 이 말이 그 말인가.
곰곰이 생각하니	곰곰이 생각하니
이도 역시亦是 천정天定일네	이 또한 한울님이 정하신 것이라.
한울님이 정定하시니	한울님이 정하시니
반수기앙反受其殃 무섭더라22 ③	어찌 거역할 수 있겠는가?
무정세월無情歲月 여류파如流波라	무정한 세월은 흐르는 물처럼 지나가서
칠팔삭七八朔 지내나니23	일고여덟 달이 지나가니
사월四月이라 초오일初五日에	사월 오일에
꿈일런가 잠일런가	꿈속인가 잠속인가?
천지天地가 아득해서	천지가 아득해지며
정신 수습精神收拾 못할러라	정신을 차리지 못하겠구나.

---

20 명심보감 성심편. 天不生無祿之人, 地不長無名之草. 하늘은 먹을 것을 마련할 방도 없이 사람
　을 낳지 않고, 땅은 이름 없는 풀은 키우지 않는다. 어떤 풀도 이름 없고 쓸모없는 것은 없고 어
　떤 사람도 살아갈 방도가 없지 않다는 뜻.

21 수운 선생의 나이 사십에 이르러 모든 가산을 탕진하고 울산 처가에도 더 이상 있을 수 없어, 마
　지막으로 돌아온 곳이 용담의 고향이었다. 그러나 고향에도 생가는 불타 없어지고 갈 곳이 없었
　는데, 수운 선생의 부친이 지으신 정자인 용담정에 올라가 비바람을 피할 수 있게 된다. 그러므
　로 하늘이 사람을 세상에 낼 때 살 방도를 주신다고 하신 것이다.

22 한울님이 큰 도를 깨닫게 하기 위해 무진 고생을 시키고 마지막엔 용담정에 기거하며 기도할 수
　있게 해주셨으니 받을 수밖에 없다. 만약 자신에게 주어지는 기회(운명)를 거부하면 그간의 고
　생이 무의미해지는 것은 물론, 나락으로 떨어질 것이니 재앙이 아니고 무엇이랴. '옛말에 이르
　기를, 하늘이 주는 것을 받아들이지 않으면 도리어 그 나무람을 듣게 되고(天與弗取 反受其咎),
　때가 이르렀는데 결행하지 못하면 거꾸로 그 재앙을 입게 된다(時至不行 反受其殃)고 했다.' 초
　한지에서 괴철이 濟왕이 된 한신에게 천하를 도모하도록 설득하며 했던 말.

23 용담정으로 들어오신 지 7-8개월 뒤 득도하신다.

공중空中에서 외는 소리	공중에서 외는 소리가
천지가 진동震動할 때24	천지가 진동하듯 들리는데,
집안사람 거동擧動보소	집안사람들 거동을 보니
경황실색驚惶失色 하는 말이	놀라고 두려워 낯빛이 변하면서 하는 말이,
애고 애고 내 팔자八字야	"애고 애고 내 팔자야
무삼 일로 이러한고	이게 무슨 일인가
애고 애고 사람들아	애고 애고 사람들아
약藥도사 못 해 볼까	약을 사 치료할 수 있는가
침침칠야沈沈漆夜 저문 밤에	캄캄한 한밤중에
눌로 대해 이 말 할꼬25	누구에게 이런 말을 할 것인가."
경황실색驚惶失色 우는 자식	놀라고 두려워 우는 자식이
구석마다 끼어 있고	구석마다 끼어 있고
댁의 거동擧動 볼작시면	부인의 거동을 보자 하면
자방머리26 행주치마	흐트러진 머리에 행주치마한 채로
엎어지며 자빠지며	엎어지며 자빠지며
종종걸음 한창 할 때	종종걸음으로 어쩔 줄 모를 때
공중空中에서 외는 소리	공중에서 외치는 소리가 있으니
물구물공勿懼勿恐 하여스라27	"두려워하지 말고, 두려워하지 말라.

---

24 수운 선생이 처음 도를 깨달을 때는 시천주를 몰랐으므로 몸 밖의 한울님께 기도하였다. 그러므
로 깨달음의 소리(한울님 가르침)도 밖에서 들리는 것으로 알았을 수밖에 없다. 결국 그것은 수
운 선생 내면(내유신령)의 소리였던 것이다. "해월신사께서 한산 모시 두필을 박씨 대사모님에
게 선사 드리고 대신사 각도 당시 상황을 물으신즉, 자기 입으로 말하고 자기 말을 하면서 한울
님이 말씀하신다 하셨다. 이 말씀을 들으신 신사께서 무릎을 치면서 '그러면 그렇지'하고 대각
하셨다 한다."(묵암 신용구 강화집 글로 어찌 기록하며, 신인간사, 포덕141년, 388쪽)
25 수운 선생 부인의 독백. 수운 선생이 강령을 모시고 한울님과 대화하는 모습을 처음 보시고, 실
성했다고 여겨 당황하시는 모습이 나타나 있다.
26 정확한 뜻은 미상.
27 두려워하지 말라는 명령형 어미.

호천금궐昊天禁闕 상제上帝님을 　　　　높은 하늘의 상제님을

네가 어찌 알까 보냐28 　　　　네가 어찌 알겠느냐"

초야草野에 묻힌 인생人生 　　　　초야에 묻힌 내 삶이

이리 될 줄 알았던가 　　　　이렇게 될 줄 알았던가.

개벽시開闢時 국초國初일을 　　　　세상이 처음 열리고 나라가 시작되는

만지장서滿紙長書 나리시고29 　　　　모든 가르침을 내리시는구나.

십이제국十二諸國 다 버리고 　　　　세상에 수많은 나라가 있건마는

아국운수我國運數 먼저 하네30 　　　　우리나라에 이 운수가 먼저 왔구나.

그럭저럭 창황실색愴怳失色 　　　　그럭저럭 경황없던 중에

정신수습精神收拾 되었더라 ④ 　　　　겨우 정신을 수습하였다.

그럭저럭 장등달야長燈達夜31 　　　　그럭저럭 밤이 되어 불 밝히니

백지白紙 펴라 분부吩咐하네32 　　　　백지를 펴라 분부하시네.

창황실색 할 길 없어 　　　　놀라 어찌 할 줄 모르다가

백지 펴고 붓을 드니 　　　　백지를 펴고 붓을 들었더니

생전生前 못 본 물형부物形符33가 　　　　생전 보지 못한 형상이

종이 위에 완연宛然터라 　　　　종이 위에 완연히 보이는구나.

---

28 한울님 말씀. 득도 전 수운 선생의 한울님에 대한 인식(호천금궐 상제님)이 당시 민중들의 그것
　　과 크게 다르지 않았음을 보여준다.

29 한울님을 통해 세상을 바라보면 같은 사물도 이전과 전혀 다른 의미일 수밖에 없다. 이처럼 새
　　로운 세상이 열리는 시초에 그 가르침이 줄줄이 나오니, 핵심을 깨우치면 다른 모든 의문들이
　　실타래 풀리듯 알게 되는 법이다.

30 한울님께서 세상의 모든 나라 중에서 우리나라에 무극대도를 내렸다는 뜻.

31 득도한 날은 아침에 조카의 생일에 갔다가 몸이 이상하여 용담으로 돌아와 오전 11시경 강령을
　　체험하였다고 한다. 그러므로 그 시간 이후 불을 밝혀야 하는 늦은 시간까지 한울님과의 문답
　　이 이어지는 것이다.

32 백지는 선입견이 없는 순수한 상태를 상징한다. 한울님을 접하는 순간은 이전의 모든 편견과
　　선입관이 사라진 백지상태이어야 할 것이다.

33 물형부는 만물(物)을 형상하는 부인가? 형태가 없는(勿) 부인가? 영부는 생명의 약동을 상
　　징한다. 일정한 형태가 없다. 약동하는 모습을 궁을로 표현하기도 한다.(용담가 4절, 물형
　　각주 참조)

내 역시 정신없어

처자妻子 불러 묻는 말이

이 웬일고 이 웬일고

저런 부符 더러 본가34

자식子息의 하는 말이

아버님 이 웬일고

정신수습精神收拾 하옵소서35

백지白紙 펴고 붓을 드니

물형부物形符 있단 말씀

그도 또한 혼미昏迷로다

애고 애고 어머님아

우리 신명身命이 웬일고

아버님 거동擧動보소

저런 말씀 어디 있노36

모자母子가 마주 앉아

수파통곡手把痛哭37 한창 할 때

한울님 하신말씀

지각知覺없는 인생人生들아

삼신산三神山 불사약不死藥38을

사람마다 볼까 보냐

나 역시 정신없어

처자를 불러 묻는 말이,

"이게 웬일인가, 이게 웬일인가.

저런 부를 본 적이 있는가?"

자식이 하는 말이

"아버님, 이게 무슨 일이십니까?

정신 차리십시오.

'백지를 펴고 붓을 드니

어떤 모양의 부가 있다.'고 하시는데

이게 또 무슨 혼미한 말씀인지.

애고 애고 어머님아

우리 신명이 어떻게 된 것입니까?

아버님 거동을 보십시오.

저런 말씀이 어디 있습니까?"

모자가 마주 앉아

두 손 붙들고 통곡이 한참인데,

한울님께서 하신 말씀이

"아무것도 모르는 사람들아.

삼신산 불사약을

사람마다 다 볼 수 있겠느냐?

---

34 수운 선생이 영부를 받는 장면.
35 수운 선생 자식의 말.
36 자신에겐 보이지 않는데 부의 형상이 보인다고 하니 정신이 혼미해진 것으로 판단한 듯.
37 손을 마주잡고 통곡함.
38 진시황이 구하려 했다는 불로장생의 영약. 그러나 한울님이 주시는 불사약은 물질이 아닌 진리, 그것을 상징하는 영부.

미련한 이 인생아

네가 다시 그려 내서

그릇 안에 살라 두고

냉수일배冷水一盃 떠다가서

일장탄복一張呑服 하여스라39

이 말씀 들은 후에

바삐 한 장 그려내어

물에 타서 먹어 보니

무성무취無聲無臭 다시 없고

무자미지無滋味之 특심特甚이라40

그럭저럭 먹은 부가

수백장數百張이 되었더라41

칠팔삭七八朔 지내나니

가는 몸이 굵어지고

검던 낯이 희어지네42

미련한 이 인생아.

네가 다시 그려내서

그릇 안에 태워 놓고,

냉수 한 그릇 떠다가

한번 마시도록 하여라."

이 말씀을 들은 후에

바쁘게 한 장 그려내어,

물에 타서 먹어 보니

소리도 냄새도 없이 지극하고

아무 맛도 없이 특별하구나.

그럭저럭 먹은 부가

수백 장이 되었더라.

일고여덟 달을 지내니,

가늘던 몸이 굵어지고

검던 낯빛이 희어졌다.

---

39 한울님 말씀. 영부 한 장을 먹으라는 뜻.

40 냄새도 맛도 더할 것이 없다. 그것이 특징이다. 이는 무엇을 상징하는가? 진리는 육신관념(오감)으로 판단할 수 있는 것이 아니다. "심령이 생각하는 것이요, 육관으로 생각하는 것이 아니니라."(수심정기) "사람이 누가 강화의 가르침이 없으리오마는 오관의 욕심이 슬기구멍을 가리웠는지라…."(기타) * 중용 마지막 장; 詩曰 "德輶如毛". 毛猶有倫. "上天之載 無聲無臭" 至矣. 시경에 "덕이란 가볍기 털과 같아도 진실로 실행키 어렵다. 하지만 그것은 실오라기만큼의 무게가 있어 비교될 수 있지 않은가. 하늘이 하는 일은 소리도 없고 냄새도 없다. 다시 없이 지극하다. 영부를 드신 것은 물질을 먹은 것보다 한울의 진리를 받아들인 것을 상징. 그러므로 영부의 육감적인 맛이 아니라 한울님 진리의 맛이 어떤지 표현한 구절.

41 7-8개월 동안 영부만 먹었겠는가? 그에 따른 수행 또한 지극했을 것이다. 지금도 영부는 진리의 상징으로 수련이 지극하면 누구나 볼 수 있으며(형태는 다양하지만) 수운 선생의 이 기록처럼 붓으로 그려 물에 타서 먹고 병이 낫는 체험을 하기도 한다.

42 영부를 먹은 것은 무엇인가? 영부는 한울님의 지기를 상징한다. 영부를 드신 것은 한울님의 기를 받아들이고, 한울님의 진리를 머리가 아닌 몸으로 받아들인 것. 내 욕념으로 인해 병들고 비틀린 육신이 한울님의 바른 기운을 받아 건강해지는 것을 체험한 것. 이러한 변화가 일시적이 아니라 체화되어 삶의 변화로 나타나려면 7-8 개월은 변하지 않고 정성들여야 할 것이다.

어화 세상 사람들아

선풍도골仙風道骨 내 아닌가

좋을시고 좋을시고

이내 신명身命 좋을시고

불로불사不老不死 하단 말가43

만승천자萬乘天子 진시황秦始皇도

여산驪山44에 누워 있고

한무제漢武帝 승로반承露盤45도

웃음바탕 되었더라

좋을시고 좋을시고

이내 신명身命 좋을시고

영세무궁永世無窮 하단 말가

좋을시고 좋을시고

금金을 준들 바꿀소냐

은銀을 준들 바꿀소냐

진시황秦始皇 한무제漢武帝가

무엇 없어 죽었는고

내가 그때 났었더면

불사약不死藥을 손에 들고

조롱만상嘲弄萬狀 하올 것을

어화 세상 사람들아

신선의 모습이 곧 내 모습이 아닌가?

좋을시고 좋을시고

이내 신명 좋을시고.

이제 늙지도 죽지도 않겠구나.

불로불사를 염원하던 만승천자 진시황도

여산에 누워 있고,

한무제의 승로반도

웃음거리만 되었을 뿐이었는데,

좋을시고 좋을시고

이내 신명 좋을시고

영원토록 무궁하겠구나.

좋을시고 좋을시고

금을 준들 바꾸겠느냐

은을 준들 바꾸겠느냐.

진시황과 한무제가

무엇이 없어 죽었는가?

내가 그 시절에 났다면

불사약을 손에 들고,

헛된 노력을 조롱할 텐데

---

43 수운 선생은 이미 한울님의 법체와 하나가 된 것이므로 육신이 늙거나 죽어도 그 법신은 영원히
그대로인 것이다. "몸을 성령으로 바꾸라는 것은 대신사의 본뜻이니라…성령은 곧 사람의 영원
한 주체요, 육신은 곧 사람의 한때 객체니라."(이신환성설)

44 진시황의 능이 있는 곳.

45 한무제가 불사약인 이슬을 받기 위해 구리로 만든 그릇. 한무제는 해월신사법설 '심령지령' 각
주 참조.

늦게 나니 한이로다	늦게 난 것이 한이로구나.
좋을시고 좋을시고	좋을시고 좋을시고
이내 신명身命 좋을시고46 ⑤	이내 신명 좋을시고.
그 모르는 세상사람47	그것도 모르는 세상 사람들이,
한 장 다고 두 장 다고	"한 장 줘 보시오, 두 장 줘 보시오"
비틀비틀 하는 말이48	하면서 비틀비틀 하는 말이
저리 되면 신선神仙인가	"저렇게 하면 신선이 되는가?" 한다.
칙칙한 세상 사람	칙칙한 세상 사람들이
승기자勝己者 싫어할 줄	자기보다 잘난 사람을 싫어할 줄
어찌 그리 알았던고	어찌 알았겠는가?
답답해도 할 길 없다	답답해도 할 길이 없다.
나도 또한 한울님께	나도 또한 한울님께
분부吩咐 받아 그린 부符를	분부 받아 그린 부이거늘,
금수禽獸 같은 너희 몸에	금수 같은 너희 몸에
불사약이 미칠소냐49	불사약이 어찌 미치겠느냐?
가소可笑롭다 가소롭다	가소롭다 가소롭다
너희 음해陰害 가소롭다	너희 음해가 가소롭다.
신무소범身無所犯 나뿐이다	한울님께 한 점 부끄럼 없이 떳떳하게

---

46 세상 사람들이 누구나 원하던 불사약은 얻기 어려운 영약이나 진귀한 보물이 아니다. 누구나 모시고 있는 한울님의 영기를 깨닫고 바로 모시면 그것이 곧 불사약인 것이다. 그것을 모르고 육신의 불로에 집착해 귀한 약재를 찾아다녔으니 얼마나 어리석은 짓인가를 비웃는다.

47 자신이 모시고 있는 한울님(진리)은 모른 채 '영부'라는 물질에만 집착하는 사람에게 효험이 있을 리가 없다.

48 비꼬는 투로 말하고 있음을 표현.

49 "이것을 병에 써 봄에 이른즉 혹 낫기도 하고 낫지 않기도 하므로 그 까닭을 알 수 없어 그러한 이유를 살펴본 즉 정성 들이고 또 정성을 들여 지극히 한울님을 위하는 사람은 매번 들어맞고 도덕을 순종치 않는 사람은 하나도 효험이 없었으니 이것은 받는 사람의 정성과 공경이 아니겠는가."(포덕문 7절)

면무참색面無慚色 네가 알까50	살아온 것을 너희가 어찌 알겠느냐?
애달하다 애달하다	애달프구나
너희 음해陰害 애달하다	너희가 몰래 해하려 함이여.
우리야 저럴진댄	너희가 그렇게 하면 우리로선
머잖은 세월歲月에도	머지않은 세월에 닥칠
괴질 바랠 정情이 없다51	괴질운수에 어찌 도와줄 마음이 생기겠는가?
뛰고 보고 죽고 보세52	이리 뛰고 저리 죽고 나서야 깨달을 것인가?
요악妖惡한 고 인물人物이	요악한 그 인물이
할 말이 바이 없어	할 말이 그리 없는지
서학西學이라 이름하고	내 도를 서학이라 부르며
온 동내53 외는 말이	온 동네에 외는 말이
사망념邪妄念54 저 인물이	"망령된 저 인물이
서학西學에나 싸잡힐까	서학에 싸잡혔구나." 하는데,
그 모르는 세상 사람	아무것도 모르는 세상 사람들은
그거로사 말이라고	그것도 말이라고,
추켜들고 하는 말이	추켜들고 하는 말이
용담龍潭에는 명인名人 나서	"용담에는 명인이 나서

---

50 신무소범은 몸에 죄를 지은 적이 없고, 면무참색은 얼굴에 부끄러워하는 빛이 없다는 뜻이다. 모함하는 사람들이 아무리 음해하여도 자신이 죄 지은 적이 없으므로 떳떳하다는 말씀.

51 우리로서는(수운 선생 가족과 제자) 음해하는 사람들이 저렇게 굴면, 곧 있을 괴질이 돌 때 도와 줄 마음이 없게 된다.(어찌 도움을 바랄 수 있겠는가?) 깨달은 성인도 사람이다. 사람들의 음 해에 이렇게 마음 아픈 것을 솔직히 토로한다.

52 세상이 바뀌는 혼란기에는 여러 가지 전염병이 창궐하곤 했다. 이를 이겨낼 수 있는 길은 한울 님이 가르쳐준 바른 삶과 생활인데, 자기 생활은 고치지 않고 음해만 일삼는 이들이 어찌 될지 는 불을 보듯 뻔한 것. "후천운수를 알아 지키지 아니하면 한울이 간섭치 아니하는 바, 한울이 간섭치 아니하면 오직 사람의 중함으로도 놀다가도 죽고, 자다가도 죽고, 섰다가도 죽고, 앉았 다가도 죽을지라."(권도문) 그렇게 닥치고서야 깨달을 것이냐는 절규!

53 동내(洞內)는 동네 안이란 뜻이므로 우리말 '동네'로 써도 무방할 듯.

54 사사망념(邪思妄念); 좋지 못한 온갖 망령된 생각. 목판본엔 사망년으로 표기.

범도 되고 용도 되고	범도 되고 용도 되고
서학西學에는 용터라고	서학에는 용하더라."
종종걸음 치는 말을	하는 경망스런 말들을 하니
역력히 못할러라55⑥	일일이 다 들을 수 없구나.
거룩한 내 집 부녀婦女	거룩한 내 집 부녀들은
이 글 보고 안심安心하소	이 글 보고 안심하시오.
소위所謂 서학西學 하는 사람	소위 서학 하는 사람 중에
암만 봐도 명인名人 없데	아무리 봐도 명인이 없는데,
서학이라 이름하고	어찌 이 도를 서학이라 하고
내 몸 발천發闡56 하렸던가57	내 몸을 드러내겠소.
초야草野에 묻힌 사람	초야에 묻혀 편히 지내는 것은
나도 또한 원願이로다	나도 또한 소원하는 바이지만,
한울님께 받은 재주	한울님께 받은 재주가
만병회춘萬病回春 되지마는	만병회춘 되는 것이거늘
이내 몸 발천發闡되면	그런 재주로 세상에 나선다면
한울님이 주실런가58	한울님이 감응해 주시지 않겠는가?
주시기만 줄작시면	주시기만 한다면
편작扁鵲이 다시 와도	세상의 어떤 명의가

---

55 수운 선생의 법은 정통 주자학만을 인정하던 조선 사회에 처음 경험하는 것이었고, 그만큼 큰 파문을 일으킨 참신한 것이었다. 사람들의 반응은 그때 이미 들어와 있던 '서학'이 아닌가 하였다. 서학으로 음해하는 주장도 두 갈래로 지적되고 있어 흥미롭다. 하나는 거짓된 영혼을 가진 수운 선생이 서학에 빠져 삶을 망친다는 시각(서학에나 싸잡힐까)이고, 다른 하나는 서학을 동경하여 수운 선생의 행적을 서학에서 배운 이적이라고 추앙(서학에는 용하더라고)하는 것이다.

56 발천은 열어 드러냄.

57 수운 선생은 주유천하하면서 서학을 접하고 그 한계를 파악하였다. 논학문 9절과 10절에서 서학이 후천개벽의 답이 될 수 없음을 밝히셨다.

58 수운 선생 당신은 초야에 묻혀 편안히 지내는 게 좋겠지만, 한울님께 받은 명이 제인질병하라는 것이니 그 도로써 세상에 드러내면, 한울님이 세상 악질을 구할 선약을 주실 것이라는 뜻.

이내 선약仙藥 당當할소냐	내 선약을 당하겠느냐?
만세명인萬世名人 나뿐이다59 ⑦	만세에 전해질 명인이 될 것이다.
가련可憐하다 가련하다	가련하다 가련하다
아국운수我國運數 가련하다	우리나라 운수가 가련하다.
전세임진前世壬辰 몇 해런고	임진왜란이 일어난 지 몇 해나 되었는가?
이백사십 아닐런가	이백사십 년 되지 않았는가? 이제 다시
십이제국十二諸國 괴질운수怪疾運數	온 세상이 괴질에 빠질 운수가 되니
다시 개벽開闢 아닐런가60	다시 개벽이 되는 것이 아니겠는가?
요순성세堯舜聖世 다시 와서	언젠가 태평성대가 다시 와서
국태민안國泰民安 되지마는	나라와 백성이 모두 편안해지겠지만
기험崎險하다 기험하다	그때까지 얼마나 기막히고 험할까?
아국운수我國運數 기험하다61	우리나라 운수가 얼마나 기막히고 험할까?
개 같은 왜적倭賊놈아	개 같은 왜적 놈아
너희 신명 돌아보라	너희 모습을 돌아보아라.
너희 역시 하륙下陸해서	너희가 이 땅에 와서
무슨 은덕恩德 있었던고	무슨 은덕이 있었느냐?
전세 임진前世壬辰 그때라도	임진왜란 당시에도
오성 한음熬城漢陰62 없었으면	오성과 한음이 없었다면
옥새 보전玉璽保全 뉘가 할꼬	옥새를 어떻게 보전했겠는가? 그들은

---

59 편작은 중국의 전설적 名醫. 아무리 명의라 해도 한울님의 선약에는 비할 수 없을 것이다.
60 조선은 임진왜란을 겪은 지 이백여 년이 지나 다시 외세의 침략 위협에 직면해 있었다. 외세의
　 침입은 취약해진 사회구조가 초래하는 측면이 강하다. 조선은 그 구조가 근본부터 흔들리고 있
　 어 새로운 세상, 개벽에 대한 갈망이 커지고 있었다. 중국도 서양의 침입에 시달리고 있었다.
61 요순 때와 같은 태평성대가 다시 오겠지만 그때까지 온갖 험한 운명을 치러야 할 것을 예견하고
　 탄식한 것. 조선말에서 일제와 분단을 거치는 우리나라의 근대사는 근 5000년 동안 큰 변화 없
　 이 이어져 온 삶의 방식이 송두리째 바뀌는, 세계사에 유례가 없는 격동기였다.
62 오성 이항복, 한음 이덕형 모두 선조 때 명신으로 임진왜란 전후의 어려운 국정을 이끌었다.

아국 명현我國名賢 다시 없다	우리나라의 으뜸가는 명현이로세.
나도 또한 한울님께	나 또한 한울님께
옥새 보전 봉명奉命하네63	우리나라의 운명을 지킬 것을 명받았네.
무병지란無兵之亂64 지낸 후에	수많은 어려움이 지난 후에
살아나는 인생人生들은	살아가는 사람들은
한울님께 복록 정福祿定해	복록은 한울님께 정해 받겠지만
수명壽命을랑 내게 비네65	수명은 나에게 빌겠구나.
내 나라 무슨 운수運數	내 나라 무슨 운수가
그다지 기험崎險할꼬	그토록 기이하고 험하단 말인가?
거룩한 내 집 부녀婦女	거룩한 내 집 부녀들이여
자세仔細 보고 안심安心하소66	자세히 보고 안심하시오.
개 같은 왜적 놈이	개 같은 왜적 놈이
전세 임진 왔다가서	임진년에 왔다가,
술싼 일 못했다고	숟가락질할 공이 없었다고 쇠 수저로
쇠술로 안 먹는 줄67	안 먹으며 우리나라를 다시 노리는 줄을

---

63 임진란 때는 오성과 한음 등이 나라를 지켰지만, 지금의 혼란은 수운 선생이 한울님께 받은 무극대도로서 나라(옥새)를 지켜야 할 것이라는 말씀.

64 무병지란은 전쟁 이외의 난리. 즉 전염병이나 국내 정치의 문란으로 인한 민생도탄 등을 뜻한다. 앞으로의 세상은 무기로 싸우는 전쟁보다 경제전쟁, 문화전쟁이 더욱 치열하게 될 것이다. 그뿐 아니라 환경오염으로 인한 신종 질병들도 더욱 많아질 것이니 이 모두가 무병지란이다. 무병지란은 이런 문명사적 전환을 예견하신 말씀으로 이런 개념은 의암 선생이 삼전론에서 더욱 자세히 설명한다.

65 태어날 때의 복록은 한울님이 정하신 운명이다. 누구도 부모나 출생 환경을 선택해 태어날 수는 없다. 그러나 삶의 과정은 본인이 선택하는 것이다. 후천개벽의 세상에서는 한울님의 도를 받은 수운 선생의 가르침을 올바르게 따르는지에 따라 삶의 모습이 크게 달라질 것이다. "만일 우리 선생님의 도가 아니시면 어찌 창생을 건지리오. 이러므로 '수명을랑 내게 비네'하신 것이라." (권도문) "사람은 한울 사람이요, 도는 대선생님의 무극대도니라."(개벽운수, 수수명실록)

66 조선이 임진왜란과 병자호란을 겪었는데 조선조 말에 다시 혼란에 빠지면서 외세의 위험 등으로 어려움에 처했다. 그러나 아무리 어려워도 한울님의 가르침을 따르고 그 기운을 지키면 극복하지 못하겠는가? 가족들을 반복해서 안심시킨다.

67 임란 때 목적을 달성하지 못해 쇠 수저로 안 먹는다는 뜻. 유래는 미상이나 민간에 이런 소문이

세상사람 뉘가 알꼬	세상사람 누가 알 것인가?
그 역시赤是 원수怨讐로다68	그 역시 원수가 아닌가?
만고 충신萬古忠臣 김덕령金德齡이	만고충신 김덕령이
그때 벌써 살았으면	그때 살아 있었다면
이런 일이 왜 있을꼬	임진년의 고난이 어찌 있었겠는가?
소인 참소小人讒訴 기험崎險하다69	소인의 모함이 기막히다.
불과不過 삼삭三朔 마칠 것을	불과 삼 개월이면 끝낼 전란을
팔년 지체八年遲滯 무삼 일고70	팔 년이나 지체했으니 이 무슨 일인가?
나도 또한 신선神仙으로	나도 또한 한울님의 도를 받은 신선사람인데
이런 풍진風塵 무삼 일고71	이런 풍진이 무슨 일이란 말인가?
나도 또한 한울님께	내가 아무리 한울님께
신선이라 봉명奉命해도	신선의 명을 받았더라도
이런 고생 다시없다	이런 고생을 어찌 다 할까?
세상 음해陰害 다 하더라	세상에 있는 음해는 다 하는구나.
기장奇壯하다 기장하다	장하도다 장하도다
내 집 부녀婦女 기장하다72	내 집 부녀가 장하도다.

무성했음을 추정해 볼 수 있다. 일본인들은 현재도 숟가락 없이 나무젓가락으로만 식사한다.

68 쇠술로 안 먹으며 절치부심하고 다시 조선을 침략할 기회를 노리는 지금의 왜인들 역시 임진란 때와 마찬가지 원수가 아니냐.

69 소인의 모함으로 충신이 희생되어 기구하고 험난한 전란을 겪었으니 안타깝다.

70 임진란 때 김덕령 등의 의병이 수 없이 일어나 왜군을 괴롭혔다. 그러나 의병의 공을 시기한 관리들과, 공적인 권력이 지키지 못한 나라를 비공식 권력인 민중이 구원한 사실을 감추고 싶은 조정이 합세하여, 모함으로 김덕령은 죽임을 당하고, 전쟁 후에도 의병들의 공은 공식 기록에 거의 오르지 못했다. 이렇게 나라가 일치단결하지 못하면 더욱 어려움을 겪을 수밖에 없는데, 그와 같은 어려움을 다시 겪을 것이 걱정스러움을 토로한다. 건국 초기의 백성을 위하는 이념은 희미해지고 지배층의 권력과 이권만 공고해지며 민중의 삶과 유리되면 나라가 망할수 밖에 없는데, 임란과 호란의 국난을 겪고도 근본적인 개혁을 하지 못한 것이 근대화로 이어진 서양제국들과 조선의 운명이 갈리는 전환점이었다.(전통사회에서 근대로 문명의 전환이 지역마다 다른 역사를 고찰한 다음의 역작을 참조. 주경철, 대항해시대; 제레드 다이아몬드, 총균쇠.)

71 김덕령이 음해를 당하듯 음해가 난무함을 탄식.

내가 또한 신선神仙되어

비상천飛上天 한다 해도73

개 같은 왜적 놈을

한울님께 조화造化받아

일야一夜에 멸멸滅하고서

전지무궁傳之無窮74 하여 놓고

대보단大報壇75에 맹세盟誓하고

한汗의 원수怨讐 갚아보세76

중수重修한 한汗의 비각碑閣77

헐고 나니 초개草芥78같고

붓고 나니 박산撲散79일세

이런 걱정 모르고서

요악妖惡한 세상사람

내가 만약 신선이 되어

하늘로 올라간다 해도,

개 같은 왜적 놈을

한울님께 조화 받아서

하룻밤에 멸하고서

이를 영원토록 전할 것이며

대보단에 맹세하고

병자호란의 원수도 갚아보자.

다시 지은 원수의 비각을

헐고 나니 지푸라기처럼 보잘 것 없고

부수고 나니 산산조각이구나.

이런 내 진심도 모르면서

요망하고 사악한 세상사람들이

---

72 수운 선생은 후천대도를 깨달은 신인(신선)이지만, 세상의 혼란을 고스란히 겪어야 했다. 한울님께 신의 명을 받은 수운 선생도 세상의 혼란 속에서 음해를 수없이 당해야 했는데, 그것을 곁에서 묵묵히 감내해 온 집안 식구들이 자랑스럽고 고마웠을 것이다.

73 신선은 세상의 은원을 떠난 존재. 하지만 그리 되도 꼭 하겠다는 결의를 비유.

74 후세에 무궁히 전한다.

75 임진왜란 때 조선을 도와준 명나라 황제의 위패를 모시던 사당.

76 개 같은 왜적 놈은 임진란 때 극악한 짓을 한 왜인들, 한은 병자호란을 일으킨 후금의 칸(임금). 예나 지금이나 힘없는 백성들에게 가장 두려운 것은 이민족의 침략에 의한 전쟁이었다. 인명의 살상과, 약탈 파괴로 인한 생업기반의 파괴, 국가 사회의 상호부조 시스템의 마비 등은 전후에도 상당 기간 일반 백성들의 삶을 어렵게 만들고 사람들의 마음을 피폐하게 만들었다. ＊ 도통한 수운 선생이 원수를 갚는다? 도는 한울님의 도지만 그것을 가르치는 인간의 법은 동학(논학문)이라고 하였다. 뜻은 한울에 있어도 실천은 발 딛고 서 있는 땅 위에서 몸으로 해야 하는 법이다. 즉 이 땅에 사는 민중의 삶이 우선시 될 수밖에 없다. 그런 면에서 수운 선생은 득도 후에도 어려운 이 땅의 현실을 외면하지 않고 몸을 아끼지 않은 진정한 성인이시었다. ＊ 일제강점기 이 구절로 당국과 수많은 갈등과 탄압을 감내해야 했다.

77 병자호란 이후 경기도 광주군 삼전도에 세웠던 청나라의 전승기념비.

78 지푸라기.

79 부수고 나니 산산조각. 우리말 박살과 동의어. 이렇게 부수고 싶은 심정을 표현.

눌로 대해 이 말 하노80

우리 선조先祖 험천陰川땅에

공덕비功德碑를 높이 세워81

만고유전萬古遺傳 하여 보세

송백松栢 같은 이내 절개節槪

금석金石으로 세울 줄을

세상사람 뉘가 알꼬82

애달다 저 인물人物이

눌로 대해 음해陰害하노

요악妖惡한 저 인물人物이

눌로 대해 저 말 하노

한울님이 내 몸 내서

아국운수我國運數 보전保全하네

그말 저말 듣지 말고

거룩한 내 집 부녀婦女

근심 말고 안심安心하소

이 가사歌詞 외워 내서

춘삼월春三月 호시절好時節에

태평가太平歌 불러 보세83⑧

누구를 음해하는가.

우리 선조께선 험천 땅에

공덕비를 높이 세워

만고에 그 공을 전해 마땅하고, 소나무와

잣나무 같이 푸르고 곧은 나의 절개도

쇠와 돌에 새겨 영원히 전해질 것을

세상사람들이 누가 알겠는가?

애달프다 저 인물이

누구를 음해하는가?

요망하고 사악한 저 사람이

누구에게 저런 말을 하는가?

한울님이 내 몸을 내서

우리나라 운수를 지키나니

그런 저런 말을 듣지 말고

거룩한 내 집 부녀들은

근심 말고 안심하시오.

이 가사를 외워내면

춘삼월 같은 좋은 시절에

태평가를 부르게 될 것이니.

---

80 수운 선생은 민중과 나라를 위하는 마음(왜와 청 같은 외세의 침략을 응징하고 대비)뿐인데 세상 사람들이 이런 걱정은 모른 채 음해하는 것을 탄식함.

81 수운 선생의 선조인 최진립 장군이 병자호란 때 전사한 곳이 용인 험천.

82 선조가 나라를 위해 몸을 바쳐 공덕비가 세워졌듯이 세상을 구하고자 하는 수운 선생의 큰 뜻도 금석과 같이 영원히 전해질 것이다.

83 세상 사람들이 아무리 무어라 해도 수운 선생 자신은 최진립 장군의 후손으로 나라와 백성을 해할 리가 없다. 오히려 한울님께 도를 받아 도탄에 빠진 사람들을 구하려 하니 걱정하지 말라며 가족을 다시 안심시키며 글을 맺는다.

용담가龍潭歌1

국호國號는 조선朝鮮이오	나라 이름은 조선이요
읍호邑號는 경주慶州로다	지역은 경주로다.
성호城號는 월성月城이오2	둘러 있는 성은 월성이고
수명水名은 문수汶水3로다	앞 내는 문수라 하는구나.
기자 때 왕도王都로서	오랜 옛날부터 왕도로서
일천년一千年 아닐런가4	일천년이나 되었구나.
동도東都는 고국故國이오	동쪽의 이곳은 옛 나라의 도읍이고
한양漢陽은 신부新府로다5	한양은 새 나라의 도읍이로다.
아동방我東方 생긴 후에	우리나라가 생긴 후에
이런 왕도王都 또 있는가	이런 왕도가 또 있는가?
수세水勢도 좋거니와	물도 좋고
산기山氣도 좋을시고	산도 좋다.
금오金鰲는 남산南山이오	그중에 금오는 남쪽에 있는 산이요
구미龜尾는 서산西山이라	구미는 서쪽에 있는 산이구나.
봉황대鳳凰臺 높은 봉峯은	봉황대의 높은 봉에는
봉거대공鳳去臺空 하여 있고6	봉황은 날아가고 빈 봉우리만 남아 있고

---

1 경신년(1860) 4월 5일 득도 후 4월 말에 집필한 것으로 추정된다. 가족이나 제자들을 가르치는 내용인 다른 가사와 달리 수운 선생 자신의 득도 과정과 심경을 기록한 글이다. 득도 직후의 감정 변화들을 솔직하게 묘사한다. 수덕문과 비슷한 내용과 분위기.
2 경주 동쪽에 반월성이 있어 경주를 월성으로 부르기도 한다.
3 문수; 경주 월성 앞을 지나는 개천.
4 기자는 용담가 공부하기 참조.
5 신라 천년의 수도 경주는 고려시대에도 동경으로 불리며 번성했다.
6 봉황대; 경주시 노동동 소재 125호 고분. 봉황 날개에 금을 달고 우물을 파서 신라를 멸하였다는 왕건의 고려건국 신화가 전해지는 곳이다. 아마도 이 구절은 이백의 시에 빗대, 봉황(인재, 신라의 영화)이 사라지고 빈 봉황대만 남은 것을 표현한 구절로 생각된다.(용담가 공부하기 참조)

첨성대瞻星臺 높은 탑塔은

월성月城을 지켜 있고

청옥적靑玉笛 황옥적黃玉笛은

자웅雌雄으로 지켜 있고

일천년一千年 신라국新羅國은

소리를 지켜내네7

어화 세상世上사람들아

이런 승지勝地 구경하소

동읍東邑 삼산8三山 볼작시면

신선神仙 없기 괴이怪異하다

서읍西邑 주산主山 있었으니

추로지풍鄒魯之風 없을소냐

어화 세상사람들아

고도강산古都江山 구경하소

인걸人傑은 지령地靈이라

첨성대의 높은 탑은

월성을 지키듯 서 있구나.

푸른 옥피리와 누른 옥피리는

암수 짝을 맞추듯 지켜 있고

일천 년 동안 신라국은

소리를 잘 지켜내었구나.

어화 세상사람들아

이렇게 좋은 명승지 구경하시오.

동쪽의 산들을 보면

신선이 사는 듯하고

서쪽에 주산 구미가 있었으니

공자와 맹자 같은 성인도 나겠구나.

어화 세상사람들아

이 오래된 도읍의 강산 한 번 구경하세.

인물은 땅의 기운을 받아 난다 하니

---

7 청옥적 황옥적은 외적을 물리치는 전설상의 신라 보물. 삼국유사에, 신라 신문왕 때 동해상에 낮
에는 둘이 되고 밤에는 하나가 되는 신기한 섬이 있었다. 그 섬에 있는 대나무로 피리를 만들어
불면, 적병도 물리치고 사나운 파도도 멈추는 등의 신험이 있어 '만파식적'이라 이름하고 나라의
보물로 삼았다고 한다. ★ 신라의 소리는 용담가 공부하기 참조

8 삼국사기 권32 잡지 제1 제사조에 "삼산(三山)·오악(五岳) 이하 명산대천은 나누어 대사·중사·소
사로 삼았다. 대사(大祀) 삼산(三山)은 첫째는 나력(奈歷)[습비부(習比部)], 둘째는 골화(骨火)
[절야화군(切也火郡)], 셋째는 혈례(穴禮)[대성군(大城郡)]였다. 삼산(三山)은 제사를 게을리
하지 않을 정도로 신라인들의 중요한 숭배 대상이었다. 삼산의 위치에 대해서는 나림은 지금의
경주 낭산(狼山), 골화는 지금의 영천 금강산(金剛山), 혈례는 지금의 청도 부산(鳧山)으로 보는
의견(이병도, 1977), 나림 또는 나력은 명활산(明活山)으로 보고, 혈례는 영일군에 위치한 운제
산으로 보는 견해(문경현, 1983), 최근에는 나력은 명활산, 골화는 영천의 금강산, 혈례는 영일
냉수리 신라비가 있는 뒷산의 어래산으로 비정하고 있다. 신라 삼산의 위치로 비정된 경주의 명
활산과 영천의 골화산, 안강의 혈례산은 모두 경주를 둘러싼 지역에 위치하여 경주를 방호하는
역할을 하고 있다.(최광식, 2007) 국가 제사체제에 포함된 삼산은 신라왕이 직접 친히 제사를 올
렸을 것으로 생각된다.(네이버 지식백과)

명현달사名賢達士 아니 날까9	훌륭한 인물이 날 만 하지 아니한가.
하물며 구미산龜尾山은	하물며 구미산은
동도지東都之 주산主山일세	이 동쪽 경주의 주산이니
곤륜산崑崙山10 일지맥一支脈은	곤륜산의 한 맥이
중화中華로 버려 있고	중국으로 뻗어 중국 문화를 일으켰듯이
아동방我東方 구미산龜尾山은	우리 동방의 구미산은
소중화小中華 생겼구나11	우리나라 문화를 낳겠구나.
어화 세상사람들아	어화 세상사람들아
나도 또한 출세 후出世後에	나도 또한 세상에 나와
고도강산古都江山 지켜내어	이 오랜 도읍에서 자라나니
세세유전世世遺傳 아닐런가12 ①	조상부터 살아오고 전해온 곳 아니던가.
기장奇壯하다 기장하다	장하고 장하도다
구미산기龜尾山氣 기장하다	구미산의 기운이 장하도다.
거룩한 가암최씨佳岩崔氏13	거룩한 가암 최씨에게
복덕산 아닐런가	복을 주는 산이 아니던가.
구미산 생긴 후에	구미산 생긴 후에
우리 선조先祖 나셨구나	우리 선조 나셨구나.
산음山蔭인가 수음水蔭인가	산의 음덕인가 물의 음덕인가
위국충신爲國忠臣 기장하다14	나라를 위하는 충신이 나셨으니 장하도다.

---

9 수운 선생이 태어난 구미산 일대를 묘사하였다. 훌륭한 인물은 땅의 좋은 기운을 받아 태어나는
  데 구미산 일대가 신선이 살 것처럼 경치가 좋으므로 공자가 노나라에서, 맹자가 추에서 났듯이
  인물이 날 수밖에 없다고 말한다.
10 곤륜산은 용담가 공부하기 참조.
11 곤륜산이 중국의 지세를 형성했듯이 우리나라는 태백산맥이 지세를 형성했다. 태백산맥의 한
  줄기인 구미산이 그중에서도 중심이 되었다는 신라시대 이후의 자부심이 엿보인다.
12 수운 선생도 이런 역사와 정기가 모인 곳에서 태어나 이를 이어받고 또한 그 정기를 대대로 전
  해주게 되었다는 뜻.
13 경주최씨의 한 지파로 가정리 일대에 살던 수운 선생의 일가 친족들을 지칭.

가련可憐하다 가련하다   가련하다 가련하다

우리 부친父親 가련하다   우리 부친이 가련하다.

구미용담龜尾龍潭 좋은 승지勝地   구미 용담처럼 좋은 명승지에서

도덕문장道德文章 닦아내어15   도덕을 닦고 문장을 공부하여

산음수음山蔭水蔭 알지마는   좋은 산수의 음덕을 받아

입신양명立身揚名 못하시고16   입신양명 할 만도 하거늘

구미산하龜尾山下 일정각一亭閣을   구미산 아래 한 정자를

용담이라 이름하고   용담이라 이름하고

산림처사山林處士 일포의一布衣로   시골에 파묻힌 가난한 선비로만

후세後世에 전傳탄 말가   후세에 전한단 말인가.

가련可憐하다 가련하다   가련하다 가련하다

이내 가운家運 가련하다   우리 집안 운수가 가련하다.

나도 또한 출세 후出世後로   나도 또한 세상에 태어난 뒤

득죄부모得罪父母 아닐런가   입신양명 못했으니 부모에 죄를 지은 듯

불효불효不孝不孝 못 면免하니   불효함을 면하지 못하여

적세원울積世怨鬱 아닐런가17   원통하고 답답한 마음이 쌓였구나.

불우시지不遇時之 남아男兒로서   시절을 잘 못 만난 사내로서

허송세월虛送歲月 하였구나   허송세월 하였구나.

인간만사人間萬事 행行하다가   이렇게 세상을 살아오다가

거연사십居然四十 되었더라   어느덧 나이가 사십이 되었다.

---

14 산의 음덕인지, 물의 음덕인지, 훌륭한 지세의 영향을 받아 나라를 위한 충신이 났다고 함. 수운
   선생 7대조인 정무공 최진립 장군을 기리는 말.
15 구미 용담의 地勢 좋은 곳에서 공부하였다.
16 산과 물의 정기를 받아 학문이 뛰어났지만 벼슬을 하지 못했다는 뜻.
17 수운 선생의 아버지(근암 최옥)와 수운 선생 모두 벼슬하지 못한 불효를 했고, 몇 대에 걸친 불
   효로 원망과 답답함이 쌓였다는 뜻.

사십평생四十平生 이뿐인가	사십 평생이 이것뿐인가
무가내無可奈라 할 길 없다18	무어라 할 말이 없다.
구미용담 찾아오니	구미 용담 찾아오니
흐르나니 물소리요	흐르나니 물소리요
높으나니 산山이로세	높으나니 산이로세
좌우산천左右山川 둘러 보니	좌우의 산천을 둘러보니
산수山水는 의구依舊하고	산과 물은 예와 같고
초목草木은 함정含情하니 19	초목은 정든 모습 그대로이니
불효不孝한 이내 마음	불효한 이내 마음
그 아니 슬플소냐	그 아니 슬플까?
오작烏鵲은 날아들어	새들은 날아들어
조롱嘲弄을 하는 듯고20	마치 조롱을 하는 듯 하고
송백松栢은 울을鬱鬱하여	소나무 잣나무는 울창히 서 있어
청절淸節을 지켜내니	맑은 절개를 지키는 듯하니
불효한 이내 마음	불효한 이내 마음은
비감회심悲感懷心 절로 난다	더욱 슬프고 안타깝다.
가련하다 이내 부친父親	가련한 우리 부친을 생각하면
여경餘慶인들 없을소냐21②	남은 경사라도 없겠는가?

---

18 수운 선생이 용담정을 찾아온 것은 주유천하와 울산 처가에서의 생활이 모두 실패한 뒤였다. 득도에 대한 결심을 하고 태어난 곳으로 들어온 것이니, 지나간 일들이 주마등처럼 뇌리를 스쳐 지나갔을 것이다.

19 풍경이 어릴 때 모습 그대로이니 초목마저 알아보고 반기는 듯 했을 것이다.

20 까마귀와 까치가 아무 성과 없이 고향으로 돌아온 것을 조롱하는 것 같다. 고향을 찾으니 반가운 심정과, 초라한 행색으로 왔으니 비참한 심정이 교차했을 것이다.

21 부친이 비록 벼슬 없이 돌아갔지만 평생 절개를 지키고 살았고(송백처럼), 또한 자신을 길러냈으니 부친으로 인한 남은 경사(수운 선생의 득도)가 있을 것이라는 뜻. 이후의 득도한 것을 구미산의 정기와 정무공과 근암공 등 선조들의 음덕으로 돌리기 위한 설명이 1절과 2절의 내용. 거기에 더해 수운선생의 득도와 개벽을 향한 공부와 의지가 가장 중요했을 것이다.

처자妻子 불러 효유曉諭하고22	처자를 불러 다독이고
이러그러 지내나니	이럭저럭 지내다가
천은天恩이 망극罔極하여	망극한 한울님 은혜를 입으니
경신사월庚申四月 초오일初五日에	경신년 사월 오일의 일을
글로 어찌 기록記錄하며	글로 어찌 기록하며
말로 어찌 성언할까23	말로 어찌 표현할까.
만고萬古 없는 무극대도無極大道	일찍이 없었던 무극대도를
여몽여각如夢如覺 득도得道로다24	꿈인 듯 깨인 듯 득도하였구나.
기장하다 기장하다	장하도다 장하도다
이내 운수 기장하다	이내 운수 장하도다.
한울님 하신 말씀	한울님 하신 말씀
개벽 후開闢後 오만년五萬年에	"개벽 후 오만년에
네가 또한 첨이로다	네가 또한 처음이로다.
나도 또한 개벽 이후	나도 또한 개벽 이후에
노이무공勞而無功 하다가서	헛되이 애만 쓰고 이루지 못하다가
너를 만나 성공成功하니25	너를 만나 성공하니
나도 성공 너도 득의得意	나도 성공하고 너도 뜻을 얻었구나.
너희 집안 운수運數로다26③	이 또한 너희 집안 운수가 아니겠느냐?"

---

22 모든 것을 잃고 고향으로 돌아왔으니 가족들의 마음도 참담했을 것이다.

23 성언은 形言의 사투리로 봄. 형님을 성님이라 부르던 것과 마찬가지.

24 무극은 태극으로 나뉘기 전의 시초요 원초를 말한다. 그러므로 무극대도는 가장 근본적인 도를 뜻한다. 이를 깨닫는 순간은 우주를 관통하는 기와 하나가 된 것이니 꿈꾸는 것 같기도 하고 깨어 있는 것 같기도 했을 것이다. 도는 한울님을 직각하는 것이다. 말이나 글같은 논리가 아니다.

25 개벽 이후 사람들이 하늘이 무서운 줄은 알았으되, 내 몸에 모셔져 있음은 누구도 몰랐음이다. 그렇기 때문에 한울님의 진리를 가르치는 선각자는 많았으되 온전한 진리는 처음 밝혀지므로 그동안 한울님 입장에선 노력했지만 공이 없었다고 하는 것이다.

26 한울님은 진리를 전달하는데 성공했고 수운 선생은 뜻을 이루었으며, 수운 선생이 가족에게 가장 먼저 진리를 펼 것이므로 집안의 운수 아니겠는가?

이 말씀 들은 후에	이 말씀을 들으니
심독희心獨喜 자부自負27로다	기쁘고 뿌듯하도다.
어화 세상 사람들아	어화 세상 사람들아
무극지운無極之運 닥친 줄을	무극대도의 운이 닥친 줄을
너희 어찌 알까 보냐	너희들이 어찌 알겠느냐?
기장하다 기장하다	장하도다 장하도다
이내 운수 기장하다	이내 운수 장하도다.
구미산수 좋은 승지勝地	구미산의 명승지에서
무극대도無極大道 닦아 내니	무극대도를 닦아내니
오만년지五萬年之 운수運數로다	오만년의 운수로다.
만세일지萬世一之 장부丈夫로서	만세에 하나뿐인 장부로서
좋을시고 좋을시고	좋을시고 좋을시고
이내 신명身命 좋을시고	이내 신명 좋을시고.
구미산수 좋은 풍경風景	구미 산수 좋은 풍경이
물형物形으로28 생겼다가	형언하기 어렵게 생겼더니
이내 운수運數 맞혔도다	나의 기이한 운수를 맞힌 듯하도다.
지지엽엽枝枝葉葉 좋은 풍경	가지마다 잎새마다 좋은 풍경이니
군자낙지君子樂地 아닐런가	군자가 사랑하는 곳이 아니겠는가.

---

27 혼자 마음속에 기쁘고 자랑스럽다(그간의 역경을 이기고 득도한 것이).

28 物形論은 주체가 되는 산의 모습을 보고 생김새가 닮은 동물이나 식물, 물체 또는 문자(也, 勿 등)등을 비유한 명칭을 부여하고 거기에 풍수적 해석을 가하는 풍수논리. 자연 속에서 지기가 응집한 혈을 찾는 풍수론의 한 방법으로, 산천의 겉모양과 그 속에 내재된 정기(精氣)는 서로 통한다는 가설에 전제를 둔다. 산세가 웅장하고 활달하면 땅 속의 기운도 왕성하고, 산세가 밋밋하거나 굴곡 없이 뻗었다면 그 속의 기운도 쇠약하다고 보는 것. 지기(地氣)가 담긴 산세를 金鷄抱卵형, 臥牛형, 猛虎出林형, 仙人讀書형, 行舟형 등과 같이 사람이나 동물의 모습에 빗대어 형태를 설명한다. 龜尾산이란 이름도 거북모양의 산세를 뜻하고, 龍潭이란 이름도 계곡의 산세가 마치 용이 승천하듯 구불거리며 절경을 만든 것을 표현한 것이리라. 그러한 산세 가운데 기가 모이는 곳이 혈(穴)인데 아마도 용담정이 그러한 자리가 아닌지. 그러한 혈자리는 지기를 받아 큰 인물이 나거나 기도가 잘되어 깨달음을 얻는 기도처로 알려지기도 했다.

일천지하一天之下 명승지名勝地로   세상의 으뜸가는 명승지로 수많은

만학천봉萬壑千峯 기암괴석奇岩怪石   골짜기와 봉우리며 기암괴석이 늘어섰으니

산마다 이러하며29   어떤 산이 이렇겠는가?

억조창생億兆蒼生 많은 사람   세상의 수많은 사람들이 있지만

사람마다 이러할까30   사람마다 군자요 장부이겠는가.

좋을시고 좋을시고   좋을시고 좋을시고

이내 신명 좋을시고   이내 신명 좋을시고.

구미산수 좋은 풍경   구미산수 좋은 풍경이

아무리 좋다 해도   아무리 좋다 해도

내 아니면 이러하며   나 아니면 이렇게 좋겠는가?

내 아니면 이런 산수   나 아니면 이런 산수가

아동방我東方 있을소냐31   우리나라에 어찌 있겠는가?

나도 또한 신선神仙이라   내가 만약 신선이 되어

비상천飛上天한다 해도   하늘에 오른다 해도

이내 선경仙境 구미용담   구미 용담 같은 선경이

다시 보기 어렵도다32   또 있겠는가?

천만년 지내온들   천만 년 지나가도

아니잊자 맹세盟誓해도   잊지 말자 맹세하지만

무심無心한 구미용담   무심한 구미용담이

평지平地되기 애달하다33④   평지될까 애달프구나.

---

29 자신의 득도로 이어진 구미산의 좋은 지세는 산마다 볼 수 있는 것은 아니다.

30 좋은 지세 하에 살아도 다 득도하지는 못한다.

31 구미산의 좋은 승지는 수운 선생이 득도함으로써 의미가 생겼고, 역할을 한 것이다. 사실 구미산 경치가 좋아도 설악산 금강산 같은 큰 산에 비하면 급이 떨어진다. 장소는 별 볼일 없어도 거기 어떤 이야기와 어떤 의미가 담겼는가에 따라 의미가 달라지게 마련이다.

32 신선으로 하늘에 올라도 용담 같은 선경을 볼 수 있겠는가 하는 더 없는 사랑과 자부심을 표현하였다.

<용담가 공부하기>

1. 신라의 소리

'소리'는 전통사회에서 음악을 뜻하는 말이다. 한울의 이치가 태극과 음양오행으로 이론적 설명된다면, 삶에 그 이치가 실현되는 것은 음악을 대표로 하는 문화가 된다. 그렇기 때문에 예부터 선비의 필수 공부 과목에 음악, 시, 거문고가 포함되어 있었다. 시와 노래는 그 시대를 사는 사람들의 정서가 담겨 있기 때문에 공자는 '樂興政通', 그 나라의 노래를 들으면 그 나라의 정치를 알 수 있다고 했다.

"음악을 들으면 그 사회의 상태를 알 수 있다고 했다. '시경'에 '정나라와 위나라 음악은 썩었다. 음탕하고 거칠고 간사하다(정풍, 위풍).'고 하여 나라가 망하려면 음악이 먼저 썩는다고 하였다. 즉 음악이 썩으면 시가 음탕해지고 무용이 거칠고 천박해지고 사회질서와 예법이 허물어진다. 그러므로 옛 성인들은 정치가 혼란하면 먼저 우주와 인간의 관계를 다시 살피고 거기에 따라 음악과 예를 다시 정했다. 즉 정치와 경제를 개혁하려면 문화를 새롭게 해야 하고 그에 앞서 음악과 시, 무용을 새롭게 해야 하는 것이다."(김지하, 율려란 무엇인가?)

신라가 소리를 지킨 것은 그러므로 나라의 근간인 '문화'를 지켜온 것이 된다. 오늘 우리의 '소리'는 어떠한가?

2. 기자

'후한서'에, 기자는 은(원래 나라 이름은 상, 수도인 은을 중심으로 한 도시국가와 주변 제

---

33 수운 선생이 득도하게 된 인연이 있는 구미용담을 천만년이 지나도 잊을 수는 없지만, 무극대도(진리)는 영원해도 산수는 세월이 흐르면 변하는 법이다. 언제건 변하는 현상에 집착할 것이 아니라 영원히 변하지 않는 진리를 따라야 할 것이다. 또는 수운 선생이 역적의 누명으로 죽은 뒤에 용담정 일대가 폐허가 될 것을 안타까워한 것이라는 해석도 있다.(백세명, 천도교 경전 해의)

후 연합체의 성격이므로 은나라로 부르기도 한다)의 왕족으로 주임금의 포악한 정치를 간언하다가 은이 망하자 조선으로 망명해 농법 등을 전하고 팔조금법을 제정했다고 한다.(수덕문 공부하기 삼대 참조) 이때가 기원전 12세기경으로 삼국사기나 삼국유사에는 기자에 대한 기록이 없지만 고대중국의 여러 문헌과 당시의 갑골문등에서 보이므로 실존했던 것으로 본다. 기자는 기라는 제후국에 봉해졌던 제후였다. 최근엔 은나라를 동이족 계열로 보고 한족의 나라는 주나라부터인 것으로 보기도 한다. 그렇다면 기자가 같은 동이족의 나라인 조선으로 망명한 것이 자연스러운 것일 수 있다.

 중국에서 강력한 중앙집권국이 출현하는 것은 진시황이후부터이다. 이전의 주나라나 더 이전의 상나라들은 모두 각 지역의 제후국들이 혈연이나 이해관계로 느슨하게 연결되어 있던 연합체였다. 당시의 만주와 한반도에는 고조선이 역시 여러 제후국을 거느린 연합체로 존재하고 있었다. 그 중 중국과의 서부 변경에 기자가 망명해 오자 기자조선이라는 고조선의 제후국이 생긴 것으로 보이고 그 위치는 현재 요서지역인 갈석산에서 난하유역에 이르는 곳으로 여겨진다. 후에 기자의 40여 세 후손인 준왕대에 이르러 한나라 초에 연나라 유민을 이끌고 온 위만이 준왕으로부터 정권을 빼앗아 위만조선을 건국하게 된다. 기자조선과 달리 위만조선은 고조선과 적대적이었고 한나라의 외신으로 처했다. 하지만 위만의 손자 우거왕대에 세력을 키운 위만조선은 한나라에 대해 충성을 보이지 않았고 이를 문제 삼아 한 무제가 침입하여 위만조선을 멸망시키고 그 지역에 한사군을 설치하였다. 그러므로 한사군은 현재의 요서와 요동지역에 있었고, 고조선의 대부분은 제후국이었던 부여, 고구려, 옥저, 동예, 삼한 등이 병립하며 발전하고 있었던 것이다.(윤내현, 고조선연구 상, 만권당, 2015, 446-451, 457-503쪽)

 그런데 서라벌에 나라가 세워진 것은 기원전 57년경으로 이후 신라 천년 동안 왕도로 번영했다. 기자 때 왕도라는 말씀은 그러므로 천년의 차이가 난다. 오기인가? 밝혀지지 않은 고대사의 수수께끼가 숨어 있는가? 삼국사기에 신라가 건국된 것으로 기록된 기원전 57년 이전에도 고조선의 제후국으로서 서라벌에 도시국가의 형태가 존재했을 가능성은 있다. 어찌되었든 만주에서 한반도 남쪽에 이르기 까지 고대국가가 형성되었을 청동기시대 유적이 기원전 23-25세기까지 소급된다.(윤내현, 위의 책)(* 양윤석은 기자 조선이 평양을 도읍으로 천년을 간 것처럼 경주가 왕도로 천년을 간 것으로 해석. '기자 때 왕도처럼 일천년 지냈도다'; 양윤석 역주, 용담유사)

3. 봉황대

이백의 시 登金陵鳳凰臺
鳳凰臺上鳳凰遊　鳳去臺空江自流
吳宮花草埋幽徑　晉代衣冠成古丘
三山半落靑天外　二水中分白露洲
總爲浮雲能蔽日　長安不見使人愁
봉황대 위에 봉황이 노닐었다더니, 봉황은 가고 누대도 비고 강물만 흐르네.
오나라 궁궐의 화초는 오솔길을 뒤덮고, 진나라 귀인은 옛 언덕의 무덤이 되었구나.
삼산은 청천 밖으로 반쯤 걸렸고, 이수는 백로주로 가운데가 나뉘었네.
이제 모든 것은 뜬구름이 해를 가렸으니, 장안은 보이지 않고 사람을 근심케 한다.

봉황대; 중국 육조의 송대에 남경성 서남쪽 산에 아름다운 새들이 많이 와 깃들어, 이곳에 높이 대를 쌓아 '봉황대'라고 불렀다고 한다.

4. 곤륜산

중국의 전설에서 멀리 서쪽에 있어 황허강[黃河]의 발원점으로 믿어지는 성
산聖山. '곤륜昆侖·崑崙'이라고도 쓴다. 하늘에 닿을 만큼 높고 보옥寶玉이 나
는 명산으로 전해졌으나, 전국시대戰國時代 이후 신선설神仙說이 유행함에 따
라 신선경境으로서의 성격이 두드러지게 되어, 산중에 불사不死의 물이 흐르
고 선녀인 서왕모西王母가 살고 있다는 신화들이 생겨났다. 한편 티벳 고원
북쪽에서 시작되는 산맥을 현재 곤륜산맥이라 하는데 중국의 주요 산맥은
대부분 곤륜산계에 포괄되어 있다고 한다.

몽중노소문답가夢中老少問答歌1

곤륜산崑崙山 일지맥一支脈의	곤륜산의 한 줄기가
조선국朝鮮國 금강산金剛山이2	조선국 금강산이 되었구나.
기암괴석奇岩怪石 좋은 경景	기암괴석 좋은 경치가
일만이천一萬二千 아닐런가	일만이천 봉이나 되니,
팔도명산八道名山 다 던지고	팔도 명산을 다 보아도
천하승지天下勝地 아닐런가3 ①	천하제일의 명승지가 아니겠는가?
삼각산三角山 한양도읍漢陽都邑	삼각산 아래 한양에 도읍이 생긴지
사백년四百年 지낸 후後에	사백년이 지난 후에,
하원갑下元甲4 이 세상에	살기 어려워진 이 세상에
남녀간男女間 자식 없어	자식이 없는 남녀가 있어,
산제불공山祭佛供5 하다가서	산신과 부처께 소원을 빌다가
두 늙은이 마주앉아	두 늙은이 마주앉아
탄식歎息하고 하는 말이	탄식하고 하는 말이,
우리도 이 세상에	"우리도 이 세상에
명명明明한 천지운수天地運數	밝고 밝은 천지의 운수를
남과 같이 타고 나서	남과 같이 타고 났지만

---

1 포덕3년(1862) 6월 저술. 1862년 당시는 삼남지방에 민란이 많았다. 사회가 혼란하고 어려울 때는 새로운 인물이 나와 새 세상을 열 것이란 기대도 상승한다. 이 가사는 진인이 나타나 태평성대를 이룬다는 메시지를 전한다. 진인은 수운 선생을 은유함은 물론이다. 수운 선생의 어릴 때와 주유천하하던 모습이 그려져 있다.

2 곤륜산은 중국 서부의 황하의 발원지로 여겨지는 산. 전설적으로 모든 산의 우두머리로 여겨지기도 했다. 실제 산맥은 관계없지만 우리나라의 산들도 그 연원을 곤륜으로 상상했다.

3 팔도에 있는 어떤 명산보다 더 뛰어난 勝地라는 뜻. 그러므로 이후에 인물을 점지하기 위해 금강으로 오게 됨을 미리 암시한다.

4 점술가에서 사용하는 말로 운이 다하여 살기 어려운 세상을 말한다.

5 소원을 이루기 위해 산신에 제사 지내고 부처에게 공양하는 것.

기궁奇窮한 이내 팔자八字   기이하고 궁한 이내 팔자에는,

일점혈육一點血肉 없단 말가   한 점 혈육도 없단 말인가?

우리 사후死後 고사姑捨하고   우리 죽은 뒤는 말할 것도 없고

득죄부모得罪父母 아닐런가6   부모님께도 죄를 짓는 것이 아니겠는가?

아서라 자고급금自古及今   아서라, 예부터 지금까지

공덕功德으로 자식子息 빌어   공덕으로 자식을 빌어

후사後嗣를 이은 사람   자손을 이은 사람을

말로 듣고 눈으로 보니   말로 듣고 눈으로 보지 않았던가?

우리도 이 세상에   그러니 우리도 이 세상에

공덕功德이나 닦아 보세   공덕이나 닦아봅시다."

탕진가산蕩盡家産 하여내어   집안 재산을 다 써서라도

일심정기一心精氣 다시 먹고   마음과 정성을 다하여

팔도불전八道佛前 시주施主하고   부처님 전에 시주하고

지성至誠으로 산제山祭해서   지성으로 산신께 제사를 지내는구나.

백배축원百拜祝願 앙천仰天하며   백번 절하고 하늘을 우러르며

주소간晝宵間7 비는 말이   밤낮으로 비는 말이,

지성감천至誠感天 아닐런가   "정성이 지극하면 하늘이 감응하는 법이니

공덕功德이나 닦아 보세   공덕이나 닦아 보세.

그러나 자고급금自古及今   그러나 예로부터 지금까지

전傳해 오는 세상世上 말이   전해오는 세상 말이,

인걸人傑은 지령地靈이라8   인물은 땅의 기운을 타고 난다니

---

6 자식이 없음은 사후 제사가 끊김을 뜻하므로 당신들의 혼도 외롭지만 부모들의 제사도 지내지 못
   하게 되는 불효가 되는 것이었다. 실제 수운 선생의 부친 최옥은 수운 선생을 얻기까지 부인 둘과
   사별하고 자식이 없어 양자(제환)를 들였다. 수운 선생을 얻을 때 최옥의 나이 63세, 어머니 한씨
   부인은 30세였다.

7 밤낮으로.

승지勝地에 살아 보세	명승지에 살아보세."
명기明氣는 필유명산하必有名山下라9	좋은 기운은 반드시 명산 아래 있을 것이다.
팔도강산八道江山 다 던지고	그리하여 팔도강산 다 물리치고
금강산金剛山 찾아 들어	금강산 찾아들어
용세좌향龍勢坐向10 가려내어	산의 형세와 방향을 가려내어
수간초옥數間草屋 일협곡一峽谷에	한 골짜기에 몇 간 초가집을 지으니
구목위소構木爲巢11 아닐런가	나뭇가지 새둥지나 다름없구나.
그러그러 지내나니	그럭저럭 지내나니
윤신포태潤身胞胎 되었더라12②	몸이 좋아져 포태가 되었더라.
십삭十朔이 이미 되매	열 달이 이미 되니
일일一日은 집 가운데	하루는 집 가운데
운무雲霧가 자욱하며	구름과 안개가 자욱하며
내금강內金剛 외금강外金剛이	내금강 외금강이
두세 번 진동震動할 때13	두세 번 진동할 때
홀연忽然히 산기産氣 있어	홀연히 진통 있어
아들 아기 탄생誕生하니	아들 아기가 탄생하니
기남자奇男子14 아닐런가	잘생긴 남자 아니겠는가.

---

8 땅이 좋아야 뛰어난 인재가 태어난다는 뜻으로 3세기 중국 동진시대 곽박이 쓴 금낭경에 처음 나
　온다. 자연환경이 사람에게 영향을 미쳐 왔다고 본 전통 풍수사상의 근원이 된다. 서양 지리학이
　환경 결정론적 시각에 매달려 왔다면-예컨대 열등한 환경이 열등한 민족을 배출했다는-풍수는
　자연과 인간의 상호교감, 상생조화에 중점을 두어 왔다.(최창조, 땅의 눈물 땅의 희망, 15쪽)
9 좋은 기운은 좋은 산 아래에 있다.
10 풍수에서 말하는 용어. 용세는 산의 형세에 의해 위치를 결정한다. 좌청룡 우백호 북현무 남주
　작의 주변 산세를 보아 터를 잡고, 좌향은 터에 집이나 묘를 앉힐 때 24방위를 보아 잡는다.
11 나무로 둥지를 만들었다는 뜻이니 겨우 거처할 자리를 만들었다는 뜻.
12 수운 선생이 태어난 구미산 일대는 경치가 빼어나 용담가에서도 이를 노래한다. 여기서 금강산
　은 구미산을 은유한다고 보면 되겠다.
13 수운 선생이 태어날 때 구미산이 울었다고 전해 온다. 땅의 기운이 인물의 기운과 감응된 것.
14 재주와 슬기가 남다르게 뛰어난 사내

얼굴은 관옥冠玉이오	얼굴은 옥처럼 깨끗하고
풍채風采는 두목지杜牧之라15	풍채도 당당하구나.
그러그러 지내나니	그럭저럭 지내나니
오륙세五六歲 되었더라	오륙 세가 되었더라.
팔세八歲에 입학入學해서	팔세에 배움을 시작해서
허다許多한 만권시서萬卷詩書	허다한 시와 서적들을
무불통지無不通知 하여 내니	막힘없이 알아내니
생이지지生而知之16 방불彷彿하다	나면서부터 아는 듯하구나.
십세十歲를 지내나니	열 살이 넘으니
총명聰明은 사광師曠17이오	사광처럼 총명하고,
지국18이 비범非凡하고	그릇이 범상치 않으며
재기才氣 과인過人하니 19	재주가 보통사람을 넘어서는구나.
평생平生에 하는 근심	비범한 아이가 평생에 하는 근심이,
효박淆薄한20 이 세상에	어지러운 이 세상에
군불군君不君 신불신臣不臣과	임금과 신하가 제 역할을 못하고,
부불부父不父 자부자子不子21를	부모와 자식조차 제 도리를 못함을

---

15 관옥은 머리에 쓰는 관을 장식하는 옥. 그만큼 깨끗하고 준수한 용모. 두목은 당나라 때의 시인
으로 풍채가 매우 당당하고 아름다웠다고 한다.

16 나면서부터 아는 성인의 자질. 중용 20장 9절의 글; 或生而知之, 或學而知之, 或困而知之 어떤
사람은 나면서부터 알고, 어떤 사람은 배워서 알기도 하며, 어떤 사람은 고심해서야 안다.

17 사광은 춘추시대 진나라의 악사였던 사람으로 너무나 귀가 밝아 미세한 소리까지 분별해 내는
것은 물론 길흉까지 점쳤다고 한다.(수덕문 공부하기 참조)

18 지국은 器局의 사투리로 봄.

19 사물을 보는 국량이 평범함을 넘어서고, 재주가 다른 사람보다 월등하다.

20 사람들의 인정이나 풍속이 아주 어지럽고 경박함.

21 齊의 景公이 정치에 대해서 물으니, 공자가 말했다. "임금은 임금답고 신하는 신하답고 아버지
는 아버지답고 자식은 자식답게 되는 것입니다(君君 臣臣 父父 子子)."(논어 12장) 이 글은 정치
가 제대로 이루어지지 않음을 탄식했다기보다, 사회의 모든 분야가 제 모습을 찾지 못하고 제
할 일을 하지 못하는 문란함을 한탄하신 글.

주소간晝宵間 탄식歎息하니	밤낮으로 탄식하니,
울울鬱鬱한 그 회포懷抱는	울적한 그 회포는
흉중胸中에 가득하되	가슴속에 가득하되
아는 사람 전혀 없어22	아는 사람이 전혀 없더라.
처자산업妻子産業 다 버리고	어찌하면 좋을까, 처자와 일도 다 버리고
팔도강산八道江山 다 밟아서	팔도강산 다 밟아서
인심풍속人心風俗 살펴보니	인심풍속을 살펴보지만
무가내無可奈라 할 길 없네	별다른 도리가 없네.
우습다 세상사람	우습다 세상사람들이여,
불고천명不顧天命 아닐런가23③	천명을 돌아보지 않는구나.
괴이怪異한 동국참서東國讖書24	괴이한 우리나라 점술서에 나온다며
추켜들고 하는 말이	사람들이 추켜들고 하는 말들이,
이거 임진己去壬辰 왜란倭亂 때는	지난 임진왜란 때는
이재송송利在松松 하여 있고25	소나무 아래에 살 길이 있고,
가산정주嘉山定州 서적西賊 때는	정주 홍경래난 때는
이재가가利在家家 하였더니26	집에 살 길이 있다고 하더니,
어화 세상사람들아	어화 세상사람들아

---

22 세상이 어지러우니 거기 사는 사람들은 얼마나 사는 것이 팍팍했을까? 그것을 탄식하는 것은 해법을 찾고 싶은 욕구가 내재해 있는 것이다. 그런데 이런 마음을 알고 서로 터놓고 상의할 사람도 그런 해법을 가르치는 사람도 없었다는 말이다.

23 수운 선생의 주유천하. 곳곳을 다녀 봐도 도덕이 땅에 떨어지고 풍속이 어지러움을 확인하고, 결국 이는 사람들이 하늘이 주신대로 순리대로 살지 않기 때문이라고 말한다.

24 鄭鑑錄을 말한다. 조선말의 혼란기에 정감록같은 도참서들이 불안한 민심속에 횡행했다.

25 임진왜란 때 소나무 숲이 있는 곳으로 피난 간 사람들은 무사해서 생긴 말, 또는 조선을 도우기 위해 파병된 명나라의 장수인 이여송을 뜻한다고 하기도 한다.

26 홍경래의 난 때는 피난 가지 않고 집에 있던 사람들이 오히려 무사해 생긴 말. 1811년 12월 겨울에 평안도 일대를 휩쓴 난이 홍경래난. 평안도의 혹독한 겨울에 오히려 집을 떠나 피난 간 사람들이 무사하지 못했을 것이라고 해석한다.

이런 일을 본받아서	겨우 이런 일을 본받아서
생활지계生活之計 하여 보세	어찌 살아갈 방도를 마련할 것인가?
진秦나라 녹도서錄圖書27는	진나라 점술서는
망진자亡秦者는 호야胡也라고	진을 망하게 하는 것이 오랑캐 호라고 하여
허축방호虛築防胡 하였다가	헛되이 오랑캐 막을 성을 쌓았다가
이세망국二世亡國 하온 후에	이세 황제 호해 대에 망한 후에야
세상 사람 알았으니28	세상 사람이 진실을 알았다네.
우리도 이 세상에	이제 이 세상은
이재궁궁利在弓弓 하였다네29	궁궁에 살 길이 있다고 한다네.
매관매작賣官賣爵 세도자勢道者도	매관매직하는 세도자도
일심一心은 궁궁弓弓이오	마음은 궁궁에 가 있고,
전곡錢穀 쌓인 부첨지富僉知도	쌀과 돈 쌓인 부자도
일심은 궁궁이오	마음은 궁궁에 가 있고,
유리걸식流離乞食 패가자敗家者도	집 떠나 유랑하며 빌어먹는 거지도
일심은 궁궁이라	마음은 궁궁이라.
풍편風便에 뜨인 자도	떠도는 소문에 뜨인 자도
혹或은 궁궁촌弓弓村 찾아가고	혹은 궁궁촌 찾아가고,
혹은 만첩산중萬疊山中 들어가고	혹은 깊은 산속으로 들어가고,
혹은 서학西學에 입도入道해서30	혹은 서학에 입도하지만,

---

27 중국 진나라 때 유행하던 圖讖書.

28 진시황제가 도참서에 진나라를 멸망시키는 것이 호(胡, 오랑캐)라고 되어 있어 북방에 만리장성을 쌓게 하였다. 그러나 진나라는 2세 황제인 胡亥 때 망하게 되니, 만리장성을 헛되이 쌓은 셈이 되었다. 예언과 점은 귀에 걸면 귀걸이, 코에 걸면 코걸이, 맞으면 용하고 틀려도 그만인 것이다.

29 정감록에 따르면 임진왜란이나 홍경래란처럼 이번에는 弓弓에 이로움이 있다는 뜻. 또 다시 난리가 날 것이라는 흉흉한 민심을 알 수 있고, 이번의 어려움은 '궁을'의 이법(무극대도)으로 극복해야 하겠지만 궁궁의 정확한 뜻을 모르는 사람들이 궁과 관련된 지명을 찾아가거나 弓이 앞뒤로 합쳐지면 亞자로 십자가 모습이 된다 하여 서학을 찾기도 하였다.

각자위심各自爲心 하는 말이 | 결국 자기만 위하며 하는 말이
내 옳고 네 그르지31 | 나는 옳고 너는 틀렸다고 하는구나.
시비분분是非紛紛 하는 말이 | 옳으니 그르니 어지러이 하는 말들이
일일시시日日時時 그뿐일네32 ④ | 날마다 그 타령일세.
아셔시라 아셔시라 | 아무 말도 말아라 모두 그 모양이니
팔도八道 구경 다 던지고 | 팔도 구경 다 던지고
고향故鄕에나 돌아가서 | 고향에나 돌아가서
백가시서百家詩書 외워 보세33 | 세상의 모든 학문이나 공부해 보자.
내 나이 십사세十四歲라34 | 내 나이 십사 세라,
전정前程이 만리萬里로다 | 앞길이 창창하니 조급할 게 없다.
아서라 이 세상은 | 아무 말도 말아라 이 세상은
요순지치堯舜之治라도 | 요순 같은 성군이 다스려도
부족시不足施요 | 부족할 것이요,
공맹지덕孔孟之德이라도 | 공자와 맹자의 덕이라도
부족언不足言이라35 | 바로잡는 데 부족할 것이다.
흉중胸中에 품은 회포懷抱 | 가슴속에 품은 많은 생각을
일시一時에 타파打破하고36 | 한순간에 다 버리고

---

30 신분과 빈부를 막론하고(권력자, 부자, 거지, 소문에 휩쓸려 다니는 자) 모든 사람들이 말세를 벗어나기 위한 길을 찾아 깊은 산속의 궁궁촌을 찾거나 서학에 길이 있나 하고 들어갔다.

31 시천주는 지기를 모심으로서 나와 지기가 소통하는 것이다. 통하지 않고 단절되어 자기만 생각하고 더 큰 나를 잃는 것이 각자위심이다. 이것이 모든 악질의 근원.

32 궁궁이란 결국 자기 마음속의 한울인데 그것은 모르고 헤매면서 오히려 큰 나(궁궁, 궁을)를 해하는 시비만을 일삼으니 한심스러운 일이다.

33 세상을 두루 돌아다녀 봐도 뾰족한 수를 배울 수 없으니 집에 돌아가 스스로 공부하며 궁리해 보자. 주유천하를 마치고 돌아오는 수운 선생의 심정이 이러했을 것이다.

34 수운 선생이 주유천하를 마치고 돌아올 때 나이가 사십. 그러나 무서울 것도 거칠 것도 없는 십사세의 청춘시절에 이런 큰 뜻을 품는다는 것은 얼마나 장쾌한 일인가 생각하셨을 듯. 꿈도 현실도 오그라들어 팍팍해진 오늘의 청춘이 불쌍할 뿐이다.

35 요순 같은 성군과 공자, 맹자 같은 성인이 와도 바로잡기 어렵다는 뜻.

허위허위 오다가서

금강산金剛山 상상봉上上峯에

잠간暫間 앉아 쉬오다가

홀연히 잠이 드니

몽夢에

우의편천일도사羽衣編襰一道士37가

효유曉諭해서38 하는 말이

만학천봉萬壑千峯 첩첩疊疊하고

인적人迹이 적적寂寂한데

잠자기는 무삼일고39

수신제가修身齊家 아니하고

편답강산遍踏江山 하단 말가40

효박淆薄한 세상 사람

허위허위 오다가서,

금강산 높은 봉우리에

잠깐 앉아 쉬다가

홀연히 잠이 들었구나.

꿈에

깃털옷을 너풀거리며 한 도사가

타이르며 하는 말이,

"수많은 골짜기와 봉우리가 첩첩하고

사람의 발길이 끊긴 곳에

어찌하여 잠을 자고 있는가?

스스로와 가족도 돌보지 아니하고

세상을 떠돌고 있단 말인가?

이 어지럽고 경박한 세상 사람들을

---

36 세상을 바로잡겠다는 포부도 욕심이다. 이마저 버린, 끝까지 가서야 득도를 하게 됨은 시사하는 바가 크다. 버려야 들어오고 비워야 채워지는 것이다.

37 깃털 옷을 너풀 거리며 나타난 한 도사는 방향을 제시하는 선지자, 한울님을 상징. ＊ 소동파의 後赤壁賦 "夢一道士(몽일도사)가: 꿈에 한 도사가, 羽衣翩僊(우의편선)하여: 새털로 만든 옷을 펄럭이며, 過臨皋之下(과임고지하)라가: 날아서 임고정 아래를 지나와, 揖予而言曰赤壁之遊樂乎(읍여이언왈적벽지유락호)아: 내게 읍하여 말하기를, "적벽의 노래가 즐거웠소"했다. 問其姓名(문기성명)하니: 내가 그의 성명을 물으니, 俛而不答(면이불답)이라: 머리를 숙인 채 대답하지 않았다. 嗚呼噫嘻(오호희희)라 : 아, 我知之矣(아지지의)라: 나는 알겠도다. 疇昔之夜(주석지야)에: 지난밤에, 飛鳴而過我者(비명이과아자)가: 울면서 나를 스쳐 날아간 것이, 非子也耶(비자야야)아: 바로 그대가 아니오. 道士顧笑(도사고소)하고: 도사는 고개를 돌리며 웃었다. 予亦驚悟(여역경오)하여: 나도 또한 놀라 잠에서 깨어나, 開戶視之(개호시지)하니: 문을 열고 내다 보았으나, 不見其處(불견기처)라: 그가 있는 곳을 찾아볼 수 없었다." ＊ 躚이나 僊의 현재 독음은 모두 '춤출 선'이나. 당시에는 '편천'으로 읽었다고 함.

38 알아듣도록 타일러서

39 만학천봉이 첩첩하다 함은 해결하고 넘어야 할 역경이 거듭 쌓여 있음을 상징하고 인적이 없음은 그런 역경을 해결할 인재가 없음을 상징한다. 이렇게 상황이 좋지 않은데 잠만 자면(적극적인 수행과 실천을 하지 않고) 어찌 하느냐는 질책.

40 수운 선생의 주유천하를 스스로 질책함. 세상을 구한다면서 오히려 가족을 팽개쳤으니, 어찌 참된 도를 얻을까? 자기 자신과 자기 주변도 건사 못하는 사람이 다른 일은 제대로 할까?

갈볼 것이 무엇이며41

가련可憐한 세상 사람

이재궁궁利在弓弓 찾는 말을

웃을 것이 무엇이며42

불우시지不遇時之 한탄恨歎말고

세상 구경 하여스라43

송송가가松松家家 알았으되

이재궁궁利在弓弓 어찌 알꼬44

천운天運이 둘렀으니

근심 말고 돌아가서

윤회시운輪廻時運 구경하소45

십이제국十二諸國 괴질운수怪疾運數

다시 개벽開闢 아닐런가46

태평성세太平聖世 다시 정定해

국태민안國泰民安 할 것이니

개탄지심慨歎之心 두지 말고

차차차차 지냈어라

하원갑下元甲 지내거든

상원갑上元甲 호시절好時節에

만고萬古 없는 무극대도無極大道

시비할 것이 무엇이며,

가련한 세상 사람들이

궁궁에 살 길이 있다며 찾는 말을

웃을 것이 무엇인가?

불우한 이 시절을 한탄만 하지 말고

찬찬히 세상 구경이나 하여 보라.

세상 사람들이 소나무와 집은 알았으되

궁궁에 살 길이 있는 것은 어찌 알았겠는가?

궁궁을 찾는 것을 보아, 천운이 찾아 왔으니

근심 말고 돌아가서

시운이 돌아옴을 구경하라.

온 세상에 괴질이 오는 운수를 보니

다시 개벽이 되는 것이 아니겠는가?

태평성세가 올 때를 다시 정해

나라와 백성을 편안히 할 것이니,

탄식하는 마음 두지 말고

차차 순리대로 지내도록 해라.

어려운 시절 지내거든

좋아지는 시절에

만고에 없는 무극대도가

---

41 경박한 세상 사람들과 시비를 가릴 것이 없다. 갈부다는 가루다(맞서서 견주다)의 방언.

42 사람들이 살길을 찾느라 궁궁을 찾는 것은 당연한 것이니 비웃을 필요 없다.

43 때를 잘 못 만났다고 한탄만 하지 말고 세상 돌아가는 것을 살펴보라.

44 궁궁이 무슨 뜻인지 제대로 아는 사람이 없을 것이다.

45 세상 혼란이 극에 달하면 새로운 세상이 열릴 것이다. 자기가 지은 만큼, 노력한 만큼 받을 것이니 걱정 말고 기다리라는 말씀.

46 십이제국은 모든 나라, 온 세상.

이 세상에 날 것이니 | 이 세상에 날 것이다.
너는 또한 연천年淺47해서 | 너는 또한 아직 어린 나이라,
억조창생億兆蒼生 많은 백성 | 억조창생 많은 백성이
태평곡太平曲 격양가擊壤歌48를 | 태평한 세상을 노래하는 것을
불구不久에 볼 것이니 | 머지않아 보게 될 것이다.
이 세상 무극대도無極大道 | 그렇게 이 세상에 나오는 무극대도는
전지무궁傳之無窮 아닐런가49 | 이제 무궁히 전해질 것이다.
천의인심天意人心 네가 알까50 | 한울님의 뜻을 네가 이제 알겠느냐?
한울님이 뜻을 두면 | 한울님이 뜻을 두면
금수禽獸 같은 세상 사람 | 금수 같은 세상 사람이라도
얼풋이 알아내네51 | 어렴풋이 알게 되니 근심하지 말아라.
나는 또한 신선神仙이라 | 나는 보통 사람은 볼 수 없는 신선이라,
이제 보고 언제 볼꼬 | 이제 보고 언제 다시 보게 될 것인가?
너는 또한 선분仙分 있어 | 하지만 너는 또한 신선의 인연이 있으니,
아니 잊고 찾아올까52 | 그 마음을 잊지 않으면 찾아오리."
잠을 놀라 살펴보니 | 잠에서 깨어 살펴보니
불견기처不見其處 되었더라 ⑤ | 온데간데 없더라.

---

47 나이가 어리니
48 태평곡은 세상이 태평함을 부르는 노래. 격양가는 중국 요임금 때 어느 농부가 땅을 치며 불렀다는 태평가.
49 이 세상에 전해지는 무극대도가 무궁토록 전해질 것이다.
50 한울님의 뜻과 사람의 마음을 알겠느냐? 또는 그것이 부합하는 시운을 알 것이냐?
51 한울님이 세상을 개벽할 뜻을 두면 아무리 금수 같은 사람이라도 그 조짐들을 어렴풋이 알 수 있을 것이라는 뜻.
52 수운 선생이 주유천하할 때 대도에 대한 예감이 있었을까?

도수사道修詞 1

광대廣大한 이 천지天地에	넓고 넓은 이 천지에
정처定處 없이 발정發程2하니3	정처 없이 길을 나서니,
울울鬱鬱한 이내 회포懷抱	울적한 이내 회포를
부칠 곳 바이 없어	풀어낼 곳 하나 없이 외롭구나.
청려靑藜4를 벗을 삼아	지팡이 하나 벗을 삼아
여창旅窓에 몸을 비겨	여각의 창문에 몸을 기대어,
전전반측輾轉反側 하다가서	이리저리 뒤척이다가
홀연忽然히 생각하니	홀연히 생각해 본다.
나도 또한 이 세상에	내가 이 세상에 나와
천은天恩이 망극罔極하여	가없는 한울님 은혜로
만고萬古 없는 무극대도無極大道	만고에 없는 무극대도를
여몽여각如夢如覺 받아내어	꿈인 듯 생시인 듯 받았구나.
구미용담龜尾龍潭 좋은 풍경風景	구미용담의 좋은 풍경에서
안빈낙도安貧樂道 하다가서	가진 것은 없어도 대도를 즐기다가,
불과 일년不過一年 지낸 후에	불과 일 년 지낸 후에
원처근처遠處近處 어진 선비	이곳저곳의 어진 선비들이
풍운風雲같이 모아드니	도를 배우려 구름같이 모여들었으니

---

1 포덕3년(1862) 1월초에 남원 은적암에서 경상도의 제자들을 경계하며 지은 글. 특히 사문에서 중간급 이상의 지도자를 경계하는 내용이 많다.
2 길을 떠남.
3 포덕2년 유월, 신유포덕이 시작되자 많은 사람들이 입도하였다. 그러나 도문이 일어서는 만큼, 그에 대한 시기나 기득권층(정통유학자, 향반, 관리 등)의 견제와 음해(이단, 서학이라는)도 많아졌다.(교훈가, 안심가 참조) 결국 11월 초 관의 탄압을 피해 경주를 떠나 남원으로 향한다.
4 오래 묵은 명아주로 만든 지팡이.

낙중우락樂中又樂 아닐런가5 ①	그 얼마나 즐거웠던가.
이내 좁은 소견所見으로	비록 내 좁은 소견이지만
교법교도敎法敎道 하다가서	도 닦는 법을 가르치다가,
불과 일년不過一年 지낸 후에	불과 일 년 지났는데
망창茫蒼한6 이내 걸음	막막한 걸음으로
불일발정不日發程7 하자 하니	급하게 길을 나서야만 했으니,
각처各處의 모든 벗은	각처의 모든 벗에게
편언척자片言隻字 바이 없고	한마디 말도 못 전하고
세쇄사정細瑣事情 못 미치니8	자세한 사정도 전하지 못하였구나.
양협量狹한 이내 소견所見	속 좁은 이내 소견에
수천 리數千里 밖에 앉아9	수천 리 밖에 앉아,
이제야 깨닫고서	사정을 전하지 못했음을 이제야 깨닫고서
말을 하며 글을 지어	말을 하며 글을 지어
천리 고향千里故鄕 전傳해주니	천 리 밖 고향에 전해 주노라.
어질고 어진 벗은	그러니 어질고 어진 벗은
매몰한 이내 사람	매정한 이 사람을
부디 부디 갚지 말고10	부디부디 허물하지 말고
성경 이자誠敬二字 지켜 내어	정성과 공경을 지켜

---

5 세상에서 도를 구하지 못하고 용담정에 들어가실 때는 모든 것이 막다른 궁지에 몰린 심정이었으나, 어느 날 무극대도를 받고 그를 수행하며 즐기고 또한 찾아오는 제자들과 함께 도를 향유하였으니 그 모든 것을 생각해 보면 꿈같은 나날이었을 것이다.

6 茫; 아득할 망, 蒼; 우거질 창. 방향을 알 수 없을 정도로 아득한, 막막한 것을 뜻함.

7 날짜를 정하지 않고 급하게 길을 떠남.

8 급하게 떠나느라 각지의 제자들에게 한마디 말이나 글도 남기지 못해 자세한 사정을 전하지 못했음을 안타까워함.

9 남원 은적암에서 제자들을 생각하니 속좁은 사람처럼 온갖 걱정이 들었다는 뜻.

10 가루다; 시비를 가린다는 뜻. 수운 자신이 어둡고 우매한 사람(매몰)이어서 이제야 글을 전하니 시비하거나 흉보지 말라는 뜻.

차차차차 닦아 내면	차차차차 닦아 내면
무극대도無極大道 아닐런가	그것이 곧 무극대도가 아니겠으며,
시호시호時乎時乎 그때 오면	좋고 좋은 그때가 오면
도성입덕道成立德 아닐런가11 ②	도를 이루고 덕을 세우는 것이 아니겠는가?
어질다 모든 벗은	어진 나의 모든 벗은
우매愚昧한 이내 사람	어리석고 어두운 이 사람이지만
잊지 말고 생각하소	가르침만은 잊지 말고 생각하소.
성경현전聖經賢傳12 살폈으니	성인과 현자의 가르침을 공부하였으면
연원도통淵源道統13 알지마는	도가 전해지는 흐름을 알겠지만
사장사장師丈師丈14 서로 전전해	스승에서 제자로 전해
받는 것이 연원淵源이오	받는 것이 연원이고,
그 중中에 가장 높아	그 중 가장 높은 것이
신통육예身通六藝15 도통道通일세	여섯 가지를 몸에 익히는 도통이라고 한다네.
공부자孔夫子 어진 도덕道德	공자의 어진 도덕이 여러 가르침이 있지만
일관一貫16으로 이름해도	결국 하나로 꿰어진다고 하는데,
삼천제자三千弟子 그 가운데	삼천 제자 그 가운데
신통육예身通六藝 몇몇인고	도를 몸에 익힌 이는 몇이나 되는가?
칠십이인七十二人 도통道通해서	칠십이 인이 도통해서
전천추前千秋 후천추後千秋17에	수천 년이 넘도록

---

11 스승이 없어도 정성과 공경을 잘 지키면 그것이 곧 무극대도니 도성입덕할 수 있을 것이다.
12 성인이 지은 책은 經, 현자가 쓴 책은 傳으로 부른다.
13 도의 근원이 되는 것을 연원이라 하고, 도가 전해지는 것을 도통(도의 계통)이라 한다.
14 師丈; 스승. 丈;어른 장
15 육예는 도수사 공부하기 참조.
16 일관; 한 이치로 모든 것을 꿰뚫음. 공자가 자신의 도는 忠과 恕 하나로 일관되어 있다고 한 말에서 비롯된 것이다. 해월신사법설 강서 일이관지 각주23 참조.
17 천추는 천 년(秋=年)이니 오랜 세월을 뜻한다.

일관—貫으로 전傳차 해도	하나로 꿰어지는 것을 전하려 하였지만
일천년—千年 못 지나서	일천 년이 못 지나서
전자방田子方 단간목段干木이	전자방과 단간목 같은 이가
난법난도亂法亂道 하였으니18	도와 법을 어지럽혔으니
그 아니 슬플소냐	그 아니 슬프겠는가.
어질다 이내 벗은	어진 나의 벗은 예부터 지금까지 있었던
자고급금自古及今 본本을 받아	이런 일을 본을 받아
순리순수順理順受 하여스라19 ③	순리대로 따라야 하지 않겠느냐.
십년十年을 공부工夫해서	십년을 공부해서
도성입덕道成立德 되게 되면	도를 이루고 덕을 세우면
속성速成이라 하지마는	일찍 성공했다고 하지만,
무극無極한 이내 도道는	무극한 이내 도는
삼년불성三年不成 되게 되면	삼년 만에 성공하지 못하면
그 아니 헛말인가20	헛말이 아니겠는가?
급급急急한 제군諸君들은	오히려 조급한 여러분들이
인사人事는 아니 닦고	할 도리는 안 하고
천명天命을 바라오니	한울님 감응만을 바란다면, 노력 없이
졸부귀猝富貴 불상不祥이라21	갑자기 부자 되기를 바라는 것과 같은데,

---

18 전자방; 중국 전국시대 위나라의 학자. 자하의 제자. 훗날 노장학을 따랐기 때문에 난법난도자로 비난 받음. 단간목; 전국시대 위나라의 학자로 자하의 제자. 당시 임금이 명성을 알고 친히 벼슬을 주려고 집으로 찾아갔는데 몸을 피해 받지 않았다. 이것이 유교의 법도에 어긋난다고 하여 난법난도자로 규정되었다.

19 삼천제자 중 72인이 도통한 유교도 천년이 못 되어 바르게 전해지지 못했으니, 이런 옛 일을 거울삼아 수운 선생의 도를 바르게 전하라는 당부.

20 유가에는 사서삼경, 불가는 팔만대장경이 있다. 수 많은 경이 있지만 깨달음이 더딘 것은 핵심을 밝히지 못했기 때문. 진리가 먼 데 있는 것이 아니라 내 몸에 모셔져 있다는 근본을 명확히 밝힌 동학은 깨달음이 빠를 수밖에 없다.

21 아무리 깨달음이 빠르다 해도 자신이 노력해 깨닫고, 그것을 실천해 몸에 배지 않으면 사상누각

만고유전萬古遺傳 아닐런가

수인사修人事 대천명待天命은

자세仔細히도 알지마는

어찌 그리 급급急急한고 ④

인지재질人之才質 가려내어

상중하재上中下才 있지마는

양협量狹한 이내 소견所見

활달豁達한 현인군자賢人君子

세상을 탄식歎息해서

심망의촉心忙意促22 하는 빛을

의심疑心 없이 나타내니23

입도入道한 그 가운데

몰몰沒沒한 지각자知覺者24는

말로 듣고 입도入道해서

입을 배워 주문呪文 일러

도성입덕道成立德 무엇인지

나도 득도得道 너도 득도25

효박淆薄한26 이 세상에

불사不似한27 저 사람은

그것이 예부터 경계하는 일이 아닌가?

내 할 바를 다한 후에 한울님 감응을

기다려야 한다는 것은 자세히 알면서

어찌 그리 조급한 것인가?

사람의 재능으로는 빨리 깨닫는 사람도 있고

늦는 사람도 있어 상중하가 있겠지만,

내 좁은 소견으로 보면 오히려

도량이 넓은 현인과 군자라는 사람들이

세상을 탄식하는

조급한 마음을

그대로 드러내는구나.

입도한 사람들 가운데는

몰지각한 사람도 있어서

남의 말만 듣고 입도해서는

입으로만 주문을 읽는구나.

그런 이가 도와 덕이 무엇인지도 모르면서

너도 나도 득도 했다고 하니,

그러지 않아도 어지럽고 천박한 세상인데

보잘 것 없는 저 사람은

일 뿐이다. 쉽게 얻은 것은 쉽게 잃는 법이다. 진리란 머릿속으로 알기만 해선 의미가 없다. 잊지 않고 (수심정기) 삶에 온전히 실현하는 것만이 한울님 덕에 합하는 길이다.

22 마음이 바쁘고 뜻이 조급함.

23 사람들이 재질이 다 다른데, 내 좁은 소견으로 보면 활달한 사람은 세상을 걱정하는 빛이 얼굴에 그대로 드러나기도 하고.

24 지각이 없이 어리석은 사람. 몰지각자.

25 입도한 사람 중에도 어리석은 자는 실천은 따르지 못하면서 입으로만 도를 떠들고 다닌다.

26 어지럽고 천박한

어찌 저리 불사한고28

어질다 모든 벗은

자세仔細 보고 안심安心하소

위가 미덥지 못하면

아래가 의심疑心하며

위가 공경恭敬치 못하면

아래가 거만倨慢하니

이런 일을 본다 해도

책재원수責在元帥 아닐런가29 ⑤

이는 역시 그러해도

수신제가修身齊家 아니하고

도성입덕道成立德 무엇이며30

삼강오륜三綱五倫 다 버리고

현인군자賢人君子 무엇이며31

가도화순家道和順 하는 법法은

부인婦人에게 관계關係하니

가장家長이 엄숙嚴肅하면

이런 빛이 왜 있으며32

어찌 저리 같잖은가.

어진 우리 벗들은

자세히 보고 안심하시오.

윗사람이 행동거지가 미덥지 못하면

아랫사람이 의심하게 되고,

윗사람이 공경하지 못하면

아랫사람도 따라서 거만해지는 것이니,

이런 일을 보면 모든 책임은 가르침을 준

윗사람에게 있는 것이 아니겠는가.

그렇다고 해도

스스로가 수행하며 가정을 돌보지 않으면

도와 덕을 어찌 이룰 것이며,

사람의 할 도리를 다 팽개치고

현인과 군자가 어찌 되겠는가?

집안이 화목하게 잘 다스려지는 것은

부인에게 달려 있으되

가장의 행동이 엄숙하면

부인이 왜 싫은 빛을 보이겠는가?

---

27 불사는 보잘 것 없고 볼품없다는 뜻.

28 그러잖아도 어지러운 세상에 저런 사람들은 더욱 꼴 같지 않구나.

29 결국 모든 책임은 제대로 가르치지 못한 수운 선생 자신에게 있다며 사람들을 타이름.

30 도를 한다며 집안을 돌보지 않음은 어불성설이다. 자신부터 돌아보라.

31 현인군자라면 사람의 도리(삼강오륜)를 잘 지켜야 하는데, 도리도 못하면서 군자라고 칭하니 한심하다.

32 도를 바르게 닦기 위해서는 먼저 자신의 행동거지를 바르게 해야 한다. 그것이 수신제가인데, 가정을 제대로 다스리는 것은 부인에게 달려 있고, 부인이 잘못하는 것은 가장이 엄숙하지 않기 때문이다.

부인경계婦人警戒 다 버리고

저도 역시 괴이怪異하니

절통切痛코 애달다33

유시부有是夫 유시처有是妻라34

하는 도리道理 없다마는

현숙賢淑한 모든 벗은

차차차차 경계警戒해서

안심안도 하여 주소

내가 역시 수치羞恥하면

재방在傍한35 자네들은

불미지사不美之事 아닐런가

관기동정觀其動靜 하지 말고

진선진미盡善盡美 효유曉諭해서36

이내 수치羞恥 씻어 주면

그 아니 성덕盛德인가37 ⑥

남의 사장師丈 되는 법法은

내자불거來者不拒 아닐런가

가르치기 위주爲主하니

그 밖에 무엇이며38

부인이 집안 다스리는 것을 돕기는커녕

스스로의 행실도 고약하니

절통하고 애달픈 일이다.

남편이 하는 행동이 그러하니 부인의

행동도 그럴 수 밖에 없는 것이라,

어쩔 수 없지만 현숙한 모든 벗들은

차근차근 자신과 부인의 행동을 잘 살펴서

마음과 도를 편안히 하도록 하여 주오.

가르친 내가 수치스러움을 느끼게 되면

내 곁에 있는 자네들 또한

부끄럽지 않겠는가?

눈치나 보고 방관하지 말고

지극한 마음으로 가르쳐서

내 수치를 씻어 주면

그것이 덕이 되는 것이 아니겠는가?

남의 스승이 되는 법은

오는 사람을 거절하지 않는 데 있다네.

그저 가르칠 뿐이니

다른 무엇을 바라리오.

---

33 부인을 경계하기는커녕 본인의 행동이 이상하니 안타깝다.

34 남편이 그 모양이니 아내도 그 모양이다.

35 가까이 있는.

36 그저 동정을 살피고 바라보기만 하지 말고, 더할 수 없이 지극히 밝게 가르침을 받아서.

37 남편이 제대로 못해도 부인들이라도 경계하고 가르침을 잘 따르면, 제대로 가르치지 못한 내 수치도 씻어질 것이다.

38 진정한 스승은 배우러 오는 사람의 재질이나 목적을 따지지 않고 가르친다. 그 중엔 가르쳐도 잘 모르는 사람도 있었을 것이고, 불순한 목적을 갖고 온 사람도 있었을 것이다.

남의 제자弟子 되는 법은

백년결의百年結義 하온 후에

공경恭敬히 받은 문자文字

호말毫末인들 변變할소냐39

출등出等한 제군자諸君子는

비비유지比比有之40 한다 해도

작지사作之師 작지제作之弟라

사문성덕斯門盛德 아닐런가41

자고성현自古聖賢42 문도門徒들은

백가시서百家詩書 외워 내어

연원도통淵源道統 지켜 내서

공부자孔夫子 어진 도덕道德

가장 더욱 밝혀내어

천추千秋에 전傳해오니

그 아니 기쁠소냐

내 역시亦是 이 세상에

무극대도無極大道 닦아 내어

오는 사람 효유曉諭해서

삼칠자三七字 전傳해주니

무위이화無爲而化 아닐런가43

남의 제자가 되는 법은

평생 의로써 변하지 않음을 맹세한 후에

공경스럽게 받은 가르침을

털끝만큼도 변하지 않는 것이라네.

뛰어난 자질을 지닌 군자들은

흔히 있지만, 이렇게 스승이 되고

제자가 되어 변치 않는 것이야 말로

우리 교문의 훌륭한 덕이 아니겠는가?

예로부터 성현의 제자들은

세상의 모든 학문을 배우고 익혀

스승으로부터 이어온 도를 지켜 왔는데,

공자의 어진 도덕은

그 중에서도 더욱 밝혀내서

천년을 전해오니

어찌 기쁘지 않겠는가?

나 역시도 이 세상에

무극대도를 닦아내서,

오는 사람에게 거절하지 않고 가르쳐서

주문 삼칠자를 전해주니 자연히

천년을 이어 전해지게 되지 않겠는가?

---

39 평생을 변하지 않겠다고 다짐하고 제자가 된 후에는, 배운 가르침을 변함없이 따르고 행하는 것이 도리다.

40 비비유지; 드물지 않고 흔히 있음. 뛰어난 군자들이 많다 해도.

41 서로 스승이 되고 제자가 되었으니, 우리 교문의 덕을 이룬 것이 아닌가?

42 예부터 내려오는 성인이나 현자들.

43 옛 성현들의 문도들이 백가시서를 통해 공자의 덕을 밝혀 전해 오듯이, 수운 선생은 삼칠 자를 통해 무극대도를 닦게 하니 자연한 이룸이 있는 것 아닌가?

우매愚昧한 세상사람	어리석은 세상사람들아,
자존지심自尊之心 다 던지고	잘난 척은 물론이고
자시지벽自是之癖44 무삼 일고	스스로만 옳다고 여기니 이 무슨 일인가?
사문師門에 없는 법法을	스승의 가르침에도 없는 법을
혼자 앉아 지어 내니	혼자 앉아 지어내니
천추千秋에 없는 법法을	세상에 없는 법을
어디 가서 본本을 보며	어디 가서 배워 왔으며
입도入道한 사오삭四五朔에	입도한 지 사오 개월밖에 안 되었는데
어찌 그리 속성速成인고45 ⑦	어찌 그리 빨리 이루었다는 말인가?
애달다 저 사람은	애달프구나 저 사람은,
명명明明한 이 운수運數는	이 밝고 밝은 운수는
다 같이 밝지마는	누구에게나 밝은 것이지만
어떤 사람 군자君子되고	똑같이 배워 어떤 사람은 군자가 되고
어떤 사람 저러한고46	어떤 사람은 혼자 잘난 체하게 되는가?
인의예지 신仁義禮智信인 줄을47	어짊과 의로움과 예의와 지혜도
망창茫蒼한 저 소견所見에	믿음에 따라 좌우 되는 것임을 아득한
무엇을 알잔 말고48	저 소견으로 어찌 알 수 있었겠는가?

---

44 是; 옳을 시, 恃; 믿을 시. 스스로가 옳다고, 자신만이 잘났다고
45 우리 도는 무위이화인데 우매한 사람들이 입도한 지 얼마 안 되어 스스로 잘난 체하며 없는 법을 지어내니(유위) 안타깝다고 탄식한다.
46 아무리 대도의 운수가 좋아도, 제대로 닦는 사람은 군자가 되지만 없는 법을 지어내는 사람은 그 운수에 동참할 수 없다.
47 인의예지신을 붙여서 군자가 되는 여부가 그에 달렸다고 해석할 수도 있고, 인의예지와 신을 띄우면 인의예지도 신뢰가 있어야 이루어짐을 강조하는 뜻으로 볼 수도 있다. 유가에선 인의예지를 주로 강조하고, 다음 구절에서 믿을 신에 대한 말씀이 나오는 것으로 보아 뒤의 뜻으로 해석하였다.
48 결국 없는 법을 만들 것이 아니라 예부터 전해오는 인의예지신이 다인데 제대로 가능하지 못하는 소견이 안타깝다.

역력歷歷히 기록記錄해서	하나하나 자세히 기록해서
거울같이 전傳해주니	거울에 비추듯 그대로 전해주니
자세仔細 보고 안심安心해서	자세히 보고 안심하라.
불사不似한 그른 거동擧動	꼴사나운 잘못된 행동은
남의 이목耳目 살펴내어	남의 이목이 무서워서라도
정심수신正心修身 하온 후에	마음과 몸을 바로한 뒤에
남과 같이 수도修道하소49	남과 같이 바르게 수도하오.
대저 세상大抵世上 인도 중人道中에	무릇 세상에 사람이 할 도리 중에서
믿을 신信자 주장主張일세50	믿을 신 자가 으뜸이다.
대장부大丈夫 의기범절義氣凡節	대장부의 정의로운 기상도
신信 없으면 어디 나며	믿음이 없으면 어디서 나올 수 있겠으며
삼강오륜三綱五倫 밝은 법法은	사람이 해야 할 밝은 도리는
예禮 없으면 어디 나며	예의가 없으면 어디서 나오겠는가?
대장부大丈夫 지혜범절智慧凡節	대장부의 지혜로운 행동은
염치 중廉恥中에 있었으니	부끄러움을 아는 마음에서 나오는 것인데
우습다 저 사람은	우습구나 저 사람은
자포자기自暴自棄 모르고서	스스로 치부를 드러내고 버려짐을 모르고
모몰염치冒沒廉恥 장난하니51	부끄러움도 없이 제멋대로 행하니
이는 역시 난도자亂道者요	이것이 바로 도를 어지럽히는 자요,
사장師丈 못한 차제도법次第道法	스승이 가르쳐주지 않은 도법을
제 혼자 알았으니52	제 혼자 멋대로 지어내 아는 척하니

---

49 이렇게 자세히 기록해서 가르치니 허튼 짓 하지 말고 남과 같이 바른 수도를 해야 한다.
50 인의예지신 중에서 믿을 신이 가장 근본이라는 뜻. 자신과 세상과 진리에 대한 믿음이 있어야
   어짊도, 의로움도, 예의도, 지혜도 생길 수 있다.(해월신사법설 성경신 참조.)
51 스스로의 치부를 드러내고 포기하는 것인 줄도 모르고, 염치(부끄러운 줄)도 없이 없는 법을 지
   어내고 제멋대로 행하는 것(장난)은 도를 어지럽히는 자다.

이는 역시 난법자亂法者라	이것이 법을 어지럽히는 자다.
난법난도亂法亂道 하는 사람	도와 법을 어지럽히는 사람은
날 볼 낯이 무엇인고	무슨 낯으로 나를 보려하는가?
이같이 아니 말면53	이렇게 가르침대로 하지 않으면
제 신수身數 가련可憐하고	자기의 신세도 가련하게 되거니와
이내 도道 더럽히니54	나의 도마저 더럽히게 될 것이니
주소간晝宵間 하는 걱정	밤낮으로 하는 걱정이
이 밖에 다시 없다	이것 밖에는 또 없구나.
작심作心으로 불변不變하면	마음을 굳게 먹고 가르침을 변하지 않으면
내성군자乃成君子 아닐런가55	이것이 바로 군자가 되는 것이 아니겠는가.
귀귀자자句句字字 살펴내어	한 글자 한 구절 꼼꼼히 살펴서
정심수도正心修道 하여 두면	마음을 바르게 하고 도를 닦는다면,
춘삼월春三月 호시절好時節에	봄이 오는 삼월같이 좋은 시절을
또다시 만나 볼까56 ⑧	다시 한 번 맞이할 수 있지 않겠는가?

<도수사 공부하기>

1. 육예

육예는 예禮, 악樂, 사射, 어御, 서書, 수數의 육예와 시詩, 서書, 예禮, 악樂, 역

---

52 스승도 알지 못하는 도법을 자기 혼자만 아는 듯이 행동하니
53 이렇게 지적하여 야단치고 고쳐, 가르침대로 하지 않으면.
54 난법난도 하는 사람의 일생도 망가지겠지만 그로 인해 도문에도 피해가 온다.
55 없는 것을 꾸며 내며 변심하지 말고, 처음 배운 대로 마음을 지켜나가면 군자가 될 것이다.
56 어느 곳이나 사람이 모이는 곳이면 남의 위에 올라 권력을 잡고 싶어 하는 사람이 있게 마련이
   다. 마음을 닦는 제자들도 그러했음에랴. 하지만 '모심'을 제대로 알고 실천하는 사람이라면 오
   히려 머리를 숙여 낮은 곳을 위하고(위천주, 위위심) 사랑했을 것이다.

易, 춘추春秋의 육예가 있다.(도올 선생 중용강의, 18-22쪽)

육예란 춘추시대 고유의 학문으로 공자는 비록 육예를 제작하지는 않았지만 육예로써 제자들을 가르쳤다. 시로써 뜻을, 서로써 정치를, 예로써 행실을, 악으로써 화합을, 역으로써 음양의 이치를, 춘추로써 명분을 계도했다.(풍우란, 박성규 역, 중국철학사, 까치글방, 1997)

육예의 커리큘럼이 예, 악, 사, 어, 서, 수라고 하는 사실은 공자 문하의 집단이 기본적으로 문무 통합적 인격체의 집단이라는 것을 입증한다. 예악은 문적文的이고 사(활쏘기) 어(전차몰기)는 무적武的, 서수는 문무 공통이다. 이러한 교육으로 사士가 되었으며, 당시는 군인과 학자가 직업적으로 분리되지 않았던 것이다.(김용옥, 도올 논어, 97-98쪽)

그러므로 도통이란 흔히 생각하듯 앉아서 뭔가 신비한 경지에 오르는 것이 아니라 여섯 가지로 대표되는 삶의 다양한 모습을 달통達通했다는 뜻이다. 즉 성실하고 실력 있게 살 수 있다는 뜻이니, 얼마나 소박하고 진솔한가!

오늘의 교육에서 가장 부족한 것이 전인교육이다. 사회가 복잡해질수록 한 분야의 전문가를 양성하는데 급급한 나머지, 인생 전반을 길게 보는 통찰력 있는 큰 그릇의 인재를 양성하기보다는 사회의 부속품 같은 소인만 공급해 온 것이 현대교육이다. 육예는 오늘로 치면 사람 사이의 예절과 소통, 문학적 감수성과 생각의 표현, 예술적 감흥, 신체적 단련, 과학적이고 논리적인 사고 등을 종합적으로 추구한 전인교육인 셈이다. 오늘날에도 전혀 뒤떨어지지 않고 오히려 소중한 가치들인 셈이다.

권학가 勸學歌1

노류한담路柳閑談 무사객無事客2이	길가 나무 아래에서 한가로이 이런 저런
팔도강산八道江山 다 밟아서	이야기나 하던 나그네가 팔도강산을
전라도全羅道 은적암隱跡庵3에	모두 돌아 전라도 은적암에 이르렀구나.
환세차換歲次4로 소일消日하니	연말연시를 보내며 날짜만 보내자니
무정無情한 이 세월歲月에	무정한 이 세월에
놀고 보고 먹고 보세5	놀고먹는 신세라네.
호호망망浩浩茫茫 넓은 천지	넓고 넓은 이 천지에
청려靑藜를 벗을 삼아	지팡이 하나 벗 삼아
일신一身으로 비겨 서서	이 한 몸 기대서서
격치만물格致萬物6 하여 보니7	세상 돌아가는 것을 살펴보았지만
무사無事한 이내 회포懷抱	하릴없는 이내 신세를
부칠 곳 바이 없어	털어 놓을 곳 하나 없구나.
말로 하며 글을 지어	혼자 글이나 지어

---

1 포덕3년(1862) 1월, 남원 은적암에서 도수사와 권학가를 지었고 논학문을 썼다. 권학가의 핵심
은 당시의 동아시아 사회가 무너져 가는 상황 속에 절망하는 민중들에게 주는 새 세상에 대한 희
망의 메시지다. 1860년 8월에 영불 연합군이 북경을 함락시켰고, 이 소식이 1861년 1월에 중국
에서 돌아온 문안사를 통해 전국에 퍼져 온 나라가 불안에 떨며 우왕좌왕하였다. 양반은 성 밖으
로 피난 갔으며, 일반 백성 중에는 서양의 침략에 대비한다고 천주학의 상징인 성서를 구하거나
십자가를 가슴에 달고 다니기도 했다.
2 길가 버드나무 아래에서 한가로이 이야기하며 지내는 아무 일 없는 나그네.
3 남원 교룡산성 안에 있는 암자. 수운 선생은 이곳에서 관의 지목을 피해 1861년 12월부터 다음
해 3월까지 머물면서 경전을 저술하였다.
4 환세차; 한해를 보내고 새해를 맞이하려고.
5 제자들을 가르치다 말고 피신해 있는데 세월이 빠르게 흘러 해가 바뀌니 얼마나 안타까웠을까?
죄 없는 세월만 무정한 놈으로 지탄받는다.
6 적세만물(목판본 표기)은 格致만물의 오기인 듯. 유가의 전통적인 학습법이 格物致知이다. 사물
을 꾸준히 관찰하여 그 궁극적 이치를 깨닫는다.
7 객지에 이르니 아는 사람도 없이 혼자라, 지팡이를 벗 삼고 세상을 돌아보는 심정을 읊은 것.

송구영신送舊迎新 하여 보세8	묵은해를 보내고 새해를 맞아보자.
무정無情한 이 세월歲月이	무정한 이 세월이
어찌 이리 무정한고	어찌 이리도 빨리 지나는가.
어화 세상사람들아	아 아 세상사람들아.
인간 칠십人間七十 고래희古來稀는9	사람이 칠십까지 사는 것이 드물다는 것은
만고유전萬古遺傳 아닐런가	예부터 전해오는 말이지만,
무정한 이 세월을	무정한 이 세월을
역력歷歷히 헤어 보니	하나하나 헤아려 보니
광음光陰같은 이 세상에	빛처럼 빠르게 지나가는 이 세상에
부유蜉蝣10 같은 저 인생人生을	하루살이같이 짧게 사는 우리 인생이건만,
칠십 평생七十平生 칭찬稱讚하여	그저 칠십을 살았다고 칭찬하여
드물 희稀자 전傳탄 말가11①	드물 희 자를 전한단 말인가?
어화 세상사람들아	아 아 세상사람들아.
만고풍상萬古風霜 겪은 손이	세상 모든 고생을 다 겪은 나그네가
노래 한 장章 지어 보세	노래 한 장 지어 보겠노라.
만고풍상 겪은 일을	이 세상 모든 고생 겪은 일을
산수山水 만나 소창逍暢12하고	산 좋고 물 좋은 곳에서 풀어 버리고,
어린 자식 고향故鄕 생각	자식과 고향을 그리는 마음은
노래 지어 소창逍暢하니13	노래를 지어 푸는 것이니,

---

8 딱히 대화할 사람도 없으니 혼자 글을 지어 새해를 맞는 소회를 정리한다.

9 人生七十古來稀 : 당의 시인 두보가 지은 曲江二首라는 시에 나오는 구절. 두보는 47세때 벼슬에 나갔지만 어지럽고 부패한 조정에 실망하여 답답한 마음을 시로 읊었다. 곡강은 장안의 중심지에 있는 연못으로 풍광이 아름다웠다고 한다.

10 부유; 하루살이.

11 수운 선생의 사십 평생을 생각해 보면 이루어 놓은 것도 없이 빠르게 세월이 지나 꼭 하루살이 같은 인생인데 칠십을 살았어도 무엇을 이루었다고 칭찬하며 드물 희 자를 쓰는가?

12 소창; 심심하거나 답답한 마음을 풀어 시원하게 함.

이 글 보고 웃지 말고

숙독상미熟讀嘗味14 하여스라15

억조창생億兆蒼生 많은 사람

사람마다 이러하며

허다許多한 언문 가사

노래마다 이러할까16

귀귀자자句句字字 살펴내어

역력歷歷히 외워 내서

춘삼월春三月 호시절好時節에

놀고 보고 먹고 보세17 ②

강산江山 구경 다 던지고

인심풍속人心風俗 살펴보니

부자유친父子有親 군신유의君臣有義

부부유별夫婦有別 장유유서長幼有序

붕우유신朋友有信18 있지마는

인심풍속人心風俗 괴이怪異하다19

세상世上 구경 못한 인생人生

출생 이후出生以後 첨이로다20

이 글 보고 웃지 말고

잘 살펴보고 뜻을 생각하여라.

억조창생 수 많은 사람들이

나처럼 고생했을 것이며,

수많은 노래 가사가 있지만

노래마다 이런 뜻이 담겨 있을까?

한 글자 한 구절 곰곰이 살펴보고

힘써 외우고 행하면

춘삼월같이 좋은 때에

함께 즐길 수 있으리.

이제 강산의 경치 그만 구경하고

사람들 사는 모습을 살펴보니

아버지와 아들, 임금과 신하 사이

부부간, 노인과 젊은이 간, 그리고

친구 간에 지켜야 할 도리가 있건만

사람들 사는 모습은 괴이하구나.

세상 구경 해 보지 못한 내가

태어나 처음 겪어 보는구나.

---

13 사람들은 어려운 일을 당해 답답하고 힘들면 대자연을 찾아 마음을 풀곤 한다. 마찬가지로 고향 생각 같은 감정은 시나 노래 등을 통해 정화하였다. 이것이 예술의 시작이고 역할이다.

14 숙독상미; 여러 번 읽어 그 속에 담긴 의미를 깊이 느끼고 음미함.

15 진지하게 공부하고 생각하라는 당부

16 수많은 사람들 중에 진실한 사람이 따로 있듯이, 언문가사가 많이 있지만 수운 선생이 지은 이 가사는 한울님의 이치를 담고 있으니 어찌 다르다고 아니하랴!

17 춘삼월 호시절은 겨울의 혹독한 추위를 이겨내야만 맞을 수 있다. 이 가사의 가르침을 잘 알고 따라야 후천개벽의 대운에 합류(놀고 보고 먹고 보세)할 수 있을 것이다.

18 유교에서 가르치는 사람의 도리. 오륜.

19 오륜을 가르치긴 하는데 풍속은 오륜에 어긋나 있으니 어찌 된 일인가?

생장生長한 이내 곳에	나고 자란 고향의
인심 풍속人心風俗 한탄恨歎해서21	인심이 서로 흴뜯는 것을 한탄하여
불고가산不顧家産22 발정發程하여	집안일도 돌아보지 못하고 길을 떠났거늘
방방곡곡方方谷谷 찾아와서	방방곡곡 찾아와서
매매사사每每事事 살펴보니	일마다 살펴보니,
허다許多한 남녀男女 사람	많고 많은 사람들이
사람마다 낯이 설고	낯도 설고
인심 풍속人心風俗 하는 거동擧動	인심과 사는 모습이
매매사사 눈에 거쳐	하는 일마다 눈에 거슬리는구나.
타도타관他道他官 아닐런가23	고향이 아닌 다른 지방이어서인가?
이내 좁은 소견所見으로	내 좁은 생각으로
호풍호속好風好俗 보려 하고	얼마나 좋은 풍속을 보겠다고
어진 친구 좋은 벗을	고향의 어진친구와 좋은 벗을
일조이별一朝離別 하단 말가24	하루아침에 이별하였단 말인가.
산수풍경山水風景 다 던지고	산수풍경도 다 던지고
동지冬至섣달 설한풍雪寒風에	동지섣달 눈보라 치는 속에도
촌촌전진村村轉進 하다가서	마을마다 다니며 살펴보았지만
일소일파一笑一罷 하여 보세25	한바탕 웃고 잊어야 하겠구나.

20 세상의 많은 곳을 보지 못한 탓인가? 이런 풍속은 태어나 처음 보는구나.
21 나고 자란 고향(용담 주변에서 음해가 심해 고향을 떠나온 것을 상기하자)의 인심풍속이 나쁜 것을 한탄하여.
22 집안 살림을 돌아보지 못한 채.
23 수운 선생의 고향과, 사람도 낯이 설고 풍속도 틀려 다른 고장에 온 것을 절감하겠다.
24 고향에서 인심이 나쁘다고 떠나왔는데 타향인 이곳에서도 좋은 풍속을 볼 수 없으니, 그나마 고향의 마음 맞는 사람이 그립다는 뜻.
25 수운 선생이 용담정을 떠나온 것이 음력 11월이니 한겨울이었다. 이런 겨울엔 여유 있게 경치를 감상하긴 어려웠을 것이다. 마을마다 지나는데 경치는 고사하고 좋은 풍속마저 볼 수 없으니 한번 웃으며 모든 것을 잊어버리자.

어화 세상사람들아

세상 풍속世上風俗 모르거든

내 곳 풍속風俗 살펴보소26

이도 역시亦是 시운時運이라

무가내無可奈라 할 길 없네

편답강산遍踏江山 아니하면

인심풍속人心風俗 이런 줄을

아니 보고 어찌 알꼬27

대저 인간大抵人間 백천만사百千萬事

보고 나니 한恨이 없네28 ③

자고급금自古及今 촌탁忖度하니29

요순성세堯舜聖世 그때라도

일천지하一天之下 많은 사람

사람마다 요순堯舜일까30

윤회輪廻같이 둘린 운수運數

수원수구誰怨誰咎 아닐런가31

아무리 이 세상도

현인군자賢人君子 있지마는

아 아 세상사람들아,

세상 풍속 모르면

내가 사는 곳 먼저 살펴보라.

이 역시 시운인가

어쩔 수가 없다.

방방곡곡 돌아보지 않았다면

사람들 사는 모습이 이런 줄을

어떻게 알았겠는가?

아 아 사람들 사는 모든 일들을

직접 보고 나니 어쩔 수가 없다.

예부터 지금까지 헤아려 살펴보니

요순이 다스리던 태평성세라도

이 세상의 많은 사람들이 모두

요순같이 되었겠는가?

윤회같이 돌아 이리 된 세상 운수,

누굴 원망하고 허물하겠는가?

하지만 이런 세상이라도

현인군자는 있게 마련인데

---

26 결국 내가 사는 곳이나 다른 곳의 인심과 풍속이 크게 다를 바 없음을 확인했다.

27 다른 곳은 제대로 사는가 살펴보았으나 모두 마찬가지다. 인심 풍속이 이렇게 된 것은 크게 바
   꿔어야만 될 시운이라, 어쩔 수 없다. 세상을 다녀 보니 확인할 수 있겠구나.

28 사람들의 수많은 일들을 직접 보고, 시운이 그러함을 확인했으니 한이 없다.

29 옛날부터 지금까지 미루어 헤아려 보니.

30 요순같은 성인이 지도해도 사람이 많다보면 어긋나는 이들도 있게 마련이다. 하물며 정치가 어
   지럽고 교화가 무너진 지금이랴며 탄식하는 구절. 이전 판 경전에는 '요순일세'였으나, 천도교
   서, 포덕88, 102, 110, 123년판 경전에는 '요순일까.' 문맥으론 요순일까가 자연스럽다.

31 요순 같은 성운이 있으면 지금 같은 쇠운도 있는 것이니 누구를 원망하고 책망하겠는가?

진토 중塵土中에 묻힌 옥석玉石	진흙 속에 묻힌 옥석처럼 가려져 있으니
뉘라서 분간分揀하며	누가 분간하여 본받을 것이며,
안빈낙도安貧樂道 하지마는	가난 속에서도 삶을 즐긴다고 하지만
뉘라서 지도指導할꼬32 ④	누가 그것을 지도하겠는가?
시운時運을 의논議論해도	시운을 논한다면
일성일쇠一盛一衰 아닐런가33	한 번 잘되면 한 번은 어려운 게 당연하다.
쇠운衰運이 지극至極하면	고난이 극에 달하면
성운盛運이 오지마는	곧 좋은 운이 돌아오지만
현숙賢淑한 모든 군자君子	현숙한 모든 군자들이여
동귀일체同歸一體 하였던가34	어려울 때 함께하였던가?
어렵도다 어렵도다	어렵구나 어렵구나
만나기도 어렵도다	만나기도 어렵구나.
방방곡곡方方谷谷 찾아들어	아무리 구석진 곳이라도 찾아
만나기만 만날진댄35	어려움을 함께 할 참된 군자를 만난다면
흉중胸中에 품은 회포懷抱	가슴속에 품은 생각과 뜻을
다른 할 말 바이 없고	달리 할 말이 뭐 있겠는가?

---

32 세상이 바르게 되려면 요순 같은 지도자가 있어야 한다. 그런 현인군자가 있어도 혼탁하고
어지러운 세상에서 그를 분간하기 어려우니 누가 사람들을 안빈낙도할 수 있게 할 것인가?

33 계절이 순환하듯 만물의 이치는 나고 죽고, 밝음이 있으면 어둠이 있어 순환하는 것이다. 그것
이 순환하지 못하고 정체되면 죽은 것이고, 순환하면 생명이다. 그렇게 시운도 한번은 성하고
한번은 쇠하여 순환한다.

34 일이 잘 될 때는 모두가 함께하기 쉽지만 어려울 때는 뜻을 함께하기 어렵다. 쇠운이 지극할 때
함께할 수 있는 사람이 마음을 함께할 수 있는(동귀일체) 사람. 모든 생명은 하나에서 나와 하나
로 돌아간다. 그것이 동귀일체. 그러나 각자위심하는 사람들은 이해에 따라 갈라지고 다툰다.
어려울 때도 초심을 잃지 않고 정성을 다하는 사람은 기회가 돌아올 때 성운을 만들지만, 천심
을 잃고 혼자만 살겠다고 각자위심에 빠지면 성운을 어찌 만들겠는가? 운이 회복되는지도 모를
것이다.

35 어려움을 함께하고 동귀일체할 사람을 만나기가 어렵다. 그런 사람을 만나면 세상의 모든 이치
와 어지러운 세상을 바로잡을 방법도 이야기할 것이다.

수문수답隨問隨答36 하온 후에 　서로의 뜻을 묻고 답한 후에

당당정리堂堂正理 밝혀 내어 　당당한 바른 이치를 밝혀낼 뿐이다.

일 세상一世上 저 인물人物이 　온 세상 사람들이 진흙 구덩이에 빠져

도탄중塗炭中 아닐런가37 　허우적대고 있지 않은가?

함지사지陷之死地 출생出生들아 　사지에서 허덕이는 사람들아, 어떻게 하면

보국안민輔國安民 어찌 할꼬38 ⑤ 　나라를 구하고 백성을 편안히 할까?

대저 인간大抵人間 초목군생草木群生 　무릇 사람을 비롯한 세상의 모든 생명들이

사생재천死生在天 아닐런가39 　죽고 사는 것은 한울님께 달려 있지 않은가?

불시풍우不時風雨 원망怨望해도 　시도 때도 없이 부는 비바람을 원망해도

임사호천臨死號天 아닐런가40 　죽음에 임하면 한울님을 찾지 않던가?

삼황오제三皇五帝 성현聖賢들도 　삼황오제와 같은 성현들도

경천순천敬天順天 아닐런가41 　천명을 공경하고 따랐을 뿐인데

효박淆薄한 이 세상에 　천박한 이 세상에 살면서

불고천명不顧天命 하단 말가42 　어찌 천명을 돌아보지 않는단 말인가?

장평갱졸長平坑卒43 많은 사람 　장평에서 몰살당한 많은 사람들도

한울님을 우러러서 　한울님을 우러러서

---

36 묻는 말에 따라 답을 함.

37 세상의 모든 사람들이 도탄(진흙, 숯구덩이에 빠진 듯 어려움)에 빠져 있지 않은가!

38 죽을 지경에 빠진 세상 사람들아, 나라를 바로잡고 백성을 편히 하려면 어찌 해야 하는가?

39 이 절부터 보국안민의 방책을 노래한다. 무릇 세상 사람이나 모든 생명은 나고 죽는 것이 하늘
에 달려 있는 것이 아닌가?

40 예측할 수 없는 바람이나 비(태풍이나 홍수)를 원망하긴 해도 누구나 죽음에 임해서는 마지막
으로 하늘을 부르고 귀의하게 된다.

41 삼황오제 같은 성현들도 결국 하늘을 공경하고 하늘의 이치에 따른 것에 다름이 아니다.

42 모든 생명들이 하늘에 달려 있고 성현들도 하늘의 이치를 따르는데 어지러운 이 세상에 어찌 하
늘의 명을 돌아보지 않는가?(제명에 죽지 못할 것이 두렵지 않느냐는 뜻)

43 중국 전국시대 조나라와 진나라가 전쟁할 때 진나라 장수 백기가 조나라 군사 40만을 장평이란
곳에서 생매장하였다. 이후 많은 사람이 몰살당하는 것을 뜻하는 말로 쓰인다.(권학가 공부하
기 참조)

조화중造化中에 생겼으니44

은덕恩德은 고사姑捨하고

근본根本조차 잊을소냐45

가련可憐한 세상 사람

각자위심各自爲心 하단 말가46

경천순천敬天順天 하여스라47

효박淆薄한 이 세상에

불망기본不忘其本 하여스라48 ⑥

임금에게 공경恭敬하면

충신열사忠臣烈士 아닐런가49

부모父母님께 공경하면

효자효부孝子孝婦 아닐런가

슬프다 세상사람

자세 보고 공경하소

나도 또한 출세出世 후에

조실부모早失父母 아닐런가

정성 공경 없었으니

득죄부모得罪父母 아닐런가

그 조화로 생긴 사람들이다. 아무리 하찮은

목숨이라도 한울님 은덕으로 생긴 것인데,

은덕은 고사하고 자신이 태어난 근본조차

잊는단 말이냐? 가련한 세상 사람들아,

어찌 자기만 위할 줄 아느냐?

한울님을 공경하고 따르도록 하여라.

천박하고 어지러운 세상일수록

생명의 근본이 한울님임을 잊지 말아라.

임금에게 공경하면

충신열사라고 한다.

부모님께 공경하면

효자효부라고 한다.

슬프다 세상사람들아, 충신과 효자를

자세히 보고 공경을 배우라.

나는 세상에 태어난 후에

부모를 일찍 여의지 않았던가.

부모에게 정성과 공경하지 못했으니

부모님께 죄를 지은 것이나 다름없다.

---

44 몰살당한 많은 사람들도 한울님의 조화로 태어났을 것이니

45 한울님 덕에 태어난 것을 감사하기는커녕 생명이 한울님에게서 온 것조차 잊는단 말이냐?

46 이토록 근본(한울님에게 생명을 받은 것)을 잊는 이유가 자기만을 위하는 이기심(각자위심) 때문이라는 뜻.

47 한울을 공경하고 따르라는 당부.

48 세상이 어지러울수록 생명을 온전히 지키려면, 생명의 근원인 하늘을 공경하고 그 이치에 따르는 근본을 잊지 말아야 한다.

49 6절에서는 보국안민의 방책 중 주로 개인적 안민(경천순천)을 논했다면 7절에서는 보국을 논하는데 그 핵심은 충과 효다.

나도 또한 충렬손忠烈孫이

초야草野에 자라나서

군신유의君臣有義 몰랐으니

득죄군왕得罪君王 아닐런가

허송세월虛送歲月 지내나니

거연 사십居然四十 되었더라

사십 평생四十平生 이뿐인가

무가내無可奈라 할 길 없네50 ⑦

하원갑下元甲 경신년庚申年에

전해 오는 세상世上 말이

요망妖妄한 서양 적西洋賊이

중국中國을 침범侵犯해서51

천주당天主堂 높이 세워

거 소위所謂 하는 도道를

천하天下에 편만遍滿하니

가소절창可笑絶脹52 아닐런가53

증전曾前에54 들은 말을

곰곰이 생각하니

아동방我東方 어린 사람55

나는 충신의 자손으로 태어났지만

벼슬을 하지 못하고 초야에 살아

임금을 섬기지 못하였으니

임금께도 죄를 진 것이구나. 이렇게

효와 충도 못하고 허송세월을 지낸 것이

사십년이 되었다.

사십 평생이 이뿐인가?

어찌할 도리가 없다.

어지러운 시절, 경신년에

세상에 떠도는 풍문이

요망한 서양의 도적들이

중국을 침범해서는

자기들의 교회당을 높이 세우고

소위 자기들이 하는 도를

천하에 그득히 편다 하니

얼마나 우스운 일인가?

일전에 들은 말을

곰곰이 생각해 보니

우리나라의 어리석은 사람들이

---

50 나라를 바로 세우는 근본은 효와 충인데, 수운 선생은 부모를 일찍 잃어 효를 못했고, 충신의 후
손이지만 벼슬에 나가지 못해 충성할 기회를 얻지 못했으니 사십이 되도록 효와 충을 다하지 못
했다는 한탄이 나온다.

51 1860년(경신년) 영불 연합군이 북경을 함락하고 황제가 피신했다.(2차 아편전쟁)

52 너무 우스워 창자가 끊어질 지경.

53 하늘의 도는 공경과 순리인데 다른 나라를 무력으로 짓밟고 백성들을 도탄에 빠뜨리게 하면서
하늘의 도리를 가르친다고 하니 얼마나 앞뒤가 안 맞는 웃기는 얘기인가?

54 일찍이 그 앞에.

예의오륜禮義五倫 다 버리고 / 예의와 윤리도 다 버린 채

남녀노소男女老少 아동주졸兒童走卒56 / 남녀노소뿐 아니라 길거리 아이들까지

성군취당成群聚黨 극성 중極盛中에57 / 서학의 무리를 지어 다가오는 난리를

허송세월虛送歲月 한단 말을58 / 피한다고 야단인 채 허송세월 한다는

보는 듯이 들어오니 / 소문이 들려오더라.

무단無端히 한울님께 / 그들이 끊임없이 한울님께

주소간晝宵間 비는 말이 / 밤낮으로 비는 말이 무엇인가 하니,

삼십삼천三十三天 옥경대玉京臺에 / "나 죽거든 천당에

나 죽거든 가게 하소59 / 가게 해 주십시오." 한다네.

우습다 저 사람은 / 우습구나 서학 하는 저 사람은,

저의 부모父母 죽은 후에 / 저의 부모 죽은 후에도

신神도 없다 이름 하고 / 귀신은 없는 것이라며

제사祭祀조차 안 지내며60 / 제사도 안 지내면서 그렇게

오륜五倫에 벗어나서 / 사람 도리조차 버리고, 오로지 일찍 죽어

유원속사唯願速死61 무삼 일고 / 천당 가기만 바라니 이 무슨 일인가?

부모父母 없는 혼령 혼백魂靈魂魄 / 부모의 혼령은 없다고 하면서

---

55 어린 사람은 어리석은 사람.

56 철없는 아이들처럼 이리 뛰고 저리 뛰는 사람들.

57 중국이 서양에 망한다는 소문에 산으로 피난 가거나 서학에 입도하거나, 아니면 성경이나 십자가만이라도 지니고 다니는 사람도 많았다고 한다.

58 이렇듯 여러 가지 방법으로 난을 피해 보려 하지만 근본을 모르므로 헛된 세월을 보낼 뿐이다.

59 서학을 믿으면 죽은 뒤 천당을 가고 그렇지 않은 사람들은 지옥에 떨어진다고 하였다.

60 어떤 생명도 주위 생명과의 연관 없이 홀로 존재할 수 없다. 이를 關係, 緣起 등으로 표현한다. 이런 개념을 한 차원 승화시킨 것이 모심(시천주)이다. 만물은 시천주함으로써 하나로 연결되고 통한다. 제사는 동양에서 가족과 마을 등의 공동체를 연결하고 확인하는 제도였다. 그것을 부정함은 가족관계를 부정하고, 마을과 국가관계를 부정하는 것이니 혼자만 잘 살겠다고 비는 것이 된다. 당시 조선에서 서학이 가장 큰 물의를 일으킨 것이 바로 신주를 우상이라 하여 제사를 폐한 것이었다. 이는 보국의 두 가지 기둥 중 효를 흔드는 것이었다.

61 오직 빨리 죽기만 바람. 천당 가게 해달라고 기도하는 것은 현세에서 할 일은 안 한 채 죽기만 바라는 것으로 여겨졌다.

저는 어찌 유독唯獨 있어

상천上天하고 무엇 하고62

어린 소리63 말았어라

그말 저말 다 던지고

한울님을 공경하면

아 동방我東方 삼년 괴질三年怪疾64

죽을 염려念慮 있을소냐65

허무虛無한 너희 풍속風俗

듣고 나니 절창絶唱66이오

보고 나니 개탄慨歎일세 ⑧

내 역시 사십 평생四十平生

해음 없이67 지내나니

이제야 이 세상에

홀연忽然히 생각하니

시운時運이 둘렀던가

만고萬古 없는 무극대도無極大道

이 세상에 창건創建하니

이도 역시亦是 시운時運이라68

자기 혼은 어떻게 존재하여

천당에 간다는 말인가?

어리석은 소리 하지 말아라.

그런 저런 말 다 그만두고

한울님을 공경하면

우리나라에 괴질이 삼년을 돌아도

죽을 염려 없을 것이다.

헛된 가르침을 좇는 허무한 너희 모습을

듣고 나니 헛웃음만 나오고

보고 나니 탄식만 나오는 구나.

나도 역시 사십 평생을

별일 없이 지내다가

이제야 이 세상에서 내가 살아온 것을

문득 생각해 보니

시운 덕분인가,

만고에 없는 무극대도를

이 세상에 창건하였구나.

이 모든 것이 시운이 아니겠는가?

---

62 우주만물 일체가 지기로서 한울인데 그 모든 관계를 끊은 개체 영이 혼자 천당 가면, 그곳이 천당인가? 지옥인가?

63 어리석은 말.

64 당시 콜레라 등 전염병이 3년 동안 극성이었다고 한다.

65 한울님을 공경하고 순리대로 살면 괴질에도 죽을 염려 없을 것이다.

66 가소절창의 준말. 絶唱으로 표기하면 '좋은 소리로 들린다'는 반어적 표현으로 볼 수도 있다.

67 하염없이, 이렇다 할 만한 아무 일도 없이.

68 세상의 혼란이 이토록 극에 달한 시기에 무극대도를 받아 세상을 바로잡을 가르침을 펴게 되었으니 이야말로 무극대도가 나올 시운이라는 것이다.

일일시시日日時時 먹는 음식	매일 음식을 먹을 때 정성스러운 마음과
성경이자誠敬二字 지켜내어	공경하는 자세를 잃지 않고 먹으면
한울님을 공경하면	그것이 곧 한울님을 공경하는 것이고,
자아시自兒時 있던 신병身病	그리되면 어릴 때부터 앓던 고질병이라도
물약자효勿藥自效 아닐런가69	약 없이 나을 수 있을 것이다.
가중차제家中次第70 우환憂患 없어	온 집안 식구들 모두가 근심과 질병 없이
일년 삼백一年三百 육십일六十日을	일 년 삼백육십 일을 하루아침과 같이
일조一朝같이 지내가니	편안히 지내게 될 것이니, 이것이 한울님이
천우신조天佑神助71 아닐런가72 ⑨	감응하시고 도와주시는 것이 아니겠는가?
차차차차 증험證驗하니	이 모든 것을 하나하나 체험하고 확인하니
윤회시운輪廻時運 분명分明하다73	시운이 돌아오는 것이 분명하다.
어화 세상사람들아	아 아 세상사람들아.
이내 경계警戒 하는 말씀	내가 경계하는 말들을
세세명찰細細明察 하온 후에	자세히, 밝게 살펴 공부한 뒤에
잊지 말고 지켜내어74	잊지 말고 지켜내어
성지우성誠之又誠 공경恭敬해서	정성에 정성을 더하고 또한 공경하여
한울님만 생각하소	한울님만 생각하여라.

---

69 대부분의 질병은 잘못된 생활 습관에서 비롯된다. 그중에서도 가장 중요한 하나가 잘못된 음식의 섭취. 바르게 준비한 음식을 적정량 먹고(이천식천) 먹은 만큼(한울님이 주신 것이므로) 감사하고 남을 위하면(한울님 공경) 몸과 기가 바르게 될 것이니 어찌 약 없이 병이 낫지 않을까?(해월신사법설, 영부주문 공부하기 참조)

70 집안의 아래 위, 곧 온 집안 식구들.

71 하늘이 돕고 귀신이 도움.

72 무극대도는 먼저 먹는 음식부터 공경하고, 병을 고치며(수신), 집안의 우환을 다스려 평안하게 만드는 것이다(제가). 이것이 안 되면 세상의 개벽을 아무리 외쳐야 소용도 의미도 없다.

73 무극대도를 하나하나 확인하니(병이 물약자효, 용모가 환태되고…. 수덕문) 쇠운이 끝나가고 성운을 준비하는 시기가 온 것이 분명하다.

74 이렇듯 무극대도를 확인하고 시운도 확인했으니, 가르치고 타이르는 말을 자세히 살펴 잊지 말아라.

처자妻子 불러 효유曉諭하고	아내와 자식을 불러 가르쳐 깨우치고
영세불망永世不忘 하여시라75	영원히 잊지 않도록 하여라.
아동방我東方 연년 괴질年年怪疾	우리나라에 해마다 괴질이 돌아
인물상해人物傷害 아닐런가76	많은 사람이 상하게 될 것이다.
나도 또한 이 세상에	나도 또한 이 세상을
편답주류遍踏周流 하다가서	방방곡곡 다니며 안타까워하다가
어진 사람 만나거든77	어진 사람을 만나면
시운시변時運時變 의논하고78	시운의 변화를 의논하고
백년신세79 말하거든	평생 뜻을 같이 할 것을 말하면
이 글 주고 결의結義해서	이 글 주고 결의해서
붕우유신朋友有信 하여 보세80	믿음 있는 벗이 되어 보자.
우매愚昧한 이내 말씀	어리석고 어두운 나의 말이지만
잊지 말고 생각하소	잊지 말고 생각하시오.
우자천려愚者千慮 그 가운데	어리석은 이의 천 가지 걱정이라도
필유일득必有一得 되게 되면81	한 가지는 배울 것이 있을 것인데
그 아니 덕 일런가	그것이 곧 덕이 아니겠는가?
운수 관계運數關係 하는 일은	운수에 관한 일을 가르친 것은

---

75 이런 가르침을 처자들에게 영원히 잊지 말라고 당부함.
76 우리나라에 해마다 괴질이 돌아 많은 사람이 상하는구나.
77 같이 안타까워하는 어진 사람을 만나면. 뜻이 통하는 벗을 만나는 것처럼 기쁜 일도 없다.
78 괴질 운이 언제 어찌하면 변할지
79 백년 신세는 사람의 한평생.
80 이렇게 많은 사람이 상하는데, 사람들을 구할 무극대도를 전할 사람을 만나고자 하는 의지를 표명함. 곧 포덕의 뜻을 밝힌 것.
81 어리석은 사람이 궁리해 낸 많은 생각 가운데에도 반드시 하나쯤은 얻을 것이 있다. 자신의 가르침을 겸양하신 말씀. 그러나 실제 어리석은 사람의, 이해득실을 떠난 엉뚱하고 비현실적인 행동이 진실을 담고 있는 경우가 종종 있다. 史記 淮陰侯傳. 臣聞 知者千慮必有一失 愚者千慮必有一得 신이 듣기로 아는 사람도 천 가지 생각하는 가운데 반드시 한 가지 실수는 있고, 어리석은 자도 천 가지를 생각하다 보면 반드시 한 가지 이득을 주는 바가 있다고 합니다.

고금古今에 없는 고로82	예나 지금이나 없었기 때문에
졸필졸문拙筆拙文 지어 내어	짧은 글과 부족한 문장이라도 지어서
모몰염치冒沒廉恥 전傳해 주니	염치불구하고 전해주니
이 글 보고 웃지 말고	이 글 보고 비웃지 말고
흠재훈사欽哉訓辭 하여스라83 ⑩	공경히 받아라.

<권학가 공부하기>

1. 장평갱졸

기원전 260년, 중국은 전국戰國시대로 여러 나라가 각축을 벌일 때 서쪽 끝 진나라가 신흥강국으로 떠오르고 있었다. 주변 소국들을 차례로 멸망시키고 결국은 천하를 통일하게 되는데, 진나라에 면한 조나라는 진의 확장을 막는 강국이었다. 두 강국은 장평이라는 곳에서 부딪혔는데, 조나라에는 염파라는 나이 든 명장이 20만의 군세로 성을 지키며 진나라의 공격을 잘 막아내고 있었다. 곤경에 빠진 진나라에서 반간계를 쓰는데, 늙은 염파는 두렵지 않지만 진이 두려워하는 것은 조나라의 명장인 조사의 아들로 병법에 통달한 조괄이 대장이 될까 두려워한다는 소문을 낸 것. 소문을 들은 조나라 왕이 조괄로 장수를 교체하였는데, 염파를 천거한 인상여라는 명재상은 병이 위독했고, 조괄의 어머니가 왕에게 조괄의 장수 등용을 반대한다. 남편인 조사가 책으로만 익힌 병법을 믿고 전쟁을 쉽게 말하는 조괄이 장수가

---

82 이렇듯 쇠운이 된 것과 (무극대도를 통해) 이를 이겨 내어 성운을 맞는 것을 가르친 것은 예나 지금에도 없다. 운명도 자신이 생각하고 말하고 행하는 것의 인과가 만들어내는 것이다. 그러므로 얼마든지 좋은 운을 만들고 나쁜 운도 바꿔나갈 수 있다. 그래서 천도교에선 운명결정론이 아닌 운명개척을 가르친다.

83 흠재훈사 하여라; 가르침의 말씀을 기쁘게 생각하고 잘 공경하여 받아라.

되면 조나라 군대는 망한다는 말을 생전에 했기 때문이었다. 하지만 왕은 장수 교체를 강행한다. 조괄은 지원군 20만의 군사를 이끌고 장평으로 가 도합 40만 대군으로 진군에 맞서지만, 염파가 구축한 방어선을 모두 바꾸고 성을 나가 진군과 결전을 벌인다. 하지만 진의 명장 백기의 계책에 빠져 자신은 죽고 조의 40만 대군은 모두 포로가 되고 만다. 백기 장군은 고민에 빠진다. 40만의 포로를 지키고 먹이는 것도 힘들거니와 이들이 반란을 일으키는 것도 두려운 일이 아닐 수 없었던 것이다. 결국 무장해제한 포로들을 야간에 모두 몰살하니, 이게 장평갱졸의 사건이다. 이로서 조나라는 온 나라가 아비와 자식과 형제를 잃고 같은 날 제사를 지내게 되었고, 국력이 급격히 기울어져 멸망의 길로 접어들게 된다.

조괄이 장수가 되기 전 어머니가 아들의 대장 임명을 반대하는 편지를 왕에게 올리자 조나라 왕이 어머니를 불러 그 이유를 물었다. 그러자 어머니가 "조괄의 아버지 조사는 장수가 되었을 때 나라에서 주는 상도 모두 군사들에게 나눠 주고 집에 가져온 일이 없었고, 출전하면 군중에서 숙식하며 한 번도 집안일을 물은 적이 없었습니다. 군사들과 기쁨과 괴로움을 함께했고, 무슨 일이 있으면 사람들에게 널리 의견을 묻고 결정하며 자기 마음대로 한 일이 없었습니다. 그런데 조괄은 장수가 되자마자 나라에서 주신 물건을 모두 집으로 가져왔으니 이런 사람이 어찌 군사들의 존경을 받으며 장수가 될 수 있겠습니까?"

오늘날 나라를 이끌 지도자들에 대한 청문회를 보면 조사 같은 이가 많은가? 조괄 같은 이가 많은가? 자신의 것도 모두 나눠주고 청렴하게 살아온 사람보다 사사로운 이익을 위해 위장전입, 탈세, 전관예우 한/받은 사람들이 많으니 걱정이다. 그런 사람들에게 나라를 맡겼다가 우리가 장평갱졸의 꼴을 당하면 되겠는가?

조사 장군은 자신의 욕심을 버리고 군사들과 명을 함께했으니 천명을 공경했다 할 것이다. 한울님과 함께하는 성공의 삶을 위해서는 내 것을 챙기기보다 주변 사람들에게 나누고 베풀어야 한다. 자신의 판단보다 여러 사람의 공통된 의견을 좇는 것이 한울님 뜻에 가까울 것이다. 조괄의 어머니가 이야기한 것에는 성공한 장수가 되는 방법뿐 아니라 가정과 직장과 세상에서 성공한 지도자가 되고 한울님의 덕을 펴는 방법도 공통되게 담고 있다.

조괄은 결국 전장에서 부하 참모들의 간언을 무시하고 독단적으로 지휘하다 자신과 부하들을 죽음으로 몰아넣었고, 조나라의 임금은 떠도는 소문만 듣고 참된 충언을 무시한 등용으로 나라를 위기에 빠지게 만들었다. 개인이나 나라를 경영하는 것이 모두 한울님의 신령한 생각을 버리고 망령된 생각에 따르면 큰 화를 초래할 수밖에 없는 것이다.

도덕가道德歌1

천지음양天地陰陽 시판始判 후後에	하늘과 땅이 나뉘어 세상이 시작되고
백천만물百千萬物 화化해 나서2	그 사이에서 모든 생명과 물건이 생겨났다.
지우자至愚者 금수禽獸요	그중 가장 어리석은 것이 짐승이고
최령자最靈者 사람이라3	가장 신령스런 존재는 사람이라.
전傳해 오는 세상 말이	세상에서 예부터 전해오는 말이
천의인심天意人心 같다 하고4	하늘의 뜻은 사람의 마음과 같다고 하고
대정수大定數5 주역괘周易卦에	우주의 변화를 살피는 주역에도
난측지難測者 귀신鬼神이오6	헤아리기 어려운 것이 귀신이라 하였다.
대학大學7에 이른 도道는	대학에서 이르기를, 도는
명명기덕明明其德8 하여 내어	밝은 덕을 세상에 밝혀서 지극히
지어지선止於至善9 아닐런가	착한데 이르는 것이라고 하지 않던가?

---

1 포덕4년(1863) 7월 23일 파접하면서 최경상을 북도중주인(北道中主人)으로 임명하였다. 이후 **道修歌**를 지어 반포하였다. 이 도수가가 후에 도덕가로 바뀌어 전해온다. 도덕가의 내용은 타락한 세상을 비판하고, 이를 고칠 바른 수도법을 가르치는 것이다. 초기에 저술하신 교훈가나 안심가 등이 득도의 모습과 감정을 솔직하게 표현하는 반면 도덕가는 비교적 짧고 제자들을 경계하기 위한 수도법을 간결하게 전한다.

2 처음 세상이 시작되기 전은 무극, 가벼운 것은 위로 올라가고 무거운 것은 내려가며 음양(천지)이 나뉘니 태극, 다시 물질의 성질에 따라 오행이 나오고, 오행으로부터 만물이 생겼다.

3 최령자는 논학문 각주9 참조.

4 한울님의 뜻과 사람의 마음이 같다고 전해진다.

5 우주의 모든 변화를 나타내는 수.

6 한 근원으로부터 만상이 생긴다. 근원에서 태극, 태극에서 사상, 사상에서 팔괘가 생기고 64 괘가 된다. 하나하나의 효가 모여 괘가 된다. 각 괘가 상징하는 바를 풀이한 것이 주역. 세상의 모든 경우의 수를 64괘로 다 풀이할 순 없지만 그날의 괘에 따라 경계하고 삼가는 경구로 삼기는 충분했을 것이다. 그러나 주역의 대상은 사람들의 삶이었지 영의 세계는 아니었다. 즉 한울님의 뜻을 알기 위해선 귀신을 찾을 게 아니라 사람의 마음길을 살펴야 한다는 뜻이고 그 길이 다음 구절에 소개되고 있다.

7 四書 중 하나로 증자가 지었다고 한다.

8 밝은 덕을 밝힌다. 대학의 삼대 강령 중 하나.

9 대학의 삼대 강령 중 하나. 지어지선은 지극히 좋음에 그친다는 뜻. 동양에선 목표를 정하면 거기

중용中庸에 이른 말은

천명지위성天命之謂性이오

솔성지위도率性之謂道요

수도지위교修道之謂敎10라 하여

성경이자誠敬二字 밝혀 두고11

아동방我東方 현인달사賢人達士

도덕군자道德君子 이름하나

무지無知한 세상사람

아는 바 천지天地라도12

경외지심敬畏之心 없었으니

아는 것이 무엇이며13

천상天上에 상제上帝님이

옥경대玉京臺 계시다고

보는 듯이 말을 하니

음양이치陰陽理致 고사姑捨하고

허무지설虛無之說 아닐런가14

또한 중용에서는

하늘이 명한 본성이 성품이고

그러한 자신의 본성을 잘 따르는 것이 도며

도를 닦는 것을 가르침이라 하여

정성과 공경 두 자를 밝혀 두었다.

그러나 우리나라의 현명하고 통달했다는

사람들을 보라. 도덕군자라고 하지만

이런 무지한 사람들 같으니

하늘과 땅을 안다지만

경외하는 마음이 없었으니

무엇을 안다고 하는가?

그러고선 상제님이 하늘 위

옥경대에 계시다고

마치 보는 것처럼 말을 하니

이치에 안 맞는 것은 말할 것도 없거니와

얼마나 허망한 말인가?

도달하는 것에 만족할 것을 가르친다. 그칠 줄 알아야 한다. 끝도 없이 자신의 욕심을 추구하다 자신과 주변을 모두 파멸로 이끄는 현대인들이 주의 깊게 생각해 봐야한다.(김용옥, 대학.학기 한글역주, 통나무, 179-185)

10 중용 1장에 나오는 글. 하늘이 명하는 것을 性이라고 한다. 즉 하늘이 인간이나 사물에게 부여한, 왜곡되거나 변질되지 않은 본래 모습이다. 그러한 본래 모습을 되찾고 지키는(거느리는) 것을 도라고 하며, 도를 닦고 공부하는 것이 가르침(교)이다.

11 한울님의 본성을 지키고 그것을 공부하는 법은 정성과 공경이 최선이다.

12 아는 것이 천지와 같이 많다 해도, 또는 천지를 알지만. 대상의 이름을 안다고 하여 그를 온전히 이해하고 알았다고 할 수 있는가?

13 우리나라의 사리에 통달했다고 하는 선비(현인달사)들을 세상 사람들은 도덕군자라고 부르지만 한울님 본성을 지키고 공부하는 가장 중요한 길은 정성과 공경인데, 공경하고 삼갈 줄도 모르면서 무엇을 안다고 하는가?

14 정성과 공경할 줄도 모르는 사람이 한울님 본성을 어찌 알겠는가? 그런 무지한 사람이 오히려 하늘에 상제가 옥경대에 있다며 이치에 안 맞는 소리를 하니 답답한 일이다.

한漢나라 무고사巫蠱事15가	중국 한나라 때의 잘못된 관습이
아 동방我東方 전傳해 와서	우리나라에 전해 와서
집집이 위爲한 것이	집집마다 위하는 것을 보니
명색名色마다 귀신鬼神일세	온통 귀신뿐이로구나.
이런 지각知覺 구경하소	이런 지각없는 사람들아,
천지 역시天地亦是 귀신鬼神이오	천지가 곧 귀신이고
귀신 역시鬼神亦是 음양陰陽인 줄16	귀신이 곧 음양의 작용일 뿐인 것을
이같이 몰랐으니	이렇게 모르니
경전經傳 살펴 무엇하며	경전을 봐도 헛보았고,
도道와 덕德을 몰랐으니	도와 덕을 모르는데
현인군자賢人君子 어찌 알리17①	누가 현인군자란 말인가?
금세今世는 이러하나	지금 세상은 이렇지만
자고 성현自古聖賢 하신 말씀18	예로부터 성현이 말씀하시길
대인大人은 여천지합기덕與天地合其德	"대인은 그 행함이 천지의 덕과 합해지고
여일월합기명與日月合其明	그 밝음이 해와 달 같고
여귀신합기길흉與鬼神合其吉凶이라19	그 행하는 것이 길한지 흉한지 귀신처럼

---

15 중국 한나라 때 성행하던 무당에 대한 잘못된 믿음.(해월신사법설 심령지령 각주 참조)

16 사람들이 두려워하는 귀신이 따로 있는 것이 아니라, 천지의 기운 작용이 나타나는 것이 귀신이고 음양이다. 눈에 띄게 드러나는 것은 신이고 양이라면, 드러나지 않게 작용하는 것을 귀고 음이라고 한다.(천지인 귀신 음양)

17 경전의 가르침이 있는데도 그것을 모르고 참된 도와 덕을 모르니 현명한 사람이나 군자가 되는 법을 어떻게 알겠는가?

18 지금 세상은 이렇지만 예부터 성현들이 하신 말씀에.

19 대인(하늘의 도를 체행하는 사람, 군자, 성인)은 그 행함이 세상을 이롭게 할 것이니 천지의 덕과 같고, 복잡하지 않고 명쾌하게 알고 행하니 그 밝음이 해와 달과 방불하고, 그 행함의 길하고 흉한 것을 귀신처럼 안다. 주역 上經, 건위천의 효사를 설명하는 구절에 나오는 말. 양효가 6개인 건괘 중 밑에서 다섯 번째 효를 九五라 하며 이를 건괘의 주효(主爻)로 본다. 즉, 하늘을 상징하는 乾爲天괘의 특징은 곧 하늘의 덕을 체행하는 대인의 그것과 같다고 보고, 설명하는 것이다. 원문은 다음과 같다. "夫大人者는 與天地合其德하며 與日月合其明하며 與四時合其序하며 與鬼神合其吉凶하여 先天而天弗違하고 後天而奉天時하나니 天且不違어늘 而況於人乎이

이같이 밝혀 내어

영세무궁永世無窮 전傳했으나20

몰몰沒沒한 지각자知覺者는21

옹총망총22 하는 말이

지금은 노천老天이라23

영험靈驗도사 없거니와24

몹쓸 사람 부귀富貴하고

어진 사람 궁박타고

하는 말이 이뿐이오

약간若干 어찌 수신修身하면

지벌地閥 보고 가세家勢 보아

추세趨勢해서 하는 말이25

아무는 지벌地閥도 좋거니와

문필文筆이 유여裕餘하니

도덕군자道德君子 분명分明타고

모몰염치冒沒廉恥 추존推尊하니26

안다"고 밝혀서

무궁토록 전하였다.

하지만 몰지각한 사람들은

흐릿한 정신으로 이랬다 저랬다

하는 말이 "지금은 말세라서

영험한 사람도 없고 오히려

몹쓸 사람은 부귀하고

어진 사람은 어렵게 산다."

이런 이야기나 한다. 그러다가

어떤 이가 약간 출세라도 하면

그 사람의 출신 지역과 집안을 보아

추켜올리며 하는 말이

"아무는 출신도 좋거니와

문장과 글이 좋으니

도덕군자가 분명하다."며

염치없이 떠받드는구나.

며 況於鬼神乎아 ; 대인은 천지와 그 덕을 합하며 일월과 그 밝음을 합하며 사시와 그 차례를 합
하며 귀신과 그 길흉을 합하여 하늘에 앞서 해도 하늘이 어기지 아니하며 하늘의 뒤에 해도 천
시를 받드나니, 천도 또한 어기지 아니하거늘 하물며 사람에 있어서며 귀신에 있어서랴."(남동
원 주역해의 I , 주역상경, 94-95)

20 이전판 경전은 '전했으니.' 다음 구절과 이어지는 문맥으론 '전했으나'가 맞을 듯. 계사판에
는 '전했으나'로 표기되어 있다.

21 대인이란 이런 사람이라고 옛 성현이 밝혀내어 영원토록 전해 주었지만 몰지각한 사람들은.

22 옹총망총 ; 정신이 흐릿하여 무슨 생각이 나다 말다 하는 모양.

23 말세라서.

24 영험한 사람이 없다. 몰지각한 세상 사람들이 말세라서 참된 대인이 없다고 하는 말.

25 말세라서 어진사람이 어렵게 산다고 말하면서도, 어떻게 조금이나마 체면치레나 할 정도(재산
이나, 벼슬이나 학문 정도)가 되면 그 사람의 출신이나 집안 형편 등을 보고 추켜올리고 떠받들
며 하는 말이. 오늘 우리 사는 모습이 그대로 겹쳐진다.

26 염치를 무릅쓰고 추앙하고 존경하니.

우습다 저 사람은	우습다 저 사람은
지벌地閥이 무엇이게	출신 지역이 무슨 상관이 있다고
군자君子를 비유比喩하며	군자를 비유하며
문필文筆이 무엇이게	약간의 글 솜씨를 가지고
도덕道德을 의논議論하노27②	어찌 도덕을 논한단 말인가?
아서라 너희 사람	그만두자, 너희 사람들아.
보자 하니 욕辱이 되고28	이런 일들을 보는 것이 욕스럽고
말하자니 번거하되29	일일이 가르쳐주기도 번거롭다.
나도 또한 이 세상에	나 역시 이 세상에 너희와 마찬가지로
양의 사상兩儀四象 품기稟氣30해서	음양오행의 이치로 한울님 기를 받아
신체발부身體髮膚 받아내어31	몸이 만들어져 태어났다.
근보가성僅保家聲 사십평생四十平生	사십 평생 집안의 이름이나 겨우 지키며
포의한사布衣寒士뿐이라도32	가난한 선비로 지내왔지만
천리天理야 모를소냐	하늘의 이치를 어찌 모르겠느냐?
사람의 수족동정手足動靜	사람이 손발을 움직이는 모든 것이
이는 역시亦是 귀신鬼神이오	음양의 작용이고,
선악 간善惡間 마음 용사用事	마음이 선과 악을 오가는 것 역시

---

27 군자는 하늘의 도를 체행하는 사람이요, 그가 행한 것이 덕이 된다. 출신 성분이나 약간의 말솜씨로써 감히 칭할 수 없는 것이다.

28 이렇게 도리에 어긋난 일들을 보는 것이 욕된 일이다.

29 어긋난 일들을 일일이 들어 지적하고 고치려면 얼마나 번거로운 일이겠는가?(그럼에도 뒤의 글로 가르치니 잘 따르라는 뜻)

30 稟; 주다, 내려주다, 받다.

31 주역 계사상전 12장에 "易有太極하니 是生兩儀하고, 兩儀生四象하고, 四象이 生八卦라." 했다. 양의는 음양이고 사상은 태음(==), 소음(==), 태양(=), 소양(==)을 뜻한다. 즉 생명이 날 때는 무극에서 태극, 사상, 오행 등으로 분화되며 신체가 생겨난다. 즉 어떤 생명이든 한울의 신령한 기운을 받아 태어난다.

32 수운 선생은 사십 평생 동안 벼슬을 지내지 못해 무명옷만 입는 가난한 선비로 지내면서 집안의 명성이나 겨우 겨우 지켜왔지만….(지벌이나 문필이 뛰어난 사람보다 도덕을 깨우쳤다는 뜻)

이는 역시亦是 기운氣運이오	기운 작용이고,
말하고 웃는 것은	말하고 웃는 것 역시
이는 역시亦是 조화造化로세33	한울님 기운 작용에 의한 조화이다.
그러나 한울님은	그러나 한울님은
지공무사至公無私 하신 마음	사사로움이 없이 지극히 공정하시므로
불택선악不擇善惡 하시나니34	인간사의 선악을 가리지 않으시고
효박淆薄한 이 세상世上을	어지럽고 천박한 세상이라도
동귀일체同歸一體 하단 말가35③	결국 하나로 돌아갈 뿐 아니겠는가.
요순지세堯舜之世에도	요순과 같은 성인이 다스리던 시대에도
도척盜跖36이 있었거든	도척 같은 악한 도적이 있었거늘
하물며 이 세상에	하물며 어지러운 이 세상에
악인 음해惡人陰害 없단 말가	악인의 음해가 왜 없겠는가?
공자지세孔子之世에도	공자가 도를 펼 때에는
환퇴桓魋37가 있었으니	환퇴 같은 이가 해를 입히려 하였으니,
우리 역시 이 세상에	우리 역시 이 세상에서 악인들의

---

33 사람이 몸을 움직이는 것과 마음이 선악으로 움직이는 것, 말하고 웃는 것이 모두 한울님의 기운작용 아닌 것이 없다. 이것이 생명이고 천리다. "사람이 모신 한울님의 영기가 있으면 산 것이요, 그렇지 않으면 죽은 것이라. 죽은 사람 입에 한 숟갈 밥을 드려도 한 알도 먹지 못하는 것이니…."(해월신사법설, 향아설위) 수운선생의 도는 거창하거나 현학적이지 않다. 일용행사 일체가 한울님의 감응 덕분임을 깨닫고 감사드리는 것, 그것일 뿐이다.

34 인간사의 희로애락과 선악 분별은 한울님에겐 찻잔 속의 태풍일 뿐, 한울 이치는 다만 순리대로 돌아갈 뿐이다.

35 아무리 세상이 어지럽다 해도 나고 죽는 하늘의 순환은 계속된다. 그 속에서 대인도 소인도 나고 죽는다. 결국 하나의 지기로 돌아갈 따름이다. 다만 각자의 인과에 따른 삶을 살 뿐이다.

36 중국 춘추시대의 큰 도적. 9천명의 졸개를 거느리고 천하를 다니며 남의 집을 침탈하고 부녀를 납치하고 우마를 빼앗으며 날마다 죄 없는 사람을 죽이고 그들의 간을 회쳐 먹었다고 함. ＊ 고대엔 국가의 치안범위에 있는 읍성 안의 民에 대비해 읍성 밖의 세금과 법에 구애 받지 않는 野人들을 盜라 칭하였다. 상대적으로 자유로운 삶을 추구하며 산 자들이었으나 개중엔 도둑질과 약탈을 하는 경우도 있었을 것이다.(김용옥, 도올논어1, 105) 도척도 아마 그런 무리였을 것이다.

37 중국 춘추시대 송나라 대부. 한때 공자를 죽이려 함.

악인지설惡人之說 피避할소냐38	나쁜 소문을 어찌 피할 수 있겠는가? 오직
수심정기守心正氣 하여 내어	한울님 마음을 지키고 기운을 바르게 하여
인의예지仁義禮智 지켜 두고39	인의예지를 지킬 뿐이다.
군자君子 말씀 본本받아서	또한 군자의 말씀을 본받아
성경이자誠敬二字 지켜 내어40	정성과 공경을 지켜내어
선왕고례先王古禮 잃잖으니	옛 임금들의 오랜 예를 잃지 않으니
그 어찌 혐의嫌疑 되며	나쁜 소문에도 떳떳할 뿐이다.
세간 오륜世間五倫 밝은 법法은	세상에 지켜야 할 다섯 가지 밝은 법은
인성지강人性之綱으로서	사람의 본성을 이루는 근본이므로
잃지 말자 맹세盟誓하니	잃지 말자고 맹세할 뿐이니
그 어찌 혐의嫌疑 될꼬41	어찌 떳떳하지 못할까?
성현聖賢의 가르침이	성현의 가르침은
이불청耳不聽 음성淫聲하며	음란한 소리를 듣지 말고
목불시目不視 악색惡色이라42	나쁜 모습은 보지 말라 하셨다.
어질다 제군諸君들은	어진 제군들은 이런 말씀을 본받아
이런 말씀 본本을 받아	나쁜 소문에 개의치 말고

---

38 요순과 공자 같은 성인의 시대에도 악인이 있었으니 하물며 어찌 지금 세상에 악인이 모함하는
 것이 없겠는가?

39 한울님의 본래 마음과 기운을 잊지 않고 지키면(수심정기) 그것이 곧 인의예지 하는 것이 된다.

40 옛 성현과 군자의 가르침은 (한울님 도를 따르는) 가장 중요한 수행이 정성과 공경을 잃지 않는
 것이라 했다.

41 하늘의 도를 지키는 것은 정성과 공경, 인의예지이고, 사람의 도를 지키는 것은 오륜이니 이를
 지킬 따름이므로 의심 받을 것이 없이 떳떳하다.

42 성인이 음란한 소리는 듣지 말고 나쁜 광경은 보지 말라고 했듯이, 내 도리만 바르게 하면 주위
 에서 음해하고 모함하는 것을 개의치 않아도 된다. 대신사의 가르침을 비하하고 나쁘게 말하는
 소문이 많지만 제자들이 그런 것에 마음 흔들리지 말고 수행에 전념하도록 당부하시고 있다. 孟
 子 萬章章句 下 : 孟子曰 伯夷 目不視惡色 耳不聽惡聲 非其君不事 非其民不使. 맹자가 말씀하시
 길 "백이는 눈으로 나쁜 것을 보지 않고, 귀로 나쁜 소리를 듣지 않았다. 섬길 만한 군주가 아니
 면 섬기지 않았고, 이상적인 백성이 아니면 부리지 않았다."

아니 잊자 맹세盟誓해서	한울님의 가르침을 잊지 말자 맹세해서
일심一心으로 지켜 내면43	한마음으로 변치 않고 지켜내면
도성입덕道成立德 되려니와44	도와 덕을 이룰 것이다.
번복지심飜覆之心 두게 되면	하지만 마음이 이리저리 번복되면
이는 역시亦是 역리자逆理者요45	하늘의 이치를 거스르게 될 것이요,
물욕교폐物慾交蔽46 되게 되면	물건을 탐하여 마음을 빼앗기면
이는 역시 비루자鄙陋者요47	이 얼마나 비루한가.
헛말로 유인誘引하면	헛된 말로 유인하는 자는
이는 역시 혹세자惑世者요48	세상을 속이는 자이고,
안으로 불량不良하고	안으로는 불량하면서도
겉으로 꾸며 내면	겉으로 꾸며내는 자는
이는 역시 기천자欺天者라49	한울님을 속이는 자다.
뉘라서 분간分揀하리	이런 자들을 누가 잘 분간하겠는가?
이같이 아니 말면	이처럼 바른 가르침을 따르지 않으면
경외지심敬畏之心 고사姑捨하고	한울님을 공경하고 삼가는 것은 고사하고
경명순리敬命順理 하단 말가50	한울의 명과 이치를 따를 수 있겠는가?

---

43 잊지 않고 지켜낼 것은 대신사의 가르침. 거기 담긴 한울님의 진리.
44 대개 도를 이루지 못하는 것은 마음이 주위의 유혹에 약해져 흔들리기 때문이다.
45 "믿을 신 자는 사람의 말이란 뜻이니, 옳은 말은 취하고 그른 말은 버려 마음을 정하라. 한번 작정한 뒤에는 다른 말을 믿지 않는 것이 믿음이니….".(수덕문) 마음으로 옳고 그름을 판단해서 그를 따르는 것이 순리. 그러하지 않는 것이 역리. 일이란 순리대로 하지 않으면 어려운 법이다.
46 물건을 탐내는 마음이 번갈아 들어 본래 마음을 막음.
47 비루자는 마음이 깨끗하지 못한 사람. 한울님 순리대로 하면 재물도 따라 오지만, 눈앞의 욕심이 천심을 가리면 마음도 상하고 망신하게 된다. "젖먹이가 눈으로 물건을 보고 기뻐하며 웃다가 물건을 빼앗으면 성내어 싫어하니, 이것을 물정심이라 이르느니라."(진심불염)
48 시간이 걸리고 어려워도 진실로서 이해해야 오래 간다. 거짓과 달콤한 말은 오래지 않아 탄로나게 마련이다.
49 이는 자신을 속이고, 다른 사람도 속이는 것이니 한울을 기만하는 것이다. "한울님을 속이지 말라."(십무천, 374쪽)
50 이런 경계하는 말씀을 지켜야 경외지심과 경명순리하는 것이다.

허다許多한 세상 악질世上惡疾

물약자효勿藥自效 되었으니

기이奇異코 두려우며51

이 세상世上 인심人心으로

물욕제거物慾除去 하여 내어

개과천선改過遷善 되었으니

성경이자誠敬二字 못 지킬까52

일일一一이 못 본 사람

상사지회相思之懷 없을소냐53

두어 귀 언문 가사

들은 듯이 외워 내어

정심수도正心修道 하온 후에

잊지 말고 생각하소④

바른 가르침을 따르면 세상의 많은 나쁜 병도

약 없이 절로 나을 수 있으니

한울의 그 이치가 어찌 신기하고

두렵지 않으랴? 세상 사람의 마음에서

물건에 대한 탐욕을 버리면

탐욕으로 빚은 허물을 고치고 착하게 되니

누구라도 정성과 공경을 지킬 수 있게 된다.

일일이 보고 가르침을 주지 못하니

보고 싶은 마음이 왜 없겠는가?

두어 구절 노래 가사를 지어 보내니

내게 직접 들은 듯 외우고

마음과 몸을 바르게 닦아

잊지 말고 수행하라.

---

51 모든 질병은 기운이 순리대로 흐르지 못하면 생긴다. 한울님 가르침을 배우고 그 이치대로 생활
하여 사람의 몸과 사회의 기가 바르게 순리대로 순환하면 약을 쓰지 않아도 병이 나을 것이다.
이 이치를 모르면 악질이 가득 찰 것이니 두렵지 않으랴?

52 이 세상 사람들이 마음속의 물욕을 버리고 한울 마음을 지키면 정성 공경이 자연히 이루어질 것
이다. 그것이 개과천선이다.

53 이런 이치를 한 사람씩 직접 만나 전해주면 좋겠지만 그럴 수 없어 안타깝다는 뜻.

흥비가興比歌1

시운詩云 벌가벌가伐柯伐柯하니	시경에 "도끼 자루를 보며 도끼 자루 베니
기측불원其則不遠이라2	그 법칙이 멀리 있지 않구나!" 노래했듯이
내 앞에 보는 것을	눈앞에 보는 것을
어길 바 없지마는3	어렵지 않게 할 것 같지만
이는 도시都是 사람이오	이는 사람에 달려있고
부재어근不在於斤이로다4	도끼에 있지 않다.
목전지사目前之事 쉬이 알고	그러니 눈앞의 일을 쉽게 보고
심량深量 없이 하다가서	깊은 생각 없이 하다가
말래지사未來之事 같잖으면	결과가 좋지 않으면
그 아니 내 한恨인가5	그 또한 가르친 내 한이 된다.
이러므로 세상 일이	이러므로 세상일이란

---

1 포덕4년(1863) 8월초 저술. 시경의 흥비라는 형식을 빌려 노래하여 붙인 이름. 고대의 시에는 六義가 있는데, 風, 雅, 頌은 시의 내용과 성질을 말하고, 興, 比, 賦는 시의 체제와 서술 방식을 말한다. 이 중 부는 어떤 사물을 직접 서술하는 방법이고, 비는 비유적으로 표현하는 방법(직유법)을 가리킨다. 이에 비해 흥은 작자의 주관적 연상을 읊거나 은유적 표현하는 것으로 본다.(심영환 옮김, 시경, 홍익출판사, 1999, 22~23쪽)

2 시경에서 말하길 "도끼 자루를 만들지 도끼 자루를 만들지, 그런데 그 법칙이 먼 데 있는 것이 아니구나."라고 했다. 도끼로 도끼 자루로 쓸 나무를 자르니 한번 보면 알 것을 사람들이 멀리 구하려 함을 지적한 글.(시경 8권 '빈풍벌가'의 일부로 주나라왕인 주공을 찬미한 시. 주나라 대부가 조정의 신하들이 주공의 성덕을 알지 못함을 풍자한 글.) 중용에서도 시경의 같은 구절을 인용하였다. 즉, 내 앞에 있는 도끼 자루를 눈으로 보면서 가늠하고 도끼 자루를 찍는데도 제대로 맞지 않는데 하물며 복잡한 세상사를 어찌 쉽게 이룰 수 있겠는가 하는 것이다.

3 이치가 멀리 있지 않고 가까이 있으므로, 바로 앞에 보이는 대로 하니 틀림없을 것 같지만.

4 근을 가까울 近으로 보면, '사람의 일이란 가까이 눈앞에 보는 것이 다가 아닌 경우가 많다.' 또는 斤(도끼근)으로 보면 '눈앞에 도끼가 있지만 결국 그것을 사용하는 사람에 의해 결과가 달라진다.'는 뜻으로 볼 수 있다. 잘하는 목수는 연장 탓을 하지 않는다. 못난이가 자기 탓보다 연장이나 남 탓을 하기 마련이다.

5 눈앞에 보이는 대로 (멀리 내다보지 못하고) 쉽고 가볍게 행하면 마지막 결과가 나쁠 수 있다. (마시멜로 이야기. 눈앞의 달콤한 마시멜로를 참을 수 있는 아이는 자라서도 신중하고 사려 깊으며 대인관계도 일과성이 아닌 충실한 삶을 살게 되더라는 연구.)

난지이유이難之而猶易하고	어려운 듯하지만 쉽고
이지이난易之而難인 줄을	쉬운 듯하지만 어려운 줄을
깨닫고 깨달을까6 ①	깊이 깨달아야 한다.
명명明明한 이 운수運數는	밝고 밝은 이 운수는
다 같이 밝지마는7	누구에게나 똑같이 열려 있지만
어떤 사람 저러하고	어떤 사람은 저러하고
어떤 사람 이러한지	어떤 사람은 이러한지
이리 촌탁忖度 저리 촌탁忖度8	이리 저리 헤아려 보니
각각各各 명운命運 분명하다9	각각 해야 할 명과 운이 다른 것이구나.
의아疑訝 있는 그 사람은	의심 많은 어떤 사람은,
천고청비天高聽卑10 그 문자文字를	한울님은 높으시나 비천한 소리도
궁사멱득窮思覓得11 하여 내어	다 듣는다는 문자를 애써 생각해 내서
제 소위所謂 추리라고	나름 좋은 궁리를 했다며
생각나니 이뿐이오	그 생각만 할 뿐이다.
그런 고로 평생 소위平生所爲	그러므로 평생에 하는 짓이

---

6 어려움 가운데 쉬움이 있고 쉬움 속에 어려움이 있다. 한울님 이치는 항상 변하고 순환한다. 어려움이 지극하면 그것을 극복할 길이 드러나고, 쉽게 잘 풀리던 일도 방심하면 어려움이 닥친다. 그러므로 항상 어려워도 희망을 잃지 말고, 잘 나갈 때 어려움을 대비해야 한다. 도끼 자루에 비유해 가깝고 쉬운 일도 성실히 하라는 '興.' "밝은 가운데서 어둠이 나고 어둠 가운데 밝음이 나는 것이요"(후경1)

7 하늘의 이치는 기묘 난측한 것이 아니다. 해가 뜨면 밝고 지면 어둡듯이, 모두가 자신에게 주어진 인과대로 사는 것이다. 이 이치를 밝게 살피면 밝지만, 이치를 모른 채 감언이설에만 혹하여 다니면 어둠속에서 헤어나지 못한다.

8 촌탁; 미루어 헤아림.

9 같은 가르침을 들어도 그 가르침을 따라 삶의 개벽을 이루는 이가 있고, 습관된 삶에서 변하지 못하는 이도 있고, 졸거나 딴 짓 하느라 듣지 못하는 이도 있다. 이는 그 사람이 평소에 어떤 삶을 살아 왔는지가 반영되는 인과의 결과다. 이것이 그 사람의 명운이 된다.

10 史記 宋微子世家. '天高聽卑 君有君人之言三' 하늘은 높으시나 인간의 미세한 일까지 모두 살필 수 있습니다. 군주의 말씀 세 마디면 군주의 자격을 알 수 있습니다.

11 애써 생각하여 찾아 얻음.

일변—邊은 교사狡詐하고	한편으로는 교묘하게 남을 속인다지만
일변은 가소로다12	한편으로는 가소로울 뿐이다.
한울님이 높으시나	한울님은 높이 계시지만
청비문자聽卑文字 겁法을 내서13	비천한 소리도 다 듣는다는 말을 겁내서
말은 비록 아니하나14	교활한 뜻을 입 밖에 내지는 않지만,
심사心思를 속여 내어	그런 마음을 감추고
이 운수運數가 어떠할지	"세상을 바꿀 무극대도 운이 왔다니 어찌 될지
탁명托名이나 하여 보자15	거기 한자락 이름이나 걸어보자."며
모든 친구親舊 유인誘引하여	입도한 모든 친구들을 유인하여
흔연대접欣然待接 하는 듯다16	기쁘게 대접하는 듯하구나.
아서라 저 사람은	아서라 이 사람아.
네가 비록 암사暗詐17하나	네가 비록 몰래 속인다고 하지만
한울님도 모르실까	한울님도 모르실까?
그 중中에 몰각자沒覺者18는	그 중에 몰지각한 사람이
조석지우朝夕之憂19 있지마는	아침저녁 끼니 걱정하는 주제에

12 자기는 교묘한 재주로 남을 속인다고 하지만 한편으로는 (대신사가 보기에, 얼마 못 가 드러날 텐데 하늘과 사람들을 속인다며) 사는 모습이 가소롭다.
13 한울님의 진리는 말로 표현되기보다 삶 속에 실천되고 덕으로서 나타나는 것이다. 말은 번듯하게 사람들을 속인다지만 그 삶과 행은 속일수 없는 법이다.
14 한울님이 말을 안 하신다고 모르실까? "한울님은 마음이 있으나 말이 없고, 성인은 마음이 있고 말도 있으니, 오직 성인은 마음도 있고 말도 있는 한울님 이니라."(성인지 덕화)
15 의아 있는 사람이 생각하기에, 한울님은 높이 계시고 사람의 소리는 낮다고 했으니 말은 드러내지 않고 마음을 꾸며 내어 자신의 운수를 한울님께 의탁하듯 속여 보자.(결국 한울님을 속인다는 뜻) 수운 선생의 제자 중에도 이런 사람이 있었을 것이다. 탁명이란 결국 교인이라면서 생명을 모시는 가르침은 실천하지 않고, 자신과 다른 생명을 해하는 사람을 이른 것이다. 교회를 다니고 아니고는 중요치 않다. 안으로 불량하고 겉으로 꾸며내는 사람이니 이는 곧 자신과 한울을 속이는 기천자라 하지 않으셨나! 오늘의 나는 어떤 제자인가?
16 사람들을 속이고자 하는 마음이 있지만 그것을 숨기고 잘 대접하는 것 같다.
17 암사; 몰래 남을 속임.
18 몰각자; 몰지각한 사람

없는 것 求求해 가며	없는 것 구해 가며
온포지공溫飽之供20 착실着實하여	먹이고 입히는 대접을 착실히 하면서
소위所謂 통정通情 하는 말이21	서로 마음이 통한 듯이 하는 말을 보자.
성운성덕盛運盛德 우리 도유道儒	"좋은 운수와 덕을 함께하는 우리 동덕님들,
여사애당如斯愛黨22 하거니와	이렇게 뜻이 같은 사람들끼리 아끼고
심지상통心志相通23 아니 할까	마음도 서로 통하지 않겠는가." 하며
묻잖는 그 말이며	묻지도 않은 그 말이며
청請잖은 그 소리를	청하지도 않은 그런 소리를
툭툭 털어 다하자니	감추지 않고 털어 놓듯이 다하니
그 모양貌樣 오작할까24	그 모양이 오죽하겠는가?
교사狡詐한 저 사람은	또한 교활하고 잘 속이는 어떤 사람은
좋은 듯이 듣고 앉아	가르침을 좋은 듯이 듣고 앉아
중심中心에 하는 말이	마음속으로 하는 말이
내 복福인가 내 복인가	'내 복인가, 내 복인가,
열세 자가 내 복福인가	열세 자가 나를 위한 복인가,
어찌 이리 좋은 운수運數	이렇게 좋은 운수가
그때부터 없었던고25	왜 진작 내게 오지 않았는가.' 하는구나.

---

19 아침밥을 먹고 나면 저녁밥 먹을 걱정하고 저녁을 먹고 나서는 다음날 아침밥 먹을 걱정하는 매우 가난한 삶.

20 입을 옷과 먹을 식량을 제공하는 것.

21 먹을 것도 변변치 않은 가난한 주제에 없는 것 구해가며 남을 대접하며 소위 서로 사정을 잘 아는 사이가 된 것처럼 이야기한다는 뜻.

22 이렇듯 서로 뜻을 같이하는 무리끼리 아껴 주고.

23 마음과 뜻이 서로 통함.

24 속이려는 사람일수록 더욱 겉으로 꾸미면서 지나치게 잘해 주는 법이다. 여기에 속아 자신을 망치면 안 되겠지만, 그것이 훤히 보이는 수운 선생에게는 얼마나 가소로웠을까?

25 진실하지 못한 사람이 (수운 선생의 가르침을) 좋게 알아들은 듯 듣고 마음속으론 열세 자 주문이 자신(의 욕심)을 위한 복이 아닌가 하고 자기 편한 대로 받아들인다는 뜻.

영험靈驗되고 좋은 말은   하지만 영험 되고 좋은 말은

귀 밖으로 다 버리고   귀 밖으로 다 버리고

그 중中에 불미지사不美之事   사람들 사이 나쁜 일들은

달게 듣고 모아 내어   '그럼 그렇지.' 하며 모았다가

흉중胸中에 가득하면   마음속에 가득하면

마지못해 떠나가니26   마지못한 듯 떠나가는구나.

삼복염중三伏炎蒸27 저문 날에   삼복더위 속 저녁 무렵에

소리하고 오는 짐승   왱 소리 내며 오는 짐승을 보라.

귀에 와서 하는 거동   귀에 와서 하는 거동이

정분情分도 있는 듯고28   마치 정든 이를 찾아온 듯하구나.

이 세상 풍속風俗됨이   이 세상 풍속이

음해陰害가 주장主張이라   몰래 해치는 것이 대부분인데

통기通寄하고 오자 하니   이렇게 기별하고 오는 것을

의심疑心 없이 앉았다가29   설마 해치겠나 하고 두었다가

말초末梢에 해害가 미쳐   결국 해를 당하니

막지기단莫知其端30 아닐런가   알 수가 없구나.

이 웬일고 이 웬일고   이게 웬일이냐.

먼저 우는 그 짐승은   물기 전에 왱 하고 우는 그 짐승은

해아지심害我之心 두게 되면   나를 해치려 하면서도

소리하기 뜻밖이요   소리 내어 알리는 것이 뜻밖이다.

---

26 진실한 가르침은 들으려 하지 않고, 주변에 떠도는 음해하는 말 등은 오히려 잘 듣고 그것이 모이면 그릇된 말을 따라 떠나간다.

27 초복 중복 말복까지 이어지는 찌는 듯한 한여름.

28 여름 저녁 무렵, 모기가 귓가에 왱왱 소리 내며 오는 것을 표현.

29 세상 사람들이 몰래 숨기고 와서 해를 끼치는데, 오히려 '나 간다' 하고 알리고 와서 해하려는 것을 몰랐다는 뜻. 수운 선생이 세상을 풍자하는 재치와 익살이 재있다.

30 그 이유를 알 수 없다. 친한 듯이 소리 내고 왔는데 해를 끼치니 알 수 없다.

이 웬일고 이 웬일고	이게 웬일이냐.
아무려나 살펴보자	아무튼 한번 살펴보자.
적은 듯31 기다리니	잠깐 기다리니
그놈 자취 분명分明하다32	그놈이 물고 간 게 분명하구나.
지각知覺 없다 지각없다	겉으로 친근한 척하며 해하려 함을
이내 사람 지각없다	나는 알지도 깨닫지도 못하였구나.
저 건너 저 배나무에	저 건너에 있는 배나무에
배가 어찌 떨어져서	배가 이유 없이 떨어져서
만단의아萬端疑訝 둘 즈음에	왜 떨어졌는가 의아해 할 때
가마귀 날아가서	까마귀가 날아가니
즉시 파혹卽時破惑 하였더니33	그제야 배 떨어진 이유를 알았구나.
지각知覺없다 지각없다	이 사람의 소견이 짧음이여,
이내 사람 지각없다	나는 알지도 깨닫지도 못하였구나.
백주대적白晝大賊34 있단 말을	밝은 대낮에도 도적이 있다는 말을
자세히도 들었더니	자세히도 들었건만
지각없다 지각없다	당하고서야 알았으니
이내 사람 지각없다	나는 알지도 깨닫지도 못하였구나.
포식양거飽食揚去35 되었으니	배불리 먹고 떠난 뒤에야 알았으니
문장군蚊將軍36이 너 아니냐37 ②	네놈이 모기 아니더냐.

---

31 적은 듯: 잠깐
32 모기가 물었으니 가렵고 부풀었을 것이다. 음해하는 사람은 같이 있을 때는 도움을 줄 것 같지만 지나고 보면 그 해악이 뚜렷해진다.
33 배나무에 배가 떨어진 것이 까마귀 때문임을 알게 됐다는 뜻.
34 대낮에 날뛰는 큰 도적.
35 배불리 먹고 물러감.
36 문장군; 모기를 의인화해 표현. 이와 같이 행동하는 모든 사람을 지칭.
37 세상엔 모기처럼 겉으로 꾸미고 잘 대하는 듯하지만 결국엔 해를 입히는 사람이 많다. 모기를

그중中에 현인달사賢人達士38	그중에 어질고 성실한 사람은
내 말 잠깐 들어 보소	내 말 잠깐 들어 보시오.
합기덕合其德39 알았으니	한울의 덕에 하나 되면
무위이화無爲而化 알지마는40	순리대로 자연히 이루어지지만, 그렇지
그러나 자고급금自古及今41	못한 이도 있다네. 그러나 예로부터 지금까지
사사상수師師相授 한다 해도	스승과 제자로 서로 전해준다고 했으니
자재연원自在淵源 아닐런가42	모두 나에게서 비롯된 것이 아니겠는가?
일일이 거울해서	그래서 일일이 비추어 보아서
비야 홍야比也興也43 하였으니	비유해 알려주니
범연 간과泛然看過44 하지 말고	대충 보아 넘기지 말고
숙독상미熟讀嘗味45 하여스라46 ③	자세히 읽고 참뜻을 깨우쳐라.
칠팔세七八歲 글을 배워	칠팔 세 때부터 글을 배우고
심장적구尋章摘句47 하여 내어	문장과 구절을 깊이 살피고 외웠으니

교사한 사람으로 비유한 '興.'

38 어진 사람과 이치에 통달한 사람.

39 대인은 여천지합기덕.(도덕가 2절 참조)

40 성인의 도는 억지로 꾸미는(유위) 것이 아니라 자연의 이치에 맞게 순리대로 행한다. 그러므로 드러남이 없이 자연스럽게 일이 이루어지니 이를 무위이화라 한다. 이렇게 알지만 행동은 문장 군과 같은 이도 있으니 잘 배우고 닦으라는 말씀.

41 예로부터 지금까지.

42 위의 스승에서 다음 스승으로 (성인의 도가) 이어지는 것이, 흐르는 물이 연못에서부터 이어지 는 것과 같다. 결국 남을 해하려는 문장군 같은 제자도 자신이 잘못 가르친 탓이니 다른 제자들 은 더욱 잘 배우라는 뜻.

43 시경의 표현법인 비체와 흥체를 사용해 읊었다.

44 평범하게 지나쳐 넘김.

45 차근차근 읽어서 내용의 진미를 맛봄.

46 문장군 같은 이들이 판치는 세상이지만, 지혜로운 사람들은 (수운 선생이 돌아가신 후 몇 대를 이어져도) 물이 근원에서 계속 이어지듯이, 하나하나 이렇게 비유해 가며 자세히 가르침을 밝혀 놓았으니 가볍게 지나지 말고 진리를 깨우쳐라. 진리가 마치 연못에서 계속 흘러 이어지는 것을 비유한 '比.'

47 심장적구; 옛 사람의 좋은 글에서 문장을 찾고 구절을 따다 글을 짓는 것.

청운교靑雲橋 낙수교洛水橋에48

입신양명立身揚名 할 마음은

사람마다 있지마는

깊고 깊은 저 웅덩에

진심갈력盡心竭力49 지은 글을

넣고 나니 허무虛無하다50

천수天數만51 바라다가

많고 많은 그 사람에

몇몇이 참예參預해서

장악원掌樂院 대풍류로52

삼일유가三日遊街 기장奇壯하다53

이 일 저 일 볼작시면

허무虛無하기 다시 없어

아니 가자 맹세盟誓해도

내 운수運數 내가 몰라

종종이 다니다가

벼슬에 나아가

뜻을 펼치고 이름을 드높일 마음은

누구에게나 있지만

과거에 실패하여 깊은 웅덩이에

온 마음을 다해 힘써 지은 글을

던져 버리고 나니 허무하구나.

뽑히기만 바라다가

수 많은 사람들 중에

단지 몇 명만이

장악원 대풍류를 앞세워

삼일 동안 거리를 유세하니 장하구나.

이런 저런 일을 보면

허무하기 짝이 없어

다시는 출세하려는 욕심을 내지 말자고

다짐해도, 내 운수가 어찌 될지 몰라

종종걸음으로 다니다가

---

48 벼슬로 나아가는 길. 청운은 높은 지위나 벼슬을 상징하고, 낙은 낙양(낙수 북쪽에 있는 도시라
는 뜻. 중국 고대 하, 은, 주에서 한나라에 이르는 古都)을 뜻한다. 즉 벼슬을 하기 위해선 청운
교나 낙수교 같은 다리를 건너야 한다는 비유.

49 마음을 다하고 힘을 다함.

50 수운 선생은 어려서부터 대학자였던 아버지에게서 글을 배웠다. 글을 배우고 세상을 보는 시야
가 생기면 누구나 자신의 포부를 세상에 펴고자 하는 마음이 생긴다. 그러나 수운 선생은 재가
녀의 자식이라 벼슬길에 나갈 수 없었다. 뜻이 큰 사람이 사회제도의 벽 앞에서 느낀 좌절이 얼
마나 컸을까?

51 뽑히기만 운에 기대 바람. 조선의 과거제도는 실력이 있어도 시험관이 선택하지 않으면 뽑힐 수
없었다. 뽑히는 것을 강조해 選授로 표기하기도 한다.

52 국악에서 대풍류(竹風流)는 대나무를 사용한 관악기의 풍류를 뜻한다. 현악기가 중심인 絲風流
와 대비됨. 장악원은 음악과 관련된 일을 맡아보는 관청. 유교사회에서 음악-소리는 사람들을
교화하기 위한 문화의 핵심수단으로 중시되어 국가에서 관장하였다.(용담가 공부하기 참조)

53 과거 급제한 사람은 음악을 담당한 관청에서 행하는 풍악을 받으며 삼일간 거리를 유세하였다.

이내 마음 마칠진댄	결국 마음을 접게 된 것이
그 아니 운수런가54 ④	지금에 와 생각하니 운수 아니었겠는가?
원처遠處에 일이 있어	먼 곳에 일이 있어서
가게 되면 내가 이利코	가게 되면 나에게 이롭고
아니 가면 해害가 되어	가지 않으면 해롭게 되었다.
불일발정不日發程55 하다가서	급하게 길을 나서서 가다가
중로中路에 생각하니	도중에 생각하니,
길은 점점漸漸 멀어지고	길은 아직 멀고
집은 종종 생각나서	집은 종종 생각나서, 정말 가는 게
금禁치 못한 만단의아萬端疑訝56	이로운 것인지 의심이 끊이지 않는다.
배회노상徘徊路上57 생각하니	길 위에서 머뭇거리며 생각하니
정녕丁寧히 알작시면	정말 가는 게 맞는 것을 확실히 안다면
이 걸음을 가지마는	계속 걸음을 가겠지만
어떨런고 어떨런고58	과연 결말이 어떨 것인가?
도로 회정回程 하였더니	확신이 서지 않아 도로 돌아오니
저 사람 용렬庸劣하고59	그 얼마나 못났는가?

---

54 자신의 신분과 과거제도의 허실을 알고 보면 (과거를 통해) 세상에 뜻을 펴고자 하는 것이 허무할 수밖에 없지만 당시로선 그 길 외엔 사회에 참여할 수 있는 길이 없었다. 나중에 무극대도를 깨닫고 세상의 근본을 바꾸게 될 운수를 받게 될 줄 어찌 알았겠는가?

55 며칠 안으로 길을 떠남.

56 처음 시작할 때는 득이 될 것으로 생각되어 시작해도, 일이 진행되는 중에 여러 가지 어려움을 겪으면 과연 옳은 판단이었는지, 성공할 수 있는지 의심하게 된다. 길을 가는 것으로 은유한 글. 어떤 일을 하거나 인생에서 난관이 있게 마련이다. 그때 필요한 것은 자신이 하는 일이 옳은 것인지 판단하고 믿는 것이다. 옳다면 힘들고 실패해도 가치가 있을 것이다.

57 길 위에서 머뭇거림.

58 결과를 확신한다면 어떤 어려움이라도 감수하고 극복할 수 있을 것이다. 그러나 결과를 확신할 수 없다면?

59 처음 판단을 의심하고 하던 일을 중도에 포기하면 그간의 노력도 허사가 되니 바보 같은 못난 짓이 된다.

글 네자60 밝혀내어	글 네 자를 밝혀내어
만고사적萬古事蹟 소연昭然61하다	예부터 있은 모든 일들을 분명히 밝히노라.
아홉 길 조산造山할 때62	아홉 길 되는 산을 쌓아올릴 때
그 마음 오작할까63	그 마음은 오죽하겠는가?
당초當初에 먹은 생각	처음 생각하기는
과불급過不及 될까 해서64	지나치거나 모자라지 않도록
먹고 먹고 다시 먹고	마음을 단단히 먹고
오인 육인五仞六仞65 모을 때는	다섯 길 여섯 길 쌓일 때는
보고 나니 자미 되고66	보고 나니 재미있고
하고 나니 성공成功이라	하고 나니 성공일세.
어서 하자 바삐 하자	어서 하자 바삐 하자 스스로 격려하며
그러그러 다해 갈 때	그럭저럭 다해 갈 때
이번이나 저번이나	이번이나 저번이나
차차차차 풀린 마음67	차츰 마음이 풀어져서
조조해서68 자주 보고	마음이 조급해져 자주 보고
지질해서69 그쳤더니	변변치 못한 듯하여 그쳤더라.

---

60 글 네 자는 수운 선생이 다시 정했다고 하는 수심정기.(윤석산 견해) 자신의 욕심이 배제된 한울
  마음과 기운을 지키면 어떤 어려움이나 유혹에도 마음이 흔들리지 않을 것이다. 또는 사자성어
  로 위와 같은 것들(中道而廢, 功虧一簣)을 경계하는 것을 이른다고 하기도 한다.(백세명) 혹자
  에 따라선 '천지부모'의 이치를 모두 밝혔으므로 이를 뜻한다고 하기도 한다.
61 만고사적 소연; 옛날부터 내려오던 모든 일들이 뚜렷이 밝혀졌다.
62 아홉 길이나 되는 높은 산을 만들 때. 오랫동안 공을 쌓는 것을 비유한 것.
63 오작할까; 오죽할까. 아홉 길 되는 큰 산을 만들려면 처음에 각오가 얼마나 단단했겠는가?
64 처음 각오할 때는 지나치거나 모자라지 않도록.(정성들이고 집중했다는 뜻)
65 仞; 길 인, 재다, 한 길은 한 사람의 키 정도 길이를 의미. 여덟 자 혹은 열 자.
66 재미있고. 힘들여 하는 일이 이루어지는 것을 눈으로 확인하는 것처럼 즐거운 것도 없다.
67 어느 일이나 처음 각오가 그대로 이어지기 어렵다. 초지일관, 수심정기 하기가 어려운 것이다.
68 躁躁하다; 썩 조급히 굴다.
69 지질하다; 보잘 것이 없고 용렬하다. 변변하지 못하다.

다른 날 다시 보니	다른 날 다시 보니
한 소쿠리 더 했으면	한 소쿠리만 더 쌓았으면
여한餘恨 없이 이룰 공功을	여한 없이 이룰 공이었건만
어찌 이리 불급不及한고70	어찌 요만큼을 미치지 못하였는가?
이런 일을 본다 해도	이런 일을 본다 해도, 이루는지 여부에 따라
운수는 길어지고	달라지는 운수는 길게 영향을 주지만
조가튼71 잠시로다	조급함은 잠시일 뿐이로다.
생각고 생각하소72 ⑤	생각하고 생각하라.
연포連抱한73 좋은 나무가	아름드리 좋은 나무가
두어 자 썩었은들	두어 자 썩었다고 해도
양공良工은 불기不棄74라도	좋은 목수는 버리지 않는다.

---

70 마음이 성급해짐은 욕심이 생긴 것이므로 올바른 판단을 하기가 어렵다. ＊ 書經, 周書, 旅獒편. "嗚呼라 夙夜에 罔或不勤하소서 不矜細行하시면 終累大德하시리니 爲山九仞에 功虧一簣하니이다." 작은 일을 중시하지 않으면 마침내 큰 덕을 망칠 것입니다. 산 아홉 길을 쌓는데 공이 한 삼태기 때문에 무너집니다.(이기동, 서경강설, 성균관대 출판부, 423-424쪽) 주무왕이 상나라를 멸망시킨 뒤 소공이 간한 말로, 작은 잘못이라도 소홀히 하지 말고 철저히 경계하라는 뜻이다. '깨진 유리창 이론'이라는 게 있다. 미국 뉴욕의 우범지대는 치안 확보가 어려운 곳이었는데 이 이론을 적용해 치안 확보에 성공하였다. 즉, 깨진 유리창 하나는 별 것 아니지만 이를 방치하면 이곳은 유리창을 깨거나 다른 짓을 해도 괜찮은 곳이구나 하는 인식이 번져 더 환경이 악화된다는 것이다. 그러므로 작은 징후라도 철저히 대응하면 큰 사고나 범죄를 예방할 수 있다는 것으로 최근엔 이것을 회사나 나라의 경영에 응용하기도 한다.

71 조급함.

72 인생(운수)은 멀고 길게 봐야 한다. 잠깐의 조급함으로 큰 그림을 못 보면 평생 후회할 일이 생기기도 한다.

73 여러 아름이 되는.

74 뛰어난 장인은 재료가 좋으면 좋은 대로 나쁘면 나쁜 대로 그 특성을 살려 좋은 작품을 만들어 낸다. 아무리 나쁜 재료, 못난 사람이라도 그 쓰임이 따로 있다. 그것을 적재적소에 쓰는 사람이 양공-프로, 성공한 지도자다. "양공은 구부러진 재목을 거절하지 아니하고, 명의는 병든 사람을 거절하지 아니하고, 성인의 도를 배우는 자리에는 어리석은 사람을 거절하지 아니 하느니라."(대인접물) ＊ 孔叢子, 卷上, 第一嘉言: "杞나 梓가 連抱라면(기와 재는 좋은 나무의 이름) 몇 자 정도 썩은 부분이 있다고 할지라도 훌륭한 목수는 버리지 않습니다." 공자의 손자인 자사가 위나라에서 구변이라는 사람을 장군으로 추천하자, 위나라의 한 제후가 구변이 이전에 관리로 있을 때의 허물을 이야기하며 반대하였다. 그에 대해 자사가 '성인이 사람을 쓰는 방법은 마치 목수가 나무를 사용하는 것과 같다. 그 장점은 취하고 단점은 버리면 된다.'고 하면서 한 말.

그 말이 민망憫惘하다	하지만 그런 말이 민망하게
장인匠人이 불급不及하여	장인이 못나서
아니 보면 어찌 하리75 ⑥	그런 나무를 보지 못한다면 어찌 되겠는가?
그 말 저 말 다 하자니	이런 저런 말을 다하자니
말도 많고 글도 많아76	할 말도 많고 쓸 글도 많아
약간若干 약간 기록記錄하니	약간 약간 기록하니
여차如此 여차 우여차又如此라	이와 같도다.
이 글 보고 저 글 보고	이 글 보고 저 글 보고
무궁無窮한 그 이치理致를	무궁한 그 이치를, 확연한 것은 확연한 대로
불연기연不然其然 살펴내어77	헤아리기 어려운 것은 또 그대로 살펴내어
부야 흥야賦也興也 비比해 보면78	비유해서 설명한다.
글도 역시亦是 무궁無窮하고	한울의 이치를 설명하면 글로 해도 한이 없고
말도 역시 무궁이라79	말로 해도 끝이 없다.
무궁히 살펴내어	유한한 육신의 인식에 갇혀 있지 말고
무궁히 알았으면	무한 자유를 깨달아, 무궁히 알았으면
무궁한 이 울 속에	무궁한 한울님 안에
무궁한 내 아닌가80 ⑦	무궁한 내가 될 것이다.

---

75 세상에 완벽한 사람은 없다. 실력이 뛰어나면 조건이 까다롭고, 다른 중대한 결함이 있을 수 있다. 그런 독불장군보다, 보통사람들이 오히려 결함을 서로 보완해 가면서 상승효과를 내는 것이 바람직한 세상 아닐까? 불급한 장인은 제자의 자질을 알아채지 못한 스승을 말함인가, 스스로의 자질을 깨닫지 못하고 생을 허비하는 못난 사람을 말함인가?

76 진리는 하나지만 말로 설명하려면 팔만대장경으로도 모자란다. 몇 가지 비유로 설명하셨으니 나머지 스스로 마음을 열고 깨달아야 할 뿐이다.

77 기연은 눈앞에 보이고 확인되는 것이지만 그 속에 감춰진 근본은 알기 어려우므로 불연이라 한다. 그러나 지혜와 학문이 발달하면 종종 불연이 기연이 되기도 한다. 한울님 입장에선 모두가 기연일 뿐이지만.(불연기연 참조)

78 시경의 부체, 흥체, 비체.

79 한울님의 이치와 원리는 하나지만 그것이 하나하나의 현상에 적용되는 것은 무궁할 수밖에 없다. 그것을 일일이 비유해 가르치는 것도 무궁할 수밖에 없고.

(부)검결劍訣[1]

시호時乎[2]시호 이내 시호[3] 부재래지不再來之[4] 시호로다

만세일지萬世一之 장부丈夫[5]로서 오만년지五萬年之[6] 시호로다

용천검龍泉劍[7] 드는 칼을 아니 쓰고 무엇하리

무수장삼舞袖長衫[8] 떨쳐 입고 이 칼 저 칼 넌즛 들어

호호망망浩浩茫茫 넓은 천지天地 일신一身으로 비껴 서서

칼노래 한 곡조曲調를 시호시호 불러내니

용천검 날랜 칼은 일월日月을 희롱戲弄하고[9]

---

80 세상에 적용되는 수는 무궁하지만 모두 한울님 이치(원리, 울) 안이다. 내 몸은 하나지만 한울의 이치에 하나가 되면 무궁한 삶이 되니, 사는 모습은 다 달라도 모두가 한울 삶이다. 포덕문 공부하기 중 하느님인가 한울님인가 참조.

1 포덕2년(1861) 4월경 검결을, 포덕3년(1862) 2월에 검가를 지었다고 전해지는데, 검결과 검가가 다른 가사인지 확인할 수 없다. 초기 동학의 수행법은 주문을 읽는 것과, 심고하는 것, 경전을 음미하는 것으로 이루어져 있다. 그중 검가와 검무가 심신의 단련에 중요한 역할을 하지 않았나 생각된다. 유교에도 射라고 하여 활쏘기 수행을 하였고 신라의 화랑도에서도 무예를 수련하였다고 한다. 원래 동양 전통에서 문과 무는 분리될 수 없는 수행 과정이었다. 수운 선생은 검가를 부르며 목검으로 칼춤을 추고 제자들에게도 가르쳤다고 한다. 이는 진리와 현실, 마음과 몸을 함께 닦아야 한다는 性身雙全에 근거한 수련 방법으로 여겨진다. 그 내용상으로 봐도 보검을 들고 무적의 기개를 자랑하며 기뻐하는 내용으로 무극대도를 얻고 포덕천하의 큰 포부를 읊은 시이다. 칼로 상징되는 현실 개벽의 의지를 다지고 아울러 육체적인 수련도 병행한 증거이나, 현재는 이러한 육체적 수련의 전통이 실전된 상태로 어떤 형태로든 복원이 필요하다. 결국 검가와 검무는 당시 관의 탄압 구실 중 제일 큰 무장 반란을 의심하게 하는 구실이 되었다.

2 때가 왔구나! 봄엔 씨 뿌리고 가을엔 거두어야 한다. 가을에 씨 뿌려선 굶어죽기 십상이다. 어떤 결정을 내리고 선택 하는 때를 잘 아는 것이 성공의 시작이다. "대저 도는 때를 쓰고 활용하는데 있나니…."(용시용활) "세상만물이 나타나는 때가 있고 쓰는 때가 있으니…운을 따라 덕에 달하고 시기를 살피어 움직이면 일마다 공을 이루리라."(개벽운수)

3 나에게 온 좋은 기회로구나.

4 두 번 다시 오지 않음.

5 만 년에 한번 태어날 대장부.

6 인류의 역사를 10만년을 주기로 순환한다고 보고, 무극대도 이전을 선천 오만년, 진리가 온전히 밝혀진 무극대도 이후를 후천 오만년이라 한다.

7 용천검은 복잡하게 얽힌 개인의 번뇌를 끊고, 사회의 부조리를 베어내는 진리의 검이다. 칼은 또한 무력 또는 권력을 상징하니 세상을 바꿀 현실적인 힘-실력을 뜻하기도 한다.

8 소매가 긴, 춤추기 적합한 옷.

게으른 무수장삼 우주宇宙에 덮여 있네10

만고명장萬古名將 어디 있나 장부당전丈夫當前 무장사無壯士라11

좋을시고 좋을시고 이내 신명身命 좋을시고

---

9 날랜 칼은 진리를 닦은 실력을 상징한다. 그래야 온 세상(일월)을 바꿀 수(희롱) 있을 것이다.

10 소매 긴 옷이 천천히 움직이니 마치 온 세상이 덮인 듯함을 표현했다. '용천검 날랜 칼' 구절과
 댓구로, 무수장삼은 한울의 진리를 뜻한다.

11 이 대장부 앞에 당해낼 장사 없다. 만고의 명장이 따로 없다. 진리의 칼로 무장한 사람(장부)은
 어떤 일이 닥쳐도 어려운 것이 없다는 뜻.

해월신사법설 海月神師法說

一. 天地理氣천지이기

1-1. 古語曰 天地一水塊也
옛글에 이르기를 「천지는 한 물덩어리이니라.」

1-2. 天地未判前 北極太陰一水而已矣
한울과 땅이 시판되기 전은 북극태음 한 물일 뿐이니라.[1]

1-3. 水者 萬物之祖也
물이라는 것은 만물의 근원이니라.[2]

1-4. 水有陰水陽水也 人能見陽水不能見陰水也 人之在於陰水中 如魚之在於
陽水中也 人不見陰水 魚不見陽水也 確徹大悟然後 能睹[3]此玄妙之理也
물에는 음수(형상이 없는)와 양수(형상이 있는)가 있느니라. 사람은 능히 양수는
보고 음수는 보지 못하느니라. 사람이 음수 속에서 사는 것이 고기가 양수
속에서 사는 것과 같으니라. 사람은 음수를 보지 못하고 고기는 양수를 보
지 못하느니라.[4] 크게 깨달아서 확실히 통한 후에야 현묘한 이치를 능히 알

---

1 주역 계사상전 12장에 "易有太極하니 是生兩儀하고, 兩儀生四象하고, 四象이 生八卦라" 했다.
팔괘는 일 乾天, 이 兌澤, 삼 離火, 사 震雷, 오 巽風, 육 坎水, 칠 艮山, 팔 坤地로 우주대기 천지만
물의 쉬지 않고 변화하는 모습을 상징한다.(논학문 공부하기 참조) 그러므로 북은 물이 상징이고,
남은 불이 상징이다. 물은 숫자로는 육이 상징한다. 음양이 나뉘기 전은 무극으로 시간도 공간도 없
는 '무'의 상태이다. 무극은 양보다 음에 가까우므로 물이 상징한다. 그러므로 만물이 물(무극)에서
시작했다고 하는 것이다. "한 물이 처음 나뉘니 이것이 음양이요, 탁하면 땅이 되고 맑으면 한울이
라. 땅은 수화금목토요, 한울은 해와 달, 구성이 밝음이라."(의암성사법설, 명심장)
2 여기서 물은 무극을 상징하는 물(음수)과 물리학적 물(양수) 두 가지 의미가 있다. 무극에서 음
양, 오행이 생기며 만물이 생함은 위에서 말했고, 물리학적 물도 만물의 근원적 지위를 가질 수
있다.(천지이기 공부하기 참조)
3 睹 볼도. 目+者의 합성어. 者는 모으다는 뜻이 있어, 시선을 한 곳에 모아 집중해서 본다는 뜻이다.
4 음수는 사람이 호흡하는 대기 또는 우주에 가득한 지기. 누구나 숨을 쉬며 살아가지만 그 고마움

수가 있느니라.5

1-5. 何以爲日 何以爲月乎 日陽之精也 月陰之精也

무엇이 해가 되었으며 무엇이 달이 되었는가. 해는 양의 정이요 달은 음의
정이니라.

1-6. 曰「太陽 火之精 太陰 水之精 火亦出於水乎」曰「然矣」

묻기를 「태양은 불의 정이요 태음은 물의 정이니, 불도 또한 물에서 나왔습
니까.」 대답하시기를 「그러하니라.」6

1-7. 曰「何爲其然也」曰「天地一水而已 又況其間化出之二七火 奚7獨不
出於北極一水中乎故 曰天地未判之前 北極太陰一水而已者此之謂也」

묻기를 「어찌하여 그러합니까.」 대답하시기를 「한울과 땅도 한 물일 뿐인
데, 하물며 그 사이에서 화출한 불이 어찌 홀로 북극 태음 한 물속에서 나지
않았겠는가. 그러므로 한울과 땅이 시판되기 전은 북극 태음 한 덩어리 물
일 뿐이라고 하는 것은 이를 이름이니라.」

1-8. 曰「何謂天開於子乎」曰「卽北極一六水也故 天一生水者也 此曰天一生
水 水生於天乎 天生於水乎 水生天 天反生水 互相變化 造化無窮也 然而 陽

을 아는 사람은 많지 않다. 가끔 도와주는 친구는 고맙지만 늘 도움을 주는 부모와 배우자에게는
고마움을 못 느끼는 것과 마찬가지. 그러나 없으면 무엇이 소중한지 알 수 있게 된다.(음수와 양
수는 천지이기 공부하기 참조)

5 누구나 한울의 지기를 모시고 살아가지만 그 기운을 알고 느끼는 사람이 얼마나 되는가? 자신의
본질을 잊고 사는 데서 모든 불행과 비극이 시작된다.

6 불이나 물은 상징이다. 세상을 설명하는 상징체계다. 무극(물)에서 만물이 시작되었음을 생각할
것. 형상에 집착할 필요가 없다. 이집트 신화에서도 Nun이라는 물의 신에서 태양신 Ra가 태어난
다고 한다. 사는 곳도, 표현도 다르지만 사람들이 세상을 이해하는 것은 상통하기 마련이다.

7 奚 어찌 해.

屬之乾故 體乾健無息之理 有晝顯夜冥之度 無晦望盈虛之數 陰屬之坤故 有晦
望虧滿之度 與潮水往來相配相沖 婦人經道 亦體此理也」

묻기를「어찌하여 한울이 자(子)에 열렸다고 합니까.」대답하시기를「이것은
곧 북극 일륙수(一六水)이니라.8 그러므로 한울이 하나로 물을 낳았다고 하느
니라. 이것이 한울이 하나로 물을 낳았다고 이르는 것이니, 물이 한울에서
생하였는가, 한울이 물에서 생하였는가. 물이 한울을 낳고 한울이 도리어
물을 낳아서 서로 변하고 화하여 조화가 무궁하니라. 그러나 양은 건에 속
했으므로 건이 굳세고 쉼이 없는 이치를 체로하여, 낮에는 밝고 밤에는 어
두운 도수가 있고 그믐과 보름에 찼다 비었다 하는 수는 없으며, 음은 곤에
속했으므로 그믐과 보름에 이지러졌다 가득 찼다 하는 도수가 있어, 조수와
더불어 왕래하여 서로 짝하고 서로 화하는 것이니, 부인 경도도 또한 이 이
치를 체로 한 것이니라.9」

1-9. 大凡 斯人 凝胎厥初 一點水而已 至一月 其水形如露 至二月 其水形如
箇珠 至三月以化工玄妙造化之手段 收母氏血氣 輸入胎門 先成鼻目 次次成形
頭圓體天 象太陽之數 體魄象太陰 五臟象五行 六腑象六氣 四肢象四時 手掌
卽從心所欲造化之手故 一掌之內 特排八門 九宮 太陰 太陽 四時 十二月之數
而化生

무릇 사람이 잉태할 처음에 한 점의 물뿐이요. 일 개월이 되면 그 물의 형상

---

8 물은 숫자로는 일과 육이고 북쪽을 상징한다. 시간으로는 자시(오후 11시-오전 1시)이니, 가장
   음이 성할 때다. 음이 극성하면 양의 기운이 태동한다. 그러므로 한겨울 동지에 봄의 기운이 시작
   되고, 한 여름 하지에는 가을의 기운이 시작된다.(천지이기 공부하기 참조)

9 해는 陽, 남성의 상징이고 달은 陰, 여성의 상징이다. 해가 뜨면 밝고, 지면 어둠이 된다. 중간은
   없다. 그러나 달은 초승달에서 보름달, 다시 그믐달로 정도에 변화가 있다. 남자들은 '모 아니면
   도'식의 도박을 좋아하고 성공과 좌절을 반복하지만 여성들은 상황이 안 좋으면 움츠러들어 원
   기를 보존하다 때가 되면 활짝 피는 유연함이 있다. 서로 보완하고 같이 해야 할 이유다.(천지이
   기 공부하기 참조)

이 이슬과 같고, 이 개월이 되면 그 물의 형상이 한 알의 구슬과 같고, 삼 개월이 되면 화공현묘 조화의 수단으로 어머님 혈기를 받되 태문으로 받아들이는데, 먼저 코와 눈을 이루고 차차 형상을 이루고,10 머리가 둥근 것은 한울을 체로 하여 태양의 수를 상징하고, 몸의 넋은 태음을 상징하고,11 오장은 오행을 상징하고,12 육부는 육기를 상징하고,13 사지는 사시를 상징하고, 손은 곧 마음 내키는 대로 하는 바, 조화의 수단이므로 한 손바닥 안에 특별히 팔문, 구궁,14 태음, 태양, 사시, 열두 달의 수를 늘어놓아15 화생하느니라.16

1-10. 或問曰「理氣二字 何者居先乎」 答曰「天地 陰陽 日月於千萬物化生之

---

10 정자와 난자가 수정(하나의 세포; 한점의 물)되어 자궁에 착상되면 4-5주경엔 임신낭(이슬모양의 물주머니)이 확인되고, 6-7주경엔 임신낭 내에 난황낭이라는 반지 모양이 보이면서 심박동이 확인된다. 10-12주면 태아의 모든 형상이 갖추어져 보인다.

11 天圓地方이라 하여 하늘은 둥글고 땅은 네 방향의 모서리가 있다고 여겼다. 하늘의 기운은 魂이고 땅의 기운은 魄이라고 생각해서 사후에 혼은 하늘로 백은 땅으로 돌아간다고 여겼고, 머리가 둥근 것은 하늘을, 사지는 땅의 네 방향을 상징한 것으로 본 것이다. 이 모두가 至氣이다.

12 오장은 간장·심장·비장·폐장·신장.(천지이기 공부하기 참조)

13 육부는 대장·소장·쓸개·위·삼초(三焦)·방광 등을 말하며, 육기는 하늘과 땅 사이의 생명 변화하는 모든 기를 상징한다.(천지이기 공부하기 참조)

14 팔문, 구궁은 천지이기 공부하기 참조.

15 엄지의 두 마디는 음, 양을 상징하고 나머지 네 손가락의 세 마디는 1월부터 12월까지이다. 중지가 긴 것은 여름(음력 4, 5, 6월)이 긴 것을 상징하고 새끼손가락이 짧은 것은 겨울(음력 10, 11, 12월)이 짧은 것을 상징한다.

16 "덕이 있는 바를 알지 못하거든 내 몸의 화해난 것을 헤아리라."(전팔절) 덕이란 한울의 이치가 실현된 것이다. 만물이 모두 한울의 이치가 실현된 것들이지만 가장 가깝고 또 놀라운 것이 내 몸이 아닌가? 동양에선 예부터 인간을 소우주로 여겨 한 존재 안에 우주의 이치가 그대로 담겨있다고 여겼다. 자연과 인간은 분리된 것이 아니라 한 기운 안에서 교감하고 하나일 때 건강한 것이므로, 인간은 자연의 이치에 맞게 살아야 하고 그 이치를 거스르면 병이 생긴다. 이렇게 하늘과 사람이 서로 응한다는 天人相應의 개념은 전통의학에도 그대로 반영된다. "하늘은 둥글고 땅은 나란하니 사람의 머리가 둥글고 발이 나란히 응하고, 하늘에 해와 달이 있으니 사람에게도 두 눈이 있고,…하늘에 사계절이 있으니 사람에게도 사지가 있고, 하늘에 오음이 있으니 사람에게도 오장이 있고, 하늘에 육률이 있으니 사람에게도 육부가 있고…이것이 사람과 천지가 서로 응하는 것이다"(황제내경, 영추, 사객) 그러므로 내 몸의 화해난 것을 살피고 내 마음을 닦는 것이 곧 한울의 진리를 공부하는 것이 된다.

理 莫非一理氣造化也 分而言之 氣者 天地 鬼神 造化 玄妙之總名 都是一氣
也」

어떤 이가 묻기를 「이치와 기운 두 글자에 어느 것이 먼저 입니까.」

　대답하시기를 「천지, 음양, 일월, 천만물의 화생한 이치가 한 이치 기운
의 조화 아님이 없는 것이니라. 나누어 말하면 기란 것은 천지 귀신 조화 현
묘를 총칭한 이름이니 도시 한 기운이니라.」[17]

1-11. 又曰 「化生天理 運動天氣 以理化生 以氣動止則 先理後氣 亦是當然
合言鬼神氣運造化都是一氣也 分言 鬼神難形難測 氣運剛健不息 造化 玄妙
無爲 究其根本 一氣而已 明辨初宣氣 理也 成形後運動 氣也 氣則理也 何必
分而二之 氣者造化之元體根本也 理者造化之玄妙也 氣生理 理生氣 成天地
之數 化萬物之理 以立天地大定數也」

또 말씀하시기를 「화해 낳는 것은 한울 이치요 움직이는 것은 한울 기운이
니, 이치로 화생하고 기운으로 동정하는 것인즉, 먼저 이치요 뒤에 기운이
라고 해도 당연하나 합하여 말하면 귀신, 기운, 조화가 도시 한 기운이요,
나누어 말하면 귀신은 형상하기도 어렵고 헤아리기도 어려운 것이요,[18] 기
운은 굳세고 건실하여 쉬지 않는 것이요, 조화는 현묘하여 함이 없이 되는
것이니, 그 근본을 상고하면 한 기운뿐이니라. 밝게 분별하여 말하면 처음
에 기운을 편 것은 이치요, 형상을 이룬 뒤에 움직이는 것은 기운이니, 기운

---

17 우주에 가득 찬 것은 혼원지일기, 하나의 지기이다. 이 지기 대 생명이 활동하기 전 가능성으로
　의 원리를 이치라고 한다. 그러므로 이치와 기운은 동전의 양면 같은 관계. 어떤 사람을 평할 때
　그 사람이 조용히 있는 것을 본 사람은 내성적이라 할 것이고, 정열적으로 활동하는 것을 본 사
　람은 활동적이라 할 것이다. 맞고 틀리는 것이 아니라 그때그때의 상태일 뿐, 모두 그 사람의 모
　습이다.
18 "귀신이란 것은 무엇인가. 음양으로 말하면 음은 귀, 양은 신이요, 성심으로 말하면 성은 귀, 심
　은 신이요, 굴신으로 말하면 굴은 귀, 신은 신이요, 동정으로 말하면 정은 귀, 동은 신이니라."
　(천지인 귀신 음양) 귀신이나 음양 등은 따로 실체가 있는 것이 아니라 모두 현상을 설명하는 방
　식이다.

은 곧 이치라 어찌 반드시 나누어서 둘이라 하겠는가. 기란 것은 조화의 원체 근본이요, 이치란 것은 조화의 현묘니, 기운이 이치를 낳고 이치가 기운을 낳아 천지의 수를 이루고 만물의 이치가 되어 천지 대정수를 세운 것이니라.」19

<천지이기 공부하기>

1. 물과 청수

물은 섭씨 0~100℃의 대기압에서 아직까지 지구상에만 존재하는 것으로 여겨지는 액체 상태의 물질이다. 지구에서는 너무나 흔한 물은 그러나 우주에서는 아직 볼 수 없다. 단지 얼음 알갱이나 기체 상태로 존재하는 것으로 추정된다. 태양 주위에는 골디락스 영역(Goldilocks zone)이 있는데, 이 영역보다 태양에서 멀어지면 물이 얼어붙고, 더 가까우면 물이 끓는다. 즉 이 영역에서만 생명이 살 수 있는 것이다. 지구가 그 영역에 속해 있다.

현재 지구상의 모든 생명은 그 기원이 바다였을 것으로 추정한다. 육지에 사는 포유류인 사람도 열 달 동안 양수 속에서 크다가 생존이 가능할 때 밖으로 나오고, 인체의 대부분(70%)은 물로 이루어져 있다. 몸의 물이 조금만 부족해져도(탈수) 목숨이 위험해진다.

물은 또한 빙점 이하에서 얼음이 되면 비중이 낮아진다. 대부분의 액체가 고체가 되면 비중이 높아지는 것과 반대다. 덕분에 겨울에 호수가 얼어도 얼음 아래 물은 섭씨 4도 정도의 수온을 유지할 수 있다. 만약 얼음이 비중

---

19 이치와 기운을 음과 양으로 본다면 태극인 것이고, 태극은 4괘가 4괘는 다시 8괘가, 8괘는 64괘가 된다. 이렇게 세상과 만물이 다양한 경우의 수로 분화되고 변해가는 것을 궁리하고 추리해 보는 것이 주역이고 대정수다.

이 높아 아래서부터 언다면 수중 생물은 겨울 동안 모두 죽을 것이다.

지구는 또한 표면 대부분이 물이고, 빙하가 모두 녹으면 모든 육지가 물로 덮인다고 한다. 지구 온난화로 평균기온이 1℃ 올라가 빙하가 녹으면 지구상의 기온이 극심한 변화를 겪는다. 이 모두가 물의 힘이다.

예부터 물은 만물의 근원 대접을 받아 왔다. 노자사상에 나타난 물을 정리해 보면, 물은 위에서 아래로 흐른다. 즉 자기를 내세우지 아니하며, 자기를 우월하다고 생각지 않는다. 사람들이 가기 싫어하는 비속한 데(낮은 곳)까지 즐겨가면서도 또 산꼭대기까지 안 가는 곳이 없다. 자기를 낮추기 때문에 오히려 높아진다. 안 가는 곳이 없이 다 가면서도 만물과 다투지 않는다. 바위가 있으면 점잖게 슥 비켜 갈 뿐이다. 또 가는 곳마다 만물을 이롭게 한다. 만물에게 생명력을 부여하면서도 부여한 대상을 소유하지 않으며 모든 것이 되어 가도록 하면서도 권위나 권리를 주장하지 않는다. 만물이 되도록 해주면서도 거기에 기대거나 의뢰치 않는다. 공이 이루어져도 그 공 자체를 초탈해 버리고 그 속에 안주하려고 하지 않는다. 그럼으로써 오히려 영원하다. 높은 것은 깎아내고 낮은 것은 메우는 평형작용이 있다. 이것은 노자의 사회평등관을 나타낸다.(김용옥, 동양학 어떻게 할 것인가, 1988, 통나무, 307쪽)

또한 정화수와 청수는 우리 민족과 동학의 신앙을 상징하는 모습이기도 하다. 천도교사에 나타난 청수와 관련된 기사를 보면, 포덕전 1년(1859) 10월에 수운 선생이 10여 년의 주유천하에도 창생을 건질 도를 구하지 못하고, 울산 여시바윗골에서 기도 중 을묘천서를 받아 그 가르침대로 내원암과 적멸굴에서 49일 기도를 행하였다. 이후 가족과 함께 용담 고가로 귀환하여 '불출산외'를 맹세하며 최후의 수행을 하시는데 이때 하루 세 때-자시, 인시, 오시-청수를 모셔 놓고 공부하였다고 한다.

또한 경신년 4월 5일 수운 선생이 득도할 때의 모습을 보면 "한울님 하신 말씀, 지각없는 인생들아 삼신산 불사약을 사람마다 볼까 보냐. 미련한

이 인생아 네가 다시 그려 내서 그릇 안에 살라 두고 냉수 일 배 떠다가서 일장탄복 하였어라. 이 말씀 들은 후에, 바삐 한 장 그려 내어 물에 타서 먹어 보니 무성무취 다시 없고 무자미지 특심이라. 그럭저럭 먹은 부가 수백 장이 되었더라."(안심가)고 하여 영부와 청수를 기록하였다.

포덕2년(1861, 辛酉) 6월 2일 용담의 문을 활짝 열고 모여드는 사람들에게 도를 가르치기 시작했다. 이때 모든 제자들에게 출입기거에 '고천告天'할 것과 하루 세 번(자, 인, 오) 청수 모시는 법을 가르쳤다.

포덕5년 3월 10일, 대구장대에서 수운 선생을 참수하려 할 때 망나니의 칼이 수운 선생의 몸을 상하지 못했다. 이때 수운 선생이 형리에게 명하여 "보국안민 포덕천하 광제창생"의 글을 쓰고 청수 한 그릇을 모셔 놓고 기도한 후 형을 받았다고 한다.

포덕16년(1875) 8월, 해월 선생이 청수를 교단 내 모든 의식의 표준으로 삼았다. "물은 그 성질이 맑고 그 본질이 움직이는 것이며 또한 없는 곳이 없어 가히 만물의 근원이라 이를지니 내 이로써 각종 의식의 표준을 정하노라."

포덕47년(1906) 4월 20일, 종령 제24호에 의해 하오 9시 기도식과 모든 의식에 반드시 청수를 봉전하게 되었다.(조기주, 동학의 원류, 1982, 천도교 중앙총부, 24, 71, 72, 281쪽; 천도교 백년약사, 79-84쪽)

2. 음수와 양수

양수는 눈에 보이는 현실 세계, 음수는 보이지 않는 진실로 생각할 수 있다. 보이는 것이 다가 아니다. 보이는 것의 이면에 더 큰 진실이 숨어 있는 경우가 많다. 아름다운 꽃에는 가시가 숨어 있고, 지저분한 흙에는 생명의 씨앗을 품고 있다. 나도 모르게 쓰고 있는 선입견의 색안경을 벗어 버리는 것이 진실에 다가가는 첩경이다.

피카소가 기차를 타고 가다 옆 좌석의 사람과 대화를 하게 되었다. 피카소를 알아본 그 사람은 현대 예술이 실재를 왜곡한다며 불평을 늘어놓았는데(피카소 그림이 흔히 생각하는 그림과는 많이 다르긴 하다), 피카소가 그에게 실재라는 것의 믿을 만한 본보기가 있다면 보고 싶다고 했다. 그는 지갑 크기의 사진을 한 장 꺼내며 이렇게 말했다. "이거요! 진짜 사진이죠. 내 아내와 정말 똑같은 사진이오." 피카소는 그 사진을 여러 각도에서 주의 깊게 들여다보았다. 위에서, 아래로도, 옆에서도 보고 나서 피카소는 말했다. "당신 부인은 끔찍하게 작군요. 게다가 납작하고요."(로버트 루트번스타인, 생각의 탄생, 46쪽)

초현실주의 화가 르네 마그리트의 대표작 중 유명한 파이프 그림이 있다. (담배)파이프 하나가 중앙에 그려져 있고 그 아래엔 한 구절 친절한(?) 설명이 나온다. "이것은 파이프가 아니다."

작가의 의도는 파이프 그림이 파이프 실체를 대신하거나, 온전히 설명할 수는 없다는 것이다. 일면을 표현할 수는 있지만. 진실은 항상 여러 측면에서 다양한 이해를 포괄적으로 해야 접근할 수 있는 법이다.

"사람이 한울을 모신 것 아니라 한울이 사람을 거느렸고, 입이 말을 하는 것 아니라 말이 입을 가르치고, 귀가 소리를 듣는 것 아니라 소리가 귀에 부딪치고, 혀가 맛을 아는 것 아니라 맛이 혀를 가르치더라."(의암성사법설, 강시)

눈에 보이는 현상계(양수)와 보이지 않는 이치-영의 세계(음수)는 동전의 양면이다. 하나의 세계일 뿐이지만 우리의 습관된 의식은 그것을 분별할 뿐 아니라 아예 한쪽 면은 보지 못하기도 한다. 이런 분별지를 벗고 이쪽과 저쪽, 나와 남, 기연과 불연이 하나로 인식되는 것이 마음공부요 개벽이다. 각자위심의 분열된 세상을 치유하는 첩경이다.

3. 북극 일륙수

주역의 근거가 된 하도河圖에 따르면 천수天數(1, 3, 5, 7, 9)와 지수地數(2, 4, 6, 8, 10)가 있고 이것의 관계와 상징하는 것은 다음과 같다.

1(天)生 – 6(地)成 – 水 – 北

2(地)生 – 7(天)成 – 火 – 南

3(天)生 – 8(地)成 – 木 – 東

4(地)生 – 9(天)成 – 金 – 西

5(天)生 –10(地)成 – 土 – 中 (금장태, 조선유학의 주역사상, 38쪽)

이것이 오행이고, 오행에서 물은 1에서 생하고 6에서 이루어지며 그 방위는 북쪽을 상징한다. 주역 계사상 9장에 '1이 변하여 물을 낳으면 6이 화하여 이룬다.'고 하였다. 10은 완전수로, 음양의 합일되는 진리를 상징한다.

4. 음양

음양오행은 예부터 동양에서 우주의 원리를 이해하고 설명하는 핵심이다. 이는 오히려 요즘 들어 갈수록 더 각광 받기도 한다. 즉 오늘날 사회변혁의 한가운데 디지털 정보화 혁명이 있다. 컴퓨터와 정보망(인터넷) 덕분에 예전에는 소수의 사람들이 독점하며 권력의 기반으로 삼았던 정보들에 실시간으로 누구나 접근할 수 있게 된 것이다. 정보화와 개방이 진행된 곳일수록 소수에 의한 독재가 불가능해지고 민주화가 성숙해진다.

그런데 이러한 디지털의 기본은 이진법으로 17세기 독일의 수학자 라이프니츠(1646~1716)가 고안한 것으로 알려져 있다. 라이프니츠가 활동하던 당시는 중국과 교류하면서 동양문명이 알려졌는데 그는 당시 중국에서 선교활동 중이던 예수회 신부 부베로부터 주역 64괘도를 전해 받아 주역을 연구하여 '이진법 산술에 관하여'라는 논문을 쓰게 된다. 이 논문에서 이진법의 표기와 그것의 가감승제를 처음 보여주었는데 그 논문의 부제는 다음과 같았다. '0과 1의 기호만을 사용, 그 효용 및 그것이 복희의 고대 중국의 괘상에 주는 의미에 관한 고찰'

음양으로 만물을 설명하는 주역이 곧 이진법이 아닌가!

5. 오장

오장은 간장·심장·비장·폐장·신장, 육부는 대장·소장·쓸개·위·삼
초(三焦)·방광 등을 말한다. 장臟은 내부가 충실한 것, 부腑는 반대로 공허한
기관을 가리킨다. 삼초는 해부학상의 기관은 아니며, 상초上焦·중초·하초로
나뉘어 각각 호흡기관·소화기관·비뇨생식기관을 가리킨다. 원래 오장육부五
藏六府라고 썼으나 후대에 육월편肉月偏을 붙여서 오장육부五臟六腑라고 썼다.
장臟과 부腑는 창고라는 뜻이다.

한의학의 고전 『황제내경黃帝內經』의 소문편素問編에 "오장은 정기를 간직
하여 쏟아내지 않고 차서 실하지 아니하며, 육부는 소화물을 전하여 간직하
지 않고, 실해서 차지 않는다. 이것은 물이 입으로 들어가면 위가 실하고 장
이 허해지며, 음식물이 내려가면 장이 실하고 위가 허해진다. 그러므로 실
해서 차지 않고, 차서 실하지 아니하다."라고 하였다. 또 장부를 오행(五行:목·
화·토·금·수)에 맞추어 음양오행설이라는 동양적인 자연철학으로 기능적인 상
관관계를 설명하였다.

6. 육부와 육기

무극에서 태극(음양)이 생기고 음양에서 사괘, 팔괘, 64괘가 생긴다. 즉 괘는
음과 양 사이에서 모든 만물이 생기는 것을 상징한다.

팔괘 중 건곤(☰, ☷)은 부모의 괘가 되고 나머지 6괘는 하늘과 땅 사이에
생기는 자녀의 괘가 된다. 손풍巽風(☴), 감수坎水(☵), 이화離火(☲), 간산艮山(☶),
태택兌澤(☱), 진뢰震雷(☳) 이 여섯을 자녀 괘라 한다.(남동원, 주역해의 3, 343쪽)

팔괘의 효는 셋으로 천지인 삼재를 상징한다. 그러나 3획 괘는 천지인이
각각 1획으로 되어 단독으로 고립되어서 음양의 변화를 일으키지 못한다.
그러므로 천지인 각각에 음양의 변화를 주어 6획 괘가 되니 이것이 64괘다.
6획괘에서 초효(맨아래 획)는 지地의 양陽이 되고, 2효는 지地의 음陰이 된다. 3

효는 인人의 양이고, 4효는 인人의 음이다. 5효는 천天의 양이고, 상효는 천 天의 음이 된다. 이렇게 해서 천, 지, 인에 음양이 각각 갖추어져 역의 변화 하는 도리가 이루어진다.(남동원, 앞의 책, 308-309쪽) 그러므로 육기는 삼음과 삼양으로 하늘과 땅 사이의 생명 변화하는 모든 기를 상징한다.

구체적으로 육기를 음양陰陽, 풍우風雨, 회명晦明의 여섯 가지 기로 이야기 하기도 한다.(박정규 역, 풍우란, 중국철학사, 71)

7. 팔문과 구궁

주역周易의 후천수後天數인 낙서洛書에 연월일시의 수를 적용하고 구성九星과 팔문八門을 붙여 길흉을 점치는 방법. 낙서의 배치 수에 따라 감坎이 1, 곤坤 이 2, 진震이 3, 손巽이 4, 중궁中宮이 5, 건乾이 6, 태兌가 7, 간艮이 8, 이離가 9의 순으로 되어 있다.

8문은 생문生門·상문傷門·두문杜門·경문景門·사문死門·경문驚門·개문 開門·휴문休門으로 계절에 따라 중앙을 제외한 8방에 배치한다. 9성은 태을 太乙·섭제攝提·헌원軒轅·초요招搖·천부天符·청룡靑龍·함지咸池·태음太 陰·천을天乙이며 계절에 따라 배치하여 그 길흉과 상극과 휴왕休旺에 따라 상황 판단과 성패를 결정한다.

이러한 구궁법은 중국의 헌원씨軒轅氏 때부터 시작하여 점차로 발전되어 오다가 주周나라 문왕文王이 『주역』을 만들 때 확정된 것으로, 창시자는 강 태공姜太公이라 전해진다. 많은 사람들에 의해 연구가 거듭되었으며 천문과 지리로부터 인간의 일상사에 이르기까지 길흉과 성패를 결정하는 중요한 법칙이 되었다.(야후 백과사전)

二. 天地父母천지부모

2-1. 天地卽父母 父母卽天地 天地父母一體也 父母之胞胎 卽天地之胞胎 今人但知父母胞胎之理 不知天地胞胎之理氣也

천지는 곧 부모요 부모는 곧 천지니, 천지부모는 일체니라. 부모의 포태가 곧 천지의 포태니, 지금 사람들은 다만 부모 포태의 이치만 알고 천지포태의 이치와 기운을 알지 못하느니라.[1]

2-2. 天地盖載 非德而何也 日月照臨 非恩而何也 萬物化生 非天地理氣造化而何也

한울과 땅이 덮고 실었으니 덕이 아니고 무엇이며, 해와 달이 비치었으니 은혜가 아니고 무엇이며, 만물이 화해 낳으니 천지 이기의 조화가 아니고 무엇인가.[2]

2-3. 天地萬物之父母也故 經曰「主者稱其尊而與父母同事者也」又曰「察其古今則 人事之所爲」「稱其尊而與父母同事者」前聖未發之事 水雲大先生主始創之大道也 非至德孰能知之 不知天地其父母之理者 迄五萬年久矣 皆不知天地之父母則 億兆蒼生 孰能以孝養父母之道 敬奉天地乎

---

1 부부가 아기를 원해도 한울의 감응이 없으면 생기지 않는다. 한울의 간섭과 부부의 사랑이 합해져 생명이 생긴다. 실로 아기를 가지고 또 그 아기를 건강하게 낳는 것은 그 확률을 알면 얼마나 천운인지! 정자는 일회 사정시 1억에서 3억 마리가 나와 그 중 하나가 난자와 수정된다. 그러나 정자의 10-50%는 비정상 정자. 비정상 정자가 50%를 넘으면 임신이 잘 안 되는 불임이 되기 쉽다. 배란되는 난자도 10%는 비정상. 비정상 정자와 비정상 난자가 수정되면 유산되거나 기형아가 된다. 이렇게 본인도 모르게 초기에 임신되었다가 자연 유산되는 경우가 모든 임신의 15-20%로 알려져 있다. 그러나 연구자에 따라선 이 비율이 60%까지 된다고 하기도 한다.
2 내 생명이 영위되는 것은 내안의 생명(내유신령)뿐 아니라 내 밖의 기운(외유기화)과 끊임없는 소통을 전제한다. 잠시라도 마시고 먹고 숨 쉬지 않으면 살 수 없으니 생명이란 만물과의 그물망 연결이다. "태어나 살면서 욕되이 인륜에 처하여 천지의 덮고 실어주는 은혜를 느끼며 일월이 비추어 주는 덕을 입었으나…."(축문)

천지는 만물의 아버지요 어머니이니라. 그러므로 경에 이르기를 「님이란 것은 존칭하여 부모와 더불어 같이 섬기는 것이라」3 하시고, 또 말씀하시기를 「예와 이제를 살펴보면 인사의 할 바니라」4 하셨으니, 「존칭하여 부모와 더불어 같이 섬긴다」는 것은 옛 성인이 밝히지 못한 일이요 수운 대선생님께서 비로소 창명하신 큰 도이니라. 지극한 덕이 아니면 누가 능히 알겠는가. 천지가 그 부모인 이치를 알지 못한 것이 오만년이 지나도록 오래 되었으니, 다 천지가 부모임을 알지 못하면 억조창생이 누가 능히 부모에게 효도하고 봉양하는 도로써 공경스럽게 천지를 받들 것인가.5

2-4. 天地父母永侍不忘 如臨深淵 如履薄氷然 至誠至孝 極盡極敬 人子之道理也 爲其子女者 不敬父母則 父母大怒 降罰於其最愛之子女 戒之愼之

천지부모를 길이 모셔 잊지 않는 것을 깊은 물가에 이르듯이 하며 엷은 얼음을 밟는 듯이 하여,6 지성으로 효도를 다하고 극진히 공경을 다하는 것은 사람의 자식 된 도리이니라. 그 아들과 딸 된 자가 부모를 공경치 아니하면, 부모가 크게 노하여 가장 사랑하는 아들딸에게 벌을 내리나니, 경계하고 삼

---

3 논학문 13절 주문 풀이 중 主者 풀이.
4 수덕문 6절, 사람으로서 당연히 해야 되는 일인데 제대로 못한다는 뜻.
5 동양에서는 우주의 운행 원리를 음양오행이나 이치, 기운 등으로 논리적으로 파악해 왔다. '怪力亂神'은 언급하지 않는다는 공자의 태도가 대표적인 동양의 관점이다. 그러므로 그들에게 신의 나라와 천당을 얘기하는 서학은 유치하고 비논리적인 미신일 따름이었다. 반면 일정한 교육과 교양이 뒷받침되지 않으면 사람들에게 설명하고 이끌기가 어려운 단점이 있다. 그러나 서학은 신의 명령에 따르기만 하면 되므로 무지한 사람들도 쉽게 이끌 수 있으되 신은 인간 세계와는 멀리 계신 범접할 수 없는 존재였다. 이렇듯 차가운 논리(동양)와, 일상의 인간사와 괴리된 신(서양)을 우리의 삶과 통합시킨 가르침이 '천지부모'의 가르침이다. 아이가 궁금하고 부족할 때 부모를 찾듯이, 그리고 자라서는 가장 가까운 존재로 상의하고 섬기듯이 천지의 한울님을 대하라는 것이다. 천지부모의 가르침은 수운 선생의 주문 풀이 중 '主者는 稱其存而如父母同事者也'라는 구절에서 연원한다.
6 깊은 물과 엷은 얼음 속은 습관심, 분별심의 세상, 그곳에 빠져 천심을 잃고 고해 속에 허우적대면 천지부모를 잊고 사는 것이니 불효가 된다. 이는 한울님의 간섭(외유기화)을 벗어난 각자위심에 빠짐을 뜻하니 세상 악질의 원인이 되기도 한다. 그러니 어찌 조심하지 않을 수 있으랴.

가라.7

2-5. 吾事父母之理 何待人言而强爲哉 都是大運未明之故也 勤勉不善之致也
實是慨嘆之處也
내가 부모 섬기는 이치를 어찌 다른 사람의 말을 기다려 억지로 할 것인가.
도무지 이것은 큰 운이 밝아지지 못한 까닭이요8 부지런히 힘써서 착한데
이르지 못한 탓이니, 참으로 개탄할 일이로다.9

2-6. 人是五行之秀氣也 穀是五行之元氣也 乳也者 人身之穀也 穀也者天地
之乳也
사람은 오행의 빼어난 기운이요 곡식은 오행의 으뜸가는 기운이니, 젖이란
것은 사람의 몸에서 나는 곡식이요, 곡식이란 것은 천지의 젖이니라.10

2-7. 父母之胞胎 卽天地之胞胎 人之幼孩時 唆其母乳 卽天地之乳也 長而食
五穀 亦是天地之乳也 幼而哺者非母之乳而何也 長而食者非天地之穀而何也

---

7 천지부모는 선악을 가리지 않는다. 인간사의 모든 인연도 천지부모의 입장에선 모두 같은 생명이
고 원소일 뿐이다. 그렇기 때문에 자신이 행한 바대로의 인과가 있을 뿐, 기도를 열심히 한다고
죄가 사해지진 않는다. 자신이 뿌린 대로 거둘 따름이다. 다만 그것을 부정하고 더욱 악한 인과를
만드느냐, 긍정하고 선한 인과를 만드느냐는 스스로 하기 나름이다. 하지만 그 인과는 모두 한울
의 그물망 안에서 이루어진다. 때문에 스스로 공경하고 정성하는 이는 도움의 간섭이 있을 것이
지만, 공경하지 못하는 이는 모두의 미움과 버림을 받을 것이니 이게 곧 한울님의 벌이 아니고 무
엇이랴.
8 대도가 밝혀진 지 150여 년이 지났고, 사람들의 의식이 깬 오늘날이지만, 세상 한쪽에선 순교
하면 천국에서 70인의 처녀를 얻을 수 있다며 폭탄 테러에 소중한 생명을 버리고, 미국의 부시
대통령은 이라크를 침략하면서 적들을 응징하라는 신의 말씀을 들었다고 한다. 과연 큰 운이 밝
아졌는가?
9 100년 전 전통사회는 부모를 공양하는 유가의 가르침이 이어지던 사회였다. 그렇기 때문에 천지
부모를 가르치면 쉽게 받아들일 수 있었다. 하지만 지금은 그런 전통이 흐려져 천지부모를 가르
치려면 부모 모시는 것부터 가르쳐야만 한다. 이미 해월 선생 당시에도 그런 전통 도덕이 무너지
기 시작하던 시기라 이런 탄식을 한 듯하다.
10 오행은 천지우주-한울의 元氣가 구체적으로 운용되는 것을 상징한다. 하늘과 땅 사이의 만물을
상징하기도 한다. 그 만물 중 가장 신령한 것이 사람. 그렇게 천지인 삼재의 이치가 이루어진다.

乳與穀者是天地之祿也

부모의 포태가 곧 천지의 포태니, 사람이 어렸을 때에 그 어머니 젖을 빠는 것은 곧 천지의 젖이요, 자라서 오곡을 먹는 것은 또한 천지의 젖이니라. 어려서 먹는 것이 어머님의 젖이 아니고 무엇이며, 자라서 먹는 것이 천지의 곡식이 아니고 무엇인가. 젖과 곡식은 다 이것이 천지의 녹이니라.11

2-8. 人知天地之祿則 必知食告之理也 知母之乳而長之則 必生孝養之心也 食告反哺之理也 報恩之道也 對食必告于天地 不忘其恩爲本也

사람이 천지의 녹인 줄을 알면 반드시 식고食告하는 이치를 알 것이요, 어머님의 젖으로 자란 줄을 알면 반드시 효도로 봉양할 마음이 생길 것이니라. 식고는 반포의 이치요 은덕을 갚는 도리이니,12 음식을 대하면 반드시 천지에 고하여 그 은덕을 잊지 않는 것이 근본이 되느니라.13

2-9. 何獨人衣人食乎 日亦衣衣月亦食食

어찌 홀로 사람만이 입고 사람만이 먹겠는가. 해도 역시 입고 입고 달도 역시 먹고 먹느니라.14

---

11 "물에는 음수와 양수가 있느니라. 사람은 능히 양수는 보고 음수는 보지 못하느니라. 사람이 음수 속에서 사는 것이 고기가 양수 속에서 사는 것과 같으니라."(천지이기) 우리가 늘 먹는 음식이 한울님의 젖임을 모르고 사니, 고기가 물을 깨닫지 못하는 것과 같다. 당연한 것이 과연 늘 있고 하찮은 것인가?

12 "가마귀 새끼가 도로 먹임이여, 저것도 또한 효도와 공경을 알고."(불연기연)

13 어찌 먹는 것뿐이랴. 모든 일에 한울님 이치와 기운이 아니면 이루어지지 못하니 매사를 고하고 감사해야 할 것이다. "잘 때에 잡니다 고하고, 일어날 때에 일어납니다 고하고…."(내수도문) 먹기 전에 식고를 잘해도 먹으면서 욕심껏 먹고, 감사하지 못하면 기도한 뜻이 있을까? 먹으면서 감사하고 한울의 기를 느낀다면 먹는 것도 수행이다. 다만 그것이 지나쳐 즐겁지 못한 식사가 되고 체하기라도 하면 그 또한 기도가 아니다.

14 만물은 서로의 기와 인력을 주고받는다. 그것을 먹는다고 표현하였다. 그러므로 먹는다는 것은 모든 기화작용을 표현한 것으로 보면 된다. 사람과 사람, 사물 모두는 서로 기를 주고받는다. 그것이 사랑이건, 인력이건, 자기장이건…. 사람의 내유신령과 외유기화의 균형이 깨지면 병이 생긴다. 해와 달의 인력이 균형이 깨진다면?

2-10. 人不離天天不離人故 人之一呼吸一動靜一衣食 是相與之機也

사람은 한울을 떠날 수 없고 한울은 사람을 떠날 수 없나니, 그러므로 사람의 한 호흡, 한 동정, 한 의식도 이는 서로 화하는 기틀이니라.15

2-11. 天依人 人依食 萬事知 食一碗

한울은 사람에 의지하고 사람은 먹는데 의지하나니, 만사를 안다는 것은 밥 한 그릇을 먹는 이치를 아는 데 있느니라.16

2-12. 人依食而資其生成 天依人而現其造化 人之呼吸動靜屈伸衣食 皆天主造化之力 天人相與之機 須臾不可離也

사람은 밥에 의지하여 그 생성을 돕고 한울은 사람에 의지하여 그 조화를 나타내는 것이니라. 사람의 호흡과 동정과 굴신과 의식은 다 한울님 조화의 힘이니, 한울님과 사람이 서로 화하는 기틀은 잠깐이라도 떨어지지 못할 것이니라.17

---

15 수운 선생이 "「시」라는 것은 안에 신령이 있고 밖에 기화가 있어 온 세상 사람이 각각 알아서 옮기지 않는 것이요"(논학문)라고 한 뜻이다. 어느 누구도 혼자서는 생명을 유지할 수 없다. 모든 생명과 한울이 서로 돕고 사랑해야 하는 이유다. "사람이 반드시 서로 사랑해야 큰 도를 반드시 얻으리니, 항상 생각하고 생각하라. 내가 뭇 사람을 사랑하면 뭇 사람이 한울 길에 가서 영의 다리를 반드시 이룰 것이요, 뭇 사람이 나를 사랑하면 내가 한울길에 가서 영의 다리를 반드시 이룰 것이니, 돌보고 돌보아 서로 사랑하면 반드시 성과를 얻을 수 있느니라. 성·심·신 삼단으로 서로 돕고 서로 사랑하면 대도의 큰 근본이 되느니라."(신통고)

16 한울은 허령이다. 허령은 물건에 자취를 남길 수 없으므로 육신이 있고 한울의 뜻을 아는 사람에 의해 그 실현을 의지한다. 또한 사람은 한울이 주시는 외유기화가 있어야 그 기운과 생명이 유지된다. 만물은 이렇듯 물 샐 틈 없는 생명의 그물로 연결되어 서로 기화한다. "한 그릇 밥도 백 사람의 노력으로 된 것이니, 정말 힘쓰지 않고는 부끄러워 감히 먹지 못하리라."(강시; 해월신사법설, 기타 참조)

17 "한울은 만물을 낳고 도는 일을 낳나니…한울이 없으면 생함이 없고, 생함이 없으면 먹는 바 없고, 먹는 바 없으면 일이 없고, 일이 없으면 도가 없을 지니라. 이런 고로 한울은 화생하는 직분을 지키므로 잠깐도 쉬고 떠나지 못하는 것이라…후천 운수를 알아 지키지 아니하면 한울이 간섭치 아니하는 바…놀다가도 죽고, 자다가도 죽고, 섰다가도 죽고, 앉았다가도 죽을지라."(권도문)

<천지부모 공부하기>

1. 오행과 오곡

오행은 만물을 그 유형별로 다섯 가지 특징에 따라 분류하여 이해하는 것으로 곡식도 그 형태와 성질에 따라 오행에 상응하는 다섯 가지를 든다. 전통적으로 나라마다 차이가 좀 있지만 우리나라는 예부터 쌀, 보리, 조, 콩, 기장의 다섯 가지를 오곡으로 든다.

		肝象木	心象火	脾象土	肺象金	腎象水
天	방위	동	남	중앙	서	북
	계절	봄	여름	한여름	가을	겨울
	기후	바람	열기	습기	건조	한기
	별	목성	화성	토성	금성	수성
地	오곡	보리(麥)	쌀(黍)	기장(稷)	조(穀)	콩(豆)
	오색	파랑	빨강	노랑	하양	검정
	오미	신맛	쓴맛	단맛	매운맛	짠맛
人	오장	간	심장	비장	폐	신장
	오관	눈	혀	입	코	귀
	七情	분노,놀람	기쁨	생각	슬픔, 우울	두려움
社會	五常	仁	禮	信	義	智

三. 道訣도결

3-1. 天地父母四字 字雖各異 其實都是一天字也 然則天地卽父母 父母卽天地 天地父母初無間焉 命乃在天天生萬民 先聖之所謂也 乾稱父坤稱母先賢之所論也

천지부모 네 글자는 글자는 비록 각각 다르나, 그 실은 도무지 한울 천 한 자니라. 그러면 천지는 곧 부모요 부모는 곧 천지니, 천지부모는 처음부터 사이가 없느니라. 목숨이 한울에 있음과 한울이 만민을 냄은 선성의 이른 바요, 건칭부 곤칭모는 선현의 말한 바라.[1]

3-2. 事天地如事父母 出入必告 一如定省之禮 開闢五萬年以後 先生之始刱者也 必有其然之理故 乃刱其然之道 使斯人 知斯德修斯道

천지 섬김을 부모 섬김과 같이 하되, 출입에 반드시 고하고 혼정신성[2]의 예의를 한결같이 하는 것은, 개벽 오만년 이후에 선생께서 시창한 것이라.[3] 반드시 그런 이치가 있으므로 이에 그러한 도를 시창하여, 사람으로 하여금 이 덕을 알게 하여 이 도를 닦게 하는 것이니라.[4]

---

1 부모도 내 생명을 주셨고 한울도 그러하다. 한울의 여러 모습 중 하늘을 아버지로 땅을 어머니로 비유하는 것은 음양사상 이후 오랜 전통이다.
2 昏定晨省; 밤에는 부모의 잠자리를 봐 드린 후 자고, 새벽에는 밤새 안녕히 주무셨는지 묻는다. 부모를 잘 섬기고 효성을 다함을 뜻한다. 禮記 曲禮上 ; 冬溫而夏淸 昏定而晨省 겨울에는 따뜻하게 해 드리고 여름에는 시원하게 해 드리며, 혼정과 신성을 한다.
3 "주라는 것은 존칭해서 부모와 더불어 같이 섬긴다는 것이요…"(논학문) 하늘과 땅을 부모처럼 여기라는 것은 예부터 전해지는 가르침이지만, 살아 계신 부모에게 대하듯이 이르고 질문하고 답을 듣고 하는 신앙 행위로 이끌어낸 것은 수운 선생의 창안이다. 심고의 구체적인 예는 내수도문 참조. 다만 부모에게 '저 나가요' 이러고 출타하는 사람(일방적 통고)과, '몇시에 누구와 만나서 무엇을 하고 언제쯤 들어오려 합니다' 하는 사람('잘 다녀와라' 아니면 '날씨가 좋지 않으니 다음에 가는 게 좋겠다'는 답을 듣고 행하는 것)중 누가 효자고 누가 부모의 사랑을 받겠는가? 한울님 천지부모의 뜻을 먼저 생각하고(고하고), 그 사랑과 간섭 속에 행하면 만사여의 될 것이다.
4 도를 따르면 도를 전한 사람에게 이득이 있는가? 세상엔 가르침을 전하며 사적인 이익을 취하는 사람이 많다. 그러나 진리를 전하는 사람은 오히려 자신을 희생하며 포덕한다. 그것이 진리이기

3-3. 挽近以來 人倫蔑如 丁寧知父母之生我育我 而慢而忽之 以孝子甚鮮 又 況微妙難測者 無形有跡天地父母之理 孰能敬畏 孝而奉之乎

근래에 와서 사람의 윤리가 업신여겨지게 되어5 정녕 부모가 나를 낳아 길러주신 것을 알면서도 등한히 하고 소홀히 하여 효도하는 자가 매우 적거늘, 하물며 미묘 난측한 무형유적의 천지부모의 이치를 누가 능히 경외하여 효성으로 봉양하겠는가.6

3-4. 凡今下品之人 强於的見 忽於無形 理固然矣 不足甚責 而道旣刱始則 豈 可但以歸之沒覺 全然抛置於暴棄之外乎

무릇 지금 하품 사람은, 보이는 데는 강하고 무형한 데 소홀히 함은 이치의 당연한 것이라. 심히 책하여도 모자랄 것이나 도가 이미 창시하였은즉, 어찌 가히 깨닫지 못한 것으로만 돌려 전연 돌보지 않고 포기하는 밖에 내버려 두겠는가.7

때문이다.

5 "이 근래에 오면서 온 세상 사람이 각자위심하여 천리를 순종치 아니하고 천명을 돌아보지 아니하므로…."(포덕문) 수운 선생의 고민과 해월 선생의 고민은 같은 것이었다. 사람들이 어떻게 하면 사람답게 살게 될 것인가!

6 눈으로 보고 늘 같이 사는 부모에게도 효도하지 못한다면 눈에 보이지 않는 한울님에게랴!(천지이기편, 음수 양수 설명 참조) 조선은 효를 으뜸으로 하는 유학의 나라였지만 조선말에는 망하기 전의 말기 현상, 즉 도덕이 무너지는 일이 많이 나타났다. 스승님께선 이를 한탄하고 계시는데, 오늘 우리 사는 모습을 보시면 얼마나 경악하실까? 부모를 모심으로서 은혜를 갚고 사람의 참 본성을 다시 찾는 것은 개인의 회복이기도 하고 가정의 회복이기도 하며 그를 통한 오래된 미래를 찾는 것이기도 하다.

7 사람이 볼 수 있는 범위는 얼마나 되는가? 거시적으로나 미시적으로나 극히 제한적인 것만 볼 수 있다. 현미경이 발명된 후 미생물의 세계가 확인되고 의학이 획기적으로 도약한 것은 잘 알려진 사실이다. 그러나 아직 사람들은 자신의 눈으로 본 것만을 믿으려 한다. 흙장난하고 들어온 아이에게 밥 먹기 전에 (병균이 많으니) 손을 씻으라고 해도 자신이 직접 보지 못한 것을 따르는 것은 잔소리 할 때뿐이다. 어찌 아이들뿐이랴. 사람이 평생을 다니며 본다고 해도 자신이 본 것은 세상을 바늘구멍으로 본 것보다도 적은데…. 어찌 보는 것뿐이랴. 우리의 오관이 진실을 보는 창이 아니라 왜곡하고 가리는 것이 된 지 오래다. 감각의 틀과 선입관을 깨고 진실을 직관하는 힘을 길러야 할 것이다. 음악의 경지를 위해 스스로 눈을 멀게 한 사광의 고사가 있지 않은가?

3-5. 所以 反覆思量 不拘淺薄 論而言之 提而惺之 盡心奉行 以尋其本 以達
其本 以達其源 恍然復赤子之心 的然卞天地之理則 不患不到聖哲之域矣
그러므로 생각을 거듭하여 천박함을 무릅쓰고 타일러 말하여 손잡아 깨우
쳐 주니,8 진심으로 행하여 그 근본을 찾아 그 근본을 통달하고 그 근원을
밝히어 황연히 적자의 마음을 회복하고9 확실히 천지의 이치를 분별하면,
성철의 경지에 이르지 못함을 근심하지 않으리라.10

3-6. 蓋此身髮 盡是天地父母之所遺也 非我之私物也 何嘗疎忽哉 今世之人
只言父母氣血胞胎之理 而不知天地造化 氣成理賦之本焉 或言理氣胞胎之數
而全昧落地以後 長養於天胞地胎自然理氣之中 可歎也
대개 이 몸은 모두 이것이 천지 부모의 주신 바요 나의 사물이 아니니,11 어
찌 소홀히 하리오. 지금 세상 사람은 다만 부모의 기혈포태의 이치만 말하
고, 천지조화 기성이부의 근본을 알지 못하며 혹은 이기포태의 수를 말하되,
낙지이후에 천포지태 자연이기의 가운데서 자라나고 있음을 전연 알지 못
하니12 가히 탄식할 일이로다.13

---

8 좋은 말도 반복하면 잔소리가 된다. 그럼에도 스승들께서는 사람들이 바른 삶으로 갈 수 있다면
  천박한 잔소리꾼이 되는 것을 마다하지 않으니, 이것이 한울을 위하는 위위심이 아닌가? 자신의
  이해관계나 체면에 상관없이 진심으로 위하는 마음으로 설득한다면 포덕이 어렵지 않을 것이다.
9 적자지심: 갓난아기의 마음. 욕심과 감관의 선입관에 물들지 않은 자유로운 마음을 뜻한다.
10 마음이 자유를 얻으면 벼슬과 돈과 명예가 무엇이 부러우랴.
11 나는 무엇(definition)인가? 내 몸인가? 내 이름인가? 내 직업인가? 내 재산인가? 어제의 나와
  오늘의 나는 먹은 것도 세포의 구성도 다른 존재다. 어느 것도 영원한 것은 없다. 내 존재가 영
  원하지 않은 허상일 뿐인데, 내 감정과 생각과 재산이 어찌 내 것이고 실체라 하겠는가?
12 부모의 사랑으로 아기가 생긴다. 이를 부모의 기혈포태라 하셨다. 그러나 임신이 되고 출생이
  되어도 한울이 간섭하여 호흡하고 동작하지 못하면 살 수 없다. 이러한 한울의 간섭과 소통이
  있어야 생명이 유지되는 것은 누구나 마찬가지다. 이를 천지조화 기성이부 또는 자연이기로 설
  명하셨다. 그러므로 생명은 부모의 기혈과 한울의 기운작용 모두 있어야 태어나고 자란다. 어느
  것이 중한가? 모두가 한울의 이치요 기운이다.
13 사람의 이성이 발달할수록 자연과 사람과의 다양하고 폭넓은 관계에서 자신만의 세계로 좁아
  지고 단절된다. 같이 있어도 대화도 없이 스마트폰만 보는 것이 현대인들이다. 그래서 현대인은
  부모와 가족도 해체된 외로운 존재가 된다. 이것은 발전인가, 퇴보인가?

3-7. 行住坐臥語默動靜 何莫非天地鬼神造化之跡 或云天理 或稱天德 然而
絶無孝敬一不奉事 實不知快然之理故也 父母生我育我 而自然長成者天地之
造化也 天地化我成我 而受天命而敎而養之者父母之恩德也 然則非天地無以
化我 非父母無以養我 天地父母覆育之恩何嘗少有間乎

행주좌와와 어묵동정이 어느 것이나 천지귀신조화의 자취 아님이 없건마
는,14 혹 천리를 말하고 혹 천덕을 말하나 그러나 전혀 효경함이 없고 하나
도 받들어 섬기지 아니하니, 실로 마음이 상쾌한 이치를 알지 못하는 까닭
이니라.15 부모가 나를 낳고 나를 기르나 자연히 성장하는 것은 천지의 조
화요, 천지가 나를 화생하고 나를 성장하게 하나 천명을 받아서 가르치고
기르는 것은 부모의 은덕이니 그런즉, 천지가 아니면 나를 화생함이 없고
부모가 아니면 나를 양육함이 없을 것이니, 천지부모가 복육하는 은혜가 어
찌 조금인들 사이가 있겠는가.16

3-8. 天地既有父母之名字 亦有父母之恩德則 以孝父母之道 奉以同事 敬而
同養 不亦宜乎 不亦可乎 先聖但言 身體髮膚受之於父母之恩 不明言受之於天
地之本故也 先聖豈曰不知 時有其時 運有其運 不先發未來之道而然也

천지는 이미 부모의 이름자가 있고 또한 부모의 은덕이 있은즉, 부모에게
효도하는 도로써 받들어서 같이 섬기고 공경하여 같이 봉양함이 또한 마땅
하지 않으며 또한 옳지 않겠는가. 선성이 다만 신체발부를 부모에게서 받은

---

14 실로 한울의 이치가 아니면 잠시라도 살아 있을 수 있는가? 호흡이라는 외유기화를 몇 분만 하
　지 못하면 살 수 없는 것이 사람이요 생명이다.

15 안다는 것도 등급(?)이 있다. 어설피 아는 것은 모르느니만 못한 경우도 많으니 확실히 확인하
　고 또한 아는 것을 실천하여 몸으로 체득해야 할 것이다. "그 그러함을 아는 사람과 그 그러함을
　믿는 사람과 그 그러한 마음을 기쁘게 느끼는 사람은 거리가 같지 아니하니…."(대인접물) 같은
　일을 해도 마지못해 하는 사람은 즐기는 사람을 못 당하는 법이다.

16 어린아이를 낳고 키우는 것은 부모다. 그러나 부모가 먹여 주더라도 그것을 소화시키고 몸과 마
　음이 자라는 것은 한울 이치와 기의 작용이다.

은혜만 말하고17, 천지에게서 받은 근본을 명확히 말하지 않은 까닭을, 선성이 어찌 알지 못한다 하리오. 때에는 그 때가 있고 운에는 그 운이 있어서, 먼저 미래의 도를 발설하지 못하여 그러한 것이니라.18

3-9. 天以陰陽五行化生萬民 長養五穀則 人是五行之秀氣也 穀亦五行之元氣也 以五行之元氣 飼養五行之秀氣 化而生之長而成之者 非天伊誰 非恩曰何 所以吾師受五萬年無極大運 布德于天下 使斯民 行斯道而知斯德者 只此一端也

한울님은 음양오행으로써19 만민을 화생하고 오곡을 장양한즉, 사람은 곧 오행의 가장 빼어난 기운이요, 곡식도 또한 오행의 으뜸가는 기운이라. 오행의 원기로써 오행의 수기를 기르나니, 화해서 나고 자라서 이루는 것은 이것이 한울님이 아니고 누구이며 은혜가 아니고 무엇이라 말하리오. 그렇기 때문에 우리 스승님께서 오만년 무극대운을 받아 덕을 천하에 펴서 이 사람들로 하여금 이 도를 행하여 이 덕을 알게 하는 것은 다만 이 한 가지 뿐이라.20

---

17 子曰 身體髮膚는 受之父母하니 不敢毁傷이 孝之始也요. 立身行道하여 揚名於後世하여 以顯父母가 孝之終也니라. 공자가 말하였다 "우리 몸은 부모에게 받은 것이니, 다치지 않는 것이 효도의 시작이며, 출세하여 후세에 이름을 날려 부모를 드러내는 것이 효의 끝이다."(효경)

18 19세기 당시는 예수가 신의 아들이라 하여 죽임을 당한 지 2000년이 다 되었지만 누구나 한울을 모시고 있는 신령한 존재라는 깨달음은 소수의 힘을 가진 사람들에겐 여전히 위험한 것이었고 대다수의 사람들은 스스로의 신령함을 자각하지 못한 채, 사회구조의 질곡에 갇혀 있었다. 이를 깨고자 하는 선각자들의 행보는 그래서 이중 삼중의 고난의 연속일 수밖에 없었다. 지금 사람들이 교통수단을 이용해 시간과 공간의 제약 없이 다니는 것을 당연히 여기지만 한세기 전만해도 그런 이야기를 하면 광인 취급 받는 것과 마찬가지.

19 우주의 모든 수는 1, 2, 3, 4, 5, 6, 7, 8, 9, 10으로 대표된다. 이중 홀수는 양(천)의 수요, 짝수는 음(지)의 수로 상징된다. 이 음수와 양수 다섯이 상징하는 것이 오행이다.(천지이기 편 북극 일류수에 대한 각주 참조)

20 음양오행은 우주만물을 이해하고 설명하는 전통적인 틀. 밝고 어둡고, 무겁고, 단단하고 뜨거운 따위 등의 물질의 특성에 따라 분류한 상징으로 이해하면 된다. 음을 상징하는 땅의 기운과 양을 상징하는 하늘의 기운을 오롯이 받아 길러진 오곡은 그래서 오행의 원기라 하신 것이다. 오행으로 빚어진 생명 중 가장 진화한 것이 사람이니 사람은 오행의 수기라 할 것이다. 그러므로 사람에게 가장 잘 맞는 먹을거리가 오곡이 되는 것이다. "사람이 먹는 물건이 많되 그중에 오곡은 순연한 정기라 이가 되고, 기타의 물건은 이해가 서로 절반이 되나, 제일 고기류는 해가 많

3-10. 吾師之大道宗旨 第一事天地如事父母之道也 第二食告如孝養生存父母
之理也 內修道 可不勉乎 快知食告之理則 道通在其中者此也

우리 스승님의 대도종지는 첫째는 천지 섬기기를 부모 섬기는 것과 같이 하
는 도요, 둘째 식고는 살아 계신 부모를 효양하는 이치와 같은 것이니 내수
도를 가히 힘쓰지 않겠는가.21 식고의 이치를 잘 알면 도통이 그 가운데 있
다는 것이 이것이니라.22

3-11. 今也不然 反師之道 違天之心 蔑天之理 而稱之曰修道 天佑神助尙矣
勿論 受天降譴明若觀火 今我道儒 旣受永侍天地父母之道 初焉以父母之道孝
敬 終焉以尋常路人待之則 其父母之心 豈可安乎 其子背親忘親而安往乎

지금은 그렇지 아니하여 스승님의 도를 배반하고23 한울님의 마음을 어기
고24 한울님의 이치를 업신여기면서25 말하기를 도를 닦는다고 하니26, 천

으며 술도 또한 해가 많으니라."(위생보호장) "포태하거든 육종을 먹지 말며…아무 고기라도
먹으면 그 고기 기운을 따라 사람이 나면 모질고 탁하니…."(내칙)

21 음식은 이렇게 되면 단순히 먹는 것에서 한울님을 키우는 성스러운 행위가 된다. 그것을 준비하
는 이가 내수도(부인)이므로 내수도가 중요해진다. 만일 음식을 준비하는 사람이 정성이 없이
준비하면, 깨끗하지 못하고 제대로 조리되지 않은 음식을 먹는 사람은 어찌 되겠는가? 생명이
상함은 곧 한울기운이 상하는 것이다.(부화부순, 부인수도 장 참조)

22 내 생명이 유지됨은 외유기화와 늘 소통하기 때문이다. 그에 대한 감사를 부모 섬기듯 하라 하
신 것이 천지부모의 뜻이고, 대표적인 감사의 행위가 식고이다. 그러나 어찌 먹을 때뿐이랴. 잠
시라도 살아 숨 쉬는 이 모든 삶이 다 감사해야 될 것을!

23 "묻기를 「도를 배반하고 돌아가는 자는 어째서입니까.」 대답하기를 「이런 사람은 족히 거론하지
않느니라.」 묻기를 「어찌하여 거론하지 않습니까.」 대답하기를 「공경하되 멀리할 것이니라.」"
(논학문) 도를 배반하고 떠나는 사람은 오늘은 물론이고 스승님 당시에도 있었다. 이것은 진리
를 온전히 깨닫지 못했거나, 도를 통해 개인적 욕심을 채우려 여의치 않아 떠나는 사람이 대
부분이다. 진리에 대한 확고한 신념이 있다면 사람들 간의 갈등이나 수행의 어려움들은 사소한
것일 수밖에 없다. 그러므로 우선 신앙의 심주가 서도록 해 주는 것이 가장 중요할 것이다.

24 한울님의 마음인 위위심, 양심을 따르지 않고 습관된 마음, 욕심을 따르면 한울님의 마음을 어
기는 것이다. 몸은 편할지 모르나 마음이 불편하고 한울님의 마음을 따르면 몸은 고생할지 모르
나 마음은 편해진다. 그래서 '수고롭고 괴롭고 부지런히 힘쓰는 도'(권도문)라 하지 않으셨나!
몸이 편할 것인가, 마음이 편한 삶을 살 것인가?

25 천지부모를 모시는 것은 천지부모를 위하는 것이다. 모든 만물이 천지부모 아님이 없으니 경천,
경인, 경물 해야 하는 것이다. 그러나 자신의 사리사욕만 취하는 사람은 다른 사람이나 물건을

우신조는 오히려 말할 것도 없고 한울님이 내리는 꾸지람을 받을 것이 명약관화한지라,27 이제 우리 도유는 이미 천지부모를 길이 모시는 도를 받았으나, 처음에 부모의 도로써 효경하다가 내종에 보통 길가는 사람으로서 대접하면 그 부모의 마음이 어찌 편안할 수 있으며,28 그 자식이 어버이를 배반하고 어버이를 잊어버리고 어디로 가겠는가.29

3-12. 天不干涉則寂然一塊物 是曰死矣 天常干涉則慧然一靈物 是曰生矣 人之一動一靜 豈非天地之所使乎 孜孜力行則 天感地應 敢以遂通者非天而何 孰慮詳察焉 夫婦卽天地 天地不和 斯天厭之 厭之則生禍 喜之則降福 益勉家內和順之地 如何 興言及此大惶大悚矣 戒之愼之 共成大運之地 伏祝伏祝 非我言耄惟聖之訓也 永世不忘若何

한울님이 간섭하지 않으면 고요한 한 물건 덩어리니 이것을 죽었다고 하는 것이요, 한울님이 항상 간섭하면 지혜로운 한 영물이니 이것을 살았다고 말하는 것이라.30 사람의 일동일정이 어찌 한울님의 시키는 바가 아니겠는가.

속이고 빼앗으므로 천지부모를 모셔야 하는 한울님의 이치를 거스르고 업신여기는 것이다.

26 참으로 무서운 질책이다. 겉으로 열심히 교회 다니고 기도하는 것 같지만 집이나 직장에서의 행동은 전혀 개벽됨이 없이, 가르침을 따르지 않는 사람을 탁명교인이라 한다. 해월 선생 당시에도 탁명교인이 많았던 듯하다. 하물며 지금 세상에야. "안으로 불량하고 겉으로 꾸며내면 이는 역시 기천자라."(도덕가) 나는 탁명교인이 아닌가? 내 삶은 신앙을 하면서 개벽되었는가?

27 한울님을 모시고 내유신령과 외유기화가 소통하며 한울님의 간섭 속에 살면 모든 일이 무위이화이지만, 한울님과 단절되고 각자위심하면, 한울님이 간섭하지 않는 곳에 탈이 난다. 몸에는 병이요, 일과 세상은 '苦海'가 될 것이다. 이것이 한울님의 꾸지람이 아니고 무엇인가!

28 처음 입도하고 강령을 체험하면 그 몸과 마음가짐이 한울님과 항상 함께하며 정성스럽지만, 공부를 게을리 해서 다시 옛 습관에 물들면 그 감격을 잊어버리고 한울님을 잊고 살게 된다. 마치 길가는 사람 대하듯 한다고 하였으니 자식이 버린 부모의 마음은 얼마나 마음 아플까?

29 공부란 자신이 모르는 것을 배우는 과정이다. 배우기 위해선 스스로가 부족하고 모자란 것을 인정하고 겸양해야 한다. 그러나 간혹 도학을 공부하는 사람 중에 자기주장과 고집이 강해져 다른 사람과 충돌하는 경우를 종종 본다. 한울님의 도를 공부할수록 시야가 넓어지고 마음이 너그러워져 시비를 가리되 얽매이지 않아야 할 것이다. 못나고 잘못된 것도 한울님 이치인 것이고 불연이요 기연이기 때문이다. 그러므로 다른 사람과 충돌하며 자기주장만 강해지면 이미 또 다른 자신의 습관천(我相)이 생겨 한울님을 잊고 그 속에 갇힌 것이니, 또 한 번 그 껍질을 깨고 정진해야 본래의 천지부모 마음을 회복 할 수 있을 것이다.

부지런하고 부지런하여 힘써 행하면 한울님이 감동하고 땅이 응하여 감히 통하게 되는 것은 한울님이 아니고 무엇이리오. 잘 생각하고 자세히 살필지어다. 부부는 곧 천지라. 천지가 화하지 못하면 이는 한울님이 싫어하나니, 싫어하면 화를 주고 기뻐하면 복을 내릴 것이니 가내가 화순한 곳이 되도록 더욱 힘쓰는 것이 어떠하리오. 말을 지어 이에 미치니 크게 두렵고 크게 두려움이라,[31] 경계하고 삼가서 함께 대운의 터전을 이루도록 복축하고 복축하나이다. 나의 말이 노망이 아니라 오직 성인의 가르침이니 평생토록 잊지 않음이 어떠하리오.

---

30 "신은 광물 속에서는 잠들고, 식물 속에서는 깨고, 동물 속에서는 걷고, 인간 속에서는 사유한다."(우파니샤드) 물건이 형체를 유지함도 한울의 기운이 있기 때문이다. 다만 그 기의 상태가 차이가 날 뿐. "셋째는 물건을 공경함이니 사람은 사람을 공경함으로써 도덕의 최고 경지가 되지 못하고, 나아가 물건을 공경함에까지 이르러야 천지기화의 덕에 합일될 수 있느니라."(해월신사법설, 삼경) 물건의 한울은 본래 그 간섭이 정지 상태이지만 동적인 간섭을 하시는 사람과 동물에게서 그 간섭이 끊기면 그것이 곧 죽음이다. 죽지 않더라도 간섭이 제대로 이루어지지 않으면 간섭받지 않는 곳이 잘못될 것이니 그것이 곧 병이다. 죽지 않고 병이 없어도, 실로 자신이 사는 이치를 모르고 산다면 짐승이나 물건과 다를 것이 무엇인가! "한울은 만물을 낳고 도는 일을 낳나니…한울이 없으면 생함이 없고, 생함이 없으면 먹는 바 없고, 먹는 바 없으면 일이 없고, 일이 없으면 도가 없을지니라. 이런 고로 한울은 화생하는 직분을 지키므로 잠깐도 쉬고 떠나지 못하는 것이라… 후천운수를 알아 지키지 아니하면 한울이 간섭치 아니 하는 바…놀다가도 죽고, 자다가도 죽고, 섰다가도 죽고, 앉았다가도 죽을지라."(의암성사법설, 권도문)
31 하늘이 햇빛과 비를 내리고 땅이 그것을 받아 양분으로 생명들을 키우듯이 한 집안에서는 부부가 천지로서 자녀들을 기른다. 천지가 화합하지 못하면 그 사이의 생명들이 어찌 건강하겠는가. 아기를 키워 본 사람은 알 것이다. 부모가 사이가 좋지 않으면 아기가 까닭 없이 탈이 나고 아프게 된다. 이것이 한울의 이치이니 어찌 두렵지 않겠는가?

四. 天地人 · 鬼神 · 陰陽(천지인 · 귀신 · 음양)

4-1. 天地一氣塊也

천지는 한 기운 덩어리니라.[1]

4-2. 天地人都是一理氣而已 人是天塊 天是萬物之精也 蒼蒼在上日月星辰所係者人皆謂之天 吾獨不謂天也 不知者不能覺斯言矣

천 · 지 · 인은 도시 한 이치기운뿐이니라. 사람은 바로 한울 덩어리요, 한울은 바로 만물의 정기이니라.[2] 푸르고 푸르게 위에 있어 일월성신이 걸려 있는 곳을 사람이 다 한울이라 하지마는, 나는 홀로 한울이라고 하지 않노라. 알지 못하는 사람은 나의 이 말을 깨닫지 못할 것이니라.[3]

4-3. 人之動靜心乎 氣乎 氣爲主心爲體鬼神用事 造化者鬼神之良能也

사람의 동하고 정하는 것이 마음이 시키는 것이냐, 기운이 시키는 것이냐. 기운은 주가 되고 마음은 체가 되고 귀신은 용사하는 것이니 조화란 것은 귀신의 좋은 재능이니라.[4]

---

1 우주 만물은 모두 에너지(기운, 지기)로 환원된다.($E=mc^2$) 우주에 가득한 기가 다양한 형태의 원소와 물체와 생명을 만든다. 기에서 물체가 될 때 각 원소의 특징을 다섯 가지로 분류한 것이 오행이다. "기라는 것은 허령이 창창하여 일에 간섭하지 않음이 없고 일에 명령하지 않음이 없으나, 그러나 모양이 있는 것 같으나 형상하기 어렵고 들리는 듯하나 보기는 어려우니, 이것은 혼원한 한 기운이요."(논학문) 이러한 우주에 가득 찬 기와 소통하고 하나가 되도록 하는 가르침이 '부모와 같이 섬긴다.'는 개념이다.

2 신을 인격신(구름 위의 흰 수염 난 노인?)으로만 이해하는 선천의 관념에서는 이런 말씀을 절대 이해할 수 없다. 한울은 허령창창한 지기인 것이다!

3 한울은 곧 기운, 지기이다. 땅과 사람, 만물이 다 기운이 화해서 된 것이므로 모두가 다 한울인 것이다. 그러나 자신이 한울의 기를 받아서 살고 있음을 아는 사람이 드물다. 실로 내 몸과 생명이 모두 한울로부터 잠시 빌린 것이다. 그럼에도 천지의 기를 느끼지 못하고 드러난 현상에만 매달려 있는 사람이 대부분이다. 그렇기 때문에 허공에 있는 것만 한울인 줄로 아는 것이다.(천지인 귀신 음양 공부하기 참조)

4 한울의 기운이 각각의 형상을 이루고 각각의 형상을 움직이는 마음이 되니, 각 개인이 하고자 하는 마음이 있어도 한울의 기운이 감응하지 못하면 행하고 움직이지 못한다.(갓난아이, 노인, 병

4-4. 鬼神者何也 以陰陽論之則 陰鬼陽神也 以性心論之則 性鬼心神也 以屈
伸論之則 屈鬼伸神也 以動靜論之則 靜鬼動神也

귀신이란 것은 무엇인가. 음양으로 말하면 음은 귀, 양은 신이요, 성심으로
말하면 성은 귀, 심은 신이요, 굴신으로 말하면 굴은 귀, 신은 신이요, 동정
으로 말하면 정은 귀, 동은 신이니라.5

4-5. 氣使心乎 心使氣乎 氣生於心乎 心生於氣乎 化生氣也 用事心也 心不和
則氣失其度 氣不正則 心脫其軌 正氣安心安心正氣 氣不正則心不安 心不安則
氣不正 其實則心亦生於氣也

기운이 마음을 부리는가, 마음이 기운을 부리는가. 기운이 마음에서 나왔는
가, 마음이 기운에서 나왔는가. 화생하는 것은 기운이요 작용하는 것은 마
음이니, 마음이 화하지 못하면 기운이 그 도수를 잃고 기운이 바르지 못하
면 마음이 그 궤도를 이탈하나니, 기운을 바르게 하여 마음을 편안히 하고
마음을 편안히 하여 기운을 바르게 하라.6 기운이 바르지 못하면 마음이 편
안치 못하고, 마음이 편안치 못하면 기운이 바르지 못하나니, 그 실인즉 마

자…) 나의 마음이 온 몸의 기운에 고루 감응하여 이루고자 하는 것을 행하니 이를 조화라 한다.
"사람의 수족동정 이는 역시 귀신이요, 선악간 마음 용사 이는 역시 기운이요, 말하고 웃는 것은
이는 역시 조화로세"(도덕가, 3절) "마음은 성품으로써 몸으로 나타날 때 생기어 형상이 없이 성
품과 몸 둘 사이에 있어 만리만사를 소개하는 요긴한 중추가 되느니라."(성심신삼단, 6절) "성리
는 비고 고요하나 자체의 비장한 속에 크게 활동할 만한 동기가 있는 것이라…, 마음은 작게 활동
하는 기관이니 각각 자기 직분의 동작을 받은 것이니라."(신통고, 14절)

5 귀신, 음양, 성심 등은 모두 한울의 작용과 자취를 설명하는 표현이다.(천지인 귀신 음양 공부하
기 참조)

6 기운은 한울이 부여한 생명이고, 마음은 생명을 사용하는 의지이다. 기운을 바로 하는 것은 내 생
명에 자연스럽지 않은 것을 피하는 것이다. 부자연스런 자세로 오래 있거나 음식을 불규칙하게
섭취하는 등, 자신의 몸의 자연스런 리듬을 거스르는 것들은 모두 내 생명의 기를 상하게 하는 것
이다.(내칙 참조) 마음을 편안히 하는 것은 자연스런 양심의 소리에 따르며 거스르지 않는 것이
다. 불의를 따르거나 양심을 속이고 거짓을 하거나 감정을 과도하게 하는 것은 마음을 불편하게
한다. 도둑질 하거나 남을 속이려 할 때 심장이 두근거리고 식은땀이 나는 것은 내 습관된 마음과
한울기운이 서로 화하지 못해 생기는 증상이다. 이런 일이 반복 되면 몸이 견디지 못하고 고장 나
기 시작한다.

음도 또한 기운에서 나는 것이니라.[7]

4-6. 動者氣也 欲動者心也 能屈能伸 能變能化者鬼神也 鬼神者天地之陰陽
也 理氣之變動也 寒熱之精氣也 分則一理萬殊 合則一氣而已 究其本則鬼神也
性心也造化也 都是一氣之所使也

움직이는 것은 기운이요, 움직이고자 하는 것은 마음이요, 능히 구부리고 펴
고 변하고 화하는 것은 귀신이니라. 귀신이란 것은 천지의 음과 양이요 이치
와 기운의 변동이요 차고 더움의 정기니, 나누면 한 이치가 만 가지로 다르
게 나타나고 합하면 한 기운일 따름이니라. 그 근본을 연구하면 귀신, 성심,
조화가 도무지 한 기운의 시키는 바니라.[8]

4-7. 人是天天是人 人外無天天外無人

사람이 바로 한울이요 한울이 바로 사람이니, 사람 밖에 한울이 없고 한울
밖에 사람이 없느니라.[9]

4-8. 心在何方 在於天 天在何方 在於心故 心卽天天卽心 心外無天天外無心
天與心本無二物 心天相合 方可謂侍定知 心天相違則 人皆曰侍天主 吾不謂侍
天主也

마음은 어느 곳에 있는가 한울에 있고, 한울은 어느 곳에 있는가 마음에 있

---

7 한울 기운이 먼저인가, 내 습관된 마음이 먼저인가? 한울 기운을 받아서 태어났지만 그를 잊고
  자신만 알고 산 지가 오래 되어 모든 병과 부조리가 생긴다. 모든 병폐는 한울의 참된 기와 내 기
  가 소통이 안 되고 단절되므로 생기는 것이다. 그러므로 수행자는 제한된 육관에 의지하지 말고
  한울의 기운을 느끼고 그에 따르려 공부해야 한다.
8 모든 것이 한울기운의 작용일 따름이다.
9 모두 한울의 기운을 받아 태어나고 살아가므로 시천주이다. 이를 깨닫고 한울기운과 항상 소통하
  고 지키면(수심정기) 곧 인시천이요 인내천이 된다. 이를 깨닫고 행하는 사람이 성인이고 깨닫지
  못한 사람이 범인이다.

느니라. 그러므로 마음이 곧 한울이요 한울이 곧 마음이니, 마음 밖에 한울이 없고 한울 밖에 마음이 없느니라. 한울과 마음은 본래 둘이 아닌 것이니 마음과 한울이 서로 화합해야 바로 시·정·지라 이를 수 있으니, 마음과 한울이 서로 어기면 사람이 다 시천주라고 말할지라도 나는 시천주라고 이르지 않으리라.10

4-9. 天地一氣圓也 氣是渾元 心是虛靈造化無窮

천지는 한 기운 울타리니라. 기운은 혼원이요 마음은 허령이니 조화가 무궁한 것이니라.11

4-10. 人之有心譬如天之有日 日之明兮 照臨萬國 心之明兮 透徹萬理

사람의 마음 있는 것이 비유하면 한울에 해가 있는 것과 같으니, 해가 밝음에 만국을 비추고 마음이 밝음에 일만 이치를 환히 꿰뚫는도다.12

4-11. 一輪明月 能照千江之水 一春和氣能生萬物之精

둥글고 밝은 달은 능히 천강의 물을 비추고, 한 봄의 화한 기운은 능히 만물

---

10 한울을 모시고 있음을 잊지 않고 지키는 사람이야말로 참된 삶을 사는 사람이다. 사람이 자신이 태어나고 사는 근본을 모르고 자신의 습관된 마음만으로 살며 한울과 단절되어 있으면(마음과 한울이 어기면) 그 사람도 한울인가? "마음을 믿는 것은 곧 한울을 믿는 것이요, 한울을 믿는 것은 곧 마음을 믿는 것이니, 사람이 믿는 마음이 없으면 한 등신이요, 한 밥 주머니일 뿐이니라." (성경신, 6절)

11 기운이 우주에 가득 찬 것을 渾元하다고 했다. 혼원은 물이 크게 흘러 하나로 합쳐지는 모양을 말한다. 마음은 기운을 사용하는 체가 된다. 마음이 동해서 기운을 움직여야 일을 할 수 있다. 그러나 그 마음이 자신만의 닫힌 마음인가, 모두에게 열린 마음인가에 따라 그 기운의 감응이 폭과 넓이가 차원이 달라진다. 자신의 사욕을 비운 마음일수록 한울의 감응이 있을 것이요, 공적인 영향력이 커질 것이다.(허와 실 참조)

12 해란 무명의 어리석음에서 진리의 세계로 안내하는 빛이다. "밝음이 있는 바를 알지 못하거든 멀리 구하지 말고 나를 닦으라."(전팔절) 진리를 볼 수 있는 것은 내 마음이 한울에게서 받은 것이기 때문이다. 그러나 내가 세상에 마음을 닫고 보려 하지 않는다면 그 빛도 의미가 없을 것이다.

의 정기를 낳느니라.13

<천지인 귀신 음양 공부하기>

1. 한울은 어디인가?

한울은 곧 기운, 지기이다. 땅과 사람, 만물이 다 기운이 화해서 된 것이므로 모두가 다 한울인 것이다. 그러나 드러난 현상에만 매달려 있는 사람이 대부분이다. 그렇기 때문에 허공에 있는 것만 한울인 줄로 아는 것이다.

"긴 인류사를 기준으로 말하면 최근까지 인류는 신이 하늘 위에서 인간의 행위를 내려다본다고 생각하였다. 그것도 물리적으로 보고 있다고 생각하였다.(신의 행위를 추상화하여 생각하게 된 것은 아주 최근의 일이다)

하늘은 언제나 신의 자리였다. 하늘에서 지상을 내려다보는 신의 모습은 근세 이전의 서양 회화에서 얼마든지 볼 수 있다. 현대인은 그것을 비유적 표현이라고 해석할지도 모르지만, 당시에는 그리는 사람도, 관람하는 사람도, 그것이 현실 묘사라고 생각했던 것이다. 그러므로 우주 공간에 최초로 올라간 가가린이 하늘엔 신이 없다고 했을 때 미국인들이 받은 충격은 컸다."(다치바나 다카시, 우주로부터의 귀환, 청어람미디어, 64-65쪽)

2. 귀신

귀신, 음양, 성심 등은 모두 한울의 작용과 자취를 설명하는 표현이다. 말이 조용히 서 있으면 아름답지만 힘차게 달릴 때면 씩씩한 기상으로 표현되는

---

13 둥글고 밝은 달과 한봄의 화한 기운은 온전한 진리. 진리가 온전히 드러나고 모두가 자신의 생명을 온전히 즐기는 그곳이 지상천국이 아닌가? 해와 달은 무명을 밝히는 진리를 상징한다. 진리는 하나이되 그것이 물건을 비치면 수많은 형상이 드러난다. 각각의 모습과 상황에 맞는 실천이 필요한 까닭이다.

것과 같다. 즉, 한울기운이 조용히 작용하는 것은 음, 귀, 성, 굴로 나타내고, 한울기운이 드러나게 작용하는 것은 양, 신, 심, 신으로 나타낸다.

예를 들어 바위가 오랜 풍화작용으로 서서히 모래가 되고 나무가 썩어 가는 것은 음적인 작용이고, 태풍이 불어 산사태가 나고 나무가 뽑히는 것은 양적인 작용이다.

일체가 한울이고 한 기운이니 세상 사람들이 말하는 개체 영의 작용이나 개체 귀신은 없는 것이다. 그러므로 한울님이 수운 선생에게 "귀신이란 것도 나이니라." 하신 것이다.

인간의 눈과 귀는 한계가 있다. 그렇기 때문에 확연히 알 수 있는 것과 미루어 짐작해야만 하는 것이 있다. 이를 '불연기연'이라 하셨다. 미루어 짐작할 수 있는 것도 이치에 합당해야 하는 것은 물론이다. 수운 선생이 '천상에 상제님이 옥경대에 계시다고 보는 듯이 말을 하니 허무지설 아닐런가.'라고 그 어리석음을 명확히 밝혀주셨다. 그런데 "신명계에도 지상과 마찬가지로 옥황상제님을 천상 최고신으로 하는 신계의 위계가 형성되어 있으며, 지상 각 나라의 명부를 주재하는 신神도 따로 있다."고 불연에 속하는 일을 마치 본 것처럼 이야기하는 이들이 있다. 허망한 이야기이다.(향아설위편 각주 참조)

五. 虛와 實허와 실

5-1. 經日「心兮本虛應物無迹」 虛中有靈知覺自生 器虛故能受萬物 室虛故
能居人活 天地虛故能容萬物 心虛故能通萬理也

경에 이르기를 「마음은 본래 비어서 물건에 응하여도 자취가 없다.」[1] 하였
으니, 빈 가운데 영이 있어 깨달음이 스스로 나는 것이니라. 그릇이 비었으
므로 능히 만물을 받아들일 수 있고, 집이 비었으므로 사람이 능히 거처할
수 있으며, 천지가 비었으므로 능히 만물을 용납할 수 있고, 마음이 비었으
므로 능히 모든 이치를 통할 수 있는 것이니라.[2]

5-2. 無而後有之有而後無之 無生有也有生無也 生於無形於虛 無無如虛虛如
視之不見 聽之不聞

없은 뒤에는 있는 것이요 있은 뒤에 없어지는 것이니, 무는 유를 낳고 유는
무를 낳느니라.[3] 없는 데서 생기어 빈 데서 형상을 갖추나니, 없는 듯 비인
듯한지라, 보려 하나 보이지 아니하고[4] 들으려 하나 들리지 아니하느니라.[5]

---

1 탄도유심급에 나오는 말씀. 생각만으로는 나를 바꿀 수도 도를 이룰 수도 없다. 그러므로 생각한
것을 몸으로 실천해야 하고, 몸과 마음이 하나가 되어야 한다. 또한 빈 것이란 한울의 본성을 상
징한다. 내 습관된 마음과 아집, 아상이 버려진 진실한 상태를 뜻한다. 빈 가운데 깨달음이 난다
는 것도 내 아상이 비워져야 진리를 볼 수 있음을 뜻한다. "성품은 본래 없는 것도 없고, 있는 것
도 없고, 나타난 것도 없고, 의지한 것도 없고, 서있는 것도 없고, 선한 것도 없고, 악한 것도 없고,
처음도 없고, 나중도 없는 것이요, 마음은 본래 빈 것이라. 모든 생각과 모든 헤아림과 억만년 예
와 지금이 형상도 없고 자취도 없으나, 천만가지 모든 일이 생각하는 가운데서 얻어지느니라."
(신통고, 9절)
2 내 작은 소견과 아집으로 가득 차 있으면 진리를 볼 수도 내 마음에 받아들일 수도 없게 된다. 항
상 공부의 시작은 내 부족을 인정하고 '나는 없다'는 마음으로 시작해야 한다. 비울수록 더 채워
지고 낮출수록 더 높아지며 버릴수록 더 많아지는 것이 한울의 이치이다. 남태평양에서 원숭이
를 잡는 얘기가 있다. 나무에 원숭이 손이 겨우 들어갈 정도의 구멍을 뚫고 땅콩이나 과자를 넣어
둔다. 땅콩을 움켜쥔 원숭이는 욕심 때문에 손을 펴지 못하고 결국 사냥꾼에게 잡힌다. 손을 펴야
하는, 비워야 할 때를 모르면 자유를 빼앗긴다. 인생도 마찬가지다. 자신이 가진 탐욕과 아집, 선
입관을 버리지 못하면 마음의 자유를 잃고 욕망의 노예가 될 뿐이다.
3 "가고 돌아오지 아니함이 없는 이치를 받은 것이니라."(논학문)

5-3. 虛能生氣 無能生理 柔能致氣 剛能養氣 四者不可無也 體此虛無之氣 用
此虛無之理 虛虛靈靈 至眞無妄

빈 것이 능히 기운을 낳고, 없는 것이 능히 이치를 낳고, 부드러운 것이 능
히 기운을 일으키고, 굳센 것이 능히 기운을 기르나니, 네 가지는 없어서는
안 되느니라.6 이 비고 없는 기운을 체로 하여 비고 없는 이치를 쓰면, 비고
신령한 것이 참된 데 이르러 망령됨이 없어지느니라.7

5-4. 眞者 虛中生實 天地之至公 妄者虛中生欺 天地之無功也 守眞則 天愛之
妄之則 天惡之故 眞實者天地之生命體也 欺妄者 人身之破滅椎也 虛而靜 動
而專 無像而像者 是渾元一氣之眞也

참이란 것은 빈 가운데서 실상을 낳은 것이니 천지의 지극히 공변된 것이
요, 망령이란 것은 허한 가운데서 생긴 거짓이니 천지의 공이 없어지는 것
이니라. 참을 지키면 한울이 사랑하고 망령되면 한울이 미워하느니라.8 그

---

4 없는 것과 빈 것은 한울을 상징한다. 모든 만물이 한울에서 나와 한울의 간섭으로 살아간다. 이
아낌없이 주는 사랑은 부모의 그것과 같다. 꼭 필요하지만 늘 함께 있으면 없는 것처럼 느낀다.
"모양이 있는 것 같으나 형상하기 어렵고 들리는 듯하나 보기는 어려우니, 이것은 또한 혼원한
한 기운이요…."(논학문, 12절)

5 모든 생명과 일은, 시작은 하찮고 보잘 것 없지만 소중하고 귀한 결실을 맺는다. 생명의 본질은
또한 아무리 귀한 결실이라도 다시 본래의 보잘 것 없는 자리로 언제나 돌아간다는 것이니 이 또
한 무왕불복이다.

6 허는 기운이 있고 없는 상태를 말하고, 무는 이치가 있는지 없는지를 말한다. 참된 기운은 개인적
욕념이 없는 빈곳에서 나오고, 참된 이치도 선입견이 없는 빈곳에서 나온다. 배고픈 자(虛)가 먹
을 것을 찾고 목마른 자가 우물을 판다. 선입견이 없어야(無) 새로움을 창조할 수 있다. 융통성 있
고 탄력 있는 조직(柔)이 경직된 조직을 이긴다. 생각과 마음이 경직되어 있으면 새로운 것을 배
우지 못한다. 어머니의 부드러움은 아이를 거리낌 없는 씩씩한 사람으로 키우고, 시련은 아이를
굳세게 단련한다(剛). 융통성 있고 여유가 있되 자신의 원칙과 계명을 지키는 데는 굳세야 할 것
이다. 마음을 비우고 부드러움과 굳셈을 자유로 할 수 있다면 무엇이 두려우랴!(의암성사법설,
후경2, 4절 굳세게 하여 빼앗기지 아니하며..참조)

7 망령됨이란 거짓이다. 허상이다. 돈과 명예, 지위는 영원한 것인가 허상인가? 허상을 좇는 인생
은 망령이다. 진리를 깨닫고 진리를 위한 삶만이 참된 삶이 될 것이다.

8 惡 미워할 오. 똑같은 빈곳(한울)에서 진실도 생기고 거짓도 생긴다. 사욕이 아닌 큰 나를 위하면
진실을 따르게 되고 작은 육신의 욕념만 좇으면 거짓을 따르게 된다. 진실을 따르면 몸과 마음이

러므로 진실이란 것은 천지의 생명체요, 거짓과 망령이란 것은 사람의 몸을 깨쳐 없애는 쇠뭉치이니라.9 비어서 고요하며, 움직이면서 전일하며,10 형상은 없으나 형상을 나타내는 것이 이 혼원한 한 기운의 참된 것이니라.11

5-5. 精神魂魄有智有覺 虛無中理氣之所使也 聚而正則有 散而失則無也 理氣正則萬物靈之 理氣不正則萬物生病 人身所在之理氣正則 天地所在之理氣正也 人身所在之理氣不正則 天地所在之理氣亦不正也

정신혼백이 지혜가 있고 깨달음이 있는 것은 허무한 가운데 이치기운이 시키는 것이니, 모여서 바르면 있고 흩어져 잃으면 없는 것이니라.12 이치와 기운이 바르면 만물이 신령하고, 이치와 기운이 바르지 못하면 만물이 병이 생기고, 사람의 몸에 있는 이치와 기운이 바르면 천지에 있는 이치와 기운도 바르고, 사람의 몸에 있는 이치와 기운이 바르지 못하면 천지에 있는 이

거리낄 것 없이 자유로워진다. 이를 공도공행, 무심행무애행, 자유심이라 하셨다.(무체법경 삼심관 참조) 어떤 것을 선택할 것인가!

9 2007년 한해를 상징하는 말로 自欺欺人(자신도 속이고 다른 사람도 속인다)이 선정되었다. 그만큼 사람들이 자신의 진면목대로 살지 않고 거짓으로 꾸며대고 부풀리며 남의 이목에 의존하며 살고 있는 것이다. 대표적으로 가짜 학위로 대학교수가 된 신모는 자신과 지인들을 파멸로 이끌었다. 반면에 천도교 가리산수도원 조동원 원장은 초등학교도 가보지 못한 무학의 80넘은 할머니이지만 전국에서 오는 수련생들의 마음공부를 20년 넘게 지도하고 계시며 사람들을 참된 삶으로 이끌고 계시다. 어떤 삶을 살 것인가!

10 專 오로지 전. 한울의 지기는 온 우주에 가득 차 있어 오히려 비고 고요한 듯하지만, 그러나 움직여 생명의 작용을 할 때는 어느 한 곳도 소외됨 없이 온전하게 간섭하고 하나가 된다.

11 모든 생명의 시작은 빈 곳으로 같지만, 진실을 지키면 참된 결실을 맺을 수 있고 거짓된 가치(겉모습만 번드르르한)를 좇으면 공허한 결과만 낳을 뿐이다. 어떤 일이건 자신의 욕심으로 행하면 망령되고 허망해 지지만, 자신의 욕념을 비우고 한울을 위하는 마음으로 공변되게 행하면 참된 진리를 드러내고 실지가 있게 된다. "마음을 들어 도를 쓰는 사람이 성품을 잠잠한 속에서 얻지 못하면 도가 반드시 빈 데 돌아가고…."(극락설, 4절) "닦는 사람은 헛된 것 같지만 실지가 있고, 듣기만 하는 사람은 실지가 있는 것 같지만 헛된 것이니라."(논학문, 16절)

12 지혜와 깨달음(知)을 얻기 위해서는 한울의 진리를 배우고(侍) 잊지 말아야(定) 할 것이다. 한울의 지혜를 배우기 위해선 나를 비우고 자존심을 내려놓아야 한다. 바른 마음을 지키지 못하고 욕념에 휘둘리면 깨달음을 얻지 못한다. 바른 마음을 지켜 참된 기운이 모이면 진실이 드러나지만, 세상의 헛된 물욕만 좇으면 허무할 뿐이다.

치와 기운도 역시 바르지 못하느니라.13

<허와 실 공부하기>

1. 허와 실

화려함을 추구하는 시대다. 사람들 사는 모습과 심지어는 자신의 몸조차도 인위적 변형을 가하며 뭐든 채우려 든다. 하지만 그럴수록 사람들의 내면은 더욱 공허해지고 외로워지고 있다. 군중 속에 있지만 고독하다. 반면에 세속적인 지위와 재산을 버리고 자연 속으로 귀농하거나 봉사하는 사람들은 가진 것을 버렸으되 오히려 삶이 보람으로 꽉 차 있는 경우가 많다.

'천지 사이는 풀무와 같다. 텅 비어 있지만 작용은 그치지 않고, 움직이면 생명력이 넘친다.'(도덕경 5장) 화로에 바람을 불어넣는 풀무는 속이 비어 있어야 한다. 중간에 물질이 있으면 바람을 일으킬 수 없다. 어떤 일을 할 때도 선입견이 있다면 올바르게 추진되기 어려울 것이다. 비워야 힘이 생긴다.

공부도 마찬가지. 무한하고 늘 변화하는 우주는 인간의 언어로 가둘 수 없다. 자신의 알량한 지식을 버리고 텅 빈 마음으로 보아야 본래 모습 그대로를 받아들일 수 있다.

비움이나 무위는 포기나 아무것도 하지 않음이 아니라, 우주와 사물의 본질을 파악하고 거기에 하나 되는 적극적인 공도공행인 것이다.

---

13 도의 운수는 세상과 함께한다.(논학문, 17절) 내 기운이 바르지 못하면 내 몸의 오작동(질병)이 생기고, 주위에 바르지 못한 영향을 미쳐서 바르지 못한 일들이 생길 것이다. 반면에 내 기운이 바르면 세상의 어떤 악도 바르게 할 수 있다. "잠잠한 것은 반드시 성품이 근본이 되나니, 만약 그 근본이 굳건치 못하면 잎이 푸르지 못하고 꽃도 붉지 못할 것이요, 말은 반드시 마음이 근본이 되나니, 만약 그 근본이 맑지 못하면 봄도 오지 아니하고 가을도 오지 아니 하느니라."(극락설, 3절) "천지만물의 개벽은 공기로서 하고 인생만사의 개벽은 정신으로써 하나니, 너의 정신이 곧 천지의 공기이니라."(인여물개벽설, 1절)

六. 心靈之靈심령지령

6-1. 世人 不知天靈之靈 亦不知心靈之靈而 但知雜神之靈 豈非病乎 今俗所
謂 城隍 帝釋 城主 土王 山神 水神 石神 木神等 淫祀筆不難記也 此是 漢武
帝時 巫蠱餘風 尙今未革染心成痼 非但愚婦愚夫之病根難治 腐儒俗士汪汪流
入 習與成俗 可謂寒心處也 此等痼疾 非大方家之手段 實難治療 故余敢論而
言之 明而察之 快斷病根 同歸一理 勿獲罪于天

세상 사람은 천령의 영함을 알지 못하고 또한 심령의 영함도 알지 못하고,
다만 잡신의 영함만을 아니 어찌 병이 아니겠는가.1 지금 세속에서 이르는
성황이니 제석이니 성주니 토왕이니 산신이니 수신이니 석신이니 목신이니
하는 등의 음사는 붓으로 다 기록하기 어려운 것이니라.2 이것은 한무제 때
에 무당이 하던 여풍3을 지금까지 고치지 못하고 마음에 물들어 고질이 되
었으니, 다만 어리석은 사람들의 병근을 고치기 어려울 뿐 아니라 썩은 유
생과 속된 선비도 왕왕 흘러들어 습관과 풍속을 이루었으니, 가히 한심한
것이라 이르리로다. 이러한 고질은 대방가4의 수단이 아니면 실로 고치기

---

1 천령은 한울님의 지극한 기운, 심령은 각 개체가 한울님께 받은 신령한 기운, 잡신은 각각의 생명
　에 깃든 한울님의 기를 이치를 깨닫지 못한 세상 사람들이 두려워하는 것. 영험함이란 기도를 통해
　강령을 모시듯 대상이 되는 기와 지기가 통하여 여러 이적을 체험하는 것을 말한다. 잡신에게도
　영험함이 있는 것은 그 또한 한울님의 기운 작용이기 때문이다. 그러나 그 이치를 모르면 영함도
　한계가 있을 것이고, 더 큰 깨달음을 얻기도 어려울 것이다.
2 이 모두가 한울 기운의 작용이다. 그러나 이치가 밝혀지기 전에는 이런 기운 작용을 각각의 귀신
　이 작용하는 것으로 알았다. 이를 精靈신앙이라 한다. * 해월신사법설, 천지인귀신음양 참조(성
　황, 제석, 성주, 토왕은 심령지령 공부하기 참조)
3 한무제는 BC140년부터 54년간 재위하며 한나라의 영토를 최대로 확장하고, 군현제를 정착시켰
　으며 유학을 국가의 지도이념으로 삼아 통치한 황제였다. 그 뒤 약 이천년 간 중국의 역사는 한무
　제가 정비하고 설계한 틀을 크게 벗어나지 않고 이어진다. 그러므로 영토 통일은 진시황제, 문화
　와 제도의 통일은 한무제가 이루었다고 일컬으며 중국이란 나라의 원형으로 여겨진다. 그러나
　말년에는 미신에 빠져 장생불사를 희구했고 그로 인해 웃지 못할 촌극도 양산하였으며 사람을 저
　주하는 무당의 邪術도 믿어 결국 父子 사이에 군사를 일으켜, 황태자를 죽게 만들었다.
4 대방가; 문장이나 학술이 뛰어난 사람.

어려우니라.5 그러므로 내 감히 논하여 말하는 것이니 밝게 살피어 쾌히 병든 뿌리를 끊고 한 이치로 돌아와 죄를 한울님께 얻지 말라.6

6-2. 今此論說 非道成立德者難曉矣 曰「陰陽」曰「鬼神」曰「造化」曰「命」曰「氣」知陰陽之根本乎 不知乎 不知根本而 徒能讀而已 可歎矣 是知根本透徹然後 方可謂之知天也 何以爲陰陽 何以爲鬼神 何以爲造化 何以爲命 何以爲氣乎 視之不見 聽之不聞 可謂成道也 外有接靈之氣 內有降話之敎 丁寧透得可謂立德也 不然則未免托名矣

지금 이 말은 도성입덕한 사람이 아니면 깨닫기 어려운 것이니라. 「음양」이라 「귀신」이라 「조화」라 「명」이라 「기운」이라 하니,7 음양의 근본을 아는가 모르는가. 근본을 알지 못하고 한갓 글 외우기만 하니 한심한 일이로다. 이 근본을 투철하게 안 뒤에라야 바로 한울을 안다고 이르리라. 무엇으로써 음양이 되었으며, 무엇으로써 귀신이 되었으며, 무엇으로써 조화가 되었으며, 무엇으로써 명이 되었으며, 무엇으로써 기운이 되었는가. 보였는데 보이지 아니하고 들렸는데 들리지 않는데 이르러야 가히 도를 이루었다 할 것이

---

5 무당은 기후에 따라 농사와 생명이 좌우되던 시대에 지상의 사람들과 한울을 연결시켜 주던, 요즘으로 말하면 성직자였다. 그러나 보통사람들이 확인하기 어렵고 알기 어려운 영적인 중개 역할을 독점하는 것은 종종 그것이 권력화 되고 사리를 채우는 수단으로 변질되곤 하였다.(심령지령 공부하기 참조)

6 일체가 한울님 지기의 작용임을 깨닫지 못하던 시기에, 사람들은 자신들이 감당할 수 없는 자연의 힘을 경험하면 그를 두려워하고 그로 인한 피해를 당하지 않도록 신성시하고 경배했다. 그것이 원시종교의 소박한 시작이었을 것이다. 그러나 시작은 소박했으되 그것이 권력이 되고 이권이 되면서 무지한 사람들을 착취하는 수단으로 변질되곤 했다. 지금도 종교의 미명 아래 자신의 사리사욕을 채우는 이가 얼마나 많은가! 수운 선생에 이르러 명확하게 밝혔으니, 잡신이 따로 있는 것이 아니라 "귀신이란 것도 나니라."(동경대전, 논학문)라고 하였다. 모든 것이 마음과 기운의 반영이요 한울님 간섭일 뿐이다.

7 지기의 작용이 드러나지 않게 이루어지면 음이요, 눈에 띄게 나타나면 양이다. 어둡거나 찬 것은 음이라 하고, 밝거나 따뜻한 것은 양이라 한다. '천지인 귀신음양'편에서 자세히 가르쳐 주었다. 이를 달리 표현 하면 귀와 신이요, 조화요 기운이다. 명이란 팔절에서 말씀하신 것처럼 해야만 하는 어떤 것, 운명 같은 것이다. 자신이 가야 할 길, 운명은 어디에 있는가? 내 마음먹기 달려 있으니 이 또한 내 마음과 기운의 작용 아님이 없다.

요,8 밖으로 접령하는 기운이 있음과 안으로 강화의 가르침이 있음을 확실히 투득해야 가히 덕을 세웠다 말할 것이니, 그렇지 못하면 탁명이나 하였다는 것을 면치 못할 것이니라.9

6-3. 道人入道後 事天地不如事父母 猶浸浸然 不釋淫祀之心 或作或撤 半信半疑 半信天地 半信淫祀 是排斥天地父母者也 是故天地父母震怒 子孫零落 此理的知然後 庶幾入門乎 此是「開闢後五萬年 勞而無功 遇汝成功之」天意也 明察深究焉

도인이 입도한 뒤에 천지 섬기기를 부모 섬기는 것과 같이 아니하고, 오히려 음사에 빠져서 음사의 마음을 놓지 못하여 혹 만들고, 혹 걷어치우고, 반은 믿고 반은 의심하여 반은 천지를 믿고 반은 음사를 믿으니, 이것은 천지부모를 배척하는 것이니라. 이러므로 천지부모가 크게 노하여 자손이 영락하나니, 이 이치를 자세히 안 뒤에라야 거의 도문에 들어섰다고 이를 것이니라.10 이것이 「개벽 후 오만년에 노이무공 하다가서 너를 만나 성공하니

---

8 "몸이 몹시 떨리면서… 가르침이 있으되, 보였는데 보이지 아니하고 들렸는데 들리지 아니하므로"(논학문) "기라는 것은… 모양이 있는 것 같으나 형상하기 어렵고 들리는 듯하나 보기는 어려우니, 이것은 또한 혼원한 한 기운이요…."(논학문) "들어도 들리지 아니하고 보아도 보이지 않는다고 말하는 것은 세상사람이 귀신의 자연한 이치를 알지 못하고"(의암성사법설, 명심장) 누구나 모신 한울의 영기로 살아가고 있지만 이를 아는 이가 적다. 실상 세상 모든 이치가 한울님 조화의 자취이니 한울의 눈으로 보면 뭐든 한울님의 간섭이요, 한울의 귀로 들으면 한울님의 가르침이다. 하지만 고정관념과 편견의 단단한 껍질을 뒤집어 쓴 사람들은 이를 알지 못한다. 수운 선생도 처음 접령하실 당시는 이를 모르셨으니 보아도 본 것이 아니고 들려도 들은 것이 아니었던 거다. 자기가 잘나서 사는 게 아니라 한울님 간섭과 감응으로 사는 것을 깨달으면 어디서나 한울님 가르침을 보고 듣고 할 수 있을 것이다.

9 그러므로 내가 '한울님의 기운을 모시고(내유신령), 한울님의 기운과 소통하며(외유기화) 살고 있음'(시천주)을 깨달으면 이 모든 이치를 알 것이고, 그렇지 못하면 미신하는 것과 무엇이 다르겠는가?

10 진리를 모르는 세상 사람이 미신에 빠지는 것은 어쩔 수 없는 어리석음이라 할지라도, 진리에 입문한 도인도 마음이 불안하고 괴로울 때면 미신을 찾는 경우가 종종 있다. 이는 한울 이치를 정확히 알지 못하거나 그것을 절실하게 체험하지 못했기 때문이다. 그렇기 때문에 대인접물에서 신앙에도 등급(?)이 있음을 말씀하셨다. "그 그러함을 아는 사람과 그 그러함을 믿는 사람과 그 그러한 마음을 기쁘게 느끼는 사람은 거리가 같지 아니하니…." 모든 일이 한울님 지기의 간

」11하신 한울님 뜻이니 밝게 살피고 깊이 연구하라.

<심령지령 공부하기>

1. 천령의 영함, 심령의 영함, 잡신의 영함

해월선생께서 세상 사람이 천령의 영함도, 심령의 영함도 모르고, 다만 잡신의 영함만 안다고 탄식하고 있다. 심령과 천령의 영함은 무엇인가?

얼마 전(2015.2) 70대의 동생이 80대의 친형 부부를 찾아가 사냥용 총으로 쏴 죽이고 자신도 자살한 사건이 일어났다. 비슷한 사고들이 최근 잇달아서 총기사고는 미국에나 있는 줄 알았던 우리를 놀라게 하고 있다.

이런 사고를 우매한 미신을 믿는 사람은 어떻게 말할까? 범인이 악귀에 홀려 그런 사고가 낫다고 굿을 하라고 할까? 피해자 가족들은 답답하고 황망한 나머지 거기에 따라 굿을 할 수도 있을 것이다. 그러곤 자신에겐 그런 악귀가 들리지 않게 굿했다고 좋아하겠지.(굿은 소중한 전통문화로 미신과 관계없다. 다만 그를 이용해 사익과 권력을 취하는 것이 미신.)

하지만 좀 더 깨인 사람은 뭐라 할까? 80대 형이 토지 보상을 받아 몇 십억대의 재산가가 됐고, 사고뭉치 전과자인 동생은 그중 일부를 달라고 졸라왔다고 한다. 그 수사를 토대로 형제가 재산 앞에서 가족을 위하는 마음을 잃고 재산을 빼앗고 빼앗기지 않으려는 욕심으로 다투다 사고가 났다고 하겠지. 아마 이게 정확한 판단일 것이다. 수운선생께서 흐린 기운을 쓸어버

섭으로 이루어진다. 이를 투철하게 믿으면, 자신이 아무리 어려움에 처해 있어도 무왕불복의 이치를 깨달으면, 내리막이 다하면 오르막이 있고 오르막이 다하면 내리막이 있다는 것을 안다면, 미신에 혹할 리가 없다. 미신에 혹할 정도의 미약한 신앙과 흔들리는 마음이라면 어떤 일을 제대로 이룰 수 있겠는가? 천지부모가 노하여 자손이 영락한다 하심은 이를 뜻하는 것이다.

11 용담유사, 용담가.

리고 맑은 기운을 어린아이 기르듯 하라고 했는데(탄도유심급), 돈 앞에서 한 울님을 위하고 형제를 위해야할 맑은 기운이, 재산을 차지하려는 욕심의 흐린 기운에 압도되고, 그런 흐린 기운에 미쳐 날뛰다가 사고가 난 것이다. 이게 심령을 아는 사람의 말이다. 우리 몸은 마음이 움직이는 대로 간다. 그러니 마음의 기운을 잘 다스리지 못하면 이런 사고가 나기도 하고, 반면에 잘 다스리면 병도 낫고 사람과 생명을 살리는 큰일을 할 수도 있으니 이게 심령의 영향이다.

그런데 한 단계 더 나아가 생각해 보자. 그런 일들이 요즘 많이 일어나는 것은 왜 그럴까? 의암 선생께선 '너의 정신이 곧 천지의 공기이니라'고 하셨다. 참혹한 일을 당한 그 형제만 흐린 기운, 곧 마탈심으로 심령이 흐려진 걸까? 그 사람들의 심령이 흐려졌어도 주변의 가족들과 친구들의 기운이 맑게 깨어 있었다면 어땠을까? 형제간에 필요한 만큼만 조금씩 나눠가지고, 더 어려운 사람들을 위해 기부하자고 주위 가족들이 설득하고, 사회 분위기가 그런 기부자들이 많고 서로 위하고 자기 욕심보다 어려운 사람을 돕는 기운으로 가득했다면 그런 사고가 아니라 또 하나의 좋은 미담으로 남지 않았을까?

돈이 필요했다던 동생은 최고급 승용차를 타고 일반인들은 하기 어려운 사냥을 취미로 삼고 있었던 모양이다. 우리 사회엔 그보다 어려운 사람들이 얼마나 많은가? 하지만 사람은 가지면 더 가지고 싶고, 남과 비교해 적으면 못 견디나 보다. 이게 다 범인의 마탈심이다. 이 마탈심이 생기면 한 몸이 반드시 망한다고 했다. 한 몸만 망하는 게 아니라 한 나라와 세상도 망한다고 했다.(성범설) 우리들 한 사람 한 사람의 생각이 모두 돈에 가 있고, 좀 더 가져야지 하는 욕심에, 각자위심으로 흐려져 있으면 천지의 공기가 흐려지고, 이 형제들처럼 가족끼리 서로 총질하고 칼부림하면 나라와 세상이 왜 망하지 않을까? 천령이 우리 모두의 삶에 경고를 하듯 이런 참혹한 사건이 여기

저기서 터져 나오는 것이 당연하지 않은가?

2. 성황, 제석, 성주, 토왕

성황: 서낭당. 옛날 사람들은 생명을 위협하는 질병이나 재앙이 마을로 들어오는 것을 막기 위해 마을 입구나 고갯마루, 산기슭에 원뿔 모양으로 쌓은 돌무더기나 마을에서 모시는 집 형태로 서낭당을 만들고 일 년에 한 번씩 마을신에게 복을 비는 제사를 지냈다. 또한 먼 길을 떠날 때 서낭당 앞에 돌을 하나씩 주워 쌓고 안전한 여행이 되기를 빌기도 했다.

제석: 제석은 원래 인도의 브라만 또는 힌두교의 신상神像이었으나 대승불교 이후 불교의 호법선신상護法善神像으로 사천왕상四天王像 등과 더불어 불교에 수용되고 중국에 와서 그렇게 한역漢譯된 것이다. 불교가 우리나라에 전래하여 무巫와 자연스럽게 결탁하면서 삼국시대 한민족의 천신을 제석신의 성격과 결부하여 제석이라 부르게 된 것으로 추정된다.

한민족은 환인, 환웅, 단군 세 분을 천신으로 섬겨 왔다. 조선조 세종 때만 해도 황해도 문화현文化縣 구월산九月山에 있는 단군천왕당檀君天王堂에서 환인·환웅·단군천왕의 삼성三聖에 국가에서 제사를 올렸다. 무巫에서는 이 세분을 삼신三神제석으로 받들어 신앙해 온다. 무당이 자신의 신당神堂에 모시거나 굿당에 봉안하는 제석님의 신령 화본에는 고깔에 장삼을 입은 세분이 묘사되어 있다. 이 신령을 삼신제석 또는 삼불三佛 제석이라 하고 그냥 제석이라 부르기도 한다. 전체로 보면 제석이고 각기 나누어보면 환인제석·환웅제석·단군제석이다.

성주신: 길흉화복을 관장하는 신으로 가택신 또는 가신이라고도 한다. 집안의 평화·부귀·번영·무병·질병 치유 등을 빌기도 하며, 주로 집안의 마루에 있고 단지에 성주신을 모셨다.

토왕: 황천을 지배하는 토지신.

3. 무당의 폐해

중국 춘추전국 시대 위나라의 업 땅 태수자리가 비어 있었다. 위문후는 서문표를 업 땅 태수로 보냈다. 그곳에 가 보니 해마다 강의 홍수 피해를 막는다며 마을의 처녀를 장수漳水의 하백河伯에게 제물로 바치고 있었다. 그 때문에 떠날 수 있는 사람들은 떠나고 남아 있는 사람들도 언제 자기 딸이 제물이 될지 몰라 전전긍긍하여 인심이 흉흉했다. 상황을 헤아려 보니 마을의 무당이 아전들과 지방 권세가와 결탁해 재산이 좀 있는 사람의 여식을 제물로 선발한 뒤 그것을 면하기 위한 대가로 재산을 빼앗고, 재산을 내놓을 능력이 없는 집안의 여식이 희생되고 있음을 간파했다. 이에 서문표가 강의 하백에게 제사를 지내는 날 친히 나가 제물로 바치는 젊은 처녀를 본 뒤 늙은 우두머리 무당을 불러 "수신에게 바치는 여자의 자색이 별로 아름답지 못하니 강에 들어가 아름다운 여자를 다시 구할 때까지 며칠만 기다려 달라고 전하고 오라."며 늙은 무당을 강물 한가운데 던져 버렸다. 잠시 기다리다가 "늙은 무당이 건망증이 심해 하백에게 갔다 돌아와 보고할 생각을 않는구나. 하백의 대답이 궁금하니 제자 무당을 보내라." 하며 젊은 무당 몇을 또 강물에 던져 넣고, 또 고을의 세도하는 노인 셋을 마찬가지로 강물에 던져 넣었다. 이후에 이 일을 주관해 온 관속과 이장들까지 넣으려 하니 그제야 살려달라며 엎드려 빌었다. "강물은 유유히 흐르는데 과연 수신이 어디 있느냐. 너희는 해마다 죄 없는 처녀만 죽이고 백성들을 괴롭혔다. 늙은 무당은 이미 없어졌으되, 이후 또 하백을 장가들여야 한다는 자가 있으면 내 그자를 강물 속 하백에게 보내 직접 중매를 서도록 해 주리라." 하고 관속과 이장들의 재산을 몰수해 백성들에 돌려주고 살아남은 젊은 무당들을 나이 많은 홀아비들과 짝을 짓고 살게 하니 이후로 업 땅엔 무당의 씨가 말라 버렸고 타관으로 도망갔던 백성들도 차차 고향으로 돌아왔다.(김구용, 동주열국지, 권9, 283-284쪽)

七. 待人接物대인접물1

7-1. 人是天 事人如天 吾見諸君 自尊者多矣 可嘆也 離道者自此而生 可痛也 吾亦有此心 生則生也 不敢生此心也 天主不養吾心-恐也

사람이 바로 한울이니 사람 섬기기를 한울같이 하라.2 내 제군들을 보니 스스로 잘난 체하는 자가 많으니 한심한 일이요, 도에서 이탈되는 사람도 이래서 생기니 슬픈 일이로다. 나도 또한 이런 마음이 있느니라. 이런 마음이 생기면 생길 수 있으나, 이런 마음을 감히 내지 않는 것은 한울님을 내 마음에 양하지 못할까 두려워함이로다.3

7-2. 只長驕慢奢侈之心 其終何爲也 吾見人者多矣 好學者未見也 外飾者道遠 眞實者道近 御人無碍者 可謂近道矣

다만 교만하고 사치한 마음을 길러 끝내 무엇을 하리오. 내가 본 사람이 많으나 학을 좋아하는 사람을 아직 보지 못했노라. 겉으로 꾸며대는 사람은 도에 멀고 진실한 사람이 도에 가까우니, 사람을 대하여 거리낌이 없는 자라야 가히 도에 가깝다 이르리라.4

---

1 포덕12년(1871) 12월 문경에서의 이필제 난으로 관의 검속이 심해져 강원 영월군 중동면 직곡리에 피신해 있을 때 각지 두목이 해월 선생을 찾아뵙자 주신 가르침.
2 천도교의 표어같이 된 말씀이다. 이 모두가 사람이 한울의 신령한 기운을 모시고 있다는 시천주를 깨닫는 데서 시작된다.
3 시천주의 시작은 나의 습관된 마음-자존심을 비우는 데서 시작한다. 나의 식견이란 기껏해야 한 사람의 활동 반경 안에서의 체험과, 일생이란 시간 동안의 공부가 전부이다. 그에 비하면 우주는 얼마나 광대한가? 나의 알량한 식견(아상)에 갇혀서는 전체를 볼 수 없음이다. 습관된 마음을 버리고 참된 마음을 키워 나가는 것이 나에게 모신 한울을 양하는 것이 된다.(해월신사법설, 양천주 각주 참조) "마음은 본래 비어서 물건에 응하여도 자취가 없다 하였으니, 빈 가운데 영이 있어 깨달음이 스스로 나는 것이니라.…마음이 비었으므로 능히 모든 이치를 통할 수 있는 것이니라."(해월신사법설, 허와 실) "정신을 개벽코자 하면 먼저 스스로 높은 체하는 마음을 모실 시 자로 개벽하고….(의암성사법설, 인여물개벽설)
4 배움이란 자신의 무지를 자각하고 인정할 때 이루어진다. 시천주를 수행하는 도도 마찬가지다. 그러므로 배움이 깊고 진실한 학자일수록 세속적 명예는 관심 없고 소박하고 꾸밈이 없다. 약간

7-3. 知其其然者 恃其其然者 快哉其其然之心者 距離相異 滿心快哉而後 能
爲天地大事矣

그 그러함을 아는 사람과 그 그러함을 믿는 사람과 그 그러한 마음을 기쁘
게 느끼는 사람은 거리가 같지 아니하니,5 마음이 흐뭇하고 유쾌하게 느낌
이 있은 뒤에라야 능히 천지의 큰일을 할 수 있느니라.6

7-4. 余過淸州徐垞淳家 聞其子婦織布之聲 問徐君曰「彼誰之織布之聲耶」徐
君對曰「生之子婦織布也」又問曰「君之子婦織布 眞是君之子婦織布耶」徐君
不卜吾言矣 何獨徐君耶 道家人來 勿人來言 天主降臨言

내가 청주를 지나다가 서택순7의 집에서 그 며느리의 베 짜는 소리를 듣고
서군에게 묻기를「저 누가 베를 짜는 소리인가」하니, 서군이 대답하기를「제

의 지식이나 재산, 지위라도 자랑하고 심지어 허위 학력이라도 내세워 세상의 명예를 추구하고
싶어 하는 우리의 모습을 꾸짖는 말씀이다. 앞 장의 잘난 체하는 마음을 버리라는 말씀의 연장.
거짓 없이 진실하다면 사람을 대할 때 거리낄 게 없겠지만 속이려 하고 감추는 게 많으면 사람을
대하는 게 가식이 많고 부자연스러울 것이다.
5 지란 진리를 단순히 아는 것이고, 믿는 것은 진리를 온전히 자기 것으로 하지 못한 상태(믿는다는
것은 의심이 좀 남아 있다는 것 아닐까?)임에 비해 기쁘게 느끼는 것은 완전히 터득하여 자기 것
으로 삼아 생활화하는 경지. 옛 사람들은 아는 것보다 그것을 자신의 삶에 얼마나 체화하였는가
를 중시하였다. 지행합일을 강조한 것도 같은 맥락이다. 예를 들어 운동하면 몸이 건강해진다는
것은 알지만, 어떤 운동을 어떻게 해야 자신의 몸에 무리가 가지 않는지 아는 사람은 많지 않다.
또한 운동 효과를 의심하거나 믿지 않는 사람도 있을 것이다. 그러나 땀 흘려 운동을 해 본 사람
은 운동의 즐거움을 몸으로 느끼고 알 것이요, 그로써 몸과 마음이 건강해질 수 있음도 절실하게
알 것이다. 어찌 운동뿐이겠는가? 신앙도 학문도 직업도, 즐기며 행하는 사람이 자신이 원하는
것을 이루고 성공할 수 있을 것이다. * 논어 옹야 편에 비슷한 구절이 있다; 子曰 知之者 不如好之
者 好之者 不如樂之者. 당시는 유교적 소양이 일반화되어 있던 사회였으므로 잘 알려진 유교경
전의 구절을 인용하여 설명하는 것은, 요즘 사람들이 소크라테스나 빌 게이츠의 연설을 인용하
는 것과 마찬가지.
6 도란 단순히 머리로 알거나 마음으로 믿는 것이 다가 아니다. 자신의 삶에서 실천하고 그 삶의 변
화를 기쁘게 체험하는 것이다. 나의 육신 경계가 없어져 내유신령과 외유기화가 하나 되는 것이
시천주. 이를 체험하고 삶의 변화로 이끌어내면 천지의 큰 변화를 알고 거기에 하나될 수 있음
이니, 그것이 천지의 큰일이 아니고 무엇이랴.
7 서택순. 1849년 10월 3일 충북 청원군 북이면 금암리 출생. 1884년 손천민의 포덕으로 동학에
입도. 수련과 포덕에 힘써 접주가 된 뒤 북이면 일대에 주문소리가 널리 퍼지게 하였다고 한다.

며느리가 베를 짭니다.」 하는지라, 내가 또 묻기를 「그대의 며느리가 베 짜는 것이 참으로 그대의 며느리가 베 짜는 것인가.」 하니, 서군이 나의 말을 분간치 못하더라. 어찌 서군뿐이랴.[8] 도인의 집에 사람이 오거든 사람이 왔다 이르지 말고 한울님이 강림하셨다 말하라.[9]

7-5. 道家婦人輕勿打兒 打兒卽打天矣 天厭氣傷 道家婦人不畏天厭氣傷而輕打幼兒則 其兒必死矣 切勿打兒

도가의 부인은 경솔히 아이를 때리지 말라. 아이를 때리는 것은 곧 한울님을 때리는 것이니 한울님이 싫어하고 기운이 상하느니라. 도인 집 부인이 한울님이 싫어하고 기운이 상함을 두려워하지 아니하고 경솔히 아이를 때리면, 그 아이가 반드시 죽으리니 일체 아이를 때리지 말라.[10]

---

8 평소 가까운 사이인 사람일수록, 특히 가족이나 자식에게는 습관대로 대하기가 쉽고, 감사하며 한울님처럼 공경하기가 더 어렵다. 그것이 나의 개벽을 방해하는 습관의 껍질이다. 신앙에 그토록 열심이었던 서택순 접주도 자신의 며느리가 아닌 한울님이 베를 짜는 것이라는 해월 선생의 깨우침을 알아채지 못하지 않은가! 오늘 우리 아이들을 대할 때 한울의 성령을 모신 신령한 존재로서 자신의 재능을 펼 수 있게 도와주는가? 그저 공부하라 닦달하고 게임하지 말라 야단치는 것이, 나의 욕심으로, 아이들을 나의 사유물로 생각하는 습관된 마음으로, 한울님을 상하게 하는게 아닌지 반성해 본다.

9 敎史에, 수운 선생의 사후, 선생의 재림을 바라는 도인들이 많았다고 한다. 기독교에서 예수 재림을 기원하는 것과 마찬가지 마음이었을 것이다. 그러나 수운 선생은 어디 있는가? 한울님은 어디 계신가? 그 이치를 깨달은 사람에게는 어디나 한울님이요, 수운 선생이 살아 있음이겠지만 깨닫지 못한 사람에게는 실제 수운 선생이 눈앞에 재림해도 알아보지 못할 것이다. 사실 수운 선생은 진리를 알지 못하고 한울사람을 알아보지 못하는 사람들에게 목숨을 잃지 않으셨는가?

10 모든 일에 상과 벌은 분명히 해야 한다. 특히 벌을 줄 때는 나의 개인적 감정이 섞여선 안 된다. 진심으로 타이르면 잘못을 깨닫고 한층 성숙하는 계기가 되지만, 감정이 개입하면 잘못은 깨우치지 못하고 원한만 남는다. 성인에 비해 아이들은 더욱 여리고 약하므로 그 영향도 더 크게 나타난다. "어린아이도 한울님을 모셨으니 아이 치는 것이 곧 한울님을 치는 것이오니…."(해월신사법설, 내수도문) 부모가 아이를 학대해서 몸과 마음이 상할 뿐 아니라 죽음에까지 이르게 하는 일이 종종 보도돼서 세상을 놀라게 하고 있다. 아이를 부모의 소유물로 생각하던 옛 악습 때문이다. 자신이 낳았어도 아이는 독립된 생명체요, 한울님이다. 실로 정자와 난자가 만나도 한울님 영기가 강령되지 않으면 생명이 잉태되지 않고, 태어날때 외유기화가 강령되지 않으면 새 생명이 이어질 수 없다.(해월신사법설, 기타) 아이는 온전히 한울님이 부모의 몸을 빌려 나오는 것이고, 부모에게 한울님이 양육을 위탁한 것이다. 그런데 한울님을 위하기커녕 때리고 상하게 하면 한울님이 위탁한 것을 도로 데려가실 수밖에. 부모라도 한울님 아들딸을 보호하고 위

7-6. 惡人莫如善待 吾道正則 彼必自正矣 奚暇較其曲直長短哉 謙讓立德之
本也 仁有大人之仁小人之仁 正己和人大人之仁心也

악한 사람은 선하게 대하는 것만 같지 못하니라. 나의 도가 바르면 저 사람
이 반드시 스스로 바르게 되리니,11 어느 겨를에 그 곡직을 가리고 장단을
비교하겠는가. 겸양은 덕을 세우는 근본이니라.12 어진 것은 대인의 어진
것과 소인의 어진 것이 있나니 먼저 나를 바르게 하고 사람들과 융화하는
것은 대인의 어진 마음이니라.13

7-7. 以詐交者亂道者 悖道者逆理者也

거짓으로써 사람을 사귀는 사람은 도를 어지럽게 하고 도를 사납게 하는 자
요, 이치를 거역하는 자이니라.14

7-8. 待人接物 必隱惡揚善爲主 彼以暴惡對我則 我以仁恕待之 彼以狡詐飾

해줄 의무는 있지만 때리고 욕하고 야단칠 자격은 없다.

11 보통, 사람들은 안 좋은 일이 있으면 자신보다 남이나 외부 요인을 탓하게 마련이다. 그러나 잘
못된 것을 바로 잡기 위해선 나부터, 가까운 곳부터 바르게 해야 할 것이다. 또한 혼자 아무리
열심히 해도 주위에서 도와주지 않으면 큰일을 성공하기 어렵다. 그러므로 모두가 한울님 기운
을 모시고 있음을 체득하고, 자신의 기운과 더 나아가 다른 사람의 잘못된 기운까지 조절할 수
있는 믿음과 심력이 있어야 할 것이다.

12 잘잘못을 따지고 승부를 가리는 것을 좋아하면, 이기거나 지거나 상대방을 적으로 남겨 놓는다.
그러나 나를 낮추고 상대방의 장점을 살려주면 그 사람을 얻을 수 있다. 있어야 할 곳에 있고,
쓰여야 할 곳에 쓰이는 것이 도가 실현되는 '덕'이 아닌가!

13 어려운 사람에게 고기를 주는 것은 쉽지만 자기만족에 지나지 않을 수 있다. 고기 잡는 법을 가
르치는 것은 시간이 걸리고 어렵지만 그 사람의 삶을 바꿀 수 있다. 그를 위해선 상대방을 진심
으로 이해하고 융화해야 할 것이다.

14 "안으로 불량하고 겉으로 꾸며내면 이는 역시 기천자라."(용담유사, 도덕가) 잘못을 고백하는
용기가 없어 거짓을 만들면 거짓은 거짓을 낳는다. 거짓으로 몸이 편하고자 하면 마음이 힘들
고, 진실을 밝히면 몸은 힘들어도 마음이 가벼워지니 어느 것이 도에 가까운가? 실체가 아닌 몸
의 감각을 따를 것인가, 영원한 마음의 진리를 따를 것인가? 또한 거짓은 남을 속이는 것뿐 아
니라 자기 자신을 속이는 것도 있다. 자신의 양심과 성령을 속이는 것이야말로 두려워해야 할
무죄지지가 아닌가!(후팔절 각주 참조) "거짓말을 하지 말라. 거짓말에서 죽고 참 말에서 사는
니라."(춘암상사)

辭則 我以正直順受之則 自然歸化矣 此言雖易體用之難矣 到此來頭 可見道力
矣 或道力未充 率急遽難忍耐 率多相沖 當此時 用心用力順我處我則易 逆我
處我則難矣 是故待人之時 忍辱寬恕自責內省爲主 非人勿直

사람을 대하고 물건을 접함에 반드시 악을 숨기고 선을 찬양하는 것으로 주
를 삼으라.15 저 사람이 포악으로써 나를 대하면 나는 어질고 용서하는 마
음으로써 대하고,16 저 사람이 교활하고 교사하게 말을 꾸미거든 나는 정직
하게 순히 받아들이면 자연히 돌아와 화하리라.17 이 말은 비록 쉬우나 몸
소 행하기는 지극히 어려우니 이런 때에 이르러 가히 도력을 볼 수 있느니
라. 혹 도력이 차지 못하여 경솔하고 급작스러워 인내가 어려워지고 경솔하
여 상충되는 일이 많으니, 이런 때를 당하여 마음을 쓰고 힘을 쓰는 데 나를
순히 하여 나를 처신하면 쉽고, 나를 거슬려 나를 처신하면 어려우니라.18
이러므로 사람을 대할 때에 욕을 참고 너그럽게 용서하여, 스스로 자기 잘
못을 책하면서 나 자신을 살피는 것을 주로 하고, 사람의 잘못을 그대로 말
하지 말라.19

---

15 누구나 실수와 잘못을 저지른다. 그러나 잘못을 깨우치고 자신의 장점을 살려나가는 사람이 있
는가 하면 같은 잘못을 반복하는 사람이 있다. 같은 잘못이 반복되면 그 일이 적성에 안 맞는지
확인해 볼 필요가 있다. 잘못을 교정하는 것은 벌이 효과적인가, 칭찬이 효과적인가? 잘하는 것
을 맡겨 칭찬하면 고래도 춤추게 하지만, 안 맞는 일을 시키고 징벌도 하면 스스로의 존엄함을
상처받고 더 잘못을 저지르게 한다.(선과 악에 대해서 대인접물 공부하기 참조)
16 싸움이 없으면 좋겠지만 싸울 때 스스로 감정이 격앙되면 판단이 흐려지고, 차분하고 조리 있게
대응해 오는 상대를 설득할 수 없다. 모두가 시천주 한 존재이므로 공경하되 사리를 분명히 밝
히면 자연히 해결할 수 있을 것이다. 어질고 용서하라고 해서 무조건 잘못된 것에도 끌려가진
말아야 한다. 그래서 의암 선생은 부드러우나 약하지 말라(의암성사법설, 후경2)고 하셨다.
17 사람을 속이려는 것은 자기 이득을 취하려 함이다. 거기에 속거나 작은 이득에 눈이 어두워
부화뇌동하면 같은 잘못을 저지르는 것이나, 손해를 보더라도 오직 바르게 대하고 정도를 보
여주면 잘못을 깨닫고 부끄러워할 것이요, 길게 보면 그게 오히려 이득이 된다.
18 일마다 한울님께 고하고 모신 한울님(내유신령, 참 나)이 시키는 대로 하면 된다. 그러나 내유신
령을 잘 모르거나 내유신령의 가르침을 잘못 알아듣는 경우 이를 거스르게 된다. 진심으로 하고
싶지 않은 일을 억지로 행하면 기운이 격동되고 온 몸이 편안치 못하다. 이것이 반복되면 내 몸
을 상하고 병나게 할 것이다.
19 이것은 단지 시비를 수동적으로 피하는 것이 아니다. 상대방의 행동을 진심으로 이해하고 그를
통해 나를 반성하고 내 행동을 돌아보는 좀 더 적극적인 대면 방법이다. 만일 상대방이 불의를

7-9. 吾非血塊 豈無是非之心 若生血氣傷道故 吾不爲此也 吾亦有五臟 豈無
貪慾之心 吾不爲此者養天主之故也

내 핏덩어리만이 아니어니 어찌 시비하는 마음이 없으리오마는 만일 혈기
를 내면 도를 상하므로 내 이를 하지 아니하노라.20 나도 오장이 있거니 어
찌 탐욕하는 마음이 없으리오마는21 내 이를 하지 않는 것은 한울님을 봉양
하는 까닭이니라.22

7-10. 是皆不忘大先生主之命敎故 吾如是也

이는 다 대선생님의 명교를 잊지 아니하는 것이라. 그러므로 내 이같이 하
노라.23

7-11. 淸明在躬其知如神 淸明在躬之本心卽 道至而盡矣 日用行事莫非道也
一人善之天下善之 一人和之一家和之 一家和之一國和之 一國和之天下同和

행하고, 내유신령이 그것을 바로잡도록 명한다면 내 몸의 수고로움을 마다하지 않고 바로잡도
록 해야 할 것이다. 그것이 마음이 편하고 나를 순히 하는 것이다. 잘못하는 사람이 내게 손해를
입히면 용서하기 어렵고 미운 생각이 든다. 하지만 그를 미워하면 미움 받는 사람보다 미워하는
사람의 마음이 상하고, 마음이 상하면 몸에도 병이 생긴다. 그러므로 한울 이치를 몰라 잘못을
저지르는 사람을 불쌍히 여기고(잘못의 인과를 스스로 받을 것이므로) 용서할 수 있어야 한다.
그래야 병도 낫고 도심도 자랄 것이다.

20 시천주를 수행하는 도인이라도 육신이 있는 한 시비하는 마음이 생길 수밖에 없다. 그러나 그
마음(시비지심, 혈기)을 한 걸음 떨어져 관조한다면 곧 스러질 허상으로 깨닫고, 거기에 휘둘리
며 마음과 몸을 상하지 않을 것이다.

21 오장은 육신을 대표한다. 탐욕은 육신의 모든 감각이 요구하는 것들, 육신관념. 육신관념을 인
정하되 거기에 얽매이지 않는 수행을 가르친다. * 불가에서는 사람들이 진리를 깨닫지 못하고
고해에 빠지는 원인을 탐, 진, 치 삼독으로 이야기한다. 탐욕과 성냄(혈기) 그리고 어리석음은
동학의 스승들이 경계하는 것과 같다.

22 내 몸은 작지만 내 안의 생명은 온 우주의 기운과 하나인 신령한 것이다. 시비가 있거나 욕심이
생기면 천심이 상하고, 혈기와 탐욕을 멀리하면 천심이 자란다. 그러므로 매사에 한울님께 고하
고 그 마음으로 바라볼 일이다. 처음 한울님을 모시고 있음을 깨달은 것이 시천주요, 이렇게 일
마다 한울님 마음을 잊지 않으려 함이 양천주다. 마침내 나의 생각과 행동이 항상 천심과 어긋
나지 않게 되면 그것이 體天이요 인내천이다.

23 성인일수록 스승님의 가르침을 공경하고 따르는 것이 정성스럽다. 하물며 우리들이야.

矣 沛然孰能御之

맑고 밝음이 있으면 그 아는 것이 신과 같으리니, 맑고 밝음이 몸에 있는 근본 마음은 곧 도를 지극히 함에 다하는 것이니라.24 일용행사가 도 아님이 없느니라.25 한 사람이 착해짐에 천하가 착해지고, 한 사람이 화해짐에 한 집안이 화해지고, 한 집안이 화해짐에 한 나라가 화해지고, 한 나라가 화해짐에 천하가 같이 화하리니, 비 내리듯 하는 것을 누가 능히 막으리오.26

7-12. 凡臨機處事 以愚默訥三字爲用 若輕聽發言則 必陷於非人之讒詐也 是以做去則 功必歸修 事必歸正矣 待人之時如少兒樣 常如花開之形 可以入於人和成德也

무릇 때와 일에 임하여 「우(어리석은 체하는 것)·27묵(침착하게 하는 것)·눌(말조심하는 것)」세 자를 용으로 삼으라.28 만약 경솔하게 남의 말을 듣고 말하면, 반드시 나쁜 사람의 속임에 빠지느니라.29 이로써 실행해 나아가면 공은 반드

---

24 躬, 몸, 자신 궁, 몸소 행할 궁. 맑고 밝음은 한울님 기운과 지혜. 누구나 처음 태어날 때 세상을 비출 거울 한 조각(마음)을 갖고 태어난다.(의암성사법설, 성범설) 거울에 내 욕심 티끌과 때가 쌓여 맑게 비추지 못하는 것을 한울님 위하는 수행으로 닦으면 깨끗해지니, 일마다 사람마다 숨김없이 드러나 알게 된다. 이를 허광심력이라 한다.(의암성사법설, 삼심관) "밝음이 있는 바를 알지 못하거든 멀리 구하지 말고 나를 닦으라."(동경대전, 전팔절)
25 이 구절도 천도교의 표어처럼 된 말씀이다. 모든 생명 활동이 한울님 지기의 작용으로 이루어진다. 아무리 하찮은 물건이나 일도 한울님 감응의 결과이고 소중하지 않은 것이 없다.
26 모든 변화는 한 사람, 한 가지 일에서부터 시작된다. 지금 현재 하는 일에 정성을 들이며 한울님 명을 함께 해보라. 그 이후의 변화는 억지로 되는 게 아닌 무위이화다. "봄바람이 불어 간 밤에 일만 나무 일시에 알아차리네. 하루에 한 송이 꽃이 피고 이틀에 두 송이 꽃이 피네. 삼백예순 날이 되면 삼백예순 송이가 피네. 한 몸이 다 바로 꽃이면 온 집이 모두 바로 봄일세."(동경대전, 시문)
27 똑똑하고 잘난 사람과 마주하는 것은 피곤하다. 그런 사람이 뛰어난 지식으로 나를 속이거나 따지려 한다면 당해낼 수 없을 것 같다. 반면에 자신보다 모자란 사람과 함께 있으면 긴장을 푸는 게 자연스러운 반응이다. 당신은 다른 사람에게 어떤 사람인가? 긴장과 스트레스를 주는가 편안함을 주는가? "사람은 지혜를 드러내기보다 그것을 숨기고 어리석은 척 하기가 더 어렵다." (신영복, 강의, 돌베개, 185쪽)
28 "우, 묵, 눌"은 "잘난 체하고, 교만하고, 사치한" 것에 대비해서 말한 것이다. 이것은 "모자란 듯, 조용히, 천천히"라는 실천 구호로 변형시킬 수 있겠다.(대인접물 공부하기 참조)

시 닦는 데 돌아가고 일은 반드시 바른 데 돌아갈 것이니라.

사람을 대할 때에 언제나 어린아이 같이 하라. 항상 꽃이 피는 듯이 얼굴을 가지면 가히 사람을 융화하고 덕을 이루는 데 들어가리라.30

7-13. 孰非我長 孰非我師 吾雖婦人小兒之言 可學而可師也.

누가 나에게 어른이 아니며 누가 나에게 스승이 아니리오. 나는 비록 부인과 어린아이의 말이라도 배울 만한 것은 배우고 스승으로 모실 만한 것은 스승으로 모시노라.31

7-14. 有事則以理應事 無事則靜坐存心 多言多慮 最害心術也

일이 있으면 사리를 가리어 일에 응하고 일이 없으면 조용히 앉아서 마음공부를 하라.32 말을 많이 하고 생각을 많이 하는 것은 심술에 가장 해로우니라.33

---

29 자기 것으로 체화되지 않은 지식은 아무리 많아도 쓸모없다. 하물며 검증되지 않은 다른 사람의 말을 생각 없이 옮기거나 따르는 것은 더 말할 나위가 없다. 자기 주관이 명확하지 않으면 속거나 이용만 당하기 쉽다.

30 "흐린 기운(육신관념, 욕념)을 쓸어버리고 맑은 기운을 어린 아기 기르듯 하라."(동경대전, 탄도유심급) 아름다움이란 무엇인가? 얼굴이 예뻐도 주위 사람을 불편하게 하는 사람이 있는가 하면 못났어도 함께 있으면 편안하고 즐거운 사람이 있다. 맑은 기운을 기르면 외모와 상관없이 누구나 좋아하는 아름다운 이가 될 것이다. 어찌 성형수술이 따를 수 있겠는가!

31 한울님 가르침과 말씀은 어디서 듣는가? 마음을 열고 한울 마음으로 보고 들으면 어느 것이건 한울님 가르침 아닌 것이 없다. "한울님 말씀은 강화로 나오는 말을 이름인데, 강화는 공변된 진리와 한울님 마음에서 우러나오는 것을 가리킴이니, 말이 이치에 합하고 도에 통한다 하면 어느 것이 한울님 말씀 아님이 있겠느냐."(해월신사법설, 천어; 부인과 어린아이의 말에 대해 대인접물 공부하기 참조)

32 바쁜 현대인들은 아무 일 없이 시간이 나면 어쩔 줄 모른다. 심지어 그런 시간을 두려워하기도 한다. 그래서 쉬는 시간에도 열심히 밖으로 나가 뭔가를 해야 한다. 산이나 헬스장 수영장 등에는 그런 사람들로 넘쳐난다. 그러므로 휴가에도 쉬는 것이 아니라 북새통 속에 있다 오는데도 기를 쓰며 일을 만든다. 그러나 삶이란 일과 휴식, 움직임과 고요함이 균형이 맞아야 건강한 법이다. 쉬는 시간에는 조용히 앉아 주문을 외며 삶과 죽음, 나와 우주에 대해 명상해 보는 것은 어떨까? 그로써 급하게 달려가느라 지나쳐 버린 주변을 찬찬히 돌아보는 여유가 생긴다면 삶이 더욱 풍요로워지고 보람될 것이다.(존심에 대해선 대인접물 공부하기 참조)

7-15. 毀斥傷生 君子謂之不孝也 論人長短 大害道德也 良工之庭不拒曲材
明醫之門不拒病夫 聖道之席不拒愚夫

남을 훼방하고 배척하여 삶을 상하게 하는 것은 군자가 이르기를 불효라 하
였으니,34 사람의 장단을 말하는 것은 도덕에 크게 해로우니라.35 양공은
구부러진 재목을 거절하지 아니하고,36 명의는 병든 사람을 거절하지 아니
하고, 성인의 도를 배우는 자리에는 어리석은 사람을 거절하지 아니 하느니
라.37

7-16. 言顧行行顧言 言行一致 言行相違則 心天相離 心天相離則雖窮年沒世
難入於聖賢之地位也

말은 행할 것을 돌아보고 행동은 말한 것을 돌아보아, 말과 행동을 한결같
이 하라. 말과 행동이 서로 어기면 마음과 한울이 서로 떨어지고, 마음과 한
울이 서로 떨어지면 비록 해가 다하고 세상이 꺼질지라도 성현의 지위에 들
어가기가 어려우니라.38

---

33 우묵눌을 기억하자. 생각은 망녕된 생각. 내 몸의 욕심을 위한 생각을 경계한 것. 진리를 생각하
고 한울님을 생각하는 것과 구분해야 한다. "생각을 하면 한울 이치를 얻을 것이요 생각을 하지
않으면 많은 이치를 얻지 못할 것이니, 심령으로 생각하는 것이요, 육관으로 생각하는 것이 아
니니라."(해월신사법설, 수심정기)

34 한울님 기운을 상하는 것이므로 천지부모에 대한 불효가 된다.

35 황희 정승이 농부에게 검정소와 누렁소 중에 어떤 소가 더 일을 잘하냐고 묻자 농부가 멀찍이
떨어져 귓속말로 답을 했다는 이야기는 유명하다. 누구나 자신이 평가받는 것을 반기는 사람은
없을 것이다. 다만 각자의 성품대로 잘하는 것을 할 수 있도록 특성을 파악하고 격려하는 것이
필요할 것이다.

36 한옥 건축의 특징 중 하나는 휘어진 목재를 그대로 사용한다는 것이다. 천장의 하중을 받치는
보가 휘어져 있으면 힘을 지탱하기가 좋지만 기둥에도 휜 나무를 그대로 사용하는 것은 다른 나
라의 건축에선 보기 힘들다. 더구나 기둥을 받치는 주춧돌도 자연석 그대로 두고 돌의 요철 모
양대로 기둥을 다듬어 올려놓는 것(그랭이법)에 이르면 한옥을 짓고 살았던 조상들에게 다름을
인정하고 자연을 있는 그대로 활용하는 마음이 내재해 있었다고 할 수밖에 없다.

37 각자가 모습이 다르고 역할이 다르다. 사장이 뛰어난 안목과 리더십이 있어도 이를 성실히 실행
할 실무자가 없으면 안 된다. 또한 그 회사의 일과 직접 관계가 없는 청소와 경비와 주방 등의 업
무가 제대로 이루어지지 않아도 전체 직원의 능률은 큰 차이가 날 것이다. 그러므로 역할이 다
를 뿐이지 귀천이 있는 것이 아니다.

7-17. 萬物莫非侍天主 能知此理則 殺生不禁而自禁矣 鳶雀之卵 不破以後
鳳凰來儀 草木之苗 不折以後 山林茂盛矣 手折花枝則 未摘其實 遺棄廢物則
不得致富 羽族三千 各有其類 毛蟲三千各有其命 敬物則德及萬邦矣

만물이 시천주 아님이 없으니 능히 이 이치를 알면 살생은 금치 아니해도
자연히 금해지리라.[39] 제비의 알을 깨치지 아니한 뒤에라야 봉황이 와서 거
동하고, 초목의 싹을 꺾지 아니한 뒤에라야 산림이 무성하리라. 손수 꽃가
지를 꺾으면 그 열매를 따지 못할 것이요, 폐물을 버리면 부자가 될 수 없느
니라.[40] 날짐승 삼천도 각각 그 종류가 있고 털벌레 삼천도 각각 그 목숨이
있으니[41], 물건을 공경하면 덕이 만방에 미치리라.[42]

<대인접물 공부하기>

1. 선과 악

선과 악은 자신에게 미치는 해악을 기준으로 판단하는 주관적 개념일 뿐이
다. 수운 선생에게 부모가 일찍 돌아가시고, 집이 불탄 일이며, 사회적 신분

---

38 말이란 속에 있는 생각을 드러내는 것이다.(의암성사법설, 언전) 그러므로 말과 행이 다르면 생
   각과 행이 다른 것이 된다. 자신은 오른쪽으로 가고 싶은데 몸은 왼쪽으로 간다면, 자기 몸을 스
   스로가 제어하지 못한다면 성현이 아니라 병자에 다름없다. 그래서 몸을 욕념이 아니라 성령(한
   울님 마음)에 따르도록 수련해야 한다.

39 모기가 나를 무는 것도 한울님 기운 작용이다. 그를 잡으면 그만큼의 인과가 있을 뿐. 고기를 먹
   는 것도 같다. 그 인과를 감당하지 못하겠거든 삼가는 것이 좋다.(의암성사법설, 위생보호장)

40 부자일수록 절약한다. 그 가치를 알기 때문이다. 작은 물건과 일도 소홀히 하지 않고 정성을 들
   이는 것이 모든 성공의 열쇠다.

41 요즘 사람들은 곤충과 벌레를 싫어하는 정도를 넘어 두려워하는 것 같다. 벌레 방제회사가 성업
   중이고 곤충이 사람들을 습격하는 것은 영화의 단골 소재 중 하나다. 그러나 벌레도 물론 한울
   의 기로 움직이는 소중한 생명이다.(벌레에 대해 대인접물 공부하기 참조)

42 한울님 덕을 실천하는 것은 사람과 물건을 공경하는 것으로부터 이루어진다.(해월신사법설, 삼
   경) 하늘에 기도만 해서는 덕이 없다. 나의 삶이 바뀌어야 한다.

제한은 더할 수 없는 악이었을 것이다. 그러나 그러한 시련이 수운 선생을 고민하게 하고 단련하지 않았다면 무극대도가 세상에 나올 수 있었을까?

우주 공간의 한울님 눈높이에서는 사람들에게 일어나는 자잘한 일들은 선악 분별이 무의미하다.(무선무악) 이 모두가 하나의 기운이기 때문에 더욱 그렇다. 그러면 선악은 어떤 의미가 있는가? 개별 사건을 대하고 헤쳐 나가는 개인들에게 성쇠의 열쇠가 될 것이다. 자신에게 불리한 일도 긍정적으로 받아들여 한 단계 성숙하고 발전하는 계기로 삼는 이가 있는 반면 불평하고 원망하며 헤어나지 못하고 몰락하는 이도 있다.

그래서 수운 선생은 한울님 마음이 사람의 마음이라면 어째서 선악이 있느냐는 질문에 마음과 기운을 바르게 하고 못하고에 따라 성쇠가 나뉠 뿐이라고 하셨다.(동경대전, 논학문)

결국 선악, 성패는 자신에게 달려 있는 것이다. 원인을 밖에서 찾으며 남 탓을 해서는 해결되지 않는다. 악을 볼 때도 내 안의 같은 모습을 반성하고 모셔 화해야 한다.

2. 우, 묵, 눌

우愚는 어리석을 우니까 뭔가 좀 모자란 거다. 좀 모자라게 살자는 것이다. 덜 가지고 덜 먹고…. 묵黙은 고요한, 묵묵하다는 뜻으로 조금 아는 것을 갖고 자기 자랑만 하고 잘난 체와 자기주장이 심한 요즘 사람들에게 꼭 필요한 경구다. 수운 선생도 병속의 술을 마개를 열면 향기가 사라진다고 하면서 입조심을 당부하시지 않았는가?(시문) 눌訥은 말을 더듬다, 과묵하게 하다라는 뜻이다. 서두르지 말고 차분하게, 천천히 하라는 말씀이다.

하루 중 일이나 음식을 대할 때 더 가지고 싶고 더 먹고 싶은 때 '모자란 듯'을 외치고 절제해 보자. 과욕으로 인한 무리한 일의 진행을 예방하고 과식으로 인한 비만도 치료할 수 있다. 또한 내가 절제한 만큼 다른 사람들에게 기회가 돌아간다면 그것이야말로 덕을 나누는 것이 아니겠는가?

각자위심의 요즘 시대에는 자기 이익을 지키기 위한 시비가 끊이지 않는다. 그런 시비 중에 혈기가 오르고 기운을 상하는 경우가 다반사고. 이럴 때는 '조용히'를 떠올리고 시비에서 한 발짝 물러서서 전체를 조망해 볼 일이다. 시비의 한가운데에서 보이지 않던 해결의 실마리가 이해관계를 떠나 한 발 물러서면 잘 보이는 법이니까. 이렇게 냉철하게 일의 선후를 따질 수 있다면 시비 당사자 모두가 승복할 수 있을 것이다.

요즘은 시간이 돈이고 어느 분야이든지 속도 경쟁이 무한정 벌어지는 것 같다. 하지만 속도가 빨라질수록 인간은 소외된다. 여기에 대한 반성일까? 웰빙과 다운시프팅이 화두로 대두하고 유행하는 모양이다. 천천히 먹고 덜 가지고 좀 더 불편하더라도 우리 몸에 맞는 친환경 생활을 하자는 것이다. 실제 직장이 멀더라도 전원으로 집을 옮기고 불편함을 감수하고 이를 오히려 즐기는 사람들이 늘어난다. 이런 흐름은 '천천히'로 규정할 수 있겠다.

마음이 급하고 서두를수록 실수가 잦고 오히려 일이 더 늦어지는 것은 누구나 경험하는 것이다. 학생이 바쁘다고 충분한 이해 없이 책만 많이 본다고 공부가 제대로 되겠는가? 급하다고 운전을 험하게 하다가 사고라도 나면 오히려 더 늦어질 수도 있다.

급할수록 '천천히'를 외치고 차분하게 그러나 정확하고 꼼꼼하게 한다면, 다시 손 볼 일이 없게 한다면 오히려 그것이 훨씬 빠른 길이 될 것이다.

우, 묵, 눌이 모두 우리의 일상행동 중 주로 말과 관련된 경구이므로 실천은 하지 못하면서 말만 앞서는 것을 경계한 것으로 볼 수도 있겠다. 옛사람들은 말만 번지르하고 행이 따르지 않는 것을 몹시 경계했다.

논어 이인里仁 편에, 다음과 같은 구절이 있다. 공자께서 말씀하시길(子曰), "옛사람들이 말을 쉽게 꺼내지 않은 것은 몸으로 행하는 것이 미치지 못하는 것을 부끄럽게 여겼기 때문이다(古者言之不出, 恥躬之不逮也)." "군자는 말은 어눌하게 하고, 행동은 민첩하게 하려고 노력한다(君子欲訥於言, 而敏於行)."

3. 부인과 어린아이의 말

당시는 남존여비 사상이 심한 조선조 말엽이었다. 어린아이는 어리석은 아이라는 뜻이었고. 그러므로 부인과 어린아이의 말을 배우고 스승으로 모신다고 함은 수운 선생이 여종을 수양딸과 며느리로 삼은 것과 같은 파격이요, 발상의 전환이었다.

근대에 와서도 여성이 한 사람의 시민으로서 권리를 행사할 수 있게 된 것은 얼마 되지 않는다. 영국에서는 1918년에야 30세 이상 여성에게 선거권과 피선거권이 인정되었고, 미국에서는 1920년에 참정권이 각 주에서 인정되었다. 프랑스는 1944년, 이탈리아는 1945년, 스위스는 1971년에야 참정권이 인정되었다. 우리나라는 1948년 제헌 헌법으로 인정하였는데, 세계적으로 이전까지 여성은 육체적/지적으로 남성보다 열등한 존재로 여겨져 가사 일만 해야 했다. 즉 여성은 남성에게 있는 무엇이 부족한, 불완전한 인간이므로 남성들의 소유 내지는 보호가 필요한 존재로 간주해 온 것이다. 이런 고정관념이 선진국이라 해도 아직 사회 곳곳에 많이 남아 있는 것이 현실이다.(해월신사법설, 부화부순, 부인수도 참조)

4. 존심

존심存心: 사람의 욕망 따위에 본심을 해치는 일 없이 항상 본연의 상태를 지키는 것. 유가의 실천 명제 중 하나로, 맹자 진심편盡心篇에서 유래. "자기의 마음을 보존하고 그 본성을 키우는 것은 하늘을 섬기기 위함이다(存其心養其性所以事天也)."

검도 용어에도 '존심'이 있다. 이는 상대를 타격한 뒤에도 방심하거나 기를 흩지 않고 만약의 순간을 대비하는 것을 뜻한다. 그러므로 존심은 본래 마음(한울 마음)을 잃지 않고 지키는, 수심정기하라는 뜻이다. 마음공부로 번역한 것은 적절하다. 어쩌면 해월 선생이 마음공부하라고 말씀하신 것을 존심存心으로 기록한 것일 수도 있다. 뜻만 바르게 전달된다면 무슨 상관이랴, 원래 말이란 게 그런 것을.

5. 벌레

어릴 때 살던 한옥에는 구석에 습기 찬 곳이 있으면 썩으면서 벌레들이 생기곤 했다. 간혹 방안에서 다리 많이 달린 벌레가 지나가서 잡을라치면 어머니께서 '그거 돈벌레니까 잡지 마라'고 하시곤 했다. 하찮은 벌레조차도 그 생명을 죽이면 집안에 돈이 들어오지 않는다고 상징성을 부여하면서 조심하도록 했던 것이다. 지금 생각해 보면 모든 생명들이 모두 생태계의 한 축을 담당하는 소중한 존재이기 때문에 벌레라도 함부로 하지 말라는 것을 우리들은 무슨 심오한 철학 강의 같은 것이 없어도 집안에서 몸에 배도록 가르침을 받아 왔던 것이 아닌가 싶다.

곤충이 아무리 싫어도 그들이 없으면 사람들도 살아갈 수 없다. 곤충이 있어야 동물과 식물의 사체를 분해하고 꽃들이 수정해서 열매를 맺을 수 있도록 해 주며 그들 자신이 새나 다른 동물들의 먹이가 되기도 한다. 또한 지구상에서 곤충은 사람보다 훨씬 많은 종류와 숫자로 잘 적응하며 살아가는 존재이기도 하다. 최근 환경오염과 휴대전화의 전자파 등으로 세계 각지에서 벌들이 집단 폐사하고 있어 문제가 되고 있다. 벌과 같은 곤충이 없어질 경우 꽃가루 수정에 의존하는 인류의 식량생산이 심각하게 감소할 것이라고 세계식량기구에서 경고하기도 하였다. 세상의 모든 생명을 위하는 것이 (삼경) 곧 나의 건강한 생명을 위하는 것임을 이제 깨닫고 삶의 방식을 바꿔야 할 때이다.

八. 靈符呪文영부주문

8-1. 心者在我之本然天也 天地萬物本來一心 心有先天後天之心 氣亦有先天
後天之氣 天地之心神神靈靈 天地之氣浩浩蒼蒼 滿乎天地亘乎宇宙也

마음이란 것은 내게 있는 본연의 한울이니 천지만물이 본래 한마음이니라.1
마음은 선천 후천의 마음이 있고 기운도 또한 선천 후천의 기운이 있느니
라.2 천지의 마음은 신신영령하고 천지의 기운은 호호창창하여 천지에 가득
차고 우주에 뻗쳐 있느니라.3

8-2. 經曰「吾有靈符 其名仙藥 其形太極 又形弓弓 受我此符 濟人疾病」 弓

---

1 "마음은 바로 성품으로서 몸으로 나타날 때 생기어 형상이 없이 성품과 몸 둘 사이에 있어 만리만
  사를 소개하는 요긴한 중추가 되느니라."(의암성사법설, 성심신삼단) "나에게 한 물건이 있으니
  물건이란 것은 나의 본래의 나니라. 이 물건은 보려 해도 볼 수 없고, 들으려 해도 들을 수 없고,
  물으려 해도 물을 곳이 없고, 잡으려 해도 잡을 곳이 없는지라, 항상 머무는 곳이 없어 능히 움직
  이고 고요함을 볼 수 없으며, 법으로써 능히 법하지 아니하나 만법이 스스로 몸에 갖추어지며, 정
  으로써 능히 기르지 아니하나 만물이 자연히 나는 것이니라. 변함이 없으나 스스로 화해 나며, 움
  직임이 없으나 스스로 나타나서 천지를 이루어내고 도로 천지의 본체에서 살며, 만물을 생성하
  고 편안히 만물 자체에서 사니, 다만 천체를 인과로 하여 무선무악하고 불생불멸하나니 이것이
  이른바 본래의 나니라."(의암성사법설, 삼성과) 한울님의 재료(원소, 성품)가 형체를 이루어 만
  물을 만든다. 만물을 살아 움직이게 하는 것 역시 한울님의 기운. 각각의 만물 속에 있는 한울님
  기운을 내유신령-마음이라 한다. 내유신령은 본래 한울님 지기(외유기화)와 하나이며 항상 소통
  된다.(논학문 모실 侍 풀이) 그 내유신령은 본래 신령하지만 나라는 我相과 육관, 욕심의 티끌이
  신령함을 가리게 되면 각자위심을 가진 苦海 속의 凡人이 된다.
2 선천의 마음과 후천의 마음은 어떤 차이일까? 한울님께 받은 본래의 마음이 선천의 마음이라면
  욕심에 물든 마음이 후천의 마음이라 할 것이고, 육관에서 벗어나지 못한 마음을 선천의 마음이
  라 한다면 이를 개벽하고 한울마음이 된 것을 후천의 마음이라 할 것이다. 기운도 마찬가지. "사
  랑하고 미워하는 것은 물건의 반동심이라. 비유하면 젖먹이가 눈으로 물건을 보고 사랑하는 마
  음이 생기어 기뻐하며 웃다가 물건을 빼앗으면 성내어 싫어하나니, 이것을 물정심이라 이르느니
  라. 물정심은 곧 제이 천심이니 억만 사람이 다 여기에 얽매어 벗어나지 못하느니라."(의암성사
  법설, 진심불염)
3 "기라는 것은 허령이 창창하여 일에 간섭하지 아니함이 없고 일에 명령하지 아니함이 없으나, 그
  러나 모양이 있는 것 같으나 형상하기 어렵고 들리는 듯하나 보기는 어려우니, 이것은 또한 혼원
  한 한 기운이요."(동경대전, 논학문) 천지의 마음이 신령한 것은 어느 곳이나 언제나 간섭하지 않
  음이 없고 감응하지 않음이 없기 때문이다. 나의 욕심에 가려 있으면 알지 못할 것이나 나를 비우
  면 한울의 간섭하심을 언제든 알 수 있다.

乙其形 卽「心」字也

경에 말씀하시기를 「나에게 영부 있으니 그 이름은 선약이요 그 형상은 태
극이요 또 형상은 궁궁이니 나의 이 영부를 받아 사람을 질병에서 건지라」4
하셨으니, 궁을의 그 모양은 곧 마음 심 자이니라.5

8-3. 心和氣和與天同和 弓是天弓 乙是天乙 弓乙吾道之符圖也 天地之形體
也故 聖人受之以行天道以濟蒼生也

마음이 화하고 기운이 화하면 한울과 더불어 같이 화하리라. 궁은 바로 천
궁이요, 을은 바로 천을이니 궁을은 우리 도의 부도요 천지의 형체이니라.
그러므로 성인이 받으시어 천도를 행하시고 창생을 건지시니라.6

8-4. 太極玄妙之理也 透得則是爲萬病通治之靈藥矣

태극은 현묘한 이치니 환하게 깨치면 이것이 만병통치의 영약이 되는 것이
니라.7

8-5. 今人但知用藥愈病 不知治心愈病 不治心而用藥 豈有差病之理哉 不治

---

4 동경대전, 포덕문. 수운 선생이 한울님께 받은 말씀.
5 영부란 무엇인가? 사람들과 세상의 병을 고칠 신령스러운 부적이요, 선약이라 했다. 사람들의 병
  과 세상의 병은 어디에서 오는가? 모두가 마음에서 비롯된다. 잘못된 마음과 잘못된 마음 씀이
  근원이다. 한울님과 수운 선생의 본지는 이러한 잘못된 마음을 바로 잡는 데 있다. 弓 자와 乙 자
  는 기의 흐름이 물결치는 것을 형상화한 상징이다. 이를 의암성사 때 궁을기로 도안하여 천도교
  의 상징으로 삼았다.(해월신사법설, 기타공부하기 참조)
6 영부를 받아 질병을 고침은 다만 신령한 부의 힘인가? "이것을 병에 써 봄에 이른즉 혹 낫기
  도 하고 낫지 않기도 하므로 그 까닭을 알 수 없어 그러한 이유를 살펴본즉 정성 드리고 또 정
  성을 드리어 지극히 한울님을 위하는 사람은 매번 들어맞고 도덕을 순종치 않는 사람은 하나
  도 효험이 없었으니 이것은 받는 사람의 정성과 공경이 아니겠는가."(포덕문) 결국 본인의
  마음이 바뀌고 개벽되어야 한울의 큰 기운과 하나가 되어 병도 낫고 창생을 건지는 것이다.
7 태극 역시 한울님 기의 흐름을 형상화한 것으로 궁을과 같은 상징체계. 거기에 음양의 상징이 더
  해진 것이다. 이를 깨우침은 나의 마음과 기운을 바르게 하여 한울님 기운과 하나가 되는(시천주)
  것을 뜻함이니, 잘못된 마음과 기운으로 인해 생긴 병이 물약자효될 것이다.

心而服藥 是不信天而信藥

지금 사람들은 다만 약을 써서 병이 낫는 줄만 알고 마음을 다스리어 병이
낫는 것은 알지 못하니, 마음을 다스리지 아니하고 약을 쓰는 것이 어찌 병
을 낫게 하는 이치이랴. 마음을 다스리지 아니하고 약을 먹는 것은 이는 한
울을 믿지 아니하고 약만 믿는 것이니라.8

8-6. 以心傷心以心生病 以心治心以心愈病 此理若不明卞 後學難曉故 論而
言之 若治心而心和氣和 冷水不可以藥服之

마음으로써 마음을 상하게 하면 마음으로써 병을 나게 하는 것이요, 마음으
로써 마음을 다스리면 마음으로써 병을 낫게 하는 것이니라.9 이 이치를 만
약 밝게 분별치 못하면 후학들이 깨닫기 어렵겠으므로, 논하여 말하니 만약
마음을 다스리어 심화기화가 되면 냉수라도 약으로써 복용하지 않느니라.10

8-7. 此是開闢後五萬年 勞而無功 遇汝成功之天意也 明而察之

이것이 「개벽 후 오만년에 노이무공 하다가서 너를 만나 성공하니」라고 하
신 한울님의 뜻이니 밝게 살필지어다.11

---

8 약을 쓰는 것도 한울님의 이치를 밝히고(과학, 의학) 그에 따라 처방하고 지은 것을 먹는 것이다.
  그러나 아무리 좋은 약을 먹어도 그 효과를 의심하면 효과가 반감되고, 밀가루를 먹어도 영약으
  로 믿으면 효과가 있다.(플라시보) 결국 모든 것은 마음에 달려 있는 것이다. 지나치게 의존하지
  않는다면 보조적으로 약을 쓰는 것도 도움이 될 것이다. 그러나 원인이 되는 마음과 삶의 방식을
  바꾸지 않으면 병은 다시 재발될 것이다. 약만 쓰는 것이 한계인 이유다. 수련을 통해 삶이 바뀌
  면 근본적인 치료가 되지만, 병이 있어 절박했던 마음이 사라지면 정성도 약해지는 게 보통 사람
  들이다. 그렇게 수행이 게을러지고 옛 습관이 돌아오면 병도 재발하니 이때는 치유가 어렵다.
9 마음으로 병이 낫는 것은 영부 주문 공부하기 참조.
10 마음이 개벽되어 한울님 마음을 회복하면 이미 영부를 마음에 모신 것이다. 다른 무슨 약이 필
  요하랴.
11 용담유사, 용담가에 나오는 구절. 성경에도 예수가 수많은 환자를 치유하는 이적을 행한 것이
  전한다. 그러나 예수는 자신의 옷깃을 만져 평생의 고질병이 치료된 여인에게 너의 믿음이 너를
  살렸도다 하였다. 자신이 어떤 이적을 행한 것이 아니라 그를 믿는 여인의 마음이 여인의 몸과
  마음을 개벽한 것임을 적시한 것이다. 그러나 당시 사람들이 이를 얼마나 이해했을까? 수운 선

8-9. 以心治心 以氣治氣 以氣食氣 以天食天 以天奉天

마음으로써 마음을 다스리고, 기운으로써 기운을 다스리고, 기운으로써 기운을 먹고, 한울로써 한울을 먹고, 한울로써 한울을 받드는 것이니라.12

8-10. 呪文三七字 大宇宙 大精神 大生命 圖出之天書也「侍天主造化定」萬物化生之根本也「永世不忘萬事知」是人生食祿之源泉也

주문 삼칠자는 대우주·대정신·대생명을 그려낸 천서이니「시천주 조화정」은 만물 화생의 근본이요,「영세불망 만사지」는 사람이 먹고 사는 녹의 원천이니라.13

8-11. 經曰「侍者 內有神靈 外有氣化 一世之人 各知不移者也」內有神靈者 落地初赤子之心也 外有氣化者 胞胎時 理氣應質而成體也故「外有接靈之氣 內有降話之敎」「至氣今至願爲大降」是也

경에 말씀하시기를「모신다는 것은 안에 신령이 있고 밖에 기화가 있어 온 세상 사람이 각각 알아서 옮기지 않는 것이라」14 하셨으니, 안에 신령이 있다는 것은 처음 세상에 태어날 때 갓난아기의 마음이요, 밖에 기화가 있다

생이 사람의 기와 한울의 기가 하나임을 깨달아 그로써 제인질병하는 것을 온전히 깨달으니 개벽 후 오만년 만의 사건인 것이다.

12 무형한 한울의 원소가 유형한 사람이 된 것, 한울이 한울된 것(의암성사법설, 법문)이다. 그러므로 우리가 행하는 모든 행동은 한울 마음과 기운을 사용한다. 바른 마음으로 바른 기운을 쓰면 내 몸과 마음을 바르고 건강하게 하지만, 바르지 못한 마음과 기운은 내 몸과 마음을 망친다. 또한 매일 마시고 먹는 모든 것이 한울의 기운을 보충하는, 외유기화를 모시는 행위다. 이를 바르게 행하면 생명이 건강하지만 나쁜 먹거리를 함부로 먹으면 생명을 해치게 된다.

13 만물은 한울기운으로 화생된다. 그러므로 한울을 모시지 않은 것이 없고(侍天主), 한울이 부여한 고유한 모습을 드러낸다.(造化定) 그러나 한울이 주신 모습대로 살려면(與天地合其德) 한울의 이치와 가르침을 잊지 않고 지키며,(永世不忘) 매사에 한울님 이치에 어긋나지 않도록 행하며, 그 이루고 이루지 못하고는 무위이화이다.(萬事知) 이 모든 것이 한울님 간섭이니 사람이 잠시라도 한울님 기운을 떠나서 살 수 있는가?

14 동경대전, 논학문.

는 것은 포태할 때에 이치와 기운이 바탕에 응하여 체를 이룬 것이니라.15
그러므로 「밖으로 접령하는 기운이 있고 안으로 강화의 가르침이 있다」는
것과 「지기금지 원위대강」이라 한 것이 이것이니라.

8-12. 吾人之化生 侍天靈氣而化生 吾人之生活 亦侍天靈氣而生活 何必斯人
也 獨謂侍天主 天地萬物皆莫非侍天主也 彼鳥聲亦是侍天主之聲也

우리 사람이 태어난 것은 한울님의 영기를 모시고 태어난 것이요, 우리 사
람이 사는 것도 또한 한울님의 영기를 모시고 사는 것이니, 어찌 반드시 사
람만이 홀로 한울님을 모셨다 이르리오. 천지만물이 다 한울님을 모시지 않
은 것이 없느니라. 저 새소리도 또한 시천주의 소리니라.16

8-13. 吾道義以天食天－以天化天 萬物生生稟此心此氣以後 得其生成 宇宙萬
物總貫一氣一心也

우리 도의 뜻은 한울로써 한울을 먹고, 한울로써 한울을 화할 뿐이니라.17
만물이 낳고 나는 것은 이 마음과 이 기운을 받은 뒤에라야 그 생성을 얻나

---

15 모실 시 자의 이 설명이야말로 나의 개체 생명과 우주 대 생명이 하나임을 명확하게 밝힌 가르
침이다. 아기가 태어나기 전에는 자신의 생명(내유신령)이 어머니의 탯줄을 통해서 생명을 유
지하지만, 태어난 후에는 공기도 호흡하고 음식도 먹는 등 적극적인 외유기화를 통해 생명을 유
지해야 한다. 외유기화를 못하면 죽음이다. 그러므로 태어난 직후 살기 위해선 한울님 기운을
받아야 하니 '지기금지 원위대강'인 것이다. 갓난아이뿐이랴. 어른들도 내유신령과 외유기화의
단절을 '지기금지 원위대강'으로 다시 하나로 연결하고 소통해야 올바른 생명을 유지할 수 있
다. 이것이 단절되면 그것이 곧 '惡疾'이 된다.
16 모든 생명은 시천주-내유신령, 외유기화의 소통을 통해 살아간다. 그러므로 마음을 열고 들으
면 어느 것이나 한울님의 가르침이요, 소리다. 여기서 이천식천의 가르침이 도출된다. 어찌 생
명들뿐이랴. 무생물인 광물들도 그 형태를 유지하는 것은 역시 한울님의 기운 작용이며, 그 분
자 구조 안에서는 활발한 기의 작용이 계속된다. 다만 그것이 너무 작고 느려서 사람들이 인식
하지 못할 뿐이다. 따라서 敬天과 敬人에서 敬物까지 이루어져야 하는 것이다.(해월신사법설,
三敬) "신은 광물 속에서는 잠자고, 식물 속에서는 깨고, 동물 속에서는 움직이고, 인간 속에서
는 사유한다."(우파니샤드)
17 해월신사법설, 이천식천 참조. 의암성사법설, 법문 참조.

니, 우주만물이 모두 한 기운과 한마음으로 꿰뚫어졌느니라.[18]

<영부 주문 공부하기>

1. 마음으로 병이 낫는 것

심인성心因性 질환이란 스트레스와 관련된 우울증이나 위궤양 등에 대해 제한적으로 인정되던 개념이었다. 그러나 최근에는 모든 질환의 치료에 명상과 같은 심리적 안정에 도움이 되는 요법을 보조적으로 폭넓게 적용한다. 이미 규모가 큰 암 센터 등에서는 부설 명상센터 등을 운영하고 그 치료 효과를 확인하며 연구하는 중이다.

그러나 몸도 한울님 성품의 소산이요, 그 기운도 한울님 기운임을 깨달으면 거기서 생기는 모든 병 또한 한울님 간섭이며 그로써 치료할 수 있음도 깨닫게 된다.

수련을 하면 피가 맑아진다고들 한다. 실제 백혈구는 3일~20일, 적혈구는 120일 정도면 새로운 세포로 교체가 된다. 1~4달이면 몸속 피가 완전히 교체가 되니, 그 이전과 이후는 전혀 다른 사람이 될 수 있다. 미워하고 원망하고 불평하는 마음과 기운 속에서는 그런 스트레스가 세포 속 유전자를 손상시키게 되고, 그렇게 생긴 백혈구, 적혈구는 제구실을 하기 어렵게 된다. 주문으로 한울님을 위하는 마음을 지키면 반대로 손상된 유전자가 수리되고 복구되어 건강한 세포가 만들어진다. 우리 몸에 생긴 암 같은 병도 잘 못 만들어진 세포가 쌓인 것이니, 주문을 외며 마음을 바꾸면 잘못된 세포가 없어지고 건강한 세포로 대체되어 병이 없어지고 낫게 되는 것이다. 그래서 마음

---

18 "천지, 음양, 일월, 천만물의 화생한 이치가 한 이치 기운의 조화 아님이 없는 것이니라. 나누어 말하면 기란 것은 천지 귀신 조화 현묘를 총칭한 이름이니 도시 한 기운이니라."(천지이기)

수련으로 병을 낫는 것은 기적도 영적도 아니고, 자연한 이치요 진리인 것이다. 주변의 교구와 수도원에 가 보면 그런 사례는 얼마든지 있다. 수련을 해서 가벼운 위장병을 나은 사례부터 60 넘은 노인이 반신불수를 거뜬히 회복한 사례, 불치 선고 받은 암을 치유한 사례 등은 부지기수다.

다만 바른 마음과 그에 따른 바른 생활은 하루아침에 이루어지는 것이 아니다. 잘못된 습관이 서서히 병을 만들 듯, 바른 삶의 태도가 또한 서서히 몸을 건강하게 만드는 것이다. 그런 치유 과정에서 잘못된 습관에 젖어 있던 몸이 오히려 더 아프고 힘들기도 한다. 술과 담배를 끊을 때의 금단증상을 생각하면 된다. 힘들어도 그 과정을 극복해야 한다. 이런 삶의 태도 교정 없이 병이 낫기를 기도만 하는 것은 잘했건 잘못했건 자신의 삶을 부정하는 것이기도 하고, 무엇보다 자신의 몸에 집착하는 또 다른 욕심일 뿐이다.

九. 守心正氣수심정기

9-1. 人能淸其心源 淨其氣海 萬塵不汚 慾念不生天地精神總歸一身之中 心無淸明其人愚昧 心無塵埃其人賢哲

사람이 능히 그 마음의 근원을 맑게 하고 그 기운 바다를 깨끗이 하면1 만진이 더럽히지 않고, 욕념이 생기지 아니하면 천지의 정신이 전부 한 몸 안에 돌아오는 것이니라.2 마음이 맑고 밝지 못하면 그 사람이 우매하고, 마음에 티끌이 없으면 그 사람이 현철하느니라.3

9-2. 燈得膏油以後光焰明明 鏡得水銀以後照物昭昭 器得火炎熔煉以後 體質堅堅 人得心神敎訓以後 意思靈靈矣

등불은 기름을 부은 뒤에라야 불빛이 환히 밝고, 거울은 수은을 칠한 뒤에라야 물건이 분명히 비치고, 그릇은 불에 녹아 단련된 뒤에라야 체질이 굳고 좋으며, 사람은 마음에 한울님의 가르침을 얻은 뒤에라야 뜻과 생각이 신령한 것이니라.4

---

1 마음을 맑게 하고 기운을 깨끗이 하는 것은 어떤 것인가? 그것은 자신의 욕념이 아닌 처음 태어날 때의 순수한 한울마음을 회복하는 것이다. 마음과 기운이 욕심과 희로애락에 요동치면 사물을 제대로 비출 수 없지만, 어떤 일에도 고요한 명경지수같이 흔들림이 없으면(海印三昧) 모든 일을 비추어 밝게 알 수 있을 것이다.

2 욕념이란 各自爲心이다. 이는 천지와 하나인 나를 모르고, 나의 습관된 허상인 我相에서 비롯된다. 대표적인 것이 식욕, 색욕, 수면욕의 삼대 욕심이다. 식욕은 재물에 대한 욕심을 포함하고, 색욕은 성욕과 자기과시의 명예욕을 포함하며, 수면욕은 몸이 편하고자 하는 욕심을 포함한다. 이들에서 자유로운 사람이 얼마나 되는가? 욕념을 버림은 각자위심을 버리는 것이다. 나를 버리고 비우면 한울님 마음이 채워진다. 한울님 기운이 닿는 온 우주와 하나가 되며 나와 남을 구분하는 분별심이 사라진다.(해월신사법설, 허와 실 참조)

3 사람이 태어날 때 누구나 내유신령을 지닌다. 이 보배로운 거울이 욕심이라는 티끌에 가려지면 총명하지 못하고 우매한 사람이 되고, 이를 열심히 닦으면 맑고 밝게 된다. 그래서 "밝음이 있는 바를 알지 못하거든 멀리 구하지 말고 나를 닦으라."(동경대전, 전팔절) 하셨다. 나를 닦는 것은 어찌하는가? 개인적 욕념을 버리고 한울을 위하면서 나의 진심이 무엇인지, 나의 본래 모습이 무엇인지 찾고 그것을 지키는 것이 나를 닦는 것이다.

4 세상은 넓어서 끝이 없다. 그러나 자신이 보고 들은 것만을 고집하는 우물 안 개구리는 얼마나 어

9-3. 身體心靈之舍也 心靈身體之主也 心靈之有 爲一身之安靜也 慾念之有 爲一身之擾亂也

몸은 심령의 집이요 심령은 몸의 주인이니, 심령의 있음은 일신의 안정이 되는 것이요, 욕념의 있음은 일신의 요란이 되는 것이니라.5

9-4. 心靈惟天也 高而無上 大而無極 神神靈靈 浩浩蕩蕩 臨事明知 對物恭之 思之則 天理得焉 不思之則 不得衆理矣 心靈思之 六官不思之 以心靈明其心 靈 玄妙之理 無窮之造化可得而用之 用之則 滿乎宇宙之間 廢之則藏乎一粒之 中矣

심령은 오직 한울이니, 높아서 위가 없고 커서 끝이 없으며, 신령하고 호탕하며6 일에 임하여 밝게 알고 물건을 대함에 공손하니라.7 생각을 하면 한울 이치를 얻을 것이요 생각을 하지 않으면 많은 이치를 얻지 못할 것이니, 심령이 생각하는 것이요, 육관(눈·귀·코·혀·몸·뜻)으로 생각하는 것이 아니니라.8 심령으로 그 심령을 밝히면 현묘한 이치와 무궁한 조화를 가히 얻어

리석은가? 자존심을 버리고 무한한 한울님의 가르침을 깨달아야 한다. 누구나 모신 한울님 영기의 간섭으로 살아가되 그것을 깨닫기 위해서는 계기가 필요하다. 등불에 기름을 붓고, 거울에 수은을 칠하고, 그릇을 불에 단련하는 그런 계기가 삶에 누구나 한 번씩은 있다. 그런 계기를 맞아 자신의 삶을 개벽하는 사람은 한울 사람이 되는 것이고, 기회를 놓치거나 시련을 불평만 하고 개벽하지 못하면 각자위심의 고해에서 살게 된다. 그러므로 시련과 고생은 나를 깨우치고 단련하는 한울님의 애정이요 회초리다. "고생은 희락이라"(용담유사, 교훈가)고 하지 않으셨던가!

5 사람의 몸은 오래 살아야 100년이다. 그마저도 제 기능을 하는 것은 또 얼마 되지 않는다.(자신의 몸을 스스로 가누지 못하는 어릴 때와 노년을 제하면) 반면에 인간이 지구에 등장한 것이 십만 년, 지구의 나이가 45억 년, 우주의 나이가 137억 년이다. 우주에 가득한 한울님 심령에 비하면 내 몸은 먼지보다 작고, 137억 년에 비해 인생 100년은 찰나도 쓰지 못하는 객체일 뿐이다. 잠깐 빌려 쓰는 객체의 욕심을 따를 것인가, 영원한 주체의 가르침을 따를 것인가? 심령은 내 몸에 모신 한울님의 영기이다. 영기의 가르침대로 살면 무위이화 될 것이니 걱정할 것이 무엇이겠는가? 다만 사람들이 욕심이 앞서 영기를 잊고 이치를 거스르니 병도 나고 일도 그르치는 것이다.

6 동경대전, 논학문 '기' 설명 참조.

7 한울님은 군림하고 벌을 주는 분이 아니라 생명을 아끼고 공경하는 분이다.

8 심령으로 생각하는 것과 직관에 대해 수심정기 공부하기 참조. ★ 오관(五官)은 눈, 귀 코, 입, 몸의 우리 몸에 있는 감각기관. 불교에서는 여기에 습관된 의식을 더해 육식(六識)이라고 한다. 그러므로 육관은 몸의 감각을 대표한 오관에 습관된 의식을 더한 것으로, 참된 한울 의식에 대비되

쓸 수 있으니, 쓰면 우주 사이에 차고 폐하면 한 쌀알 가운데도 감추어지느
니라.9

9-5. 鏡不蔽垢則明　衡不加物則平　珠不渾淤則光矣　人之性靈也如天之日月
日中則萬國自明　月中則千江自照　性中則百體自安　靈中則萬事自神矣

거울이 티끌에 가리우지 않으면 밝고, 저울에 물건을 더하지 않으면 평하고,
구슬이 진흙에 섞이지 않으면 빛나느니라.10 사람의 성령은 한울의 일월과
같으니, 해가 중천에 이르면 만국이 자연히 밝고, 달이 중천에 이르면 천강
이 자연히 빛나고, 성품이 중심에 이르면 백체가 자연히 편안하고, 영기가
중심에 이르면 만사가 자연히 신통한 것이니라.11

9-6. 廣厦千間　主人不能保護　其棟樑風雨倒壞　可不懼哉　我心不敬天地不敬
我心不安天地不安　我心不敬不安　天地父母長時不順也　此無異於不孝之事　逆
其天地父母之志　不孝莫大於此也　戒之愼之

넓고 큰 집이 천 칸이라도 주인이 잘 보호치 않으면 그 기둥과 들보가 비바
람에 무너지나니 어찌 두렵지 않으랴.12 내 마음을 공경치 않는 것은 천지

　는 욕념-마탈심을 뜻한다. 육관은 수심정기 공부하기 참조.

9 "마음은 천지의 저울이 되나 달아도 한 푼의 무게도 없고, 눈은 예와 지금의 기록이 되나 보아도
글자 한 자 쓴 것이 없느니라."(의암성사법설, 견성해) 한울 기운이 작용할 때는 우주에 가득하지
만 잠잠할 때는 아무 것도 없는 텅 빈 이치일 뿐이다. 한울의 덕은 무엇보다 누구의 보상도 칭찬
도 바라지 않는 대가 없는 베풂인 것이다.

10 내게 모셔진 본래의 한울, 내유신령은 밝은 거울이요, 치우치지 않은 저울이고, 맑게 빛나는 구
슬이다. 이 진면목을 가리고 치우치게 하고 어둡게 하는 것들은 무엇인가?

11 성품이 중심에 이른 것은 한울님 마음을 잃지 않는 수심정기가 된 상태이다. "잠잠한 것은 반드
시 성품이 근본이 되나니, 만약 그 근본이 굳건치 못하면 잎이 푸르지 못하고 꽃도 붉지 못할 것
이요, 말은 반드시 마음이 근본이 되나니, 만약 그 근본이 맑지 못하면 봄도 오지 아니하고 가을
도 오지 아니 하느니라."(의암성사법설, 극락설)

12 아무리 튼튼한 집도 사람이 사는 온기가 돌고 살피지 않으면 얼마 못 가 무너진다. 하물며 몸의
욕념에 유혹되기 쉬운 마음을 닦지 않으면 어찌 되겠는가? 시천주(강령)를 깨달은 사람도 그 마
음을 잊지 않고 닦는 공부를 게을리 하면 마찬가지가 된다.

를 공경치 않는 것이요, 내 마음이 편안치 않은 것은 천지가 편안치 않은 것
이니라. 내 마음을 공경치 아니하고 내 마음을 편안치 못하게 하는 것은 천
지부모에게 오래도록 순종치 않는 것이니, 이는 불효한 일과 다름이 없느니
라. 천지부모의 뜻을 거스르는 것은 불효가 이에서 더 큰 것이 없으니 경계
하고 삼가라.13

9-7. 猛虎在前 長劍臨頭 霹靂降下 不懼 唯獨無言無聲之天 常畏懼矣 人皆由
人之禍福當場易見 無形無言天之禍福難見矣

사나운 범이 앞에 있고 긴 칼이 머리에 임하고 벼락이 내리어도 무섭지 아
니하나,14 오직 말 없고 소리 없는 한울이 언제나 무섭고 두려운 것이니
라.15 사람이 다 사람으로 연유하여 생기는 화복은 당장에 보기 쉬우나, 형
상도 없고 말도 없는 한울의 화복은 보기 어려운 것이니라.16

9-8. 世人皆謂蜀道險難矣 蜀道無險人心尤險

세상 사람이 다 촉도17가 험난하다고 이르나, 촉도가 험한 것이 아니라 사
람의 마음 길이 더욱 험한 것이니라.18

---

13 내 몸의 기와 천지의 기는 하나로 이어진다. 그러므로 내 마음과 기가 바르지 못하면 천지의 기
　가 바르지 못하게 되니 자식이 부모 속 썩이는 것과 무엇이 다르랴?
14 범과 칼과 벼락은 현실의 위협과 시련을 상징한다. 이는 일시적이며 얼마든지 피하거나 극복할
　수 있다. 그러나 드러나지 않는 한울의 인과는 언제나 자신과 함께하며 지워지지 않는다. 지은
　인과는 달게 받고 선한 인과를 만들어가야 한다.('머리에 임한 칼'은 수심정기 공부하기 참조)
15 수운 선생의 無罪之地 일화.(동경대전, 후팔절 각주 참조) 대부분 눈에 보이고 드러나는 외형적
　인 것만 의식하지만 중요한 것은 내면에 있다. 감춰진 진실을 보는 것은 性靈의 능력이다.
16 당장에 보이는 화복의 인과는 혈각성의 인과, 마음을 다스려 몸이 건강해지고 형상이 변화하는
　인과는 비각성의 인과, 한울의 법을 지켜 함이 없이 되는 인과를 원각성의 인과라 한다.(의암성
　사법설, 무체법경 삼성과. 삼성과 공부하기 참조)
17 중국 촉한으로 가는 길. 지금의 사천성 일대인 촉으로 가는 길은 험하고 위험하기로 유명하다.
　그러므로 촉도도 범과 칼 같은 현실의 어려움을 비유.(촉도는 수심정기 공부하기 참조)
18 마음은 잠깐 동안에도 수십 번씩 오락가락한다. 그 욕심과 희로애락에 얽매이지 않고 참된 마음
　을 지키는 것은 얼마나 큰 공부인가? 그래서 수운 선생은 '수심정기'는 오직 내가 다시 정한 것

9-9. 「守心正氣」四字 更補天地隕絶之氣 經曰「仁義禮智先聖之所敎 守心正
氣惟我之更定」若非守心正氣則 仁義禮智之道 難以實踐也 吾着睡之前 曷敢
忘水雲大先生主 訓敎也 洞洞燭燭 無晝無夜

수심정기 네 글자는 천지가 운절되는 기운을 다시 보충하는 것이니라.[19] 경
에 말씀하시기를 「인의예지는 옛 성인의 가르친 바요, 수심정기는 오직 내가
다시 정한 것이라」[20] 하셨으니, 만일 수심정기가 아니면 인의예지의 도를 실
천하기 어려운 것이니라.[21] 내 눈을 붙이기 전에 어찌 감히 수운 대선생님의
가르치심을 잊으리오. 삼가서 조심하기를 밤낮이 없게 하느니라.[22]

9-10. 諸君 能知守心正氣乎 能知守心正氣之法 入聖何難 守心正氣萬難中第
一難也 雖昏寢之時 能知他人之出入 能聽他人之言笑 可謂守心正氣也 守心正
氣之法 孝悌溫恭 保護此心如保赤子 寂寂無忿起之心 惺惺無昏昧之心 可也

그대들은 수심정기를 아는가. 능히 수심정기하는 법을 알면 성인되기가 무
엇이 어려울 것인가. 수심정기는 모든 어려운 가운데 제일 어려운 것이니라.
비록 잠잘 때라도 능히 다른 사람이 나고 드는 것을 알고, 능히 다른 사람이
말하고 웃는 것을 들을 수 있어야 가히 수심정기라고 말할 수 있는 것이니
라.[23] 수심정기 하는 법은 효·제·온·공이니[24] 이 마음 보호하기를 갓난

이라고 하셨나 보다.

19 세상 악질은 모두 한울님 영기를 모시고 있음(내유신령)을 잊고 한울님 지기와 단절된 채 습관
된 마음으로 서로의 마음을 상하기 때문에 생긴다. 이를 참회하고 한울님 마음을 되찾는 것이
시천주-강령이고, 그 마음을 다시 잃지 않고 지키는 것이 수심정기다. 그러므로 수심정기는 천
지와 내가 단절된 것을 다시 회복하고(시천주) 그것이 다시 끊이지 않게 지키는 공부인 것이다.

20 동경대전, 수덕문

21 아무리 좋은 가르침이라도 그것을 잊어버리고 실천하지 않는다면 무슨 소용인가?

22 洞 골, 동굴 동. 燭 촛불, 등불 촉. 동굴에 불을 밝히고 밤낮 없이 마음을 밝게 하고 가르침을 잊
지 않는다는 뜻.

23 수심정기는 한울님 마음을 지키고 있음이니, 어떤 일이 있어도 현상에 집착하지 않고 마음이 고
요하고 청정한 상태이다. 잠을 잘 때 마음이 청정하여 한울님 생각을 잊지 않고 자면 꿈속에서
가르침을 얻는 경우도 많다. 수행 중엔 묵송(성품공부)하면서 비몽사몽의 상태로 나를 잊으나,

아이 보호하는 것같이 하며,25 늘 조용하여 성내는 마음이 일어나지 않게 하고 늘 깨어 혼미한 마음이 없게 함이 옳으니라.26

9-11. 心不喜樂 天不感應 心常喜樂 天常感應 我心我敬 天亦悅樂 守心正氣 是近天地我心也, 眞心 天必好之 天必樂之

마음이 기쁘고 즐겁지 않으면 한울이 감응치 아니하고, 마음이 언제나 기쁘고 즐거워야 한울이 언제나 감응하느니라.27 내 마음을 내가 공경하면 한울이 또한 즐거워하느니라. 수심정기는 바로 천지를 내 마음에 가까이 하는 것이니, 참된 마음은 한울이 반드시 좋아하고 한울이 반드시 즐거워하느니라.28

주위에서 일어나는 일을 알 때가 있다. 그 일들에 집착하지 않고 마음이 끌려가지 않으므로 얼핏 아는 듯하지만 그 내용은 또렷이 안다. "일동일정과 일용행사를 내가 반드시 자유롭게 하나니 좋으면 좋고, 착하면 착하고, 노하면 노하고, 살면 살고, 죽으면 죽고, 모든 일과 모든 쓰임을 마음 없이 행하고 거리낌 없이 행하니 이것을 천체의 공도공행이라 하느니라."(의암성사 법설, 삼심관) ＊ 아기 엄마들은 깊은 잠에 들어도 아기에게 무슨 일이 있으면 바로 눈을 뜨고 아기를 돌본다. 심지어 다른 방에 있을 때라도. 아기를 향한 엄마의 마음과 기가 아기와 하나가 되며 수심정기된 것이다. 나의 마음이 한울님을 향해 그런 상태가 된다면 그것이 곧 성인이 아니겠는가!

24 참된 마음을 지키는 구체적 방법은 무엇인가? 효는 부모에게 효도하는 것, 제는 형제간에 우애 있게 지내는 것, 온은 항상 따뜻하고 온화한 마음을 지니는 것, 공은 공경하고 공손하고 존중하는 마음의 자세를 말한다. 곧 일상에서 늘 대하는 가족과 주위 사람들을 대하는 것부터 바뀌어야 하는 것이다.(효제온공에 대해서 수심정기 공부하기 참조)

25 "맑은 기운을 어린 아기 기르듯 하라."(동경대전, 탄도유심급) 벌거벗은 갓난아기는 얼마나 조심스럽고 손이 많이 가는가? 나의 마음 상태도 그와 같다. 잠시라도 욕념에 한눈을 팔면 금방 아기가 울 듯, 참된 마음이 상한다.

26 성내고 혈기를 내면 마음이 상한다. 마음이 진리에 가 있으면 어떤 유혹에도 넘어가지 않지만 욕심이 있으면 판단이 흐려져 나쁜 꼬임에 쉽게 속는다.

27 사람이 살면서 즐거운 일만 있는가? 희로애락이 항존하는 것이 삶이다. 그러나 어렵고 힘든 일도 자신과 한울의 인과를 생각하며 기꺼이 긍정하면 그를 벗어나기 쉽지만, 원망하고 불평만 해서는 교훈을 얻지 못한다. 곧 이 말씀은 모든 일을 긍정적으로 바라보고 적극적으로 사는 것이 생명의 본 모습에 가깝고 또 그래야 모든 생명(한울님)의 도움도 받을 수 있음을 말씀하신 것이다. ＊ 개인적으로 어려운 고비가 있으면 집안 공기가 무거워지곤 했다. 그때마다 아내는 아이들에게 "집에서나 학교 가서 다투지 말고 웃는 얼굴로 다니라."고 가르치곤 했다. 힘들어도 이렇게 가족들이 웃고 기쁘게 받아들이면 어려움도 쉽게 넘길 수 있지만 온 가족이 함께 찡그리고 낙담하면 더 어려워지는 법이다.

<수심정기 공부하기>

1. 심령으로 생각하는 것과 직관

"말을 많이 하고 생각을 많이 하는 것은 심술에 가장 해로우니라."(해월신사법설, 대인접물) 육관은 몸의 감각기관이다. 그것은 얼마나 부정확하고 주관적인가? 우리 눈이 볼 수 있는 가시거리는 얼마 되지 않지만, 사람들은 자신이 보고 들은 것 이외에는 믿으려 하지 않는다. 이런 육관에 의지한 생각은 잘못된 판단으로 이어진다. 거짓된 정보에 혹하게 한다.

현미경을 발명하여 미생물과 세균이 질병의 원인임을 알기 전, 유럽에서는 병원에서 분만한 산모 사망률이 50%를 넘었다. 당시는 한 산모를 진찰한 뒤 피 묻은 손으로 다른 산모를 진찰하곤 했는데 그것이 감염과 패혈증의 원인임을 의심하여 손을 씻고 다른 산모를 진찰한 의사는 전통을 거스른다고 하여 파직되어야 했다. 이런 것이다. 잘못된 습관과 육관이란. 지금도 우리 주변에 개벽되어야 할 잘못된 고정관념이 얼마나 많은가?

오직 자신의 본래 내유신령, 성령性靈을 깨닫고 성령으로 직관해야 한다. 성령을 생각하고 그로써 행동하면 그 이룸은 무위이화가 된다.

"직감과 직관, 사고 내부에서 본질이라고 할 수 있는 심상이 먼저 나타난다. 말이나 숫자는 이것의 표현 수단에 불과하다.-아인슈타인"(로버트 루트번스타인, 생각의 탄생, 25쪽)

2. 육관과 팔식

불교에선 안이비설신의 육신감각으로 생기는 의식(색성향미촉)을 5식으로, 그

---

28 속담에도 웃는 낯에 침 못 뱉는다고 했다. 웃는 모습이 예쁘고 다른 사람 보기에도 좋다. 웃는 사람과 찡그린 사람 중에 선택해서 일을 같이 하라고 하면 누구와 함께 하겠는가? 한울님의 선택도 마찬가지다.

5식으로 생기는 자의식을 6식으로 본다. 그리고 6식의 육신감각과 본질적이고 근원적인 성품인 8식(아뢰야식) 사이에서 이를 중재하는 것을 7식(말나식)이라고 한다. 천도교에서는 의암 선생이 성심신삼단으로 정리하셨다. 즉 몸의 감각인 오식은 신身으로, 우주만물의 근본인 아뢰야식은 성性으로, 성품과 육신 사이에서 양쪽을 매개하는 것은 마음(心)이 된다. 6식 의식은 5관에 의존하는 습관심이므로 제이천심이요 현재의식이라 볼 수 있고, 7식은 본래의 참된 한울마음이지만 습관심에 가려지고 잊혀진 본래의식이라 볼 수 있다.(무체법경 성심변, 성심신삼단 참조) 습관심을 벗어나 잠재된 본래의식을 깨우고 우주의식인 성품을 깨닫는 것이 천도교의 수련이 된다.

'여섯 가지 식신[六識身]이 있으니, 안식과 이식·비식·설식·신식 및 의식이다. 안식(眼識)은 오직 파란색[靑色]만을 요별(了別)할 뿐이며 '이것은 파란색이다'라고는 요별하지 못한다. 의식[意識] 또한 파란색을 요별하는데 그러나 아직 그 이름을 요별하기 전이면 '이것은 파란색이다'라고는 요별하지 못한다. 만일 그 이름을 요별할 수 있게 되면, 그때에는 비로소 파란색도 요별할 수 있고 또한 '이것은 파란색이다'라고도 요별할 수 있다. 마치 파란색과 같아서 노란색·붉은색·흰색 등에 있어서도 또한 그러하다.

이식(耳識)은 오직 소리[聲]만을 요별할 뿐이며 '이것은 소리이다'라고는 요별하지 못한다. 의식 또한 소리를 요별하는데… 비식(鼻識)은 오직 냄새[香]만을 요별할 뿐이며 '이것은 냄새이다'라고는 요별하지 못한다. 의식 또한 냄새를 요별하는데… 설식(舌識)은 오직 맛[味]만을 요별할 뿐이며 '이것은 맛이다'라고는 요별하지 못한다. 의식 또한 맛을 요별하는데… 신식(身識)은 오직 감촉[觸]만을 요별할 뿐이며 '이것은 감촉이다'라고는 요별하지 못한다. 의식 또한 감촉을 요별하는데… 의식(意識)은 색성향미촉의 5경을 확정적으로 요별할 뿐만 아니라 또한 모든 법(法, 즉 정신적 대상)도 불확정적으로 또는 확정적으로, 틀리게 또는 바르게 요별한다.

이를테면 혹은 '나'라고 집착하기도 하고 혹은, 내것이라고 집착하기도 하며, 혹은 아주 없다고 집착하기도 하고, 혹은 항상 있다[常]고 집착하기도 하며, 혹은 인(因)이 없다고 부정하기도 하고, 혹은 작용이 없다고 부정하기도 하며 혹은 다시 손감(損減)시키기도 한다.'(아비달마식신족론, 제6권, 4. 所緣緣蘊)

보통 사람들은 육신의 감각인 5식에 의존해 좋고 나쁘고를 판별한다. 그렇게 형성된 의식이 6식이고 이는 곧 습관심이다. 하지만 육신의 감각은 짐승이 보고 듣고 냄새 맡는 것보다 못한 경우도 많아 그 자체로도 한계가 있고, 좋아 보이는 것도 실제로는 나쁘거나 해로운 경우도 많다. 나를 속이거나 해하려 접근하면서 좋은 낯빛으로 오겠는가, 위협하며 오겠는가? 그러니 그렇게 형성된 습관심은 얼마나 오류와 편견이 많겠는가? 이것이 진실과 한울님 진리를 보는 눈을 가리는 단단한 껍질이 되어 참 마음을 가리고 있다. 이 껍질을 깨는 것이 수행이고, 껍질 밖으로 거듭나면 이게 곧 개벽이다. 그러므로 마음공부는 눈에 보이는 것이 예쁘고 좋아도, 그것이 정말 예쁜가 의심해야 한다. 내 욕심에 좋아 보이는가? 한울님에게도 좋아 보일 것인가? 한울님은 다른 사람일 수도 있고, 짐승일 수도 있고, 벌레일 수도 있다. 그 모든 한울과 통해 있는 내 안의 한울님께 고하고 묻는 것이 동학의 마음공부가 된다. 듣고, 냄새 맡고, 맛보는 모든 것이.

그렇게 육관에 의지한 습관심을 벗어나 한울님 기운과 하나 되고, 우주의 식이 깨어나면 이제까지와는 보고 듣고 하는 감각마저도 새로워진다. 사물의 외양뿐 아니라 본질을 볼 수 있고 알 수 있는 것이다. "조각조각 날고 날림이여, 붉은 꽃의 붉음이냐, 가지가지 피고 핌이여, 푸른 나무의 푸름이냐…"(동경대전, 화결시) "뜻밖에도 사월에…어떤 신선의 말씀이 있어 문득 귀에 들리므로…"(동경대전, 포덕문)

이렇게 겉으로 드러난 색상만 보는(듣고 냄새 맡고…) 것이 아니라 사물의 본질인 법상을 바로 분별할 수 있는 능력을 허광심력이라 한다. "한울과 만물이 각기 성품과 마음이 있어 스스로 움직이는 것이 다 법상과 색상에 말미암은 것이니라…깨닫고 깨달아서 혼미하지 아니하면 빈곳에서 빛이나, 형상 없는 법체가 나타나며 형상 있는 색체에 빛이 비치어, 밝지 아니한 곳이 없고 알지 못할 곳이 없으니, 이를 허광심력이라 이르느니라."(무체법경, 삼심관) 눈이 열리고, 귀가 열리고, 새로운 세상이 열리는 것이다. 장님이 눈을 뜨듯, 귀머거리가 소리를 듣듯.

3. 머리에 임한 칼

Damocles의 칼: 신변에 따라다니는 위험이란 뜻. 다모클레스는 그리스 신화에 나오는 시칠리아 섬의 시라쿠사 왕인 디오니소스의 신하. 디오니소스 왕이 잔치에서 다모클레스 머리 위에 머리카락 하나로 칼을 매달아 놓고 왕위에 있는 자에게는 언제나 위험이 따른다고 가르친 고사에서 유래.

4. 촉도

당나라 이태백은 "촉으로 가는 길, 하늘로 가는 길보다 더 어렵다(蜀道難, 難于上靑天)"고 하였다. 그 정도로 촉도는 험난한 길의 대명사였다.

진나라가 망한 후 유방과 항우가 천하를 다투고 있었다. 군세가 항우에 뒤지는 유방은 장량의 계책에 의해 궁벽진 곳인 촉한으로 가면서 유일한 통로인 잔도를 불태워 항우를 안심시킨다. 촉한에서 자유롭게 군사를 기른 유방은 한신을 대원수로 삼아 불타버린 잔도를 우회해 나와 항우를 기습하고 이후 중국 두 번째 통일 왕조인 한나라를 건국한다.

5. 효제온공

효孝는 부모를 잘 섬겨서 부모와 선조에게 효도를 다한다는 뜻이다. 예부터 효는 혼정신성昏定晨省, 즉 아침에 일어나서 밤새 안녕하셨는지 확인하고 저녁에 주무실 때 자리를 확인하는 것까지 정성을 다함을 뜻했다. 부모에게 이러하듯이 한울님에게 늘 고하고 정성 드리라는 것이 시천주의 주主에서 부모와 같이 섬긴다는 뜻이다.

제悌는 형에 대한 아우의 마음(心+弟)을 뜻한다. 윗사람을 공경하고 그 뜻에 따른다는 뜻이다. 유가의 가장 기본 덕목은 효제충신孝悌忠信이었다. 즉 부모에 효도하고 형제에게 정성을 다하는 자만이 나라에 충성하고 친우들에게 신의를 지킬 수 있다는 것이다.

온溫은 익히고 복습한다는 뜻과 온화하게 한다는 뜻이 있다. 여기서는 온화하다는 뜻으로 쓰인다.

공恭은 공손하다, 겸손하다는 뜻이다. 효와 제는 가족에 대한 가르침, 온공은 가족외의 사람을 대하는 가르침으로 아랫사람에게는 온화하고 윗사람에게는 공손하여야 할 것이다. "겸손함이 예에 가까우면 치욕을 멀리할 수 있다(恭近於禮 遠恥辱也, 論語, 學而)."

十. 誠敬信성경신

10-1. 吾道只在 誠 敬 信 三字 若非大德 實難踐行 果能誠敬信 入聖如反掌

우리 도는 다만 성·경·신 세 글자에 있느니라. 만일 큰 덕이 아니면 실로 실천하고 행하기 어려운 것이요, 과연 성·경·신에 능하면 성인되기가 손바닥 뒤집기 같으니라.[1]

10-2. 四時有序萬物盛焉 晝夜飜覆日月分明 古今長遠理氣不變 此天地至誠無息之道也 國君制法 萬民和樂 大夫治法朝廷整肅 庶民治家家道和順 士人勤學國恩興焉 農夫力穡衣食豊足 商者勤苦 財用不竭 工者勤業機械俱足 此人民至誠不失之道也

사시의 차례가 있음에 만물이 생성하고, 밤과 낮이 바뀜에 일월이 분명하고, 예와 지금이 길고 멀음에 이치와 기운이 변하지 아니하니, 이는 천지의 지극한 정성이 쉬지 않는 도인 것이니라.[2] 나라 임금이 법을 지음에 모든 백성이 화락하고, 벼슬하는 사람이 법으로 다스림에 정부가 바르며 엄숙하고, 뭇 백성이 집을 다스림에 가도가 화순하고, 선비가 학업을 부지런히 함에 국운이 흥성하고, 농부가 힘써 일함에 의식이 풍족하고, 장사하는 사람이 부지런히

---

1 "우리 도는 넓고도 간략하니 많은 말을 할 것이 아니라, 별로 다른 도리가 없고 성경신 석 자이니라."(동경대전, 좌잠) 성경신은 동학의 핵심 실천 덕목이다. 해월 선생의 성경신 말씀은 이를 잘 설명해 준다. 의암 선생은 성경신에 법(계율)을 더해 천도교 실천 덕목의 四科로 정하셨다. "오직 우리 도인은 자심을 자성하고 자심을 자경하고 자심을 자신하고 자심을 자법하여 털끝만치라도 어김이 없으면 가는 것도 없고 오는 것도 없으며, 위도 없고 아래도 없으며, 구할 것도 바랄 것도 없어 스스로 천황씨가 되는 것이니라."(의암성사법설, 신통고) "우리 교회의 인내천의 일대 목적과 성신환신, 규모일치, 지인공애의 삼대강령과 성경신법 사과와 주문, 청수, 시일, 성미, 기도의 오관 실행은 교회로서 제정한 유일한 규모니라."(의암성사법설, 신앙통일과 규모일치)

2 "한울은 화생하는 직분을 지키므로 잠깐도 쉬고 떠나지 못하는 것이라. 만일 한울이 일분 일각이라도 쉬게 되면 화생변화지도가 없을 것이요….."(의암성사법설, 권도문) 지금 이 순간에도 지구는 놀라운 속도로 자전과 공전한다. 그것이 잠시라도 멈추거나 늦춰지면 그 속에 사는 생태계에 대재앙이 될 것이다. 지구뿐이랴. 온 우주 생명이 잠시도 쉬지 않고 움직이는 것을.

노고함에 재물이 다하지 않고, 공업하는 사람이 부지런히 일함에 기계가 고루 갖추어지니, 이는 인민이 지극한 정성을 잃지 않는 도이니라.[3]

10-3. 純一之謂誠 無息之謂誠 使此純一無息之誠 與天地 同度同運則 方可謂之大聖大人也

순일한 것을 정성이라 이르고 쉬지 않는 것을 정성이라 이르나니, 이 순일하고 쉬지 않는 정성으로 천지와 더불어 법도를 같이 하고 운을 같이 하면 가히 대성 대인이라고 이를 수 있느니라.[4]

10-4. 人人敬心則氣血泰和 人人敬人則萬民來會 人人敬物則萬相來儀 偉哉 敬之敬之也夫

사람마다 마음을 공경하면 기혈이 크게 화하고,[5] 사람마다 사람을 공경하면 많은 사람이 와서 모이고, 사람마다 만물을 공경하면 만상이 거동하여 오니, 거룩하다 공경하고 공경함이여![6]

---

3 누구나 자기가 해야 할 바가 있다. 그것이 命이다. 임금에서 백성까지, 학생에서 공업하는 사람까지, 자기가 할 도리를 하면 그것이 삶의 길이요, 하지 않으면 자신을 망치고 주변을 괴롭게 할 것이다. "사람이 또한 일용지도를 잠시라도 떠나게 되면 허령창창한 영대가 가난하고 축날 것이라. 이러므로 수고롭고 괴롭고 부지런하고 힘쓰는 도는 금수라도 스스로 지키어 떠나지 않거든 하물며 사람이야 이것을 저버리며 떠날 바리오."(의암성사법설, 권도문) "명이 있는 바를 알지 못하거든 내 마음의 밝고 밝음을 돌아보라."(동경대전, 전팔절) 수운 선생도 사람들이 각각 자기 할 바를 못하는 것이 세상 악질의 한 원인임을 탄식하셨다. "효박한 이 세상에 군불군 신불신과 부불부 자부자를 주소간 탄식하니….".(용담유사, 몽중노소문답가)

4 잠깐 동안 열심히 하기는 쉬워도 오랫동안 변하지 않고 꾸준하기는 어렵다. 그러기 위해선 자신이 하는 일에 대한 확신(믿음)이 있어야 하고, 그것을 끈기 있게 해 나갈 굳은 심지가 있어야 한다. "아홉 길 조산할 때…오인육인 모을 때는 보고나니 재미 되고 하고나니 성공이라…그러그러 다해 갈 때. 차차차차 풀린 마음 조조해서 자주 보고 지질해서 그쳤더니 다른 날 다시 보니 한 소쿠리 더 했으면 여한 없이 이룰 공을 어찌 이리 불급한고….".(용담유사, 흥비가)

5 공경함은 나를 낮추고 비우는 것이다. 모든 화근은 욕심에서 비롯되니, 욕심을 버리면 마음이 차분히 가라앉고 편안해진다. 자신의 마음뿐이랴. 누구나 겸손한 사람과 가까이 하려 하고 자존심이 강한 사람과는 가까이 하기 어려운 법이다. 그릇을 비워야 물건을 담을 수 있듯이 나를 낮추고 비워야 상대를 공경하고 모실 수 있다. 공경이야말로 시천주의 시작이다.

6 경천, 경인, 경물은 삼경에서 다시 자세히 말씀해 주셨다. 사람을 공경하면 덕이 쌓이고 덕이 있

10-5. 宇宙間 充滿者 都是渾元之一氣也 一步足不敢輕擧也 余閑居時一小我
着屐而趨前 其聲鳴地 驚起撫胸曰「其兒屐聲我胸痛矣」惜地如母之肌膚 母之
肌膚所重乎 一襪子所重乎 的知此理體此敬畏之心 雖大雨之中 初不濕鞋也 此
玄妙之理也 知者鮮矣 行者寡矣 吾今日 始言大道之眞談也

우주에 가득 찬 것은 도시 혼원한 한 기운이니, 한 걸음이라도 감히 경솔하
게 걷지 못할 것이니라. 내가 한가히 있을 때에 한 어린이가 나막신을 신고
빠르게 앞을 지나니, 그 소리 땅을 울리어 놀라서 일어나 가슴을 어루만지
며, 「그 어린이의 나막신 소리에 내 가슴이 아프더라」고 말했었노라.7

　　땅을 소중히 여기기를 어머님의 살같이 하라. 어머님의 살이 중한가 버선
이 중한가.8 이 이치를 바로 알고 공경하고 두려워하는 마음으로 체행하면,
아무리 큰 비가 내려도 신발이 조금도 젖지 아니 할 것이니라.9 이 현묘한
이치를 아는 이가 적으며 행하는 이가 드물 것이니라. 내 오늘 처음으로 대
도의 진담을 말하였노라.10

는 곳에 사람이 모이는 것은 당연하다. 물건을 공경하는 것은 무엇인가? 녹슬어 구석에 처박혀
　있는 물건은 필요할 때 찾기도 어렵고 찾아도 제 기능을 발휘하지 못한다. 물건을 항상 깨끗이 닦
　고 정비해서 제 기능을 유지하게 하고 제자리에 정리해 두면 필요할 때 바로 찾아 쓸 수 있을 것
　이다. 깨끗이 반짝이며 필요할 때 바로 눈에 띄는 물건은 마치 나를 돕는 한울의 손길과 같을 것
　이다. 어찌 물건을 공경하지 않으랴!

7 해월 선생의 기가 주변 자연의 기운과 하나가 된 경지. 한울님 마음을 회복하고 잊지 않고 지키면
　모든 만물의 기운을 느끼고 소통할 수 있다.

8 내 몸에 가진 것을 아끼고 내 것이 아닌 것은 소홀히 하는 것이 대표적인 습관심. 그러나 영원히
　내 것인 것은 없다. 내 몸 또한 어머님 땅으로 돌아가는 것을.

9 비와 신발은 모두 한울님 기운 덩어리. 비가 신발 속으로 스미는가, 신발이 빗속으로 들어가는
　가? 비와 신발이 같은 한울 기운이라면 어디에 젖고 물들고 하겠는가? 모두가 일체인 것을. "나
　라는 티끌과 물건이란 티끌이 도시 한 티끌이니 어찌 여기에 물들며 저기에 물들겠는가."(의암성
　사법설, 진심불염) ＊ 비는 살면서 직면하는 어려움이나 유혹을 상징한다. 이를 극복하는 길은 어
　디에 있는가? ＊수운선생도 빗속에 옷이 젖지 않고, 의암선생도 동학혁명의 숱한 전투 와중에도
　총알이 범하지 못했다고 전한다. 육신의 한계를 뛰어넘은 神人들의 이적이다.

10 만물이 모두 한울의 기로 이루어진 것이니 어느 것 하나 공경하지 않을 수 있으랴. 나라는 아상
　과 내 것이라는 습관된 마음을 버려야 진실을 볼 수 있다. 이 어찌 대도의 진담이 아니겠는가!
　鮮 고울, 새로울, 깨끗할 선. 적다는 뜻도 있다.

10-6. 仁義禮智非信則不行 金木水火非土則不成 人之有信如五行之有土 億千萬事都是在信一字而已 人之無信如車之無轍也 信一字 雖父母兄弟 難以變通也 經曰「大丈夫 義氣凡節 無信何生」是也 信心卽信天信天卽信心 人無信心一等身一飯囊而已

인의예지[11]도 믿음이 아니면 행하지 못하고 금목수화도 토가 아니면 이루지 못하나니, 사람의 믿음 있는 것이 오행의 토가 있음과 같으니라.[12] 억천만사가 도시 믿을 신 한 자뿐이니라. 사람의 믿음이 없음은 수레의 바퀴 없음과 같으니라. 믿을 신 한 자는 비록 부모 형제라도 변통하기 어려운 것이니라.[13] 경에 말씀하시기를「대장부 의기범절 신 없으면 어디 나며」하신 것이 이것이니라.[14] 마음을 믿는 것은 곧 한울을 믿는 것이요, 한울을 믿는 것은 곧 마음을 믿는 것이니, 사람이 믿는 마음이 없으면 한 등신[15]이요, 한 밥주머니일 뿐이니라.[16]

---

11 유가의 대표적 가르침. 수운 선생도 인의예지는 옛 성인의 가르침이요, 자신은 수심정기만 다시 정했다(동경대전, 수덕문)고 하며 중요시한 덕목이다.(해월신사법설, 천도와 유불선, 의암성사법설, 교비평설 각주 참조)

12 오행에서 중앙 토는 다른 네 가지 원소를 완충하고 조정하는 중심이다.(해월신사법설, 천지이기, 의암성사법설, 각세진경 각주 참조) 인의예지 같은 덕목이 아무리 좋고 중하다 해도 그것을 행하는 사람의 신념이 굳지 못하면 어찌 실행하겠는가? 믿음은 모든 실천의 시작이다. "대저 이 도는 마음으로 믿는 것이 정성이 되느니라. 믿을 신자를 풀어 보면 사람의 말이라는 뜻이니 사람의 말 가운데는 옳고 그름이 있는 것을, 그 중에서 옳은 말은 취하고 그른 말은 버리어 거듭 생각하여 마음을 정하라. 한번 작정한 뒤에는 다른 말을 믿지 않는 것이 믿음이니 이와 같이 닦아야 마침내 그 정성을 이루느니라."(동경대전, 수덕문)

13 "부자유친 있지마는 운수조차 유친이며 형제일신 있지마는 운수조차 일신인가."(용담유사, 교훈가) 자식은 부모의 유전자를 받고 부모의 영향을 가장 많이 받으며 자라지만 엄연한 독립된 개체다. 자신의 선택에 의해 인과를 지어 나간다. 조언은 할 수 있지만 어쩌겠는가, 자신의 인생인 것을….

14 용담유사, 도수사에 나오는 말씀.

15 等神. 나무, 돌, 흙, 쇠 따위로 만든 사람의 형상이라는 뜻으로 몹시 어리석은 사람을 낮잡아 이르는 말. 등신의 신은 身이 아니라 神으로 표기해야 할 듯.

16 판단은 신중하게 해야겠지만 일단 옳다고 판단되면 그것을 지키는 것이 믿음이다. 종교적 믿음이 아니라도 우리의 일상이 믿음 없이 이루어지는 일이 있는가? 내가 사는 집이 무너지지 않을 거라는 믿음이 있으므로 밤에 편히 자는 것이고, 버스와 지하철이 노선표에 적힌 대로 운행될 것이란 믿음이 있으므로 거기 타고, 함께 일하는 사람들이 정시에 나와 함께 일할

10-7. 人或有誠而無信 有信而無誠 可嘆矣 人之修行先信後誠 若無實信則
未免虛誠也 心信 誠敬自在其中也

사람이 혹 정성은 있으나 믿음이 없고, 믿음은 있으나 정성이 없으니 가히
탄식할 일이로다.17 사람의 닦고 행할 것은 먼저 믿고 그 다음에 정성 드리
는 것이니, 만약 실지의 믿음이 없으면 헛된 정성을 면치 못하는 것이니라.
마음으로 믿으면 정성 공경은 자연히 그 가운데 있느니라.18

10-8. 我水雲大先生 克誠克敬克信之大聖也夫 誠格于天 承乎天命 敬格于天
密聽乎天語 信格于天 契合乎天 玆以其爲大聖乎 生而知之之聖猶然 矧乎 愚
而欲賢暗而欲明 凡而欲聖乎

우리 수운 대선생께서는 정성에 능하고 공경에 능하고 믿음에 능하신 큰 성
인이시었다. 정성이 한울에 이르러 천명을 계승하시었고, 공경이 한울에 이
르러 조용히 천어를 들으시었고, 믿음이 한울에 이르러 묵계가 한울과 합하
셨으니,19 여기에 큰 성인이 되신 것이니라. 생이지지하신 성인도 오히려

것이라는 믿음이 있으므로 직장에 간다. 만약 이런 기본적인 신뢰가 흔들리면 세상이 얼마
나 비효율적이고 힘들겠는가? 최소한의 신의가 없는 세상은 정글과 다름없고 그곳에 사는
사람은 짐승과 다를 바 없다. 사람이 사람답지 못하면 짐승이나 밥주머니와 마찬가지다.

17 정성을 다하되 그것이 옳은 일이어야 한다. 도둑질과 사기에 정성을 드리는 사람도 있지만 그들
에게 사람과 세상에 대한 신뢰를 기대하긴 어렵다. 옳지 못한 일에 정성 드리지 않으려면 그것
이 옳은 것인지 잘 판단해야 하고 판단한 뒤엔 그것을 신뢰해야 한다. 옳은 것인지 잘 판단하고
믿음도 있으되 실천(정성)하지 못하면 덕이 되지 않는다. 탁명교인이 되는 것이다. 그래선 진실
로 안다고 하기 어렵고 시천주 한다고 하기 어렵다.

18 정성은 처음과 끝이 한결같이 꾸준한 것이다. 그러기 위해선 자신이 하는 일이나 사람에 대한
믿음이 전제되지 않고선 불가능하다.

19 格: 바로잡을, 겨룰, 대적할 격. 한울의 정성과 겨룰 정도의 정성과 공경, 믿음이란 뜻이다. 여기
선 한울에 이른다고 번역하였다. 정성이란 싫증내거나 오락가락함이 없이 자신의 일을 함이다.
일생 동안 자신의 일을 꾸준히 하여 일가를 이룬 사람을 장인이라 한다. 그 분야의 이치를 통했
다 할 수 있으니 그 분야의 천명을 이었다고 할 것이다. 공경이란 자신을 낮추고 비워, 섬기고
모시는 것이다. 자존심과 습관심이 남아 있으면 한울님과 스승님이 가르침을 주셔도 알아듣지
못할 것이다. 실상 한울님의 가르침은 늘 우리와 함께하지만 말이다. 진실을 가려 믿음이 한울
과 같으면, 생각하고 행함이 곧 한울의 이치와 합함이다.

그러하셨거든, 하물며 어리석은 사람이 어질고자 어두운 사람이 밝아지고
자 범인이 성인이 되고자 함에랴.[20]

---

20 스승을 師表라 한다. 가히 따라할 본이 된다는 뜻이다. 스승님의 마음과 행을 변함없이 따르는
   것이 제자들이 할 도리다.

十一. 篤工독공

11-1. 篤工而不成者 未之有也 余自辛酉之夏受道而篤工而已 浴氷而生溫 焚膏而無減 誠之哉道學也夫 鑿井而後飮 耕田而後食 人之心學不如飮食之業乎 穀貯千倉必自一畝 財聚萬貫必自一市 德潤百體必自一心

독실하게 공부해서 이루지 못할 것이 없느니라.1 내가 신유년 여름에 도를 받은 뒤로부터 독실하게 공부할 뿐이더니,2 얼음물에 목욕하여도 따스한 기운이 돌고 불을 켜도 기름이 졸지 아니하니 정성 드려야 할 것은 도학이니라.3 우물을 판 뒤에야 물을 마실 것이요, 밭을 간 뒤에야 밥을 먹을 것이니, 사람의 마음공부하는 것이 물 마시고 밥 먹는 일과 같지 아니한가. 곡식을 여러 창고에 저장하는 것도 반드시 밭 한 이랑으로부터 시작하는 것이요, 많은 재물을 모으는 것도 반드시 한 시장으로부터 되는 것이요, 덕이 백체를 윤택하게 하는 것도 반드시 한 마음으로부터 시작하는 것이니라.4

11-2. 道之一念如飢思食 如寒思衣 如渴思水 富貴者修道乎 有權者修道乎 有文者修道乎 雖貧賤者有誠可以修道也

---

1 공부가 빠른 사람과 더딘 사람의 차이는 있지만 마음이 변하지 않고 정성 드리면 누구나 진리를 깨닫게 될 것이다. 사실 해월 선생도 공부가 더딘 편이었다고 한다. 수운 선생에게 직접 같이 가르침 받던 제자들이 강령과 강화를 받는 것을 보고 무척 부러워 자신의 정성이 부족한가 하여 한겨울 개울 얼음물에 목욕하며 공부하셨다. 이때 들은 말씀이 "陽身所害 又寒泉之急坐(동경대전, 수덕문)이다. 그렇게 더뎠지만 대도를 깨닫고 이어받으신 분은 당신이셨다.
2 해월 선생은 수운 선생이 신유년에 포덕을 시작할 때 입도한 초기 제자 중 한 사람이었다.
3 포덕3년 3월에 수운 선생이 은적암에서 돌아와 박대여의 집에 계실 때 최경상(해월)이 찾아왔다. 수운 선생이 "어찌 알고 찾아왔느냐?"고 하니 "아침에 일찍 일어나 심고한즉 선생님께서 이곳에 계신 영감이 있어 찾아왔습니다." 하였다. 또한 "제가 근일 독공할 때 반 종지 기름으로 21일 밤을 지냈습니다." 하니 수운 선생은 기뻐하며 포덕에 힘쓸 것을 권하셨다.(조기주, 동학의 원류, 54쪽) 얼음물에 목욕하시다 천어를 들으신 것은 유명한 일화.(동경대전, 수덕문 각주 참조)
4 옳은 말을 듣고 이를 실천하는 사람이 있는가 하면 수긍하면서도 자신의 생활을 바꾸려 하지 않는 사람도 있다. 아무리 좋은 가르침이라도 실천하고 따르지 않으면 소용없다. 마음이 내키면 행해야 한다! 그 하나하나의 행이 모여 나를 바꾸고 세상을 변화시킨다.

도에 대한 한결같은 생각을5 주릴 때 밥 생각하듯이, 추울 때 옷 생각하듯이, 목마를 때 물 생각하듯이 하라.6 부귀한 자만 도를 닦겠는가, 권력 있는 자만 도를 닦겠는가, 유식한 자만 도를 닦겠는가, 비록 아무리 빈천한 사람이라도 정성만 있으면 도를 닦을 수 있느니라.7

11-3. 學則必博 問則必審 行則必篤 若於三年道眼不明心地不靈 此是無誠無信 有誠有信則 轉石上山可易 無誠無信則 轉石下山亦難矣 學之易難皆如是也
배우는 것은 반드시 넓게 하고 묻는 것은 반드시 자세히 하고 행하는 것은 반드시 독실하게 하라.8 만일 삼 년에 도안이 밝지 못하고 마음 바탕이 신령치 못하면 이것은 정성이 없고 믿음이 없음이니라.9 정성이 있고 믿음이 있으면 돌을 굴리어 산에 올리기도 쉬우려니와,10 정성이 없고 믿음이 없으면 돌을 굴리어 산에서 내리기도 어려우니, 공부하는 것의 쉽고 어려움도

---

5 "나의 심주를 굳건히 해야 이에 도의 맛을 알고, 한 생각이 이에 있어야 만사가 뜻과 같이 되리라."(동경대전, 탄도유심급)

6 도는 한울님의 이치를 배우는 것이고, 한울님의 이치와 기운이 나의 생명을 이룬다. 그러므로 도를 공부하는 것은 생명을 공부하고 구하는 것이다. 다른 일 다하고 취미생활로 닦는 것이 아니다.

7 실제 성인들과 그 제자들은 대부분 헐벗고 어려운 사람들이었다. 배부르고 권력 있고 유식한 사람들은 자신의 삶을 바꾸고 싶지 않은 법이다. 또 가진 것이 많으면 그로 인한 자존심과 이상을 깨기가 더 어려운 법이다. 신앙에 접하게 되거나 절실한 신앙체험을 하는 시기는 대부분 삶의 막다른 상황에 몰려 있을 때가 많다. 그러므로 자신의 진면목을 보려면 버리고 비워야 한다. 그리고 절실하게 구해야 한다.

8 바른 가르침은 세상과 삶에 대한 안목이 넓어지고 트이는 그런 것이다. 자기 것 하나만 움켜쥐고 다른 것은 틀렸다고 배척하거나 이해하려고도 하지 않는 것은 참된 진리가 아니다. 동학의 가르침을 바르게 이해하기 위해선 다른 종교의 가르침도 폭넓게 배우면 좋다. 또한 공부할 때 의심스럽거나 이해되지 않으면 확인하고 점검해야 한다. 확인 없이 따르면 맹신이 되고 속임을 당하기 쉽다. 충분히 검증해서 확신이 서면(믿음) 실천하여 자신의 삶이 되도록 해야 한다.(정성)

9 "십 년을 공부해서 도성입덕 되게 되면 속성이라 하지마는 무극한 이내 도는 삼년불성 되게 되면 그 아니 헛말인가."(용담유사, 도수사)

10 돌을 굴려 산으로 오르는 것은 그리스의 시지프스 신화에 나오는 이야기. 신을 속인 죄로 시지프스는 지옥에서 산 위로 돌을 굴려 올려야 하지만 이내 돌은 다시 굴러 내리고 결국 시지프스는 영원히 이러한 벌을 받아야 한다. 어렵고 힘든 일일지라도 자신에게 주어진 운명을 행해야 하는 인간의 처지를 비유한 것으로 이토록 어려운 일이라도 하늘에 닿고 통하는 정성과 믿음이 있다면 모든 한울이 감응하여 쉽게 이룰 수 있음을 말씀하신다.

이와 같으니라.

11-4. 絶其私慾 棄其私物 忘其私榮以後 氣聚神會豁然有覺矣 行則指足坦途
住則凝神太虛 坐則調息綿綿 臥則神入幽谷 終日如愚氣平正心神淸明矣

사사로운 욕심을 끊고 사사로운 물건을 버리고 사사로운 영화를 잊은 뒤에
라야, 기운이 모이고 신이 모이어 환하게 깨달음이 있으리니,11 길을 가면
발끝이 평탄한 곳을 가리키고 집에 있으면 신이 조용한 데 엉기고12 자리에
앉으면 숨결이 고르고 편안하며 누우면 신이 그윽한 곳에 들어, 하루종일
어리석은 듯하며 기운이 평정하고 심신이 청명하니라.13

11-5. 余少時自思 上古聖賢 意有別樣異標矣 一見大先生主心學以後 始知非
別異人也 只在心之定不定矣 行堯舜之事 用孔孟之心 孰非堯舜 孰非孔孟 諸
君體吾此言 自强不息其可矣哉 吾雖未貫 唯望諸君之先通大道也

---

11 "심령의 있음은 일신의 안정이 되는 것이요, 욕념의 있음은 일신의 요란이 되는 것이니라."(해
월신사법설, 수심정기) 부정확한 감각에 속지 않고 진리를 보기 위해선 욕념을 버리고 마음을
가라앉혀야 한다. "심령으로 생각하는 것이요, 육관으로 생각하는 것이 아니니라."(수심정기)
수련할 때 한 가지 생각(예를 들어 주문, 또는 자신 신체의 한 부분, 어느 것이나 되지만 크고 좋
은 생각을 하는 것이 좋다)에 집중해 다른 잡념을 잊기도 하고, 생각이 일어나고 스러지는 것을
한 걸음 떨어져 가만히 觀하기도 한다. 예를 들어 수련할 때 다리 아프면 다리를 움직일 게 아니
라 통증 자체를 본다. 내 몸이 영원한 것이 아닌데 어찌 통증이 영원할까? 차츰 잡념이 가시고
정신이 하나로 모아지며 몸과 마음이 환하게 느낌이 오게 된다.

12 우리 몸의 기는 각 부위에 작용하는 모습에 따라 精氣神으로 나누어 본다. 욕념(정)에 흔들리지
않으면 기가 흩어지지 않고 지혜(신)가 열리는 것으로 설명한다.(의암성사법설, 활동장, 위생보
호장 각주 참조)

13 기운이 나의 욕심에 흔들리지 않고 한울님 지기와 고요히 하나가 된 상태. 내 몸을 한울님께 맡
긴 상태로 어떤 일을 하든지 인위가 없으므로 자연히 무위이화 될 것이다. 수련하며 이런 경지
를 느껴 봐야 한다. "사람이 한울을 모신 것 아니라 한울이 사람을 거느렸고, 입이 말을 하는 것
아니라 말이 입을 가르치고, 귀가 소리를 듣는 것 아니라 소리가 귀에 부딪히고, 혀가 맛을 아는
것 아니라 맛이 혀를 가르치더라."(의암성사법설, 강시) "성품과 마음이 자유로우면…살려고도
하지 아니하고 죽으려고도 하지 아니하며, 없으려고도 하지 아니하고 있으려고도 하지 아니하
며, 착하려고도 하지 아니하고 악하려고도 하지 아니하며, 기쁘려고도 하지 아니하며 노하
려고도 하지 아니하여, 일동일정과 일용행사를 내가 반드시 자유롭게 하나니…."(의암성사
법설, 삼심관)

내가 젊었을 때에 스스로 생각하기를 옛날 성현은 뜻이 특별히 남다른 표준이 있으리라 하였더니, 한번 대선생님을 뵈옵고 마음공부를 한 뒤부터는, 비로소 별다른 사람이 아니요 다만 마음을 정하고 정하지 못하는 데 있는 것인 줄 알았노라.14 요순의 일을 행하고 공맹의 마음을 쓰면 누가 요순이 아니며 누가 공맹이 아니겠느냐. 여러분은 내 이 말을 터득하여 스스로 굳세게 하여 쉬지 않는 것이 옳으니라.15 나는 비록 통하지 못했으나 여러분은 먼저 대도를 통하기 바라노라.16

11-6. 淺見薄識 不知道之根本 輒曰「予知」吾不言而良發一笑 人皆是 諸葛亮姜太公道通謂之 我思之實非道通也 如干開心 豈曰道通乎 與天地合其德 能行天地造化然後 方可謂之道通也 道通人欲千萬 今觀所行則 人知小利不知大利 可嘆可惜也

웬만큼 아는 것을 가지고 도의 근본을 알지도 못하면서 문득「내가 아노라」하지마는, 나는 아무런 말도 하지 않고 좋게 한번 웃노라. 사람들이 다 제갈량과 강태공을 도통하였다 하지마는, 내가 생각하기엔 정말 도통이 아니라고 보노라.17 약간의 마음이 열렸다고 해서 어찌 도통이라고 말할 수 있겠

---

14 "군자의 덕은 기운이 바르고 마음이 정해져 있으므로 천지와 더불어 그 덕에 합하고 소인의 덕은 기운이 바르지 못하고 마음이 옮기므로 천지와 더불어 그 명에 어기나니…."(동경대전, 논학문) "천황씨와 성인과 범인이 별다른 묘법이 없는 것이요, 다만 마음을 정하고 정치 못하는데 있느니라."(의암성사법설, 신통고) 불편함과 손해를 감수하며 원칙을 지키는 사람이 마음을 정한 사람일 것이다. 하지만 옳은 것을 알되 눈앞의 이익과 편리에 마음이 흔들리지 않을 사람이 얼마나 될까?

15 실로 도를 통한 사람이 많지 않은 것은 마음이 욕심에 끌려 진리를 자꾸 잊기 때문이다. 그래서 참된 마음을 잘 지켜야 도의 맛을 알 것이라고 하셨고(固我心柱 乃知道味, 탄도유심급), 수심정기를 강조하셨다.

16 도를 통한 성인은 자신이 성인이라고 나서지 않는다. 조용히 진리를 전하고 낮은 곳으로 묵묵히 행하신다. 오히려 빈 수레가 요란한 법이다.

17 제갈량과 강태공은 현실의 정치를 바꾸고자 했던 정치가.(동경대전, 수덕문 각주 참조) 권력의 욕구가 있었던 사람들이다. 그러나 사람의 마음을 바꾸지 못하고 권력만 바뀌었다고 해서 세상이 달라지지는 않는다.

느냐. 천지와 더불어 그 덕에 합하여 능히 천지조화를 행한 뒤에라야 바야흐로 도통하였다 이르리라. 도통은 사람마다 하고자하나 지금 소행을 보면 사람이 작은 이익만 알고 큰 이익은 알지 못하니, 탄식스럽고 애석한 일이로다.18

---

18 육신의 감각을 여의고 심령으로 볼 수 있으면 영안이 열렸다고 한다. 맑은 한울의 거울로 비추면 일과 사람의 진실을 다 알 수 있게 된다.(허광심) 여기에 머무르거나 아는 것을 개인적으로 이용하려는 욕심이 개입되면 삿된 길로 빠지기 쉽다. "밝지 아니한 곳이 없고 알지 못할 곳이 없으니, 이것을 허광심력이라 이르느니라. 여기에 멎어서 구하지 않으면 내 반드시 찬성하지 않을 것이니, 스스로 힘써 분발하여 또 한 단계를 나아가라."(의암성사법설, 삼심관)

十二. 聖人之德化성인지덕화

12-1. 明天地之道 達陰陽之理 使億兆蒼生 各得其業則 豈非道德文明之世界乎
천지의 도를 밝히고 음양의 이치를 통달하여 억조창생으로 하여금 각각 그 직업을 얻게 하면 어찌 도덕문명의 세계가 아니겠는가.[1]

12-2. 聖人之德行 如春風泰和之元氣 布於草木群生也
성인의 덕행은 춘풍태화의 원기가 초목군생에 퍼짐과 같으니라.[2]

12-3. 上天有心而無言 聖人有心而有言 惟聖人有心有言之天也
한울님은 마음이 있으나 말이 없고, 성인은 마음도 있고 말도 있으니, 오직 성인은 마음도 있고 말도 있는 한울님이니라.[3]

12-4. 兒生厥初孰非聖人孰非大人 衆人蚩蚩心多忘失 聖人明明不失天性 仍

---

1 업이란 할 일이다. 해야 할 命이다. 사람에서 미물에 이르기까지 존재하는 의미가 있고 역할이 있다. 그것을 잘 찾아 행하면 보람 있는 삶이 되지만 자기 할 일을 모르고 자기 존재 의미를 모른다면 사는 것이 지옥일 것이다. 밥 먹고 살기 위한 직업도 중요하지만 평생에 걸친 목적의식이 있으면 삶의 보람이 있을 것이다. 내 진면목은 무엇이고 내 명은 무엇인가?

2 겨울 삭풍은 생명을 죽이고 거두며 움츠리게 하는 기운이다. 겨울이 가고 봄이 오면 다시 새 생명을 나게 하고 기지개를 펴게 하는 생명의 원기가 돌아온다. 세상 사람들이 자신의 존재 이유와 할 일을 모르고 고해 속에 사는 것을, 깨우치고 바른 삶을 살게 해 주는 가르침을 주시는 것이 성인이다. 고해 속에 사는 것은 죽음과 같지만 바른 이치를 알고 바른 삶을 사는 것은 봄기운처럼 생명을 살리는 기쁜 일이다. 또한 봄기운은 대상을 가리지 않는다. 잘났건 못났건 모든 초목군생에게 고루 생명의 기운을 전한다. 성인의 덕도 이와 같다.

3 한울님의 이치와 기운은 무형이다. "영의 적극적 표현은 이것이 형상 있는 것이요, 영의 소극적 섭리는 이것이 형상 없는 것이니"(의암성사법설, 성령출세설) 그러므로 구체적으로는 몸을 가진 생명들을 통해 나타내신다.(心兮本虛 應物無迹, 동경대전, 탄도유심급) 그 이치를 알고 그에 합한 행을 하는 사람이 성인이요, 그 이치를 모르고 자신과 세상을 망치는 사람이 범인이다.(君子之德 氣有正而心有定故 與天地合其德 小人之德 氣不正而心有移故 與天地違其命, 동경대전, 논학문)

以率性 與天同德與天同大與天同化 天地所爲聖人能爲

아이가 난 그 처음에 누가 성인이 아니며, 누가 대인이 아니리오마는 뭇 사람은 어리석고 어리석어 마음을 잊고 잃음이 많으나,4 성인은 밝고 밝아 한울님 성품을 잃지 아니하고, 언제나 성품을 거느리며 한울님과 더불어 덕을 같이 하고, 한울님과 더불어 같이 크고, 한울님과 더불어 같이 화하나니, 천지가 하는 바를 성인도 할 수 있느니라.5

12-5. 聖敎 如旱天降雨萬物各自欣榮 聖節如冬嶺孤松 獨帶春光 聖法 如秋 霜嚴肅 萬物皆無怨心

성인의 교화는 가물던 한울에서 비가 내리는 것 같아서 만물이 각각 스스로 기쁘게 번영하고,6 성인의 절개는 겨울 산마루에 외로운 소나무와 같아서 홀로 봄빛을 띠고, 성인의 법도는 가을 서리같이 엄숙하여 만물이 다 원망하는 마음이 없느니라.7

---

4 "젖먹이가 눈으로 물건을 보고 사랑하는 마음이 생기어 기뻐하며 웃다가 물건을 빼앗으면 성내어 싫어하나니, 이것을 물정심이라 이르느니라. 물정심은 곧 제이 천심이니 억만 사람이 다 여기에 얽매어 벗어나지 못하느니라."(의암성사, 진심불염) 놀이방에서 발가벗고 놀 때는 남녀 관계 없이 잘 어울린다. 그러나 유치원과 초등학교만 들어가도 남녀를 가리고 부모 지위와 아파트 평수에 따라 어울린다. 이것이 제이 천심이요 我相이다. 이러한 자만심과 욕심이 생길수록 본래의 천심을 잃는다. 태어날 때 받은 한울님 천성과 천심을, 자라면서 나의 감각과 생각으로 가리게 되면 진심은 가려지고 나라는 我相만 남는다. 이를 회복하는 과정이 수련.

5 "마음의 힘을 얻은 사람은 능히 유정천의 능력과 변화를 행할 수 있느니라. 그러므로 제 몸에서 성품을 보는 사람도 또한 제가 능히 한울의 능력을 스스로 쓰나니…."(의암성사법설, 성심신삼단) "성품을 보고 마음을 깨달으면 내 마음이 극락이요, 내 마음이 천지요, 내 마음이 풍운조화이니라."(의암성사법설, 신통고)

6 인생의 길을 몰라 헤매다가 이정표만 나타나도 반가운데 하물며 자세한 길 안내까지 받으면 얼마나 고마울까? 또한 성인의 가르침은 善惡과 賢愚를 구분하지 않는다. 부모가 못난 자식도 똑같이 품에 안는 것과 같다. 그러나 가르침을 받아 따르는 이가 있는가 하면 거스르는 자도 있다. 그래서 각각 스스로 번영한다고 한 것이다. 가르침은 성인의 몫이지만 그를 배우고 행하는 것은 각자의 몫이다.

7 개벽의 세상이 되기 전엔 성인의 가르침을 바르게 알고 따르는 사람이 많지 않다. 그래서 성인의 길은 외롭고 험난하다. 그럼에도 세상에 굽히거나 타협하지 않는다. 이것이 성인의 절개다. 또한 성인의 법은 누구에게나 차별 없이 똑같이 적용된다. 가족이라 해도 지은 대로 인과를 받을 뿐이

12-6. 聖人於凡人 常以溫良和氣薰陶德聖 諄諄然眷眷曉諭 不出苛責之言 聖人之德化捨己德人 凡人之私心利己害人 堯舜之世民皆爲堯舜 民豈可以爲皆堯舜也 是堯舜之德化中 薰育矣

성인은 세상 사람에게 항상 온화한 기운으로 덕성을 베풀어 훈육하나니, 거듭 일러 친절히 가르치고 돌보고 돌보아 알아듣게 타이르고, 가혹하게 꾸짖는 말씀을 입 밖에 내지 아니하느니라.8 성인의 덕화는 자기를 버리어 사람에게 덕이 되게 하고, 세상 사람의 사사로운 마음은 자기만 이롭게 하고 사람을 해롭게 하느니라.9 요순의 세상에 백성이 다 요순이 되었다 하나, 백성이 어찌 다 요순이 되었겠는가. 이것은 요순의 덕화 속에 훈육되었기 때문이니라.10

다. 그래서 "부자유친 있지마는 운수조차 유친이며 형제일신 있지마는 운수조차 일신인가."(용담유사, 교훈가) 하셨다.

8 "수심정기 하는 법은 효제온공이니"(해월신사법설, 수심정기) 무안함을 주는 직설적인 질타보다 스스로 깨닫게 일깨우는 것이 더 효과적이다. 그러나 사람에 따라서는 직접 야단을 치거나 아니면 그 조차 필요 없는 사람도 있다. 야단도 고칠 가능성이 있는 사람에게 의미가 있는 법이다.

9 "내가 사는 것은 누구를 위하여 사는 것인가. 내가 사는 것은 창생을 위하여 사는 것이라."(의암성사법설, 강시) 진실로 자신을 위하려면 내 안에 가득찬 욕념과 아상 등의 허상을 먼저 버리고 비워야 할 것이다. 그런 연후에야 무엇이 찰나의 객체이고 영원한 성령인지 알 수 있으니, 허상과 객체를 위하는 것은 또 다른 허상과 잘못 된 인과를 낳을 뿐이요 영원한, 진실한 나를 위하는 것이야 말로 모두를 이롭게 하고 모두를 살리는 것이다.

10 모두 지도자가 될 필요는 없다. 다만 자신을 가르치고 인도할 좋은 지도자를 뽑고 그의 지도를 잘 따르는 것은 필요하다.

十三. 天道와 儒佛仙천도와 유불선

13-1. 吾道 源於無極而顯於太極 根着於天上地下 理潛於渾元一氣 玄妙之造
化與天地日月 同體無窮矣 吾道之眞理 似淺而深 似卑而高 似近而遠 似暗而
明

우리 도는 무극에 근원하여 태극에 나타났으니1 뿌리는 천상지하에 뻗었고,
이치는 혼원일기에 잠기었고, 현묘한 조화는 천지일월과 더불어 한몸으로
무궁하니라. 우리 도의 진리는 얕은 것 같으나 깊고, 속된 것 같으나 고상하
고, 가까운 것 같으나 멀고, 어두운 것 같으나 밝은 것이니라.2

13-2. 吾道 似儒似佛似仙 實則 非儒非佛非仙也故曰「萬古無之 無極大道
也」先聖只言枝葉 不說根本 我水雲大先生主 始創天地陰陽日月鬼神氣運造化
之根本也 苟非聰明達德者 孰能知之 知者鮮矣 可歎也

우리 도는 「유」와도 같고 「불」과도 같고 「선」과도 같으나, 실인즉 「유」도
아니요 「불」도 아니요 「선」도 아니니라.3 그러므로 「만고 없는 무극대도」라
이르나니, 옛 성인은 다만 지엽만 말하고 근본은 말하지 못했으나, 우리 수
운 대선생님께서는 천지·음양·일월·귀신·기운·조화의 근본을 처음으
로 밝히셨나니라. 진실로 총명달덕한 이가 아니면 누가 능히 알리오. 아는
이가 적으니 가히 탄식할 일이로다.4

---

1 무극은 한울님 이치가 작용하기 전, 우주가 태어나기 전의 상태. 태극은 한울님 이치가 작용되고
나타나는 현상계. "성품은 이치니 성리는 공공적적하여 가이 없고 양도 없으며 움직임도 없고 고
요함도 없는 원소일 뿐이요, 마음은 기운이니 심기는 원원충충하여 넓고 넓어 흘러 물결치며 움
직이고 고요하고 변하고 화하는 것이 때에 맞지 아니함이 없는 것이니라."(의암성사법설, 성심신
삼단)
2 참된 도는 세상을 등지지 않는다. 성과 속, 너와 나, 더러움과 깨끗함이 분별되지 않는다. 일체가
한울일 뿐이다.
3 유불선에 대해선 천도와 유불선 공부하기 참조.
4 대개 한 가지에 치중하여 일가를 이룬 경우는 많다. 그러나 모두를 아우르며 하나로 꿰는 것은 쉽

<천도와 유불선 공부하기>

1. 유불선과 삼화일목

유교는 현실 속 삶의 자세를 가르친다. 그러므로 성심신삼단 중 육신을 주체로 보고 가르친 것이라 보며, 불교는 일체의 윤회를 끊고 해탈할 것을 가르친다. 현상계보다는 진리 그 자체를 직각하도록 한다. 한울님의 본질, 우주가 돌아가는 원리를 천착하므로 성품을 주체로 보고 가르친 것이라 본다. 선가는 몸을 움직이는 마음과 기를 주로 공부한다. 기도를 강조하고 감응을 강조한다. 그러므로 선은 마음을 주체로 보고 가르친 것으로 본다.

이 세 가지 측면은 어느 하나 소홀히 할 수 없다. 성품-우주의 원리에만 집착하면 스케일이 너무 커져서 하찮은 인간사는 무시하게 된다. 속세를 등지게 되는 거다. 그러나 근본 원리인 성품을 이해하지 못하고 마음에만 집중하면 지나치게 감정적이 된다. 한울님의 뜻이 다양한 모습으로 나타나는 것을 이해하지 못하고 자기만이 옳다고 날뛰게 된다. 역사를 피로 물들인 종교 전쟁은 모두 성품 공부를 소홀히 하고 자기 기도만 한 탓이다. 지금도 수행을 오래 한 사람 중엔 다른 사람의 의견에는 귀 기울이지 않고 자신의 주장만 강한 사람을 종종 만날 수 있다. 아무리 옳은 것이라도 그것이 받아들여질 현실인지 살펴야 하고, 옳고 그름조차 결국 없는 것임을 모른 탓이다. 또한 성품과 감정을 무시하고 현실만 다스리려 하면 차갑고 딱딱한 법치 만능이 된다. 유가의 가장 똑똑한 제자인 순자가 법가의 시조가 되었음은 이를 잘 보여준다. 그러나 사람들의 삶은 법으로 재단할 수 없는 미묘한 곳이 많기 마련이다.

지 않다. 많이 알고 지위가 올라갈수록 자만심이 커지고 자기 것만 아는 경향이 있기 때문이다. "도의 성질은 일단(한 근원)이요, 사상은 만단(교의 문호)이요, 영향은 소분일단(교의 각 견해)이니, 교는 사상에 기초하여 영향을 찾아내는 것이라."(의암성사법설, 교비평설)

이것이 우리가 성심신삼단을 다 함께 아우르며 공부하는 이유이며 동학이 유불선 삼교를 통합했다는 이유이다. 동학에서 모든 부족함을 바로잡을 수 있는 가르침이 완성된 것이다. 그렇기 때문에 한울님이 '노이무공 하다가서 너를 만나 성공하니' 하신 것이다. 그러므로 동학을 하는 사람은 어디에서 어느 종교를 하는 사람과도 그 사람이 알아듣는 대화를 할 수 있다. 이것은 아주 중요한 자산이자 가능성이다. 세상의 모든 갈등을 화해할 수 있고, 그래서 항구적 평화의 단초를 제공할 수 있기 때문이다.

"한 나무에 세 가지 꽃이란 무엇을 말함인가. 비유로 직언하면 한울에서 나기는 한 가지나 각각 그 이름이 각 교로 된 것이니, 유・불・선 삼교는 한울에 근본하였으나, 각각 문호를 달리한 것이 이것이니라."(의암성사법설, 삼화일목)

세상에는 유불선외에도 수많은 종교들이 있다. 각 지역의 기후와 풍습에 따라 다양한 문화가 있듯이. 그러나 그러한 종교들도 대부분 현실적인 가르침 위주인지(유교적), 마음공부를 주로 가르치는지(선교적), 이치와 원리를 주로 보는지(불교적)로 대별해 볼 수 있을 것이다.

十四. 吾道之三皇오도지삼황

14-1. 聖人首出德化萬邦 德化萬邦黎民是雍 是誰之德天主之恩

성인1이 처음 나시어 덕이 만방에 화하고, 덕이 만방에 화하니 뭇 백성이 이에 화하도다. 이것이 누구의 덕인가, 한울님의 은혜로다.2

14-2. 非天之明 大聖之明 昊天之德大聖明之 浩浩其德 非天孰降 明明其德 非聖孰明 蕩蕩其德聖人明之

한울이 밝은 것이 아니라 큰 성인이 밝은 것이니,3 넓고 넓은 한울님의 덕을 큰 성인이 밝히셨도다. 넓고 넓은 그 덕을 한울님이 아니면 누가 내리시며, 밝고 밝은 그 덕을 성인이 아니면 누가 밝히겠는가. 넓고 큰 그 덕을 성인이 밝히셨도다.4

14-3. 嵬嵬天道大聖初明 明明天地非日月不明 明明大聖 非亞聖不明

높고 높은 천도를 큰 성인이 처음 밝히셨으니, 밝고 밝은 천지도 일월이 아

---

1 성인은 도하는 사람이 추구하는 인간상이다. 그럼 어떤 사람을 성인이라 하는가? "수운 대선생님께서는 정성에 능하고 공경에 능하고 믿음에 능하신 큰 성인이셨다."(해월신사법설, 성경신) "한울님은 마음이 있으나 말이 없고, 성인은 마음도 있고 말도 있으니, 오직 성인은 마음도 있고 말도 있는 한울님이니라."(성인지 덕화) "대신사께서 자신을 천황씨라고 말씀하신 것은 자신이 한울 위에 계시다는 것이 아니요, 다만 성품을 보고 마음을 깨달아 삼계천의 맨 윗 한울에 계시다는 것이 명백하니라.····그러므로 성품 깨달은 사람을 천황씨라 이르고, 깨닫지 못하는 사람을 범인이라 이르느니라."(의암성사법설, 신통고) "성인은 내 성품을 물들이지 아니하고, 내 마음을 변치 아니하고, 내 도를 게으르게 하지 않는지라, 마음을 쓰고 세상을 쓰는 데 하나라도 거리낌이 없으며···."(의암성사법설, 성범설)
2 한울이 만물을 내셨지만 한울의 이치를 밝히고 가르치며 덕을 드러내는 것은 성인이 하신 것이다. 그래서 성인은 마음도 있고 말도 있는 한울인 것이다.
3 한울의 덕을 성인이 밝힌다는 것을 강조하기 위한 반어법.
4 한울의 지기는 본디 형체가 없으므로(心今本虛 應物無迹, 동경대전, 탄도유심급) 세상에 구체적인 자취를 나타내기 위해서는 사람의 몸이 필요하다. 따라서 한울의 이치를 알고 실천하는 사람들에 의해서 세상이 바뀐다. 이것이 各知不移다. "한울은 사람에 의지하여 변화가 무궁하고, 사람은 밥에 의지하여 만사를 행하는지라."(의암성사법설, 권도문)

니면 밝지 못하고, 밝고 밝은 큰 성인도 다음 성인이 아니면 밝히지 못하느니라.5

14-4. 天地非明日月明明 日月非明天皇其明 天皇非明地皇尤明 天皇道地皇德 人皇明之 天皇地皇出世以後 人皇出世理之固然矣

천지가 밝은 것이 아니라 일월이 밝고 밝은 것이요, 일월이 밝은 것이 아니라 천황이 밝은 것이요,6 천황이 밝은 것이 아니라 지황이 더욱 밝은 것이로다.7 천황의 도와 지황의 덕을 인황이 밝히나니, 천황·지황이 세상에 난 뒤에 인황이 세상에 나는 것은 이치가 본래 그러한 것이니라.8

---

5 한울은 말이 없으므로 그 이치를 성인이 밝히셨고, 성인이 밝히신 이치도 그 뜻을 이어받은 제자들이 실천하고 빛내지 않으면 소용없다. 오늘의 제자들은 스승을 빛나게 하는가 욕되게 하는가?

6 일월은 세상을 밝히는 한울의 이치. 한울의 이치가 있어도 이를 드러내고 세상에 펼 성인이 있어야 한울의 이치가 이 땅에 실현된다. 여기서 천황은 수운 선생을 뜻한다. 포덕4년(1863) 10월 28일 수운 선생 탄신일에 많은 도인들이 모였다. 이때 수운 선생이 "후세 사람들이 나를 天皇氏라 이르리라." 하시니 후천 오만년의 시조가 되심을 분명히 말씀하신 것이다. "대신사께서 자신을 천황씨라고 말씀하신 것은 자신이 한울위에 계시다는 것이 아니요, 다만 성품을 보고 마음을 깨달아 삼계천의 맨 윗 한울에 계시다는 것이 명백하니라.…그러므로 성품 깨달은 사람을 천황씨라 이르고, 깨닫지 못하는 사람을 범인이라 이르느니라."(의암성사법설, 신통고) 또한 천황씨는 도를 깨달은 사람을 일컫는 말이기도 하다. "천황씨는 원래 한울과 사람이 합일한 명사라,…오늘 대신사께서 천황씨로서 자처하심은 대신사 역시 신이신 사람이시니 후천 오만 년에 이 이치를 전케 함이라."(의암성사법설, 기타)

7 수운 선생이 자신을 천황이라 하신 포덕4년 10월 28일은, 이미 8월 14일에 해월 선생에게 도통을 전수한 뒤였다.

8 지황은 해월 선생, 인황은 의암 선생을 지칭한다고 해석한다. 당신이 수운 선생의 도를 이어 뿌리를 내렸듯 당신보다 뛰어난 제자가 도의 꽃을 활짝 피게 해주길 바라는 마음이 컸을 것이다.

十五. 開闢運數개벽운수

15-1. 斯世之運 天地開闢初之大運回復也 世界萬物無非更定胞胎之數也 經
曰「山河大運盡歸此道 其源極深其理甚遠」 此是開闢之運 開闢之理故也 新乎
天新乎地 人與物亦新乎矣

이 세상 운수는 천지가 개벽하던 처음의 큰 운수를 회복한 것이니[1] 세계만
물이 다시 포태의 수를 정치 않은 것이 없느니라.[2] 경에 말씀하시기를 「산
하의 큰 운수가 다 이 도에 돌아오니 그 근원이 가장 깊고 그 이치가 심히
멀도다」[3] 하셨으니, 이것은 바로 개벽의 운이요 개벽의 이치이기 때문이니
라. 새 한울·새 땅에 사람과 만물이 또한 새로워질 것이니라.[4]

15-2. 萬年大一變 千年中一變 百年小一變 是天運也 千年大一變 百年中一
變 十年小一變 是人事也

만년에 대일변 천년에 중일변 백년에 소일변은 이것이 천운이요, 천년에 대
일변 백년에 중일변 십년에 소일변은 이것이 인사이니라.[5]

---

1 처음 천지개벽한 뒤에는 누구나 한울 마음과 기운대로 살았지만, 처음 가지고 나온 한울 기운이
  각자 욕심으로 흐려져 마침내 혼란한 세상이 되었다. 수운 선생의 가르침은 이를 다시 천심으로
  회복하는 법문이다. 개벽이란 크게 변하는 것이다. 본래 생명의 본질은 변화와 움직임이다. 작은
  변화가 쌓여 큰 변화를 이끌어낸다. 성쇠명암, 흥망길흉의 크고 작은 변화를 잘 대비하면 흥하지
  만 변화를 모르고 준비하지 않으면 생명을 잃게 된다. 계절의 변화를 모르면 농사를 지을 수 없
  고, 인심의 변화를 모르면 정치를 할 수 없다. 이러한 변화의 법칙을 알고자 노력해 온 것이 인류
  문명의 시작이었다. 천문과 역법이 그것이었고, 그것을 모든 삶에 대입시켜 수량화, 일반화하려
  한 것이 '주역'이었다. 개벽은 우리 도의 易法이다.
2 습관된 마음으로 살다가 본래의 마음을 찾고 자신의 진면목을 찾으면 그것이 곧 다시 태어나는
  것이다.(해월신사법설, 내칙 참조)
3 동경대전, 탄도유심급.
4 개벽론은 종말론이 아니다. 세상과 생명은 항상 움직이고 변화한다. 이러한 변화가 축적되어 질
  적, 양적으로 폭발적인 변화가 전면적으로 일어남을 개벽이라 한다.(개벽운수 공부하기 참조)
5 생명은 끊임없는 변화다. 변하지 않고 굳은 것은 죽음이다. 사람의 몸도 어릴 때 유연하다가 나이
  가 들면 몸도 마음도 굳어간다. 그러므로 그것이 적응이든 진화든 스스로를 끊임없이 계발하고
  변화시켜야 한다. 작은 변화들이 쌓이면 큰 질적 변화를 촉발한다. 그러므로 사람들의 작은 태도

15-3. 盛而久則衰 衰而久則盛 明而久則暗 暗而久則明 盛衰明暗 是天道之
運也 興而後亡 亡而後興 吉而後兇 兇而後吉 興亡吉兇 是人道之運也

성한 것이 오래면 쇠하고 쇠한 것이 오래면 성하고, 밝은 것이 오래면 어둡
고 어두운 것이 오래면 밝나니 성쇠명암은 천도의 운이요, 흥한 뒤에는 망
하고 망한 뒤에는 흥하고, 길한 뒤에는 흉하고 흉한 뒤에는 길하나니 흥망
길흉은 인도의 운이니라.6

15-4. 經曰「命其人貴賤之殊 定其人苦樂之理 然而君子之德 氣有正而心有
定故 與天地合其德 小人之德 氣不正而心有移故 與天地違其命 此非盛衰之理
耶」此天理人事符合之數也

경에 말씀하시기를「그 사람의 귀천의 다름을 명하고 그 사람의 고락의 이
치를 정했으나, 그러나 군자의 덕은 기운이 바르고 마음이 정해져 있으므로
천지와 더불어 그 덕에 합하고 소인의 덕은 기운이 바르지 못하고 마음이
옮기므로 천지와 더불어 그 명에 어기나니, 이것이 성쇠의 이치가 아니겠는
가」7 하셨으니, 이것은 천리와 인사가 부합한 수이니라.8

변화(人事)가 전 지구적인 생태 변화(天運)를 가져올 수 있다.

6 이것이 無往不復이다. 태어남이 있으면 죽음이 있다. 태어나기만 하고 죽음이 없다면 어찌 되겠
는가? 낮의 밝음만 있고 밤의 어두움이 없다면 또 어찌 될 것인가? 밝음도 한울이고 어두움도 한
울이다. 한 가지 측면이 아닌 전체가 한울이다. 그러므로 각각의 모습은 달라도 삶과 죽음, 성쇠,
흥망, 길흉은 반복된다. 천도의 운은 사람의 노력으로도 어쩔 수 없는 부분이 있다. 마치 계절이
바뀌는 것처럼. 그러나 인도의 운은 노력에 따라 어느 정도는 조절할 수 있을 것이다. 말하자면
성할 때 쇠함을 대비하고 겸양하고 절약하면 쇠해도 어려움을 덜 겪을 것이고, 흥하고 어려워도
희망을 보고 준비하면 기회가 왔을 때 놓치지 않고 도약할 수 있을 것이다. 그러나 크고 길게 보
면 망하고 흉한 것도 모두 소중한 한울님의 간섭이요, 은덕이다. 과일도 태풍과 서리를 견뎌내야
당도가 더하고, 향나무도 상처가 날수록, 그 상처가 크고 깊을수록, 진하고 좋은 향기가 난다. 화
려하지만 향이 없는 꽃은 얼마 가지 않는다. 그러나 인생의 고뇌를 이겨낸 사람의 경륜과 여유에
선 모두를 편안하게 해 주는 향기가 나는 법이다. 하지만 어려움을 겪는 당시엔 이런 가르침이 귀
에 잘 들어오지 않는다. 주변에 있는 사람이나 교직자가 어떻게 하면 도움을 줄 수 있을까? 아픔
을 함께하는 것-공감, sympathy-외에 해 줄 수 있는 것은 없다. 본인의 몫임을 수용하고 받아들
일 때까지 함께 아파해 줄 뿐.

7 동경대전, 논학문.

15-5. 春去春來花開花落 是變運也 寒來暑往萬物生成 是動運也 河一淸千年
聖人復起 是天道人道 無窮之運也

봄이 가고 봄이 옴에 꽃이 피고 꽃이 지는 것은 변하는 운이요, 추위가 오고
더위가 감에 만물이 나고 이루는 것은 동하는 운이요, 황하수가 천 년에 한
번 맑음에 성인이 다시 나는 것은 천도와 인도의 무궁한 운이니라.9

15-6. 世間萬物 有時顯有時用 月夜三更 萬物俱靜 日出東方群生皆動 新舊
變遷天下皆動矣 東風之化生非金風不成 金風吹時 萬物成實 隨運而達德 察機
而動作 事事有成矣 變而化化而生生而盛盛而還元 動則生靜則沒矣

세상 만물이 나타나는 때가 있고 쓰는 때가 있으니, 달밤 삼경에는 만물이
다 고요하고, 해가 동쪽에 솟으면 모든 생령이 다 움직이고, 새것과 낡은 것
이 변천함에 천하가 다 움직이는 것이니라. 동풍에 화생하여도 금풍(서풍)이
아니면 이루지 못하나니 금풍이 불 때에 만물이 결실하느니라.10 운을 따라
덕에 달하고 시기를 살피어 움직이면 일마다 공을 이루리라. 변하여 화하고,
화하여 나고, 나서 성하고, 성하였다가 다시 근원으로 돌아가나니,11 움직이

---

8 태어나는 환경과 조건은 누구나 다르다. 이를 운명이라 한다면(귀천의 다름을 정하고 고락의 이
　치를 정한), 여기에서 벗어나지 못하는 사람도 있고, 자신의 조건을 극복하고 자신이 원하는 삶
　을 사는 사람도 있다. 부모가 주신 재능과 자산을 허비하여 삶을 망치는 것은 소인의 덕이고, 자
　신의 재능을 잘 살려 자신과 다른 사람들을 행복하게 하는 것은 군자의 덕이다. 한울이 부여한 본
　성을 잘 지켜 마음이 욕심에 흔들리지 않으면 기운이 흐려지지 않을 것이고 그러한 참된 마음에
　바탕한 행은 한울의 덕에 합하는 것이다. 그러나 소인은 항상 욕심에 참된 마음을 빼앗겨 기운이
　흐트러진다.
9 꽃이 피고 지고, 추위와 더위가 갈리듯, 세상도 평화롭고 순한 시절이 있고 예의가 땅에 떨어져
　싸움과 갈등으로 어지러운 때가 있다. 그럴 때면 사람들을 다시 가르칠 성인이 나와 다시 세상 기
　운을 맑고 밝게 해 주곤 했다. 사람과 천지의 기운은 하나이다. 그러므로 성인이 나올 때 천지 기
　운이 변화하는데 이를 예부터 여러 가지로 표현해 왔다. 황하가 맑아진다는 것도 그것이다. 그러
　나 이러한 기운을 느끼고 아는 사람이 있고 못 느끼는 사람도 있다.
10 겨울에 씨 뿌리거나 익기 전에 수확할 수 있는가? 사람도 자신의 실력이 성숙하기 전에 감당하
　지 못할 지위와 역할을 하게 되면 본인과 주변에 재앙을 가져온다. 오행에서 동풍은 봄을 상징
　하고 금(서)풍은 가을을 상징한다.
11 변하는 것은 바뀌는 것이다. 습관된 마음을 버리고 내 생활이 바뀌면 그것이 쌓여 내 삶이 된다.

면 사는 것이요 고요하면 죽는 것이니라.12

15-7. 晝夜明暗一日之變 晦望盈虧一月之變 寒暑溫凉一年之變 變而不變動
而復靜 靜而復動是理氣之變動也 有時而變有時而動有時而靜 是自然之道也

낮이 밝고 밤이 어두운 것은 하루의 변함이요, 보름에 차고 그믐에 이지러
지는 것은 한 달의 변함이요, 춥고 덥고 따스하고 서늘한 것은 한 해의 변함
이니라.13 변하나 변치 아니하고,14 움직이나 다시 고요하고, 고요하나 다시
움직이는 것15은 이기의 변동이요, 때로 변하고 때로 움직이고 때로 고요한
것은 자연의 도이니라.

15-8. 先天生後天 先天之運生後天之運 運之變遷 道之變遷 同時出顯也故
運則 天皇氏始創之運也 道則天地開闢日月初明之道也 事則今不聞古不聞之
事也 法則今不比古不比之法也

선천이 후천을 낳았으니 선천운이 후천운을 낳은 것이라, 운의 변천과 도의

천심과 내 생활이 자연스럽게 하나가 되면 그것이 화한 것이고, 화하여 천심을 잊지 않고 수심
정기하게 되면 습관된 내가 아닌 시천주 한 나로 거듭나게 된다. 거듭난 뒤엔 천지조화에 무위
이화되니 이루지 못할 것이 없다. 도를 이룬 뒤엔 한울과 하나가 되니 인내천이요, 다시 근원으
로 돌아가는 것이다.

12 나라나 조직도 마찬가지고, 개인의 삶도 똑같다. 안주하고 있으면 그 순간 제자리가 아닌 퇴보
다. 끊임없이 천심을 회복하고 잃지 않으려 수행해야 한다. 환자도 마찬가지. 아주 심한 중환의
상태가 아니면 스스로 움직이고 살려 노력하는 사람은 회복이 빠르지만, 스스로 삶의 희망을 놓
은 사람은 백약이 무효다.

13 생명의 변화 주기가 짧은 것과 긴 것이 있듯이, 사람에게도 단기간에 해야 할 일이 있고, 평생을
계획하고 해야 할 일이 있다.

14 내 몸도 시시각각 세포가 사멸하고 새로 태어난다. 어제와 오늘의 나는 다른 세포들로 구성된
다른 사람이다. 그러나 세포와 몸은 변해도 나라는 정체성과 생명의 근본은 변함이 없다.

15 만물은 끊임없이 변화한다. 무생물조차도 서서히 핵분열 등으로 변화한다. 느리고 확인하기 어
려울 뿐. 그러므로 행동할 때는 고요한 자리(성품)를 생각하며, 고요할 때는 다시 활동을 준비한
다. "마음을 들어 도를 쓰는 사람이 성품을 잠잠한 속에서 얻지 못하면 도가 반드시 빈 데 돌아
가고, 말을 들어 세상을 쓰는 사람이 도를 마음속에서 얻지 못하면 세상이 반드시 거칠어질 것
이니, 도를 쓰고 세상을 쓰는 것은 성품과 마음에 있고, 세상과 나라를 태평하게 하는 것은 바른
말에 있느니라."(의암성사법설, 극락설)

변천은 같은 때에 나타나는 것이니라. 그러므로 운인즉 천황씨가 새로 시작되는 운이요, 도인즉 천지가 개벽하여 일월이 처음으로 밝는 도요,[16] 일인즉 금불문 고불문의 일이요, 법인즉 금불비 고불비[17]의 법이니라.[18]

15-9. 吾道之運 堯舜孔孟之聖材多出矣

우리 도의 운수에 요순 공맹의 성스러운 인물이 많이 나리라.[19]

15-10. 吾道 回復天皇氏之根本大運也

우리 도는 천황씨의 근본 큰 운수를 회복한 것이니라.[20]

15-11. 天皇氏無爲化氣之根本 孰能知之 知者鮮矣

천황씨 무위화기의 근본을 누가 능히 알 수 있겠는가. 아는 이가 적으니라.[21]

15-12. 人是天人 道是大先生主無極大道也

사람은 한울 사람이요, 도는 대선생님의 무극대도니라.[22]

---

16 운은 세상이 다시 새로워지는 때를 맞았음을 뜻하는 것이고, 새로운 세상에 새로운 삶을 사는 법을 가르치는 것이 새로운 도다.

17 동경대전, 논학문. 도를 훼방하는 사람에 대해 우리 도는 이전에 보지 못하던 것이므로 그럴 수 있다며 하신 말씀.

18 선천의 도와 후천의 도는 무엇이 다른가? 자연 현상을 이해하지 못하고 자연의 압도적인 힘을 두려워만 할 때는 누구나 신에 복종하는 보잘 것 없는 객체요 나그네였지만, 모든 것이 밝혀진 후천에는 누구나 한울님을 모신 신령한 존재로서 스스로가 이 세상과 우주를 변화시키고 이끌어가는 주체가 된 것이니 얼마나 큰 변화인가?

19 우주의 비전과 소식을 가슴에 담고, 행은 모두를 위하는 겸허한 실천을 하니 바른 도를 행하는 누군들 성스럽지 않으랴?

20 천황씨는 세상의 문명을 처음 연 성인. 우리 도는 세상 문명이 땅에 떨어져 새롭게 문명교화를 일으키는 도이므로 새 세상의 문명을 일으키는 것이다.

21 후천에는 억지로 하는 것이 아니라 한울님 덕에 합하며 정성하면 자연히 이룸이 있다. 이것이 무위이화다. 무위화기는 무위이화의 기운이므로 후천의 기운.

15-13. 有運有信者一言而盡 不信天理者雖千言萬談 無可奈何也 一言而蔽之 都是在運數也

운이 있고 믿음이 있는 이는 한 번 말하면 다 알 수 있으나, 천리를 믿지 않는 자는 비록 천언만담을 할지라도 어쩔 수 없으니, 한 말로 하면 도시 운수에 있는 것이니라.23

15-14. 雖有良田好畓 若不播種則 不得勃興 若不耘鋤則秋無所望矣

아무리 좋은 논밭이 있어도 종자를 뿌리지 않으면 나지 않을 것이요, 만일 김매지 아니하면 가을에 바랄 것이 없느니라.24

15-15. 此運 先於東方 東方木運故 相撲則生火也

이 운은 동방에서 먼저 시작한 것이니 동방은 목운이라, 그러므로 서로 부딪치면 불이 날 것이니라.25

---

22 의암성사법설, 수수명실록 참조. 사람의 생명은 한울로부터 받은 것이므로 한울 사람이나, 사람으로서 바른 삶을 사는 것은 무극대도의 가르침 덕분이라는 뜻. "한울님께 복록 정해 수명을랑 내게 비네."(용담유사, 안심가)

23 아무리 좋은 가르침도 그것을 이해하고 받아들일 준비가 되어 있지 않으면 소용없다. 관심이 없는 곳에 앉아 있으면 좋은 음악도 소음일 뿐이다. 대도를 공부하는 분들은 그 만큼의 인과(부모와 자신이 쌓아온)와 인연이 된 것이니 얼마나 감사해야 할 일인가.

24 원인이 있으면 어떤 형태로든, 언제 나타나건 결과가 있다. 이를 인과라고도 한다. 자세한 인과의 말씀은 삼성과 참조. "땅은 거름을 들여야 오곡의 남음이 있고, 사람은 도덕을 닦아야 모든 일이 얽히지 않느니라."(동경대전, 유고음) "너에게서 난 것이 너에게로 돌아가느니라."(의암성사법설, 강서)

25 무극대도를 동에서 받았으므로 동학이라고 하셨다.(동경대전, 논학문) 그러므로 대도는 태어난 나라(조선)의 운과 함께할 수밖에 없다. 누구나 태어나고 자란 곳, 풍토의 영향을 받는다. 그것을 가리는 방법이 음양오행이고, 음양오행에서 동쪽은 나무 木이 상징한다. 그러므로 목운이라 한 것이고 그와 관련된 특징을 조심하고 삼가라는 것이다. 일본인은 자신의 속내를 감추고 집단을 따르며, 중국인은 과장이 심하나 쉽게 속내를 드러내지 않는다. 한국인은 개성이 강하고 개별 행동을 선호하지만 속 깊은 곳의 흥이 맞으면 뜨겁게 화합한다. 쓸모없이 부딪쳐 타 없어질 것인지, 아니면 뜨겁게 융합해 새로운 것을 만드는 장작불이 될지는 그를 이끌어 낼 지도자에 달려 있다. "우리나라는 목국을 상징하니 삼절의 수를 잃지 말아라."(동경대전, 필법)

15-16. 斯世之運開闢之運矣 天地不安 山川草木不安 江河魚鼈不安 飛禽走獸皆不安 唯獨人 暖衣飽食安逸求道乎 先天後天之運 相交相替 理氣相戰 萬物皆戰 豈無人戰乎

이 세상의 운수는 개벽의 운수라. 천지도 편안치 못하고, 산천초목도 편안치 못하고, 강물의 고기도 편안치 못하고, 나는 새·기는 짐승도 다 편안치 못하리니, 유독 사람만이 따스하게 입고 배부르게 먹으며 편안하게 도를 구하겠는가. 선천과 후천의 운이 서로 엇갈리어 이치와 기운이 서로 싸우는지라, 만물이 다 싸우니 어찌 사람의 싸움이 없겠는가.[26]

15-17. 天地日月古今不變 運數大變 新舊不同 新舊相替之時 舊政既退 新政未佈 理氣不和之際 天下混亂矣 當此時倫理道德自壞 人皆至於禽獸之群 豈非亂乎

천지일월은 예와 이제의 변함이 없으나 운수는 크게 변하나니, 새것과 낡은 것이 같지 아니 한지라 새것과 낡은 것이 서로 갈아드는 때에, 낡은 정치는 이미 물러가고 새 정치는 아직 펴지 못하여 이치와 기운이 고르지 못할 즈음에 천하가 혼란하리라. 이때를 당하여 윤리·도덕이 자연히 무너지고 사람은 다 금수의 무리에 가까우리니, 어찌 난리가 아니겠는가.[27]

15-18. 吾道創立於三絶之運故 國與民 皆未免此三絶之運也 吾道生於吾國而

---

26 변화가 있으면 기존 방식대로 살 수 없다. 변화에 적응하기 위한 노력과 고통이 따른다. "천지의 기수로 보면 지금은 일 년의 가을이요, 하루의 저녁때와 같은 세계라. 물질의 복잡한 것과 공기의 부패한 것이 그 극도에 이르렀으니, 이 사이에 있는 우리 사람인들 어찌 홀로 편안히 살 수 있겠는가. 큰 시기가 한번 바뀔 때가 눈앞에 닥쳤도다."(의암성사법설, 인여물개벽설)

27 조선말 이후의 우리나라 근세사는 망국에서 일제와 한국 전쟁 그리고 분단이 이어지며, 이 말씀 그대로 참혹한 것이었다. 그렇다면 우리의 현재 모습은 어떠한가? 민주주의의 새 정치가 자리 잡고 무너진 윤리 도덕은 다시 세워졌는가? 현실적 분단은 고사하고 마음의 분단과 분열이라도 극복하였는가?

將吾國之運善矣乎 由吾道之運而吾國內 英雄豪傑多出矣 派送於世界萬國而
活動 獲得稱誦有形天也 活人佛也

우리 도는 삼절운에 창립하였으므로 나라와 백성이 다 이 삼절운을 면치 못
하리라.28 우리 도는 우리나라에서 나서 장차 우리나라 운수를 좋게 할 것
이라.29 우리 도의 운수로 인하여 우리나라 안에 영웅호걸이 많이 날 것이
니, 세계 각국에 파송하여 활동하면 형상 있는 한울님이요, 사람 살리는 부
처라는 칭송을 얻을 것이니라.30

15-19. 吾道人 目下之情 麥飯疎衣而修道 以後能居高樓巨閣而 食白飯着錦
衣依坐錦布而修道矣

우리 도인의 지금에 보는 정상으로는 보리밥에 거친 옷을 입고 도를 닦으
나, 이다음에는 능히 높고 큰 집에 살면서 쌀밥을 먹고 비단 옷을 입고 좋은
자리에 앉아서 도를 닦으리라.31

15-20. 今日入道者以白紙一束禮幣 日後則以錦緞禮幣矣 今日勸道則 人皆不
信 日後則人皆謂願書於掌中侍天主呪文矣 當此時 布德師 派送于世界各國而
萬國自然樂天地也

---

28 동경대전, 필법 각주 참조. 세 번의 위기를 넘겨야 한다는 뜻.
29 운이란 기운의 흐름이다. 모든 사람이 기운이 상하고 탁하면 세상이 탁하고 어지러워질 것
   이고 기운이 맑아지면 세상이 바르게 될 것이다. 도인들이 해야 할 일이 이것이다.
30 한울님 모심을 깨달아 자신의 신명을 알고 그에 어기지 않는 삶을 살면 개인적 병과 사회적 부
   조리를 고칠 수 있다. 자신뿐 아니라 다른 사람을 살리면 작은 의사지만 세상을 살리면 큰 의사
   요, 부처요 한울님이다. 부처와 한울님은 모두 생명의 근원이요, 생명 그 자체요, 진리인 분이
   다. 그 명칭이야 사람들이 지은 것이니 아무러면 어떠랴.
31 해월 선생 당시에는 동학군을 만나면 살인해도 죄를 묻지 않는다는 정부의 영이 내려져 마음 놓
   고 소리 내어 주문을 읽을 수도 없는 엄중한 탄압 속에서 포덕을 하였다. 이 말씀은 아마도 당시
   의 도인들을 달래고 격려하기 위한 것으로 보인다. 실제 지금은 외형적인 탄압과 경제적 빈곤
   은 벗어난 셈이다. 하지만 좋은 자리에 앉더라도 마음은 항상 가난하고 비워야 참된 도를 할 수
   있다.

지금에 입도하는 사람들은 백지 한 권으로 예물을 드리나 일후에는 비단으로 예물을 드릴 것이요,[32] 지금은 도를 권하면 사람들이 다 믿지 아니하나 일후에는 사람들이 다 손바닥에 시천주 주문을 써 달라고 할 것이니라. 이 때를 당하여 포덕사를 세계 각국에 파송하면 모든 나라가 자연히 천국이 되리라.[33]

15-21. 我國之英雄豪傑人種之種 皆是萬國布德師出去後 只劣者留在本國 至劣者上才 道通人也

우리나라의 영웅호걸은 인종의 종자니, 모두가 만국 포덕사로 나간 뒤에 제일 못난이가 본국에 남아 있으리니, 지열자가 상재요 도통한 사람이니라.[34]

15-22. 吾道至於中原布德之時 能達布德天下矣

---

32 동학 당시엔 입도하며 예물을 드리고, 한울에 치성할 때도 제물을 차려 지내기도 하였다. 당시 사회 관습을 따른 것으로 보인다. 그러나 제물은 해월 선생이 청수일기로 하라는 말씀을 하시면서 차츰 없어졌고, 입도할 때의 예물도 현재는 없어졌다. 다만 교회 사업을 위한 성미만을 납부할 뿐이다.

33 포덕은 무엇인가? 한울님의 덕을 드러내는 것이다. 한울님이 부여한 생명을 온전하게 모시고 주어진 명을 살도록 인도하는 것이다. 시천주 심법이 이를 가장 정확하게 가르친다. 그러나 이미 다른 종교를 믿고 그 속에서 한울님 덕을 깨달았으며 시천주는 몰라도 그에 맞는 삶을 산다면 그 또한 한울 사람이므로 자신의 신앙을 잘하도록 해 주면 될 것이다. 천도교 신도가 늘어야만 개벽이 되는 것은 아니다. 해외에서의 포덕 또한 마찬가지일 것이다.

34 못생긴 나무가 숲을 지킨다. 잘생긴 재목은 집과 건물을 짓는 데 쓰이느라 숲을 떠나지만 나무들의 고향인 숲은 그렇게 재목이 되지 못한 나무들이 지킨다. 자식들 중에도 똑똑하고 공부 잘하는 자식은 유학 가서 성공하지만 시골집에서 노부모를 봉양하는 것은 공부 못하고 재주 없는 자식이다. 누가 잘난 이고 누가 못난이인가? 공부 많이 하고 출세한 사람도 자신을 다스리지 못해 가족이 해체되고 감옥 가기도 하고, 학교 못 다니고 말은 잘 못해도 말과 행이 진실하여 자신과 주변을 살리는 사람이 있다. 한울님의 우주에선 인간세의 명예와 영화란 그 무게가 먼지만도 못하다. 개벽된 세상에선 못난이와 잘난 이, 부자와 빈자, 정상인과 장애인…등의 분별 자체가 의미가 없어진다. 모두가 한울을 모신 신령한 존재일 뿐이다. 실제 도를 닦는데 있어서는 똑똑하고 지식이 많은 사람보다 좀 부족하고 모자란 사람이 성취를 이룬 경우가 많다. 해월선생이 그렇고 불가의 6조 혜능대사가 그랬다. 잘 나가는 사람일수록 자존심을 버리기 어렵고 생각이 복잡하고 많기 때문이다. 그래서 교회 어른들은 예부터 아둔하고 못난 사람이 총명한 사람보다 도통하기 쉽다는 말이 있다고 전한다.

우리 도는 중국에 가서 포덕할 때가 되어야 포덕천하를 달성하리라.35

15-23. 問曰「何時顯道乎」神師曰「山皆變黑 路皆布錦之時也 萬國交易之時也」

묻기를 「어느 때에 현도가 되겠습니까.」 신사 대답하시기를 「산이 다 검게 변하고 길에 다 비단을 펼 때요, 만국과 교역할 때이니라.」36

15-24. 問曰「何時如斯乎」神師曰「時有其時 勿爲心急 不待自然來矣 萬國兵馬 我國疆土內 到來而後退之時也」

묻기를 「어느 때에 이같이 되겠습니까.」 신사 대답하시기를 「때는 그 때가 있으니 마음을 급히 하지 말라. 기다리지 아니하여도 자연히 오리니, 만국 병마가 우리나라 땅에 왔다가 후퇴하는 때이니라.」37

---

35 당시 중국은 조선과 다른 모든 나라들이 연결 되는 중심이었다. 그러므로 중국을 포덕하면 그를 통해 모든 나라들로 포덕하는 길이 열리는 것과 같은 것이다. 요즘으로 말하면 허브 국가인 셈이다. 오늘날의 허브 국가는 미국. 앞으로는 중국인가 아니면 한국이 될 것인가?

36 포덕31년(1890) 12월 충주 외서촌으로 이사하실 때 신재련이란 접주가 겨울에 취사를 위한 아궁이를 만드느라 찬물로 진흙을 다루는 고생을 하며 투정하듯 묻는 것에 대한 답변.(표영삼, 동학2, 177쪽) 당시의 산은 땔감을 구하기 위한 벌목으로 헐벗어 있었는데 그러한 상황은 난방 연료가 연탄과 석유로 대체되고 본격적인 식목 사업을 벌인 1970년대 이후 개선되기 시작했다. 산이 검게 되었다는 말씀은 현재의 짙푸른 산림을, 길에 까는 비단은 아스팔트 포장을 뜻한다고 풀이한다. 조선은 중국과의 조공 무역 외는 통상을 금하는 쇄국이었는데 지금은 세계 모든 나라와 교역을 한다. 다만, 이는 남한의 상황이고, 아직 북한은 도로가 열악하고 산이 헐벗은 상태로 알려지고 있다. 또한 중국과 러시아 등 일부 국가를 제외하곤 교역이 제한되어 있는 폐쇄적인 사회로 남아 있다.

37 한국전쟁 이후 한반도는 동서 이데올로기의 치열한 대결장이었다. 이념이 퇴색한 지금도 각국의 이해관계가 얽힌 뜨거운 대결장임은 여전하다. 중국의 동북공정, 일본의 역사 왜곡, 거기 맞선 북한의 핵과 미국의 압박, 6자회담은 이렇듯 난마처럼 얽힌 주변국들의 이해를 적나라하게 보여준다. 이 모든 세력이 물러가고 진정한 자주적 통일과 자립이 이루어져야 할 것이다.

<개벽운수 공부하기>

1. 개벽과 인류의 삶

인류 역사에 개벽에 필적할 만한 변화가 몇 차례 있었다. 수만 년 전 수렵과 채집 생활을 하다가 농사를 시작하며 정착한 것이 첫 번째다. 수렵과 채집 생활은 짐승들의 그것과 다를 바 없었지만, 정착하면서 집과 마을, 도시가 생기고 이를 관리하기 위한 권력이 태동했으며, 농사를 위해 날씨를 예측하려고 천문을 살펴야 했다. 씨 뿌리고 걷는 시기를 알기 위해 달력과 시간 관리가 시작되었으며, 잉여 농산물의 축적으로 부가 발생하고 경제가 시작된 것도 이때부터다.

두 번째는 수천 년 전 문자를 사용하며 지식 축적과 전승이 이루어진 것이다. 이로써 구전에 의존하여 이어지던 인류의 지식과 정보의 양이 폭발적으로 늘고 정확한 전승이 가능해졌으며, 이러한 축적된 지식은 또한 사람들의 삶과 사회 변화를 이끄는 원동력이 되었다. 특히 6-7세기 동아시아에서 목판 인쇄가 시작되고(현존하는 세계 최고 목판 인쇄물이 7세기 초 제작되어 석가탑에서 발견된 무구정광대다라니경) 12세기 고려에서 금속활자 인쇄가 시작되었으며 14세기에는 유럽에서도 금속활자에 의한 인쇄가 시작되었는데, 이는 당시까지만 해도 특권층의 전유물이었던 문자와 책, 그리고 거기 담긴 정보들이 대량 생산되면서 민중의 각성을 이끌어내고, 이후 시민 사회혁명과 산업혁명으로 이어지는 사회 개혁의 신호가 되는 사건이었다.

세 번째는 18세기 들어 기계와 자동화로 대량생산 시대를 연 산업혁명이다. 농경사회의 자급자족형 경제에서 대량생산과 대량소비가 이루어지게 되었고 이를 위해 원료와 상품, 그리고 사람들의 교류가 전 지구적으로 확산되었다. 이로써 경제적 풍요로움을 누릴 수 있게 되었지만 환경 파괴와 부의 불평등 같은 문제들이 해결해야 할 숙제로 떠올랐다.

이러한 변화의 전후 인류의 삶은 상상하기 어려울 정도로 바뀌었다. 이제 앞으로 오는 변화는 지식과 정보가 상징하는 정신적인 것이라고 예측한다. 앞서 세 번의 변화가 주로 물질적인 것이었음에도 실제 삶이 엄청나게 달라졌는데, 그것과 질적으로 다른 정신적 변화가 이루어지면 그 영향은 실로 상상하기 어려울 것이다. 그것이 곧 개벽이 아니겠는가!

이미 화석 에너지를 기반으로 한 현재의 산업구조는 치명적인 환경오염과 기후변화를 야기할 뿐 아니라, 한정된 곳에 매장된 에너지를 차지하기 위한 싸움이 끊이지 않아 지속되기 어려운 것으로 판명되었다. 대신 세계 어디서나 쉽게 구할 수 있고 청정에너지인 태양광, 풍력, 지열 등을 기반으로 한 새로운 산업이 태동하고 연관 산업들이 빠르게 늘어나고 있다. 이는 거대한 수직적 산업구조와 정치체제에서 작동되는 화석연료기반 경제에 비해 작고 수평적이며 협력적인 재생에너지 관련 산업들이 정치 사회적 구조까지 재편하는 3차 산업혁명이 될 것이라고 한다.(제러미 리프킨, 3차 산업혁명) 이를 가능하게 하는 가장 중요한 기반 중 하나가 모든 사람이 실시간으로 정보를 공유하는 인터넷이라는 점이 의미심장하다. 실로 인터넷을 통해 이제까지 상상할 수 없었던 전 지구적, 전 인류적 의식이 깨어나고 진화하는 것이다.

"개벽이란 한울이 떨어지고 땅이 꺼져서 혼돈한 한 덩어리로 모였다가 자·축 두 조각으로 나뉨을 의미함인가. 아니다. 개벽이란 부패한 것을 맑고 새롭게, 복잡한 것을 간단하고 깨끗하게 함을 말함이니, 천지 만물의 개벽은 공기로써 하고 인생 만사의 개벽은 정신으로써 하나니, 너의 정신이 곧 천지의 공기이니라."(의암성사법설, 인여물개벽설)

十六. 修道法수도법(辨八節韻)

16-1. 只誦呪而 全不窮理則 不可 但欲窮理而 一不誦呪則 亦不可 兩行兼全 暫不弛於 慕仰如何

주문만 외우고 이치를 생각지 않아도 옳지 않고, 다만 이치를 연구하고자 하여 한 번도 주문을 외우지 않아도 또한 옳지 아니하니, 두 가지를 겸전하여 잠깐이라도 모앙하는 마음을 늦추지 않는 것이 어떠할꼬.[1]

16-2. 我是天 天是我也 我與天 都是一體也 然而 氣不正而 心有移故 違其命 氣有正而 心有定故 合其德 道之成不成 都在於 氣心之正 如何矣

내가 바로 한울이요 한울이 바로 나니, 나와 한울은 도시 일체이니라. 그러나 기운이 바르지 못하고 마음이 옮기므로 그 명에 어기고, 기운이 바르고 마음이 정해져 있으므로 그 덕에 합하나니,[2] 도를 이루고 이루지 못하는 것이 전부 기운과 마음이 바르고 바르지 못한 데 있는 것이니라.

16-3. 明德命道 四字 天人成形之根本也 誠敬畏心 四字 成物後 克復赤子心 之 路程節次也 詳察八節 如何「遠不求而修我」我也「送余心於其地」我也「料吾身之化生」我也「欲言浩而難言」我也「顧吾心之明明」我也「理杳然於 授受」我也「度吾信之一如」我也「我爲我而非他」我也 我外豈有他天乎 故「人是天人」也

명덕명도 네 글자는 한울과 사람이 형상을 이룬 근본이요, 성경외심 네 글

---

1 수도법 공부하기 참조

2 동경대전, 논학문 14절의 말씀. 이것이 성공과 실패의 이치라고 하셨다. 원래 한울 기운과 내 기운이 하나인데, 내 기운이 한울 기운을 어기면 한울이 돕겠는가? 내 기운과 한울 기운을 다시 하나가 되게 하기 위해 주문을 외며 나의 습관된 마음을 버리는 공부를 해야 한다.

자는 물체(몸)를 이룬 뒤에 다시 갓난아이의 마음을 회복하는 노정 절차니, 자세히 팔절을 살피는 것이 어떠할꼬.3 「멀리 구하지 말고 나를 닦으라」 한 것도 나요, 「내 마음을 그 땅에 보내라」 한 것도 나요, 「내 몸의 화해난 것을 헤아리라」 한 것도 나요, 「말하고자 하나 넓어서 말하기 어려우니라」 한 것도 나요, 「내 마음의 밝고 밝음을 돌아보라」 한 것도 나요, 「이치가 주고받는 데 묘연하니라」 한 것도 나요, 「나의 믿음이 한결 같은가 헤아리라」 한 것도 나요, 「내가 나를 위하는 것이요 다른 것이 아니니라」 한 것도 나니, 나 밖에 어찌 다른 한울이 있겠는가. 그러므로 말씀하시기를 「사람이 바로 한울 사람이라」 하신 것이니라.4

16-4. 然則 我與天 都是 一氣一體也 除去物慾 透得道理則 至大至天 至化至氣 至於至聖 摠是我也
그러면 나와 한울이 도시 한 기운 한 몸이라. 물욕을 제거하고 도리를 환하게 깨달으면 지극히 큰 지극한 한울이 지기와 지극히 화하여 지극한 성인에 이르는 것이 도무지 나이니라.5

---

3 명덕명도는 한울님과 진리의 모습이며 사람과 세상의 진면목이다. 성경외심은 그러한 진면목에서 멀어진 사람들이 다시 한울 모습을 되찾기 위한 수행의 지침이다.(동경대전, 팔절 각주 참조)

4 여기서 나는 누구인가? 습관된 나인가? 내 안의 또 다른 나인가? 내면의 진실한 목소리를 들어본 적이 있는가? "성품을 보고 마음을 깨달으면 내 마음이 극락이요, 내 마음이 천지요, 내 마음이 풍운조화이니라. 마음 밖에 빈 것도 없고, 고요함도 없고, 불생도 없고, 불멸도 없고, 극락도 없고, 동작도 없고, 희로도 없고, 애락도 없으니, 오직 우리 도인은 자심을 자성하고 자심을 자경하고 자심을 자신하고 자심을 자법하여…."(의암성사법설, 신통고)

5 나의 습관된 마음을 버리고 한 마음을 깨달으면 온 세상이 모두 한울 아님이 없다. 일체가 한울이요 일체가 나의 또 다른 모습이다. 색안경(물욕)을 끼면 제대로 사물을 볼 수 없다. 선입견, 욕심을 버리고 물건과 일을 보면 진실이 보인다. "시천주의 모실 시 자는 한울님을 깨달았다는 뜻이요, 천주의 님 주자는 내 마음의 님이라는 뜻이니라. 내 마음을 깨달으면 상제가 곧 내 마음이요, 천지도 내 마음이요, 삼라만상이 다 내 마음의 한 물건이니라. 내 마음을 내가 모셨으니 나는 곧 지명이요, 지명은 곧 현재의 몸을 말하는 것이니라."(의암성사법설, 신통고)

16-5. 誠敬畏心 待人接物 萬事天也 至化至氣 至於至聖之 節次路程也

성경외심과 대인접물은 모든 일의 한울이니, 지기와 지극히 화하여 지극한 성인에 이르는 절차 노정이니라.6

16-6. 此則斷無他論 是亦我言耄 惟聖之訓也 惟我僉君子 明辨力行 踐履眞 天共成大道之大願

이러하면 결코 다른 말이 없고, 이 또한 내 말이 노망 같으나 오직 성인의 가르치신 것이니, 여러분은 밝게 분별하고 힘써 행하여 참된 한울의 이치를 실천하여 다같이 대도 이루기를 크게 원하노라.7

<수도법 공부하기>

1. 주문공부와 이치공부

주문을 열심히 읽어 나의 내유신령과 한울님의 외유기화가 하나임을 체험하고 깨달으면 새로운 세상이 열린다. 이 새로운 세상으로 인도하는 길잡이가 되는 것이 이치 공부다. 한울님의 이 신령한 기운을 어찌하면 다시 잊지 않고 꾸준히 모실 수 있는지, 수 없이 많은 체험들은 어떻게 해석하고, 또 앞으로 어떻게 공부해야 작은 체험에 자만하지 않고 더 깊은 공부에 들어갈 수 있는지 스승님들의 법문에 그 가르침이 들어 있다.

경전을 읽지 않고 선각자들의 조언도 없이 주문 공부만 하다가 난법난도하거

---

6 내 안의 나를 찾아가는 방법이 팔절의 성경외심과 그것을 실천(대인접물)하는 것이다. 사람과 물건을 대할 때 성경외심으로써 대하면 한울님이 감응하실 것이다.

7 이것이 포덕이다. 자신이 깨달았으니 따르라거나 하는 것이 아니라 일상의 대인접물을 가르쳐 주고 그럼으로써 스스로의 도를 이루도록 하고 계시지 않은가!

나 삿된 길로 빠지거나 또는 주화입마라는 부작용을 경험할 수도 있으니 경계할 일이다. 또한 경전의 이치만 공부하고 실제 주문 공부를 통해 자신의 몸으로 체험하지 못하면 도가 입으로만 떠들 뿐, 삶에 실천하여 개벽으로 이어지지 못하는 망상이 되기 쉽다.

논어 위정 편에 다음과 같은 구절이 있다; 공자께서 말씀하시길 "배우기만 하고 생각하지 않으면 어둡고, 생각만 하고 배우지 않으면 위태롭다(學而不思則罔, 思而不學則殆)."

　성인이 되고자 하는 사람이나 인격의 완성을 위해 노력하는 사람은 모두 學生(학생)이다. 그러나 요즘 학생들은 당장 취직할 수 있고 써먹을 수 있는 지식만 배우려 한다. 그런 지식과 기술로 취직하고 돈을 벌어 어떤 삶을 살 것인지 하는 고민-생각이 부족하다.

　반면에 어떤 삶을 살지, 자신이 사는 세상이 어떻게 좋아지고 달라졌으면 하는 꿈을 가진 이들은 실제 세상이 어떻게 움직이고 사람들의 삶이 무엇으로 돌아가는지 시장바닥의 현실에 어두운 경우가 많다. 그럴 경우 골방에 처박혀 자신의 이상을 외롭게 외치기만 하는 이념과잉의 과격 이상주의자가 되기 십상이다.

　이상이 없는 현실주의자는 돈의 노예가 되기 쉽고, 현실의 실력이 없는 이상주의자는 공허할 뿐이다. 이 모두를 아우르는 넓은 안목과 세상에 펼 수 있는 실력을 함께 갖추는 것이 오늘의 군자요 성인의 모습이 될 것이다.

　수도법에서 주문공부와 이치공부를 아우르라는 가르침을 주신 것 또한 꿈과 현실을 항상 같이 보며 나아가야 하는 것과 같은 맥락이다.

十七. 夫和婦順부화부순

17-1. 夫和婦順 吾道之第一宗旨也
부화부순은 우리 도의 제일 종지니라.[1]

17-2. 道之通不通 都是在 內外和不和 內外和順則 天地安樂 父母喜悅 內外不和則 天大惡之 父母震怒矣 父母震怒卽 天地之震怒也

도를 통하고 통하지 못하는 것이 도무지 내외가 화순하고 화순치 못하는 데 있느니라. 내외가 화순하면 천지가 안락하고 부모도 기뻐하며, 내외가 불화하면 한울이 크게 싫어하고 부모가 노하나니, 부모 진노는 곧 천지의 진노이니라.[2]

---

1 부화부순이 왜 제일 종지인가? 수운 선생의 가르침은 사람이 내유신령을 모셨을 뿐 아니라 외유기화를 통해 한울님 생명을 받는다는 것이다. 그래서 생명을 유지하고 키우는 천지를 부모와 같다고 하신 것이고, 한 가정에서 생명을 키우는 부모 즉 부부의 역할이 천지의 역할과 같다고 하신 것이다. 우주 차원에서 천지부모가 계시고 천지부모의 자식들인 온갖 생명들이 자란다면, 한 가정에선 부모와 자식 간의 관계가 또한 생명을 주고 키우며 모시는 단위가 되는 것이다. 천지가 불안하면 그 안의 생명들이 괴롭듯이 부부가 불화하면 또한 자식들과 가정이 모두 불안하고 괴로워진다. 생명을 잉태하고 키우는 최소 단위가 가정이므로 가정을 건강하게 하는 것이야말로 사회적 · 우주적 모심과 소통을 실천하는 첩경이 되는 것이다. 그러므로 부화부순이 도의 종지라 하신 것이다. 가족이 해체되는 각자위심의 시대를 극복할 가르침이 아닌가! 실제 수운선생이 도를 통한 것은 가족을 버리고 주유천하한 때가 아니라 가족과 함께 용담으로 돌아온 뒤였다. 도는 일상과 유리된 것이 아니다.(권도문 참조) 그러므로 가족과 일상을 떠나 도를 닦는 것은 도의 일부(무형천)만 알게 됨이요 참된 깨달음(삼계천을 깨닫는 것;신통고)이 아니다. "천지는 곧 부모요 부모는 곧 천지니, 천지부모는 일체니라. 부모 포태가 곧 천지 포태니…. 지금 사람들은 다만 부모 포태의 이치만 알고 천지 포태의 이치와 기운을 알지 못하느니라."(해월신사법설, 천지부모) "우리 스승님의 대도 종지는 첫째는 천지 섬기기를 부모 섬기는 것과 같이 하는 도요, 둘째 식고는 살아 계신 부모를 효양하는 이치와 같은 것이니…."(해월신사법설, 도결) "부부는 곧 천지라. 천지가 화하지 못하면 이는 한울님이 싫어하나니, 싫어하면 화를 주고 기뻐하면 복을 내릴 것이니 가내가 화순한 곳이 되도록 더욱 힘쓰는 것이 어떠하리오."(해월신사법설, 도결)

2 배우자는 세상에서 가장 가깝고 허물없는 사이이다. 서로의 치부까지 낱낱이 알고 감싸주는 사이다. 가장 가까운 배우자를 이해하고 공경하고 모시는 것은 그래서 敬人의 첫걸음이다. 배우자와도 소통하지 못하고 모시지 못한다면 다른 사람은 어찌 공경하고 모시겠으며 세상의 도를 어찌 통하겠는가? 부부가 불화하면 가장 영향을 크게 받는 것이 아이들이다. 아이들이 누구인가? 생명이요 한울 아닌가? 아이들이 싫어함은 곧 천지가 싫어하는 것이다.

17-3. 天地 安樂之 微妙難見 震怒之象 當場易見 大惶大悚也 夫婦和順則 天必感應 一年三百六十日 如一朝過之矣

천지가 편안하고 즐거워하는 미묘한 것은 보기 어려우나, 진노하는 형상은 당장에 보기 쉬우니, 크게 두렵고 두렵도다.3 부부가 화순하면 한울이 반드시 감응하여 일 년 삼백육십 일을 하루아침같이 지내리라.4

17-4. 婦人 一家之主也 敬天也 奉祀也 接賓也 製衣也 調食也 生産也 布織也 皆莫非必由於 婦人之手中也

부인은 한 집안의 주인이니라. 한울을 공경하는 것과 제사를 받드는 것과 손님을 접대하는 것과 옷을 만드는 것과 음식을 만드는 것과 아이를 낳아서 기르는 것과 베를 짜는 것이 다 반드시 부인의 손이 닿지 않는 것이 없느니라.5

---

3 사람들은 자신의 몸이 편하고 걱정이 없으면 나태해지기 쉽다. 감사하고 삼가는 것을 잊는 경우가 많다. 어려운 일이 닥쳐서야 한울을 찾고, 기도를 하곤 한다. 그러나 안 좋은 일은 이전부터 전조를 나타내는데 그것을 미리 알고 삼가는 사람은 화를 면하거나 대비하여 쉽게 넘어갈 수 있지만, 그를 알지 못하고 방종하면 큰 화를 당하게 마련이다. 최근 지진이나 태풍 등의 천재지변이 잦고 규모도 커지며 피해가 늘고 있다. 하지만 지구 온난화로 인한 기상이변이 태풍 등의 피해를 키우고, 무분별한 댐과 삼림 파괴, 부실 공사 등이 지진의 피해를 키울 것이라는 경고는 이전부터 늘 있어 왔다. 문제는 뜻 있는 사람들의 목소리를 자신이 당장 아쉬운 것이 없으면 묵살하곤 하는 것이 피해를 키운다는 점이다.

4 아이를 보면 집안의 기운을 알 수 있다. 부부가 화순하지 못하고 기운이 틀어져 있으면 아이가 까닭 없이 보채고 아프곤 한다. 아이가 구김 없이 잘 자라면 부부가 화순한 집이다. 한 집안이 이런데 천지가 화합하지 못하면 거기 사는 생명들은 얼마나 고통스러울 것인가? 천지의 공기는 사람들의 마음이기 때문이다. ＊용담유사, 권학가 9절을 인용한 구절로 이 문장에서 '한울님 감응하시어 일년 삼백육십일을 일조같이 지내게 해 주십시오.'의 심고문이 많이 사용된다.

5 집안일은 이제 남녀가 구분 없이 서로 돕는 시대가 됐다. 그러나 집 안팎 일을 막론하고 섬세하고 감성적인 일들에는 남성보다 여성이 강점이 있다. 이미 세상은 지성(IQ) 시대에서 감성(EQ) 시대로 넘어갔다. 거대 담론 시대에서 작은 실천의 시대로, 다툼의 시대에서 화합 시대로, 남성 권력 시대에서 여성 권력 시대로 넘어갔다. 한 가정에서도 남성이 가장으로서 일방적 권력을 행사하던 시대는 지났다. 오히려 여성의 감성적 판단과 함께하고 그에 따를 때 더 좋은 결과를 낳는 경우가 많다.(부인의 일은 부화부순 공부하기 참조)

17-5. 男乾女坤 男女不和則 天地不塞 男女和合則 天地泰和矣 夫婦卽天地
者 此之謂也

남자는 한울이요 여자는 땅이니, 남녀가 화합치 못하면 천지가 막히고, 남
녀가 화합하면 천지가 크게 화하리니, 부부가 곧 천지란 이를 말한 것이니
라.6

17-6. 婦人不敏 雖 日用三牲之養 天必不應也 夫婦不和 子孫零落

부인이 불민하면 아무리 날마다 세 가지 짐승(소·양·돼지)으로 봉양할지라도
한울이 반드시 감응치 아니하리라. 부부가 화합치 못하면 자손이 보잘 것
없이 되느니라.7

17-7. 女人偏性 其或生性 爲其夫者 盡心盡誠 拜之 一拜二拜 溫言順辭 勿加
怒氣 雖盜跖之惡 必入於 化育之中 如是拜 如是拜

여자는 편성이라,8 혹 성을 내더라도 그 남편된 이가 마음과 정성을 다하여
절을 하라. 한 번 절하고 두 번 절하며 온순한 말로 성내지 않으면, 비록 도
척9의 악이라도 반드시 화할 것이니, 이렇게 절하고 이렇게 절하라.10

---

6 하늘과 땅을 상하 서열로 보는 전 근대적인 오류를 범하지 말아야 한다. 하늘은 땅이 있어야 그
의미가 있고, 땅도 마찬가지. 낮은 밤이 있어야 존재 의미가 있는 것과 같고 나는 타인이 있어서,
내유신령은 외유기화가 있음으로써 존재 의미가 있다. 독불장군은 없다. 모든 존재는 상대적 가
치가 있다. 불연이요 기연이다.(남녀 화합과 천지는 부화부순 공부하기 참조)

7 세 가지 희생은 지극한 정성을 뜻한다. 부인이 총명하지 못하면 가족들 식사가 천지의 젖이요 매
일 한울님께 드리는 정성스런 제사인 줄 모를 것이다. 정성을 드리되 이치를 모르면 헛된 것이 될
수 있다. 부인이 이런 이치를 잘 알고 정성 드리면 본인은 물론이고 가족들이 한울님 감응으로 건
강하고 하는 일 잘 되며 도통하는 게 어렵지 않을 것이다. 또한 부부가 화합하지 못하면 그 사이
의 자손이 어떻게 제대로 자랄 수 있겠는가? 자식을 키워 보지 못한 사람은 그 절실한 부모 심정
을 알 수 없다. 그래서 예부터 성혼하여 가정을 이루어 부모가 되어야 성인으로 대접하였다.

8 편성이란 치우친 성격, 반쪽 성품이란 뜻이다. 어찌 여인만 편성이랴, 남성도 여성이 있어야 존재
하는 편성이다. 서로 상대방이 필요한 존재들이다. 여성은 감성적이고 포용적이며 타협적인 반
면, 남성은 이성적이고 공격적이고 경쟁적이다. 세상에는 두 가지 덕목이 모두 필요하다.(편성에
대해 부화부순 공부하기 참조)

<부화부순 공부하기>

1. 부인의 일

경전에 열거된 부인의 일들은 산업혁명 이전, 자급자족 형태의 경제를 엿보게 해 준다. 현재는 제사도 형식화되었고, 음식도 재료를 기르고 손질하는 과정이 공장에서 모두 완료된 것을 사다 먹을 뿐이며, 베를 짜고 실과 천을 만들어 옷을 해 입던 것도 모두 공장에서 이루어진다. 생산과 소비를 동시에 하던 입장에서 소비자로 또는 생산자로 분리된 것이다. 그러나 이런 생산과 소비의 분리가 불필요한 낭비와 그로 인한 자원 낭비와 환경오염의 원인이 된다는 점에서 최소한의 자급자족 문화는 이어지는 것이 바람직할 것이다. 현재도 미국과 유럽 또는 아시아 등 세계 여러 곳에서 산업혁명 이전의 생활방식을 고수하며 사는 사람들이 꽤 있다. 그것이 진보를 거부한 시대착오인지, 아니면 자연과 하나 된 지속 가능한 경제의 한 모델인지 이제 치열한 고민이 있어야 할 때다. 헬레나 노르베리 호지의 『오래된 미래-라다크로부터 배우다』는 그런 고민의 결과를 짐작하게 해 주는 고전이다.

2. 남녀 화합과 천지

주역에 천지비天地否괘가 있다. 상괘는 천☰ 이고 하괘는 지☷다. 천은 높이 있어 그 기운이 아래로 통하지 않고, 지는 밑에 있어 그 기가 위로 통하지

---

9 중국 춘추시대의 큰 도적.(도덕가 4절, 각주 36참조) 이렇게 흉악한 사람이라도 진심을 다해 인도하면 바른 길로 인도하고 화할 수 있다는 말씀.

10 여성의 감성은 도를 닦을 때도 빠른 감응으로 빛을 발한다. 남자들이 머리로 재는 동안 여성들은 직관적으로 느끼고 강령을 바로 모신다. 반면 그 감성이 바른 이치로 인도되지 못하면 삿된 꾐에도 쉽게 넘어갈 수 있다. 여기에 남성 특유의 이성과 이치 공부가 소중해진다. 부인이 성(감성)내도 남편이 차분히 절(이성)하는 것은 이를 뜻한다. "주문만 외우고 이치를 생각지 않아도 옳지 않고, 다만 이치를 연구하고자 하여 한 번도 주문을 외우지 않아도 또한 옳지 아니하니, 두 가지를 겸전하여….."(해월신사법설, 수도법; 부인에게 절하기는 부화부순 공부하기 참조)

않는 상태로서 천지음양의 기가 소통되지 않고 서로 화합하지 않는 상태다. 그러므로 모든 일이 막히고 만물이 생성화육을 못한다. 한 집안에서는 남편과 아내가 서로 의사가 통하지 않고 정이 통하지 않는 불행한 가정이고, 한 나라로는 군왕은 높은 자리에 앉아 있을 뿐 아래 백성들의 상황에는 무관심하고, 백성들은 낮은 곳에서 군왕에 아무 기대도 갖지 않는 상태로 위아래가 멀리 떨어져 있어 소원하고 의사가 통하지 않는 상태다.

반면 지천태地天泰괘는 상괘가 지☷고 하괘는 천☰이다. 이 괘의 형상은 상승하는 성질이 있는 천기가 밑에 있고 하강하는 성질이 있는 지기는 위에 있어 천지음양의 기가 서로 통하며 화합하는 상태를 나타낸다. 인사로는 위에 있는 군왕의 은택이 밑에 있는 국민에 통달하고 국민의 의사가 위에 있는 군왕에 통달해서 군민의 의사가 혼연일체로 태평성세를 이루게 된다.(남동원, 주역해의 I, 280-298쪽)

3. 편성

편성을 여성만의 특성으로 해석하는 분도 있다. 즉 여성이 달의 주기에 따라 생리 작용에 변화가 있듯이 성품이 항상 둥글지 못하고 초승달-보름달-그믐달이 되듯이 변한다는 것이다. 확실히 생리 전후(일주일씩 약 보름)해서는 호르몬 변화가 여성의 신체적 심리적 변화를 유발한다. 평상시보다 과도한 피로나 우울감, 불안을 호소하고, 감정의 기복이 심해져 작은 일에도 슬퍼하거나 화를 내기도 한다. 그런 과한 반응으로 가까운 사람들과 갈등을 일으키기도 하며, 흔히 배우자가 그런 상대가 되는 경우가 많다. 문제는 그런 감정 조절을 못해 말썽을 일으키는 자신이 싫어질 뿐 아니라, 자신이 원하지 않는 그런 과도한 반응이 왜 오는지 모르기 때문에 더 자괴감에 빠지기도 한다. 그러므로 이때의 감정 변화를 잘 이해하고 위해 줄 필요가 있다. 한 달의 반은 그저 무조건 져준다고 생각하고 들어주는 게 좋다. 그렇지 않고 가까운 가족이 아내나 딸의 변화를 이해하지 못하고 다툼이 되면 심리적으로 불안정한 아픈 사람과 싸우는 것과 같으니 나중에 후회하게 된다. 이후 구절을 이런 연약한 감정 변화를 이해하라는 뜻으로 해석해도 좋을 것이다. 그러나 반면, 이러한 생리적 변화를 겪으므로 우주 변화(달의 변화와 생리적 변화는 일치한다)를 몸으로 직접 감지하는 감성적 능력이 뛰어난 것이고, 또한 자신의 몸으로 새로운 생명을 창조(?)하는 지극한 고통과 희열을 체험하는 것은 다른 생명과의 이해와 연결을 본능적으로 수월하게 만드는 이점이기도 할 것이다. 다만 이러한 여성의 특징을 마치 큰 결함이 있는 것처럼 여겨(female이라는 대명사 자체가 male에서 무엇인가 부족한 존재라는 의미), 여성의 사회적 역할을 제한해 온 것이 선천 시대 관습이었다. 생리 중인 여성은 부정 탄 존재라고 치부하는 관념은 어느 사회에나 아직도 조금씩 남아 있다. 여기엔 남성 위주 권력 구조를 유지하기 위한 음모가 내재되어 있음을 간과해선 안될 것이다.(부인수도 각주 참조) 후천 세상에선 이런 편견과 선입견을 버리고 모든 것을 객관적으로 대해야 할 것이다.

4. 부인에게 절하기

예전 정원포 도정(천도교 연원회 직함) 월산 김승복 선생은 수련을 많이 하시고 제자도 많이 길러내신 분이다. 광복 후 한국전쟁 전 젊어서 중병에 걸려 의사에게 시한부 판정을 받고 죽음을 기다리다 천도교를 만나 입교하게 되었다. 평생 진리를 찾아 헤매고 고생하다 죽을병에 걸렸는데, 진리를 찾았으니 더 원은 없다. 죽기 전에 주문 외우고 기도하다가 죽어야 되겠다 하는 마음으로(병이 낫거나 득도하려는 목적이 아닌) 관도리라는 무인도에 들어가 주문을 외면서, 오히려 죽음이 아닌 강령과 영부를 받고 병이 낫게 되었다. 죽을 목숨이 살아났으니 이후의 삶을 한울님과 교회를 위해 바치기로 마음먹고, 진리를 공부하고 수련하느라 결혼 생각 없이 지냈는데, 대신사를 비롯한 삼세 스승님이 모두 가정을 이루고 삶 속에서 도를 행하신 것에 느끼어 40이 넘어 결혼을 하게 되었다. 특히 대신사님이 구도한다고 주유천하하며 처자를 돌보지 않다가, 36세 되시면서 처갓집에 맡겼던 처자를 거느리고 용담으로 돌아 온 뒤에야 도를 깨우치신 것에 가장 크게 느꼈다고 한다.

그런데 그 신부감이 독실한 기독교인이었다. 수련을 많이 한 월산 선생은 아무리 독실한 기독교인이라도 하나의 진리임을 가르치고 감화하여 천도교인으로 포덕하고 가도화순할 자신이 있었기에 결혼 전에 함께 신앙생활할 것을 다짐받고 결혼하였다.

그러나 결혼 첫날부터 청수모시고 저녁기도식 하는 것을 미신이라 하여 거부하는 등, 쉽지 않은 갈등이 시작되는데 설명하고, 설득하고, 애원하고, 어르고, 겁박도 해보는 등 갖은 노력을 다해도 포덕감화가 되지 않았다. 다만 한 가지 신사님 말씀에 부인에게 절하라는 구절이 있었지만 당신이 부인보다 나이도 더 많고, 지식이 더 많은 것은 물론 수련도 더 많이 했는데 절하지 않고도 감화할 수 있으리라는 자신감에 시도할 생각도 하지 않았다.

그렇게 고생과 갈등이 지속된 지 어언 10여 년. 드디어 부인에게 절할 결심을 굳히고, 술을 잔뜩 마시고 들어와 부인을 앉혀놓고 절을 하니, 부인이 질겁하며 내빼는 게 아닌가. 진심으로 절을 해야 하는데 술기운을 빌어 절을 하려하니 한울님이 거부하시는 거라는 생각이 들어, 다음번엔 맨정신으로 들어와서 절을 하는데 돌아앉아 외면을 하시더란다. 곰곰이 생각하니 술을 마시지는 않았지만, 진정 존경하고 한울님 모신 분에 대해 절하는 게 아니라, 난 한울님 모셨지만 부인은 시천주를 모르지 하는 차별심이 남아 있었구나 하는 걸 깨달았다. 그래서 다음날 깊이 참회하고, '한울님 모신 것은 모든 만물이 똑같은데, 모심을 알고 모르는 것은 행하는데 다를 뿐 모신 것에는 차이가 없다. 진심으로 한울님에게 절하듯이 해야겠다'고 다짐하고 들어오니, 이미 마주 앉아 대하는 자세가 다르고 정성을 다해 절하니 바로 앉

아 맞절을 하며 그날부터 화합이 되었다고 한다.(포덕143년 화악산수도원 강의 녹취록에서)

다른 사람을 대할 때 내 자존심을 다 버리고 한울님을 대하듯 공경하면 진심이 통할 수 있다. 그러나 실제 행하기는 쉬운 일이 아니다. 더구나 그 상대가 늘 쉽게 대하던 부인과 가족 또는 아랫사람이라면. 부인에게 절하는 것은 정성을 다해 감화를 시도하는 것이다. 포덕128년 판 경전에는 이 구절 뒤에 추가 구절이 수록되어 있었다. "종불입화자(終不入化者)는 출지가야(出之可也)니라." 즉 정성을 다하여 감화하여도 종내 화하지 못 할 경우에는 갈라설 수 있다는 것이다.

전통의 유교적 관습에선 삼종지도라 하여 어떤 경우에도 부인은 남편과 시댁과 자식에게 순종하고 희생하도록 강요하여 왔지만, 동학에서는 어느 한쪽 배우자가 상대방의 정성어린 감화에도 화합하지 못할 경우엔 이혼을 용인하는 것이다. 물론 그 경우에도 전제가 되어야 할 것은 진심으로 마음을 다하고 정성을 다했는지(盡心盡誠) 한울님께 고하고 정하여야 할 것이다.

이혼이 드물지 않는 시대다. 맞지 않더라도 서로를 배려하며 위하며 사는 것이 함께 사는 기본이지만, 그것이 일방의 희생을 요구하는 것이어선 안 된다. 사랑과 정성에도 개선되지 않는 관계라면 그 속에서 모든 가족에게 상처를 계속 주기보다 새로운 관계를 시작하는 것이 나을 것이다.

아직 스승님 법설들이 발굴되어도 경전에 실리지 못한 부분들이 있다. 그것은 스승님의 말씀인지 위작인지의 진위 여부를 문헌 비평과 고증 등을 통해 엄밀히 확인해야 하는 어려운 작업이기도 하다. 이 부분도 논란의 소지가 있다 하여 누락된 것으로 보인다. 그러나 전체적인 맥락에선 이 부분이 있어야 결론이 명확해지지 않을까 생각된다.

十八. 婦人修道 부인수도

18-1. 問曰「吾道之內 婦人修道獎勵 是何故也」神師曰「婦人 家之主也 爲飮食 製衣服 育嬰兒 待賓 奉祀之役 婦人 堪當矣 主婦 若無誠而 俱食則 天必不感應 無誠而育兒則 兒必不充實 婦人修道 吾道之大本也 自此以後 婦人道通者 多出矣 此 一男九女而比之運也 過去之時 婦人壓迫 當今此運 婦人道通活人者 亦多矣 此 人皆是 母之胞胎中 生長者如也」

묻기를 「우리 도 안에서 부인 수도를 장려하는 것은 무슨 연고입니까.」 신사 대답하시기를 「부인은 한 집안의 주인이니라. 음식을 만들고, 의복을 짓고, 아이를 기르고, 손님을 대접하고, 제사를 받드는 일을 부인이 감당하니1, 주부가 만일 정성 없이 음식을 갖추면 한울이 반드시 감응치 아니하는 것이요, 정성 없이 아이를 기르면 아이가 반드시 충실치 못하나니2, 부인 수도는 우리 도의 근본이니라. 이제로부터 부인 도통이 많이 나리라. 이것은 일남구녀를 비한 운이니, 지난 때에는 부인을 압박하였으나 지금 이 운을 당하여서는 부인 도통으로 사람 살리는 이가 많으리니, 이것은 사람이 다 어머니의 포태 속에서 나서 자라는 것과 같으니라.3」

---

1 부인의 일은, 부화부순 공부하기 참조.
2 정성껏 준비한 음식이 아닌 패스트푸드에 길들여진 아이들은 비만과 아토피 등 고질병으로 고통받는다. 아이를 기르고 교육하는 것도 요즘은 부모가 아닌 학원 선생 몫이 되었다. 학원들을 순례하며 자란 아이는 시험 성적은 좋을지 모르지만 자기 부모의 고마움을 알고 사회에 대한 다양하고 건강한 시각을 갖추며 자랄 수 있을까?
3 일남구녀의 운은 부인수도 공부하기 참조.

<부인수도 공부하기>

1. 일남구녀의 운

전쟁 등으로 싸움이 많아지고 물리적인 힘이 권력 장악의 핵심 수단이 되기 전의 평화로운 원시 사회는 모계사회였을 것으로 추정한다. 현재도 중국 운남성 모쒀족 같은 소수민족에게 모계사회 전통이 남아 있다. 생물학적으로도 여성은 임신과 출산을 통해 자신의 유전자를 확실히 남길 수 있지만 남성은 배우자를 24시간 감시하지 않는 한 자신의 유전자를 확실히 남기기 어렵다. 유전적으로도 X 염색체가 둘인 여성이 하나인 남성에 비해 질병이 적고 유전적으로 안정된 존재이며 남성의 y 염색체 자체는 X 염색체에서 분화되어 수백만 년에 걸쳐 쇠퇴해 흔적처럼 남은 것임이 밝혀지고 있다. 사회학적으로도 충동적인 남성이 여성에 비해 사고가 훨씬 많고, 지능도 여성이 평균에 모여 있는 반면 남성은 극단에 더 많이 분포한다고 한다. 세상을 바꾸는 소수의 천재는 남성일 수 있지만 소소한 일상을 유지하는 삶의 근원은 오히려 여성인 것이다. 이런 여러 가지 요인들이 인류 초기 사회가 모계사회였음을 추론하게 한다.

그러나 사회가 복잡해지고 남성의 힘이 필요한 경우가 많아지면서(사냥과 전쟁 같은) 무력을 바탕으로 한 권력이 남성에게 넘어가게 된다. 그러므로 권력이 남성에게 넘어간 뒤에, 이러한 부계사회에선 생물학적으로 자연스러운 모계사회로 다시 넘어가는 것을 막기 위한 다양한 여성 억압의 제도가 만들어지는데 대표적인 것이 유대교-기독교-이슬람교로 대표되는 유일신 종교다. 이들 유일신 종교들의 신은 남성이며 신을 섬기는 사제도 여성은 될 수 없다. 모계사회가 다양한 여신들과 남신들이 인정되는 반면 부계사회의 일신교에선 다른 신을 용납하지 않는다. 모계사회가 이미지와 감성을 중시한다면 부계사회는 문자와 이데올로기가 지배한다.

　　다신교인 그리스로마 시대가 수많은 신상과 예술 작품들로 상징된다면, 기독교 공인 이후의 로마와 중세는 우상 파괴(지금 남아 있는 조각상들은 중세의 광적인 파괴를 간신히 모면한 것들이라 부분적으로 손상된 것들이 많다. 또한 단군상의 목을 자르는 것도 같은 맥락)와 이단 공격, 이민족 분리로 상징되는 이유가 그것이다. 남성적이고 권력 지향적인 문화가 지배하는 동안의 세상은 전쟁과 경쟁으로 대변되는 각자위심의 시대였다. 새로운 후천의 문명은 남성적 이데올로기에 의해 의도적으로 억눌려 왔던 여성성의 회복이고, 새로운 모계사회의 도래이다. 죽임의 문명에서 살림의 문명으로의 전환이다. 이미 그런 변화들이 사회 곳곳에서 나타나고 있다. 따라서 남성 한 명에 여성 아홉 명이 도통할 것이며 그로써 사람 살리는 이가 많을 것이라고 하신 것이다. 원래 태극 또한 무극에서 시작되었고, 세상이 시작되기 전은 북극 일륙수뿐이었다. 원래 모든 시작이 모성에서 비롯되었고, 그것이 다시 회복되는 것이다.

十九. 向我設位 향아설위1

19-1. 神師 問曰「奉祀之時 向壁設位 可乎 向我設位 可乎」孫秉熙 答曰「向我設位可也」

신사 물으시기를 「제사 지낼 때에 벽을 향하여 위를 베푸는 것이 옳으냐 나를 향하여 위를 베푸는 것이 옳으냐.」 손병희 대답하기를 「나를 향하여 위를 베푸는 것이 옳습니다.」2

19-2. 神師曰「然矣 自此以後 向我設位 可也 然則 奉祀之物 準備時 或有急遽 拿食則 再備奉祀可乎 其然奉祀可乎」孫天民 答曰「其然奉祀可也」

신사 말씀하시기를 「그러하니라. 이제부터는 나를 향하여 위를 베푸는 것이 옳으니라. 그러면 제물을 차릴 때에 혹 급하게 집어 먹었다면, 다시 차려서 제사를 지내는 것이 옳겠느냐 그대로 지내도 옳겠느냐.」 손천민이 대답하기를 「그대로 제사를 지내는 것이 옳겠습니다.」3

19-3. 神師曰「爾等 每食告之時 天主 感應之情 有時見乎」金演國 答曰「未見也」

신사 말씀하시기를 「너희들은 매번 식고할 때에 한울님 감응하시는 정을 본 때가 있느냐.」 김연국이 대답하기를 「보지 못하였습니다.」4

---

1 향아설위는 기존의 제사 관습뿐 아니라 세상을 바라보는 관점을 송두리째 뒤바꾼 법설이다. 그것은 한울님이 밖이 아닌 내게 모셔져 있기 때문에 가능한 것으로, 그러므로 향아설위는 시천주의 또 다른 설명이다.

2 제사와 향아설위는 향아설위 공부하기 참조.

3 한울을 위한 제물은 누가 먹는가? 한울을 모신 사람이 먹는다. 그러나 제사는 기도요 정성이다. 기도와 정성이 없이 준비한다면 감응이 없을 것이다. 과거에는 제물을 먼저 먹다 경을 친 경우가 종종 있었고 귀신의 노여움으로 재앙을 입었다고 한 전설도 많이 전한다. 이 모두 귀신이 따로 있다고 여겼기 때문에 생긴 일이다.

4 해월 선생의 세 수제자가 松菴, 龜菴, 義菴이다. 이 중 송암 손천민은 해월 선생 순도 후 순도하셨

19-4. 神師曰「然則 天主 不感應之情 或有見乎 人皆以侍天主之靈氣 生活者
也 人之欲食之念 卽天主感應之心也 欲食之氣卽 天主感應之氣也 人之甘食
是天主感應之情也 人之無欲食之念 是天主不感應之理也 人有侍天主之靈氣
則 生者也 不然則 死者也 屍體之口而 奠一匙飯以待之 不能食 一粒之飯 此天
主旣離於 人之體內也 故 不能發 食念食氣也 此 天主不能感應之理也」

신사 말씀하시기를 「그러면 한울님께서 감응하시지 않는 정은 혹 본 일이
있느냐. 사람은 다 모신 한울님의 영기로 사는 것이니, 사람의 먹고 싶어 하
는 생각이 곧 한울님이 감응하시는 마음이요, 먹고 싶은 기운이 곧 한울님
이 감응하시는 기운이요, 사람이 맛나게 먹는 것이 이것이 한울님이 감응하
시는 정이요, 사람이 먹고 싶은 생각이 없는 것이 바로 한울님이 감응하시
지 않는 이치니라. 사람이 모신 한울님의 영기가 있으면 산 것이요, 그렇지
아니하면 죽은 것이니라. 죽은 사람 입에 한 숟갈 밥을 드리고 기다려도 능
히 한 알 밥이라도 먹지 못하는 것이니 이는 한울님이 이미 사람의 몸 안에
서 떠난 것이니라.5 그러므로 능히 먹을 생각과 먹을 기운을 내지 못하는
것이니, 이것은 한울님이 능히 감응하시지 않는 이치니라.」6

고, 구암 김연국은 후에 이용구 일파의 유혹으로 시천교로 가서 대례사를 지낸다. 여기 인용된 문
답을 보아 아직 선천의 관념을 완전히 떨쳐버리지 못한 것으로 보인다.

5 사람을 구성하는 원소와 기운이 천지와 소통(내유신령과 외유기화)하면 산 것이지만 단절되면
죽은 것이다. 죽으면 사람을 움직이던 기는 우주 공간에 흩어져 허령과 하나가 되고, 몸을 구성하
는 원소는 다른 한울(미생물, 흙, 물, 등)의 원소가 된다.

6 한울님 감응이 무엇인지 명쾌하게 설명한다. 도를 수행함은 비상한 능력을 가지기 위함이 아니
다. 일상 중에 늘 베풀어지는 한울님 간섭을 깨닫고 그에 감사하며 바른 삶을 살기 위함에 다름
아닌 것이다. 수행을 꾸준히 하면 자신의 능력을 넘어선 한울님 능력을 쓸 수 있는 신통력이 생기
지만 이는 큰 일이 아니라고 분명히 밝히셨다. 해월 선생의 위대함은 당신이 지극한 수행을 통해
일상을 뛰어넘는 이적을 만드신 것이 아니라, 우리의 평범한 일상을 모두가 한울님의 신령한 간
섭이요 감응으로 확장하고 재해석해 낸 데 있다. "내가 독실히 공부할 때에…조화를 썼으나 지금
은 조금도 돌아보지 않고 끊었노라. 원래 이것들은 다 작은 일이요 결코 대도의 바른 도리가 아니
니라…도는 높고 멀어 행하기 어려운 곳에 있는 것이 아니라 일용행사가 다 도 아님이 없나
니…."(해월신사법설, 기타) "내 항상 말할 때 한울님 말씀을 이야기하였으나 한울님 말씀이 어
찌 따로 있으리오…한울님 말씀은…사람의 사사로운 욕심과 감정으로 생기는 것이 아니요, 공변
된 진리와 한울님 마음에서 나오는 것을 가리킴이니, 말이 이치에 합하고 도에 통한다 하면 어느

19-5. 又曰「奉祀之時 幾代先祖奉祀乎」 金演國 答曰「普通 四代祖奉祀而 以上則 每年 春秋時享而已」

또 말씀하시기를 「제사 지낼 때에 몇 대조까지 제사를 받드느냐.」 김연국이 대답하기를 「보통 사대조까지 제사를 받들고 그 이상은 매년 봄과 가을에 시향을 베풀 따름입니다.」[7]

19-6. 又曰「時享 爲幾代祖乎」 答曰「不過 二十代內外而 以上則不知也」

또 말씀하시기를 「시향은 몇 대조까지 하느냐.」 대답하기를 「이십대 안팎을 지나지 아니하오며 그 이상은 알 수 없습니다.」[8]

19-7. 神師曰「遡及於二十代 或三十代則 必有始祖矣 始祖之靈 不奉乎 人皆 有父母矣 自父母而 遡及於始祖則 始祖 孰能産耶 自古以來 天生萬民云 始祖 之父母 是天主也 是故 侍天奉天 卽奉始祖也 父母奉祀之時 致以極誠而 可當 也 時間 午正以施爲可也」

신사 말씀하시기를 「이십 대나 삼십 대를 거슬러 올라가면 반드시 첫 조상 이 있으리니 첫 조상의 영은 받들지 않느냐. 사람은 다 부모가 있으리니 부 모로부터 처음 할아버지에게 거슬러 올라가면 첫 할아버지는 누가 능히 낳 았겠느냐. 예로부터 한울이 만백성을 낳았다 말하나니, 첫 할아버지의 부모 는 한울님이시니라. 그러므로 한울을 모시고 한울을 받드는 것은 곧 첫 할

것이 한울님 말씀 아님이 있겠느냐."(해월신사법설, 天語)

7 제사는 귀신과 통하여 가르침을 받기 위함이었다. 그러므로 봉건시대에는 일반 백성은 제사 지낼 수 없었고 사대부 이상도 그 대상이 엄격히 제한 되었다. 천자(황제)는 봉천(하늘)제사, 제후(왕) 는 사직(땅)에 제사, 조선 초기 1품 이상은 3대 봉사, 7품 이상은 2대 봉사, 일반 서민은 부모 제 사만 지내다 중기 이후 사회와 신분제가 혼란해지며 4대 봉사. 국가에 공이 있는 조상의 경우 후 손들이 계속 제사 지내는 것을 인정하는 불천위 제사가 생겨났다.

8 제사는 몇 대조까지 하는 것이 옳은가? 이미 조상의 영과 한울과 나의 심령이 하나임을 밝히셨 으므로 매사에 심고 드리고, 매 끼니에 식고 드리는 것이 제사가 되는 것이다. 다만 자신이 생전 에 뵈었던 부모나 조부모의 제사는 가족들이 같이 모여 별도의 제례를 지내는 것도 좋을 것이다.

아버지를 받드는 것이니 부모의 제사를 지낼 때에 지극한 정성을 다하는 것
이 마땅하며, 시간은 정오에 베푸는 것이 옳으니라.」[9]

19-8. 任奎鎬 問曰 「向我設位之理 是何故也」 神師曰 「我之父母 自始祖以至
於幾萬代 繼承血氣而至我也 又父母之心靈 自天主 幾萬代繼承而 至我也 父
母之死後血氣 存遺於我也 心靈與精神 存遺於我也 故 奉祀設位 爲其子孫而
本位也 平時食事樣 設位以後 致極誠心告 父母生存時敎訓 遺業之情 思而誓
之可也」

임규호 묻기를 「나를 향하여 위를 베푸는 이치는 어떤 연고입니까.」

신사 대답하시기를 「나의 부모는 첫 조상으로부터 몇 만 대에 이르도록 혈
기를 계승하여 나에게 이른 것이요, 또 부모의 심령은 한울님으로부터 몇 만
대를 이어 나에게 이른 것이니 부모가 죽은 뒤에도 혈기는 나에게 남아 있는
것이요, 심령과 정신도 나에게 남아 있는 것이니라. 그러므로 제사를 받들고
위를 베푸는 것은 그 자손을 위하는 것이 본위이니, 평상시에 식사를 하듯이
위를 베푼 뒤에 지극한 정성을 다하여 심고하고, 부모가 살아 계실 때의 교훈
과 남기신 사업의 뜻을 생각하면서 맹세하는 것이 옳으니라.」[10]

19-9. 房時學 問曰 「奉祀之時 拜禮如何乎」 神師曰 「以心爲拜可也」
방시학이 묻기를 「제사 지낼 때에 절하는 예는 어떻게 합니까.」

---

9 나에게 생명을 주신 분은 누구인가? 한울님과 조상님께 감사하는 마음으로 기원하면 그것이 곧
　제사가 되는 것이다. 선천 제사는 죽은 귀신(혼령)에게 올리는 것이므로 음이 가장 성한 밤에 지
　냈다. 그러나 그 영이란 한울님 지기에 다름이 아니요, 한울님 지기는 살아 있는 생명에 가장 잘
　드러나 있다. 생명이 가장 활발한 시간은 한낮 정오이니 후천의 제는 생명을 감사하고 기리는 축
　제인 것이다.
10 당시는 유학의 가르침이 뿌리 깊던 사회였다. 생각은 바뀌어도 관습을 바꾸는 것은 또 다른 노
　력과 결단이 필요하다. 지금도 도가집이 아니라면, 유서 깊은 집안에서 제법을 바꾸기가 어려울
　텐데 해월 선생 당시는 개벽하는 심정이 아니면 어려웠으리라.

신사 대답하시기를 「마음으로써 절하는 것이 옳으니라.」11

19-10. 又問曰「祭需喪服 如何可也」神師曰「萬般陳需 非爲精誠 但淸水一器 極誠致誠 可也 祭需之時 莫論價格之高廉 莫論物品之多寡 臨致祭之期 勿見凶色 勿聽淫聲 勿發惡言 勿爲爭論爭奪 若然之則 不致祭而 亦可也 不要屈巾祭服 以常平服而 至誠可也 父母死後 着屈巾祭服而 忘其父母之意 出入於酒色雜技之場則 豈可謂致誠也哉」

또 묻기를 「제물 차리는 것과 상복은 어떻게 하는 것이 옳습니까.」

  신사 대답하시기를 「만 가지를 차리어 벌려 놓는 것이 정성이 되는 것이 아니요, 다만 청수 한 그릇이라도 지극한 정성을 다하는 것이 옳으니라. 제물을 차릴 때에 값이 비싸고 싼 것을 말하지 말고, 물품이 많고 적은 것을 말하지 말라. 제사지낼 시기에 이르러 흉한 빛을 보지 말고, 음란한 소리를 듣지 말고, 나쁜 말을 하지 말고, 서로 다투고 물건 빼앗기를 하지 말라. 만일 그렇게 하면 제사를 지내지 않는 것이 옳으니라. 굴건과 제복이 필요치 않고 평상시에 입던 옷을 입더라도 지극한 정성이 옳으니라. 부모가 돌아가신 뒤에 굴건을 쓰고 제복을 입고라도, 그 부모의 뜻을 잊어버리고 주색과 잡기판에 나들면, 어찌 가히 정성을 다했다고 말하겠는가.」12

19-11. 趙在壁 問曰「喪期 如何而可也」神師曰「心喪百年 可也 天地父母爲

---

11 절이란 예부터 자존심을 버리고 마음을 비우는 중요하고 효과적인 수행법이었다. 수운 선생도 득도 전 하루 수백 번 절을 하며 수행하느라 옷의 무릎 있는 부위가 쉬 해어지곤 했다는 수양딸의 증언이 남아 있고, 교인들 간에 지위고하를 막론하고 맞절 하는 것은 엄격한 신분제 사회였던 조선시대부터 동학의 특징이었다. 이러한 신분에 관계없이 한울님 모신 존재로 맞절하는 것에 감명 받아 입도하는 사람도 많았는데 그중 한 사람이 김창수(김구)였다. 그러나 제사 때 절하는 것은 벽에 귀신을 상정하고 하는 것이니, 향아설위와는 맞지 않는 것이다. 그렇기 때문에 마음으로 절하라고 하신 것이다.

12 제사의 형식과 정성에 대해 향아설위 공부하기 참조.

之食告曰 心喪百年 人之居生時 不忘父母之念 此是 永世不忘也 天地父母 四
字守之 謂其 萬古事蹟 分明也」

조재벽이 묻기를 「상기는 어떻게 하는 것이 옳습니까.」

　신사 대답하시기를 「마음으로 백년상이 옳으니라. 천지부모를 위하는 식
고가 마음의 백년상이니, 사람이 살아 있을 때에 부모의 생각을 잊지 않는
것이 영세불망이요, 천지부모 네 글자를 지키는 것이 만고사적 분명하다라
고 말하는 것이니라.」[13]

〈향아설위 공부하기〉

1. 제사와 향아설위

전통 사회의 모습을 지탱하던 윤리의 축이 바로 '제사'다. 가족 제사를 통해
한 조상의 자손이라는 가족 간의 혈연공동체를 확인하고, 마을마다 있었던
동제를 통해 같은 산과 강 등의 생활 터전에서 살아가는 생활 공동체를 확
인했으며, 나라에서도 사직에 제사를 지내 민족의 시조와 하늘에 대한 민족
공동체를 확인하였다. 따라서 고래로 유난히 제사가 많았던 우리 민족의 모
습은 중국 역사서에조차 제사를 공동체의 축제로 치러내는 기록이 전해진
다. 제사를 주관하는 사람이 집안에선 가장 큰 어른으로, 마을과 국가에선
정신적 구심점으로, 정치가 복잡해지면서 역할이 나뉘기 전까지는 정치적
인 수장 역할까지도 해 냈던 것이다.

　그러나 그때까지의 제사 모습은 벽을 향해 위를 베풀고 절하는, 나와 조
상, 나와 세상, 나와 우주, 나와 한울을 따로 놓고 보던 선천 관념과 삶을 대

---

13 이렇게 해서 천도교인들에게 매끼니 드리는 식고는 한울님께 드리는 제사가 된다. 음식은 내유
　신령을 살리는 한울님의 외유기화요, 감사하는 심고를 드림은 한울님께 도로 먹이는 것이다.

변하는 모습이었다. 나와 세상을 따로 보았기에 각자위심하게 되었고, 나와 우주를 따로 보았기에 내가 버리고 더럽힌 땅과 하늘과 물이 그대로 나에게 되돌아옴을 몰랐으며, 나와 한울을 따로 보았기에 스스로의 마음은 닦지 않고 천년만년 기원만 한 것이다.

선천 시대의 이러한 모순들은 시천주 심법을 통해 일거에 해소되는 혁명적 전환을 하게 된다. 제사 지낼 때 나를 향해 위를 설함은 곧 나 자신이 조상의 영과 하나가 되어 제 밥을 받는 것임을 뜻한다. 조상의 영은 곧 우주에 가득한 한울님의 무궁한 지기이므로 우리가 모시고 있는 영기와 하나인 것이다. "신사께서 사람이 곧 한울인 심법을 받으시고 향아설위의 제법을 정하시니 이것은 우주의 정신이 곧 억조의 정신인 것을 표명하심과 아울러 다시 억조의 정신이 곧 내 한 개체의 정신인 것을 밝게 정하신 것이니라."(의암성사법설, 성령출세설) 그러므로 내가 평소 식사하듯 위를 설하고 평소 먹듯이 먹으면 나를 통하여 조상의 영이, 한울님 영기가 먹게 되는 것이다. 벽에 오시는 줄 알았던 조상의 영이 나와 하나임을 아니까 향아설위가 되는 것이고, 나와 다른 사람들이 모두 한울님을 모신 신령한 존재임을 알므로 각자위심을 버리고 이타심, 공화심이 자연히 생길 것이고, 내가 딛고 있는 땅과 숨 쉬는 공기 마시는 물이 곧 한울님 살과 숨과 피임을 알면 환경오염의 숙제는 저절로 풀리게 될 것이다.

또한 과거 봉건시대에는 신에게 기도(제사) 하는 것조차 아무나 할 수 없었다. 오직 임금(권력자)만이 신에게 기도하고 그 뜻을 대리해서 무지한 백성들을 통치하는 정통성을 확보했던 것이다. 이렇듯 제사 또한 권력과 관련이 있으니, 집안에선 부녀자와 아이는 제사에 참여할 자격을 주지 않고 성인 남자, 그중에서도 직계손이 주관하도록 해서 조상의 정통성을 독점했고, 나라에서는 임금이 그것을 독점했다. 독점하는 것은 그만한 이익이 보장되기 때문이다.

그런데, 누구나 한울을 모시고 있으므로 누구나 한울님께 기도할 수 있고 (성직 독점 타파) 또한 누구나 조상의 영기를 잇고 있으므로 제사를 모실 수 있으며(제사-권력 독점 타파), 결국 그 주체가 나라는 '향아설위'로 뒤집은 것은 그러한 제사 독점, 권력 독점의 구조를 일거에 무너뜨린 쾌거다.

이를 호도하고 조상의 영과 영혼의 세계를 조작함은 그만한 이익이 걸려 있기 때문일 것이다. 조상의 영과 자손을 이어주는 '사업'을 독점하는 종교가 있다면 그 얼마나 수지가 맞겠는가? 들리는 바에 의하면 그러한 '사업'으로 이미 치부를 하는 종교가 있거니와 이는 우리가 깨쳐 나가야 할(개벽해야 할) 미몽일 따름이다.

2. 제사의 형식과 정성

현대에도 명절 증후군이란 말이 있을 정도로 제사를 준비하는 것은 큰일이고 스트레스다. 그러나 제사는 한울님과 조상의 은덕으로 생명을 이어받은 것을 감사하는 축제여야 한다. 즐겁고 감사하는 마음이 아니라면 겉치레의 형식은 아무리 호화로워도 감응하지 않을 것이다. 멀리 떨어져 있던 가족들이 반갑게 모여 감사할 수 있다면 청수 한 그릇이라도 족할 것이다. 다만 제사(기도) 후에 함께 먹거리를 나누어 준비해 오고 그것을 같이 나누어 먹는다면 진정한 의미의 축제가 될 수 있을 것이다. 귀신에 절하는 것이 아니라면 준비한 먹거리를 청수와 함께 설하고 자신을 낮추는 기도로서 절하는 것도 무방하겠다.

또 하나. 제사는 언제부터 제사인가? 기도하고 절하는 것만 제사인가? 제사를 준비하느라 목욕재계하고 음식 재료 준비하며 삼가는 때부터 제사인가? 내용이 형식보다 중요하겠지만 형식이 내용을 담아내기도 한다. 예를 들어 제사에 대한 의미를 잘 모르던 사람이 제사 며칠 전부터 몸가짐을 삼가고 몸을 깨끗이 하며 고인이 즐기던 음식 등을 준비하면서, 그 과정 자체가 제사를 지낼 마음을 준비하고 닦는 수양이 될 수 있다. 그런 것이 또한 문화가 되기도 한다.

제사의 의미를 전혀 모르는 사람이 너무 간단한 의식만을 지내면 형식적 겉치레가 되기 쉬울 수 있다. 제사뿐이겠는가? 종교적 의식도 사회적 예절도 마찬가지다. 형식에 지나치게 얽매여서도 안 되겠지만 필요한 의식을 지나치게 생략하거나 무시해서도 곤란하다. 육신이 있는 동안은 사회적 활동에 필요한 재물과 형식 등이 필요할 수 있다. 이와 관련된 성사님 말씀을 살펴보면,

"성령의 중함이 육신에 비할 바 아니나 다만 절충하기 어려우니, 하등 사람은 성령으로써 육신을 거느리지 못하여 성령의 생맥生脈이 육신에 미칠 뿐이요, 중등 사람은 성령과 육신을 평등으로 대우하여 성령 범위에 있는 덕의德義와 육신 범위에 있는 이익을 항상 아울러 취할 사상이 있으며, 상등 사람은 육신 관계보다 성령을 중히 여김이 육칠 분에 지나는 고로, 덕의와 이익을 함께 놓고 자의대로 취하라 하면 항상 덕의를 취하며, 상등에 지난 사람은 성령의 밝고 신통한 보부寶符로 인간 업장業場에 허비할 생각이 적어 항상 유유탕탕히 세상 밖에 오유遨遊하니, 정도는 비록 높으나 인족 사회에 벗어진 사람이라 가히 법法받지 아니할지오. 다만 상등 사람의 지조를 표준하여 육신의 일평생을 지내면 사회가 자연히 문명하리니, 문명은 우리 교회의 목적이니라."(의암성사법설, 현기문답)

한마디로 도통한 사람은 모든 형식이 필요없지만 성현의 가르침을 수시로 잊는 범인들은 여러 가지 장치의 도움이 필요한 것이다.

二十. 用時用活용시용활[1]

대저 道는 用時用活하는 데 있나니 때와 짝하여 나아가지 못하면 이는 死物과 다름이 없으리라. 하물며 우리 道는 五萬年의 未來를 表準함에 있어, 앞서 때를 짓고 때를 쓰지 아니하면 안 될 것은 先師의 가르치신 바라, 그러므로 내 이 뜻을 後世 萬代에 보이기 爲하여 特別히 내 이름을 고쳐 盟誓코자 하노라.

대저 도는 때를 쓰고 활용하는 데 있나니 때와 짝하여 나아가지 못하면 이는 죽은 물건과 다름이 없으리라.[2] 하물며 우리 도는 오만년의 미래를 표준함에 있어, 앞서 때를 짓고 때를 쓰지 아니하면 안 될 것은 돌아가신 스승님께서 가르치신 바라. 그러므로 내 이 뜻을 후세 만대에 보이기 위하여 특별히 내 이름을 고쳐 맹세코자 하노라.[3]

---

1 포덕16년(1875) 10월 28일 정선에서 수운 선생 誕辰享禮式을 행한 후 제자들에게 하신 말씀. 이때 해월 선생의 이름 慶翔을 時亨으로, 姜洙를 時元으로, 劉寅常을 時憲으로, 그 외 동석했던 10여 인을 時 字를 넣어 개명케 하셨다.(조기주, 동학의 원류, 115쪽)

2 수운 선생 말씀은 수운 선생 당시에 가장 큰 영향력과 호소력이 있었을 것이다. 해월 선생 때는 해월의 말씀이, 의암 선생 시절엔 의암의 말씀이 그러했을 것이다. 오늘은 스승님 당시와는 생활환경이나 사람들의 고민이 모두 다르다. 그러나 본질적인 물음은 또한 같을 것이다. 여기 용시용활의 뜻이 있다. 오늘을 사는 우리는 스승님들의 가르침을 오늘 우리사회의 고민에 대입하여 오늘 우리 자신의 언어로 풀어내야 한다. 그것이 나와 우리에게 가장 큰 호소력이 있을 것이므로. 기독교 성경과 불경의 성립 과정은 끊임없는 제자들의 재해석이 모여 이루어졌다. 무극대도의 진리는 밝혀졌으되 그 가르침이 살아 있으려면 그것이 설교가 되었건, 시나 소설 수필이 되었건, 산 사람의 체험과 언어로 계속 표현되어야 한다.

3 "세상 만물이 나타나는 때가 있고 쓰는 때가 있으니, 달밤 삼경에는 만물이 다 고요하고, 해가 동쪽에 솟으면 모든 생령이 다 움직이고, 새 것과 낡은 것이 변천함에 천하가 다 움직이는 것이니라. 동풍에 화생하여도 금풍(서풍)이 아니면 이루지 못하나니 금풍이 불 때에 만물이 결실하느니라."(해월신사법설, 개벽운수) 때란 命이다. 나아가 일할 때가 있고 물러가 쉴 때가 있다. 해야 할 때 해야 할 일을 하지 않으면 한울의 운과 감응을 받지 못한다. 나의 오늘은 무엇을 할 때인가? 오늘의 세상은 무엇을 해야 하는가? 나의 평생은 무엇을 해야 하는가? 스승님 당시가 낡은 질서를 개혁할 반외세 반봉건의 시대였고, 1980년대까지 민주화가 큰 흐름이었다면, 오늘의 세상은 무엇을 향해 노력해야 하는가? 무엇을 할 때인가?

<용시용활 공부하기>

1. 생명과 시간

원래 생명은 주변 환경과 시간이 연동되어 있다. 야행성의 동물은 낮에 쉬거나 자고 밤에 활동을 하지만, 사람은 낮에 일하고 밤에 쉰다. 그것은 하루의 낮과 밤, 즉 해와 달의 움직임과 연동된 리듬이다. 밤에 움직인다 해도 횃불이나 호롱불 등의 제한적 빛의 도움 아래 잠깐씩 하는 일이 전부였고, 1년의 주기도 마찬가지. 이것이 인류가 출현한 뒤 95% 이상의 기간 동안 채집생활하며 유지되던 생활 패턴이었다. 1년의 주기에도 씨뿌리는 시기를 놓치면 가을과 겨울에 굶어죽기 십상이었다. 그렇기 때문에 고대에는 전쟁을 할 때에도 한참 바쁜 농번기를 피하는 것이 철칙이었다.

이러한 생명의 연동이 깨지기 시작한 것이 전기를 이용한 인공적 빛의 사용이 일상화되고, 그로 인해 직업이나 개인적 습관들에서 밤낮이 뒤바뀌기 시작하면서이다. 그런 자연 시계와 개인 생체시계의 연동이 단절되면서 불면증에서 암에 이르기까지 수많은 질병이 급증하고 치료가 어려운 상황이 되었고, 건전하고 건강한 낮의 문화에 비해 비정상적으로 변이된 밤의 문화가 창궐하는 원인도 되었다. 이것이 선천 문명의 말기적 현상이요, 이를 극복하고자 나온 것이 모심의 후천문명이다. 모심이란 나와 타인, 다른 생명간의 연결을 회복하는 심법이므로, 결국 사람과 사람, 사람과 자연 간의 생체시계의 연동을 회복하는 법문이기도 하다. 과거에는 그런 생체적 동시성은 있었으되 그 모심의 우주적 의미를 모르는 '우부우민'이었지만, 새로운 개벽의 시대, 후천의 인간은 사람들과의 공감은 물론, 동물과 무생물, 그리고 달과 해와 같은 우주적 '때'의 연계와 동시성을 회복하여 우주적 생명의 주체가 되는 전혀 새로운 초인으로 등장할 것이다.

二十一. 三敬삼경[4]

21-1. 사람은 첫째로 敬天을 하지 아니치 못할지니, 이것이 先師의 創明하신 道法이라. 敬天의 原理를 모르는 사람은 眞理를 사랑할 줄 모르는 사람이니, 왜 그러냐 하면 한울은 眞理의 衷[5]을 잡은 것임으로써이다. 그러나 敬天은 결단코 虛空을 向하여 上帝를 恭敬한다는 것이 아니요, 내 마음을 恭敬함이 곧 敬天의 道를 바르게 아는 길이니, 「吾心不敬이 卽 天地不敬이라」 함은 이를 이름이었다. 사람은 敬天함으로써 自己의 永生을 알게 될 것이요, 敬天함으로써 人吾同胞 物吾同胞의 全的理諦를 깨달을 것이요, 敬天함으로써 남을 爲하여 犧牲하는 마음, 世上을 爲하여 義務를 다할 마음이 생길 수 있나니, 그러므로 敬天은 모든 眞理의 中樞를 把持함이니라.

---

4 천도교의 실천은 성경신으로 요약된다.(동경대전 좌잠, 해월신사법설 성경신 참조) 이 장에서는 그중 공경에 대한 가르침을 자세히 풀어주셨다. 해월 선생의 일생만큼 이 삼경의 가르침에 충실한 삶이 또 있을까?

5 衷 속마음, 정성스러운 마음 충.

사람은 첫째로 한울을 공경하지 아니치 못할지니, 이것이 돌아가신 스승님께서 처음 밝히신 도법이라. 한울을 공경하는 원리를 모르는 사람은 진리를 사랑할 줄 모르는 사람이니, 왜 그러냐 하면 한울은 진리의 중심을 잡은 것임으로써이다.6 그러나 한울을 공경함은 결단코 빈 공중을 향하여 상제를 공경한다는 것이 아니요, 내 마음을 공경함이 곧 한울을 공경하는 도를 바르게 아는 길이니,7 「내 마음을 공경치 않는 것이 곧 천지를 공경치 않는 것이라」8함은 이를 이름이었다.9 사람은 한울을 공경함으로써 자기의 영원한 생명을 알게 될 것이요, 한울을 공경함으로써 모든 사람과 만물이 다 나의 동포라는 전체의 진리를 깨달을 것이요, 한울을 공경함으로써 남을 위하여 희생하는 마음과 세상을 위하여 의무를 다할 마음이 생길 수 있나니,10 그러므로 한울을 공경함은 모든 진리의 중심이 되는 부분을 움켜잡는 것이니라.

21-2. 둘째는 敬人이니 敬天은 敬人의 行爲에 의지하여 事實로 그 效果가 나타나는 것이다. 敬天만 있고 敬人이 없으면 이는 農事의 理致는 알되 實地로 種子를 땅에 뿌리지 않는 行爲와 같으니, 道 닦는 자 사람을 섬기되 한울과 같이 한 後에야 처음으로 바르게 道를 實行하는 者니라. 道家에 사람이 오거든 사람이 왔다 이르지 말고 한울님이 降臨하였다 이르라 하였으니,

---

6 한울이란 무엇인가? "푸르게 위에 있어 일월성신이 걸려 있는 곳을 사람이 다 한울이라 하지마는, 나는 홀로 한울이라고 하지 않노라(해월신사법설, 천지인, 귀신, 음양) 한울은 변하지 않는 진리다. 영원한 가치다. 눈앞의 이익만을 좇거나 부정확한 감관에 휘둘린다면 진리를 모르는 자요, 한울을 모시지 못하는 자다.
7 이것이 '네 몸에 모셨으니 사근취원 하단 말가.' 하신 시천주의 뜻이요, 나를 향해 위를 설하라는 향아설위의 뜻이다.
8 해월신사법설, 수심정기.
9 내 마음은 내 안에 모신 내유신령, 내 안의 변하지 않는 영원한 생명이다. 습관심이 아니다. "마음이란 것은 내게 있는 본연의 한울이니 천지만물이 본래 한 마음이니라."(해월신사법설, 영부주문)
10 이것이 나의 마음을 성령으로 바꾸라는 이신환성의 뜻이다. 나의 습관심으로 살기보다 한울을 위하는 마음으로 살아가라는 것이 경천의 뜻인 것이다. 하늘에 절하는 것이 경천이 아니다.

사람을 恭敬치 아니하고 鬼神을 恭敬하여 무슨 實效가 있겠느냐. 愚俗에 鬼神을 恭敬할 줄은 알되 사람은 賤待하나니, 이것은 죽은 父母의 魂은 恭敬하되 산 父母는 賤待함과 같으니라. 한울이 사람을 떠나 別로 있지 않는지라, 사람을 버리고 한울을 恭敬한다는 것은 물을 버리고 解渴을 求하는 者와 같으니라.

둘째는 사람을 공경함이니 한울을 공경함은 사람을 공경하는 행위에 의지하여 사실로 그 효과가 나타나는 것이니라. 한울만 공경하고 사람을 공경함이 없으면 이는 농사의 이치는 알되 실지로 종자를 땅에 뿌리지 않는 행위와 같으니, 도 닦는 사람이 사람을 섬기되 한울과 같이 한 후에야 처음으로 바르게 도를 실행하는 사람이니라. 도인 집에 사람이 오거든 사람이 왔다 이르지 말고 한울님이 강림하셨다 이르라 하였으니,11 사람을 공경치 아니하고 귀신을 공경하여 무슨 실효가 있겠느냐. 어리석은 풍속에 귀신을 공경할 줄은 알되 사람은 천대하나니, 이것은 죽은 부모의 혼은 공경하되 산 부모는 천대함과 같으니라.12 한울이 사람을 떠나 따로 있지 않는지라, 사람을 버리고 한울을 공경한다는 것은 물을 버리고 해갈을 구하는 자와 같으니라.13

21-3. 셋째는 敬物이니 사람은 사람을 恭敬함으로써 道德의 極致가 되지 못하고, 나아가 物을 恭敬함에까지 이르러야 天地氣化의 德에 合一될 수 있나니라.

셋째는 물건을 공경함이니 사람은 사람을 공경함으로써 도덕의 최고 경지

---

11 해월신사법설 대인접물
12 천지인귀신음양 공부하기, 향아설위, 수수명실록 참조. 우주만물이 지기로써 하나이다. 그래서 귀신이란 것도 나이니라(논학문)하신 것이다. 무형한 한울이 유형화 된 것이 사람과 물건이다 (성령출세설). 그러므로 사람과 물건을 공경하는 것이 곧 한울을 공경하는 것이 된다. 보이는 한울은 공경하지 않고 보이지 않는 귀신을 두려워하는 것은 무지의 소산이다.
13 내유신령과 외유기화는 본래 하나이다. 한울을 모심을 깨달으면 일체가 한울임을 알게 된다. 이를 구체적으로 행하는 것이 공경함이다. 알되 행하지 않으면 진실로 안다고 할 수 없다.

가 되지 못하고, 나아가 물건을 공경함에까지 이르러야 천지기화의 덕에 합일될 수 있느니라.14

<삼경 공부하기>

1. 물건을 공경함

서양의 인본주의와 인 본위의 환경운동(환경 파괴와 환경 보호는 동전의 양면이다)의 한계를 이 한 말씀이 해결해 주었다. 인간만이 한울을 모신 신령한 존재인가? 짐승들의 생명은 한울님 기운이 아닌가? 새 소리도 한울님 소리라고 하지 않으셨던가? 한 걸음 더 나아가 물건도 한울을 모신 존재니 공경하라 하심은 무슨 뜻인가?

만물이 분자와 원자핵에 이르기까지 한울님 지기(에너지)가 아니면 그 형태를 유지할 수 없고, 사람 눈에 보이진 않지만 이들도 항상 변화하며 기운작용을 한다.

집에서 오래 사용한 가전제품이 간혹 작동이 안 될 때가 있다. 고물 됐으니 버리고 새로 장만하자고 하면 아내는 우리 집에 와서 고생해서 그리 된 거라며 잘 달래면 된다고 한다. 실제 아내가 만지면 언제 그랬냐는 듯이 잘 동작하는 것이 마치 자기를 알아보는 사람에게 반응하는 듯하다. 사실 물건과 사람이 일체화 되는 느낌은 오래전부터 주변에 흔히 있고 또 자주 경험하는 것이기도 하다.

바이올리니스트 예후디 메뉴힌은 "위대한 바이올린은 생명이 있는 것이고 바이올리니스트는 그 바이올린의 일부이다."라고 했고, 최근 실용화되는

---

14 물건을 공경함은 삼경 공부하기 참조.

로봇 수술 등을 경험해 본 외과 의사들은 자신이 직접 집도하는 것처럼 느끼게 되었다고 보고했다. 또한 건설 노동자들이 중장비와 교감한다는 얘기도 쉽게 들을 수 있다. "마음을 비우고 아무 생각도 안 하고 있으면 굴삭기가 내 팔의 연장이 됩니다." "내가 장비의 일부고, 장비는 내 일부죠."(로버트 루트번스타인, 생각의 탄생, 232-234쪽)

그러므로 물건과 교감하고 하나가 되는 것은 나와 주변의 경계가 허물어지는 것이요, 내유신령과 외유기화가 하나가 되는 것이다.

二十二. 天語천어

22-1. 내 恒常 말할 때에 天語를 이야기 하였으나 天語가 어찌 따로 있으리오. 人語가 곧 天語이며 鳥聲도 亦是 侍天主의 聲이니라. 그러면 天語와 人語의 區別은 어디서 分別되는 것이냐하면, 天語는 大槪 降話로 나오는 말을 이름인데 降話는 사람의 私慾과 感情으로 생기는 것이 아니요, 公理와 天心에서 나오는 것을 가리킴이니, 말이 理에 合하고 道에 通한다 하면 어느 것이 天語 아님이 있겠느냐.

내 항상 말할 때에 한울님 말씀을 이야기하였으나 한울님 말씀이 어찌 따로 있으리오. 사람의 말이 곧 한울님 말씀이며 새소리도 역시 시천주의 소리이니라. 그러면 한울님 말씀과 사람의 말의 구별은 어디서 분별되는 것이냐 하면, 한울님 말씀은 대개 강화로 나오는 말을 이름인데 강화는 사람의 사사로운 욕심과 감정으로 생기는 것이 아니요, 공변된 진리와 한울님 마음에서 나오는 것을 가리킴이니, 말이 이치에 합하고 도에 통한다 하면 어느 것이 한울님 말씀 아님이 있겠느냐.[1]

---

1 습관된 내 마음과 진실한 마음을 구별할 수 있어야 한다. 진실한 한울님 마음에서 나오는 말이 천어가 될 것이다. 천어를 듣는 것을 강화지교라 한다. 천도교의 중요한 수행 과정이다. 강화는 내면의 한울님이 주는 것과 다른 한울님(외유기화)이 주는 것이 있다. 내면의 진실한 목소리를 들을 수 있다면 다른 사람들의 진실한 말도 들을 수 있을 것이다. 그 모두가 천어이다. 거짓되고 습관된 말은 듣지 말고 진실한 천어만 듣는다면 나쁜 꼬임이나 악에 물들지 않을 것이다. ＊ 강화란 무엇인가? 수운 선생이 최초의 강화를 받는 모습에서 그 단초를 알 수 있다. "해월 신사가 한산 모시 두 필을 박씨 대사모님에게 선사하고 대신사 각도 당시 상황을 물으신즉 자기 입으로 말하고 자기 말을 하면서 한울님이 말씀 하신다 하셨다. 이 말씀을 들으신 신사께서 무릎을 치면서 '그러면 그렇지' 하고 대각하셨다 한다."(묵암 신용구 강화집 글로 어찌 기록하며, 신인간사, 포덕141, 388쪽) "나는 수도할 때에 한울님 말씀을 여러 번 들었으나 지금 생각건대 이는 아직 도에 달하지 못한 초보이니라. 한울님 말씀과 사람의 말의 구별은 이는 바른 일과 바르지 않은 일 두 가지뿐이니 바른 마음으로 바르지 않은 마음을 다스리게 되면 무엇이 한울님 말씀 아님이 있으리오."(해월신사법설, 기타)

二十三. 以心治心이심치심

23-1. 내 恒常 天語와 人語의 區別을 말하였거니와, 以心治心도 또한 이 理致에서 생긴 것이라. 사람의 마음에 어찌 두 가지 뿌리가 있으리오. 다만 마음은 하나이지마는 그 用에 있어 하나는 以心이 되고 하나는 治心이 되나니, 以心은 天心이요 治心은 人心이니라. 譬컨데 同一한 火로되 그 用에 依하여 善惡이 생기고, 同一한 水로되 其用에 依하여 利害가 다름과 같이, 同一한 心이로되 心이 理에 合하여 心和氣和가 되면 天心을 거느리게 되고, 心이 感情에 흐르면 狹隘窘迫하여 모든 惡德이 이로 생기는 것이니라. 그러므로 道닦는 者 以心으로써 恒常 治心을 抑制하여 御者가 勇馬를 善御함과 같이 그 用에 宜하면, 禍轉하여 福이 되고 災變하여 祥瑞가 될 수 있나니라. 내 항상 한울님 말씀과 사람의 말의 구별을 말하였거니와, 마음으로써 마음을 다스림도 또한 이 이치에서 생긴 것이라. 사람의 마음에 어찌 두 가지 뿌리가 있으리오. 다만 마음은 하나이지마는 그 씀에 있어 하나는 이심이 되고 하나는 치심이 되나니, 이심은 한울님 마음이요 치심은 사람의 마음이니라.1 비유하건대 같은 불이로되 그 씀에 의하여 선악이 생기고, 같은 물이로되 그 씀에 의하여 이해가 다름과 같이,2 같은 마음이로되 마음이 이치에 합하여 마음이 화하고 기운이 화하게 되면 한울님 마음을 거느리게 되고, 마음이 감정에 흐르면 마음이 너그럽지 못하고 좁아 몹시 군색하여 모든 악한 행위가 여기서 생기는 것이니라.3 그러므로 도 닦는 자 이심으로써 항상

---

1 以;써 이, 까닭 이, 治 다스릴, 관리할, 평정할 치. 여기서 이와 치는 글자 그대로의 뜻보다 대구로서 사용되었다. 즉 천심과 인심, 진심과 습관심, 무위와 유위 같은 대비로 보면 될 것이다.
2 한울님은 무선무악하시기 때문이다. 한울님 기운을 받아서 쓰는 사람의 마음이 바르냐 바르지 않느냐에 따라 성쇠와 선악이 갈린다.
3 "군자의 덕은 기운이 바르고 마음이 정해져 있으므로 천지와 더불어 그 덕에 합하고, 소인의 덕은 기운이 바르지 못하고 마음이 옮기므로 천지와 더불어 그 명에 어기나니 이것이 성쇠의 이치가 아니겠는가?(동경대전, 논학문) "심령의 있음은 일신의 안정이 되는 것이요, 욕념이 있음은

치심을 억제하여, 마차 부리는 사람이 용마를 잘 거느림과 같이 그 씀이 옳으면, 화가 바뀌어 복이 되고 재앙이 변하여 경사롭고 길하게 될 수 있느니라.4

<이심치심 공부하기>

같은 한울님 마음이지만 쓰는 사람이 어떻게 쓰는가에 따라 그 결과는 다르다. 한울님은 무선무악, 불택선악하시기 때문이다. 각자위심으로 자기밖에 모르는 사람이 물질문명의 이기들을 손에 쥐면 어찌 될까? 사람이 한 물건을 어떻게 쓰느냐에 따라 이기가 되기도 하고 흉기가 되기도 한다. 자동차는 현대인들의 필수품이지만, 그것을 만취자가 운전하면 어찌 될 것인가? 마찬가지로 핵을 전기 생산용으로 사용하면 이로운 물질이지만 핵무기는 생명을 위협하고 죽이기 위한 도구일 뿐이다. 과학과 물질문명이 사람을 어떻게 이롭게 할 것인지에 대한 인문학, 철학, 종교적인 성찰이 그래서 더 필요한 때이다. 일상에서도 항상 한울님 위하는 마음인지, 자신의 습관된 욕심인지 관하고 분별해야 한다. 습관된 욕심으로 사람들과 갈등하고 마음이 힘들 때는, 한울님 위하는 마음으로 갈등과 어려움을 다시 정리하고 시작해

일신의 요란이 되는 것이니라.…심령이 생각하는 것이요, 육관으로 생각하는 것이 아니니라." (해월신사법설, 수심정기)

4 "묻기를 「성인과 범인의 성품과 마음이 한 체에서 나타난 것이라면 마음을 쓰고 세상을 쓰는데 어찌 가히 다름이 있다고 말합니까.」 대답하시기를 「사람이 태어난 그 처음에는 실로 한 티끌도 가지고 온 것이 없고 다만 보배로운 거울 한 조각을 가진 것뿐이라,… 비로소 위위심이 생기었고, 범인은 위위심이 없어 다만 오늘 보는 것으로써 오늘 마음을 삼고, 또 내일 보는 것으로써 내일 마음을 삼아 방향을 알지 못하고, 자기 천성의 소관 아님이 없으나 본성의 본래를 알지 못하고, 모든 일이 자기 마음의 소관 아님이 없으나 자기 마음의 용도를 알지 못하니, 이것이 이른바 범인의 마탈심이니라. 성품은 본래 어질고 어리석음이 없으나, 그러나 마음을 쓰는 데 반드시 어질고 어리석음이 있느니라."(의암성사법설, 성범설)

야 할 것이다. 그것이 수운 선생이 가르친 마음공부이다. 모심의 마음, 위위심으로 세상을 바라보고, 바꿔야 한다. 그것이 이심치심이요 이신환성이고, 개벽이다.

二十四. 以天食天이천식천

24-1. 내 恒常 말할 때에 物物天이요 事事天이라 하였나니, 萬若 이 理致를 是認한다면 物物이 다 以天食天 아님이 없을지니, 以天食天은 어찌 생각하면 理에 相合치 않음과 같으나, 그러나 이것은 人心의 偏見으로 보는 말이요, 萬一 한울 全體로 본다하면 한울이 한울 全體를 키우기 爲하여 同質이 된 者는 相互扶助로써 서로 氣化를 이루게 하고, 異質이 된 者는 以天食天으로써 서로 氣化를 通하게 하는 것이니, 그러므로 한울은 一面에서 同質的 氣化로 種屬을 養케하고 一面에서 異質的 氣化로써 種屬과 種屬의 連帶的 成長發展을 圖謀하는 것이니, 總히 말하면 以天食天은 곧 한울의 氣化作用으로 볼 수 있는 데, 大神師께서 侍字를 解義할 때에 內有神靈이라 함은 한울을 이름이요, 外有氣化라 함은 以天食天을 말한 것이니 至妙한 天地의 妙法이 도무지 氣化에 있느니라.

내 항상 말할 때에 물건마다 한울이요 일마다 한울이라 하였나니, 만약 이 이치를 옳다고 인정한다면 모든 물건이 다 한울로써 한울을 먹는 것 아님이 없을지니, 한울로써 한울을 먹는 것은 어찌 생각하면 이치에 서로 맞지 않는 것 같으나, 그러나 이것은 사람의 마음이 한쪽으로 치우쳐서 보는 말이요1 만일 한울 전체로 본다면 한울이 한울 전체를 키우기 위하여 같은 바탕이 된 자는 서로 도와줌으로써 서로 기운이 화함을 이루게 하고, 다른 바탕이 된 자는 한울로써 한울을 먹는 것으로써 서로 기운이 화함을 통하게 하는 것이니, 그러므로 한울은 한쪽 편에서 동질적 기화로 종속을 기르게 하고 한쪽 편에서 이질적 기화로써 종속과 종속의 서로 연결된 성장 발전을 도모하는 것이니, 합하여 말하면 한울로써 한울을 먹는 것은 곧 한울의 기

---

1 "어찌 홀로 사람만이 입고 사람만이 먹겠는가? 해도 역시 입고 입고 달도 역시 먹고 먹느니라."
  (천지부모, 253쪽)

화 작용으로 볼 수 있는데, 대신사께서 모실 시자의 뜻을 풀어 밝히실 때에 안에 신령이 있다 함은 한울을 이름이요, 밖에 기화가 있다 함은 한울로써 한울을 먹는 것을 말씀한 것이니 지극히 묘한 천지의 묘법이 도무지 기운이 화하는 데 있느니라.[2]

<이천식천 공부하기>

대신사의 문제의식은 세상이 어지럽고 삶이 힘들어진 원인이 각자위심에 있다는 것이었고, 그것을 해결하는 열쇠는 모심, 시천주였다. 시천주는 서로만 잘 살겠다는 각자위심에 대한 공동체의식의 회복, 공감의 복원이었고, 이는 가족과 사람들에 대한 신뢰와 사랑으로 실천되고, 나아가 한울의 신령한 기가 반영된 만물에 대한 공경과 모심으로 발전한다. 그것이 해월신사의 삼경이고, 이천식천이다.

즉 이천식천은 사람이 살아가는 가장 기본적인 행위인 먹는 행위를, 몸 밖의 기운(외유기화)으로 몸 안의 기운(내유신령)을 보충하고 소통하는 모심의 종교행으로 승화시키는 것이다.

그러므로 먹는 것이란 단지 미각을 만족시키는 말초적 행동이 아니라 내 몸을 움직이는 신령한 기를 보충하며 그를 느끼고 돌아보는 성스러운 기도며 수행인 셈이다. 그렇기 때문에 먹기 전 먹거리를 제공한 사람이나 생명에게 고마움을 표하며 먹는 것의 의미를 되돌아보는 식고가 있어야겠고, 즐

---

2 논학문 주문풀이 참조. 외유기화가 없이는 내유신령도 살 수 없다. 외유기화란 무엇인가? 내 몸 밖에서 몸 안으로 기화 되는 모든 것을 뜻한다. 공기를 호흡하고, 물과 음식을 먹고 마시는 모든 것이 외유기화다. 그뿐 아니라 다른 사람, 다른 생명의 관심과 사랑 또한 외유기화다. 숨이 끊어져 내유신령이 없어도 먹을 수 없고, 외유기화가 끊어져도 내유신령이 죽는다. 이 모두가 한울의 기운 작용이 아니고 무엇이랴.

겁고 맛있게 먹되 식탐을 해선 안 될 것이다. 몸이 움직일 만큼만 적당히 먹어야 할 것이고 그 이상 먹는 것은 오히려 몸을 상하게 하고, 다른 사람의 몫을 빼앗는 셈도 된다.

또한 먹거리도 어느 것이나 한울기운을 보충하는 것이지만 자신의 체질이나 건강상태에 따라 종류와 양을 조절할 수 있어야 한다(위생보호장 참조).

먹는 행위를 비롯한 내 일거수 일투족이 물물천 사사천이라 함은 내 작은 행위가 다른 모든 생명에 좋든 싫든 영향을 줌을 뜻한다. 샥스핀을 즐겨 먹는 것이 상어의 멸종을 가져오고, 육식을 즐기는 것이 목초지를 개간하기 위한 아마존 밀림의 파괴와 연관되듯이. 바야흐로 좋은 영향이든 나쁜 영향이든 지구촌 전체가 함께하는, 그래서 그런 공감의 공동체 의식을 깨워 파멸적인 부정적 영향을 막아야 하는 때가 된 것이다. 이것이 모심으로 동귀일체해야 하는 후천의 시작이다.

二十五. 養天主양천주

25-1. 한울을 養할 줄 아는 者라야 한울을 모실 줄 아나니라. 한울이 내 마음 속에 있음이 마치 種子의 生命이 種子속에 있음과 같으니, 種子를 땅에 심어 그 生命을 養하는 것과 같이 사람의 마음은 道에 依하여 한울을 養하게 되는 것이라. 같은 사람으로도 한울이 있는 것을 알지 못하는 것은 이는 種子를 물속에 던져 그 生命을 滅亡케 함과 같아서, 그러한 사람에게는 終身토록 한울을 모르고 살 수 있나니, 오직 한울을 養한 자에게 한울이 있고 養치 않는 者에게는 한울이 없나니, 보지 않느냐, 種子를 심지 않은 者 누가 穀食을 얻는다고 하더냐.

한울을 양할 줄 아는 사람이라야 한울을 모실 줄 아느니라. 한울이 내 마음 속에 있음이 마치 종자의 생명이 종자 속에 있음과 같으니, 종자를 땅에 심어 그 생명을 기르는 것과 같이 사람의 마음은 도에 의하여 한울을 양하게 되는 것이라.[1] 같은 사람으로도 한울이 있는 것을 알지 못하는 것은 이는 종자를 물속에 던져 그 생명을 멸망케 함과 같아서, 그러한 사람에게는 한 평생을 마치도록 한울을 모르고 살 수 있나니 오직 한울을 양한 사람에게 한울이 있고, 양치 않는 사람에게는 한울이 없나니, 보지 않느냐, 종자를 심지 않는 자 누가 곡식을 얻는다고 하더냐.[2]

---

1 자식인 사람이 어버이인 한울을 양한다는 개념과 한울님을 부모와 같이 섬긴다는 개념이 상충되는 것으로 여겨 혼란스러워 하는 분들이 간혹 있다. 그러나 한울을 양한다고 할 때의 한울은 우주 전체의 지기가 아닌 내 몸에 모셔져 있는 신령한 기운(내유신령)을 뜻한다. 누구나 이 신령한 기운을 받아 태어나지만 육신의 감각이 생기고 자아(我相)가 생기면서 이 신령한 기운(천심)을 잊고 습관된 마음과 육관에 의지한 생활을 하게 된다. 이로써 지기와 내유신령이 단절되고 각자위심하게 되는 것이다. 이 모셔진 천심을 다시 회복하는 것이 모심이요, 이를 잊지 않고 지키는 공부가 수심정기다. 내 하루가 습관된 마음보다 천심으로 생활하는 시간이 많아지면 그만큼 내유신령이 많이 회복된 것이니 한울을 '기르게 되는' 것이다. 그러므로 양천주가 되지 않으면 시천주는 일시적 체험이고 실천이 되지 못하는 것이다.

2 "땅은 거름을 들여야 오곡의 남음이 있고, 사람은 도덕을 닦아야 모든 일이 얽히지 않느니라."(동경대전, 유고음)

二十六. 내수도문內修道文[1]

26-1. 부모님께 효를 극진히 하오며, 남편을 극진히 공경하오며, 내 자식과 며느리를 극진히 사랑하오며, 하인을 내 자식과 같이 여기며, 육축六畜[2]이라도 다 아끼며, 나무라도 생순을 꺾지 말며[3], 부모님 분노하시거든 성품을 거슬리지 말며 웃고, 어린 자식 치지 말고 울리지 마옵소서.[4] 어린아이도 한울님을 모셨으니 아이 치는 것이 곧 한울님을 치는 것이오니, 천리를 모르고 일행 아이를 치면 그 아이가 곧 죽을 것이니[5] 부디 집안에 큰 소리를 내지 말고 화순하기만 힘쓰옵소서.[6] 이같이 한울님을 공경하고 효성하오면 한울님이 좋아하시고 복을 주시나니, 부디 한울님을 극진히 공경하옵소서.

26-2. 가신 물이나 아무 물이나 땅에 부을 때에 멀리 뿌리지 말며, 가래침을 멀리 뱉지 말며, 코를 멀리 풀지 말며, 침과 코가 땅에 떨어지거든 닦아 없이 하고, 또한 침을 멀리 뱉고, 코를 멀리 풀고, 물을 멀리 뿌리면 곧 천지

---

1 포덕31년(1890) 11월 경북 김산군 구성면 복호동 김창준의 집에서 부인들을 위한 내수도문과 내칙을 저술. 현재 복호동에는 기념비와 수도원이 건립되어 있다. 동학은 일남구녀의 운이라 할 만큼 부인수도를 강조하고 장려했다. 그것은 단순한 선교의 전략이 아닌 사회변혁의 주역으로서의 여성의 역할을 중시했기 때문이다.(해월신사법설 부인수도, 부화부순 참조)
2 집에서 기르는 대표적인 가축. 소, 말, 양, 돼지, 닭, 개.
3 식물들도 천적이 다가오면 자기방어를 위한 수축이나 회피를 하고 화학물질을 분비해 주변 식물들에게도 신호를 보낸다. 뿐 아니라 기르는 화초나 작물들도 관심을 가지고 돌봐주는지 아닌지에 따라 생장에 차이가 난다. 예부터 논과 밭의 작물들은 농부들의 발자국 소리를 들으며 자란다고 하고, 산에 땔감을 하러 가도 죽은 나무나 마른 가지 또는 썩은 뿌리 등걸을 해 오고 산 나무를 베는 것은 삼갔다. 어떤 생명이든 살리는 게 도에 가깝기 때문이다.
4 모두가 한울님을 모셨기 때문이다. 경천, 경인, 경물에 이르러야 공경이 이루어진다. "수심정기하는 법은 효제온공이니….."(해월신사법설, 수심정기) 아이가 어릴수록, 부모 특히 어머니의 심리상태에 영향을 받는다. 아이가 보채고 울수록 야단칠게 아니라 엄마의 미워하고 슬프거나 성나는 마음을 가라앉히고 한울님 마음으로 온화하게 바꿔야 한다. 그게 모심이다.
5 체벌에 대해서 내수도문 공부하기 참조.
6 "내 핏덩어리만이 아니어니 어찌 시비하는 마음이 없으리오마는 만일 혈기를 내면 도를 상하므로 내 이를 하지 아니 하노라."(해월신사법설, 대인접물)

부모님 얼굴에 뱉는 것이니 부디 그리 아시고 조심하옵소서.7

26-3. 잘 때에 「잡니다」 고하고, 일어날 때에 「일어납니다」 고하고, 물 길러 갈 때에 「물 길러 갑니다」 고하고, 방아 찧으러 갈 때에 「방아 찧으러 갑니다」 고하고, 정하게 다 찧은 후에 「몇 말 몇 되 찧었더니 쌀 몇 말 몇 되 났습니다」 고하고, 쌀그릇에 넣을 때에 「쌀 몇 말 몇 되 넣습니다」 고하옵소서.8

26-4. 먹던 밥 새 밥에 섞지 말고, 먹던 국 새 국에 섞지 말고, 먹던 침채 새 침채에 섞지 말고, 먹던 반찬 새 반찬에 섞지 말고,9 먹던 밥과 국과 침채와 장과 반찬 등절은 따로 두었다가 시장하거든 먹되, 고하지 말고 그저 「먹습니다」 하옵소서.10

26-5. 조석할 때에 새 물에다 쌀 다섯 번 씻어 안치고, 밥해서 풀 때에 국

---

7 옛 할머니들은 개숫물을 버릴 때에도 물이 뜨거우면 '뜨거운 물 나갑니다.' 하면서 조심스럽게 버리셨다. 이는 개숫물 흘러가는 곳에 사는 모든 생명들이 다치지 않게 하는 마음인 것이다. 자연을 천지부모 대하듯 하는 것은 전통 사회의 훌륭한 가치관이었다. 이런 가르침만 되살리면 환경 문제는 근본적인 해결이 될 것이다.

8 심고의 원형이다. 심고는 이렇듯 매매사사를 구체적으로 고하는 것이다. 내유신령에게 내가 행하는 것을 항상 고하여 나의 진심과 행이 일치가 되면 좋은 공부가 될 것이다. 심고에 대해선 도결 각주3 참조.

9 동학하는 집에는 전염병이 근접하지 못했다는 기록이 전하는 것은 이런 가르침 덕분이었다. 먹던 음식은 쉽게 상하기도 하지만 감염된 사람이 먹던 것은 바로 전염될 수 있다.

10 먹던 음식을 다시 먹을 땐 고하지 않는 이유는 왜일까? 음식을 먹을 때 하는 식고는 매일 매일의 제사라고 하셨다. 천지부모가 주시는 외유기화를 내유신령이 받아들이며 감사하는 마음을 천지부모께 돌리는 반포의 이치인 것이다. 그런데 먹던 음식은 이미 한울님께 고했으므로 내유신령에게만 음식이 들어감을 알리면 족한 것이다. 정성들여 지은 새 밥과 새 반찬을 먹을 때는 한울님께 제사지내는 마음으로 고하고, 먹던 반찬을 함께 올려 놓지 않아야 한다. 식고를 마친 후엔 먹던 반찬을 올리고 함께 먹어도 된다. 제사 지낼 때 먹던 음식을 올리지 않는 것과 같은 이치. 의암 선생 사후 주옥경 사모님이 우이동 봉황각에 거주하셨다. 그때 찾아뵌 월산 선생의 증언에 따르면 이런 식고의 원칙을 철저히 실행하셨다고 한다.

이나 장이나 침채나 한 그릇 놓고 고하옵소서.11

26-6. 금난 그릇에 먹지 말고, 이 빠진 그릇에 먹지 말고, 살생하지 말고, 삼시를 부모님 제사와 같이 받드옵소서.12

26-7. 일가 집이나 남의 집이나 무슨 볼 일 있어 가거든 「무슨 볼 일 있어 갑니다」 고하고, 볼 일 보고 집에 올 때에 「무슨 볼 일 보고 집에 갑니다」 고하고, 일가나 남이나 무엇이든지 줄 때에 「아무것 줍니다」 고하고, 일가 나 남이나 무엇이든지 주거든 「아무것 받습니다」 고하옵소서.13

26-8. 이 칠 조목을 하나도 잊지 말고 매매사사를 다 한울님께 고하오면, 병과 윤감輪感을 아니하고, 악질과 장학瘴瘧을 아니하오며, 별복鼈腹과 초학初 瘧을 아니하오며, 간질癎疾과 풍병風病14이라도 다 나으리니, 부디 정성하고 공경하고 믿어 하옵소서. 병도 나으려니와 위선 대도를 속히 통할 것이니, 그리 알고 진심 봉행하옵소서.15

---

11 쌀은 주식의 대표다. 주식을 준비하는 정성을 말씀하신 듯하다. 주식을 부식과 함께 차릴 때 그 음식을 먹는 사람을 위해 다시 고하는 것이니 그 정성이 가히 제사를 준비하는 것과 같다. 지금은 쌀을 세 번 정도만 씻어서 밥한다. 과거에는 도정기술의 부족과 말리는 과정의 부주의로 쌀 속에 작은 돌 같은 이물질이 많아서 조리질을 정성껏 하지 않으면 밥 먹다 종종 돌을 씹곤 했다.

12 금난 그릇과 이 빠진 그릇은 먹을 때 깨진 조각 등의 이물질을 삼켜 몸을 심각하게 상할 수도 있다. 그러한 실용적인 이유 외에도 매 끼니를 부모님 제사 모시듯이 정성 드리라고 하셨으니 제 사상에 금 간 그릇을 사용할 수는 없는 일이다. 재료 준비에서 상차림에 이르기까지 소홀함 없이 정성 드리라는 가르침이다.

13 이 또한 구체적인 행을 심고 드리는 것이다. 앞의 것이 스스로의 행에 대한 고함이라면 이 구절은 다른 사람과의 관계를 행할 때 한울님 대하듯 고할 것을 가르친다.

14 윤감: 돌림감기, 악질: 고치기 힘든 병, 장학: 학질, 별복: 한의학에서 어린이가 배에 멍울이 생기고 추웠다 더웠다 하며 점차 쇠약해지는 것을 이르는 병, 초학: 처음 앓는 학질, 간질: 간질병, 풍병: 중추신경계의 이상으로 졸도하거나 하는 병.

15 "일일시시 먹는 음식 성경이자 지켜내어 한울님을 공경하면 자아시 있던 신병 물약자효 아닐런 가."(용담유사, 권학가) 음식은 외유기화 작용의 핵심이다. 음식을 조심하지 않으면 많은 병이 생기지만 음식을 잘 조절하면 병이 낫는 것은 당연한 이치. 병이 낫고 몸이 건강해지는 것은 몸

<내수도문 공부하기>

1. 체벌

아이를 체벌하는 것은 교육계의 오랜 논란거리이다. 아이가 잘못을 저지르면 다시 잘못을 반복하지 않도록 야단치고 가르쳐야 한다. 그것이 왜 나쁜지 이 해할 수 있는 나이라면 타이르고 설명하지만 간혹 따끔한 매가 더 효과적일 때도 있다. 그러나 효율을 위해 저항할 힘이 없는 상대에게 폭력을 가하는 것은 옳지 않은 일이다. 교육적인 매와 폭력은 구분될 수 있을까?

폭력이란 상대에게 자신의 뜻을, 그것이 옳건 그르건, 강요할 때 흔히 사 용된다. 사리 판단이 잘 안 되는 어린이에게 잘못된 생각을 주입하거나(현재 중동지역의 자살 폭탄 테러는 대부분 이렇게 이루어진다) 이성적 판단이 가능한 성인이 라도 무력(권력, 종교적 권위, 총, 칼 등)으로 일방적인 순종을 강요하는 것(아직도 쉽 게 확인할 수 있는 독재국가의 모습이다) 모두가 폭력이다. 인류의 역사는 이런 모든 종류의 폭력으로부터 자유로워지고자 노력해 온 자취이다.

아이가 자신을 따르지 않는다면 먼저 자신의 말과 행동이 어긋나지 않은 지 돌아볼 일이다. 자신은 행하지 못하면서 아이에게만 강요한다면 아이는 시키는 대로 하더라도 모순을 느끼고 혼란스러울 것이다. "말은 행할 것을 돌아보고 행동은 말한 것을 돌아보아 말과 행동을 한결같이 하라."(해월신사 법설, 대인접물) 또한 아이에게 어떤 것이 옳다고 자신의 가치관을 일방적으로 주입하기보다는 어떤 것이 옳은지 스스로 사유하고 판단할 수 있는 능력을 키워 주는 것이 옳을 것이다. 믿음이란 강요가 아닌 스스로의 판단에 의할 때 그 의미가 있는 것이다. 수운 선생도 '믿음이란 사람의 말 가운데 옳은

의 기가 정상적으로 작용하는 것을 회복한 덕분이다. 이렇게 정성 드리고 몸으로 증험하면 도 를 깨닫는 것도 빠를 것이다. 실제 이러한 위생보호에 대한 가르침 덕분에 조선말 당시 전염병 이 돌아 수많은 사람이 목숨을 잃어도 동학을 하는 집과 마을은 전염병의 화를 입지 않았고, 그 것은 포덕이 더욱 크게 일어나는 요인이 되었다.

말은 취하고 그른 말은 버리어 거듭 생각하여 마음을 정하는 것'(동경대전, 수덕문)이라고 하셨다.

여기서 단서는 천리를 모르고 아이를 친다가 되지 않을까? 자신의 사적인 감정이 개입되지 않고 아이를 위하는 마음으로(위위심, 천심) 타이른다면 아이도 다치지 않고 그 진심이 전달되겠지만 미워하는 마음으로(습관심) 때린다면 마음과 기운을 상하므로 결과가 나쁠 것이다. 그러므로 이 또한 이심이냐 치심이냐 한울 마음을 지키느냐 잃느냐의 문제인 것이다.

그러나 실제 일에 닥치면 자신의 감정을 추스르고 천심을 유지할 수 있는 사람이 얼마나 될까? 그 마음이 자유자재할 수 있을 때까지는 삼가는 것이 공부가 되겠다. 그러므로 천도교 어린이 운동의 선구자이신 소춘 김기전 선생은 평생 자식들에게도 경칭을 사용하며 대하셨다고 한다.

2. 내수도문

내수도문은 기본적으로 부인의 수행을 가르치신 글이다. 남성들은 도를 가르치고 포덕을 해도 거창한 비전을 제시하고 정교한 교리를 설명해서 논리적으로 설득해야 하는 경우가 많다. 하지만 여성들은 '물을 멀리 뿌리지 말고, 어느 일이든 고하며 한울님을 공경하고 모시는' 삶속에서 그 정서와 마음을 공유하며 포덕을 해야 한다.

그래서 "가신 물이나 아무 물이나 땅에 부을 때에 멀리 뿌리지 말며, 가래침을 멀리 뱉지 말며, 코를 멀리 풀지 말며, 침과 코가 땅에 떨어지거든 닦아 없이 하고, 또한 침을 멀리 뱉고, 코를 멀리 풀고, 물을 멀리 뿌리면 곧 천지부모님 얼굴에 뱉는 것이니 부디 그리 아시고 조심하옵소서." 하신 거다. 이 구절과 "한울과 땅이 덮고 실었으니 덕이 아니고 무엇이며, 해와 달이 비치었으니 은혜가 아니고 무엇이며, 만물이 화해 놓으니 천지 이기의 조화가 아니고 무엇인가"(천지부모) 구절은 같은 설명이다. 앞의 구절은 여성들을 대상으로 하신 설명이고, 뒤는 남성들을 대상으로 하신 설명이다.

한울님 은혜를 멀리서 찾지 말고 늘 주변에 있는 것에서 감응을 느끼고 감사하라는 것이다. 이걸 남자들에게 설명할 때는 '개자상고 이래로 춘추질 대 사시성쇠가 불천불역 하니' 하면서 문자를 동원하고 논리적이고 멋있게 해야 먹히는 거고, 여자들에게는 ' 물 멀리 버리지 말고, 침 뱉지 말고, 먹던 밥 새 밥에 섞지 말라' 그래야 알아듣는 것이다.

여자들은 살림을 하면서 알고 있다. 물 아무데나 버리면 질척거리고 벌레 꾀고, 먹던 밥 새 밥에 섞으면 쉽게 상하게 되고 탈이 날 수도 있다는 것을. 그걸 속으론 느끼고 알고 있었지만 정확히 왜 그래야 하는지 그 이치를 잘 모르고 있다가 신사께서 그 이치를 명확히 집어주시니 얼마나 좋았을까. 더 구나 자신들이 그렇게 살림하는 것이 곧 한울님을 바르게 모시고 공경하는 거라니. 자신이 하찮은 부엌일이나 하는 부엌데기인 줄 만 알고 있었는데 한울님을 모시고 공경하는, 거룩한 행을 하는 군자로 대접해주니 얼마나 좋 았을까? 일남구녀의 운답게 부인들 포덕이 마른들의 불처럼 번져나가지 않 았겠는가?

내수도문은 여성들이 수도하는 지침서라고 제목이 되어 있지만, 여성 뿐 아니라 누구나 한울님을 어떻게 모시는지, 그 방법을 여성적으로-요즘 식 으로 쉽게 와 닿게 설명한 글이다. 내칙편도 마찬가지. 임신한 부인이 건강 한 아이를 출산하기 위한 글이라고 알고 있으면 반만 이해한 것이다. 아니 반도 제대로 알지 못한 것이다. 임신한 여인 뿐 아니라 남자들도 누구나 내 칙의 가르침대로 몸과 마음을 수행한다면, 습관된 자아를 벗어나 내 안에 모신 한울님을 만나고 , 그 참된 마음을 양하여 새로운 사람으로 거듭 태어 나 새사람, 신인간이 되는 것이다. 개벽된 삶이 되는 것이다.

3. 칠조목

첫째. 집안에 큰 소리를 내지 말고 화순하기만 힘쓰옵소서. 이는 가족을 모시고 화하는 것이고,

둘째. 침을 멀리 뱉고, 코를 멀리 풀고, 물을 멀리 뿌리면 곧 천지부모님 얼굴에 뱉는 것이니 부디 그리 아시고 조심하옵소서. 이는 거처와 환경을 청결히 하는 것이고,

셋째. 잘 때에 「잡니다」 고하고, 일어날 때에 「일어납니다」 고하고, 이는 매사를 한울님께 고하고 감응을 받으며,

넷째. 먹던 밥 새 밥에 섞지 말고, 이는 음식의 위생이다. 음식 뿐 아니라 일도 이것저것 뒤죽박죽하지 않고 정리 정돈해야 할 것이다.

다섯째. 조석할 때에 새 물에다 쌀 다섯 번 씻어 안치고, 이는 음식을 준비하는 정성. 음식 뿐 아니라 모든 일이 한울님 위하는 정성으로 행하여야 할 것이다.

여섯째. 삼시를 부모님 제사와 같이 받드옵소서, 이는 음식을 대하는 자세. 제사는 자신을 낮추고 공경하여 한울님과 조상의 감응을 비는 일이다. 모든 일에 자신을 낮추고 공경하여 한울님 감응과 함께 한다면 이루지 못할 일이 없을 것이다.

일곱째. 줄 때에 「아무것 줍니다」 고하고, 일가나 남이나 무엇이든지 주거든 「아무것 받습니다」 고하옵소서, 이는 다른 사람과의 교류에도 한울님과 함께 하는 것이다. 나의 마음과 생각을 다른 사람과 함께할 수 있게 되니 이것이 포덕이 되고, 동귀일체가 되는 것이다.

二十七. 내칙內則[1]

27-1. 포태하거든 육종肉種을 먹지 말며, 해어海魚도 먹지 말며, 논의 우렁도 먹지 말며, 거렁[2]의 가재도 먹지 말며, 고기냄새도 맡지 말며, 무론 아무 고기라도 먹으면 그 고기 기운을 따라 사람이 나면 모질고 탁하니,[3] 일삭이 되거든 기운 자리에 앉지 말며, 잘 때에 반듯이 자고, 모로 눕지 말며, 침채와 채소와 떡이라도 기울게 썰어 먹지 말며, 울새 터는[4] 데로 다니지 말며, 남의 말 하지 말며,[5] 담 무너진 데로 다니지 말며, 지름길로 다니지 말며, 성내지 말며, 무거운 것 들지 말며, 무거운 것 이지 말며, 가벼운 것이라도 무거운 듯이 들며, 방아 찧을 때에 너무 되게도 찧지 말며, 급하게도 먹지 말며, 너무 찬 음식도 먹지 말며, 너무 뜨거운 음식도 먹지 말며, 기대앉지 말며, 비껴 서지 말며, 남의 눈을 속이지 말라.[6]

27-2. 이같이 아니 말면 사람이 나서 요사妖死도 하고, 횡사橫死도 하고, 조사早死도 하고, 병신도 되나니,[7] 이 여러 가지 경계하신 말씀을 잊지 말고 이

---

1 내칙은 내용상 새 생명을 임신한 부인들을 위한 가르침이다. 그러나 습관된 몸과 마음으로 살아가는 모든 사람이 한울 사람으로 거듭나기 원한다면 꼭 실행해야 하는 가르침이기도 하다. "이 세상 운수는 천지가 개벽하던 처음의 큰 운수를 회복한 것이니 세계 만물이 다시 포태의 수를 정치 않은 것이 없느니라."(해월신사법설, 개벽운수)

2 도랑(작은 개천)의 경상도 방언.

3 임신 중 먹을거리는 내칙 공부하기 참조.

4 울타리 사이 트인 곳. 제대로 난 길이 아닌 이런데로 다니다 보면 다치거나 벌레 물리기 쉽다.

5 외국의 한 공동체 마을(영국 부르더호프)에선 사랑으로 직접 말하기라는 원칙이 있다고 한다. 자리에 없는 사람에 대해선 일체 화제에 올리지 말고 본인과 직접 이야기하자는 것이다. 남에 대해서 칭찬을 하거나 좋은 이야기를 하기도 하지만 본인이 없는 자리에서 이야기 하다보면 불필요한 오해가 생기기 쉽다. 부부간의 다툼도 서로의 생각을 진솔하게 털어놓으면 쉽게 풀릴 것도 대화를 하지 않거나 다른 사람에게 비난의 말을 하게 되면 더 꼬이게 마련이다.

6 임신 중 몸가짐은 내칙 공부하기 참조.

7 내유신령과 외유기화의 간섭이 끊기면 죽는 것이고, 간섭이 원활치 않으면 병이 된다. "한울님이 간섭하지 않으면 고요한 한 물건 덩어리니 이것을 죽었다고 하는 것이요, 한울님이 항상 간섭하면 지혜로운 한 영물이니 이것을 살았다고 말하는 것이라…."(해월신사법설, 도결) "한울이 간섭

같이 십삭을 공경하고 믿어하고 조심하오면 사람이 나서 체도도 바르고 총명도 하고 지국과 재기才技가 옳게 날 것이니, 부디 그리 알고 각별 조심하옵소서.

27-3. 이대로만 시행하시면 문왕 같은 성인과 공자 같은 성인을 낳을 것이니, 그리 알고 수도를 지성으로 하옵소서.8

27-4. 이 내칙과 내수도하는 법문을 침상 가에 던져두지 말고, 조용하고 한가한 때를 타서 수도하시는 부인에게 외워 드려, 뼈에 새기고 마음에 지니게 하옵소서.9

27-5. 천지조화가 다 이 내칙과 내수도 두 편에 들었으니, 부디 범연히 보지 말고 이대로만 밟아 봉행하옵소서.10

치 아니하면 놀다가도 죽고, 자다가도 죽고….”(의암성사법설, 권도문)

8 태교가 강조되는 요즘이다. 내유신령과 외유기화가 원활히 소통 돼야 건강하듯, 어머니의 기운이 안정되고 편안해야 뱃속의 아기가 편안히 잘 자랄 것은 누구나 알 것이다. 그 구체적 가르침을 상세히 밝혀주셨으니 나머지는 믿고 따르는 자의 몫이다. 임신 전, 부부의 마음과 행이 좋지 않으면 임신 자체가 잘 안 된다. 임신이 되도 배 속에 있는 아기는 엄마가 어떤 마음과 행동을 하고 어떤 것을 먹는가에 따라 좋은 영향이건 나쁜 영향이건 그대로 받아서 태어난다. 또한 엄마에게 영향을 가장 많이 주는 것은 남편이니, 남편이 건강한 유전자를 물려주는 것만큼이나 열 달 동안 산모에게 어떤 마음으로 대하는지가 중요하다.(박문일, 베이비플랜 참조) 부부가 화목할 때 가진 아이는 건강하게 잘 자라지만 다투고 갈등할 때 가진 아이는 건강치 못한 경우가 많은 것은 그 때문이다. 태어난 뒤에도 아이는 부모의 사는 모습을 배우며 자란다. 낳은 뒤에도 이와 같이 수도하는 마음으로 기른다면 어찌 성인이 되지 않겠는가?

9 포덕33년(1892) 1월에 각포 도인들에게 경전을 소중히 하라는 통유문을 발하였다. 일부를 살펴보면 ‘도유가 동경대전과 가사를 열람할 때 혹 누워서 보는 자도 있으며 몸을 기울이고 외는 자도 있으며 혹 먼지 쌓인 광우리에 버려두기도 하니 한울을 무시하고 스승을 업신여김이 어찌 차마 이 같으랴. 경전은 접주의 집 정결한 곳에 받들어 두었다가 강의를 들을 때는 예복을 입고 병풍과 탁자를 베풀고 분향 사배한 후에 꿇어 앉아 가르침을 받을 것.’

10 천지조화가 다 들어있다고 하셨으니 어찌 부인만 보겠는가? 습관된 마음을 버리고 개벽된 사람으로 거듭나기 위해선 누구나 보고 행해야 할 가르침이다.

<내칙 공부하기>

1. 임신 중 먹거리

임신 중에는 산모와 태아에게 많은 영양분이 필요하다. 특히 고기에 많은 단백질과 필수 비타민 등은 중요한 영양소다. 그러나 육식이 아니어도 콩 단백과 유제품, 각종 과일과 해조류 등을 고루 섭취하면 영양에 부족함이 없을 것이다.

당시에는 육류와 생선을 집에서 도축하고 소비했다. 그래서 위생적 처리가 어렵고 염장 외엔 장기간 보관할 수도 없었으므로 바로 소비해야 했다. 상한 고기류는 먹었을 때 심각한 탈을 일으켜 목숨을 잃을 수도 있다. 실제 병들어 죽은 소를 몰래 도축해 먹다 마을 사람들이 집단으로 발병하고 목숨을 잃고 하는 것은 근세까지 기록과 소설 등에 자주 등장하는 일화다.

또한 현재도 위생 처리하고 냉장 보관하지만 광우병, 조류독감, 구제역 등의 문제와 영양 과다로 인한 비만과 심장병 등이 문제가 된다. 특히 임신 중 비만은 임신 중독, 임신성 당뇨, 조산, 난산 등의 원인이 된다.

물고기는 바다의 먹이사슬 정점에 있으므로 수은 같은 오염 물질이 축적된다. 그렇기 때문에 최근 연구는 임산부와 어린이는 참치 등을 과다 섭취하지 말 것을 권장한다. 가재와 우렁은 디스토마의 중간 숙주가 된다.

음식은 가장 중요한 외유기화 작용이다. 그러므로 이천식천이 되겠다. 어떤 음식을 먹든지 내유신령을 상하지 않고 키울 수 있다면 상관없지만 수심정기가 덜 되어 음식에 따라 기운이 크게 좌우되거나 상한다면 가려야 할 것이다. 술을 마시면 자기 제어가 잘 안 되는 것은 누구나 알지만, 최근엔 화학조미료가 많이 들어간 즉석 식품들을 많이 먹는 사람들에게서 충동조절이 잘 안 되는 것들이 보고되고 있다. 요는 내유신령과 외유기화는 끊임없이 서로 영향을 주고받는 것이므로 조심하고 가려야 하며 이 모두가 모심이고 공부다.

포덕33년 1월 25일 어육주연魚肉酒煙을 금하는 통유문을 발하셨다. 그 내용을 보면, "날마다 행하는 음식, 의복이라도 감히 조금도 소홀히 못할 것이라. 어육주연은 천성을 잃어버리고 참된 근원을 없애는 것이요, 의복이 사치하면 도 닦는 자…검소해야 하는 경계에 어긋나는 일이라. 어찌 적은 일부터 미리 막아 위생을 돕고 검소한 덕풍을 이루게 하지 아니하랴. 어육주연 네 가지 물품은 도를 배우는 사람의 영양상 유해무익한 것이니 일체 엄금할 것."

2. 임신 중 몸가짐

임신 중엔 체중이 12-15kg 늘고 혈압은 낮아지며 관절에 유격이 생겨 유연해진다. 이 모든 변화가 불과 몇 달 안에 일어나는 것으로 이를 가능하게 하는 것이 여성 호르몬이다. 임신 중이 아니거나 남성이 몇 달 사이 이 정도의 신체 변화를 겪는다면 심각한 합병증과 후유증이 생길 것이다. 이런 신체 변화 때문에 산모가 바르지 못한 자세로 오래 있으면 관절에 많은 무리가 가고, 또한 급격한 움직임은 관절의 부담뿐 아니라 피가 하체로 쏠려 일시적 뇌혈류 부족으로 어지럽거나 심하면 기절하기도 하는데 이를 기립성 저혈압이라 한다. 그러므로 임신 중에는 해월 선생의 가르침처럼 더욱 바른 몸가짐과 조심스러운 움직임이 요구되는 것이다.

임신 중이 아니라도 일용행사와 대인접물을 좀 느리고 더디고 손해 보더라도 기본과 원칙대로 하는 것이 좋겠다. 한울의 이치는 무위이화無爲而化다. 자기 욕심에 서두르면(人爲) 탈이 나기 마련이다. 우. 묵. 눌.

二十八. 十毋天십무천[1]

1. **毋欺天**하라   한울님을 속이지 말라.[2]

2. **毋慢天**하라   한울님을 거만하게 대하지 말라.[3]

3. **毋傷天**하라   한울님을 상하게 하지 말라.[4]

4. **毋亂天**하라   한울님을 어지럽게 하지 말라.[5]

5. **毋夭天**하라   한울님을 일찍 죽게 하지 말라.[6]

6. **毋汚天**하라   한울님을 더럽히지 말라.[7]

7. **毋餒天**하라   한울님을 주리게 하지 말라.[8]

---

1 한울님은 어디 계시는가? 무형의 허령창창한 한울님이 계시고, 형상이 있는 만물로 화한 유형한 한울님이 계시다. 한울님은 누구인가? 내가 한울인가? 습관된 마음을 그대로 가진 我相이 한울인가? 나라는 허상에 갇혀 고생하는 진심(내유신령)과, 나의 생명을 이어주고 길러주는 모든 외유기화가 참된 한울님이다. 이 십무천은 한울님을 모시는 모든 생명을 위한 법문이다.

2 이는 다른 사람뿐 아니라 자신의 양심을 속이지 않는 것을 포함한다. 자신을 속이지 않는 것이 가장 어려운 것이, 마음이야말로 '죄를 줄 수 없는 곳(無罪之地)'이기 때문이다.

3 아는 것이 많아지고 가진 것이 많아지면 모르고 없는 사람에 대해 거만한 생각이 들기 쉽다. 교만은 한울 마음을 상하게 하는 지름길이다. 벼는 익을수록 고개를 숙인다고 하지 않던가?

4 모든 생명은 하나로 연결된 지기요 한울이다. 자신과 다른 생명을 다치거나 상하게 하는 것은 곧 한울을 상하게 하는 것이요, 스스로를 상하게 하는 것이다.

5 한울의 이치는 간결하고 명확하다. 알아듣기 힘든 논리로 속이려 들거나 일을 복잡하게 만드는 것은 진리가 아니다. 의암 선생도 개벽이란 복잡한 것을 간단하게 만드는 것이라 하였다.(의암성사법설, 인여물개벽설)

6 생명은 한울이 정한 수명을 누릴 권리가 있다. 다 자라기 전에 그 생명을 앗는 것은 그 이치를 거스르는 것이다. 이는 모든 동물과 식물 나아가 물건에도 해당되는 것이다.(해월신사법설, 삼경 참조) 설사 자신의 잘못과 모순으로 병이 나거나 수명이 단축되더라도 이를 고쳐 스스로의 역할과 명을 다할 수 있도록 도와야 한다.

7 더러운 것은 무엇을 말하는가? 진창이 더러운가? 오물이 더러운가? 진창과 오물 속엔 수많은 미생물들이 오염 물질을 정화하는 생명의 난장이 벌어져 있다. 정말로 더러운 것은 자신의 신념을 저버리고, 불의에 굴복하고, 한울을 속이고 상하게 하는 모든 것들일 것이다.

8 먹는 것은 내유신령과 외유기화가 서로 기화를 돕는 신령한 행위이다.(해월신사법설, 이천식천 참조) 먹지 못하면 생명이 유지될 수 없다. 입으로 먹는 것 뿐 아니라 생명의 기화를 돕는 모든 것이 다 해당된다. 앎에 주려 있는 아이에게 교육을, 사랑에 주린 사람에게 따뜻한 마음을 주는 것도 모두 한울님을 주리게 하지 않는 도행이다. 반면, 무형한 한울님도 주리시는가? 한울님의 바른 진리와 법이 행해지지 않으면 한울님이 주리는 것이다. 우리가 한울님 모심을 깨닫고 그에 감사하며 심고하고 한울님을 위한 글을 외며 한울님을 위한 행을 하는 것이 한울님을 향한 도로

8. *毋壞天*하라   한울님을 허물어지게 하지 말라.9

9. *毋厭天*하라   한울님을 싫어하게 하지 말라.10

10. *毋屈天*하라   한울님을 굴하게 하지 말라.11

먹임이 될 것이다. 한울님께 도로 먹임을 하는 것은 시천주를 하는 도인의 의무다.

9 습관된 자존심과 자만심은 빨리 허물고 버려야 한다. 하지만 생명의 존엄함과 바른 신념을 허물게 해선 안 된다. 살면서 이를 지키는 것이 얼마나 어려운가? 그러므로 예부터 서로의 신념을 지키며 살 수 있도록 서로 돕는 사람을 동덕이요 도반이라 하여 형제보다 더 귀하게 여겼다.

10 생명의 본성을 거스르는 것은 모두 한울이 싫어하는 것이다. 생명을 상하게 하거나 자존심을 다치는 것도 마찬가지. 자신이 싫어하는 것을 남에게 시키지 말라고 하지 않던가? 항상 역지사지하며 한울님을 위하여야 한다.

11 한울님은 자유롭다. 모든 구속에서 해방된 생명이 한울이다. 그 생명의 몸과 마음을 속박하고 구속하며 한울의 자유를 꺾는 것은 한울을 해하는 것이다.

二十九. 臨事實踐十個條 임사실천십개조[1]

1. 明倫理하라 　윤리를 밝히라.[2]

2. 守信義하라 　신의를 지키라.[3]

3. 勤業務하라 　업무에 부지런하라.[4]

4. 臨事至公하라 　일에 임하여 지극히 공정하라.[5]

5. 貧窮相恤하라 　빈궁한 사람을 서로 생각하라.[6]

---

1 포덕32년(1891), 호남을 순회하신 뒤 반포. "세상이 점점 쇠미하고 운수가 막히매 도가 또한 희미하고 와전되어 도를 전하는 자 마음이 밝지 못하고 도를 닦는 자 또한 마음이 독실치 못하여 떠도는 주문과 망녕된 말로써 난법난도를 감행하니 말이 이에 미치매 어찌 내 마음이 편할 수 있으랴. 이에 다음과 같은 임사실천십개조를 반포하노니 한결같은 마음으로 정성껏 지키어 어기지 말라."(천도교백년약사, 160쪽)

2 사람들 간에 지켜야 할 기본이 윤리요 예다. 혼자 사는 사람에겐 별 의미가 없겠지만 함께 사는 사회에서 서로 간에 지켜야 할 기본을 어기면 타인에게 심각한 피해를 줄 수도 있다. 그러므로 윤리로서 규제가 안 되면 법으로 강제하게 된다. 그러나 법으로 강제하는 것은 타율이며 고비용에 저효율일 수밖에 없다. 반면 사람들 간의 윤리와 예는 자율이며 저비용에 고효율이다. 민도가 높고 선진국일수록 법보다는 윤리와 도덕이 사회를 유지하고 움직이는 축이 된다. 윤리는 시대와 사회 구조에 따라 변화한다. 걸어 다닐 때 지켜야 할 것과 말 타고 다닐 때, 그리고 차를 타고 다닐 때 지켜야 할 것이 달라야 하는 것이다. 그러므로 오늘의 윤리는 오늘 사는 사람들 가치관과 생활에 따라 연구되고 합의되어야 할 것이다.

3 믿음이란 옳은 것에 대한 마음이 변하지 않는 것이다(동경대전 수덕문, 해월신사법설 성경신 참조) 믿음이 있어야 자신이 하는 일도 사람들 간의 관계도 제대로 이어갈 수 있다. 믿음이란 중간에 변하지 않아야 하므로 그 대상이 옳은 것이어야 한다. 옳지 못한 믿음은 자신은 물론 주위 사람들에게 피해를 줄 수 있기 때문이다.

4 한울의 도는 성실함이다.(해월신사법설, 성경신 참조) 아무리 어려운 일도 정성들이면 이루어지지 못함이 없을 것이요, 작고 하찮은 일도 정성들이면 큰 성과로 돌아올 것이다. 이솝우화의 토끼와 거북이 경주에서 거북이가 승리하듯이 게으른 천재는 성실한 범재를 이길 수 없다. 그것은 공부와 사업 어느 것이나 마찬가지다.

5 다수의 이익을 위한 공무는 말할 것도 없지만 개인적 이익을 위한 사업에서도 자신의 사익보다는 다수의 공익을 우선하며 하는 것이 더 큰 이익을 가져온다. 함께 일하는 사람들이 사업주의 이익만 추구하기보다 자신들 모두의 이익에 도움이 된다고 느끼면 더 열심히 일하고 협조하게 마련이기 때문이다. 요즘 기업들이 상품 광고보다 기업의 사회 공헌과 관련된 광고를 많이 해 기업 이미지 제고에 힘쓰는 것도 같은 이치이다.

6 모심의 시작은 위하는 마음이다. 그 마음은 도움이 필요한 사람에게 더 필요하고 절실할 것이다. 동학 시절, 동학도인들 간에 경제적으로 어려운 이를 서로 돕는 것은 물론이고 관이나 지방 세도가에게 피해를 입고 사람이 상하면 남은 가족을 적극적으로 도와 부양했다고 한다. 그런 상휼 정신이 당시의 엄혹한 상황 속에서도 오히려 포덕이 증가하는 결과를 낳았을 것이다.

6. 男女嚴別하라   남녀를 엄하게 분별하라.[7]

7. 重禮法하라   예법을 중히 여기라.[8]

8. 正淵源하라   연원을 바르게 하라.[9]

9. 講眞理하라   진리를 익히고 연구하라.[10]

10. 禁淆雜하라   어지럽고 복잡한 것을 금하라.[11]

---

[7] 생명의 역사에서, 무성 생식에서 유성 생식으로 진화한 것은 종족 보존에 획기적인 발전이었다. 그만큼 다양한 유전자 조합이 가능해졌기 때문이다. 그러므로 성이란 기본적으로 생식을 위해 존재하는 것이다. 그러나 일년에 한두 번 발정기에만 교미하는 다른 동물과 달리 인간은 배란기 이외에 교미가 가능한 거의 유일한 동물이다. 그 때문에 인간의 성에 대한 수많은 사건과 연구와 해석이 진행되고 있다. 성과 관련해 현재까지 인류의 공통된 경험으로 제도화된 것들이 일부일처제, 강간과 근친상간 금기, 미성년자 보호 등이다. 이러한 일반적인 성 금기 외에 일상생활 중에도 남녀의 신체적 차이에 따른 역할 규정과 모성 보호 같은 것이 지켜지지 않는다면 인류 사회의 근간이 흔들리는 심각한 상황이 될 수 있다. 그러므로 통상적으로 인정되는 관계 외의 남녀는 엄히 분별할 필요가 있다. 예부터 이를 잘 분별치 못해 패가망신한 사례가 부지기수다.

[8] 예란 그 사람과 사회의 가치관의 표현이다. 천도교 이치는 사인여천하는 예법에 의해 세상에 표현된다. 그러므로 의절로 정리된 의식 절차 외에 일상적인 예법의 천도교적인 구현이 어떤 것인지 고민하고 정리해 나가야 한다. 그것이 곧 도의 일상적 실천이 될 것이기 때문이다.

[9] 연원이란 도를 전하고 받는 사제의 인연을 뜻한다. 천도교는 용담 연원 즉 수운 선생에게서 시작되어 해월 선생과 의암 선생에게로 전해지는 도맥을 정통으로 인정한다. 그분들이야 말로 한울님과 수운 선생의 본지를 바르게 이어받고 세상에 폭넓게 적용할 수 있도록 대중화하고 실천한 분들이기 때문이다. 수운 선생 당시에도 떠도는 주문을 듣고 외우며 바른 가르침 없이 삿된 기원을 하거나, 수운 선생의 가르침을 이어 받았지만 자신만의 교문을 별립한 수많은 동학 계열 종단들이 있었다. 교란 가르침을 전하는 것이 목적인데 사적인 이익을 취하려 한다면 바른 가르침을 이어받았다고 하기 어려울 것이다.

[10] 주문만 외우고 이치를 생각하지 않으면 미신에 빠지기 쉽고, 이치만 연구하고 실제 주문 수행을 하지 않으면 실천이 없는 탁상공론에 빠지기 쉽다. 두 가지를 함께해야 하는 것이다.(해월신사법설, 수도법 참조) 또한 세상은 끊임없이 변한다. 주문과 진리는 변하지 않되 세상에 적용할 방편은 꾸준히 발전해야 하는 이유다.

[11] 진리는 단순하고 깨끗하다. 명강의일수록 간결하고 알아듣기 쉽다. 자신도 모르는 이야기를 할수록 복잡하고 알아듣기 어렵다. 남을 속이려 할수록 복잡하고 교묘하다. 개벽이란 부패한 것을 맑고 새롭게, 복잡한 것을 간단하고 깨끗하게 함이라고 하지 않으셨나!(의암성사법설, 인여물개벽설)

三十. 明心修德명심수덕

30-1. 曰太古兮天皇氏 我先師自比之意也 山上有水 吾教道統之淵源也 知此
玄機眞理然後 有以知開闢之運無極之道矣

말씀하시되 태고에 천황씨는 우리 스승께서 스스로 비교한 뜻이요, 산 위에
물이 있는 것[1]은 우리 교―도통의 연원이라. 이러한 현기와 진리를 안 연후
에 개벽의 운과 무극의 도를 알 것이라.[2]

30-2. 嗟乎 樹無無根之樹 水無無源之水 物猶如是 矧玆曠前絶後五萬年初創
之道運乎 以余不敏荷蒙薰陶傳鉢之恩 迄今三十有餘年 備嘗艱險屢經困厄 斯
門正脈 庶幾回漓反淳 去駁就粹 而湖海風霜 形影夐阻 或有半途之廢 亦多一
簣之虧 良庸慨然 盖吾道進行之誠否 唯在於內修道之善否 傳曰「唯天無親克
敬唯親」又曰「刑于寡妻以御于家邦」然則克敬克誠於內修道 豈非吾道之大關
鍵乎

슬프다, 나무는 뿌리가 없는 나무가 없고 물은 근원이 없는 물이 없으니, 만
물도 오히려 이와 같거든 하물며 이 고금에 없는 오만년 내려갈 초창의 도
운이랴.[3] 내가 불민한데도 훈도전발[4]의 은혜를 힘입어 삼십여 년까지에 온
갖 어려움을 맛보고 거듭 곤란과 재액을 겪어서 사문의 정맥이 거의 흐린
물이 맑아 깨끗함에 돌아오고 섞인 것을 버리고 순수함에 이르렀으나,[5] 호

---

1 불연기연 5절 참조. 산 위의 물이 모든 내와 바다의 근원이 된다. 천황씨는 인류 문명의 시작을 열
었다는 성인이다. 수운 선생은 무극대도의 연원이요 후천의 開祖이다. 그러므로 산 위의 물은 수
운 선생과 그로부터 시작되는 무극대도를 뜻한다.
2 누구나 부모가 있고 어느 일이나 시작이 있다. 그 연원을 제대로 모르면 현재를 바르게 이해할 수
없다. 도를 공부하는 사람들은 스승의 말씀과 행적을 공부하며 그 본뜻을 잊지 않도록 해야 한다.
3 무극대도를 공부할 수 있음은 스승님들의 노력과 고난이 있었음을 잊지 말아야 한다.
4 훈도는 덕으로써 가르침을 주는 것을 말하고, 전발은 스승의 가사와 밥그릇을 달마대사에서 6조
혜능까지 수제자에게 전하여 도를 전한 것에서 비롯된 말. 그러므로 이 말씀은 해월 선생이 수운
선생의 가르침을 이어받은 것을 뜻한다.

해풍상의 형상과 그림자가 멀고 막혀서 혹은 중도이폐하는 일도 있고6 또한 소쿠리가 부족된 것도 많으니,7 진심으로 슬프도다. 대개 우리 도가 진행하는 성부(誠否)는 오직 내수도의 잘하고 못하는 데 있느니라. 현전에 이르기를 「오직 한울님은 친함이 없는데 극진히 공경하면 친하게 되는 것이니라.」8 또 이르기를 「부인을 경계하여 집안과 나라를 다스린다」고 하였으니,9 그런즉 내수도를 지극히 공경하고 지극히 정성을 드리는 것이 어찌 우리 도의 큰 관건이 아니겠는가.10

30-3. 近日敎徒 警戒內政 尙矣勿論 修身行使 亦多輕慢怠惰 職此而入室姑捨問津無期 寧不悚悶

근일에 교도들이 내정을 경계할 것은 오히려 말할 것도 없고, 몸을 닦고 일을 행하는 것 역시 가볍게 보고 업신여기고 게으른 것이 많으니,11 이런 일

---

5 수운 선생 순도 이후 수없이 난립하던 동학계열 종단들 속에서 끊어질 뻔한 도맥이 이어짐은 물론 충청, 강원, 전라도와 평안도까지 포덕이 이루어지고 경전을 인쇄하며 도의 조직을 갖춘 것은 온전히 해월 선생의 공이다.

6 당시에 동학을 하는 것은 자신의 목숨과 가족, 재산 등 자신의 모든 것을 잃을 위험과 함께하는 것이었다. 그렇게 숨어서 점 조직으로 가르침을 전하다 보니 멀리 떨어져 있고 여러 가지 사정으로 지도가 잘 되지 않을 경우 신앙을 포기하는 경우도 많았을 것이고, 자의로 해석하고 공부하여 교문을 분립하는 사례도 많았다.

7 "한 소쿠리 더했으면 여한 없이 이룰 공을…." 용담유사 흥비가에 나오는 말씀으로 하는 일에 대한 믿음이 부족하여 중도에 멈추는 것을 경계하신 말씀.

8 서경 太甲 下편. 이윤이 왕에게 '하늘은 특정한 사람을 친하시지 않고 경건한 사람을 친하시며, 백성들은 특정한 사람만을 그리워하는 것이 아니라 어진이를 그리워하며, 귀신은 특정한 사람의 제사만 받아들이는 것이 아니라 정성스러운 사람의 제사를 받아들이니 하늘이 주신 자리는 지키기 어려운 것'이라고 설명하는 구절.(이기동 역해, 서경강설, 251) 한울님은 무선무악한 진리이니, 다만 성경신으로만 함께할 수 있을 뿐이다.

9 "유부녀를 막는 것은 나라 법으로도 금하는 것이요…."(동경대전, 수덕문)

10 한 집안의 식사(개인의 외유기화)와 제사(가족집단의 기화와 소통), 자녀 양육(종적인 연결과 장생)이 모두 부인 관장 하에 이루어진다. 또한 사회적 역할도 여성적 모델이 중시되는 시대가 되었다. 여성 교육과 수도가 앞으로의 사회 모습을 결정 지을 것이다.

11 내정은 스스로 솔선하고 부인을 공경하며 이루어진다. 그런데 부인에게 공경하기는 고사하고 스스로의 수양도 게을리 하면 어찌 되겠는가?

이 많음으로써 방에 들어가는 것은 고사하고 나루터를 묻는 것도 기약할 수 없으니,12 어찌 두렵고 민망할 일이 아니겠는가.

30-4. 自非生知者 必資下學而上達 夫不敎而善上智也 敎而後善中智也 敎亦不善下愚也

생이지지가 아니면 반드시 배워서 통달하나니, 대개 가르치지 않아도 착하게 되는 것은 상지上智요, 가르친 뒤에 착하게 되는 것은 중지中智요, 가르쳐도 착하게 되지 않는 것은 하우下愚니라.13

30-5. 人之智愚不同 聖凡雖異 作之不已 愚可以爲智 凡可以入聖 務須明心修德 勿棄老耄之言 益勉涵養之心

사람의 지혜롭고 어리석음이 같지 아니하고 성범이 비록 다르나, 작심하여 쉬지 않으면 어리석음이 가히 지혜롭게 되고 범인이 성인으로 될 수 있으니, 모름지기 마음을 밝히고 덕을 닦는 것을 힘써서, 늙은 사람 말이라도 버리지 말고 더욱 함양하는 마음을 힘쓰도록 하라.14

---

12 입실은 학문이나 기예의 심오한 뜻을 터득하여 높은 경지에 이르렀다는 의미, 문진은 학문의 입구를 알려주길 청한다는 뜻의 관용어. 그러므로 이 구절은 '방에 들어가고 나루터를 묻는다'고 직역할게 아니라 '도의 깊은 뜻을 깨닫기는 고사하고 도에 입문조차 기약할 수 없으니'라고 번역해야 한다. 예부터 수행하는 곳에 가면 방에서 조용히 공부하기 전에 청소와 부엌일 등의 허드렛일을 먼저 해야 했다. 그럼으로써 공부하기 전, 속세의 때를 벗기고 마음의 근기를 다진 후에야 스승의 가르침을 받을 수 있었다. 그렇게 공부를 시작한 제자를 入門 제자, 스승의 비전을 온전히 전수받은 제자를 入室 제자라 했다. ★ "자로는 마루에는 올라섰으나 아직 방에 들어가진 못했다(由也, 升堂矣, 未入於室也)" 논어, 선진편. 승당이란 대청마루에 오른 것이니 상당한 수준에 이른 것이고, 방에 들어선 것은 집에서 주인의 위치가 되었다는 뜻이니 최고의 수준이 된 것을 뜻한다.

13 生而知之는 성인이고, 學而知之는 범인, 困而得之는 어리석은 사람을 뜻한다.

14 똑똑하고 부자인 사람도 마음이 이리저리 흔들리고 헛된 것에 빠지면 패가망신하는 반면, 범재이고 가난한 사람도 노력이 지극하여 자신의 분야에서 일가를 이룬 이도 많다. 우리가 공부하고 노력하는 이유가 이 때문이 아니겠는가? "그 사람의 귀천의 다름을 명하고 그 사람의 고락의 이치를 정했으나, 그러나 군자의 덕은 기운이 바르고 마음이 정해져 있으므로 천지와 더불어 그 덕에 합하고 소인의 덕은 기운이 바르지 못하고 마음이 옮기므로 천지와 더불어 그 명에 어

三十一. 修道수도

31-1. 李斗璜問曰「人之修道也 心修爲主 心修之地 災苦多矣故 不能心修 如何修之可也」

이두황이 묻기를 「사람의 도 닦는 것이 마음 닦기를 주로 하나, 마음을 닦는 데는 재난과 고통이 많으므로 능히 마음을 닦을 수 없사오니, 어떻게 닦는 것이 옳습니까.」1

31-2. 神師曰「人之平生以苦而思之則 無不苦難之事也 以樂而思之則 無不安樂之事也 有苦之時 反思安樂之地 萬事成就在於誠 極誠之心無不樂也」

신사 대답하시기를 「사람 평생을 고생이라고 생각하면 괴롭고 어려운 일 아닌 것이 없고, 낙으로 생각하면 편안하고 즐거운 일 아닌 것이 없나니, 고생이 있을 때에는 도리어 안락한 곳을 생각할 것이니라.2 만사를 성취하기는 정성에 있나니, 정성을 지극히 하는 마음에는 즐겁지 않은 것이 없느니라.」

31-3. 羅龍煥問曰「吾道 自龍潭淵源而各派分布頭目之別 頭目道通以後在下者道通乎」

나용환3이 묻기를 「우리 도는 용담 연원으로부터 각파 두목 별로 분포가 되

기나니, 이것이 성쇠의 이치가 아니겠는가….」(동경대전, 논학문)

1 수운 선생이 은적암으로 가실 때 들른 마을에서 촌로들이 세상에서 가장 무서운 것이 무엇인가를 논하니 '無罪之地'가 가장 무섭다고 하신 적이 있다. 무죄지지란 곧 마음이니, 마음으론 어떤 죄를 지어도 알 수 없고 확인할 수 없기 때문이다. 또한 마음은 이리저리 움직이는 것을 제어하기 어려우니 이를 자유로 조절하려면 잘 닦아야 한다.

2 부정적인 시각으로 보면 아무리 좋은 조건에 있어도 괴로울 것이나, 나쁜 상황에 처했어도 그것을 자신을 위한 단련이라고 여긴다면 기꺼이 받아들일 수 있다. 뿐만 아니라 그것을 극복한 뒤의 자신감과 경험은 발전된 모습으로 가는 열쇠일 것이니 이런 희망은 현재 상황에 관계없이 사람을 행복하게 한다. 나의 욕심으로 보면 고생이지만 한울님 마음으로 보면 나를 성장시키는 거름일 수 있으니 기쁨이다. 불연이요 기연이다. "고생은 희락이라….''(용담유사, 교훈가)

었으니, 두목이 먼저 도를 통한 뒤에라야 아래 있는 자가 도통할 수 있습니까.」[4]

31-4. 神師曰「極誠者道通矣 設使頭目言之 未爲至誠者 豈可能道通望之乎 人皆修道之法相傳而布德也 或有傳道者背道 受其在下布德者就中不無篤信者也 斯也者必由自誠而道通者也 眞實者 道通也 有才有能智者心柱難定故 心有移覆實難道通矣」

신사 대답하시기를 「지극히 정성을 드리는 이라야 도를 통할 것이니, 설사 두목이라고 말할지라도 지극한 정성을 드리지 아니하면 어떻게 도통하기를 바랄 수 있겠느냐. 사람이 다 도 닦는 법을 서로 전하면서 포덕을 하지마는, 혹 도를 전한 이가 배반하더라도 그 아래에서 포덕을 받은 이는 그 가운데 독신자가 없지도 아니하니, 이런 사람은 반드시 자기 정성으로 인하여 도를 통할 것이니라. 진실한 이라야 도를 통하는 것이니, 재주 있고 꾀 있는 사람은 심주를 정하기 어려우므로, 마음이 옮기고 번복되어 실로 도통하기 어려우니라.」[5]

---

3 나용환(1864-1936) 호 봉암(逢菴). 평남 성천 生. 23세 때 동학에 입도(入道). 1894년 동학혁명의 지도자로 활약. 1919년 3·1운동 당시 민족대표 33인 가운데 한 사람으로서 독립선언서에 서명, 2년간 옥고를 치름. 출옥 후 천도교 도사(道師)로 활동. 1962년 건국훈장 대통령장 추서.
4 용담연원은 수운 선생으로부터 도맥이 시작되었음을 뜻한다. 이것이 현재 연원으로 이어진다.
5 "나는 도시 믿지 말고 한울님을 믿었어라. 네 몸에 모셨으니 사근취원 하단말가."(용담유사, 교훈가) 스스로 모신 한울님을 깨닫는 것이 동학의 본질이다. 스승의 지도와 가르침은 깨닫기 위한 방편일 뿐이다. 본인 의지가 없다면 스승이 아무리 애쓴다 한들 공부가 될 리 없다. 반대로 스승이 도를 떠나도 본인 믿음이 확고하고 정성이 지극하면 도를 이룰 수 있을 것이다. 또한 재주 있는 사람보다 둔하지만 진실된 사람이 도를 통할 것이란 말씀은 얼마나 귀한 말씀인가? 다산의 강진 유배시절 제자인 황상이 그런 사람이었다.(수도 공부하기 참조)

<수도 공부하기>

1. 정약용과 황상

다산 정약용이 신유박해 때 중죄인으로 분류되어 강진 땅으로 유배되었다. 그때 유배지에서 그는 많은 제자를 길렀고, 그들 중 이강희, 이청, 윤창모 등 여럿이 큰 학자로 성장했다. 그중에 황상이라는 제자도 있었다.

서울에서 온 훌륭한 선생님이 아전의 아이들 몇을 가르친다는 말을 듣고 용기를 내어 찾아가 다산과 첫 만남이 시작된 때 황상 나이 15세였다. 그렇게 며칠을 쭈뼛쭈뼛 글을 배우던 7일째 되던 날 다산은 황상에게 글 한 편을 써 주었다. 이 글은 다산 문집에는 없고 황상 문집에만 실려 있다.

내가 황상에게 문사 공부할 것을 권했다. 그는 쭈뼛쭈뼛하더니 부끄러운 빛으로 사양하며 이렇게 말했다.

"선생님, 제가 세 가지 병통이 있습니다. 첫째는 머리가 둔한 것이요, 둘째는 앞뒤가 꽉 막힌 것이며, 셋째는 답답한 것입니다. 이런 제가 문사를 공부할 수 있겠습니까?"

내가 말했다.

"배우는 사람에게 큰 병통이 세 가지가 있다. 네게는 그것이 없구나. 첫째 외우는 데 민첩한 사람은 소홀한 것이 문제다. 둘째로 글 짓는 것이 날래면 글이 가벼이 들떠 날리는 게 병통이지. 셋째 깨달음이 재빠르면 거친 것이 폐단이다. 대저 둔한 데도 계속 파고드는 사람은 구멍이 넓게 되고, 막혔다가 뚫리면 그 흐름이 성대해진다. 답답한데도 꾸준히 연마하는 사람은 그 빛이 반짝반짝하게 된다. 그러면 파고드는 것은 어떻게 해야 할까, 부지런히 해야 한다. 뚫는 것은 어찌하나, 부지런히 해야 한다. 연마하는 것은 어떻게 할까, 이 역시 부지런히 해야 한다. 그렇다면 부지런히 하는 마음은 어떻게 지속하느냐, 마음을 확고하게 다잡아야 한다."(정민, 미

처야 미친다)

황상은 스승의 가르침을 잊지 않았다. 황상은 스승을 처음 뵌 날로부터 60주년이 되는 임술년(1862년), 나이 75세의 노인이 되어 그때를 회상하는 글을 남겼는데 그중에 위 내용이 있다.

해월 선생도 수운 선생의 다른 제자들이 강령과 강화를 체험하며 수행의 진도가 빠른 것을 부러워하던, 좀 더딘 제자였다. 그러나 그 성실함과 진실함이 대도를 깨닫게 하였지 머리가 뛰어난 것이 도를 깨닫게 한 것이 아니었다.

三十二. 三災삼재[1]

32-1. 南啓天問曰「三災何可以免乎」神師曰「三災中 戰亂謀避之事 最可易也 敵兵來襲 殺害人民之時 使義氣男兒 接近於敵前 以充其所欲而工作平和則可免也 兇年 始自平年而節用 貯藏七年之糧 天理未有七年之兇 可爲免凶也 是人人團結而 協力可能也 疾病人皆守心正氣而 心和氣和則 能可免也」

남계천이 묻기를「세 가지 재앙은 어떻게 면합니까.」신사 대답하시기를「삼재 가운데 전란을 피하는 일이 가장 쉬우니, 적병이 습격하여 와서 인명을 살해할 때에 의기 남아로 하여금 적군 앞에 나아가 그의 욕망을 채워주고 평화를 공작하면 가히 면할 것이요, 흉년은 처음 평년부터 절용하여 칠년 간의 양식을 저장하여 둘 것이니라. 천리가 아직까지는 칠년 흉년은 없었느니라. 가히 흉년은 면할 것이니, 이것은 사람사람이 단결하고 협력하면 가능할 것이요, 질병은 사람이 다 수심정기 하여 마음이 화하고 기운이 화하면 능히 면하리라.」[2]

---

1 삼재란 사람에게 닥치는 세 가지 재해(災害). 병난(兵難)·역질(疫疾)·기근(飢饉) 또는 수재(水災)·화재(火災)·풍재(風災)를 말한다.

2 조선 말 당시의 혼란한 시기는 물론이고 현재도 누구나 어찌하면 재앙을 피할 수 있는지가 관심거리이다. 모든 생명 원리가 무왕불복이므로 낮과 밤이 있고, 오르막과 내리막이 있듯이 누구에게나 시련은 있다. 물론 시련 뒤 낙도 있다. 예부터 시련 중에 큰 시련을 삼재라 하며 두려워한 듯하다. 그러나 일과 사물의 이치를 알고 자연히 극복할 수 있음을 알면 무엇이 두려우랴. 내가 억지로 피하려 하지 않아도 천지의 덕에 합하면 자연히 이겨낼 것이니 이것이 '무위이화'다. 수운 선생도 "삼칠 자를 그려내니 세상 악마 다 항복하네."(동경대전, 강시)라고 하셨다. 삼칠 자는 나의 욕심과 각자위심을 버리고 한울의 덕을 따르는 법문이요, 세상악마는 모든 재앙을 뜻하는 것이 아니겠는가? 이 세 가지 재앙을 다스리는 구체적인 가르침이 의암성사의 삼전론(전란은 삼전론 총론을, 흉년은 재전 참조)과 위생보호장(질병과 건강)이다. ★ 자공이 공자에게 나라를 다스리는 방법에 대해서 물었다. "선생님, 어떻게 나라를 다스려야 합니까?" "양식을 늘리고, 군비를 확충하며, 백성들로부터 신임을 얻어야 한다. 이 세 가지가 가장 중요하다." 자공이 계속해서 공자에게 물었다. "그렇다면 만일 부득이해서 세 가지 중에 하나를 버려야 한다면 어느 것을 버려야 합니까?" "군비를 버려야 한다." 공자는 조금도 망설이지 않고 대답했다. "두 개 중에서 또 다시 하나를 버려야 한다면." "양식을 버려야 한다. 양식이 없다고 해서 모두가 죽는 건 아니다. 그러나 만일 백성의 신임을 얻지 못한다면 그것은 양식과 군비는 물론이고 나라마저 지탱할 수가 없기 때문이다."(논어, 안연편)

三十三. 布德포덕1

33-1. 李鍾玉問曰 「布德之方策如何乎」 神師曰 「人皆不無妻男妹夫之間矣 爲先妻男妹夫布德可也」

이종옥이 묻기를 「포덕하는 방책은 어떻게 합니까.」

　신사 대답하시기를 「사람은 다 처남과 매부가 없지 않을 것이니 먼저 처남과 매부를 포덕하는 것이 옳으니라.」2

33-2. 金洛三曰 「全羅道有多發 布德之情 南啓天本是非土班 入道後 以南啓天便義長之重職 統率道衆 道衆落心者多矣 願撤回南啓天便義長之帖紙爲望耳」

김낙삼이 묻기를 「전라도에는 포덕이 많이 될 수 있는 정세이나 남계천이 본래 본토 양반이 아니었는데 입도한 뒤에 남계천에게 편의장이란 중책으로 도중을 통솔케 하니 도중에 낙심하는 이가 많습니다. 원컨대 남계천의 편의장 첩지를 도로 거두시기 바랍니다.」3

---

1 포덕인가, 포교인가? 포교는 진리를 내가 아니까 따르고 배우라는 지식 전달에 가까운 개념이고, 포덕은 만물이 시천주한 존재이므로 모시고 섬기는 덕을 함께 실천하는 것이다. 즉 포덕은 단순한 지식 전달이 아닌 도의 실천과 실현을 펴 나감을 뜻한다. 포덕에 대한 말씀은 수운 선생이 수덕문에서, 득도하신 뒤에도 '포덕할 마음은 두지 않고 지극히 치성할 일만 생각하였노라.'하신 글에 처음 나온다. 여기서 포덕은 자신이 깨달은 진리를 다른 사람에게 전하는 것과, 덕을 실천하는 두 가지 뜻이 모두 담겨 있다. 왜냐하면 예부터 도와 덕은 동전 양면과 같아서 한울님의 진리를 도라 한다면 그것이 세상에 실현되고 실천되는 모든 것이 덕이기 때문이다. 그러므로 세상에 실현되는 덕이 없다면 그것은 참된 도가 될 수 없는 것이다. 옛사람들에게 앎이란 아는 것을 실천하고 어긋남이 없는 것을 포함하는 것이기 때문이다. 수운 선생이 한울님께 처음 받은 가르침이 "나에게 영부 있으니 사람들을 질병에서 구하라"였다. 천도교의 목표는 바로 이것이다. 사람들을 질병에서 구하는 것. 지금 세상 사람들은 개인적 질병, 사회적 질병, 환경오염이라는 지구적 질병 등으로 고통 받는다. 이를 구제하기 위한 모든 활동이 천도교 포덕이 될 것이다.

2 덕이란 삶의 구현이다. 그러므로 나의 삶을 이해하지 못하는 사람에게 덕을 함께하자고 할 순 없을 것이다. 그렇기 때문에 포덕 대상은 항상 내 삶의 주변에 있는 사람이 우선일 수밖에 없다. 수운 선생의 첫 번째 포덕도 부인이 대상이었다.

3 포덕31년(1890)이후 호남에 엄청난 포덕이 이루어졌다. 포덕32년 3월에는 늘어난 도세만큼 접

33-3. 神師曰「所謂班常之別 人之所定也 道之職任天主之所使也 人豈可以
能天定之任撤回乎 唯天無別班常而賦其氣寵其福也 吾道輪於新運而使新人
更定新制班常也 自此以後 吾道之內一切勿別班常 我國之內 有兩大弊風 一則
嫡庶之別 次則班常之別 嫡庶之別亡家之本 班常之別亡國之本 此是吾國內痼
疾也 吾道頭目之下 必有百勝之大頭目 諸君愼之 相互以敬爲主 勿爲層節 此
世之人 皆是天主生之 以使天民敬之以後 可謂太平也」

신사 대답하시기를 「소위 반상의 구별은 사람의 정한 바요 도의 직임은 한
울님이 시키신 바니, 사람이 어찌 능히 한울님께서 정하신 직임을 도로 거
둘 수 있겠는가. 한울은 반상의 구별이 없이 그 기운과 복을 준 것이요, 우
리 도는 새 운수에 둘러서 새사람으로 하여금 다시 새 제도의 반상을 정한
것이니라. 이제부터 우리 도 안에서는 일체 반상의 구별을 두지 말라. 우리
나라 안에 두 가지 큰 폐풍이 있으니 하나는 적서의 구별이요, 다음은 반상
의 구별이라. 적서의 구별은 집안을 망치는 근본이요 반상의 구별은 나라를
망치는 근본이니, 이것이 우리나라의 고질이니라. 우리 도는 두목 아래 반
드시 백 배 나은 큰 두목이 있으니, 그대들은 삼가라. 서로 공경을 주로 하
여 층절을 삼지 말라. 이 세상 사람은 다 한울님이 낳았으니, 한울 백성으로
공경한 뒤에라야 가히 태평하다 이르리라.」4

조직이 증가하여 이를 원만히 조정하기 위한 편의장제를 만들었다. 부안 윤상오를 전라우도 편
의장, 익산 남계천을 전라좌도 편의장에 임명하였는데 이때 윤상오 쪽 도인들이 남계천이 천민
출신이라 하여 알력이 생겼다. 두 조직 간 알력이 심해지자 해월 선생은 잘못된 생각을 바로잡기
위해 남계천을 좌.우도 편의장 겸 도접주로 승격시켜 임명하였지만 윤상오를 따르는 도인들이
반발하자 포덕32년 5월에 직접 호남으로 내려가 이를 바로 잡으신다.

4 누구나 한울님을 모셨다는 시천주를 배우고 따르는 교단 내에서도 이런 일이 벌어지니, 사람이
평생을 지녀온 습관심과 육신 관념은 이리도 개벽되기 어려운가 보다. 조선시대에는 반상과 적
서의 차별이 문제가 되었지만 지금은 어떠한가? 학력과 재산과 외모 등이 사람들을 판단하고 차
별하는 새로운 기준이 된다. 아직 개벽은 멀리 있는가?

三十四. 吾道之運오도지운

34-1. 申澤雨問曰「因甲午戰亂而吾道批評怨聲者多矣 如何方策能免此怨聲乎」神師曰「論擧甲午之事則不爲人事 天命之爲事 怨人怨天自後 天示歸和無爲怨聲 反於贊成 如甲午之時到來而爲甲午之事則 吾國之事 緣由於此而光輝喚起世界人民之精神也」

신택우 묻기를「갑오 전란으로 인하여 우리 도를 비방하여 평하고 원망하는 사람이 많으니 어떤 방책으로 능히 이 원성을 면할 수 있습니까.」[1]

신사 대답하시기를「갑오 일로 말하면 인사로 된 것이 아니요 천명으로 된 일이니, 사람을 원망하고 한울을 원망하나 이후부터는 한울이 귀화하는 것을 보이어 원성이 없어지고 도리어 찬성하리라. 갑오년과 같은 때가 되어 갑오년과 같은 일을 하면, 우리나라 일이 이로 말미암아 빛나게 되어 세계 인민의 정신을 불러일으킬 것이니라.」[2]

34-2. 李容九曰「自甲午以後 我國王變於皇名 三政丞變於十部大臣之名 門戶開放而通商世界各國 文物輸入者多矣 此是對吾道而利害如何乎」神師曰「吾道之運 與世同歸 變於國政 亦由於吾道之運 吾道亦當此運而一變之後 必至大榮矣 吾道之名義 不久布揚於世界 首都長安大建廣堂 誦呪之聲沖天由時曰 顯道也 以後 又有甲午恰似之事 外國兵馬 聚驅於我國疆土內而爭奪矣 當

---

1 봉건시대의 형벌은 연좌제를 근간으로 한다. 연좌제는 범법한 당사자 외의 가족에게도 그 책임을 묻는 것으로 대역죄의 경우 본가, 외가, 처가 삼족을 멸하였다. 동학혁명 이후 가장 많은 희생자를 낸 호남 지역에서 살아남은 사람들은 이런 혹심한 상황을 살아내야 했고, 그 참혹한 기억들은 지금도 '동학 하면 집안 망한다'는 구전으로 이어진다.(필자도 돌아가신 외할머니에게 같은 이야기를 들은 바 있다)
2 갑오 동학혁명은 안으론 봉건 왕조의 폭정과 밖으로 제국주의 침략에 맞선 순수한 민중의 자발적 봉기였다. 우리나라와 동아시아에 그 영향이 폭 넓게 미쳤음은 물론이다. 이후 갑오년과 같은 봉기는 3.1운동이 세계에 민족의 의지를 천명한 쾌거로 이어졌다.(동학혁명에 대해선 오도지운 공부하기 참조)

此時而善處則 顯道容易 若不善處則 還是憂患矣」

이용구 묻기를「갑오 이후로부터 우리나라에는 왕이 황이란 이름으로 변하고, 삼정승이 십부 대신의 이름으로 변하고, 문호를 개방하여 세계 각국과 통상함으로써 문화와 물품을 수입하는 것이 많으니, 이것이 우리 도에 대하여 이해가 어떠하오리이까.」3

신사 대답하시기를「우리 도의 운수는 세상과 같이 돌아가는 것이니4 나라 정치가 변하는 것도 또한 우리 도의 운수로 인한 것이니라. 우리 도도 이 운수를 당하여 한 번 변한 뒤에라야 반드시 크게 번영하리라. 우리 도의 이름과 주의를 멀지 아니하여 세계에 펴 날리고, 서울 장안에 크게 교당을 세우고, 주문 외우는 소리가 한울에 사무치리니, 이때를 지나야 현도라고 이르느니라.5 이 뒤에 또 갑오년과 비슷한 일이 있으리니 외국 병마가 우리 강토 안에 몰려들어 싸우고 빼앗고 하리라.6 이때를 당하여 잘 처변하면 현도가 쉬우나, 만일 잘 처변치 못하면 도리어 근심을 만나리라.」

34-3. 孫秉熙曰「遭戰亂則 各國相互間 使兵器而決勝負 當此時 吾道人處於

---

3 제도는 변했지만 그것이 사회와 나라 힘을 키우는 데까지 이어지지 못했다. 여러 가지 요인이 있었겠지만 가장 큰 요인은 역시 나라를 바꿔 나가는 데 대한 비전 제시와 그를 따르는 국민적 합의 부족이 내부 요인이라면, 일본을 위시한 외부 세력의 이권을 위한 간섭이 외부요인이었을 것이다. 현재 한반도를 둘러싼 내부적 갈등과 외부적 상황이 이때와 크게 다르지 않다.

4 "이 세상 운수는 세상과 같이 돌아가는지라."(동경대전, 논학문) 세상과 격리되어 혼자 살 수 없는 이상 세상이 변함에 따라 개인의 삶도 변하고, 그 삶을 지도하고 이끄는 가르침과 도도 변해야 할 것이다. 그것이 또한 용시용활이다.

5 지금은 동학시절 같이 숨어서 신앙하진 않지만 스승님 말씀처럼 시천주 진리가 세계에 펴지진 못하고 있다. 일제와 분단을 거치면서 은도 아닌 은도를 하는 상황이다. 진정한 현도는 사람들이 거짓된 가르침에 더 이상 현혹되지 않고 시천주 진리를 따르는 모습이 우리나라에 국한한 특수한 것이 아니라 모든 나라에 일반된 현상이 되는 때일 것이다. 그를 위해 해야 할 일들이 무엇일까?

6 갑오년 이후 러일 전쟁이 이 땅에서 벌어졌고, 이 때 성사께서 동학을 천도교로 대고천하 하며 현도하였다. 그러나 이후 조선은 일본의 마수를 벗어나지 못했다. 혹자는 외국 병마가 몰려와 싸운 것을 한국전쟁으로 해석한다. 어쨌거나 자국 영토 안에 외국군이 싸움을 벌이는 것은 그 나라의 모든 상황이 정상이 아님을 뜻한다. 바르지 못한 것을 바르게 하는 것, 이것이 개벽이 아닌가!

兩國交戰之間 如何善心得勝乎」神師曰「戰爭 只爲兵器而得勝者未之有也 凌
駕兵戰者策戰 計策至大也 西洋之武器世人無比對敵者 武器謂之殺人器 道德
謂之活人機 君等當此時修道極誠可也 大戰爭後 必有大平和 戰爭者平和之本
也 志在東方 機在西方 雲捲西山則 翌日淸明矣 人無一人捨朽 一人一捨 毁害
大事 用事人皆有特技專能 擇定於適材適所則 無不成功者未之有也」

손병희 묻기를「전란을 당하면 각국이 서로 병기를 가지고 승부를 결할 것
이니, 이때를 당하여 우리 도인은 두 나라가 서로 싸우는 사이에서 어떤 좋
은 생각으로 이길 수 있습니까.」

신사 대답하시기를「전쟁은 다만 병기만 가지고 이기는 것은 없느니라.
병전을 능가하는 것은 책전이니, 계책이 지극히 큰 것이니라. 서양 무기는
세상 사람이 견주어 대적할 자 없다고 하나 무기는 사람 죽이는 기계를 말
하는 것이요, 도덕은 사람 살리는 기틀을 말하는 것이니, 그대들은 이때를
당하여 수도를 지극한 정성으로 함이 옳으니라.7 큰 전쟁 뒤에는 반드시 큰
평화가 있는 것이니, 전쟁이란 평화의 근본이니라. 사상은 동방에 있고 기
계는 서방에 있느니라.8 구름이 서산에 걷히면 이튿날이 맑고 밝으니라.9
사람은 한 사람이라도 썩었다고 버릴 것이 없나니,10 한 사람을 한 번 버리

7 전쟁을 일으키는 것도 힘이고, 전쟁을 막는 것도 힘이다. 힘의 균형이 전쟁을 예방하므로 무기(군
대)는 최소한의 필요악이다. 그러나 그 무기를 사용하는 것도 사람이므로 사람의 마음을 잘 다스
리는 수도가 더 중요하다. 바른 마음을 가진 사람이 무기를 가지면 평화를 지키는 방패가 되지만
악한 마음을 가진 사람이 가지면 사람을 해치는 흉기가 된다.(의암성사법설, 삼전론 참조)
8 기계 문명이 서양에서 발달했지만 사상은 어떠한가? 그리스 이후 서양 철학은 그 깊이와 정밀
함이 뛰어나다. 그러나 그것은 신화적 일신교를 극복하지 못했고, 개인의 삶을 이해하기 위한
분석은 뛰어나되 우주적 통합체로서의 생명을 이해하고 그에 따른 비전을 제시하지 못하고
있다. 동학은 이러한 사상과 삶을 하나로 통합하여 제시하며 그 삶이 개체로 단절되는 것이
아니라 우주적 차원으로 이어지는 진리이므로 그 차원이 다르다.(오도지운 공부하기 참조)
9 서산은 동학이나 우리나라 앞길을 막는 세력으로 흔히 표현되곤 했다. 구름 또한 밝은 빛을 가리
는 것이므로 대도의 앞길을 방해하는 魔로 볼 수 있다. "동산이 밝고 밝아 오르고자 함이여, 서봉
은 무슨 일로 길을 막고 막는고."(화결시) "서산에 구름 걷히고 모든 벗 모이리니, 처변을 잘못하
면 이름이 빼어나지 못하리라."(동경대전,우음)
10 "양공은 구부러진 재목을 거절하지 아니하고…"(해월신사법설, 대인접물)

면 큰일에 해로우니라. 일을 하는 데 있어 사람은 다 특별한 기술과 전문적 능력이 있으니, 적재적소를 가려 정하면 공을 이루지 못할 것이 없느니라.」11

<오도지운 공부하기>

1. 동학혁명

포덕35년(1894) 1월, 고부 접주 전봉준이 고부에서 봉기하여 동학혁명 1차 봉기가 시작되었다. 고부 봉기는 해월 선생의 포덕으로 커진 동학교단 조직과 신원운동을 거치면서 축적된 운동 역량을 바탕으로 하고, 수운 선생의 신원과 이를 통한 신앙의 자유를 요구하는 것이 원인遠因으로, 관리의 탐학에 대한 민중 봉기와 전봉준 개인 원한과 야망이 근인近因으로 작용했다.

동학혁명의 원인을 요약해 보면 대략 다음과 같다.

1) 국제적 상황 : 서세동점의 제국주의 침략에 맞선 국권 수호; 보국안민

2) 국내적 상황 : 왕조 말기 현상, 가렴주구로 도탄에 빠진 민중의 삶 구제; 제폭구민

3) 동학 내부 상황 : 신원운동 등 통한 자체 역량 강화, 탄압에 맞서 자유로운 신앙생활에 대한 요구; 지상천국 구현.

이때 4월 2일 신사께서 각지 두목을 청산에 모이게 한 후 "혁명은 도문에 바른 법이 아니니 전봉준에게 그 잘못을 성토하게 하라"시며 경고문을 보내시었다. '경고문 –…경에 이르되 <현기玄機는 불로不露라 물위심급勿爲心急하라> 하였으니 마음을 급하게 하지 말고 후일을 기다리라.' 그러나 혁명

---

11 모래가 쌓일 수 있는 것은 미세한 모래 알갱이들도 다 크기와 모양이 다르기 때문이다. 사람도 그 능력과 재능이 다 다르므로 서로 도우며 살 수 있다. 그러므로 세상 누구도, 어느 일 하나도 중요하고 소중하지 않은 것이 없다.

은 이미 자체 동력으로 진행되고 있었고 4월 27일에는 전주가 함락되어 전주화약이 성립, 호남 53개 군현에 집강소와 폐정 개혁안이 시행되기에 이른다. 7월엔 일본군이 상륙해 친일 김홍집 내각을 출범시키고 8월 1일엔 청일전쟁이 시작되었다. 이에 9월에 다시 대도소를 설치하고 봉기하니 이것이 2차 봉기이다.

9월 들어 신사께서 일본군이 곳곳에서 교도들을 마구 참살한다는 보고를 듣고 이에 대처하기 위해 각 포 두령들을 충청도 청산에 모이게 하여 논의케 하였는데 오지영이 호남을 순찰하고 돌아와 정세를 보고하고 손병희 등이 의거하기를 청하였다. 이때 김연국이 "전봉준, 김개남 등은 선생님의 명교를 받지 아니하고 자의로 혁명을 일으켰사오니 먼저 남접에 성토문을 내어 그 부당함을 책 한 후에 북접에서 의거하는 것이 좋겠나이다." 하니 신사께서 "이 또한 천명에서 나온 바이니 누가 옳고 그름을 과히 탓하지 말라. 인심이 곧 천심이라 이것이 천운이니 군 등은 도인들을 동원하여 전봉준과 협력해서 스승님의 억울함을 펴며 우리 도의 대원을 실현하라." 하시어 남북접이 공히 의거에 나서는 동학혁명 2차 봉기가 시작되었다.

동학혁명 당시 전봉준, 김개남, 손화중 등이 이끄는 호남 동학군을 남접이라 하고 손병희, 김연국, 손천민 등이 이끄는 충청도 도인들을 북접이라 하여 심각한 충돌이 있었던 것으로 주장하는 사람도 있다. 한국 사학계에서는 북접은 개인의 내면적인 수양에 의해서 후천개벽이 스스로 도래하리라는 것을 믿는 신비주의적인 수양 종단으로, 남접은 단지 동학을 농민혁명을 위해 이용할 수 있는 발판으로 삼은 것이라는 시각도 있었다. 따라서 한때 동학혁명에서 동학을 배제하고 단순히 농민에 의한 사회변혁 운동으로 의미를 격하시켜 명칭마저 '갑오농민전쟁'으로 부르는 경향도 있었다.

남접과 북접의 갈등, 더 나아가 북접의 반동적 역할을 지적하는 가장 단적인 증거로 제시되는 것이 해월신사가 전봉준에게 보낸 "기포하지 말라"

는 경고 편지이다. 이는 '탄도유심급'의 구절을 인용하여 현묘한 기틀이 아직 드러나지 않았으니 마음을 급하게 갖지 말고, 훗날 공을 이루어보자는 내용이다. 현묘한 기틀이란 크게는 우주적인 변화의 기틀이며 작게는 왕조의 변혁이나 사회 전체의 구조적 개혁의 기틀을 뜻하기도 한다. 그러므로 '현기불로玄機不露'란 넓게 보면 후천개벽의 큰 계기가 될 기틀이 나타나기에는 아직 시간이 필요하다는 뜻이요, 좁게는 정치적 사회적 변혁의 결정적 시기가 아직 성숙하지 않았다는 뜻이 된다.

이렇게 '현기불로'란 말을 결정적 계기의 미성숙으로 해석한다면 해월신사의 만류를 당시 역사적 현실과 관련지어 어떻게 평가해야 할까? 당시 동학혁명의 직접적 성공 여부를 차치하고라도 혁명 후의 그 엄청난 살육과 탄압, 그 뒤 장구한 기간의 은도, 지하 시대를 충분히 음미해야 한다. 당시 동학혁명은 관군, 일본군, 청군의 공격은 물론, 지역공동체 내부에서도 양반계급의 공격을 받는 등 사면 공격을 받았다. 그러나 그 뒤 을미의병 전쟁에서는 양반 상놈을 막론하고 전 민중이 일본에 항거하여 대규모 민족운동을 일으켰다. 역사에 가정은 있을 수 없지만, 만약 전 국토, 전 민족적인 의병 전쟁이 수천 년에 걸친 사회제도를 타파하고 사회적 질곡을 혁파하려는 동학의 후천개벽 운동과 통일을 이룩할 수 있었다면 어떻게 되었을까?(김지하, 동학이야기, 솔, 1994, 101-104쪽)

혁명은 현실 정체의 변혁을 추구한다. 그러나 정체 변혁으로 사람들의 마음까지 개벽시킬 수는 없다. 정권이 바뀐다고 개벽이 되는 것은 아니다. 게다가 당시 동학 세력에 조선이 처한 현실의 정치와 경제, 국제정세를 개혁할 비전과 준비가 되어 있었는가를 엄밀히 따져 봐야 한다. 그러므로 신사가 처음엔 혁명을 반대하신 것이다. 그러나 정당한 권리를 주장하고 진리 실현을 위한 현실적 노력은 계속 되어야 하므로 나중엔 총궐기를 명하였고, 실패한 뒤에도 긍정적 평가를 하신 것으로 여겨진다.

권력이란 사람들 사이의 갈등을 조정하기 위해 대리인에게 자신의 권리를 위임한 것이 시작이다.(명리전, 창세원인장 참조) 그러나 그것이 사람들을 억압하고 권력자의 사욕을 위한 수단으로 변질되어 간 것이 중세까지의 역사였고, 그러한 개인의 권리를 되찾고자 한 것이 근대 이후 인권과 민권운동의 역사였다. 조선조 말도 지배계층과 기득권층은 민중의 고통을 외면한 채 자신들의 이권을 지키기에만 급급했고, 스스로의 삶과 국가 공동체의 위기를 극복하기 위한 민중의 봉기를 외세와 결탁해 탄압하였다.(이삼성, 동아시아의 전쟁과 평화, 한길사)

결국 혁명이 성공했다고 해도 당시의 급변하는 대외 정세를 파악하고 대처하며 낙후된 국내의 사회제도를 개혁할 식견을 가진 인재를 길러내지 못한 상황이었기 때문에 외세의 침략을 막을 수 없었을 것이다. 그러므로 도를 수행하는 것은 마음공부이지만 그를 실천하는 것은 현실적인 실력의 양성이 필요한 것이다. 후일 이러한 반성이 의암 선생의 삼전론으로 정리가 되었다.

지금 상황은 어떤가? 제국주의는 보다 교묘하고 은밀한 세계화와 자유무역주의로 위장해 가난한 나라들을 수탈하고(장하준, 사다리 걷어차기) 독재 정권들은 민중의 삶을 곳곳에서 억압하며, 사람들은 아직 진리보다는 기복에 빠지고 사술에 속아 몸과 마음을 상한다. 이러한 모든 거짓과 부조리를 바로잡기 위한 개벽의 역사는 아직도 현재진행이며 반복된다.

어찌 됐든 동학혁명은 당시 개혁에 미온적이거나 외세 의존적 개혁을 통해 기득권만을 유지하려 했던 왕조와 관료 세력과는 달리 조선 내에 유일한 외세에 의존하지 않은 아래로부터의 혁명 기도였고, 또한 그 내용도 유교와 중국 중심의 세계관을 벗어난 인내천의 후천개벽을 지향한 근본적 혁명이었다. 또한 이 혁명의 실패로, 유일한 자발적 개혁 세력이 외세와 수구세력에 무참히 짓밟혀 자생적 근대화의 기회를 잃고 망국으로 본격적으로 진입하게 되었다. 실로 종교와 정치, 수행과 현실참여는 미묘한 균형과 깊은 성찰이 필요하다.(의암성사법설 천도태원경, 명리전, 삼전론 참조)

2. 사상은 동방에 있고 기계는 서방에 있다

동양과 서양의 차이는 여러 가지로 생각할 수 있다. 동양이 주관과 직관을 중시한다면 서양은 객관과 분석을 중시한다. 이러한 생각 차이는 삶의 태도에도 영향을 미쳐 서로 다른 문화를 이루며 살게 되었다. 철학적 관점에서 본다면 동양, 특히 중국 철학에서는 개인과 우주를 뚜렷이 구분하지 않는다. 사회와 우주 변화를 개인의 삶과 연결된 하나로 파악하는 반면, 서양 철학에서는 나와 세상과의 분리가 모든 사고의 출발이 되었다.

 "서양 근대사에서 가장 중요한 사건은 바로 아我의 자각이었다. '아'가 일단 자각한 후에는 세계가 '아'와 '비아非我'로 분리된다. 아는 주관적이며 아 이외 객관적 세계는 모두 비아이다. 아와 비아로 분리된 만큼, 주관과 객관 사이에는 넘을 수 없는 한계가 존재하게 되었고, 이로부터 아가 어떻게 비아를 알(인식할) 수 있는가 라는 문제가 뒤따라 생겼고, 마침내 인식론은 서양 철학의 중요 부분의 하나가 되었다.

 중국인의 사상 속에는 한 번도 아에 대한 뚜렷한 자각이 없었기 때문에 역시 한 번도 아와 비아가 뚜렷이 분리된 적이 없었고, 따라서 인식의 문제는 중국 철학에서 한 번도 큰 문제가 되지 못했던 것이다."(박성규 역, 풍우란, 중국철학사, 11)

 서양에서는 나와 세계를 분리하는 자각이 세상을 어떻게 인식할 것인가 하는 인식론의 발달과 세상을 어떻게 규정지을 것인가 하는 우주론의 발달로 이어졌다. 이것이 세상을 객관적으로 연구하는 자연과학의 발달과 현대의 기계 문명을 일구어 냈지만 이는 한편으로 세상을 기계론적으로만 해석하는 유물론적 사고와 내 이해관계에 따라 세상을 이용하는 제국주의, 환경

파괴의 부작용을 낳기도 했다.

반면에 동양에서는 나와 세상이 서로 연결된 하나로 보았기 때문에 어떻게 사는 것이 세상의 근본 이치, 즉 진리에 부합하는지가 주된 관심이었고, 그러므로 우주론보다는 세상을 어떻게 살아갈 것인지의 수양법, 즉 위학지방爲學之方이 발달했다. 이러한 태도는 '문자란 도를 싣는 수단에 불과하니, 도조차 문자 밖에 있는데 하물며 조직을 논하고 방법을 논할 수 있겠는가.'라는 주장에 함축되어 있다. 불가의 불립문자不立文字도 같은 논지이다. 이런 태도로 인해 논리학은 발달하지 못했지만 삶의 본질과 방법에 대해 천착하고 세상을 통합적으로 보며 사고하고 행동하는 전통을 낳게 된 것이다.

현대는, 지나친 학문의 세분화와 직업의 세분화, 삶의 다양함으로 인해 오히려 인간 자신이 소외 되면서 인간과 세계가 모두 피폐해지고 있다. 이때야말로 통합적이고 전인적인 동양적 사유 전통이 더욱 필요한 것이다.

(동양과 서양의 인식과 사고의 차이를 최근 쉽게 정리한 책이 'EBS 다큐멘터리 동과 서')

三十五. 降書강서1

35-1. 書曰「天降下民 作之君作之師 唯曰其助上帝」君以敎化禮樂 以和萬民 以法令刑戮 以治萬民 師以孝悌忠信 以敎後生 以仁義禮智 以成後生 皆所以助上帝者也 嗟我道人 敬受此書

서전에 이르기를「한울이 백성을 내리시어 임금을 내고 스승을 내었으니 오직 상제를 돕게 함이라」하였으니,2 임금은 교화와 예악으로 만민을 화하고 법령과 형벌로 만민을 다스리고, 스승은 효제충신으로 후생을 가르치고 인의예지로 후생을 이루게 하나니, 다 상제를 돕는 것이니라.3 아! 우리 도인들은 공경히 이 글을 받으라.

35-2. 葩經曰「畏天之威 于時保之」此敬天也

파경4(시전)에 이르기를「한울의 위엄을 두려워하여 이때 천명을 보존한다」하였으니 이는 한울을 공경함이오.5

35-3. 鄒聖曰「莫之爲而爲者天也」此 信天也 正心正身 勿獲罪于天 盡誠盡

---

1 포덕25년(1884) 10월 4일부터 24일까지 21일 기도를 마치고 지으신 글.
2 서는 사서삼경의 하나인 書經. 서경 周書 泰誓 상편 "天佑下民하사 作之君作之師하심은 惟其克相上帝하여 寵綏四方 이시니." 하늘이 하민을 도와 임금을 만들고 스승을 만드신 것은 오직 하느님을 잘 도와 사방을 사랑하고 편안케 하도록 한 것이니.(이기동 역해, 서경강설, 성균관대학교 출판부, 348쪽)
3 한울의 이치를 깨달은 사람이 성인이고, 성인의 가르침을 사람들에게 전하는 사람이 임금과 스승이다. 그 중 임금은 현실의 규제, 즉 법으로서 다스리며, 스승은 마음의 규제, 도덕을 가르친다. 임금은 오늘의 정치인으로 대별되고 스승은 교직자와 성직자로 대별될 수 있을까? "그렇게 세상이 되어서 임금을 내고 스승을 내었으니 임금은 법을 만들고 스승은 예를 가르쳤느니라."(동경대전, 불연기연 3절)
4 파경은 시경의 별명. 韓愈의 '進學解'에 나오는 '詩正而葩'에서 유래.
5 두려워함은 삼가고 공경함이다. 자존심과 아상이 가득 차 있으면 다른 사람을 인정할 수도 없고 진실을 볼 수도 없다. 마음을 비우고 낮춰야 보이는 법이다. 따라서 수운 선생도 팔절에서 한울마음인 밝음과 덕을 찾아가고 행하기 위한 수행이 정성과 공경과 두려워하는 것이라고 하셨다.

忠 勿獲罪于上

추성(맹자)이 이르기를 「함이 없이 되는 것은 한울이라」하였으니 이는 한울을 믿음이니라.6 마음과 몸을 바르게 하여 한울님께 죄를 얻지 말고, 정성과 충성을 다하여 위에 죄를 얻지 말라.

35-4. 萬物之生長兮 其胡然 其胡然 化翁之收藏兮 自有時自有時

만물이 나고 자람이여, 어떻게 그러하고 어떻게 그러한가.7 조화옹의 거두고 저장함이여, 스스로 때가 있고 스스로 때가 있도다.8

35-5. 水之深源兮 旱亦不斷 木之固根兮 寒亦不死

물의 근원이 깊음이여, 가물어도 끊어지지 아니하고, 나무의 뿌리가 굳건함이여, 추위도 죽지 아니하도다.9

35-6. 魍魎之出畫兮 渠何心 渠何心 蟄蟲之處穴兮 亦有知 亦有知

도깨비가 낮에 나타남이여, 저 어떤 마음이며 저 어떤 마음인가.10 칩충(개구

---

6 함이 없이 되는 것은 작위와 인위를 배제한 것을 뜻한다. 무위이화와 같은 뜻이다. 한울님 이치가 무위이화이고 무왕불복임을 알면 억지로 무리하지 않고 천천히 자신이 해야 할 일을 정성 드릴 따름이다. 맹자는 추라는 곳 출신이므로 추성이라 불린다.

7 "먼데를 캐어 견주어 생각하면 그렇지 않고 그렇지 않고 또 그렇지 않은 일이요, 조물자에 부쳐 보면 그렇고 그렇고 또 그러한 이치인저."(불연기연) 사람이 이해할 수 있는 것은 기연이고 알기 어려운 것은 불연이다. 그러나 사람이 밝히지 못했을 뿐, 한울의 이치는 늘 그러할 뿐이다.

8 각각의 원자에도 고유의 진동수와 파동이 있듯이 모든 생명은 자신의 고유 리듬이 있다. 활동할 때와 쉴 때, 날 때와 들어갈 때가 있다. 사람도 스스로의 신체 리듬에 맞는 생활을 하면 건강할 것이나 리듬에 맞지 않는 불규칙한 삶은 몸을 망가뜨린다.

9 "불휘기픈 남ᄀᆞᆫ ᄇᆞᄅᆞ매 아니 뮐 새 곶 됴코 여름 하ᄂᆞ니 새미 기픈 므른 ᄀᆞᄆᆞ래 아니 그츨 새 내히 이러 바ᄅᆞ래 가ᄂᆞ니."(용비어천가 2장) 뿌리 깊은 나무는 바람에 흔들리지 않아 꽃 좋고 열매가 많으며, 샘이 깊은 물은 가뭄에도 끊이지 않아 내를 이루어 바다로 간다. 건물도 기초가 튼튼해야 오래 가고 사람도 그 실력과 심지가 굳고 깊어야 큰일을 할 수 있다.

10 도깨비는 밤에 사람들의 두려움을 따라 주로 나타나는데 낮에 나타난 것은 대낮에도 사람들이 두려움을 갖고 제 정신을 잃은 혼란한 상태를 뜻하는 것이다.(도깨비는 강서 공부하기 참조)

리와 벌레 등)이 구멍에 삶이여, 또한 앎이 있고 앎이 있도다.11

35-7. 枯木之逢春兮 時乎時乎 佛像之見性兮 誠乎誠乎

마른 나무가 봄을 맞음이여, 때요 때로다. 불상이 성품을 봄이여, 정성이요
정성이로다.12

35-8. 知之也 知之也 誠心也 奸巧也 駁雜也 知之也 知之也 其在主人 可不
愼哉 念玆在玆 以助上帝 甚幸甚幸

알고 알았노라. 정성스러운 마음과 간교함과 박잡함을 알고 알았노라. 그
주인이 있으니 가히 삼가지 아니하랴.13 생각함이 이에 있어 상제를 도우면
심히 다행하고 다행하리라.14

35-9. 萬物之造化兮 無極而無窮 噫 此世之吾道兮 有晦而有彰

만물의 조화여, 무극하고 무궁하도다. 놀라워라, 이 세상에 우리 도의 되어
나감이여, 어두울 때도 있고 밝을 때도 있도다.15

---

11 미물이라도 자신들이 나고 사는 것에 관련된 것은 사람보다 더 잘 알 수 있다. 인도네시아 쓰나
미에 살아남은 것은 동물들과 원시 부족뿐이었다고 하지 않는가?

12 죽어 말라비틀어진 나무가 봄이 온들 잎이 나겠는가? 껍데기뿐인 불상이 어찌 성품을 보겠는
가? 인력으로는 불가능한 일이 이루어지거나 보기 드문 일이 일어나면 기존의 것과 다른 새로
운 기운이 시작되는 때인지 살펴봐야 한다. 아니면 그런 어려운 일이 이루어질 만큼 정성이 쌓
였는지도.

13 나의 주인은 누구인가? 내 몸인가, 마음인가? 나의 습관된 마음인가, 영원히 변치 않을 천심인
가? 내 한 몸의 육신에 갇혀 있는 습관된 마음은 사물과 일의 진실을 볼 수 없다. 그러나 나의 참
마음은 온 우주에 통하는 지기이므로 진실을 알 수 있다. 무엇이 정성이고, 속이는 거짓이고, 번
거로움인지.

14 "심령이 있음은 일신의 안정이 되는 것이요, 욕념이 있음은 일신의 요란이 되는 것이니라."(해
월신사법설, 수심정기) 각자위심의 욕념을 벗어 던지고 한울님을 위하면 그것이 곧 상제를 돕
는 것이다. 도와야 할 상제와 한울님은 누구인가?

15 한울의 도가 무왕불복이므로 모든 것이 순환한다. 좋을 때 자만하지 말고, 나쁠 때 낙심하지 말
아야 한다. 부침이 있고 굴곡은 있을지라도 역사는 발전하고 사람들의 의식은 깨어간다. 작은
변화들이 모여 커다란 변화를 촉발해내는 개벽이 올 때가 머지않았다.

35-10. 庚申之布德兮 豈非運 豈非命 甲子之所當兮 亦是運 亦是命

경신년에 덕을 폄이여, 어찌 운이 아니며 어찌 명이 아닌가. 갑자년에 당한 일이여, 이 또한 운이요 이 또한 명이로다.[16]

35-11. 主人之一心兮 有初而克終 二字之見指兮 奈洋人之先行

주인의 한 마음이여, 처음부터 끝까지 지킴이로다. 두 글자(천주)를 보고 지목함이여, 어찌 서양 사람이 먼저 행한 것인가.[17]

35-12. 大運之將泰兮 奉新命而開成 嗟呼主人 敬受此書 嗟呼嗟呼

큰 운이 장차 형통함이여, 새 명을 받들어 열고 이루리로다. 아! 주인은 공경히 이 글을 받으라. 놀랍고 놀라워라.[18]

35-13. 明者暗之變也 日之明兮人見 道之明兮獨知

밝은 것은 어두움의 변함이니, 해가 밝은 것은 사람마다 볼 수 있고 도의 밝은 것은 나 홀로 아는도다.[19]

---

16 경신년(1860) 4월 5일은 수운 선생이 무극대도를 받은 날. 갑자년(1864) 3월 10일은 수운 선생이 순도한 날.

17 수운 선생이 관에 체포된 후 근암공 최옥을 흠모하는 관리들로부터 도를 부정하라는 회유를 받았으나 단호히 거절하셨다. 결국 한울님을 뜻하는 천주가 서학의 일종이 아닌가 하는 지목을 받고 검으로 모반을 꾀했다는 죄명으로 순도하였다. 당시 삼남 일대에 수운 선생을 따르는 이가 불 번지듯 하는 것은 민중의 지지를 잃은 정권으로선 감내하기 힘든 불안 요인이었을 것이다. 수운 선생은, 따르는 이 없이 혼자 고고한 삶을 살았다면 오래 사셨을 것이나 그리 하지 않으셨다.

18 한울의 생명이 우주에 약동하는 한 그 이치가 밝혀지고 밝은 세상이 언젠가 올 것이다. 큰 운이란 이런 운이요, 개벽되는 운이다. 개벽되는 새 명을 받는 이는 누구인가? 육신 관념을 버리고 천심으로 개벽된 시천주 인간이 새 명을 받아 운명의 주인이 될 것이니, 한 마음 깨달으면 누구나 세상과 운명의 주인이 아닌가?

19 "물에는 음수와 양수가 있느니라. 사람은 능히 양수는 보고 음수는 보지 못하느니라."(해월신사법설, 천지이기) 한울님 지기를 체험하지 못한 사람은 알지도 보지도 못하니, 눈에 보이는 것은 얼마나 조금이고 또 거짓이 많은가? 진실로 마음의 눈을 열어 무한한 진리를 봐야 한다.

35-14. 德者 盡誠盡敬 行吾之道 人之所歸 德之所在

덕이란 것은 정성을 다하고 공경을 다하여 나의 도리를 다함이니, 사람의
돌아오는 곳은 덕이 있는 곳이니라.20

35-15. 命者 運之配也 天之命兮 莫致 人之命兮 難違

명이란 것은 운을 짝함이니, 한울의 명은 다하지 못하고 사람의 명은 어기
기 어렵도다.21

35-16. 道者 保若赤子 大慈大悲 修煉成道 一以貫之

도란 것은 갓난 아기를 보호하듯이 하고22 대자대비하여 수련 성도로 일이
관지 함이니라.23

---

20 덕이란 도의 실현이다. 한울의 도는 진실을 깨달은 사람의 정성과 공경 같은 실천을 통해 세상
   에 현현된다. 그러므로 "한울은 사람에 의지하여 변화가 무궁하고, 사람은 밥에 의지하여 만사
   를 행한다."(의암성사법설, 권동문)고 하신 것이다. 밥이란 사람이 생명을 유지하기 위한 모든
   외유기화를 상징한다. 한울과 사람이 서로 도우며 이치를 실현하는 것이다. 무력과 금력으로
   사람들을 억지로 끌어 모을 수는 있지만 오래 가지 못한다. 그러나 한울의 덕이 실현되는 곳과
   사람에게는 자연스럽게 인심이 모이고 일이 이루어지게 마련이다.
21 명이란 해야만 하는 것이다. 오늘 해야 할 일이 있고 평생에 걸쳐 해야 할 일이 있다. 천명은 한
   울이 부여한 명으로 사람의 의지로 좌우하기 어렵다. 도도히 흐르는 역사가 천명이다. 사람이
   해야 할 운명은 벗어나기 어렵다. 그러나 어려운 것이지 바꾸지 못하는 것은 아니다. 자신의 본
   심을 깨닫고 정성을 다하면 스스로 만드는 인과에 의해 운명은 달라질 수 있다.
22 "흐린 기운을 쓸어버리고 맑은 기운을 어린 아기 기르듯 하라."(동경대전, 탄도유심급) "사람을
   대할 때 언제나 어린아이 같이 하라."(해월신사법설, 대인접물) 어린이는 약하다. 더 자라야 한
   다. 도 하는 사람의 마음은 종종 어린이에 비유한다. 도에 들었으되 아직 습관된 마음과 욕심은
   강하고, 천심과 도심은 미약하여 쉽게 잊으니 조심스럽게 보호하고 키워야 할 것이다. 이것이
   양천주다.
23 시천주의 시작은 한울님을 위하는 마음이다. 그것이 위천주고 위위심이다. 만물을 위하는 마음
   이 곧 한울을 위하는 마음이니 곧 자비심과 같다. 일이관지는 논어 이인편에 나오는 공자의 말
   씀. 子曰 參乎! 吾道 一以貫之. 曾子曰 唯. 子出 門人問曰何謂也? 曾子曰 夫子之道 忠恕而已矣
   (里仁). 공자께서 말씀하시길 "삼아. 내가 말하고 행하는 道에는 언제나 일관된 원리가 있다"고
   하자, 증자가 "예"하고 대답했다. 공자께서 나가시자 문인이 "무슨 말씀이십니까?" 하고 물어,
   증자가 "선생님의 도는 충과 서일 뿐이다." 하였다. 팔각 등이 있다면 사람들은 각 면의 형상을
   통해 등 안의 빛을 본다. 빛은 하나이되 그 설명은 제각각인 이유다. 그러나 제각각인 설명도 빛
   의 기본적인 성질과 본질을 이야기하는 데는 하나로 통하는 법이다. 세상 어떤 사람도 서로 다

35-17. 誠者 心之主 事之體 修心行事 非誠無成

정성이란 것은 마음의 주요 일의 체가 되나니, 마음을 닦고 일을 행함에 정성이 아니면 이룰 수 없느니라.24

35-18. 敬者 道之主 身之用 修道行身 唯敬從事

공경이란 것은 도의 주체요 몸으로 행하는 것이니, 도를 닦고 몸으로 행함에 오직 공경으로 종사하라.25

35-19. 畏者 人之所戒 天威神目 無處不臨

두려움이란 것은 사람이 경계하는 바니, 한울의 위엄과 신의 눈이 이르지 않는 곳이 없도다.26

35-20. 心者 虛靈之器 禍福之源 公私之間 得失之道(此亦降釋八節 勿爲泛過 益勉踐履修煉 若何若何)

마음이란 것은 허령의 그릇이요 화복의 근원이니, 공과 사 사이에 득실의 도니라.27 (이 또한 팔절을 강화로 해석한 것이니 범연히 지내지 말고 더욱

른 일을 하며 다른 공부를 하더라도 사물의 본질에 접근하면 하나의 원리에 다다르게 된다.

24 팔절의 앞 명덕명도는 한울님, 진리의 모습이고 뒤 성경외심은 진리를 닦아 나가는 절차와 방법이다.(해월신사법설, 수도법) 그 중 정성은 모든 일의 성패를 좌우하는 핵심이다. 정성 드리면 부족한 사람이라도 성공할 것이지만 정성이 없다면 아무리 뛰어난 사람이라도 미흡하게 될 것이다.(해월신사법설, 성경신)

25 공경은 나를 낮추는 것이다. '내가 누군데!' 하는 자존심이 진실을 가린다. 그러므로 "정신을 개벽코자 하면 자존심을 모실 시 자로 개벽(의암성사법설, 인여물 개벽설)하라고 하셨다. 스승님들의 삶은 깨달았다며 앉아서 고담준론만 한 것이 아니었다. 민중들의 삶 속으로 들어가 그들과 함께하며 생을 바치셨다.

26 지기는 허령창창하여 무사불섭 무사불명한 존재다. 그러나 사람들은 눈에 보이는 것만 조심하고 보이지 않는 허령은 생각지 않고 속이고 상하게 하니 두려운 일이 아닐 수 없다. 경찰이 있으면 조심하다가도 경찰이 없으면 신호도 무시한다. 경찰이 무서운가 한울이 무서운가? 한울은 누구인가? 내 마음을 속이는 것이 한울을 속이는 것이다.

27 마음이 있어 육신의 나도 돌아보고 나의 근원인 한울도 볼 수 있다. 마음이 육신에 치우쳐 있어

힘써 수련을 실천 이행하는 것이 어떠하고 어떠할꼬.)

35-21. 哀此世人之無知兮 顧將鳥獸而論之 鷄鳴而夜分兮 犬吠而人歸 山猪
之爭葛兮 倉鼠而得所

齊牛之奔燕兮 楚虎而臨吳 中山兎之管城兮 沛澤龍之漢水 五蛇之無代兮
九馬而當路

슬프다, 이 세상 사람의 앎이 없음이여, 차라리 새와 짐승을 돌아보아 말하
리라.28

닭의 울음에 밤이 나누어짐이여, 개가 짖음에 사람이 돌아오도다.29

욕념에 따라다니면 화가 많을 것이고, 마음이 한울에 있어 밝고 청정하면 무위이화될 것이니
복이 아니고 무엇인가?

28 짐승은 한울이 부여한 천성대로 산다. 그러므로 천재지변 같은 큰 변화의 기미를 첨단과학으로
무장한 사람들보다 더 먼저 정확히 예측하곤 한다. 또한 집에서 가축이나 애완동물을 키우는
사람들은 주인의 심리 상태에 따라 동물들이 정확히 반응하는 것을 잘 알고 있다. 주인의 마음
이 불안하고 괴로우면 동물들도 같은 반응을 보인다. 이 모두가 우리의 정신이 천지의 공기이
기 때문(인여물개벽설)이다. 그러나 사람은 자의식이 생겨 외유기화의 고마움을 모르고 자신
만 아니 이러한 각자위심이 나와 한울을 단절시키고 동물에게도 있는 천성을 가리며 모든 악질
의 근원이 된다. 이를 깨닫고 벗어난 사람이 몇이나 되는가? 이 구절은 1884년(甲申)10월. 공
주 가섭사에서 제자들과 함께 기도하실 때 지은 것으로 전한다. 이때 손병희 선생의 근기를 시
험하기 위해 솥을 아홉 번 고쳐 걸게 했다는 일화가 전한다. 이 시문의 내용은 정확히 알기 어려
우나 갑신년 다음 해부터 벌어지는 상황을 암시 하신 것으로 생각된다. 즉 갑신(1884)-乙酉
(닭)-丙戌(개)-丁亥(멧돼지)-戊子(쥐)-己丑(소)-庚寅(범)-辛卯(토끼)-壬辰(용)-癸巳(뱀)-甲
午(말)로 이어지는 10년은 갑신정변에서 갑오동학혁명으로 이어지는 조선말 마지막 격동기였
고 이 시기를 지나면서 조선은 뚜렷한 멸망으로 접어든다. 동학 내부에서도 이 시기에 수운 선
생 사후 흐트러졌던 교단을 다시 재건하고 경전 간행(1880년 경진판부터 1883년 경주판까지
매년 목판 인쇄 간행, 1888년 무자판 간행)과 신원 운동(1892년 공주, 삼례 취회, 1893년 보은
취회)등으로 그 역량을 키우며 뿌리를 내리는 시기였다.

29 중국 전국시대 제나라 정승인 맹상군은 선비를 우대하여 사방의 재주 있는 선비들이 문하에 가
득했다. 진나라 소양왕이 맹상군의 명성을 흠모하여 진나라로 초빙하였는데, 맹상군의 명성을
시기한 진나라 대신들이 맹상군을 죽이라고 왕을 부추겼다. 이를 눈치 챈 맹상군이 진나라를
빠져 나가기 위해, 자신이 진왕에게 바쳐 궁중 창고에 보관된 귀중한 여우 털옷을 문객중 개 짖
는 소리를 똑같이 흉내 내는 사람에게 시켜서 창고에 접근해 도둑질해 와서 진왕의 애첩에게 뇌
물로 바치고 함양성을 빠져 나갈 수 있었다. 진나라 경계인 함곡관에 이르렀을 때 날이 어두워
아직 관문이 열리지 않았다. 이번에는 닭 울음소리를 잘 내는 문객을 시켜 닭 울음소리를 내니
새벽이 된 줄 안 문지기가 관문을 열어 무사히 진나라를 탈출하게 되었다고 한다. 이 일화는 위
기를 기지로 벗어나는 이야기다. 이 시기 신사와 동학도인들은 늘어난 포덕만큼 치열해진 지목

멧돼지가 쥐을 다툼이여, 창고의 쥐가 있을 곳을 얻었도다.30

제나라 소가 연나라로 달아남이여,31 초나라 범이 오나라에 오도다.32

중산 토끼33가 성을 차지함이여, 패택 용의 한수로다.34

다섯 뱀의 대가 없음이여,35 아홉 말이 길에 당하도다.36

35-22. 蛇之噬蛙 自謂莫敵 不知蜈蚣之占着 且下蛇已斃 蜈蚣且驕 不知蜘蛛
之醢其軀 毒者 必傷於毒 出乎爾者反乎爾 仁干義戈 禮劍智戟 征出西酋則 丈

을 피해 숨어 다녀야 했다. 1885(을유)년 6월에는 충청 관찰사 심상훈이 보은 장내리 동학 본부를 기습하여 많은 도인이 투옥되었다.

30 이 글이 무엇을 뜻하는지는 정확하지 않다. 다만 이 시기 조선은 갑신정변 이후 일본과 청의 본격적인 세력 다툼의 장이 되었고, 그에 틈타 1885년에 영국함대가 거문도를 점령하는 등 조선의 이권을 차지하기 위한 열강의 침략이 노골화되었다. 이를 비유한 것이 아닐까?

31 전국시대 연나라는 이웃한 제나라의 핍박을 받아오다 군사를 조련하고 악의라는 명장을 등용하여 제나라로 쳐들어갔다. 제나라 멸망 직전에 악의는 모함으로 물러나고 제나라의 남은 성에서 전단이라는 명장이 밤에 수천 마리의 소에게 붉은 칠을 하고 뿔에 칼을 매달고 꼬리에 불을 붙여 연나라 진영을 급습하였다. 이 싸움으로 대패한 연나라는 물러가고 제나라가 다시 영토를 회복한다. 망하기 직전의 조선이 기사회생한 제나라처럼 되길 바라는 구절인가?

32 초나라의 명장 오자서는 간신의 모함으로 아버지와 집안이 화를 입자 오나라로 망명한다. 오나라 정승이 된 뒤 초나라를 쳐서 복수를 한다. 악의와 오자서 모두 영웅을 알아보지 못하는 위정자 때문에 방황하고 뜻을 접어야 했다. 당시 조선에도 풍전등화 같은 조국의 운명을 구하기 위해 절치부심하는 많은 지사들이 있었지만 부패한 조정 때문에 활약할 기회를 잡지 못하였다.

33 中山兎는 은혜를 저버린 토끼, 卯年. 중산(中山)은 산 이름이다. 안휘성(安徽省) 선성현(宣城縣) 북쪽, 강소성(江蘇省) 율수현(溧水縣)남쪽에 있는데 이 지역에서 나는 토끼털은 붓을 만드는 최고 재료이다. 당시의 조선은 중산 토끼처럼 용렬한 인사들이 권력(성)을 장악하고 실정을 거듭하였다.

34 패택(沛澤, 풀이 우거진 얕은 못)의 용(辰年)이 한수(漢水)로 나오누나. 패택의 용은 패현 출신으로 한나라를 세운 한고조 유방을 지칭한다. 비록 시골의 미천한 신분이었지만 대제국을 일으킨 유방처럼, 조선의 민초들도 새로운 세상을 만들기 위한 큰 일에 나서게 될 것이었다. 이해 1892년에 공주와 삼례에서 교조 신원운동이 일어났다. 용이 큰 물로 나왔으니 큰 풍운조화를 일으킬 것이다.

35 오사(五蛇, 춘추시대 진무공을 용으로 비유하여 그를 따르는 신하 다섯 사람을 뱀으로 비유한 말)와 같은 후계자(代)가 없음이여. 조선을 구할 충신이 없음인가? 춘추오패중의 한사람인 진무공은 군위에 오르기 전 육순이 넘도록 다른 나라를 떠돌며 망명생활을 해야 했다. 그 힘든 망명생활을 견딜 수 있었던 것은 다섯 명의 충실한 신하 덕분이었다. 망하기 전의 조선을 구할 충신은 어디 있는가? 1893년엔 보은에서 보은 취회가 있었다.

36 아홉 말(九馬, 午年)이 길 한복판에 나서도다. 아홉은 모든 수를 상징한다. 이해에 세상을 바꾸고자 염원하는 지사들(말)이 안주하던 집을 박차고 나와 봉기하니 이것이 갑오 동학혁명이다.

夫當前無壯士

뱀이 개구리를 씹으며 스스로 생각하기를 「나를 대적할 자 없다」하여 지네가 붙는 것을 알지 못하더니, 다음에 뱀이 죽음에 지네가 또 교만하여 거미가 그 몸에 젓 담는 줄을 알지 못하더라. 독한 놈은 반드시 독한 데 상하나니, 너에게서 난 것이 너에게로 돌아가느니라.[37] 어진 방패와 의로운 무기와 예의의 칼과 지혜의 창으로 서쪽 괴수를 쳐내면[38] 장부당전에 장사가 없으리라.[39]

<강서 공부하기>

1. 도깨비

"우리나라의 귀물鬼物은 괴상한 일을 저지른다. 흔히들 이것을 일러 독각獨脚이라고 한다. 모두 그 성을 김이라고 한다. 생각건대, 이 독각은 바람 기운이 모인 것에 불과한 것이다." 숙종 시절의 대학자인 이익은 그의 문집인 성호새설에서 이같이 단정하였다. 그가 독각이라고 부르는 것이 바로 도깨비다.

도깨비는 불안과 공포, 그리고 허탈감에 떠는 사람들의 마음의 그림자다.

---

37 마음과 행한 것은 그 결과가 있게 마련이다. 이를 인과라 한다. 힘으로 억압하면 더 강한 힘을 가진 자에게 당하게 마련이니 힘이란 영원한 것이 아니기 때문이다. 그러나 한울의 덕으로 상대를 감화하면 영원한 승복과 화합을 이룰 수 있을 것이니 한울 덕은 영원한 것이기 때문이다. 힘은 자신의 욕심 같은 습관심에서 나오는 것이요 덕은 한울의 위위심에서 비롯된다.(해월신사법설, 대인접물 참조)

38 도를 실천하는 것은 예나 지금이나 인의예지가 기본 덕목이 된다. 문제는 이를 알면서도 실천을 못하거나, 꾸준히 변치 않고 정성껏 행하는 것이다.(인의예지는 선성지소교요 수심정기는 유아지갱정이라, 동경대전 수덕문) 서쪽 괴수(酋;두목 추)는 서학? 제국주의? 당시 조선과 조선 민중의 삶을 핍박했던 것은 탐관오리와 서학을 앞세운 제국주의였다. 개벽을 방해하는 모든 것이 서쪽 괴수이리라. 서쪽 괴수를 없애는 것은 무력도 금력도 아니다. 인의예지의 칼, 진리의 칼인 것이다.

39 장부 앞에 당해낼 장사가 없다. 수운 선생의 검가에 나오는 구절. 장부는 진리를 깨달은 사람.

그 같은 사람들의 마음이 현실로 존재하는 이상 도깨비는 현실이다. 심리적인 정신적인 현실이다. "마음이 허하면 도깨비를 본다."는 속신은 그런 뜻에서 옳다. 도깨비와 사람이 맞닥뜨리는 시간이 대부분 비슷하다. 거의 예외 없이 해질녘이나 밤이다. 더러는 비 오는 해질녘이나 어둠일 경우도 있다. 도깨비는 어스름이나 땅거미, 아니면 밤 어둠을 타고 나타난다.(김열규, 한국인 우리들은 누구인가)

의암 선생께서 포덕52년(1911) 8월에 총부직원을 대동하고 우이동 지역을 답사 하신 후 3만평 토지를 매입하도록 지시하고, 이듬해 3월에 봉황각을 기공하여 6월에 준공하였다. 이곳에서 전국의 대두목들을 수련시켜 3·1운동을 준비한 것은 유명한 일이지만, 당시 총부 직원들은 깊은 산골짜기 땅을 사서 뭐 하시려는가 이해하지 못했다고 한다.(조기주, 동학의 원류, 307-309쪽) 수도원 준공 후 의암 선생은 가족들과 함께 우이동으로 이사와 지내셨는데, 봉황각 뒤 관리사택 뒤쪽에 당시 마을사람들이 당제를 지내던 서낭 고목나무가 있었다고 한다. 그런데 그 고목나무에 밤 12시만 되면 등불이 나타나고, 곡소리 같은 이상한 소리가 나는 현상이 있어서 사모님께서 밤이면 무서워 밖을 나가지 못하셨다고 한다. 며칠 지나도 계속되자 사모님이 의암 선생께 이런 이야기를 하고 삼청동으로 다시 이사 가자고 하니, 의암 선생은 고목나무를 한 바퀴 돌고 들어오시면서 "이젠 그런 일이 없을 테니, 여기서 마음 편히 살자"고 하셨다고 한다. 그날 저녁 이후론 그런 자취가 없어진 것은 물론이다. 옛날부터 살던 부락민들이 고목을 서낭당으로 삼고 여러 가지를 빌고, 위하며 기도하던 자취가 남아 도깨비불도 나타나고 작용했던 것을, 일체의 미신을 깨치고 진리를 터득하신 의암 선생이 작용을 멈추도록 한 것이다.(포덕133년 김승복 선생 종학대학원 강의 녹취록에서) 귀신도 도깨비도, 모두가 한울님 기운 작용일 뿐이다. 사람들이 원하고 기원하는 곳에 나타나고 작용한다. 모르면 무섭지만, 깨치면 일체가 한울일 뿐이다.(성령출세설 공부하기 참조)

三十六. 降詩강시[1]

36-1. 守心誠而惑怠 人之變也桑田

정성으로 마음을 지키되 혹 게으르면   사람의 변하는 것이 상전이로다.[2]

守心敬而泰然 山河實於碧海

공경으로 마음을 지키되 태연히 하면 산하가 실로 푸른 바다로다.[3]

龜岳回春 桑田碧海

구악에 봄이 돌아오니 상전이 벽해로다.[4]

龍傳太陽珠 弓乙回文明

용이 태양주를 전하니 궁을이 문명을 돌이키도다.[5]

運開天地一 道在水一生

운이 열리니 천지가 하나요, 도가 있으니 물이 하나를 낳았도다.[6]

---

1 강시는 수련이나 기도 후 느낌을 표현한 시문으로 한울님께 받은 글이다. 그러므로 글을 모르는 이도 받을 수 있다.(입을 열어 운을 부르니 누가 나무꾼 앞에서 머리를 숙이지 않겠는가. 수덕문 10절) 이러한 체험은 백 마디 말로 설명하는 것보다 간결한 시문으로 표현하는 것이 더 많은 뜻을 담아 전할 수 있어 예부터 오도송이나 게송 등 깨달음의 체험은 시문으로 전하는 것이 많다. (동경대전 절구 각주 17번 참조)

2 시천주 큰 체험을 한 사람도 그 마음을 길이 모셔 잊지 않는 공부(수심정기, 양천주)를 게을리 하고 교만해지면 다시 습관천에서 헤매게 된다. 뽕나무 밭이 바다가 되듯이(桑田碧海) 전혀 다른 사람이 될 수 있다.

3 한울 마음을 큰 산처럼 지키며 일마다 잊지 않으면 산과 내를 푸른 바다로도 만들 수 있을 것이다. 윗 구절과 이 구절은 상전벽해의 사자성어를 사용해 정성과 공경의 중요함을 강조하신 대구. 뽕나무 밭은 습관심의 속세요, 푸른 바다는 맑고 깨끗한 진리의 세계, 개벽 세상을 상징한다.

4 구악은 수운 선생이 대도를 깨달은 구미산. 구미산에 봄이 돌아왔음은 대도가 탄압과 隱避를 벗어나 포덕천하된 것을 뜻한다. 포덕천하되니 속세의 뽕밭이 진리의 바다가 된 것이다. 뽕밭과 바다 모두 우리가 사는 곳이다. 깨닫지 못하면 뽕밭에서 사는 것이고, 깨달으면 푸른 바다에서 사는 것이다.

5 용은 수운 선생을, 태양의 구슬(정수)은 수운 선생의 진리를 상징한다. 수운 선생의 진리, 즉 궁을은 기존의 사회를 개벽하는(문명을 돌이키는) 열쇠이다.

6 운이란 무극대도가 시작되는 대운이다. 무극대도 이전에는 모든 생명이 서로 분열되고 각자위심으로 서로를 상하게 하는 문명이었지만 무극대도 이후에는 일체가 한울님 지기로서 하나임을 깨닫는 모심과 통합의 문명이 될 것이다. 세상이 있으니 세상을 움직이는 이치, 도가 있을 것이다. 물이란 모든 생명의 근원이다. "천지는 한 물 덩어리이니라. 한울과 땅이 시판되기 전은 북극 태

水流四海天 花開萬人心

물은 네 바다 한울에 흐르고 꽃은 만인의 마음에 피었도다.[7]

36-2. 太白山工四十九 受我鳳八各主定

태백산에서 사십구 일 공부를 하고[8]

내가 봉황 여덟 마리를 받아 각각 주인을 정하니,[9]

天宜峰上開花天 今日琢磨五絃琴

천의봉 위에 꽃핀 한울이요,[10] 오늘 오현금을 갈고 닦고[11]

寂滅宮殿脫塵世

적멸궁전에서 티끌세상을 벗어나고.[12]

36-3. 貫觀一氣正心處

음 한 물일 뿐이니라."(해월신사법설, 천지이기)

7 물과 꽃은 대도의 진리. 대도의 진리는 용담에서 시작해 온 세상에 퍼지고, 그 진리의 꽃은 깨달은 모든 사람 마음에 피어나니 그가 곧 한울이다. "龍潭水流四海源 龜岳春回一世花"(절구)

8 포덕13년 10월 16일부터 태백산 갈래사 적조암에서 신사께서 강수, 전중삼, 김해성 등과 함께 49일 기도를 행하여 12월 5일(1873.1.3) 기도를 마치셨다. 그때의 감회를 읊으신 것.(표영삼, 동학2, 52~55쪽)

9 새 중의 봉황은 눈에 띄는 길조를 상징한다. "황하수 맑아지고 봉황새 우는 것을 누가 능히 알 것인가. 운수가 어느 곳으로부터 오는지를 내 알지 못하노라"(동경대전, 절구) 사람으로 비유하면 세상을 인도하는 인재를 뜻할 것이다. 여덟 마리는 조선 팔도, 또는 팔방(모든 방향)을 의미한다면, 신사께서 세상 모든 곳을 향한 포덕과 제세의 큰 뜻을 표현하신 것으로 여겨진다. 교중에선 8인의 성인이 세상에 나옴을 상징하는 것으로 보기도 한다. 그중 수운, 해월, 의암 선생의 세 분이 나셨으니 앞으로 다섯 분의 성인이 더 나와 교회와 세상의 개벽을 인도할 것이라는 것이다.

10 세상을 인도할 봉황 같은 인재는 한울 세상을 열고 꽃 피울 한울 사람이다. * 또는 기도를 마치던 날 아침에 온천지가 눈꽃으로 뒤덮인 광경을 읊은 것.(표영삼, 동학2, 56쪽)

11 오현금은 다섯줄로 된 옛 거문고(지금은 여섯 줄). 거문고는 옛 선비들이 음률을 수양하던 필수 악기였다. 오현금을 갈고 닦는다 함은 수행을 열심히 한다는 비유.

12 적멸궁전은 불상 없이 예불 올리는 절 건물을 말한다. 불상을 모신 건물은 대웅전, 부처의 진신 사리를 모신 탑이 있는 경우는 불상이 없는 적멸보전이 있다. 불상이 없는 적멸보전에서 수련하여 일체의 인과를 벗어난 해탈 공부를 하셨음을 표현하였다. 적멸 자체가 육신 관념과 습관 천의 모든 것을 초탈한 성품 자리-무형천을 뜻한다. 수운 선생이 득도 전 49일 기도를 하신 곳도 적멸굴.

한 기운을 꿰뚫어보니 마음을 바르게 한 곳.13

36-4. 不意四月四月來 金士玉士又玉士

뜻 아니한 사월에 사월이 오니14 금사 옥사 또 옥사로다.15

今日明日又明日 何何知之又何知

오늘 내일 또 내일16 무엇 무엇을 알고 또 무엇을 알리.17

日去月來新日來 天地精神令我曉

날이 가고 달이 오고 새 날이 오니18

천지정신이 나로 하여금 깨닫게 하도다.19

36-5. 無極大道作心誠 圓通峰下又通通

무극대도를 작심으로 정성 드리니

원통봉 아래서 또 통하고 통하였노라.20

---

13 모든 생명을 움직이는 것은 우주에 일관된 한울님의 지기. 이를 나의 습관된 마음이 가리고 있다. 바른 마음을 회복하는 것이 시천주요, 이를 지키는 것이 수심정기.

14 포덕28년(1887) 3월에서 4월까지 태백산 갈래사에서 기도하신 뒤 지은 시. 또한 사월은 수운 선생이 득도한 달이기도 하니, 개벽의 때로 해석할 수도 있다.

15 개벽의 때가 오면 모든 뜻있는 선비들이 한 뜻으로 모일 것이다. 금사는 가장 뛰어난 선비, 옥사는 버금 뛰어난 선비. "원처근처 어진선비 풍운같이 모아드니 낙중우락 아닐런가."(용담유사, 도수사)

16 매일같이 반복되는 일상. 또는 무수한 나날들. 지금 우리는 매일 의미 있는 날을 보내는가? 깨닫지 못하면 무의미한 일상의 반복이나 한 마음 깨달으면 매일이 새로운 생명이요, 새로운 삶이며 기쁨이다.

17 매일 일어나는 모든 일과 세상의 모든 지식을 다 알 수는 없다. 그러나 진리를 알면 한울님 이치로 일통한다. 그러므로 진리를 모르면 사는 것이 苦海다.

18 해가 지면 달이 뜬다. 그리곤 다시 해가 뜬다. 모든 생명은 무한한 반복이다. 나고 죽음, 오르막과 내리막, 움직이고 쉬고, 고진감래와 흥진비래, 이것이 무왕불복이다. 그러나 단순 반복은 없다. 반복되는 이치만 영원할 뿐, 어떤 반복을 맞을지는 자신이 얼마나 준비하는가에 달려 있다.

19 천지정신은 한울님. 한울님과 하나로 통하고 있음을 깨닫는 것이 시천주의 시작.

20 포덕28년(1887) 1월 1일 새해를 맞아 지은 시. 원통봉은 해월 선생이 당시 사시던 경북 상주 화령 전성촌 집 뒷산. 원통봉에서 공부하여 지은 시지만, 원통은 온(모든) 진리를 완전히 깨달았다는 뜻도 된다. "원각성은 만법으로 인과를 삼아 함이 없이 되는 것이므로…."(의암성사법설,

36-6. 南辰圓滿脫劫灰 東海深深萬里淸

남쪽별이 둥글게 차고 겁회를 벗어나니[21]

동해가 깊고 깊어 만리에 맑았어라.[22]

千山萬峰一柱綠 千江萬水一河淸

천산 만봉은 한 기둥처럼 푸르고

천강 만수는 한 하수처럼 맑으니라.[23]

心和氣和一身和 春回花開萬年春

마음이 화하고 기운이 화하니 온 몸이 화하고[24]

봄이 돌아오고 꽃이 피니 만년의 봄이로다.[25]

靑天白日正氣心 四海朋友都一身

청천백일에 기운과 마음을 바르게 하니[26]

사해의 벗과 벗이 모두 한 몸이로다.[27]

36-7. 少來墳典靑春哭 老去經綸白馬嘶

삼성과)

21 동경대전 우음 참조. 무극대도가 겁회를 벗어나는 날을 의미.

22 동해는 동학의 진리. 대도가 온 세상에 포덕천하하면 맑고 밝은 세상이 될 것이다.

23 천산 만봉(모든 산)과 천강 만수(모든 물)는 세상의 모든 사물을 상징. 대도를 깨달은 뒤, 또는 개벽된 세상은 만물이 일체의 왜곡이나 거짓이 없는 본래의 진면목을 되찾는 세상이다. "산은 산이요, 물은 물이다."(성철스님)

24 마음은 기운을 사용하고 기운은 몸을 움직인다. 그러므로 마음을 바르게 해야 기운과 몸이 바르게 될 것이다. 이것이 바르게 되지 않으면 그것이 곧 병이다. "움직이는 것은 기운이요, 움직이고자 하는 것은 마음이요…."(해월신사법설, 천지인귀신음양) "마음은 바로 성품으로서 몸으로 나타날 때 생기어 형상이 없이 성품과 몸 둘 사이에 있어 만리만사를 소개하는 요긴한 중추가 되느니라."(의암성사법설, 성심신삼단) 마음이 화하고 기운이 화하여 봄같이 화하기를 기다리리라(동경대전, 제서)

25 봄은 개벽의 때, 꽃은 대도의 진리. 개벽 세상에서 깨달은 모든 사람은 참된 진리와 생명을 즐기며 살 것이다. 만년은 영원한 세월. "춘삼월 호시절에 또다시 만나볼까(용담유사, 도수사)."

26 하늘은 맑고 해는 밝으니(청천백일) 만물이 본 모습을 되찾은 개벽의 때이다.

27 개벽의 때에 진리를 깨달으면 일체가 한 한울이다.

젊어서 삼분오전을 읽다가 청춘은 늙었고[28]

늙어서 경륜이 없어지니 맹세도 허사로다.[29]

時有其時時處處 山之鳥也爾其知

때는 그 때가 있으니 때는 곳곳이라,[30]

산에 있는 새야 너는 그것을 알지 않느냐.[31]

世俗雖云何聽孤 他日能濟池殃魚

세속이 비록 무엇을 외로이 듣는다 해도[32]

다른 날 능히 못 가운데서 죽게 된 고기를 건지리라.[33]

36-8. 不聞他日不問事 非月非日時時來

---

28 墳 무덤 분, 책 분. 책을 뜻할 때는 三皇의 서적, 즉 古書를 뜻한다. 典 책 전. 삼분오전(三墳五典)
은 중국의 고대 역사·문화·문물과 관련된 내용을 기록한 책 삼분(三墳), 오전(五典)으로 고전(古
典)을 가리키는 고사성어.(좌전(左傳) 소공(昭公) 12년조) 삼분(三墳)이란 삼황(三皇) 시대의
책, 오전(五典)은 오제(五帝) 시대의 책. 이 책들이 지금 남아 있지 않아 어떤 것인지 확실치는 않
지만 오래전부터 전해온 역사·문화 그리고 문물·제도와 관련된 서적일 것으로 추측한다. 이 고
사성어는 간단하게 줄여서 '전분(典墳)' 또는 '분전(墳典)'으로 표현하기도 한다. 책은 이치 공부
를 뜻한다. 필요한 것이 공부지만 공부만으로 만사가 다 되는 것은 아니다. 진리 또한 이치 공부
만 해선 얻을 수 없다.

29 이치 공부와 대비되는 것이 삶의 경험. 경험은 공부로 얻을 수 없는 소중한 것이 분명히 있지만
세상 모든 것을 다 경험할 수도 없거니와 그것만으론 한계가 있다. 嘶 울시. 말이나 짐승이 흐느
껴 운다. 백마를 달리며 천하를 호령하지 못함을 말이 흐느껴 운다는 뜻. 젊어서 힘이 있을 때는
지혜와 경험이 부족하고 나이 들어 지혜와 경험이 풍부하나 막상 몸이 따라주지 않는다. 누구
나 어릴 때 좀 더 지혜로웠더라면 후회하고, 나이 들면 경륜을 펼칠 기운이 모자라는 것을 한탄
하게 마련이다.

30 밥 먹을 때와 잠잘 때, 공부할 때가 있다. 밤에 먹고 낮에 자며 일해야 할 때 공부한다면 제대로
되지 않는다. 겨울에 꽃이 피면 얼어 죽는다. 어느 것이나 어느 곳이나 마땅한 때가 있으니 이를
天時라 한다. "대저 도는 때를 쓰고 활용하는 데 있나니 때와 짝하여 나아가지 못하면 이는 죽
은 물건과 다름이 없으리라."(해월신사법설, 용시용활)

31 새는 잘 와며 울 때 날아갈 때를 아니, 천시─하늘이 준 본성에 충실한 것이다. 사람만이 습관심
에 본심이 가려 하늘이 가르쳐 주는 것을 듣지 못한다.

32 云 이를 운, 어조사 운. 세속은 하늘의 때를 모르는 곳. 그러나 그중에도 외롭게 그것을 알아 바
르게 알리려 하는 사람이 있을 것이다.

33 선각자가 아무리 진실을 외쳐도 세속의 변화는 느리고, 진리를 따르지 못하면 천지의 변화에 희
생되기도 할 것이다. 이를 건져 살리는 것이 도인의 할 일이다.

다른 날 들으려고도 말고 일을 묻지도 말라.34

달도 아니요 날도 아닌 때는 그 때에 오는 것이니35

36-9. 非無義理大運中 白日無光獨惺眠

옳은 이치는 큰 운수 가운데 없지 않으니36

밝은 날이 빛이 없으나 홀로 졸음을 깨었노라.37

虹橋消息無人到 回首南天幾望餘

무지개다리 소식에 오는 사람이 없어38

머리를 남쪽 한울로 돌려 얼마나 바라고 바랐던가.39

36-10. 山不利 水不利 利在晝夜挽弓之間

산도 이롭지 않고 물도 이롭지 아니하리라.

이로운 것은 밤낮 활을 당기는 사이에 있느니라.40

---

34 다른 날은 지금과는 다른 개벽의 날. 일이란 개벽.

35 개벽의 때는 언제인가? 특정한 시점에 천지가 뒤집히거나 휴거되는 것이 아니다. "개벽이란 한울이 떨어지고 땅이 꺼지는 것이 아니다. 개벽이란 부패한 것을 맑고 새롭게, 복잡한 것을 간단하고 깨끗하게 함을 말함이니…."(의암성사법설, 인여물개벽설) 작은 변화가 모이는 것은 고통스럽고 시간이 걸리지만 변화가 쌓여 어느 시점을 지나면 폭발적인 반응이 일어난다. "봄바람이 불어 간밤에 일만 나무 일시에 알아차리네, 한 몸이 다 바로 꽃이면 온 집이 모두 바로 봄일세."(동경대전 시문)

36 큰 운수란 무극대도를 받은 운수요, 거기에 옳은 이치가 있다는 반어법 강조.

37 밝은 낮엔 불빛이 보이지 않는다. 즉 진리를 가르쳐도 알아보는 이가 적을 것이다.

38 虹 무지개 홍. 무지개다리는 진리로 건너는 길. 다리로 오는 사람이 없음은 진리를 전해도 따르는 이가 많지 않음을 비유.

39 해월 선생 당시는 호남으로 도세가 불길처럼 번지고 있었다. 그 때문에 동학혁명의 주력도, 그 피해도 호남이 가장 극심했다. 이를 뜻하는 글이 아닐까? 또 하나. 수운 선생의 우음에도 남쪽 별이 둥글게 차고 북쪽 하수가 돌아오면 대도의 재앙이 끝날 것이라 하신 글이 있다. 이와 같은 상징일 수도 있겠다.

40 조선말 당시는 정감록에 따라 난리를 피할 곳을 찾는 사람이 많았다. 산이나 물도 난리를 피할 수 없다. 다만 궁을, 한울 마음을 회복하는 것만이 난을 피할 수 있다. 모든 난리는 마음에서 시작되므로. 활을 당긴다는 것은 마음을 닦는 것과 궁을 두 가지를 은유.

三十七. 其他기타

37-1. 諸君이여 吾道에 入하는 者 多하되 道를 知하는 者 少함을 恨하노라. 道를 知한다 함은 곧 自己가 自己를 知함이니, 自己를 知코자 아니하고 먼저 他를 知코자 하는 人이야 可憫치 아니하랴. 그러나 人이 어찌 道를 知하고 道에 入하는 者 多하리오. 或 運에 依하여 入하며 或 氣에 依하여 入하나니, 入함이 難함이 아니라 信함이 難하니라.

여러분이여, 우리 도에 드는 사람은 많으나 도를 아는 사람이 적음을 한탄하노라.[1] 도를 안다 함은 곧 자기가 자기를 아는 것이니,[2] 자기를 알고자 아니하고 먼저 님을 알고자 하는 사람이야 가히 민망치 아니하랴. 그러나 사람이 어찌 도를 알고 도에 드는 자 많으리오. 혹은 운에 의하여 들어오며 혹은 기세에 의하여 들어오나니 입도함이 어려운 것이 아니라 믿는 것이 어려우니라.[3]

37-2. 吾 篤工할 時에 大雨中이라도 衣巾이 濕치 아니하였으며, 能히 九十里外에 在한 人을 見하였으며, 又 能히 邪氣를 止하였으며 造化를 用하였으나, 今은 頓然히 絶하였노라. 元來 此等은 皆 小事요 決코 大道의 正理가 아니라, 故로 大神師 造化를 用치 아니하심도 또한 이에 原因한 바니라.

---

1 "그 그러함을 아는 사람과 그 그러함을 믿는 사람과 그 그러한 마음을 기쁘게 느끼는 사람은 거리가 같지 아니하니…."(해월신사법설, 대인접물)
2 앞의 자기는 작은 나, 일 개체 육신의 나요, 뒤의 나는 큰 나, 진리의 한울이다.
3 교인들의 입교 동기는 모두 다르겠지만 입교 당시의 열정과 정성이 꾸준한지는 돌아보아야 될 것이다. 동학혁명 당시에는 동학의 기세에 억눌려 입도하거나 동학을 이용해 출세하려는 사람들도 많았다고 한다. 지금도 대형 종단에는 진실한 신앙보다 인맥 관리하려는 사람도 흔히 있는 게 현실이다. 반면에 지금 외국에서는, 자라나는 아이들에게 부모의 신앙을 자신의 의지와 관계없이 주입하는 것이 논란이 되고 있다. 옳고 그름을 가르치기보다 그것을 판단할 수 있는 지혜를 가르치는 것이 중요하겠다. 스스로 선택한 신앙이건 포태 신앙이건 진리를 알고(이치 공부) 한울님 모심을 확실히 체험하여(주문, 마음공부) 그 마음이 변치 않는 정성이 되어야 할 것이다.

내가 독실히 공부할 때에 억수같이 내리는 비 가운데서도 옷과 두건이 젖지 아니하였으며, 능히 구십 리 밖에 있는 사람을 보았으며 또 능히 바르지 못한 기운을 그치었으며 조화를 썼으나 지금은 조금도 돌아보지 않고 끊었노라. 원래 이것들은 다 작은 일이요 결코 대도의 바른 도리가 아니니라. 그러므로 대신사께서 조화를 쓰지 아니하심도 또한 이에 원인한 바니라.[4]

37-3. 道는 高遠難行한 處에 在한 것이 아니라 日用行事가 다 道아님이 없나니, 天地神明이 物로 더불어 推移하는지라, 故로 至誠이면 感天이니 諸君은 人이 不知함을 患치 말고 오직 事에 處하는 道 通치 못함을 患하라.

도는 높고 멀어 행하기 어려운 곳에 있는 것이 아니라 일용행사가 다 도 아님이 없나니, 천지신명이 만물과 더불어 차차 옮겨 나가는지라, 그러므로 정성이 지극하면 한울이 감동하니 여러분은 사람이 알지 못함을 근심하지 말고 오직 일에 처하는 도를 통하지 못함을 근심하라.[5]

37-4. 宇宙는 一氣의 所使며 一神의 所爲라, 眼前에 百千萬像이 비록 其形이 各殊하나 其理는 一이니라. 一은 卽 天이니 天이 物의 組織에 依하여 表顯이 各殊하도다. 同一의 雨露에 桃에는 桃實이 結하고 李에는 李實이 熟하나니 是 天이 異함이 아니요, 物의 種類 異함이로다. 人이 氣를 吸하고 物을 食함은 是 天으로써 天을 養하는 所以니라. 무엇이든지 道아님이 없으며 天

---

4 종교를 수행하거나 도를 닦는 사람들 중에 이적이나 기적을 구하는 경우가 종종 있다. 물론 세상과 우주에는 사람들이 밝혀 내지 못한 이치들도 많다. 그러므로 얼마든지 이적이 있을 수 있다. 그러나 내 몸에 이루신 한울 이치가 한 걸음씩 걷는 것이라면 축지법이나 날기 위해 심력을 허비하는 것이 옳은가, 그 시간에 한 걸음씩 걸어 목적지에 가는 것이 옳은가? "덕이 있는 바를 알지 못하거든 내 몸의 화해낸 것을 헤아리라."(동경대전, 전팔절) 하셨고, 일상이 도라 하셨는데, 신사의 이 말씀은 얼마나 명쾌한가!

5 사람들은 남을 의식하며 사는 경우가 많다. 신앙마저도 남의 이목을 고려하며 하기도 한다. 그러나 신앙이야말로 내면, 한울님과의 대화다. "잡념이 일어남을 두려워하지 말고 깨달음이 더딤을 두려워하라(동경대전, 좌잠)."

아님이 없는지라, 各各 順應이 有하고 調和가 有하여 宇宙의 理 此에 順行하나니, 人이 此를 從하는 者는 是正이요 此를 逆하는 者 是惡이니라.

우주는 한 기운의 소사요 한 신의 하는 일이라, 눈앞에 온갖 물건의 형상이 비록 그 형상이 각각 다르나 그 이치는 하나이니라. 하나는 즉 한울이니 한울이 만물의 조직에 의하여 표현이 각각 다르니라. 같은 비와 이슬에 복숭아나무에는 복숭아 열매를 맺고 오얏나무에는 오얏 열매가 익나니 이는 한울이 다른 것이 아니요 만물의 종류가 다름이로다.6 사람이 공기를 마시고 만물을 먹는 것은 이는 한울로써 한울을 기르는 까닭이니라.7 무엇이든지 도 아님이 없으며 한울 아님이 없는지라, 각각 순응이 있고 서로 화합함이 있어 우주의 이치가 이에 순히 행하나니, 사람이 이를 따르는 것은 이것이 바른 것이요 이를 거스르는 것은 이것이 악이니라.8

37-5. 余 修道의 時에 天語를 屢聞하였으나 今에 思컨대 是 아직 未達一間의 初步니라. 天語 人語의 區別은 是 正邪의 兩端뿐이니, 正心으로써 邪心을 治케 되면 무엇이 天語아님이 있으리오.

나는 수도할 때에 한울님 말씀을 여러 번 들었으나 지금 생각건대 이는 아직 도에 달하지 못한 초보이니라. 한울님 말씀과 사람 말의 구별은 이는 바른 일과 바르지 않은 일 두 가지뿐이니 바른 마음으로 바르지 않은 마음을 다스리게 되면 무엇이 한울님 말씀 아님이 있으리오.9

---

6 "음양이 고루어 백천만물이 화해나지만….."(동경대전, 논학문) "오행이 상생하여 기운이 엉기어 만물이 화생하였느니라."(의암성사법설, 창세원인장) 이 모두 한 지기의 작용일 뿐이다.

7 이것이 이천식천이요, 외유기화다.

8 원래 선악이 있는 것이 아니요 성쇠의 이치가 있을 뿐이라 했다. 이치를 거스르면 소인이요 쇠할 것이지만, 이치를 잘 알아 따르면 성인이요, 성할 것이다. 따라야 할 한울의 그 이치는 모든 한울을 위하고 살리는 것이다. 그 이치를 가르치는 것이 도학이다.

9 해월신사법설, 천어 참조. 수도자 중에 강령과 강화의 현상에 집착하는 사람이 많다. 그러나 그 이치를 몰랐다가 깨달을 때는 다양한 현상이 나타나고 크게 변화하겠지만 지금 사람들의 의식이 깨어 이치를 알면 자연스럽게 강령과 강화를 체험할 수도 있다. 사실 우리의 모든 일상이 한울님

37-6. 經에 曰「內로 降話의 敎 有하다」하였나니, 降話는 卽 心靈의 敎니라. 人이 誰 降話의 敎 無하리오마는 五官의 慾이 慧竇를 蔽하였는지라, 心이 一朝에 豁然貫通하면 心靈의 敎를 歷歷히 聞하나니라. 然이나 降話도 아직 未達一間이니라. 人의 一語一默과 一動一靜이 皆是其規에 越치 아니하여 降話의 敎와 如한 然後에야 可히 達하였다 할지니, 故로 大神師 末年에는 降話의 敎 無하셨나니, 思컨대 人의 言語動靜이 元來 是 心靈의 機發이라, 心이 正하면 무엇이 降話의 敎 아니리오.

경전에 말씀하시기를 「안으로 강화의 가르침이 있다」10하였으니 강화는 즉 심령의 가르침이니라. 사람이 누가 강화의 가르침이 없으리오마는 오관(눈·귀·코·혀·몸)의 욕심이 슬기구멍을 가리웠는지라,11 마음이 하루아침에 도를 환히 깨달으면 심령의 가르침을 분명하게 듣느니라. 그러나 강화도 아직 도에 달하지 못한 초보이니라. 사람의 일어일묵과 일동일정이 다 그 법을 범하지 아니하여 강화의 가르침과 같아진 연후에야 가히 이르렀다 할 것이니라. 그러므로 대신사의 말년에는 강화의 가르침이 없으셨으니, 생각건대 사람의 말과 행동이 원래 이것이 심령의 기틀에서 일어나는 것이라, 마음이 바르면 무엇이 강화의 가르침이 아니리오.12

37-7. 大神師 恒言하시되 此世는 堯舜孔孟의 德이라도 不足言이라 하셨으니 이는 現時가 後天開闢임을 이름이라. 先天은 物質開闢이요 後天은 人心

감응에 의한 강령과 강화가 아니고 무엇이랴.

10 동경대전, 논학문에 나오는 말씀.

11 나라는 자의식이 생기면서 나와 남을 분별하게 된다. 내가 판단을 의지하는 오관의 감각은 사실 얼마나 부정확한가? 이러한 부정확한 감각과 분별심이 진실을 가리고 오도하니 이를 습관심이요 마탈심이라 한다.

12 마음이 욕념의 장애를 벗어버린, 수심정기가 되어 해탈하신 분의 대자유가 느껴지지 않는가! 무슨 말과 행동을 해도 한울 이치를 거스르지 않고 천지의 덕과 합해진 경지다. 무심행 무애행이요 공도공행이다.

開闢이니, 將來 物質發明이 其極에 達하고 萬般의 事爲 空前한 發達을 遂할지니, 是時에 在하여 道心은 더욱 微하고 人心은 더욱 危할지며, 더구나 人心을 引導하는 先天道德이 時에 順應치 못할지라. 故로 天의 神化中에 一大開闢의 運이 回復되었나니, 故로 吾道의 布德天下 廣濟蒼生 天의 命하신 바니라.

대신사께서 늘 말씀하시기를 이 세상은 요순 공맹의 덕이라도 부족언이라 하셨으니[13] 이는 지금 이때가 후천 개벽임을 이름이라. 선천은 물질 개벽이요 후천은 인심 개벽이니 장래 물질 발명이 그 극에 달하고 여러 가지 하는 일이 전례 없이 발달을 이룰 것이니, 이때에 있어서 도심은 더욱 쇠약하고 인심은 더욱 위태할 것이며 더구나 인심을 인도하는 선천 도덕이 때에 순응치 못할지라. 그러므로 한울의 신령한 변화 중에 일대 개벽의 운이 회복되었으니, 그러므로 우리 도의 포덕천하·광제창생은 한울의 명하신 바니라[14].

37-8. 天은 萬物을 造하시고 萬物의 內에 居하시나니, 故로 萬物의 精은 天이니라. 萬物中 最靈한 者 人이니, 故로 人은 萬物의 主니라. 人은 生함으로만 人이 되지 못하고 五穀百果의 滋養을 受하여 活하는 것이라. 五穀은 天地의 腴니 人이 此天地의 腴를 食하고 靈力을 發揮케 하는 것이라. 故로 天은 人에 依하고 人은 食에 依하니, 此 以天食天의 下에 立한 吾人은 心告로써 天地萬物의 融和相通을 得함이 어찌 可치 아니하랴.

한울은 만물을 지으시고 만물 안에 계시나니, 그러므로 만물의 정기는 한울

---

13 몽중노소문답가, 5절

14 문명은 육신의 편안함과 안락함을 추구하는 방향으로 발전했고(물질문명, 자본주의), 또 한편으론 속박되고 억압된 자유를 신장시키는 방향으로도 발전해 왔다.(정신문명, 민주주의) 그 균형이 맞아야 한다. 안락함과 이윤만을 추구한다면 거기에는 소외되고 착취당하는 곳이 생길 수밖에 없다. 오늘 자본주의와 물질문명이 발달할수록 자유로운 삶보다는 사생활까지 감시하고 통제하는 '빅 브러더'의 사회가 되어가지 않는가? 정신을 개벽하는 후천 개벽이 필요한 이유다!

이니라.15 만물 중 가장 신령한 것은 사람이니 그러므로 사람은 만물의 주인이니라.16 사람은 태어나는 것으로만 사람이 되지 못하고 오곡백과의 영양을 받아서 사는 것이니라. 오곡은 천지의 젖이니 사람이 이 천지의 젖을 먹고 영력을 발휘케 하는 것이라.17 그러므로 한울은 사람에 의지하고 사람은 먹는 데 의지하니,18 이 한울로써 한울을 먹는 원리에 따라 사는 우리 사람은 심고로써 천지만물의 서로 화합하고 통함을 얻는 것이 어찌 옳지 아니하랴.

37-9. 吾道는 博而約하고 精而一로써 主를 삼나니, 博約精一은 誠敬信이 아니면 能치 못하리라. 信이 有한 然後에 能히 誠하고 誠이 有한 然後에 能히 通하는지라, 故로 在誠在人이라 함은 一則 誠에 在하고 一則 信하는 人에뿐 在한다 함이니라.

우리 도는 넓으면서 간략하고 마음을 자세하고 한결같이 함을 주로 삼나니, 넓고 간략하고 자세하고 한결 같음은 정성·공경·믿음이 아니면 능치 못하리라.19 믿음이 있는 연후에 능히 정성하고 정성이 있은 연후에 능히 통

---

15 "천지를 이루어내고 도로 천지의 본체에서 살며, 만물을 생성하고 편안히 만물 자체에서 사니…."(의암성사법설, 삼성과)

16 "사람은 오행의 빼어난 기운이요 곡식은 오행의 으뜸가는 기운이니…."(해월신사법설, 천지부모) 사람이 가장 신령한 것은 한울의 큰 이치를 알고 스스로 변화를 이끌어낼 수 있기 때문이다. 시천주를 모르고 서로 상해하며 살면 짐승보다 못한 존재이기도 하다. 신령하여 만물의 주인이라 함은 이런 이치를 알고 위천주를 행하라는 것이지, 만물을 마음대로 착취하고 파괴하라는 것은 아니다. 현재의 전 지구적 환경위기는 서학에서 이러한 만물의 영장을 잘못 이해하여 사람 이외의 모든 자연은 사람이 마음대로 개발하고 파괴할 자원으로만 여긴 탓이다. 서학에선 모든 피조물 중 사람만이 신의 형상을 본따 빚어졌다고 하지만 동학에선 만물이 한울 형상으로 만들어졌고 또 그 자체가 한울이다.

17 "한울님은 음양오행으로써 만민을 화생하고 오곡을 장양한즉, 사람은 오행의 가장 빼어난 기운이요, 곡식도 또한 오행의 으뜸가는 기운이라. 오행의 원기로써 오행의 수기를 기르나니…."(해월신사법설, 도결)

18 해월신사법설, 천지부모 편과 의암성사법설, 권도문 참조. 이 모두가 외유기화로서 한울님을 모시는 행위이다. 그렇기 때문에 매번 먹을 때 드리는 식고가 한울님께 감사드리는 매일의 제사가 된다고 하신 것이다.(해월신사법설, 향아설위)

하는지라. 그러므로 정성에 있고 사람에 있다 함은20 하나는 정성에 있고
하나는 믿는 사람에게만 있다 함이니라.

37-10. 諸君은 侍字의 義를 如何히 解釋하는가. 人이 胞胎의 時에 此時를
卽 侍字의 義로 解함이 可하랴, 落之以後에 처음으로 侍字의 義가 生할까,
又 大神師 布德降靈의 日에 侍字의 義가 生하였을까, 諸君은 此義를 硏究하
여 보라.21
여러분은 모실 시 자의 뜻을 어떻게 해석하는가. 사람이 포태의 때에 이때
를 곧 모실 시 자의 뜻으로 해석하는 것이 옳으냐, 세상에 태어난 이후에 처
음으로 모실 시 자의 뜻이 생기는 것일까, 또 대신사 포덕 강령의 날에 모실
시 자의 뜻이 생겼을까, 여러분은 이 뜻을 연구하여 보라.22

37-11. 大神師의 呪文十三字는 卽 天地萬物 化生의 根本을 發明한 것이요,
守心正氣 四字는 更히 天地隕絶의 氣를 補한 것이며, 無爲而化는 人與萬物
의 順道順理의 法諦라. 故로 道는 別로 高遠한 處에 在한 것이 아니라, 汝의
身에 在하며 汝의 世界에 在하니라. 十三字로써 萬物化生의 根本을 知하고
無爲而化로써 人與萬物의 順理順道를 知한 後에, 守心正氣로써 天地泰和의
元氣를 復하면 能히 庶幾인저.
대신사의 주문 열세 자는 즉 천지만물 화생의 근본을 새로 밝힌 것이요,23

---

19 "우리 도는 넓고도 간략하니…별로 다른 도리가 없고 성·경·신 석자니라."(동경대전, 좌잠)
  "우리 도는 다만 성경신 세 글자에 있느니라."(해월신사법설, 성경신)
20 "도성덕립이 되는 것은 정성에 있고 사람에 달렸느니라."(수덕문, 54쪽)
21 포덕19년(1878) 7월 25일, 정선 유시헌의 집에서 개접하여 교인들을 가르칠 때 하신 말씀.
22 생명이란 모두가 한울님의 영기를 모셔 태어난다. 그러므로 정자와 난자가 수정되어 포태가 시
  작됨도 모심이요, 세상에 태어남도 모심이다. 그러나 포태 중엔 외유기화를 스스로 주체적으로
  하지 못하는 불완전한 모심이요, 태어난 이후에는 내유신령과 외유기화를 스스로 행하는 완전
  한 모심이다. 더 나아가 그러한 모심을 주체적으로 자각하고 실천하는 포덕강령 이후가 가장
  완전한 모심이라 하겠다.

수심정기 네 글자는 다시 천지가 운절되는 기운을 보충한 것이며,24 무위이화는 사람이 만물과 더불어 천도 천리에 순응하는 우주 만유의 참된 모습이니라.25 그러므로 도는 따로 높고 먼 곳에 있는 것이 아니라 너의 몸에 있으며 너의 세계에 있느니라.26 십삼 자로써 만물 화생의 근본을 알고 무위이화로써 사람이 만물과 더불어 천리와 천도에 순응함을 안 연후에 수심정기로써 천지가 크게 화하는 원기를 회복하면 능히 도에 가까움인저.

37-12. 天皇氏는 元來 天人合一의 名辭라, 故로 天皇氏는 先天開闢一 有人의 始神의 機能으로 人의 原理를 包含한 義가 有하니, 萬物이 皆 天皇氏의 一氣라. 今日 大神師 天皇氏로써 自處하심은 大神師 亦是 神이신 人이시니 後天五萬年에 此理를 傳케 함이니라.

천황씨는 원래 한울과 사람이 합일한 명사라, 그러므로 천황씨는 선천 개벽으로 사람을 있게 한 시조신의 기능으로 사람의 원리를 포함한 뜻이 있으니, 만물이 다 천황씨의 한 기운이니라. 오늘 대신사께서 천황씨로서 자처하심은 대신사 역시 신이신 사람이시니 후천 오만년에 이 이치를 전케 함이니라.27

37-13. 個人各個가 能히 神人合一이 自我됨을 覺하면 이는 곧 侍字의 本이며, 侍의 根本을 知하면 能히 定의 根本을 知할 것이요, 終에 知의 根本을

---

23 천지만물이 모두 한울님 성품과 기운 작용에 의한 것이다. 그렇기 때문에 만물이 시천주한 것이요, 이러한 이치를 담아낸 것이 열세 자 주문이다.

24 해월신사법설, 수심정기 참조.

25 무위이화는 사람의 욕심과 작위로써 이루는 것이 아닌 순리를 따라 이루어짐을 뜻한다. 사람은 정성 드리되 이루고 이루지 못함은 하늘의 순리에 맡기는 것이다.

26 "네 몸에 모셨으니 사근취원 하단 말가?"(용담유사, 교훈가) "덕이 있는 바를 알지 못하거든 내 몸의 화해난 것을 헤아리라."(동경대전, 전팔절)

27 천황씨는 처음 문명을 연 성인. 수운 선생은 후천 문명을 연 후천 천황씨이다. 또한 천황씨는 대신사처럼 한울의 진리를 깨달은 사람이기도 하다. 오도지삼황(해월신사법설) 각주 참조.

知할 것이니, 知는 卽通이므로 萬事無爲의 中에서 化하나니, 無爲는 卽 順理順道를 이름이니라.

개인 각자가 능히 신과 인간의 합일이 자기됨을 깨달으면 이는 곧 모실 시자의 근본이며, 모실 시의 근본을 알면 능히 정할 정의 근본을 알 것이요, 마침내 알지의 근본을 알 것이니, 「지」는 즉 통이므로 모든 일이 함이 없는 가운데서 화하나니, 무위는 즉 천리와 천도에 순응함을 이름이니라.28

37-14. 吾道에 符를 試하여 病을 療함은 是一 卽 靈의 所使이니, 天이 能히 病을 生케하는 理 有하고 病을 差케하는 理 없으리오. 全一한 誠信으로써 先히 心을 和케 하고 又 氣를 和케 하면 自然의 感化로 百體順化하나니, 萬病의 勿藥自效 무엇이 神異할 바리오. 其實을 求하면 天의 造化가 오직 自心에 在하니라.

우리 도에 영부를 시험하여 병을 고침은 이는 즉 영의 하는 일이니, 한울이 능히 병을 생기게 하는 이치는 있고 어찌 병을 낫게 하는 이치가 없으리오. 온전하고 한결같은 정성과 믿음으로써 먼저 마음을 화하게 하고 또한 기운을 화하게 하면 자연의 감화로 온몸이 순히 화하나니, 모든 병이 약을 쓰지 않고도 저절로 낫는 것이 무엇이 신기하고 이상할 바리오. 그 실지를 구하면 한울의 조화가 오직 자기 마음에 있느니라.29

---

28 개체심(각자위심, 욕념, 육신관념)을 버리고 지기를 접하여 내유신령과 외유기화가 하나됨을 깨닫는 것이 모심이고, 모심을 잊지 않고 수행함이 定함이다. 나의 능력은 한계가 있으나 한울님 능력은 무한하니 한울님 모심을 잊지 않고 수행하면 지혜가 열릴 것이다.

29 "성경이자 지켜내어 한울님을 공경하면 자아시 있던 신병 물약자효 아닐런가."(용담유사, 권학가) "마음으로써 마음을 상하게 하면 마음으로써 병을 나게 하는 것이요, 마음으로써 마음을 다스리면 마음으로써 병을 낫게 하는 것이라."(해월신사법설, 영부주문) 모든 병의 근원에는 잘못된 마음(욕심)과 잘못된 생활 습관이 있다. 이를 교정하지 않고 약만 먹으니 잘 낫지도 않고 재발도 잘 되는 것이다. 한울님이 영부로써 사람들의 질병을 구하라 하지 않으셨던가!(동경대전, 포덕문)

37-15. 人이 蒼穹을 仰하고 天을 此에 拜하나니, 是 天의 尊함만 聞하고 天이 天된 所以를 不知함이로다. 我의 屈伸動靜이 是 鬼神이며 造化며 理氣니, 故로 人은 天의 靈이며 精이요 天은 萬物의 精이니, 萬物을 順함은 是 天道이며 天道를 體用함은 是 人道니, 天道 人道 其間에 一髮을 不容할 者니라.

사람이 푸른 하늘을 우러러 믿고 한울을 여기에 있다고 절을 하나니 이는 한울의 높은 것만 듣고 한울이 한울된 까닭을 알지 못함이로다.[30] 나의 굴신동정이 바로 귀신이며 조화며 이치 기운이니, 그러므로 사람은 한울의 영이며 정기요, 한울은 만물의 정기니 만물을 순응함은 바로 천도이며, 천도를 체와 용으로 함은 바로 인도이니, 천도와 인도 그 사이에 한 가닥의 머리털이라도 용납하지 않을 것이니라.[31]

37-16. 我의 一氣 天地宇宙의 元氣와 一脈相通이며, 我의 一心이 造化鬼神의 所使와 一家活用이니, 故로 天卽我며 我卽天이라. 故로 氣를 暴함은 天을 暴함이요, 心을 亂함은 天을 亂케 함이니라. 吾師 天地宇宙의 絶對元氣와 絶對性靈을 體應하여 萬事萬理의 根本을 剔明하시니, 是乃天道며 天道는 儒佛仙의 本原이니라.

나의 한 기운은 천지 우주의 원기와 한 줄기로 서로 통했으며, 나의 한 마음은 조화 귀신의 소사와 한 집의 활용이니, 그러므로 한울이 곧 나며 내가 곧 한울이라. 그러므로 기운을 사납게 함은 한울을 사납게 함이요, 마음을 어지럽게 함은 한울을 어지럽게 함이니라.[32] 우리 스승님께서 천지 우주의 절

---

30 "푸르고 푸르게 위에 있어 일월성신이 걸려 있는 곳을 사람이 다 한울이라 하지마는 나는 홀로 한울이라고 하지 않노라."(해월신사법설, 천지인 귀신 음양)

31 한울의 이치가 구현된 것이 사람과 만물이므로 사람이 해야 할 이치가 곧 한울의 이치이다.

32 사람들은 보이는 규칙은 지키지만 보이지 않는 곳은 엉망인 경우가 많다. 내 마음과 양심을 속이지 말아야 한울을 속이지 않는 것이니, 도를 하는 사람은 다른 사람을 의식할 것이 아니라 스스로가 떳떳하고 자유로워야 할 것이다.

대원기와 절대성령을 체응하여 모든 일과 모든 이치의 근본을 처음으로 밝히시니, 이것이 곧 천도이며 천도는 유·불·선의 본원이니라.

37-17. 余 夢寐의 間인들 어찌 先生의 遺訓을 忘却하리오. 先生이 人乃天의 本義를 說하시되 曰 事人如天하라 하셨나니라.

내가 잠자고 꿈꾸는 사이인들 어찌 스승님이 남기신 가르침을 잊으리오. 선생께서 인내천의 참뜻을 말씀하시되 사람을 한울같이 섬기라 하셨느니라.33

37-18. 大하다, 天道의 靈妙 事에 涉치 아니함이 없으며 物에 有치 아니함이 없나니, 萬像이 다 天道의 表顯이니라. 今에 愚俗이 山에 祈하며 水에 禱하여 福을 祝하는 者 또한 異驗이 없지 아니하나니, 是 天地의 靈妙 何處에 든지 照臨치 아니한 바 無하니라. 然이나 彼 淫祀를 爲하는 者 禍를 免하고 福을 受코자 함은 誤解니, 禍와 福은 決코 彼에서 來하는 者아니요, 全혀 自心의 所造니라. 禍福이 心으로부터 生하고 心으로부터 滅하나니, 是 天主의 權能이니라.

크도다, 천도의 영묘, 일에 간섭치 아니함이 없으며 만물에 있지 아니함이 없나니 모든 형상이 다 천도의 표현이니라.34 지금의 어리석은 풍속이 산에 빌며 물에 빌어 복을 비는 자 또한 기이한 증험이 없지 아니 하나니, 이것은 천지의 영묘가 어느 곳에든지 비추지 아니한 바 없느니라. 그러나 저 잡신을 위하는 자가 화를 면하고 복을 받고자 함은 잘못 아는 것이니, 화와 복은 결코 저기에서 오는 것이 아니요, 전혀 자기 마음의 짓는 바니라.35 화와 복이

---

33 시천주와 인내천은 그러므로 같은 말씀이다. 그러나 사람들은 시천주를 모르고 각자위심할 뿐이니, 모두가 인내천이 되는 세상이 개벽된 세상이다.

34 "기라는 것은 허령이 창창하여 일에 간섭하지 아니함이 없고 일에 명령하지 아니함이 없으나…."(동경대전, 논학문)

35 "혈각성은 화복으로 인과를 삼아 선도 있고 악도 있어…."(의암성사법설, 삼성과)

마음으로부터 생기고 마음으로부터 멸하나니 이는 한울님의 권능이니라.[36]

37-19. 天運이 循環하여 五萬年의 大道 枬明된지라, 世魔의 降盡은 三七字의 靈呪를 信함에 在하려니와, 時를 隨하여 隱하고 運을 應하여 出함은 是 大道의 活用이니라. 道를 그릇 닦지 말라. 오직 誠敬信을 遵하여 나아갈 것이며, 天을 그릇 믿지 말라. 侍定知에 依하여 信仰할 것이니라. 思컨대 傳道者 明치 못하고 信道者 正치 못하여 妄言僞呪로써 亂道蔑法의 弊 없지 아니하니, 諸君은 삼가 나아갈지어다.

천운이 순환하여 오만 년의 대도가 창명된지라 세상 악마의 항복은 삼칠자의 신령한 주문을 믿는 데 있으려니와,[37] 때를 따라 숨고 운을 응하여 나타나는 것은 이것이 대도의 활용이니라.[38] 도를 그릇 닦지 말라. 오직 정성·공경·믿음을 지키어 나갈 것이며, 한울을 그릇 믿지 말라, 시·정·지에 의하여 신앙할 것이니라. 생각건대 도를 전하는 사람이 밝지 못하고 도를 믿는 사람이 바르지 못하여 망녕된 말과 거짓 비는 것으로써 도를 어지럽히고 법을 업신여기는 폐해가 없지 아니하니 여러분은 삼가 나아갈지어다.[39]

---

36 "해가 그 몸에 미칠는지는 자세히 알 수 없으나 이런 사람이 복을 누릴 수 있음은…그대가 물을 바도 아니요 내가 관여할 바도 아니니라."(동경대전, 논학문) 태어날 때 남녀를 선택하거나 부모 또는 나라를 가려서 태어날 순 없다. 그러나 태어난 뒤의 삶은 본인의 노력과 선택에 따라 그 모습이 천차만별로 달라질 것이다. 이것이 사람의 귀천지수를 정했지만 성쇠가 나뉘는 이치가 아니겠는가(동경대전, 논학문)!

37 "삼칠 자를 그려내니 세상 악마 다 항복하네."(동경대전, 강시) 삼칠 자는 한울의 진리가 세상에 펴지는 법문이요, 악마는 개벽되어야 할 세상의 모든 부조리이다.

38 해월신사법설, 용시용활, 개벽운수 참조. 우리 도는 삼절운(삼은삼현)의 운이라고 한다. 정성 드리고 실천하되, 실력이 충분하면 드러내고 포덕할 것이요, 실력이 부족하면 우묵눌하며 조심하는 것이 부작용이나 잘못된 인도를 하지 않을 것이다.

39 "두려움이 되는 바를 알지 못하거든 죄 없는 곳에서 죄 있는 것같이 하라."(동경대전, 후팔절) 마음이 맑아지고 도가 깊어지면 조심하고 삼가게 된다. 일체가 한울이므로. 나만 옳다고 하면서 눈과 귀를 닫는 것은 잘못된 공부다. 교의 역사와 주변에 그런 경우가 있어, 주변 사람들을 힘들게 하고 오도한 경우가 얼마나 많은가? 조심하고 두려워해야 할 것이다.

37-20. 君子 患難에 處하면 患難대로 함이 其道요, 困窮에 處하면 困窮대로 함이 其道 니, 吾輩 大患을 經하고 大禍를 過한 今日이라, 마땅히 更新의 道로써 天理의 流行에 順應할 따름 이니라.

군자가 환난에 처하면 환난대로 함이 그 도요, 곤궁에 처하면 곤궁대로 함이 그 도니,40 우리들이 큰 환난을 지내고 큰 화를 겪은 오늘이라, 마땅히 다시 새로운 도로써 천리의 변화에 순응할 따름이니라.

37-21. 木의 根이 不固하면 風을 遇하여 顚倒할 것이요, 水의 源이 不深하면 盈科前進치 못하나니, 人心이 또한 如是하도다. 心이 不定하면 半信半疑하여 事 成치 못하며 功에 就치 못하나니, 修道는 遠路를 行하는 人과 如하나니, 遠行하는 人이 中途의 險難을 忌하여 反하면 其可하랴. 修道는 掘井과 如하니 井을 掘하는 人이 源泉을 未見하고 棄하면 其可하랴. 修道는 爲山과 如하니 山을 造하는 人이 一簣를 虧하여 前功을 棄함이 其可하랴.

나무의 뿌리가 굳건치 않으면 바람을 만나 넘어질 것이요, 물의 근원이 깊지 않으면 웅덩이를 가득 채워 앞으로 나가지 못하나니 사람 마음이 또한 이와 같도다.41 마음이 정해지지 않으면 반신반의하여 일을 이루지 못하며 공을 이루지 못하나니, 수도는 먼 길을 가는 사람과 같으니, 먼 길을 가는 사람이 중도의 험하고 어려움을 꺼리어 되돌아가면 그것이 옳겠는가.42 수도는 우물을 파는 것과 같으니 우물을 파는 사람이 샘의 근원을 보지 못하고 포기하면 그것이 옳겠는가. 수도는 산을 만드는 것과 같으니 산을 만드는 사

---

40 어디서나 누구와도 함께할 수 있어야 바른 도다.(환난대로 함은 기타 공부하기 참조)
41 해월신사법설, 강서. 각주 참조.
42 자신이 가는 길이 옳은 것이라는 확신이 없다면 길을 찾아 이리저리 헤매거나 중도에서 돌아오기 십상이다. "원처에 일이 있어…중로에 생각하니 길은 점점 멀어지고…배회노상 생각하니 정녕히 알작시면 이 걸음을 가지마는 어떨런고 어떨런고 도로회정 하였더니 저 사람 용렬하고…"(용담유사, 흥비가)

람이 한 삼태기 흙을 덜 하여 앞서 이룬 공을 포기하면 그것이 옳겠는가.[43]

37-22. 修道는 牧羊과 如하니 牧人이 狼群의 來함을 見하고 羊群을 그대로 放棄함이 其可하랴. 修道는 治園과 如하니 園丁이 風雨를 苦하여 稚花를 雜草中에 放置함이 其可하랴. 諸君은 오직 本來의 目的에 依하여 精進不怠하라. 수도는 양을 치는 것과 같으니 목장에서 일하는 사람이 이리 떼가 오는 것을 보고 양 떼를 그대로 버리어 돌아보지 아니하면 그것이 옳겠는가. 수도는 정원을 가꾸는 것과 같으니 정원을 보살피는 사람이 바람과 비를 괴로워하여 어린 꽃을 잡초 속에 내버려두면 그것이 옳겠는가. 여러분은 오직 본래의 목적에 의하여 게으르지 말고 정력을 다하여 나아가라.[44]

37-23. 弓乙은 우리 道의 符圖니, 大先生 覺道의 처음에 세상 사람이 다만 한울만 알고 한울이 곧 나의 마음인 것을 알지 못함을 근심하시어, 弓乙을 符圖로 그려내어 心靈의 躍動不息하는 形容을 表象하여 侍天主의 뜻을 가르치셨도다.
궁을은 우리 도의 부도니 대선생께서 도를 깨달은 처음에 세상 사람이 다만 한울만 알고 한울이 곧 나의 마음인 것을 알지 못함을 근심하시어, 궁을을 부도로 그려내어 심령이 쉬지 않고 약동하는 모양을 겉으로 나타내어 시천주의 뜻을 가르치셨도다.[45]

---

43 "아홉 길 조산할 때…어서 하자 바삐 하자 그러그러 다해갈 때 이번이나 저번이나 차차차차 풀린 마음 조조해서 자주 보고 지질해서 그쳤더니 다른 날 다시 보니 한 소쿠리 더했으면 여한 없이 이룰 공을 어찌 이리 불급한고."(용담유사, 흥비가)
44 양은 아직 내 마음 속에 든든히 자리 잡지 못한 천심이고 이리 떼는 나의 습관심을 유혹하는 욕념과 육신관념. 꽃과 바람도 마찬가지 비유.
45 그러므로 궁을은 곧 마음이요, 한울의 기운이다. 생명의 원형이다. 의암 선생 때 이 궁을을 형상화하여 천도교기인 궁을기를 만들었다.(궁을기는 기타 공부하기 참조)

<기타 공부하기>

1. 환난대로 함이 도다

이 또한 용시용활이다. 불가에도 대기설법이란 말이 있다. 공부가 깊은 사람과 수행을 처음 시작하는 사람에겐 각자에게 알맞은 다른 가르침을 주어야 한다는 뜻이다.

춘추전국 시대 초나라 대부였던 굴원의 어부사를 떠올려 본다.

> <어부사漁父辭-굴원屈原>
>
> 屈原이旣放에 : 굴원이 쫓겨나
>
> 游於江潭하고 : 강호에서 노닐며
>
> 行吟澤畔할새 : 못가에서 시를 읊조리고 다니는데
>
> 顔色이樵悴하고 : 안색은 초췌하고
>
> 形容이枯槁려니 : 모습은 수척해 보였다.
>
> 漁父見而問之曰子非三閭大夫與아 : 어부가 그를 보고 묻기를, "그대는 삼려대부가 아니십니까?
>
> 何故至於斯오 : 무슨 까닭으로 이 지경에 이르셨습니까?" 하니
>
> 屈原이曰擧世皆濁이어늘 : 굴원이 말하기를, "세상이 다 혼탁한데
>
> 我獨淸하고 : 나 홀로 깨끗하고
>
> 衆人이皆醉어늘 : 모든 사람이 다 취해 있는데
>
> 我獨醒이라 : 나 홀로 깨어 있었습니다.
>
> 是以見放이러라 : 이런 까닭에 추방을 당했다."고 하니
>
> 漁父曰聖人은 : 어부가 말하기를, "성인은
>
> 不凝滯於物하고 : 세상 사물에 얽매이지 않고
>
> 而能與世推移라 : 세상을 따라 변하여 갈 수 있어야 합니다.

世人이皆濁이어든 : 세상 사람들이 모두 탁하면

何不淈其泥而揚其波하며 : 왜 진흙탕을 휘저어 흙탕물을 일으키지 않습니까?

衆人이皆醉어든 : 뭇사람들이 모두 취해 있다면

何不餔其糟而歠其醨오 : 어째서 술지게미를 먹고 박주를 마시지 않으십니까?

何故로深思高擧하여 : 어찌하여 깊이 생각하고 고결하게 처신하여

自今放爲오 : 스스로 쫓겨남을 당하게 하십니까?" 하니

屈原이曰吾聞之하니 : 굴원이 말하기를, "내가 듣건대

新沐者는 : 새로 머리를 감은 사람은

必彈冠이오 : 반드시 관을 털어서 쓰고,

新浴者는 : 새로 목욕한 사람은

必振衣라 : 반드시 옷을 털어서 입는다고 하였소.

安能以身之察察로 : 어찌 결백한 몸으로

受物之汶汶者乎아 : 더러운 것을 받아들일 수 있겠소?

寧赴湘流하여 : 차라리 상강에 가서

葬於江魚之腹中이언정 : 물고기 뱃속에 장사지낼지언정

安能以皓皓之白으로 : 어찌 결백한 몸으로서

而蒙世俗之塵埃乎아 : 세속의 먼지를 뒤집어 쓸 수 있겠소?" 하니

漁父이 : 어부는

莞爾而笑하고 : 빙그레 웃고,

鼓枻而去하여 : 뱃전을 두드리며 노래 부르면서 떠나갔다.

乃歌曰滄浪之水淸兮어든 : 곧 노래하기를, "창랑의 물이 맑으면

可以濯吾纓이오 : 내 갓끈을 씻고,

滄浪之水濁兮어든 : 창랑의 물이 흐리면

可以濯吾足이로다 : 내 발을 씻으리라." 하고

遂去不復與言하더라 : 마침내 떠나가 다시 함께 이야기하지 못했다

창랑의 물이 맑으면 갓끈을 씻고, 창랑의 물이 흐리면 발을 씻는다고 하였다. 창랑의 물은 내가 처한 현실을 뜻한다. 현실이 녹록치 않으면 거기 맞는 대응을 할 뿐, 내가 창랑의 물을 통째로 맑게 할 순 없다. 그러나 창랑의 물이 맑아지는 것을 포기할 수도 없다. 이것이 굴원의 고민이었다. 실제로 굴원은 초나라 회왕이 바른 정치를 펴도록 간하다가 받아들여지지 않자 멱라강 물에 빠져 자결했다고 전해진다. 현실에선 현실과 타협하지 않은 원칙주의자였지만, 내면에선 타협하지 않되 현실의 변화에 지혜롭게 대응하는 자신의 모습을 시로서 드러내고 있다.

나이가 들면서 자신의 뜻과 이상이, 먹고 사는 삶속에 매몰되고 잊혀지는 경험을 누구나 한다. 하지만 현실을 인정하되 자신의 꿈 또한 잊지 말고 간직하며 여의치 않으면 발이라도 씻으며 준비하고 있어야 꿈을 이룰 수 있다. 최소한 자신의 삶을 현실에 매몰되지 않게 꿈을 간직해야, 이상과 현실에 한발씩 균형을 이룰 수 있다. 남미혁명의 영원한 우상 체 게바라가 말했다. "우리 모두 리얼리스트가 되자. 그러나 우리의 가슴속에 불가능한 꿈을 가지자"(장코르미에, 김미선 옮김, 체 게바라 평전, 실천문학사) 우리가 우주를 연구하고 한울을 묵상하는 것도 실생활에 당장 쓰기 위해서가 아니다. 크고 원대한 진리를 공부하면 눈앞의 작은 이익에 다투고 아등바등하는 것이 얼마나 부질없는지 알게 된다. 삶의 시야가 넓어지고 자세가 달라지게 되는 것이다.

2. 궁을기

궁을기는 의암 선생이 일본에서 포덕46년 12월 1일에 동학을 천도교로 대고천하大告天下하고 권동진, 오세창, 양한묵에게 "우리 교가 현도되었으니 교회를 상징할 교기가 있어야 할 터이니 세 분은 한울님께서 대선생에게 계시하신 '나에게 영부 있으니 그 형상은 태극이요 또 형상은 궁궁(吾有靈符 其形太極 又形弓弓)'이라고 하신 것을 체로 하여 교기를 고안하라."고 하셨다. 세 사람은 백지에 적선赤線으로 궁을을 횡으로 하고 사방에 건곤감이 사괘를 넣고 태극이 없게 고안한 것을 성사께서 7일간 숙고하여 현재의 형태로 확정하였다.(조기주, 동학의 원류, 244-245쪽)

"경에 말씀하시기를 「나에게 영부 있으니 그 이름은 선약이요 그 형상은 태극이요 또 형상은 궁궁이니 나의 이 영부를 받아 사람을 질병에서 건지라」 하셨으니, 궁을의 그 모양은 곧 마음 심 자이니라."(해월신사법설, 영부주문)

영부란 무엇인가? 사람들과 세상의 병을 고칠 신령스러운 부적이요, 선약이라 했다. 사람들의 병과 세상의 병은 어디에서 오는가? 모두가 마음에서 비롯된다. 잘못된 마음과 잘못된 마음 씀이 그 근원이다. 수운 선생의 본지는 이러한 잘못된 마음을 바로 잡는 것이 사람들의 질병과 세상의 부조리를 고치는 첩경이라는 데 있다. 궁弓 자와 을乙 자는 마음과 기의 흐름이 물결치는 것을 형상화한 상징이다. 그러므로 궁을弓乙로 상징되는 불사약은 모든 생명에 내재한 한울님의 영기, 우주의 기운이다. 기운이 약동하는 모습을 한자로 표현하면 궁 자와 을 자가 이에 가깝다.

"궁을은 우리 도의 부도니 대선생께서 도를 깨달은 처음에 세상 사람이 다만 한울만 알고 한울이 곧 나의 마음인 것을 알지 못함을 근심하시어, 궁을을 부도로 그려내어 심령이 쉬지 않고 약동하는 모양을 겉으로 나타내어 시천주의 뜻을 가르치셨도다."(해월신사법설, 기타)

의암 선생은 천도교의 우주관을 성심신삼단으로 정리하여 설명하셨다. 성품은 우주에 가득 찬 한울님 본성이요, 생명의 근원이요, 생명이 시작되기 전과 소멸된 후의 본원을 뜻한다. 그러므로 궁을기에서는 제일 바깥의 큰 원이 상징한다고 볼 수 있을 것이다. 성품, 즉 생명의 원소가 모여 형체를 이룬 것이 우리의 몸이고 현실의 모든 물건들이다. 이는 궁을기의 제일 가운데 원이 상징하며, 이는 현실적 실체이나 영원하지 않다.

우리의 몸과 현실의 물건들은 어떤 조건하에서 형체를 유지하는가? 바로 한울님의 생명과 에너지, 즉 기운이 있어야 그 형체를 유지할 수 있다. 그러므로 우리의 개체 생명과 형체를 유지하는 기운이 궁을기의 가운데 약동하는 부분이며, 이는 또한 명백히 한울의 지기에서 비롯되며, 한울의 이러한 감응과 간섭이 없으면 개체 생명 또한 없어지는 것이다. "마음은 바로 성품으로써 몸으로 나타날 때 생기어 형상이 없이 성품과 몸 둘 사이에 있어 만리만사를 소개하는 요긴한 중추가 되느니라."(의암성사법설, 성심신삼단)

각자가 이러한 한울의 성품과 지기와 하나로 연결되어 있음을 깨닫지 못하는 것이 각자위심이요, 그로써 모든 생명의 부조화와 오작동으로서의 악질이 생긴다. 이를 깨달아 한울의 지기와 내가 하나임을 회복하여 악질을 고치고 생명의 온전한 건강을 회복하는 것이 모심이요, 시천주이다.

그러므로 성심신 세 가지 중에 하나라도 없으면 온전한 생명을 유지하지 못할 것이고, 이를 온전히 깨닫고 한울의 감응과 간섭이 내 실행과 하나임을 깨닫고 행하는 것이 천도교의 신앙생활이 된다. 즉 궁을기의 형상은 자신과 한울이 무궁한 생명 속에서 항상 함께함을 상징하는 것이다.

궁을기(좌) 궁을원장(우)

의암성사법설 義菴聖師法說

一. 無體法經무체법경[1]

(一) 性心辨성심변[2]

1-1-1. 性闔則 爲萬理萬事之原素 性開則 爲萬理萬事之良鏡 萬理萬事入鏡
中 能運用曰 心 心卽神 神卽氣運所致也

성품이 닫히면 모든 이치와 모든 일의 원소가 되고 성품이 열리면 모든 이
치와 모든 일의 좋은 거울이 되나니,[3] 모든 이치와 모든 일이 거울 속에 들

---

1 포덕50년(1909) 12월에 의암 선생이 崔俊模, 金相奎, 林明珠, 趙基栞 등 4인과 함께 梁山 通度寺
內院菴에서 49일간의 祈禱式을 마친 後 无體法經과 後經 (一), (二)를 지으셨다.(본서 무체법경
해제 참조) 무체는 형상이 없음이니 육안을 넘어선, 습관된 마음을 넘은, 현상의 틀을 벗어난 진
리를 한울로 논함이다. 필자는 [무체법경]의 구성을 다음과 같이 이해했다.
　<서론> ①성심변: 우주의 모든 만리만사의 근본바탕이 되는 한울 본자리인 性과 거기에서 운용
되어 나오는 心에 대한 말씀 ②성심신삼단: 성과 심만이 아닌 우리가 간과하거나 외면하기 쉬운
身이 그 못지않게 중요하므로 성심신삼단을 함께 닦아야 함을 강조. 이러한 육신 강조는 선천 종
교와 다른 현실 중시의 무극대도(천도교) 특징 중 하나. ③신통고: 성심신삼단의 관계와 이를 치
우침 없이 함께 닦았을 때 얻을 수 있는, 한울의 힘과 내 힘이 하나가 되는 경지를 말씀하심
　<본론> ④견성해: 한울 본래의 모습 즉 진리를 어떻게 봐야 하는가. ⑤삼성과: 진리(성품)가 세상
에 적용되면 어떤 모습으로 나타나는가(구체적 인과관계)에 대한 공부. ⑥삼심관: 진리를 보는
주체인 마음과 그 마음이 수행과정 중 진리에 다가가면서 변화되는 단계를 본다.
　<결론> ⑦극락설: 본래 한울 성품을 지닌 사람이 그 성품과 마음을 되찾아 세상에 펴야 함을 설
명하신 실천의 장. ⑧성범설: 세상을 사는 모습을 두 가지, 성인과 범인으로 대별하고 그 구분이
되는 마음의 실천에 대한 말씀. ⑨진심불염: 참된 진리의 삶을 살아가는 마음에 대한 최종 정리.
2 인격화된 한울님이 아닌 한울 자체의 본질을 이해하고 한울님과 나, 그리고 만물과의 관계를 연
결해본다.
3 성품이란 무엇인가? 모든 이치와 일의 원소라 했으니 존재의 근원 정도로 해두자. 성품이 닫히면
나타남과 작용하기 전의 상태이므로 무극이라고 할 수 있다. 그저 모든 것이 될 수 있는 가능태,
기본 소자의 상태. 이것이 열리면 원소가 모여 물체를 형성하고 형상들 간 작용 반작용에 따라 수
많은 사건들이 만들어지니 그 결과가 현 세계다. 그러므로 이를 알면 현재 일어나는 모든 이치를
알 수 있어 좋은 거울이라 표현. 현상계의 만물은 끊임없이 소멸되어 원소로 돌아가고 원소는 다
시 물질을 만드는 순환이 계속되니 이것이 무왕불복이다. 논학문의 주문 풀이에도 한울(天)에 대
한 설명은 빠져 있다. 한울-존재의 근원, 신이란 인간의 기준에 따라, 어떤 하나의 실체로 한정할
수도, 규정할 수도 없다. 따라서 신이 구현된 우주의 특징, 법칙들로 미루어볼 수밖에 없다. 그러
나 동화에서 배운 산신령 같은 신, 제우스 같은 신의 개념을 빨리 버려야 실체에 쉽게 접근할 수
있을 것이다. * 무체법경을 공부하기 위해선 성심신의 용어를 이해하는 것이 필요하다. 수운 선
생은 천지인 삼재의 수를 말씀하셨고, 해월 선생은 음양의 이치를 말씀하셨다. 모두 한울의 모습
을 표현한 것이다. 즉 같은 한울이되 원리와 이치로서의 한울을 성품으로, 원리와 이치가 작용할

어 능히 운용하는 것을 마음이라 이르고 마음은 곧 신이요, 신은 곧 기운이 이루는 바이니라.4

1-1-2. 運用最始起點曰我 我之起點 性天之所基因 性天之所根本 始乎天地 未判之前而 是時 億億萬年自我而始焉 自我至天地之無而 是時億億萬年 亦至 我而終焉

운용의 맨 처음 기점을 나라고 말하는 것이니 나의 기점은 성천의 기인한 바요, 성천의 근본은 천지가 갈리기 전에 시작하여 이때에 억억만년이 나로 부터 시작되었고, 나로부터 천지가 없어질 때까지 이때에 억억만년이 또한 나에게 이르러 끝나는 것이니라.5

1-1-3. 是以 心幻性曰闔 性生心曰開 性心雙修 惟知道者能之

이러므로 마음이 성품과 바뀌인 것을 닫혔다 말하고 성품에서 마음이 생기 는 것을 열렸다 말하나니, 성품과 마음을 같이 닦는 것은 오직 도를 아는 사 람이라야 능히 할 수 있는 것이니라.6

때의 생명력과 에너지를 기운으로, 원리와 에너지가 현상으로 표현된 것이 몸이다. 일체 만물이 한울인데 이를 셋으로 나눠 설명하는 것은 많이 있어 왔다. 수운 선생의 내유신령, 외유기화, 각 지불이, 불교의 삼세불(과거 현재 미래의 삼세불, 또는 법신, 화신, 보신불), 천부경의 삼신, 기독 교의 삼위일체까지. 그 모두 별개의 신이 아니라 같은 신의 다른 나타남이요 표현일 뿐이다.

4 마음이란 무엇인가? 성품은 한울님의 본질, 재료, 원리, 작용하기 전 상태(무극). 마음은 한울님 이 세상에 적용되는 기운, 에너지, 작용되는 상태(태극-음양,오행)이다. 즉 성품과 마음은 동전 의 양면, 물과 얼음과 같은 관계로 같은 한울님의 설명이고 이름일 뿐이다. 성품과 마음은 한울님 의 성품과 마음이기도 하지만 나에게 모신 한울의 성품과 마음이기도 하다. 내 본성과 본마음은 무엇이며, 내 성정과 마음에 따라 일이 어떻게 달라지는지 하루를 마무리하며 관찰해 본다.

5 "나"의 위치는 어디에 있는가? 여기서 나는 일개 육신을 가진 나이기도 하고, 한울 대생명과 하 나인 나이기도 하다.

6 성품과 마음이 한 한울의 두 모습임을 여러 가지 표현으로 이야기해 본다. 한울이 잠잠할 땐(靜) 원소일 뿐이나, 움직일 땐(動) 갖가지 표현이 된다. 예를 들어 좋은 차를 보고 갖고 싶은 마음이 생기면 그것을 갖기 위해 일하고 돈을 모으며 계획을 세운다(열렸다). 그러나 자기 수입에 비해 지나치게 높은 가격임이 확인되면 좋은 차지만 나와는 인연이 없겠구나 하며 마음이 가라앉고 잊 게 된다(닫혔다). "천지는 한 물덩이이나 물에는 음수와 양수가 있다."(해월신사법설, 천지이기)

(二) 性心身三端성심신삼단[7]

1-2-1. 或曰「置天於心外 但盡至誠 受感化而得道」 又曰「天在於我 仰之何處 信之何處 但 我仰我 我信我 我覺我」 使修者 心頭兩方 疑雲萬疊 爲見性覺心者之前路茫茫

어떤 사람이 말하기를「한울을 마음 밖에 두고 다만 지극히 정성을 다하여 감화를 받아 도를 얻는다.」하고, 또 말하기를「한울이 내게 있으니 어느 곳을 우러러보며 어느 곳을 믿으랴, 다만 내가 나를 우러러보고 내가 나를 믿고 내가 나를 깨닫는다.」하여, 닦는 이로 하여금 마음 머리 두 곳에 의심스러움이 겹치게 하여 성품을 보고 마음을 깨달으려 하는 사람의 앞길을 아득케 하느니라.[8]

"화해 낳는 것은 한울 이치요 움직이는 것은 한울 기운"(해월신사법설, 천지이기) "처음 기운을 편 것은 이치요 형상을 이룬 뒤에 움직이는 것은 기운"(해월신사법설, 천지이기) "성품은 이치니 원소일 뿐이요, 마음은 기운이니….."(의암성사법설, 성심신삼단) 우리 도의 상징인 궁을장은 성심신삼단을 표현해 나와 한울의 기운과 성품이 유기적으로 하나임을 그린 것이다.(해월신사법설, 기타 각주 참조)

7 이 장에서는 수도자의 마음 자세에 대한 방향을 제시한다.

8 "신"을 어떻게 정의할 것인가— 모두에게 내재해 있는 "기"로 볼 것인가, 제우스나 옥황상제 같은 인격신으로 볼 것인가? 공부의 단계일 뿐, 옳고 그름의 구분이 아님을 이해한다. 즉 개인의 욕심이 더 많아 한울 성품을 깨닫기 어려운 공부 초기엔 신을 밖에 두고 공부하기가 쉬울 것이요, 스스로의 한울 성품을 깨달으면 스스로의 성품을 닦아 나가는 것이다. ★ 한울을 마음 밖에 두는 것은 侍天主의 전 단계.(동경대전, 포덕문) 수운 선생 득도 직후 천사문답도 같은 단계로 한울님 말씀을 공중에서 들으셨다. 그러나 1년간 수행하고 체험하는 동안(아직 의심이 가시지 않은 상태) 한울님 마음과 수운 선생의 마음이 둘이 아닌 하나가 되는 侍天主—즉 吾心卽汝心의 경지에 이른다. ★ 마음공부(수련)의 시작은 내 안의 수많은 세포를 하나같이 간섭하시는(하나라도 간섭이 안 되면 병이 나거나 죽는다) 한울님에 대한 감사하는 마음으로 바른 가르침을 기원한다. 그동안 내 안의 습관된 마음이 버려지는 것을 체험하면서 수행한다. 점차 나 혼자의 욕심이 사라진 맑은 마음이 되면서 그러한 자기 본래 마음이 곧 한울님임을 깨닫게 된다. 이 문장의 문맥으로 보면 두 가지 모두 잘못된 방향이라고 비판한다. 즉 본래 한울님은 내 몸을 떠나 멀리 천당이나 옥경대에 계신 것이 아니다. 그러나 지금 현재의 습관된 내 마음, 즉 탐욕과 아집과 어리석은 마음 또한 한울의 참 마음이 아니다. 나에게 본래 모셔져 있는 참 한울마음을 찾아야 하며 그것이 수련이 된다.(수심정기 공부하기; 2. 육관과 팔식 참조) ★★ 천도교단의 공식 신관은 "단순한 초월적(천상에 계시다는) 신관이나 내재적(만물에 신이 깃들어 있다는) 범신이 아닌 '초월과 내재'를 모두 포함하는, 또는 '인격성과 자연성'을 모두 포함하는 신관이며, 동시에 '사람이 한울님을 모시고 있으

1-2-2. 凡天地萬物 不無主客之勢 觀天以主體 我爲客 觀我以主體 天爲客
不此之辨 非理非道也 故 主客之位 指定于兩方 人之權能 勝天 天在人之命令
下 天之權能 勝人 人在天之命令下 此兩端只在權能均衡

무릇 천지만물이 주객의 형세가 없지 아니 하니, 한울을 주체로 보면 나는
객이 되고 나를 주체로 보면 한울이 객이 되니, 이를 분별치 못하면 이치도
아니요 도도 아니니라. 그러므로 주객의 위치를 두 방향으로 지정하노라.9
사람의 권능이 한울을 이기면 한울이 사람의 명령 아래 있고, 한울의 권능
이 사람을 이기면 사람이 한울의 명령 아래 있나니,10 이 두 가지는 다만 권
능의 균형에 있느니라.11

1-2-3. 然 見性者不見氣 見氣者不見性 違道不已 惜乎 性 理也 性理空空寂
寂 無邊無量 無動無靜之原素而已 心 氣也 心氣圓圓充充 浩浩潑潑 動靜變化
無時不中者 所以於斯二者無一 非性非心也

그러나 성품을 보는 사람은 기운을 보지 못하고, 기운을 보는 사람은 성품을

니 사람이 이에 한울님'이라는 시천주를 근간으로 하는 인내천의 새로운 신관"으로 정의되고 있
다.(천도교중앙총부, 『천도교』, 천도교중앙총부출판부, 2002.)(신관은 삼성과 '본래의 나' 각
주, 현기문답 공부하기 참조)

9 한울님은 천지부모이다. 천지를 이루고 다시 그 안에서 살며 만물을 생성하고 간섭하는 분이다.
내가 한울의 명에 생각과 행이 어긋나지 않는 성인이 아니라면 주객이 어찌 돼야 하겠는가?

10 역사적으론 서양의 "신본주의"와 "인본주의"의 전환과 비교 정리해 본다. ★ "사람이 한울을
모신 것 아니라 한울이 사람을 거느렸고, 입이 말을 하는 것이 아니라 말이 입을 가르치고, 귀가
소리를 듣는 것이 아니라 소리가 귀에 부딪히고, 혀가 맛을 아는 것이 아니라 맛이 혀를 가르치
더라."(의암성사법설, 강시)를 읽고 자신의 공부에서 주객의 위치를 어떻게 둘지 생각해 보자.
스스로의 욕념(마탈심)이 한울 마음으로 완전히 바뀌면 생각하고 행동하는 것이 한울의 뜻과
같이 공도공행할 것이다. 그러나 욕념이 많이 남아 있는 공부 과정에선 '나는 없다', '나의 몸을
한울님 뜻에 맞게 사용해 주십시오.' 하고 맡기는 것이 맞을 것이다. 이렇게 자신의 습관된 마
음이 많이 남아있을 때는 자기위주로 생각하고 한울님을 맞이하고 모시려하는 공부가 되니 내
가 주체요 한울이 객이 되지만, 수련이 깊어져 육신보다 성령이 중함을 깨달으면(인여물개벽
설, 이신환성설) 나는 객이 되고 한울이 주체가 될 것이다.

11 여기까지 성심신삼단 장의 서론 부분으로 한울을 마음 밖에 둘 것인가 마음 안에 둘 것인가에
대한 화두가 제기된다.

보지 못하여, 도에 어기어 마지않으니 아까워라.[12] 성품은 이치니 성리는 공공적적하여 가이 없고 양도 없으며 움직임도 없고 고요함도 없는 원소일 뿐이요,[13] 마음은 기운이니 심기는 원원충충하여 넓고 넓어 흘러 물결치며 움직이고 고요하고 변하고 화하는 것이 때에 맞지 아니함이 없는 것이니라.[14] 이러므로 이 두 가지에 하나가 없으면 성품도 아니요 마음도 아니니라.[15]

1-2-4. 若以明之 無性理 如無心木人 無心氣 如無水魚子 修道者 明以察之

---

12 견성공부, 견기공부한다고 한다. 견성공부는 사물과 우주의 본질을 깨닫고자 하는 공부. 모든 존재는 무에서 시작되어 잠깐 형상을 나타내다가 다시 무로 돌아간다. 이 근본이치를 공부하는 것이 견성공부로, 주문을 속으로 읽는 묵송공부, 불가의 참선이 여기 해당된다. 그러나 견성공부만하면 현실의 아등바등이 부질없어지고 세상을 등지기 쉽다. 또한 몸을 움직이는 기가 약해지고 몸이 쇠약해지기 쉽다. 때문에 몸과 현실을 움직이는 기운공부가 균형을 이루어야 하며 주문을 소리 내어 읽는 현송이 이에 해당한다. 검무와 불가의 무술도 견성공부를 보완하기 위한 공부다. 반면에 견기공부하는 사람은 나를 움직이고 세상을 바꾸는, 기운-힘을 얻고자 한다. 몸이 약하고 병든 사람이 기운을 바로 잡아 병을 고치고, 세상의 잘못된 사고와 불합리한 관습을 고쳐 개벽된 세상을 만들고자 함이다. 그러나 이 경우 우리의 몸도 세상도 영원한 것이 아님에도 이에 집착하기 쉽다. 현실에 집중하고 정성들이되(견기), 영원하지 않고 무로 돌아가는 큰 그림을 잊지 않는다면(견성) 집착하고 그로 인해 다투게 되는 일은 없을 것이다.(해월신사법설 천도와 유불선, 의암성사법설 삼화일목 참조)

13 성품은 우리 존재의 본질. 우리 존재는 본래 어떤 의미가 있는 것일까? 그저 나무고 돌이고, 산이고 물일 뿐이다. 어떤 물건에 이름을 붙이고 값을 매기는 것은 사람들의 생각일 뿐. 그것이 좋다 나쁘다, 선하다 악하다 하는 것은 그러므로 본래 존재에는 없다. 사람들 마음에서 만들어지는 것일 뿐. 그런 가치 판단에 따라 사람들은 마음을 다치고 갈등한다. 그러므로 마음이 힘들수록 존재의 본질은 무선무악이고, 그저 존재할 뿐이며 그마저도 종국엔 공공적적한 본래 자리로 되돌아갈 뿐임을 자각해야 한다. 그것이 성품공부이다. ＊ 성심신삼단 공부하기 참조.

14 성품, 즉 우리 존재는 본래 선도 악도 없는 빈 것이다. 그 존재는 어떻게 쓰이는가에 따라 그 의미가 달라진다. 그것이 마음의 역할. 잘 드는 칼을 음식 만드는 데 쓰면 생명을 살리는 도구가 되지만, 남의 것을 빼앗는 데 쓰면 삶을 상하게 하는 흉기가 되기도 한다. 그 선택은 마음이 한다. 살다보면 어쩔 수 없이 일어나는 일들이 있다. 차가 고장 나거나 다른 사람과 부딪히거나 기차가 연착하여 지각하는 것을 막을 수는 없다. 하지만 고장 난 차를 투덜거리며 두들기거나 부딪힌 사람과 다투는 대신, 차는 전문가에게 맡기고 부딪힌 사람과는 사과하고 좋은 인연을 만들면 하루가 크게 달라질 것이다. 그 선택은 스스로의 마음이다.

15 성심신삼단의 관계를 정리해 보자. 성품과 마음은 한울생명의 다른 상태일 뿐. 그 성품과 마음이 깃들어 있어 체를 이룬 것이 사람(생명, 만물). 나고, 치열하게 살아가고, 죽는 것이 생명의 순환이다. 살아 있는 동안에도 휴식과 잠(죽음)이 활동(생명)과 조화되지 않으면 건강을 유지할 수 없다. 우리가 고요한 성품 자리를 찾고 공부하는 것은 이런 것이 아닐까? 마치 정신없는 생업전선에서 병든 몸과 마음을 치유하기 위해 모든 것을 잊고 휴가와 휴식을 하듯이.

明以覺之 觀性者誰 觀心者誰 若無此我身 性心對照何處生乎

밝히어 말할 것 같으면 성리가 없으면 마음이 없는 나무 사람과 같고, 심기가 없으면 물 없는 곳의 고기와 같으니, 도 닦는 사람은 밝게 살피고 밝게 깨달으라.16 성품을 보는 것은 누구이며 마음을 보는 것은 누구인가. 만약 내 몸이 없으면 성품과 마음을 대조하는 것이 어느 곳에서 생길 것인가.17

1-2-5. 有性有身 有身有心 然性心身三者何爲先 性爲主 性之權能 勝身之權能 身爲主 身之權能 勝性之權能 觀性以主體而修者 以性之權能 無窮於空寂界 擴充其原素而不生不滅 謂之道 觀身以主體而修者 以身之權能 活活無碍於現世界而涵養萬族 謂之道 故 示性身雙方之修煉 辭論於修道者

성품이 있고라야 몸이 있고, 몸이 있고라야 마음이 있으나 그러나 성품과 마음과 몸 세 가지에서 어느 것을 먼저 할 것인가. 성품이 주체가 되면 성품의 권능이 몸의 권능을 이기고, 몸이 주체가 되면 몸의 권능이 성품의 권능을 이기느니라. 성품을 주체로 보고 닦는 사람은 성품의 권능으로써 비고 고요한 경지를 무궁히 하고 그 원소를 확충하여 불생불멸을 도라 말하고, 몸을 주체로 보고 닦는 사람은 몸의 권능으로써 활발하고 거리낌 없이 현 세계에서 모든 백성을 함양함을 도라고 말하느니라. 그러므로 성품과 몸의 두 방향에 대한 수련을 보이어 도 닦는 사람에게 밝혀서 말하려 하노라.18

---

16 나에게서 한울의 성품 또는 기운이 없다면 어떻게 될까? 나는 우주에 가득한 한울의 영기와 항상 유기적으로 연결되어(모심) 있다. 그것이 단절되면(각자위심) 개인적으로는 질병이, 사회적으로는 혼란이 오는 병든 생명과 세상이 될 것이다. 요즘은 세상이 유무선으로 연결되며, 나와 의식을 공유할 수 있는 범위가 전통사회에서 가족이나 한 마을 또는 친족의 범위에 국한되던 것이 온 나라를 넘어서 전 세계로 확장되어 있다. 전 지구적 의식의 각성이다. 그 공감의 질은 논외로 하면 실시간으로 시간과 공간을 뛰어넘는 의식의 공유와 공감이 일어나고 있다. 그런 연결을 누리던 사람이 모든 소통과 연결이 단절된다면 어떻게 될까? 우리 주변의 왕따에서 가족과도 소통을 못하고 외로움을 느끼는 사람에 이르기까지, 어쩌면 우리 모두가 소통-연결-모심에 목마른 병든 존재들일 것이다. 그것을 치유할 선약은 물론 시천주이고. 병든 생명을 나무 사람, 물 없는 곳의 고기로 표현하셨다. 둘은 어떤 차이가 있을까?

17 의암성사법설, 성심변 참조. 모든 시작과 끝은 나에게서 시작되고 나로 끝난다.

1-2-6. 身在時不可不 認身以主體 何者 無身 性依何而論有無 無心見性之念 起於何處 夫 心身之屬也 心是生於 以性見身之時 無形立於 性身兩間而 爲紹介萬理萬事之要樞

몸이 있을 때에는 불가불 몸을 주체로 알아야 할 것이니, 왜 그런가 하면, 몸이 없으면 성품이 어디 의지해서 있고 없는 것을 말하며, 마음이 없으면 성품을 보려는 생각이 어디서 생길 것인가. 무릇 마음은 몸에 속한 것이니라. 마음은 바로 성품으로써 몸으로 나타날 때 생기어 형상이 없이 성품과 몸 둘 사이에 있어 만리만사를 소개하는 요긴한 중추가 되느니라.[19]

1-2-7. 心之發跡 以有情空氣 生變化之能力故 得心力者 能行有情天之能力 與變化故 觀性於自身者 亦自能自用於天之能力 是觀性之心 亦因於有情天而自生也 以見性者之無我 無心 無身 無道之主意 誹謗神通力 此不知神通力之

---

18 삼단 중 몸이 주체가 되어야 하는 까닭을 정리하고, 서론의 한울을 마음 안에 둘 것인가 마음 밖에 둘 것인가에 답해 보자. "성품을 주체로 닦는 사람은 불생불멸을 도라 말하고…."(의암성사법설, 성심신삼단) "한울도 비지 아니하고 만물도 끊기지 아니하니, 도가 어찌 빈 데 멎으며 만물이 어찌 끊긴 데 멎으리오."(의암성사법설, 삼심관) – 진리는 나 개인의 실존이나 의지와 관계없이 있을 뿐이다. 그러나 그것을 구체적으로 실천할 수 있는 것은 몸이 있기 때문. ＊ 열심히 일하는 사람이 가끔 모든 것을 잊고 휴식을 취하는 것은 건강을 회복하고 새로운 활력을 얻는 기회가 되므로 중요하다. 그러나 일하지 않고 휴식만 계속하는 것은 그 또한 건강하지 못한 생명이다. 건강한 생명은 휴식과 일, 이상과 현실이 조화를 이루는 것일 것이다. ＊ 몸이 주체가 되어야 하는 까닭은 다음 장에서 설명한다.
19 한울의 이치는 몸을 가진 사람들이 실천하기 때문에 진리를 알고 실천하는 사람이 중한 것이다. "심혜본허 응물무적이라."(동경대전, 탄도유심급) "한울은 사람에 의지하고 사람은 먹는데 의지하나니, 만사를 안다는 것은 밥 한 그릇을 먹는 이치를 아는 데 있느니라. 사람은 밥에 의지하여 그 생성을 돕고 한울은 사람에 의지하여 그 조화를 나타내는 것이니라."(해월신사법설, 천지부모) "한울은 사람에 의지하여 변화가 무궁하고, 사람은 밥에 의지하여 만사를 행하는지라."(의암성사법설, 권도문) "한울님은 마음이 있으나 말이 없고, 성인은 마음도 있고 말도 있으니, 오직 성인은 마음도 있고 말도 있는 한울님이니라."(해월신사법설, 성인지덕화) ＊ 성품은 또한 이상세계를 뜻하고 몸은 현실사회를 뜻한다. 이상은 무선무악하고 일체가 평등한 한울에 두어도 나의 몸은 높은 산을 오르기도 하고 평지를 걷기도 하며 살아간다. 한울의 본성이 삶과 죽음을 초월해 있어도 내 몸은 내 삶의 인과에 의해 사는 모습이 달라진다.(의암성사법설, 삼성과 인과 참조) 그러므로 몸을 위주로 해야 하고 현실에 실천되어야 참된 도이지 머릿속에서만 있어선 의미가 없다. ＊ 이 구절까지 성심신삼단 장의 본론으로 성품, 마음, 몸의 관계가 설명된다.

自然生於性心修煉 但以哲學陜見 興其誹謗者 故 顧世而取天之能力 隨時用道
是在修道者之執中

마음의 자취가 나타나는 것은 유정공기로써 변화하는 능력이 생기므로, 마음의 힘을 얻은 사람은 능히 유정천의 능력과 변화를 행할 수 있느니라. 그러므로 제 몸에서 성품을 보는 사람도 또한 제가 능히 한울의 능력을 스스로 쓰나니, 이것은 성품을 보는 마음이 또한 유정천에 의하여 스스로 생기는 것이니라. 성품을 보는 사람의 「나도 없고 마음도 없고 몸도 없고 도도 없다」는 주장으로 신통력을 비방하나니, 이는 신통력이 자연히 성품과 마음 수련하는 데서 생김을 알지 못하고, 다만 철학의 협견으로써 비방하는 것이니라.20 그러므로 세상을 돌아보고 한울의 능력을 취하여 때를 따라 도를 쓰는 것은 수도하는 사람의 중도를 잡는 데 있느니라.21

---

20 신통력이란 무엇인가? 한사람의 기운이 한울의 기운(유정천)과 통하고 합해졌을 때 나타나는 능력? 마음과 기운이 잘못되면 병이 생기지만, 있는 병도 마음과 기운을 바르게 하면 낫는다. 이것이 한울님께서 '나의 영부를 받아 사람을 질병에서 건지'(동경대전, 포덕문)라고 하신 뜻이다. 약을 쓰지 않고(물약자효) 병이 나으니 신통력이 아니고 무엇인가? 병만 나을 것인가? 한 사람의 삶이 달라지고 나아가 세상을 변화시킬 것이니 이야말로 '만상의 인과(의암성사법설, 삼성과)'라고 할 것이다. ★ 실제 일제의 혹심한 탄압을 거치며 천도교 수행의 맥이 단절된 적이 있었다. 이후 일제 말기와 해방 이후엔 근대화에 대한 동경과 전통문화에 대한 비하가 맞물리며, 동학에 대해서도 종교적 수행보다 이념적 철학적 접근이 주로 이루어졌다. 그 결과 교단 내에서조차 주문 수련과 그에 따른 강령과 영부, 또한 영부로 병을 치유하는 등의 현상을 미신시하거나 금기시하기까지 했다. 오늘 제인질병하고 사람을 위하는 대신사의 초심을 회복하는 것이 천도교의 가장 중요한 당면 과제인 이유다.

21 수도의 목적은 무엇인가? 내 몸을 위주로 자심자성, 자심자경, 자심자신, 자심자법(의암성사법설, 신통고)하여 내 안의 참 기운(유정천)으로 한울의 능력을 세상에 펴는 것인가! 신앙과 수련을 통해 나의 삶이 달라지고, 마음과 몸이 그것을 느끼며 즐겨야 한다. 그러한 바른 변화를 다른 사람과 세상에도 이끌어낼 수 있어야 하며 그것이 개벽이다. 이러한 변화가 없이 생각만 하고 만다면 아무리 좋은 진리라 한들 그것이 무슨 의미가 있겠는가! ★ 결론 부분에서는 수도자의 능력과 의무를 강조한다.

<성심신 삼단 공부하기>

1. 나의 현재는 어떻게 이루어졌나, 그것은 영원한가?

 인생의 의미를 찾기 위해 애쓰는 사람들이 많다. 의미 없는 삶을 되는대로 사는 것보다 열심히 성실하게 살고자 하는 사람들 일수록 그럴 것이다. 하지만 역으로 생각해 보면 인생에 어떤 의미가 꼭 있어야 할까? 의미가 있다는 것은 어떤 정해진 목표나 용도가 있다는 뜻이 된다. 그렇다면 나의 인생은 특정한 목표를 위해 존재하는 것이고 나의 삶은 그를 위한 도구가 될 뿐이다. 나 자신을 위한 것이 아닌 특정 목표만을 위한 도구가 되는 삶을 살 것인가? 자신이 주인이 되어 자유로운 삶을 살 것인가?

 나 자신을 위한 삶을 살려면 그러므로 인생의 의미를 제거해야 가능해진다. 삶의 의미를 포기해야 내 삶의 주인이 되는 것이다! 그러므로 문제는 삶의 의미를 찾는 것이 아니라 의미 없는 인생에서 어떻게 살아가는가 하는 것이다. 성리는 (삶의 본질은) 공공적적하여 가없고 양도 없으며 움직임도 없고 고요함도 없는 원소일(존재일) 뿐이다. 비어 있는 것(성품)에서 삶과 그 의미를 만들어 가는 것이 우리의 마음과 몸.

 한울님은 내가 나기 전부터 무한한 시공간에 본래 계시지만(성품), 나라는 존재(몸)는 그 한울님 원리원소를 받아 부모와 조상의 인과를 따라 세상에 나온 것이다. 그러므로 나는 한울님을 모신 한울로서 태어난 것이다. 그러나 각각의 사람들이 왜 서로 다른 모습으로 나왔는지를 알려면 부모와 조상의 인과를 알아야 할 것이고. 태어난 이후 자신의 조건을 어떻게 극복해 왔는가에 따라 현재의 모습이 결정될 것이다.(삼성과 공부하기 참조) 그렇게 살면서 같은 조건 속에서도 즐겁게 받아들이며 행복을 만드는 이가 있는가 하면 불평하며 괴로워하고 불행해 하는 이도 있다. 결국 어떻게 살며 어떤 인과를 만들어 갈 것인가는 미래의 내 모습을 결정하는 가장 중요한 변수가 되겠지만, 왜 사는가는 나의 과거를 설명하는 인과일 뿐이다.

(三) 神通考신통고

1-3-1. 大神師之自謂天皇氏 非自居天上 但以見性覺心 居於三界天之最上天 也 明矣 故 空空寂寂之無形天 圓圓充充之有情天 塵塵濛濛之習慣天 俱在性 心左右之玄眞兩方

대신사께서 자신을 천황씨라고 말씀하신 것은 자신이 한울 위에 계시다는 것이 아니요, 다만 성품을 보고 마음을 깨달아 삼계천22의 맨 윗 한울에 계 시다는 것이 명백하니라. 그러므로 비고 비어 고요하고 고요한 무형천과 둥 글고 둥글고 가득하고 가득한 유정천과 티끌이 자욱하고 자욱한 습관천이 다 성품과 마음 좌우의 현묘하고 참된 두 곳에 있는 것이니라.23

1-3-2. 由是 究性心則 奚獨 大神師以天皇氏自居 人皆有侍天 及其見性覺心 一也 神師居玄眞兩間 性一邊不生不滅 心一邊萬世極樂

이로 말미암아 성품과 마음을 연구하면 어찌 홀로 대신사만이 천황씨가 되 겠는가. 사람은 다 모신 한울이 있으니 그 성품을 보고 마음을 깨달음에 이 르러서는 하나이니라. 신사께서는 현묘하고 참된 두 사이에 계시어 성품 한 쪽은 불생불멸이요, 마음 한쪽은 만세극락이니라.24

---

22 불가에선 극락, 지상, 지옥을 삼계천이라 한다. 그러나 여기에선 무형천, 유정천, 습관천 즉 성 심신 세 한울을 뜻한다. 그러므로 삼계천의 맨 위 한울에 계시다함은 성심신의 모든 이치를 깨 달으셨다는 뜻.

23 천황씨는 어떤 사람을 말하는가? 닦아서 마음이 한울과 합일 되면 시천주요, 인내천이다. 천황 씨는 공공적적한 곳에만 머무는가, 원원충충한 곳에만 계시는가? 그 모두를 깨달았어도 몸은 먼지가 자욱한 곳에서 진리를 체현하시는 분이 천황씨. 세 분 스승님도, 부처도 예수도 모두 뜻은 하늘에 통했지만 몸은 땅위에서 비천한 일을 마다하지 않으셨다.

24 성품과 마음의 특징을 표현한 글 들을 모아 비교해 보자. * 성품 ; 무형천 ; 불생불멸, 인간의 감 정을 초월한 곳. * 마음(천심) ; 유정천 ; 만세극락, 인간의 감정이 자유로운 곳. *마음(습관심);

1-3-3. 人之覺性 只在自心自誠 不在乎天師權能 自心自覺 身是天心是天 不覺 世自世人自人 故 覺性者謂之天皇氏 不覺者謂之凡人

사람의 성품을 깨닫는 것은 다만 자기 마음과 자기 정성에 있는 것이요, 한울과 스승의 권능에 있는 것이 아니니25, 자기 마음을 자기가 깨달으면 몸이 바로 한울이요 마음이 바로 한울이나, 깨닫지 못하면 세상은 세상대로 사람은 사람대로이니라. 그러므로 성품 깨달은 사람을 천황씨라 이르고, 깨닫지 못한 사람을 범인이라 이르느니라.26

1-3-4. 然則 惟我修道者 勤勤不已 進進不退 心入性覺自居其位 一黙空寂極樂 一喜泰和乾坤 一動風雲造化

그러면 오직 우리 수도하는 사람은 부지런히 하고 부지런히 하여 그치지 아니하고, 나아가고 나아가 물러가지 아니하여,27 마음이 성품 깨닫는 데 들어가면 스스로 그 자리에 있을 것이니 한번 조용함에 비고 고요한 극락이요, 한번 기쁨에 크게 화한 건곤이요, 한번 움직임에 풍운조화이니라.28

습관천; 희노애락이 얽힌 현실 ＊ 이러한 진리를 깨달으면 누구나 천황씨요, 한울사람이다. 세상의 모든 희로애락에도 얽매이지 않는 진정한 자유인으로 사는 사람이다. ＊ 이 구절까지가 서론 부분에 해당한다.

25 "나는 도시 믿지 말고 한울님을 믿었어라. 네 몸에 모셨으니 사근취원 하단 말가."(용담유사, 교훈가) "두목이 먼저 도를 통한 뒤에라야 아래 있는 자가 도통할 수 있습니까. 신사 대답하시기를 지극히 정성을 드리는 이라야 도를 통할 것이니…혹 도를 전한 이가 배반하더라도 그 아래에서 포덕을 받은 이는 그 가운데 독신자가 없지도 아니하니, 이런 사람은 자기의 정성으로 인하여 도를 통할 것이니라."(해월신사법설, 수도)

26 마음을 깨달았을 때와 깨닫지 못했을 때의 세상을 보는 시각과 삶의 자세가 어떻게 달라질까? "세상은 세상대로 사람은 사람대로"는 어떤 관계인지 각자의 경험들을 이야기해 보자. "온 세상이 각자위심하여 천리를 순종치 아니하고 천명을 돌아보지 아니 하므로…."(동경대전, 포덕문) "각자위심 하는 말이 내 옳고 네 그르지."(용담유사, 몽중노소문답가)

27 시작했으면 중도에 역경이 있어도 끝까지 해야 열매를 얻을 수 있음은 세상일이나 수도나 마찬가지. 수도 중에는 다리 아프고 졸리지만 여기에 굴복하고 마음을 빼앗기면(마탈심) 참된 공부를 이룰 수 없다. '한 소쿠리 더했으면 여한 없이 이룰 공을.'(용담유사, 흥비가)

28 성심신삼단의 신통력을 말씀하신 구절과 비교해 보자. 번잡한 일상 중에도 잠깐 마음을 가다듬어 고요한 선정에 들 수 있고, 마음을 움직이면 모두의 마음을 위로하고 기운을 화하게 하며, 그로써 몸을 움직이면 그 행이 모두의 삶과 세상을 변화시켜 갈 것이다. 이 모두가 위하는 마음,

1-3-5. 一體三變 性心所能 此之謂天皇氏 若三端能一謂之聖 三端不能一謂
之凡 皇聖凡別無妙法 只在心之定不定

일체가 세 가지로 변하는 것은 성품과 마음이 할 수 있는 것이니 이를 천황
씨라 이르고, 만약 세 가지에 하나가 능하면 성인이라 이르고, 세 가지에 하
나라도 능치 못하면 범인이라 이르나니,29 천황씨와 성인과 범인이 별다른
묘법이 없는 것이요, 다만 마음을 정하고 정치 못하는 데 있느니라.30

1-3-6. 見性覺心 我心極樂 我心天地 我心風雲造化 心外 無空空 無寂寂 無
不生 無不滅 無極樂 無動作 無喜怒 無哀樂 惟我道人 自心自誠 自心自敬 自
心自信 自心自法 一毫無違 無去無來 無上無下 無求無望 自爲天皇氏也

성품을 보고 마음을 깨달으면 내 마음이 극락이요, 내 마음이 천지요, 내 마
음이 풍운조화이니라.31 마음 밖에 빈 것도 없고, 고요함도 없고, 불생도 없
고, 불멸도 없고, 극락도 없고, 동작도 없고, 희로도 없고, 애락도 없으니,

참된 마음에서 시작된 것이니 시작은 하나지만 세 분야가 자유자재하다.

29 일체삼변을 성심신삼단으로 정리해 보자. 깨닫기 전에는 한울과 세상과 내가 별개이나, 깨달으
면 하나이듯 그 능력 또한 하나가 될 수 있다. 현실 삶의 예와 도덕을 깨달은 공자, 사랑하는 마
음이 삶을 변화시킴을 깨달은 예수, 일체의 현상계가 공으로 돌아감을 깨달은 석가가 성인이라
면, 이 모두를 깨달은 동학의 스승님들은 천황씨요 신인이니 곧 인내천이다.

30 뜻을 세우고 변치 말아야 원을 이룰 수 있다. 한울님 마음을 모셨으면 그것을 잊지 않고 지켜야
할 것이다. 그래서 '수심정기는 내가 다시 정한 것이라(동경대전, 수덕문)'고 하신 것이다. 깨달
은 사람을 성인, 천황씨 등으로 부르고 깨닫지 못한 사람은 범인이라 한다. 둘 사이엔 어떤 차이
도 없다. 다만 자신의 마음을 자신이 알고 어떻게 쓰느냐의 차이인 것이다. "군자의 덕은 기운
이 바르고 마음이 정해져…이것이 성쇠의 이치가 아니겠는가."(동경대전, 논학문) "내가 젊었
을 때에 스스로 생각하기를 옛날 성현은 뜻이 특별히 남다른 표준이 있으리라 하였더니, 한번
대선생님을 뵈옵고 마음공부를 한 뒤부터는, 비로소 별다른 사람이 아니오 다만 마음을 정하고
정하지 못하는 데 있는 것인 줄 알았노라. 요순의 일을 행하고 공맹의 마음을 쓰면 누가 요순이
아니며 누가 공맹이 아니겠느냐."(해월신사법설, 독공)(의암성사법설, 성범설 참조)

31 여기서 내 마음은 어떤 마음인가? 승진하고 일등하고 싶은 마음을 말하는가? 정상적인 사고를
빼앗는 욕구(마탈심)와 진심(한울 마음)을 구분해야 한다.(해월신사법설, 이심치심) "그 두 사
이에 살면서 비로소 위위심이 생기었고, 위위심이 생기니 천지가 생기고…."(의암성사법설, 성
범설) 만물 탄생의 근원은 위하는 마음, 사랑이고 그것이 한울마음이다. "사람이 반드시 서로
사랑해야 큰 도를 반드시 얻으리니…."(신통고)

오직 우리 도인은 자심을 자성하고 자심을 자경하고 자심을 자신하고 자심을 자법하여 털끝만치라도 어김이 없으면 가는 것도 없고 오는 것도 없으며, 위도 없고 아래도 없으며, 구할 것도 바랄 것도 없어32 스스로 천황씨가 되는 것이니라.33

1-3-7. 經云 「我爲我而非他」「遠不求而修我」「在近不在於遠」深思

경에 말씀하시기를 「내가 나를 위함이요 다른 것이 아니다.」「멀리 구하지 말고 나를 닦으라.」「가까운 데 있고 먼 곳에 있지 아니하다.」하였으니 깊이 생각하라.34

1-3-8. 侍天主之 侍字 卽覺天主之意也 天主之主字 我心主之意也 我心覺之 上帝卽我心 天地我心 森羅萬象 皆我心之一物也 我心我侍 我卽指名 指名卽現身之謂也

시천주의 모실 시 자는 한울님을 깨달았다는 뜻이요, 천주의 님 주자는 내 마음의 님이라는 뜻이니라. 내 마음을 깨달으면 상제가 곧 내 마음이요, 천지도 내 마음이요, 삼라만상이 다 내 마음의 한 물건이니라.35 내 마음을 내가 모

---

32 동경대전 전팔절, 후팔절과 해월신사법설 수도법을 비교해 읽고 수양의 잠언으로 정리해 보자. 결국 세상을 보는 것도 나이고 바꾸는 것도 나에게서 출발하니 내가 바뀌지 않고는 세상이 바뀌길 바랄 수 없을 것이다. 천도교의 四科로 알려진 '성경신법'을 일목요연하게 설명한다. 실천할 때는 아마도 법(계율)-신(믿음)-경(공경)-성(정성)의 순서가 될 것이다.

33 천황씨는 처음 인간세상의 문명의 문을 연 성인. 수운 선생은 자신을 후천의 천황씨라 하였다. 여기서 천황씨는 모신 한울을 깨달아 한울의 이치에 어긋남이 없는 사람, 곧 깨달은 사람.

34 동경대전 팔절. 내가 찾고자 하는 나는 어떤 나인가? 습관된 나를 버려야 본래 진면목(한울)이 드러날 것이다. 우리가 모시고 위해야 할 나는 유한한 육신의 껍데기와 그 육관으로 형성된 습관된 나가 아니라 변하지 않는 영원한 나이다.(수심정기 공부하기 참조)

35 동경대전 논학문의 주문 풀이와 비교해 보자. 논학문에도 侍와 主는 설명이 있으나 天은 설명이 없다. 성성신삼단 앞 절에서도 관점의 차이로 보았듯이, 우리에게 신이란 경배의 대상(객체)으로보다는 스스로가 닦아 나가며 합일되기 위한 실천, 수행의 주체—사람, 생명—인 것이다. 내 몸에 얽매인 감각을 벗어나 내유신령과 외유기화가 일체임을 깨달으면 온 우주가 다 하나로 물물천 사사천이 된다.

셨으니 나는 곧 지명이요, 지명은 곧 현재의 몸을 말하는 것이니라.36

1-3-9. 性心玄玄妙妙 應物無跡 如有如生 性本無無 無有 無現 無依 無立 無
善 無惡 無始 無終 心本虛 萬思萬量 憶古憶今 無形無迹 千事萬事 思量中得
生 故 心在性裏 變化無雙 造化不測 性心兩間變化自成 分而言之 心以白欲求
則以白示之 以紅求之則 以紅示之 以靑求之則 以靑示之 以黃求之則 以黃示
之 以黑求之則 以黑示之

성품과 마음은 현묘하고 현묘해서 물건에 응하여도 자취가 없으나,37 있는
듯 사는 듯하느니라. 성품은 본래 없는 것도 없고, 있는 것도 없고, 나타난
것도 없고, 의지한 것도 없고, 서 있는 것도 없고, 선한 것도 없고, 악한 것
도 없고, 처음도 없고, 나중도 없는 것이요, 마음은 본래 빈 것이라. 모든 생
각과 모든 헤아림과 예와 지금을 생각 하여도 형상도 없고 자취도 없으나,
천만 가지 모든 일이 생각하는 가운데서 얻어지느니라. 그러므로 마음이 성
품 속에 있으면 변화가 무쌍하여 조화를 헤아릴 수 없으니, 성품과 마음 두
사이에 변화가 자연히 이루어지느니라. 나누어 말하면 마음이 흰 것을 구하
고자 하면 흰 것으로 보이고, 붉은 것을 구하면 붉은 것으로 보이고, 푸른
것을 구하면 푸른 것으로 보이고, 노란 것을 구하면 노란 것으로 보이고, 검
은 것을 구하면 검은 것으로 보이느니라.38

---

36 나는 현재의 몸을 이르는 지명일 따름이라고 했다. 그럼 나는 누구인가? 나라고 알고 있는 이름,
  직업, 지위, 등은 언제든 변할 수 있는 내 껍데기일 뿐 내 본질이 아니다.
37 "심혜본허 응물무적"(동경대전, 탄도유심급) 때문에 몸을 가진 사람이 한울의 뜻을 실현해
  야 한다. "몸이 있을 때는 불가불 몸을 주체로 알아야 할 것이니…."(의암성사법설, 성심신
  삼단)
38 도를 구하는 사람(교인)이 바르게 행동해야만 하는 당위를 이 구절에서 확인하고 이를 정리해
  보자. 한울의 본래 성품은 스스로의 의지나 욕심이 없는 이치일 뿐으로 그 구체적인 구현은 육
  신을 가진 사람에 의해서만 이루어질 수 있다. 사람이 바른 마음으로 한울 이치를 행하면 세상
  이 바르겠으되, 바르지 못한 마음으로 행하면 또한 세상이 바르지 못할 수밖에 없는 것이다.
  (의암성사법설, 도는 무선무악; 의암성사법설, 삼전론 참조) 실제 한울님은 무형이시지만 사람
  의 형상을 떠올리며 기도를 하면 산신의 모습으로 감응하시기도 한다. 그 이치를 모르면 산신

1-3-10. 以此推之 求道者 亦不可不愼也 求者求之以正則示亦正 求之以邪則
示亦邪

이로써 미루어 생각하면 도를 구하는 사람이 또한 삼가지 않을 수 없으니,
구하는 사람이 구하기를 바르게 하면 보이는 것도 또한 바르고, 구하기를
그릇되게 하면 보이는 것도 그릇되게 보이느니라.[39]

1-3-11. 往往古之賢哲 自求自示 互相競爭 及此吾道人非自求成道 天必正示
正聞 萬無一疑 正示正聞 性心身三端合以示之分以示之 三端無一非道非理 吾
亦此三端 合以覺得獨坐皇皇上帝之位

지나간 옛 현철이 스스로 구하고 스스로 보이는 것으로 서로 다투었으나,
우리 도에 이르러서는 사람이 스스로 구하여 도를 이루는 것이 아니라 한울
님이 반드시 바르게 보이고 바르게 들으니, 만에 하나도 의심이 없느니라.
바르게 보고 바르게 듣는 것은 성·심·신 삼단이 합하여 보이고, 나누어
보임이니 세 가지에 하나가 없으면 도가 아니요 이치가 아니니라. 나도 또
한 이 세 가지를 합하여 깨달아 홀로 황황상제의 자리에 앉았노라.[40]

1-3-12. 人必相愛 大道必得 念念思之 我愛衆生 衆去天路 靈橋必成 衆生愛
我 我去天路 靈橋必成 眷眷相愛 必有得果 性心身三端 相助相愛 大道大宗

을 모시는 또 하나의 교문이 별립되기도 하는 것이다.

39 바르게 구해 진실을 보려면 어떤 기준이 필요한가? 진실은 그대로이지만 누구나 각자의 잣대로
판단한다. 누구나 납득하는 객관성이란 한울 마음일 것이다. "사람이 한울을 모신 것 아니라 한
울이 사람을 거느렸고, 입이 말을 하는 것 아니라 말이 입을 가르치고, 귀가 소리를 듣는 것 아
니라 소리가 귀에 부딪히고, 혀가 맛을 아는 것 아니라 맛이 혀를 가르치더라."(의암성사법설,
강시) 나의 좁은 소견을 버리고 한울님께 맡겨야 진실을 볼 수 있다 !

40 앞의 각주에 있는 질문에 대한 답이다. 나의 육관으로 판단하는 것이 아니라 성심신삼단, 즉 한
울님의 시각에서 보고 판단해야(정시정문) 바른 진실을 파악할 수 있다. "먼 데를 캐어 견주어
생각하면 그렇지 않고 그렇지 않고 또 그렇지 않은 일이요, 조물자에 부쳐보면 그렇고 그렇고
또 그러한 이치인저."(동경대전, 불연기연) ★ 이 구절까지 신통고의 본론에 해당한다.

사람이 반드시 서로 사랑해야 큰 도를 반드시 얻으리니, 항상 생각하고 생각하라. 내가 뭇 사람을 사랑하면 뭇 사람이 한울 길에 가서 영의 다리를 반드시 이룰 것이요, 뭇 사람이 나를 사랑하면 내가 한울 길에 가서 영의 다리를 반드시 이룰 것이니, 돌보고 돌보아 서로 사랑하면 반드시 성과를 얻을 수 있느니라. 성·심·신 삼단으로 서로 돕고 서로 사랑하면 대도의 큰 근본이 되느니라.41

1-3-13. 我心送遠 去處無處 彼天來我 入處無處 道求何處 必求我心 審矣
내 마음을 멀리 보내도 갈 곳이 없고, 저 한울이 내게 와도 들어올 곳이 없느니라. 도를 어느 곳에서 구할 것인가, 반드시 내 마음에서 구할 것이니 살필지어다.42

1-3-14. 夫性理空寂 自體秘藏中 有大活動的動機 萬物一切 垂精絲妙理之機脈 萬相自爲的總集處作大活動的本地 心小活動的機關 各受自分動作
무릇 성리는 비고 고요하나 자체의 비장한 속에 크게 활동할 만한 동기가 있는 것이라, 만물이 한결같이 정밀한 줄과 묘한 이치의 기맥을 드리워 만상이 자위적으로 전부 한 곳에 모여 크게 활동할 본지를 삼은 것이요, 마음은 작게 활동하는 기관이니 각각 자기 직분의 동작을 받은 것이니라.43

---

41 본론에서 이야기한 각자위심의 대안으로 제시되는 "사랑"에 대해, 수행과정으로서의 의미와 대도의 근본이라고까지 하신 의미를 정리해 보자. 사랑은 위하는 마음(위위심)이고 이것이 모심의 시작이다. 부모를 모신다 해도 부모의 마음을 이해하고 헤아리지 못하면, 또한 나아가 사랑하는 마음이 없다면 어떻게 모시겠는가? 한 가족이라 해도 사랑이 없다면 함께 사는 것이 지옥과도 같을 것이다. 기도를 해도 자신만이 깨닫고자 하는 것이 아니라 나 이외의 모든 것을 위하는 발심을 할 때 진정한 깨달음이 있을 것이다.

42 내 안의 내유신령과 밖의 외유기화가 다 같은 한울이니 어디 가고 올 것이 없다. 내 마음의 변화(희로애락)를 객관화시켜 바라보는 것은 마음공부의 시작. 그로써 감정에 집착하지 않을 수 있게 되고 자신의 감정을 스스로 조절할 수 있게 된다.

43 성품자리는 활동하기 전의 고요한 상태. 활동을 전제로 한 고요이다. 생명 활동이 없는 고요는 참 생명, 참 성품이 아니다. 거기에서 각각의 형상을 이루고 각각의 활동이 있는 것이 마음.

1-3-15. 煉心 受自性本府之 大活動的密機 能力可以運搬天地 權能可爲萬相
首位

마음을 단련하는 것은 제 성품의 본바탕의 크게 활동하는 비밀의 기틀을 받
은 것이니, 능력이 가히 천지를 운반하고 권능이 가히 만상의 윗자리가 되
는 것이니라.44

(四) 見性解견성해45

1-4-1. 見性何處見 守心何處守 性亦我性 心亦我心 見而無所 守而無基 我
性我心 應物無迹 以何見之 以何守之

성품 보기를 어디서 보며 마음 지키기를 어디서 지킬까. 성품도 또한 내 성
품이요 마음도 또한 내 마음이나, 보려 하여도 볼 곳이 없고 지키려 하여도
지킬 터전이 없도다. 내 성품과 내 마음은 물건에 응하여도 자취가 없으니
어떻게 보며 어떻게 지킬 것인가.46

1-4-2. 見性守心別有二端 自我做性 自掛自性 各用自分內 自我作心 互相是
非 惜哉

성품을 보고 마음을 지키는 데 특별히 두 가지가 있으니, 스스로 내 성품을

---

44 수련을 하는 것은 나의 육신에 갇힌 소견을 벗어나 무한한 한울의 시야와 기를 소통하는 것이
다. 거기에서 비롯되는 신통력은 자연스러우나 그것이 도의 근본 목적은 아니다. "내가 독실히
공부할 때에…조화를 썼으나 지금은 조금도 돌아보지 않고 끊었노라. 원래 이것들은 다 작은
일이요 결코 대도의 바른 도리가 아니니라."(해월신사법설, 기타)
45 견성해는 법경의 본론이 시작되는 장으로 본격적인 수행의 모습들과 과정을 안내한다. 서론의
성심변, 성심신삼단, 신통고의 말씀이 심화되므로 앞장을 숙지해야 한다. 성품 수련 과정에선
현송보다 묵송하며 내 모든 것을 비우고, 생명이 태어나기 전의 고요함을 체험하도록 한다.
46 나의 성품과 마음은 물건에 응하여 자취가 없다고 하신 뜻은 무엇일까? 같은 구절을 경전 다른
편에서 찾아 설명해보자.(동경대전 탄도유심급, 해월신사법설 허와 실, 의암성사법설 신통고.)
성품과 마음은 실체가 없으므로 사람에게 그 구현을 의지한다. 결국 내가 모든 것의 중심이고
수행의 시작점.

만들고 스스로 내 성품을 걸어 놓아 각각 자기의 분수 안에서 자기가 마음
먹은 대로하여 서로 시비하니 애석하도다.47

1-4-3. 我性我在 見性守心 我之任意也
내 성품이 내게 있으니, 성품을 보고 마음을 지키는 것은 내가 마음대로 할
것이니라.48

1-4-4. 我心送物外 無形無迹 無上無下 我心送物內 億千萬像 森羅微塵 皆
是我性我心故 心以物外無情理天也 心以物內有情心天也 然則有情無情我性
心本體 我體秘藏靈妙靈迹 靈中所發我思我量 我思我量靈妙所發

내 마음을 물건 밖에 보내면 형상도 없고 자취도 없고 위도 없고 아래도 없
으며, 내 마음을 물건 안에 보내면 억천만상과 삼라미진이 다 내 성품이요,
내 마음이니라. 그러므로 마음을 물건 밖에 두면 정 없는 이치 한울이요, 마
음을 물건 안에 두면 정 있는 마음 한울이니,49 그러면 정이 있고 없는 것은

---

47 自我做性 自掛自性이란 어떤 상태를 말하는가.(성심신삼단 서론의 첫 번째 항목 참조) 做는 무
  엇인가 인위적으로 만든다는 뜻이고, 掛는 눈에 띄게 걸어 놓는다는 뜻이다. 즉 참된 본성을 모
  른 채 습관으로 쌓인 모습을 자신의 본성으로 오해하거나, 하고자 하는 욕심으로 본성을 왜곡
  한다는 뜻이다. 수행과정에서도 성품을 본다고 태양빛같은 특정한 형상을 예상하며 보려하는
  경우들이 이런 예가 되겠다. 한울님 성품은 무한한 가능성의 원리요 원소일 뿐, 특정한 모습과
  가치가 아니다. 참된 성품을 깨달아 자심자법할 수 있는 경지 이전에는, 개인적인 사견, 욕념과
  진실을 구분하기 어려우므로 객관적인-열린 태도를 견지하는 것이 좋겠다. 개인적 욕념을 최
  대한 배제한 성심신삼단을 통하면 한울님은 정시정문하신다. 진실은 항상 누구에게나 똑같이
  열려 있으므로 다른 사람이나 다른 의견을 무시하고 혼자서만 독점하려는 것은 올바르지 않을
  뿐 아니라 위험하기까지 하다. 사람들 간의 다툼이나 종교 간의 갈등도 모두 자신만이 옳다는
  아집에서 비롯된다. 옳고 그름이 아닌 다른 모습임을 인정하면 그 모두가 한울인 것을.
48 이 구절까지 서론 부분으로 다음 구절이 성품을 보고 마음을 지키는 수행에 대한 말씀이다.
49 마음을 물건 밖에 보내는 것과 물건 안에 두는 것의 차이를 비교하고 우리의 구체적인 일상생활
  속에서 찾을 수 있는 예는 어떤 것이 있을까? 마음을 물건 밖에 보냄은 욕심을 떠난 상태요(성
  품자리), 물건 안에 둠은 무언가를 이루기 위한 동적 활동. 마음이 물질에서 떠나면 욕심 없이
  만물을 있는 그대로 바라볼 수 있게 된다. 사람이 자신의 개인적인 경험이나 얄팍한 지식만 가
  지고 사물을 판단하려 할 때 편견이 되고 다른 사람과 시비가 생기고 분쟁의 원인이 된다. 이렇
  게 자신의 욕심이나 편견을 떠나 사물의 본질을 있는 그대로 바라보게 되면 그것이 사물의 본

내 성품과 마음의 본체라. 내 본체에 비밀히 간직한 것이 「영묘」와「영적」이요,50 영 속에서 나타나는 것이 나의 생각과 나의 헤아림이니, 나의 생각과 나의 헤아림은 영묘에서 나타나는 것이니라.

1-4-5. 覺所左岸性天理天 覺所右岸 心天身天 靈發本地我性我身 性無身無理無天無 理亦我天後理 古亦我心後古

깨달은 왼쪽은 성품 한울과 이치 한울이요, 깨달은 바른쪽은 마음 한울과 몸 한울이니라. 영이 나타난 본 곳은 내 성품과 내 몸이라, 성품도 없고 몸도 없으면 이치도 없고 한울도 없나니, 이치도 내 한울 다음에 이치요, 옛적도 내 마음 다음에 옛적이니라.51

1-4-6. 我爲性理鏡 天地鏡 古今鏡 世界鏡 我爲性理天 天地天 古今天 世界天 我心 卽天地萬物 古今世界 自裁之一造化翁 是以 心外無天 心外無理 心外無物 心外無造化

성, 성품이 되고, 이렇게 사물의 본질을 파악하는 능력을 허광심력이라고 한다. 마음이 물질에서 떠나 비어야 보이는 것이다. 나의 사사로운 욕심을 비워야 빈속에서 빛이나 일만 이치를 통할 수 있다.(해월신사법설, 허와 실) 반면에 물질의 본질(성품, 원리)만으로는, 마음만으로는 현실 세계(물질)를 구성하고 살아 움직이게 할 수 없다. 마음은 본래 빈 것이라 물건에 응하여 자취가 없기 때문이다(心今本虛 應物無迹). 그렇기 때문에 마음이 물건 안에 들어 물건의 성품대로 작용하도록 돕는 것이 생명이다. 여기서 마음은 생물과 무생물 모두를 그답게 만드는 기운이요, 에너지이다. 그러므로 삼심관에서 다시 말씀하셨다. 마음이 물질에서 떠나 우주 본질을 보면 그 안에서 이루어지는 모든 일들은, 마치 우리 몸 안에서 보이지 않는 세포들이 나고 죽고 하지만 나는 그대로인 것처럼 더할 것도 뺄 것도 없는 우주 자체일 뿐이다. 그러나 거기에 머무른 마음(여여심)은 살아있는 마음이 아니므로 찬성하지 않으니 한 단계 더 나아가 다시 물건 안에 들어와 작용하되 내 한 몸의 작은 욕심(각자위심)이 아닌 우주의 마음으로 사람을 사람답게, 물건을 물건답게 하라고. 이것이 모든 일에 거리낌 없이 공도공행하는 자유심인 것이다.

50 내 몸에 한울의 무한한 가능성이 잠재해 있다. 그것이 영묘와 영적. 이는 나의 육관을 버려야 열리는 성령의 능력이다.

51 성품과 마음, 이치와 현실, 한울과 세상 이 모두가 차별 없는 한울이다. 깨닫기 전에는 모두가 각각이지만 깨달으면 분별과 차별이 없어진다. 이 구절까지 본론으로 내 성품이 내게 있으므로 내가 닦아야 함을 설명한다.

나는 성품과 이치의 거울이요, 한울과 땅의 거울이요, 예와 이제의 거울이요, 세계의 거울이요,52 나는 성품과 이치의 한울이요, 한울과 땅의 한울이요, 예와 이제의 한울이요, 세계의 한울이니, 내 마음은 곧 천지만물 고금 세계를 스스로 주재하는 한 조화옹이니라. 이러므로 마음 밖에 한울이 없고, 마음 밖에 이치가 없고, 마음 밖에 물건이 없고, 마음 밖에 조화가 없느니라.53

1-4-7. 性理欲見 求我心 造化欲用在我心 天地萬物世界欲運搬 在我心一片頭 詩曰「心爲天地衡 懸無一分重 眼爲古今錄 見無一字用」

성품과 이치를 보고자 할지라도 내 마음에 구할 것이요, 조화를 쓰고자 할지라도 내 마음에 있는 것이요, 천지만물 세계를 운반코자 할지라도 내 마음 한쪽에 있는 것이니라. 시에 말하기를 「마음은 천지의 저울이 되나 달아도 한 푼의 무게도 없고, 눈은 예와 지금의 기록이 되나 보아도 글자 한 자 쓴 것이 없느니라.」54

---

52 나는 한울의 성품과 기운에 의해 생겼고 활동하므로 나를 연구하면 그 모든 이치를 알 수 있다. 하늘과 땅의 원리(우주자연)도 마찬가지고, 내 안에 기억된 유전 정보를 통해선 선사 이전의 사건도 알 수 있다.(인류의 기원을 아프리카로 추정하는 것도 이런 유전자에 기억된 정보를 연구해서 얻어진 것이다) 또한 내 몸은 나의 조상들이 전해준 유전자뿐 아니라 내가 그동안 살아온 역사가 고스란히 담겨 있다. 나의 먹는 습관과 생활 습관, 질병과 수술 흔적까지. 앞으로의 삶 또한 그대로 담길 것이고. 예와 이제의 거울인 것이다. 세상 모든 일도 나와 같은 생명들에 의해 이루어지지 않는가? 그래서 '성품이 열리면 모든 이치와 일의 좋은 거울이 되니…(의암성사법설, 성심변)'라고 하신 것이다.

53 모든 것은 보는 사람의 마음과 관점에 따라 달라질 수 있다. 그것이 구체적인 실천으로 이어지면….

54 '마음은 천지의 저울이 되나~ 글자 한 자 쓴 것이 없느니라.'는 시구를 논학문의 '천도란 형상이 없는 것 같으나 자취가 있고 지리란 넓은 것 같으나 방위가 있다.'는 말씀과 비교 감상해 보고 느낌을 이야기해 보자. 선악, 이치를 떠나서 만물을 보면 모두가 한 한울일 뿐이다. 결국 모든 것은 내 마음에 있다. "연기가 가는 길을 가리웠으나 밟아도 자취 없고, 구름이 봉우리 위에 덮였으나 한 자도 높아지지 않네."(동경대전, 영소) "심령으로 그 심령을 밝히면 현묘한 이치와 무궁한 조화를 가히 얻어 쓸 수 있으니, 쓰면 우주 사이에 차고 폐하면 한 쌀알 가운데도 감추어지느니라."(해월신사법설, 수심정기) "천지일월이 가슴속에 드니, 천지가 큰 것이 아니요, 내 마음이 큰 것이니라."(의암성사법설, 강시)

(五) 三性科삼성과[55]

1-5-1. 我有一物 物者我之本來我也 此物也欲見而不能見 欲聽而未能聽 欲問而無所問 欲把而無所把 常無住處不能見動靜 以法而不能法 萬法自然具體 以情而不能養 萬物自然生焉 無變而自化 無動而自顯 天地焉成出 還居天地之本體 萬物焉生成 安居萬物之自體 只爲天體因果 無善無惡 不生不滅 此所謂本來我也

나에게 한 물건이 있으니 물건이란 것은 나의 본래 나니라.[56] 이 물건은 보려 해도 볼 수 없고, 들으려 해도 들을 수 없고, 물으려 해도 물을 곳이 없고, 잡으려 해도 잡을 곳이 없는지라, 항상 머무는 곳이 없어 능히 움직이고 고요함을 볼 수 없으며, 법으로써 능히 법하지 아니하나 만법이 스스로 몸에 갖추어지며, 정으로써 능히 기르지 아니하나 만물이 자연히 나는 것이니라. 변함이 없으나 스스로 화해 나며, 움직임이 없으나 스스로 나타나서 천지를 이루어내고 도로 천지의 본체에서 살며, 만물을 생성하고 편안히 만물 자체에서 사니, 다만 천체를 인과로 하여 무선무악하고 불생불멸하나니 이것이 이른바 본래의 나니라.[57]

---

55 성품-한울의 이치는 무엇인가에 대한 설명이 본격적으로 이루어진다.

56 한울-우주는 수없이 많은 생명을 낳고 기르는, 그 자체가 하나의 생명. 무한한 한울에게 있어 사람들의 나고 죽음과 선악은 분별되지 않는다. 그러나 세상에 몸을 받아 태어나면 감각에 의해 만들어지는 자아에 갇혀 희로애락과 생로병사를 겪는다. 하지만 그 속에서도 변하지 않는 본성이 누구나 있으니 이를 한 물건으로 표현하였다.

57 본래의 나에 대한 설명은 그대로 성품 즉 한울님에 대한 설명이 된다(성심신삼단장의 천도교신관 각주 참조). 나는 무엇인가 묵상하며 나라는 我相과 욕심이 가라앉으며 느껴지는 본성은 어떤 것인지 찾아보자. 지금 현재의 나를 구성하는 것은 나에게 무엇인가? 직업, 지위, 재산, 학력…이 모두 날 때부터 본래 내게 있던 것인가? 이들은 또한 나와 함께 영원할 수 있는 것인가? 변하지 않는 내 본래는 무엇인가? "너는 반드시 한울이 한울된 것이니 어찌 영성이 없겠느냐. 영은 반드시 영이 영된 것이니, 한울은 어디 있으며 너는 어디 있는가. 구하면 이것이요 생각하면 이것이니 항상 있어 둘이 아니니라"(의암성사법설, 법문)

1-5-2. 然而 我亦名也 天亦名也 人亦名也 性亦名也 心亦名也 特有元初二
名 一曰我也 二曰彼也 我是人也 彼是天也

그러나 나도 또한 이름이요, 한울도 또한 이름이요, 사람도 또한 이름이요,
성품도 또한 이름이요, 마음도 또한 이름이나,58 특히 맨 처음에 두 가지 이
름이 있으니 첫째는 나요, 둘째는 저쪽이라 하는 것이라, 나는 바로 사람이
요 저쪽은 바로 한울이니라.59

1-5-3. 我在彼在 我無彼無 我爲我名 我之自謂也 天爲天名 我之自謂也 於
我於彼各有名焉 先有原理原素 天亦生焉 物亦生焉 理亦我之本來是我也

내가 있으면 저쪽이 있고 내가 없으면 저쪽이 없으니, 나를 나라고 이름하
는 것도 내가 스스로 한 말이요, 한울을 한울이라 이름한 것도 내가 스스로
한 말이니라. 나와 그대에게 각각 이름이 있고 먼저 원리원소가 있어, 한울
도 생기고 만물도 또한 생기었으니, 이치도 또한 나의 본래 나니라.60

1-5-4. 物之未生 無緣無現時代 物之有生有相有現時代 我亦生物 先天億億
後天億億 皆由吾生而始 天天物物 我體我用

만물이 생겨나지 못한 것은 인연도 없고 나타남도 없었던 시대요, 만물이
생겨난 것은 형상도 있고 나타남도 있는 시대니,61 나도 또한 생물이라, 선

---

58 나도 이름일 뿐이요, 한울도 이름일 뿐이라…. 무엇이 같은 점이고 무엇이 다른 점일까? 이름
   지어진 것(문명, 인위…)은 영원하지 않다. 진리만이 영원할 뿐. '道可道 非常道 名可名 非常名
   (노자 도덕경)'
59 본디 나와 한울은 한 생명이나 '나'라는 인식이 생기면서 구분되기 시작한다. 이를 다시 회복하
   는 과정이 수련. 동양 문명은 이런 일체감을 되찾고 유지하는 데 주안점을 둔 반면 서양 문명은
   분별과 분석을 전제로 발전해왔다. 그렇기 때문에 자연에 대한 무분별한 이용과 파괴를 피할
   수 없었고 최근 그에 대한 반성은 자연스럽게 동양의 통합적 가르침에 눈 돌리게 하였다.
60 만물이 생기기 전, 생명의 가능성만 있었던 것을 성품자리 또는 이치-원리원소라 한다. 이것이
   본래의 나, 우리가 찾아야 할 본성이다. '태초에 말씀이 있었다.'고 하는 것도 같은 맥락.
61 만물이 생겨난 처음도 깊이 공부해 느껴 보자. 세상의 시작은 어떤 모습이었을까?

천억억과 후천억억이 다 내가 태어남으로 말미암아 시작되어 천천물물이 나를 체로 하고 나를 용으로 하는 것이니라.62

1-5-5. 我體用之 實有三性 一曰圓覺性 二曰比覺性 三曰血覺性 圓覺性以爲
萬法因果無爲而爲故 守心煉性者不得法體因果難得善果 比覺性以爲萬相因果
有現無量 修心見性者若非正觀思量不得眞境 血覺性以爲禍福因果 有善有惡
而 無時相視爲其善而世得果者 擇其好好化頭

나를 체로 하고 용으로 하는 것이 실로 세 성품이 있으니 첫째는 원각성이요, 둘째는 비각성이요, 셋째는 혈각성이니라.63 원각성은 만법으로 인과를 삼아 함이 없이 되는 것이므로, 마음을 지키고 성품을 단련하는 사람은 법체의 인과를 얻지 못하면 좋은 성과를 얻기 어렵고, 비각성은 만상으로서 인과를 삼아 나타남이 있으나 헤아림이 없는 것이니,64 마음을 닦고 성품을 보려는 사람이 만일 바르게 보고 생각하여 헤아리지 않으면 진경을 얻지 못할 것이요, 혈각성은 화복으로 인과를 삼아 선도 있고 악도 있어 수시로 서로 보는 것이니, 선을 위하여 세상의 성과를 얻으려는 사람은 좋고 좋은 화두를 가려야 할지어다.65

---

62 '나'는 한울. 한울(우주)는 그 자체로 대생명이시다. 20세기 들어 과학계에서는 지구 전체를 하나의 생명체로 보는 시각이 소개 되었다. '가이아'론이 그것이다. 그러나 이미 스승님께서는 온 우주가 하나의 지기, 하나의 성령임을 깨달으셨다. "기라는 것은 허령이 창창하여 일에 간섭하지 아니함이 없고 일에 명령하지 아니함이 없으나, 그러나 모양이 있는 것 같으나 형상하기 어렵고 들리는 듯하나 보기는 어려우니, 이것은 또한 혼원한 한 기운이요."(동경대전, 논학문) 이 구절까지 서론부로 나와 한울의 본성은 무엇인가에 대한 본격적인 탐구가 이루어진다.

63 하나인 성품이 그 쓰임에 있어 세 가지가 된 것이다. "일체가 세 가지로 변하는 것은 성품과 마음이 할 수 있는 것이니…."(의암성사법설, 신통고) 성심신이 결국 모두 한 한울성품인 것인데 (體) 그 쓰임(用)에 있어 나뉘는 것이다.

64 인과가 즉시 나타나는 혈각성에 비해 비각성의 인과는 사람이 나이 들며 변하듯 단시간에 나타나는 것은 아니다. 그러므로 나타남은 있으되 단순한 헤아림으로 그 결과를 추정할 수 없는 것이다.(삼성과 공부하기 참조)

65 인과 즉, 원인과 결과는 가장 기본적인 한울의 이치이다. "땅은 거름을 드려야 오곡의 남음이 있고, 사람은 도덕을 닦아야 모든 일이 얽히지 않느니라."(동경대전, 유고음) "아무리 좋은 논밭

1-5-6. 以此三性爲科 善守不失 見性覺心有時有刻
이러한 세 성품으로 과목을 삼아 잘 지키어 잃지 않으면 성품을 보고 마음을 깨닫는 것이 시각에 있느니라.

<삼성과 공부하기>

1. 세 가지 인과

성품이란 쉽게 생각하면 만물의 본질이다. 각각의 모습과 성질을 규정짓는 정의다. 본질은 불변하지만 나타남은 영원불멸한 것이 아니다. 끊임없이 변화한다.

내 앞에 있는 책상 모습은 나무를 키우고 자르고 다듬고 한 인과들이 쌓인 결과다. 지금 이후에 어떻게 사용하는가에 따라 앞으로의 모습이 또한 결정이 될 것이다. 나의 현재 모습과 앞으로의 모습 또한 마찬가지다. 이것이 인과다.

인과를 세 가지로 나누어 분석한 것이 삼성과다.

- 원각성 ; 만법萬法인과 ; 함이 없이 되는 것(性)

- 비각성 ; 만상萬相인과 ; 나타남이 있는 것(心)

- 혈각성 ; 화복禍福인과 ; 결과가 나타나는 것(身)

원은 시작과 끝이 없다. 완전한 것을 뜻한다. 그러므로 원각성은 진리(만법)를 온전히 깨우친 상태를 말한다. 진리를 깨우치면 인위가 필요 없다. 억지로 하려 하지 않아도 모든 생각과 행이 진리에 어긋남이 없이 자유로울

이 있어도 종자를 뿌리지 않으면 나지 않을 것이요, 만일 김매지 아니하면 가을에 바랄 것이 없느니라."(해월신사법설, 개벽운수) 성품이 세상에 적용되면 어떤 모습이 될까? 원각성, 비각성, 혈각성을 비교해서 정리해 보자.(삼성과 공부하기 참조)

것이다. 그러므로 함이 없이 된다 하였고, 이는 마음을 지키고(守心) 성품을 단단히 단련하는(煉性) 사람의 수행 목표가 된다. 즉 진리를 깨달아 이를 잊지 않고 지키는 단계의 인과인 것이다.

만법의 인과인 원각성의 인과는 함이 없이 하는 것이다. 눈에 보이는 교회 건물이 올라가고 무슨 행사를 떠들썩하게 하는 것보다 사람들 마음을 중심 잡아 주고 지켜 주는 것. 그야말로 함이 없이 하는 것이다. 중국 양혜왕이 불사에 열심이었는데 많은 절을 짓고 불공을 올렸지만 초대되어 온 달마 대사는 자신의 공덕이 어떠하냐는 왕의 물음에 '공덕이 없다'고 잘라 말했다. 교회에 열심히 다녀도 자신의 마음과 삶은 각자위심하며 아귀다툼하는 사람들과 다를 바 없다면 그 또한 덕이 없음이다.

법의 인과는 바른 법의 인연을 쌓는 것이다. 그것은 쉬지 않고 정성들여 모든 생명과 한울을 위해 기도하고, 가족들에게 바른 삶을 이야기하고 보여주고, 주위 인연이 되는 사람들을 인도하는 것이다. 대인접물을 실천하며 한울님 가르침대로, 한울님 법대로 사는 것이야말로 드러나진 않지만 가장 크고 오래 가며 중요한 인과이다. 수운 선생도 육신은 일찍 죽고 집안도 풍비박산되었지만 누구도 수운 선생을 실패한 인생이라 하진 않는다. 수운 선생의 가르침을 받고 진정한 삶의 의미를 찾고 참되게 살아가는 사람들이 있는 한 수운 선생의 성령과 법신은 살아있는 것이다.

비각성의 비교하는 것은 차별이 있는 것이다. 아직 온전한 깨달음에 이르지 못하여 형상이 무한히 다르고 차이가 있다. 그 다름의 이치를 아는 단계다. 즉 마음 쓰는 것에 따라 일의 결과가 달라지는 것을 체험하는 단계다. 일의 결과뿐 아니라 사물의 형상도 달라지니 정성들여 가꾼 화초와 그렇지 못한 화초는 그 꽃과 열매가 다를 수밖에 없다. 그러므로 이 단계는 습관된 욕심을 버리고 참된 마음이 되고자 닦아서(修心) 진리를 깨닫고자(見性) 하는 단계의 인과가 된다. 이렇게 공부하는 단계에선 무엇보다 바르게 보고 바르게 생각하는 것이 중요하다. 그렇지 못하면 삿된 유혹에 빠지기 쉽기 때문이다. 그러므로 나타남은 있으나 헤아림은 없다고 한 것은 드러난 현상의 겉모습만 단편적으로 보고 판단해선 안 되고 그 이면에 쌓인 인과를 충분히 알고 제대로 생각해야 바르게 알 수 있음을 뜻한다.

우리 몸은 일부 신경세포를 제외하고 대부분의 세포가 항상 새로 나고 죽으며 순환한다. 새로 나는 세포들이 어떤 상태에서 나고 기능하느냐에 따라 우리 몸의 상태가 달라질 수밖에 없는 것이다. 검던 낯이 희어지고 가는 몸이 굵어진다(용담유사, 안심가)는 말씀처럼, 주문을 외고 기도하면서 육신의 욕심을 버리고 의롭고 착하고 부지런한 한울님 생각을 자꾸 하면 마음이 한울님 마음이 되고, 우리 몸이 한울님 마음-기운 밑에서 새로 나고 변화하는 세포들로 가득하면 실제 모습이 달라지지 않아도 느껴지는 얼굴빛이나 인상이 바뀔 수밖에 없다.

반대의 경우는 질병. 암을 예로 들면, 암세포는 우리 몸 안에서 매일 1,000여 개가 만들어지는 것으로 추정된다. 몸은 100조 개 정도의 세포로 이루어져 있으므로 암세포가 이렇게 생겨도 확률상으로는 1,000억 분의 1 정도에 불과하며, 우리 몸은 이런 암세포와 바이러스, 세균을 대부분 제거할 수 있다. 백혈구 일종인 림프구가 그런 기능을 주로 담당하는데 이들이 혈관을 순환하며 이런 비정상 세포와 균들을 파괴한다. 이를 면역기능이라 한다.

이런 중요한 면역력이 떨어지는 이유는 당뇨 같은 만성 질환, 고령, 항암제, 방사선, 과격한 운동, 영양 결핍, 자외선 노출, 환경 공해, 에이즈 바이러스 등 다양하다. 그러나 보통 사람들에게 면역력을 떨어뜨리는 가장 큰 요인 중 하나는 스트레스, 즉 마음의 안정이 손상되는 것이다. 스트레스에 노출되면 부신副腎에서 아드레날린이나 코티솔 같은 스트레스 호르몬을 분비하는데 이들은 혈당과 혈압을 올리고 근육으로 혈류를 증가시켜 만약의 사태에 대비해 큰 힘을 발휘할 수 있도록 해준다. 전쟁이나 사냥 같은 상황이 아마도 그러했을 것이다. 그러나 대신 이들 호르몬은 면역력을 떨어뜨리기 때문에 장시간 자주 스트레스에 노출되면 면역 세포들에 의해 제어되던 비정상 세포와 병균이 활성화되면서 병이 생길 수 있다. 현대인은 전쟁과 사냥 같은 상황은 겪지 않는 대신 학교와 직장에서 또 다른 생존경쟁을 치르며 스트레스에 노출되고 부신이 커진 경우가 많다. 현대인들에게 만성질환이 많은 이유다.

보이지 않는 마음의 스트레스가 보이는 병을 만들기도 하고 낫게도 하는 것이다. 이것이 비각성의 인과. 당장에 보이지는 않지만 만물의 성질이나 형상을 구분 짓는 원인이 되는 인과이다. 부연하면 스스로의 건강부터 다른 사람과의 관계까지 마음으로 짓는 모든 인과.

혈각성의 혈은 치열한 현실을 반영한다. 밥 먹으면 배부르고, 뛰면 숨이 차고, 움직이면 결과가 정직하게 나타나는 모든 것이 혈각성의 인과. 피로 깨닫는다는 표현이 적나라하다. 육신으로 짓는 인과요, 현실의 인과다. 화와 복, 선과 악이 무시로 드러난다. 그러나 화복과 선악은 누구를 기준한 것인가? 무엇을 기준하여 판단하는가? 누구나 자신을 기준으로, 자기에게 이득이 있는지만 따진다. 결국 이득이 있는 만큼 손해 보는 이도 있을 것이고, 합격하는 사람이 있으면 떨어지는 사람도 있게 마련이며, 또한 그로 인해 다툼이 멈추지 않을 것이다. 세상 모든 사람들이 이 인과에만 관심이 있으나 이를 뛰어넘고 극복하지 못하면 이 고통스러운 혈각성의 인과의 굴레를 벗어나지 못할 것이다.

진리는 육체적인 행위만 결과가 나타나는 것이 아니라 모든 마음 작용도 원인에 따른 결과를 맺는다. 그것이 인과다. 세상에는-마음공부조차도-공짜란 없다.(논학문 공부하기, 운명개척 참조)

(六) 三心觀삼심관66

1-6-1. 道有三心階梯 修心見性者 若非三階梯妙法 難得善果

도에 세 가지 마음의 계단이 있으니, 마음을 닦고 성품을 보려는 사람은 만약 이 세 가지 계단의 묘법이 아니면 좋은 성과를 얻기 어려울 것이니라.67

1-6-2. 一曰 虛光心 天天物物 各有性心 自體自動 皆由法相色相也 修者念頭必在兩端 勤勤不息 惺惺不昧 寂寂不昏 虛中生光 必是萬理具存 無相法體 覺所現發 有相色體 回光返照 無所不明 無所不知 此曰虛光心力 止此不求 吾必不贊 自庸奮發 且進一階

첫째는 허광심이니 한울과 한울, 만물과 만물이 각기 성품과 마음이 있어, 자체가 스스로 움직이는 것이 다 법상과 색상에 말미암은 것이니라.68 닦는 사람의 염두에 반드시 양단이 있으리니, 부지런히 하고 부지런히 하여 쉬지 아니하며, 깨닫고 깨달아서 어둡지 아니하고, 적적하여 혼미하지 아니하면,

---

66 한울의 본성이 무엇인지 느낀 후(강령) 한울(성품)과 나(육신) 사이에서 가장 중요한 요체인 마음을 닦는 단계에 대한 말씀으로 법경에서 가장 중요한 장이다. 내 모습을 규정하는 것이 성품이고 그것이 인과에 의해 결정된다면 인과를 만들어 가는 것은 마음의 작용이다. 성품 공부가 삶의 모습 전반을 돌아보는 큰 공부라 한다면 마음공부는 그때그때의 마음 씀을 어떻게 할 것인가 하는 미시적 실천의 장이다.

67 마음공부에 단계가 있는가 하는 것은 오랜 논란이 되어왔다. 불가의 돈오와 점수 논쟁도 그것이고. 그러나 돈오를 주장하는 것도 그 내용은 항상 수행하는 정성이 기본에 깔려 있다. 그러므로 꾸준히 수행하며 차츰 마음의 지혜가 열려간다는 점수와 그 실 내용은 별 차이가 없을 수도 있다. 어쨌거나 걷지도 못하는 아이에게 뛰라고 할 수는 없다. 각 개인마다 살아온 인생이 다르고 마음의 근기가 다르므로 공부 과정도 다 같진 않을 것이다.

68 법상은 사물의 본질이요 색상은 겉으로 드러난 현상이다. 누구나 겉모습만 보고 판단하지만 속의 본질은 겉과 판이하게 다를 수 있다. 알렉산더에게 햇빛을 가리지 말라고 일갈했던 대학자 디오게네스도 겉모습은 거렁뱅이였고, 춘추전국시대 국가 간 분쟁의 원인이 될 정도로 귀중한 보석인 화씨의 옥도 그것을 알아보고 다듬기 전까진 평범한 돌덩어리에 불과했다. 누구나 사람과 사건을 접하며 어느 것이 진실인지 알고 싶어 한다. 현상과 진실은 같을 수도 다를 수도 있기 때문이다. 그러므로 닦는 사람의 마음머리에 이 둘을 분간하고자 하는, 진실을 가리고자 하는 마음이 항상 있는 것이다.

빈 가운데서 빛이 날 것이라.69 반드시 모든 이치가 갖추어 있어 형상 없는 법체가 깨닫는 곳에 나타나며, 형상 있는 색체에 돌아오는 빛이 돌려 비치어 밝지 아니한 곳이 없고 알지 못할 곳이 없으니, 이것을 허광심력이라 이르느니라.70 여기에 덮어서 구하지 않으면 내 반드시 찬성하지 않을 것이니, 스스로 힘써 분발하여 또 한 단계를 나아가라.71

1-6-3. 二曰 如如心 一超上界 空空寂寂 無問無聞 如心如眞 森羅萬象 本吾一體 唯一無二 我我彼彼 善善惡惡 好好惡惡 生生死死 都是法體自用 人何作成 且以法中妙用 皆吾性心 性心本體 空亦斷矣 何求此外 休休喘息 更加一層

둘째는 여여심이니 한 번 윗 지경에 뛰어오르면 비고 비어 고요하고 고요하여 물을 것도 없고 들을 것도 없으며, 마음과 같고 참과 같아서 삼라만상이 본래 나와 일체라. 오직 하나요 둘이 아니니 나와 너, 선과 악, 좋은 것과 나쁜 것, 나고 죽는 것이 모두 이 법체가 스스로 쓰는 것이니 사람이 어찌 지어서 이루리오. 또한 법 가운데 묘하게 쓰는 것이 다 내 성품과 마음이라. 성품과 마음의 본체는 비고 또 끊겼으니, 이 밖에 무엇을 구하리오마는 쉬고 쉬어 숨을 돌려 다시 한 층계를 더 나아가라.72

1-6-4. 三曰 自由心 天亦不空 物亦不斷 道何止空 物何止斷 性無本末 理無始終 但因吾心一條 萬法萬相 量而考之 心唯空斷 理亦必斷矣 若或如是 何可謂性 何可謂理乎

---

69 진실을 알기 위해선 끊임없는 노력과 드러난 현상에 혹하지 않는 지혜와 자신의 선입견을 버린 공정한 자세가 필요하다.
70 허광심은 마음공부의 단계에서 구체적으로 어떤 상태인지 경전의 설명을 정리해 보고, 그럴 수 있는 이치를 생각해 보자.(허광심은 삼심관 공부하기, 수심정기 공부하기 참조)
71 허광심에 머물러서는 안 되는 이유는?(삼심관 공부하기 참조)
72 여여심의 단계는 어떤 상태인가 정리해 보자.(여여심은 삼심관 공부하기 참조)

셋째는 자유심이니 한울도 또한 비지 아니하고 만물도 또한 끊기지 아니하니, 도가 어찌 빈 데 멎으며 만물이 어찌 끊긴 데 멎으리오. 성품은 근본과 끝이 없고 이치는 처음과 나중이 없으니, 다만 내 마음 한 가닥에 기인하여 만법만상을 헤아려 생각할지니라. 마음이 오직 비고 끊기면 이치 또한 반드시 끊기리니, 만약 이와 같다면 어찌 가히 성품이라 말하며 어찌 가히 이치라 말하겠는가.73

1-6-5. 故 敎自性自心 一超自由 心欲爲玉 玉亦障碍 心欲如水 水亦障碍 心欲爲空爲寂 空寂亦障碍 心欲明明 明亦障碍 以吾無吾 吾亦障碍 心欲無心 心亦大障碍 以何妙法脫其大障 更加一層 必用自由

그러므로 자기의 성품과 자기의 마음을 가르쳐 한 번 뛰어서 자유로워라. 마음이 옥이 되고자 하면 옥도 또한 장애요, 마음이 물같이 되고자 하면 물도 또한 장애요, 마음이 비고 고요하게 되고자 하면 비고 고요한 것도 또한 장애요, 마음이 밝고자 하면 밝은 것도 또한 장애요, 나로서 나를 없애려 하면 나도 또한 장애요, 마음으로 마음을 없애고자 하여도 마음도 또한 큰 장애니, 어떤 묘법으로 그 큰 장애74를 벗어날고.75 다시 한 층계를 더하여 반드시 자유를 쓰라.76

1-6-6. 性心自由 道必無終 世必自由 世亦不沒 人必自由 人人億億 了悟此自由 不爲生不爲死 不爲無不爲有 不爲善不爲惡 不爲喜不爲怒 一動一靜 日

---

73 여여심에 머물러서는 안 되는 이유는 무엇인가?(삼심관 공부하기 참조)
74 무엇을 하려 욕심내면 그것이 마음의 집착이 된다(마탈심). 마음을 비우고 단지 정성을 드리면 한울의 이치에 따라 일의 성패는 결정된다. 이것이 무위이화.
75 자유심은 어떤 마음의 상태인가?(자유심은 삼심관 공부하기 참조)
76 마음공부의 단계를 셋으로 나누어 설명한다. 본문을 다시 한 번 정독하고 세 가지 마음을 정리하고 이야기해 보자.(삼심관 공부하기 참조) 여기까지 본론이고 이후가 결론에 해당.

用行事 吾必自由 好則好 善則善 怒則怒 生則生 死則死 每事每用 無心行無
碍行 此之謂天體公道公行

성품과 마음이 자유로우면 도가 반드시 끝이 없을 것이요, 세상이 반드시
자유로우면 세상이 또한 없어지지 않을 것이요, 사람이 반드시 자유로우면
억만 사람이 마침내 이 자유를 깨달을 것이니, 살려고도 하지 아니하고 죽
으려고도 하지 아니하며, 없으려고도 하지 아니하고 있으려고도 하지 아니
하며, 착하려고도 하지 아니하고 악하려고도 하지 아니하며, 기쁘려고도 하
지 아니하고 노하려고도 하지 아니하여,77 일동일정과 일용행사를 내가 반
드시 자유롭게 하나니 좋으면 좋고, 착하면 착하고, 노하면 노하고, 살면 살
고, 죽으면 죽고, 모든 일과 모든 쓰임을 마음 없이 행하고 거리낌 없이 행
하니78 이것을 천체의 공도공행이라 하느니라.79

1-6-7. 聖亦大障 世必小障 以何斥障 公道公用 天體自用 告諭修者 一切障
碍 脫如弊衣速步速進 好好自由極樂

성인도 또한 큰 장애요 세상도 반드시 작은 장애니, 무엇으로써 장애를 물
리치어 공도공용으로 천체를 스스로 쓰겠는가. 닦는 사람에 고하여 효유하
니 일체 장애를 헌옷을 벗는 듯이 하고, 빠른 걸음으로 빨리 나아가 좋고 좋
은 자유를 즐거워하라.80

---

77 무위는 인위의 반대 개념. 일체가 한울임을 깨달으면 좋고 나쁜 것, 삶과 죽음, 너와 나, 나와 한
　울의 분별이 없어진다. 더럽고 싫은 것도 모두 내가 안고 가야 할 한울의 모습일 뿐이다.
78 마음이 자유로울 수 있는 이치는? 사사로운 욕심이 없고 한울의 비고 고요한 자리가 중심에 있
　으면, 마음이 편안하게 어떤 상황에도 흔들리지 않을 것이다. 우리가 살면서 자신의 감정과 진
　심을 드러내며 사는 것이 몇 할이나 되는가? 자신의 감정을 억누르며 사는 것이 마음과 몸의 병
　이 되기도 하고 그것이 예상치 못한 곳에서 폭발하면 사고로 이어지기도 한다. 그러므로 다른
　생명에 피해가 가지 않는다면, 자신의 감정을 표현하고 드러내는 것은 삶의 건강을 위해 얼마
　나 중요한가!
79 우리 삶의 지표로 삼을 만한 공도공행이란 무엇이 전제가 되어야 행해질 수 있는지 정리해 보
　자.(공도공행은 삼심관 공부하기 참조)

\<삼심관 공부하기\>

1. 허광심

한울과 만물이 모두 같은 한울의 이치(성품)을 갖추고 그 이치에 따라 운용되므로 그 이치를 깨달으면 모든 것을 밝게 분별할 수 있다.

"내 마음을 물건 안에 두면 억천만상과 삼라미진이 모두 내 성품이요 내 마음이다."(의암성사법설, 견성해)

'수도를 지극히 하면 처음엔 꿈에서 한울님의 가르침을 받고, 한층 오르면 영안이 열려 남이 모르는 것을 알게 되는데 이를 천안통이라 한다. 다시 한층 오르면 한울님 말씀을 듣는데 이를 천이통이라 한다. 한층 더 오르면 보도 듣도 못하고 배우지도 않은 것을 알게 된다.'(김승복, 포덕104년(1963) 8월호 신인간)

실상 한울님은 수많은 곳에서 수시로 우리에게 진실을 알려 준다. 우리가 눈과 귀를 닫고 있을 뿐. 그러나 한울님이 가르쳐 주시는 진실과, 내 욕심이 잘못 보는 허상은 마구 섞여 있다. 정제되지 않은 흙탕물처럼. 거기서 진실을 분별해 내려면 나의 욕심을 가라앉혀야 한다. 난관에 부딪혀 판단이 서지 않을 때 조용히 앉아 주문을 왼다. 주문은 내 육신이 아닌 한울님을 위하는 글이다. 소의가 아닌 대의를 위하는 글이다. 욕심이 가라앉으면 진실이 느껴진다. 이를 직관이라 하는 사람도 있고 영감이라 하는 이도 있다. 이 한울의 가르침을 분별해 내는 것이 허광심이다.

'허광심'이라고 이름한 이유가 뭘까?

빈 데에서 빛이 난다고 했다. 이는 나의 사사로운 욕심을 비워야 얻을 수

---

80 성인이 되고자 하는 것도 세상을 구하고자 함도 욕심이다. 명예와 권력의 욕심이 있음이다. 일체의 욕심과 인위를 버리고 한울의 뜻을 따라 정성 드리니 이것이 공도공용이요, 그 이후의 결과는 무위이화일 따름이다. 그것이 어떤 결과이든 우리의 호불호로 판단할 필요가 없다. 욕심이 없고 결과에 얽매이지 않으니 얼마나 자유로운가!

있음을 뜻한다. "마음이 비었으므로 일만 이치를 통할 수 있다."(해월신사법설, 허와 실)고 하지 않았는가. 자만심과 선입견으로 가득 차 있으면 진실은 보이지 않는다. 버려야 얻을 수 있다.

또 허광심이란 말에는 헛된 것이란 뜻이 내포되어 있다. 세상 이치를 다 안다 해도 결국 헛된 것인가? 바닷물에 물방울 하나 더해진다 해도 바다는 그대로 바다일 뿐. 결국 내 한 몸의 겸허한 실천만이 남을 뿐이다.

허광심에 머물러선 안 되는 이유는 무엇인가?

"성리가 없으면 마음이 없는 나무사람과 같고…."(의암성사법설, 성심신삼단)

아는 것이 많아져도 근본(성품)이 바르지 못하면 삿된 길로 접어드는 경우를 역사에서 흔히 볼 수 있다. 허광심은 기본적으로 분별하는 것이다. 이에 집착하는 것을 분별심, 차별심에 빠졌다고 한다. 여기에 집착하는 경우 시비가 많아진다. 있는 것만 알고 없는 것(성품)을 모르기 때문이다. 그러나 있는 것, 즉 현상은 영원한 것인가? 우리가 파악한 실체는 항상 불변하는가?

이것이 현실 세계를 다 안다고 해도(허광심) 한 단계 더 공부해야 하는 이유이다.

2. 여여심

"내 마음을 물건 밖에 보내면 형상도 없고 자취도 없고 위도 아래도 없다."
(의암성사법설, 견성해)

세상에 수많은 물건과 일이 있어 이의 실체를 명확히 아는 것은 허광심. 그러나 이 모두가 하나의 기운작용일 뿐임을 깨닫는 것이 여여심이다. 모든 현상과 실체도 결국은 무-한울 성품, 작용하기 전 상태로 돌아간다. 살아 있는 것은 죽게 마련이고, 형체를 가진 물건도 먼지로 돌아간다. 그러므로 일체가 비고 없는 것임을 깨닫는 여여심의 단계에선 허광심의 시시비비가 의미가 없어진다. 누구나 장점도 있는 반면 단점도 있다. 좋은 일도 마가 끼어 있고 나쁜 일도 길게 보면 약이 되는 경우가 많다. 불연이요 기연이다.

여여심에 머물러선 안 되는 이유는 무엇인가?

"한울은 화생하는 직분을 지키므로 잠깐도 쉬고 떠나지 못하는 것이라, 만일 한울이 일각이라도 쉬게 되면 화생변화지도가 없을 것이요, 사람이 일용지도를 잠시라도 떠나게 되면 혀령창창한 영대가 가난하고 축날 것이라."(의암성사법설, 권도문)

살아 있는 것은 '수고롭고, 괴롭고, 부지런하고, 힘써야' 한다. 그것이 생명이고 그것이 없는 것이 죽음이다. 그러나 생명이 올바르게 살아있기 위해선 죽음과 공존이 필요하다. 나는 사람이 있으면 죽는 사람이 있다. 살아 있는 사람도 낮의 활동이 있으면 저녁의 휴식이 있다. 휴식은 여여심이고 죽음이다. 거기서 다시 활동과 삶으로 돌아오면 삶의 균형추가 되지만 휴식과 여여심만 계속되면 되겠는가?

3. 자유심

결론 부분에서 자유심을 상세히 설명한다. 허광심의 분별을 극복한 것은 여여심이지만 현실 생활에선 길고 짧은 것을 분별하며 살 수밖에 없다. 또한 생명은 끊임없이 움직이는 것이고 육신이 있는 동안은 걷고 움직이고 먹고 말하며 행해야 한다. 먹는 것도 먹을 수 있는 것과 먹을 수 없는 것을 분별해야 하고, 말과 행 또한 마찬가지다. 이 모든 행을 선악과 호불호의 분별로 행하는 것이 아닌 행하되 모든 것을 포용하는 한울의 마음—여여심이 바탕이 된 행이 자유심의 행이다.

4. 세 가지 마음

똥은 더럽다. 더러운 이유는 질병을 옮길 수 있는 각종 균들이 많고 불쾌한 냄새가 나기 때문이다.(허광심) 그러나 사람에게 더러운 똥은 식물에겐 비료가 되거나 짐승들의 먹이가 될 수도 있다. 사람의 범위를 벗어나면 더럽고 깨끗하고의 분별은 없거나 달라진다.(여여심) 아기 똥을 치우고 닦는 엄마에게 똥은 그저 아기 생명 활동의 부산물일 뿐, 더럽다거나 자연 순환 같은 이치와 논리에서 벗어나 있다. 그저 아기 똥을 닦아줄 뿐이다.(자유심)

필자의 증조부께서 의암 선생의 지도로 우이동 봉황각에서 수련할 때 체험하신 일화. 하루는 수련을 마치고 식사 시간이 되어 밥뚜껑을 여니, 엄지 손가락만 한 누런 송충이가 밥 위에 있고 송충이 주위 밥이 누런색으로 물들어 있었다. 순간, '밥에 웬 송충이가' 하는 생각에 송충이와 물든 밥을 덜어내고 먹으려는데 송충이와 물든 것이 없어졌다.

또 한 번은 수련 중 머리 위에 뭔가 이상한 느낌이 들어 고개를 들어 보니 커다란 바위가 줄에 매달려 있는데 그 줄이 거의 끊어지려 하는 것이 아닌가! 놀라 자리를 피하자 바위도 줄도 사라졌다.

이런 체험 후 증조부께선 크게 깨달으셨다고 한다. 밥과 송충이가 모두 같은 한울일 뿐인데 먹는 것과 못 먹는 것, 깨끗한 것과 더러운 것을 분별하는 의식이 아직 남아 있었던 것이고, 바위가 떨어져 죽을지 모른다는 생각에 자리를 피했지만 삶과 죽음이 한울에 달려 있고 생사가 하나인 것을, 육신의 감각과 이에 집착하는 마음이 아직 남아 있었던 것이다.

5. 공도공행

마음이 빈자리에 들어 자기 의식조차 없는 경지를 체험하면, 생각하면서 생각하는 줄 모르고 밥 먹으면서 밥 먹는 줄 모르고 행동하면서 행동하는 줄 모르는 무심행의 경지에서 움직이지만 그 행의 적실함은 일호의 어김도 없게 된다. 그러므로 무심행, 무애행, 공도공행은 자유로운 마음에서 비롯되는 자유로운 행인 것이다.

성사님께서 아침식사를 마친 뒤 나가시다가 가족들이 식사하는 모습을 보니 밥이 여느 때와 달랐다. 그때부터 이런 대화가 오갔다. "그게 무슨 밥이오?" "팥밥이에요." "내가 오늘 아침 팥밥 먹었나?"

대가들이 일할 때 무념무상의 상태에서 하는 것이 이런 경지일 것이다. 잘하고 싶은 욕심이 들어가면 오히려 망치는 경우가 많다.

골프 유머 하나. 함께 라운딩하는 팀 중 그날 컨디션이 좋아 신들린 듯한 게임을 하는 사람이 있었다. 그때 동료 중 한 명이 그 사람에게 물었다. "자네 오늘 아주 잘하는군. 비법 좀 가르쳐 주게. 샷을 할 때 호흡을 어떻게 하는가? 들이쉴 때 하는가, 내쉴 때 하는가?" 그 질문 이후로 잘 치던 사람은 갑자기 샷이 흔들리고 난조에 빠졌다. 질문한 사람은 회심의 미소를 지었다. "무심했던 호흡에 신경을 쓰니 무너지지…. 이게 고수를 잡는 비결이야."

(七) 極樂說극락설81

1-7-1. 我有一黙 世能不知 黙裏在樹 其幹爲性 其枝爲心 有性有心 大道必生

나에게 한 잠잠한 것이 있으니 세상이 능히 알지 못하도다.82 잠잠한 속에

---

81 극락설에서 진심불염까지는 무체법경 전체의 결론에 해당하는 장으로 앞의 장에서 한울의 본성을 깨닫고 내 마음을 본성에 합일시켜 가는 과정이 설명되었다면 여기서는 그러한 수행을 한 사람들이 세상에 바른 도를 펴야 됨을 역설하신 실천의 장이다. 세상사는 가르침을 이야기하는데 제목은 극락설이다. 극락은 어디에 있는가? 기성종교들이 사후에 극락과 지옥을 이야기하지만 이치에도 안맞고 확인도 안되는, 어리석은 사람들을 교화하기 위한 방편일 뿐이다. 실제 마음이 맞지 않는 사람과 갈등하며 함께 살고 함께 일해야 하는 상황이라면 그곳이 곧 지옥이 될 것이고, 마음이 맞는 사람과 함께라면 경제적으로 어려워도 극락이 될 수도 있다. 부부가 서로 미워하며 산다면 그 가정은 지옥같을 것이고, 사랑하고 아끼며 살면 극락일 것이다. 거기 경제적 조건은 절대 중요 변수가 될 수 없다. 물질은 원래 내 것도 없고 영원하지도 않은데 거기에 마음을 빼앗겨 자신과 주변 사람의 마음을 다치고 힘들게 하고 있다면 그 또한 지옥이 될 것이다. 결국 극락과 지옥은 우리 지금 사는 이곳에 있음이요, 그 선택은 모든게 자기 마음에 달려있고, 어떤 마음으로 어떻게 살아가는가에 달려있다.
82 나에게 있는 잠잠한 것이란?(극락설 공부하기 참조)

나무가 있으니 그 줄기는 성품이 되고 그 가지는 마음이 되었느니라.83 성품이 있고 마음이 있음에 큰 도가 반드시 생겨나느니라.84

1-7-2. 道亦在世 若不言用 道斷世荒

도가 또한 세상에 있으니, 만약 쓰임을 말하지 않으면 도가 끊어지고 세상이 거칠어질 것이니라.85

1-7-3. 黙必爲性本 若不固其根 葉不靑花不紅 言必爲心本 若不淸其源 春不來秋不來

잠잠한 것은 반드시 성품이 근본이 되나니, 만약 그 근본이 굳건치 못하면 잎이 푸르지 못하고 꽃도 붉지 못할 것이요, 말은 반드시 마음이 근본이 되나니, 만약 그 근본이 맑지 못하면 봄도 오지 아니하고 가을도 오지 아니 하느니라.86

---

83 세상이 시작되기 전은 무의 상태(잠잠함). 무에서 만물이 생기는 생명이 태동(줄기)하고 만물이 각각 형상을 이룬다(가지와 열매, 꽃).

84 극락설은 도를 실천하는 장이다. 본격적인 실천을 역설하기 전 도입부에서 성품이 있고 마음이 있으니 반드시 도가 생기는 이치를 말씀한다. 세상이 시작되기 전 아무것도 없는 상태에선 도도 필요 없다. 도는 한울의 이치가 세상에 나타나는 법칙이므로 세상과 함께 한다. 움직이기 위해서는 방향과 방법, 속도와 목적지 등이 있어야 한다. 가만히 있을 때는 필요 없는 이러한 규칙들이 도가 되는 것이다. "한울은 만물을 낳고 도는 일을 낳나니…한울은 화생하는 직분을 지키므로 잠깐도 쉬고 떠나지 못하는 것이라…."(의암성사법설, 권도문)

85 말을 하지 않으면 도가 끊어지고 세상이 거칠어진다고 했다. 여기서 '말'이란 무엇인지 내포와 외연 모두를 폭넓게 생각해 보자.(말에 대해서는 극락설 공부하기 참조) * 포덕153년 이전 경전에는 若不用言; '만약 말을 쓰지 않으면'으로 되어 있었다.

86 바른 말은 바른 성품과 바른 마음이 전제가 되겠다. 성품이 바르지 못한 경우와 마음이 바르지 못한 경우는 어떤 차이가 있을까? * 성품이 굳건치 못하면; 잎이 푸르지 못하고 꽃도 붉지 않다→본성이 변화?→도가 빈 데 돌아간다. 부품과 재료가 불량이면 집이나 물건들이 완성돼도 제대로 된 형태를 유지하기 어렵고 곧 무너질 것이다. * 마음이 맑지 못하면; 봄도 가을도 오지 않는다→운용의 이탈?→세상이 거칠어진다. 마음이 혼란스럽고 불안하면 백만금의 재산이 있다 한들, 최고 권력이 있다 한들 행복할 수 없다. 불만이 가득한 사람이 많으면 사람들과 세상에 해를 끼칠 것이니, 봄이 와도 봄을 느낄 수 없을 것이요 가을에도 그것을 즐길 수 없을 것이다. * 같은 물을 먹어도 조개는 진주를 만들고, 뱀은 독을 만든다.

1-7-4. 擧心而用道者 性不得黙裏 道必歸虛 擧言而用世者 道不得心裏 世必歸荒 用道用世 在性在心 世平國平 有言有正

마음을 들어 도를 쓰는 사람이 성품을 잠잠한 속에서 얻지 못하면 도가 반드시 빈 데 돌아가고, 말을 들어 세상을 쓰는 사람이 도를 마음속에서 얻지 못하면 세상이 반드시 거칠어질 것이니, 도를 쓰고 세상을 쓰는 것은 성품과 마음에 있고, 세상과 나라를 태평하게 하는 것은 바른말에 있느니라.87

1-7-5. 言必有正 天亦正矣 言必有正 世亦正矣 言必有正 國亦正矣 言必有正 人人必正

말이 반드시 바르면 한울도 또한 바를 것이요, 말이 반드시 바르면 세상도 또한 바를 것이요, 말이 반드시 바르면 나라도 또한 바를 것이요, 말이 반드시 바르면 사람마다 반드시 바를 것이니라.88

1-7-6. 天地正焉 萬物育焉 世界正焉 戰爭必息 國家正焉 人民享福 人人必正 天下極樂 安知今日之黙 爲後日之多言哉

천지가 바르면 만물이 자라고, 세계가 바르면 전쟁이 반드시 그치고, 국가가 바르면 인민이 복을 누리고, 사람사람이 반드시 바르면 천하가 극락이 되리니,89 어찌 오늘의 잠잠한 것이 후일에 많은 말이 될 줄을 알겠는가.90

---

87 가장의 말에 온 가족이 일희일비하고, 대통령 언행에 온 나라가 일희일비한다. 나이가 들고 지위가 높아질수록 좋은 영향이든 나쁜 영향이든 커지게 마련이니 삼가야 하지 않겠나? 말을 도의 실천이라고 해석하면 더욱 그러하다. 말과 행동 바탕이 자신의 욕심이라면 다른 이들을 괴롭게 할 것이요, 그 바탕이 한울님 위위심이라면 모두를 편안하게 할 것이다. 이 구절까지 극락설 본론 부분으로 한울 이치에 근원한 바른 도의 실천을 역설한다.

88 말은 서로간의 소통의 기본이요, 소통은 모심의 시작이다. 만물이 시천주함을 알고 실천하면 모든 것이 바르게 될 것이다.

89 두 문장이 모두 점층법으로 설명된다. 간략하게 정리해 보자.
 - 바른 말; 바른 한울-바른 세상-바른 나라-바른 사람
 - 바른 천지; 만물이 자라고-전쟁 끝-인민의 복-극락천하
 * 위 문장과 비교하여 "한 사람이 착해짐에 천하가 착해지고, 한 사람이 화해짐에 한 집안이 화

1-7-7. 吾用天體公法 以副皇皇帝心

나는 천체공법을 써서 아름답고 거룩한 한울님 마음에 맞게 하노라.[91]

<극락설 공부하기>

1. 나에게 있는 잠잠한 것은 무엇인가?

한편으로 보면 개인의 잠재능이요, 달리 보면 한울의 큰 본성이다.

"성리는 공공적적하여 가이 없고…."(의암성사법설, 성심신삼단)

"비고비어 고요하고 고요한 무형천"(의암성사법설, 신통고)

"무릇 성리는 비고 고요하나 자체의 비장한 속에 크게 활동할 만한 동기가 있는 것이라…."(의암성사법설, 신통고)

'나무는 개체 안에 세대를 축적한다. 젊음은 바깥쪽을 둘러싸고 늙음은 안쪽으로 고인다. 나무 밑동에서 살아 있는 부분은 지름의 1/10 정도에 해당하는 바깥쪽이고, 그 안쪽은 대부분 생명의 기능이 소멸한 상태라고 한다. 동심원 중심부는 물기가 닿지 않아 무기물로 변해 있고, 이 중심부는 나무가 사는 일에 간여하지 않는다. 이 중심부는 무위無爲와 적막의 나라인데 이 무위의 중심이 나무의 전 존재를 하늘을 향한 수직으로 버티어 준다. 무위는

해지고, 한 집안이 화해짐에 한 나라가 화해지고, 한 나라가 화해짐에 천하가 화하리니…."(해월신사법설, 대인접물) 구절을 음미해 보고 도의 실천에 대해 생각해 보자. 모든 시작은 한 사람에서, 작은 일에서 시작된다. 내가 변하지 않으면 세상의 변화도 없다.

90 모든 행과 실천의 시작은 내 욕심이 아니라 한울님의 바른 이치(잠잠함)에서 시작되어야 할 것이다. 내 잠잠함이 나를 바꾸면 내 말과 행이 개벽되는 것이고, 나로 인하여 사람들과 세상이 바뀌고 개벽되면, 한울 마음을 가진 사람들이 사는 곳, 그곳이 곧 극락이 아닌가!

91 천체공법이란? "모든 일과 모든 쓰임을 마음 없이 행하고 거리낌 없이 행하니 이것을 천체의 공도공행이라 하느니라."(의암성사법설, 삼심관) 결론에서 바른 도의 실천이 세상을 바꾸고 지상천국을 구현할 수 있음을 역설한다.

존재의 뼈대이다.

나무들 사이를 자전거로 달릴 때, 바퀴는 굴러도 바퀴 중심축의 한 극점은 항상 미동도 하지 않는다. 이 극점이 움직인다면 자전거 바퀴의 회전운동은 불가능할 것이다. 적막한 중심은 나에게 동심원 속에 있고 자전거 바퀴 속에도 있다. 그 중심이 자전거를 나아가게 해준다.'(김훈, 자전거 여행2.)

모든 움직이는 것과 생명도, 그 중심에는 생명 이전의 고요함, 잠잠함, 영성이 있어 그 생명과 움직임을 그 답게 하는 것이다. 빛은 어둠이 있어 밝은 것이듯, 움직임은 고요함이 있어 그 활달함이 드러나는 것이다.

2. 말은?

한울님의 덕도 사람이 아니면 펼 수 없고 사람의 행 중에 큰 비중을 차지하는 것이 말이다. 그러므로 여기서 말이란 폭넓은 도의 실천을 가리키는 것이 아닐까? 바른 도를 행하지 않으면 도가 끊기고 세상이 황폐해질 것이다. 옛 사람들에게 말이란 본디 실천을 전제로 한 것이었기에 중한 것이었지만 요즘은 거짓말과 사람을 상하는 말들이 횡행한다. 그로 인해 인심이 사나워지고 살기가 어려워지는 것을 보면 바른 마음(바른 도)에서 비롯된 참된 말이 더욱 절실해짐을 알 수 있다.

"말이란 것은 속에 있는 생각을 드러내는 표신이요, 속에 있는 생각을 발하여 사물에 베푸는 것이라…."(의암성사법설, 언전)

"한울님은 마음이 있으나 말이 없고 성인은 마음도 있고 말도 있으니…."(해월신사법설, 성인지덕화)

말은 동물에게는 없는 사람만의 의사소통 방법이다. 행동으로 보여줄 수도 있을 텐데 굳이 말을 강조하신 뜻은 무엇일까? 한 사람의 몸으로 행할 수 있는 것은 그 결과에 한계가 있을 수밖에 없다. 그러나 여러 사람이 뜻을 모아 행한다면 그 결과는 세상을 능히 바꿀 수 있다. 여러 사람의 뜻을 모으고 이끄는 것은 소통이 필요하고, 소통 방법 중 가장 효율적이고 강력한 것은 말일 것이다.

또한 말이란 생각이 선행되어야 한다. 즉 마음과 성품이 작용해야 되는 것이다. 그러므로 바른 말은 바른 마음과 바른 성품을 뜻하는 것이니 말이 중요한 까닭이다. '태초에 말씀이 계시니라.'(요한복음)는 것도 같은 맥락에서 이해할 수 있을 것이다. 즉 여기서 말은 사람의 말이 아니라 말이 되기 전의 마음과 성품, 우주에 내재한 근원적인 질서를 뜻한다고 보아야 할 것이다.

말로 표현하지 않으면 진실이 전달되지 못할 뿐 아니라 오해가 생기기도 한다. 가장 가까운 부부 사이라도 이런 오해가 쌓이면 남보다 못한 원수처럼 변하기도 한다.

내가 아내와 속내를 털어놓고 대화하기 시작한 것은 결혼한 지 7-8년이 지나서부터였다. 그 전엔 바깥일을 집 안에 끌고 들어오지 않는 우리나라의 전통(?) 때문에 밖에서 아무리 힘든 일이 있어도 그 고민을 집에서 털어놓지 않았다. 다만 그로 인해 힘든 마음까지 감추진 못했으니 집안 공기가 무거워지고 나빠질 수밖에. 아내는 그런 나를 돕고 싶었지만 무슨 일인지 알 수 없었고, 이야기하지 않는 나에게 돕고 싶은 마음 반, 가족의 중요한 일에 소외된 듯한 섭섭한 마음 반으로 불만이 쌓여 갔다. 또한 결혼 전 20-30년간 서로 다른 집안의 문화 속에서 살던 관습을 서로 이해하지 못해 오해와 갈등 또한 쌓여 갔고, 결국 어느 날 폭발하고 말았다. 이젠 나는 집 밖에서 있었던 일을, 아내는 집안에서 있었던 일을 서로 이야기하며 공유한다. 그럼으로써 우리 부부는 저녁때만이 아닌 하루 종일 함께할 수 있게 되었다.

가족 사이도 마찬가지다. 현대인들은 지나친 경쟁 구조 속에서 마음을 닫고 소외되고 있다. 가족 사이에서조차 대화가 없는 경우가 많다. 부부와 가족 사이부터 마음에 담긴 말을 나누고 소통해야 한다. 가족 사이에 다른 생각과 다른 시각이 있음을 이해하고, 이해가 상충되면 조정할 수 있는 훈련이 돼야 사회에서 남들과의 이견이 싸움이 되지 않고 원만히 조정될 수 있다. 그 모든 출발이 마음속에 있는 생각을 표현하는 말인 것이다.

　말하지 않으면 모른다. 당장 마음속에 있는 말을 표현해 보자. 사랑한다고, 고맙다고….

(八) 聖凡說성범설92

1-8-1. 人問「聖凡特有差別乎」曰「一樹花發 花亦同色 一蔕結果 果亦共味 性本一源 心本一天 法本一體 何有聖凡」
사람이 묻기를 「성인과 범인이 특히 차별이 있습니까.」

　대답하시기를 「한 나무에 꽃이 피니 꽃도 같은 색깔이요, 한 꼭지에 열매가 맺혔으니 열매 또한 같은 맛이라. 성품은 본래 한 근원이요, 마음은 본래 한 한울이요, 법은 본래 한 체이니 어찌 성인과 범인이 있으리오.」93

1-8-2. 曰「聖明凡愚 豈無差別乎」曰「不然 性無賢愚 心無賢愚 體無賢愚 然 只是用心 小有差別 聖人我性不染 我心不變 我道不惰 用心用世 一無拘礙 持心用道 非善不行 非正不用 非義不行 非明不爲 凡人 我性 我不知 我心 我不知 我道 我不知 用心用世 自用外道 行惡行悖 非正非義 無所不行」
묻기를 「성인은 밝고 범인은 어리석으니 어찌 차별이 없습니까.」

　대답하시기를 「그렇지 아니하다. 성품은 어질고 어리석음이 없고, 마음도

92　성인과 범인은 같은 한울 성품을 지닌 존재이나 삶을 사는 태도에 따라 차이가 있음을 말씀하시며 동학이 지향하는 인간상을 제시한다.
93　"나에게 한 잠잠한 것이 있으니 세상이 능히 알지 못하도다. 잠잠한 속에 나무가 있으니 그 줄기는 성품이 되고 그 가지는 마음이 되었느니라."(의암성사법설, 극락설) 만물이 다 같은 한울 성품에서 비롯된 한울의 기운작용이다. 그러므로 성인이나 범인 모두 그 바탕은 신령한 한울성품으로 같은 것이다. 이 구절까지 서론 부분.

어질고 어리석음이 없고, 몸도 어질고 어리석음이 없으나, 그러나 다만 이 마음을 쓰는 데 작은 차별이 있으니 성인은 내 성품을 물들이지 아니하고, 내 마음을 변치 아니하고, 내 도를 게으르게 하지 않는지라,94 마음을 쓰고 세상을 쓰는 데 하나라도 거리낌이 없으며, 마음을 가지고 도를 쓰는 데 선이 아니면 행치 아니하며, 바른 것이 아니면 쓰지 아니하며, 옳은 것이 아니면 행치 아니하며, 밝은 것이 아니면 하지 아니 하느니라.95 범인은 내 성품을 내가 알지 못하고, 내 마음을 내가 알지 못하고, 내 도를 내가 알지 못하여,96 마음을 쓰고 세상을 쓰는 데 스스로 외도97를 쓰며 악을 행하고 패도를 행하며 정의가 아닌 것을 행치 않는 바 없느니라.」98

---

94 내 성품과 마음은 처음 태어날 때 한울님께 받은 성품과 마음. 자라면서 육관에 따라 형성된 성격, 습관된 마음과 구분해야 한다. 본래의 성품은 일체 차별이 없지만, 날 때부터 신체적, 정신적 특징이 누구나 다 다른 것은 부모와 조상의 인과를 받아 태어나기 때문이다.(삼성과 공부하기 참조) 운동을 잘하는 소질을 가진 사람이 글을 쓴다고 앉아 있거나 자유로운 예술 정신을 가진 사람이 엄격한 법조문만 뒤적인다면 본성을 모르거나 본성대로 살지 못하는 것이다. 자신의 본성을 깨닫고 자신이 원하는 삶을 살기로 마음먹었으면 이를 평생 일관해야 한다. 어떤 일이건 마음이 오락가락하면 작은 성과도 이루기 어렵다. 이러한 성품과 마음을 찾고 지키며 닦는 길과 가르침이 도이니 도를 항상 게으르지 않게 공부해야 자신의 본성과 마음을 지키고 삶을 이루어 갈 것이다. 또한 한울님 본성을 찾아 하나가 되어 삶에 실천하면 자신이 받아 태어난 인과(운명)를 바꾸어 삶을 개벽할 수 있으니, 남의 집 머슴 하던 고아와 서자로 태어난 난봉꾼이 聖人이 되시어 동학의 2세,3세 교조가 되신 것이 그 증거가 아니겠는가.
95 천도교가 지향하는 인간상은 성인 또는 군자이다. 여기 그 모습이 표현된다. 결국 마음을 어떻게 사용하는가에 달려있는데 성인의 마음은 바르고 밝고 착하고 의로운 것(正明善義)를 추구하는 것이다. 자신의 본성과 마음을 알면 그 안에서 무슨 일을 하건 희로애락이 자유롭다.(의암성사법설, 삼심관 참조) 남의 눈치를 볼 것 없이 정명선의할 것이다.
96 자신의 가능성이 무한함을 모르고, 자신이 정말 해야 할 일은 모른 채 욕념에만 끌려 다니는 것이 범인. 이렇게 자신의 본성과 마음을 모르니 바르게 사는 길(道) 또한 모른다. 바른 길을 모르면 시행착오가 잦고 성공보다 실패가 많은 고난을 겪을 수밖에 없다.
97 길이 아닌 곳을 가려면 험난할 수밖에 없다. 흔히 배우자가 바람난 것을 외도라 하는데 이 또한 정상적인 삶의 길이 아닌 것이다.
98 잘못을 저지르는 것을 아는 사람은 그나마 개선의 여지가 있지만 가장 무서운 것은 자신이 잘못하고 있음을 모르는 인격장애자(사이코패스)이다. 흉악범의 경우 죄의식이 없는 경우가 많고 수많은 인명을 살상한 역사상 독재자들도 마찬가지였다. 동학의 인간형을 수운 선생은 군자, 해월 선생과 의암 선생은 성인으로 표현한다. 관련 구절을 찾아 동학의 인간형을 정리해 보고 현대엔 어떤 모습으로 적용될지 생각해 보자. "군자의 덕은 기운이 바르고 마음이 정해져…이것이 성쇠의 이치가 아니겠는가"(동경대전, 논학문) "성경신에 능하면 성인되기가…(해월신사법

1-8-3. 曰「聖凡性心 一體所發 用心用世 何可謂有異乎」曰「人生厥初 實無一毫持來 只將寶鏡一片 反照虛空 左邊一岸 如如寂寂 右邊一岸 塵塵濛濛 居其兩間 始生爲爲心 爲爲心始生 天地生焉 世界生焉 道亦必生」

묻기를 「성인과 범인의 성품과 마음이 한 체에서 나타난 것이라면 마음을 쓰고 세상을 쓰는 데 어찌 가히 다름이 있다고 말합니까.」

대답하시기를 「사람이 태어난 그 처음에는 실로 한 티끌도 가지고 온 것이 없고 다만 보배로운 거울 한 조각을 가진 것뿐이라,99 허공에 도로 비치니 왼쪽 가에 한 편은 여여적적하고 바른쪽 가에 한 편은 티끌이 자욱하고 자욱하니라.100 그 두 사이에 살면서 비로소 위위심이 생기었고, 위위심이 비로소 생기니 천지가 생기고, 세계가 생기고, 도가 또한 반드시 생기었느니라.」101

설, 성경신) "성인은 마음도 있고 말도 있는 한울님…성인은 밝고 밝아…성인의 덕화는 자기를 버리어 사람에게 덕이 되게 하고, 사사로운 마음은 자기만 이롭게 하고 사람을 해롭게 하느니라."(해월신사법설, 성인지덕화)

99 사람이 태어날 때 거울 한 조각만 가지고 태어난다. 거울 한 조각은 무엇을 말씀하신 것일까? 사람의 마음은 그래서 세상을 비추어보니 거울로 많이 표현한다. 거울이 일그러져 있으면 세상이 왜곡되어 보일 것이고, 거울이 때가 많으면 세상을 정확하게 비추어 볼 수 없을 것이다. 거울을 바르게 해야 하고 항상 먼지(욕념)가 끼지 않게 닦아야 하는 이유다. "거울을 만리에 투영하니 눈동자 먼저 깨닫고…."(동경대전, 우음) "거울은 수은을 칠한 뒤라야 물건이 분명히 비치고…거울이 티끌에 가리우지 않으면 밝고…."(해월신사법설, 수심정기) "성품이 열리면 모든 이치와 모든 일의 좋은 거울이 되나니…."(의암성사법설, 성심변) "마음을 맑게 하기를 새로 만든 거울같이 하면…."(의암성사법설, 척언허무장)

100 거울 양편의 모습은 무엇을 뜻할까? 낮의 활동이 있으면 밤의 휴식이 있어야 하고, 생명이 있으면 죽음이 있다. 이 음양이 모두 차별 없는 한울 모습이다. 한쪽만 보거나 알아선 온전한 진리를 볼 수 없다. "비어 고요한 무형천과 둥글고 가득한 유정천과 티끌이 자욱한 습관천."(의암성사법설, 신통고) 이 삼계천이 모두 한울이니 이 모두를 깨달아야 온전한 깨달음이다 .

101 성품 자리는 비고 고요하니 도가 필요 없지만 티끌이 자욱한 현상 세계는 규칙이 필요하다. 왜 규칙이 필요한가? 물건이 물건답고 사람이 사람답기 위해, 스스로 타고난 성품을 온전히 드러내기 위해 필요할 것이다. 이렇듯 만물이 제 모습을 잡기를 바라는 마음이 위위심일 것이다. 그것은 또한 무한한 사랑이기도 하다. 이 마음이 없으면 세상과 만물이 뒤죽박죽, 제멋대로일 것이니 참으로 큰 마음이다. 천지와 세계와 도를 낳은 어머니의 마음이다.

1-8-4. 古今賢哲 只此一心 恒時不休 悠悠不絕 天地萬物 皆載於爲爲心頭
凡人無爲爲心 只以今日所見 爲今日心 且以明日所見 爲明日心 不知方向 莫
非自性所關 不知本性之本來 每事莫非自心所關 不知自心之用道 此所謂凡人
魔奪心 性本無賢愚 然 用心必在賢愚

고금의 현철이 다만 이 한마음으로 항시 쉬지 아니하고 오래오래 끊기지 아
니하며 천지만물을 다 위위심두에 실었으나,102 범인은 위위심이 없어 다만
오늘 보는 것으로서 오늘 마음을 삼고, 또 내일 보는 것으로서 내일 마음을
삼아 방향을 알지 못하고, 자기 천성 소관 아님이 없으나 본성의 본래를 알
지 못하고, 모든 일이 자기 마음 소관 아님이 없으나 자기 마음의 용도를 알
지 못하니, 이것이 이른바 범인의 마탈심이니라. 성품은 본래 어질고 어리
석음이 없으나, 그러나 마음을 쓰는 데 반드시 어질고 어리석음이 있느니
라.103

1-8-5. 聖人之爲爲心 卽自利心 自利心生則 利他心自生 利他心生則 共和心
自生 共和心生則 自由心自生 自由心生則 極樂心自生

성인의 위위심은 곧 자리심(스스로 이로운 마음)이니104 자리심이 생기면 이타

---

102 위위심은 한울을 위하는 마음이다. 한울과 사람과 물건을 대할 때 항상 위하는 마음을 잃지
 않으니 이것이 생명을 살리는 큰마음이다.
103 본론에선 성인과 범인의 구별이 어디에서 오는가를 이야기한다. 위위심과 마탈심은 어떤
 마음의 차이를 이야기하는 것일까? 무엇을 위하는가에 차이가 있다. 위위심은 본성(한울마
 음-大我)을 위하는 반면, 마탈심은 작은 육신의 욕심(小我)만을 위하는 것. ＊수련 중 다리가
 아파 몸을 움직이면 통증에 마음을 빼앗긴 것이다. 다리가 아프면 그것이 내 몸이 느끼는 것
 인지, 누가 느끼는 것인지, 내 몸이 아프다고 느끼는 것은 어떤 작용인지 관찰해 본다. 몸조
 차 오래지 않아 없어질 존재이거늘 잠깐의 통증이 어찌 영원한 것이랴? 통증도 기쁨도 아름
 다움도, 모두가 생겼다 사라지는 것일 뿐인데, 거기에 마음을 빼앗기는 것이 우리들 범인이
 다. 몸이 너무 편하면 졸리고 나태해진다. 그렇기 때문에 마음공부 하는 사람들은 예부터 일
 부러 어느 정도 몸의 고행을 하기도 하였다.
104 본래의 나는 작은 육신에 한정된 나가 아니다. 만물에 공유한 참 생명이 '나'이다. 그러므로 모
 두 이롭게 하는 것이 곧 나를 이롭게 하는 것이요, 개별 육신만을 위하는 각자위심은 곧 모두를
 상하게 하는 것이다.

심(남을 이롭게 하는 마음)이 저절로 생기고, 이타심이 생기면 공화심이 저절로 생기고, 공화심이 생기면 자유심이 저절로 생기고, 자유심이 생기면 극락심이 저절로 생기느니라.105

1-8-6. 凡人魔奪心一生 一身必亡 一國必亡 一世必亡 天地必亡 人不有魔奪心 不失爲爲心

범인은 마탈심이 한 번 생기면 한 몸이 반드시 망하고, 한 나라가 반드시 망하고, 한 세상이 반드시 망하고, 천지가 반드시 망하나니,106 사람은 마탈심을 두지 말 것이요, 위위심을 잃지 말 것이니라.107

(九) 眞心不染진심불염108

1-9-1. 衆生陷萬塵千坑 不能解脫迷夢 說解脫世塵理由

중생이 천만 티끌 구덩이에 빠져 능히 아득한 꿈에서 벗어나지 못하니, 세상 티끌에서 벗어나는 이유를 말하리라.109

---

105 위위심에서 극락심까지 참된 마음을 펼치는(포덕) 것에 대해 이야기해 보자.

106 한 사람의 마탈심이 천지를 망칠 수 있듯이, 한 사람의 위위심이 천지를 구할 수도 있음을 이야기 보자. "한 사람이 화해짐에 한 집안이 화해지고…."(해월신사법설, 대인접물) "말이 바르면 한울도 바를 것이요, 세상도 바를 것이요, 나라도 바를 것이요, 사람마다 반드시 바를 것이니라."(의암성사법설, 극락설)

107 우리 몸의 감각은 같은 자극이 계속되면 둔감해지는 특성이 있다. 덕분에 슬픔이나 힘든 일도 두 번째는 쉽게 견딜 수 있지만 반면에 좋아하는 것에는 좀 더 강한 자극을 원하게 된다. 이것이 중독에 빠져드는 이유이다. 알콜이나 도박, 마약 같은 중독뿐만이 아니다. 어떤 것이든 지나친 집착은 정상적인 판단을 흐리게 만들고 일과 사람을 망친다. 한번씩 '고요함'을 생각하고 떠올려 전체를 조망하고(의암성사법설, 십삼관법 참조), 모든 현상은 영원하지 않은 환각일 뿐임을 깨닫고 한걸음 떨어져서 바른 판단을 해야 할 것이다. 나를 유혹하는 마탈심이 들 때마다 위위심으로 복귀하는 법문이 주문이다. 본래 마음인 위위심을 잃지 않아야 지상천국을 이룰 수 있다. 지상천국이 무엇인가? 자신이 원하는 삶, 그것이 아닌가?

108 세상을 사는 사람들의 마음은 모두 한울 마음이나, 욕심으로 참 마음이 가려져 삶이 고해에 빠지지 않도록 경계하는 것이 마지막 장의 요지이다.

109 자신의 본 모습을 모르고 자신이 살아갈 길을 모르면 사는 것이 얼마나 복잡하고 힘든가? 그

1-9-2. 我是我也 我爲一塵 物是物也 物爲萬塵 我塵物塵 都是一塵 何能染 此 何能染彼 然而 我爲有情 物爲無情 以有情奪無情 理所固然 有心有奪 是 謂塵染 實有不然 再思再思

나는 바로 나니 나는 한 티끌이 되고, 물건은 바로 물건이니 물건은 많은 티 끌이 되느니라. 나라는 티끌과 물건이란 티끌이 도시 한 티끌이니 어찌 여 기에 물들며 저기에 물들겠는가.110 그러나 나는 정이 있고 만물은 정이 없 으니, 정 있는 것으로써 정 없는 것을 빼앗는 것은 이치가 본래 그런 것이 라. 마음이 있고 빼앗김이 있는 것을 바로 티끌에 물들었다 말하나, 실로 그 렇지 아니하니 다시 생각하고 다시 생각하라.111

1-9-3. 我有二心 一曰愛心 一曰憎心 愛憎二心 蔽心如塵 愛憎何所由來 萬 物入心 自生愛憎 愛憎物之反動心 譬則乳兒眼見物 發愛心 喜而笑 奪物怒而 厭 此曰物情心 物情心卽第二天心 人人億億 皆留不脫

나에게 두 마음이 있으니 하나는 사랑하는 마음이라 이르고, 하나는 미워하 는 마음이라 이르느니라. 사랑하고 미워하는 두 마음이 마음을 가리운 것이 티끌과 같으니라. 사랑하고 미워하는 것은 어디서 온 것인가. 모든 물건이 마음에 들면 스스로 사랑하는 것과 미워하는 것이 생기나니, 사랑하고 미워 하는 것은 물건의 반동심이라. 비유하면 젖먹이가 눈으로 물건을 보고 사랑

러므로 인생을 고해라 하였다. 이제 그 고해에서 벗어날 길을 가르쳐 주시는 것이다.

110 우주의 무한한 스케일에서 보면 아무리 큰 물체도 티끌에 지나지 않는다. 실로 모든 만물이, 사람이나 짐승, 물건이 모두 한울의 기운 작용에 의해 생긴 같은 티끌일 뿐이다. 이를 깨닫지 못하고 이쪽과 저쪽, 나와 너를 분별하는 것에서 모든 욕심과 각자위심과 다툼이 시작된다.

111 정 있는 것으로 정 없는 것을 빼앗는 것이 본래 이치란 어떤 뜻일까? 물건은 스스로를 사용할 수 없으므로 참된 마음을 가진 사람이 바르게 씀으로써 그 참 가치를 나타낼 수 있다. "한울은 사람에 의지하고…사람은 밥에 의지하여….”(해월신사법설, 천지부모, 의암성사법 설, 권도문) "성품과 마음은 물건에 응하여도 자취가 없으니….”(의암성사법설, 신통고) 서론부에선 모든 티끌과 물건도 본래의 나이지만, 생명과 그 생명에 의해 물건이 운용됨으 로써 현세에서의 어지러운 욕심이 생겨날 수밖에 없다고 말씀한다.

하는 마음이 생기어 기뻐하며 웃다가 물건을 빼앗으면 성내어 싫어하나니, 이것을 물정심이라 이르느니라. 물정심은 곧 제이 천심이니 억만 사람이 다 여기에 얽매어 벗어나지 못하느니라.112

1-9-4. 然我本來天 不顧不尋 但以物情心 行于世 此曰凡愚

그리하여 나의 본래 한울을 돌아보지도 않고 찾지도 않고 다만 물정심으로써 세상에 행하니 이를 범인의 어리석음이라 이르느니라.113

1-9-5. 聖賢不然 恒不忘我本來 固而守之 强而不奪故 觀得萬理根本 萬理具體 徘徊心頭 圓圓不絶 自遊遊不寂于慧光內 萬塵之念 自然如夢想 是謂解脫心解脫 卽見性法 見性在解脫 解脫在自天自覺

성현은 그렇지 아니하여 항상 나의 본래를 잊지 않고 굳건히 지키며 굳세어 빼앗기지 않으므로, 모든 이치의 근본을 보아 얻어 모든 이치가 체를 갖추게 하며, 마음 머리에 머뭇거리어 둥글고 둥글어 그치지 아니하며, 스스로 놀고 놀아 슬기로운 빛 안에서 고요하지 아니하며, 일만 티끌 생각이 자연히 꿈 같으니 이것을 해탈심이라 이르느니라.114 해탈은 곧 견성법이니 견

---

112 물정심이란 어떤 마음 상태인지, 제이 천심이라고 한 뜻은 무엇일까? 물건도 한울의 표현 일진대 그것을 한울 이치에 맞게 사용하거나 있어야 할 곳에 두어야 한다. 그러나 내 것이라는 생각과 욕심이 물건을 망치고 그것을 쓰는 사람도 망친다. 육신이 있는 동안은 물건에 대한 욕심은 자연스러운 것이다. 그러므로 제이 천심이라 했을 것이다. 거기에 집착하고 얽매여 참된 마음이 흐려지지만 않는다면, 그것을 소유하고 사용하는 것 자체가 나쁜 것은 아니다.

113 "성인은 내 성품을 물들이지 아니하고, 내 마음을 변치 아니하고, 내 도를 게으르게 하지 않는지라, 마음을 쓰고 세상을 쓰는 데 하나라도 거리낌이 없으며, 마음을 가지고 도를 쓰는 데 선이 아니면 행치 아니하며, 바른 것이 아니면 쓰지 아니하며, 옳은 것이 아니면 행치 아니하며, 밝은 것이 아니면 하지 아니 하느니라. 범인은 내 성품을 내가 알지 못하고, 내 마음을 내가 알지 못하고, 내 도를 내가 알지 못하여, 마음을 쓰고 세상을 쓰는데 스스로 외도를 써며 악을 행하고 패도를 행하며 정의가 아닌 것을 행치 않는 바 없느니라."(성범설) 일체가 티끌임을 잊고 물건에만 마음을 빼앗기면 더 소중한 것들을 잃게 된다. 친구도, 믿음도, 자신의 생명도….

114 해탈심은 어떤 마음의 상태일까 생각해 보고 앞 장의 위위심과는 어떤 관계가 될지, 그리고 삼심관의 자유심과도 비교해 보자. 내 것이라는 집착이 없으면 나눔이 자유로워진다. 일체가 티

성은 해탈에 있고, 해탈은 자천자각에 있느니라.115

1-9-6. 自心自守而不失 固而不流 自心自然解脫 萬法萬相一切具心 事理不錯 我天不二 性心不二 聖凡不二 我世不二 生死不二

내 마음을 내가 지키어 잃지 아니하고, 굳게 하여 흐르지 아니하면 내 마음이 자연히 해탈이 되나니, 만법만상이 일체 마음에 갖추어져서 일과 이치가 엇갈리지 아니하면 나와 한울이 둘이 아니요, 성품과 마음이 둘이 아니요, 성인과 범인이 둘이 아니요, 나와 세상이 둘이 아니요, 삶과 죽음이 둘이 아니니라.116

1-9-7. 故眞心不二不染 天體自用 自地自用 吾用自由

그러므로 참된 마음은 둘도 아니요 물들지도 아니 하나니, 천체를 스스로 쓰며 내 땅을 스스로 쓰며 나를 자유로 쓰느니라.117

끌임을 알면 교만하지 않고 겸손할 것이요, 일체가 한울임을 알면 사랑하고 위하는 마음이 절로 생길 것이다. 일체가 같은 티끌이고 한울이면 그 속에서 무엇이 거리낄 것이 있겠는가!

115 본론에서 물건을 본래 모습대로 사용하는 것일 뿐이건만 그 물건에 얽매이는 우리 모습을 되돌아보고, 모든 속박에서 벗어나는 해탈심까지의 마음 계단을 삼심관에서의 마음단계와 비교해 정리해 보자. 자기가 모신 한울을 스스로 깨달으면 일체가 하나의 한울, 하나의 성령이니 모든 집착과 유혹에서 벗어날 수 있다. ★ 물정심→위위심→강령, 강화(허광심)→자천자각(여여심)→해탈견성(자유심). 마음공부의 단계는 십삼관법 참조.

116 깨달은 사람에게는 좋고 나쁘고가 없다. 다만 자신의 행을 정성 드릴 뿐이다. 나와 주변 사람 나아가 물건까지 경계가 사라진다. 그러므로 남을 내 몸 대하듯 하고, 물건을 내 한울 대하듯 한다. 이것이 공경함이 아니겠는가.(해월신사법설, 삼경 참조)

117 어떤 상황에서도 얽매임이 없이 자유로운 삶. 그것은 진리 안에서 가능하며 또한 그것이 천도교가 추구하는 참된 삶이다. 이 장의 결론은 무체법경 전체의, 아니 천도교 신앙의 목적이기도 하다. 그것은 참된 마음을 깨달아 삶을 자유롭게 하라는 것이 아니겠는가!

<무체법경 해제>

무체법경은 우리 교회에서 많은 논란을 낳은 경이다. 조선조 말의 동학혁명과 일제를 거치면서 많은 스승님의 가르침을 담은 문서나 이야기가 실전되었고 그 가르침이 체계화되지 못한 채로 오늘에 이르렀다. 따라서 간혹 발견되는 스승님들의 말씀이 진위 논란에 휩싸이게 됨은 어찌 보면 자연스러운 일이고, 그로써 교리를 검증하고 체계화하는 계기가 될 수도 있다.

무체법경도 성사님의 환원 이후 해방과 한국전쟁을 거치면서 한동안 잊혀진 존재였다. 60-70년대 이후 그 존재가 다시 부각된 뒤에도 사용된 용어의 특징과 그 해석의 난해함으로 '천도교 경전이 아니다', '성사님이 아니라 양한묵 선생이 쓰신 것이다' 등의 논란이 끊이지 않았다.

그러나 사용된 용어가 불교적이라는 것은 이미 이 땅에 불교가 도입된 지 1,500여 년이 지나 일상생활에도 불교 용어가 무수히 사용되는 것을 감안하면 재론의 필요가 없는 주장이다. 유학자의 소양이 깊었던 수운 선생조차 자신을 구명하려는 제자들에게 '너희들은 나의 육신을 구하려 하느냐, 나의 성령을 구하려 하느냐? 너희들이 진실로 나를 구하려 하면 성령과 도덕을 믿으라. 나는 결코 죽지 않는다. 천명대로 좇을 뿐이니 천명을 믿거든 돌아가 수도에 힘쓰라.' 하셨다는 일화가 전한다. 또한 축문에서 '고해'라는 용어를 사용하셨고, 무엇보다 수운 선생은 한울님을 '천주'라 표기한 것 때문에 서학으로 몰려 탄압을 받으시기도 했다.

천도교가 참 진리라면 어떤 종교의 언어로도 표현될 수 있어야 한다. 따라서 수운 선생은 유학의 체취가 짙은 글로 가르쳐 주셨고, 해월 선생은 도학과 민속신앙에 가까운 말씀으로 가르침을 주셨으며 의암성사는 지적하신대로 불교적 요소가 많은 가르침을 주셨다.

경전을 보면서 느끼지만 이러한 다양한 시각이 우리 공부를 얼마나 풍요롭게 하는지 감사하지 않을 수 없다. 유학에 관심 있었던 사람도 동학을 자연스럽게 접할 수 있고 도교나 불교에 관심 있었던 분들도 동학의 진리를 자연스럽게 그들의 언어로 설명할 수 있으니 말이다. 실제 동학을 공부하는 우리도 이런 다양한 시각과 설명으로 좀 더 진리에 쉽게 접할 수 있는 것이 사실이다.

수운 선생의 말씀을 해월 선생만큼, 또 의암 선생만큼 정확하게 이해하신 분이 있을까? 실제 무체법경도 대신사의 동경대전을 각주하신 것으로 볼 수 있다.

"대신사께서 자신을 천황씨라고 말씀하신 것은…." (의암성사법설, 신통고)

"경에 말씀하시기를 '내가 나를 위함이요…." (신통고; 동경대전, 팔절)

"시천주의 시자는 한울님을 깨달았다는 뜻이요…." (신통고; 동경대전, 논학문)

"마음은 현묘해서 물건에 응하여도 자취가 없으니…." (신통고; 동경대전, 탄도유심급)

또한 무체법경의 내용이 논리 정연하고 수련의 진수를 깨달은 사람이 아니고는 설명할 수 없는 수련 과정과 깨달음의 정수를 보여준다는 점에서, 그리고 무체법경이 나올 당시가 의암 선생이 가장 왕성한 활동을 하셨던 시기라는 점 등은 그것이 위작이라는 주장을 설득력이 떨어지게 한다.

의암 선생은 포덕50년(1909) 내원암 49일 기도를 마치고 적멸굴 순례 시 "석시차지견昔時此地見 금일우간간今日又看看"(수운 선생의 성령출세 체험)을 말씀하시고 성령출세설, 강시를 저술하신 뒤, 51년(1910) 무체법경, 참회문을 저술하신 것으로 기록되어 있다. 포덕60년 3·1운동까지 성사님의 가장 왕성한 활동 시기에 저술되어 두목들을 가르치고 공표되었던 것이 어찌 뚜렷한 근거 없이 위작이라는 말이 나오는지 모르겠다. 백번 양보해서 양한묵 선생이 쓰셨다 한들 이미 성사님 당시에 인정되어 사용되었다면 충분히 후학들이 공부할 가치가 있는 것 아니겠는가?

간혹 수련하는 분들 중에 무체법경을 중시하는 분들이 많아서 '무체법경이 동경대전을 누르고 있다.'고 하는 주장이 있다. 그러나 수운 선생은 이미 "나는 도시 믿지 말고 한울님만 믿었어라. 네 몸에 모셨으니 사근취원하단 말가."라고 하셨다. 대신사도 그러하셨는데 하물며 대신사의 글이 절대 숭배의 대상이 되는 것은 아닐 것이다. 동경대전이건 신사법설이건, 무체법경이건 우리가 한울님을 제대로 잘 모실 수 있게 길잡이해 줄 수 있으면 그것으로 경전의 역할은 다한 것이다. 우리가 모셔야 할 것은 한울님이지 경전 자체가 아니라는 것이다.

어찌 되었든 무체법경은 그 등장 과정도 흥미롭지만 그 내용이 마음공부하는 사람들이 누구나 목말라하는 수련 단계와 체험 그리고 길잡이를 해 주는 경중의 경이라 아니할 수 없으니 처음엔 잘 이해가 되지 않더라도 차분히 반복해 음미하고, 무엇보다 머리로 이해하기보다 마음으로 수련으로 체험해 보기 바란다.

二. 後經(一)후경(1)[1]

2-1. 其性如月落 隱萬頃蒼波

그 성품은 달이 만경창파에 떨어져 숨은 것 같고,[2]

其心如火起 燒千里長風

그 마음은 불이 천리장풍에 일어나 타는 것 같으니라.[3]

月隱蒼波海國朗 火燒長風雲天晴

달이 창파에 숨으니 바다 나라가 밝고

불이 장풍에 타오르니 구름 한울이 개이도다.[4]

海朗雲晴一色空 空收色消夜無語

바다가 맑고 구름이 개이니 일색공이요,

공을 거두고 색을 지우니 밤에 말이 없어라.[5]

暗中生風 天復活

어둠 속에서 바람이 나니 한울이 다시 살아나도다.[6]

---

1 포덕50년(1909) 12월 저술. 후경은 무체법경의 뒤에 배치되어 깨달은 사람의 감회와 마음가짐 등을 표현하였다.

2 성품은 비고 빈 것이다. 무극이요, 생명이 시작되기 전이다. 어두운 밤바다에 달이 지면 온 세상 이 칠흙 같은 어둠속으로 빠져들 것이다. 아무 것도 없는, 빛조차 없는 공의 상태가 성품 자리가 아니겠는가?

3 마음은 호호발발한 기운의 작용이다. 생명 활동이다. 잠잠할 땐 시간과 공간조차 없는 텅 빈 상태 지만 생명이 작용하면 온 우주에 미치지 않음이 없고 간섭하지 않음이 없다.

4 성품은 나의 습관된 마음을 버려야 볼 수 있다(달이 창파에 숨으니). 습관된 마음과 아상을 버려 야 지혜가 열릴 것이다(바다 나라가 밝고). 한울 성품에 바탕을 둔 시천주의 마음을 지켜야 세상 의 모든 근심과 의혹(구름)이 걷힐 것이다.

5 바다가 맑고 구름이 갠 것은 일체의 의혹이 걷힌 깨달음의 상태. 한울 성품과 마음을 깨달으면 일 체가 한울로 공할 뿐이다. 공과 색도, 깨닫지 못한 자의 분별일 뿐, 그 조차도 넘어서면 분별(말) 을 넘어선 빈자리만 있을 뿐이다.

6 "잠잠한 속에 나무가 있으니 그 줄기는 성품이 되고 그 가지는 마음이 되었느니라. 성품이 있고 마음이 있음에 큰 도가 반드시 생겨나느니라."(의암성사법설, 극락설) 모든 생명은 빈 곳에서 시 작되어 다시 빈 곳으로 돌아간다. 나의 욕심과 습관된 마음이 버려지고 빈 곳에서 참된 한울마음 이 회복될 것이다.

空空本無空 心爲空寂界

비고 빈 것이 본래 빈 것이 아니요, 마음이 비어서 공적계가 되니라.7

我性本來天 我心身後天

내 성품은 본래 한울이요, 내 마음은 몸 뒤의 한울이니라.8

2-2. 我性我亦無 我心我方在 世法百年苦 聖法萬年愁

내 성품에는 나도 없는 것이요, 내 마음에 내가 바로 있는 것이니라.9

세상 법은 백 년 괴로움이요, 성인 법은 만년 수심이니라.10

明中生暗 暗中生明 暗中生明 明中生暗

밝은 가운데서 어둠이 나고 어둠 가운데 밝음이 나는 것이요,11

어둠 가운데서 밝음이 나고 밝은 가운데서 어둠이 나느니라.12

---

7 "성품을 보는 것은 누구이며 마음을 보는 것은 누구인가. 만약 내 몸이 없으면 성품과 마음을 대
조하는 것이 어느 곳에서 생길 것인가."(의암성사법설, 성심신삼단) 아무리 좋은 진리가 있은들
내가 그것을 깨닫지 못하면 무슨 의미가 있으랴. 참된 마음은 곧 한울마음이니 그 마음이 욕념에
흔들리지 않고 비고 고요하면 곧 성품이요 공적계가 된다.

8 "마음은 바로 성품으로써 몸으로 나타날 때 생기어 형상이 없이 성품과 몸 둘 사이에 있어 만리만
사를 소개하는 요긴한 중추가 되느니라."(의암성사법설, 성심신삼단) "그 실인즉 마음도 또한 기
운에서 나는 것이니라."(해월신사법설, 천지인 귀신 음양)

9 한울님의 성품 자리는 일체 분별이 없어진 곳이다. 나와 너, 이쪽과 저쪽, 좋고 나쁨의 모든 차별
이 사라진다. 그러나 현실 속에서 몸을 움직이는 것은 나의 마음이다. 한울의 무형천에선 분별과
차별이 없지만, 육신을 갖고 현실을 사는 나는 옳고 그름을 구분하며 살아야 한다. 그것이 마음의
방향이고 도가 된다.

10 법이란 규칙이고 이치다. 속세 사람들은 자신의 일생(백 년)을 어떻게 살지 고민하지만, 성인은
모든 생명이 바르게 사는 이치(만 년)를 고민한다.

11 좋은 일도 방심하면 마가 끼기 마련이고, 고난 속에서도 마음의 평정을 잃지 않으면 희망을 찾
을 수 있다. 음양의 이치와 같다. "없는 뒤에는 있는 것이요, 있은 뒤에 없어지는 것이니, 무는
유를 낳고 유는 무를 낳느니라."(해월신사법설, 허와 실) 마음공부할 때 습관된 욕념이 없어지
고 한울님 마음과 하나가 되면 무엇이든 귀신같이 밝게 알게 되고 환하게 지혜가 열린다. 하지
만 공부를 게을리하거나, 조금 안다 하여 욕심을 내거나, 또는 마음이 육신에 매이게 되면, 자식
걱정, 남편 걱정, 돈 걱정, 오만 걱정 다 하면서 지혜가 끊기고 깜깜해진다.

12 해가 뜨면 지게 되고, 태어남이 있으면 죽음이 있게 마련이다. 그러한 순환이 깨지면 어찌 되겠
는가? 그래서 무왕불복의 이치라 하신 것이다. 수련도 강령과 강화 받으며 밝게 앎이 있는 듯
하다가 일상으로 돌아가면 어두워진다. 다시 주문 외며 참된 마음을 잃지 않으려 정성을 다하
면 차츰 밝음이 길어지고 어둠이 줄어들며 지혜가 커지니 양천주하는 단계이다. 항상 한울의

2-3. 道過三天心自昏 風動細派空作喧

도가 세 한울을 지나면 마음이 스스로 어두워지고,

바람이 잔잔한 물결을 움직이니 부질없이 시끄럽기만 하느니라.13

百雲以上白雲下 上以也聽下以論

흰 구름 위와 흰 구름 아래에 위에서는 듣고 아래서는 논하니라.14

聽不聽聽天心處 知不知知我心邊

들어도 들리지 않는 것을 듣는 것이 한울마음 있는 곳이요,

알려 해도 알지 못할 것을 아는 것이 내 마음이니라.15

浮花埋天脫萬劫 虛舟駕波載百年

뜬 꽃이 한울을 묻어 만 겁을 벗어나고

밝음을 잃지 않는 단계가 되면 인내천이니 성인의 경지가 된다. 성인은 귀신같은 마음을 오래 간직하고, 육신에 물이 들었다가도 거기에 완전히 뺏기지 않고 금방 마음을 돌리지만, 보통 사람은 뺏긴다. 가령 맛있는 음식이 있으면 성인은 맛있게 먹지만 요기가 될 만큼만 먹는 반면, 보통 사람이 마음을 빼앗기면 남의 것까지 차지해 배탈 나도록 먹는다. 좋은 물건도 이성관계도 마찬가지. 하지만 그렇게 밝음과 어둠이 계속 교차되는 것이 공부의 과정이니 일희일비할 필요없다.

13 한울의 성품 자리인 무형천은 맑고 고요한 곳이나, 유정천은 생명의 흐름에 따라 희로애락이 생긴다. 습관천은 희로애락에 집착해 본심을 가리고 아상에 빠지기 쉽다. 그러므로 어둡다 한 것이요, 나의 욕심(바람)이 제어되지 않으면 공연히 바쁠 뿐 성과가 없을 것이다. "비고 비어 고요하고 고요한 무형천과 둥글고 둥글고 가득하고 가득한 유정천과 티끌이 자욱하고 자욱한 습관천이 다 성품과 마음 좌우의 현묘하고 참된 두 곳에 있는 것이니라."(의암성사법설, 신통고) "심령의 있음은 일신의 안정이 되는 것이요, 욕념의 있음은 일신의 요란이 되는 것이니라."(해월신사법설, 수심정기)

14 흰 구름은 깨달음을 상징한다. 한울 이치를 깨달으면 모두가 한울님 가르침이니 귀 기울이게 되나, 깨닫지 못한 이들은 자기 생각만을 주장하느라 갑론을박 한다. "천지만물이 다 한울님을 모시지 않은 것이 없느니라. 저 새소리도 또한 시천주의 소리니라."(해월신사법설, 영부주문) ★ '보스는 강요하나, 리더는 이끈다. 보스는 권위에 의존하나, 리더는 행동에 의존한다. 보스는 나를 내세우지만, 리더는 우리를 내세운다. 보스는 공포를 조성하지만, 리더는 믿음을 형성한다. 보스는 어떻게 할지 알고 지시하지만, 리더는 어떻게 하는지를 보여준다. 보스는 반발을 조성하지만, 리더는 열성을 형성한다. 보스는 실수를 비난하지만, 리더는 실수를 수정한다. 보스는 지루하게 일하지만, 리더는 흥미롭게 일한다.' 리더는 구름 위, 보스는 구름 아래 있다.

15 한울의 지극한 기운은 보이지도 들리지도 않지만 만물에 간섭하지 않음이 없는 혼원한 한 기운이다. "보였는데 보이지 아니하고 들렸는데 들리지 않는 데 이르러야 가히 도를 이루었다 할 것이요…."(해월신사법설, 심령지령) 한 몸에 갇힌 습관된 마음은 모르는 게 많지만 우주에 편만한 한울님 참 마음은 모르는 것이 없다. 그 무한한 지혜에 하나가 되는 것이 만사지.

빈 배가 물결을 멍에하여 백 년을 실었더라.16

遍踏法界故家歸 五色花葉簷外飛

법계를 두루 돌아 옛집에 돌아오니 오색 꽃잎이 처마 끝에 날리느니라.17

淸虛月色澹泊味 空使主翁自足肥

맑고 빈 달빛의 담박한 맛은

속절없이 내 마음을 스스로 흐뭇하게 하느니라.18

上帝默默天久虛 風動空竹初心生

「상제」가 잠잠하고 잠잠하여 한울이 오래 비고

바람이 속빈 대를 움직이어 처음으로 마음이 생기게 하느니라.19

道必一貫也無二 對物精神各有情

도는 반드시 하나의 이치로 꿰뚫어 둘이 없으나

사물을 대하는 정신은 각각 정이 있느니라.20

無量大天寸心低 風雲忽然萬里蹄

헤아릴 수 없는 큰 한울도 조그만 마음보다 낮고

---

16 뜬 꽃이 하늘을 묻었다 함은 연못에 핀 연꽃으로 물에 비치는 하늘이 가리워짐을 표현한 것인
가? 흐드러진 연꽃(진리)을 보며 세월(번뇌)을 잊는 것은 옛 선비들의 꿈이었다.
"연못의 깊고 깊음이여, 바로 주렴계의 즐거움이로다."(동경대전, 화결시) "난간이 못가에 다
다름은 주렴계의 뜻과 다름이 없고…."(동경대전, 수덕문)
빈 배는 욕심을 버린 육신. 물결은 세상을 살며 겪는 희로애락. 마음은 세속의 번뇌에서 해탈했
어도 몸은 일생 백 년 동안 희로애락을 겪으며 살게 마련이다.

17 진리는 지역과 풍습에 따라 다양하게 전해지고 표현되었다. 법계를 두루 돌아봄은 이러한 다양
한 가르침들을 섭렵했음을 뜻하고 옛 집에 돌아옴은 자신에게 가장 익숙한 가르침으로 돌아왔
음을 뜻한다. 수운 선생도 주유천하 후 동학을 창도 하시지 않았던가! 옛 집으로 돌아오니 낡고
못난 집인 줄 알았던 곳이 가장 아름답고 좋은 곳이 아닌가!

18 맑고 빈 것은 한울의 본 모습이다. 나의 본래 성품이기도 하다. 세속의 욕심에 지친 마음이 맑고
고요한 성품에 깃들면 차분히 가라앉으며 편안해진다. 마치 부모 품에 든 아이처럼.

19 한울은 본래 비고 잠잠하다. 억 겁을 그렇게 또 앞으로도 그럴 것이다. 그렇게 비어 있으므로 만
물이 거기서 생기고 또 포용할 수 있다. 빈 곳에서 기운이 생기어 움직이기 시작하면 생명이 생
기는 것이고 그 생명을 움직이는 작은 기운을 마음이라 한다.

20 도는 그 모습이 어떻든 모두 하나의 한울 작용이고 그 모두가 빈 것으로 돌아갈 뿐이나, 각각의
사물에는 사물의 특성대로 나타나니 이를 유정천이라 한다. 한울 마음엔 차별하는 마음이 없지
만 현실을 살아가는 육신은 옳고 그름을 분별해야 하는 법이다.

홀연히 풍운이 일어나 만 리를 뒤밟느니라.21

枕上覺魂登中霄 月下俱瞰也東西

베개 위에 깨인 혼이 중천에 올라가니

달 아래 동서를 다 굽어보느니라.22

人如日月非分時 斷然不作百年悲

사람은 해와 달같이 분시가 아니니 단연코 백년 슬픔을 만들지 말라.23

男兒留心天不休 其壽必作百年知

사나이 마음을 두면 한울도 쉬지 않나니

그 목숨은 반드시 백 년의 앎을 만들리라.24

三. 後經(二)후경(2)

3-1. 性本無始 心本無二 萬法具體 放天無量 放地無邊 收之 亦不得基也

성품은 본래 처음이 없고 마음은 본래 둘이 없으나,25 만법이 체를 갖추어

한울에 놓아도 한량이 없고 땅에 놓아도 가이 없고 거두려 하여도 또한 터

---

21 부모는 자식을 위해 똥구덩이라도 들어간다. 천지부모도 생명을 위해 아무리 낮은 곳이라도 마
다 않고 돌보아 주신다. 군림하지 않는다. 그러나 한번 천지부모의 큰 기운이 일어서면 온 세상
이 뒤바뀐다. 이를 개벽이라 한다.

22 진리를 깨닫지 못하고 습관심 속에서 살아가는 사람들은 일장춘몽을 살 뿐이다. 자신의 참된 삶
을 사는 것이 아니다. 그 꿈에서 깨어 진리를 깨닫고 小我가 아닌 大我로서 세상을 바라보면 나
와 남, 이쪽과 저쪽, 동양과 서양의 분별이 없어지고 하나가 된다.

23 사람은 하고 싶은 일이 많아도 해와 달처럼 역할을 나눠 할 수 없다. 스스로 해야 한다. 그러므
로 일의 선후와 경중을 보아 버릴 건 버리고 집중해서 행해야 일생의 명을 이룰 수 있을 것이다.
사람이 평생 살면서 해야 할 명을 이루지 못한다면 그 어찌 슬픈 일이 아닌가? 많은 사람들이
자신의 명조차 모르기에 더욱 그러하다.

24 마음을 진리에 두고 잊지 않으면(수심정기) 반드시 감응이 있다. 만사지(백년의 앎)란 모든 일
에 지혜가 열려 무위이화됨을 뜻한다.

25 한울의 본 모습은 인간의 잣대를 초월해 있다. 그러므로 '형상도 없고 자취도 없고 위도 없고 아
래도 없으며(의암성사법설, 견성해)' 시작도 끝도 없다. 일체가 한울님의 기운 작용임을 깨달으
면 나와 한울, 내 마음과 네 마음의 분별이 없어진다.

전을 얻지 못하느니라.26

3-2. 或問曰「性本無始 有性有心 何也」曰「性者名也 名爲有物後 始得者
始者 太初有物之時也 能言性 能言始 是靈感想識 靈感所發 是有體性 是性是
心 不免死生 無始之性 是無體性 不有生死 眞眞如如也」

어떤 사람이 묻기를「성품은 본래 처음이 없거니 성품이 있고 마음이 있는
것은 어찌된 것입니까.」

  대답하시기를「성품이란 것은 이름이니 이름은 만물이 있게 된 후에 처
음으로 얻은 것이요, 처음이란 것은 태초 만물이 있던 때이니라. 능히 성품
을 말하고 능히 처음을 말하는 것은 이는 영감으로 생각한 것이요, 영감이
나타나는 것은 유체성이라, 이 성품과 이 마음은 죽고 사는 것을 면치 못하
나 처음도 없는 성품은 바로 무체성이니 나고 죽는 것이 있지 아니하여 진
진여여한 것이니라.」27

3-3. 曰「眞性 已在有始之前 有始後之人 豈能知有性乎」曰「以無觀無則 無
亦有之 以無觀有則 有亦無之 定其無有 始有 無始有生 有有始無滅 眞眞如如
無漏無增 無漏無增 性心之始也故 知本性之無緣有生」

묻기를「진성이 이미 처음이 있기 전에 있었으니, 처음이 있은 뒤의 사람이
어떻게 능히 성품이 있음을 알 수 있습니까.」28

---

26 "마음은 천지의 저울이 되나 달아도 한 푼의 무게도 없고, 눈은 예와 지금의 기록이 되나 보아도
   글자 한 자 쓴 것이 없느니라."(견성해) 한울의 간섭은 온 우주에 미치지 않음이 없다. 그러나
   그것을 내세우거나 자랑하지 않는다. 그저 자연히 그러할 뿐이다.
27 한울 성품은 무형천, 무체성이니 일체의 분별을 초월한 자리다. 그러나 생명이 움직이는 곳에
   는 나와 너, 좋고 나쁨의 분별이 생길 수밖에 없으니 이를 유정천, 유체성이라 하신 것이다.
   이러한 분별에 얽매여 한울의 진면목을 깨닫지 못하는 것을 습관천이라 한다.(의암성사법
   설, 삼성과 참조)
28 사람이 자신이 직접 보지 못한 것들은 어떻게 아는가? 이치를 따져 추론하기도 하고, 다른 사람
   의 경험을 책이나 사진, 미디어 등을 통해 간접체험하기도 한다. 이렇게 해서 배우고 아는 것을

대답하시기를 「없는 것으로서 없는 것을 보면 없는 것도 또한 있고, 없는 것으로서 있는 것을 보면 있는 것도 또한 없나니, 그 없고 있는 것을 정하여 비로소 무시유생이 있고 유시무멸이 있나니, 진진여여하여 새는 것도 없고 더함도 없는 것이니라. 새는 것도 없고 더함도 없는 것은 성품과 마음의 처음이라. 그러므로 본성의 인연 없이 생함이 있음을 알지니라.」[29]

3-4. 曰「如何方法 脫其大障見其眞性乎」曰「日月則雖明 黑雲弊之 如瓶內燈光 性之淸淨萬障圍之 如泥中沒玉 無他妙法 但以心爲師 剛而不奪 定以不動 柔而不弱 惺以不昧 黙而不沈 閒而不息 動而不亂 擾而不拔 靜而不寂 視而不顧 有能不用」

묻기를 「어떠한 방법으로 그 큰 장애를 벗어나서 그 진성을 볼 수 있습니까.」

대답하시기를 「해와 달은 비록 밝으나 검은 구름이 가리면 병 속의 등불 같으니라. 성품의 맑고 깨끗한 것을 많은 장애물이 둘러서 진흙 속에 묻힌 구슬과 같으니, 다른 묘법이 없고 다만 마음으로써 스승을 삼아[30] 군세게 하여 빼앗기지 아니하며, 정하여 움직이지 아니하며, 부드러우나 약하지 아니하며, 깨달아 매혹하지 아니하며, 잠잠하나 잠기지 아니하며, 한가하나 쉬지 아니하며, 움직이나 어지럽지 아니하며, 흔들어도 빼어지지 아니하며, 멈추었으나 고요하지 아니하며, 보이나 돌아보지 아니하며, 능력이 있으나 쓰지 않을 것이니라.」[31]

교육이라고 한다. 그러나 이러한 교육은 오관의 범위를 벗어나지 못한다. 모든 생명에겐 오관 이외의 배움 법이 있으나 오관의 학습이 과도히 많아지면서 이를 잊게 되었다. 그것은 직관, 영감, 성령으로 깨닫는 것이다. 수련은 이 능력을 다시 깨우는 과정이다.

29 없는 것으로 본다 함은 내 오관을 버리고 봄을 뜻한다. 선입관, 육신관념, 아상을 버리면 나와 너, 이쪽과 저쪽, 있고 없고, 생하고 멸함의 분별이 없어진다.

30 해와 달의 밝음은 진리, 진실의 빛이요, 이를 가리는 검은 구름은 사람의 욕심과 선입관, 육신관념이다. 그러므로 보는 이의 마음을 바로 하면 어느 곳이나 진리이지만, 보는 이의 마음이 어지럽고 흔들리면 어느 곳에도 진실은 보이지 않는다. 다음 구절은 그러한 마음을 다스리는 법을 말씀하셨다.

3-5. 曰「有視不顧而 有能不用則 何以用天用人乎」曰「如法而行則 自生大道」

묻기를「보이는 것이 있으나 돌아보지 아니하고 능력이 있으나 쓰지 아니하면 어떻게 한울을 쓰고 사람을 씁니까.」

대답하시기를「법과 같이 행하면 스스로 큰 도가 나타나느니라.」32

3-6. 曰「何謂大道乎」曰「大道 非天非地 非山非水 非人非鬼 思不如思 視不如視 言不如言 聽不如聽 坐不如坐 立不如立 如如之間 怳然是 本來淸淨」

묻기를「어떤 것을 큰 도라 합니까.」대답하시기를「큰 도는 한울도 아니요 땅도 아니요 산도 아니요 물도 아니요 사람도 아니요 귀신도 아니니,33 생

---

31 마음을 다스리는 요체를 설명한다. 일에 임해서 이를 잊지 않고 행하면 일은 물론 도를 이루는 것도 빠를 것이다. 굳세게 하여 빼앗기지 않음은 욕심에 마음을 빼앗기지(마탈심) 않음이고, 정하여 움직이지 않음은 믿음을 변치 않는 것이며(동경대전, 수덕문), 부드러움은 모든 것을 포용할 수 있는 너그러움과 여유가 있어 배타적이지 않음이지 약하여 끌려다님이 아니다. 또한 항상 깨어있어(惺, 영리할, 슬기로울 성) 누구에게나 가르침을 구하고 도그마의 틀에 갇혀 어두워지지(昧, 어두울, 어리석을 매) 말아야 한다. 잠잠함은 한울님 성품에 분별이 없음을 잊지 않음이나 아무것도 하지 않고 잠겨 있음은 생명에 반하는 것이다. 한가함은 서두르지 않고 정성 드리는 것이지(우묵눌) 쉬며 게으른 것이 아니다. 움직여 행할 때는 일의 선후를 파악해 간결하고 효과적으로 해야 된다. 어렵고 혼란스러운 일을 당해도(擾, 어지러울, 어지럽힐 요) 근본이 흔들리지 않으면 언제든 돌아올 수 있다. 마음을 항상 고요하고 맑게(靜, 고요할, 맑을 정)함은 세상 욕심에 물들지 않는 것이지, 세상과 등지는(寂, 고요할 적)것이 아니다. 세상의 모든 것을 성령의 눈으로 보되 자신의 욕심으로 이리저리 재 보지(顧, 돌아볼, 사방을 둘러볼 고) 않는다. 능력이 있으되 자만하거나 욕심내지 않고 자신의 역할만 정성 들이면, 이루고 이루지 못함은 한울에 달려 있다. 이것이 무위이화다. 직장인들이 가장 싫어하는 상사는 '대리급 부장'이라고 한다. 일 잘하고 꼼꼼하지만 아랫사람들이 잘하는지 늘 참견하게 되면 부하들은 시키는 일만 하고 상사의 비위만 맞추면 그만인 수동적 태도가 되기 마련이다. 잘 아는 일이라도 믿고 맡기며 큰 방향만 제시하고 이끄는 것이 리더의 본분이다. 세상은 혼자 사는 것이 아니므로 자신보다 남을 앞세우고 그로서 오히려 자신이 크는 것이 '능력이 있으나 쓰지 않는' 묘용이 아니겠는가! "빈 것이 능히 기운을 낳고, 없는 것이 능히 이치를 낳고, 부드러운 것이 능히 기운을 일으키고, 굳센 것이 능히 기운을 기르나니….."(해월신사법설, 허와실)

32 개인의 습관심으로 들으면 이해하기 어려운 말씀이다. 그러나 성령으로 보고 성령으로 행하면 그것이 모두 한울의 이치와 법에 맞는 것이 될 것이니 그것이 곧 한울의 큰 도다. 진리의 법은 인위적 욕심으로 하려 해서 되는 것이 아니라 다만 진리대로 매진하는 가운데 자연히 '무위이화' 되는 것이다.

33 보이는 형상에 집착해선 진실을 깨달을 수 없다. "푸르고 푸르게 위에 있어 일월성신이 걸려 있

각하나 생각하는 것 같지 아니하고, 보나 보는 것 같지 아니하고, 말하나 말하는 것 같지 아니하고, 들으나 듣는 것 같지 아니하고, 앉으나 앉은 것 같지 아니하고, 서나 선 것 같지 아니하여 변하지 않는 사이에 황연한 본래의 맑고 깨끗한 것이니라.」[34]

3-7. 曰「大道至此盡矣歟」曰「修其性而 得其道者 固至而盡矣 然 性上生心 身在淸風明月 家在宇宙江山 觀天地於我則 我在世在 我我物物 各遂其性 各守其道 各得其分 喜喜我喜喜物 豈非極樂世哉 三天大氣 混然相應 同歸一心 前聖後聖 不立文字 但 以心傳心也 欲求天道 自持求心 求則求也 畢求無受」

묻기를 「큰 도가 여기서 그치나이까.」

대답하시기를 「그 성품을 닦아 그 도를 얻은 사람은 진실로 지극히 다 할 것이나, 그러나 성품에서 마음이 생기면 몸은 청풍명월에 있고 집은 우주강산에 있느니라.[35] 천지를 나에게서 보면 나도 있고 세상도 있어 나와 나, 만물과 만물이 각각 그 천성을 이루며 각각 그 도를 지키며 각각 그 직분을 얻나니, 기쁜 나와 기쁜 만물이 어찌 극락세계가 아니겠는가. 세 한울의 큰 기운이 섞이어 서로 응하여 한 마음으로 같이 돌아가니,[36] 먼저 성인과 뒤 성인이 문자를 나타내지 아니하고 다만 마음으로써 마음에 전한 것이니

는 곳을 사람이 다 한울이라 하지마는, 나는 홀로 한울이라고 하지 않노라.”(해월신사법설, 천지인 귀신 음양)

34 한울의 도와 진리를 짧은 인간의 생각과 언어로 규정할 수 있는가? 단지 몸과 마음으로 느끼고 행하며 체행할 뿐. 그러므로 예부터 도를 수행하는 방법에 대한 가르침은 많았지만 도가 어떤 것이라는 규정은 하지 않았다. 수운 선생도 주문풀이 중 '천'자는 풀이하지 않으셨다. 한울의 목소리(진실)는 욕념을 비운 상태에서 직각해야 한다. 그러므로 황연한(멍한, 평소의 자의식이 없는) 상태에서 느끼는 맑고 깨끗한 것이라 하셨다. 육신의 감각을 벗어나, 보았는데 보이지 않고 들렸는데 들리지 않는 것을 보고 듣는 경지가 한울과 하나 되는 경지이다.

35 마음이 한울 성품을 깨달으면 세상에 걸릴 것도 거리낄 것도 없이 자유로울 것이니, 육신의 몸이 작고 불편한들, 사는 집이 초라한들 개의하랴. 온 우주가 다 내 몸이요 내 집인 것을.

36 무형천(한울의 성품), 유정천(만물의 기운과 생명, 에너지), 습관천(현상 세계) 이 모두 있어야 온전한 한울이다.

라.37 천도를 구하고자 하면 구하는 마음을 스스로 가져야 하니, 구하면 구할 것이나 구하기를 다하면 받을 것이 없느니라.」

3-8. 曰「畢求無受 於何求之乎」曰「爾問求是爾心 吾答爾問 是吾心 吾無爾無則吾爾之間 何有是言 夫天地有生以來 億億衆生 施爲運動 一切善善惡惡 皆是人人由心 由心所發 是我性我心 除此本心 終無別天 離此本地 更無求所 自求 自性 自心 性心本體 非因非果 無證無修 亦無相貌 如虛如空 取不能得 捨不能棄 往來自在 常無住處 微妙而難見難言 然而人能自動自用」

묻기를 「구하기를 다하여 받을 것이 없다 하면 어디서 구합니까.」

대답하시기를 「네가 구함을 묻는 것은 이는 네 마음이요, 내가 네 물음에 대답하는 것은 이는 내 마음이니, 내가 없고 네가 없으면 나와 너 사이에 어떻게 이 말이 있으리오. 무릇 한울과 땅이 생긴 이래로 많은 중생의 움직임과 일체 선악이 다 바로 사람 사람의 마음에 달린 것이니, 마음으로 인하여 나타나는 것이 내 성품과 내 마음이라. 이 본래의 마음을 제거하면 마침내 별다른 한울이 없는 것이요, 이 본지를 떠나면 다시 구할 곳이 없으니, 자성을 자심에서 스스로 구하라.38 성품과 마음의 본체는 원인도 아니요 결과도 아니며, 증거할 것도 없고 닦을 것도 없고, 또한 모습도 없는 것이니라. 텅빈 것 같아서 가지려 하여도 능히 얻지 못하며, 버리려 하여도 능히 버리지 못하며, 가고 오는 것도 스스로 있어 항상 머물러 있는 곳도 없고, 미묘해서

---

37 도는 말로 설명할 수 있는 것이 아니므로 깨달음을 얻은 사람에서 사람으로 그 마음과 정신이 이어진 것이다.

38 아무리 훌륭한 스승도 도를 배우고 깨닫고자 하는 이의 의지가 없다면 제자에게 도를 전할 수 없다. 깨닫고자 하는 사람의 마음이 가장 중요한 것이다. * 爾 너 이. "성품을 보고 마음을 깨달으면 내 마음이 극락이요, 내 마음이 천지요, 내 마음이 풍운조화이니라. 마음 밖에 빈 것도 없고, 고요함도 없고, 불생도 없고, 불멸도 없고, 극락도 없고, 동작도 없고, 희로도 없고, 애락도 없으니, 오직 우리 도인은 자심을 자성하고 자심을 자경하고 자심을 자신하고 자심을 자법하여 털끝만치라도 어김이 없으면 가는 것도 없고 오는 것도 없으며, 위도 없고 아래도 없으며, 구할 것도 바랄 것도 없어 스스로 천황씨가 되는 것이니라."(의암성사법설, 신통고)

보기도 어렵고 말하기도 어려우나, 그러나 사람이 능히 스스로 움직이고 스스로 쓸 수 있는 것이니라.」[39]

3-9. 曰「人能自動自用 何以信天也」曰「自心自信 自天自心 自知自動 自天自法故 古來千經萬說 自心自法 自外不由 學經萬讀 見天千拜 只是愚夫愚婦之戒心說法 以此不得見性覺心 性心修煉必有妙法 惺惺不昧焉 心入性裏則空空寂寂 性入心裏則 活活潑潑 空寂活潑起於自性自心 自性自心吾心本地 道求何處必求吾心」

묻기를 「사람이 제가 능히 움직이고 쓸 수 있다면 어찌하여 한울을 믿습니까.」

대답하시기를 「자기 마음을 자기가 믿으며, 자기 한울을 자기 마음으로 하며, 스스로 아는 것을 스스로 움직이며, 자기 한울을 스스로 법으로 삼나니, 그러므로 예부터 많은 경전과 많은 법설이 자기 마음을 자기가 법으로 하는 것이요, 밖으로부터 오는 것이 아니니라. 경전을 배워서 만 번 외우고 한울을 보고 천 번 절하라는 것은 다만 어리석은 사람들의 마음을 경계하느라고 만든 법이요, 이로써 성품을 보고 마음을 깨닫는 것은 얻지 못하느니라.[40] 성품과 마음을 닦는 데는 반드시 묘한 방법이 있으니 깨닫고 깨달아

---

39 참된 생명은 스스로 그러할 뿐이고 무위이화일 따름이다. 내 주관과 욕심이 개입되는 순간 이미 참된 한울이 아니다. 그러므로 "마음이 옥이 되고자 하면 옥도 또한 장애요, 마음이 물같이 되고자 하면 물도 또한 장애요, 마음이 비고 고요하게 되고자 하면 비고 고요한 것도 또한 장애요, 마음이 밝고자 하면 밝은 것도 또한 장애요, 나로서 나를 없애려 하면 나도 또한 장애요, 마음으로 마음을 없애고자 하여도 마음도 또한 큰 장애니…."(의암성사법설, 삼심관)라고 하셨다.

40 밖에 있는 한울도 내 마음이 열리지 않으면 볼 수도 깨달을 수도 없다. 내 마음이 모든 것을 보고 판단하는 것이므로 내 마음이 중심이다. 밖의 한울을 주로 경배하고 따르는 신앙은 기독교의 방향이고, 내 안의 한울 성품을 깨닫도록 가르치는 것은 불교의 방향이다. 이러한 외유기화와 내유신령을 치우침 없이 통합한 것이 수운 선생의 심법이다. "어떤 사람이 말하기를 「한울을 마음 밖에 두고 다만 지극히 정성을 다하여 감화를 받아 도를 얻는다.」 하고, 또 말하기를 「한울이 내게 있으니 어느 곳을 우러러 보며 어느 곳을 믿으랴, 다만 내가 나를 우러러 보고 내가 나를 믿고 내가 나를 깨닫는다.」 하여…."(의암성사법설, 성심신삼단)

서 어둡지 말 것이니라. 마음이 성품 속에 들면 공공적적하고, 성품이 마음 속에 들면 활활발발해지니라. 비고 고요하고 활발한 것은 자기 성품과 자기 마음에서 일어나고, 자기 성품과 자기 마음은 내 마음의 본바탕이니, 도를 어느 곳에서 구할 것인가. 반드시 내 마음에서 구할지니라.」41

3-10. 曰「吾亦何處生 性在何處來」曰「以天觀之則 吾無性無 以人觀之則 吾有性有 吾無觀 性無觀 其壽無量 吾有觀 性有觀 其壽必短 死生不離 大壽 無死生 無善惡 無動作 無空寂 無色相 無上下 無古今 無言書 難形難言」
묻기를 「나는 또 어디서 났으며 성품은 어디서 왔겠습니까.」

　대답하시기를 「한울의 입장에서 보면 나도 없고 성품도 없고, 사람의 입 장에서 보면 나도 있고 성품도 있느니라.42 나도 없고 성품도 없다고 보면 그 수명이 한량이 없고, 나도 있고 성품도 있다고 보면 그 수명이 반드시 짧 아서 죽고 사는 것을 떠나지 못하느니라.43 큰 수명은 죽고 사는 것도 없고, 선하고 악한 것도 없고, 움직이는 것도 없고, 비고 고요함도 없고, 빛깔과 형상도 없고, 위도 아래도 없고, 예와 이제도 없고, 말과 글도 없는 것이니 형용하기도 어렵고 말하기도 어려운 것이니라.」44

3-11. 曰「難形難言何也」曰「爾問 只是 色相所發 爾之不問不聽 是難形難 言 性無空寂 無色相 無動靜 然 氣凝血脈相通 有時有動 此之謂有天有人 有

---

41 성품은 모든 것의 근원으로 무한 고요이나 마음은 생명의 무한 작용이므로 간섭치 않음이 없다. 이 모든 것이 내 안에 있으니 나를 먼저 관찰하고 제어할 수 있어야 한다. 또한 참된 내 본성이 만물의 본성과 하나임을 깨달으면 외유기화를 감사하고 공경함은 자연히 이루어질 것이다.
42 의암성사법설, 십삼관법 참조
43 육신의 삶에만 집착하면 100년을 산들 아무도 기억하지 않고 잊혀지지만 진리를 추구하고 성령을 위주로 살면 30-40년을 살아도 모두가 그 삶을 기억하고 따른다. 수운 선생은 육신 의 삶은 40여 년을 사셨지만 150여 년이 지난 오늘도 수많은 사람 마음에 살아 있다. 잊혀 진 필부의 삶을 살 것인가, 영원한 성령의 삶을 살 것인가. 그 선택은 역시 본인 마음이다.
44 큰 수명은 한울 본성이요, 크게 빈 자리다. 인간의 모든 분별과 척도를 벗어난 자리다.

情有神 凡夫凡眼 但以自身感覺靈識 對照於光內 不知光外 無量廣大之性

묻기를 「형용하기도 어렵고 말하기도 어렵다는 것은 무엇입니까.」

대답하시기를 「너의 물음이 다만 색상에서 나온 것이요,[45] 너의 묻지 아니하고 듣지 못하는 것이 바로 형용하기 어렵고 말하기도 어려운 것이니라. 성품은 비고 고요함도 없으며 빛깔도 형상도 없으며 움직임도 고요함도 없으나, 그러나 기운이 엉기어 혈맥이 서로 통하면 때가 있고 움직임이 있나니, 이것을 한울이 있다, 사람이 있다, 정이 있다, 신이 있다 말하는 것이니라. 보통 사람의 눈은 다만 자신의 감각 영식으로써 광내에서 대조할 뿐이요,[46] 광 외에 한량없이 넓고 큰 본성은 알지 못하느니라.」[47]

3-12. 曰「無量廣大何處在」 曰「爾之感覺所到 是有相有色而已 爾之感覺不到 是無量廣大 爾亦自無量廣大淸淨界中來故 本無業障 久沈苦海 如浮雲蔽日

묻기를 「한량없이 넓고 큰 것은 어디에 있습니까.」[48]

대답하시기를 「너의 감각이 미치는 것은 형상이 있고 빛깔이 있는 것뿐이요, 너의 감각이 미치지 못하는 것은 이것이 한량없이 넓고 큰 것이니라. 너도 또한 한량없이 넓고 크고 맑고 깨끗한 지경으로부터 온 것이라. 그러므로 본래는 업인과 장애가 없었거늘 오랫동안 고해에 빠져 뜬구름이 햇빛을 가리운 것 같으니라.」[49]

---

45 나의 제한된 지식으로 무한한 진리를 재단하려 함은 장님 코끼리 만지기 식의 오류에 빠지기 쉽다. 보이는 것만 가지고 판단하는 일체의 분별심을 버려야 한다.

46 사람은 자신의 감각기관(오관)에 의지해 살아가지만 그 한계를 알고 그를 뛰어넘는 사람이 있는 반면 거기에 매여 벗어나지 못하는 사람도 있다.

47 진리는 사람의 말로 다할 수 없다. 그래서 不立文字라 했다. 언어는 단지 진리에 이르는 길을 가리킬 뿐, 그것을 깨닫고 느끼는 것은 마음으로 해야 한다. 빛이란 감각을 대표하는 표현.

48 나의 본성을 어디에서 찾느냐는 질문.

49 누구나 태어날 때 한울 성품을 지니고 태어난다. 이 보배로운 거울에 자신의 감각과 욕심이 먼지가 되어 쌓이면 구름이 해를 가리듯 총명하지 못하고 어리석어 삶의 길을 찾지 못하고 헤매니 그것이 고해가 아니고 무엇이랴? 그러므로 감각의 한계를 벗어나 한울을 직관하라!

3-13. 爾不覺自性自心 雖身破如塵 終不得大成 爾不知自性自大 自心有道
雖說得千經萬讀必不辨

네가 자기 성품과 마음을 깨닫지 못하면, 비록 몸을 깨뜨려 티끌같이 할지
라도 끝내 크게 이루지 못할 것이요, 네가 자기 성품이 스스로 크며 자기 마
음에 도가 있음을 알지 못하면, 비록 천 가지 경전을 만 번 읽어서 설득하더
라도 반드시 분별치 못하리라.」50

3-14. 道求自性 法求自心 性心所在非彼非此 非上非下 只我在我 我天我道
天道無量亦繫我也 我尊我尊 無上無上 尊於三天之上」

도를 자기의 성품에서 구하고, 법을 자기 마음에서 구하라. 성품과 마음이
있는 곳은 저기도 아니요, 여기도 아니요, 위도 아니요, 아래도 아니요, 다
만 내가 내게 있는 것이니라. 내 한울을 내 도로 하면 천도의 한량없는 것이
또한 내게 매었으니, 내가 높고 높음이 위도 없고 위도 없어 세 한울 위에
높이 있느니라.51

---

50 경전도 말이다. 그것이 가리키는 것을 깨닫지 못하면 경전을 외운다 해도 무슨 의미가 있을까?
   경전의 구절은 줄줄 외우나 사람과 물건을 공경하지 못하고 함부로 하는 사람을 탁명교인이라
   고 했다. 좋은 글을 보고 좋은 말을 들으면 자신의 몸으로 힘써 행하고 그로써 변화됨을 느껴야
   한다. "그 그러함을 아는 사람과 그 그러함을 믿는 사람과 그 그러한 마음을 기쁘게 느끼는 사
   람은 거리가 같지 아니하니….(해월신사법설, 대인접물)
51 아무리 좋은 도와 법이라도 스스로 지키고 행하지 않으면 의미가 없다. 그러므로 내 몸의 화해
   난 것에서 도를 찾을 것이요(동경대전, 전팔절), 내 마음의 행함에서 도를 볼 것이다. 그래서 나
   에서 시작하여 억억만년이 나로 끝난다(의암성사법설, 성심변)고 한 것이고, 내가 나를 위하는
   것이요 다른 것이 아니라(의암성사법설, 후팔절)고 하셨다.

四. 十三觀法십삼관법[1]

4-1. 念呪觀 感化觀 주문을 생각하여 보는 것과 감화함을 보는 것[2]

4-2. 我無觀 天有觀 나를 없다고 보고 한울을 있다고 보는 것[3]

4-3. 我有觀 天無觀 나를 있다고 보고 한울을 없다고 보는 것[4]

---

1 어떤 일이나 사물을 해석하는 방식을 관점이라 한다. 이때 해석은 자신의 마음 상태나 공부 수준의 영향을 받을 수밖에 없다. 마음공부 할 때 자신의 선입견이나 습관된 마음을 떠나 객관적으로 보는 것을 '관'한다고 한다. 그러므로 여기 소개된 열세 가지 관점은 그대로 공부하면서 체험하는 마음과 시각의 변화를 말한다. 실로 수련이나 공부를 통해 자신의 구각을 깨고 넓은 세계를 깨달을수록 마음의 변화가 클 것이다. "한울 입장에서 보면 나도 없고 성품도 없고, 사람의 입장에서 보면 나도 있고 성품도 있느니라. 나도 없고 성품도 없다고 보면 그 수명이 한량이 없고, 나도 있고 성품도 있다고 보면 그 수명이 반드시 짧아서 죽고 사는 것을 떠나지 못하느니라."(의암성사법설, 후경2) ＊ 보는 것은 눈이 하는가? 뇌가 하는가? 눈의 시각세포와 시신경이 사물을 감지하지 못해도, 그런 신호들을 뇌가 제대로 해석하지 못해도 정확히 볼 수 없을 것이다. 그러나 죽은 사람의 눈과 뇌는 사물을 보고 인식하는가? 눈과 뇌를 관장하는, 진정으로 보는 또 다른 '나'가 있는 것 아닌가! "내 속에 어떤 내가 있어 굴신동정하는 것을 가르치고 시키는가 하는 생각을 일마다 생각하여…."(의암성사법설, 인여물개벽설) 그러므로 여기서 보는 것은 육신 감각으로 보는게 아니라 성령의 눈으로, 마음의 눈으로 보는 것이다.(수심정기, 신통고 참조) ＊ 십삼관법 해석은 박암 임운길 선생님의 가르침으로부터 도움을 받았다.

2 대부분 사람들은 세상 속에 살면서 자신의 육신과, 육신의 감각에 의해 형성된 습관된 마음이 다인 줄 알고 진리와 한울님을 모르고 산다. 평생을 살아도 한 사람이 아는 사람과 사물의 범위가 얼마나 되는가? 우물 안 개구리를 벗어나지 못하는 것이 보통 사람들의 삶이다. 그러다 어떤 계기가 있어 한울님과 진리를 구하게 되고 우주생명인 본래의 참된 나와 하나가 되면 한울님의 무한한 지혜를 받을 수 있다. 그 지름길이 주문이고 주문을 통해 내유신령과 외유기화가 하나가 되는 체험을 해야 한다. 이때는 즉 진리가 무엇인지 주문이 무엇인지, 나의 진면목이 무엇인지, 강령과 한울님의 감화가 무엇인지 고민하게 되는 초발심의 단계이다.

3 나는 누구인가? 내 진면목은 무엇인가? 내 참모습을 깨닫기 위해선 그동안의 습관된 모습들을 버리고 참회해야 한다. 내 습관된 모습은 무엇인가? 나를 규정하는 지위, 나이, 재산, 학력…. 이들이 나인가? 이런 것들은 모두 언제든지 없어질 수 있는 껍데기일 뿐. 공부의 시작은 나의 자존심을 버리고 마음을 비우며 마음 거울에 욕심 티끌이 쌓이지 않도록 닦는 것에서 출발한다.(해월신사법설, 허와 실) 그러므로 '나는 없다' 생각하고 내 생명의 근원인 한울이 무엇인지를 갈구하게 된다. 실제 일상에서도 나의 욕심보다 한울님 내면의 소리에 귀 기울여 그대로 행하니 '한울의 권능이 사람을 이긴'(의암성사법설, 성심신상단) 상태이다. 여기에 머무르면 편하긴 하지만 한울님께 너무 의존하는 의타적 신앙이 될 수 있다. 한 걸음 더 나아가야 한다.

4 내유신령과 외유기화가 하나임을 알면 일체가 한울로서 나의 본 모습임을 알게 된다. 한울 또한 내 마음이 있어야 볼 수 있는 것이다. 그러므로 내가 나를 위하는 것이요(동경대전, 후팔절), 자심자법 자심자신 자심자경 자심자성(의암성사법설, 신통고)하게 된다. 신통력도 자유자재 할 수 있으니 '사람의 권능이 한울을 이긴' 상태이다. 다만 육신이 있는 동안은 육신관념을 완전히 잊고 없앨 수 없으므로 욕심을 따르다 자만하고 도를 망칠 수 있으니 경계해야 한

4-4. 性無觀 心有觀	성품을 없다고 보고 마음을 있다고 보는 것[5]
4-5. 心無觀 性有觀	마음을 없다고 보고 성품을 있다고 보는 것[6]
4-6. 性無觀 心無觀	성품도 없다고 보고 마음도 없다고 보는 것[7]
4-7. 性有觀 心有觀	성품도 있다고 보고 마음도 있다고 보는 것[8]
4-8. 我先觀 天後觀	나를 먼저 보고 한울을 뒤에 보는 것[9]
4-9. 我有觀 天有觀	나도 있다고 보고 한울도 있다고 보는 것[10]
4-10. 我有觀 物有觀	나도 있다고 보고 물건도 있다고 보는 것[11]

다.

5 현 세계는 일체가 지기로 살아있는 생명이다. 그러므로 현실을 보면 현상을 움직이는 기와 마음을 주로 공부하게 된다. 생명이 있기 전과 죽은 뒤의 자리인 無와 성품은 현재를 사는 사람에게 차후 공부가 된다. 현실을 중시하는 유학의 자세와 비슷하고 도학에서는 주로 현송(주문을 소리 내어 읽는 수행)을 통한 기운 공부와 마음을 다스리는 마음공부가 주가 된다.

6 마음과 기운은 항상 움직이고 살아있는가? 쉴 때도 있고 죽을 때도 있다. 마음을 공부하다 보면 마음이 일어나기 전, 기운과 생명이 시작되기 전은 무엇이었고 다시 돌아가는 곳은 어디인가를 공부하게 된다. 그것이 성품 자리이다. 모든 생명이 시작되기 전, 천지미판 전의 상태, 무극의 자리이다. 성품과 마음은 동전의 양면이다. 성품의 비고 고요한 것을 모르면 마음의 활발함을 진정으로 이해할 수 없다. 도학에선 묵송(주문을 소리 내지 않고 읽는 수행)을 주로 하여 비고 고요한 무심 상태에 이르는 공부 단계이다.

7 비고 고요한 성품자리에선 모든 인과가 끊어지고, 없는 것도 없고, 있는 것도 없고, 나타난 것도 없고, 의지한 것도 없고, 선한 것도 없고, 악한 것도 없고, 처음도 없고 나중도 없다.(의암성사법설, 신통고) 육신 관념과 개체의식이 다 없어지니 성품과 마음의 분별도 없어진다. 진정으로 습관된 나를 버리는 단계이다. 나와 내 주위의 모든 경계가 허물어진다.

8 성품과 마음의 본체는 비고 끊겼으나, 현실은 여전히 실재한다. 밤이 있으면 낮이 있고 죽음이 있으면 삶이 있게 마련이다. 현실의 한울은 비지 않고 끊기지 않으며, 도도 또한 비지 않고 끊기지 않는다.(의암성사법설, 삼심관) 그러나 비고 끊기는 곳도 실제 있으니 이 모두가 한울의 모습이다. 없는 것과 있는 것 모두가 한울의 상태일 뿐. 그러므로 성품과 마음 모두를 공부하고 깨달아야 한다.

9 내가 먼저인가, 한울이 먼저인가? 닭이 먼저인가, 달걀이 먼저인가? 내가 없으면 한울을 어디서 보며 어떻게 찾을 것인가? 그럼 나는 누구인가? 어디에서 왔는가? 본래의 나를 깨달으면, 나는 천지가 갈리기 전에 시작하여 천지가 없어질 때까지 억억만년이 나에게 이르러 끝나는 것이다. (의암성사법설, 성심변)

10 나와 한울이 하나가 된 경지다. 본래의 나를 깨달아 나와 한울, 나와 세상, 죽고 사는 것이 둘이 아닌 경지다. 내가 생각하는 것과 행하는 것이 모두 한울 이치에 어긋남이 없으니 물물천 사사천이요, 공도공행이다.

11 한울은 무엇이고 물건은 무엇인가? 모두가 한울이고 같은 기운의 자취이다. 나라는 습관심과 개체의식이 없어지고 본래아를 깨달으면 나와 천지만물이 일체가 된다. 경천과 경인 그리고 경물(해월신사법설, 삼경)이 완성되는 것이다.

4-11. 自由觀 自用觀   자유를 보고 자용을 보는 것[12]

4-12. 衆生觀 福祿觀   중생을 보고 복록을 보는 것[13]

4-13. 世界觀 極樂觀   세계를 보고 극락을 보는 것[14]

---

12 나와 남, 만물의 분별심이 없어지면 일체의 행에 거리낌이 없어진다. 그러나 그 행은 이치와 도
   에 맞지 않는 것이 없으니, 일동일정과 일용행사를 자유로이, 모든 일과 모든 쓰임을 마음 없이
   행하고 거리낌 없이 행한다.(의암성사법설, 삼심관) 해탈한 사람의 자유로운 삶과 행은 일반적
   인 윤리의 잣대로 판별할 수 없다.
13 중생은 또 다른 나이다. 모두 진리를 깨달아 진정한 자신의 삶을 살도록 해야 전체 한울의 기운
   이 바뀐다. 그것이 개벽이다. 중생을 위하는 마음은 도의 시작이자 마지막이다. "내가 사는 것
   은 누구를 위하여 사는 것인가. 내가 사는 것은 창생을 위하여 사는 것이라."(강시)
14 중생과 만물이 살아가는 곳이 세계다. 한마음 깨달으면 그곳이 극락이요, 깨닫지 못하면 번뇌가
   가득한 지옥이다. 깨달은 사람들이 살아가는 그곳이 지상천국이다. 무엇을 위해 어떻게 살 것
   인지 '보이는가!'

五. 覺世眞經각세진경1

5-1. 曰「高莫高於天 厚莫厚於地 卑莫卑於人 人以侍天者何也」 曰「物有是性 物有是心 是性是心 出於天故 曰 侍天也」

묻기를 「높은 것은 한울보다 더 높은 것이 없고, 두터운 것은 땅보다 더 두터운 것이 없고, 비천한 것은 사람보다 더 비천한 것이 없거늘, 사람이 한울을 모셨다 하는 것은 어찌 된 것입니까.」

대답하시기를 「만물은 다 성품이 있고 마음이 있으니 이 성품과 이 마음은 한울에서 나온 것이라, 그러므로 한울을 모셨다고 말하는 것이니라.」2

5-2. 曰「性心 出於天者何也」 曰「陰陽合德而俱體者謂之性 外有接靈而內有降話者謂之心也」

묻기를 「성품과 마음이 한울에서 나왔다는 것은 어찌된 것입니까.」

대답하시기를 「음과 양이 합덕하여 체를 갖춘 것을 성품이라 하고, 밖으로 접령이 있고 안으로 강화가 있는 것을 마음이라 하느니라.」3

5-3. 曰「然則 高而非天 厚而非地乎」 曰「高依於厚 厚依於高 卑在於其間

---

1 포덕40년(1899) 7월 저술 반포. 의암 선생 초기작으로 해월 선생 순도(포덕39년, 1898) 후 도인들을 수습하고 도풍을 진작시키기 위해 기본적인 가르침들을 정리한 것으로 보인다.

2 한울은 천상의 옥황상제 같은 인격신이 아니다. 진리요 생명이다. 그러므로 누구나 모시고 있다. "마음은 어느 곳에 있는가 한울에 있고, 한울은 어느 곳에 있는가 마음에 있느니라. 그러므로 마음이 곧 한울이요 한울이 곧 마음이니, 마음 밖에 한울이 없고 한울 밖에 마음이 없느니라."(해월신사법설, 천지인 귀신 음양) 한울, 땅, 사람이 모두 같은 지기에서 비롯된 것이다.

3 성품이란 집을 짓는 재료와 원료다. 마음은 그 집의 형태를 구성하고 사용하는 것이다. 성품이 맑지 못하면 집의 기초가 부실할 것이고, 마음이 혼란스러우면 좋은 집도 쉽게 망가질 것이다. 이 모두가 한울의 성품과 기운에서 나온 것이다. * 외유접령은 무엇일까? 내 몸 외의 기를 느끼는 것은 모두 외유접령이랄 수 있을 것이다. 바람과 물의 느낌에서 다른 사람과 동물의 모든 느낌까지. 마찬가지, 내유강화란 몸을 움직이는 마음의 모든 작용을 뜻한다. 이 모두가 한울의 생명작용이요 간섭이다.

上蒙於高明之德 下載於博厚之恩 是故天地人三才者 都是一氣也」

묻기를 「그러면 높은 것이 한울이 아니요, 두터운 것이 땅이 아니란 것입니까.」

　대답하시기를 「높은 것은 두터운 것에 의지하고 두터운 것은 높은 것에 의지하였으니, 비천한 것은 그 사이에 있어 위로는 높고 밝은 덕을 입었고 아래로는 넓고 두터운 은혜를 실은 것이니라. 이러하므로 천・지・인 삼재란 것은 도무지 한 기운뿐이니라.」[4]

5-4. 曰「性者何也」曰「天地之精體也」

묻기를 「성품이란 것은 무엇입니까.」

　대답하시기를 「천지의 정미로운 체이니라.」

5-5. 曰「心者何也」曰「如聞而難見 渾元之虛靈也」

묻기를 「마음이란 것은 무엇입니까.」

　대답하시기를 「들리는 듯하나 보기 어려운 혼원한 허령이니라.」

5-6. 曰「靈者何也」曰「虛靈蒼蒼而無物不遺 無時不照而寂然不動 起而明之 暗而變化 自德自理之天地之勢 自然之理也」

묻기를 「영이란 것은 무엇입니까.」

　대답하시기를 「허령이 창창하여 만물에 남기지 아니함이 없으며, 비치지 않은 때가 없으며, 고요하여 움직이지 아니하며, 일어나면 밝고 어두우면

---

4 "푸르고 푸르게 위에 있어 일월성신이 걸려 있는 곳을 사람이 다 한울이라 하지마는, 나는 홀로 한울이라고 하지 않노라."(해월신사법설, 천지인 귀신 음양) 모두가 한울님 지기의 화함이요 작용이다. 그중 가벼운 것은 위로 올라가 하늘이 되고, 무거운 것은 땅이 되며, 땅과 하늘 사이에 무수한 생명이 생겨났다. 이 생명을 낳는 땅과 하늘이 음양이고, 음양은 서로 의지하는 상대다. 혼자선 작용하지 못한다. 낮은 밤이 있어 밝고, 삶은 죽음이 있어 뜻이 있듯이.

변화하여 스스로의 덕과 스스로의 이치의 천지의 세요, 자연의 이치니라.」5

5-7. 曰「五行者何也」曰「氣之精體也」
묻기를 「오행이란 것은 무엇입니까.」
　대답하시기를 「기운의 정미로운 체이니라.」6

5-8. 曰「氣者何也」曰「理之精靈 豁發之秀儀也」
묻기를 「기란 것은 무엇입니까.」
　대답하시기를 「이치의 정령이 크게 나타나는 수려한 모양이니라.」7

5-9. 曰「理者何也」曰「一塊也」
묻기를 「이치란 것은 무엇입니까.」
　대답하시기를 「한 덩어리니라.」

5-10. 曰「一塊者何也」曰「以無始有也」
묻기를 「한 덩어리란 것은 무엇입니까.」
　대답하시기를 「시작이 없는 것으로써 있는 것이니라.」8

5-11. 曰「精者何也」曰「體之至靈也」

---

5 영이란 기의 작용이다. 기운은 움직이지 않을 때 에너지일 뿐이지만 그것이 작용하면 결과를 남긴다. 그러므로 신령한 것이다. 한울님의 기운이 작용하는 천령, 사람들의 기운이 작용하는 심령, 결국 영은 신령한 기운의 또 다른 이름이다. "세상 사람은 천령의 영함을 알지 못하고 또한 심령의 영함도 알지 못하고, 다만 잡신의 영함만을 아니 어찌 병이 아니겠는가."(해월신사법설, 심령지령)
6 오행은 한울의 기가 세상에 작용하는 것을 해석하는 방법.(각세진경 공부하기 참조)
7 이치는 한울의 성품. 한울의 성품이 드러나 작용하면 기운이 되니 이치와 기운은 동전의 양면.
8 한울의 성품은 무한한 가능성. 시작도 끝도 없다.(의암성사법설, 견성해 참조)

묻기를 「정이라는 것은 무엇입니까.」

　대답하시기를 「체의 지극한 영이니라.」9

5-12. 曰「陰陽者何也」曰「初有一物 物者一塊也 塊者無極也 只有始分 所
謂無極而生太極 無極陰 太極陽 上下論之則 上下亦陰陽 東西論之則 東西亦
陰陽 其他 寒署 晝夜 去來 屈伸 皆無不陰陽 總究其本則 天地鬼神變化之理
相對相應 都是陰陽之理也」

묻기를 「음양이란 것은 무엇입니까.」

　대답하시기를 「처음에 한 물건이 있었으니 물건이란 것은 한 덩어리요
덩어리란 것은 무극이니, 다만 처음의 나눔이 있어 이른바 무극이 태극을
낳은 것이라. 무극은 음이요 태극은 양이니, 상하로 말하면 상하도 또한 음
양이요, 동서로 말하면 동서도 또한 음양이요, 그밖에 춥고 더운 것, 낮과
밤, 가고 오는 것, 구부리고 펴는 것 등이 다 음양 아님이 없으니 다 그 근본
을 연구하면 천지・귀신・변화의 이치가 서로 대하고 서로 응하나니, 서로
대하고 응하는 것은 도무지 음양의 이치이니라.」10

5-13. 曰「降話者何也」曰「降者 接靈之理也 話者無不受鬼神之靈 能言能笑
能動能靜 皆無不降話之敎也」

묻기를 「강화란 것은 무엇입니까.」

　대답하시기를 「강이란 것은 영이 접하는 이치요, 화란 것은 귀신의 영을
받지 아니함이 없어 능히 말하고 웃고, 능히 움직이고 고요한 것이 다 강화

---

9 "세 가지를 나누어 말하면 마음은 기운이요, 성품은 바탕이요, 정은 뇌수와 골격과 폐부 개개
　절절을 응하여 있는 것이니라. 동작의 조화로 말하면 마음이 먼저 발하여 정을 움직이고 정이 발
　함에 몸이 움직이는 것이라."(의암성사법설, 위생보호장, 정은 각세진경 공부하기 참조)
10 음양은 천지이기 주석 9번, <천지이기 공부하기> 4번 참조.

의 가르침 아님이 없는 것이니라.」11

5-14. 曰「接靈者何也」曰「其形然然發發 渾入於骨格 聰明應其耳目 我與天
之氣相合而 天與人言語相聽 意思相同而 萬事能通者也 蒙昧餘生 何以知天之
的實 以守心正氣 至於聖賢之境 能聽天語之的實 無違敎化之德」

묻기를 「접령이란 것은 무엇입니까.」

대답하시기를 「그 나타남이 그토록 빠르게 골격에 혼연히 들어가 총명이
그 귀와 눈에 응하여, 나와 한울의 기운이 서로 합하여 한울과 사람이 말을
서로 들으며, 뜻과 생각이 서로 같아서 모든 일을 능히 통하는 것이니라. 어
리석은 사람들이 어찌 한울의 적실한 것을 알 수 있으며, 수심정기로써 성
현의 경지에 이르며, 능히 한울님 말씀의 적실한 것을 들어 교화의 덕을 어
김이 없게 하리오.」12

5-15. 曰「鬼神者何也」曰「陰陽之變化謂也 鬼神論之則 陰鬼陽神 性心論之
則 性鬼心神 屈伸論之則 屈鬼伸神 動靜論之則 動神靜鬼 總而論之則 氣抱理
理賦氣而 無依無立之環也」

묻기를 「귀신이란 것은 무엇입니까.」

대답하시기를 「음양의 변화를 이름이니라. 귀신으로 말하면 음귀·양신
이요, 성심으로 말하면 성귀·심신이요, 굴신으로 말하면 굴귀·신신이요,
동정으로 말하면 동신·정귀니, 통틀어 말하면 기운이 이치를 포용하고 그

---

11 강화에 대해서는 해월선생의 말씀이 가장 쉽고 명쾌하다.(해월신사법설 천어, 해월신사법설 기
   타 참조)
12 "밖으로 접령하는 기운이 있음과 안으로 강화의 가르침이 있음을 확실히 투득해야 가히 덕을
   세웠다 말 할 것이니….".(해월신사법설, 심령지령) 그러므로 접령이란 나의 마음과 한울의 성
   령이 서로 어그러짐 없이 합치된 상태를 말한다. 나의 습관심이나 욕심을 비운, 한울의 성령과
   양심으로 말하고 행동하는 것이다. 이런 상태를 잊지 않고 지키는 것이 수심정기요 존심이다.

이치가 기운을 받는 것인데, 의지한 것도 없고 선 것도 없는 둘레이니라.」13

5-16. 曰「無依無立而環則 有方而不變者何也」曰「舟中臥則 環舟去而不知
其方者也 嗟呼 生而不知其生 行而不知其行 食而不知其食」
묻기를 「의지한 것도 없고 선 것도 없는 둘레라면, 방위는 있으나 변치 않
는 것은 어찌된 것입니까.」

　　대답하시기를 「배 가운데 누우면 배를 돌려서 가도 그 가는 방향을 알지
못하는 것과 같으니라. 슬프다, 살면서도 그 사는 것을 알지 못하고, 행하면
서도 그 행하는 것을 알지 못하고, 먹으면서도 그 먹는 것을 알지 못하느니
라.」14

<각세진경 공부하기>

1. 오행五行

동양 사상에서 만물을 구성하는 것으로 여겨지는 다섯 가지 성질. 물질 자
체를 의미하기보다 물질들의 특성을 분류한 것으로 이해하는 것이 맞다.

　　수水는 높은 곳에서 낮은 곳으로 흐르며 짠맛을 상징하고, 화火는 위로 타
오르며 쓴맛이다. 목木은 자라면서 구부러지고 휘며 신맛이고, 금金은 나무
를 깎고 다듬으며 매운맛이다. 토土는 만물을 수용하고 키우며 단맛이다.

　　각각의 기운은 서로 돕기도 하고 막기도 하며 작용하는데 이를 상생, 상

---

13 해월신사법설, 천지인 귀신 음양 참조.
14 배 가운데 누워 배가 가는 방향을 모르는 것은 세상 사람들이 자신의 습관심 속에 빠져 한울의
　　성령이 있음을 모르는 것과 마찬가지. 일어나 밖을 보면 될것을 "범인은 내 성품을 내가 알
　　지 못하고, 내 마음을 내가 알지 못하고, 내 도를 내가 알지 못하여…."(의암성사법설, 성범설)

극이라 한다. 상생은 수생목水生木, 목생화木生火, 화생토火生土, 토생금土生金, 금생수金生水이며, 상극은 수극화水克火, 화극금火克金, 금극목金克木, 목극토木克土, 토극수土克水로 서로 맞물려 있다.

2. 정精

사람의 마음 전체를 기라 하고, 각각의 장기를 움직이는 기를 정이라 한다. 결국 같은 생명의 원기이고 기지만 작용하는 곳에 따라 세분하고 달리 이름한 것이다. 우리 몸에는 우리 의지대로 움직일 수 있는 장기(수의근)도 있지만 자신의 의지와 관계없이 움직이는 장기(불수의근)도 많다. 눈과 입, 팔과 다리 등은 자신의 의지대로 움직일 수 있지만 심장과 위장, 소장, 대장 등은 자신의 의지와 관계없이 항상 움직인다. 이러한 장기들을 움직이는 기를 정이라 한 것이다. 만약 자신의 생각과 달리 팔 다리를 움직이지 못하면 병이 난 것이지만, 심장이나 내장이 스스로의 동작을 멈춘다면 생사를 가름하는 심각한 상황이 된다.(위생보호장 공부하기 참조)

六. 明心章명심장

6-1. 吁 外有接靈者 這裡自載 五行合德 萬物各有接靈之氣也 內有降話者 以五行 至於造物 豈無相生相克變化之理乎

아! 외유접령이란 것은 그 속에서 스스로 비롯됨에 오행이 덕을 합하여 만물이 각각 접령의 기운이 있음이요, 내유강화란 것은 오행으로써 만물을 이룸에 이르니 어찌 상생상극 변화의 이치가 없겠는가.[1]

6-2. 自動明應 自量皂白 口作話語也 動明自量 可謂降話之敎也 口作話語 可謂先生之敎也 天語人語 豈有異哉 然 守心正氣一心正氣 渾入於無極之境則 明知降話之的實 放心亂意則 天語人語之相去 不數記也 然則 言語動靜 實是莫過於此 然 實非陰陽鬼神之跡 豈有化生動靜之理乎 故於千萬理 自有無爲而化 一動一靜都是鬼神之敎也

스스로 움직이어 밝게 응하고 스스로 잘잘못을 헤아리고 입으로 말을 하니, 움직이어 밝히고 스스로 헤아림은 가히 강화의 가르침이라 이를 것이요, 입으로 말을 함은 가히 선생의 가르침이라 이를 것이니, 한울님 말씀과 사람의 말이 어찌 다름이 있겠는가.[2] 그러나 수심정기하고 한마음으로 기운을 바르게 하여 무극의 경지에 혼연히 들어가면 강화의 적실함을 밝게 알 것이나, 방심하여 생각이 어지러우면 한울님 말씀과 사람의 말이 서로 떨어짐을 헤아려 기록하지 못하느니라. 그런즉 언어동정은 실로 이에 지나지 않으나

---

[1] 한울의 기운은 오행의 다섯 가지 상징적 기운의 형태로 만물에 간섭한다.(각세진경 공부하기 참조) 외부에서 그러한 기와 이치를 느끼고 깨닫는 것이 외유접령이요, 내 몸 안에서 그를 느끼는 것은 내유강화다.

[2] "강화는 사람의 사사로운 욕심과 감정으로 생기는 것이 아니요, 공변된 진리와 한울님 마음에서 나오는 것을 가리킴이니, 말이 이치에 합하고 도에 통한다 하면 어느 것이 한울님 말씀 아님이 있겠느냐."(해월신사법설, 천어)

그러나 실로 음양 귀신의 자취가 아니면 어찌 화생동정의 이치가 있겠는가. 그러므로 천만 이치에 자연히 무위이화가 있는 것이요, 일동일정이 도시 귀신의 가르침이니라.3

6-3. 聽之不聞 視之不見云者 世人不知鬼神自然之理 但知吾身自行之理 故言語先出於敎化之際 然聽之不聞 一身化生於理氣之中 然視之不見也 無他 此姑未免大悟之故也

들어도 들리지 아니하고 보아도 보이지 않는다고 말하는 것은 세상 사람이 귀신의 자연한 이치를 알지 못하고, 다만 내 몸이 스스로 행하는 이치로 아노라. 그러므로 언어는 교화할 즈음에 먼저 나오나 그러나 들어도 들리지 않는 것이요, 한 몸은 이치 기운 가운데에서 화생하였으나 그러나 보아도 보이지 않으니, 이는 다름이 아니라 아직 큰 깨달음에 이르지 못한 연고이니라.4

6-4. 守心正氣以達盖載之德則 物我豈有毫末之間乎

수심정기로 덮어주고 실어 주는 덕5을 환히 알게 되면 만물과 내가 어찌 털 끝만치라도 사이가 있겠는가.6

---

3 한울님 마음을 잃지 않고 그대로 몸을 행하면 이루어짐이 귀신의 자취처럼 무위이화할 것이나, 한울님 마음을 잃고 습관된 욕심으로 움직이면 일도 망치고 기운이 상하며 건강도 상할 것이다. 이것이 한울님 말씀과 사람의 말이 떨어지는 것이다. "말은 행할 것을 돌아보고 행동은 말한 것을 돌아보아, 말과 행동을 한결같이 하라. 말과 행동이 서로 어기면 마음과 한울이 서로 떨어지고, 마음과 한울이 서로 떨어지면 비록 해가 다하고 세상이 꺼질지라도 성현의 지위에 들어가기가 어려우니라."(해월신사법설, 대인접물)
4 사람의 감각은 우주커녕 집 밖의 것도 다 감지하지 못한다. 또한 내 몸 안에서 일어나는 일 조차 알지 못한다. 그러나 사람들은 그러한 자신의 부정확한 감각만이 전부인 줄 알고 살아간다. 드러나지 않고 감지되지 않은 진실은 더 많다. "생각을 하면 한울 이치를 얻을 것이요 생각을 하지 않으면 많은 이치를 얻지 못할 것이니, 심령이 생각하는 것이요, 육관(눈·귀·코·혀·몸·뜻)으로 생각하는 것이 아니니라."(해월신사법설, 수심정기)
5 "천지의 덮고 실어주는 은혜"(동경대전, 축문)

6-5. 萬物各得形 這裡自有性 心雖無作處 用地作禍福

만물이 각각 형상을 얻었으나 그 속에 스스로 성품이 있는지라,[7] 마음은 비록 짓는 곳은 없으나 쓰는 곳에서 화복을 만드느니라.[8]

6-6. 安分身無辱 知機心自閑 聾處無是非 謹步無危地

분수를 지켜 편안하면 몸에 욕됨이 없고,[9] 때를 알면 마음이 자연히 한가로우니라.[10] 귀 막은 곳에는 시비가 없고,[11] 삼가하여 걸으면 위험한 곳이 없느니라.[12]

6-7. 心動去去亂 性靜時時安 一亂十載失 百忍萬機生

마음이 움직이면 갈수록 어지럽고 성품은 고요하여 언제나 편안하니라. 한번 어지러움에 십 년을 잃고, 백 번 참음에 만 가지 기회가 생기느니라.[13]

---

6 수심정기는 한울님 마음을 잊지 않는 것이다. 한울님 기운의 간섭을 항상 느끼는 것이다. 그러므로 한울님 기운의 간섭을 받는 만물과 하나가 되는 것이다.

7 "천고의 만물이여, 각각 이룸이 있고 각각 형상이 있도다."(동경대전, 불연기연)

8 만물의 성품은 한울 성품으로 같지만 작용하는 곳에 따라 다른 형태로 나타난다. 예를 들면 같은 물이지만 추운 곳에선 얼음으로, 뜨거운 곳에선 수증기로 나타나는 것과 같다. 이렇게 형상을 이룬 후에 작용하는 것은 각각의 기운과 마음의 작용이다. 같은 기운이지만 습관된 욕념에 따를지, 참된 마음에 따를지 그 작용에 따라 결과는 화복으로 달리 나타날 것이다.

9 대개 자신의 한 몸과 주변 사람들을 망치는 것은 분수에 안 맞는 과욕 때문이다. 원래 자신이 가진 능력의 70%를 쓸 수 있는 곳이 맞는 자리라고 했다. 그 이상의 자리는 재앙이 될 수 있다. 자신의 분수, 자신의 命은 내 마음의 밝고 밝음을 돌아보라고 했다.(동경대전, 전팔절) 자신의 능력과 원하는 바, 자기의 명을 정확히 알고 사는가?

10 사람들이 불안을 느끼는 것은 때를 잘 모르기 때문인 경우가 많다. 씨 뿌릴 때와 거둘 때를 안다면 차분히 준비하며 일을 그르치지 않을 것이다. 그러한 때는 한울의 기운과 관계 있으므로 이를 알아야 할 것이고 한울의 기운과 내 안의 기운을 동기화 시키는 게 수련이다.

11 시비는 상대를 이기려는 마음에서 비롯된다. 남의 이목을 두려워하지 않고 자신이 할 바를 묵묵히 한다면 자연히 화활 것이다. 우묵눌!

12 삼가고 조심함은 공경하고 겸손한 것이다. 자신을 낮추는 사람에게는 적이라도 마음을 놓는 법이다. 적도 감화시킬 수 있다면 무슨 위험이 있으랴.

13 마음은 내 욕심. 욕심에 마음을 빼앗기면 몸이 분주해지나 한울의 성품에 마음을 두면 시시비비가 사라진다. 그러므로 마음을 씀에 "굳세게 하여 빼앗기지 아니하며, 정하여 움직이지 아니하며, 부드러우나 약하지 아니하며, 깨달아 매혹하지 아니하며, 잠잠하나 잠기지 아니하며, 한가

6-8. 默言道心長 懲忿百神從 莫知分義定 每事當來行

말없이 잠잠히 함에 도심이 자라고14 분을 참음에 모든 신이 따르느니라.15 분의가 정해짐을 알지 못하거든 매사를 당하는 대로 행하라.16

6-9. 生言一氣中 貴賤亦有命 百事如此說 平生我自知

말은 한 기운 속에서 생기는데 귀천이 또한 명이 있느니라.17 모든 일을 이 말씀같이 하면 평생을 나 스스로 알리라.18

6-10. 陰陽造化萬物生 但知成形理不見 陰陽始分五行生 五行合德萬物成 只知體物氣不見 知行自身氣不行

음양조화로 만물이 생기는데 다만 형상을 이룬 것은 알아도 이치는 나타나지 않느니라. 음양이 처음 나뉘어 오행이 생기고, 오행이 덕을 합하여 만물을 이룸이라. 다만 물건의 체는 알아도 기운은 보지 못하여 자기 몸이 행하고 기운은 행치 않는 것으로 아노라.19

하나 쉬지 아니하며, 움직이나 어지럽지 아니하며, 흔들어도 빼어지지 아니하며, 멈추었으나 고요하지 아니하며, 보이나 돌아보지 아니하며, 능력이 있으나 쓰지 않을 것이니라."(의암성사법설, 후경2)고 하셨다.

14 "나에게 한 잠잠한 것이 있으니 세상이 능히 알지 못하도다. 잠잠한 속에 나무가 있으니 그 줄기는 성품이 되고 그 가지는 마음이 되었느니라. 성품이 있고 마음이 있음에 큰 도가 반드시 생겨 나느니라."(의암성사법설, 극락설)

15 분이란 개인적 욕념이다. 욕념을 버려야 한울 마음이 자라고 한울 마음에는 모든 귀신조화가 자연히 이루어질 것이다.

16 분의란 자기의 분수에 맞는 정당한 도리다. 즉 각각의 일에 대해 어찌해야 할 바를 모르겠거든 억지로 하려하지 말고 한울님께 맡겨 잘되면 잘되는 대로, 안 되면 안 되는 대로 감사할 일이다. 지금 잘 되고 안 되고가 나중에 어떤 결과가 될지는 한울님만이 아시므로, 안 된다 해도 자신이 그럴 자격과 능력이 아직 안 되었음을 교훈하면 될 것이다.

17 말이란 속에 있는 생각을 남에게 베푸는 것이다.(의암성사법설, 삼전론 언전) 그러므로 한울 생각으로 진리를 말하면 말하는 이와 듣는 이가 모두 귀하게 되겠지만, 욕심으로 말하면 서로 상하게 될 것이다.

18 자신의 인생을 자신의 의지대로 무엇을 원하며 사는지 아는 사람이 몇이나 될까? 진정한 자아를 찾고 잊지 않는다면 최소한 자신이 하는 것을 만사지할 것이다.

6-11. 一水始分是陰陽 濁則爲地淸則天 地則水火金木土 天則日月九星明 陰
陽五行何有分 淸濁之中自有別 萬物化生於其中 四時分明無爲化

한 물이 처음 나뉘니 이것이 음양이요, 탁하면 땅이 되고 맑으면 한울이라.
땅은 수화금목토요, 한울은 해와 달, 구성이 밝음이라. 음양오행이 어찌 구
분이 있겠는가. 맑고 흐린 가운데 자연히 구별이 있느니라. 만물은 그 가운
데서 화생한 것이요, 사시가 분명함은 무위로 되느니라.[20]

6-12. 心有能通慢是天 豈不歎哉 豈不憫 自古英雄以來聞 去後永永更無威

마음에 능통함이 있다고 이 한울에 거만하니 어찌 탄식치 않으며, 어찌 민
망치 않겠는가. 예부터 영웅은 지금까지 듣건대 죽은 후에는 영영 다시 위
엄이 없노라.[21]

6-13. 於千萬物至於生 生則理也行則神

천만 물건이 생함에 이르니 생함은 이치요, 행함은 신이라.

6-14. 於千萬物明明兮 鬼神之跡亦留此

---

19 음양오행은 해월신사법설 천지이기, 의암성사법설 각세진경 각주 참조. 만물이 한울의 원소로
생기고 한울의 기운 작용으로 움직인다. 그러나 자아 의식(습관심, 제이천심)이 생기면 한울을
잊고 스스로가 행하는 것인 줄 착각하게 되니, 한울의 성령은 영원하지만 사람 수명은 그에 비
하면 찰나에 지나지 않는 것을.

20 음양과 오행은 만물이 생기는 것을 설명하고 이해하는 틀이다. 이 모두가 한울의 자연한 이치로
이루어진 것이다. 이러한 만물이 생기고 사시가 운행되는 한울이치는 함이 없이 되는 무위이화
다. 있는 듯 없는 듯, 가는 듯 오는 듯, 절대 급하거나 억지로 되지 않는다.

21 깨달음이 있으면 이를 더욱 중히 여기고 공경하고 삼가는 사람이 있는가 하면 이를 자랑하고 자
신의 업적으로 내세우며 허명을 세우려는 사람이 있기도 한다. 깨달을수록 공경이 중함을 알
면 공부가 깊어지지만, 자랑하고 그로써 명예와 이익을 탐하는 욕심이 생기면 공부가 절벽에
부딪히듯 막힌다. 또한 실상 세상에 이름을 남긴 영웅들은 대부분 헛된 욕망으로 수많은 사람
들을 사지로 몰아넣고 도탄에 빠뜨린 자가 대부분이다. 반면에 스승님들은 자신의 육신의 편안
함을 돌보지 않고 사람들의 삶을 위해 희생하셨으니 어느 것이 참된 삶이며 진리이겠는가!

천만 물건이 밝고 밝음이여! 귀신의 자취는 또한 여기에 머무느니라.22

6-15. 性則質也 心則氣 氣質合德成則形 內有神靈外有化 靈則氣也 化則理
理氣豈有間 造物自有別

성품은 바탕이요, 마음은 기운이요, 기운과 바탕이 덕을 합하여 이룬 것은
형상이라.23 안으로 신령이 있고 밖으로 기화가 있음은 영은 기운이요, 화
함은 이치라. 이치와 기운이 어찌 사이가 있겠는가. 만물을 이룸에 자연히
구별이 있느니라.24

---

22 만물은 한울 이치로 생기는 것이고, 그것이 움직이는 것은 기운의 조화인데 기운의 조화가 드러
   남은 신이요, 드러나지 않고 작용하는 것은 귀이다.(해월신사법설, 천지인 귀신 음양 참조) 이
   모두가 한울기운의 작용이므로 '귀신이란 것도 나니라'(동경대전, 논학문)하신 것이다.
23 성품은 집짓는 재료, 마음은 집 모양을 결정하는 설계도와 공사, 재료와 설계에 따른 공사가 집
   의 형태를 만든다. 재료가 나쁘거나 설계가 잘 못되면 제대로 된 집이 나오지 못한다. 사람의 몸
   을 이루는 것은 세포, 세포를 생산하는 것은 유전자라는 설계도에 의한다. 그 유전자가 잘못된
   외유기화에 의해 손상되면 잘못된 세포가 만들어지는데, 그것이 암 같은 병이 된다. 잘못된 외
   유기화는 나쁜 먹거리, 공기, 마음, 스트레스 등. 물론 그런 원인을 치료하고 참회하면 손상된
   유전자가 복구되고, 정상세포가 비정상 세포를 대체하여 재생된다.(삼성과 공부하기 참조) 이
   것이 물약자효다.
24 한울의 기운이 작용하기 전은 모든 가능성이 내포된 이치, 작용하여 움직이는 것은 기운. 그러
   므로 동전 양면이지 둘이 아니다. 그러나 그 이치와 기운이 형상을 이루어 만물을 만들 때 각각
   의 인과에 따라 형상이 이루어짐이 차이가 생긴다.

七. 天道太元經천도태원경1

(一) 道 全體圖(도 전체도)

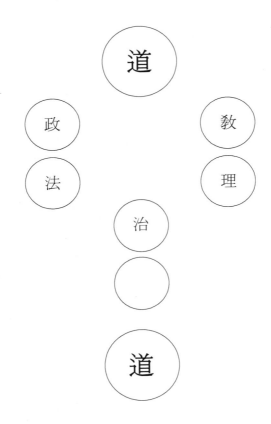

---

1 포덕47년(1906) 저술. 의암 선생은 동학혁명 후 위기에 처한 도와 나라의 운명을 헤쳐 나가기 위해 일본과 미국 등을 돌아보려 했으나 미국엔 가지 못하셨다. 일본과 청에서 급변하는 국제 정세와 각국의 개명된 부국강병의 모습을 확인하고, 러일 전쟁 등이 조선에 미치는 영향을 면밀히 주시하며 진보회 활동을 지시하기도 한다. 이런 외유(포덕42~47년)를 끝내고 귀국하여 저술하신 것이 천도태원경이다. 즉 도가 세상에 해야 할 역할과 위치 등을 규정한 것으로 볼 수 있다.

(二) 道 全體圖說(도 전체도설)[2]

7-2-1. 夫吾道天 天極廣極大 範圍內在 飛潛動植 各質素中 拒力吸力 受氣 質成 氣素中多分小分受 其氣資 此天理流行 此體 人與物 天理密接關係有 吾 道責任有

우리 도는 한울이라, 한울의 지극히 넓고 큰 범위 안에 있는 새·물고기· 짐승·풀·나무가 각각 바탕의 원소 속에서 거력(미는 힘)·흡력(당기는 힘)을 받아 그 바탕을 이루며, 기운의 원소 가운데 많은 부분과 작은 부분을 받아 그 기운을 마련하니, 이것은 한울 이치의 유행이라.[3] 이것을 본체로 하여 사

---

2 앞 장의 그림에서 처음의 도는 세상이 시작되는 한울의 이치이다. 만물이 만들어지고 세상이 되니 만물과 세상이 운행하는 규칙이 생기게 되었다. 드러나는 현실의 삶을 규제하는 것을 정치라하고 이는 법으로서 다스리니 행정과 사법 등이 이에 속하고, 정신적 삶을 바르게 하는 것은 교육으로써 하니 종교와 학교 등에서 이치를 가르치게 되었다. 이러한 다스림이 조화롭게 이루어져 한울님의 뜻이 온전히 펴지는 것이 나중의 도가 된다. 중간의 빈 원은 다스림이 자연스러워인위적 간섭이 없는 상태(무위이화)를 뜻한다. * 도 전체도는 사회에 적용할 수도 있지만 각 개인의 삶의 과정에도 적용할 수 있다. 삶의 선악을 분별하는 것을 배우고(교), 삶의 이치를 알아지혜로워야 하며(이), 사람들과의 관계를 잘 조정하는 유연한 능력도 있어야 하고(정), 일정한 규칙을 세우고 지켜나가야 한다(법). 이 모두가 조화롭게 치우치지 않고 이루어져야(치) 한 사람의 삶도 행복하고 보람 있는 삶을 살 수 있을 것이다. 그러나 그 과정에서 욕심이 자라면 이 조화가 흐트러지고 깨지기 쉽다. 내가 누리고 있는 모든 것이 잠시 한울님께 빌린 것이고, 내 몸 또한언젠가 무형의 한울로 돌아감을 항상 잊지 않고, 빈 마음의 중심을 유지하고 있어야 참된 행복, 참된 삶을 살게 되니 이것이 도가 된다.
* 의암 선생의 외유와 외유 후의 저술은 사실 동학혁명 전후의 피눈물 나는 역사를 반영한다. 동학의 입장에서 수운 선생과 해월 선생 같은 성인이 진리를 밝혀 주었고, 동학혁명 당시 엄청난 민중의 힘과 염원이 동원되었음에도 현실은 달라지지 않고 나락으로 빠져들었다. 즉 진리와 기도만으론 현실을 개벽하는 데 한계가 있음을 절감하고 현실개벽에 필요한 요소가 무엇인지, 동학혁명을 좌절시킨 현실적인 힘인 일본 군사력과 그를 가능하게 한 국력은 어디에서 오는지를 알아야 했고, 그에 따른 관찰과 고민의 산물이 천도태원경과 삼전론, 명리전과같은 저술로 이어졌다. 그 대표적인 생각이 이 도표로서 정리되는데 현실적인 세상의 개벽은우측의 진리뿐 아니라 좌측 현실적 변화가 함께 조화되어야 한다는 것이다. 이러한 현실 인식을 바탕으로 동학은 천도교로 현도하며 부문단체 운동과, 교육사업 등을 활발히 전개한다. 그러한 사회 참여의 정점에 3·1운동이 있다. 그러나 3·1운동 이후에는 우측의 도학을 주도하던 원로층이 대거 희생되며 균형을 잃고 사회운동이 이념적 투쟁과 분파적 쟁으로 경도되며(신·구파 분열) 전체 교의 발전 동력을 상실하게 된다. 이는 오늘을 사는 우리에게도 중요한 교훈이 아닐 수 없다. 기도만 해도 세상이 변하지 않지만 마음공부가 뒷받침되지 않는 사회참여는 또 다른 각자위심의 반영에 다름 아니기 때문이다.

람과 물건이 한울 이치에 밀접한 관계가 있게 하는 것은 우리 도에 책임이 있느니라.4

(三) 道는 無善無惡(도는 무선무악)

(衍義)7-3-1. 無漏無增原體謂 善惡 施爲上發迹 曰善曰惡向背的起想 天理 無始無終 無淺無深 大範圍對 人向背的起想 容措不得 是境空 是案斷故 曰 無善無惡 天 天吾道起原 經曰「無極大道」無漏無增 理想上眞諦

(넓힌 뜻) 새는 것도 없고 더함도 없는 원체를 말함이니라. 선과 악은 베풀어 이루는 데서 그 자취를 발하는 것이요, 선이라 악이라 말하는 것은 향하고 등지는 데서 일어난 생각이니,5 한울 이치의 처음도 없고 나중도 없으며

---

3 150억 년 전 우주가 생기기 전에는 공간도 시간도 없는 한 점의 무의 세계였다. 무극인 것이다. 그 한 점이 수축 한계를 지나 팽창을 시작하면서 공간과 시간이 생기고 가벼운 원소는 대기와 성간 가스가 되고 가벼운 원소들이 결합한 무거운 원소들은 별이 되었다. 하늘과 땅, 음양이 된 것이다. 이렇게 원소 성질에 따라 무한한 물질과 생명이 생기니 이러한 이치와 원리를 천지도수라고 한다. 천지 대정수, 오행지수라고도 한다.(동경대전, 수덕문, 불연기연) 數는 이러한 우주의 기본 원리, 법칙을 뜻한다. 지금도 물리학에선 우주를 구성하는 우주상수 여섯 가지를 말한다. 예를 들어 그중 강력은 원자핵 간의 인력을 말하는데 0.007이다. 그런데 이보다 강력이 작아져 0.006이 되면 우주는 무거운 원소가 생기지 않아 가스로만 가득 찬 곳이 될 것이고 이보다 커서 0.008이 되면 모두 무거운 원소만 생겨 생명이 생길 수 없다. 수소가 있어야 물도 생기고 물이 있어야 생명이 생길 수 있기 때문이다. 옛날에는 이를 음양오행으로 설명하였다.
4 이러한 이치를 밝혀 한울의 이치가 세상에 퍼져 사람과 물건에 적용하게 하는 것은 사람이 할 일이고, 도를 깨달은 사람이 할 일이다. 앞의 전체 도표를 개괄해 설명한 것이다. 도표에서와 같이 내면의 가르침과 현실 정치를 모두 조화롭게 하는 것이 한울의 바른 도가 된다. 여기에서 천도교는 성심신삼단을 아우르는 교정일치의 종교라는 특징이 다시 확인된다. 동학혁명과 3·1운동 등은 그러한 현실참여의 연장선에서 이해할 수 있다. 그러나 다시 한 번 생각해 보자. 근세 이후 인류 역사에서 가장 큰 진보 중의 하나는 중세의 신정국가를 탈피해 종교와 세속의 정치를 분리한 것으로 꼽는다. 중세와 현대의 이슬람 신정국가의 폐단을 생각해 보면 이해할 수 있다. 그렇다면 동학에서 말하는 교정일치 사회는 어떤 모습이며, 중세의 그것과 어떤 차이가 있는가? 그 답은 기존의 선천종교가 신과의 일차원적인 관계 속에서 신앙이 형성된다면 동학은 그 관계를 사람과 사물에까지 확장한 입체적이라는 데서 실마리를 찾을 수 있다.(해월신사법설, 삼경. 무체경전 성심신삼단, 도연구도설 참조) 일차원적인 신앙에선 신과의 계약이나 기도에서 제외된 사람과 자연에 대한 지배와 우위가 인정되고 착취가 일상화되지만, 입체적인 신앙에선 신과의 관계가 모든 사람과 자연과의 입체적 관계 속에서 이루어지고 서로 영향을 주고받으며 성장하게 된다.

얕은 것도 없고 깊은 것도 없는 큰 울에 대하여, 사람의 향하고 등지는 데서 일어나는 생각을 용납하여 조치하지 않을 수 없을 때에 이 경지가 공이요, 이 방안이 단이라. 그러므로 선한 것도 없고 악한 것도 없는 것은 한울이요, 한울은 우리 도의 기원이니, 경에 말씀하시기를 「무극대도」라 하시니라. 새는 것도 없고 더함도 없는 것은 이상의 참된 깨달음이라.6

7-3-2. 吾人 眼前心內 交橫理妙物狀 天外別區從 往復者無 但蒼穹內 此形消化餘素 彼理玄牝供不過 此對科學的觀念試 天內在在常常 玄機自覺 天一軌同歸 吾道原體 一言架床不要

우리 사람의 눈앞과 마음 안에 엇갈린 이치의 미묘함과 물건의 형상이 한울 밖에 별다른 구역으로 좇아서 가고 돌아오는 것이 없고, 다만 푸른 한울 속에서 이 형상의 소화된 남은 원소가 저 이치의 만물을 생성하는 도를 제공함에 불과하니, 이에 대하여 과학적 관념으로 시험하면 한울 속에 어디나 늘 있는 현묘한 기틀을 스스로 깨달을 것이니, 한울의 한 궤도에 같이 돌아

---

5 어느 할머니에게 우산을 파는 아들과 아이스크림을 파는 아들이 있었는데, 맑은 날은 우산 파는 아들이 걱정되어 울상이고, 비오는 날은 아이스크림 파는 아들이 걱정되어 울상이었다. 날씨가 무슨 잘못이 있고 선악이 있겠는가? 할머니가 마음을 바꿔서 맑은 날은 아이스크림 파는 아들이 잘될 것을 기뻐하고, 비오는 날은 우산 파는 아들이 잘될 것을 기뻐하면 되는 것을. 신라시대 두 학승이 당나라로 공부하러 가던 중 밤늦게 동굴을 찾아 잠을 청했다. 갈증으로 잠에서 깬 한 사람이 마침 동굴 안 바가지에 담긴 물을 마시고 잠이 들었는데, 다음 날 깨서 보니 어제 저녁 시원하게 갈증을 풀어준 물은 해골에 담긴 것이었다. 그걸 보고 구역질을 했다. 어제 저녁 시원했던 물과 오늘 아침 구역질나는 물은 다른 물이 아니고, 선악도 없다. 다만 마음이 왔다갔다했을 뿐. 이 체험 후 유학을 포기하고 자신의 도를 완성한 이가 원효대사다.

6 도표 맨 위 도를 설명한 것으로 한울의 이치가 세상에 적용되기 전의 상태이다. 그러므로 한울의 본성, 성품과 같다. 선과 악은 주관적 판단이다. 예를 들어 음식 자체는 한울의 원소일 뿐이다. 독이 들어 있거나 상한 음식이 아니라도, 똑같은 음식을 먹고 누구는 병이 나고 누구에겐 약이 된다. 잔뜩 먹고 배가 부른 사람이 먹으면 배탈이 날 것이고, 배고파 쓰러질 사람이 먹으면 생명을 건지는 약이 되는 것이다. 같은 식사를 해도 어떤 사람에게는 비만과 당뇨 고혈압 같은 병이 되지만 절식하며 욕심 부리지 않는 식사법을 실천하지 못하는 사람이 많은 것은 왜 일까? 비우지 못하기 때문이 아닐까? 욕심을 비우고, 마음을 비우고, 나아가 위장을 비우고 소식하면 건강을 회복하고 장수할 수 있음이 속속 확인되고 있다.

가는 우리 도의 원체는 한 말이라도 더하는 것을 요구치 않느니라.7

(四) 敎는 善惡分別(교는 선악분별)

(衍義)7-4-1. 兩段心性衡平 敎規矩繩墨一定標準 善高度致 惡未萌警 兩途不齊念迹 人文上要點歸宿 先天朴素排除 未來光燭挑得 新範兼包

(넓힌 뜻) 두개의 마음과 성품을 형평함이라. 교는 자와 먹줄의 일정한 표준으로, 선은 고도에 이르게 하며 악은 싹트기 전에 경계하여, 두 길이 같지 아니한 생각과 자취를 인류 문화의 요긴한 점에 돌아가게 하고, 선천의 순박한 소질을 버리어 미래의 밝은 등촉을 얻게 하는 새로운 법을 겸하여 내포한 것이니라.8

(五) 理는 善惡範圍(이는 선악범위)

(衍義)7-5-1. 心性定有之圈 理善惡兩界 道光對照 善高岸 惡熱潮 何周圍占據實迹究得 慧眼在我

(넓힌 뜻) 마음과 성품의 정하여져 있는 테두리라. 이치는 선악의 두 경계에 도의 빛을 대조하여, 선의 높은 언덕과 악의 열조가 어떠한 테두리에 점거한 실적을 생각하여 얻는 슬기로운 안목이 내게 있는 것이니라.9

---

7 성품은 이치다. 한울의 이치는 모든 만물에 베풀어져 있으므로 만물을 잘 관찰하고 연구하면 각각의 이치를 알 수 있다. 이것이 과학이요 학문이다. 한울이 불택선악하고 도가 무선무악하다는 것은 사실 무서운 진실을 말해준다. 도를 실천하는 사람에 따라 그 선악이 갈린다는 사실. 그래서 도는 선악이 없지만 사람에게는 교로서 선악을 가르쳐야 하는 것이다. 교로서 한울님과 통할 수 있고 한울의 이치를 알아야 선악을 분별할 수 있고, 재난과 병을 피하고 구할 수 있는 것이다.

8 한울의 본성은 선악 분별이 없다. 그러나 개체가 활동하다 보면 서로 이해가 충돌할 수 있다. 이 때 최대한 한울의 자연한 이치에 따라 조정되면 선이요, 이치에 거스르면 악이 된다. 이를 분별하고 조정하는 것이 현실이다. 교란 그러한 조정을 스스로 할 수 있도록 가르치는 것이다.

9 이치는 삶에 대한 안목이다. 선악을 분별할 수 있는 분별력이다. 도의 경지가 분별을 뛰어넘음을 정

(六) 政은 事物分別(정은 사물분별)

(衍義)7-6-1. 一切利益 鑑定 政等族關事由物質 雙方裁宜立脚點 積極的美
果結 重要價値負者 政腦裏浸潤 舊時迷昧思想黜 人政賴 人理上 極程度臻 政
人粘着 人政使用 互相締合後 國家機能 家庭規則健全

(넓힌 뜻) 일체 이익을 감정함이라. 정사는 같은 겨레에 관한 사유와 물질을
쌍방으로 적당하게 주재하는 입각점이니10, 적극적인 좋은 성과를 맺는 중
요한 가치를 가진 것이라. 정사가 뇌 속에 젖어11 구시대의 낡은 사상을 물
리치면, 사람은 정사를 신뢰하여 사람된 도리의 지극한 정도에 이르나니,
정사는 사람에 점착하고12 사람은 정사를 사용하여 서로 맺어 합한 뒤에야,
국가의 기능과 가정의 규칙이 건전하느니라.13

도가 되기 전엔 선악을 가려 행하여야 한다. 종교의 교리나 학문의 이치같은 가르침은 삶의 이
치를 알 수 있도록 하기 위한 것이다. 한울의 진리는 변함없지만 그것을 가르치는 이치는 시대
와 사람들의 생활상에 따라 달라져야 할 것이다.

10 같은 문화와 생활권에 있는 사람들에겐 일이 되어가는 것과 물건의 교류(경제적 이해)가 고루
되야 한다. 이러한 삶의 격차가 큰 불평등 사회일수록 불안정하고 갈등과 다툼이 많을 수 밖에
없다. 이를 슬기롭게 조절해가는 기술이 정치. 쌍방재의라 함은 치우침이 아닌 균형된 조절을 뜻
한다. 일방이 아닌 쌍방인 것이다. 자신의 이익이 걸린 문제이거나 관련자의 로비에도 흔들리지
않고 객관적이고 중립적 판단을 할 수 있는, 개인적 욕심에 좌우되지 않는 청렴하고 객관적인 사
람에게 갈등조정과 정치를 맡긴다면 사람들의 삶이 달라질 것이다.

11 이러한 치우침 없이 고루 배려하는 정치의 본뜻이 머릿속에 뚜렷하면.

12 정치는 사람에 다가서 밀착하고. 사람들이 정치에 무관심할수록 자신의 권리와 이익을 자격 없
는 사람들에게 빼앗기게 된다. 사람된 도리가 이루어지는 사회를 위해선 바른 정치가 필요하다.

13 정치란 사람들 간 이익이 충돌하는 것을 조정하는 기술이다. 물질적 이익과 정신적 이익이 있
고, 개별 육신관념에서의 이익과 전체 한울에서의 이익이 다를 수 있다. 소수 이익을 위해 다수
가 희생하는 것이 독재정치라면 다수 이익을 위한 것이 민주정치이다. 모든 생명의 가치가 존중
되는 것이 한울의 이익이라면 그를 위한 현실 정치는 어떤 모습이어야 하는지 끊임없이 고민하
고 발전되어야 할 것이다. * 동경대전, 포덕문 1절의 각주 참조.

(七) 法은 事物範圍(법은 사물범위)

(衍義)7-7-1. 利益原因之囿 法 法人個人間 兩截交締 原因的明證 法性質 國家特種形式·人衆的原素 影響下構成劃定 界限內 各個人活潑的起色 創助一點在 其次 人正當軌途外 盲從情迹導引 法發足點復歸萬能力有 法行政上大機關 身分上反射鏡

(넓힌 뜻) 이익 원인의 고루함이라.14 법은 법인과 개인 사이에 서로 끊어진 것을 맺는 원인의 밝은 증거니라.15 법의 성질은 국가의 특종 형식으로 인중적 원소의 영향 아래 구성되어16 획정한 한계 내에서 각 개인의 활발한 기색을 처음 돕는 일점에 있으며,17 그다음은 사람의 정당한 궤도 밖에 맹종하는 정적을 이끌어 법의 발족한 점에 다시 돌아가게 하는 만 능력이 있으니,18 법은 행정상 큰 기관이요, 신분상 반사경이니라.19

---

14 정치가 사물을 분별하여 사람들 삶이 편중되지 않고 고루되게 하는 기술이라면, 법은 그러한 기준이 사람과 상황에 따라 자의적으로 적용되지 않고 일정하게 적용되도록 하는 것이다.

15 혼자 사는 곳에선 법이 불필요하다. 하지만 사람(생명)은 내유신령과 외유기화의 부단한 교류와 소통을 통해서 건강한 삶이 유지된다. 이때 사람들 간 갈등을 조정하기 위한 틀이 법이 된다. 서로간의 교류가 끊어지면 각자위심이고 죽음이나, 다시 연결되면 생명이고 모심이다. ★ 囿 동산, 담 유. 금수를 방사하기 위해 일정 구역에 담을 친 곳. 옛날 임금께 바칠(사냥할) 짐승을 기르던 구역을 말한다. 여기서 일하는 사람을 囿人이라고 했다. 그러므로 여기에선 이익을 서로 나누는 일정 테두리를 뜻한다고 보면 되겠다.

16 법의 성질은 각 나라의 특성에 따라 사람들이 정한 것. 나라마다 사는 곳의 기후와 풍습에 따라 필요한 법이 다를 수밖에 없다. 로마에 가면 로마법을 따라야 된다.

17 각 개인의 활발한 특성과 개성을 나타내는 것을 돕는 것. 법이 특정 권력집단의 이익을 위해 다수를 억압했던 시절이 있었다. 모신 한울의 능력과 개성이 자유롭게 발휘되고 꽃피우도록 돕는 것이 본연의 역할일 것이다.

18 사람답지 못한 행동에 대해 법의 정신으로 인도하는 것. 일탈하는 사람과 그 행위가 다른 생명을 상하게 하는 것을 막기 위한 강제력이 필요할 수 있다.

19 사람들 간 이익을 조정하는 정치는 사람이 한다. 그러므로 변화와 실수가 있을 수 있다. 적절한 변화는 정치에 활력이 되지만 지나친 변화는 혼란을 일으킨다. 그러므로 대다수가 동의하고, 한울 이익에 가까운 방향으로 일정한 규칙을 정해 조정할 필요가 있다. 그것이 법이다. 정치를 위한 최소한의 규칙인 것이다.

(八) 治는 範圍平均(치는 범위평균)[20]

(衍義)7-8-1. 氣和形和 萬方乃乂 治 萬般人族一轍歸 心宅敎區立 身格政界守 永續一規靈光世界發揮 人界上眞面目呈露

(넓힌 뜻) 기운이 화하고 형상이 화하여 만방이 마침내 어질게 되는 것이니라.[21] 다스리는 것은 수많은 인족이 한 길로 돌아가[22] 마음자리를 가르치는 구역에 세우고, 몸의 격을 정계에 지켜서,[23] 영속적인 한 규칙으로 영의 빛을 세계에 발휘하면 인계에 참된 면목이 드러나느니라.[24]

(九) ○의 極致(○의 극치)

(衍義)7-9-1. 天高地圓 治極致至 輝輝融融 天然格有 是敎政演布 根本的思想到達者

(넓힌 뜻) 한울은 높고 땅은 둥그니라.[25] 다스림의 극치에 이르러 빛나고 화

---

20 정치는 국민의 평균 민도를 반영한다. 잘못된 정치를 욕하기 전에 나의 잘못된 행을 참회하고 고쳐야 하고, 그러한 반성이 사회적 인식이 되고 제도화 되도록 요구하는 것이 정치이다.

21 모든 곳이 어질게 되기 위해선 마음과 기운처럼 내면을 다스릴 수 있어야 하고, 현실적인 모습(형상)도 바뀌어야 한다. 마음은 바뀌었다고 하면서 자기 물건도 정리하지 않고 집안도 어지럽다면 제대로 바뀌지 않은 것이고, 집안 정리해도 마음이 꼬여 있으면 마찬가지다. 기운은 가르침과 이치로서 다스리고, 현실은 정치와 규율로 다스린다. 그러나 실제 정치는 법만 따지기 보다 사람들의 마음을 열고 소통하여야 성공할 수 있다. 이 모두가 아우러져야 바른 다스림이다.

22 산하대운 진귀차도(탄도유심급). 모든 이치는 결국 하나로 귀일된다. 그러나 그 모습은 사람들 사는 모습만큼 다양할 수 있다. 다름을 배척하는 도그마가 아닌 그 다양함을 모두 포용할 수 있는 진리가 참 진리일 것이다.

23 마음은 항상 한울의 진리와 빈자리(空)를 생각하여 뜻을 세우고(立), 몸은 현실을 직시하고 사람들과 상황들 속에서 순리와 중도(몸의 격)를 찾아 지켜야(守) 할 것이다. 그것이 정치다.

24 모든 생명의 이익을 최대한 지켜 본연의 모습을 유지하고(다치거나 상하지 않고), 마음과 기운을 상하지 않도록 하는 것이 교육과 정치의 목적이 된다. 교육이 한울 이치를 밝히고, 정치가 바른 법으로 조정하여 모든 생명들을 바르게 살도록 이끄는 것이 다스림이 된다. 몸의 격은 현실의 품위 있는 삶이고, 영의 빛은 만물을 위하는 한울의 위위심이다. 결국 다스림이란 한울의 바른 이치가 정치와 교육 등을 통해 현실에 바르게 구현되도록 하는 것이다.(의암성사법설, 성심신삼단 참조)

하는 천연한 품격이 있으면, 이는 종교와 정치를 넓게 펴는 근본적 사상에
이른 것이니라.26

(十) 道도

(衍義)7-10-1. 天人合德 吾道本體說去餘想 心界上三階段說 人三思勉 其始
自利的主觀的 趨步試 其次敎政界分理會 其眞核透覓 一方面差別的思想 客體
泥合 迷妄念 胸間徘徊 嶄新的悟性 終局得 道 本部中 撞着心根 萬魔力 動撓
不得者有 其三 道本體確認 神秘的天啓文 何人格由得 神寵神惠 何人格從施
眞素頓覺 此內面的精神含蓄 外面的契機 啓示 天然的異色自著 是宗德 天啓
文 其人口由發 神寵神惠 其人手由施故 曰天人合德 前二段迷 後一段覺 迷與
覺在我

(넓힌 뜻) 한울과 사람이 덕을 합한 것이라.27 우리 도의 본체를 말하던 여
상으로 마음자리의 세 단계를 말하여 사람의 세 가지 생각을 힘쓰게 하노
라.28 그 처음은 자기를 이롭게 하고 주관적으로 나아가는 것을 시험하고,29

---

25 한울이 높은 것은 한울의 가르침, 생명의 소중함, 삶의 가치 같은 우리가 추구해야 할 가치가 귀
   하고 높다는 뜻일 게다. 땅이 둥근 것은 주고받는 것이 무왕불복하는 우리 삶의 모습이 그렇고,
   사람과 자연이 주고받으며 생명의 순환과 고리를 이루며 사는 것 또한 그렇다.
26 바른 다스림은 생명으로 하여금 (종교와 정치를 넓게 펴는 것에 의해) 한울이 부여한 본연의 모
   습대로 살도록 하는 것이다. 그러므로 각자가 모신 한울을 깨닫고 그대로 행하면 따로 다스리
   고 강제할 것도 없어진다. 따라서 예부터 지도자가 누군지도, 다스림을 받는지도 모르게 하는
   것이 가장 좋은 다스림이라 했다. 그래서 도표에 공으로 표시된다. "최고의 단계에서는 백성들
   이 통치자가 있다는 것만 안다. 그 다음은 친밀함을 느끼고 그를 찬미한다. 그 다음은 두려워한
   다. 그 다음은 그를 비웃는다. 통치자가 백성들을 믿지 않기 때문에, 백성들도 통치자를 믿지 못
   한다."(도덕경, 17장) 무슨 시리즈라 하여 대통령을 소재로 한 우스개가 유행한 적이 있다. 사
   람들이 지도자를 우스개의 소재로 전락시킨 것이다. 지금 우리의 지도자는 어떤 지도자인가?
   당신이 한 집단의(회사, 동호회 등) 지도자라면?
27 한울 이치를 사람들이 깨달아 그 덕에 합하면(여천지 합기덕) 군자가 된다 했다. 군자된 사람들
   이 사는 세상은 곧 지상천국이고 이는 곧 동학이 목표하는 바다.
28 마음자리의 세 단계는 다음에서 설명한다. 즉 자기 본래 모습을 찾고, 다음은 세상이 움직이는
   이치를 분별하며, 끝으로 이 모든 이치가 한울의 간섭임을 깨달아 한울의 덕에 합하는 것이다.

그 다음은 종교와 정치의 나누어진 부분을 이해하여 그 참된 핵심을 찾아내며, 일방으로는 차별하는 사상이 객체에 진흙같이 합하여 아득하고 망녕된 생각이 가슴 속에 머뭇거리다가 참신한 깨달음을 나중에 얻어, 도의 본부 속에 맞부딪친 마음의 뿌리가 만마의 힘으로도 움직임을 얻지 못할 것이 있으며,30 그 셋째는 도의 본체를 확실히 인식하여, 신비한 한울의 계시문은 어떤 인격으로 인하여 얻은 것이며, 신의 사랑과 신의 은혜는 어떤 인격을 좇아 베풀어진다는 참된 근본을 문득 깨달아, 이로써 내면의 정신을 함축하며 외면의 계기를 계시하여 천연적인 이상한 빛이 스스로 나타나면 이것은 높은 덕이라. 한울님의 계시문도 그 사람의 입에 의하여 나타나며, 신의 사랑과 신의 은혜도 그 사람 손에 의하여 베풀어지므로 천인합덕이라 말하느니라. 먼저 두 계단은 아득한 것이요, 뒤에 한 계단은 깨달은 것이니, 아득함과 깨달음이 내게 있는 것이니라.31

---

29 이롭게 할 자기는 누구인가? 습관화된 자신의 명예와 물욕을 이롭게 함인가? 이를 깨달아야 주관이 무엇을 기준으로 보는 것인지 알 것이다.

30 육관을 넘어 성령으로 생각하고 보면 감추어진 진실을 볼 수 있다. 선입관을 버리면 새롭게 보이듯이, 선글라스를 벗고 본래 색을 보듯이. 이렇게 만물의 진실이 보이고 알게 되는 것을 허광심력이라 했다.(의암성사법설, 삼심관 참조) 보이고 아는 것은 분별하는 것이다. 옳은 것과 그른 것을 가린다. 그러나 잘못 되고 그른 것도 한울이다. 버릴 것이 아니라 바로잡아 같이 가야 한다. 이렇게 분별을 넘어서야 참된 한울의 진경을 얻는다. 이를 여여심이라 한다.

31 한울을 모시고 있음과(내유신령) 만물이 한울 기운으로 이루어져 하나로 통함을 깨닫고(외유기화) 이를 잊지 않고 지키고 행하면(수심정기) 곧 군자사람이요 천인합일이다. 한울의 사랑과 은혜는 군자사람을 통해 세상에 베풀어진다. 한울을 모르는 사람에게도 베풀어지지만 그를 따르지 않고 모르므로 어긋나고 감응을 받지 못한다.

(十一) 道 研究圖(도 연구도)[32]

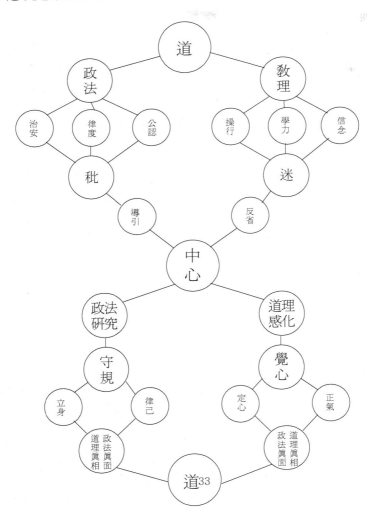

---

32 앞의 도 전체도를 자세히 설명한 도표이다.

33 도가 세상에 실현되기 위해선 우측의 마음을 깨우치고 다스리는 공부도 필요하지만 좌측의 현
  실을 규제하고 다스리는 정치와 법률도 필요하다. 정치와 법률은 개인적인 이익과 개인적 사견

(十二) 圖 硏究圖說(도 연구도설)

7-12-1. 道源敎及 三階思想 三階形式有 上智道 大原直接 頓覺性自得故 曰
覺想(天日) 其次 覺想人紹介因 記憶心其眞相追感故 曰 感想(夜日) 又其次
光線燒存餘點 吹得冥想空境徘徊故 曰 空想(晴日電)此三階思想 直觀映觀 性
度部分 神準的 政活機 空想中抽得 各種神像 萬盤人則描出 是精靈觀世界觀
感想中活動力發達 神啓示 政正的稱起色 人族界著明 是人神觀 直覺力性理上
透明 超神的思想發表 其言曰「神敎主體 人心想上抽來 形容辭曰 神 神啓示人
心想上 含蓄影響 政敎配體 等族上 便宜方法曰政 政正的等族上自由權限裁定
者」是道觀 道極大者 天蒼蒼者又極大故 道曰「天道」人信仰的表準天依屬

도에 근원하여 교에 미친 세 단계의 사상과 세 단계의 형식이 있으니,34 제
일 슬기로운 사람은 도의 대원에 곧 접하여 문득 성품 깨달음을 스스로 얻
으므로 각상(한울의 해)이라 말하고,35 그 다음은 각상한 사람의 소개로 인하

만으로 해선 안 되므로 공공의 이익을 위한 것인지 확인하고 인증하는 절차가 필요하다. 오늘
날 국회에서 법률을 제안하고 심사하는 절차를 거쳐 시행되는 것과 같다. 그렇게 법과 정치가
공인되면 모두가 지킬 수 있도록 알리고 제도화하니 이것이 제도와 법도(율도)가 된다. 또한
이를 어기는 경우 공익에 해가 되므로, 잘 지킬 수 있도록 인도하여야 한다. 秕는 쭉정이, 나쁜
쌀이란 뜻으로 정치와 법률이 잘 지켜지지 않거나, 세상이 변하여 실정에 안 맞을 경우를 뜻한
다. 이 경우 다시 좋은 쪽으로 법을 개정하거나 잘 지켜지도록 인도하여야 한다. 마음을 가르
치는 것은 올바른 진리에 대한 믿음과, 진리를 배우고 익히는 것과 그를 힘써 실천하는 것으로
이루어진다. 간혹 공부가 혼란에 빠지고 어려울 때는 처음 진리를 구할 때의 초심으로 돌아가
그간의 습관된 마음과 행을 반성하여 바로잡아야 한다. 이렇게 마음을 다스리고 정치와 법률을
시행해 그것이 삶의 중심이 되도록 한다. 마음을 잘 다스리고 공부해 깨달음을 얻으면 기가 바
르게 되어 몸이 건강해질 것이고, 마음이 굳건해져 사소한 욕념에 휘둘리지 않게 된다. 그로서
도와 이치의 진면목과 정치와 법률의 진면목을 드러내니 참된 도의 실현이 된다. 또한 계율과
규칙을 지킴으로써 스스로를 다스리고 제어할 수 있고, 헛된 망상에 흔들리지 않으니 자신의
분야에서 일가를 이루게 된다. 자기 일을 하며 한울의 이치에 합하니 입신할 뿐 아니라 그로써
세상의 정법과 도의 이치를 그대로 드러내게 된다. 이 모두가 참된 도의 실현이다.

34 도는 한울의 가르침이고 교는 한울의 가르침을 사람들에게 펴기 위한 방편이다. 한울의 도에는
차별이 없으나 방편에는 규칙과 단계가 있다.

35 성인은 한울의 진리를 직각하여(각상) 그 삶이 한울의 덕에 합한다. 나면서 그 바탕이 있다고 하
여 生而知之라 한다. 한울의 해라 함은 모든 어둠을 차별 없이 밝히기 때문이다.

여 기억하는 마음이 그 참된 형상을 좇아 느끼므로 감상(밤의 해)이라 하고,36 또 그 다음은 광선을 태우고 남은 점에서 불어 얻는 명상이 빈 곳에서 머뭇 거림으로 공상(맑은 날의 번개)이라 하나니,37 이 세 단계의 사상은 직관(바로 보는 것)과 영관(비치어 보는 것)의 성품 도수의 부분이요,38 신의 표준과 정사의 산 기틀을 공상 속에서 추상적으로 얻어 각종 신의 모습과 많은 사람의 법 칙을 그려내니, 이는 정령관 세계관이요,39 감상 가운데서 활동하는 힘이 발달하여 신의 계시와 정치의 바른 표준이라고 말하는 기색이 인류 세계에 드러나니, 이는 인신관이요,40 직각한 힘이 성품과 이치 위에 투명하여 초 신적인 사상을 발표하니, 그 말에 이르기를 「신은 종교의 주체라, 사람의 심 리상으로 빼어낸 형용사를 신이라 말하나니41 신의 계시는 사람의 생각이 함축된 영향이요, 정치는 종교의 배필이라, 같은 겨레의 편의한 방법을 정 치라고 말하나니 정치의 바른 목적은 같은 겨레의 자유 권한을 재정하는 것

---

36 선각자나 선지식은 성인의 가르침을 배우고 거기에 느낀 바 있어(감상) 그 삶을 따라 행하려 노력하는 사람이다. 세상의 어두움과 무명을 밝히려 노력하므로 성인처럼 밝게 비치진 못해도 사람들과 사회를 이끌 수 있다. 배워서 아는 學而知之다. 밤의 해란 어두움 가운데 그나마 일부라도(진리를 찾는 이들에게 제한적으로) 진면목을 드러내게 해준다는 뜻이다.

37 많은 사람들은 자신이 태어난 명을 알지 못하고 자신의 능력이나 소질을 알지 못한 채 그날그날 욕념에 흔들리며 살아간다. 이들을 깨우쳐 자신의 본모습을 알게 하고 바른 삶을 살도록 인도 하는 것이 한울의 도다. 이는 가르쳐 어렵게 깨우치는 困而得之다. 맑은 날의 번개는 잠깐 비추고 없어진다. 깨달음이 오래 지속되지 못하고 대부분의 삶은 어두운 미혹 속에 있어 습관된 욕념이나 감각에서 벗어나지 못했음이다.(공상)

38 직관은 직접 한울님을 체험하고 깨닫는 경지고, 영관은 깨달은 스승들의 가르침에 비추어 간접 적으로 배우고 깨달아 가는 것이다.

39 인류 역사에서 곤이득지의 단계가 있었다. 이때는 깨달은 스승도 없었으므로 세상의 모든 조화 를 귀신의 작용으로 알았다. 사람이 두려워하는 모든 것에 정령이 있는 것으로 여기니 곧 원시 종교요 다신교 문화가 된 것이다.

40 깨달은 사람이 신의 계시를 받아 사람을 가르치고 사람과 사회를 바르게 이끌고자 하는 것 이 바른 정치가 되었다. 이때의 신은 사람의 생각과 삶을 인도하는 인격신으로 여겨졌고 일 신교의 문화가 이에 속한다. 그러나 아직 사람과 신의 차별이 있고 사람은 신에게 직접 기 원하지 못하고 중보자를 통해서만 기원이 가능했다. 이것이 권력(신권)이 되었다.

41 일신교에서 사람의 모습을 하고 사람의 감정과 오류를 그대로 가지고 있던 신의 개념이 이제 확연이 혁파되었다.

이라.42」 하니 이는 도관이요, 도는 지극히 큰 것이라. 한울의 창창한 것이 또한 지극히 크므로, 도는 「천도」라고 말하여 사람의 신앙하는 표준을 한울 님께 의속케 한 것이니라.43

7-12-2. 道思想 覺想起 空想人轉及 形式空想始 覺想人遡及 思想三階 人格 聖凡證 形式三階 世級文野證

도의 사상은 각상에서 일어나 공상을 하는 사람에게 전급하고 형식은 공상 에서 시작하여 각상한 사람에게 소급하나니, 사상의 세 단계는 인격의 성인 과 범인의 증거요, 형식의 세 단계는 세상 등급의 문명과 야만의 증거이니 라.44

---

42 정은 사물분별 참조

43 한울님은 사람 형상을 한 인격신인가? 인격신에게는 사람이 가장 중요하고, 다른 생명은 사 람을 위한 들러리로 사람이 마음껏 없애고 착취할 수 있는가? 인격신은 사람의 감정과 같 이 자신을 믿지 않는 사람들을 벌하고 멸하게 하는가? 한울님은 온 우주에 가득하여 간섭 하지 않음이 없으나 형상하기 어려운 혼원한 기운이라 하였다.(동경대전, 논학문) 사람이 란 우주에서 보면 먼지보다 못한 존재이거늘 어찌 신이 사람의 형상을 하고 사람의 생각과 감정을 지녔으랴! 사람의 좁은 생각에 신을 가둬둔 것을 우리 스승님께서 혁파하셨으니 그 러므로 '개벽 후 오만 년에 노이무공하다가' 처음인 사건인 것이다. 유일신의 종교는 신과 사람의 차별이 있으나 무극대도에서는 그러한 차별과 분별이 없어진다. 무극한 천도를 바 탕으로 사람에게 한울의 진리를 깨우치고 한울과 하나가 되게 하니 이것이 후천의 종교요 신의 계시가 된다. 이를 바탕으로 모든 생명이 자연한 이치대로 살게 하는 것을 현실 정치 라 한다.

44 도는 깨달은 사람(성인)에게서 범인에게 전해지지만, 그 형식은 역사적으로 다신-일신-무신- 무극대도로 발전했으며 그 과정은 그대로 인류 역사가 짐승과 다를 바 없는 야만의 역사에서 문 명으로 나아간 과정이다.

(十三) 個人資格圖개인자격도[45]

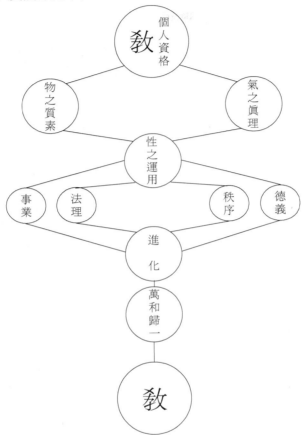

45 개인의 신앙은 어떠해야 하는가를 설명한 도표. 물건을 대할 때 물건의 본질을 파악하고, 물건의 기질과 사용하는 사람의 기질을 맞추어 사용한다. 시간이 여유 있으면 천천히 밥을 해 먹지만, 급할 땐 컵라면으로 때워야 한다. 일할 때 사용하는 연장이나 연주자의 악기도 개인의 성격에 따라 잘 맞는 것이 있다. 안 맞는 것을 사용하면 작업도 더디고 사고도 나기 쉽다. 성품의 운용이라 함은 물건을 사용할 때 개인적 욕념으로 쓰는 것이 아닌 한울 본성의 가르침에 따라 모든 한울을 위해 사용함을 말한다. 그 구체적 사용을 사업에 적용하고, 법과 이치에 맞으며 질서 있고 덕과 의를 따르면 기존 가치보다 한 단계 진화하며 한울의 덕을 드러내게 된다. 모두가 한울의 덕으로 하나 되면 이것이 교의 목적이 된다.

(十四) 個人資格圖說개인자격도설

7-14-1 教歸命 信仰的思潮 着着前進 其心髓道根本的眞境投合 世界觀總體
中 何物絶對認定 何物相對否定感覺透 此地頭立更回頭 道高人單守物認 其餘
遯求 前日迷念自釋 宇宙萬理 人性內固有原料信 此高點安立 是個人道團
종교에 명을 돌린 신앙의 사조가 착착 전진하여 그 마음의 중심을 도의 근
본인 참된 경지에 투합하면,46 세계관의 총체 속에 어떤 물건은 절대로 인
정하고 어떤 물건은 상대로 부정하는 감각이 투철하며,47 이곳에 서서 다시
머리를 돌리면 도를 높은 사람의 홀로 지키는 물건인 줄 알아 그 나머지를
구하던 지난날 아득한 생각이 자연히 풀어지고,48 우주의 모든 이치가 사람
의 성품 속에 본래 있는 원료로 믿어 이 높은 자리 속에 편안히 서게 되면
이는 개인의 도단이니라.49

(十五) 敎 批評說(교 비평설)

7-15-1. 道性質 一團(一原) 思想萬團(敎分門) 影響小分一團(敎各見) 敎思想基
影響引出者 思想過去求 太古朴素呈出 未來求進化一途得 敎人族世界運搬一
大機具
도의 성질은 일단(한 근원)이요, 사상은 만단(교의 문호)이요, 영향은 소분일단

---

46 신앙이란 한울의 내유신령과 외유기화가 하나임을 믿는 것이다.(논학문) 이를 깨닫고 체험하기
   위해선 나의 습관된 마음을 한울의 성령으로 바꿔야 된다.
47 이렇게 공부해 나가면 만물이 또한 한울의 기화 아님이 없으므로 사물과 일이 한울의 자연한 이
   치인지 아닌지, 옳은 일인지 그른 일인지 분별할 수 있고 알 수 있게 된다.
48 도는 일상에 있다. 고고한 권위와 관계없다. 도가 깊을수록 겸허해지고 일상의 소중함을 안다.
   혼자 도를 깨닫고 높은 체하며 다른 한울을 하대하는 사람은 진정한 도를 깨달은 것이 아니다.
49 도를 신앙하기 전엔 세상과 나는 별개로 분리된 각자위심하는 존재이다. 그러므로 악질이 세상
   에 가득하게 되지만, 한울과 사람이 하나이고 모든 이치가 하나임을 깨닫게 되면 모든 일은 무
   위이화 되고 모든 병은 물약자효 되니 이것이 신앙하는 개인적 목적이다.

(교의 각 견해)이니, 교는 사상에 기초하여 영향을 찾아내는 것이라.[50] 사상을 과거에 구하면 태고의 소박한 것을 드러내고, 미래에서 구하면 진화하는 한 길을 얻나니, 교는 인류 세계를 운반하는 한 큰 기구이니라.[51]

7-15-2. 吾道中諸哲 下段列 古今比較的景況恭究思想進化一途騁
우리 도 가운데 모든 현철은 아래에 열거한 예와 지금을 비교한 경황을 공경히 연구하여 사상을 진화하는 한 길로 달리게 할지어다.[52]

7-15-3. 古昔自然界在 精靈人心交通魔力不可思議
옛날 자연계에 있어서 정령이 사람의 마음을 서로 통하게 하는 마력은 불가사의로다.[53]

7-15-4. 人 道理中 一撮影 形影隱隱相照兩際 自然的一耿光 心理上小分的 覺痕成 思想運力 草昧一氣未撥狀態有故 木石聖神認 此慶幸遴 太陽善神 夜暗黑惡神 太陽火矢試 世界光明克服企此拜 一層進化 倫理的光彩下返 中古人

---

50 도는 천도요 학은 동학이라.(논학문) 세상의 진리는 하나이다. 그러나 그 진리를 풀어내고 설명하는 방식은 사는 곳의 생활이 다르고 생각이 다른 것처럼 다양할 수밖에 없다.

51 인류의 삶은 큰 변화를 겪어왔고 앞으로 더 큰 변화가 예상된다. 사막과 초원에서의 소박한 삶을 지도하던 가르침과 복잡한 도시문명에서의 삶을 지도하는 가르침은 다를 수밖에 없다. 근본은 하나의 진리에서 나왔으되 그 가르침의 방편은 사람들 삶의 변화를 반영하는 것이다.

52 동학의 진리가 오만년 무극대도라면 다른 나라의, 다른 환경에서도 유용한 가르침으로 전해질 수 있어야 한다. 그러기 위해선 그 나라를 움직여 온 생활 관습과 가르침들을 이해하는 것이 중요하다. 예를 들어 한울의 진리는 기독교나 불교 회교의 말씀을 빌려서도 얼마든지 가르칠 수 있고 또 그럴 수 있어야 한다. 또한 진리를 공부하는 사람은 다양한 사람들의 관심과 문화에 대해서도 공부하고 알아야 사람들의 삶을 보다 깊이 이해하고 도와 줄 수 있다. 자신이 아는 단편만을 고집하고 다른 종교의 가르침이나 다른 문화를 이해하려 하지 않고 편견을 가지는 것처럼 경계해야 할 것은 없다. 우스개도 있지 않은가? '책 한권만 읽은 사람이 제일 무섭다'고….

53 자연 속에 사는 사람은 자연과 교감하고 대화할 수 있다. 유목민이 말과 대화하는 것이나, 사육사가 동물과 의사소통하고 농부가 작물의 상태를 몸으로 느끼는 것이 그것이다. 자연 속에 사는 원시부족은 이런 교감 능력을 유지하므로 인도네시아 쓰나미 같은 자연재해를 피할 수 있었다. 그러나 문명화와 도시화가 진행되며 현대인들은 이런 교감 기능을 상실하게 되었다.

視時代 曰「儒」曰「老子」曰「佛」曰「婆羅門」曰「耶蘇」曰「馬合黙」敎
門重要位置占

사람은 도의 이치 속에 한 그림자를 찍어낸 것이라, 형상과 그림자가 은은
히 서로 비추는 두 사이에 자연히 한 반짝이는 빛이 심리상 작은 부분의 깨
달은 흔적을 이루어, 사상의 옮기는 힘이 거칠고 어두운 한 기운을 벗어버
리지 못한 상태가 있으므로, 나무나 돌을 성신으로 알고 여기에 경사와 행
복을 구하며, 태양은 착한 귀신이요 밤의 어두운 것은 악한 귀신이니, 태양
이 불화살을 던져 세계의 밝은 빛을 극복하리라 바라면서 이에 절하다가 한
층 진화하여 윤리적 광채 아래 돌아오니, 중세기의 사람을 보는 시대라. 유
라 이르고, 노자라 이르고, 부처라 이르고, 바라문이라 이르고, 예수라 이르
고, 마호메트라 이르는 것이 교문의 중요한 이치를 점하니라.54

7-15-5. 儒 人格上政見 實際方向自身規則 踐行心迹 人界上風敎演布特性有
天精靈祖靈崇拜神敎面目有

유는 인격상의 정사를 보는 것이니, 실제 방면에 자신의 규칙을 실천궁행하
는 마음의 자취로서 인계에 풍속과 교화를 펴는 특성이 있으며, 한울과 정
령과 조상을 숭배하는 신교의 면목이 있느니라.55

7-15-6. 老子 天地萬有 一體貫通哲理論明 自然的天則 始中終穩健自持 禮
樂刑政拘泥塵想無 超人格眞髓 仙此餘葉

노자는 천지만유의 일체에 관통한 철리를 논하여 밝히며, 자연한 천칙으로

---

54 자연과 교감할 수는 있으되 그 이치를 알지 못하므로 두려워하며 진리에 반하는 일이 많았다.
　　그러다 차츰 깨인 사람들이 이치를 밝히고 사람들을 가르치며 교문을 만드니 그것이 지금 전해
　　지는 종교가 되었다.

55 유교는 교 비평설 공부하기 참조.

처음과 중간과 나중의 편안하고 건전한 것을 스스로 가지어, 예절과 음악과 형벌과 정사에 얽어 매인 속된 생각이 없는 초인격적 진수니, 선교는 여기에서 나온 여엽이니라.56

7-15-7. 佛 無神觀無我觀 其眞覺 無有 有無 無無 三藏中 大精神頂點達者 法文所謂 苦諦・集諦・滅諦・道諦, 正信・正思・正語・正業・正命・正進・正念・正定 等 三生因果關 一種特色 敎團中初轉輪

부처는 신도 없다 보고, 나도 없다고 보는 것이니, 그 참된 깨달음은 없는 것도 있고, 있는 것도 없고, 없는 것도 없다는 세 가지 속에 큰 정신의 정점에 이른 것이요, 법문의 이른바 고제・집제・멸제・도제와 정신・정사・정어・정업・정명・정진・정념・정정 등 삼생 인과에 관한 일종의 특색은 교단 가운데서 처음의 전륜이니라.57

7-15-8. 婆羅門曰 梵天 大精神 宇宙生滅變化外立 禁慾主義一敎組成

바라문은 범천이라 말하는 것이니, 큰 정신을 우주의 생멸 변화하는 밖에서서, 금욕주의로 한 교를 조성한 것이니라.58

7-15-9. 耶蘇 耶蘇神仰三敎團有 曰 基督敎 曰希臘敎 曰羅馬敎

예수는 예수를 믿는 세 교단이 있으니, 기독교・희랍교・로마교라 이르느

---

56 노자는 인위를 배격한다. 원래 한울님이 주신 자연 그대로가 가장 좋은 상태라는 것이다. 그러므로 공부도 자연의 기를 다시 받아들여 자연과 함께 호흡하고 살아가는 양생 공부를 하고 정치란 사람들의 삶을 최소한으로 간섭하여 최대한 자연의 모습대로 살도록 하는 것을 지향한다.

57 불교는 교 비평설 공부하기 참조.

58 고대 인도의 브라만족의 경전인 베다를 중심으로 성립된 종교. 후에 인도의 민간신앙과 결합하며 힌두교가 된다. 힌두교는 수많은 신이 있는 다신교이며 각각의 신에 대한 신앙과 풍습에 비교적 자유롭다. 사회적으로는 태어날 때 정해지는 신분인 카스트 제도를 평생 벗어나지 못하므로 현세보다 내세의 삶을 기원하는 특징이 있다.

니라.59

7-15-10. 基督敎 人神諦合的思想 世界迷羊招 天父懷抱中 歸宿仲保 心靈界 道德界 兩截關係自擔天職云

기독교는 사람과 신을 결합하는 사상이니, 세계의 미혹한 양을 불러 하나님 아버지 품안에 돌아가게 하는 중간 역할로, 심령계와 도덕계 양편의 끊어진 관계를 스스로 담당하는 천직이라 말하며,60

7-15-11. 希臘敎 猶太預言者唱導眞理愛求 個人道義敎 倫理硏鑽基督敎先 驅作

희랍교는 유태 예언자의 창도한 진리를 사랑하고 구하여 개인의 도의를 가르치며, 윤리를 연찬하여 기독교의 선구를 만들며,61

7-15-12. 羅馬敎他敎對 寬容態度持故 思想發達點得 希臘敎感化受者

로마교는 다른 교에 대하여 너그럽게 용납하는 태도를 가지므로 사상이 발달한 점을 얻으니, 희랍교에 감화를 받은 것이니라.62

---

59 기독교는 교 비평설 공부하기 참조.

60 기독교와 이슬람교는 유대인의 구약을 공통 배경으로 한다. 구약의 세계는 야훼와 그가 창조한 세상, 그리고 야훼를 방해하는 사탄으로 구성된다. 야훼에 의해 창조된 사람은 사탄의 유혹으로 원죄를 지어 야훼의 세계에서 쫓겨났고, 이 원죄를 회개하고 속죄해야 다시 야훼의 품인 천국으로 들어갈 수 있으며 회개하지 않으면 지옥으로 가게 된다. 사탄은 습관심과 욕념을 상징한다. 이를 끊임없이 반성하고 경계하며 신의 사랑을 회복하는 것을 신앙의 목표로 한다.

61 그리스 정교(희랍교)는 로마 가톨릭에 비해 개인의 수행과 신앙체험 등을 중시한다. 그러므로 신앙의 깊이와 다양한 이적들이 신비적 요소가 있는 것으로 보이게 한다.

62 로마 가톨릭은 사제의 지도와 그에 따르는 교회법이 발달하였고 신앙의 규모일치를 중시한다. 다만 교회법과 사제가 용인하는 범위 안에서 각 지역과 개인의 다양한 풍속을 허용하여 유연함을 보이나 이것이 개신교의 성서주의에 공격받는 빌미가 되기도 한다.

7-15-13. 回回教 基督一體反影 其形式上 異色劍火 他人服從 絶對的義務負
世界舞臺上 表現迹有
회회교는 기독교의 일체 반영이라. 그 형식상 다른 것은 칼과 불로 다른 사
람을 복종케 하는 절대적 의무를 지고 세계무대 위에 나타난 자취가 있느니
라.63

<교 비평설 공부하기>

1. 유교
유교는 세상을 항상 변하는 존재로 파악한다. 변하는 원리를 밝히고자 하는
것이 역易이고 변화하는 세상 속에서 사람이 사람답게 살아가는 가르침은
인의예지로 대별된다.

　인仁은 사랑이다. 자신이 타고난 선한 본성을 실현하는 것이 인이며, 그
구체적 실천은 부모에 대한 효에서 시작된다. 효에서 타인에 대한 배려와
이해를 뜻하는 충서忠恕로 연결되며 그 가치를 확장한다. 의義란 자신의 생
각과 행동이 옳은지를 항상 가리는 것으로 견리사의見利思義라 해서 이익이
생기면 그것이 옳은 이익인지 생각하여 부정을 경계한다. 예禮는 사람들 사
이의 관계를 규정하며, 바른 세상을 유지하는 것은 힘이나 권력이 아닌 예
로써 관계를 형성하는 것이라 보았다. 지智는 세상을 이해하고 자신을 닦아
가는 수양으로 항상 배우고 익혀 변화하는 세상을 아는 것이 중요하다 하였
다. 특히 육예라 해서 예禮, 악樂, 사射, 어御, 서書, 수數의 여섯 가지 문무와
음악, 산수 같은 실용을 두루 가르쳐 전인적 인간을 지향하였다.

---

63 이슬람은 기독교와 구약을 공유하며 유일신(알라)에 귀의하는 것이 유일한 구원이라 가르친다.
　자기 욕망을 억제하고 알라 뜻에 따르는 삶을 지향하므로 경건히 절제하며 살도록 한다.

'인의 구체적 표현은 부모를 섬기는 것이다. 의의 구체적 표현은 형의 의로움을 잘 따르는 것이다. 부모를 잘 섬기는 것이 효이며, 형의 의로움을 따르는 것이 제이다. 인간의 지혜의 구체적 표현이란 이 효제를 깨달아 그것이 나에게 떠나지 않도록 하는 것이다. 예의 구체적 표현이란 이 효제를 절도 있게 만들고 또 예의 바르게 문식하는 것이다.'(맹자, 이루 상)

그러한 인간적인 학문이었던 유학은 송대에 와서 성리학으로 발전하는데, 불교의 영향을 받아 우주론 같은 정밀한 이론 체계가 성립되는 대신 교조적 경직성이 동반된다.

고려시대에 들어온 성리학은 조선의 건국이념으로 채용되지만 조선 전기의 유학은 비교적 실용적인 국가 경영에 탄력적으로 적용되어 훈민정음과 측우기, 간의대 같은 실용과학의 성과와 신무기 개발 등을 통한 국방 강화의 성과를 낳는다. 그러나 조선 중기 이후 성리학 이론으로 무장한 사림이 집권하며 완고한 성리학적 세계관과 그를 기반으로 한 도학정치는 실생활과 멀어진 예송 논쟁 같은 예학에만 치중하며 사회 발전을 가로막는 원인이 된다. 이미 같은 시기 청과 일본에서는 유교 경전의 상당수가 후대에 첨가되거나 위작임을 밝히는 고증학, 훈고학 등을 통해, 유학과 학문 전반에 대한 비교적 자유로운 시야를 확보하였고, 이를 바탕으로 서양의 학문도 받아들이고 있었다.

반면 조선의 성리학은 비록 같은 유학이라 해도 양명학 같은 해석을 달리하는 것을 이단으로 간주하여 엄하게 처벌하였고, 더구나 서양학문은 물론이고 발달된 청의 학문조차 수용을 거부한 채(북학파의 일부 시도가 있었지만) 쇄국으로 치달았다. 이러한 이념의 경직성과 쇄국은 급변하는 서세동점의 국제정세에 어둡고 능동적으로 대처할 능력을 상실하게 되어, 조선말 주변 세력의 침략에 속수무책으로 당하여 망국이란 결과로 나타나게 된다.(이삼성의 '동아시아의 전쟁과 평화' 참조. 우리 역사가 자신만의 것이 아니라 세계사의 흐름 속에서 역동적인 관계를 가져왔음을 설득력 있게 제시한다.)

　그러한 이념적 경직성은 조선시대의 문제로 끝나지 않고, 북한의 주체사 상이나 남한의 유신체제, 오늘 우리 사회의 정당·사회단체들(국회에서의 싸움 이나 경직된 노동운동 등)에서도 아직 흔히 보인다. 그로 인한 불필요한 갈등과 사회적 낭비를 어떻게 넓은 시야로 극복하고 실제 삶을 바꿔나갈 수 있는가 하는 것이 우리 사회 발전과 쇠락의 갈림길이 될 것이다.

2. 불교

불교는 모든 사물의 근원을 천착한다. 그러므로 일체가 무에서 시작해 무로 돌아감을 중시하고 이런 근본 성품을 찾아야 함을 가르친다. 사람들이 고해 에 빠지는 것은 본래의 성품을 잊고 습관된 마음에 물들어 인과를 만들어내 고 또 그 인과에 얽매이게 되기 때문이다. 그러므로 참된 성품을 깨달아 일 체의 인과를 벗어나 해탈할 것을 가르친다. 이 참된 성품을 깨닫는 과정이 고집멸도(고는 인생에서 겪는 생로병사의 모든 괴로움을 뜻하고, 집은 그러한 인생의 괴로움 의 원인이 되는 번뇌들을 뜻하며, 멸은 모든 번뇌를 없애고 깨달음에 들어감을 말한다. 도는 그 러한 깨달음을 얻는 수행을 뜻한다)와 팔정도 같은 가르침이 된다.

　　"출가자들이 행하지 말아야 할 두 극단이 있다. 이 두 극단이 무엇인가. 하나는 감 각적 욕망의 대상에 대한 즐거움을 탐닉하지 말아야 하는 것으로, 그 즐거움에 대 한 탐닉은 낮고 통속적이며, 평범하고 신성하지 않으며 해로운 것이다. 그리고 다 른 하나는 자신의 몸을 괴롭히는 것에 탐닉하는 것으로 그것은 고통스럽고 신성하 지 않으며 해로운 것이다. 비구들이여, 여래는 이 두 가지 극단을 버림으로서 중도 (中道)를 깨달았다. 이것은 눈[眼]을 열어주고 알게 하며, 적정(寂靜)과 통찰(通察) 과 정각(正覺)과 열반(涅槃)으로 이끌어 준다. 그렇다면, 비구들이여, 눈(眼)을 열 어주고 알게 하며, 적정(寂靜)과 통찰(通察)과 정각(正覺)과 열반(涅槃)으로 이끌어 주는 중도란 무엇인가. 그것은 곧 '성스러운 여덟 가지 길'이니, 즉 바른 견해(正見) 바른 생각(正思惟) 바른 말(正語) 바른 행위(正業) 바른 생계(正命) 바른 노력(正精進) 바른 삼매(正念)이다. 비구들이여, 이것이 눈[眼]을 열어주고 알게 하며, 적정(寂靜)과 통찰(通察)과 정각(正覺)과 열반(涅槃)으로 이끌어 주는 중도이다."(초전법륜경)

그러나 불교는 해탈을 중시하여 현실을 등지거나 경시하기 쉽고(머리 깎고 출가하는 것은 부모에게 받은 몸을 훼손하지 않는 것이 효라는 가르침을 어기고, 음양의 천륜을 거스르는 사회의 근간을 부정하는 것이라 하여 유학자들의 공격을 받는데 그것이 정치적 탄압으로 나타난 것이 조선시대), 힌두교의 영향으로 윤회를 가르쳐 현세의 상황에 체념하고 내세를 기원하게 한다. 불교 이전 전통적 관념에선 사후 혼과 백은 흩어질 뿐, 육체와 독립된 영혼이 윤회한다는 개념이 없었다.

3. 기독교

예수 사후 사도 바울이 로마에 전도하기 전까지 기독교는 유대인 거류 집단 내에 국한된 유대교의 한 개혁운동이었다. 로마에서 비로소 유대인 외의 민족에게 선교하면서 유대인만을 위한 구원이 아닌 인류 보편의 구원을 지향하며 보편 종교로 발전하게 된다. 그 후 로마의 탄압을 받다가(로마는 다신교 국가였고 이민족의 신앙에 관대했지만, 기독교와 유대교는 다른 신을 인정하지 않았다. 더구나 황제나 국가 영웅을 신격화하던 로마 관습과 우상을 배격하는 기독교는 현실적으로 심각한 충돌을 빚을 수밖에 없었다), 로마제국이 이민족 침입과 내정 불안으로 위기에 처하면서 그동안 세력이 커진 기독교의 힘을 빌려 제국 내부의 이견을 통일하고 위기를 극복하기 위해 로마제국의 국교로 공인된다. 이후 로마제국이 동·서 로마제국으로 나뉘면서 로마 주교를 교황으로 하는 로마 가톨릭과 콘스탄티노플 주교를 정점으로 하는 그리스 정교(희랍교)로 분리된다. 로마 가톨릭은 주로 서유럽에 기반을 둔 반면 그리스 정교는 동유럽과 러시아 등지에 기반을 둔다.

중세 들어 독일과 스위스 등에서 로마 가톨릭의 부패에 염증을 느낀 종교 개혁가들이 성서 정신으로 돌아가자는 기독교 개혁운동을 펼치며 개신교가 생겨났다. 그러나 그 개신교도 오늘날 오히려 개혁의 대상이 된지 오래다. 오늘 기독교의 문제를 지적한 원로목사의 의견을 소개한다.

"전쟁을 일으켜 이방인들을 죽이고 땅을 빼앗는 게 예수의 삶과 정신으로 볼 수 있는가. 신대륙에 가서 원주민들을 여자 아이 할 것 없이 모두 죽이는 게 예수의 가르침이라고 볼 수 있는가."

문동환 목사는 유대주의자였던 바울이 가져온 '유대인들의 메시아신학'을 '잘못 끼운 첫 단추'로 본다. 그로 인해 고아와 과부, 이방인 등을 가엾게 여기고 돌본 예수의 생명사랑이 사라지고, 강자의 종교로 바뀌고 말았다는 것이다. 예수는 메시아가 되기는커녕, 메시아를 완전히 거부했다고 주장한다. 다윗왕조도 철저히 거부했다는 것이다. 예수가 다윗왕조에서 야훼를 섬기는 성전에 들어가 채찍을 휘두르고 '만민이 기도하는 집을 강도의 굴혈로 만들었다'고까지 비판한데서 명확히 알 수 있다는 것이다. 예수는 이 때문에 유대교 대사제에 의해 로마군에 던져지고 십자가에 못 박혀 죽었다는 것이다.

"바울 당시 로마는 유럽과 영국까지 장악해 아우구스투스 황제는 스스로 신이라고 했다. 신전을 짓고 이를 뒷받침하는 황제신학을 만들었다. 당시 로마 문화를 잘 알면서도 골수 유대인이었던 바울은 유대인들의 예수를 메시아로 만들고, 황제신학체계를 이용해 기독교 신학체계를 만들었다. 그가 아우구스투스를 이기기 위해 죽지 않는 부활과 심판론을 만들었다. 그 때 '속죄'니 '중죄'니 하는 황제신학이 기독교에 들어왔는데, 대속 제물이란 예수의 언행과는 맞지 않다. 예수는 생전에 유대교 전통에 맞게 제물로 못 바쳐 늘 죄의식에 사로잡혀 사는 이들에게 죄의식으로 옭죄지 않고 '죄 사함을 받았다'고 마음을 편케 해주었다."

문 목사는 "바울신학을 배운 바 있던 로마의 콘스탄티누스대제가 서기 325년 기독교를 국교화한 데는 하나님이 권위가 있을수록 국가에 유리하기 때문이었다"며 "그 이후로 신학은 '힘의 논리'인 권력과 야합해 식민지 쟁탈 전쟁에 선교사들이 함께 하게 된 것이다"고 밝혔다.

"신대륙에서 여자 아이까지 다 죽인 건 유대인들의 '홀리 워'(성전)에서 나온다. 자기들만이 의롭고 이방인은 악마니 악마를 치는 건 거룩한 전쟁으로 여기는 것이다."

그는 "한국 기독교인들이 믿는 것은 예수가 아니라 그런 유대교"라고 한탄한다. '메시아와 왕조, 절대권력, 권위주의, 선민의식 등을 거부한 예수와는 정반대의 신학을 정립한 바울에 의해 그것을 기독교라고 붙잡고 있다'는 것이다.

그러면서 그는 사람 한 명 한 명의 주체적이고 능동적 생명력을 살려 역사의 주체로 세우려한 예수운동의 싹을 잘라버린 게 바울로부터 비롯된 것이라고 한다. 바울이 메시아만을 기다리며 자기 죄를 고백만 하면 죽은 다음 천당에 갈 것이라는 '대망(기다림)교회'를 만들어, 신자들을 수동적이게 해 민중(하비루)들이 역사의 주체가 된 그 역사와 예수의 정신을 거세시켜버렸다는 것이다.(문동환, 예수냐 바울이냐, 삼인)(대담정리; 조현)

八. 大宗正義대종정의[1]

8-1. 教 天大精神 人此精神範圍內 生成者

교는 한울의 큰 정신이니 사람은 이 정신 범위 안에서 나고 이루어지는 것이니라.[2]

8-2. 人大朴中出來者 其思想能宗教界交通 不可思議 其思想宗教界徘徊 各思想耿光天地內無情物邀 教門準的地位 日月水火木石其大概 此衆心歸着點 作仍小分一團成 是多神時代最高面目

사람은 큰 밑둥에서 나온 것이라, 그 생각이 능히 종교계에 통하기는 불가사의한 일이로다. 그 생각이 종교계에 머뭇거리다가 각기 생각의 반짝이는 빛으로 천지 속에 무정물을 만나 교문의 표준 되는 곳에 위치하니 일월수화목석이 그 대개라. 여기에 뭇 사람이 돌아갈 마음의 귀착점을 만들어 이에 자그마한 일단을 이루었으니 이것은 다신 시대의 가장 높은 면목이니라.[3]

8-3. 後天大氣轉輪以來 思想一層進明 一神崇拜教門立 天其抽象的大範圍 是由舊時斑斑的小部分 總其下風趣

---

1 포덕47년(1906) 1월 일본에서 귀국한 의암 선생이 2월에 인쇄소 박문사를 설치하고 4월에 중앙총부 명의로 대종정의를 비롯한 각종 교서를 간행하여 교인들에게 보급하였다. 대종정의란 큰 종교의 바른 뜻이니 한울의 진리를 온전히 밝힌 무극대도의 역사적 종교적 의미를 밝힌 글이다. 서론에선 일반적 종교의 발생과 발전을 간략히 정리하고 본론에선 대도의 발전과정과 앞으로의 지향할 방향 등을 말씀하셨다.

2 한울의 성품과 기운을 받아 태어나고(내유신령) 그 기운의 간섭으로 생명을 이어간다.(외유기화) 이러한 한울의 큰 지기와 만물이 하나의 기운이며 그로써 화생하는 진리를 가르치는 것이 교다.

3 사람의 의식이 발달하기 전에는 사람 힘으로 어쩔 수 없는 자연의 대상을 두려워하고 숭배하였다. 해와 달, 물, 불, 나무, 돌 등 모두에 신이 있다고 생각하니 이를 정령신앙이라 하고 이로부터 다신교가 시작된다. 朴은 나무껍질, 순박할 박이므로 처음 원시시대에는 사람이 짐승과 크게 다르지 않은 소박한 삶이었고 문명이랄 게 없었다. 그런 삶에서 한울의 큰 정신과 통하는 의식의 발전이 이루어졌으니 어찌 불가사의한 일이 아니랴.

후천의 큰 기운이 돌아온 이래로 생각이 한층 진보되고 밝아져서, 일신을 숭배하는 교문을 세우니 한울은 그 추상적인 큰 범위라. 이로 말미암아 옛적에 반짝이던 작은 부분이 다 그 아래로 나아가느니라.4

8-4. 大神師吾敎元祖 其思想 博從約至 其要旨 人乃天 人乃天敎客體成 人乃天認心 其主體位占 自心自拜敎體 天眞素的極岸立 此人界初創大宗正義謂足
대신사는 우리 교의 원조라. 그 사상이 넓은 데로부터 간략한 데 이르렀으니5 그 요지는 인내천이라. 인내천으로 교의 객체를 이루고, 인내천을 인정하는 마음이 그 주체의 자리를 점하여 자기 마음을 자기가 절하는 교체로, 한울의 참된 원소의 극안에 서나니 이것은 인간계에서 처음으로 창명된 대종정의라 말함이 족하도다.6

(一) 吾敎의 神人時代(오교의 신인시대)

8-1-1. 大神師 神機能哲學推究不得靈迹有 深水急雨徒行衣巾不濕手摩心念人病愈
대신사는 신의 기능이 철학으로서 추구할 수 없는 영적이 있었는지라. 깊은 물과 소나기 속에 그냥 가시어도 의복과 두건이 젖지 않았으며, 손으로 만지고 마음으로 생각하시어 사람의 병을 고치셨느니라.7

---

4 사람들이 이치를 깨우치며 각각의 현상들이 따로 있는 귀신의 작용이 아닌 서로 연관된 것임을 알게 되니, 하나의 작용하는 큰 기운, 즉 일신을 숭앙하는 일신교가 되었다.

5 "우리 도는 넓고도 간략하니…."(동경대전, 좌잠)

6 일신교도 아직 신과 사람을 분리해서, 사람은 높고 멀리 있는 신에게 기도하고 바랄 뿐, 주체적으로 자신의 삶과 세상을 바꾸지 못하는 종교일 뿐이었다. 그러나 수운 선생이 누구나 한울의 영기를 모시고 있음을 밝히시므로 스스로의 신앙과 의지로 자신과 세상을 변화시킬 수 있는 주체적 신앙이 시작되니 이것이 무극대도다.

7 철학이란 사람의 이성이 이해할 수 있는 부분이다. 그러나 인간 이성은 아직 사람 몸도 완전히 이해하지 못했을 뿐더러 땅의 일부, 바다의 대부분, 우주는 거의 전부가 밝혀지지 않은 영역이다.

8-1-2. 究靈迹 人慧能抽出難者 天代表天能力行 自然的活機 此靈迹由來根
本的神機 言語文章表象不能者 人此叩 但泯黙付反省 其推想力能其發迹地未
及 是意識界根因者 謂不可 天靈迹 靈迹受者兩間紹介者謂可

생각건대 영적은 사람의 지혜와 능력으로 뽑아내기 어려운 것이라, 한울님
의 대표로 한울님의 능력을 행하는 자연의 활기이니, 이 영적의 거쳐 온 근
본적 신기는 말과 글로 표상할 수 없는 것이라. 사람이 이것을 캐어물으면
다만 잠잠할 수밖에 없으며, 돌이켜 살피어도 그 추상력이 능히 그 영적이
나타난 곳에 미치기 어려우니, 이것은 의식계에 근인한 것이라 말하지 못할
것이요, 한울님의 영적과 영적을 받은 사람의 양간 소개라고 말하는 것이
옳으니라.8

8-1-3. 天靈迹無極界 人智有限域故 有限無極對照 眼光常未及 疑生誘起

한울님의 영적은 무극한 것이요, 사람의 지혜는 유한에 범위한 것이므로,
유한으로써 무극을 대조함에 안광이 늘 미치지 못하여 의심을 낳고 비방을
일으키느니라.9

이 무한한 세계가 한울님의 영역이고 '지기금지 원위대강'은 그 무한한 기와 교통하는 것이다. 그
로써 물약자효하고 이심치심하며 그 밖의 영적이 있음은 스승님들의 예 뿐 아니라 지금 주위에서
도 마음을 열고 보면 흔히 접할 수 있다. 눈을 감고 마음을 닫고 있으면 수운 선생이 앞에서 보여
줘도 믿지 못할 것이다.

8 앞 절에 소개된 대신사의 영적을 부연한 설명. 사람의 힘으로 이룰 수 없는 일을 행하면 그를 영
적이라 하며 경외했지만, 영적이 도의 목적은 아니다. 다만 필요할 때 사람들의 마음을 이끄는 방
편은 될 수 있을 것이다. "내가 독실히 공부할 때에 억수같이 내리는 비 가운데서도 옷과 두건이
젖지 아니하였으며, 능히 구십 리 밖에 있는 사람을 보았으며 또 능히 바르지 못한 기운을 그치었
으며 조화를 썼으나 지금은 조금도 돌아보지 않고 끊었노라."(해월신사법설, 기타) "마음의 힘을
얻은 사람은 능히 유정천의 능력과 변화를 행할 수 있느니라. 그러므로 제 몸에서 성품을 보는 사
람도 또한 제가 능히 한울의 능력을 스스로 쓰나니…."(의암성사법설, 성심신삼단)

9 사람들은 흔히 자신이 모르는 것을 틀리거나 진리가 아니라고 하며 비방하곤 한다. 모른다고 인
정하고 마음을 열면 보다 넓은 세상이 열리는 것을.

8-1-4. 天師一體二位 但有形無形區別有者 雨水病無形天能力 雨水中徒行不濕病勿藥自效有形天能力 先能後能總一機中織出者

한울님과 스승님은 일체이위로서 다만 유형과 무형의 구별이 있는 것이라. 비와 병은 무형한 한울의 능력이요, 빗속에 그냥 가도 젖지 않는 것과 병에 약을 아니 써도 낫게 하는 것은 유형한 한울님의 능력이니,10 먼저의 능력과 뒤의 능력이 전부 한 기틀 속에서 짜내는 것이니라.11

8-1-5. 大神師 人德性才智本源無形供 世界修飾面目制度 人自手執行任

대신사는 사람의 덕성과 재주의 본원을 무형에 둘 뿐이요, 세계를 꾸미는 데 관한 면목과 제도는 사람의 스스로 집행하는 데 맡기었느니라.12

8-1-6. 大神師天職體行年限四個年止 敎基礎天意未洽故 海月神師繼降敎體

---

10 "나도 또한 그 말씀에 느끼어 그 영부를 받아써서 물에 타서 마셔본 즉 몸이 윤택해지고 병이 낫는지라, 바야흐로 선약인 줄 알았더니….".(동경대전, 포덕문) "성경이자 지켜내어 한울님을 공경하면 자아시 있던 신병 물약자효 아닐런가….".(용담유사, 권학가) "지금 사람들은 다만 약을 써서 병이 낫는 줄만 알고 마음을 다스리어 병이 낫는 것은 알지 못하니….".(해월신사법설, 영부주문) "이 이치를 바로 알고 공경하고 두려워하는 마음으로 체행하면, 아무리 큰 비가 내려도 신발이 조금도 젖지 아니할 것이니라….".(해월신사법설, 성경신) "대신사는 최중희라는 제자 한 사람만 데리고 남원으로 향했다. 의령에 이르러 김공서의 집에서 묵게 되었는데 그의 외아들이 중병에 걸려 목숨이 경각에 달려 있었다. 대신사는 환자를 손으로 어루만지며 들여다보았다. 그러자 환자 몸에서 냉기가 없어지고 혈맥이 통하면서 병이 완치되었다. 김공서가 놀라자 '세상의 큰 병을 고치면 작은 병은 자연히 없어지는 것이니 그대는 세상의 큰 병을 고치는 도를 하라'고 말하고 주문을 써 주었다."(천도교약사, 32쪽)

11 "한울님은 마음이 있으나 말이 없고, 성인은 마음도 있고 말도 있으니, 오직 성인은 마음도 있고 말도 있는 한울님이니라."(해월신사법설, 성인지 덕화)

12 대신사가 나를 구원하는가 진리가 나를 구원하는가? 진리를 좇는 것이 아닌 사람만 의지하면 그 사람 사후에는 가르침이 아무리 훌륭해도 역사의 흔적으로만 남을 것이다. "나는 도시 믿지 말고 한울님을 믿었어라. 네 몸에 모셨으니 사근취원 하단 말가."(용담유사, 교훈가) 불가에서도 부처를 만나면 부처를 죽이고, 조사를 만나면 조사를 죽이라는 말이 있다. 스스로 깨닫고 행하지 않으면 의미가 없다. 사람 생명 자체가 한울 기운을 받아 살아간다. 그러므로 그 재주와 덕이 모두 한울에 근원한 것이 아님이 없다. 또한 한울 이치에 합당하면 제도는 그곳 환경과 사정에 따라 다양한 모습으로 적용될 수 있다. 그것이 문화다.

未完補故 海月神師終年暨 萬撓不拔 敎大基礎始奠

대신사는 한울님의 직책을 체행하신 연한이 사 개년에 그치어 교의 기초가 한울님의 뜻에 흡족치 못하므로, 해월신사를 계강하시어 교체의 완전치 못한 것을 보충케 하시니, 그러므로 해월신사의 종년에 이르러서는 만번 흔들어도 빼어지지 않는 교의 큰 기초가 처음 정하여졌느니라.[13]

(二) 吾敎의 顯明時代(오교의 현명시대)

8-2-1. 人天從世界至然後 但赤體居 宮室衣服飲食滋養禮樂刑政保護無 人名有人位置保難故 天聖降人界制度面目顯明

사람이 한울로 좇아 세계에 이른 뒤에 다만 붉은 몸으로 살면서, 주택과 의복과 음식의 자양과 예악과 형정의 보호가 없으면, 사람이란 이름이 있으나 사람의 위치를 보존하기 어려우므로, 한울님이 성인을 나게 하시어 인계의 제도와 면목을 나타내어 밝히었느니라.[14]

8-2-2. 吾敎信仰 哲學 制度三區分 人心傾向準的地定 信仰 人天粘着 其身自有忘 哲學性本來天 身衆生相兩段分定 性久暫別 性界榮譽三光同壽期 身界利益百年一夢認 大旨義揚明 制度天人合一的要點抽出 性靈人正的肉身人正軌定 新鮮面目一大素天國構成者 白日天心當 其光萬國

---

13 우리 교의 역사는 조선말에서 일제로 넘어가는 질곡을 최전선에서 감당해 온 역사이다. 수운 선생 사후 가계도 끊기고 제자들도 흩어져 동학은 역사의 희미한 흔적만 남을 뻔하였다. 해월 선생의 역정이 아니었다면 경전 간행과, 수많은 포덕과, 그 과정에서 보여준 지도력과 도의 감화, 그리고 법설 등이 어찌 오늘 전해지랴!

14 야생에서 인간만큼 나약한 동물도 없다. 바람 막을 털도 없고 빠른 발도 없으며 강한 이빨이나 발톱도 없다. 그런 벌거벗은 몸으론 거친 야생에서 생존이 불가능한 존재이나 오히려 그런 약점을 극복하기 위해 지능을 발달시켜 왔는지 모른다. 살아남기 위한 자연법칙의 이해와 그를 이용한 도구의 사용 등이 오늘의 인간을 있게 하였다. 사람들 중 이러한 법칙을 밝히고 다른 사람들에게 가르친 사람들이 있어 이들이 스승, 성인으로 추앙 받게 되었다.

우리 교의 신앙과 철학과 제도를 셋으로 나누어 인심 경향의 표준한 곳을 정하니, 신앙은 사람이 한울님에 다가붙어서 그 몸이 스스로 있음을 잊으며,15 철학은 성품의 본래천과 몸의 중생상을 양단으로 나누어 정하여 성품과 몸의 오래가는 것과 잠깐 있는 것으로 구별하고, 성품 세계의 영예는 삼광과 함께 수함을 기약하고, 신변 세계의 이익은 백년일몽을 인정하는 큰 취지의 뜻을 높여 밝히며,16 제도는 한울님과 사람이 합일하는 요점을 추출하여 성령인의 바른 목적과 육신인의 바른 궤도를 정하니, 신선한 면목이 하나의 큰 천국을 구성한 것이니라. 백일이 천심을 당하여 그 빛이 만국에 비치리라.17

(三) 吾敎의 新思想時代(오교의 신사상시대)

8-3-1. 人 幼年壯年別 有 敎今日人壯年 其體天大 其光日出 其思想古朴持 烏乎 其可

사람은 유년 장년의 구별이 있으니 교의 오늘은 사람의 장년시대라. 그 체는 한울님같이 크고, 그 빛은 해와 같이 솟았거늘 그 사상이 옛것을 그대로 가지면

---

15 신앙이란 자신의 습관심을 깨우치고 한울의 본래심을 회복하는 과정이다. 신앙이 굳건하지 못한 보통 사람들은 자신의 욕념을 버리기 위해 나는 없다 생각하며 한울님께 모든 것을 맡기고 의지해야 한다.

16 철학 없이 신앙만 하면 신앙의 발전이 없고 맹신이 되기 쉽다. 그렇기 때문에 해월 선생도 주문과 이치공부를 겸하라고 하셨다.(해월신사법설, 수도법) 사람이 구하는 대로 주시는 분이 한울님이시므로 구하는 것이 바르지 못하고 편협 되면 그것만 믿고 살게 된다. 이것이 오늘 수 많은 종교간 분쟁과 다툼의 원인이다. 즉 몸을 기준으로 생각하고 신앙하면 수많은 분별과 다툼이 생길 수밖에 없지만 한울 성품을 기준으로 하면 분별이 필요 없이 모든 것을 포용할 수 있다. 그러므로 신앙을 하되, 무엇을 구하고 어떻게 신앙하며 살 것인지를 함께 공부해야 한다. 그래서 육신의 이익과 명예는 영원한 것이 아니고 한울 성품의 진리만이 영원함을 안다. 삼광이란 해, 달, 별을 뜻하므로 영원한 진리의 빛을 말한다.

17 모든 사람이 도통하면 가장 좋겠지만 현실은 그렇지 못하다. 그러므로 한울님 진리에 합당한 삶의 표준을 제시하여, 뒤떨어지는 사람들을 함께 이끌 수 있도록 하는 것이 제도이다.

어찌 옳다고 하겠는가.18

8-3-2. 吾敎本素 充然果然 半分增益不要 此發表 思想文明 現代文明前駕作

우리 교의 본소는 가득히 차서 반 푼의 더할 것을 요구치 아니하나 이것을
발표하기는 사상문명으로 현대문명의 선구를 지어야 하느니라.19

8-3-3. 或云 頭如何脚如何 未免太拘 但內心眞實務 天黙喜得可 此不諒甚
小頭一燭暗室中在 窓壁皆黑昏衢彷徨人何以接引 大德布施吾敎先着

혹 이르기를 머리는 어떻고, 다리는 어떻고 하는 것은 아직 큰 장애를 면치
못하는 것이니, 다만 내심의 진실을 힘써서 한울의 조용한 기쁨을 얻는 것
이 가하다 하나니, 이는 알지 못함이 심하도다.20 작은 한 촛불이 암실 중에
있어 그 창 벽이 모두 검으면 어두운 거리의 방황인을 어떻게 가까이 인도
할꼬. 대덕을 펴고 베푸는 것은 우리 교의 먼저 착수할 것이니라.21

---

18 "우리 도의 운수는 세상과 같이 돌아가는 것이니…."(해월신사법설, 오도지운) 진리가 세상에
   처음 나올 때는 사람들의 인식이 깨이지 못하여 진리가 박해를 당한다. 석가와 예수가 그랬고 우
   리 스승님들도 그러했다. 그러나 세상 사람들의 의식이 깨이고 넓어지는데, 교는 의식이 깨이기
   전의 사람들을 가르치듯 하면 누가 따르겠는가? 진리는 변함이 없되 그것을 가르치는 방편은 끊
   임없이 변화해야 한다. 그래서 천년에 대일변, 백년에 중일변, 십년에 소일변(해월신사법설, 개
   벽운수)하라고 하신 것이다.

19 한울님 뜻은 수운 선생이 명확히 밝혀 주었다. 그 진리는 더할 것도 없지만 그것을 설명하는 것
   은 사람과 때에 맞게 해야 할 것이다. 신사님과 성사님이 그렇게 지도하실 때는 교가 세상에 큰
   역할을 했으나, 오늘 우리 삶에 맞는 가르침을 누가 줄 것인가? 모든 것이 밝혀진 이제는 특정
   한 사람에 의지할 때가 아닌 각 개인의 노력과 의지가 중요하지 않은가 생각된다. '네 몸에 모셨
   으니 사근취원 하단말가.'(용담유사, 교훈가) 하지 않으셨나!

20 諒 믿다, 참, 진실 량. 한울 성품을 깨닫고 진리를 알면 사소한 시비에 연연하지 않게 된다. 그러
   나 진리란 책이나 머릿속에 있지 않다. 삶의 현장에 구현되지 않는 진리는 탁상공론일 뿐이다.
   그러므로 다음 구절에 말씀하시듯 진리를 주위에 알리고 실천하여 삶과 세상을 변화시키는 것
   이 한울의 덕이 된다.

21 도를 깨닫고 진리를 알아도 혼자만 알면 암실 안의 촛불과 같다. 촛불은 자신을 태우며 주위를
   밝힌다. 진리를 알면 뭐 하는가 초만도 못한 것을!

8-3-4. 士農工賈人生根器 揮讓進退 人事義趣 萬法了悟 是所謂新思想

사농공상(士農工商)은 인생의 근본 그릇이요,22 지휘하고 양보하고 나아가고 물러서는 것은 인사의 옳은 취지니,23 만법을 깨닫는 것은 이른바 신사상이니라.24

8-3-5. 究 心學研究 天智慧資 形學發達 人機宜酌 萬條竝暢 萬目畢張 吾敎大德

생각건대 심학 연구는 한울님의 지혜를 자료로 하며, 형학의 발달은 사람의 시기와 형편에 맞도록 짐작함이니, 여러 조목이 서로 통하고 많은 사람에게 다 베푼 것이 우리 교의 큰 덕이니라.25

---

22 賈 장사, 상업, 상인 고. 사람들은 직업을 통해 먹는 것을 해결하고 자신의 꿈을 실현한다. 요즘은 직업이 다양하지만 과거엔 사농공상이 직업의 대표였다.

23 사람이 살아가면서 앞에 나가서 앞장설 때와 양보할 때를 잘 처신하지 못하면 몸과 마음을 상하고 욕을 당하기 쉽다.

24 한울 법은 하나로 통하나 세상 법은 상황과 지역에 따라 수없이 많이 있다. 세계가 한 지역처럼 된 시대엔 다른 지역의 법과 관습을 잘 알아야 실수가 없을 것이다.

25 심학은 山下大運이 盡歸此道 하고 一以貫之함이고, 현실의 학문은 用時用活의 정신을 생각하면 좋을 것이다. 즉 마음공부에 있어선 모든 가르침을 포용하는 열린 마음을 수양하지만 그것이 현실에 적용되는 모습은 때와 곳에 따라 다양한 모습으로 변화할 수 있어야 한다.

九. 授受明實錄수수명실록[1]

9-1. 天化生萬物 意屬形體 任意用之者也 人而生子生女 愛而養之 及其終時 意予子孫 傳家萬年矣

한울은 만물을 화생하고 뜻을 형체에 부처 임의로 활용하는 것이요,[2] 사람은 아들딸을 낳아서 사랑하여 기르다가 나중에는 뜻을 자손에게 주고 집을 길이 전하느니라.[3]

9-2. 夫聖賢 統率天性 敬而誠之 及其至也 傳授後學 人人成道不忘守心故 不死不滅德與上天也夫

무릇 성현은 천성을 거느리어 공경하고 정성하다가[4] 그 지극함에 미쳐서는

---

1 포덕40년 12월 저술. 각세진경과 같은 해에 저술된 의암 선생 초기 가르침이다. 밝음이 있는 바를 알지 못하거든 멀리 구하지 말고 나를 닦으라고 했다.(동경대전, 전팔절) 나와 세상의 무명과 어둠을 밝히기 위해 무엇을 해야 하는가, 또 어떤 것을 자손과 후학에게 전해줄 것인가? 재산과 물질적 유산을 남길 것인가, 영원한 진리를 전할 것인가? 명이 있는 바를 알지 못하거든 이치가 주고받는 데 묘연하다(동경대전, 후팔절)고 했다. 자신이 사는 명을 모르면 무엇을 구하며 살아야 할지, 또한 나는 무엇을 사람들에게 전하며 살지 모르니 참되고 보람된 삶을 살기 어렵다.

2 만물은 그 형상에 특징들이 담겨 있다. 물은 아래로 흐르며 모든 것을 적시고, 불은 위로 올라가며 태운다. 나무는 위로 올라가며 자라다 옆으로 휘어지며 가지를 뻗고, 쇠는 곧고 단단하다. 흙은 모든 것을 받아들이고 키우며 치우치지 않는 성질을 가졌다. 이를 만물의 오행이라 한다. 물로 단단한 것을 지탱하려 하거나 나무로 뜨거운 것을 막으려 하면 안 된다. 만물은 그 성질에 맞게 사용해야 성과를 얻을 수 있다.

3 모든 생명은 자손을 잇고 번식하려는 본능이 있다. 학자 중엔 생명체란 유전자가 자신을 후대에 전하기 위한 도구일 뿐이라는 주장을 하기도 한다.(리처드 도킨스, 이기적 유전자) 나고 죽고 하는 순환은 한울의 본질이다. 그러면 만물 중 최령자라는 사람은 자손에게 무엇을 물려주는 것이 가장 사람다운가? 허상에 불과한 명예나 재산보다 영원한 진리를 전하는 것이 가장 좋으리라. ＊ 예전 교회 원로 한 분이 지인의 문상을 갔는데, 고인의 아들들이 고인의 무능을 한탄하더라라. 그래서 뭐가 무능했기에 그러느냐 물었더니 아들 삼형제에게 유산 10억씩 생전에 물려줬는데, 이렇게 저렇게 쓰다 보니 금방 바닥이 났다고. 좀 더 넉넉히 물려주지 못했으니 무능한 것 아니냐고. 물질은 허상이다. 아무리 많아도 하룻밤에도 날려 버릴 수 있다. 바른 마음과 바른 삶의 자세를 물려준다면 죽어서 자식들에게 무능하다는 소리를 듣지는 않을 것이다.

4 "그 마음을 지키고 그 기운을 바르게 하고 한울님 성품을 거느리고 한울님의 가르침을 받으면, 자연한 가운데 화해나는 것이요."(동경대전, 논학문)

후학에게 전해 주어 사람마다 도를 이루게 하며,5 마음 지키는 것을 잊지 않으므로 죽지도 멸하지도 아니하여 덕이 상천에 닿는 것인저.6

9-3. 天以意屬形體 任意用之明兮 侍字豈無信兮 豈無敬兮

한울이 뜻을 형체에 부쳐서 임의로 활용하는 것이 명백함이여, 모실 시 자에 어찌 믿음이 없으며 공경이 없겠는가.7

9-4. 故 生靈之前敬以致誠者 與人罷惑於物各有侍天主之根本 能得天地無窮變化之的實 速達萬事知 奉天合德之實常者也 根本的實依壁可乎 向我可乎

그러므로 생령 앞에 공경히 정성 드리는 사람은 사람으로 더불어 만물이 각각 시천주의 근본이 있음을 파혹하고, 능히 천지 무궁변화의 적실한 것을 얻어서, 빠르게 만사지에 달하여 한울님을 받들고 한울님 덕에 합하는 실상이라.8 근본적실은 벽에 의하여 위를 설하는 것이 옳겠는가, 나를 향하여 위를 설하는 것이 옳겠는가.9

9-5. 人之生子意予傳家 目前之怳然 死後奉祀未惑之餘誠 然傳來風俗死後奉祀倍加生尊何者

---

5 "사장사장 서로 전해 받는 것이 연원이요."(용담유사, 도수사)

6 "나의 영부를 받아 사람을 질병에서 건지고 나의 주문을 받아 사람을 가르쳐서 나를 위하게 하면 너도 또한 장생하여 덕을 천하에 펴리라."(동경대전, 포덕문)

7 만물에 한울의 기와 뜻이 담겨 있으므로 모두 시천주한 것이다. 그러므로 경천, 경인, 경물 해야 할 것이며 이를 실천하려면 진리에 대한 믿음이 선행되어야 한다. "어찌 반드시 사람만이 홀로 한울님을 모셨다 이르리오. 천지만물이 다 한울님을 모시지 않은 것이 없느니라."(해월신사법설, 영부주문)

8 만물을 공경하여 한울이 만물에 부여한 그 특성대로 잘 활용하면 일을 함에 무엇이 어려울 것인가? 그러므로 만물에 한울의 기운이 모셔져 있음을 깨닫고(시천주) 이를 잊지 않고 정성 드리면 (조화정) 모든 것을 이루어 주신다(만사지).

9 시천주 이므로 벽에 귀신이 오는 것이 아닌 내 몸에 모신 것이다. 그러므로 향아설위가 되는 것이다.(해월신사법설, 향아설위 편 참조)

사람이 자식을 낳아 뜻을 주고 집을 전하는 것은 눈앞에 황연한 것이요, 죽은 뒤에 제사를 받드는 것은 미혹의 나머지 정성이라. 그러나 전해 오는 풍속이 죽은 뒤에 제사 지내는 것을 살아 있을 때보다 갑절이나 존경함을 더하니, 어찌된 것인가.10

9-6. 生子傳家在於目前 如是沒覺反是取末 又況死後推心在於渺然 何敢分釋 論其實常 生子傳家死後推心 使汝推心乎 與壁推心乎

자식을 낳고 집을 전하는 것은 눈앞에 있는 것이나, 이와 같이 몰각한 사람이 도리어 이에 끝을 취하며, 또 하물며 죽은 뒤에 마음으로 생각한다는 것은 묘연한 것이라, 어찌 감히 그 실상을 분석하겠는고. 그 실상을 논하건대 자식을 낳고 집을 전하는 것은 죽은 뒤에 마음으로 생각하는 것이니, 너로 하여금 마음으로 생각케 하는 것이냐, 벽으로 더불어 마음으로 생각하는 것이냐.11

9-7. 夫聖賢之德 化被草木無不干涉 德如蒼天 賴及萬方也故 千秋萬代奉如 皇天 與人授心 人人成道 授與受者明若觀火 聖訓聖德 念念不忘則 聖心神明 我心燭矣 論其授受依壁授乎 依人授乎 與人授受 怳然無疑 以此觀之向我設位 豈不可乎

무릇 성현의 덕은 화하는 것이 초목에까지 미쳐서 간섭치 않음이 없고, 덕

---

10 원래 제사란 혈연 공동체를 확인하고 그 안에서 효도와 공경하는 것을 강조하고 가르치기 위한 장치였다. 그런데 후대에 와서 본 뜻은 희미해지고 형식만 남아 오히려 사람들을 얽어매게 된 경우가 많게 되었다.

11 원래 보이는 것은 쉽지만 보이지 않는 것은 어렵게 느껴지기 마련이다. "무릇 하품 사람은 보이는 데는 강하고 무형한 데 소홀히 함은 이치의 당연한 것이라."(해월신사법설, 도결) "하등 사람은 성령으로써 육신을 거느리지 못하여 성령의 생맥(生脈)이 육신에 미칠 뿐이요, 중등 사람은 성령과 육신을 평등으로 대우하여 성령 범위에 있는 덕의(德義)와 육신 범위에 있는 이익(利益)을 항상(恒常) 아울러 취(取)할 사상(思想)이 있으며, 상등 사람은 육신 관계보다 성령을 중히 여김이 육칠 분에 지나는 고로…."(의암성사법설, 현기문답)

은 창천과 같아서 만방이 다 같이 힘을 입느니라.12 그러므로 천추만대에 한울같이 받들며 사람에게 마음을 주고 사람마다 도를 이루게 하니, 주고받는 것이 불 본 듯이 밝은 것이니라. 성인의 가르침과 덕을 늘 생각하여 잊지 않으면, 성인의 마음과 신의 밝음이 내 마음을 비치나니, 그 주고받는 것을 말할 적에 벽에 의지하여 주는 것인가, 사람에게 의지하여 주는 것인가. 사람과 더불어 주고받는 것이 황연히 의심이 없느니라. 이로써 보면 향아설위가 어찌 옳지 않겠는가.13

9-8. 論其念字 人之相思 思則置矣 不思則無矣也 以此推之 天德師恩 思則存矣 忘則亡矣 天德師恩 念念不忘 至化至氣於至聖矣

생각 염 자로 말하면 사람이 서로 생각하는 것이니 생각하면 있는 것이요, 생각하지 않으면 없는 것이라. 이로써 추구하면 한울님 덕과 스승님 은혜도 생각하면 있는 것이요, 잊으면 없는 것이니, 천덕사은을 생각하고 생각하여 잊지 아니하면 지기와 지극히 화하여 지극한 성인에 이르는 것이니라.14

9-9. 聖訓曰「人是天人也 道是大先生主 無極大道也」者 何者 人是天人也者 天以化生萬物意屬形體 任意用之者也 道是大先生主無極大道也云者 以侍定知三字 以明天地無窮之根本 布于天下 人人合德成道 永世不忘者也 以此論之

---

12 "성인의 덕행은 춘풍태화의 원기가 초목군생에 퍼짐과 같으니라."(해월신사법설, 성인지 덕화) 한울님 덕은 만물에 미치지 않음이 없다. 한울님 덕을 실천하는 분이 성인이니 성인의 덕은 한울의 덕과 하나가 되는 것이다.

13 진리는 성인에 의해 밝혀졌고 그것을 또 제자들이 배워 전하니 이것이 연원이 된다. 물 흐르듯 하고 비 오듯이 하는 것이다. 모신 한울님을 위하고 모신 한울님께 의지하는 것이지 벽 저편에 있는 귀신에 의한 것이 아니다. "명이 있는 바를 알지 못하거든 이치가 주고받는 데 묘연하니라."(동경대전, 후팔절)

14 여기서 생각은 욕념이나 잡념이 아닌 진리와 한울을 생각하는 것이다. "생각을 하면 한울 이치를 얻을 것이요 생각을 하지 않으면 많은 이치를 얻지 못할 것이니, 심령이 생각하는 것이요, 육관(눈·귀·코·혀·몸·뜻)으로 생각하는 것이 아니니라."(해월신사법설, 수심정기)

其分釋難矣 以愚昧之心量之則初學入德 以侍天主三字合德 更受先生布德 以
萬事知三字 大道見性若何若何

성훈에 말씀하시기를「사람은 바로 한울사람이요, 도는 바로 대선생님의 무
극대도라」15한 것은 무엇인가.「사람은 바로 한울사람」이란 것은 한울이 만
물을 화생함에 뜻을 형체에 부쳐 임의로 활용한다는 것이요,16「도는 바로
대선생님의 무극대도라」한 것은 시·정·지 세 글자로써 천지무궁의 근본
을 밝히어 덕을 천하에 펴고, 사람마다 덕에 합하고 도를 이루어 한평생 잊
지 않게 한다는 것이니,17 이로써 말하면 그 분석이 어려우니 어리석은 마
음으로 헤아려보면, 처음 배워 덕에 들어가려는 사람은 시천주 석 자로써
덕에 합하고, 다시 선생의 포덕을 받아 만사지 석 자로써 대도견성하는 것
이 어쩌하고 어쩌하리오.18

9-10. 畵工欲圖 萬思量度 投筆成圖 量心照形者 比如依壁設位者也

그림 그리는 사람이 그림을 그리려 할 적에 만 번 생각하고 헤아려서 붓을
들어 그림을 그리나니, 마음을 헤아려서 형상이 나타나게 하는 것이 비유하
면 벽을 의지하고 위를 설하는 것과 같으니라.19

---

15 해월신사법설, 개벽운수.
16 "음과 양이 서로 고루어 비록 백천만물이 그 속에서 화해 나지마는 오직 사람이 가장 신령한 것
  이니라."(동경대전, 논학문) 사람은 한울님 영기가 화생한 증거다. 그래서 '덕이 있는 바를 알지
  못하거든 내 몸의 화해난 것을 헤아리라.'(동경대전, 전팔절)고 하셨다. 이를 잊지 않고 한울의
  덕에 합하는 이가 성인이고, 그렇지 못한 이가 범인이다.
17 누구나 한울의 영기를 받아 태어나지만 이를 잊고 각자위심하게 되니 악질이 생긴다. 이를 깨우
  쳐 한울 마음을 다시 회복하고 천지부모와의 소통을 하도록 한 게 성인의 가르침. 성인의 가르
  침은, 한울(진리)을 모시고(시) 그를 잊지 않고(정) 만사를 한울의 뜻과 같이 행하는(지) 것이다.
18 도에 처음 들면 그간의 습관된 마음을 버리고 한울 마음을 회복하여 거듭나야 한다. 이것이 한
  울 사람이 되는 것이고 강령의 공부다. 한울 사람이 된 다음은 그 마음을 잊지 않고 삶에 실천
  하는 공부가 따르니 이것이 수심정기요, 영세불망하여 만사지하는 공부다. 그러므로 사람은 한
  울사람(시천주)이 되야 참된 삶을 살 수 있음이요 그러한 도를 온전히 밝힌 것은 대선생님의 무
  극대도이다.
19 마음은 한울이요 형상은 현실이다. 현실의 모든 것은 한울의 반영이니, 화가의 마음(한울)이 그

9-11. 爲人成道者 每念聖訓 體用德行 傳心受心 豈有間矣哉 間或齊心默然
正坐 敬念授受之際則 以神明聖道怳然降身 至化至氣無時不明 無時不敎也 合
用明知自量也夫

사람이 도를 이루려고 하면 언제나 스승님의 가르침을 생각하여 체와 용으
로 덕을 행하며 마음을 전하고 마음을 받으면 어찌 사이가 있으리오.20 간
혹 마음을 가다듬고 조용히 바로 앉아 주고받는 때를 공경히 생각하면, 신
명성도로써 황연히 몸에 내리어 지기와 지극히 화하여 때로 밝지 아니함이
없고 때로 가르치지 아니함이 없으니, 합하여 쓰고 밝게 앎을 스스로 헤아
릴진저.21

림(현실)에 반영되고, 벽(바탕)이 있으므로 거기에 의지해 위를 설하는 것(현실)과 같다. 그러
므로 마음 바탕이 바르고 좋아야 좋은 형상이 나올 것이다. "잠잠한 것은 반드시 성품이 근본이
되나니, 만약 그 근본이 굳건치 못하면 잎이 푸르지 못하고 꽃도 붉지 못할 것이요….."(의암성
사법설, 극락설)

20 한울님 마음과 스승님 가르침은 바탕이요 體다. 그로써 삶 속에 행함은 用이다. 한울님 마음을
얻지도 않고 스승님 가르침을 따르지 않으며 자기 마음대로 행하면 도를 어긋나게 하는 것이다.

21 현실은 복잡하다. 삶 속에서 행하다 보면 어느 것이 한울님 뜻에 맞는 것인지 분간하기 어려울
때가 종종 있다. 이때는 조용히 습관심과 욕념을 가라앉히고 한울님 성품과 마음에 묻고 답을
들어보아야 한다. 자식이 묻는데 답을 주지 않는 부모는 없다. 우리가 잊고 묻지 않을 뿐, 항상
한울님을 생각하고 진리와 바른길을 물으면 가르쳐 주지 않음이 없다. 그 가르침을 듣는 것이
강화다. "마음을 들어 도를 쓰는 사람이 성품을 잠잠한 속에서 얻지 못하면 도가 반드시 빈 데
돌아가고….."(의암성사법설, 극락설)

十. 明理傳명리전[1]

(一) 創世原因章창세원인장[2]

10-1-1. 天開地闢 乾坤定矣 物理自然 五行相生 氣凝而熾盛萬物生焉 物之
其中 曰有最靈萬物之首 書契始造之初 名之曰人也 書契以前則 與物同軸 無
能名焉 食木實而生焉 構木巢而居焉 取驪皮而衣焉 有何人理乎

한울 땅이 열림에 건곤이 정하였고, 만물의 이치가 자연스러움에 오행이 상
생하여서, 기운이 엉기어 불길같이 성함에 만물이 화생하였느니라.[3] 만물
가운데 가장 신령한 만물의 우두머리가 있으니 문자를 만든 처음에 이름하
여 사람이라 일렀느니라.[4] 문자가 있기 이전에는 물건으로 더불어 축을 같
이하여 능히 이름이 없었느니라. 나무 열매를 먹고 살았으며, 나무를 얽어
집을 만들고 살았으며, 짐승의 가죽으로 옷을 만들어 입었으니, 어찌 사람
의 도리가 있었겠는가.[5]

---

1 포덕44년(1903) 저술. 일본에서 국제정세를 예의주시하시며 동학과 조선의 미래를 모색하던 때
  의 말씀으로 우주가 처음 시작된 이치부터 인간 문명이 이루어온 바를 개괄하고, 앞으로의 정치
  경제가 지향할 바를 정리하였다. 당시의 조선 민중은 물론이요, 오늘을 사는 우리에게도 삶과 정
  치의 본질을 되새겨보고, 파편화 되고 부속처럼 살아가는 현대인의 운명에서 역사 주체로서 살
  아갈 수 있는 안목을 제시한다. 그해 저술된 삼전론과 함께 동학의 사회과학적 관점과 해석을 보
  여주는 법설로 여겨진다. 이러한 법설들로 교인들을 가르치고 포덕45년(1904) 갑진개화운동을
  전국적으로 전개하는데 이는 동학과 의암 선생의 교정일치 사상을 보여주는 사건이다.
2 세상과 생명이 처음 생긴 이치부터 문명이 열리고 사회가 형성되는 것을 개괄한 장.
3 우주가 시작하기 전엔 한 점보다 작은 곳에 모든 것이 뭉쳐 있어 공간도 시간도 없었다. 무극인
  것이다. 그것이 어느 순간 대팽창을 시작하여 원소들이 흩어져 공간이 생기고 시간도 생겼다. 처
  음엔 원자핵이 전자를 붙잡아 최초 원소가 생기는데 그것이 수소다. 수소가 결합해 헬륨이 되고,
  차츰 무거운 원소가 생기며 무거운 것들은 자체의 무게와 인력으로 별을 만들고 가벼운 원소들은
  가스와 대기가 되었다. 이러한 원소들을 상징하는 것이 오행이다.
4 사람이 다른 만물과 다른 점은 무엇인가? 문자는 한 사람의 경험이 후대로 이어지며 지식이 축적
  될 수 있게 해준다. 지식이 축적 되어 자신의 삶을 능동적으로 변화시킬 수 있는 것은 다른 동물
  과 뚜렷이 구분되는 특징일 것이다.(동경대전, 논학문 각주 9번 참조)
5 먹고 사는 생존에만 급급하면 다른 것을 돌아볼 여유가 생기기 어렵다. 그러므로 어느 정도 경
  제가 해결 돼야 예의와 문화 등이 발전할 수 있다.(해월신사법설, 개벽운수 공부하기 참조)

10-1-2. 都緣無他 物生之初 風氣未闢 人智未達 知有天賦之物 未覺人造之
理也

모든 인연은 다름이 아니라 만물이 난 처음에는 풍기가 열리지 못하고 인지
가 발달하지 못하여, 한울님이 주신 만물이 있는 것만 알고 사람이 만드는
이치는 깨닫지 못하였느니라.6

10-1-3. 自是 食物次次艱乏 人種漸漸有殖 强弱撲奪之弊 比比興焉 天命所
在亦不無矯救之方 故 群生之中 意見初發 衆目中拔萃之人 擇立爲長 民間庶
事 使之管轄 鳩聚衆力 奉餉食物 是爲常祿也

이로부터 먹을 것은 차차 모자라고 인종은 점점 불어나니, 강한 자가 약한
자를 치고 빼앗는 폐단이 자주 일어났느니라.7 천명이 있는 곳에 또한 바로
잡을 방책이 없지 않으므로, 여러 사람 가운데서 의견이 처음으로 생기어
여럿이 보는 가운데 가장 뛰어난 사람을 어른으로 추대하고 백성의 모든 일
을 관할케 하며 여러 사람의 힘을 모아 먹을 것을 받들어주니, 이것이 언제
나 정상적인 녹이 된 것이니라.8

"無恒産而有恒心者는 惟士爲能이어니와 若民則無恒産이면 因無恒心이니 : 떳떳한 생업이 없
으면서도 떳떳한 마음을 보존하는 것은 오직 선비만이 능할 수 있고, 백성으로 말하면 떳떳이
살 수 있는 생업이 없으면 인하여 떳떳한 마음이 없어지는 것입니다."(맹자, 梁惠王 章句 上)

6 사람의 가장 큰 특징 중 하나는 창조 능력이다. 새로운 것을 창의적으로 만들어내 자신과 주변 환
경에 영향(좋은 것이든 나쁜 것이든)을 줄 수 있는 것은 사람뿐이다. 그렇기 때문에 만물 중에 사
람이 최령자라 하셨다. 풍기란 서로간의 소통과 교감하는 능력을 뜻하는 것이 아닐까? 이 소통
(사람 간, 사람과 한울 간)하는 능력에서 언어와 문자가 시작되고 문명이 이루어졌다.

7 서로 배부르고 만족한 상태에선 싸움이 일어나지 않는다. 모든 싸움은 좀 더 가지고자 하는 욕심
에서 비롯된다. 원시 사회에서 먹을 것을 놓고 싸우는 것이나, 아이들이 장난감을 두고 싸우는 것
이나, 오늘날 자원과 경제로 인해 싸우는 것(양차 세계대전과 이라크 전쟁이 모두 대공황과 자원
확보를 위한 전쟁이었다)이 그 본질에 있어서 하나도 다를 것이 없다. 모두 제어 되지 않은 인간
의 과욕이 일으킨 것이다.

8 권력이란 사람들의 권한을 위임 받은 것이 본질이다. 지금도 마을 일을 맡아하는 이장에게 마을
사람들이 곡식을 모아 주던 풍습이 남아 있는데 이를 모곡제라 한다. 그러나 이런 권력은 규모가
커지고 복잡해지면서 사람들에게 군림하고 억압하는 것으로 변질되곤 했다. 전제왕조와 독재정
권 하에서 권력에 의한 인권 유린의 역사는 참혹한 것이었다. 그러한 사람들의 권한을 온전히 다

10-1-4. 如此之後 一動一靜 一從其人之指揮而行之 是爲治人之君長也 衆人之事 一人圖之 亦不無未洽之歎故 除給當我之祿而 視其可者 分擔其事 是爲朝廷也 群生之中 或有稟性 悖頑 沮害生靈則 懲罰防弊 是爲政治法律也

이같이 한 뒤에 일동일정을 한결같이 그 사람의 지휘에 복종하여 행케하니 이것이 사람을 다스리는 임금이 된 것이요, 여러 사람의 일을 한 사람이 도모함에 또한 흡족하지 못하므로 내(임금)게 당한 녹을 덜어주고 일을 볼 수 있는 사람에게 일을 분담시키니 이것이 조정이 된 것이요,9 여러 사람 가운데 혹 품성이 사나워 생령을 해치면 징벌로 그 폐단을 막으니 이것이 정치와 법률이 된 것이니라.10

10-1-5. 於是君長 憂其民生之艱食 透得春種秋實之理 由是而食料則雖快 夏之日 冬之夜 寒熱之苦 亦以悶然故 試其水火金木土之爲理 鑽而磨之 煉而成器 斲木而作舍 織葛而衣焉 鑿井而飮 耕田而食 人之便利 自此而始矣 乃造曆象 仰觀天時而 敬授人事故 春夏秋冬 各得歲功 寒署炎凉迭代不違 理陰陽順四時也

여기에서 임금이 그 백성들 먹을 것의 어려움을 근심하여, 봄에 심으면 가을에 열매를 거둘 수 있는 이치를 투득하니, 이로부터 먹을 것은 넉넉하나 여름해와 겨울밤에 춥고 더운 괴로움이 또한 걱정스러움으로부터 수·화·금·목·토의 이치 됨을 시험하고, 돌을 다듬고 갈아서 그릇을 만들고, 나무를 깎아서 집을 짓고, 칡을 짜서 옷을 만들고, 우물을 파서 물을 마시고, 밭

시 찾기 위한 과정이 인류 문명의 발달사였다. 그 정점에 시천주-인내천의 가르침이 있다.

9 사회가 복잡하지 않을 때는 한 사람이 정치, 사법, 종교(제사), 의료 등을 모두 관장하였다. 이것이 제정일치 사회의 군장인데 지금도 유목민의 주술사가 그 모습의 단면을 보여준다. 고조선 단군도 그런 형태의 군장이었을 것이다. 사회가 커지고 복잡해지면서 그런 역할을 보좌할 전문직이 분화되기 시작하니 단군신화의 풍백, 우사 등이 그들이다. 이것이 초기 정부의 형태가 되었다.

10 의암성사법설, 천도태원경 도 전체도 각주 참조

을 갈아 곡식을 먹으니, 사람의 편리함이 이로부터 시작되었느니라. 이에 역서와 관상대를 만들어 천시를 우러러보고 공경히 사람이 할 일을 가르쳐주므로, 춘하추동에 각기 절기의 공을 얻어서 춥고 덥고 찌는 듯하고 서늘한 것이 갈아들어 어김이 없으니, 음양을 다스리고 사시에 순응함이니라.11

10-1-6. 嘗五味而製造醫藥 濟人疾苦 此謂衛生也 作舟車 以濟不通而貿遷有無 逖邇一體也 愛育黎首 心悅誠服 於斯之際 尊敬之心 油然自萌 咸戴君功 此謂君臣有義也

다섯 가지 맛을 보아 약을 만들어 사람의 병을 고치니 이것을 위생이라 이르고,12 배와 수레를 만들어 통하지 못할 곳을 건너, 있고 없는 것을 무역하니 멀고 가까운 것이 한몸 같으니라.13 사랑스럽게 백성을 기르니 마음으로 기뻐하며 정성스럽게 복종하느니라. 이러할 즈음에 높이어 공경할 마음이 기름 번지듯이 스스로 싹터서 다 임금의 공을 추대하니 이를 임금과 신하가 의리가 있다고 이르느니라.14

---

11 지혜 있는 사람이 할 일이 이런 것이다. 하늘의 운행을 살피고 사람들 삶에 도움이 되도록 한울과 사람의 소통을 돕는 것. 그 첫 번째가 역법이었다. 계절에 따라 농사일을 정하고 추위와 더위를 대비하는 것은 농경사회에서 사람들 삶의 가장 중요한 부분이었다. 그것을 밝히기 위해 수학과 천문학, 역법이 발전하였고 문명이 시작되었다. 중국 문명을 연 전설의 임금인 요임금이 역법의 시조인 것도 우연이 아닌 것이다. 이후 3,000년간 역법은 국가 기밀로 천자가 제후국에 해마다 달력을 만들어 하사하는 황제의 권한이었다. 세종대에 칠정산이란 조선 역법을 만든 것은 말하자면 역법의 독립을 의미하는 사건이었다.

12 천지의 운행 법칙을 정리한 것이 음양오행이다. 이를 인체에 적용해 질병의 원리를 이해하고 치료한 것이 전통의학이었다.(오행과 위생, 창세원인장 공부하기 참조)

13 사람의 몸도 각 장기가 원활히 소통되면 건강하지만 소통이 막히면 병이 나듯이, 세상도 마찬가지다. 지역의 기후와 토질에 따라 잘되는 작물과 특산물이 다른데, 그것이 원활히 소통되면 사람들 삶이 윤택해지겠지만 그렇지 못하면 피폐해질 수밖에 없다. 도로와 수레, 그리고 해운이 고루 발달한 고구려가 강국이었던 것이 우연이 아니었고(김용만, 고구려의 그 많던 수레는 다 어디로 갔을까), 이념을 앞세워 나라 간은 물론 국내 안 교역마저 억제했던 조선시대 민중의 삶이 어려웠던 것도 당연한 것이었다.

14 정치란 인간관계의 연장이다. 인간관계 기본은 사랑과 공경이다. 사랑은 어짊(仁)이고 위하는 마음이요, 공경은 믿고 따름이니, 이 모두가 시천주의 실천이다.

10-1-7. 造書契 制其文教人 開其心導善 仁義禮智 自此而生焉 明其善惡之別 定其禍福之理 此謂道德也 道德之化日新月盛 風氣大闢 世道隆盛 人事貢新 物品賦興 此謂文明之聖代也

문서를 만들어 글을 지어 사람을 가르치고 그 마음을 열어 선으로 인도하니 인의예지가 이로부터 생겼느니라.15 그 선악의 다름을 밝히어 그 화복의 이치를 정하니 이것을 도덕이라 이르느니라.16 도덕의 풍화가 날마다 새롭고 달마다 성하여 풍기가 크게 열리고, 세도가 높이 성하여 인사가 크게 새로워지고, 물품을 받아 흥성하니 이를 문명 성대라 이르느니라.17

10-1-8. 然則 先聖之積功 果安在哉 斯言也 載在歷史 雖三尺童子 能言能讀者也 其實理難透也 此乃因古今推測事物 格物致知之大經大法也 是豈易言哉

그러면 옛 성인의 쌓은 공이 과연 어디에 있는가. 이 말은 역사에 실려 있으니 비록 삼척동자라도 능히 읽고 말할 수 있으나, 그 실제 이치는 투득하기

---

15 문자가 생기기 전에는 모든 것을 기억에 의존해야 했다. 언제 추위가 오고 언제 덥고 가물지, 어디가 아프면 어떤 풀이 약이 되는지, 이 모든 것을 경험 많은 노인의 기억에 의존하니 부정확하고 틀리는 것도 많았을 것이다. 지금도 지구 곳곳 오지 마을에서는 방대한 부족의 역사와 생활관습 등을 구전하는 곳들이 있다. 각 나라 신화와 그리스 호머 이야기 같은 것도 문자로 기록되기 전엔 같은 식으로 전승이 이루어졌다. 문자로 기록하면서 사람들 삶은 훨씬 더 정교해지고 같은 잘못을 되풀이하는 우를 범하지 않게 되었다. 그것이 교육이 되었고, 그렇게 해서 어찌하면 가장 바르게 살 수 있는가를 고민한 것이 제자백가의 백가쟁명 같은 것들이다. 동양에서는 한나라 이후 유가의 가르침을 채택하고 인정하면서 인의예지가 사람들 삶의 가장 기본적 덕목으로 자리 잡게 된다.

16 선악 문제는 사람들에게 미치는 결과론이요 상대적인 개념이다. 사람들에게 득이 되는 것은 선이고 해가 되는 것은 악이다. 그러나 선이라고 항상 사람들에게 득이 되는 것도 아니고, 더구나 선한 것이 늘 복을 받는 것도 아니었다. 이런 의문에 답이 수없이 시도되었는데, 가장 저급한 '신의 불벼락론'에서 가장 많이 인정된 '인과론'까지 다양한 설명이 제시되었다. 윤회는 인과의 연장으로 이해되었다. 최근에는 진화생물학의 발전으로 이를 적용한 설명이 시도되었는데, 타자에게 선행을 하는 생명은 자기 유전자를 후손에게 전할 가능성이 높다는 것이다.(리처드 도킨스, 이기적 유전자) 결국 이 모두가 한울님 인과의 설명이다.(의암성사법설, 삼성과 참조)

17 도덕이 기반이 된 사회는 사회적 비용이 덜 든다. 아무리 경제가 발달해도 도덕적이지 못한 사회는 고비용과 저효율로 성장에 한계가 있다. 예를 들어 장사하는 곳에 도둑이 많으면 경비하는 인력이 필요하거나 경비 시설이 추가되어야 한다. 그 비용은 또한 소비자에게 부담되므로 악순환이 된다. 그러므로 경제와 마음공부가 별개가 아닌 것이다.

어려운 것이니라.18 이것이 예와 이제로 인하여 사물을 추측하여 사물을 연구하고 깨닫는 대경대법이니 이것을 어찌 쉽다고 말하랴.19

10-1-9. 推此而觀之則 雖萬歲 可以運籌預度也 興亡盛衰無乃 人事之所關係者哉

이것으로 미루어보면 비록 몇만 년이라도 가려 헤아릴 수 있으니 흥망성쇠가 사람의 하는 일에 관계된 것이 아니냐.20

10-1-10. 盖先天之運則 始判之數也 乃以純陰之氣 粹然成物故 人氣也淳厚誠心也 所以 其時聖人 生於東洋 觀其時宜而治法規模 成出文卷 以定金石之典故 人人各知其法之當然 毫無差錯故 粤昔文明之風 鳴於東洋也 斯世之運則 爆陽之氣 剙明於天下 大一變大一闢之數也

대개 선천의 운은 처음으로 열린 수라. 이것은 순전한 음기로 순연히 만물을 이룬 것이므로 사람의 기운은 순후한 성심이니라.21 이러므로 그때 성인

---

18 성인의 가르침이 살아있어 도덕이 흥하고 그를 기반으로 살림이 흥하면 모두가 성인의 덕을 감사하나, 차츰 가르침이 잊혀지고 도덕이 어지러워지면 그 가르침이 책에 실려 있다 해도 실제 체험하지 못한 것은 잘 이해하기 어려워진다.

19 격물치지는 사물을 관찰하여 그 이치를 깨닫는 방법으로 유가의 전통적인 공부법이다. 그러나 현재도 사물을 주의 깊게 관찰하는 것은 모든 학문의 기본방법이다. 의학 기본은 해부학이고 건축 기본은 설계다. 흔히 알고 지나치는 것들도 상세히 그려보라고 하면 제대로 표현하는 사람이 적을 것이다. 그럼 무엇이 아는 것인가? 친구에 대해 무엇을 얼마나 아는가? 그림을 그릴 때 상세히 표현하는 것 외에도 특징만을 표현하기도 한다.(캐리커쳐) 이 경우 대상을 좀 더 깊이 이해해야 그 특징을 도출해 낼 수 있다. 그러므로 잠깐 보고서도 대상의 특징을 잡아내는 것은 고도의 수련을 쌓은 결과이다.

20 세상의 모든 것은 한울 이치로 이루어진다. 그러므로 그 이치를 궁구하면 밝히지 못할 것이 없다. 아직 미지의 영역이 많지만 그것은 현재 인간 수준의 한계일 뿐, 가능성은 무한히 열려 있다. 한울 이치에 따라 행하는 사람은 흥하고 거스르면 망하는 것은 이치를 깨달으면 자명한 것이다. "천고의 만물이여, 각각 이룸이 있고 각각 형상이 있도다…조물자에 부쳐 보면 그럴고 그렇고 또 그러한 이치인저."(동경대전, 불연기연) "성한 것이 오래면 쇠하고 쇠한 것이 오래면 성하고, 밝은 것이 오래면 어둡고 어두운 것이 오래면 밝나니 성쇠명암은 천도의 운이요, 흥한 뒤에는 망하고 망한 뒤에는 흥하고, 길한 뒤에는 흉하고 흉한 뒤에는 길하나니 흥망길흉은 인도의 운이니라."(해월신사법설, 개벽운수)

이 동양에 나시어 그 때에 마땅한가를 보아 다스리는 법과 규모를 문서로 만들어 변할 수 없는 법을 정하였으므로, 사람마다 각각 그 법이 당연한 줄로 알아서 털끝만치라도 어김이 없었으므로 옛날 문명의 풍화가 동양에서 울렸더니,22 이 세상 운수는 곧 폭양의 기운이 천하에 처음으로 밝아 크게 한번 변하고, 크게 한 번 열리는 수이니라.23

10-1-11. 是故 人氣壯大 智慧聰明 倍勝於前人也 教化凌弛 不能從時運時機 之變易 古今定法之外 更不研究 不究不思之地 物理意見 從何而出乎

이러므로 사람의 기질이 장대하고 지혜와 총명이 앞 사람의 갑절이나 뛰어나나,24 교화가 무너지고 해이하여 능히 시운과 시기의 바뀌고 변함을 따르지 못하고 고금에 정한 법 밖에 다시 연구치 아니하니, 연구치 아니하고 생각지 아니하는 곳에 사물의 이치와 의견이 어디서 나올 것인가.25

---

21 "한울과 땅이 시판되기 전은 북극태음 한 물일 뿐이니라. 물이라는 것은 만물의 근원이니라." (해월신사법설, 천지이기) 물은 음의 상징이고, 만물이 시작되기 전은 고요한 무극의 상태이니 음으로 볼 수 있다. 무극에서 태극(양의)이 생기고 사상이 생기며 만물이 생기므로 사람도 순연한 한울의 기운이 화한 것이다. 그러므로 처음 사람이 태어날 때 마음은 순연하고 깨끗한 한울 마음(誠心)일 뿐이나 자라면서 자신의 욕심이 그것을 가리게 된다.

22 "오제 후부터 성인이 나시어 일월성신과 천지도수를 글로 적어내어 천도의 떳떳함을 정하여 일동일정과 일성일패를 천명에 부쳤으니, 이는 천명을 공경하고 천리를 따르는 것이니라. 그러므로 사람은 군자가 되고 학은 도덕을 이루었으니, 도는 천도요 덕은 천덕이라."(동경대전, 포덕문)

23 陰인 동양에서 문명이 시작되었으나 성하였다 쇠하였고, 陽인 서양에서 또 다른 문명이 열려 성하고 있다. 그러나 성한 것은 쇠하기 마련이다. 그 대안 문명은 다시 동양에서 열릴 것인가?

24 동서양을 막론하고 근 100여 년 사이에 사람들의 의식은 천지차이가 나게 바뀐 것이 사실이다. 신분과 인종, 성별에 따른 차별이 사라지고 정치, 경제적 자유가 신장되며 기본적인 생활과 교육 문화에 대한 인권이 괄목하게 성장하였다. 그런 삶의 향상은 사람들의 체형도 바꾼다. 예를 들어 같은 민족임에도 남북한의 신체조건은 현재 크게 차이가 난다고 한다. 무엇이 그런 차이를 불렀는지, 달라진 체형과 생활만큼 의식과 제도가 따라가는지는 모르지만.

25 적절한 긴장과 자극이 없이 안주하고 나태해지면 현상유지도 어렵고 퇴보하기 마련이다. 여러 가지 삶의 자극이 중요하겠지만 진리에 대한 발심, 한울님에 대한 생각이 가장 크고 중요할 것이다. 그러한 진리에 대한 호기심과 학문에의 열정이 인류 역사를 끌어온 동력이다. '생각을 하면 한울 이치를 얻을 것이요 생각을 하지 않으면 많은 이치를 얻지 못할 것이니(해월신사법설, 수심정기)' 하지 않으셨나!

10-1-12. 昨日之事 今日之事 不同相異 況幾千古之規法 相當於幾千古之後
乎 如彼壯大之人 未免孩提之愚昧 不能容於天下 實乃有志者之所羞也 西洋之
人 乘勢於斯世之運 確透於人各有活動之氣故 研究之中 才藝必達 機械便利
事事成業 政法必明 君民之分 相守不失故 共和之政 立憲之治 文明於世界 聞
名於當世 此無乃東西洋翻覆之理耶

어제 일과 오늘 일도 같지 않고 서로 다르거늘, 하물며 몇 천 년 전 옛날 규
법이 몇 천 년 뒤에 서로 맞을 것인가. 저렇듯이 장대한 사람이 어린아이의
어리석음을 면치 못하여 능히 천하에 용납하지 못하니, 실로 이것이 뜻있는
사람의 부끄러워하는 바이니라. 서양 사람은 이 세상의 운을 타고 확실히
동양 사람보다 투철하여 각각 활동하는 기운이 있으므로 연구하는 가운데
재주가 늘어 기계가 편리하여 일마다 사업에 성공하고, 정치가 밝아 임금과
신하의 분의를 서로 지키어 잃지 않으므로 공화의 정치와 입헌의 정치가 세
계에 문명을 하였고 당세에 이름을 드러내니, 이것이 동서양 번복의 이치가
아닌가.26

10-1-13. 噫 稽古而及今 統論地球而觀之 君長創自人民中所立之名也 人民
初非君長之所育也 然則 民惟邦本者明若觀火 今我東洋則 不然 君視民 如奴
隷 民視君 如虎威 此則苛政之壓制也 今若一變其政 敬天命而 順民心 養人材

---

26 기원전 한나라 때 시작된 과거제에 비해 유럽에서 왕족과 귀족이 독점하던 공직을 시험으로 공
  채하기 시작한 것은 19세기 초였다. 그 외 16-17세기까지만 해도 중국을 위시한 동양문명이
  종이, 화약, 인쇄술 등의 과학기술뿐 아니라 관료제를 통한 신분상승 기회, 민본주의 같은 인본
  사상, 자유로운 상행위 등 모든 면에서 서양문명을 압도하였다. 그러나 동양이 더 이상의 변화
  를 받아들이지 않고 안주하는 사이, 서양에선 수차례의 십자군 전쟁 과정에서 이슬람과의 교류
  를 통해 앞선 과학 문명을 받아들이고, 그리스 로마의 인본주의 전통을 다시 찾는 르네상스, 이
  슬람 세력을 우회해 동양과의 무역로를 개척하기 위한 대항해시대의 시작과 무역을 통한 부의
  축적 등으로 산업사회와 시민사회 전단계로 진입하는 혁명적 변화를 맞이하였다. 특히 상업으
  로 부를 쌓은 시민층이 성장하며, 작위적인 통치가 아닌 법에 의한 예측 가능한 정치를 요구하
  여 근대국가가 시작된다.

*而達其技 郁郁乎文風 燦然復明於世則 無往不復之理 可得而致矣 惟我東球中
有志君子 念哉念哉*

아! 예를 상고하여 지금에 미치고 지구를 전부 말하여 볼지라도 임금은 처음에 인민 가운데로부터 세운 명칭이요, 인민은 처음부터 임금의 기른 바가 아니니라. 그러므로 백성이 오직 나라의 근본인 것은 밝기가 불 본 듯하도다. 지금 우리 동양은 그렇지 못하여 임금이 백성 보기를 노예같이 하고 백성이 임금 보기를 호랑이같이 무서워하니, 이것은 가혹한 정치의 압제라. 이제 만약 그 정치를 한 번 변하여 천명을 공경하고 민심을 순히 하며 인재를 길러 그 기예를 발달시켜 빛나고 빛나는 문풍이 찬연히 다시 세상에 밝아지면, 가고 돌아오지 아니함이 없는 이치를 가히 이룰 것이니, 오직 우리 동반구 가운데 뜻있는 군자는 생각하고 생각할지어다.[27]

<창세원인장 공부하기>

1. 오행과 위생

오행에 맛과 인체의 장기를 대비시킨 게 오미와 오장이다. 수水는 높은 곳에서 낮은 곳으로 흐르며 짠맛과 신장을 상징한다. 화火는 위로 타오르며 쓴맛이고 심장이다. 목木은 자라면서 구부러지고 휘며 신맛이고 간장이다. 금金은 나무를 깎고 다듬으며 매운맛이고 폐장이다. 토土는 만물을 수용하고 키우며 단맛이고 비장이다. 매운맛은 발산시키고 단맛은 이완시키며 싱거운 맛은 잘 통하도록 스며가는 작용을 하고, 신맛은 거두어들이고 쓴맛은 설

---

27 본래 권력은 사람들의 권한을 위임한 것이다. 그러나 아직도 공직에 있는 사람들은 전제 권력시대의 벼슬로 여기고 군림하려는 경우가 많다. 군림이 아닌 봉사가 공직의 본질이다. 구한말 성사님의 탄식은 오늘 우리 사회에선 어떠한가?

사하게 하고 짠맛은 토하게 한다. 사람의 오장은 오미에 의해서 그 생기를 받지만, 오관(눈 혀 입 코 귀)은 상하기가 쉽다. 다섯 가지 맛이 아무리 입에 맞는다고 하나 먹을 때에는 반드시 조절해서 적당히 섭취해야 하는 이유다. 다섯 가지 맛 나는 것을 지나치게 많이 먹으면 사람을 지키는 가장 기본이 되는 기운이 상한다고 하였다.

(二) 斥言虛誣章척언허무장28

10-2-1. 天 聰明 卽我民聰明 人爲動物之靈而能盡其聰明叡智之性者 天與人言語相聽意思唯一 萬事能通也 大知心淡 如新磨之鏡 照物之處 姸媸分晳 臨事之地 經緯分明 達事理而敏於行也 是故 於古及今 大人智士 繼繼承承 各使其國 立其主敎 此化民成俗之政策也

한울의 총명은 곧 우리 백성의 총명이니라. 사람은 동물의 영장이 되어 능히 그 총명하고 슬기로운 성품을 다하는 자니, 한울과 사람이 말을 서로 들음에 뜻과 생각이 오직 하나라, 만사를 능히 통할 수 있느니라.29 크게 깨달아 마음을 맑게 하기를 새로 만든 거울같이 하면, 물건이 비치는 곳에 곱고 미운 것이 분명하고 일에 임하는 곳에 경위가 분명하여 사리에 통달하고 행함에 빠르느니라.30 이러므로 예나 지금에 대인과 지사가 이어 나서 각각 그 나라에 주교를 세우니, 이것이 백성을 화하고 풍속을 이루는 정책이니

---

28 사람들이 한울의 신령한 기운을 받아 태어나고 살아감에도 고해 속에 사는 이유가, 진리를 모르고 거짓에 혹하여 바른 길을 가지 못하기 때문인 이치를 설명하신 장.

29 "우리 사람이 태어난 것은 한울님 영기를 모시고 태어난 것이요, 우리 사람이 사는 것도 또한 한울님 영기를 모시고 사는 것이니…."(해월신사법설, 대인접물)

30 마음 거울을 맑게 닦으면 진실을 볼 수 있는 지혜가 열린다. "사람이 태어난 그 처음에는 실로 한 티끌도 가지고 온 것이 없고 다만 보배로운 거울 한 조각을 가진 것뿐이라, 허공에 도로 비치우니 왼쪽 가에 한 편은 여여적적하고 바른쪽 가에 한 편은 티끌이 자욱하고 자욱하니라."(의암성사법설, 성범설)

라.31

10-2-2. 大抵 立教如草上之風 使其生靈 主心信義而 咸惟一德之信德也 事
若不然則 民自各心 禮義雖美 施用於何處乎 然則 前聖後聖 歷年不同 間世相
違 君無傳位之君而 法綱何受 師無受訓之師而 禮義安效 不知也 不知也 生以
知之而然耶 無爲化也而然耶

대저 교를 세우는 것은 바람 아래 풀 같으니 그 생령으로 하여금 마음을 주
로 하여 의를 믿게 하며 다 유일한 덕을 믿게 하는 덕이니라.32 일이 만약
그렇지 아니하면 백성이 각자위심하여 예의는 비록 아름다우나 어느 곳에
시용하랴.33 그러면 먼저 성인과 뒤 성인이 역년은 같지 아니하고 세대가
서로 어기나34 임금은 자리를 전해준 임금이 없었건마는 법강을 어디서 받
았으며, 스승은 가르침을 받은 스승이 없었건마는 예의를 어디서 본받았을
까. 알지 못하고 알지 못할 일이니라. 나면서부터 알아서 그러함인가, 절로
되어서 그러함인가.35

---

31 각 나라의 풍토와 관습에 맞는 가르침이 있을 것이다. 그것이 보편적 진리로 인정되면 다른 나
라에도 전해지는데 이때 그 나라 실정에 맞게 변형되며 전해진다. 인도 불교가 중국에 넘어올
때 중국의 도교 식으로 달라지는데 이를 '격의불교'라고 한다. 유교와 도교가 주류였던 당시 중
국에서 불교가 당나라 때 크게 성하자 이에 자극받아 불교적 우주관을 차용한 유학인 성리학이
태동했다. 기독교도 처음에는 유태교의 개혁적 한 분파일 뿐이지만 지금 유태교는 여전히 유
태민족만을 위한 종교로 머물러 있는 반면, 기독교는 로마의 법과 관습을 수용하고, 산타클로
스 같은 북유럽 신화도 수용하면서 세계 보편 종교로 발전하였다.
32 草上之風은 동경대전 논학문에 나오는 구절. 도를 배반하고 돌아가는 사람의 마음은 어떤 것이
냐는 질문에 "바람 앞의 풀과 같은 것이니라."고 답하셨다. 아무리 진리를 가르치고 들어도 눈
앞의 이익과 습관된 욕심에 왔다 갔다 하는 것이 범인들의 마음이다. 그러므로 그러한 각자위
심을 깨우치고 한울님의 의와 덕을 따르도록 가르치는 것이 교의 역할이다.
33 교가 한울의 덕을 따르도록 가르치지 못하면 진리가 아무리 좋고 그 예가 아름다워도 그림의 떡
이다. 지금 교회는 제 역할을 하는가?
34 공자와 수운 선생은 2,000여 년의 세월을 격하지만 진리를 깨닫고 사람들을 올바르게 인도하는
마음은 같다. 결국 같은 한울님의 마음을 깨달은 것이다. 후세 사람들도 스승만 바라볼 것이 아
니라 스스로 수행하고 깨우쳐서 도를 행하라는 당부이시다. '네 몸에 모셨으니 사근취원 하단
말가.' 하지 않으셨나!
35 동경대전 불연기연. 어느 곳 어느 시대나 모신 한울을 깨달으면 법강과 예의를 행할 수 있다.

10-2-3. 魚目聰明 精不穿海外之陸 聖道貫天 意不過天高地厚之間 何者 人
是天人 道是天道 能守天道之性者 時異道殊 智謀相照 意思若同 合爲一理也
其大同小異者 觀其時宜而節中變用故 盖自肇判以來 其所以敎人之法 無非所
以明斯心之妙也 何待敎而覺之 亦待學而知之 於斯可見 古人之志 亦得其物爲
物理爲理之大業也 是故 道法無限 敎導雖煥 根底自露 首尾旣執 其話頭焉諱
注心透理 怳然無疑也 然而其中 有可斥可祛者 有可學可敎者 確得其取可退否
之大理矣

고기 눈이 아무리 밝아도 밝기가 바다 밖의 육지를 꿰뚫어보지 못하고, 성
인의 도가 한울까지 사무쳤다 하여도 뜻이 한울 높고 땅 두터운 사이를 지
나지 못하느니라.36 어찌하여 그런가. 사람은 바로 한울 사람이요 도는 바
로 천도이니, 능히 천도의 본성을 지키는 사람이면 때가 다르고 도가 다르
나 지혜와 계책이 서로 비치고 의사가 같을 것이니 합하면 한 이치가 되느
니라. 그 대체는 같으나 조금 다르다는 것은 그 시대에 마땅한가를 보아 절
중하게 변용하는 것이니, 그러므로 대개 천지가 갈린 이래로 그 하는 바 사
람을 가르치는 법이 이 마음을 밝히는 묘한 것 아님이 없나니, 어찌 가르치
기를 기다려 깨달으며 또한 배우기를 기다려 알 것인가.37 이에 볼 만한 것
은 옛 사람의 뜻도 또한 그 만물이 만물되고 이치가 이치 된 큰 업을 얻으
려는 것이니라. 이러므로 도법이 한이 없고 교도38가 비록 빛난다 할지라도
뿌리와 바닥이 자연히 드러나고 머리와 꼬리가 이미 잡히나니, 그 화두는
마음을 부어 이치를 투득함이 황연히 의심이 없느니라.39 그러나 그 중에는

---

36 성인이 진리를 깨달았다 해도 그 행은 자신의 육신의 삶 범위를 벗어나지 못한다. 모든 나라 수
　많은 다양한 삶을 혼자 일일이 살펴줄 수는 없는 것이다.
37 성인이 모든 것을 다 가르치진 못해도, 모든 일이 한울 이치로 이루어지므로 근본을 깨우치면
　때와 장소에 따라 변용과 적용이 될 수 있다. 그러므로 가까이에 성인과 스승이 없다 해도 한울
　님께 기원하고 그 덕에 합하는 행을 하면 된다.
38 敎導; 가르치고 이끌어 줌. 만물이 만물되고 이치가 이치 된 큰 업은 한울님 이치와 작용. 그 진
　리를 깨닫기 원하는 것은 옛 사람이나 지금 사람이나 마찬가지.

가히 배척하고 버릴 것도 있고, 가히 배우고 가르칠 것도 있으니, 확실히 그 옳은 것은 취하고 그른 것은 버리는 큰 이치를 얻은 것이니라.[40]

10-2-4. 論而言之 有虛誕不可究者三焉 蒙昧餘生 空費心力於此 不知老之將至 終不覺事物之爲理 可勝言哉 惜哉 我亦以無始有一物也 我生之前 初無一物 無物之前 有何其理哉 如彼沒覺 陷於舊習 生靈未有之前事 窮究爲事 卽何以異於緣木求魚也 是誠寒心處也 第一虛誕者 此也

논하여 말하면 허무하여 가히 생각하지 못할 것이 셋이 있으니[41] 몽매한 인간이 공연히 심력을 허비하여 늙음이 닥치는 줄을 알지 못하고 마침내 사물의 이치를 깨닫지 못하니, 어찌 가히 말을 다하랴. 애석하여라. 내 또한 처음이 없는 데로부터 생긴 한 물건이니 내가 태어나기 이전은 처음의 한 물건도 없었는지라, 만물이 없는 이전에 어찌 그 이치가 있었으랴. 저렇듯이 몰각한 것들이 옛 습관에 빠져서 생령이 있기 이전의 일을 깊이 연구하기를 일삼으니, 나무에 올라가 고기를 구하는 것과 무엇이 다르랴. 이것이 진실로 한심한 것이라, 첫째 허무한 것이 이것이오.[42]

---

39 한울님의 도와 법은 무한하여도 잘 가르쳐 이끌면 그 진리가 온전히 드러나 확실하게 알게 된다는 뜻.

40 "사람의 말 가운데는 옳고 그름이 있는 것을, 그 중에서 옳은 말은 취하고 그른 말은 버리어 거듭 생각하여 마음을 정하라. 한 번 작정한 뒤에는 다른 말을 믿지 않는 것이 믿음이니 이와 같이 닦아야 마침내 그 정성을 이루느니라."(동경대전, 수덕문) 대도를 깨달으면 분별도 넘어서게 된다. 그러나 공부의 과정에는 옳고 그름을 분별할 수 있어야 한다.

41 세상 사람들이 흔히 혹하여 속임에 빠지기 쉬운 세 가지를 말씀하신다.

42 사람들은 자신의 처지가 고달프고 힘들면 자신의 노력과 정성이 부족한지 돌아보진 못하고 다른 사람이나 환경을 탓하곤 한다. 남 탓의 절정이 조상 탓이요 전생 탓이다. 사람은 어느 정도는 주어진 환경의 제약을 받지만 얼마든지 그것을 극복할 수 있다. 그러나 이렇듯 전생과 조상의 탓을 하며 체념하면 절대 그 상황을 벗어날 수 없다. 이런 굴레의 가장 가혹한 형태가 인도 카스트 문화다. 그들에게 신분은 전생의 업이 쌓인 결과로, 이생에선 절대 벗어날 수 없고 다음 생을 위한 기도만이 유일한 희망이다. 피지배 계급에 있어 이보다 교묘하고 악랄한 억압은 없다. 그 수천 년의 굴레를 벗어던지는 사례가 이제 늘고 있는 모양이다.(나렌드라 자다브, 신도 버린 사람들, 김영사) 무극한 한울 성품에서 유정한 생명이 나왔다가 다시 무극으로 순환하는 이치를 안다면 전생 이야기가 얼마나 허망한 것인지 깨달을 것이다.

10-2-5. 我亦稟氣而生 寄寓斯世 言語動靜 用心處事 莫非一氣之所使也 然則吉凶禍福 都在於行爲得失而人之不敏 俱迷惑於術數書狀 誣論來頭之八字 能言來事之吉凶 是豈成說乎

내 또한 한울 기운을 타고 나서 이 세상에 붙어살면서 언어동정과 용심처사가 한 기운이 시키는 바 아님이 없으니, 그러면 길흉화복이 전부 행위 득실에 있으나43 사람이 불민한 탓으로 다 술수와 서책에 미혹되어 오는 팔자를 속여서 말하며 능히 오는 일의 길흉을 말하니, 이 어찌 말이 되는가.44

10-2-6. 此爲惑世誣民之成習 認以堂堂有理之學文 全廢事業而仍作終身之工夫 及其末也 有何靈驗 卽不過自暴自棄之紹介也

이것이 세상을 의혹케 하고 백성을 속이는 풍습을 이뤄 당당히 이치가 있는 학문인 줄 알고 전혀 다른 일을 폐하고, 여기에 몸이 마치도록 공부하기를 일삼으니, 그 끝에 이르러 무슨 영험이 있을 것인가. 곧 자기가 자기를 버린 소개에 지나지 아니하느니라.45

---

43 모두가 한울의 기운 작용이므로 스스로 인과를 짓고 받을 뿐이다.(의암성사법설, 삼성과 참조)
44 사주팔자는 출생한 연주(年柱) ·월주(月柱) ·일주(日柱) ·시주(時柱)를 합쳐서 하는 말이며, 간지(干支)가 각각 두 자씩이므로 사주팔자(四柱八字)라고 한다. 태어난 때의 기운을 따라 운명이 정해진다는 운명 결정론이라기보다는 각자 다른 삶의 조건들을 이야기한다고 보면 될 것이다. 그러나 그 조건이 삶의 한 요소는 될지언정 필요충분한 것은 아니다. 같은 악조건하에서도 자신이 원하는 바를 이룬 사람은 얼마든지 있다. 요즘은 병원에서 원하는 시간에 사주를 받아 태어난다. 그럼 그 아기들은 다 원하는 대로 되는가? 명리학 대가들은 오히려 이렇게 말한다. 정해진 운명(이 있다면)을 인위적으로 바꿀 경우 그만큼의 반대급부가 있다고. 예를 들어 재물 복이 없는 아기를 부자가 될 사주에 맞춰 나게 하면 억지로 재물을 만들어야 하므로 부잣집 데릴사위가 되거나 부모의 사고로 보험금을 상속하는 등 비정상적인 방법으로 재물을 갖게 된다는 것이다.(조용헌, 사주명리학 이야기) 하나를 얻으면 하나를 잃는 것은 어디나 마찬가지.
45 운명이 결정되어 있다는 것은 기득권층에게 그보다 좋은 권력 유지의 수단은 없을 것이다. 그렇기 때문에 이러한 이데올로기를 확대 재생산하며 보급하는 데 노력을 아끼지 않았으며 자신의 앞일을 알고 싶어 하는 민중의 욕구와 결합하여 단단한 풍습과 학문(?)을 이루었다. 이 어리석음을 깨우치는 것은 정치적 변혁보다 더 힘들고 오래 걸리는 일일지 모른다.

10-2-7. 詳論其由 當場有經驗者 若人日數雖好 待人接物之際 行悖而言不順
則 卽地受辱目前之恍然 夫如是則 吉凶禍福 無乃自在其身者乎

자세하게 그 이유를 말하면 당장 경험이 있는 것은, 만일 사람이 일수가 아
무리 좋으나 대인접물할 때에 행패로서 말이 순하지 않으면 곧 그 자리에서
욕을 볼 것은 눈앞에 환한 것이니라.46 무릇 이 같으면 길흉화복은 어김없
이 그 몸에 스스로 있는 것이 아닌가.47

10-2-8. 是故 詩曰「永言配命自求多福」云者 此之謂也 所以 窮究未來之禍
福者 第二個虛誣之事也

이러므로 시전에 이르기를「길이 천명에 맞게 하는 것은 스스로 많은 복을
구한다」48고 이른 것은 이를 말한 것이라. 이러므로 미래의 화복을 생각하
고 연구하는 것이 둘째로 허무한 일이오.49

10-2-9. 一生而逝去者 物理之自然也 以有歸無 有何可考 與比於目睹 伐木
燒爐則 所生者卽一煙氣也 輕彼靑煙 與空氣合飛而但所餘者 風前灰爐也 取其
無根之灰爐 斲而刻之而欲爲成器則 豈可得乎 做作多事而已也

사람이 한 번 태어났다가 죽는 것은 물리의 자연한 법칙이라. 있는 데서 없
는 데로 돌아가는 것을 무엇으로 가히 상고할 것인가.50 눈에 보이는 것으

---

46 이렇게 바로 그 인과를 알 수 있는 것을 혈각성의 인과라 한다.(의암성사법설, 삼성과 참조)
47 몸을 움직이는 것은 마음이므로 실제는 마음을 어떻게 사용하는가가 중요하겠다. "마음을 쓰
   고 힘을 쓰는 데 나를 순히 하여 나를 처신하면 쉽고, 나를 거슬려 나를 처신하면 어려우니라."
   (해월신사법설, 대인접물)
48 詩經 大雅편 文王이라는 시의 한 구절. 주나라를 세운 문왕의 덕을 칭송하는 시. 자신의 사사로
   운 욕심이 아닌 천명을 따르는 행을 하면(위위심) 복은 절로 따라오니 이 또한 무위이화다.
49 자신의 미래를 위해 땀 흘려야 될 시간에 운명이 어떨지 쫓아다니는 어리석음!
50 모든 생명은 한울님 지기에서 화했났다가 죽으면 다시 한울님 지기로 돌아갈 뿐이다. 그 구체적
   인 환원은 몸을 구성하는 원소들이 흙이 되는 것도 있고 물이 되는 것도 있고 공기 중에 흩어지
   는 것도 있겠다. 처음 세상이 생길 때 무거운 것은 땅이 되고 가벼운 것은 하늘이 된 것과 마찬

로 비유하면, 나무를 찍어 불태우면 나는 것은 한 연기니, 가벼운 저 푸른 연기는 공기와 같이 날아가고 다만 남는 것은 바람 앞에 타고 남은 재뿐이라. 그 근본도 없는 재를 가지고 깎고 새겨서 그릇을 만들고자 하면 어찌 가히 얻을 수 있겠는가. 많은 일을 만들 따름이니라.51

10-2-10. 況乎 今生之人 不務生前之福祿 窮究身後之事 可當乎 此乃第三虛誣者也

하물며 지금에 살아 있는 사람은 생전의 복록은 힘쓰지 않고 죽은 뒤의 일만 깊이 연구하니 가당한 것이냐.52 이것이 셋째로 허무한 것이니라.

10-2-11. 此三件理由 明論於一端一事 過去 現在 未來三事也 過去已往 論之無益 未來未有之前也 付之不知 現在目前之事 宜易揣度而未能於目前之就事 誤入苦海 未免伐柯之事 噫 甚可哀也

가지다. 그러나 그 모두가 한울의 지기일 뿐이다.

51 사후 세계를 두려워하여 수많은 가설과 노력들이 사후를 위해 생전의 노력을 기울였다. 이집트 미라, 사후 천당과 지옥의 심판, 윤회에 이르기까지. 그러나 모든 생명은 한울님 성품에서 비롯되어 다시 한울님 성품으로 돌아갈 뿐이다. 모든 생명이 한울님 기운 작용이고 죽은 뒤엔 다시 원소로 돌아갈 뿐이므로 개체 영은 없는 것이다. 개체 영의 작용처럼 나타나는 모든 현상(무당의 접신, 빙의 등)은 다만 살아 있는 사람들의 마음이 죽은 사람을 못 잊는 생각이 투영되어 작용되는 것이니 그 또한 한울님 기운 작용이다. 그를 깨닫지 못한 사람들이 한울님 기운 작용을 모르고 귀신의 작용으로 알 따름이다. 그래서 "귀신이란 것도 나니라."고 분명히 밝히셨다. 이런 이치를 몰랐기 때문에 물건마다 영이 있고 사람마다 귀신이 있다고 한 것이다. 죽은 영이 생전에 좋은 일을 하면 천당에 가고, 아니면 지옥에 간다거나 이승의 업을 다 벗어나 윤회의 사슬을 끊고 해탈하거나 아니면 그 업을 다할 때까지 다시 몸을 가지고 태어나 업을 닦는다고 하는 윤회가 그런 것들이다. 이런 식의 잘못된 가르침이 극단적으로 나타난 것이 카스트 제도이다. 거기에선 전생의 업이 현생의 운명을 결정하므로 지금 삶의 신분과 운명은 절대 바뀔 수 없는 것이다. 다만 현생의 업을 잘 닦아 차생에 좋은 운명이 되길 기도할 뿐이다. 현재 삶의 굴레를 벗어나지 못하게 만드는 지독하게 지배계급만을 위한 제도인 것이다. 사람들이 귀신으로 알고 산신, 수신, 목신, 알라, 부처, 천주라 부르는…이 모두가 한울님임을 처음으로 온전히 깨달은 분이 수운 선생이다. 그러므로 "개벽 후 오만년에 노이무공 하다가 서 너를 만나 성공하니" 하신 것이다.(천도교 사후관은 성령출세설 공부하기 참조)

52 두려움은 무지에서 비롯된다. 이치를 깨닫지 못해 죽음의 두려움에서 벗어나지 못한 것이 인류 역사였다. 그것을 깨우치시니 무극대도 아닌가!

이상의 세 가지 이유를 한 가지씩 밝히어 말하면 과거·현재·미래의 세 가지 일이니 과거는 이미 지나간 것이라, 말한다 하여도 이익 될 것이 없고, 미래는 있지 아니한 전이니 알지 못하는 데 부치고, 현재는 눈앞에 일이라, 마땅히 쉽게 헤아릴 수 있으나 눈앞에 나아가는 일에 능치 못하고, 고해에 잘못 빠져53 도끼자루 찍는 일을 면치 못하니,54 아! 심히 슬프도다.

10-2-12. 孟子曰「仁 人之安宅也 義 人之正路也」遵正路而行 陞安宅而處焉則 此非中立而不倚者乎 此雖易言 非智謀之士 不能也 所以 敎人有道 守其天然之心 正其天稟之氣 博學知識而施於行道 行之不失經緯則 斯可謂人爲人事之有經緯 如人之有經絡 若人足反居上 臂居背上則 屈伸動靜任意自如乎 所以 守心正氣道法之第一宗旨也

맹자 말씀에 「어진 것은 사람의 편안한 집이요, 의로운 것은 사람의 바른 길이라.」55 하였으니 바른 길을 좇아가 행하고 편안한 집에 살면 이것이 중립이요, 치우치지 않는 것이 아니냐. 이것이 비록 말은 쉬우나 지모 있는 선비가 아니면 능히 할 수 없는 것이니라.56 이러므로 사람을 가르치는 데 도

---

53 정해진 운명을 벗어날 수도 없고, 앞날의 희망이 없으며, 사후의 두려움을 떨치지 못하니 현재의 삶이 무슨 즐거움이 있겠는가? 즐거움과 희망이 없는 삶은 곧 고해다. "아직 참에 돌아가는 길을 깨닫지 못하고 오랫동안 고해에 잠기어 마음에 잊고 잃음이 많더니…."(동경대전, 축문)

54 "시운(詩云) 벌가벌가(伐柯伐柯)하니 기측불원(其則不遠)이라."(용담유사, 흥비가)
한울의 이치가 모두 내 몸에 있으니 내 마음과 몸으로 행하고 그 결과에 따를 뿐이다. 가까운데 답을 두고 밖에서 헤매니 안타까운 일이다. 혹자는 세상일이 정확한 인과일 뿐이냐고 반문한다. 사람이 혼자 사는 것이 아니라 수많은 사람들과 수많은 인과를 만들며 산다. 그러므로 우리가 미처 생각지 못한 변수가 인과에 영향을 주기도 한다. 그러나 우리가 모를 뿐, 모두가 인과일 뿐이다. 그 수많은 변수를 다 챙기고 확인하며 살 수는 없다. 다만 원칙을 지키려 노력하며 결과에 승복(미처 확인하지 못한 미묘한 인과의 변수에 의한 것일 따름이므로)할 뿐이다.

55 맹자 이루장 상편에 나오는 글. 어진 것은 위하는 마음이다. 한울을 위하는 마음을 잃지 않으면 어디서도 편안할 수 있다(수심정기 참조). 그러나 행은 옳고 그름을 분별해서 행해야 한다. 그것이 곧 인과가 되기 때문이다(삼성과 참조).

56 바른 것을 알면서 행하지 못함은 그것이 바른 것인지 확신이 서지 않을 때와 그로서 자신의 이익에 해가 될까 하는 욕심이 있을 때가 대부분이다.

가 있으니, 그 천연한 마음을 지키고 그 천품의 기운을 바르게 하여 넓게 지
식을 배우고 행하는 도를 베풂에 경위를 잃지 않으면, 이것이 가히 사람이
사람된 인사의 경위를 잃지 않는 것이라 말하리니, 사람의 경락57이 있는 것
과 같으니라. 만약 사람의 발이 도리어 위에 있고 팔이 등에 있다면 굴신동
정을 임의로 할 것인가.58 이러므로 수심정기는 도법의 제일 종지이니라.59

(三) 明言天法章명언천법장60

10-3-1. 何者 夫 人順天命而存天理也 故 應天法而造成人事者也 惟大智 稟
賦完全故 確知其任我之命 能守天法也 其次 學而知之也 雖有先後覺之別 及
其至也 可得其旨意也 其他 雖或困而得之 學而習之 勉強而行之則 至於率性
之境 人人各知天法之不違也

왜 그런가. 무릇 사람은 천명을 순히 하고 천리를 보존해야 하느니라.61 그

---

57 경락은 한의학에서 기가 흐르는 통로로 설명되는 한의학의 핵심 개념. 피부나 근육의 반응점인
경혈을 연결한 경로인데, 이론적인 개념으로 과학적 실증이 되지 않았다. 1961년 평양의대의
김봉한 교수가 경락의 존재를 확인했다는 논문을 발표했으나 이후 숙청당해 추가 연구나 확인
이 되지 않고 있다. 그러나 최근 암의 전이 통로로 임파선 외에 경락이 확인된다고 하여(서울대
소광섭 교수) 다시 주목받고 있다.

58 손과 발이 제자리에 있어도 그 기운을 자유자재로 사용하지 못하면 한울이 간섭치 않는 것이요,
이를 병이라 한다. 중추신경 이상이 있는 뇌졸중도 이런 병이고, 말초신경 이상이 있는 것도 모
두 자신의 몸을 자기 의지대로 행할 수 없다.

59 수심정기로 한울 마음을 지켜 편안하고, 바른 기운으로 굴신동정을 자유로 하는 건강을 유지하
며, 바른 행으로 사람된 도리를 해 나가면 그것이 곧 한울 사람이다.

60 법은 사람의 삶이 서로 조화되도록 최소한의 규제를 하는 것이다. 그러므로 한울 이치를 따
르는 자연법이 최상이요, 사회가 복잡해지면서 법이 많아지는 추세이나 그 취지와 지향점은
최대한 한울 이치를 어기지 않고 최대 다수의 행복을 위하는 것이어야 할 것이다.

61 한울 명을 따르는 것은 자신의 기질과 적성에 맞는, 참으로 평생에 해야 할 일을 하는 것이다.
한울 이치를 보존함은 한울이 부여한 생명의 본질, 천심을 지키는 것이다. 즉 수심정기를 뜻한
다고 보면 된다. "명이 있는 바를 알지 못하거든 내 마음의 밝고 밝음을 돌아보라."(동경대전,
전팔절) 存天理는 주자 가르침의 핵심. 주자는 사람 마음은 하늘이 부여한 고요한 본성(性)과
물건에 응하여 움직이는 情과 과도하게 넘치고 번잡한 欲으로 구성되어 있다고 본다.(성사님의
성심신삼단, 삼계천과 일맥상통) 그 고요한 본성이 사람이 지켜야 할 한울의 이치요, 넘치고 번

러므로 한울법에 응하여 사람의 일을 만드는 것이니,62 오직 큰 지혜는 품부한 것이 완전하므로 확실히 내게 맡겨진 명을 알아 능히 한울법을 지키는 것이요, 그다음은 배워서 아는 것이니 비록 먼저 깨닫고 뒤에 깨닫는 차별은 있다 할지라도 그 이르는 데 미쳐서는 가히 그 뜻을 투득할 것이요, 그 다음은 비록 혹 고심하여 얻는다 할지라도 배우고 익히며 힘써 행하면 성품을 거느리는 경지에 이르나니, 사람마다 각기 한울법을 알아 어기지 말 것이니라.63

10-3-2. 故 君子仕於朝 御衆以道 敎化而諷之 和悅民心 各勸其業 國富民安則 此可謂極樂世界也

그러므로 군자 나라에 벼슬함에 뭇 사람 부리는 것을 도로써 하며, 교화하는 것을 비유로써 하여64 백성의 마음을 화하고 즐겁게 하며, 각기 그 직업을 권하여 나라가 부하고 백성이 편안하면, 이것을 가히 극락세계라고 말할 것이니라.65

잡한 욕념은 제거해야 한다고 하였다. 그것이 存天理 去人欲이다.

62 모든 일은 순리에 맞게 한울 이치에 따라야 한다. 현실의 삶에서도 법보다 숭고한 것이 도덕이고 양심이다.

63 한울법은 한울 이치. 한울의 큰 이치를 나면서부터 천성적으로 아는 사람을 큰 지혜, 또는 성인이라 하고(生而知之), 배워서 알게 되는 보통 사람이 있으며(學而知之), 가르쳐도 힘들게 겨우 아는 사람도 있다(困而得之).

64 군자는 한울의 도를 따르는 사람. 군자가 공적인 일을 할 때 사람들을 지휘한다. 이를 권력이라 하는데 이는 자신의 것이 아닌 사람들과 한울에게 위임 받은 것이므로 사적인 이익을 위해 행사해선 안 된다. 오직 한울 이치에 따르는 공적인 이익을 위해 봉사해야 한다. 또한 한울 이치를 모르는 사람들이 이치를 거스르고 잘못을 저지르기도 할 텐데 이를 다스리는 것도 힘으로 억압하는 것이 아닌 비유로써 교화하라 하였다. 잘못을 직접 지적하면 누구나 아픈 법이다. * 황희 정승이 집에 거처할 때에는 위엄이 적으나 도당에 앉으면 좌우가 감히 쳐다보지 못하였다. 그때 김종서는 후대의 촉망받는 관리로 성품이 대쪽 같은데다 북방을 개척한 뒤로 더욱 안하무인이었다. 하루는 공회 석상에서 김종서가 술에 취해 비스듬히 앉았는데 공은 소리(小吏)에게 명하여 '병판의 자세가 단정치 못하니 그 의자 다리 좀 괴어 주라.'고 하였다. 김종서는 놀라고 당황하여 몸을 소스라뜨리고 다른 사람들에게 말하기를 '내가 육진을 설치하고 적의 화살이 책상에 꽂혀도 안색이 부동이었는데 오늘은 뜻밖에 땀이 나와 등을 적시는구나.'라고 말했다.

65 극락이란 죽은 뒤나 멀리 있는 것이 아니다. 마음이 즐겁고 자신이 할 수 있는 일이 있으며 먹고 사는 것에 근심이 없으면 더 무엇을 바라겠는가?

10-3-3. 雖然 林林叢叢人數之中 或有稟性乖戾 不入於敎化則 國有政法 法令刑戮 以懲其不法 此則應天法而造成人事者也

비록 그러하나 많고 많은 사람들 가운데 혹 품성이 사리에 어그러짐이 있어 교화에 들지 않으면, 나라에 정법이 있어 법령과 형륙으로써 그 불법을 징계하나니, 이것은 한울법에 응하여 사람의 할 일을 만든 것이니라.66

10-3-4. 然則 法令刑戮 豈可害人者哉 人之不良 自違天法 陷於政律 究其實相則 自暴其身也

그러면 법령과 형륙이 어찌 가히 사람을 해하는 것이랴. 사람의 어질지 못한 것은 스스로 한울법을 어기어 정치·법률에 걸려드는 것이니, 그 실상을 생각하면 자기가 자기의 몸을 버리는 것이니라.67

(四) 應天産而 發達人造章(응천산이 발달인조장)68

10-4-1. 大抵 天高地厚之間 金木水火土 相生相克 物物形形各遂其性 人是動靈致物之主將 此天賦之物性 硏究天然之物理則 五行相成 無物不成

무릇 한울 높고 땅 두터운 사이에 금목수화토가 상생상극하여 물건 모양마

---

66 가르쳐도 교화 되지 않으면 무한히 교화되길 기다릴 것인가? 기다리는 동안 주변 사람들에게 해악을 무수히 끼친다면 대를 위해 소를 버릴 수 있어야 한다. 법이란 현실 규제다. 한울의 무형천에는 법이 필요 없지만 마음의 변화가 있는 유정천에는 마음 길을 가르치는 도덕이 필요하고, 현실의 습관천에는 법의 규제가 필요하다. 물론 그 법은 한울 이치를 목표로 하고, 가능한 한 도덕을 우선하며 최소한으로 규제해야 할 것이다.

67 '악법도 법이다'라는 말이 있다. 시대가 변하고 사람들의 의식이 깨이고 도덕 수준이 높아지면 고치거나 필요 없어지는 법도 생길 것이다. 그러나 대다수 사람들이 공동의 이익을 위해 동의한 법이라면 현실에 맞지 않아도 지키면서 다수의 합의로 고쳐 나갈 수 있어야 한다. 그것이 현대 민주 법치 개념이다.

68 사람들 삶은 이치를 알고 교류할수록 풍족해진다. 현대 자본주의 사회는 한울과 자연의 이치를 활용하여 물질적 부가 유례없이 풍족해진 시기이다. 그러나 그 부의 편중과 환경파괴의 과제를 어떻게 해결하는가가 시급한 과제가 되었다.

다 각기 그 개성을 이루니,69 사람은 동물의 영장이요 만물의 주장이라.70 이것은 한울이 주신 물건의 성품이니, 천연한 물리를 연구하면 오행이 서로 이룸에 물건을 이루지 못하는 것이 없느니라.71

10-4-2. 方今 西洋之人 國富業廣 橫行於天下者 無他 先透此理 得力於人造 發達也

방금 서양사람이 나라가 부하고 소업이 넓어서 천하에 횡행하는 것은 다름이 아니라 먼저 이 이치를 투득하여 인조 발달에 힘을 얻은 것이니라.72

(五) 活動章활동장73

10-5-1. 噫噫悲哉 今我東洋之人 迷惑於三件之虛誣 全失惺惺之氣 妄覺昏昏之夢 身無氣化之神 工無歸眞之路 壅遏活動之氣 豈可曰稟靈之動物乎 徒備人形而已也 具體而無靈 屍也 生而爲屍 可謂虛生於世界也

아! 슬프다. 지금 우리 동양사람은 세 가지 허무한 데 미혹되어 전연 깨어날 기운을 못 차리고 아득한 꿈을 깨지 못하니, 몸에는 기화의 신이 없고74 공

---

69 의암성사법설, 각세진경 각주 참조.

70 동경대전, 논학문 1절, 각주 9번 참조.

71 주어진 환경과 조건에 따라 원소들의 조합이 달라지고 각각 성질과 형상이 다른 물질과 동물이 생긴다. 사람 또한 나고 자란 곳의 기후와 환경에 따라 그 성격과 기질이 모두 다르다. 이 모두 한울 이치 아님이 없다.

72 서세동점의 시대. 서양에서 산업혁명과 시민사회혁명은 경제적 부와 정치적 발전을 가져왔고 그것의 바탕에는 다양한 학문의 발달이 변화를 이끄는 동력을 제공하였다. 그러나 동양에서는 16-17세기 이전까지 서양과 대등하거나 앞서 있던 학문이 더 이상 발전하지 못하고 폐쇄적 이데올로기로 전락해 사람들의 삶을 억압하였고 그것은 전반적 사회 활력 저하로 이어지는 악순환이 계속되었다.

73 생명의 특징은 변화다. 움직이고 변화하는 것을 이치에 맞게 하면 건강과 복을 누리겠지만 그렇지 못하면 질병과 화가 따를 것이다. 이치에 맞는 활동은 한울-자연의 변화를 본받는 것이 기준이 된다. 한울의 기운은 크고 정미롭고 활발하지만 원형이정의 규칙이 있고, 사람의 행은 지인용락으로써 그를 본받을 수 있다.

부는 참에 돌아가는 길이 없어 활동할 수 있는 기운을 막았으니,75 어찌 가히 영기를 받은 동물이라고 말하겠는가. 다만 사람의 형상을 갖추었을 뿐이니라. 몸을 갖추고 영이 없는 것은 주검이니, 살고도 죽은 것은 가히 세상을 헛살았다고 말할 것이니라.76

10-5-2. 大抵 活動之氣 活活潑潑 如水之方湧 若火之炤然也 其爲氣也 至大至精 能强能柔 發乎中情而達乎聰明則 無物不遺 無事不成也

무릇 활동하는 기운은 활발하고 활발하여 물이 방금 솟는 듯하고 불이 활활 붙는 듯하니,77 그 기운됨이 지극히 크고도 정미로우며78 능히 강하고도 유하며,79 중정에서 발하여 총명에 달하면80 만물에 남기지 아니함이 없고 일에 이루지 못함이 없느니라.81

---

74 동경대전, 논학문 9절 서학을 비판하신 구절. 사람들이 한울님의 기화를 받지 못하고 각자위심하는 것을 비판한 것. 한울님의 기화는 무엇인가? 다른 사람들과 소통하지 못하고, 음식을 소화하지 못하면 그것이 곧 기화가 단절된 것이 아닌가!

75 모든 시작은 한울님의 진리에서 비롯된다. 그러므로 한울의 진리를 깨닫고 세상일을 파악하고 행하면 순리대로 이루어질 것이나, 진리를 모르고 습관심으로 자신만을 위해 점이나 보고 사욕을 채우려 하니 사람과 한울이 단절되고, 사람과 사람이 단절되고 사람과 만물이 단절된다.

76 자신의 진면목이 무엇인지 아는가, 자신이 진정 원하는 삶을 사는가? 자신의 성령을 깨닫지 못하고 무슨 행을 하는지도 모르고 산다면, 짐승이나 죽은 것과 무엇이 다른가? 자신의 참 모습을 찾는 첩경은 모신 한울을 깨달아 지기와 하나임을 회복하는 시천주의 진리이다. 그로써 몸에 한울의 기화지신을 모셔 개인의 욕념과 습관심을 극복해야 한다.

77 "마음은 기운이니 심기는 원원충충하여 넓고 넓어 흘러 물치며 움직이고 고요하고 변하고 화하는 것이 때에 맞지 아니함이 없는 것이니라."(의암성사법설, 성심신삼단) 한울의 지극한 생명의 기운을 설명한 것이다.

78 한울 기운은 온 우주에 가득하여 크기가 한량없으나, 그 간섭은 몸 안 작은 세포 하나하나까지 미치지 않음이 없다.

79 천지가 생명을 품는 것은 어떤 태풍에도 흔들림 없이 강하나 연약한 어린 생명이 쉴 수 있는 보드라운 보금자리를 제공한다. "굳세게 하여 빼앗기지 아니하며, 정하여 움직이지 아니하며, 부드러우나 약하지 아니하며…"(의암성사법설, 후경2)

80 한의학에선 우리 몸의 기가 작용되는 것을 세 단계로 나누어 본다. 그것이 精氣神-하, 중, 상의 三丹田이다.(정기신은 활동장 공부하기 참조)

81 시작은 욕심을 비우는 시천주이다. 그것은 중정에서 이루어진다. 시천주를 지키면 조화정-수심정기요, 그리되면 만사지가 된다. 정기신은 곧 시정지가 되는 것이다.

10-5-3. 故 元亨利貞 天道之活動也 動作威儀 人事之活動也

그러므로 원형이정은 천도의 활동이요, 동작위의는 인사의 활동이니라.[82]

10-5-4. 天有至誠不息之道故 春夏秋冬 四時成功 人有進進無已之心故 智仁勇略 隨事而發也 夫人能養活動之氣則 才藝也 雄略也 生業也 千態萬狀之理 都出於其中 然則 天地萬物之理 孰大於是乎

한울은 지극한 정성으로 쉬지 않는 도가 있으므로 춘하추동 사시의 공을 이루고,[83] 사람은 나아가고 나아가는 것을 마지않는 마음이 있으므로 지·인·용·략을 일에 따라 나타내나니,[84] 사람이 능히 활동하는 기운을 양하면, 재주와 웅대한 책략과 생업과 천태만상의 이치가 전부 그 속에서 나오느니라.[85] 그러면 천지만물의 이치가 어느 것이 이보다 크겠는가.

10-5-5. 今我東球中生靈 長夜醉夢 惺惺無期 世界各國 以屍體待之 此非痛

---

82 "원형이정은 천도의 떳떳한 것이요, 오직 한결같이 중도를 잡는 것은 인사의 살핌이니라."(동경대전, 수덕문) 원형이정은 한울 이치의 운행을 뜻한다. 한울 이치는 계절 변화와 같이 늘 변함없이 그러나 드러나지 않게 이루어진다. 반면에 사람의 활동은 몸동작으로 나타나며, 한울의 활동과 사람의 활동은 서로 돕는 기틀이다.

83 "사시의 차례가 있음에 만물이 생성하고, 밤과 낮이 바뀜에 일월이 분명하고…이는 천지의 지극한 정성이 쉬지 않는 도인 것이니라."(해월신사법설, 성경신) "한울은 화생하는 직분을 지키므로 잠깐도 쉬고 떠나지 못하는 것이라."(의암성사법설, 권도문)

84 智 슬기로울 지, 仁 어질 인, 勇 기운이 있고 동작이 빠름, 의지가 강하고 과단성이 있음 용. 略 방침을 세워 다스림 략. 사람이 잊지 않을 것은 성경신이요, 구체적 일에 임해서는 지혜롭고 어질게 그러나 과감하고 세밀하게 해야 할 것이다. "굳세게 하여 빼앗기지 아니하며, 정하여 움직이지 아니하며, 부드러우나 약하지 아니하며, 깨달아 매혹하지 아니하며, 잠잠하나 잠기지 아니하며, 한가하나 쉬지 아니하며, 움직이나 어지럽지 아니하며, 흔들어도 빼어지지 아니하며, 멈추었으나 고요하지 아니하며, 보이나 돌아보지 아니하며, 능력이 있으나 쓰지 않을 것이니라."(의암성사법설, 후경2)

85 활동하는 기운은 어디에서 비롯되는가? 모든 것이 한울의 무궁한 지기에서 나온다. 그것이 단절되면 정상적인 활동은 고사하고 악질이 되겠지만 모신 한울의 천심을 회복하고 그곳에서 무궁한 지혜와 간섭을 받으면 만사가 무위이화 될 것이다. "나에게 한 잠잠한 것이 있으니 세상이 능히 알지 못하도다. 잠잠한 속에 나무가 있으니 그 줄기는 성품이 되고 그 가지는 마음이 되었느니라. 성품이 있고 마음이 있음에 큰 도가 반드시 생겨나느니라."(의암성사법설, 극락설)

歎者乎 今我東球中 生靈之中 必不無有志君子 大夢誰先覺 終未見夢覺者 甚
可畏也 如有先覺者 用盡惺惺之精力 覺破億萬生之昏夢 是所顯望也

지금 우리 동양 사람들은 긴 밤에 취한 꿈을 언제 깰는지 기약이 없는지
라,[86] 세계 각국이 죽은 송장으로 대하니 이것이 통탄할 일이 아니냐. 지금
우리 동양사람 가운데도 반드시 뜻있는 훌륭한 사람이 없지 않으리니, 큰
꿈을 누가 먼저 깰 것인가. 아직 꿈 깬 이를 보지 못하겠으니 심히 두렵도
다. 만일 먼저 깬 사람이 있으면 깨어난 정력을 다 써서 억만 생령의 아득한
꿈을 깨쳐 주기를 이에 바라는 바로다.[87]

<활동장 공부하기>

1. 정기신

한의학에서는 우리 몸의 기가 작용하는 것을 세 단계로 나누어 본다. 그것
이 정기신 精氣神-하, 중, 상의 삼단전三丹田이다.

하단전의 정은 가장 원초적인 생명의 기(id)로 이를 잘 다스려 생명의 기
를 정화하고 쌓으면 중단전의 기를 기르게 된다. 혈기를 내지 않는다 함은
이 하단전의 기를 함부로 하지 않음이고 감정을 자유로 조절할 수 있어야
한다. 성적인 에너지를 의미하기도 하며 습관천과 혈각성의 인과에 해당한
다고 볼 수 있다.

중단전의 기는 혈기(하단전)와 한울 이치(상단전)를 연결하고 이어주는 마음
(ego)이다. 하단전의 혈기를 다스려 마음의 힘이 생기면 상단전의 지혜

---

86 자신의 진면목을 알지 못하고, 자신이 원하는 것을 모르며 물욕에만 이끌려 살거나 그날그날을
　수동적으로 사는 것은 '일장춘몽', '남가일몽'과 마찬가지다.
87 삶의 의미를 알고 삶의 목표를 제시하는 사람이 선각자. 스승님들이 그런 분들이었다.

(superego)가 열린다. 중단전은 유정천과 비각성의 인과에 해당하고, 상단전
은 무형천과 원각성의 인과에 해당한다고 볼 수 있다.

그러므로 중정에서 발하여 총명에 이른다 함은 하단전의 습관된 혈기를
잘 다스리는 데서 수양이 시작되고 수양이 쌓여 지혜가 열리는 것을 뜻한다.

(六) 治國平天下之政策章치국평천하지정책장[88]

10-6-1. 詩曰 「天生蒸民 有物有則 民之秉彝 好是懿德」 孟子曰 「無恒産者
無恒心」 是故 民無秉彝之心 災眚必臻 民無恒産 饑饉荐至 然則 禍福妖祥 無
乃生靈之所自致者乎

시전에 말하기를 「한울이 뭇 백성을 내시니 만물이 있고 법이 있도다. 백성
이 떳떳함을 잡았으니 좋은 이 아름다운 덕이로다.」[89]하였고, 맹자 말씀하
시기를 「일정한 생업이 없는 사람은 일정한 생각이 없다.」[90] 하였으니, 이
러므로 백성이 떳떳함을 잡는 마음이 없으면 재앙이 반드시 이르고, 백성이
일정한 생업이 없으면 배고픈 것이 겹쳐 이르나니, 그러면 화단과 복록과
요사스러운 것과 상서로운 것은 이것이 사람 자기가 스스로 만든 것이 아니
냐.[91]

10-6-2. 所以 邦有道 家給人足 物物皆昌 邦無道 民窮財盡 田野荒蕪 由此

---

88 사람들은 이미 혼자 살거나 씨족과 부족의 단위를 넘어 대규모의 사회를 이루어 살아간다. 사
  람들의 삶의 단위가 되는 대표적인 현대 사회구조가 국가이다. 영토와 민족, 역사 같은 여러
  개념들을 포함하는 국가의 미래는 앞으로도 계속 변화될 것이나 사람들 삶의 실현단위로서
  그를 어떻게 관리하는가 하는 것은 중요한 과제가 아닐 수 없다.
89 시경 대아편 백성들(蒸民)
90 의암성사법설, 창세원인장 각주5 참조.
91 먹고 사는 생존의 문제가 해결 되지 않으면 자기 주변과 예의를 돌보거나 차리기 어렵다. 약육강
  식의 정글과 같아진다. 사람이 일정한 직업을 가지고 생업을 해결하며 그로서 자신의 원하는 바
  를 이루도록 하면 복되고 상서롭지만, 그렇지 못하면 화가 되고 요사스러운 일이 많아질 것이다.

觀之 民無恒産而無恒心則 國將難保 燎然指掌也

이러므로 나라에 도가 있으면 집과 사람이 충족되고 물건이 다 넉넉하며, 나라에 도가 없으면 백성이 궁하고 재물이 다하여 밭과 들이 거칠어지나니,92 이것을 미루어 생각해 보건대 백성이 일정한 생업이 없고 일정한 생각이 없으면 나라를 장차 안보하기 어려울 것은 손바닥을 보는 듯하니라.

10-6-3. 何者 國者 養人土地之總名也 君者 治民敎化之大人也 仁君在上 以敎化政令 御衆則 民自富强 其國安全 苛政所及 民自衰殘 疆土危焉

왜 그런가. 나라라는 것은 양육하는 백성과 토지를 총칭한 이름이요, 임금이란 것은 백성을 다스리고 교화하는 어른이니, 어진 임금이 위에 계시어 교화와 법령으로써 뭇 백성을 거느리면 백성이 자연히 부강하여 그 나라가 편안할 것이나, 가혹한 정치가 미치는 곳엔 백성이 자연히 쇠잔하여 강토가 위태로운 것이니라.93

10-6-4. 今我東洋 方在傷害之運 朝野沸鼎 民生魚喊 强敵侵逼 朝無防禦之策 貧寒到骨 民無擠挺之力 實是痛哭處也 都緣無他 此時之運也 此將奈何

지금 우리 동양은 방금 상해의 운에 있는지라, 조야가 솥에 물 끓듯 하고 민생이 물 마른 못에 고기 날뛰는 것 같으니,94 만일 강적이 침략하여 온다 할

---

92 그러므로 한울의 도란 앉아서 수행하는 것이 아니라 모든 생명이 생명답게 살아가도록 하는 모든 이치와 일을 뜻한다.

93 넓은 땅에, 사는 사람이 몇 명 없는 초원 같은 곳에서는 자신이 할 도리만 해도 될 것이다. 사람 사이의 갈등을 조정할 정부가 크게 필요 없으므로, 무정부주의나 정부가 있어도 최소한의 간섭만이 필요할 것이다. 그러나 좁은 땅에서 많은 사람이 서로 얽혀 살아가면 서로 조정해야 할 일들이 많아진다. 그러므로 사회가 복잡해질수록 정부 역할과 기능이 커지고 그에 따라 그 권한도 비대해진다. 비대해진 정부 권한이 개인의 권리를 지나치게 제한하게 되면 전체를 위해 개인의 희생을 강요하는 전체주의가 되기 쉽다. 현대 민주정치는 무정부주의와 전체주의 사이의 역사적 교훈으로 만들어진 것으로, 개인 행복과 다수 이익은 항상 균형이 요구된다.

94 상해의 운은 동경대전 필법, 해월신사법설 개벽운수 참조. 모순이 극에 달하면 새로운 것을 향한 움직임이 시작된다. 조선말은 그러한 모순과 개벽을 향한 열망 등이 뒤얽힌 혼란기였다.

지라도 정부에서는 막을 만한 계책이 없고 가난과 추위가 뼈에 사무쳐 백성이 물리칠 힘이 없으니 실로 통곡할 일이로다.95 전혀 다른 까닭이 아니라, 이것이 시대의 운수니 이를 장차 어찌할 것인가.

10-6-5. 雖然 惟我同胞生靈 若失其保國安民之策 東土大勢 必將難保 豈不痛嘆者乎

그러나 오직 우리 동포가 만약 보국안민할 계책을 잃으면 동양 대세를 반드시 안보하기 어려울 것이니 어찌 통탄하지 아니하랴.96

10-6-6. 然則 其政其策固將安在 惟我生靈 明其慷慨之義 決守金石之心 合衆一貫則 智仁勇三端 化出於其中 其眞實施計將安在

그러면 그 정책이 진실로 어디 있는가. 오직 우리 생령은 그 강개의 의리를 밝히어97 결연히 금석 같은 마음을 지키고 중력을 합하여 하나로 꿰면, 지·인·용 삼단이 그 속에서 화해 나오리니, 그것을 참으로 실시할 계책이 장차 어디 있는가.98

10-6-7. 盖 修身齊家治國平天下 先聖之所教也 僉君子庶幾乎聞之而人人 各

95 실제 이 글을 쓰신 뒤(1903년) 2년 만에 을사조약으로 대한제국은 실질적 명을 다하게 된다. 자기 앞가림하기 급급한 사람들은 몰랐겠지만 세상과 한울의 이치와 명을 깨달으신 의암 선생은 이 모두를 예견했을 것이니 도탄에 처한 민중을 위한 마음이 얼마나 안타까웠을 것인가!
96 이 구절 이후로 보국안민의 대책을 제시한다. 그러나 이미 각자위심의 정치가와 백성들, 그리고 명이 다한 나라의 운을 되돌리는 것은 어려웠다. 다만 지금의 상황이 그때와 구체적 모습은 다를지언정 큰 줄기는 반복되는 역사이다. 구한말 비극을 되풀이하지 않기 위한 방책으로 개인은 가정에, 기업인은 회사에, 정치인은 나라에 적용할 수 있을 것이다.
97 慷 강개할, 의기가 북받칠 강. 慨분개할 개탄할 탄식할 개. 평소에 온순하고 연약한 사람도 분기가 충만하거나 위기에 처하면 엄청난 힘을 발휘하기도 한다. 그러한 괴력을 모두가 하나로 모아 일을 행한다면 이루지 못할 일이 없을 것이다.
98 의암성사법설, 활동장 4절 참조.

盡其自己之職分 使其一室之人 勞苦勤勉 各知生靈之理而食之則 必將無遊衣
遊食之民矣 然則 不幾之年 家家富産 人人安樂不見可圖也

무릇 수신·제가·치국·평천하는 옛 성인의 가르친 것이라.99 여러 군자는
거의 듣고100 사람사람이 각기 자기 직분을 다하고,101 한집 사람일지라도
수고롭고 괴롭고 부지런하고 힘써102 각각 생령의 이치를 알고 먹게 하면,
장차는 반드시 놀면서 입고 먹는 백성이 없을 것이니,103 그러면 몇 해 안
되어 집집이 부자가 되고 사람마다 편안하고 즐거울 것은 보지 않아도 알
만하니라.

---

99 유교 경전인 대학의 가르침. 흔히 자신을 단련하고 집안을 다스리고 나라를 다스린 후에 천하를
평정한다는 뜻으로 해석한다. 그러나 자신을 잘 다스리는 사람, 즉 수신하는 이는 자신에게 주
어진 일과 명을 정성을 다해 행할 것이요, 그럴 경우 제가와 치국과 평천하는 자연히 이루어질
것이다. "예로부터 밝은 덕을 천하에 밝히고자 했던 사람은 먼저 그 나라를 다스렸다. 그 나라
를 다스리고자 했던 사람은 먼저 그 집을 가지런히 하였다. 그 집을 가지런히 하고자 했던 사람
은 먼저 그 몸을 닦았다. 그 몸을 닦고자 했던 사람은 먼저 그 마음을 바르게 하였다. 그 마음을
바르게 하고자 했던 사람은 먼저 그 뜻을 성실하게 하였다. 그 뜻을 성실하게 하고자 했던 사람
은 먼저 그 앎을 이루려 하였다. 앎을 이룬다 하는 것은 곧 사물을 바르게 인식하는 데서 이루어
진다.(대학. 3장)" 수신을 위해 正心, 誠意, 致知, 格物의 수행이 제시된다.
100 僉 다 첨. 庶 여러 서. 군자는 선구자, 지도자다. 지도자는 마음이 열려 있고 귀가 열려 있어야
한다. 독재자는 주로 자신이 이야기하고 사람들을 끌고 가지만, 참된 지도자는 사람들의 희망
에 귀 기울이고 그것이 올바른 희망이고 이루어질 수 있는 것이 되도록 노력한다.
101 "천생만민 하였으니 필수지직 할 것이오."(용담유사, 교훈가) "군불군 신불신과 부불부 자부
자를 주소간 탄식하니….."(용담유사, 몽중노소 문답가) 모든 생명은 한울이 부여한 명이 있
다. 그를 모르고 각자위심하며 자신의 할 도리를 못하는 것이 세상악질의 원인이 되었다.
102 "만일 한울이 일분 일각이라도 쉬게 되면 화생변화지도가 없을 것이요, 사람이 또한 일용지도
를 잠시라도 떠나게 되면 허령창창한 영대가 가난하고 축날 것이라. 이러므로 수고롭고 괴롭
고 부지런하고 힘쓰는 도는 금수라도 스스로 지키어 떠나지 않거든 하물며 사람이야 이것을
저버리며 떠날 바리오."(의암성사법설, 권도문) 이 네 가지는 한울과 생명의 본연의 모습이
다. 생명은 움직임이고 움직이지 않는 것은 죽음이다. 움직임은 이렇듯 노고근면하는 것이다.
다만 그것이 무엇을 위한 것인가가 사뭇 다른 결과를 나타내게 되는 것이리라.
103 예부터 노동은 신성한 것이었다. 사냥하거나 농사짓지 않으면 먹을 수 없고 삶을 유지할 수 없
었다. 그러나 사회가 복잡해지고 자본이 축적되면서 불로소득하는 경우도 많아졌다. 물론 자
본을 관리하고 투자하는 지식노동도 폭넓게 인정해야 한다. 그러나 자신의 땀을 흘리지 않고
번 돈은 쉽게 낭비하게 마련이고, 가치 있는 곳에 사용되기보다 말초적이고 습관된 감각과 의
식을 만족시키기 위해 소비되는 경우가 많다.

10-6-8. 如是則 國之政治 怳然無疑 夫 以修身齊家 立爲富國之者 不無其端 淸心豫算 明其實理 我國三千里區域中 二千萬同胞 每日三飯 人所當爲而三食 之飯 除取三匙之米 其人之不飢 勢所固然也 剩利則 自如每一人之每一日銅一 葉 雖某事業 擧皆有餘 日取一葉 殖之無損則 積小成大 可見可圖也

이와 같으면 나라의 정치도 황연히 의심이 없을 것이니라.104 무릇 수신제 가로 나라가 부해지게 하는 것은 그 까닭이 없지 아니하니, 맑은 마음으로 미리 생각하여 그 실지의 이치를 밝히면, 우리나라 삼천리 강토 내에 이천 만 동포가 매일 세 끼씩은 밥을 먹을 것이니, 세 번 먹는 밥에서 세 술 쌀을 덜더라도 그 사람이 주리지는 않을 것이요, 이익이 남으면 한 사람이 하루 동전 한 닢 같은 것은 비록 아무 사업을 해서라도 남을 것이니, 날마다 한 닢씩 불리어 손해가 없으면 적은 것을 모아 큰 것을 이룰 수 있는 것을 가 히 보아 도모할 것이니라.105

10-6-9. 分而見之 三飯三匙 無爲中節用者也 一日一銅 勤勉中殖産 此雖細 些 使我二千萬同胞 計算於一年則 乃至幾億萬圓也

분석해 보면 세 끼에 세 술은 자연한 가운데 절용한 것이요, 하루에 동전 한 닢은 부지런히 힘쓰는 가운데서 불어난 것이니, 이것이 아무리 적은 것이라 도 우리 이천만 동포로 하여금 한 해를 계산하면 이에 몇 억만 원이 될 것 이니라.106

---

104 정치는 근본적으로 사람들 사이의 이익과 갈등 조정이다. 신뢰가 바탕이 되면 쉽고 신뢰가 없 으면 한없이 비효율적이고 비생산적일 수밖에 없다.
105 무슨 일이든 혼자 하는 것보다 여러 사람이 힘을 합하면 각각의 합보다 더 큰 성과를 이룰 수 있다. 이를 상승효과(synergy)라 한다. 자본도 마찬가지다. 또한 여기 소개된 내용이 천도교 의 독특한 성미제도의 기원이 되었다.(치국평천하지정책장 공부하기 참조)
106 이러한 사례는 지금도 주위에서 흔히 볼 수 있다. 해마다 수해를 당한 사람들을 위한 수재 의 연금이나 연말 불우 이웃돕기, IMF 때 금 모으기 등에서 보면 작은 정성들이지만 모이면 큰 힘이 됨을 보여준다.

10-6-10. 大略觀之則 事旣如此 誠力所到 何事不成 國富何難

대강 보면 일이 이와 같으니 성력이 이르는 곳에 무슨 일인들 이루지 못하며, 나라를 부하게 하는 것이 무엇이 어려우리오.107

10-6-11. 且富國强兵之道 亦不在他 民富國富 財幣旺盛 用之不竭 食之無損 或有敵國之戰 軍糧軍器 連連不絶 有進無退則 彼敵 自擇自退 勢所確然 强兵 之計 無乃富國中所在者乎

또한 나라가 부해지고 병력이 강해지는 도도 또한 다른 데 있는 것이 아니요, 백성이 부하고 나라가 부하여 재물이 넉넉하면 써도 다함이 없을 것이요, 먹어도 축나는 것이 없을 것이라. 혹 적국과 전쟁이 있다 할지라도 군량과 병기를 계속하여 끊기지 아니하며 나아갈지언정 물러가지 아니하면, 저 적병이 스스로 물러갈 것은 형세가 확연한 바라. 병력을 강하게 하는 계책도 이에 나라가 부한 가운데 있는 것이 아닌가.108

10-6-12. 若 其國小而兵稀則 費此陳陳之錢穀 買彼强隣之兵 百戰百勝 亦所 當然 此乃財産保護中 實效也 又有殖産之方針 我國人民 設或富人 積金藏穀 貨殖之道 全然蒙昧 此是未開之一次也

만약 그 나라가 작고 병력이 적으면 이에 묵어가는 돈과 곡식을 허비하여 저 강한 이웃 나라의 병력을 사서라도 백 번 싸워 백 번 이기기는 또한 당연한 것이니,109 이것이 재산을 보호하는 가운데 실지 효력이요, 또한 재산

---

107 그러나 이러한 정성을 강제해서는 효과도 성과도 없으므로, 자발적 의지를 이끌어낼 동기 부여와 이를 이끌어가며 실제 사업에까지 활용할 리더십이 중요할 것이다.

108 세계 최강으로 평가받는 군대는 공통된 특징이 있다. 싸울 때는 물론이고 전투 후나 제대 후 후생까지 고려하는 안정된 병참 지원, 부하들과 동고동락하는 리더십, 현장 지휘관에게 전술적 결정권을 위임하되 최고 지휘관에서 말단 병사에 이르기까지 공통의 전략목표를 공유하는 것 등이다. 어찌 전쟁뿐이랴, 모든 사업이 이와 같이 한다면 성공을 보장할 수 있을 것이다.

109 용병은 고대부터 현재까지 흔히 볼 수 있다. 고대 로마는 누비아 기병을 흔히 용병으로 썼고,

을 불리는 방침이 있으나 우리나라 백성은 설혹 부한 사람이 돈과 곡식을 저장하였다 할지라도 재산을 불리는 도에 전연 어두우니 이것이 미개한 결점이니라.110

10-6-13. 方今世界 有銀行之規則 雖曰便利 此則 倉卒間 私自難設者也 自國都而至於各道各郡各鄕 設置殖産會社 擇其可堪人 任其名目 貧富人間 隨其事力 富人則 立其資本 貧人則 無論某事業間 勤力食道之餘 幾錢幾分式日投會社中 窮究殖利之術 農商工業間 如有便利之端 出入其錢 生殖興販而 至于十年則 無爲中元富 至於有名之富 貧民則至於可活之富矣 如是之後 統計人民則一般生民 平均是富 國富民安之術 亦在於他乎 苟如是而已則 民有快活而已豈不曰平天下之經綸乎

방금 세계는 은행 규칙이 있어 비록 편리하다고 말하나, 이것은 갑작스럽게 사사로이 스스로는 설립되기 어려운 것이라. 나라 수도로부터 각 도·각 군·각 마을까지 식산회사111를 설치하고, 감당할 만한 사람을 택하여 그 명목을 맡기어 빈부 간 그 일과 힘을 따라 부한 사람이면 그 자본을 세우게 하고, 빈한 사람이면 무슨 사업을 물론하고 부지런히 힘쓰게 하여 식량이 된 나머지에 몇 푼씩 매일 회사에 저금케 하면, 마지막에는 이익을 불리게 하는 기술을 깊게 연구함이 농상공업간에 이와 같이 편리한 것이 없으리니,

---

신라가 당을 끌어들여 백제와 고구려를 멸망시킨 것도 마찬가지다. 현재도 바티칸 시국은 스위스 용병에게 경비를 맡기고, 프랑스 외인부대나 이라크 등지의 분쟁지대에 투입되는 경비업체 등이 있다. 이들을 적절히 사용하고 제어할 능력이 있다면 자체 무력에 과도히 투자할 필요는 없다. 그러나 자신의 힘이 없이 외부의 힘에만 의존하는 것 또한 재앙이 될 수 있다.

110 경제 규모가 커지면 잉여재화가 생기게 마련이다. 이를 갖고만 있다면 자신은 물론 다른 사람에게도 도움이 되지 않지만 필요한 곳에 투자해서 도움 받은 사람의 사업이 성장하면 서로에게 득이 된다. 지역 특산물을 교역해서 얻어지는 이익과 마찬가지다. 빈민들에게 신용으로 소액 대출해 주는 방글라데시의 그라민 은행부터 대형 다국적 은행까지 이 모두가 기본 경제 원리는 마찬가지다.

111 식산이란 재를 불리는 것을 말한다. 그러므로 식산회사란 지금의 종합상사쯤 될 것이다.

나고 드는 그 돈으로 생산도 하고 판매도 하여 십 년이 되면 자연한 가운데서 원래 부자는 더 큰 유명한 부자가 되고, 가난하던 백성은 살아갈 만한 부자가 될 것이니라. 이같이 한 후에 백성을 통계하면 일반적으로 평균 부자가 될 것이니, 나라가 부하고 백성이 편안한 술책이 또한 다른 데 있으랴. 진실로 이같이만 하면 백성이 쾌활함이 있을 따름이니, 어찌 평천하의 경륜이라고 말하지 않겠는가.112

10-6-14. 大抵 書生之遊學 農商工業發達之基礎也 學彼先覺之學文 試用於未開之土地則 山野川澤 規矩準繩 輸出輸入 自在方針矣 夫如是而才藝兼人之能行儀 至於君子之境而 加彼勞苦勤勉之道則 甘受和白受采 於斯可見矣

무릇 서생의 유학113은 농상공업 발달의 기초니, 저 먼저 깨달은 학문을 배워 미개척된 땅에 시용하면 산야천택과 규구준승114과 수출 수입이 스스로 방침이 있으리니,115 이렇듯이 재예가 겸비한 사람의 능숙한 행동과 의범이 군자의 경지에 이르러 수고롭고 괴롭고 부지런하고 힘쓰는 도를 더하면, 감수화 백수채를 이에 가히 볼 것이니라.116

---

112 예부터 사람들의 먹고 사는 문제가 해결되지 못하면 그 나라는 유지되기 어려웠다. 튼튼한 경제는 그만큼 사람들 간의 거래와 왕래가 활발한 것을 뜻하므로 사회적 신뢰와 인프라가 구축되어 있다는 것을 의미하고, 소통이 잘되는 사회는 경제뿐 아니라 정치, 문화, 국방에 이르기까지 모두 잘 이루어질 것은 미루어 알 수 있다.

113 遊學 고향을 떠나 공부하는 것. 우물 안 개구리는 성공할 수 없다. 멀리 보고 크게 생각하려면 넓은 세상을 경험하고 많은 것을 보고 듣고 하는 것이 필수다. 포덕42년부터 47년까지 외유하고 계시던 의암 선생은 국내의 자제들을 선발하여 일본에 유학시키며 인재양성에 힘쓰고 계셨고 이들이 조선개혁의 불씨가 될 것임을 예견하고 계셨다.

114 목수가 쓰는 그림쇠, 자, 수준기, 먹줄을 통틀어 이르는 말. 또는 일상생활에서 지켜야 할 법도.

115 열린 마음으로 사람들과 교류하고 앞선 것을 배우면 큰 사람이 된다. 나라도 열린 생각으로 다른 나라와 교류하면 작은 나라도 세계 리더가 될 것이나 갇혀 있고 자신만 알면 뒤쳐지고 업신여김을 당할 것이다. 우리나라 근세사는 조선 후기 자체적인 개혁(정조, 실학 등)을 통해 발전 역량을 기를 기회를 잃은 뒤 오히려 폐쇄적인 사회로 오그라든 결과가 어떠했는지 잘 보여준다. 일제 이후 최근까지 우리 사회의 변화와 발전을 이끌어온 것은 앞선 문물을 배우고 온 사람들의 역할이 컸음을 부인할 수 없다.

10-6-15. 於是乎 民富國泰則 道德文明 廣國於天下也 天下孰能當之 居天下之一等 行天下之一權則 此謂修身齊家治國平天下之策也 積小成大物理之自然 勿以物小而棄之 勿以德小而賤之 事之形便 隨時用道 略陳於此 念哉勉哉 潛心玩味 能透於此則 庶幾乎近道矣

이에 백성이 부해지고 나라가 태평하면 도덕문명이 천하에 넓게 빛나리니, 천하에 누가 능히 당하겠는가.117 천하에 일등으로 살면서 천하의 일등 권리를 행하면, 이것을 「수신제가 치국평천하」의 방책이라 말하느니라.118 적은 것을 쌓아 큰 것을 이룸은 물리의 자연이니, 물건이 작다고 버리지 말고 덕이 작다고 천히 여기지 말라.119 일의 형편과 때를 따라 도를 쓰는 것을 대강 말하였으니, 생각하고 힘쓸지어다. 마음을 고요히 하고 맛을 보아 능히 이를 투득하면 거의 도에 가까울 것이니라.120

---

116 감수화 백수채는 더 할 나위 없이 좋은 것을 뜻한다.(동경대전, 논학문 참조) 앞선 문명을 배워 온 사람이 사회의 제도와 규칙을 앞장서 정비하면 사람들의 삶이 개선될 터인데, 이렇듯 이끄는 사람은 흔히 교만하고 권력의 유혹에 빠지기 쉽다. 지도자일수록 노고근면의 모시는 마음과 자세를 잊지 않아야 할 것이다.

117 후진국일수록 지도자는 부자이나 백성들은 가난에 허덕인다. 선진국일수록 청렴하게 봉사하는 것이 지도자와 공직이며, 사람들은 부하되 경박하지 않고 예를 지킨다.

118 무력으로 굴복시키는 것은 오래 가지 못한다. 사람들을 이끄는 것은 문화의 힘이다. 그러므로 백범 선생도 우리나라가 문화 일등국이 되길 소원하였고, 현재 세계 최강국인 미국도 부시 정권 이후 힘(하드파워)으로 세계 질서를 재편하려다(아프간, 이라크전 등) 세계적으로 반발과 부작용만 심해지자 이를 반성하고 문화와 경제를 지원하여 지도하는 소프트파워 전략으로 선회하고 있다.

119 작은 일에 정성 드릴 수 있어야 큰일도 성공할 수 있다. 작은 정성이 모여 큰일을 이루는 것은 역사 속이나 주변에서 얼마든지 볼 수 있다.

120 이 모든 것의 근본은 습관된 욕심이 아닌 한울의 고요한 마음이 중심이 돼야 할 것이다.

<치국평천하지정책장 공부하기>

1. 성미

포덕47년(1906) 2월 7일 대도주 명의로 종령 제4호가 발표되었는데 이는 교당 건축과 기타 교회 운영을 위한 경비를 충당하기 위한 신분금에 관한 내용이다. 즉 부인과 남자를 물론하고 15세 이상인 교인의 신분금은 1. 매 식사준비 중 일인당 한 숟가락씩 덜어 모은다. 2. 일개월간 3일분 식비를 모은다. 이상 두 가지로 신분금을 삼는다고 하였다. 이후 포덕48년 11월 29일 종령 제7호로 성미제도를 실시한 바 세칙은 매 취반시(밥지을 때) 1인 1시미를 모아 두었다가 매월 15일과 말일에 모아 교구에 납부케 하였고, 이것이 현재 경운동 중앙 대교당의 건축과 보성전문을 비롯한 각급 학교의 지원과 운영, 그리고 3·1운동의 자금이 되는 등 막강한 위력을 발휘하였다.

현재도 천도교는 성미제도를 운영하는 바, 이는 수운 선생이 말한 천지부모의 은혜를 되갚는 '도로먹임'의 의미로, 교단 운영과 개인적 신앙 실천의 다양한 측면을 나타낸다.

十一. 三戰論삼전론1

(一) 序論서론

11-1-1. 而千古之歷史兮 講之以可明 記之以可鑑

천고의 역사여, 말로써 가히 밝히고 글로써 가히 거울하리로다.2

11-1-2. 太古兮 萬物也 其胡然豈可然 贊理而度之則 茫茫乎其遠 感物而致之則 渾渾然無疑 是故 於古及今 先聖後聖 連絡繼出 帝法王法同軌一輪 何者 治異道同 時異規同 略擧其由 道本乎天 洋洋乎宇宙者 莫非一氣之所幹也

태고여, 만물이여, 그 어찌 그러하며 어찌 가히 그러한가. 이치를 붙여 헤아리면 아득하고 아득하게 멀고, 물건을 느끼고 알아보면 혼혼하여 의심이 없도다.3 이러므로 예로부터 지금까지 선성·후성이 이어 나시고 제왕의 법이 같은 궤도에 하나로 돌아가니 어찌된 일인가.4 다스림은 다르나 도는 같은 것이요, 때는 다르나 규범을 같이한 것이니라. 대략 그 이유를 살펴보면 도가 한울에 근본하여 우주에 흘러넘치는 것은 한 기운의 간섭하는 바 아님이 없는 것이니라.5

---

1 포덕44년(1903) 저술. 의암성사법설 명리전 제목 각주, 해월신사법설 오도지운 공부하기 참조.
2 "만물의 불연이여, 헤어서 밝히고 기록하여 밝히리라."(동경대전, 불연기연) 알지 못하는 것은 면밀히 관찰하고 그것을 기록하여 추이를 확인하면 알 수 있다. 역사도 마찬가지다. 사람들의 삶은 그 모습은 다를지라도 기본적인 삶의 모습은 마찬가지의 삶이 반복된다. 그것을 기록하고 거기에서 교훈을 얻으면 같은 잘못을 반복하지 않고 발전할 것이요, 그렇지 못하면 실수를 반복하며 몰락할 것이다.
3 세상 만물의 이치는 크고도 넓다. 그 무한한 이치 앞에선 아득하게만 느껴지겠지만 하나씩 이치를 헤아리고 알아 온 것이 인류 문명의 시작이었다.
4 성인이란 한울 이치를 깨우쳐 사람들에게 가르치고 일깨운 사람이며, 그 이치에 따라 사람들의 삶을 조정하고 안내하는 사람이 임금이었다. 그러므로 모든 성인의 법과 임금의 법은 한울 이치에 따라 사람들의 삶을 돕는 것이 기본이다.
5 사는 곳의 기후와 풍습에 따라 가르침이 다르고 다스림의 방법이 다를 수 있다. 그러나 기본적인

11-1-3. 雖然 人爲動物之靈 靈之其中 亶有聰明 作之君作之師 玆曷故焉
唯天無偏 率性者惟親也 侍天行天故 是曰體天 推己及人故 此曰 道德也

그러나 사람이 동물의 영장이 되고, 영장인 그 가운데 특별히 총명함이 있어서 임금을 만들고 스승을 만드니 이 어떤 연고인가.6

한울님은 편벽됨이 없으시어 천성을 거느리는 사람과 오직 친하심이라. 한울을 모시고 한울대로 행하므로 이를 「체천」이라 말하고, 나를 생각하여 사람에게 미치므로 이를 「도덕」이라 말하느니라.7

11-1-4. 光被四表 中散萬事 因時取宜 大抵時中 變於時用 不失執中 有初克
終 合爲一理 由是觀之 天之於道 豈有間矣 道之於人 豈可遠哉 須臾不可離者
此之謂也

빛이 사방에 덮이니8 만사에 맞게 흩어지고 때를 따라 마땅함을 취하니 무릇 때에 맞는다 함이요.9 때를 쓰는 데 잘 변하여 중도를 잡아 잃지 아니함이요.10 처음과 내종이 있으니 한 이치에 합하는 것이로다.11 이로 좇아보면 한울과 도에 어찌 사이가 있으며 도와 사람이 어찌 멀다고 하겠는가. 잠

사람의 삶, 생명의 본질은 변할 수 없다. 모든 것이 한 한울의 기운작용이기 때문이다.

6 "여러 사람 가운데서 의견이 처음으로 생기어 여럿이 보는 가운데 가장 뛰어난 사람을 어른으로 추대하고 백성의 모든 일을 관할게 하며 여러 사람의 힘을 모아 먹을 것을 받들어 주니…."(의암성사법설, 창세원인장) 作之君 作之師는 동경대전 불연기연, 해월신사법설 강서 각주 2번 참조.

7 한울 뜻을 알고 실천하는 것을 체천이라 한다. 한울 이치가 도라면 그 이치가 사람들에게 베풀어져 드러나는 것을 덕이라 한다. 체천이 되려면 습관심에서 벗어나 侍天하고 그 뜻을 키우는 養天의 과정이 필요함은 물론이다.(해월신사법설, 양천주참조)

8 한울의 도와 덕이 모두에게 고루 미침을 뜻한다.

9 해야 할 일과 해야 할 때가 있다. 이를 지키면 어떤 일이든 성공할 것이다. 용시용활 참조.

10 좋은 약과 도구도 오래 쓰면 효력이 떨어지게 마련이다. 그때를 놓치지 말고 새롭게 진화하지 못하면 도태된다. 그러나 그렇게 변화하되 근본이 되는 정신은 잃지 말아야 할 것이다. 새로운 사업을 구상하고 변화하되 그 근본은 사람을 속이거나 착취하는 것이 아닌 모두를 이롭게 하는 것이어야 한다. "만년에 대일변, 천년에 중일변, 백년에 소일변은 이것이 천운이요, 천년에 대일변, 백년에 중일변, 십년에 소일변은 이것이 인사이니라."(개벽운수)

11 처음과 나중이 한결같은 사람이라면 가히 믿을 수 있을 것이다.

시도 떠나지 못할 것이라는 것은 이를 말한 것이니라.12

11-1-5. 太古之無爲兮 其氣也未發 三皇之基礎兮 道本乎心 五帝之孩提兮 施措於治法 人 氣也淳厚 民皆爲堯舜 敎導以聖道 世莫非堯舜 人道之將泰兮 人各有人心 惟彼軒轅時之蚩尤 虞舜世之有苗 背化而作亂 豈可無善惡之別乎

태고의 「무위」 시대는 그 기운이 아직 발하지 않은 때요,13 삼황이 세상의 기초를 세움이여, 도를 마음에 근본하였음이요, 오제가 문물제도를 시작함이여, 정치와 법을 바르게 폄이라.14 사람이 순후하니 백성이 다 요순이요, 성도로써 가르치니 세상이 다 요순 아님이 없느니라. 인도가 커지면서 사람은 각각 인심이 있는지라,15 「헌원씨」 시대에는 「치우」가 작란하고, 「우순씨」 세상에는 「유묘」가 교화를 배반하고 작란하니,16 이런 일을 본다 해도 어찌 선악의 차별이 없다고 하겠는가.

11-1-6. 夫 聖人之道 無物不成 能治亂之藥石 干戈刑戮 是也 是故 及周之盛 其氣也壯大 治隆於上 敎美於下 郁郁乎文物 於斯爲盛 豈不欽嘆處乎

---

12 한울의 이치가 도요 그것을 실현하는 것은 사람이다.

13 "어리석은 사람들은 비와 이슬의 혜택을 알지 못하고 무위이화로 알더니…"(동경대전, 포덕문) 사람들의 지혜가 열리지 않은 때에는 모두가 자연에 의지할 뿐, 사람의 의지로 세상을 변화시킬 능력이 없었다.

14 삼황오제는 동양 문명을 처음으로 열었다는 전설 속의 임금. 동경대전 포덕문 3절 각주 참조.

15 사람이 많아지고 물건이 풍족해지면 오히려 사람들의 욕심은 더 커진다. 만족하지 못하고 더 갖고자 하는 욕심이 생기면서 모든 말썽들이 생긴다.

16 황제 헌원은 화하족의 족장, 치우는 하족과 중원 패권을 다투던 동이족 장이었다. 치우와 황제가 크게 싸운 탁록(지금의 북경 부근)대전이 유명하다. 치우의 용맹과 용병은 신출귀몰해서 지금도 중국인들은 치우를 군신으로 섬기거나 악신으로 두려워한다. 요임금의 뒤를 이은 순임금(성이 우) 때는 하족과 동이족, 그리고 남방의 묘족이 세력 균형을 이루었는데 묘족은 중원 패권다툼에서 밀려나 간간이 저항할 뿐이었고 실질적 다툼은 동이족과 화하족 간에 이루어지고 있었다. 동경대전 포덕문 1절, 수덕문 6절 각주 참조. 조선말에는 이미 사대적 사관이 뿌리내린 시기였다. 그러므로 중국 화하족에 대항한 부족이나 나라는 모두 역적이요 세상을 어지럽힌 무리로 묘사 되었다.

무릇 성인의 도도 물건 없이는 이루지 못하느니라.17 능히 난을 다스리는 약석18이 되나니 병장기와 형륙이 이것이니라. 이러므로 주나라가 성함에 이르러 그 기운이 장대하여 다스림이 위에서 융성하고, 교화가 아래까지 아름다웠느니라. 빛나고 빛나는 문물이 이에 성한지라, 어찌 부러운 것이 아니랴.19

11-1-7. 噫 物久則弊 道遠則疎 理之自然 明若觀火 自是以後 歷代列國 各修覇業 興廢勝負 恍若棋局之勝負 此豈非寒心處乎 雖然 亦是運亦是命 有何怨尤 如斯之忖度兮 理之翻覆 運之循環 瞭如指掌也

아! 물건이 오래되면 낡아지고 도가 멀어지면 소홀해지는 것은 이치가 그런 것이라.20 밝기 불 본 듯하도다. 이로부터 역대에 여러 나라들이 권력 잡기만 숭상하여, 흥하고 망하고 이기고 지는 것을 장기바둑 승부같이 하였으니, 이 어찌 한심한 바가 아니랴.21 아무리 그러해도 역시 운수요, 천명이니 누구를 원망하랴.22 이렇듯이 헤아리면 이치의 번복과 운수의 순환이 손바닥

---

17 사람들이 많지 않고 복잡하지 않은 곳에선 말씀과 훈도로서 충분히 교화가 될 것이다. 그러나 사회가 복잡할수록 그 갈등을 조정할 규칙과 그것을 강제할 현실적 힘이 없으면 질서가 유지되지 못한다. 시골 마을에는 경찰이 없어도 최고 연장자 한마디로 일이 해결될 수 있지만 대도시에선 공권력이 필요할 수밖에 없다.

18 藥石; 약과 침이라는 뜻으로 여러 가지 약을 이르는 말.

19 중국 고대 왕조 중에 은과 주는 여러 가지 면에서 대조가 된다. 은은 동이족의 나라였고, 주는 하족의 나라였기 때문에 그 특징도 은이 하늘에 제사 지내고 점을 쳐 길흉을 판단하고 감성적이었다면 주는 법률과 제도를 통해 통치했다고 여겨진다. 그렇기 때문에 중국에선 은보다 후대 왕조에 이어진 여러 가지 문물과 제도의 시원이 된 주나라를 숭상하는 풍조가 있었다. 특히 공자의 경우 주나라 문물이 희미해져 각 제후국 간의 세력다툼이 치열했던 춘추시대에 살며 주나라 문물을 복구하고 회복하려 노력했던 것으로 전해진다.

20 한울 이치는 그대로지만 세상에 적용되는 것은 때에 따라 변화하고 업데이트돼야 한다.

21 권력이란 사람들이 서로의 복잡한 일들을 조정하기 위해 위임한 것이나 나중엔 권력이 오히려 사람들을 억압하고 개인적 이익을 위한 도구로 변질된다. 그렇기 때문에 권력을 잡기 위한 싸움이 끊이지 않았으니 한 나라가 세워지고 망하고, 각 나라 간에 패권을 다투는 것이 모두 권력의 욕망 때문이었지 사람들의 민의를 대변한 것은 아니었다. 그런 헛된 욕망과 싸움 때문에 희생된 사람이 동서고금에 얼마나 많은가!

을 보는 듯하도다.

11-1-8. 夫如是則 鑑昔稽古 指今視今 豈有間於多端哉 是故 古今之不同兮
吾必日運之變也

이같이 하면 옛적을 거울삼고 옛적을 상고하여, 오늘을 가리키고 오늘을 살
펴보는 것에 어찌 조금인들 어려움이 있으랴. 이러므로 예와 이제가 같지
않은 것은 나는 반드시 「운이 변한 것이라」 이르노라.[23]

11-1-9. 方今 天下之大勢 與運偕同 人氣也 强莫强焉 巧莫巧焉 技藝之發達
動作之練習 極盡於此也 雖然 强非勁兵之强力 就義無屈之謂也 巧非姦細之巧
態 達事乘銳之稱也 以若利器堅甲 兵刃相接則 强弱相分 人道絕矣 是豈天理
哉

방금 천하대세가 운과 함께 나아가므로 사람의 기운은 강하고 매우 강하고,
교묘하고 매우 교묘하여 기예의 발달과 동작의 연습이 이에 극진하였느니
라.[24] 아무리 그러해도 강하다는 것은 병력이 강하다는 것이 아니라, 의에
나아가 굴치 않음을 말하는 것이요, 계교는 교활한 교태가 아니라, 일을 통
달하여 예리함을 타는 것을 말함이니,[25] 만약 예리한 무기와 굳센 무장으로
써 병력이 서로 접전하면 강약이 서로 나누어져서 인도가 끊어지리니, 이

---

22 "성한 것이 오래면 쇠하고 쇠한 것이 오래면 성하고, 밝은 것이 오래면 어둡고 어두운 것이 오래
　면 밝나니 성쇠명암은 천도의 운이요, 흥한 뒤에는 망하고 망한 뒤에는 흥하고, 길한 뒤에는 흥
　하고 흉한 뒤에는 길하나니 흥망길흉은 인도의 운이니라."(해월신사법설, 개벽운수)

23 세상은 변하지만 근본이 되는 이치는 변하지 않는다. 다만 계절이 순환하듯 흥망성쇠의 운이 변
　할 뿐이다.

24 19세기는 과학과 산업 발달로 수천 년간 변화 없이 이어지던 농경 위주의 사회구조가 격변하기
　시작한 시기였다.

25 힘으로 굴복시키는 것은 하수이다. 진정으로 강한 것은 마음으로 감복하고 따를 수 있도록 하는
　것이다. 또한 상대방을 얕은꾀로 한 번은 속일 수 있지만 진정한 실력이 없다면 오래갈 수 없다.
　실력이란 무엇인가? 자신의 분야에서 누구와도 자신 있게 겨룰 수 있고 속속들이 꿰고 있는가?

어찌 천리이겠는가.26

11-1-10. 以余不敏 俯仰宇宙之勢 擧世竝强 雖欲接兵 同手相敵 戰功無益
此所謂五獸不動也 然則 兵戰一款 自歸無奈 畏尤甚於兵戰者 有三焉 一曰道
戰 二曰財戰 三曰言戰 此三者能知然後 可進於文明之步而 保國安民平天下之
策 可得而 致矣 是故 請言申之 聊以戰論

불민한 나로서 세계 대세를 살펴보니 온 세상이 모두 강해져서 비록 싸운다
할지라도, 같은 적수가 서로 대적하여 싸운 공이 없으리니, 이것을 「오수부
동」이라 말하느니라.27 그러면 무기로만 싸운다는 것은 자연히 쓸데없이 되
는 것이요, 무기보다 더 무서운 것 세 가지가 있으니 첫째 도전이요, 둘째
재전이요, 셋째 언전이라. 이 세 가지를 능히 안 뒤에라야 가히 문명에 나아
가 보국안민과 평천하의 계책을 가히 얻어 이루리라. 이러므로 말을 거듭
청하여 삼전론을 말하노라.28

---

26 싸움은 항상 최후의 수단이 돼야 하고 사용하지 않을 때 더 가치가 있다(有能不用, 후경2). 현대
   국제사회 관계도 무력에 의한 하드파워로는 자기 목적을 달성하기 어렵고 부작용만 낳을 뿐이
   고, 도덕과 문화의 소프트 파워가 오히려 효과적임을 잘 보여준다.
27 다섯 마리의 맹수가 서로 노려보는 상태를 오수부동이라 한다. 어느 한 마리가 먼저 움직이거나
   허점을 보이면 집중 공격을 받을 수 있으므로 서로 꼼짝하지 못한다. 마치 핵보유국들이 서로
   사용하지도 못할 핵무기로 위협만 하는 상황과 같다.
28 소프트파워는 군사력이나 경제제재 등의 물리적 힘으로 표현되는 '하드파워(hard power)'
   에 대응하는 개념으로, 강제력보다는 매력을 통해, 명령이 아닌 자발적 동의에 의해 얻어지는
   능력을 뜻한다. 하버드대학교 케네디 스쿨의 조지프 나이(Joseph S. Nye)가 처음 사용한 용어
   이다. 소프트파워는 군사력 등으로 행사되는 하드파워와 달리 가치와 삶의 질 그리고 자유 시
   장경제의 흡인력으로 원하는 것을 얻을 수 있는 능력을 의미한다. 예컨대, 군사력에 의존했던
   몽골의 원이 피정복 문화에 동화된 것과 경제 제재 완화로 북한으로부터 미사일 발사 실험 중지
   약속을 얻어낸 것 등이 있다. 양차 세계대전과 최근 이라크전까지 치르면서 그 반성으로 정립
   된 개념인데 이미 의암 선생은 이때 소프트파워 개념의 삼전론을 제시하신 것이다. 당시는 물
   론이요, 오늘에 더욱 소중한 지침이 아닐 수 없다.

(二) 道戰도전

11-2-1. 道戰者何也 曰「天時不如地利 地利不如人和」 人和之策 非道不能
曰「以道和民則 無爲而可治也」 歸之於戰則 不可曰不然

도전이란 무엇인가. 옛 사람이 말하기를 「천시가 지리만 못하고 지리가 인
화만 못하다.」[29] 하였으니 인화의 방책은 도가 아니면 할 수 없고, 또 말하
기를 「도로써 백성을 화하면 다스리지 않아도 절로 다스려진다.」 하였거니
와 싸움에 돌아가면 그렇지 않다고 말할 수 없는 것이니라.[30]

11-2-2. 君子之德風也 小人之德草也 道之所存 德之所行 望風而不偃者 未
之有也 夫大德 化被草木 賴及萬方也

군자의 덕은 바람 같고 소인의 덕은 풀 같으니, 도가 있는 곳과 덕의 행하는
곳에 바람을 좇아 쓰러지지 않는 것이 없느니라. 큰 덕화는 초목에까지 미
치고, 힘이 만방에 미치느니라.[31]

11-2-3. 現今天運泰通 風氣大闢 遐邇一體 率濱同歸 玆曷故焉

---

29 맹자(孟子)가 그의 왕도론(王道論)을 전개할 때 한 말로, <맹자> '공손추(公孫丑)' 하(下)의 첫
문장이다.(도전 공부하기 참조)

30 고대부터 무기와 병력에서 열세이면서 전쟁에 승리한 예는 수없이 많다. 소수의 스파르타군이
페르시아 대군을 물리친 것(테르모필레 전투, 1400여 명의 스파르타군이 수십만의 페르시아
대군을 막아내는 동안 아테네 해군이 페르시아 해군을 패퇴시킴, 영화 300의 소재가 됨)과, 고
구려의 을지문덕이 수나라 백만 대군을 물리친 것, 이순신이 12척의 배로 명량대첩을 이끈 것
과 가까이는 이스라엘이 중동 연합군을 물리친 것들이 회자된다. 그러한 승리의 원인들은 여러
가지가 있겠지만 가장 중요한 것은 역시 전쟁에 참여하는 병사들의 도덕적 우위와 그로써 생기
는 자발적 참여와 동기가 상대방의 그것을 압도했다는 것이다.

31 "성인의 덕행은 춘풍태화의 원기가 초목군생에 퍼짐과 같으니라."(해월신사법설, 성인지 덕화)
성인의 덕은 사람과 어려움을 가리지 않는다. 바람이 어느 곳이나 불어 신선한 공기를 전하듯
이. 그러나 소인은 세상의 시류에 따라 마음이 이리저리 흔들려 중심을 유지하지 못한다. 그러
므로 바람 앞의 풀과 같다고 하셨다.(동경대전, 논학문)

지금 세상은 천운이 크게 통하고 풍기가 크게 열리어, 멀고 가까운 것이 한 몸과 같고 온 천하가 한 가지로 돌아가나니 이 어떤 연고인가.32

11-2-4. 國各有國敎 一款主掌者 開明文化也 盖以先開之道 加被未開之國 行其德化其民則 民心所歸 沛然如水 盍曰「民惟邦本乎」其本不全而 其邦獨 全者 未之有也

나라마다 국교가 있어 첫째 주장은 개명 문화이니라. 대개 먼저 개명한 도로써 미개한 나라에 베풀어 그 덕을 행하고 그 백성을 화하면 민심 돌아가는 것이 물이 아래로 흐르듯 하나니, 어찌 「백성이 나라의 근본이라」고 말하지 아니하랴. 그 근본이 온전치 못하고 그 나라가 홀로 온전한 것은 있지 않느니라.33

11-2-5. 是故 世界各國 各守文明之道 保其民敎其職 使其國 至於泰山之安 此無奈道前無敵者乎 征伐所到 雖有億萬之衆 各有億萬心 道德所及 雖有十室 之忠 同心同德 保國之策 有何難矣哉 然則 天時 地利無益於施措者乎 曰「至 治之時 田野闢 風雨順 山川草木皆有精彩」天時地利 無奈人和中 可致者乎 所以 吾必曰 可戰者 道戰也

이러므로 세계 각국이 각각 문명의 도를 지키어 그 백성을 안보하고, 그 직업을 가르쳐서 그 나라로 하여금 태산같이 안전하게 하니, 이것은 별 수 없이 도 앞에는 대적할 자 없다는 것이니라. 병력으로 치는 곳에는 아무리 억

---

32 오늘의 세상은 교통수단 발달로 국내는 물론 국제적인 일일 생활권이 가능해졌고, 전화와 전자 우편은 실시간 개인 통신을 가능하게 만들었다. 이야말로 천하가 하나가 된 것이 아니겠는가!

33 구한말 이후 우리나라에 들어온 외국인들 중엔 정치 군사 목적 외에도 선교와 봉사를 위해 온 사람들이 많았고 그들이 우리나라 교육과 의료 고아원 등 사회복지 체계에 공헌한 바는 크다. 또한 근래에는 우리나라의 젊은이들도 국제 협력단 등의 기구를 통해 저개발 국가의 농업과 정보통신기술 발전에 공헌하며 현지인들의 신망을 얻는다고 한다. 백만대군도 할 수 없는 사람들의 마음을 얻고 있는 것이다.

만 대중이 있다할지라도 억만심이 각각이요, 도덕이 미치는 곳에는 비록 열 집의 충성이 있다 할지라도 같은 마음 같은 덕이라, 보국의 계책이 무엇이 어려울 것인가.34 그러면 천시 지리가 쓸 곳이 없지 아니한가. 옛사람이 말하기를 「지극히 잘 다스리는 시대에는 논밭이 넉넉하고, 비와 바람이 순하여 산천초목이 다 생기가 넘쳐 활발함이 있다.」 하니, 천시 지리가 다름 아니라 인화 중에서 되는 것이 아니냐. 이러므로 나는 반드시 말하기를 「싸울 만한 것은 도전이라」 하노라.35

<도전 공부하기>

1. 천시, 지리, 인화

맹자가 말씀하셨다[孟子曰]. "하늘의 때는 땅의 이득만 못하고, 땅의 이득은 사람의 화합만 못하다[天時不如地利 地利不如人和]." 맹자는 이어서 약간의 설명을 부연한다.

"3리의 내성内城과 7리의 외곽外廓을 에워싸고 공격하지만 이기지 못한다. 에워싸고 공격을 하는 데는 반드시 하늘의 때를 얻겠지만, 이기지 못하는

---

34 군사만 많다고 강대국은 아니다. 군사력이 아니면 경제가 강대국의 지표인가? 부는 잘살기 위한 조건 중의 하나일 뿐 부만 좇는 것을 경계하는 것은 동서고금을 막론하고 공통된 가르침이었다. 2008년 초 정권이 바뀌면서 국민들이 영어를 잘하는 나라가 잘산다며 영어를 공용어로 하자거나 영어 몰입교육을 주장하는 사람이 있었다. 그것도 하나의 조건은 될 수 있을 것이다. 그러나 영어도 잘하고 똑똑한 사람이 사람들을 속이며 개인적 치부나 하는 경우도 많다. 교육 목표는 지식도 중요하지만 어떻게 사는 것이 바른 삶인지를 가르치는 전인교육이 전제되지 않으면 안 될 것이다. 개개인의 삶이 조화롭고 보람 있는 삶을 산다면 그것이 행복한 삶이고, 행복한 사람들이 사는 나라를 누가 업신여기겠는가?

35 여기서 도는 종교적인 의미는 물론이고 문화 예술을 포함한 포괄적인 개념으로 봐야 할 것이다. 미국의 가장 강력한 무기는 핵무기가 아니라 헐리우드 영화와 디즈니 만화, 그리고 햄버거와 콜라라고 하지 않던가. 이들을 즐기면서 자연스럽게 그들의 생각과 가치에 동조하고 동화되는 것이야말로 가장 무서운 道戰일 것이다.

것은 하늘의 때가 땅의 이로움만 못하기 때문이다. 그러나 성이 높지 않은 것도 아니고, 못이 깊지 않은 것도 아니며, 병기와 갑옷이 굳고 이롭지 않은 것도 아니고, 군량이 많지 않은 것도 아닌데 성을 버리고 간다. 이는 땅의 이로움이 사람의 화합만 못하기 때문이다. 고로 말하기를, 백성들을 국경 안에 머물게 하는 데는 영토의 경계로서 하지 않고, 방위를 튼튼히 하는 데는 산과 골짜기의 험함으로서 하지 않고, 위엄을 천하에 떨치는 데는 무력으로서 하지 않는다고 하였다. 도道를 얻는 사람은 돕는 사람이 많고 도를 잃은 사람은 돕는 사람이 적다. 돕는 사람이 적은 것이 극단에 이르면 친척까지 배반하고, 돕는 사람이 많은 것이 극단에 이르면 천하天下가 나에게 순종한다. 천하가 순종함으로써 친척이 배반하는 것을 치는 것이기 때문에 군자君子는 싸우지 않지만, 싸우면 반드시 이긴다."

즉, 민심을 얻는 자가 천하를 얻는다는 뜻이다.

(三) 財戰재전

11-3-1. 財戰者 何也 曰 財也者 天寶之物貨也 生靈之利用 元氣之膏澤 其類幾何 動物植物鑛物 是也

재전이란 무엇인가. 재물이라 하는 것은 한울이 준 보배의 물화니 생령의 이용물이요, 원기의 기름이라.[36] 그 종류가 얼마인가. 동물·식물·광물이 이것이니라.

11-3-2. 人爲治物之主 其利惟何 農商工三業 是也 發達農器 不違農時則 穀不可勝食也 食者惟時 用之以節中 則可備兇荒之患難矣 此所謂農業也 貿遷有

---

36 천도교의 경제관은 재전 공부하기 참조.

無 殖利致富 量入虞出 勞以食力則 此乃保産之策也 此所謂商業也 製造機械 便於器用 盡耳目之巧 正規矩之藝則 有物俱足 此所謂工業也

사람은 만물을 다스리는 주인이 되니37 그 이익은 무엇인가. 농상공 삼업이 이것이니라. 농기구를 발달시키어 농사할 때를 어기지 않으면 그 곡식을 다 먹을 수 없느니라. 먹는 것은 때맞추어 쓰고 절중하면 가히 흉년과 환란을 방비할 것이니 이것을 「농업」이라 하고, 있는 것과 없는 것을 사고 팔고 옮기고, 이익을 불리어 부를 이루고, 수입을 보아 쓸 데 쓰고, 힘껏 벌어서 먹고 쓰면 이것이 보산하는 계책이니 이것을 「상업」이라 하고, 기계를 만들어 쓰기에도 편리하며 보기에도 좋음을 다하고, 규격의 재예를 바로하면 물건이 모두 넉넉함이 있을 것이니 이것을 「공업」이라 하느니라.38

11-3-3. 此三業者 自古及今之美法良規也 挽今世界則 人氣莫熾 博覽經緯 格物推理 製造飾用 玩好珍寶 不可勝用者多矣 以若出類之物 嘗試於各國 遷 彼所産之物

이 세 가지 업은 예로부터 지금까지 아름다운 법이요, 좋은 규칙이라. 근래 세계는 인기가 왕성하여 경위를 널리 보고, 물건을 대하면 이치를 생각하여 만들고 꾸며 쓰는 것과 진귀한 각종 물건을 미처 쓰지 못할 것이 많으리라. 만약 특출한 물건을 각국에 상품으로 시험하여 그 나라 소산물로 바꾸나니

---

37 만물이 모두 한울의 기운작용으로 생겼으므로 물물천 사사천이다. 그러나 사람은 한울 이치를 깨닫고 그를 실천할 수 있는 최령자(동경대전, 논학문)이므로 만물을 다스리는 주인이라 한 것이다. 여기서 다스린다 함은 만물이 본성대로 자리하고 살도록 한울 이치를 실천하는 것을 뜻하며, 사람의 습관된 욕심으로 착취하고 파괴하는 것이 아니다.(논학문 각주9 참조)

38 이러한 기본적인 산업 분류는 현대에도 크게 틀리지 않는다. 과거에 비해 무역(상업)의 비중이 커지긴 했지만 제조업의 기반이 있지 않으면 상업만으로는 한계가 있고, 또한 상공업이 아무리 발전해도 기본적인 식생활이 해결되지 않으면 안 된다. 최근 국제 농산물 가격이 오르며 식량안보 개념이 새삼 중요해지는 것은 이를 잘 보여준다. 또한 산업간 경계가 모호해지고 IT, BT 등 신소재산업이 발달하였지만 IT는 크게 보아 재료는 공업에, 전자상거래는 상업에 분류할 수 있고, BT는 농업으로 분류할 수 있을 것이다.

11-3-4. 夫如是則 或有未開之國 莫知利害之分析則 不幾之年 其國之凋殘 可立而待也 以此觀之 丁寧是唆澤之紹介也 是以 智謀之士 意思同然也 上以 國子 至於凡民之俊秀 養其才達其技 一以資外禦之策 一以致富國之術 此豈非 可戰者乎 所以 吾必曰 可戰者 財戰也

이같이 하면 혹 미개한 나라가 이해분석을 할 줄 모르면 몇 해 안 되어 그 나라의 쇠잔함을 면치 못할 것이니, 이로써 보면 정녕히 이것은 기름을 빨 아먹는 앞잡이니라.39 이러므로 꾀 있는 선비는 생각이 같은지라, 위에서는 왕가의 자제로부터 아래로 민간의 수재에 이르기까지 그 재주를 기르고 그 기술을 발달시키어 한편으로는 외국 자본을 막아내고 한편으로는 나라가 부해지는 술책을 쓰는 것이니, 이것이 어찌 싸움이 아니라고 하랴. 이러므 로 나는 반드시 말하기를 「싸울 만한 것은 재전이라」 하노라.40

<재전 공부하기>

1. 천도교의 경제관

종교에 따라 경제를 보는 시각이 큰 차이가 있다. 현세의 모든 것이 허상일 뿐이고 버리고 비워 우주의 본성을 깨달을 것을 가르치는 불교는 대체적으 로 경제란 크게 중요하지 않은 가치다. 반면에 기독교에선 자신의 직업을 신이 부여한 천직으로 여겨 열심히 일하고, 그렇게 수입이 생겨도 생활은 청

---

39 제국주의 시대의 가공무역이 이와 같았다. 조선과 인도 등지의 원재료(면화, 목화, 고무, 광석 등)를 싼값에 사들여 일본과 영국에서 옷과 최종 산물이 되면 원산지에서는 수십 배의 가격으 로 이를 구입해야만 했다.

40 제국주의 시대 일제의 착취에서 벗어나 산업화에 성공한 우리나라는 새로운 산업 조류에 적응 하지 못하고 크게 당하는데 그것이 1998년 IMF 구제금융 사태였다. 자본과 금융 산업의 낙후로 국제 투기자본에 넘어간 국부가 헤아릴 수 없이 많았다. 이 모두가 財戰이 아니고 무엇이랴!

빈할 것을 가르친다. 그러므로 자본이 자연히 축적되고 그것이 규모가 커져 사업이 되는, 자본주의의 근원이 되었다고 한다[베버, '프로테스탄티즘 윤리와 자본주의 정신(1920)']. 그러면 천도교 경제관은 어떠한가? 성(진리, 이상), 심(개인적 재능), 신(현실적 삶) 삼단을 모두 아우르며 중시하는 세계관이 그 답의 단초요, "물건마다 한울이요 일마다 한울이라 하였나니,…한울 전체로 본다면 한울이 한울 전체를 키우기 위하여 같은 바탕이 된 자는 서로 도와줌으로써 서로 기운이 화함을 이루게 하고, 다른 바탕이 된 자는 한울로써 한울을 먹는 것으로써 서로 기운이 화함을 통하게 하는 것이니"(해월신사법설, 이천식천)라고 하신 말씀이 또 다른 답이 될 수 있을 것이다. 다시 말해 경제란 사람들 서로를 돕는 것으로서 그 참 뜻이 있고, 다른 사람을 손해 보게 하거나 해하면서 이익을 얻는 것은 아닌 것이다. 한 걸음 더 나아가 사람뿐 아니라 모든 생명에 도움이 되는 방향으로 움직여야 참된 살림의 경제라 할 것이다.

(四) 言戰언전

11-4-1. 言戰者 何也 曰言也者 發蘊之標信 敍事之基本也 發乎中情 施乎事物 其爲發也 無形而有聲 其爲用也 無時而不然 經緯也 毫分厘析 條理也 至精且微 生存興戎 總係乎此 可不信也哉 是故 先儒所云「時然後出言」者 此之謂也

언전이란 무엇인가. 말이란 것은 속에 있는 생각을 드러내는 표신이요, 사실 있는 그대로를 알게 하는 기본이라. 속에 있는 생각을 발하여 사물에 베푸는 것이라,41 그 나오는 것이 형상은 없으나 소리가 있고, 그 쓰는 것이

---

41 "도가 또한 세상에 있으니, 만약 말을 쓰지 않으면 도가 끊어지고 세상이 거칠어질 것이니라."(의암성사법설, 극락설) 지행합일과 언행일치는 옛사람들의 일관된 지침이었다. 기실 실천되지 않는 지식이나 말은 아무 쓸모가 없기 때문이다. 그러나 말이 중요한 것은 한 사람의 행에서 그치지 않고 많은 사람들의 마음을 움직여, 한 사람이 할 수 없는 큰일을 하게 만든다는

그렇지 않은 때가 없으니, 경위에는 호리를 분석하고 조리에는 지극히 정미로워 생존하는 것과 전쟁을 일으키는 것이 모두 이에 관계하니 믿지 않을 수 있겠는가. 이러므로 옛 선비가 말하기를 「때가 된 뒤에 말을 하라」[42]한 것은 이것을 말한 것이니라.

11-4-2. 大抵 方言 隨其山川之風氣 各殊其調節 故 萬國生靈 稟質則 雖是一體 相未通情者 無他 言語之矛盾故也 況此 於今世界荒羅之間 人氣通環 物貨相交 國政旁然 自西徂東 自南之北 無不交隣 若非言語之通涉 安可得交際之方策乎

무릇 사투리는 그 지방 산천 풍기를 따라 각각 그 조절을 달리하나니, 그러므로 각 나라 사람들이 품질은 비록 같으나 서로 뜻을 통치 못하는 것은 다름이 아니라, 말에 모순이 있기 때문이라, 하물며 지금 세상 복잡한 사이에서 사람이 오고가고 물품과 재화가 상통되며, 국정이 넓어서 서에서 동에까지 남에서 북에까지 이웃과 다름이 없으니, 만약 말이 통하지 못하면 어찌 교제할 방책이 있겠는가.[43]

데 있다. 그것이 언론의 힘이다. 그러므로 예부터 언관을 중시했고 현대에는 언론을 입법, 사법, 행정부에 이은 제4의 권부라고까지 일컫는다.

42 "마음이 안정된 사람은 말이 적다. 그러므로 마음을 안정하는 것은 말이 적은데서부터 비롯하느니라. 말할 만한 때가 된 다음에 말을 한다면 그 말이 간략하지 않을 수 없느니라"(율곡 이이, 自警文) 핵심을 정확히 아는 사람은 요점만 쉽게 얘기한다. 잘 모르는 사람은 말이 길고 장황하지만 이해하기 어렵다. 상대가 알아들을 수 있을 때를 기다려 정곡을 찔러 주고 스스로 깨달을 수 있게 하는 것이 잘 가르치는 스승. "병 속에 신선 술이 있으니 백만 사람을 살릴 만 하도다. 빚어내긴 천 년 전인데 쓸 곳이 있어 간직하노라. 부질없이 한 번 봉한 것 열면 냄새도 흩어지고 맛도 엷어지네. 지금 우리 도를 하는 사람은 입 지키기를 이 병같이 하라."(동경대전, 시문)

43 진시황이 폭군이었지만 전국시대 당시 제각각이던 언어와 문자, 도량형 등을 하나로 통일하여 통일 왕조의 기틀을 만들었다. 인간의 말이 제 각각인 것은 신이 내린 벌(바벨탑의 신화)이라 하지 않던가? 언어가 하나였다면 신에 이를 수 있었다는 반증인가? 지금도 세계는 표준화 전쟁을 하고 있다. 도량형은 KSM(무게는 kg, 시간은 sec, 길이는 meter)으로, 언어는 영어, 화폐는 달러와 유로 등이 통용된다. 그러나 표준화는 필연적으로 소수 사용자의 소외를 낳는다. 이는 또한 문화와 삶의 다양성 상실로 이어지며, 다양성 상실은 전체적으로 인류 삶의 질을 떨어뜨리고 생태계와 지구 건강을 위협할 수 있다.(다니엘 네틀,수잔 로메인, 사라져 가는 목소리들,

11-4-3. 出言有道 智謀竝行然後 言可有章矣 是故 一言可以興邦 先聖之心 法 見於書 斷無異於畫工之妙 著於物也

말은 하는 데도 도가 있으니 지혜와 계책이 병행한 뒤에라야 말도 빛이 나느니라. 이러므로 한마디 말이 가히 나라를 흥하게 한다 하니,[44] 옛 성인의 심법이 이 글에 나타났으니 단연코 그림 그리는 사람이 물건을 보고 묘하게 그리는 것과 다름이 없느니라.[45]

11-4-4. 交際之地 又有談判之法 兩敵 相待 及其未決之時則 遠近團合 先覈 事緖之曲直 閱覽經緯之可否 得其事理之當話然後 萬端歸一 確定勝負之目的 竟致歸化之規正 當其時也 若其一半分經緯 不合於智謀則安可得世界上 特立 之威勢乎

교제할 때에 또한 담판법이 있으니, 두 적이 서로 대하여 판결하기 어려울 때에는 여러 나라가 모이어 먼저 시비곡직을 가리고, 경위의 가부를 열람하여 사리의 마땅한 것을 얻은 연후에야, 모든 일이 하나에 돌아가 승부의 목적을 확정하고 마침내 귀화할 규정을 짓나니, 이때를 당하여 만일 그 반푼 경위라도 지혜와 계책에 맞지 않으면, 어찌 가히 세계무대 위에 권위를 세울 것인가.[46]

이제이북스, 2003) 우리나라 안에서도 사투리가 사라지고 표준말이 정착되면서 지방 고유의 음식과 문화들이 사라져 간다. 어딜 가나 비슷한 조미료 맛으로 획일화된다. 그 이면에는 지방 고유의 맛과 문화를 제공하던 생물종의 다양성이 사라지는 생태계 파괴가 동반되는 데 그 심각성이 있다. 그러므로 다양성과 표준화는 어느 한쪽도 잃지 않으며 조화시켜야 하는 가치이다.

44 로마가 한니발의 군대 앞에 속수무책으로 풍전등화의 위기에 있을 때 스키피오의 피끓는 연설이 로마를 위기에서 구했고, 거란 30만 대군을 물리친 것은 서희의 세 치 혀였다. 오늘은 어떤가? 나라 간, 회사 간, 개인 간 수많은 협상들이 나라와 회사와 개인의 운명을 좌우하지 않은가?

45 시인이 꽃을 묘사하는 것과 화가가 그리는 것은 본질은 같다. 대상을 얼마나 잘 파악하고 이해했는지와 그것을 얼마나 잘 전달할 수 있는지에 따라 그 가치가 달라질 것이다. 따라서 이름난 음악가들이 그림을 배우고, 물리학자들이 음악을 배우는 것은 사물을 이해하는 훈련에 그만큼 도움이 되기 때문이다.

46 전쟁 폐해를 두려워할수록 협상이 중요해진다. 요즘같이 개인들도 무한경쟁에 노출되어 있는

11-4-5. 興敗利鈍 亦在於談判 以此量之則 智謀之士 發言而無不中也 夫如
是言之則 施於事物 其功 豈不重大哉 是故 吾亦曰 可戰者 言戰也

나라가 흥하고 패하는 것과 빠르고 더딘 것이 담판하는 데 달렸으니, 이로
써 생각하면 슬기로운 계책이 있는 선비는 말을 하여 맞지 않는 것이 없느
니라. 무릇 이같이 말하면 사물에 베풀어질 때에 그 공이 어찌 중대치 아니
하랴. 이러므로 내 또한 말하기를 「싸울 만한 것은 언전이라」 하리로다.47

(五) 總論총론

11-5-1. 觀今世界之形便 道之前程 尤極怳然 經曰「無兵之亂」云者 豈不昭
然哉 第念僉君子 如坐井中 相必昏暗於外勢之形便故 玆成三戰論一篇 忘陋輪
示 幸須極盡心志 分釋其大同小異之理則 得力於此 煥乎其章 甘受和 白受采
矣 潛心玩味 無至面墻之嘆 如何如何

지금 세계 형편을 보니 우리 도의 앞길이 더욱 황연하도다. 경에 말씀하시
기를 「무병지란」이라고 하는 것이 어찌 맞는 것이 아닌가.48 내가 생각하기
에는 여러분은 우물 안에 앉은 것 같아서 외세 형편에 어두우므로 이에 「

시대에는 처세술과 협상술 등이 더욱 각광을 받는다. 마치 춘추전국 시대의 백가쟁명 같다. 그
러나 얕은꾀로 당장을 모면하려 한다면 더 큰 어려움을 맞게 될 것이고, 원칙을 지켜 서로에게
도움이 되는 방향으로 협상한다면 이루지 못할 것은 없을 것이다. 그 원칙은 우선 지피지기해
야 할 것이고, 논리적 도덕적이어야 할 것이다. 그러나 그 이면에 힘이 뒷받침되지 않는다면 바
른 논리를 편다 해도 협상에 불리한 것이 국제사회의 현실이다.

47 언전이 나라간의 협상에만 있는가? 사회의 미래를 예측하고 바른 방향으로 이끄는 사람들을 리
더라 한다. 이러한 오피니언 리더들이 바른 생각을 견지하고 바른 방향으로 세상이 변화할 수
있도록 모두의 생각과 행동을 이끌고 나가는 데 언론 역할만큼 중요한 것이 있을까? 현대는 신
문, 방송, 인터넷 등 다양한 매체가 사용되며 매체의 홍수, 커뮤니케이션 시대라 할 정도로 정보
가 넘쳐난다. 이 수많은 정보들 중에 꼭 필요하고 바른 정보를 사람들에게 전하고 이끄는 것은
이 시대 또 다른 언전이 될 것이다.

48 "우리 도의 운수는 세상과 같이 돌아가는 것이니…."(해월신사법설, 오도지운) 당시 정세는 조
선과 조선에 살고 있는 모든 사람들에게 절체절명의 위기였으되 이를 헤어날 길은 보이지 않는
암울한 시기였다. 무병지란은 안심가 8절에 나오는 말씀.

삼전론」 한 편을 만들어 고루함을 잊고 돌려 보이니,49 행여 마음을 극진히
하여 대동소이한 이치를 분석하면, 힘을 이 책에서 얻어 그 글 밝기가 단것
이 화함을 받고 흰 것이 채색을 받음과 같으리니, 마음을 잠기어 맛을 보아
무식한 탄식을 하는 일이 없도록 하는 것이 어떠하고 어떠할고.50

11-5-2. 方今世界文明 實是天地一大變 始刱之運也 先覺之地必有唯親之氣
應 念哉 勿違乎天地感動之精神也夫 夫孝悌忠信 三綱五倫 世界上欽稱也故
仁義禮智 先聖之所敎也 吾道之宗旨三戰之理合用則 豈非天下之第一乎 夫如
是則 錦上添花也 以此銘念 顒祝顒祝

방금 세계 문명은 실로 천지가 한 번 크게 변하는 첫 운수라. 먼저 깨닫는 그
곳에는 반드시 한울님의 돌보시는 기운이 응하리니, 부디 생각하여 천지가
감동하는 정신을 어기지 말라. 무릇 효제충신과 삼강오륜은 세계에서 칭송하
는 것이므로, 인의예지는 옛 성인의 가르치신 바라. 우리 도의 종지와 삼전
의 이치를 합하여 쓰면 어찌 천하제일이 아니겠는가.51 이같이 하면 비단 위
에 꽃무늬를 더한 것이니 이로써 명념하기를 바라고 또 바라노라.

---

49 의암 선생이 일본에 체류 중 저술하여 국내 교인들에게 반포하셨다.
50 도는 한울의 덕을 세상에 드러내기 위함이 목적이다. 그러기 위해선 현실 상황을 잘 알고 거기
   에 맞게 가르침을 줄 수 있어야 한다. 삼전론은 구한말 위기를 대상으로 하신 가르침이지만 오
   늘을 사는 우리에게도 꼭 필요한 말씀이 아닐 수 없다.
51 세상이 빠르게 변하고 위기가 와도, 변하지 않아야 하는 가치들이 있다. 그런 가치들로 마음에
   중심이 확고하다면 새로운 것을 받아들여도 본질을 잃고 헤매진 않을 것이다. 오늘 우리 사회가
   혼란한 것은 우리 고유 가치를 너무 많이 잃고 외래 것을 받아들이기에 급급한 나머지 스스로의
   정체성을 잃은 탓이 크다. 오히려 지금 세계는 자본주의와 개인주의 물신주의 등의 한계로 나타
   나는 여러 가지 부작용과 한계를 동양 고유의 가치들에서 해법을 찾아가지 않는가. 그러므로 우
   리 도의 종지는 진리의 體요, 삼전의 이치는 진리를 펴는 방편으로서 用이 될 것이다. 실로 진리
   를 공부한다하여 세상과 등져서도 안 되지만 세상을 사는 데 있어 흔들리지 않는 마음의 심주를
   굳건히 하는 것 또한 중요하다.

十二. 以身換性說(一)이신환성설(一)1

12-1. 以身換性은 大神師의 本旨니라

몸을 성령으로 바꾸라는 것은 대신사의 본뜻이니라.2

12-2. 身은 百年間一物이요 性은 天地未判前에도 固有한 것이라 其體됨이 圓圓充充하여 不生不滅하며 無加無減이니라 性은 卽人의 永年主體요 身은 卽人의 一時客體니라 若主體로 主張하면 永遠히 福祿을 享할 것이요 客體로 主張하면 每每災禍에 近하리라

육신은 백 년 사는 한 물체요, 성령은 천지가 시판하기 전에도 본래부터 있는 것이니라. 성령의 본체는 원원충충하여 나지도 아니하며, 멸하지도 아니하며, 더하지도 않고, 덜하지도 않는 것이니라. 성령은 곧 사람의 영원한 주체요, 육신은 곧 사람의 한때 객체니라.3 만약 주체로써 주장을 삼으면 영원히 복록을 받을 것이요, 객체로써 주장을 삼으면 모든 일이 재화에 가까우니라.4

---

1 포덕54년(1913) 11월 1일부터 봉황각에서 5차 연성기도를 49일간 실시하였다. 전국의 두목 105인이 참여한 수련을 지도하며 의암 선생이 이신환성에 대해 말씀하셨다. 포덕57년(1916) 8월 14일 지일기념(해월 선생이 수운 선생으로부터 도통을 전수받은 날)식을 봉행한 후에도 이신환성을 주제로 말씀하셨고, 9월에 총인원의 의사원 일동이 봉황각에 계신 의암 선생을 찾아가 인사를 드리는 자리에서도 이신환성 설법을 말씀하시었다.(조기주, 동학의 원류, 313~332쪽)

2 몸은 습관된 육신의 욕심을 뜻하니 각자위심이고, 성령은 한울님 마음이니 천심이요 천명이다. 욕념을 버리고 천심을 회복하는 것은 곧 시천주이니 이신환성은 시천주의 또 다른 설명이다. "온 세상 사람이 각자위심하여 천리를 순종치 아니하고 천명을 돌아보지 아니하므로 마음이 항상 두려워 어찌할 바를 알지 못하였더라."(동경대전, 포덕문) ＊불가의 색즉시공 공즉시색의 가르침도 이신환성의 가르침과 일맥상통한다. 색은 육신의 욕망으로 온갖 인과의 원인이 되지만 공은 진리를 깨닫는 순간 모든 욕망과 인과가 사라짐을 뜻한다.

3 모두가 한울로써 일체이다. 또한 모든 형상은 항상 변화하며 영원한 것은 없다. 일체임에도, 영원하지 못함에도 이를 자각하지 못하는 데서 모든 잘못이 빚어진다.

4 이솝우화 한 토막. 뱀 꼬리가 늘 뒤따라 다니는 것에 불만을 품고 머리에게 자신이 앞장서 가겠다고 했다. 그러나 앞이 안 보이는 꼬리가 가시덤불로 끌고 가는 바람에 뱀은 목숨을 잃게 되었다. 이 가없는 우주에서 우리 육신은 뱀꼬리만도 못하면서 머리 행세를 하며 살고 있는 것은 아닌가?

12-3. 그런데 主體가 永生코자 할진대 客體卽肉體는 險苦多多하고 客體가 安樂코자 하려면 主體卽性靈의 前路泛泛하리니 諸君은 何를 取하겠는고 故로 全敎人을 對하여 險苦를 多言하고 安樂을 不言하노라

그런데 주체가 영생하고자 하면 객체 즉 육체가 험하고 괴로움이 많고, 객체가 안락하고자 하면 주체 즉 성령의 앞길이 들떠 있으리니 그대들은 무엇을 취하겠는가. 그러므로 모든 교인을 대하여 험고를 많이 말하고, 안락을 말하지 아니 하노라5

12-4. 凡安樂의 言은 聞키 비록 好하나 實은 安樂이 아니라 反히 險苦하고 險苦의 言은 聞키 비록 惡하나 實은 險苦가 아니라 卽安樂이니 吾敎大神師는 性靈으로 主體를 삼으신지라 故로 修煉이 極致에 至한 人이라야 險苦로써 安樂하사 肉身의 安樂은 忽然히 忘却하는지라 深水를 渡涉하시며 雨中徒行하신 것을 看할지라도 怳然치 않느뇨 故로 肉身을 性靈으로 換하는 者先히 苦를 樂으로 知하여야 可하니라

무릇 안락의 말은 듣기에는 비록 좋으나 실은 안락이 아니라 도리어 험고하고, 험고의 말은 듣기에는 비록 싫으나 실은 험고가 아니라 곧 안락이니,6 우리 교의 대신사는 성령으로 주체를 삼으신지라, 그러므로 수련이 극치에 이른 사람이라야 험고로써 안락하여 육신의 안락은 홀연히 잊어버리는지라,7 깊은 물을 건너시며 빗속에 그냥 보행하신 것을 보아도 황연하지 않느

부정확하고 이리저리 흔들리는 육관을 따르면 몸도 마음도 괴롭고 병들 것이다. 성령의 눈을 뜨고 진리를 따르는 것이 모든 잘못과 병을 고치는 길이다.(수심정기 공부하기 참조)

5 한울을 위하는 것은 모든 생명을 위해 수고롭고 괴롭고 힘쓰는 것이다. 몸은 힘들지라도 마음은 평화로울 것이나, 한 몸만을 위해 다른 생명을 상하게 하면 그 해가 어디로 가겠는가? 진리와 진실은 쓰고 불편한 경우가 많다.

6 그럴 듯하고 달콤하게 들리는 말은 나를 속이고 이익을 취하고자 하는 경우가 많고, 진실로 나를 위하는 말은 듣기가 거북한 경우가 많다. 사탕은 달지만 이가 상하고, 약은 쓰지만 몸을 지킨다.

7 수운 선생 스스로 자신에게 해가 닥침을 알았으되 진리를 가르치고 제자를 기르는 것을 멈추지 않으셨다. 결국 자신의 육신을 희생하였으나 무극대도를 사람들에게 전하여 그 뜻은 오늘에도

뇨.8 그러므로 육신을 성령으로 바꾸는 사람은 먼저 괴로움을 낙으로 알아야 가하니라.

十三. 以身換性說(二)이신환성설(二)

13-1. 修煉의 極致에 至한 人이라야 비로소 大神師의 性靈出世를 알 수 있나니라 사람은 누구나 各自 本來의 性品(本體性)을 깨달으면 血覺性의 善惡强柔에 있어서 千萬年前人이나 千萬年後人이나 現代人이 同一한 것을 知할지니 此를 覺한 者 大神師요 此를 不覺한 者 凡人이니라 大神師의 法力은 圓圓充充하여 長生不滅하나니 水中徒行과 雨中不濕은 大神師의 生前法力이요 盛夏에 淸水氷結과 誠米그릇에 誠米增滋는 大神師의 死後法力이니 大神師의 法力은 生前死後가 同一하니라.

수련의 극치에 이른 사람이라야 비로소 대신사의 성령출세를 알 수 있느니라.9 사람은 누구나 각자 본래 성품인 본체성을 깨달으면, 혈각성의 선악과 강유에 있어서도 능히 천만 년 전 사람이나 천만 년 후 사람이나 현대 사람이 같은 것을 알 것이니, 이것을 깨달은 사람은 대신사요, 이것을 깨닫지 못

뚜렷이 살아 있다. 해월 선생이 일생동안 관의 탄압과 추적을 피하며 도를 일구신 것도 성령을 주체로 사신 삶이었으며, 의암 선생 또한 일제 마수를 피하지 않고 대도를 펴며 조선 민중의 자주와 독립을 위해 헌신하셨다. 참형과 교수형을 당하신 수운 선생과 해월 선생뿐 아니라 의암 선생도 3·1운동 이후 감옥에서 얻은 병으로 돌아가셨으니 결국 일제가 목숨을 앗은 것이었다.

8 수운 선생께서 경신년 득도 후 어느 날 한울님께서 성묘를 가라고 하시므로 준비하여 가는데 마침 큰비가 내려 나아갈 수 없는 상황이었다. 비를 무릅쓰고 가는데 우의도 없었지만 젖은 곳이 하나도 없었다. 조카의 집에서 인마를 빌려 50리를 다녀오는데 하인까지도 조금도 젖지 않아 조카가 놀라니 '이는 한울님의 조화이다.'라고 하였다. 포덕3년(임술,1862)7월, 강원보의 집으로 가 머물다가 박대여의 집으로 가는 도중 밤중에 큰비가 내렸다. 물이 불어 사람들이 더 머물도록 만류했지만 말을 타고 한 장이 넘는 깊은 물을 스스로 고삐를 잡고 건넜다.(윤석산 역주, 도원기서, 27–36쪽)

9 수운 선생의 성령출세는 그 육신이 다시 태어남인가? 설사 수운 선생 육신이 그대로 다시 세상에 나오신다 해도 그를 알아볼 안목이 없으면 길가다 지나치는 사람처럼 대할 것이니, 필요한 것은 수운 선생이 아니라 나의 마음과 귀가 열리고 눈이 뜨이는 것이다.

한 사람은 범인이니라.10 대신사의 법력은 원원충충하여 길이 살아 계시어 없어지지 아니하나니, 물 가운데 그냥 가는 것과 빗속에서도 젖지 않는 것은 대신사 생전 법력이요,11 한 여름에 청수에 얼음이 얼고 성미 그릇에 성미가 불어나는 것은 대신사 사후 법력이니,12 대신사의 법력은 생전 사후가 같은 것이니라.

13-2. 大海가 翻覆하면 魚族이 俱沒하듯이 大氣가 翻覆하면 人類가 어떻게 生을 圖할 것이냐 日後에 반드시 이러한 時期를 한번 지나고서야 우리의 目的을 達成할 것이니 以身換性은 이러한 時期에 生을 圖하는 唯一한 大方法이니라.
큰 바다가 번복하면 어족이 다 죽듯이, 대기가 번복하면 인류가 어떻게 살기를 도모하겠느냐.13 일후에 반드시 이러한 시기를 한번 지나고서야 우리의 목적을 달성할 것이니, 이신환성은 이러한 시기에 살기를 도모하는 오직 하나의 큰 방법이니라.

13-3. 誠心修煉으로 本來의 性을 바꾸라 後天開闢의 時期에 處한 우리는 먼저 各自의 性身부터 開闢해야 하나니라 만일 自己의 性身을 自己가 開闢치 못하면 布德廣濟의 目的을 어떻게 達成할 것이냐 大神師이르시되「한울님께 福祿定해 壽命을랑 내게 비네」하셨으니 이것은 以身換性을 말씀하신

---

10 한울의 이치를 깨달은 사람이 성인이요 수운 선생이다. 혈각성은 현실의 인과.(삼성과 참조) 한울의 진리를 깨치면 현실의 인과에 얽매이지 않고 자유로워진다. "자기 마음을 자기가 깨달으면 몸이 바로 한울이요 마음이 바로 한울이나, 깨닫지 못하면 세상은 세상대로 사람은 사람대로이니라. 그러므로 성품 깨달은 사람을 천황씨라 이르고, 깨닫지 못한 사람을 범인이라 이르느니라."(의암성사법설, 신통고)
11 한울 성품을 깨달으면 세상과 분별이 없어진다. 모두가 한울이니 어디에 젖고 물들고 하겠는가?
12 청수와 성미의 영적은 이신환성설 공부하기 참조
13 대기번복은 이신환성 공부하기 참조

것이니라 한울이 있음으로써 物件을 보고 한울이 있음으로써 飮食을 먹고 한울이 있음으로써 길을 간다는 理致를 透徹히 알라.

성심 수련으로 본래의 성품을 바꾸라.14 후천개벽의 시기에 처한 우리는 먼저 각자의 성령과 육신부터 개벽해야 하느니라.15 만일 자기의 성령 육신을 자기가 개벽하지 못하면 포덕 광제의 목적을 어떻게 달성하겠느냐. 대신사 말씀하시기를 「한울님께 복록 정해 수명을랑 내게 비네」16 하셨으니 이것은 몸을 성령으로 바꾸어야 한다는 말씀이니라. 한울이 있음으로써 물건을 보고, 한울이 있음으로써 음식을 먹고, 한울이 있음으로써 길을 간다는 이치를 투철하게 알라.17

<이신환성설 공부하기>

1. 청수와 성미의 영적

포덕59년(1918)경 교세가 비약적으로 발전하여 각지에서 시일기도 시에 성미 쌀이 수북이 올라오고 청수에 얼음이 얼고 소나무와 대나무가 나는 등의 영적과 이적이 있다는 보고가 많았다. 이에 의암 선생은 지일 기념식 후에

---

14 습관된 마음이 하루아침에 바뀌기는 어렵다. 꾸준한 수행과 그 마음을 잃지 않으려 수심정기하는 속에서 나의 본성이 드러날 수 있을 것이다.

15 내가 먼저 변해야 세상을 변화시킬 수 있다. 변화하는 세상에서 혼자 습관심에 매달려 있다면 도태될 수밖에 없다.

16 용담유사 안심가 8절. 태어날 때 복록은 한울님이 정하신 운명이지만 태어난 후 삶은 자신의 선택에 의해 달라진다. 수운 선생의 진리를 따르고 참된 성품을 회복하면 몸과 마음이 올바르게, 건강하고 장생할 것이다.

17 나의 육신이 주체가 아니라 한울이 주체인 삶을 살아야 한다. "사람이 한울을 모신 것 아니라 한울이 사람을 거느렸고, 입이 말을 하는 것 아니라 말이 입을 가르치고, 귀가 소리를 듣는 것 아니라 소리가 귀에 부딪치고, 혀가 맛을 아는 것 아니라 맛이 혀를 가르치더라."(의암성사법설, 강시)

'인여물개벽설'을 말씀하시고 "영적이라고 하는 것은 정성이 지극한 사람을 통하여 한울님의 조화가 나타난 것인데 그렇다고 도통을 하는 것은 아니다. 여기에 만족감이나 우월감을 갖게 되면 도리어 수도에 방해가 된다. 개인 도통도 필요하지만 앞으로는 기관 도통이 돼야 한다. 이후에는 개인 영적이 없어지고 기관 영적이 날 것이다."라고 하셨다.(조기주, 동학의 원류, 340-341쪽)

또한 의암 선생이 포덕57년에 교인들에게 교인으로서 의무를 강조하신 말씀 중에 "개인으로서 아무리 정성이 지극하여 영이 통하고 도통하였다 해도 천도교란 기관이 든든하게 확립되어 제 기능을 하지 못한다면 그 사람을 가리켜 이인異人이라고 말할지언정 교회 목적은 달성하기 어려울 것이다. 그러므로 천도교인은 교회 확장하기를 개인 행복이나 도성덕립보다 더욱 극진히 해야 한다."고 하셨다.

개인의 뜻은 그것이 아무리 좋아도 사회나 국가의 운명에 따라 왜곡되고 꺾일 수 있다. 일제시대는 그것이 극명하게 드러난 때였다. 개인 운명은 사회 운명과 함께할 수밖에 없는 것이다.

청수에 얼음이 얼고 성미가 불어나는 것은 무엇을 뜻하는가? 마음이 바뀌고 뜻이 모이면 범상치 않은 일들이 벌어지곤 한다. 예수도 물고기 두 마리와 떡 다섯 개로 수많은 사람들을 먹였다고 하지 않는가? 배불리 먹은 것이 기적인가, 수많은 사람들이 마음을 열어 스스로 가진 것을 내놓고 나누게 만든 것이 기적인가?

2. 대기번복

대기가 뒤집히는 것은 오늘의 이상 기후를 뜻하는가? 확실히 지구 역사에서 대략 10만 년 주기로 빙하기가 찾아와 생물들이 멸종하곤 했다. 지금은 빙하기 사이의 기후가 온난한 간빙기. 그러나 현재와 같은 속도로 대기 중 이산화탄소 농도가 상승하면 지구 평균 기온이 상승하여 극지방을 제외한 곳은 사람이 살기 힘든 사막과 같은 곳이 되거나 반대로 극심한 기후 변화가 빙하기를 초래할 것이라고 한다. 학자들은 대부분 빙하기가 올 것으로 예상한다. 극지방의 빙하가 녹아 바닷물 염분 농도가 변하면 현재의 해류가 변화하는데, 현재 대기권 열을 85% 정도 흡수해 지구 전체에 고루 열을 전해 주는 해류(덕분에 위도가 우리나라보다 높은 영국이 우리나라와 비슷한 기온을 유지한다)가 변하거나 멈추면 기온이 급강하고 빙하기가 초래된다는 것이다.

또 하나의 해석은 인여물개벽설에서 "개벽이란 부패한 것을 맑고 새롭게, 복잡한 것을 간단하고 깨끗하게 함을 말함이니, 천지 만물의 개벽은 공기로써 하고 인생 만사의 개벽은 정신으로써 하나니, 너의 정신이 곧 천지의 공기이니라." 하신 것처럼 사람들의 생각과 의식이 깨이고 확장되는 것을 뜻하기도 할 것이다. 오늘 신분과 인종 차별이 없는 사회에서 봉건제에 물든 인사(구한말 테니스 치는 외국인을 보고 '땀 흘리는 일은 아랫것들에게 시킬 것이지.' 했던)가 살아갈 수 있을까? 마찬가지로 앞으로 올 개벽된 세상, 너와 나, 네 것과 내 것의 분별이 없는 세상에서 오늘 우리처럼 분별심과 습관심으로 가득 차 있다면 거기서 할 수 있는 일도 살아갈 방도도 찾을 수 없을 것이다.

十四. 性靈出世說성령출세설[1]

14-1. 宇宙元來靈之表顯者也

우주는 원래 영의 표현인 것이니라.[2]

14-2. 靈之積極的表顯 是有形也 靈之消極的攝理是無形也 故無形有形也 卽 靈之現勢力 潛勢力之兩轉輪也

영의 적극적 표현은 이것이 형상 있는 것이요, 영의 소극적 섭리는 이것이 형상 없는 것이니, 그러므로 형상이 없고 형상이 있는 것은 곧 영의 나타난 세력과 잠겨 있는 세력의 두 바퀴가 도는 것 같으니라.[3]

14-3. 妓有一物從之而忽有靈性之活動 是以靈之結晶 生物之組織也 以物之 組織 又生靈之表顯也

여기에 한 물건이 있어 문득 영성의 활동이 시작되었나니, 이것은 영의 결정으로써 만물의 조직을 낳은 것이요, 만물의 조직으로써 다시 영의 표현이 생긴 것이니라.[4]

---

1 "포덕50년(1909) 12월 20일 양산 통도사 내원암에서 의암 선생은 최준모, 임명수, 조기간, 김상규, 윤정영, 박명선 등 6인을 대동하고 49일 특별기도를 행하셨다. 내원암은 수운 선생이 49일 기도를 2회 하신 성지다. 기도 마치고 적멸굴에 올랐는데 굴 앞에서 문득 정신이 황홀하여 자신의 존재를 잊고 마음이 삼계를 통하는 듯하더니 '昔時此地見 今日又看看'의 강화를 말씀하시고 성령출세설, 강시를 저술하셨다."(조기주, 동학의 원류, 284-285쪽)

2 우주는 눈에 보이는 현상계요 습관천이고, 영은 무형의 한울님이고 무형천이다.

3 "비고 비어 고요하고 고요한 무형천과 둥글고 둥글고 가득하고 가득한 유정천과 티끌이 자욱하고 자욱한 습관천이 다 성품과 마음 좌우의 현묘하고 참된 두 곳에 있는 것이니라."(의암성사법설, 신통고) 우주에 가득 찬 혼원한 일기(영)가 잠잠할 때는 고요한 무형 한울이요, 움직여 약동하며 작용하면 기운 한울이고, 기운이 형상을 이루고 물질과 생명을 만들면 몸 한울이 된다. 이 모두가 혼원한 하나의 한울이다.

4 "나에게 한 물건이 있으니 물건이란 것은 나의 본래의 나니라. 이 물건은 보려 해도 볼 수 없고, 들으려 해도 들을 수 없고,…천지를 이루어내고 도로 천지의 본체에서 살며, 만물을 생성하고 편안히 만물 자체에서 사니, 다만 천체를 인과로 하여 무선무악하고 불생불멸하나니 이것이 이른

14-4. 故 靈與世不過同一理之兩側面而已

그러므로 영과 세상은 같은 이치의 두 측면일 따름이니라.5

14-5. 大神師 嘗 呪文之意解釋曰「侍者 內有神靈 外有氣化 一世之人 各知不移者也」是 指稱以靈之有機的表顯 道破人乃天之定義也

대신사 일찍이 주문의 뜻을 풀어 말씀하시기를「모신 것이란 안에 신령이 있고 밖에 기화가 있어 온 세상 사람이 각각 알아서 옮기지 않는 것이라」6 하셨으니, 이는 영의 유기적 표현을 가리킴이요, 사람이 곧 한울인 정의를 도파한 것이니라.7

14-6. 故性靈根本出世的矣 靈移而別無物 物移而別無靈 更無世 究竟 靈而需世 世而得靈 物物各遂其性 是神妙之性靈活動 應於萬機萬相 與器數應於出世調攝 譬如同一雨露 桃結桃實杏結杏子 是從千差萬別之植物 結千差萬別之果實

그러므로 성령은 근본이 세상에 나타난 것이니라. 영을 떠나 별로 물건이 없고 물건을 떠나 별로 영이 없고 다시 세상이 없으니,8 마침내 영은 세상을 마련하고 세상은 영을 얻은 것이니라. 물건마다 각각 그 성품을 이룬 것은 이 신묘한 성령의 활동이 만기만상에 응한 것이요, 기국대로 세상에 나

바 본래의 나니라."(의암성사법설, 삼성과) 앞 문장과 같은 설명. 한울의 영이 적극적 활동하여 만물을 나타내고 만물은 다시 그 생명으로 한울 이치를 드러낸다.

5 무형과 유형, 삶과 죽음, 한울과 세상, 불연과 기연, 너와 나, 이 모두가 하나의 한울일 뿐이다. 이를 깨달으면 일체의 분별심이 사라지게 된다. 이것이 同歸一體다.

6 동경대전, 논학문.

7 형상이 있는 나(내유신령)와 형상이 없는 공기(외유기화)는 서로 떨어질 수 없다. 내 몸도 언젠가는 공기가 되고, 공기는 또한 먼지와 물이 되는 등 형체를 갖고 표현되며 순환한다. 이 또한 순환지리이다. * 모실 시 자는 해월 선생이 영부주문, 이천식천에서 또한 풀어 주셨다.

8 일체가 한울이므로 한울을 멀리 두고 찾는 것은, 업은 아기 찾는 것과 다를 바 없다. '네 몸에 모셨으니 사근취원 하단 말가.' 하지 않으셨나!

조섭하는 데 응함이니,9 비유하면 같은 비와 이슬에 복숭아는 복숭아 열매를 맺고, 살구는 살구 열매를 맺나니, 이것은 천차만별의 식물에 좇아 천차만별의 열매를 맺음과 같으니라.10

14-7. 同一性靈 無量大德之妙法 順化大天大地之各個差別 鳶飛於天 魚躍於淵
같은 성령에 헤아릴 수 없는 큰 덕의 묘한 법이 대천 대지의 각개 차별을 순히 화하여, 하늘에 솔개가 날고 못에 고기가 뛰는 것이니라.11

14-8. 然而人是萬物中 最靈者萬機萬相之理 總俱體者也 人之性靈 是大宇宙靈性純然稟賦同時 萬古億兆之靈性 以唯一系統 爲此世之社會的精神也
그러나 사람은 이에 만물 가운데 가장 신령한 자로 만기만상의 이치를 모두 한 몸에 갖추었으니,12 사람의 성령은 이 대우주의 영성을 순연히 타고난 것임과 동시에 만고 억조의 영성은 오직 하나의 계통으로서 이 세상의 사회적 정신이 된 것이니라13.

---

9 한울의 성령은 원소다. 만들어지는 곳의 조건에 따라 다양한 모습으로 표현된다. 마치 진흙을 빚을 때 빚는 사람 솜씨와 의지, 진흙 상태 등에 따라 수많은 작품이 나올 수 있음과 같다.

10 한울은 무선무악한 성령이므로 같은 물을 먹지만 소는 우유를, 뱀은 독을 만든다. 우유는 좋고 독은 나쁘다는 것은 사람을 기준으로 한 편견일 뿐이다. 오히려 우유 단백질이 칼슘 흡수를 방해하고 성인에게 소화 장애를 일으킬 수 있고, 뱀의 독에서 혈전 용해하는 성분을 추출해 난치병을 치료하기도 한다. 중요한 것은 한울의 성령을 쓰는 사람 마음이다. 같은 독으로 사람을 죽일 수도 살릴 수도 있으니.

11 넓은 세상에 수없이 많은 생명들이 처한 곳의 상황에 따라 천차만별로 적응해 나가는 것을 과학에선 '진화'라 한다. 같은 유전자를 가진 동물이라도 처한 환경에 따라 진화해 가는 것은 감동적이다. 그야말로 한울님 조화다.(칼 짐머의 '진화', 빌 브라이슨의 '거의 모든 것의 역사'를 참조. 문장도 평이하고 무엇보다 재미있게 최근의 과학적 성과를 알 수 있다.)

12 "음과 양이 서로 고루어 비록 백천만물이 그 속에서 화해 나지마는 오직 사람이 가장 신령한 것이니라."(동경대전, 논학문) "머리가 둥근 것은 한울을 체로 하여 태양의 수를 상징하고, 몸의 넒은 태음을 상징하고, 오장은 오행을 상징하고, 육부는 육기를 상징하고, 사지는 사시를 상징하고, 손은 곧 마음 내키는 대로 하는 바, 조화의 수단이므로 한 손바닥 안에 특별히 팔문, 구궁, 태음, 태양, 사시, 열두 달의 수를 늘어놓아 화생하느니라."(해월신사법설, 천지이기)

14-9. 神師 受人乃天之心法 定向我設位之祭法 是表明宇宙之精神 卽億兆之精神也 共更明定億兆之精神 卽我一個體之精神也

신사께서 사람이 곧 한울인 심법을 받으시고 향아설위의 제법을 정하시니 이것은 우주의 정신이 곧 억조의 정신인 것을 표명하심과 아울러, 다시 억조의 정신이 곧 내 한 개체의 정신인 것을 밝게 정하신 것이니라.14

14-10. 此以一層狹義而言之 前代億兆之精靈 爲後代億兆之精靈之點 祖先之精靈 與子孫之精靈 融合表顯 先師之精靈 與後學之精靈融合 永遠出世的活動 有之也

이를 한층 뜻을 좁히어 말하면 전대 억조의 정령은 후대 억조의 정령이 된다는 점에서, 조상의 정령은 자손의 정령과 같이 융합하여 표현되고, 선사의 정령은 후학의 정령과 같이 융합하여 영원히 세상에 나타나서 활동함이 있는 것이니라.15

14-11. 又悅 大人之德 與天地共活用靈性 故天與吾神師 但有有形無形之別 觀其靈性的契機則全爲同一範圍 同一活動 同一表顯也 是天卽人人卽天之所

---

13 생명은 한울의 지기로부터 비롯된다. 그러므로 한울을 모시는 시천주가 되는 것이며 나와 네가 하나가 되는 것이다. 한울을 모시고 있음은 우주 한울이 시작된 수십억 년의 영성이 내 몸에 모셔져 있음을 뜻하며, 내 몸에 모신 한울의 영성을 깨달음은 곧 천지 우주의 진리를 깨닫는 것이 된다. 그러므로 시천주에서 향아설위가 되고 향아설위에서 성령출세로 확장되는 것이다.

14 향아설위는 귀신과 나의 분별을 걷어낸 일대 사건이요 전환이다. '귀신이란 것도 나니라'하셨으니 귀신이 곧 한울이요, 한울이 곧 나요, 나와 귀신이 또한 하나가 아닌가! 그러므로 조상의 영 또한 내 몸에 모셔진 한울 영기에서 찾고 모셔야지 다른 곳에서 찾을 일이 아닌 것이다. 해월 신사법설 향아설위 참조.

15 전대의 정령이 후대의 정령이 됨을 좁게 생각하면 DNA가 전달되는 것으로 생각할 수도 있다. 그러나 우리 몸을 구성하는 원소들은 핵산만 있는 것이 아니다. 내 몸을 구성하는 철분 일부는 어떤 차나 탱크의 일부였을 수도 있고, 수분 일부는 누군가의 배설물이었을 수도 있다. 어찌겠는가. 우주가 거대한 순환계로서 하나인 것을. 이렇게 한울의 성품과 기운이 무한히 반복됨을 무왕불복한다고 하셨고, 불가에선 이를 윤회라 하였다.

由來 天地萬物共順應 時代億兆同進化故 其心法決非超人間的 全然合世間的
出世間的

또 하물며 대인의 덕은 천지와 더불어 같이 성령이 활용하는 것이라, 그러
므로 한울과 우리 신사는 다만 형상이 있고 형상이 없는 구별이 있을 뿐이
요,16 그 영성의 계기로 보면 전혀 같은 범위에서 같은 활동이 같이 표현되
는 것이니, 이것은 한울이 곧 사람이요, 사람이 곧 한울인 관계이니라. 천지
만물은 한 가지로 순응하여 시대 억조와 같이 진화하므로, 그 심법은 결코
인간을 떠난 것이 아니요, 전부 세간과 합치된 것이요, 세간에 나타난 것이
니라.17

14-12. 余嘗 梁山修煉之時 豁然得 「昔時此地見 今日又看看」之詩句 是大神
師之昔時余之今日 性靈上同一心法立言

내가 일찍이 양산 통도사에서 수련할 때에 활연히 「옛적에 이곳을 보았더니
오늘 또 보는구나」 하는 시 한 구를 불렀으니, 이것은 대신사의 옛적과 나
의 오늘이 성령상 같은 심법임을 말한 것이니라.18

---

16 "그러나 군자의 덕은 기운이 바르고 마음이 정해져 있으므로 천지와 더불어 그 덕에 합하
고…."(동경대전, 논학문) "한울님은 마음이 있으나 말이 없고, 성인은 마음도 있고 말도 있으
니, 오직 성인은 마음도 있고 말도 있는 한울님이니라."(해월신사법설, 성인지덕화) 성인은 시
천주 함을 깨닫고 이를 실천하는 분이므로 한울의 성령과 하나가 되신 분이나, 범인은 자신의
습관된 마음만 알고 남을 해하니 한울을 해하고 자신을 상하게 한다. 그렇게 자기만 아는 범인
의 영은 어찌되는가?(성령출세설 공부하기 참조)

17 "만물이 생겨나지 못한 것은 인연도 없고 나타남도 없었던 시대요, 만물이 생겨난 것은 형상도
있고 나타남도 있는 시대니, 나도 또한 생물이라, 선천억억과 후천억억이 다 내가 태어남으로
말미암아 시작되어 천천물물이 나를 체로 하고 나를 용으로 하는 것이니라."(의암성사법설, 삼
성과)

18 의학용어로 이런 현상을 데자뷰라 한다. 처음 보는 곳을 이전에 경험한 것 같은 현상은 누구나
한 번쯤 경험한 것이고 또한 의학용어가 될 만큼 흔하고 오래된 것이기도 하다. 그것은 각자위
심의 습관심으로 사는 사람이라도 간혹 한 번씩 모신 한울의 성령을 느끼고 거기 기록된 전대
억조의 기억을 떠올리게 되기 때문이다. 무당의 접신이나 빙의 현상도 같은 맥락이다. 이런 현
상을 죽은 뒤 개체 영이 작용하는 것으로 알기도 했다. 그 이치를 알고 천지의 큰 성령을 깨닫게
되면 이미 본래 자리에 하나 된 수운 선생 성령과 하나 됨을 체험하게 되는 것이니, 내 몸이 세상

14-13. 大神師 旣爲性靈出世矣 一切物物心心 皆不無此性靈之出世的表顯也
대신사는 이미 성령으로 출세하셨으니 일체의 물건마다 마음마다 다 이 성
령의 출세한 표현이 아님이 없는 것이니라.[19]

14-14. 然而吾人 以此覺得 未覺得之所以 全關係性靈之修煉不修煉 若以吾
人各受大神師之心法而性靈修煉之結果 一朝豁然境到之則 玆覺大神師之心法
一切宇宙之心法而從以覺自己之性靈 卽大神師之性靈 不生不滅 無漏無增 是
大性靈之根本的出世也
그러나 우리 사람이 이를 깨닫고 깨닫지 못하는 바는 전혀 성령을 수련하고
수련치 않는 데 관계한 것이니, 만약 우리가 각각 대신사의 심법을 받아 성
령 수련한 결과가 하루아침에 환한 경지에 이르면, 이에 대신사의 심법이
일체 우주의 심법임을 깨닫고 따라서 자기의 성령이 곧 대신사의 성령임을
깨달을 것이니, 불생불멸하고 무루무증한 것은 이것이 큰 성령의 근본적 출
세이니라.[20]

에 행함에 수운 선생의 뜻과 한 뜻으로 행하면 그것이 곧 수운 선생의 행이요, 수운 선생의 성령
출세이다.

19 수운 선생은 한울의 본성을 깨닫고 그 행과 삶이 한울과 하나가 되신 분이다. 이 세상 만물이 한
울의 표현 아님이 없으므로 또한 수운 선생의 표현이기도 한 것이다.

20 '포덕54년(1913) 봉황각에서 3회째 연성을 하였는데 49명의 두목을 모아 49일간 시행하였다.
이때 지동섭이란 두목이 의암선생께 대신사께서 다시 출세하신다 하니 그것이 언제며 누구나
볼 수 있겠는지를 질문하였다. 이에 성사께서 답하시길 "…육신으로 다시 출세하는 것은 천하
에 없는 일이니 육신 출세야 바랄 수 있겠느냐마는 설사 육신으로 출세할지라도 그대의 수련이
부족하면 대신사를 볼 수 없을 것이다. 그러니까 대신사의 출세 여부는 그대들의 수련 독실 여
부에 달려 있는 것이니라." 하셨다.(조기주, 동학의 원류, 311–312쪽) 질문한 두목은 수운 선
생의 성령출세를 눈 앞에 보면서도(의암 선생) 알아보지 못한 것이다. 어찌 그 두목뿐이랴. 지
금 수운 선생이 온다고 해도 알아볼 수 있는 사람이 몇이나 될까? 현세의 난국을 구원할 구원자
(메시아, 정도령)를 기다리는 신앙은 전 세계에 널리 퍼져있는 공통의 신앙현상이다. 그러나 그
구원자가 자신의 성령에 이미 와 있음을 깨닫는 사람이 얼마 없다는 것이 오늘의 비극이다.

<성령출세설 공부하기>

1. 천도교 사후관

기독교의 천당, 불교의 극락같은 사후관이 천도교에도 있느냐는 질문을 흔히 받는다.

천도교에선 일체의 사물과 생명이 하나의 지기, 기운작용으로 본다. 무형한 한울이 유형한 한울이 되었다가 다시 무형한 한울로 환원하는 것이다. 이런 순환이 무왕불복 한다. 살아서도 개별 육신은 따로 존재하는 듯하지만 실상은 같은 한울 성령의 간섭 속에서 생명활동을 하고 있다. 잠시라도 지기와 외유기화가 되지 않으면 내유신령이 살아 있을 수 없다. 이것이 시천주의 깨달음이다. 온 우주가 같은 생명의 기운으로 연결되어 있는 시천주를 깨닫지 못한 사람도 죽은 뒤엔 근원자리인 한울 성령으로 환원되어 하나되니 이것이 동귀일체. 육신의 나는 죽어서 사라지지만 한울님으로서의 나는 죽지도 멸하지도 않는 장생을 하는 것이 성령출세인 것이다.

그러나 자신이 시천주한 한울님임을 깨닫지 못한 사람은 유한하고 유형한 육신만이 자기 자신인 줄 알고 죽어서도 이 존재가 혼백이나 유령이나 귀신 등과 같은 개체 영으로 따로 존재한다는 미신에 빠져들게 된다. 이렇게 되면 생명이 있는 모든 것들은 죽은 뒤에 다 신이 되어 세상은 온통 귀신들로 가득 차게 된다. 그러므로 해월 선생은 이러한 미신 풍속은 대방가가 아니면 극복하기 어렵다고 하였다. "세상 사람은 천령의 영함을 알지 못하고 또한 심령의 영함도 알지 못하고, 다만 잡신의 영함만을 아니 어찌 병이 아니겠는가. 성황이니 제석이니 성주니 토왕이니 산신이니 수신이니 석신이니 목신이니…이러한 고질은 대방가의 수단이 아니면 실로 고치기 어려우니라."(심령지령)

성령출세하여 한울님 본체 성령과 하나 되지 못한 개체 성령은 자신이 살아 있다는 습관대로 살아있을 때의 집이나 직장 등에서 가족처럼 인연이 있는 산 사람에게 영향을 미칠 수 있다. 대게 죽은 사람은 죽기 전에 앓거나 크게 다쳐 고통을 겪다 죽으므로 그런 안 좋은 기운이 미치면 산 사람이 앓거나 정신이 착란이 오거나 우환이 생기거나 할 수 있다. 이렇게 죽은지도 모른 채 고통을 겪는 것이 지옥이 아니고 무엇이겠는가?

천도교에선 깨닫지 못한 사람을 포덕할 뿐 아니라, 이렇게 깨닫지 못한 영도 깨우침을 주어 한울님 본체 성령으로 환원시킬 수 있으니 이것이 성령출세이다. 성령출세한 영은 다시 유형한 몸을 받아 세상에 나타나니, 그래서 "우주의 정신이 곧 억조의 정신이고, 다시 억조의 정신이 곧 내 한 개체의 정신"이며, "전대 억조의 정령은 후대 억조의 정령이 되고, 조상의 정령은 자손의 정령과 같이 융합되어 영원히 세상에 나타나 활동함"이다. 이것이 장생이요 천도교의 사후관이다. 성령출세하여 한울과 동귀일체되면 그것이 각자위심의 구원이다. 그러나 한울을 위하고 도덕을 따른 사람(포덕문)이라면 종교가 무엇이건 그 또한 한울과 하나 되어 동귀일체될 것이다.

十五. 法文법문

15. 汝必天爲天者 豈無靈性哉 靈必靈爲靈者 天在何方汝在何方 求則此也 思

則此也 常存不二乎

너는 반드시 한울이 한울된 것이니, 어찌 영성이 없겠느냐.

영은 반드시 영이 영된 것이니, 한울은 어디 있으며 너는 어디 있는가.

구하면 이것이요 생각하면 이것이니, 항상 있어 둘이 아니니라.[1]

布德 五十五年 四月 二日

<법문 공부하기>

포덕55년(1914) 4월 2일 오후에 의암선생께서 직접 두목 74인을 가회동 자

---

1 깨달으면 나와 세상, 내유신령과 외유기화, 이쪽과 저쪽, 옳고 그름, 나와 한울, 나와 스승님이 둘이 아닌 하나가 된다. 불연이요 기연이다. 일상생활에서도 이러한 나와 대상의 경계가 사라지는 것을 종종 체험할 수 있다. 해월 선생은 어린이의 나막신 소리에 땅이 울리니 당신의 가슴이 아프다고 하셨다.(해월신사법설, 성경신) 땅과 선생이 이미 경계가 없는 하나의 경지였던 것이다. 수렵생활을 하는 부족들은 '동물과의 강력한 자기 동일시가 성공적인 사냥과 생존의 절대적인 요소이며 사냥 대상에 대한 존경심을 만들어 낸다.'고 한다. 동물의 입장에서 생각하고 행동해야 사냥에 성공할 수 있고 그래야 자신과 가족의 생존을 담보할 수 있는 것이다. 원시생활을 하는 사람뿐 아니라 소설가나 음악가 무용가 등의 예술가들도 대상과의 감정이입 같은 동일시에 뛰어난 경우가 많다. 알퐁스 도데는 "작가는 묘사하고 있는 인물 속에 들어가야 한다. 그의 눈으로 세상을 보고 그의 감각으로 세상을 느껴야 한다."고 했다. C.P.E. 바흐도 "음악가는 자신이 청중에게 불러일으키고자 하는 모든 감정을 스스로 느낄 수 있어야 한다"고 했고, 현대 무용가 이사도라 던컨은 무용이 음악과 마찬가지로 보는 사람들 몸속에서 감정이입 기제를 자극하여 그들 스스로 몸을 움직이고 싶게 만드는 것이라고 생각했다. 또한 대부분의 배우들은 자신이 그려내고자 하는 극중 인물에 감정이입하여 연기한다. 극중 인물을 흉내 내거나 비슷하게 행동하기보다 그 자체가 되는 것이다. 의사들 또한 감정이입을 통해 환자를 진찰하고 처방한다. 이런 감정이입은 다른 사람이 되어 보는 것이다. 다른 사람의 몸과 마음을 통해 세계를 지각하는 법을 배우는 것이다. 프랑스의 철학자 앙리 베르그송은 "절대로의 도달은 오직 직관에 의해서만 가능하다. 여기서 직관을 공감이라고 부를 수도 있는데, 그것을 이용해 우리는 자신을 어떤 대상의 내부로 옮겨놓을 수 있으며 거기서 우리는 대상의 말로 표현할 수 없는 특질과 공존하게 된다."고 했다.(로버트 루트번스타인, 생각의 탄생, 242-253쪽)

택으로 모이게 하신 후 말씀하시기를 "대신사께서 처음으로 출세하시었다. 그대들은 다 대신사가 되었으니 대신사는 다른 데 있는 것이 아니라 그대들의 성령 속에 출세하시었다." 하시고 청수를 봉전한 후에 법문을 이인숙, 오지영으로 하여금 정서케 하여 모두에게 일일이 수여하셨다. 이어 말씀하시길 "이것은 춘암 대도주가 할 것이나 내가 직접 하는데, 이때까지는 대신사의 심법이 단전밀부로 전해 왔으나 나는 삼백만 교도에게 공동으로 전하는 것이다. 삼백만 교도를 한 자리에 참석케 할 수는 없으니 그대들은 각기 지방으로 내려가서 오늘 내가 하는 이대로 교인들에게 대신사의 심법을 전하라." 하셨다.'(조기주, 동학의 원류, 321쪽)

한울님 성령을 깨달으면 그가 곧 수운 선생이요 한울 사람이다. 천도교인이 아니라도, 외국인이라도 이 이치를 깨달으면 그가 곧 한울 사람이다. 이것이 법문의 정신이다. 이전 시대에는 스승 옷과 그릇을 이어받아 정통을 계승했음을 과시하고 다투곤 했다. 그러나 의발을 이어받아도 그 삶이 깨달음에서 멀리 있다면 비록 수운 선생 수제자라 해도 한낱 필부에 불과할 것이요, 설령 문자를 모르고 주문을 알지 못해도 그 삶이 한울 이치를 따르고 행한다면 그가 곧 한울사람이다. 하지만 아직도 서로의 파벌이 정통이라며 다투는 이들이 있으니 스승님은 고사하고 스스로 모신 한울님도 제대로 모르는 이들이 아닐 수 없다.

또한 공동심법전수는 그동안 점조직 형태의 연원 조직을 공개된 교구 조직으로 단일화하려는 의암 선생의 의도도 담긴 것으로 생각된다. "사장사장 서로 전해 받는 것이 연원이요"(용담유사, 도수사)라는 수운 선생의 말씀처럼 동학 포교는 일대일로 스승과 제자의 인연을 맺는 강력한 것이었다. 이러한 점 조직 형태의 포덕은 은도시대 탄압에서도 살아남아 강력한 힘의 원천이 되었으나 현도 후에는 각 연원이 연원주를 중심으로 세력 집단화하여 그 폐단이 많았다. 실제 의암 선생도 포덕57년(1916) 12월 20일 두목들에게 "우리 교인들이 아직도 네 연원, 내 연원 하면서 일단을 이루지 못하니 가탄할 일이로다. 교인은 먼저 합심이 되어야 누가 보든지 천도교인은 일치 단합되었다고 할 것이 아닌가…보국안민이 되지 못하면 연원은 해서 무엇 하겠느냐." 하며 연원의 폐단을 지적했다.(조기주, 동학의 원류, 336쪽)

최근에는 연원은 교화만을 담당하는 조직으로, 그 외의 공식적인 조직은 중앙총부와 산하 각 지역 교구로 통일되어 있다.

十六. 無何說무하설

16-1. 粤昔丁戊間不記之日 成漆園之事 忽然太陽零落 天地昏暗 怳若泳於泥
水而望見陸地也 是時覆載間 無限生靈 魚喁而嗷嗷 可憐情景目不忍見也 哀此
群生愛而奈何 歎之而已

옛적 정·무 사이1 기억치 못한 날에 깜깜한 동산을 이룬 일이 있으니, 홀
연히 태양이 떨어져 천지가 아득한 것이 마치 흙물에서 헤엄을 치며 육지를
바라보는 것 같으니라. 이때에 천지간 무한한 생령이 고기떼처럼 울부짖으
니 가련한 그 정경은 눈으로 차마 볼 수가 없었느니라. 슬픈 이 군생을 사랑
한들 어찌 할 것인가. 탄식할 뿐이로다.2

16-2. 雖然人命至重天何不眷 乃謂衆生曰「此是自天所使 天外無禱」極盡心
祝而已 自天纖纖有影 如太陽之照鏡 清光合一 更成太陽天地明朗 便是新世界
也

비록 그러나 사람의 목숨이 지극히 중하니 한울이 어찌 돌보지 않겠는가.
이에 여러 사람에게 말하기를 「이것은 한울로부터 시킨 것이니 한울 밖에
빌 곳이 없다」라 하고 극진한 마음으로 빌 따름이라. 한울로부터 가늘고 가
는 그림자가 있어 태양이 거울에 비친 것 같더니 맑은 빛이 하나로 모이어
다시 태양을 이루고 천지가 밝아지니, 바로 이것이 새 세계였느니라.3

---

1 1897년(포덕38)은 丁酉년으로 12월 24일에 해월 선생이 의암 선생에게 도통을 전수하셨고, 이
  듬해 1898년(포덕39)은 戊戌년으로 6월 2일 해월 선생은 육군법원 형장(현 종로3가 단성사터)
  자리에서 교수형을 당하여 순도하셨다. 정무 사이는 정무년과 무술년 사이.
2 태양이 떨어진 것은 우리 도의 성인이신 해월 선생이 순도하신 것이고, 고기떼처럼 울부짖는 생
  령들은 거룩한 인도자를 잃고 헤매는 사람들을 표현하셨다. 실로 이 시기는 조선이 마지막 개혁
  기회를 잃고 망국의 나락으로 떨어지기 직전이었고, 무극대도도 동학혁명 이후 무수한 살육과
  탄압으로 그 존립이 위태로울 때였다.
3 해월 선생의 뒤를 이어 대도를 중흥시키고 천도교의 틀을 마련한 것은 의암 선생의 공이다. 그러
  나 그 시작은 한울의 진리를 깨닫는 데서 비롯된다. 습관된 욕념과 부조리를 버려야 진리(맑은

16-3. 一日洪水滔天 充滿無際 率濱生靈 擧皆垂死之中 我則依於丘原上 森林之間 又況霹靂之火 轉轉於臨死之民叢 命在立地心甚怪訝 膽氣發動 乃急起心力疊疊思之則 天生萬民 生生爲德 如是降災 寧有是理 乃急呼霹靂曰「汝欲打殺生民 急急打我 以贖衆生」以手打霹靂之塊 霹靂從手而散 只一煙塵而已

하루는 큰물이 한울에 넘쳐 가득히 차 끝이 없느니라.4 온 천하의 생령이 거의 다 죽게 된 가운데 나는 언덕 위 숲 사이에 의지하였더니,5 또한 벼락불이 거의 죽게 된 백성들이 모여 있는 데 굴러 떨어져서 목숨이 경각에 달렸음이6 마음에 심히 괴이하고 의심스러워 담기7가 발동하는지라, 이에 급히 마음에 힘을 일으켜 곰곰이 생각한즉, 한울이 만백성을 내고 살게 하는 것이 덕이 되거늘 이같이 재앙을 내리니, 어찌 이런 이치가 있겠는가.8 이에 급히 벽력을 불러 말하기를 「네가 백성을 때려죽이고자 할진대 급급히 나를 때려 뭇 백성을 속죄케 하라.」 하고 손으로 벽력의 덩어리를 때리니, 벽력은 손으로부터 흩어져서 다만 한 줄기 연기와 티끌뿐이었더라.9

16-4. 是時 幾盡民生 雲集而急號曰 「以欲如天之威勇 救我垂死之蒼生」 擔

빛)를 볼 수 있을 것이다.(허와실, 삼심관중 허광심 설명부분 참조) 누구나 사는 동안 세상이 무너지는 듯한 절망을 경험할 수 있다. 그것을 극복하고 한 단계 성숙하여 새로운 삶의 세계로 나아가는 것은 생명의 근원인 한울의 진리를 다시 찾는 것에서 그 열쇠를 찾고 힘을 얻을 수 있다. 이후의 내용은 개인의, 가족의, 사회의 위기에 대입해 읽을 수 있다.

4 큰물이란 세상을 뒤덮는 새로운 조류를 뜻한다. 당시 세계는 봉건세계에서 근대로 나가는 전환기였다. 선진 제국간의 식민지 쟁탈, 신진 세력과 구세력의 다툼이 끊이지 않던 격변기였다.

5 목숨을 구할 수 있었던 언덕 위 숲은 난을 피할 수 있는 곳이니 십승지지요 궁궁촌이다. 이는 어디 있는가? 내 마음 속 한울의 진리가 곧 그곳이 아닌가!

6 백성들의 목숨을 위협하는 벼락불은 당시 민중의 삶을 핍박했던 봉건 잔재와 일제 같은 외세를 말한다.

7 膽氣; 담력, 용기.

8 개인이건 민족이건 시련을 겪으며 성숙하고 한층 강해진다. 물론 그 시련을 이기지 못하고 역사 속으로 사라지기도 하지만.

9 적은 밖에 있으되 그를 물리칠 힘과 방법은 안에 있음이다. 결국 지도자가 솔선하고 민중 내부 역량이 강해지면 위협은 한낱 연기와 같이 사라진다.

我於轎子 上于高山尖峰 以至誠昭告于天 書十餘字而付于衆生 使之誦讀 少焉
百川順流 平野成陸 黎民安接也

이때에 거의 죽게 된 민생들이 구름같이 모이어 급히 울부짖으며 말하기를
「이렇듯이 한울 같은 위엄과 용맹으로 우리 죽게 된 창생을 구원하게 하소
서.」 하고, 나를 가마에 메고 높은 산 뾰죽한 봉우리에 올라, 지극한 정성으
로 한울님께 밝게 고하고 글 십여 자를 써서 중생에게 주어 외우게 하였더
니, 조금만에 뭇 개울이 순히 흐르고 육지 평야가 이루어져 뭇 백성이 편안
히 살았느니라.10

---

10 결국 모든 생명을 구하는 것은 한울 진리요, 그 진리가 응축된 것이 십삼자 주문이다. 한울의 진
리는 사람을 살릴 뿐 아니라 개울과 육지 평야 같은 만물이 순연하게 운행되게 하는 것이니 만
물이 모두 편안해지는 것이다. 이제 그 진리로써 세상을 바르게 하는 것은 오로지 진리를 실천
하는 사람들의 몫이다.

十七. 人與物開闢說인여물개벽설[1]

17-1. 開闢이라 함은 天墜地陷하여 混沌一塊로 合하였다가 子丑의 兩段으로 分함을 意味함인가 아니다 開闢이란 腐敗한 者를 淸新케 複雜한 者를 簡潔케 함을 謂함이니 天地萬物의 開闢은 空氣로써 하고 人生萬事의 開闢은 精神으로써 하나니 汝의 精神이 곧 天地의 空氣니라 今에 君等은 不可能의 事를 思치말고 先히 各者 固有의 精神을 開闢하면 萬事의 開闢은 次第의 事니라.

개벽이란 한울이 떨어지고 땅이 꺼져서 혼돈한 한 덩어리로 모였다가 자·축 두 조각으로 나뉨을 의미함인가. 아니다. 개벽이란 부패한 것을 맑고 새롭게, 복잡한 것을 간단하고 깨끗하게 함을 말함이니, 천지 만물의 개벽은 공기로써 하고 인생 만사의 개벽은 정신으로써 하나니, 너의 정신이 곧 천지의 공기이니라. 지금에 그대들은 가히 하지 못할 일을 생각지 말고 먼저 각자가 본래 있는 정신을 개벽하면, 만사의 개벽은 그 다음 차례의 일이니라.[2]

17-2. 그러나 精神을 開闢코자 하면 먼저 自尊心을 侍字로 開闢하고 自尊心을 開闢코자하면 먼저 疑懼心을 定字로 開闢하고 疑懼心을 開闢코자 하면 迷妄念을 知字로 開闢하고 迷妄念을 開闢코자 하면 먼저 肉身觀念을 性靈으로 開闢하라.

---

1 포덕59년(1918) 8월 14일에 지일기념을 마치고 두목 장응곤 외 13인에게 도호를 주면서 각 지방 두목과 교구장들을 가회동에 있는 의암 선생의 자택으로 초대한 자리에서 선생은 '인여물개벽'이란 설법을 말씀하셨다. 인여물개벽이란 사람과 물건의 개벽을 뜻하니, 정신문명과 물질문명이 함께 개벽되어야 함을 말한다.

2 개벽을 명쾌하게 정의해 주셨다. 흔히 개벽을 다른 종교에서 말하듯, 심판의 날이나 천지가 뒤집히는 것으로 여기는 경우가 많다. 그러나 개벽은 이런 모든 변화를 포함하는 개념이다. 한 사람의 마음이 변하여 삶에 중대한 변화가 오면 한 사람의 개벽이고, 한 나라의 변화가 이전의 역사와 질적 양적으로 큰 차이가 있으면 한 나라의 개벽이요, 세상 모든 것이 이전과 크게 달라질 경우 세상의 개벽이 된다.

그러나 정신을 개벽코자 하면 먼저 스스로 높은 체하는 마음을 모실 시 자로 개벽하고,3 스스로 높은 체하는 마음을 개벽코자 하면 의심스럽고 두려운 마음을 정할 정 자로 개벽하고,4 의심스럽고 두려운 마음을 개벽코자 하면 아득하고 망령된 생각을 알 지 자로 개벽하고,5 아득하고 망령된 생각을 개벽코자 하면 먼저 육신 관념을 성령으로 개벽하라.6

17-3. 「天下萬念總一身 前波纔息後波起」此念이 何時에 없어질 것이냐 이것을 끊으려고 不可能의 心力을 徒費치 말고 但 「我中에 何我가 有하여 屈伸動靜을 指使하는가」를 事事思之하여 오래도록 習性을 지니면 性身兩者에 誰主誰客 誰輕誰重을 自覺케 될 것이니 是覺이 곧 肉身開闢의 地니라.

「천하 일만 생각이 전혀 한 몸에 있으니, 앞의 물결이 겨우 쉬면 뒤 물결이 일어난다」는 이 생각이 어느 때에 없어질 것이냐. 이것을 끊으려고 불가능의 심력을 공연히 허비치 말고,7 다만 「내 속에 어떤 내가 있어 굴신동정하는 것을 가르치고 시키는가.」 하는 생각을 일마다 생각하여 오래도록 습성

---

3 자존심과 습관심으로 가득 차 있으면 진실이 보이지 않는다. 나를 비우고 겸손해져야 상대방의 진심을 알 수 있고 진심이 통해야 모실 수 있다. "도를 깨달으면 일마다 사업이요, 귀먹은 것을 깨치면 소리마다 한울 소리요….".(의암성사법설, 우음)

4 자존심과 아집은 스스로 자신이 없을 때 더 심해진다. 모든 일을 명확히 파악하고 확신하면 오히려 여유가 생기고 너그러워진다. 정할 정 자는 확고한 믿음이요 수심정기함이다.

5 의심과 두려움은 무지에서 비롯된다. 믿기 전에 정확하게 알라고 하지 않으셨나! "사람의 말 가운데는 옳고 그름이 있는 것을, 그 중에서 옳은 말은 취하고 그른 말은 버리어 거듭 생각하여 마음을 정하라."(동경대전, 수덕문) "배우는 것은 반드시 넓게 하고 묻는 것은 반드시 자세히 하고 행하는 것은 반드시 독실하게 하라."(해월신사법설, 독공)

6 "심령이 생각하는 것이요, 육관(눈·귀·코·혀·몸·뜻)으로 생각하는 것이 아니니라."(해월신사법설, 수심정기) 개인적 욕심보다 전체 이익을 먼저 생각하고, 몸이 편하기보다 마음이 편한 쪽으로 행해야 한다.

7 수련하면서 흔히 겪는 일이다. 마음을 통일하고 내 진면목을 봐야 하는데 쓸데없는 잡념만이 가득하거나 그나마 잡념이 뜸하면 졸음이 엄습해 온다. 그러나 잡념도 한울님 작용이다. 끊으려 애쓰면 그 또한 집착이 된다. 가만히 보면서 놓아 보내고 나에게 어떤 생각들이 있었는지 觀하는 것도 좋은 공부가 된다. 현재의 나를 알려면 내 과거와 현재, 그 속의 생각들을 알아야 한다. 나도 모르던 내 모습들을 발견하면서 공부가 한 걸음씩 나아간다. 그러다 보면 모든 잡념이 끊기며 빈 곳에서 빛이 나는 경지를 체험하게 된다.(해월신사법설 허와실, 의암성사법설 삼심관)

을 지니면,8 성품과 몸 두 가지에 어느 것이 주체요 어느 것이 객체인 것과 어느 것이 중하고 어느 것이 경한 것을 스스로 깨닫게 될 것이니, 이 깨달음이 곧 육신을 개벽하는 것이니라.9

17-4. 此念을 一闢하면 於是乎 皚皚氷雪의 介潔 天晴日朗의 光明山高水流의 方正 落落雲鶴의 高尙한 그 者가 卽眞個의 精神我이니 是我는 天傾地坼이라도 長如是요 海枯石爛이라도 亦如是라 顧此蚩蚩的世界를 開闢함에 何難이 有하리오 我大神師를 見하라 此人이 아니신가.

이 생각을 한번 개벽하면, 이에 희고 흰 얼음과 눈의 깨끗함과 한울이 개이고 날이 밝은 광명과 산이 높고 물의 흐름이 방정함과 뜻이 크고 뛰어난 운학의 고상한 그것이 곧 참된 정신의 나이니,10 이 나는 한울이 기울어지고 땅이 터지더라도 길이 이와 같을 것이요, 바다가 마르고 돌이 녹아도 또한 이와 같을 것이라.11 이 미욱하고 미욱한 세계를 돌아보고 개벽함에 무슨 어려움이 있으리오. 우리 대신사를 보라. 이러한 사람이 아니신가.12

---

8 일마다 심고하면서 자신의 욕념이 행하는지 성령이 행하는지 구분해 볼 일이다. 몸이 편한 것은 습관심이요 마음이 편한 것은 성령이 행하는 것이다.

9 의암성사법설, 이신환성장 참조. 심고하고 기도할 때 자신의 욕심을 위해 기도하는 것이 아니라 한울, 성령, 다른 이를 위한 기도를 해야 한다. 이것이 이신환성이고 육신을 개벽하는 것이다.

10 마음이 바뀌면 이전에 보던 사물이 모두가 새로워진다. 더러움이 가신 깨끗함, 무지와 불분명함이 가신 명확함, 어떤 상황에도 흔들림 없는 확고함, 어떤 일을 하더라도 한울을 위하는 숭고한 뜻, 이 모두가 한울과 나의 참된 본 모습이다.

11 "나의 기점은 성천의 기인한 바요, 성천의 근본은 천지가 갈리기 전에 시작하여 이때에 억억만년이 나로부터 시작되었고, 나로부터 천지가 없어질 때까지 이때에 억억만년이 또한 나에게 이르러 끝나는 것이니라."(의암성사법설, 성심변) 나는 습관된 육신의 내가 아닌 한울 마음을 회복한 성령의 나. 진리를 깨달으면 어떤 어려움 속에서도 평정과 초심을 잃지 않는다. 그저 자신이 할 바를 행할 뿐이다.

12 수운 선생의 성령은 한울과 합하여 영원히 세상에 나타나며 작용한다. 이신환성하신 것이다. 대신사의 삶 자체가 자신과 가족의 어려움을 개의치 않고 모든 생명이 제자리를 찾을 수 있도록 진리의 문을 여신 것이었다.

17-5. 天地의 氣數로 觀하면 今日은 四時之秋요 一日之夕인 世界라 物質의 複雜과 空氣의 腐敗가 其極에 達하였으니 此間에 立한 吾人이 何能獨存이리오 大機一轉의 時日이 眼前에 迫到하였도다.

천지의 기수로 보면 지금은 일 년의 가을이요, 하루의 저녁때와 같은 세계라. 물질의 복잡한 것과 공기의 부패한 것이 그 극도에 이르렀으니, 이 사이에 있는 우리 사람인들 어찌 홀로 편안히 살 수 있겠는가. 큰 시기가 한번 바뀔 때가 눈앞에 닥쳤도다.13

17-6. 肅殺의 金風이 蕭蕭然 瑟瑟然 自西伊東하니 鬱蔚葱靑의 草木이 雖卽 現在顏色을 姑保하나 一夜를 經하면 滿山黃落의 可憐한 霜葉뿐일지니 今此 有形의 開闢을 當하여 精神上 無形의 開闢을 하지 아니하면 天下로 衣하고 宇宙로 家하고 四海로 田하는 其人이라도 「一落枝頭便寂莫의 霜葉」일지니 此是人與物開闢의 時니라.

무섭게 죽이는 가을바람14이 쌀쌀하고 쓸쓸하게 서쪽으로부터 동쪽에 불어오니, 우거졌던 푸른 초목이 아무리 현재의 모양을 아직 보존하고 있지마는 하룻밤 지나면 산에 가득 차 누렇게 떨어지는 가련한 서리 맞은 잎뿐이리니,15 이제 이 유형의 개벽을 당하여 정신상으로 무형의 개벽을 하지 않으면,16 천하로 옷을 입고 우주로 집을 삼고 사해로 밭을 가는 그 사람이라도

---

13 가을과 저녁은 다음 날과 다음 해를 위해 거두고 정리하는 시기다. 혼란스럽고 쇠약해졌지만 아직 살아 있다. 겨울과 밤은 마침내 죽음의 시기가 되는 것이나 그 안에선 새 생명과 새 기운이 나올 준비를 하는 시기이다. 낡은 사고와 습관이 죽어야 새로운 삶이 나온다.

14 가을에는 서풍이 불고, 이는 생명을 거두는 바람이다. 오행에서 서쪽은 금이 상징이다.

15 서풍은 또한 서양 문명과 세력의 침탈을 상징하기도 한다. 누구나 삶의 전환기가 있다. 그때 낡은 삶을 바꾸지 않으면 어느새 누렇게 떨어지는 서리 맞은 잎의 신세가 될 것이다.

16 조선시대 이전까지 오천 년 간 우리 민족의 생활양식은 거의 변화 없이 살아왔다. 그러나 일제를 거치면서 오늘 우리의 삶은 불과 100여 년 전과는 단절되다시피 할 정도로 변했다(유형의 개벽). 이렇게 겉모습의 삶은 서양 사람들 것을 다 배웠지만 그들의 삶을 지켜온 정신은 배우지 못하고 우리 고유 정신도 상실한 게 오늘 우리 모습이다. 모습이 새로워졌으면 그 정신도 새로

한번 가지에서 떨어지면 문득 적막한 서리 맞은 잎과 같이 될 것이니, 이것이 사람과 물건이 개벽하는 때이니라.[17]

워져야 제대로 된 삶을 살 수 있는 것은 당연한 이치! 오늘 무형의 개벽이 필요한 까닭이다.

17 "대저 도는 때를 쓰고 활용하는데 있나니 때와 짝하여 나아가지 못하면 이는 죽은 물건과 다름이 없으리라."(해월신사법설, 용시용활) 아무리 큰 뜻이 있어도 세상 변화에 맞춰 행하지 못하면 소용없다. 수운 선생이 오늘 출세하신다면 양복 입고 랩으로 용담유사를 부르고 한글로 경전을 저술하셔야지, 갓 쓰고 도포 입고 한문 문장으로 도를 전한다면 되겠는가? 천하로 옷을 입고… 하는 사람은 유형의 개벽에 적응한 사람. 오늘날 세계를 무대로 활동하는 개명한 정치-경제인을 생각하면 될 것이다. 그런 세속적인 성공을 한 사람도 마음의 만족을 못하고 정신의 개벽을 하지 못하면 그 삶과 목숨이 덧없이 스러질 수 있음이다.

十八. 入眞境입진경1

18-1. 有人緣 何心入於此境耶 玩景而入耶 得仙而入耶 於斯之間 發程之初
必有主觀的也

사람의 연분이 있어 어떤 마음으로 이런 경지에 들어왔을까.2 경치를 구경
하러 온 것인가, 신선을 만나러 온 것인가.3 어느덧 길을 떠나는 처음에는
반드시 주관이 있었을 것이리라.4

18-2. 昔聞 「眞境有仙翁」 欲見眞仙之心 不憚千辛萬苦 步步進進 不息至誠
日費心加 到于此境 果如 昔聞仙翁 待我而來

전에 들으니 「진경에 선옹이 있다」 하여 참 신선을 보고 싶은 마음에 천신
만고를 꺼리지 않고 걸음걸음 나아가고 나아가, 지극한 정성으로 쉬지 않고
나날이 마음을 더하여 이 경지에 이르니, 과연 전에 듣던 것과 같이 신선 늙
은이가 나를 기다리며 오시더라.5

18-3. 欣喜進拜 酬酌之際 翁問曰 「我待爾者 久矣 爾何得聞 如是到達耶 而

---

1 수행하는 사람의 마음 변화를 빗대 설명하신 글.
2 부모와 자신의 쌓인 인연과 인과가 아니면 무극대도의 참 맛에 어찌 들어오겠는가? 아무리 좋은
  진리라도 인연 없는 사람에게는 소음일 뿐이다. 나의 인연은 어떤 것이나 돌아보고 그 인연에
  감사하는 것도 중요한 공부다.
3 도와 진리를 배우면 세상이 새로워진다. 세상 이치를 알아가며 그것을 즐기는 것이 경치를 감상
  하는 것이요, 신선을 만나는 것은 진리의 핵심을 깨닫는 것이다. 또한 경치를 감상함은 도를 현실
  에 실현하는 것이요, 신선을 만남은 도 자체를 궁구하는 것이다. 교회와 부문 단체의 관계와 같고
  불가의 이판과 사판 구분과도 같을 것이다.
4 진리 자체에 관심이 많은 이는 수행을 깊이 하여 교직자의 길을 걷는 것이 좋고, 현실에 관심이
  있는 사람은 도의 가치를 실천할 부문 단체 운동에 헌신함이 좋을 것이다. 천도교의 부문 단체 활
  동이 활발할 때에는 여성회, 청년회, 소년회뿐 아니라 조선농민사, 개벽지, 노동운동 등 사회운
  동에 적극 참여한 역사가 있다.
5 수련을 하다보면 몸과 마음의 변화를 포함한 여러 가지 난관을 겪는다. 거기에 멎어 나아가지 못
  하면 공부의 진행이 없지만 난관을 이겨내고 정성을 다하면 나의 진면목을 깨닫고 한울을 만나며
  선약을 체험할 수 있게 된다.

閑談次第說明」

기뻐서 나아가 절하고 서로 말을 주고받을 즈음에 늙은이가 묻기를「내가
너를 기다린 지 오래다. 네가 어떻게 내가 여기 있다는 소문을 듣고 이같이
왔느냐. 천천히 차례로 설명하라.」[6]

18-4. 前日門前發程之初心 一日欲得目的地 此行初行 發程幾日 岐路多有 或
恐橫馳之慮 抑亦有支離之心 徘徊路上 反而思之則 此行 初路 對誰而問耶

전일 문 앞길을 떠나던 첫 마음은 하루에 목적지까지 득달하려 하였으나 이
번 걸음이 처음 가는 길이라, 길을 떠난 지 몇 날 만에 갈림길이 많이 있어
혹 가로 달려갈 염려도 무섭고, 또한 지리한 마음도 있어 길 위에서 머뭇거
리다가 돌이켜 생각한즉, 이번 가는 것이 첫길이라, 누구를 대하여 물을 것
인가.[7]

18-5. 心沓悶鬱 彷徨超規 忽聞何聲曰「路上徘徊者 誰耶」

마음이 답답하고 민망하여 머뭇거리며 법규를 벗어나려 할 적에 홀연히 무
슨 소리가 들리며 말하기를「길 위에서 배회하는 사람은 누구냐.」[8]

18-6. 欣然回顧 有聲無人 或有疑端 定心之定信 訪仙目的也 信之益 固之致
過年風聞 無疑仙招之音 反有內固 不憚前程之遠 盡心竭力不畏豺狼之劫 瞻彼

---

6 한울님 모심을 체험한 강령 이후엔 한울 진리를 본격적으로 공부하게 되는데 이때 한울 진리가
  들려오는 것을 강화라 한다. 밖에서 들리기도 하고 내면에서 울려 나오기도 한다.
7 도를 배우기 시작할 때의 초심은 누구나 같을 것이다. 깨달을 때까지 한눈팔지 않고 정진하리라
  다짐하지만 깨달음이란 개인적 체험이라 이렇게 하는 것이 옳은지 다른 사람 방법을 따르는 게
  맞는지 판단하기 어렵다. 길을 잘 안내할 좋은 스승과 도반이 함께한다면 실수와 고생을 덜 하고
  목적을 달성할 수 있을 것이다. 그러므로 道成德立은 在誠在人(동경대전, 수덕문)이라 하지 않으
  셨던가?
8 깨닫고자 하는 마음이 지극하고 고민도 깊어야 답을 얻을 수 있다. 고민하지 않고, 구하지 않으면
  얻을 수 없다.

五色雲處 必是仙境 漸入佳境 香風吹來 奇花瑤草 一步一層 飄然陟彼坮上 萬
里山野 物物形形 盡是眼前別界

기뻐서 돌아보니 소리는 있었으나 사람은 없었더라. 혹 의심스러운 점도 있
었으나 마음으로 작정한 정한 믿음은 신선을 찾는 것이 목적이라, 믿음을
더하고 굳게 나아가니 지난해에 떠도는 소문은 의심 없는 신선이 부른 소리
라.9 도리어 속으로 굳건한 생각이 있어 앞길이 먼 것을 꺼리지 아니하고,
마음과 힘을 다하여 이리와 범을 무서워하는 겁도 없이 오색구름 있는 곳을
바라보니, 필시 선경이라.10 점점 아름다운 경지에 들어가니, 향기로운 바람
이 불어오는 기이한 꽃과 아름다운 풀이라. 한 걸음에 한 층계씩 나는 듯이
대 위에 올라가니 만리 산야에 모든 물상이 다 눈앞의 별세계라.11

18-7. 「何如是 何如是乎」翁笑曰「美哉 君之誠力 與吾相孚」

「어찌하여 이렇습니까.」 하니 늙은이가 웃으며 말하기를 「아름답다 그대의
정성이여, 나와 함께 서로 믿노라.」12

18-8. 仰問「翁號誰也」翁笑曰「吾有名三 信聽 一曰 靈 二曰 心 三曰 翁 仙
翁也者世人尊稱之號也 不須多言 君如是而問 必有眞契 願聞眞心也」

우러러 묻기를 「늙은이의 호는 무엇입니까.」 하니, 늙은이는 웃으며 말하기
를 「내 이름은 셋이 있으니 믿고 들으라. 첫째는 「영」이라 말하고, 둘째는 「마

---

9 좋은 스승이 없어도 스스로 정성과 믿음이 바르고 지극하면 깨달음을 얻을 수 있다. 그것은 수양
   이 쌓인 사람의 내면세계가 열리며 모신 한울(내유신령)과 소통이 시작되는 것이다.
10 이리와 범은 수도자를 유혹하고 위협하는 魔다. 조급한 마음, 신통력을 얻고자 하는 마음, 영안
   이 열린 것을 자랑하고 존경받고 싶은 마음…. 이러한 마를 이겨내야 바른 도의 경지를 깨달을
   수 있으니 그곳이 선경이다.
11 깨달은 마음은 온 세상이 한울님 조화의 자취임을 느낄 수 있으니 얼마나 아름답고 즐거운가.
   별세계요 춘삼월 호시절이요 지상천국이다.
12 깨달음의 선경은 진리에 대한 믿음에서 시작된다. 믿고 정성 드리면 나와 한울이 하나 되고, 이
   세상과 선경이 하나 된다.

음」이라 말하고, 셋째는 「늙은이」라 하지마는, 신선 늙은이라 하는 것은 세상 사람들이 높여서 일컫는 이름이니라. 많은 말을 할 것 없이 그대가 이렇듯이 묻는 것도 반드시 참된 괴로움이 있을 것이니, 그 참된 마음을 듣기 원하도다.」[13]

18-9. 沈吟良久 恭順正答曰「我之爲人 何之爲人 我之爲國 何之爲國 我之爲世 何之爲世 問者三也」

잠잠한 지 오래어 공순히 대답하기를 「나의 사람됨이 어떻게 사람이 되었으며, 나의 나라 됨이 어떻게 나라가 되었으며, 나의 세상 됨이 어떻게 세상이 되었습니까. 물을 것이 세 가지 있습니다.」[14]

18-10. 翁曰「後必有然然明敎 勿爲心急」

늙은이가 말하기를 「후에 반드시 그런 것을 밝게 가르치리니, 마음을 급히 하지 말라.」[15]

18-11. 款曲相對 忽然覺之 仙境何處 仙翁正是我心所形者

매우 정답고 친절하게 대하다가 홀연히 깨달으니, 선경은 어디인가. 신선 늙은이는 바로 이내 마음의 형상한 것이로다.[16]

---

13 한울은 어디 있는가? '천상에 상제님이 옥경대에 계시다고 보는 듯이 말을 하니 허무지설'이라 하셨다. '네 몸에 모셨으니 사근취원 하단 말가.'라고도 하셨으니 미혹에서 벗어나야 하지 않겠나? 도를 구하는 것은 무엇을 위함인가? 삿된 욕심이 있다면 참된 진리를 얻지 못한다. 그러한 욕심을 버리는 공부를 하다 보면 자신의 본 모습과 자신의 명을 알게 된다.

14 사람들의 의문을 대별하는 질문이다. 누구나 자신의 정체성이 무엇인지 확인하고 싶고, 혼자 살 수 없는 존재가 사람이므로 사회 속에서 나의 위치와 역할이 어떤 것인지, 또한 어떤 것이 한울 이치를 바르게 실현하는 사람과 세상 모습인지 고민하며 수행해 볼 일이다.

15 깨달음은 개인적인 사건이다. 사람마다 살아온 경험과 처한 상황에 따라 구하는 것도 다를 것이고 해답도 각양각색으로 나올 수밖에 없다. 그러므로 스스로 구해서 얻을 뿐 다른 사람이 이것이 정답이라고 할 수 있는 것이 아니다.

16 "사람의 성품을 깨닫는 것은 다만 자기 마음과 자기 정성에 있는 것이요, 한울과 스승의 권능에 있는 것이 아니니, 자기 마음을 자기가 깨달으면 몸이 바로 한울이요 마음이 바로 한울이나, 깨달지 못하면 세상은 세상대로 사람은 사람대로이니라."(의암성사법설, 신통고)

十九. 雨後靑山우후청산[1]

19-1. 山耶 雨耶 知天時而然耶 無爲而化而然耶 截彼南山 雨後精神 更新世界

산아 비야, 한울의 때를 알고 그런 것이냐 무위이화로서 그런 것이냐. 분명하도다, 저 남산의 비온 뒤 정신이여, 다시 새로워진 세계로다.[2]

19-2. 一團 和氣祥風 綠樹半舞 紅花一笑

한 덩어리 화한 기운과 상서로운 바람에 푸른 나무는 반춤을 추고 붉은 꽃은 한결같이 웃는구나.[3]

19-3. 時乎時乎 綠樹之綠耶 紅花之紅耶 經霜枯木 何如是得意之春逢耶 雨後朝天 萬木一時而一新

때여 때여, 푸른 나무가 푸른 것이냐 붉은 꽃이 붉은 것이냐. 서리 지난 마른 나무가 어쩌면 저렇듯이 뜻을 얻은 봄을 만났는가. 비온 뒤의 아침 한울에 모든 나무가 일시에 새로워지는구나.[4]

---

1 3·1운동 직후 의암 선생과 춘암 선생을 비롯한 교회 원로 지도층들이 모두 일제에 구금되어 교회가 지도자 공백상태가 되었을 때, 이돈화 김기전 등을 비롯한 청년들이 청년교리강연부를 만들어 각 지역별로 순회하며 교리교사 강연을 하는 등, 침체되고 위기에 빠진 교회에 새로운 바람을 불어넣게 되었다. 이것이 천도교 청년회 시원이다. 이런 소식을 옥중에서 전해들은 의암 선생은 기뻐하셨다고 하는데 그때 하신 말씀이 아닐까 생각한다. 사람도 시련을 겪은 뒤에 성숙해지듯이 교회도 시련을 겪고 탄압을 받으면서 더 성장하고 자랄 것이라는 것을 가르쳐 주신 글이다.

2 비가 온 뒤에는 온 세상이 맑아지고 깨끗해진다. 생명들이 자란다. 비는 무엇인가? 인생의 시련일 수도 있고, 나를 정화시키고 성숙시키는 수련일 수도 있다. 한 고비를 넘기면 한층 성숙해지고 자란다. 사물을 보는 안목이 달라진다.

3 비는 온 세상에 고루 내린다. 좋고 나쁨을 가리지 않고, 잘나고 못남을 차별하지 않는다. 그렇게 온 세상이 한꺼번에 비에 씻기면 본래의 선명한 자태를 드러낸다. 진면목이다. 또한 자신의 덕과 향을 발산한다. 그러므로 비온 뒤의 숲은 그 향이 더욱 진하다. 그 향은 덕이 있는 사람의 화한 기운과 같고, 나무가 산들바람에 흔들리는 것은 흥에 겨워 추는 가벼운 어깨춤과 같다.

4 생명은 나고 자라고 성숙하고 죽었다가 다시 살아나는 순환이다. 때가 옴을 누가 알려주지 않아

19-4. 曰「爾 靑山 知我否 綠陰花色 一帶自由之氣」

나는 말하기를 「너 푸른 산아, 나를 아느냐 모르느냐 푸른 그늘과 꽃빛은 한결같이 자유의 기운을 얻었구나.」[5]

19-5. 由是觀之 山與花 自由亦如是 況 惟我靑年 不如山花乎

이로 말미암아 보면 산과 꽃도 자유가 또한 이 같거든 하물며 우리 청년이 산과 꽃만 같지 못할소냐.[6]

19-6. 壯哉 吾敎友靑年之自由精神 亦勝於靑山 豈不壯哉 豈不樂哉

장하다, 우리 교우 청년의 자유정신은 또한 푸른 산보다 승할 것이니, 어찌 장하지 않으며 즐겁지 아니하랴.[7]

19-7. 用心而前進 團體泰山 目的 保國 敎中靑年 形如喬岳卓立之氣像

마음을 가다듬고 앞으로 나아감에 단체가 태산이요, 목적이 보국이라. 교중 청년은 그 형상이 높은 산이 우뚝 솟은 듯한 기상이로다.

도 생명은 본능적으로 안다. 그것이 한울이다. 진면목이다. "조각 조각 날고 날림이여 붉은 꽃의 붉음이냐. 가지 가지 피고 핌이여, 푸른 나무의 푸름이냐. 부슬부슬 흩날림이여 흰 눈의 흰 것이냐."(동경대전, 화결시) "봄 바람이 불어 간 밤에 일만 나무 일시에 알아차리네."(동경대전, 시문)

5 일체가 한울임을 깨달으면 푸른 산과 나무 기운이 나의 기운과 하나임을 느끼게 된다. 분별과 차별이 없으니 걸릴 것도 없고 장애가 없는 자유를 만끽한다. "일동일정과 일용행사를 내가 반드시 자유롭게 하나니 좋으면 좋고, 착하면 착하고, 노하면 노하고, 살면 살고, 죽으면 죽고, 모든 일과 모든 쓰임을 마음 없이 행하고 거리낌 없이 행하니…."(의암성사법설, 삼심관)

6 산과 꽃이 새롭게 거듭나 자유로워지듯, 청년들도 개인의 습관심과 사회 인습을 벗어던지고 한울 사람으로 거듭나 자유로워지라는 격려. 당시는 일제의 억압이 청년을 얽어매는 인습이었다. 오늘의 인습은 무엇인가?

7 푸른 산의 성품은 제자리를 지키며 드러내지만 사람 성품은 적극적 활동으로 세상에 보다 많은 일과 영향을 미칠 수 있다. 그렇기 때문에 만물의 최령자요 그 자유정신도 산보다 더할 것이다.

<우후청산 공부하기>

1. 일제하의 천도교 청년운동

3·1운동 이후 일제의 엄혹한 탄압 속에서도 천도교와 민족의 명운을 지탱한 것은 천도교 청년들의 의기와 활약 덕분이었다.

　3·1운동을 주도한 천도교단은 그로 인하여 지도부가 대부분 구속되어 공백 상태였고, 일경은 교인이 이탈하도록 조직적으로 탄압하였다. 간부가 체포되거나 피신 중인 교구에서는 정상적 활동이 어려웠으며 월성미 수납액도 4분의 1로 떨어졌고 은행 예금도 몰수당하는 등 재정적으로도 어려웠다. 이러한 위기를 타개하기 위한 움직임을 청년 지도자들이 시작하였다.

　포덕60년(1919) 9월 2일 정도준, 박래홍 등 8인의 발기로 '천도교청년교리강연부'를 성립하고 9월 7일 시일식 후 첫 교리강연 발표회를 가져 성황을 이루었다. 이러한 움직임은 3·1운동 이후 민심 수습을 위해 일제가 소위 문화정책을 표방하면서 어느 정도 집회, 결사, 출판, 언론을 허용함으로써 가능하였다. 이들은 규약에 따라 편술부, 음악부, 체육부를 두었고 월간 잡지 간행과 천덕송 작사 작곡에 착수하고 생활체육을 보급하였다.

　포덕61년(1920) 1월 15일부터 4월 1일까지 천도교 청년 임시 교리강습회를 열었는데, 이돈화, 오지영 등이 강사로 활동하였고 이를 통해 최초로 '천도교서'라는 교사敎史를 발행하는 부수적 성과도 얻었다. 4월 25일에는 청년교리강연부를 통해 지방 조직 확대, 지도자 양성, 교리 체계화 등이 자리 잡아 가자 이를 천도교청년회로 확대 개편하였다. 5월 하순에는 지부 조직을 강화하고 이돈화, 박사직, 김기전 등의 강사가 지방을 순회하며 특별 대강연회를 열어 천도교를 널리 선전하였다. 각 지방마다 적게는 4백 명에서 4천 명에 이르는 인원이 집회에 참석하여 교인들에게는 자긍심을, 일반인들에게는 천도교에 대한 인식을 심어 주는 계기가 되었다.

6월 25일에는 개벽사라는 출판사를 만들고 시사종합잡지 '개벽'을 창간하여 당시 잡지계를 선도하였다. 창간사에 보면 "다수 인민이 목마르게 우러러 바라고 또 요구하는 소리는 곧 신의 갈앙하고 요구하는 소리요 곧 세계 개벽의 소리"라고 하여 민중의 소리와 개벽의 소리를 전하겠다고 하였다. 처음에는 종교, 학술, 문화 분야에서 시작해 이후 정치, 경제, 시사분야까지 확대하여 간행되던 개벽은 포덕67년(1926) 8월호까지 72호를 발행하는 동안 발행금지 34회, 정간 1회, 벌금 1회 등 수많은 탄압을 받다가 끝내 일제에 의해 강제 폐간되었다.

포덕62년(1921) 4월에는 소년부를 두어 40여 명의 소년들을 모아 지도하기 시작했는데 점점 인원이 늘어 5월 1일에는 김기전, 방정환, 박래홍이 주도하여 천도교소년회를 만들었다. 각 청년회 지회에도 소년회를 만들고 음악, 연극, 학습 운동을 벌여 이 나라 어린이 운동의 효시가 되었다. '어린이'라는 말도 방정환이 해월신사의 내수도문 중 "어린아이도 한울님을 모셨으니"라는 말의 정신을 살려 어린이의 인격을 존중하는 뜻으로 보급한 것이다. 『어린이』 잡지도 간행하였고, 포덕63년(1922) 5월 1일 소년회 창립 1주년을 맞아 '어린이의 날'을 정하고 기념식을 올렸다.

청년회는 위의 활동들을 의욕적으로 추진하였으며, 전국 지회를 통할하는 좀 더 유기적인 활동을 위해 포덕64년(1923) 9월 2일 강력한 조직력과 이념을 바탕으로 '천도교청년당'을 조직하였다.

천도교청년당은 농민부, 노동부, 청년부, 학생부, 여성부, 유소년부, 상민부에서 각각 산하단체를 구성하여 7대 부문운동을 집중적으로 전개하였다. 그리하여 전국적으로 소년회, 학생회, 내수단, 노우회勞友會 등을 직간접 지원하였다. 그 결과 포덕65년(1924) 4월에 청년당 지도 아래 최초의 여성단체인 '천도교내수단'이 창단되었고, 6월 8일에는 '천도교 재경 학생친목회'를 조직하여 후일 이를 '천도교학생회'로 발전시켰다. 포덕66년(1925) 10월

29일에는 '조선농민사'를 창립하여 농민운동의 첫발을 내딛었다. 이후의 전국적인 당세 확장과 부문별 운동의 성과는 눈부신 바가 있다.(천도교청년회 80년사, 73-81, 113-158쪽)

二十. 我之精神아지정신

20-1. 人爲人之時 天 賜天之精神 我爲我之一大機關也 然則 精神二字莫重
於我者 精神我耶 肉身我耶 我之爲始 自何方而來 我爲乎 我爲乎 我之前有也
以無形之於有形也 精神於我本位人故 無精神者 乃失自由 不言可想矣
사람이 사람 될 때에 한울이 한울의 정신을 주었으니, 이것은 내가 나 된 한
큰 기관이니라. 그러면 정신이란 두 글자는 나에 있어 더 중한 것이 없으니,
정신이 나인가 육신이 나인가. 내가 처음에 어디로부터 와서 내가 되었는가.
내가 된 것은 나의 이전이 있을 것이니, 형상이 없는 것으로써 형상이 있는
것이라.[1] 정신은 나의 근본자리 사람이므로, 정신없는 사람이 자유를 잃을
것은 말하지 않아도 상상할 만하니라.[2]

20-2. 天賜精神也 大者天下 中者一國 小者個人也 此三者 其肥個人 至於國
與天下者也 如是觀之 廣大天道敎之於我 私有物我不我 誰我之乎 願矣 靑年
敎友 我精神 我守 我國精神 我國守 我天精神 我天守 可守五萬年敎天定限哉
한울이 준 정신은 큰 것이 천하요, 중 것이 한 나라요, 작은 것이 개인이니,
이 세 가지는 그 개인이 살찌워 나라와 천하에 이르는 것이니라.[3]

　　이와 같이 보면 넓고 큰 천도교의 나는 사유물인 내가 아니니라. 누가 나

---

1 형상이 없는 것은 한울 성품이요, 형상 있는 것은 내 몸이다. 태어날 때 한울에게서 부여받은 기
운이 내유신령이고 그것이 내 정신이 되었으되, 욕념과 육관이 이를 가려 습관심이 되었다. 습관
심은 분별심이고 각자위심이다. 고해의 원인이다. 이를 끊고 원래 내 정신을 회복하는 것이 참된
삶, 자유로운 삶, 차별 없는 삶을 사는 길이다.
2 진리를 모르면 온갖 질곡과 인습에 얽매여 헤어나지 못한다. 감옥에 있는 자만 자유를 잃은 것인
가? 직장과 사회 관습 속에서 자신이 하고 싶은 일을 하지 못하고 수동적으로 타의에 의한 삶을
사는 사람들이 얼마나 많은가?
3 개인이 자신의 정체성을 잃으면 스스로의 삶이 질곡에 빠질 것이고, 나라가 정체성을 잃으면 다
른 나라에 속박당하고 망할 것이다. 천하의 모든 이가 진리를 모른 채 각자위심으로 서로 싸우면
세상이 멸망하거나 지옥이 될 것이다.

인가. 원컨대 청년 교우는 내 정신을 내가 지키고, 내 나라 정신을 내 나라로 지키고, 내 한울 정신을 내 한울로 지키어, 가히 오만 년 천도교의 한울이 정한 것을 지키라.4

---

4 내 욕심과 습관을 버리지 않으면 참된 세상을 볼 수 없다. 나를 버리고 비워야 보다 큰 나를 알 수 있게 된다. 작은 내 욕심만을 따르면 나와 세상이 모두 혼란해지지만 나를 버리고 큰 나를 위하면 나와 세상이 모두 평안해진다. 진정한 나를 찾는 것이 내 행복의 시작이고, 나라 정신을 찾는 것이 나라가 바로 서는 첩경이다. 국수주의가 아니다. 세계화를 말하는 오늘에도 다른 나라와 차별화된 특산물과 장기가 없으면 세계무대에서 존립할 수 없다.

二十一. 三花一木삼화일목

21-1. 彼有一木 木有三花 彼木彼花兮 眼觀榮花者 是誰之功德耶 春生之德 人成之功

저기에 한 나무가 있는데 나무에 세 가지 꽃이 피었도다.1 저 나무의 저 꽃이여, 눈으로 빛난 꽃을 보는 사람은 이 누구 공덕인가. 봄이 낳은 덕이요, 사람이 만든 공이로다.2

21-2. 一木三花 是何謂也 譬於直言而出於天者 一也 各其名之而各教也 然則儒, 佛, 仙 三教 本於天而 至於各門者是也

한 나무에 세 가지 꽃이란 무엇을 말함인가. 비유로 직언하면 한울에서 나기는 한 가지나 각각 그 이름이 각 교로 된 것이니, 유·불·선 삼교는 한울에 근본하였으나, 각각 문호를 달리한 것이 이것이니라.3

21-3. 如是論之 何必木花 人之一身 心有三思 百年之間 萬事俱成 木與花春榮 不如我天樂

이와 같이 말하면 어찌 반드시 나무와 꽃만일까. 사람의 한 몸에도 마음에 세 가지 생각이 있으나4 백 년 사이에 모든 일을 함께 이루느니라.5 나무와

---

1 나무는 근본이요, 꽃은 현상과 표현이다. 즉 나무는 하나의 진리요, 꽃은 가지의 위치와 생장 상태에 따라 다른 모습으로 표현되는 설명인 셈이다. 하나의 물건이나 현상도 보는 각도와 위치에 따라 수없이 많은 설명이 가능하다. 모두 같은 대상에 대한 설명이되 정반대 묘사도 가능하고 그에 따라 시비가 생길 수도 있다. 설명이 아닌 대상 자체를 봐야 하고 달을 가리키면 달을 봐야지 손가락만 보고 시비하면 안 된다.
2 나무가 좋고 실해도 꽃이 아름답고 좋아야 사람들과 벌을 끌어들인다. 즉 진리가 좋아도 그것을 잘 설명하고 이해시키지 못하며, 세상에 실천되지 못하는 진리는 아무 뜻이 없다. 그것은 한울님(봄)의 덕이요, 사람(성인)의 덕이다.
3 수운 선생이 서학에 대해 운도 같고 도도 같으나 이치는 아니라고 하셨고, 인의예지는 옛 성인이 정하신 바라 하였다. 모두가 한울의 한 이치이나 가르치는 방법이 다르다는 뜻이겠다.
(해월신사법설 '천도와 유불선' 각주 참조)

꽃의 봄 영화도 내가 내 한울을 즐거워하는 것만 같지 못하니라.6

21-4. 然而爲世 三花之氣 一春之功 百年之事 一身之役 一木一花 春心合 一身一敎 天人合 合則一也 散則二也 唯吾天道 儒佛仙三合 更是一木上 三色花
그렇게 세상이 되었으니 세 꽃의 기운은 한 봄의 공이요,7 백년의 일은 한 몸의 역사요, 한 나무의 한 꽃은 봄 마음이 합함이요, 한 몸의 한 교는 한울과 사람이 합한 것이라. 합하면 하나요 헤어지면 둘이니 오직 우리 천도는 유불선 셋이 합일된 것이요, 다시 이것은 한 나무 위에 세 빛깔의 꽃과 같은 것이니라.8

<삼화일목 공부하기>

1. 한 나무에 핀 세 꽃송이(유불선과 삼화일목)

나를 구성하고 특징짓는 세 가지 요소는 육신과 마음과 성품이다. 나라는 개인은 육신이 없어도 성립될 수 없고 육신을 움직이는 마음, 기운, 에너지

---

4 사람이 온전한 생명을 영위하는 것은 한울 성품과, 기운과 몸이 모두 온전하기 때문이다. 그러나 각자 성격과 취향에 따라 순수 학문(성품)을 좋아하기도 하고 응용 학문(마음)을 좋아하기도 하며 학문보다는 실제 생활에 활용하는 것(몸)을 선호하기도 한다. 사회가 건강하려면 이 세 분야가 고루 발전해야 한다.

5 백 년은 사람의 한평생. 일생의 일은 어느 한 분야에 치우쳐선 안 된다. 예를 들면 가족(心)과 사업(身)과 자신의 뜻(性)을 잘 지켜야 한다. 사업에 몰두하느라 자신의 건강을 잃거나 가족을 돌보지 못함은 성공한 인생이 아니다.

6 봄꽃은 한때의 영화. 봄이 지나면 곧 지는 일시적 가치. 교문도 사람들의 삶과 사회가 변함에 따라 성쇠가 있다. 그러나 한울과 진리는 오만 년 무궁한 것이니 언제나 변함없이 즐겁고 감사한 것이다. 그러나 보통 화려한 꽃만을 좇을 뿐 영원한 진리는 잘 모른다.

7 종교는 당시의 절실한 시대상을 반영한다. 그러므로 진리는 그대로이되 교의 형태와 가르침의 방법은 때를 따라 용시용활해야 한다.

8 한울의 도는 더할 것도 뺄 것도 없다. 다만 그 가르침이 세상에 나타남에 다름이 있을 따름이다.

가 없어도 안 된다. 또한 육신과 기운이 동작하는 근본이치(성품)가 없어도 물론 성립될 수 없다.

동양의 전통문화에서 대표적인 가르침이 유불선 삼교라 할 수 있는데 이들은 성심신삼단의 어느 한 부분을 강조해 가르치는 특징이 있다.

유학은 눈에 드러나는 현실적인 면을 가르친다. 사람들 사이에는 예절과 염치가 있어야 사람답게 살 수 있다고 가르친다. 그렇지만 공자 자신이 '산 사람의 일도 다 알지 못하는데 죽은 뒤의 일을 어찌 아느냐.' 하였고 '괴력난신怪力亂神'은 의도적으로 언급하지 않았다.

선가는 몸을 움직이는 마음과 기를 공부한다. 기도를 강조하고 감응을 강조한다. 예부터 천지의 기를 감응하고 사람들에게 전하는 것은 무당 역할이었다. 우리나라는 무당-단군의 나라였고 이러한 기감의 전통이 강하다. 이것이 동학의 강령으로 이어지고 한편으론 기독교 통성기도-방언-안수기도-부흥회 등과도 맥락이 닿아 있다. 오늘날 세계가 놀라는 한국 기독교의 유별난 융성은 바로 이런 무당 전통과 관련이 깊은 것이다.

불가는 한울님 본질, 우주가 돌아가는 원리를 천착한다. 기초 학문인 수학 같다고 보면 된다.

이 세 가지 측면은 어느 하나 소홀히 할 수 없다. 성품-우주의 원리에만 집착하면 스케일이 너무 커져서 하찮은 인간사는 무시하게 된다. 속세를 등지게 되는 거다. 하지만 근본 원리인 성품을 이해하지 못하고 마음에만 집중하면 지나치게 감정적이 되기 쉽다. 한울님 뜻이 다양한 모습으로 나타나는 것을 이해하지 못하고 자기만이 옳다고 날뛴다. 역사를 피로 물들인 종교전쟁은 모두 성품 공부를 소홀히 하고 자기 기도만 한 탓이다. 오늘날에도 미국 대통령이 이라크를 침공하면서 신에게 기도를 했다는 것은 잘 알려져 있다. 생명을 죽이는 전쟁과 생명을 살려야 하는 기도가 모순임을 느끼는 것은 나만이 아닐 것이다. 또한 성품과 감정을 무시하고 현실만 다스리려 하면 차갑고 딱딱한 법치 만능이 된다. 유가의 가장 똑똑한 제자인 순자가 법가의 시조가 되었음은 이를 잘 보여준다. 사람들의 삶은 법으로 재단할 수 없는 미묘한 곳이 많기 마련이다.

이것이 동학에서 성심신삼단을 다 함께 아우르며 공부하는 이유이다. 동학이 유불선 삼교를 통합했다는 이유이기도 하고. 동학에 와서는 모든 오류를 바로잡을 수 있는 가르침이 완성된 것이다. 그렇기 때문에 한울님이 '노이무공 하다가서 너를 만나 성공하니'(동경대전, 용담가)라고 한 것이고.

따라서 동학을 하는 사람은 어디를 가서 어느 종교를 하는 사람과도 그 사람이 알아듣는 대화를 할 수 있다. 이것은 아주 중요한 자산이자 가능성이다. 세상 모든 갈등을 화해할 수 있는, 그래서 항구적 평화의 단초를 제공할 수 있기 때문이다.

이 크고 작은 싸움이 잦을 날 없는 세상에서, 가장 참혹한 싸움의 상처가 그대로 온존해 있는 우리나라가 평화의 중심이 될 수 있는 가르침을 가지고 있는 것이다.

二十二. 勸道文권도문[1]

「도」란 것은 사람이 한갓 지켜서 사업만 할 뿐 아니라, 진리를 온전히 체득하여 어김이 없게 함이니, 어찌 삼가지 아니하리오.[2]

사람이 세상에 남에 한울 성품으로 말미암지 아니함이 없건마는 능히 그 성품을 거느리는 이가 적고, 누구나 집에서 살지 않는 이가 없건마는 그 집을 잘 다스리는 이가 적으니, 어찌 민망치 아니하리오.[3]

성품을 거느리니 한울이 있고 집을 다스리니 도가 있는지라, 어찌 한울과 도가 멀다 하리오.[4] 그러므로 한울은 만물을 낳고 도는 일을 낳나니, 어찌 물(物)과 일이 또한 멀다 하리오. 물은 일을 낳고 일은 먹는 것을 낳는지라, 어찌 일과 다만 밥을 또한 멀다하여 어길 바리오. 이러므로 한울이 없으면

---

1 포덕46년(1905) 12월 1일. 일본에 체류 중이던 의암 선생은 동학을 천도교라 이름하고 이를 당시 제국신문 첫머리에 게재한 것을 비롯해 15회 반복 게재하였다. 이를 대고천하, 현도라 한다. 천도교란 이름은 수운 선생이 '학즉 동학이요 도즉 천도'라 한 데서 연유한 것이다. 이로써 40여 년 동안 숨어서 신앙활동을 하던 도인들의 염원이 이루어지게 되었다. 현도 목적은 당시 극심한 동학 탄압 하에서 공식적인 종교 조직으로 변신하여 탄압을 피하고자 하였고, 교단 조직을 근대화하기 위해 대헌을 발표하고 교구를 설치하게 되었다. 그리하여 인위적 교단 운영에서 체계적 운영으로, 점조직이고 사적인 포덕교화 방식에서 공식적이고 집단적인 포덕 교화방식으로 전환하게 되었다. 의암선생은 대고천하하신 후에 대헌 초안과 권도문을 인쇄하여 본국 교인들에게 보내어 회람케 하시니 권도문은 천도교 첫 공식 경문이 된 셈이다.

2 한울의 도가 이 세상에 실현되면 그것이 덕이 된다. 무형 한울과 유형 한울이 둘이 아니듯이 도와 덕도 둘이 아닌 하나다. 그러므로 도는 공부하고 진리를 궁구하는 만큼 실천하며 세상이 바뀌도록 노력해야 하는 것이다.

3 누구나 한울이 부여한 진심(천심)을 갖고 태어난다. 그 진심을 잘 지키면 한울 이치에 합하여 무위이화 될 것이나, 헛된 욕심(습관심)으로 살면 자신의 몸도 집안도 제대로 다스리지 못한다. 예를 들어 움직이는데 필요한 만큼만 먹고 땀 흘려 움직이는 것이 한울의 성품을 거느리는 것이다. 그러나 대부분의 성인병들이 이런 간단한 기준을 지키지 못해 생긴다. 영양과잉이 비만과 당뇨, 고혈압, 심장병의 원인이 되고 운동부족이 이를 악화 시킨다. 아무리 좋은 약이 개발되어도 스스로의 생활이 바뀌지(개벽) 않으면 낫지 않는다.

4 누구나 자신의 타고난 본성이 있다. 사람은 공기를 호흡하지만 물고기는 물속에서 호흡한다. 그것이 한울이 부여한 천성이요 이치다. 공기를 호흡할 때 긴장하여 과호흡 하면 탄산가스가 부족해져 호흡성 알칼리 혈증이 되고, 호흡이 충분치 못하면 탄산가스가 과다해져 호흡성 산혈증이 된다. 그러므로 적절한 호흡이 필요한데 이것이 호흡을 다스리는 도다. 한울 이치와 그 이치가 행해지는 도는 그러므로 하나다.

생함이 없고, 생함이 없으면 먹는 바 없고, 먹는 바 없으면 일이 없고, 일이 없으면 도가 없을지니라.5

이런고로 한울은 화생하는 직분을 지키므로 잠깐도 쉬고 떠나지 못하는 것이라. 만일 한울이 일분 일각이라도 쉬게 되면 화생변화지도가 없을 것이요,6 사람이 또한 일용지도를 잠시라도 떠나게 되면 허령창창한 영대가 가난하고 축날 것이라.7 이러므로 수고롭고 괴롭고 부지런하고 힘쓰는 도는 금수라도 스스로 지키어 떠나지 않거든 하물며 사람이야 이것을 저버리며 떠날 바리오.8

두려워하고 삼감은 더욱 군자의 절중함이라.9 군자는 능히 이 사단을 지키어 천도를 순히 함이니, 어찌 삼가지 아니하리오. 대저 천도가 여기에 지날 바 없는지라, 삼가 지킬진저!10

---

5 한울 성품이 만물을 생성하였고 그 만물이 주어진 본성에 의해, 먹고 마시고 호흡하며 생명 작용을 한다. 그것이 한울의 도다. 그러므로 우리가 하는 모든 일이 곧 도인 것이다. 어느 일이나 다 한울의 이치로 이루어지는 것이니 도 아닌게 없다. 그러니 일의 귀천(은 사람의 생각.한울님에겐 귀천이 없다)을 가리지 말고 노고근면의 정성을 드려야 한다. 다만 그 일이 한울을 돕고 생명을 살리는 일이라면 한울님이 더욱 좋아하시고 감응하실 것이다. 이것이 천도교의 직업관이다.

6 사람이 잠들어 있을 때도 호흡과 심장박동이 계속되며 세포들은 나고 죽고 순환한다. 그런 모든 것들이 잠시라도 멎으면 당연히 살아 있을 수 없다. 지구와 태양계, 은하계 등 온 우주 또한 항상 자전과 공전하며 상호작용을 한다. 그것이 잠시라도 멈추면 온 우주가 괴멸에 빠져질 것이다. SF 소재는 될지언정 그런 일이 어찌 있으랴! 때문에 해월선생은 언제 어디서나 주문을 외는 것은 물론이요, 평시에도 하는 일 없이 무료하게 있는 법이 없고 반드시 짚신을 삼거나 노끈을 꼬았다. 제자들이 편히 쉬길 청하면 "한울님도 쉬지 않는데 사람이 한울님이 주는 녹을 먹으면서 부지런하지 않는 것은 한울님의 뜻을 어기는 것이니라." 하셨다.

7 한울의 지기는 모든 영의 근원이다. 그것은 허령창창하되 거기서 모든 조화가 비롯된다. 그러므로 한울 이치를 일용행사에 잘 행하고 지키면 수없는 조화가 절로 이루어질 것이나, 한울 도를 벗어나 습관된 욕심에 마음을 빼앗기면 영이 밝아지지 못하고 축나게 된다.

8 한울의 도는 이렇듯 노고근면의 행으로서 나타난다. 짐승들은 한울 이치에 따라 배고픈 만큼만 사냥하지만 사람은 자신 몫보다 더한 욕심을 내며 이치를 거스르는 경우가 많고 심지어 일하지 않고도 이익을 취하려 하니 현대사회의 부조리와 왜곡이 모두 이에서 비롯된다. 욕심내지 않고 자신이 노고근면한 만큼만 취하고 부족한 이들과 함께 나누면 그 또한 한울님을 위하는 것이다.

9 두려워하고 삼감은 경외지심을 뜻한다. "공경이 되는 바를 알지 못하거든 잠깐이라도 모양함을 늦추지 말라. 두려움이 되는 바를 알지 못하거든 지극히 공변되게 하여 사사로움이 없는가 생각하라."(동경대전, 전팔절)

10 사단은 노고근면의 도. 이러한 한울의 도는 취미 생활 하듯이 장난삼아 할 수는 없다. 두려워하

우리 대선생님께서 경신 사월 초오일에 강령지법을 지어 사람으로 하여 금 한울님 모심을 알게 함이요, 한울님 모심을 알면 가히 써 한울님 말씀함을 알지라,11 어찌 의심할 바 있으리오. 사람이 이것을 다 지키면 수심정기할 것이요, 만일 지키지 못하면 배천 역리함이라.12

한울은 사람에 의지하여 변화가 무궁하고,13 사람은 밥에 의지하여 만사를 행하는지라,14 어찌 도를 멀리 구하며 능히 근본을 깨달아 지키지 아니하리오.

모름지기 사람마다 신령한 마음이 있어 입으로 말하고 귀로 듣고 눈으로 보고, 수족이 있어 능히 동정함으로써 만사를 능히 다하여, 마시고 먹고 입는 바는 도시 다른 바 없건마는15 그 근본을 알아 지키는 것이 적으므로, 한울을 등져서 영대가 혼미하고 진실로 한울님의 도우심을 받지 못하는지라.16

군자는 이것을 능히 알고 순히 지켜서 잠시라도 떠남이 없으므로,17 영대

고 삼가며 항상 잊지 않고 행하려 노력해야 한다.

11 한울님 모심을 알면 한울님 모신 사람이 하는 말이 한울님 말씀이다. 깨닫지 못한 사람에겐 사람 말과 한울의 말이 따로지만 깨달은 사람에겐 분별되지 않는다. "한울님 말씀과 사람 말의 구별은 어디서 분별되는 것이냐 하면, 한울님 말씀은 대개 강화로 나오는 말을 이름인데 강화는 사람의 사사로운 욕심과 감정으로 생기는 것이 아니요, 공변된 진리와 한울님 마음에서 나오는 것을 가리킴이니, 말이 이치에 합하고 도에 통한다 하면 어느 것이 한울님 말씀 아님이 있겠느냐."(해월신사법설, 천어)

12 한울님 모심을 알아 한울님 도를 행하면 수심정기하는 것이고 이를 잊고 자신의 욕념에 따라 행하면 한울을 배반하는 것이니, 모르고 잘못하는 것보다 나쁘다.

13 "마음은 본래 비어서 물건에 응하여도 자취가 없는 것이니라."(동경대전, 탄도유심급) 한울은 형상이 없으므로 형상이 있고 몸이 있는 사람에 의해 그 구체적 실현을 의지한다.

14 밥은 한울-천지부모가 주는 젖이다.(해월신사법설, 천지부모)

15 이 모두가 한울의 기운 작용이다. 이를 깨달으면 한울과 하나가 되는 것이요, 이를 모르면 각자 위심이 된다.

16 한울님은 항상 모든 생명에 대한 간섭과 감응을 끊임없이, 노고근면하며 주시고 있다. 그러나 이를 받는 사람이 마음을 열고 있으면 그 간섭을 받지만 마음을 닫고 눈을 감고 귀를 막으면, 보이지 않고 들리지 않는다.

17 한울 마음, 위위심을 항상 잊지 않고 노고근면하는 것이 수심정기다.

가 한울같이 신령하고 그 밝음이 일월 같고 그 앎이 귀신같아서, 천지로 더불어 그 덕을 합하고 일월로 더불어 그 밝음을 합하고 귀신으로 더불어 그 길흉을 합할지라.18

근래에 들으니 혹 입도한 지 수삭이 못되어 발령이 되어 스스로 아는 바 있어 능히 도를 통하였다 하니, 진실로 민망하도다. 이같이 발령이 속히 되는 것은 천하 사람으로 하여금 한울님의 가르침을 알게 함이니라.19

이와 같이 한울님이 가르치시는 이 운수에, 만일 실상을 알아 잘 지키는 사람이 있으면 능히 천지로 더불어 조화를 운용할지라,20 삼가 지켜 어기지 말지어다. 만일 우리 선생님의 도가 아니시면 어찌 창생을 건지리오. 이러므로 오직 「수명을랑 내게 비네」 하신 것이라.21

방금 성령이 현세하여 밝음이 엄숙한지라,22 능히 근본을 알아 지키는 데에는 선생의 밝은 도로써 명하여 가르치심이 있어, 홀로 묘연한 사이에 받음을 알 터이요, 만일 이 이치를 어기는 사람은 만일지공萬日之功이 있어도 한울님과 스승님의 가르치심을 받지 못할 터이니, 진실로 애석하도다.23

---

18 "군자의 덕은 기운이 바르고 마음이 정해져 있으므로 천지와 더불어 그 덕에 합하고…."(동경대전, 논학문) 나의 개체심을 버리고 비우면 한울의 허령과 통하게 되니, 욕심 없는 눈으로 진실을 보면 모든 것을 절로 알게 되고 절로 행하게 될 것이다. 인위로는 할 수 없는 것들이 이루어진다. 이것이 무위이화다.

19 강령은 공부의 시작이다. 끝이 아니다. 알수록 조심하고, 공경하고 두려워해야 한다. 모르면서 잘못하면 용서가 되지만 알면서 잘못하면 더 큰 벌이 오기 때문이다. 익은 벼일수록 고개를 숙이고, 지혜가 클수록 말보다 조용히 행한다.

20 "마음을 단련하는 것은 제 성품의 본바탕의 크게 활동하는 비밀의 기틀을 받은 것이니, 능력이 가히 천지를 운반하고 권능이 가히 만상의 윗자리가 되는 것이니라."(의암성사법설, 신통고)

21 "한울님께 복록정해 수명을랑 내게 비네."(용담유사, 안심가; 의암성사법설, 수수명실록 각주 참조) 태어날 때 환경은 한울이 정해 주지만 난 뒤 삶은 자신 몫이다. 수운 선생 가르침을 따라 천도에 합하면 참된 삶을 살 수 있지만, 진리를 모르고 욕심에만 이리저리 휩쓸리며 수동적으로 살면 그것이 스스로의 삶을 살았다고 할 수 있겠는가?

22 수운 선생이 무극대도를 밝힌 이후는 모든 한울 이치가 밝아진 것이다. 그 이치를 따라 한울의 성령을 모시면 모든 어둠과 어리석음이 걷히고 밝아져 삿된 마가 끼어들 틈이 없이 엄숙하다.

23 한울 이치와 스승님 가르침을 따르지 않고 자기 욕심대로 자행자지하며 공부하면 만 일 동안 공부한들 소용이 있겠는가? 하루를 공부해도 바른 마음으로 바른 가르침을 따라야 할 것이다.

이 몸은 선천이기先天理氣로 화생함이요 이 마음은 후천이기後天理氣로 받음이라,24 이런고로 세상 사람이 한울님을 모시지 아니함이 아니건마는, 후천 운수를 알아 지키지 아니하면 한울이 간섭치 아니하는 바,25 한울이 간섭치 아니하면 오직 사람의 중함으로도 놀다가도 죽고, 자다가도 죽고, 섰다가도 죽고, 앉았다가도 죽을지라. 이와 같이 죽음이 무상한 것은 그 간섭치 아니함을 반드시 알지라.26 만일 지키는 사람도 이 운수의 근본을 알지 못하면, 설령 정성이 지극할지라도 한울이 간섭치 아니할 터이니 깨닫고 생각하라.27

이런고로 「한울님께 복록 정해 수명을랑 내게 비네」 하신 바라. 복록은 의식이라 의식은 선천 후천이 다른 바 없는지라, 밥은 한울님 은혜를 생각하고, 도는 스승님 은혜를 생각할 것이니, 삼가 파혹하여 대도를 순성하라.28 은혜를 생각한다 하여도 그 근본을 알아 힘써 지키지 아니하면 어찌 한울님의 감동함이 있으리오.29 실상을 알고 지키어 대도견성하기를 바라노라.

---

24 "마음은 바로 성품으로서 몸으로 나타날 때 생기어 형상이 없이 성품과 몸 둘 사이에 있어 만리만사를 소개하는 요긴한 중추가 되느니라."(의암성사법설, 성심신상단) 몸은 한울님 성품(원소)으로 만들어진다. 형상이야 새로운 것이지만 원소는 본래 우주에 있던 것이므로 선천이기이고, 마음은 태어날 때 그 몸을 움직이고 동작하도록 한울님 기운을 받은 것이므로 후천이다.

25 모든 생명은 한울을 모시고 있으되 그것을 알지 못하므로 각자위심과 고해 속에 살게 된다. 모신 한울을 깨우쳐 지기와 하나임을 깨달아야 시천주라 할 수 있을 것이다. "여러분은 모실 시 자의 뜻을 어떻게 해석하는가. 사람이 포태의 때에 이때를 곧 모실 시 자의 뜻으로 해석하는 것이 옳으냐 세상에 태어난 이후에 처음으로 모실 시 자의 뜻이 생기는 것일까, 또 수운 선생 포덕 강령의 날에 모실 시 자의 뜻이 생겼을까."(해월시신사법설, 기타)

26 생명은 한울의 기운 작용으로 살아간다. 그 생명 활동이 원활치 못한 것을 병이라 하고 병이 심해져 생명을 유지하기 어려워지면 죽게 된다. 이것이 곧 한울이 간섭치 않는 것이다.

27 후천운수를 아는 것은 세상이 바뀌는 것을 아는 것이다. 분열에서 통합으로, 반목에서 화합으로, 싸움에서 화해로 세상 모든 것이 변해간다. 세상이 변하는 것은 알되 그렇게 변하는 근본 이치를 몰라 자신의 마음과 행을 바꾸지 못하면, 어찌 그 운수에 합하며 한울의 간섭을 받을 수 있겠는가?

28 복록은 삶의 환경이다. 빈부 차이는 있어도 삶의 만족과 행복은 같을 수 있다. 삶의 이치를 모르고 한울님 간섭을 모르면 부자라도 불행하고 횡사할 수 있지만 가난해도 한울님 감응 속에 살면 무엇이 부러우랴? 밥은 천지부모가 주는 젖이니 한울님 은혜요, 도는 한울 이치로 인도하는 스승님 가르침이니 스승님 은혜다.

二十三. 講論經義강론경의1

23-1. 互相問議 透徹道德 勞而有得 逸而無成 勉之戒之

서로 뜻을 물어 도덕을 투철히 하라.2 수고하면 얻는 것이 있고 안일하면
이루는 것이 없으니 힘쓰고 경계하라.3

23-2. 「侍天主造化定」 根本 「永世不忘萬事知」 鍛鍊也 至化至氣 至於至聖
者 豈非正理乎

「시천주 조화정」은 근본이요 「영세불망 만사지」는 단련이니,4 지기와 지극
히 화하여 지극한 성인에 이르는 것이 어찌 정당한 이치가 아니겠는가.5

---

29 스승님 가르침을 따르면서 자신의 노력 덕분인 양 생각하고, 조금 깨달음이 생겼다 하여 자신이
 새로 교문을 만들어 스승을 배반하면 그 가르침대로 한들 한울이 감응할 것인가? 진정 깨달은
 사람일수록 겸손해지고 스승의 은혜를 감사할 줄 안다. 교만은 자신을 망치는 지름길이다.

1 경전의 뜻을 논하고 설명한다는 뜻이다. 여기서 경은 대신사의 가르침, 즉 동경대전을 뜻한다.

2 한울님의 도와 덕을 어떻게 알아보고 어떻게 따를 것인가? 자세히 묻고 널리 확인하여 바른 것임
 이 확인 되면 믿고 변하지 말아야 한다. "사람의 말 가운데는 옳고 그름이 있는 것을, 그 중에서
 옳은 말은 취하고 그른 말은 버리어 거듭 생각하여 마음을 정하라. 한번 작정한 뒤에는 다른 말을
 믿지 않는 것이 믿음이니 이와 같이 닦아야 마침내 그 정성을 이루느니라."(동경대전, 수덕문)
 "배우는 것은 반드시 넓게 하고 묻는 것은 반드시 자세히 하고 행하는 것은 반드시 독실하게 하
 라."(해월신사법설, 독공)

3 노력하지 않고 구하지 않는 곳에 결과가 있을 수 없다. "땅은 거름을 들여야 오곡의 남음이 있고,
 사람은 도덕을 닦아야 모든 일이 얽히지 않느니라."(유고음) "곡식을 여러 창고에 저장하는 것도
 반드시 밭 한 이랑으로부터 시작하는 것이요, 많은 재물을 모으는 것도 반드시 한 시장으로부터
 되는 것이요, 덕이 백체를 윤택하게 하는 것도 반드시 한 마음으로부터 시작하는 것이니라."(해
 월신사법설, 독공)

4 모든 생명은 한울의 지기를 모셨으므로 생명을 유지한다(시천주). 모신 한울 기운(내유신령)
 과 허령창창한 지기(외유기화)의 작용으로 만사가 이루어지니 이를 조화라 한다(조화정). 이
 러한 이치를 알고 잊지 않고 지켜 수행하면(영세불망) 한울의 지혜와 통하게 된다(만사지).
 시천주하지 못하면 생명이 바르지 못하고, 영세불망하지 못하면 바른 삶을 살지 못한다. "주
 문 삼칠자는 대우주·대정신·대생명을 그려낸 천서이니 시천주 조화정은 만물 화생의 근본
 이요, 영세불망 만사지는 사람이 먹고 사는 녹의 원천이니라."(해월신사법설, 영부주문)

5 한울 이치를 따르고 한울 덕에 합하면 그를 성인이라 한다. 자신의 욕심에만 우왕좌왕하면 그를
 필부라 한다.

23-3. 「侍者 內有神靈 外有氣化」海月先生主 分析曰 「內有神靈者 落地初赤
子心也 外有氣化者 胞胎時降靈也」此說 至矣盡矣

「모셨다는 것은 안에 신령이 있고 밖에 기화가 있다」는 것을 해월신사께서
분석하여 말씀하시기를 「안에 신령이 있다는 것은 땅에 떨어진 처음 어린아
이의 마음이요, 밖에 기화가 있다는 것은 포태 될 때에 영이 강림한 것이라.
」[6] 하였으니 이 말씀이 지당하고 극진한 것이니라.

23-4. 然而道德者 罔有內外 神靈 氣化 初非二致 一理中 散之理也 呪文註譯 「
內有神靈」論學章 「外有接靈之氣」 爲教 則 靈與氣 本非兩端 都是一氣也

그러나 도덕이란 것은 안과 밖이 있을 수 없으니 신령과 기화는 처음에 둘
로 된 것이 아니라 한 이치 속에서 흩어진 이치요,[7] 주문 해석의 「내유신령」
과 논학문의 「외유접령지기」라고 가르친 것은, 곧 영과 기운이 본래 둘이
아니요 도시 한 기운이니라.[8]

23-5. 天與人 分言 心之依身 如天之依萬物也

한울과 사람을 갈라서 말하면, 마음이 몸에 의지한 것이 한울이 만물에 의
지한 것과 같으니라.[9]

23-6. 「心兮本虛 應物無跡」虛靈 如無形而有跡

---

6 해월신사법설, 영부주문. 영부주문 각주 참조.

7 내유신령과 외유기화 모두 하나의 한울님 성령, 지기이다.

8 "영의 적극적 표현은 이것이 형상 있는 것이요, 영의 소극적 섭리는 이것이 형상 없는 것이
니…"(의암성사법설, 성령출세설) 형상 있는 것과 형상 없는 것이 모두 같은 한울 기운이다. 물
이 온도가 낮으면 얼음이 되고 온도가 높으면 수증기가 되듯이 상태의 변화일 뿐.

9 마음은 몸이 생길 때 생긴다고 하였다.(의암성사법설, 성심신삼단) 몸이 없어지면 나의 개체심도
자연히 없어지고 한울의 기운으로 환원될 뿐이다. 그러나 형상이 없는 한울은 형상이 있는 한울
의 작용에 의해 구체적 표현과 실현이 되니, 마음이 몸에 의지하고 한울이 만물에 그 표현을 의지
한다고 하는 것이다.

「마음은 본래 비어서 물건에 응하여도 자취가 없다」10고 하나 허령은 형상이 없는 듯하나 자취가 있느니라.11

23-7. 心與天 本無二物 心卽天 天卽心 守其心 正其氣 無所不通也

마음과 한울은 본래 두 물건이 아니니 마음이 곧 한울이요 한울이 곧 마음이라, 그 마음을 지키고 그 기운을 바르게 하면 통하지 못할 것이 없느니라.12

23-8. 「主」者 尊崇天地父母之意也 「造化」者 無爲 無爲卽玄妙 玄妙卽鬼神 鬼神 者 難形難測 知者 知矣 實所難言處也

「님」이란 것은 천지부모를 존경하고 숭배하는 뜻이요,13 「조화」란 것은 함이 없는 것이요 함이 없는 것은 곧 현묘요 현묘는 곧 귀신이요, 귀신은 형상하기 어렵고 헤아리기 어려운 것이라, 아는 사람은 아나 실로 말하기 어려운 것이니라.14

23-9. 「定」者 合天德 定天心 始成人之形體故 曰「合其德 定其心也」 「知」者 的知此受 天之理氣然後 能受天之指敎故 曰「知其道而受其知」也

---

10 동경대전, 탄도유심급.

11 형상이 없는 한울은 형상이 있는 만물을 간섭하고, 또한 형상 없는 기운 자체도 기온이나 바람 등에 의해 그 자취를 나타낸다.

12 "너는 반드시 한울이 한울된 것이니…한울은 어디 있으며 너는 어디 있는가. 구하면 이것이요 생각하면 이것이니, 항상 있어 둘이 아니니라."(의암성사법설, 법문)

13 "주라는 것은 존칭해서 부모와 더불어 같이 섬긴다는 것이요."(의암성사법설, 논학문; 해월 신사법설, 천지부모 참조)

14 한울의 기운작용을 옛 사람들은 귀신의 작용, 조화, 현묘라 하며 두려워했다. 그러나 '귀신이란 것도 나니라.'(동경대전, 포덕문)고 하셨고, "사람의 수족동정 이는 역시 귀신이요 선악간 마음 용사 이는 역시 기운이요 말하고 웃는 것은 이는 역시 조화로세."(용담유사, 도덕가)라고 하셨다. 그 모두가 하나의 기운작용일 따름이다. 이런 것들이 과학적으로 밝혀져 사람들이 이해하게 되면 기연이요, 이해하기 어려운 부분으로 남아 있으면 불연이 된다. 그러나 불연도 기연도 모두 한울의 작용일 뿐이다.

「정」이란 것은 천덕에 합하고 천심을 정하여 비로소 사람의 형체를 이룬 것이므로 말씀하시기를 「합기덕 정기심」이라 하였고,15 「지」란 것은 적실히 이것이 한울님께 받는 이치 기운이란 것을 안 뒤에야 능히 한울님의 가르침을 받으므로 말씀하시기를 「지기도이수기지」라 하였느니라.16

23-10. 是故 十三字其文 爲人之根本也 透徹根本則 能通造化 無所不爲 敢發愚見 以爲僉君子 不恥下問之資

이러므로 십삼자 주문은 사람 된 근본이니17 근본을 투철히 하면 능히 조화를 통하여 하지 못할 것이 없겠기에, 감히 어리석은 소견을 말하여 여러분을 위하여 불치하문의 자료로 삼노라.18

23-11. 或曰「侍者 影也」 影者 氣形之隨物也

어떤 이는 말하기를 「모신 것은 그림자라」 하니 그림자라는 것은 기운과 형체를 따르는 물형이니라.19

---

15 개인의 습관된 욕심을 따르지 않고 한울의 명, 천심, 양심을 따르는 것이 한울 덕에 합하는 것이다. 이를 변하지 않고 지키는 것이 그 마음을 지키는 것이다.

16 자신이 잘나서 아는 것이 아니다. 나의 선입견과 편견을 버려야 진실을 볼 수 있으니, 객관적 진실이란 한울님 시각으로 한울님 마음으로 바라보는 것이다. 즉 한울님 성령을 모셔야(知其道而) 그 지혜를 받을 수 있다(受其知).

17 무형의 한울이 유형한 한울이 되는 이치와, 사람이 각자위심의 악질과 고해를 벗어나 참된 한울과 다시 하나가 되는 이치를 밝히신 글이 십삼자 주문이다. 그러므로 '주문 삼칠자는 대우주·대정신·대생명을 그려낸 천서(해월신사법설, 영부주문)'라고 하시고 '열세자 지극하면 만권시서 무엇하며(용담유사, 교훈가)'하신 것이다.

18 恥: 恥의 속자. 부끄러워할 치. 부끄러움을 무릅쓰고 가르침을 내리신다는 겸양.

19 그림자는 물건에 의지하여, 형상이 있어야 생긴다. 또한 그림자는 빛이 있어야 생긴다. 빛이란 무엇인가? 사람이 진리를 찾고자 하는 마음, 한울을 찾고자 하는 마음이 빛이 될 것이고 그 진리에 비친 내면 모습이 그림자가 될 것이다. 만물이 시천주하였으되 그것을 알지 못하고 헛되게 사는 이가 얼마나 많은가? 본래 내 모습을 찾고 진리를 구하고자 하는 마음이 있어야 깨달음도 얻을 수 있는 것이다.

二十四. 衛生保護章위생보호장[1]

24-1. 物有始終하니 始終은 理氣變化之自爲也라 故로 春夏에 生成하고 秋
冬에 黃落하나니 此는 現今目的之機也라 豈有疑端이리오 方今世界는 衛生
을 甚要하나 人皆是 定命을 不充함은 無他라 其實은 生하는 根本을 不知함
이요 抑又 知者或有라도 經緯를 能守치 못하는 바라 能知能行하면 어찌 命
을 充치 못하리오.

물건은 처음과 나중이 있으니 처음과 나중은 이치와 기운이 변화하여 스스
로 되는 것이므로, 봄과 여름에 생장하고 가을과 겨울에 시들어 떨어지나
니,[2] 이것은 현재 눈으로 적실하게 보는 것이라 어찌 의심이 있겠는가.[3]

방금 세계는 위생을 심히 중요하게 여기나 사람이 다 정한 명을 살지 못
하는 것은 다름 아니라 그 실은 사는 근본을 알지 못하기 때문이요, 또는 아
는 사람이 혹 있다 할지라도 그대로 능히 지키지 못하기 때문이라, 능히 알
고 능히 행하면 어찌 명대로 살지 못하겠는가.[4]

---

1 포덕42년(1901) 12월, 의암 선생이 일본에서 외유 중 국내 도인에게 보낸 법설이다. 명리전(43
 년)과 삼전론(44년)이 사회구조(민생을 보호하고 재산을 보호하는 법)에 대한 말씀이라면 위생
 보호장은 그에 앞서 개인의 건강관리에 대한 말씀을 하셨다. 개인 건강과 변화가 전제되지 않으
 면 사회 건강과 변화를 이룰 수 없음은 당연한 이치이다. 小我와 大我는 본래 하나이기 때문이다.
2 "저 옛적부터 봄과 가을이 갈아들고 사시가 성하고 쇠함이 옮기지도 아니하고 바뀌지도 아니하
 니 이 또한 한울님 조화의 자취가 천하에 뚜렷한 것이로되(동경대전, 포덕문),"
  시작과 끝이 있으되 나면 죽고, 죽으면 다시 태어나는 생명의 순환은 무궁하다. 그러므로 종말은
  끝이 아니라 새로운 시작인 것이다.
3 "기필키 어려운 것은 불연이요, 판단하기 쉬운 것은 기연이라."(불연기연) 사람들은 자신의 상식
 으로 판단이 되는 것은 기연으로, 판단이 어려운 것은 불연으로 치부해 왔다. 그러나 불연이었던
 것들도 과학이 발전하며 기연이 된 것이 많고, 아직 불연이지만 미루어 유추해 보면 이해가 되는
 것들도 많다. 한울 이치에 부쳐 보면 모두가 기연이라 하지 않던가! 이제 의암 선생은 사람들이
 여러 질병으로 고통 받는 것을, 이치를 밝혀 벗어날 수 있는 길을 가르쳐 주시고자 하는 것이다.
4 오늘 의학에서 가장 고치기 어려운 병이 만성질환이다. 당뇨, 고혈압, 비만 등의 만성질환들은
 다른 병의 원인이 되는 등 합병증이 많지만 수술이나 단기간 약물로 치료가 어렵다. 이들을 지금
 은 '생활습관병'이라 칭한다. 즉 사는 방식이 바뀌어야 치료할 수 있는 병이라는 뜻이다. 실제 담
 배가 해롭다는 것을 모르는 이가 없고, 절식과 규칙적인 운동 등이 좋다는 것을 모르는 사람도 없
 다. 문제는 자신의 이런 문제(삶의 방식)를 정확히 알지 못하고, 알아도 실천하지 못하는 것이다.

24-2. 大抵 生하는 根本은 陰陽動靜造化之理也라 豈易斷言이리오 마는 略
言하면 天生萬物은 人皆言而知之요 胞胎化生도 亦皆目見이라 實理를 不知
故로 定命不充이라

무릇 사는 근본은 음양 동정 조화의 이치라,5 어찌 쉽게 단언하리오마는 대
강 말하면 한울이 만물을 내었다는 것은 사람마다 말하고 아는 것이요, 포
태로 화생하였다는 것도 또한 다 눈으로 보는 것이나, 실지 이치를 알지 못
하므로 정한 명을 채우지 못하느니라.6

24-3. 人의 化生之初로 言하면 淳然한 陰陽理氣의 交應된 바어니와 形을
成한 것으로 言하면 其父母胞胎로부터 成하는 바요 生하는 것으로 言하면
自然히 生하는 것이 當當한 理致라 生함에 氣가 接하고 氣가 接함에 비로소
四肢가 動하고 耳目이 開하여 能히 動靜함이 俱備하니 是는 何故也오 心,
性, 精, 三者而已라

사람이 화생하는 처음으로 말하면 순연한 음양이기가 교응된 것이어니와,7
형상을 이룬 것으로 말하면 그 부모 포태로부터 이룬 것이요, 낳는 것으로
말하면 자연히 낳는 것이 당당한 이치이니라.8 나면 기운이 접하고 기운이
접하면 처음으로 사지가 움직이고 귀와 눈이 열리어 능히 동정을 갖추나니,
이것은 어떤 연고인가. 마음과 성품과 정력 세 가지일 따름이니라.9

---

5 해월신사법설 천지이기, 의암성사법설 각세진경 참조.
6 대략은 알지만 자세히 알지 못하므로 정해진 수명대로 살지 못함을 안타까워하신다는 뜻. 자신의
  병에 대해 안다고 하는 사람도 그 자세한 이치를 물으면 정확히 답할 수 있는 사람은 드물다. 따
  라서 치료시기를 놓치거나 잘못된 치료로 비용만 허비하기도 하는 경우가 많다. 어설프게 안다
  는 것은 모르는 것보다 못할 때가 많다. 선무당이 사람 잡는다지 않는가?
7 한울 성품은 음도 양도 아니다. 그러나 그것이 움직이고 작용할 때는 각 원소 특성에 따라 발현되
  니 그를 음양과 오행으로 설명한다. 유성생식을 하는 인류는 음양이 합해져야 새 생명이 생긴다.
8 한울 성품과 기운이 있어도 부모 사랑이 없으면 몸을 받아 나올 수 없다.(해월신사법설, 천지이기
  참조)
9 성품은 생명이 있기 이전의 근본 원소이고, 마음은 성품에서 몸이 만들어질 때 몸을 주재하는 기

24-4. 三端을 分言하면 心은 氣也요 性은 質也요 精은 腦骨肺腑 個個節節
을 應하여 在한 바니라.

세 가지를 나누어 말하면 마음은 기운이요, 성품은 바탕이요, 정은 뇌수와
골격과 폐부 개개 절절을 응하여 있는 것이니라.10

24-5. 動作의 造化로 言하면 心이 先發하여 精을 動하고 精이 發함에 體가
動하는 것이라 故로 人이 動作할 때에 心을 先發하여 四肢에 血脈精神이 通
한 後에 動作하여야 相違가 되지 않는 것이요 또한 말을 할 때에도 心을 先
發하여 精脈이 相通한 後에 言을 發하면 血氣가 減損되지 아니하나 無心中
에 言을 發하면 氣血이 大傷하고 飮食도 無心中 猝地에 飮食하면 害가 有하
며 起居도 無心中 猝地에 動하면 害가 有하나니 愼之愼之하라.

동작의 조화로 말하면 마음이 먼저 발하여 정을 움직이고 정이 발함에 몸이
움직이는 것이라. 그러므로 사람이 움직일 때에 마음을 먼저 발하여 사지에
혈기와 정신이 통한 뒤에 동작하여야 서로 어김이 없는 것이요, 또한 말할
때에도 마음으로 먼저 생각하여 정과 맥이 서로 통한 뒤에 말을 하면 혈기
가 감손되지 아니하나, 무심중에 말을 하면 기운과 피가 크게 상하고 음식
도 무심 중 급하게 먹고 마시면 해가 되며, 보통 기거할 때에도 무심중 급하
게 움직이면 해가 되는 것이니 삼가고 삼가라.11

운이 된다. 정은 기운이 몸의 각 부위와 장기를 움직이는 구체적 힘을 뜻한다. 성심신삼단과 상응
하는 개념이다.

10 이 모두 한울 기운에서 비롯된 것이지만 우리 몸을 구체적으로 움직이는 것을 나누어 설명하면
성심정, 성심신, 정기신으로 표현할 수 있다.

11 여기서 무심 중 한다는 것은 정(말단 기관)이 마음에 고하지 않고 행함을 뜻한다. 즉 그것이 옳
고 그른 것인지 판단하고 행하는 것이 아니라 배고프면 먹고, 나오는 대로 말하고, 생각 없이 즉
흥적으로 사는 것을 말한다. 앞뒤 가리지 않고 행동한 뒤에 후회하는 경우가 얼마나 많은가? 자
신뿐 아니라 다른 사람 마음과 몸도 상하게 할 것이다. 그러므로 매사에 마음으로 고하라고 하
셨으니 이것이 심고다. "잘 때에 「잡니다」 고하고, 일어날 때에 「일어납니다」 고하고, 물 길러
갈 때에 「물 길러 갑니다」 고하고….".(해월신사법설, 내수도문) ★ 무심행 무애행이라고 할 때의
무심과 차이를 확인해 보아야 한다.(무체법경, 삼심관)

24-6. 大蓋 三端으로 말하면 全體에 心이 主宰라 利害가 都是在於心이니 第一 心을 團束함이 可하니라.
대개 세 가지로 말하면 전체 마음이 주재라, 이가 되고 해가 되는 것이 도무지 마음에 있으니 첫째 마음을 잘 단속함이 옳으니라.12

24-7. 第一은 守心이니 人이 心을 暫時도 精脈에서 떠나지 않게 할 것이라 떠나지 않게 하는 方法은 日用行事間 念念不忘하여 三端을 相違케 말 것이며,
첫째 수심이니, 사람이 마음을 잠시라도 정맥에서 떠나지 않게 할 것이라. 떠나지 않게 하는 방법은 일용행사 간에 생각하고 생각하여 잊지 말고 세 가지를 서로 어김이 없게 할 것이며,13

24-8. 第二는 正氣니 喜怒哀樂을 過度히 말 것이라 怒가 過하면 驚脈이 不通하고 哀가 過하면 精脈이 不化하고 喜樂이 過하면 散脈이 不調하나니 必是大害가 有할지니 慎之慎之하라.
둘째 정기니, 기쁘고 성나고 슬프고 즐거운 것을 과도하게 말 것이라.14 성나는 것이 과하면 경맥이 통하지 못하고, 슬픈 것이 과하면 정맥이 화하지 못하고, 기쁘고 즐거운 것이 과하면 산맥이 고르지 못하나니, 이는 반드시

---

12 마음이 있어 성품을 구하려 하기도 하고 몸의 욕망을 적절히 제어할 수도 있다. 선택은 자신(마음) 몫이고 그 결과 또한 자신 몫이다.
13 매사 행할 때 한울 이치에 맞는지, 양심에 꺼리지 않는지 살피는 것이 성품을 보는 것이요, 행함에 급하게 서둘지 않고 차분히 하는 것이 정맥을 살피는 것이 될 것이다. 이 모두를 행하는 주체는 '마음'이다.(수심은 의암성사법설, 위생보호장 공부하기 참조)
14 마음과 기운은 똑같이 한울님에게 부여받은 생명의 원기다. 그러나 마음은 조용히 관찰하는 정적인 개념이고 기운은 몸을 움직이는 에너지, 동적인 개념이다. 몸을 움직이는 에너지 중 가장 강력한 것이 희로애락의 감정이다. 사람은 어떤 이익을 위해 일할 때보다 감정이 동해서 일할 때 몇 배 힘을 내기 마련이다. 그러므로 기운, 에너지를 순히 하고 바르게 하려면 가장 먼저 자신의 감정을 다스릴 줄 알아야 한다.(정기는 위생보호장 공부하기 참조)

큰 해가 되는 것이라 삼가고 삼가라.15

24-9. 第三은 飮食調節이니 飮食이 過하면 胃가 溢하고 胃가 溢하면 經絡이 不調하여 消化치 못하는 故로 害가 多하니라 人이 食하는 物이 多하되 其中五穀은 純然한 精氣라 利가 有하고 餘外之物은 利害가 相伴하나 제일 肉類는 害가 多하며 酒類도 또한 多害하니라.

셋째 음식 조절이니, 음식이 과하면 위가 넘치고, 위가 넘치면 경락이 고르지 못하여 소화를 잘하지 못하므로 해가 많으니라.16 사람이 먹는 물건이 많되 그 중에 오곡은 순연한 정기라 이가 되고,17 기타 물건은 이해가 서로 반반이 되나, 제일 고기류는 해가 많으며 술도 또한 해가 많으니라.18

24-10. 第四는 居處와 淸潔이니 비록 土屋이라도 內外를 朝夕으로 灑掃하고 居處를 淨潔히 하여 또는 近處에 水를 棄하지 말라 腐敗하여 惡臭가 나면 有害하며 日日團束하여 修灑할 것이며 또는 몸을 자주 沐浴하라 몸에 汗

---

15 희로애락은 위생보호장 공부하기 참조.

16 요즘엔 비만이 화두지만 사실 인류 역사에서 먹을 걱정 안하기 시작한 게 100년도 안 된다. 오죽하면 의식이 복록이라고 하셨겠는가?(의암성사법설, 권도문) 지금도 물론 먹을 것이 없어 고통받는 사람들이 많지만 산업사회에선 음식 낭비가 오히려 문제다. 과도한 음식 섭취는 소화기관의 탈을 내기도 하지만 장기적으로 지방이 축적되며 비만이 초래된다. 비만은 당뇨, 고혈압, 대장암, 유방암, 심장병 등 각종 질환의 원인이 되므로 치료해야 할 '질병'이다. 그러나 불규칙한 식습관(끼니를 거르면 우리 몸은 언제든 '금식 모드'로 들어가 먹은 것을 지방으로 저장하려 한다. 수만 년간 굶어오면서 생긴 유전자의 반응이다)과 부족한 운동(걷기보다 차나 엘리베이터를 타고, 움직임을 가급적 줄이려는 리모콘들이 주변에 늘 비치되어 있는)이 바뀌지 않으면 절대로 비만을 해결할 수 없다. 자신의 삶을 바꾸는 고통을 감내하지 않으려는 이들의 선택은 언제나 약물요법과 수술 등으로 귀결되지만 이는 근본해결이 아닐 뿐더러 심각한 부작용이 동반된다. * 경락은 동양 의학에서 말하는 기가 흐르는 통로. 혈관이나 신경과는 다른 개념으로 아직 실체가 규명되지 않은 철학적 개념이다.

17 "한울님은 음양오행으로써 만민을 화생하고 오곡을 장양한즉, 사람은 곧 오행의 가장 빼어난 기운이요, 곡식도 또한 오행의 으뜸가는 기운이라. 오행의 원기로써 오행의 수기를 기르나니…."(해월신사법설, 도결)

18 음식조절은 위생보호장 공부하기 참조.

塵이 많으면 有害하니라.

넷째 거처와 청결이니 비록 흙집이라도 안과 밖을 아침저녁 닦고 쓸고 거처를 깨끗이 하며, 또는 집 근처에 물을 버리지 말라. 부패하여 악취가 나면 유해하며, 날마다 단속하여 닦고 깨끗이 할 것이며, 또는 몸을 자주 목욕하라. 몸에 땀과 때가 많으면 유해하니라.[19]

24-11. 衛生保護하는 法과 民生保護하는 法과 財産保護하는 法은 道之宗旨라 爲先 衛生保護하는 緊路를 記錄하여 頒布하니 先試施行을 千萬伏祝…

위생을 보호하는 법과 민생을 보호하는 법과 재산을 보호하는 법은 도의 종지이니라.[20] 우선 위생을 보호하는 긴요한 방법을 기록하여 반포하니 먼저 시험하고 시행하기를 천만 바라노라.

<위생보호장 공부하기>

1. 수심

어떤 일을 하고자 마음먹으면 실제 동작은 신체 근육이 에너지(정)를 써야 이루어진다. 마음 먹은 대로 기운이 전달되지 않거나 근육이 말을 듣지 않으면 그게 곧 병이다. 그렇게 온 몸의 각기 다른 세포와 장기를 나의 의지와 일치시키는게 한울님 감응이요 간섭이다. 그러므로 몸을 움직이는 정과 마

---

19 개인위생과 집안 청결은 새삼 강조할 필요가 없는 상식이 되었다. 그러나 지금도 자기 집안은 청결히 하면서 밖에선 함부로 버리는 사람이 많고, 차안은 깨끗이 하면서 창밖으로 쓰레기와 꽁초를 버리는 것도 마찬가지다. 천지부모를 더럽히며 자신이 어떻게 깨끗하길 바라는가? 그러므로 거처와 청결은 자신의 의지와 관계없이 오염된 공기나 음식을 먹게 되는 일이 많은 오늘날, 환경오염의 문제와도 연관된다. 또한 자기 몸은 깨끗이 할 줄 알지만 마음은 더러운 생각으로 가득한 이도 많다. 안과 밖이 한결같아야 진정으로 깨끗한 사람이 아니겠는가!

20 민생과 재산을 보호하는 법은 의암성사법설, 명리전과 삼전론에서 자세히 말씀해 주셨다.

음을 일치시키는 것이 중요할 수밖에 없고 그것이 바로 심고요 수심이다.

주자학에서는 정精이란 욕념이고 억제해야 할 대상으로 보았다. 넘치는 욕념을 제거해야 한울이 부여한 고유 성품을 지킬 수 있다고 한 것이다. 그것이 거인욕去人欲 존천리存天理 개념이다. 그러나 이 때문에 과도한 금욕을 하기도 하고 속세를 등지기도 한다. 하지만 동학은 이러한 정精도 몸을 움직이는 소중한 한울의 기로 여긴다. 욕념도 제거해야 할 대상이기만 한 것이 아니라, 마음과 성품과 하나 되도록 항상 관심을 가져야 하는 것이다. 하찮은 일상의 모든 행을 한울님께 고하고 행함으로써 거룩한 천지조화의 행으로 승화시키는 것이다. 예를 들면 밥 먹을 때 내 손 움직임이 정이다. 그것이 과하지 않도록 조절하는 것은 마음이다. 손 움직임 하나하나가 한울의 감응임을 느끼고 감사해야 하는 것이다.

한 걸음 더 나아가 손으로 사용하는 수저와 젓가락이 내 몸의 일부처럼 움직이는 느낌을 느껴본 적 있는가? 그 순간 그 도구들은 내 몸의 일부가 된 것이다. 대상과의 경계가 사라지는 경물敬物의 상태인 것이다.(해월신사법설 삼경, 의암성사법설 법문 각주 참조)

2. 정기

기운은 곧 마음이다. 어떤 행을 하고자 하는 것도 마음이지만 어떤 일에 반응하는 것도 마음이다. 또한 기운은 구체적으로 몸을 움직이는 에너지를 구분해 지칭하기도 한다. 여기서는 반응하는 마음, 즉 희로애락을 다스리는 것을 말씀하셨다.

희로애락은 육신 감정이다. 몸이 있을 때는 희로애락이 없을 수 없지만, 한울님 위치에선 좋을 것도 나쁠 것도 없다. 그러므로 희로애락을 무시할 필요도 없지만 과해서도 안 된다. "내 핏덩어리만이 아니어니 어찌 시비하는 마음이 없으리오마는 만일 혈기를 내면 도를 상하므로 내 이를 하지 아니하노라. 나도 오장이 있거니 어찌 탐욕하는 마음이 없으리오마는 내 이를 하지 않는 것은 한울님을 봉양하는 까닭이니라."(해월신사법설, 대인접물)

화를 내거나 놀라는 것은 몸이 긴장 상태가 됨을 뜻한다. 아드레날린 같은 스트레스 호르몬이 분비되고 심장 박동이 빨라지며 근육으로 피를 많이 보내 만일의 사태에 대비한다. 그러나 이것이 자주 또 오래 있으면 면역기능이 약화되며 질병의 원인이 된다. 슬픔과 감동의 눈물은 긴장을 완화하고 감정을 정화하는 기능이 있다. 한 연구에서 중증 류머티즘 환자들에게 눈물을 흘리게 한 뒤 면역기능 변화를 관찰한 결과 스트레스 호르몬인 코르티솔 수치와 류머티즘을 악화시키는 '인터루킨-6'의 수치가 떨어지고 암을 공격하는 NK 세포가 활성화됐다고 하는데, 설문조사에서 응답자 30%가 울고 난 뒤 "몸 상태가 좋아졌다."거나 "좋아진 기분이 든다."고 답했다고 한다. 울고 싶을 땐 체면 가리지 말고 솔직하게 표현하는 것이 좋다는 얘기다.

그러나 슬픔과 웃음은 긴장 완화 효과가 있지만 우리 몸은 긴장과 이완, 교감신경과 부교감신경의 균형 속에 건강을 유지한다. 이완만 너무 지나치면 무기력해지고, 감정적으로는 우울증이 생기기도 한다.

개인 건강도 사회 건강도 여러 가치들이 고루 유지되고 조화로워야 유지된다. 한쪽만 지나치면 건강을 해치게 마련이다.

기운을 바르게 하는 것은 수행의 과정에서도 중요한 의미를 갖는다. 같은 기운으로 살아가고 있지만, 화를 내고 남을 해하는 기운과 즐겁고 감사하는 마음으로 남을 돕는 기운은 다를 수밖에 없기 때문이다.

"기는 모든 것에 존재하지만 바위나 흙, 기타 우주에 존재하는 무생물은 저차원의 탁기濁氣로 구성된다. 고차원의 정제된 기는 생명체 안에 존재하며 식물과 동물에 생명을 불어넣는 힘이다. 이를 정기精氣라 한다. 기가 가장 신묘하고 정제된 수준에 이르면 혼魂이 되며 주변에 영향을 미치고 생명체에 의식을 불어넣는다."(마이클 푸엣, 크리스틴 그로스 로, 더 패스, 김영사, 192쪽)

  사람은 몸을 구성하는 저차원의 탁기도 있고, 생명이 있으니 정기도 있다. 또한 의식이 있어 세상을 변화시킬 수 있는 혼-영기도 있다. 이 모두가 한울의 지기이나 작용에는 차별이 있다. 자신의 기운을 동물적 욕구에만 쓰면 영기는 줄고 탁기만 많아질 것이고, 희로애락 같은 육신감정을 절제하고 신령한 영기를 잘 보존하면 한울의 신령한 기와 같아질 수 있다. 나의 신령한 기가 한울과 통하는 순간이 강령이고 그러한 영기를 보존하고 키우는 수행이 수심정기고, 주문수행이다.

  기는 과학적으론 에너지로 볼 수 있다. 에너지가 낮은 기는 저주파로 나타나고, 에너지가 높으면 고주파가 된다. 그러므로 무생물의 기는 낮은 주파수이나 식물은 조금 높고, 동물에서 사람으로 갈수록 주파수가 높은 기에 의해 생명활동을 한다고 볼 수 있다. 같은 사람들 중에도 의식수준이 낮은 사람은 기가 낮은 주파수라고 한다면 수행을 많이 한 사람은 높은 주파수를 가진다고 볼 수 있고 높은 주파수가 한울의 그것과 하나가 되면 강령이 되는 것이다. 그런 기운과 마음 상태를 잘 유지하면(희로애락의 기복에서 자유로운 청정한 상태로 한울 본성이 잘 드러나는) 그만큼 자신의 삶과 세상을 바꾸는 큰 힘을 쓸 수 있을 것이다.

3. 음식 조절

사람의 장은 육식동물보다는 초식동물의 장처럼 길다. 이는 인류가 육식보다는 곡물을 주로 섭취해 온 것을 반증한다. 최근 연구 성과들도 육식 위주 식단이 성인병 같은 만성 질환의 원인임을 말해 주고 있어 서구에서도 곡물 섭취를 늘리는 것을 권장한다. 곡물은 (과도한 도정을 하지 않으면) 풍부한 섬유질과 비타민, 그리고 탄수화물과 단백질 등 영양분이 고루 들어 있어 사람에게 가장 좋은 식단이다. 또한 생태계 순환 측면에서 보아도 채식이 가장 친환경적임은 부인할 수 없다. 예를 들어 사람이 한 끼 식사로 옥수수 한 자루면 족한 것을 고기를 얻기 위해 소 사료로 쓸 경우엔 일고여덟 자루가 소요되고, 자동차 연료를 만들기 위해 Bio-ethanole로 만들 경우엔 1년치 옥수수가 소요된다고 한다. 최근의 곡물 값 폭등과 그로 인한 저개발 국가 빈곤층의 어려움이 가중되는 것은, 세계적으로 육류 소비의 급증과 산업용 전환에 따른 곡물소비의 왜곡이 있는 것이다.

농사가 어려운 초원과 사막 등지에 사는 사람들의 식습관인 육식(농업사회에서 가축은 농사를 위한 소중한 동력원이다. 따라서 특별한 날이 아니면 고기 맛을 보기 어려웠다.)이 최근 세계적으로 급증하면서 간과하기 어려운 부작용들이 나타나고 있다. 가축 사육을 위한 숲 파괴는 야생동물 멸종, 광물질 고갈과 침식으로 인한 흙의 생산성 손실, 물 오염과 고갈, 사막화로 이어진다. 또한 고기를 생산하기 위해선 곡물 생산보다 훨씬 더 많은 에너지가 소모된다. 1파운드 쇠고기를 생산하기 위해선 약 16파운드 곡물이 필요하고, 현재 미국 곡물 생산량 중 80%는 동물 사료로 사용된다. 또한 가축을 사육하는 곳에 인공적으로 온도를 맞추어 주고 먹을거리를 제공하고, 배설물을 치우고, 기른 가축을 도살하기 위해 운반하고 고기를 포장하고 얼리는 모든 과정에 에너지가 소모된다.(하워드 F 리먼, 성난 카우보이, 148-151쪽)

어쨌거나 식물의 기는 일정한 정기이니 오곡을 먹으면 순연한 정기를 그대로 받아들일 수 있지만, 동물의 고기는 그 동물이 살아온 인과를 함께 섭취하는 게 아니겠는가? 술 또한 적절히 마시면 긴장 완화와 심혈관 기능 개선(적포도주) 등의 효과가 있지만, 과할 경우 건강한 의식을 마비시키고, 간 등 신체기관에 무리를 주거나 심각한 손상을 줄 수 있으며 그 자체가 의존성이 있는 등 폐해가 있다. 그러므로 수행하는 사람은 피하는 게 좋고, 특별한 날 기화를 도모하기 위해 마시는 경우에도 절제할 수 있어야 하겠다.(해월 신사법설, 내칙, 이천식천 참조)

二十五. 天道敎와 新宗敎(천도교와 신종교)

25-1. 天道敎는 天道敎人의 私有物이 아니요 世界人類의 公有物이니라.

천도교는 천도교인의 사유물이 아니요 세계 인류의 공유물이니라.1

25-2. 天道敎는 門戶的宗敎가 아니요 開放的宗敎니라 天道敎는 階級的宗敎가 아니요 平等的宗敎이며 區域的宗敎가 아니요 世界的宗敎이며 偏頗的宗敎가 아니요 廣博的宗敎이며 人爲的宗敎가 아니요 天然的宗敎인 今不聞古不聞 今不比古不比之新宗敎也니라.

천도교는 문호적 종교가 아니요 개방적 종교이니라.2 천도교는 계급적 종교가 아니요 평등적 종교이며,3 구역적 종교가 아니요 세계적 종교이며,4 편파적 종교가 아니요 광박적 종교이며,5 인위적 종교가 아니요 천연적 종교

---

1 천도교는 한울님 진리를 따르는 모든 사람의 것이다. 애초 내 몸조차도 잠깐 한울님께 빌린 것일 뿐인데 어찌 내 것이라 말하며, 하물며 진리를 어찌 사유물이라 하겠는가? 어느 종교를 막론하고 교단 운영을 하는 사람들이 한울의 뜻을 살피지 않고 자기 습관대로 행하는 것과 교회를 사유 재산처럼 세습하는 행태 등은 진리를 깨우치지 못한 무뢰한들이 진리를 빙자해 한울을 어지럽히는 것에 다름 아니다.

2 신이 선택한 선민 종교로서 심판의 날에 자기 민족만이 구원될 것이라는 선민의식이 종교가 된 것이 있다. 그러나 천도교는 진리를 깨닫고 그에 따르는 모든 이를, 한울의 덕을 함께하는 이(同德)로 여긴다. 천도교는 진리를 효율적으로 가르치기 위한 조직이고 수단이지 교회 조직 자체가 한울님이고 진리는 아니다. 천도교 밖에서도, 다른 종교에서도 얼마든지 깨달을 수 있고 진리를 행할 수 있다.

3 종교가 사람들의 신분과 계급을 규정하고 그들의 삶을 얽매던 적이 있었다. 제사장과 사제가 신과의 교감을 빌미로 권력을 누리며 세속 이권에 개입하기도 했었다. 모든 종교 역사에 이런 모습이 없었던 적이 없다. 그러나 천도교에 와서 모든 생명이 한울을 모시고 있음이 밝혀짐으로써 이런 모순은 더 이상 없다.

4 특정한 환경에서만 종교적 교의가 유지되는 것도 있다. 예를 들어 기후와 토양이 불볕더위와 진흙 토양인 인도에서는 소에 의지한 쟁기가 아니면 밭을 갈기 어려울 정도로 땅이 단단했다. 그곳에서 소는 생존과 관련된 것이었고 당연히 목숨처럼 신성시할 수밖에 없었을 것이다. 그러나 다른 나라에선 소가 같은 대접을 받지 못한다. 보편 종교 자격은 어느 장소, 어느 시대에서도 누구에게나 설득력이 있는 보편 진리를 담고 있느냐에 달려 있다.

5 偏頗는 치우쳐 바르지 못함을 뜻한다. 자신을 믿는 자만 구원을 받고 자기들 종단에 들어오지 않으면 지옥에 떨어질 것이라는 주장이 대표적인 편파다. 누구나 바른 마음으로 바른 행을 한다면

로서,6 지금에도 듣지 못하고 옛적에도 듣지 못하였으며, 지금에도 비할 수 없고 옛적에도 비할 수 없는 새로운 종교이니라.7

그 삶이 천지의 덕에 합할 것이요, 행복한 삶을 살 것이다. 천도교의 이러한 광박성과 개방성이 다른 종교들과의 대화를 용이하게 하는 장점이다. 종교들 간 통일은 어렵지만 상호 이해와 대화가 가능해야 문화간 종교간 갈등으로 인한 분쟁을 해소할 수 있을 것이다.

6 교조가 죽으면 사라지는 종교는 역사상 수없이 많았다. 그러나 수운 선생 스스로도 "나는 도시 믿지 말고 한울님만 믿었어라, 네 몸에 모셨으니 사근취원 하단 말가"하셨다. 진리를 깨닫고 한울을 모시면 누구나 성인이요, 수운 선생이다. 그러므로 학은 동학이고, 교는 천도교지만 도는 천도(한울의 이치)요 무극대도인 것이다.

7 "우리 도는 지금도 듣지 못하고 옛적에도 듣지 못하던 일이요, 지금도 비교하지 못하고 옛적에도 비교하지 못하는 법이라(동경대전, 논학문)…" 사람이 신의 피조물로 신의 노예와 같은 시절이 있었다. 신의 대리인인 사제가 그만큼 큰 권력으로 사람들을 억압하던 때였다. 그러다 사람이 신의 자식이라 하던 시절을 지나, 무극대도에 와선 무형한 신이 형상을 이루고 다시 그 안에서 사는 인내천의 진리가 밝혀졌으니, 이전의 어떤 종교나 가르침과는 비할 수 없는 사건인 것이다.

二十六. 信仰統一과 規模一致(신앙통일과 규모일치)[1]

26-1. 各自自己의 習慣天을 믿지말고 오직 自我本來天主를 믿는 것으로써 信仰統一을 하라.

각자가 자기의 습관천을 믿지 말고, 오직 자아 본래의 한울님을 믿는 것으로써 신앙을 통일하라.[2]

26-2. 教會의 全體幸福은 教人의 信仰統一과 規模一致가 되는 데 있나니라.

교회의 전체 행복은 교인의 신앙통일과 규모일치가 되는 데 있느니라.[3]

26-3. 信仰統一은 먼저 精神統一에서 시작되는 것이니 經典의 文句만을 逐究치 말고 오로지 大道의 眞理를 直覺하는데 努力하여 조용히 天地未判前의 消息을 들으라.

신앙통일은 먼저 정신통일에서 시작 되는 것이니, 경전 문구만을 따져서 연구하지 말고 오로지 대도의 진리를 직각하는 데 노력하여, 조용히 한울 땅이 생기기 이전의 소식을 들으라.[4]

---

1 포덕57년(1916) 3월 10일 저술. 포덕58년 6월, 의암 선생이 오영창, 나용환, 나인협, 임례환, 홍기억, 홍기조 등 육인의 道師로 하여금 황해도와 평안도를 순회 강연토록 할 때 이 법설을 강연 제목으로 하였고, 그 후 오영창, 나용환 두 도사로 함경, 강원, 충청, 전라, 경상도를 순회 강연케 할 때도 이를 연제로 하여 교인들을 격려 실천케 하였다.(조기주, 동학의 원류, 338-339쪽)

2 습관천은 욕념이요, 육관이고 아상이다. 나의 욕심과 감각에 의지한 습관된 현재의식이 한울님과의 소통을 막고 있다. 신사는 이것이 슬기 구멍을 막고 있다고 하셨다. 습관된 나를 버리고 낮춰야 한울을 느끼고 모시며 신앙할 수 있다.

3 한 사람이 아무리 바른 삶을 살려 해도 사회 흐름이 바르지 않으면 온전한 실천이 어렵다. 그러므로 사회적 실천이 중요하고 그것은 교회 등의 단체가 움직일 때 좀더 효율적으로 실행할 수 있다.

4 경전의 문구를 따진다 함은 분별하는 것이고 분별은 자의식이 남아 있는 것이다. 아상을 온전히 버리지 못했으므로 자구 하나씩 자신의 잣대로 판단하고 시비한다. 한울님 관점에선 맞는 것도 없고 틀린 것도 없다. 무욕의 상태에서 직각하는 것이 맞는 판단일 때가 많다. 자전거 바퀴는 땅

26-4. 다음은 規模一致니 規模一致는 卽行動統一이니라 各自 自己의 知力으로 判斷하여 自行自止하지말고 오직 社會(敎會)의 決議에 依하여 制定된 規範을 絶對嚴守하라.

다음은 규모일치니 규모일치는 곧 행동통일이니라. 각자 자기가 아는 지식의 힘으로 판단하여 제 마음대로 했다 말았다 하지 말고 오직 사회(교회)의 결의에 의하여 제정된 규범을 절대 엄수하라.[5]

26-5. 家族에는 家族社會 國家에는 國家社會 敎會에는 敎會社會 人類에는 人類社會가 有하니 吾敎會의 人乃天의 一大目的과 性身換信 規模一致 至仁公愛의 三大綱領과 誠敬信法 四科와 呪文·淸水·侍日·誠米·祈禱의 五款 實行은 敎會로서 制定한 唯一한 規模니라.

가족에는 가족사회 국가에는 국가사회 교회에는 교회사회 인류에는 인류사회가 있으니, 우리 교회의 인내천의 일대 목적[6]과 성신환신·규모일치·지인공애의 삼대 강령[7]과 성경신법 사과[8]와 주문·청수·시일·성미·기도의 오관 실행[9]은 교회로서 제정한 유일한 규모니라.

을 접하며 온갖 요철을 겪지만 바퀴 중심은 흔들리지 않는다. 천지 미판 전 소식을 들으라 함은 만물이 생기기 천의 고요함, 자전거 바퀴 중심의 흔들림 없는 상태를 지켜야 매사에 틀림이 없음을 말한 것이다.

5 아무리 옳은 방향이라도 분산된 힘으론 목적을 이루기 어렵다. 차선이라도 당시의 상황이 그렇다면 그를 따르는 것이 옳다. 그러므로 '군자가 환난에 처하면 환난대로 함이 그 도요, 곤궁에 처하면 곤궁대로 함이 그 도'(해월신사법설, 기타)라 하셨다.

6 누구라도 각자위심의 습관심에서 벗어나 한울님 모심을 깨닫고 이를 실천하여 어김이 없게 하면 이는 곧 군자요, 한울사람이다. 이러한 진리를 실현하는 것이 천도교 목적이다.(의암성사법설, 대종정의 서론부 참조)

7 성신환신은 자신의 육신관념을 버리고 한울마음으로 세상을 보고 살아감을 뜻하고(의암성사법설, 이신환성장 참조), 규모일치는 자신을 내세우지 않고 모두를 우선하는 것이며, 지인공애는 한울님 모신 모든 만물을 사랑함이니 신사의 三敬과 같다.

8 의암성사법설, 신통고 참조.(사과는 신앙통일과 규모일치 공부하기 참조.)

9 오관은 신앙통일과 규모일치 공부하기 참조.

26-6. 世界는 廣海요 吾敎는 汽船같으니 敎人이 敎會生活을 하는 것은 汽船中海上生活과 如하니라 汽船은 九十九分을 水力으로 活動함과 如히 吾敎人은 九十九分을 天力으로 生活하는 者니라.

세계는 넓은 바다와 같고 우리 교는 기선과 같으니, 교인이 교회 생활하는 것은 기선 위에서 해상 생활을 하는 것과 같으니라.10 기선은 구십구분을 물의 힘으로 움직이는 것과 같이 우리 교인은 구십구분을 한울의 힘으로 살아가는 사람이니라.11

26-7. 敎人으로서 敎會의 德化를 不知함은 堯舜之世에 堯舜의 德化를 不知함과 如하니라 我의 目的한 바와 諸君의 目的한 바가 이미 同一하고 諸君의 目的 한 바와 大神師의 目的한 바가 또한 同一한 것이니 同一한 目的을 達成하려면 精神이 一致해야 하나니라 吾人의 本來精神이 꼭 一致하고보면 天下를 驅하여 動코자 하여도 敢히 動치 못하나니라.

교인으로서 교회의 덕화를 알지 못함은 요순 때에 요순의 덕화를 알지 못함과 같으니라.12 나의 목적한 바와 여러분의 목적한 바가 이미 같고, 여러분의 목적한 바와 대신사의 목적한 바가 또한 같은 것이니, 같은 목적을 달성하려면 정신이 일치해야 하느니라. 우리의 본래 정신이 꼭 일치하고 보면 천하가 달려들어 움직이고자 해도 감히 움직이지 못하느니라.13

---

10 넓은 바다와 같은 세계는 온갖 마와 욕념의 위험이 도사린 곳이다. 자유롭고 행복한 삶을 향한 인생여정을 위해 필요한 것이 마와 욕념을 이겨낼 진리이고, 교회는 진리를 가르치고 수행하여 교인들을 바른 삶으로 이끄는 기선이다.

11 교인뿐 아니라 모든 생명이 한울 간섭과 감응이 없다면 잠시라도 생명을 유지하지 못한다. 그러므로 99%가 한울의 힘으로 산다고 한 것이다. 다만 1%는 한울을 보고 깨닫고자 하는 자기 마음이다. 이마저 한울과 하나 되면 해탈한 것이요 인내천의 성인이다.

12 원래 요순시대에는 백성들이 정치를 느끼지 못하고 한울이 부여한 천성대로 살게 하는 것이 가장 좋은 정치였다. 교회 덕화도 교인들에게 드러나는 물질적 도움을 주진 않는다. 그러나 희로애락이 반복되는 현실의 삶을 중심잡고 바르게 살게 해주는 것이야말로 교회의 핵심 덕화이다. 이를 모르는 것은 자식이 부모의 은덕을 모르는 것과 같다.

26-8. 教人으로서 만일 이러한 眞理를 不信한다면 우리의 目的을 어떻게 達成하겠는가 目的達成에 希望이 있는 者는 먼저 眞實一致한 精神으로 過去의 精神을 刷新하여야 하나니라.

교인으로서 만일 이러한 진리를 믿지 않는다면 우리의 목적을 어떻게 달성하겠는가. 목적 달성에 희망이 있는 사람은 먼저 진실하고 일치한 정신으로 과거의 정신을 쇄신해야 하느니라.[14]

26-9. 우리가 恒常 지켜야 할 條件은 信仰을 九十九分으로 하고 規制를 一分으로 할 것이니 教會에서 制定한 一分의 規制를 一個 自己의 知力으로 判斷하여 만약 이를 遵行치 않으면 이는 教人資格을 喪失하는 것이라 一分의 規制를 違反하는 者가 어찌 九十九分의 信仰을 할 수 있겠느냐.

우리가 항상 지켜야 할 조건은 신앙을 구십구분으로 하고 규제를 일분으로 할 것이니, 교회에서 제정한 일분의 규제를 한 개 자기의 지력으로 판단하여, 만약 이것을 준행치 않으면 이는 교인 자격을 상실하는 것이라. 일분의 규제를 위반하는 사람이 어떻게 구십구분의 신앙을 할 수 있겠느냐?[15]

26-10. 吾教의 重要한 規制는 五款實行이니 教人된 者는 누구나 이것을 實地로 體行하라.

---

13 여럿이 모여 의견을 통일하는 것만큼 어려운 것도 없다. 그러나 나의 판단을 고집할 것이 아니라 한울님 입장에서 이해하고 양보하면 합일을 이루어내는 것도 어려울 것은 없다. 실제 사회에서의 협상도 자신의 주장을 내세우기보다 상대 의견을 경청하며 양보와 합리적 대안을 제시하는 것이 합의를 이끌어낸다. 固我心柱라야 乃知道味라 했다(동경대전, 탄도유심급). 진리에 대한 확고한 신념이 있다면, 개인이나 단체가 어려움에 직면해도 흔들릴 일은 없을 것이다.

14 신앙을 하면 습관된 마음과 생활습관이 바뀌어야 한다. 내가 바뀌지 않고 남과 사회가 어찌 바뀌길 바라겠는가? 자신은 변하지 않으면서 교회만 다니면 이를 탁명이라 했다.

15 신앙이 생활과 자연스레 하나가 되면 계율이 필요 없다. 원효 스님도 의암 선생도 술과 고기를 마다하지 않으셨다. 그러나 맛의 유혹을 이기기 어렵고 색의 유혹을 견디기 힘든, 아직 욕념과 육신관념을 버리지 못한 상태라면 스스로 절제하고 삼가야 할 것이다. 이것이 성경신법 사과 중 첫 번째인 법이다.

우리 교의 중요한 규제는 오관실행이니 교인된 사람은 누구나 이것을 실지로 체행하라.16

<신앙통일과 규모일치 공부하기>

1. 성경신법 사과
포덕50년(1909) 10월 29일, 성경신법을 종문宗門 사과四科로 정하고 그 실행 목적과 법훈을 다음과 같이 선포하였다.

성誠은 송주誦呪로써 극단極端 목적目的을 정함. 경敬은 청수로써 극단 목적을 정함, 신信은 성미로써 극단 목적을 정함, 법法은 교리강습으로 지식 발달의 대 준비準備를 이루며 부분 공칙으로 형식 발달의 대준적大準的을 이루어 법의 극단 목적을 세움.

또한 법은 성경신 실행 방법의 주령主領이니 종문정법宗門定法을 따라 성경신의 특성을 이루되 태만 소홀의 반분심半分心이 없도록 함.

천주天主와 신사神師의 감화를 받는 방법은 성경신을 독실히 지키는 데 있음.

성단性團 방법은 교敎를 주체로 인정하며 자신을 객체로 인정하여 성단性團의 본래 목적지에 달함.(조기주, 동학의 원류)

2. 오관
포덕50년 12월 18일 종령 제91호로 기존에 실행해 오던 오관을 일반교인

---

16 오관은 천도교의 실천 계율이다. 자신의 삶이 한울님과 하나된 사람이야 따로 규제가 필요 없겠지만 교회 안 가면 주문을 잊고 욕심만 커지는 보통 사람들에게 필요한 최소한의 수행규칙이다.

들이 절대 실행할 종규로 확정 공포하는 동시에 그 실행 세칙을 시달하였다. 그 시행 세칙을 보면

1. 주문은 어느 때 어디서든지 항상 외워 한울님과 양위 신사의 감응하시는 기운을 받아 사사로운 욕심과 망령된 생각을 버리게 함.

2. 청수는 매일 하오9시에 받들어 집안 정결한 곳에 정한 그릇으로 모시어 한울님과 스승님 감응을 받아 포덕천하 광제창생할 것을 먼저 축원하고 그 밖에 다른 소원을 축원함이 가함.

3. 성미는 가내 식구를 위하여 영원한 수복을 비는 것이니 매양 밥 쌀 중에서 매 식구에 한 술씩 뜨되 지극한 정성으로 함.

4. 시일은 일요일마다 성화회에 참석하여 교인된 자격을 발표하는 것이니 아무쪼록 교당이나 전교실에 나가서 한울님과 스승님을 지성으로 생각하고 설교하는 말씀을 자세히 들으며 교리를 공부함.

5. 기도는 통상기도와 특별기도가 있는데 통상기도는 매 시일 하오9시에 청수와 정미 5합을 같이 봉전하고 신사주문 백오 회를 현송 또는 묵송하며, 특별기도는 7일, 21일, 49일, 105일 등 일정한 기간을 정해 가지고 봉행하는 것인데 총부에서 전체적으로 실시하는 절차에 의해서도 행하고 또는 한울님과 스승님의 감응을 받아 소원을 성취하기 위하여 각자 봉행하기도 한다.

포덕53년 4월 15일부터 포덕55년 3월 25일까지 3년 동안 7차에 걸쳐 전국 두목들을 차례로 독공시켰는데 수련 총 일수가 343일, 참가 두목이 총 483명이었다. 1회와 2회 연성 때는 이신환성을 요체로 지도하셨고, 3회 연성에는 성령출세를 요체로 지도하셨다. 5회 연성 중 오관에 대해 말씀하시기를, "오관 중 주문, 청수, 시일, 기도는 정신적 정성이요, 성미는 물질적 정성이기 때문에 풀뿌리와 나무껍질이라도 각자 먹는 그대로 매 끼니 때마

다 거짓 없이 떠서 소속 교구에 바쳐야 한다.…세상 사람들은 가치 없는 물건으로 생각하기 쉬우나 한울님께 드리는 정성은 같은 것이다.…특히 시일 기도는 특별 헌성獻誠이 있어야 하기 때문에 청수와 같이 정미 오합을 모시는 것인데, 기도하는 정성은 소나 양 천 마리보다 깨끗한 쌀 한 홉이 더 나은 것이니라.…내가 기도미 제도를 실시하기는 포덕52년이었지만 54년에 와서야 오관제도가 완성되었으니 나로서 가르칠 것은 다 가르쳤다.…포덕 54년 전에 교인에게 허물이 있다면 그 책임은 전부 나에게 있으나 이제부터는 그 책임이 전부 그대들에게 있다."(조기주, 동학의 원류, 307-322쪽)

二十七. 原子分子說원자분자설

27-1. 原子는 空氣中 原素之一種이니 無相離存在之理也요 分子는 各原子 相合而生成者也니 水素與水素 相合則 團體也 水素與酸素 相容相合則 複體 也니 是는 皆天地 萬物化生之氣也니라.

원자는 공기 가운데 원소의 일종이니 서로 떠나 있는 이치가 없는 것이오. 분자는 각 원자가 서로 모이어 생성한 것이니 수소와 수소가 서로 모이면 단체요, 수소와 산소가 서로 용납하여 서로 모이면 복체니1, 이는 다 천지만 물 화생의 기운이니라.2

---

1 같은 원소가 모인 것을 단체, 다른 원소가 모인 것을 복체로 정의하였다. 세상은 같은 것만 모여 서는 이루어질 수 없다. 다른 원소가 서로의 장점과 단점이 결합되어 제삼의 새로운 원소를 만들 며 보다 풍요롭고 다양한 모습의 세상을 만들어 간다. 수소끼리, 산소끼리만 있으면 폭발하며 주 변까지 파괴하지만 산소와 수소가 만나면 모든 생명의 근원이 되는 물이 된다. 사람도 익숙한 환 경에서 비슷한 사람끼리만 있으면 발전이 없다. 다른 환경, 다른 생각을 가진 사람들과 부딪히고 어울려야 생각과 경험의 한계가 깨지며 성장할 수 있다. 국내적으로, 국제적으로 다문화 시대이 다. 다름을 인정하고 포용하는 것에서 보다 큰 성숙과 발전이 있을 것이다. 형태는 달라도 모두 한울성품과 이치가 아니겠는가?

2 원자는 물질의 최소 단위로 여겨졌지만 핵과 전자로 나눠지고, 핵은 다시 소립자로 나뉘고, 소립 자는 다시…물질의 최소 단위로 작아질수록 이를 정확히 관찰하기 어려워진다. 물질 자체의 운 동성이 있는데 이를 보기 위한 빛 에너지가 가해지면 물질 운동이 더해지므로 관찰이 더 어려워 진다. 이를 하이젠베르그의 불확정성의 원리라고 한다. 그러므로 현재 물리학계에서 최소 단위 원소를 찾는 것은 이론 물리학의 세계다. 현재 가장 유력한 이론은 '초끈이론'으로 물질의 최소 단위가 물결치는 끈 모양일 것이라는 이론이다. 물결치는 끈 모양이 우주 기본단위라, 무엇이 연상되는가? 궁과 을 아닌가! 최소단위 입자들이 모이면 무게와 성질이 달라지며 특성을 나 타낸다. 이러한 물질의 특성을 옛 사람들은 음양오행으로 설명하였다.

二十八. 몽중문답가夢中問答歌1

천봉만학千峯萬壑2 기암괴석奇岩怪石 화중강산畵中江山 분명分明하다3

천파만절千波萬絕 강수성江水聲은 노상행인路上行人 상심처傷心處요4

청산녹림靑山綠林 두견성杜鵑聲은 불여귀不如歸를 일삼는다5

화류춘풍花柳春風 호시절好時節을 거연遽然히6 보냈으니7

무정세월無情歲月 분명分明하다 호월춘풍皓月春風 명월야明月夜에8

홀로 앉아 생각하니 추우오동秋雨梧桐 엽락시葉落時는

날로 두고 일렀도다9 백운심처白雲深處 수간초옥數間草屋

인간풍속人間風俗 몰랐으니 무릉도원武陵桃園 분명分明하다10

인간풍속人間風俗 괴이怪異하여 불고천명不顧天命 아닐런가11

---

1 수련 중 일어나는 마음의 변화를 꿈속에서 진리를 찾아가는 것으로 비유한 글. 수련으로 마음이 순수해져 한울님 마음과 하나가 되면 속에서 바로 깨달음이 나오지만 하나가 되기 전에는 꿈에서 궁금하던 것에 대한 답이 나오기도 하고 기도 중 몸 밖에서 들리기도 한다. 입진경이 마음의 깨달음을 얻기 전까지의 입문을 그렸다면 이 글은 본격적인 수행 과정의 변화가 표현되어 있다.

2 壑, 골 산골짜기 학. 천 개의 산봉우리와 만 개의 골짜기는 산과 골짜기가 많은 우리나라를 상징. 산과 골짜기는 또한 수련과정의 어려움을 상징하기도 하고 인생의 곡절을 상징하기도 한다.

3 산과 골짜기가 많고 기이한 돌도 많으니 마치 그림 속의 풍경같이 아름답다는 탄식.

4 강과 시냇물의 끊이지 않는 물소리를 들으면 나그네는 상념에 젖기 마련. 천파만절 강수성은 세상의 끊이지 않는 습관심과 그로 인한 수많은 사연들을 상징. 노상의 나그네는 진리를 찾는 사람.

5 두견새는 두견이목 두견이과의 새로 여름에 밤낮으로 처량하게 울어 중국 촉(蜀)나라 망제(望帝)의 죽은 넋이 붙어 있다는 전설이 있다. 그래서 杜魄, 杜宇, 杜魂, 望帝, 불여귀, 思歸鳥, 時鳥, 蜀魄, 蜀鳥, 蜀魂 등의 별칭이 있다. 일제의 압제를 받던 때 나라를 잃어 돌아갈 곳이 없는 신세는 두견새나 망국 국민이 동병상련의 심정이었을 것이다.

6 遽: 갑자기, 재빠를, 황급히, 절박할 거.

7 좋은 시절은 빨리 지나가는 법이다. 그러나 좋은 봄날에 씨 뿌리고 여름에 땀 흘려 일하지 않으면 가을에 수확할 것이 없다. 개인이나 나라나 마찬가지.

8 皓 밝을, 빛날 호. 차지 않은 봄바람이 산들산들 부는 봄날 밤, 보름달이 환하게 떠있는 것을 보며 지나간 세월에 대한 상념에 잠긴 모습이다.

9 여름에 무성함을 자랑하던 오동나무도 가을이 되어 나뭇잎이 힘없이 우수수 떨어지듯이, 좋았던 젊은 시절이 지나 힘도 없고 이루어 놓은 것도 없는 자신의 신세가 처량함을 탄식한다.

10 비록 세상에 나가 이루어 놓은 것은 없지만, 깊은 산 속 집에 있으며 욕심 없이 세상 시비에 관여하지 않으니 무릉도원 같은 낙원이 따로 없이 편안하다.

매매사사每每事事 한탄恨歎하다 홀연忽然히 잠이 드니12

침상일몽沈上一夢 괴이怪異하다 청풍명월淸風明月 희미한데

장원호접莊園蝴蝶 날아와서 길을 인도引導 따라가니13

험險하도다 험險하도다 천봉만학千峯萬壑 험險하도다14

평생기력平生氣力 다하여서 불고사생不顧死生 따라가니15

산山도 많고 물도 많아 한限이 없는 그 길이라16

천신만고千辛萬苦 따라가서 한 곳에 당도當到하여17

좌우左右를 바라보니 물도 없고 산山도 없네18

---

11 세상 시비를 벗어나 세상 돌아가는 사정을 객관적으로 바라보니, 그 사는 모습들이 정상이 아니고 자연한 이치를 거스르는 것들이 많아 천명을 돌아보지 않는구나 하는 탄식이 절로 나온다.

12 세상 풍속이 잘못되었음을 탄식하다 잠이 들었으니 그를 바로잡는 현몽을 꿀 것이다. 다음 구절부터는 꿈의 내용.

13 명월은 세상을 밝히는 빛이요 진리. 빛이 희미하니 세상이 어지러움은 당연한 것. 앞으로의 여정이 진리의 빛을 다시 찾는 것임을 암시. 호접은 진리를 전하고 인도하는 자. 아무리 훌륭한 스승이 진리를 가르쳐도 수행자가 스스로 깨닫고 체행하는 과정을 대신할 순 없다. 스승은 길을 안내할 뿐, 길을 가는 것은 자기 몫이다. * 장자 '제물론'편에 호접몽 이야기가 나온다. 어느날 꿈을 꾸니 나비가 되어 꽃 사이를 즐겁게 날아다녔는데 문득 깨어 보니 장주가 되어 있었다. 장주가 나인가 나비가 나인가? 대상과 하나가 되어 경계가 사라진 경지를 은유한 이야기다.

14 진리를 깨닫는 과정은 육신의 달콤한 유혹들을 벗어나야 한다. 어찌 그 과정이 험하지 않을 수 있겠는가? "겨우 한 가닥 길을 얻어 걸음걸음 험한 길 걸어가노라. 산 밖에 다시 산이 보이고 물밖에 또 물을 만나도다. 다행히 물 밖에 물을 건너고 간신히 산 밖에 산을 넘어 왔노라. 바야흐로 들 넓은 곳에 이르니 비로소 대도가 있음을 깨달았노라."(동경대전, 시문)

15 진리를 구하는 것은 시간이 있을 때 여가 생활로 하는 것이 아니다. 자신의 삶의 목표와 의미를 찾는 것이므로 생을 걸고 평생을 맹세하고 수행하며 그 길을 따르는 것이다. "도에 대한 한결같은 생각을 주릴 때 밥 생각 하듯이, 추울 때 옷 생각 하듯이, 목마를 때 물 생각하듯이 하라."(해월신사법설, 독공)

16 사람의 삶은 굴곡의 연속이다. 밥 먹은 직후엔 배부르지만 시간이 지나면 다시 배고파지듯이, 흥망성쇠는 생명-육신의 자연한 순환이다. 이를 벗어나는 것은 죽음이지만 이를 받아들이고 즐기면 그 속에서 행복을 찾을 수 있다. "흥한 뒤에는 망하고 망한 뒤에는 흥하고, 길한 뒤에는 흉하고 흉한 뒤에는 길하나니 흥망길흉은 인도의 운이니라."(해월신사법설, 개벽운수)

17 수행 과정은 인생 축소판이다. 근기에 따라 차이는 있겠지만 다양한 체험과 시험을 넘어야 진리에 도달할 수 있다. 약간의 체험으로 우쭐하거나 시련이 힘겨워 중도에 그만 두면 "저 사람 용렬하고"(용담유사, 흥비가)가 된다.

18 한울님 세계, 진리의 땅은 세상 모습 이전 것이므로 속세 모습은 아니다. 세상의 습관된 생각을 버려야 들어갈 수 있는 곳이다. 수련으로 어느 경지에 이르면 물과 산으로 상징되는 어려움과 의심이 사라지고 환하게 깨우침과 느낌이 올 때가 있다.

호호망망浩浩茫茫 난형처難形處를 호접蝴蝶이 인도引導하여19

한편으로 들어갈세 홍교백교紅橋白橋 넓은 길로20

천천히 들어가니 호호망망浩浩茫茫 넓은 천지天地

수중세계水中世界 분명分明하다21 갈 바를 전혀 몰라

호접蝴蝶을 돌아보니 불견기처不見其處 되었더라22

정신精神이 황홀恍惚하여 길이 앉아 탄식歎息하고23

수심정기守心正氣 다시 하여 호접거처蝴蝶去處 살필 즈음24

홀연忽然히 뇌성벽력雷聲霹靂 녹수세계綠水世界 뛰노면서

정신수습精神收拾 못할러라25 일심정기一心精氣 다시 모아

수심정기守心正氣 단좌端坐하여 동정動靜을 살피더니26

차차차차次次次次 고요하여 일월日月이 명랑明朗하며

---

19 사람의 공간은 유한하지만 한울님 시공간은 무한하다. 공부가 깊어져도 스승의 가르침(호접)과 인도는 중요하다. 스스로 공부가 깊다 하여 자만하면 삿된 유혹에 빠지기 쉽다. 그러므로 수행이 깊을수록 겸허해지고 고개를 숙일 줄 안다.

20 홍교와 백교는 진리의 세계로 건너가는 다리. 홍교가 됐건 백교가 됐건 한울세계로 통하면 된다. 종교 상관없이 바르게 기도하고 바르게 수행하면 누구나 한울님 진리를 만날 수 있다.

21 "한울과 땅이 시판되기 전은 북극 태음 한 물이니라."(해월신사법설, 천지이기) 수중세계는 진리의 세상으로 들어왔음을 상징.

22 진리의 땅에 왔으니 이젠 그를 체험할 차례. 호접은 길을 인도했으니 역할을 다한 것. 바르게 인도할 스승이 중요하지만 공부는 결국 스스로 하고 스스로 깨우쳐야 하는 것이다.

23 습관된 육신에 갇혀 있다가 무한한 한울 세계를 접하면 황홀하기도 하고 떨리기도 하고 어찌할 바를 모르는 게 당연하다. 처음 가는 길을 자신 있게 나아갈 수 있는 사람이 누가 있겠는가? 초행길을 바르게 가려면 정확한 지도와 그를 볼 수 있는 능력이 있어야 할 것이다.

24 수심정기 다시 하는 것은, 바른 길(호접거처)을 찾는 것이 한울 마음을 잃지 않는 데 달려 있는 것이기 때문이다.

25 한울의 지기가 활동하기 전 고요한 상태는 무극이지만, 활동이 시작되면 각 기운의 성질에 따라 위로 아래로 약동하며 혼돈 상태가 된다. 질서가 생겨 안정되기 전 혼돈상태는 카오스이고 질서가 생기면 코스모스라 한다. "사월이라 초오일에 꿈일런가 잠일런가 천지가 아득해서 정신수습 못할러라 공중에서 외는 소리 천지가 진동할 때…."(용담유사, 안심가)

26 "몸이 몹시 떨리면서 밖으로 접령하는 기운이 있고 안으로 강화의 가르침이 있으되, 보였는데 보이지 아니하고 들렸는데 들리지 아니하므로 마음이 오히려 이상해져서 수심정기하고 묻기를…."(동경대전, 논학문) 이전에 경험하지 못한 사태에 직면하면 누구나 당황하고 실수하기 마련이다. 어렵고 힘들면 초심을 생각하고 원칙을 지켜야 한다. 수련에선 다시금, 뭔가 얻고자 하는 욕심이나 선입견을 버리고 한울님 마음을 지키며 기운이 흩어지지 않도록 집중한다.

난데없는 물 한 점點이 차차차차 벌어질 때

그 거동擧動 난형難形이라27 정심정기正心正氣 단속團束하고

일편단심一片丹心 단좌端坐하여 자상仔詳히 살펴보니28

북방수기北方水氣 일어나며 사방四方으로 점點을 치고

청홍단색靑紅丹色 고운실로 팔방八方에다 줄을 매고

동서남북東西南北 중앙中央에다 마음심心자 기둥하여

한데 매어 세워 놓고 태극도太極圖로 돌려내니

궁을체격弓乙體格 분명分明하다29 일년 삼백 육십일一年三百 六十日과

일일 십이一日十二 열두 시각時刻 동서남북東西南北 이십사방二十四方30

방위方位대로 돌려가니 천지도수天地度數 분명分明하다31

일월정기日月精氣 모아 들어 태음태양太陰太陽 눈이 되고

---

27 "나에게 영부 있으니 그 이름은 선약이요 그 형상은 태극이요 또 형상은 궁궁이니…"(동경대전, 포덕문) 영부는 한울의 진심이요 정기요 생명의 원기다. 항상 움직여 약동하므로 형상을 규정 짓기 어렵다. 진리란 원래 인간 언어로 구속될 수 없는 것이다.

28 "사사로운 욕심을 끊고 사사로운 물건을 버리고 사사로운 영화를 잊은 뒤에라야, 기운이 모이 고 신이 모이어 환하게 깨달음이 있으리니…"(해월신사법설, 독공)

29 "처음에 한 물건이 있었으니 물건이란 것은 한 덩어리요 덩어리란 것은 무극이니, 다만 처음의 나눔이 있어 이른바 무극이 태극을 낳은 것이라. 무극은 음이요 태극은 양이니, 상하로 말하면 상하도 또한 음양이요, 동서로 말하면 동서도 또한 음양이요, 그 밖에 춥고 더운 것, 낮과 밤, 가 고 오는 것, 구부리고 펴는 것 등이 다 음양 아님이 없으니 다 그 근본을 연구하면 천지·귀신· 변화의 이치가 서로 대하고 서로 응하나니, 서로 대하고 응하는 것은 도무지 음양 이치이니 라."(의암성사법설, 각세진경) 무극에서 음양이 되고, 음양이 사괘가 되고 팔괘, 64괘가 되며 만물의 특성을 나타낸다. 이 모두가 한울 모습이니 궁을이 아니고 무엇인가!

30 이십사방은 동서남북을 24등분한 것으로 전통 풍수 등에서 사용. 子方(정북)에서 15도씩, 癸, 丑, 艮, 寅, 甲, 卯方(정동), 乙, 辰, 巽, 巳, 丙, 午方(정남), 丁, 未, 坤, 申, 庚, 酉方(정서), 辛, 戌, 乾, 亥, 壬方을 이른다.

31 "오제 후부터 성인이 나시어 일월성신과 천지도수를 글로 적어 내어 천도의 떳떳함을 정하여 일동일정과 일성일패를 천명에 부쳤으니…"(동경대전, 포덕문) "기운이 이치를 낳고 이치가 기운을 낳아 천지의 수를 이루고 만물의 이치가 되어 천지 대정수를 세운 것이니라."(해월신사 법설, 천지이기) 만물이 형성되고 움직이는 이치는 수로 설명할 수 있다. 이를 대정수, 천지도 수라 하고 이러한 우주의 수학적 원리를 연구하는 학문이 易이다. 동양뿐 아니라 서양에서도 수로써 세상을 설명하려는 시도는 피타고라스 학파 이후 꾸준히 있어 왔다. 현대 수학과 물리 학 등이 크게 보면 다 천지도수를 연구하는 학문이다.

청풍정기淸風精氣 모두 모아 정신精神으로 귀가 되고

동서남북東西南北 사지四肢되고 오색단청五色丹靑 고운 물로

피육골격皮肉骨格 갖추어서 사람 형상形像 완연宛然하다32

신기神奇하기 짝이 없어 정신精神 차려 살펴보니

선풍도골仙風道骨 분명分明하고 세상世上사람 아닐러라33

기골氣骨도 좋거니와 풍신風身도 장壯하도다

신선神仙일세 분명分明하여34 괴이怪異 여겨 살펴보니

물결이 용용溶溶하며 난데없는 표표소년飄飄少年35

홀연忽然히 들어와서 공순사배恭順四拜 하온 후後에

궤슬단좌跪膝端坐36 다시 앉아 수련성음修煉聲音 순순케 내어

본연이치本然理致 묻자오니37 묵묵부답黙黙不答 말이 없이

무수힐난無數詰難 애걸哀乞하니38 수중천지水中天地 운동運動하며

입을 열어 말씀하니39 다른 말씀 바이없어

---

32 "무릇 사람이 잉태할 처음에 한 점의 물뿐이요.···머리가 둥근 것은 한울을 체로 하여 태양의 수를 상징하고, 몸의 넓은 태음을 상징하고, 오장은 오행을 상징하고, 육부는 육기를 상징하고, 사지는 사시를 상징하고, 손은 곧 마음 내키는 대로 하는 바, 조화의 수단이므로 한 손바닥 안에 특별히 팔문, 구궁, 태음, 태양, 사시, 열두 달의 수를 늘어놓아 화생하느니라."(해월신사법설, 천지이기) 정자와 난자가 만나 하나의 세포가 되고 하나에서 100조개의 세포가 분열해 온몸을 만든다. 우주의 시작도 한 점에서 대폭발로 시공간이 생기기 시작해 만물이 형성되었다. 개체 발생은 계통 발생의 반복이고, 모든 생명 발생 과정은 우주 탄생 과정과 동일하다.

33 천지 기운이 사람 형상으로 화했으니 이는 누구인가? 사람인가 한울인가? "너는 반드시 한울이 한울된 것이니 어찌 영성이 없겠느냐"(의암성사법설, 법문)

34 세상 욕심과 갈등에 물들지 않은 본래 순수한 한울사람이니, 이를 본래 나라고 하기도 하고 한울님이라 하기도 한다.

35 표표 소년은 누구인가? 세상 이치를 잘 모르고 궁금한 게 많은 또 다른 나의 모습이다.

36 무릎 꿇고 단정히 앉아

37 진리를 알고자 하면 자존심을 버리고(공순사배), 단정한 자세로 수련해야 함을 보여준다.

38 한울이 답을 안 주시는가, 내 마음의 때가 덜 벗겨졌음인가? 자신의 공부가 부족함은 모른 채 감응이 없다고 하면 안 될 것이다. 꾸준히 마음을 변치 않고 정성 드려야 응답을 받는다.

39 "뜻 밖에도 사월에 마음이 선뜩해지고 몸이 떨려서 무슨 병인지 집증할 수도 없고 말로 형상하기도 어려울 즈음에 어떤 신선의 말씀이 있어 문득 귀에 들리므로···"(동경대전, 포덕문) "사월

음양陰陽이치 천지순환天地循環 잠간설화暫間說話 덮어 두고40

만물화생萬物化生 조화지리造化之理 이와 같이 대강하고41

매매사사每每事事 교훈教訓해서 다른 할 말 바이없고42

백천만물百千萬物 되는 이치理致 이와 같이 되는 거니

불망기본不忘其本 부디 말고 경천순천敬天順天 하였어라43

천고청비天高聽卑 그 문자文字와 천생만민天生萬民 그 말이며

기심기천欺心欺天 되는 줄을 이제 정녕叮嚀 알겠더냐44

호호망망浩浩茫茫 넓은 천하天下 오곡백곡五穀百穀 마련할 때

음양이기陰陽理氣 조화調和되어 우로중雨露中에 마련해서45

만민萬民에게 녹祿을 정定해46 이십사방二十四方 혈기血氣 좇아

그 기운氣運 돕게 하고47 천지음양天地陰陽 건곤乾坤으로

남녀男女 마련 짝을 정定코48 선천후천先天後天 그 이치理致로

이라 초오일에 꿈일런가 잠일런가 천지가 아득해서 정신수습 못할러라 공중에서 외는 소리 천지가 진동할 때…"(용담유사, 안심가) 수련에 대한 응답은 강화로 나오기도 하고, 깨달음의 형태로 오기도 한다. 각자 성격이나 근기에 따라 다른 것일 뿐, 정답이 있는 것은 아니다.

40 이후는 한울님 말씀, 또는 깨달음의 내용이다. 잠간의 우리말이 잠깐. 천지 이치에 대한 분분한 이야기들을 다 잊고 들으라는 뜻. 선입견이 있으면 바른 가르침을 받아들이기 어렵다.

41 만물이 생겨나는 것과 조화의 이치를 지금부터 대략 설명하겠으니 명심하라는 뜻.

42 이후에 설명하는 이치를 머릿속으로만 생각할 것이 아니라 매사에 실천하라.

43 만물 이치가 하나로 통하니 한울을 위하는 기본만 잊지 않고 매사 공경하고 순리대로 하라.

44 "의아 있는 그 사람은 천고청비 그 문자를 궁사멱득 하여 내어 제 소위 추리라고 생각하니 이뿐이오 그런고로 평생 소위 일변은 교사하고 일변은 가소로다."(용담유사, 흥비가) "천생만민 하였으니 필수지직 할 것이오."(용담유사, 교훈가) 천고청비 문자는 하늘이 높이 있으니 사람들의 은밀한 말이나 생각을 어찌 알 것이냐 하는 교만한 생각을 말하는 것이고, 천생만민은 하늘이 생명을 나게 했으니 노력하지 않아도 어찌 되겠거니 하는 나태한 생각이 결국 한울을 속이고 자신을 속이는 것이라며 경계하신 말씀.

45 "음과 양이 서로 고루어 비록 백천만물이 그 속에서 화해 나지마는…"(논학문) "한울님은 음양오행으로써 만민을 화생하고 오곡을 장양한즉…"(해월신사법설, 도결) "어리석은 사람들은 비와 이슬의 혜택을 알지 못하고…"(동경대전, 포덕문) 비와 이슬의 혜택은 한울님의 조화와 은덕을 상징한다. 모든 것이 한울님 조화로 이루어진다. 그것을 설명하는 틀이 음양오행.

46 "젖과 곡식은 다 이것이 천지의 녹이니라."(해월신사법설, 천지부모)

47 한울의 지극한 기운은 모든 곳(방향)에 사는 생명들의 생명 활동(혈기)을 빠짐없이 간섭하신다.

48 생명체 진화에서 무성생식이 유성생식으로 전환된 것은 천지 차이가 있을 정도의 의미가 있다.

부자 인륜父子人倫 완성完成하고49 사시순환四時循環 이치理致 붙여

인간화복人間禍福 마련하고50 금목수화金木水火 오행지리五行之理

중앙토中央土가 주장主張이라51 천하만국天下萬國 이 이치理致로

만민생활萬民生活 마련하고52 일월영허日月盈虛 이 이치理致로

인간부귀人間富貴 순환循環하고53 사시성쇠四時盛衰 되는 이치理致

생사수명生死壽命 마련해서54 일동일정一動一靜 언어동작言語動作

생명 역사에서 개벽의 사건이라 할 만하다. 즉, 무성생식하는 종은 부모와 자손의 유전자가 동일하므로 변화하는 환경이나 질병에 치명적 약점이 노출될 경우 종 전체가 멸절 위험에 빠지기 쉽다. 그러나 유성생식하는 경우 부모와 자손 유전자는 항상 다른 조합으로 태어나므로 이런 위험에 노출 돼도 종의 보존에 유리할 뿐 아니라 변화하는 환경에 적응하며 스스로를 변화시키는 능력도 뛰어나다. 그러므로 천지 이치 중에 가장 중요한 것 중 하나가 음양 이치라고 파악한 것이다. 음양 이치가 적용되는 것은 생명뿐 아니라, 빛이 있으면 그늘이 있는 것과 같이 모든 사회현상, 철학 등에서도 폭 넓게 적용될 수 있다.

49 부자 관계는 단절과 연속의 이중성을 띤다. 유전자와 생활관습 등을 물려받아 전통으로 이어가기도 하지만, 모계 유전자가 반이 섞였고 주변 환경 변화에 따라 삶의 방식도 변하게 마련이다. 선천과 후천 관계도 마찬가지다. 선천이 없이 어떻게 후천이 있을 수 있겠는가? 선천에서 이루어 놓은 작은 성과와 변화들이 쌓여 크고 심대한 본질적 변화를 이끌어 낼 때 그를 개벽이라 하고 개벽된 새 세상을 후천이라 하는 것이니 후천은 선천의 산고가 있어야 태어날 수 있는 것이다. 어떤 문화도 단절돼선 오래가지 못한다. 주변 문화와 영향을 주고받으며 새로운 문화를 창출해 나가야 그 생명력이 유지된다. 그러므로 앞선 사람이나 문화에 대한 올바른 관계를 정립하는 것은 스스로 정체성을 확인하고 유지하기 위해서 꼭 필요하다. 이런 관계 정립이 인륜이 된다. "선천이 후천을 낳았으니 선천운이 후천운을 낳은 것이라."(해월신사법설, 개벽운수)

50 생명의 본질은 순환이다. 나고 자라고 성숙하고 죽는다. 이 순환이 삶에서도 어김없이 반복된다. 그것이 성쇠명암과 흥망길흉이다. "성한 것이 오래면 쇠하고 쇠한 것이 오래면 성하고, 밝은 것이 오래면 어둡고 어두운 것이 오래면 밝나니 성쇠명암은 천도의 운이요, 흥한 뒤에는 망하고 망한 뒤에는 흥하고, 길한 뒤에는 흉하고 흉한 뒤에는 길하나니 흥망길흉은 인도의 운이니라."(해월신사법설, 개벽운수)

51 "인의예지도 믿음이 아니면 행하지 못하고 금목수화도 토가 아니면 이루지 못하나니…."(해월신사법설, 성경신)

52 오행은 세상의 원소가 이루어지고 운행되는 것을 상징한다. 그중 중앙 토는 다른 것들을 조정하고 완충하는 역할을 한다. 세상을 다스리는 이치도 마찬가지다. 아무리 쇠가 강하고 불이 뜨거워도 그것만으론 살 수 없다. 발은 항상 땅에 디뎌 굳건한 기초를 바탕으로 삼아 냉철한 현실 판단을 해야 한다.

53 해와 달이 뜨고 지며, 차고 이지러지긴 하지만 없어지진 않는다. 사람 일도 잘 될 때가 있고 안 될 때가 있지만, 죽지만 않으면 노력하고 정성 드리면 기회는 돌아오기 마련이다.

54 봄에 싹이 나고 여름에 자라며 가을에 열매 맺고 겨울에 저장하는 순환은 모든 생명의 생장주기를 대변한다. 제 때 나서 성장하고 성숙하면 좋은 열매를 맺을 것이나 때를 맞추지 못하고 제 때 해야 할 일을 못하면 좋은 결실을 맺기 어렵다. 나는 지금 어떤 때인가?

용심선악用心善惡 하는 일이 조화造化로서 하는 거니55

이대로만 하게 되면 순환지리循環之理 불구不久하여

좋은 시절時節 정定할 테니 어찌 아니 좋을소냐56

요순세계堯舜世界 다시 와도 이와 같진 못할 테요

삼황오제三皇五帝 다시 온들 이에서 지날소냐57

좋을시고 좋을시고 오만년五萬年의 회복지운回復之運58

희호세계熙皞世界59 분명分明하다 불망기본不忘其本 그 이치理致를

염념불망念念不忘 잊지 말아60 한탄恨歎 말고 있게 되면

너의 소원所願 이루리라61 축문祝文지어 현송現誦하며62

불고사생不顧死生 맹서盟誓해서63 삼재인륜三才人倫 다시 정정해64

---

55 이 모두가 한울님 조화요, 지기의 작용 아님이 없다. "사람이 모신 한울님 영기가 있으면 산 것이요, 그렇지 아니하면 죽은 것이니라. 죽은 사람 입에 한 숟갈 밥을 드리고 기다려도 능히 한 알 밥이라도 먹지 못하는 것이니 이는 한울님이 이미 사람 몸 안에서 떠난 것이니라. 그러므로 능히 먹을 생각과 먹을 기운을 내지 못하는 것이니, 이것은 한울님이 능히 감응하시지 않는 이치니라."(해월신사법설, 향아설위)

56 현재가 어려워도 좋은 때는 돌아온다. 문제는 그런 좋은 때, 좋은 기회가 왔을 때 그것을 알고 활용할 준비가 되어 있는가 하는 것이다.

57 요순과 삼황오제는 선천 문명을 처음 연 성인들이다. 당시를 태평성대라 하지만 사람들 의식수준이 낮아 지도자의 가르침을 그저 따르는 정도였다. 하지만 새로운 후천 세상은 한울의 진리가 모두 밝혀져 모두가 한울사람이 되는 다른 차원의 태평성대가 될 것이다.

58 무극대도는 선천 세상을 마감하고 후천 오만 년을 여는 가르침이다.

59 희호 세계는 백성의 생활이 즐겁고 나라가 태평한 세상을 뜻한다.

60 한울을 모시고 위하는 근본 가르침을 잊지 않고 실천해야 한다.

61 당시는 물론 지금도 도를 하는 사람들 중에 깨달음이 더디고, 개인적 어려움을 극복하지 못하고 한탄하거나 심지어 배교하는 경우도 있다. 그러나 어려움 없이 얻는 열매가 어찌 달콤하고 소중할 것인가?

62 축문은 기원하는 글이므로, 한울님을 위하는 글인 주문을 잊지 않고 소리 내어 외우는 것. 또는 입도하여 길이 도를 따르겠다는 맹세하는 축문(동경대전)을 외는 것.

63 삶과 죽음을 돌아보지 않고 맹세해서. 공자는 아침에 도를 들으면 저녁에 죽어도 좋다고 하였다. 내가 사는 참 의미를 알고 참된 삶을 산다면 하루를 살더라도 평생 뜻 없이 산 것보다 보람 될 것이다. 그러므로 진리는 생사를 초월한다.

64 만물이 한울을 모신 존재라는 진리가 밝혀지면 천지인과 거기 사는 모든 생명들 삶의 의미와 방식이 달라질 수밖에 없다. 모든 규범이 새로워져야 한다. 예컨대 동식물을 자원으로만 보던 시각에서 한울을 모신 신성한 존재로 보는 시각으로 전환되는 것이니 일상생활도 180도 달라져

다짐 맹서盟誓 하는 줄을 내가 어찌 모를소냐65

이대로만 하게 되면 돌아오는 그때에는66

음양조화陰陽造化 다 알아서 주찰천하周察天下 할 터이오

소원所願대로 행행行할 테니67 한탄恨歎 말고 돌아가서

너의 사장師丈 교훈敎訓 받아68 일사위법一事違法 하지 말고

차제도법次第道法 밝혀내어 순리순수順理順受 하였어라69

수작酬酌하는 그 거동擧動을 잠심潛心하여 보다가서70

봉황鳳凰의 울음소리 홀연忽然히 잠을 깨니71

불견기처不見其處 되었더라72

전후좌우前後左右 살펴보니 침상일몽枕上一夢 그뿐일세73

야 하는 것이다.

65 "포태지수 정해 내어 자아시 자라날 때 어느 일을 내 모르며…"(용담유사, 교훈가) 한울님은 내 안에도 온 우주에도 가득하여 간섭하지 않는 곳이 없다.

66 후천개벽의 그 때를 말한다. 개벽은 저절로 오는 것이 아니다. 불고사생 맹세해서 염념불망 잊지 말고 삼재 인류를 실천해야 오는 것이다.

67 개벽된 세상에선 한울님 이치대로 순리대로 모든 것이 이루어질 것이나, 아직 사람들 마음이 습관된 욕심에 사로잡혀 있는 세상에선 순리를 거스르는 일들이 많을 수밖에 없다.

68 너의 스승 가르침을 따라 잘 수행하라는 뜻이니, 스승은 수운 선생과 해월 선생.

69 여기까지 한울님 말씀. 이미 스승님들이 한울 이치와 수행 방법을 자세히 가르쳐 주셨으므로 어기지 말고 잘 따르면 이치에 어긋나지 않을 것이라며 타이르는 모습.

70 지금까지 신선과 표표 소년 대화하는 것을 영화 보듯 지켜본 것이다. 그러나 신선도 내 마음속 참된 한울마음이요, 소년도 내 마음의 어리석음이니 모두가 나요 모두가 한울이다. 이렇게 자신을 떠나 자신의 참 모습이 무엇인지, 어떤 생각과 행을 하는지 바라보는 것을 觀한다고 한다. 중요한 수행법 중 하나다.(십삼관법 참조)

71 봉황은 좋은 일이 있을 때 나타난다는 상서로운 짐승이다. 봉황이 울었음은 깨달음을 얻어 미몽에서 깨어남을 상징한다. 마치 불가에서 고승의 '할' 소리에 어리석은 자신의 껍질을 깨치듯이.

72 한울은 어디에서도 볼 수 없고, 또한 어디서나 볼 수 있다. 눈을 뜨고 귀를 열어야 보이고 들릴 것이다.

73 어느 것이 꿈이고 어느 것이 현실인가? 현실이 꿈만 못 하다면 꿈 속 세상과 같아지도록 노력해서 바꿔야 한다. 꿈꾸는 자만이 바꿀 수 있고 이룰 수 있다. 조금 전까지 우주의 시작과 생명의 원리를 한울님과 대화하며 깨달았음에도 그 모두를 꿈이라 여기며 버린다. 진리란 그런 것이다. 이치를 깨달았다 하여 거기에 매달리거나 그런 체험에만 집착하면 더 이상의 공부가 진행되지 않는다. 모든 이치를 깨달았어도 역시 공한 것이요, 다시 현실로 돌아와 그 이치를 삶 속에서 펴지(포덕) 않으면 의미가 없는 것이다.(무체법경 삼심관 참조)

二十九. 무하사無何詞[1]

용담龍潭에 물이 있어 근원根源이 깊었으니

사해四海에 둘렸도다 검악劍岳에 꽃을 심어

임자를 정定했으니 화개소식花開消息 분명分明하다[2]

동풍삼월東風三月 이때로다[3] 십오야十五夜 밝은 달은[4]

사해四海에 밝아 있고 이화도화李花桃花 만발滿發하여

만화방창萬花方暢[5] 아닐런가 백화작작百花灼灼 그 가운데

정전庭前에 일지매一枝梅는 표일飄逸한 절개節介로서

은연隱然히 빛을 감춰 정절貞節을 지켰도다[6]

가련可憐하다 가련可憐하다 화류춘풍花柳春風 호시절好時節을

무연憮然히[7] 보냈으니 황국단풍黃菊丹楓 아닐런가[8]

상풍霜風이 대작大作하여 백설白雪을 날렸도다[9]

---

1 무하사는 우리 도의 역사를 노래한 서사이기도 하고 진리를 찾는 모든 이들의 수행 과정을 노래한 서사이기도 하다. 진리는 스스로 체득해야한다. 그래서 예부터 불립문자, 道可道 非常道라 했다. 도를 깨닫는 과정도 어찌 설명할 것인가? 매화로 은유할 뿐, 어찌 할 수 없다(無何).

2 "용담의 물이 흘러 네 바다 근원이요, 구미산에 봄이 오니 온 세상이 꽃이로다."(동경대전, 절구) 용담 물은 수운 선생에서 시작된 무극대도. 검악에 심은 꽃은 대도를 이은 해월 선생. 꽃이 피는 것은 무극대도의 진리가 세상에 드러남을 말한다.

3 동풍은 봄바람이며, 생명을 살리는 기운이고, 서풍은 가을바람이고 죽이는 바람이다.

4 음력 15일에 뜨는 달은 보름달이다. 꽉 찬 보름달은 온전한 진리의 빛이다.

5 온갖 꽃들이 흐드러지게 피었으니. 좋은 시절이 오면 숨죽이던 모든 생명이 드러나고 생명을 만끽한다. 경신년 4월에 수운선생이 득도하여 후천의 새 세상을 시작하셨다.

6 다른 꽃은 봄기운이 완연한 뒤에 다투어 피지만, 매화는 아직 추위가 가시기 전에 피어 봄소식을 알린다. 그러므로 추위에도 굴하지 않는 기상을 예부터 어여삐 여겨 사군자중 하나로 칭송해 왔다. 추위에도 불구하고 봄소식을 전하는 매화는 진리를 전하는 선구자요, 선천을 개벽하기 위한 무극대도의 역사를 상징한다. 인심이 깨기 전 진리를 전하는 것은 추운 겨울에 봄소식을 전하는 것과 같다. 수운선생의 고초와 순도가 그러하지 않은가.

7 憮 어루만질, 실의한 모양, 멍한 모양 무. 아무것도 한 것 없이 보냈다는 뜻.

8 노란 국화와 단풍은 가을에 나타난다. 꽃과 생명이 만발한 봄에는 두각을 나타내지 못하고 추위를 앞둔 가을에야 뒤늦게 피는, 막차를 타는 신세를 말한다. 시대를 앞서지 못하고 따라가기만 해선 좋은 열매를 차지하기 어렵다.

벽공碧空에 걸린 달은 추풍秋風에 정신精神 모아

서산西山에 내려 있고10 만화방창萬花方暢 붉은 꽃은

화락무성花落無聲 아닐런가11 가련可憐하다 가련可憐하다

적막寂寞한 공창空窓 앞에 인적人迹이 없었으니

화개소식花開消息 누가 알꼬12 정전庭前에 심은 매화梅花

향풍香風에 뜻을 내어13 지지발발枝枝發發 날로 피어

백설白雪을 웃었으니 화개소식花開消息 분명分明하다14

더디도다 더디도다 나귀 등에 오는 손은

이런 소식消息 모르고서 편답강산遍踏江山 무슨 일고15

춘몽春夢을 불각不覺하여 정신수습精神收拾 못했도다16

세상풍진世上風塵 고해 중苦海中에 무릉 소식武陵消息 어찌 알꼬17

---

9 가을은 겨울 문턱이다. 가을 서리와 겨울눈은 생명이 숨고 저장하며 기다려야 하는 시기로, 참고 기다려야 할 시련을 나타낸다.

10 푸른 가을 하늘에 떠있는 달은 시련(추풍과 서산)에도 진리를 지키려는 정신이다.

11 좋은 시절에 흐드러지게 피었던 꽃들이지만 시들어 떨어지면 아무 소리도 없고 모양도 추할 수밖에 없다. 꽃이나 사람이나 아름다운 마무리와 퇴장이 더욱 어렵다.

12 진리를 깨닫거나, 진리를 찾는 진실된 사람이 없어 새로운 세상이 오는 것을 모르니 안타깝다. 오직 속진에 물든 각자위심 세상임을 한탄하신 것.

13 향기로운 바람은 진리 기운, 또는 진리 소식. 혼란한 세상에서도 뜻이 있는 사람은 세상을 구할 진리의 가르침을 기다리게 마련이다.

14 자신의 이익만 찾는 세상에서, 시련 속에도 홀로 피는 매화는 진리를 전하는 선각자.

15 나귀를 타고 세상을 돌아다니는 사람은 진리를 찾아다니는 세상 사람이요 속진에 물든 나의 모습이다. 진리를 배우기 원해도 인연이 닿아야 접하게 된다. 마음을 닫고 있으면 눈앞에 한울님이 진리를 가르쳐 줘도 알아보지 못한다.

16 봄기운이 돌면 긴장이 풀리고 나른하여 졸린 듯, 깨인 듯 나태해진다. 그러나 겨울이 지나 봄이 왔음은 새로운 세상, 새로운 기운이 태동함을 알리는 것이니 이를 알아채지 못하면 여름의 급격한 성장과 가을 결실-새로운 세상의 변화를 제대로 맞이할 수 없다. 새 생명을 기르는 농부들이 한창 바쁜 때가 이즈음이 아니던가!

17 세상의 희로애락에 일희일비 하다 보면 전체 인생을 크게 보지 못하고 그때그때 시비에 마음을 빼앗긴다. 그럴 경우 진리 소식을 들어도 제대로 알아듣지 못할 것이다. 무릉도원은 도연명의 도화원기(桃花源記)에 나오는 말로 이상향을 뜻한다. 즉 무릉(武陵)의 어부가 복숭아꽃이 흘러오는 곡천(谷川)을 거슬러 올라가 도화(桃花)가 만발한 숲 속 동굴에 들어가 보니, 진(秦)나라의 난리를 피해 이 산 속으로 옮겨온 사람들의 자손들이 평화스럽게 살고

무릉도화武陵桃花 흐르는 물 사해四海에 흘렀거든[18]

어주漁舟를 벗을 삼아 비월비시非月非時 그때로서

찾아오기 분명分明토다[19] 적막寂寞한 공창空窓 앞에

표연飄然히 홀로 서서 정절貞節을 지켰으니[20]

군자낙지君子樂地 아닐런가 그럭저럭 지내나니

유수流水같이 빠른 광음光陰 일순一瞬같이 지내나니[21]

서산西山에 운권雲捲되고 춘풍삼월春風三月 또 있도다[22]

이때로다 이때로다 정당삼월正當三月 이때로다[23]

남산북산南山北山 그 가운데 동산서산東山西山 일체一體로서

일조방창一朝方暢 되었더라[24] 나귀 등에 오는 손이

이제야 잠을 깨어[25] 호접蝴蝶에 신信을 붙여[26]

있었다. 대접을 잘 받고 마을로 돌아와 친구를 다시 찾아가려고 하였으나 찾지 못하였다. 여기서 무릉소식, 무릉도화는 개벽된 한울 세상과 그 소식 또는 그로 가는 진리를 상징한다.

18 한울 세상의 진리는 온 세상에 차별 없이 흘러 만물을 적시고 살린다.

19 무릉을 찾아가는 고기잡이 배는 진리를 찾는 수단과 방법, 또는 안내자, 선각자. 선각자는 진리로 향하는 배를 태우고 안내할 수는 있으되, 노를 젓고 찾아가는 것은 본인 몫이다. 진리를 안내하는 배를 타고 진리의 흐름을 따라가면 개벽 세상(무릉도원)을 찾을 수 있을 것이다. 진리를 찾는 것은 특정한 때가 있는 것이 아니다. 언제든 항상 한울에 대한 생각과 위하는 마음을 잊지 않고 지켜야 한다.

20 봄이 오면 모든 꽃이 앞 다투어 피지만, 봄이 오기 전 추위가 가시기 전에 봄소식을 전하는 것은 용기와 인내가 필요하다. 민주화가 이루어진 뒤엔 누구나 자유롭게 권력을 비판하지만, 독재의 압제가 기세 등등할 때는 바른 소식을 알리고 잘못을 비판하는 용기 있는 사람이 드물다. 그런 역할을 매화가 한 것이다.

21 瞬 눈 깜작일 순. 정절을 지켜 바른 삶을 살면, 어려운 시기라 해도 고생은 금방 지나간다.

22 捲 말다, 걷다, 힘쓰다, 주먹 권. 서산에 구름이 걷힌 후 좋은 시절이 다시 온다 함은 무슨 뜻인가? 서산 구름은 무극대도와 진리를 방해하는 물질문명 등을 상징한다. 무극대도는 이러한 시련을 극복해야 비로소 세상에 온전히 드러나게 될 것이다.

23 정당삼월은 모든 시련을 극복한 뒤의 진정한 봄, 개벽된 세상이 오는 때를 상징한다.

24 산은 땅 기운이 돌출된 곳이다. 따라서 예부터 명산은 地氣의 대표로 여겨져 기도와 공부하는 사람들이 모여들었다. 그러므로 동서남북 산이 하루아침에 하나같이 화합하여 화락했다는 것은, 세상 모든 뛰어난 인물과 가르침들이 한울 진리에 하나가 되었음을 뜻한다. "산하의 큰 운수가 다 이 도에 돌아오니 그 근원이 가장 깊고 그 이치가 심히 멀도다."(동경대전, 탄도유심급)

25 세상 사람들이 진리가 밝혀졌음을 이제야 알고, 따르기 시작했다는 뜻.

꽃을 따라 찾아가니 바쁘도다 바쁘도다

나귀 걸음 재촉하여 화개문전花開門前 당도當到하여27

마상馬上에 얼른 나려 공창空窓 앞에 사배四拜하고28

일지매一枝梅 부여잡고 일장탄식一場歎息 한참하고

만단수회萬端愁悔 한참 할 때29 반공半空에 옥적玉笛 소리

홀연忽然히 들리더니30 오운五雲이 영롱玲瓏하고

향취香臭가 진동震動하며 학鶴의 소리 가깝도다31

정신精神이 쇄락灑落하여 공수합장拱手合掌 의지依支하여

동정動靜을 살피더니32 표연飄然한 학발노인鶴髮老人

---

26 호접은 진리를 인도하는 자.(몽중문답가 참조) 인도자가 바르게 인도해도 그를 믿지 못하면 어찌 바른 길로 갈 수 있겠는가? 믿음은 깨달음으로 가는, 개벽으로 가는 첫걸음이자 기본이다. (해월신사법설 성경신 참조)

27 꽃이 피어 있는 곳은 봄(개벽)이 온 곳이다. 그러므로 꽃을 따라 가는 것은 개벽의 가르침을 따라가는 것이다. 꽃이 피어있는 문은 속세와 개벽된 세상과의 경계를 뜻한다. 그 문을 들어서면 수행자로서 한 경계(예를 들면 강령 같은)를 넘어서는 것이다.

28 절은 자신을 낮추고 상대방을 공경하는 예절이다. 그래서 예부터 절은 자존심을 버리고 마음을 비우는 수행법으로 많이 활용되어 왔다. 수운 선생이 득도 전 무릎이 해지도록 절 수행을 하신 증언(수양딸)이 전하거니와 모든 사람을 신분고하를 막론하고 한울을 모신 존재로 공경하며 절하는 것은 천도교인의 특징 중 하나였다. 절은 보통 일배로 하되, 死者에게는 이배를, 옛 왕조에서는 왕에게 사배하여 최대한의 경의를 표했다. 불가에선 불, 법, 승 에 대한 삼배를 하는 전통이 있다. 그러므로 사배를 함은 자신이 표할 수 있는 최대한의 경의를 표한 것으로 볼 수 있다.

29 일지매가 봄소식을 일찍부터 알렸지만 자신이 알아보지 못했으니 미안하고 안타깝다.

30 옥피리는 은둔한 선인이나 신선이 내는 소리를 상징한다. "청옥적 황옥적은 자웅으로 지켜 있고 일천년 신라국은 소리를 지켜 내네."(용담유사, 용담가)

31 다섯 가지 구름은 오행을 상징하고, 향기로운 냄세와 학소리는 모두 속세와 다른 신선의 등장을 암시한다. "겹겹이 쌓인 티끌 내가 씻어 버리고자 표연히 학을 타고 선대로 향하리라."(동경대전, 우음) 즉, 마음을 열고 수행을 시작하여(호접에 신을 붙여 꽃을 따라 찾아가니), 참된 한울마음을 회복하니(화개문전 당도하여 공창 앞에 사배하고), 한울님 진면목을 만나 진리를 깨닫게 되는 것이다.

32 한울의 진경을 처음 체험하는 것은 이제껏 경험해 보지 못한 상태이므로 놀랍고 두려울 수 있다. 이럴 때일수록 마음을 가다듬고 한울을 위하는 마음을 잃지 않고 정진해야 한다. 지극한 기도할 때 손을 모아 합장하는 것은, 마음을 보다 간절히 집중하는 것이고 동서고금에 공통된 문화다. 특정 종교 기도나 인사로 폄하할 필요는 없다. 천도교 수련 중에도 집중을 필요로 할 때는 합장하고 하기도 한다.

불문곡직不問曲直 나려와서 학鶴의 등에 얼른 나려

당상堂上에 좌정座定하여 일지매一枝梅를 어루만져

회회낙락喜喜樂樂 아닐런가33 마상馬上에 이른 손이

정하庭下에 사배四拜하니 묵묵부답默默不答 아닐런가34

이윽히 생각生覺타가 낭중囊中의 일편물一片物을

완연宛然히 내어 들고 마상馬上에 걸어주며

여차여차如此如此 분부吩咐하니 불과 수언不過數言 그뿐이라35

이윽고 천지天地가 진동震動하며 풍우대작風雨大作 일어나서

강산江山을 뛰노면서 우뢰소리 귀가 먹고

정신수습精神收拾 못할러라 이 웬일고 이 웬일고

홍몽천지鴻濛天地 이 아닌가 연속부절連續不絶 진동震動하며

일천지하一天之下 일반一般이라 천지개벽天地開闢 이 아닌가36

생활지계生活之計 뉘가 알랴 억조창생億兆蒼生 도탄중塗炭中에

이제창생以濟蒼生 어찌 할꼬 만단수심萬端愁心 한참 할 때37

당상堂上에 학발노인鶴髮老人 미소탄식微笑嘆息 하는 말씀

미련未練한 이것들아 일편물一片物 주는 것을

---

33 노인은 누구인가? 습관심을 벗어낸 나의 본 모습일 수도 있고, 나의 공부를 진경으로 안내할 큰 스승일 수도 있겠다. 누구이건 한울마음을 간직한 한울사람이요, 선인이다.

34 나귀 타고 온 속세의 나는, 진인을 만났으니 경배하고 진리를 가르쳐 줄 것을 청하지만 답이 없이 조용하다. 한울 본래 자리는 고요한 것이기 때문이다. "나에게 한 잠잠한 것이 있으니 세상이 능히 알지 못하도다. 잠잠한 속에 나무가 있으니 그 줄기는 성품이 되고 그 가지는 마음이 되었느니라. 성품이 있고 마음이 있음에 큰 도가 반드시 생겨나느니라."(의암성사법설, 극락설)

35 진리는 불립문자, 말로 설명하는 것이 아닌 스스로 체험하는 것이다. 그러므로 그것을 가리키는 말씀도 긴 말씀이 필요 없을 것이다. '열세자 지극하면 만권시서 무엇하며…(용담유사, 교훈가)'라 하지 않으셨나?

36 개벽은 새로운 세상이 열리는 것이다. 작은 변화와 달리 근본적인 깊고 넓은 변화가 오는 것이다. 내 작은 생활습관 하나 바꾸는 것도 힘들고 고통스러운 법인데 온 세상 삶이 근본적으로 바뀌니 어찌 고통과 혼란이 없겠는가? 산고가 클수록 크고 건강한 아이를 낳는 법이다.

37 그 혼란에 자신만 살기를 도모하는 것이 아니라 모든 생명을 살리는 것을 발원한다. 이것이 위위심이다. 이 마음을 잃지 않고 정진하면 어떤 어려움 속에서도 길을 열어주신다.

자세仔細보고 하게 되면38 만무일생萬無一生39 그 가운데

생활지방生活之方 근심하며 홍몽세계鴻濛世界40 그 중中에도

이제창생以濟蒼生 못할소냐 자세仔細보고 시행施行하라

그제야 깨닫고서 일편물一片物 살펴보니

비금비옥非金非玉 그 가운데 마음 심心자뿐이로다41

정신精神이 쇄락灑落하여 수심정기守心正氣 다시 하고

일동일정一動一靜 시험試驗하니 임의용지任意用之 하는 거동擧動

천지조화天地造化 분명分明하다42 그제야 파혹破惑하고

마상객馬上客 다시 불러 여차여차如此如此 지휘指揮하고

원처근처遠處近處 어진 친구親舊 구름 모듯 하였더라43

그 중中에 현인군자賢人君子 의기남자義氣男子 몇몇인고44

심지상통心志相通 그 가운데 여차여차如此如此 지휘指揮하니

무궁조화無窮造化 그 이치理致가 임의용지任意用之 분명分明하다45

---

38 이미 답을 주셨으나 실천하고 체행하지 않아 모르고 있음을 야단치신 것. 진리는 머리로 알고만
   있어선 의미가 없다. 삶 속에 실천하여 자신과 주변 삶이 변하는 것을 체험해야 한다.

39 만 명 중 한 명도 살지 못하는.

40 하늘과 땅이 갈리지 않은 혼돈 상태.

41 세상을 구하는 것은 돈도 권력도 아니다. 마음이 개벽되어야 하는 것이다. 금은 재물을, 옥은 권
   력을 상징한다. 재물은 너무 없어도 정상적인 삶을 영위하기 어렵지만 필요 이상 많아도 분란
   이 끊이지 않게 된다. 권력 또한 세상을 바꾸자며 수많은 권력이 갈렸지만 정치권력이 바뀐다
   고 세상이 근본적으로 변하진 않는다. 또한 권력 지위에 오래 있으면 모두 군림하려 하는 것이
   인지상정이다.

42 마치 수운 선생이 득도 후 일 년여를 포덕할 생각하지 않고 스스로 수행하며 체험하고 확인하였
   던 것과 같다. 마음공부는 실제 체험하고 느껴보지 않으면 모른다.

43 "원처근처 어진선비 풍운같이 모아드니 낙중우락 아닐런가."(용담유사, 도수사) 세상에는
   바른 뜻을 품은 사람이 많다. 그 뜻과 힘을 바르게 인도할 가르침과 지도자가 필요한 것이다.

44 풍운같이 모여든 사람들 중에는 권력을 취하고자 온 사람도 있을 테고, 군중 심리로 그냥 따라
   온 사람도 있을 것이다. 진실로 마음이 변치 않고 고락을 함께할 수 있는 사람은 많지 않을 것이
   다. 수운 선생 당시에도 그러하였다.

45 한울님 모심을 깨달은 사람은 생각과 말과 행이 일치되며, 마음먹은 대로 일이 이루어질 것이
   다. 일념재자면 만사여의(탄도유심급)라 하지 않으셨냐!

불과 수삭不過數朔 못하여서 각자위심各自爲心 그 사람이

동귀일체同歸一體 되었으니46 차차차차 시험試驗하면

일천지하一天之下 그 가운데 만화귀일萬化歸一 아닐런가47

좋을시고 좋을시고 태평시절泰平時節 좋을시고

마상객馬上客 그 손님은 한번 지휘指揮 들어다가

신지일자信之一字 아니 잃고 성경신법誠敬信法 분명分明하다48

장壯하도다 장壯하도다 위의복록威儀福祿 장壯하도다49

일지매一枝梅 한 가지가 편답강산遍踏江山 아니하고

일천지하一天之下 넓은 천지天地 화개소식花開消息 전傳했으니50

오만년지五萬年之 무궁無窮이라 용담검악龍潭劍岳51 돌아드니

제제창창濟濟蹌蹌52 모든 사람 현인군자賢人君子 분명分明하다53

---

46 "아름답도다, 우리 도의 행함이여. 붓을 들어 글을 쓰니 사람들이 왕희지의 필적인가 의심하고, 입을 열어 운을 부르니 누가 나무꾼 앞에서 머리를 숙이지 않겠는가. 허물을 뉘우친 사람은 욕심이 석숭의 재물도 탐내지 아니하고, 정성이 지극한 아이는 다시 사광의 총명도 부러워하지 않더라. 용모가 환태된 것은 마치 선풍이 불어온 듯하고, 오랜 병이 저절로 낫는 것은 편작의 어진 이름도 잊어버릴 만하더라."(동경대전, 수덕문) "입도한 지 수삭이 못되어 발령이 되어 스스로 아는 바 있어 능히 도를 통하였다 하니…."(의암성사법설, 권도문) 무극대도는 가르침이 쉽고, 멀리 있는 것이 아닌 내 몸에 모신 한울을 깨닫는 것이므로 닦는 사람의 정성과 바른 가르침만 있다면 빠르게 몸과 마음이 개벽될 수 있다.

47 "산하의 큰 운수가 다 이 도에 돌아오니…."(동경대전, 탄도유심급) 세상 진리는 하나다. 그 표현과 가르치는 방법이 다를 뿐. 그러므로 만화귀일은 인위적으로 하나로 통합하려는 것이 아니라, 세상의 모든 가르침을 같은 진리로 포용하는 다양성의 인정이다.

48 "한번 입도식을 지내는 것은 한울님을 길이 모시겠다는 중한 맹세요…."(동경대전, 수덕문) "번복지심 두게 되면 이는 역시 역리자요…."(용담유사, 도덕가) 진리를 배우기는 쉽다. 오늘날처럼 정보를 쉽게 접할 수 있는 개방된 사회라면 더욱 그렇다. 그러나 배운 진리를 잊지 않고 정성드려 삶에 실행하는 것은 쉽지 않고 그래서 더욱 귀하다.

49 도를 행하는 모습은 거룩하고 장하다. 그러나 세속적인 위엄이 아니다. 해월 선생 처형 전 사진을 본 적 있는가? 다 해진 옷에 부르튼 발, 온갖 풍상을 겪은 그 노인 모습은 그러나 그 이상 거룩할 수 없는 모습이다. 그 모습을 보고 눈물 흘리지 않은 도인은 없었으리라.

50 편답강산은 세속의 가치와 가르침들을 상징한다. 결국 진실은 나의 내면에 있었던 것이다.

51 무극대도는 수운 선생(용담), 해월 선생(검악)를 거쳐 이어졌다.

52 제제창창은 몸가짐이 위엄이 있고 질서정연한 모습을 말한다.

53 용담 검악을 이은 무극대도를 닦는 사람들은 몸가짐이 가볍지 않고 바르게 행하니 이를 군자라 하는 것이다.

정상庭上을 살펴보니 대서특필大書特筆 붙인 선판宣板

오만년지五萬年之 무궁無窮이라54 선판宣板에 새긴 글은

정각亭閣이 높고 높아 기록記錄하기 어렵도다55

현숙賢淑한 제군諸君들은 이말 저말 하지 말고

수심정기守心正氣 살펴내어 성지우성誠之又誠 잃지 마오56

가도화순家道和順 하는 법法은 부화부순夫和婦順 으뜸이라

부화부순夫和婦順 하게 되면 천지합덕天地合德 아닐런가57

군자君子의 이른 말씀 천생만민天生萬民 하였으니

각수직분各受職分 아닐런가58 직업職業을 잃잖으니

불실천심不失天心 아닐런가59 직업職業을 힘써 하면

유의유식裕衣裕食 아닐런가60 유의유식裕衣裕食 되게 되면

---

54 학의 노인이 앉아 있던 정자는 한울 집이요 진리의 집이니 그곳은 어디인가? 한울의 진리를 수행하는 교회와 수행도량과 집이 모두 그 곳이 아닌가! 한울 뜻을 잊지 않으면 모습은 변해도 오만년이 되도록 무궁할 것이다.

55 한울 집에 새긴 글은 우주의 진리다. 진리는 그러나 사람의 짧은 언어로 온전히 그려내지 못한다. 그러므로 마음으로 깨달아야 하는 것이다. "글도 역시 무궁하고 말도 역시 무궁이라."(용담유사, 흥비가)

56 참된 도는 말이 앞서는 것이 아니라 한울 마음을 지키고 정성들여 만사를 행하는 데 있다.

57 "부부는 곧 천지라. 천지가 화하지 못하면 이는 한울님이 싫어하나니, 싫어하면 화를 주고 기뻐하면 복을 내릴 것이니 가내가 화순한 곳이 되도록 더욱 힘쓰는 것이 어떠하리오."(해월신사법설, 도결) "내외가 화순하면 천지가 안락하고 부모도 기뻐하며, 내외가 불화하면 한울이 크게 싫어하고 부모가 노하나니, 부모 진노는 곧 천지의 진노이니라."(해월신사법설, 부화부순)

58 "천생만민 하였으니 필수지직 할 것이오…."(용담유사, 교훈가) 누구든(장애인이라 할지라도) 자신을 위해, 또 다른 사람을 위해 할 수 있는 일이 있다. 그것이 본인에게 즐겁고 보람 있는 일이면 그것이 命이 된다. 또 자신이 즐기는 일을 꾸준히 하면 남보다 나은 기술로 발전하여 자신만의 경지를 이룰 수도 있을 것이니 그 분야의 스승이 되는 것이다.

59 한울이 부여한 명을 행하는 것을 업이라 한다. 이를 잊지 않고 정성 드리면 이것이 천심을 지키는 것이요, 수심정기 하는 것이다. 자신이 현재 종사하는 직업에서 한울의 소명을 찾아볼 일이다. 찾으면 매진하면 되고, 찾지 못하면 자신에게 맞는 자신에게 부여된 바른 업을 찾아야 할 것이다. 자신에게 맞는 업은 어떻게 찾는가? 하고 싶고, 재미있고, 보람을 느끼는 것을 찾으면 된다. 이미 직업에 귀천은 없다. 한울님께는 더욱. 또한 사회가 다양해지고 직업도 많아져, 어떤 일을 하더라도 큰 욕심만 내지 않고 정성들이면 생계는 해결할 수 있다.

60 裕 넉넉할, 느긋할 유. 遊衣遊食은 하는 일 없이 놀고먹는 것. 여기서는 넉넉할 유를 써서 궁핍하지 않고 여유 있게 먹고 입는다는 뜻.

물욕교폐物慾交蔽 있을소냐61 물욕교폐物慾交蔽 없게 되면

수심정기守心正氣 못할소냐62 성지우성誠之又誠 공경恭敬하니

인의예지仁義禮智 없을소냐63 수신제가修身齊家 분명分明하니

도덕군자道德君子 아닐런가64

---

61 항산이라야 항심이 있다. 기본적인 생활이 어려우면 도덕과 예절을 지키기 어려워진다. (의암
성사법설, 창세원인장 각주 참조)

62 "물욕교폐 되게되면 이는 역시 비루자요…."(용담유사, 도덕가) "젖먹이가 눈으로 물건을 보고
사랑하는 마음이 생기어 기뻐하며 웃다가 물건을 빼앗으면 성내어 싫어하나니, 이것을 물정심
이라 이르느니라."(의암성사법설, 진심불염) 육신을 가지고 현실을 살아가는 동안은 희로애락의 감정과 물건
에 대한 욕심은 어쩔 수 없이 상존한다. 그러므로 제이 천심이라 하신 것이다. 다만 눈 앞의 이
익과 감정을 조절하지 못하고 휘둘리는 것과 이를 조절하며 넓고 멀리 보는 안목으로 행하는 것
은 비루한 삶이 되느냐 군자의 삶이 되느냐, 그 결과는 천지차이가 날 수밖에 없다.

63 물욕과 감정을 조절하여 위위심을 잃지 않으면 그것이 수심정기다.(의암성사법설, 위생보호장
참조) 위하는 마음이 있어야 대인접물에 공경하고 정성 드릴 수 있다. 만물을 위하는 한울 마음
으로 대인접물을 행하면 어질고 의로우며 예의를 잃지 않고 지혜롭게 행하게 될 것이다.

64 도덕은 혼자 행해서는 의미가 없다. 집안과 사회를 함께 바꿔 나가는 것이 중요하다. 나는 혼자
서 사는 것이 아니라, 세상 운과 함께하기 때문이다. 그러므로 수신하고 제가와 치국평천하 되
는 것이고, 한 사람이 화해짐에 천하가 같이 화해지는(해월신사법설, 대인접물) 것이다.

三十. 降書강서

30-1.[1]

龍潭聖運 與天無窮 長生不死

용담 성운은 한울과 같이 무궁하여 길이 살아 죽지 않는지라,[2]

傳授海月 乘日蹈天 杳向仙臺

해월신사께 전하여 주시고 해를 타고 한울에 이르러

아득하게 선대로 향하였으나,[3]

無事不涉 無事不命 恒侍吾心

일에 간섭치 아니함이 없고 일에 명령하지 아니함이 없이

길이 내 마음에 모시었도다.[4]

劍岳聖世 傳之無窮 不死不滅

검악성세에 전하는 것이 무궁하여 죽지도 아니하고 멸하지도 아니하여,[5]

傳鉢道主 無時不命 無時不敎 長全心肝

바릿대를 전한 도주는 때로 명하지 아니함이 없고,

때로 가르치지 아니함이 없어, 길이 온전하여 마음에 새기었도다.[6]

---

1 <천도교회사>에 실린 초고에는 이 부분이 祝文으로 표기되어 있다.

2 "나의 주문을 받아 사람을 가르쳐서 나를 위하게 하면 너도 또한 장생하여 덕을 천하에 펴리라."
 (동경대전, 포덕문) 수운 선생은 41세에 순도하였으나 그 정신은 오늘도 면면히 살아 사람들을
 일깨운다.

3 도의 사명은 해월 선생에게 전하였으나 수운 선생 성령은 한울 본성과 하나가 되었다. "한울님은
 마음이 있으나 말이 없고, 성인은 마음도 있고 말도 있으니, 오직 성인은 마음도 있고 말도 있는
 한울님이니라."(해월신사법설, 성인지 덕화)

4 한울님은 "허령이 창창하여 일에 간섭하지 아니함이 없고 일에 명령하지 아니함이 없으나, 그러
 나 모양이 있는 것 같으나 형상하기 어렵고 들리는 듯하나 보기는 어려운, 혼원한 한 기운"(동경
 대전, 논학문)이시다. 이 기운과 수운 선생 성령이 하나가 되었으니 한울을 모신 사람은 누구나
 수운 선생을 모신 것이기도 하다.

5 해월 선생에게 전한 것은 물건이나 재물이 아니다. 수운 선생 마음, 무극대도를 전했으니 도는 한
 울과 함께 무궁 하다.

6 해월 선생이 다시 도를 전한 것은 의암 선생이다. 의암 선생은 해월 선생을 모시고 관의 눈을 피

如是沒覺 不敢將擧大道

이렇듯이 깨달음이 없는 것이 대도를 거느려 일으키지 못하다가,[7]

擇日設法 怳然降教

날을 가리어 설법하니 황연히 가르침이 내리어,[8]

明立紀綱 廣濟蒼生之大願

기강을 밝게 세우고 광제창생을 크게 원하노라.[9]

30-2.

荷蒙薰陶 日月之廣明 傳鉢師恩 道統之相授

훈도하심을 입은 것은 일월의 광명이요,[10]

전발하신 스승님의 은혜는 도통의 서로 주심이라.[11]

先天用道 浩蕩之廣政 今日設法 立綱之節義

선천 용도는 호탕한 넓은 정사요,[12]

해 잠행하며 가르침을 받고 수련하셨다. * 예부터 스승의 도를 이어받는 사람에게 스승 의복과 밥그릇을 전해 자신 후계자로 인정하는 관습이 있어 의발을 전했다 함은 이를 뜻한다.

7 깨달음이 없는 이는 의암 선생 자신을 낮춰 표현한 것이다. 선생이 도를 이어 받으신 뒤(포덕38년), 해월 선생이 순도하시고(포덕39년) 동학혁명 후유증으로 혹심한 탄압을 받아 도세가 많이 위축된 상태였다.

8 의암 선생은 포덕40년 이후 각세진경을 비롯한 많은 법설을 저술하시어 도인들의 수련을 지도하고 교의 체계를 확립해 나가는 데 진력하였다. 여기서 설법은 법의 자리를 펴는 것. 즉 진리를 강하는 자리를 마련하는 것을 뜻한다.

9 포덕40년 전후에는 도심이 많이 흩어진 상태였으므로 이를 진작하는 노력이 경주된다. 그것이 법설 저술과 일본 외유, 진보회 등 민회 활동, 천도교로 체제 전환 등으로 나타났다.

10 荷 책망할 하, 蒙 입을, 덮을 몽. 훈도는 덕으로 사람의 도덕과 품성을 기르는 것. 의암 선생이 해월 선생을 만나 도를 배우고 새 사람이 된 것은 결국 한울님 은혜와 간섭 결과다. 이를 일월의 광명으로 표현하셨다.

11 한울님 은혜를 스승님 가르침이 없었다면 어찌 알 수 있었으랴. 그러므로 한울 은혜만큼 큰 것이 또한 스승의 은혜.

12 정치는 현실 갈등을 조정하는 기술이다.(의암성사법설, 천도태원경 참조) 한울의 도가 완전히 밝혀지기 전 선천 세상에선 바른 정치를 통해 사람들의 삶을 이끄는 것이 최선이었을 것이다. 그러나 모두가 한울을 모신 신령한 존재라는 도가 완전히 밝혀진 후엔 그 신령함을 잊지 않고 세상에 그 신령함을 실현하는 것이 도의 목적이 된다.

금일 설법은 기강을 세우는 절의로다.13

守眞志滿 勿捨淸德 日去月來 陰陽合德

참을 지키고 뜻을 원만히 하여 맑은 덕을 버리지 말라.14

날이 가고 달이 옴에 음양이 덕을 합하고,15

春生秋實 造化成功 無去無來 吾心永守

봄에 나고 가을에 결실하니 조화의 성공이라.16

가는 것도 없고 오는 것도 없는 내 마음을 길이 지키어17

不遷不易 大道刱明

옮기지도 아니하고 바뀌지도 아니하는 큰 도를 창명하라.18

---

13 오늘 설법은 후천의 도를 체행하는 또 다른 다짐과 시작이요 기준이 되는 것이다.

14 당장 곤란을 모면하기 위해 거짓에 의존하면 또 다른 거짓을 낳게 된다. 그러므로 진실을 밝히고 지키려 노력해야 하고, 이러한 참된 뜻을 항상 가득히 채우고 있어야 한다. 참된 마음과 뜻이 습관된 마음에 지지 않도록 키워 나가는 것이 양천주하는 것이다. 또한 나의 욕심을 버리면 한울의 청정한 덕을 알 수 있을 것이고 이를 잊지 않고 지키는 것이 수심정기하는 것이다.

15 해는 양을 상징하고 달은 음을 상징한다. 낮은 밤이 있어 밝음을 알 수 있고, 밤의 휴식이 있어야 낮의 왕성한 생명활동이 돌아온다. 세상 모든 것이 좋은 점이 있으면 단점도 있게 마련이고, 나쁜 일이 있으면 좋은 일도 오게 마련이다. 새는 좌우 날개가 있어야 날 수 있고, 이러한 상대적 가치 조화가 건강한 생명을 만든다.

16 봄은 낳게 하는 기운이고 가을은 죽이는 기운이다. 그러므로 죽기 전에 열매를 맺어 후손을 남긴다. 봄 여름 가을 겨울은 일년의 조화다. "낮이 밝고 밤이 어두운 것은 하루의 변함이요, 보름에 차고 그믐에 이지러지는 것은 한 달 변함이요, 춥고 덥고 따스하고 서늘한 것은 한 해 변함이니라."(해월신사법설, 개벽운수)

17 나의 내유신령은 외유기화와 소통 없이 존재할 수 있는가? 잠시라도 호흡과 섭취 없이 살 수 있는가? 그러면 내유신령과 외유기화는 결국 하나의 기운이요 하나의 생명 아닌가? 그러면 나와 너, 이쪽과 저쪽 구분이 어디 있는가? 모두가 하나인 것을. 이 모두가 하나이면 내 마음 또한 어디 가고오고 하겠는가? "나의 기점은 성천의 기인한 바요, 성천의 근본은 천지가 갈리기 전에 시작하여 이때에 억억만년이 나로부터 시작되었고, 나로부터 천지가 없어질 때까지 이때에 억억만년이 또한 나에게 이르러 끝나는 것이니라."(의암성사법설, 성심변)

18 도의 지엽만을 말하면 다른 측면을 다시 설명해야 한다. 그러나 온전히 다 밝히면 또 다른 설명이 필요없으리라. 그러므로 대도는 옮기지도 바뀌지도 아니한다. 한울 진리를 온전히 밝힌 것이므로. "옛 성인은 다만 지엽만 말하고 근본은 말하지 못했으나, 우리 수운 대선생님께서는 천지·음양·일월·귀신·기운·조화의 근본을 처음으로 밝히셨나니라."(해월신사법설, 천도와 유불선) "지나간 옛 현철이 스스로 구하고 스스로 보이는 것으로 서로 다투었으나, 우리 도에 이르러서는 사람이 스스로 구하여 도를 이루는 것이 아니라 한울님이 반드시 바르게 보이고 바르게 들으니, 만에 하나도 의심이 없느니라."(의암성사법설, 신통고)

何何知知 無窮而無窮 天必感應 誠心而一片

무엇을 알랴, 무궁하고 무궁한 것을.19

한울님은 반드시 정성 마음 한 조각에 감응하느니라.20

一以貫之 夫子之聖德

일이관지는 공부자의 성덕이요,21

空界送心 釋氏之道通

공계송심은 석씨의 도통이요,22

無形有跡 吾道之造化

무형유적은 우리 도의 조화니라.23

侍天奉天 永世守志

한울님을 모시고 한울님을 받들고 평생 동안 참뜻을 지키라.24

---

19 지식이란 사람 경험과 생각의 한계에 제한을 받는다. 그러나 우주 진리는 무한하니 인간 지식으로 재단할 수 없다. 그러므로 마음으로 직각해야 하는 것이다.

20 한울님은 지금 이 순간도 항상 나의 내유신령을 간섭하고 계신다. 그를 알고 감사하며 그를 위하는 마음만 있으면 된다. 특별한 제물이나 희생을 바라지 않으신다.

21 공자가 자신의 도는 忠과 恕 하나로 일관되어 있다고 한 말을 의미.(용담유사, 도수사 참조) 한 번 마음을 정한 뒤로는 변치 않는 것이 정성이라고 하셨다.(해월신사법설, 성경신)

22 마음이 항상 현실의 희로애락에 매어 있으면 전체 큰 그림을 볼 수 없다. 그러므로 희로애락과 욕심을 버리고 우주 빈 공간으로 마음을 보내는 공부를 해야 한다. 이를 성품공부라 한다. 성품 공부를 주로 강조한 것이 불교라서 석가의 도통이라 하셨다. "내 마음을 물건 밖에 보내면 형상도 없고 자취도 없고 위도 없고 아래도 없으며, 내 마음을 물건 안에 보내면 억천만상과 삼라미진이 다 내 성품이요, 내 마음이니라."(의암성사법설, 견성해)

23 "무릇 천도란 것은 형상이 없는 것 같으나 자취가 있고…"(동경대전, 논학문) 형상이 없는 한울과 형상이 있는 사람이 하나가 되어 진리를 실현하는 것이 무극대도의 가르침이다.

24 내 안에 모신 한울을 항상 잊지 않고 습관된 마음보다 한울 명령에 따르고, 내 밖의 모든 한울을 받들고 위하여 사는 것이 진정한 나를 위하는 길이다. 이러한 큰 뜻을 평생 잊지 않고 수행하는 것이 영세불망이다. "성인의 위위심은 곧 자리심(스스로 이로운 마음)이니 자리심이 생기면 이타심(남을 이롭게 하는 마음)이 저절로 생기고, 이타심이 생기면 공화심이 저절로 생기고, 공화심이 생기면 자유심이 저절로 생기고, 자유심이 생기면 극락심이 저절로 생기느니라."(의암성사법설, 성범설)

三十一. 詩文시문

(一) 降詩강시

31-1-1. 天地日月入胸中 天地非大我心大

천지일월이 가슴 속에 드니, 천지가 큰 것이 아니요 내 마음이 큰 것이라.1

君子言行動天地 天地造化吾任意

군자의 말과 행동은 천지를 움직이나니,

천지조화는 내 마음대로 할 것이니라.2

觀貫天地一幅粧 每聽上帝言

보는 것이 천지 한 폭의 장식한 것을 꿰뚫으면

언제나 상제의 말씀을 들으며,3

恒時飽腹政 腹中有馳馬戰爭之聲

항상 배가 부른 정사면, 배 속에 말달리며 전쟁하는 소리가 있더라.4

---

1 천지일월은 공간이다. 공간은 한계가 있지만 마음은 그 생각 넓이에 제한이 없다. 한없이 작은 생각에 갇혀 있을 수도, 무한한 우주를 품에 안을 수도 있는 것이 마음이다. 어떤 마음을 가지느냐에 따라 그 마음이 움직이는 삶은 천지 차이가 날 것이다.

2 군자는 그 마음과 행이 한울 이치를 따르는 사람이다. 이런 사람은 사람들도 존경하지만 모든 한울 기운이 기꺼워한다. 그러므로 군자는 행동은 신중하되 한 번 정하고 움직이면 모든 사람과 한울 기운이 따라서 세상을 바꿀 수 있으니 이것이 천지조화가 아니고 무엇이랴. 그러므로 너의 정신이 천지의 공기라고 한 것이다.(의암성사법설, 인여물 개벽설)

3 일체가 한울을 모신 존재임을 깨달아 마음을 열면 보이는 것이 모두 한울이고 들리는 것이 모두 한울 소리다. 한울 소리와 소음이 분별되지 않으며 군자와 소인 분별이 없어진다. 일체가 한울일 뿐이다. "한울님 말씀이 어찌 따로 있으리오. 사람 말이 곧 한울님 말씀이며 새소리도 역시 시천주 소리이니라.⋯말이 이치에 합하고 도에 통한다 하면 어느 것이 한울님 말씀 아님이 있겠느냐."(해월신사법설, 천어)

4 飽 물릴, 배부를, 만족할 포. 馳 달릴, 질주할 치. 배가 부른 것은 현실-물질 만족이다. 그러나 물질은 많을수록 더 가지고 싶은 법이다. 그렇기 때문에 부자가 욕심을 멈추기 어렵고 마음의 평안을 얻기 어렵다. 재물과 현실의 부는 개인적 욕심을 위해 사용하면 갈등과 싸움을 일으키지만 한울을 위해 사용하면 모두를 행복하게 하는 도구가 될 수도 있다.

31-1-2. 一碗之食 百夫所成 苟非其力 愧不敢食

한 그릇 밥도 백 사람의 노력으로 된 것이니,[5]

정말 힘쓰지 않고는 부끄러워 감히 먹지 못하리라.[6]

天地圖來一掌中 大道行盡二字分

한울 땅은 한 손바닥 가운데 그림이요,[7]

큰 도는 두 글자를 분석하는 데 다했어라.[8]

人不侍天天率人 口不敎言言敎口

사람이 한울을 모신 것 아니라 한울이 사람을 거느렸고,

입이 말을 하는 것 아니라 말이 입을 가르치고,

耳不聽聲聲屬耳 舌不知味味敎舌

귀가 소리를 듣는 것 아니라 소리가 귀에 부딪히고,

혀가 맛을 아는 것 아니라 맛이 혀를 가르치더라.[9]

---

5 밥이 상에 오르기까지는 일년간 하늘의 기후와 땅의 영양분이 벼를 키우고 그를 돌보는 농부 노력과, 수확 후 도정하고 운반하여 집에서 밥으로 만들 때까지 무수히 많은 공이 담긴다. 그러나 어찌 밥뿐이랴, 모든 생명을 키우고 만들기 위해 수많은 한울의 노력이 필요한 것을.

6 매사가 한울 간섭 없이는 하나도 이루어질 수 없다. 이를 항상 느끼고 감사하여야 할 것이다.

7 천지가 넓다 하나 우리 마음은 우주 시작과 끝까지 담고 있다. 그러므로 마음을 들여다보면 천지 이치를 알 수 있다. 어찌 손바닥 안에 있다 하지 않으랴.

8 도는 멀리 있는 것이 아니다. 나와 나의 삶 속에 있다. 천지 모든 생명 속에 다 도가 있다. 그러므로 천지(두 글자)의 모든 생명들을 공부하는 것은 곧 도를 공부하는 것이다.

9 "거울을 만리에 투영하니 눈동자 먼저 깨닫고, 달이 삼경에 솟으니 뜻이 홀연히 열리도다."(동경대전, 우음) 입과 귀와 혀는 대표적인 육신 감각이다. 이런 감각에 의지해 일상생활을 하지만 실상 그 감각이란 얼마나 주관적이고 부정확한가? 장님 코끼리 만지기 신세를 벗어나 실체를, 진실을 파악하려면 타성에 젖은 감각의 구속에서 벗어나야 한다. 그래서 육관으로 생각하는 것이 아니라 성령으로 생각하는 것이라 하지 않으셨던가?(해월신사법설, 수심정기) "한울을 주체로 보면 나는 객이 되고 나를 주체로 보면 한울이 객이 되니⋯사람의 권능이 한울을 이기면 한울이 사람의 명령 아래 있고, 한울의 권능이 사람을 이기면 사람이 한울의 명령 아래 있나니, 이 두 가지는 다만 권능의 균형에 있느니라."(의암성사법설, 성심신삼단) 나의 습관된 마음이 크고 한울 마음이 작을 때는 나의 욕심을 비우고 한울님께 맡기며 기도하는 공부가 필요하다. 이때는 한울을 주체로 하는 공부요, 나의 마음이 한울 마음과 하나가 되면 내가 하고자 하는 대로 한울이 감응하실 것이니, 이때는 내가 주체가 되는 단계다. 아니 이미 그때는 주와 객의 분별이 없어진 단계다.

31-1-3. 坐看江山圖 茂然胞腹中 若吐宇宙間 天下共飽腹

앉아서 강산의 그림을 보니 흐뭇하게 배가 부르도다.10

만약 우주 사이에 뱉으면 천하가 함께 배부르리라.11

天人授受地 水德最佳明 性靈顯世 蒼蒼復續

한울과 사람의 주고받는 곳에 물의 덕이 가장 아름답고,12

성령이 세상에 나타남에 창창하게 다시 이으리라.13

31-1-4. 曰吾上帝 感化無窮 命我于世 活我蒼生

말하기를 우리 상제님 감화가 무궁하여,14

나를 세간에 내시어 내가 창생을 살리게 하시더라.15

공부 중, 또는 일상 중 문제가 잘 풀리지 않으면 이렇게 발상을 전환해 볼 필요가 있다. 거꾸로 보기, 역발상은 그래서 현대 미술의 주요 소재이기도 하다. 바로 놓고 보면 화분이지만 거꾸로 보면 인물상인 주세페 아르침볼도의 <정원사>, 호수에 앉은 백조 그림을 뒤집으면 코끼리들이 나타나는 달리의 <코끼리를 비추는 백조>, 그림 밖에 있는 도마뱀이 그림 안으로 들어가고, 그림 안 도마뱀은 다시 그림 밖으로 나오는, 가상과 현실의 구분이 사라진 에셔의 <도마뱀> 같은 그림들은 기존 관념들을 여지없이 무너뜨린다.(진중권, 미학 오디세이) 미술뿐 아니라 모든 사회 현상도 한쪽 측면만 봐선 정확한 이해를 하지 못하는 경우가 많다. 다양한 시각에서 입체적인 안목을 기를 필요가 있다.

10 강산은 한울 진리가 펼쳐진 곳. 습관의 장막을 걷고 보면 모든 것이 한울 아닌 것이 없다. 이렇듯 진리와 그 실현을 만끽할 수 있으면 어찌 만족스럽지 않으랴.

11 이렇듯 깨달은 진리를 세상에 펴서(우주 사이에 뱉으면) 진리를 모르고 고해에서 헤매는 모든 이들과 함께 만족한 삶을 살고자 하는 것이 위위심이다.

12 한울은 사람에 의지해 그 뜻을 실현하고 사람은 한울에 그 생명을 의지한다. "한울은 사람에 의지하고 사람은 먹는 데 의지하나니…"(해월신사 법설, 천지부모) 그렇게 서로 의지하며 생명이 영위되고 세상이 돌아간다. 세상을 움직이는 여러 원리와 원소가 있으되 그중 물의 덕이 가장 아름다워 고금에 물을 칭송하는 이들이 많았다.(해월신사 법설, 천지이기 각주 참조)

13 성령은 한울의 본질, 진리의 핵심. 세상이 모두 한울의 나타남이지만 그 진리가 온전히 실현되진 못하고 있다. 이것이 온전히 세상에 드러나는 것이 후천개벽. 성령을 온전히 깨달으신 분이 스승님들이다. 개벽된 세상이 되면 그 분들의 뜻이 다시 세상에 드러나고 이어지는 것이다.

14 한울님은 만물을 이루시고 만물 속에 사시며 간섭하신다. 그 모두 한울님 감응이요 감화다. 한울님 감응은 만물이 없어질 때까지 무궁하지만 그것을 깨달은 사람은 아직 많지 않다.

15 한울은 형상 있는 사람에 의지한다. 그럼 한울이 의지하는 나는 누구인가? 의암 선생인가? 한울님 모심을 깨달은 나인가? 깨달은 나와 한울은 분별되지 않을 것이니 이것이 인시천이요 인내천이다.

呼我者誰 讀我者誰 呼呼讀聲 庶幾三春

나를 부르는 자 누구이며, 나를 외우는 자 누구이냐.[16]

부르고 외우는 소리 거의 삼년이 되었더라.[17]

31-1-5. 合二成一 非古非今

둘을 합하여 하나를 이루니 예도 아니요 지금도 아니라.[18]

琴調失今古家閒翁

거문고 가락이 지금을 잃었으니 옛집에 한가한 늙은이가 된지라.[19]

哀哉人生猿頭虎尾

슬프도다 인생들아, 잔나비 머리에 호랑이 꼬리라.[20]

千塵萬劫已屬先天

천만겁이 선천에 속하고,[21]

---

16 누구나 한울의 진리를 깨닫고자 한울님을 찾고 한울을 위하는 주문을 왼다. 그러나 그 한울은
   어디 있는가? 내 안에 있는 또 다른 나, 내 진면목이 아니던가?

17 "무극한 이내 도는 삼년불성 되게 되면 그 아니 헛말인가."(용담유사 도수사) 진정한 자신을 찾
   기 위해 삼년 정도 정성을 드리면 누구나 깨달음을 얻을 수 있다. 정성이 지극하고 근기가 있는
   사람은 하루만에도 깨우침이 있겠지만 정성이 미치지 못하면 십 년이 지나도 그저 교회나 왔다
   갔다 할 뿐 얻는 것이 없을 것이다.

18 합해진 둘은 무엇인가? 너와 나, 이쪽과 저쪽, 옳고 그름, 진보와 보수, 남과 북…. 이 모든 것이
   같은 한울 모습이다. 깨달으면 모든 분별이 사라지고 하나가 된다. 이런 차별이 없는 세상이 개
   벽된 세상이요, 이전에 보지 못하던 세상이다. "우리 도는 지금도 듣지 못하고 옛적에도 듣지 못
   하던 일이요, 지금도 비교하지 못하고 옛적에도 비교하지 못하는 법이라."(동경대전, 논학문)

19 거문고는 옛 선비들이 음을 공부하고 마음을 다스리는 벗으로 삼았던 악기다. 거문고 가락이 수
   행을 게을리 해서 현재 정갈한 음을 잃었음은 선비의 공부가 쇠락했음을 뜻한다. 공부하고 수
   행하지 않는 사람은 변화하는 세상을 따라가지 못한다. 세상에 적응하지 못하고 할 일 없는 신
   세가 되는 것은 사람이나, 단체나 망해가는 것이고 서글픈 일이다.

20 잔나비 머리는 사람과 비슷하지만 사람이 아니다. 호랑이도 머리와 몸이 위엄 있고 가치가 있지
   꼬리만 있어서는 호랑이라 할 수 없다. 사람이 사는 동안 자신의 진정한 삶을 사는 사람이 얼마
   나 되는가? 자신이 원하는 삶을 살지 못하고 남의 이목만을 의식하며 사는, 원숭이 얼굴에 호랑
   이 꼬리를 하고 살고 있지는 않은가?

21 塵 티끌, 속세 진. 劫 위협할, 빼앗을 겁. 한없이 긴 시간 단위. 겁은 산스크리트의 칼파(kalpa)를
   한역(漢譯)한 말로, <겁파>라고도 한다. 1겁의 길이를 불경(佛經)에서는 여러 가지 비유로 설
   명한다. [대지도론(大智度論)]에 의하면 사방이 1유순(由旬 ; 약 15㎞) 되는 성 안에 겨자씨를

落日鳥聲錦繡江山

해 떨어질 때 새는 금수강산을 노래하더라.22

31-1-6. 妖猿哀啼賢客散 人鷄始鳴函谷關

요망한 잔나비 슬프게 울어 어진 손님이 흩어지고,23

사람 닭이 처음으로 울어 함곡관이 열린다.24

가득 채운 후, 100년에 1알씩 집어내어 그 겨자씨가 다 없어지는 시간보다도 더 긴 시간을 말한다고 한다. 반석겁(盤石劫)의 비유에 의하면 1모서리 길이가 1유순 되는 단단한 바위를 부드러운 면포(綿布)로 100년에 한 차례씩 닦아 바위가 완전히 닳아 없어져도 1겁은 아직 끝나지 않는다고 한다. 그러므로 수많은 티끌(속세의 욕망과 허물)과 수많은 세월의 선천이 지나고 겪어내야 후천이 도래한다. 한 사람이 한울 사람으로 거듭 나는 데도 수많은 허물을 참회하고 수많은 시간 동안 한울의 인과를 수행해야 한다.

22 해가 떨어지는 때는 한 시대가 저무는 때, 죽음의 시간이다. 후천이 오기 전 선천이 가는 시간이다. 누구나 죽기 전에는 참된 진실을 말한다고 한다. 죽기 전 새도 그제야 세상이 한울 세상이었음을 깨닫고 노래한다. 죽기 전에 깨달을 것이 아니라 한참 생명이 왕성할 때 깨달으면 인생에 후회가 없을 것이다.

23 포덕49년(1908)이 戊申年(원숭이해)이었다. 이해 1월에 대도주 김연국(포덕48년 7월에 대도주 선수)이 의암 선생을 배반하고 시천교 대례사가 되었다. 포덕45년 일본에 체류 중이던 의암 선생이 러일 전쟁의 혼란과 위기를 극복하기 위해 조직하여 민회 활동을 하던 진보회가 이용구, 송병준 등의 친일파에 의해 일진회로 변신하여 친일행위를 하자 포덕47년 천도교와 일진회를 분리하고 현도하면서 친일 세력을 출교하였다. 출교된 이들이 세운 것이 시천교다. 교단 조직과 재정을 담당하던 이들이 시천교로 분립하자 천도교는 심한 타격을 입었다. 또 이해 무신년에는 교회 조직을 추스르고자 지방 순회에 나섰는데, 평안도에서 선생을 친일파로 오인한 사람이 습격해 부상을 입기도 하였다. 요망한 잔나비는 누굴 상징할까? * 무신(1908)-기유-경술(1910)-신해-임자-계축-갑인-을묘-병진(1916)으로 이어지는 해는 천도교와 조선이 나라를 잃는 등 수난이 많았던 때다. 경술국치 이후 3·1운동 때까지 일제는 가혹하고 무자비한 수탈과 탄압을 자행해 조선 민중의 어려움이 극심했던 시기이다. 이 구절 이하 열 구절은 이를 빗대 말씀하신 구절로 이런 형식의 시문은 해월신사편 강서에도 있다. 이 구절들이 의미하는 것이 정확히 무엇인지 알기는 어렵다. 그러나 시문이 상징과 은유로서 다중적 메시지를 전하는 것을 감안하면 굳이 한 가지 해석에 매달릴 필요는 없을 것이다. 당시 시대 상황을 살펴보면서 뜻을 헤아려 보고 오늘의 상황에도 비교해 보며 음미해 보면 될 것이다.

24 중국 춘추전국시대 맹상군 고사에 나오는 이야기로, 기지로 위기를 벗어나는 내용이다.(해월신사법설 강서 각주 참조) 포덕50년(1909)은 己酉年으로, 이해 일본 내각에서 대한제국을 강제 합병하는 안이 의결되었고 이에 분노한 안중근이 이등박문을 살해한다. 교회에선 이때 성경신법을 종문사규로 정하고 오관을 정해 구체적 신앙 세칙을 만들며 포덕교화에 힘썼다. 창도 이래 혹심한 탄압으로 주문, 청수는 고사하고 심고조차 사람 보는 데서 못하던 교인들이 현도 이후 중앙총부와 교구를 설치하고 집집마다 궁을기를 게양하게 하니 가뭄에 비를 만나듯 포덕이 크게 늘어 교도가 수백만에 달했다. 그러나 이용구의 일진회가 시천교를 설립하고 김연국을 영

走狗逢箭勢可憐 隱猪得放氣揚揚

달리는 개가 화살을 만나니 형세가 가련하고,[25]

숨은 돼지 놓임을 얻으니 기운이 양양하도다.[26]

鼠入積中非獸徒 牛放陣頭非田單

쥐가 노적 가운데 들었으니 짐승의 무리가 아니요,[27]

입해 간 뒤 중상모략과 방해공작이 심하였다. 포덕50년(1909) 12월 이용구는 한일합병을 주장하는 성명서를 발표하고 한일 양국 정부에 청원하여 전국의 공분을 일으켰고 천도교와 시천교를 구분하지 못하는 사람들이 교인들을 공격하기도 했다. 이에 의암 선생은 대한매일신보에 시천교 규탄 성명을 발표하기도 했다. 기지를 발휘해 질곡에서 벗어나게 할 인재는 어디 있는가?

25 달리는 개가 화살을 만나면 목숨이 위태로운 상태다. 이해 포덕51년(1910)은 庚戌年으로 대한제국이 망한 해이다. 일제는 이해 총독부 안에 고적조사반을 만들어 전국의 고분과 산성, 고적을 발굴하여 수많은 문화재를 조직적으로 약탈해 갔고, 11월부터는 헌병경찰을 동원하여 전국 서점, 향교, 서원과 개인집까지 수색하여 수많은 고전들을 약탈해 그중 20여만 권을 불태우고 나머지는 일본으로 반출해 갔다. 현재까지도 우리나라 고대사가 관련 문헌 부족으로 논란에 싸여 있는 것도 이때까지 전해지던 수많은 고서적 손실과 관련된다. 또 민족정신의 정수라 할 문화재들은 중요한 것들이 일본으로 약탈당해 현재까지 그 피해 규모를 정확히 산출하지 못할 지경이다. 포덕50년 12월 20일 의암 선생은 제자들을 대동하고 통도사 내원암에서 49일 기도를 하셨다. 기도를 마치고 포덕51년에 성령출세설과 무체법경을 저술하셨다. 이해 4월 5일 50주년 천일기념식 후 선생은 "우리 교회의 급선무가 기관지 발행이다. 그리하여 종적으로 총부와 지방, 횡적으로 지방과 지방 간에 정보를 교환하고 연계를 긴밀히 하여 교리를 선전하고 학술을 보급하여 교회 균형적 발전을 도모해야 될 터이니 교회 월보를 속히 발행토록 하라." 하시어 준비 끝에 8월 15일에는 <천도교회월보>가 창간되었다. 12월 21일에는 그동안 자금 지원해오던 보성학원을 인수하였다. 달리는 개는 망해가는 조선인가?

26 포덕52년(1911)은 辛亥年이다. 이해 중국에선 신해혁명으로 청나라가 망하고 중화민국이 수립되어 2000년간 지속돼 온 전제 왕조가 막을 내렸다. 이해 5월에 의암 선생은 천도교 중앙총부, 보성학원 직원, 학생 등을 대동하고 경주 용담정과 수운 선생 묘소, 해월 선생 집터 등을 성지순례하였다. 8월에 의암 선생은 총부 직원들을 대동하고 우이동 지역을 답사하시다가 현 봉황각 일대 토지를 매입하도록 지시하고 포덕53년 3월 7일에 각 연원 두목들 수련을 위해 봉황각 건축을 기공, 6월 19일에 준공하였다. 놓인 돼지는 봉건잔재를 벗어난 중국을 뜻할까?

27 포덕53년(1912)은 壬子年이다. 露積은 농가 마당이나 넓은 터에 원통형으로 쌓아 둔 곡식단. 대부분 볏단이나 보릿단, 조단 등이다. 거둬들인 벼, 보리, 조는 탈곡해 섬에 담거나 도정해야 하는데, 한꺼번에 많이 거둬들인 곡식은 탈곡이나 도정을 일시에 할 수가 없어 곡식단을 쌓아 보관하게 된다. 노적을 쌓을 때는 곡식알이 붙은 쪽을 안으로 하고 뿌리 부분을 바깥쪽으로 하여 곡식단을 포개어 2m 정도로 쌓고, 그 위에는 비나 눈을 맞지 않게 삿갓 모양으로 엮은 덮개를 씌워 장기간 두게 된다. 그러므로 노적은 과거 농경사회에서 부의 상징이기도 하고 전쟁시엔 군량미를 뜻하기도 하였다. 임란 당시 이순신 장군과 노적봉 일화는 유명하다. 이해부터 일제는 토지조사 사업을 시행하며 농민을 토지를 침탈하였고 마을이나 문중 왕실소유 등의 토지를 동양척식회사에 넘겼다. 1910년대 후반부터 일제는 조선 쌀을 본격적으로 수탈하기 시작했고, 이에 따라 3·1운동 직전까지 조선 쌀값은 지속적으로 폭등해 각지에서 동맹 파업과 항

소를 진두에 놓았어도 전단이 아니더라.28

猛虎出林時九秋 玉兔含情月三更

날랜 범이 숲에서 나오니 때는 구월이요,29

옥토끼가 정을 머금으니 달은 삼경이라.30

의 시위가 빈발하는 등 조선민중의 삶은 더욱 도탄으로 빠져들었다. 노적 가운데 쥐는 조선 쌀을 노적 아래서 빼가는 일제를 상징한 것이 아닐까? 교회에선 포덕53년 봉황각 건축 시작과 동시에 의암 선생은 각 지방각두목들을 소집하여 특별연성을 실시하고 지도하셨는데 이러한 지도자들 교육과 수련이 포덕은 물론, 이후 3·1운동 등을 주도할 역량으로 발전되었다. 1회 소집된 인원은 대두목 21인으로 4월 15일부터 49일간 수련하였고, 2회는 49인이 8월 15일부터 49일, 3회는 포덕54년 1월 1일부터 49인이 49일, 4회는 4월 6일부터 49인이 49일, 5회는 11월 1일부터 105인이 49일, 6회는 12월 18일부터 105인이 49일, 7회는 포덕55년 2월 5일부터 105인이 49일이었다. 포덕53년 4월 15일부터 포덕55년 3월 25일까지 3년 동안 7차에 걸쳐 전국 두목들을 차례로 독공시켰는데 총 수련일수 343일, 참가 두목이 총 483명이었다. 1회와 2회 연성 때는 이신환성을 요체로 지도하셨고, 3회 연성 때는 성령출세를 요체로 지도하셨다

28 포덕54년(1913)은 癸丑년이다. 1907년 국내의 애국지사들이 모여 결성한 신민회는 1911년 일제가 조작한 105인 사건으로 와해되고, 점차 심해지는 탄압을 피해 운동가들이 해외로 망명해 독립군을 조직하여 무장 투쟁을 벌이거나 외교전을 벌였다. 이해 설립된 결사는 獨立義軍府 (1913), 光復團(1913), 光復會(1913) 등이다. 신민회는 만주·노령 일대에 무관학교를 설립하고 독립군 근거지를 건설하며 독립군을 창건하여 적절한 기회에 국내와 호응하여 국내에 진입, 독립전쟁을 통해 독립을 쟁취한다는 '독립전쟁전략'을 채택하고, 만주국경 부근에 1911년 新興武官學校, 1913년에는 東林武官學校와 密山武官學校를 설립해서 독립군 근거지를 창립하는 데 성공하였다. 전단은 중국 춘추전국시대 제나라를 멸망의 위기에서 구한 명장. 제나라를 쳐들어온 연나라 군대를 소를 이용해 물리쳤다.(해월신사법설, 강서 각주 참조) 소를 진두에 놓았음은 옛 전단의 고사를 본따 전술을 시행함이나 전술이 제대로 이루어지려면 전단 같은 명장이 잘 지휘를 해야 한다. 전술을 흉내내도 그 묘미를 살리지 못하면 소용없다. 임진왜란 때 신립이 탄금대에서 한신이 사용했던 배수진을 사용했다가 왜군에게 전멸당한 것이 그 예다.

29 포덕55년(1914)은 甲寅년이다. 이해 7월에 세계1차 대전(1914~1918)이 시작되었고 8월에는 일본이 독일에 선전포고하고 참전하였다. 사나운 호랑이가 숲에서 나오는 것은 숲에서 먹을 것을 구하지 못해 자기 영역을 벗어나는 것이다. 숲 밖 짐승들이 호환을 당할 가능성이 커졌다. 이 시기는 일제 초기의 혹심한 압제에도 각 분야에서 민족독립의 역량을 키워나가던 시기이다. 조선시대 태조는 즉위 초에 정도전에게 팔도 사람을 평하라고 하였다. 이에 정도전은 평안도 사람을 猛虎出林이라고 평하였는데, 이는 사나운 호랑이가 숲에서 나온다는 뜻으로, 평안도 사람의 용맹하고 성급한 성격을 표현하는 말로 쓰이게 되었다. 동학혁명 때 호남의 동학이 심각한 타격을 입은 뒤로 동학과 천도교 주력은 서북(평안도)에 있었다. 이해 4월 2일 의암 선생은 직접두목 74인을 모이게 한 뒤, 수운 선생의 성령출세를 선언하시고 법문을 전수하였다.

30 포덕56년(1915), 乙卯년. 옥토끼는 달에 사는 신령한 동물을 상징하고 그 옥토끼가 정을 머금었음은 달의 정기가 가장 성한 때, 즉 한밤중을 뜻한다. 한밤중 음기가 가장 성한 때는 모든 생명이 쉬거나 자는 때다. 즉 현실에선 밝음이 돌아오기 전 가장 힘든 시기를 지나고 있음을 뜻한다. 1919년 3·1운동이 일어나기 전까지 일제의 무단통치는 갈수록 심해져 조선 민중의 고통은 극에 달하였다.

龍得水氣最佳味 鳥啼靑林始驚人

용이 물기운을 얻으니 가장 재미가 좋고,[31]

새가 푸른 숲에서 노래하니 처음으로 사람이 놀래더라.[32]

31-1-7. 昔時此地見 今日又看看

옛적에 이곳을 보았는데 오늘 또 보고 보노라.[33]

31-1-8. 何來一物本吾性 何無來無吾亦無

어디서 온 일물이 본래 내 천성인데[34]

어디도 없고 온 데도 없고 내 또한 없는 것이라.[35]

---

31 포덕57년(1916), 丙辰년. 해외에선 1차 세계대전이 한창이었고, 국내에선 일제 무단통치 압제
　가 심했다. 교단은 수련과 저술 그리고 보성사를 통한 교서 출판 활동이 활발히 이루어졌다. 포
　덕57년 3월 10일 수운 선생 순도 기도식을 봉행하신 후에 선생은 '신앙통일과 규모일치'에 대
　해 말씀하셨다. 6월에는 "우리 교의 인내천 종지는 오만 년이 무궁토록 하루와 같을지나 교회
　제도는 시의에 의하여 10년에 소일변하고 100년에 중일변하고 1000년에 대일변하여 항상 새
　로운 면목을 갖춤이 옳으니라."고 하였다. 10월 1일에는 종령 112호로 매 시일 하오 9시 기도
　시에 신사주문(神師靈氣 我心定 無窮造化 今日至) 105회를 心誦하도록 하였다.

32 일제 초기의 무단통치는 1919년 3·1운동이란 저항에 직면한다. 갑오경장으로 폐지된 태
　형을 조선인에게만 가하던 태형법과 토지조사를 통한 경제권 박탈과 쌀 수탈로 인한 미곡
　가 상승 등 경제기반 붕괴, 105인 사건으로 대표되는 지식인 탄압 등으로 조선 민중의 반감
　과 독립 열기는 더욱 고조되었다. 거기에 독립지사들의 조직적인 활동과 천도교 등의 민족
　역량(그나마 당시 유일한 합법 단체는 종교단체뿐이었지만 일제는 불교와 기독교, 일본 신
　도만을 종교로 인정하고 천도교를 비롯한 민족종교는 유사종교로 분류하여 탄압하였다)도
　성숙되어 독립을 향한 기운이 무르익었다. 거기에 1918년 1차 세계대전 종결로 열강의 식
　민지배 체제 변화 기운이 감도는 것은 외적 요인이 되었다. 3·1운동은 일제의 강고한 폭압
　속에서, 체계적이고 전국적이며 비폭력의 시위를 감행한, 우리나라는 물론 세계사에서도
　유례가 없는 일대 사건이었다. 비록 직접 독립을 성취하진 못했지만, 우리 민족의 존재를
　세계에 크게 고하였고 내부적으로도 임시정부 수립 등 독립운동이 한 단계 심화 향상되었
　으며, 2차대전 이후 항구적인 독립의 초석이 되었다. 그러므로 새가 푸른 숲에서 노래한 것
　은 죽은 줄 알았던 우리 민족이 온 세계에 그 자존을 고한 것이요, 이때 세상 사람이 놀란 것
　을 표현한 것으로 여겨진다.

33 의암성사 법설, 성령출세설 각주 참조.

34 "나에게 한 물건이 있으니 물건이란 것은 나의 본래 나니라. 이 물건은 보려 해도 볼 수 없고, 들
　으려 해도 들을 수 없고, 물으려 해도 물을 곳이 없고, 잡으려 해도 잡을 곳이 없는지라."(의암
　성사법설, 삼성과) 지금 나를 규정하는 것이 진정한, 영원한 내 모습인가? 무엇이 내 본성인가?

我性本是來何處 性無來無我亦無

성품은 본래 어느 곳에서 왔는가.36

성품도 없고 온 곳도 없고 내 또한 없는 것이더라.37

寶鏡虛虛含照懸 能呑天地能吐世

보배로운 거울이 비고 비어 비치는 것을 머금고 달렸으니,38

능히 천지를 삼키고 능히 세상을 뱉는도다.39

五尺未滿血一塊 共載宇宙步步輕

다섯 자 못 차는 피 한 덩어리에40

---

35 이 무한한 우주가 모두 한울이요, 내 본래 자리다. 무한하므로 비어 있으며, 무한함 그 자체이므로 그 속에서 오고 감도 없는 일체일 뿐이다. 나라고 하는 육신도 무한한 공간과 시간 속에선 찰나의 순간 명멸해가는 티끌일 뿐이다.

36 나의 본성은 무엇이며 어디서 비롯되었는가? 또 어디로 돌아가는가? 이는 수행자의 가장 오래된 화두이리라.

37 "큰 수명은 죽고 사는 것도 없고, 선하고 악한 것도 없고, 움직이는 것도 없고, 비고 고요함도 없고, 빛깔과 형상도 없고, 위도 아래도 없고, 예와 이제도 없고, 말과 글도 없는 것이니 형용하기도 어렵고 말하기도 어려운 것이니라."(의암성사법설, 후경2) 이 모두가 한울일 뿐, 별개 형상이 있는 것이 아니다. 나라는 형상과 물건이라는 형상이 모두 잠간의 허상일 뿐임을 알게 되면 물욕에 집착하며 아등바등 살지 않을 것이다. ★ 자발적 인류 멸종 운동이라는 단체가 있다. 이들은 인간이 지구상 다른 생명들에 끼치는 해악이 크므로 스스로 자손을 낳지 않을 것을 주장하고, 더 이상 인간이 아이를 낳지 않는 지구 상황을 가정한다. 그럴 경우 물려줄 재산이나 후손이 없다면 지금처럼 무한정 자원을 낭비하고 자연을 파괴할까? 그래도 자기 것만 더 늘리려 싸우게 될까? 아마도 후손에 남겨 주고자 하는 욕심이 없다면 남아 있는 생을 뜻있게 그리고 자연으로 돌아가는 삶을 살게 될 것이다. 무엇이 어려운가? 한 생각 돌리면 그리 되는 것인데.(하지만 자손을 끊는 것은 천리를 거스르는 것이다.)

38 보배로운 거울은 세상을 비추는 도구인 마음. 마음은 본래 보이지도 들리지도 않는 빈 것이다. 거기에 욕심 때가 가득 차면 아무것도 비추어 볼 수 없지만, 욕심을 비우고 텅 빈 거울이 되면 세상 모든 것의 진실이 온전히 비치게 된다. 거울에 비친 사물은 거울 속에 달려 있는 것인가, 거울이 머금은 것인가? "사람이 태어난 그 처음에는 실로 한 티끌도 가지고 온 것이 없고 다만 보배로운 거울 한 조각을 가진 것뿐이라, 허공에 도로 비치니 왼쪽 가에 한 편은 여여적적하고 바른쪽 가에 한 편은 티끌이 자욱하고 자욱하니라."(의암성사법설, 성범설) "내 마음을 물건 안에 보내면 억천만상과 삼라미진이 다 내 성품이요, 내 마음이니라."(의암성사법설, 견성해)

39 마음은 비어 있으나 온 우주를 담을 수도 있다. 그 마음은 허령창창한 우주 원기와 하나이기 때문이다.

40 한 자는 약 30cm, 다섯 자는 옛 사람의 평균 신장. 그러므로 다섯 자 피 덩어리는 한 사람의 육신, 사람을 뜻한다.

한가지로 우주를 실어도 걸음걸음 가볍더라.[41]

31-1-9. 靈源不泉不渴 聖道不窮不乏

영의 근원은 샘솟지도 아니하고 마르지도 아니하며,[42]

성인의 도는 다하지도 아니하고 모자라지도 아니 하니라.[43]

勇於知 行而明之 勇於仁 包而豊之

아는 데 날래고 행하는 것은 밝게,[44]

어진 데 날래고 포용하는 것은 풍족하게,[45]

勇於勇 合於大德 還是五萬年生也

날랜 데 날래고 큰 덕에 합하면,[46] 도리어 이것이 오만년 사는 것이니라.[47]

---

41 비록 육신은 다섯 자로 우주에서 보면 티끌일 뿐이지만, 그 마음은 무한하니 우주 이치를 다 통할 수 있다.

42 한울의 생명은 무궁하다. 모든 영은 한울에 근원을 두고 있으므로 역시 무궁하다. 무궁하므로 한울의 영성은 쓸수록 커지고 마르지 않는다. 그러나 본래 없던 곳에서 솟아나는 것이 아니라 있는 그대로 일체가 한울 영일 뿐이다.

43 성인의 도는 한울 덕에 합하는 것이므로 역시 무궁하다. 모든 만물을 가리지 않고 차별 없이 베푸는 것이 성인의 도요 한울 덕이다.

44 사람들이 행하는 악과 잘못은 대부분 자기 욕심과 어리석음에서 비롯된다. 욕심은 버리면 되지만 몰라서 행하는 잘못은 어찌할 것인가? 몰라서 행한 것이라 해도 그 인과에서 자유로울 수 없다. 그러므로 자신의 어리석음을 깨우치기 위한 배움에 항상 게을리 해선 안 되며, 변화하는 세상 가치에 뒤떨어지지 않도록 마음을 열고 있어야 한다. 또 아는 바를 실천하지 않으면 그것은 제대로 된 앎이라 할 수 없다. 실천하되 바르고 철저하게 행해야 할 것이다. 오늘 지구 온난화가 환경 재앙을 가져올 것이라고 한다. 그 원인으로 과도한 화석연료 사용을 이야기한다. 우리 전 세대 사람들은 온난화 같은 개념을 몰랐다. 그러나 그 결과는 우리 모두가 안고 있다. 또한 이를 해소하기 위해선 에너지 절약과 대체 에너지 사용, 모든 자원 재활용 등이 철저히 행해져야 한다. 행하는 것을 밝게 해야 하는 것이다.

45 인은 타인에 대한 배려다. 위위심이다.(의암성사법설, 교비평설 참조) 만물을 위하는 마음에서 모심이 시작된다. 이를 어찌 남 하는 것을 기다려 할 것인가? 스스로 먼저 위하고 모심을 실천해야 천지부모가 기뻐한다. 포용하는 것도 마찬가지. 모두가 같은 한울이되 사는 모습은 모두 다르다. 다름을 인정하고 다양함이 유지돼야 건강한 세상이다. 잘못은 고치도록 따끔히 지적하되 사람은 미워하지 말고 포용해야 한다. 구부러진 재목도 쓸 곳이 있다고 하지 않으셨던가?

46 해야 할 일은 누구를 기다려 할 것이 아니라 먼저 앞장서 해야 한다. 그것이 한울 덕에 합하는 것이다. 단지 알기만 하고 행하는 데 날래지 못하면, 다른 사람들 다 한 뒤에 마지못해 따르기나 해선 한울의 감응을 받지 못할 것이다.

31-1-10. 我生誰爲生 我生爲蒼生

내가 사는 것은 누구를 위하여 사는 것인가.

내가 사는 것은 창생을 위하여 사는 것이라.48

世有無道者 不忍天帝告

세상에 무도한 자가 있는데 한울님께 고하는 것을 참지 못하니라.49

31-1-11. 日月天中到 一世共樂觀

해와 달이 중천에 솟으니 온 세상이 한가지로 즐겁게 보더라.50

仙隣漸近咫尺間 欲滌塵埃誰爲緣

신선 이웃이 점점 지척 간에 가까워지는데51

티끌을 씻고자하나 누가 인연이 되겠는가.52

(二) 偶吟우음

心爲古今囊 天地囊中輕

---

47 한울 덕에 합하는 삶은, 그 육신의 삶이 길고 짧은 것에 관계없이 한울과 함께 무궁할 것이다. 그것이 무궁한 이 울 속에 무궁한 내 아닌가 하신 것이다. 수운 선생 삶이 그러하지 않으셨던가!

48 "도가 있는 바를 알지 못하거든 내가 나를 위하는 것이요 다른 것이 아니니라."(동경대전, 후팔절) 육신의 나에 대한 집착과 아상을 벗으면 진정한 나에 대한 자각을 할 수 있다. 그것은 누구인가? 내유신령과 외유기화가 모두 진정한 나요 한울이 아닌가? 만물을 위하고 창생을 위하는 것이 한울을 위하는 것이고 결국 나를 위하는 것이 아닌가!

49 세상을 어지럽히는 무도한 자는 누구인가? 사람들 삶을 힘들게 만드는 욕심과 어리석음과 성내는 마음은 어디에서 오는가? 참회문을 외워 두려워하고 삼갈 일이다.

50 해와 달은 어둠을 밝히는 빛이다. 어리석음을 깨치는 밝음이다. 의심과 어리석음이 명백히 밝혀지면 어찌 즐겁지 않으랴.

51 내 욕심과 의심과 어리석음을 버리면 온 세상이 한울이요 신선 아님이 없다. 한울이 멀리 있는 것이 아니라 내 마음이 멀리 있는 것이다. 신선 이웃이 가까워 옴은 내 마음이 맑아짐이다.

52 내 마음이 맑아지면 모두가 한울임을 알게 된다. 이 한울을 위하고 마음을 열어 참된 삶을 함께 살도록 기원하는 마음을 내니 그것이 포덕의 마음이다. 한울의 덕을 혼자 즐기기보다 함께 즐기면 더욱 좋지 않겠는가?

마음은 예와 지금의 주머니가 되고, 천지는 주머니 속의 가벼운 것이라.[53]

囊中一片物 囊外遍法界

주머니 속에 한 조각 물건이 주머니 밖의 법계를 둘리었더라.[54]

天地爲一囊 世事輕一塵

천지는 한 주머니가 되고 세상일은 가벼운 한 티끌이라.[55]

天地暗暗月自東 億千萬家明如同

천지가 아득한데 달이 동쪽에 솟으니[56] 억천만 집이 밝은 것이 같고,[57]

春雨洗塵花心新 雄度海量蕭秋風

봄비가 티끌을 씻으니 꽃 마음이 새롭고,[58]

영웅의 도량이 바다 같으니 쓸쓸한 가을바람이라.[59]

大天自自下娑婆 落處點點寶鏡成

큰 한울로부터 스스로 세상에 내려오니[60]

---

53 마음은 내 진면목이니 한울에게서 받은 생명의 근원이요, 진리의 거울이다. 마음은 허령하
  여 만물의 이치를 다 통하고, 우주를 담을 수 있으니 그에 비하면 천지는 늘 변하고 영원하지
  않은 물질이니 가볍지 않으랴.
54 마음속의 물건은 한울 진리. 한울 진리는 나와 나를 둘러싼 우주에 똑같이 적용된다.
55 천지 모든 일이 한울 이치를 깨달으면 하나로 꿰어지고, 그것은 또한 무궁한 한울의 시공간에서
  얼마나 하찮은 것인가?
56 선천 모순이 극에 달해 사람들 삶이 도탄에 빠져 있을 때 진리의 빛이 동방 조선에서 시작되었
  으니 그것이 동학이다.
57 진리가 밝혀져 누구나 깨우치면 한울 덕에 하나가 된다. 또는 진리를 깨달으면 온 세상이 바로
  한울이요 밝음이다.
58 봄은 생명을 살리는 계절이다. 봄비는 그래서 세상 허물을 깨끗이 씻고 새롭게 거듭 나게 하는
  생명의 기운이다.
59 蕭 맑은 대쑥 소, 삼갈 소. 가을바람은 거두고 죽이는 기운이다. 봄엔 허물이 있어도 용서하고
  새롭게 시작할 수 있지만, 가을엔 잘못 되면 거두어들여야 한다. 세상 잘못을 엄숙히 판정하고
  바로잡으며, 감정에 흔들리지 않고 상벌을 분명히 하는 것은 영웅의 도량을 가진 사람이라야
  가능하다.
60 사바. 산스크리트어 sabha에서 온 말로 괴로움이 많은 인간세계를 뜻한다. 스스로 세상에 내려
  온 것은 누구인가? 만물을 나게 하고 그 속에 살며 만물을 위하는 것은 그것이 곧 한울이 아니
  던가?

떨어지는 곳마다 보배로운 거울을 만들었네.61

皓月登空上下空 心鏡含照片片月

흰 달이 허공에 솟으니 위아래가 비고,62

마음거울이 비친 것을 머금으니 조각조각이 달이로다63

法步登眞空難容 只是鼓五萬年鍾

법의 걸음으로 참에 오르니 빈 것을 형용하기 어렵고,64

다만 오만년 종을 울린다.65

神靈如如心一叢 聖道眞眞山千峯

신령은 같고 같아 마음 한 떨기요,66

성도는 참되고 참되어 산에 천봉이라.67

心如泰山氣如江 徘徊夜半月明窓

마음은 태산 같고 기운은 강 같아68

---

61 보배로운 거울은 진리를 비출 생명의 기운. 한울 원기다. 생명이 있는 곳엔 어디나 한울 원기가 함께 한다.

62 진리를 밝히는 달이 솟아올라 온 세상이 어리석음의 무명을 벗어나면 온 천지가 다 낱낱이 한울 이다. 한울은 비고 비어 허령이 창창한 곳이다. 인간 욕심과 갈등은 없으되 그 안에서 무한한 생명의 가능성이 잉태된다.

63 한울 마음이 회복된 깨끗한 양경은 사물의 진실을 올바르게 비춰준다. 만물의 진면목은 무엇인가? 하나하나가 다 한울이 아닌가?

64 진리에 이르기 위해선 스승님들이 가르쳐 주신 가르침을 따라야 한다. 그것이 계율이요 법이 된다. 진리에 이르면 신령한 허령을 체험하게 되는데, 이는 보이지도 들리지도 않는 것이라 말로 형용할 수도 없다. 주관적으로 체험하고 느껴야 한다.

65 종은 만물을 깨우는 외침이다. 어리석음과 어둠을 벗어나도록 하는 진리의 사자후다. 진리를 깨달았으면 이를 세상에 널리 펴 만물이 다 고해에서 벗어나 오만년 내려갈 진리를 즐거워하도록 해야 한다. 놀고 보고 먹고 보게 해야 한다.

66 신령한 영기는 모두 한울에 통한다. 수많은 사람에 수많은 마음들이 있지만 결국 그것이 어디서 와서 어디로 가는가? 알고 보면 다 한 한울 마음일 따름이다.

67 신령한 한울기운은 하나지만 그를 따르는 가르침은 여러 갈래 방향이 있을 수 있다. 어느 것이 맞고 틀리는 것이 아니다. 다만 높은 산을 오르는지, 낮은 산을 오르는지, 험한 산인지, 험하지 않은 산인지 차이가 있을 뿐.

68 마음은 태산처럼 한번 정하면 움직이지 않고 진중해야 하나, 기운은 계속 흘러 움직여야 몸을

머뭇거리는 밤중에 달이 창을 밝히니,[69]

淸宵步步思不二 白日當當法無雙

맑은 밤에 거닐고 거닐어도 생각은 둘이 아니요,[70]

백일이 당당하니 법은 쌍가닥이 없더라.[71]

空谷種春今幾年 花開先天未生枝

빈 골짜기에 봄을 심은 지 지금 몇 해인가,[72]

꽃은 선천의 미생지에 피었어라.[73]

容如依空個個天 香非隨風處處仙

모양은 빈 데 의지한 것 같으나 낱낱이 한울님이요,[74]

향기는 바람을 좇지 않아도 곳곳이 신선이라.[75]

甘雨和風二月時 咏春歌曲弄花枝

움직이고 살아있을 수 있다.

69 어두운 밤은 어리석은 세상이다. 밤중에 배회하는 것은 어리석은 무명 세상에서 바른 길을 찾으려 헤매는 것이다. 이때 비치는 달빛-진리의 가르침은 얼마나 반가운가!

70 宵 밤, 야간 소. 맑은 밤은 빛이 있는 밤이다. 어두운 밤과 달리 갈 길이 보이는 밤이다. 길을 알면, 진리를 알면 어느 길이나 사람을 살리는 길이요 한울로 가는 길이다. 같은 길을 가는 사람 생각도 한울을 위하는 마음일 뿐 어찌 다름이 있으랴.

71 밝은 대낮(백일)은 진리가 모두 드러난 세상이다. 감춰지고 숨겨진 것이 없다. 일체가 하나고 다 같은 한울인데 어찌 한울법이 따로 있겠는가. 그래서 산하대운이 진귀차도(동경대전, 탄도유심급) 한다고 하지 않으셨나!

72 빈 골짜기는 한울법이 퍼지지 않은 곳이다. 여기 봄을 심은 것은 생명의 원기, 진리의 씨앗을 전한 것이다. 각자위심의 효박한 이 땅에 한울 진리를 처음 전하고 봄 씨앗을 뿌린 이는 누구인가? 또 세상에 남아있는 빈 골짜기에 봄을 전할 이는 또 누구인가?

73 꽃은 앞으로 올 봄을 알리는 전령이다. 개벽 세상, 후천이 아직 오지 않았으나 그 기운이 완연하여 그를 전하는 꽃은 이미 피었는데, 그를 알아본 사람은 세상에 많지 않으니 안타까운 일이다.

74 꽃은 어디서 왔는가? 모든 생명은 한울이 근원이요, 허령창창한 지기가 근원이다. 또 마지막엔 그곳으로 다시 돌아간다. 그러므로 한울 이치를 깨달으면 일체가 빈 것이고, 일체가 한울이다.

75 꽃향기는 바람을 타고 멀리 간다 하나 한계가 있고 오래가지 않는다. 그러나 덕이 있는 사람 향기는 무한한 공간과 시간을 전해진다. 깨달은 사람에게, 또는 개벽된 세상은 모두가 한울이요 신선이니 어딜 가든 덕의 향이 가득할 것이다. * 꽃향기는 바람을 거스르지 못한다. 그러나 선한 사람의 향기는 바람을 거슬러 어느 곳이나 퍼진다(법구경) * 꽃의 향기는 1000-1200미터를 퍼진다고 하지만 요즘은 자동차 배기가스 등이 꽃향기 분자를 파괴해서 200-300미터를 넘기 어렵다고 한다. 덕분에 도시에선 꽃내음을 맡기도 어려워졌다. 꽃향기를 따라 꿀을 모으고 암술과 수술을 수정시켜 열매를 맺게 하는 벌과 나비를 보기 어려워진 것도 그 때문이다.

단비 내리고 화한 바람 부는 이월에76

봄을 읊는 노랫가락이 꽃가지를 희롱하고,77

道心似玉精無瑕 智量如海深不知

도심은 구슬 같이 맑아 티가 없는데78

지혜의 도량은 바다 같아서 깊이를 알 수 없도다.79

大道本源出自微 能載天地也休非

대도의 본원은 적은 데로부터 나왔으나80

능히 천지를 싣고도 쉬지 않더라.81

世人莫謂物少焉 萬年不已咸此歸

세상 사람아, 물건이 적다고 이르지 말라.82

만년이 다하지 못하여 다 이리 돌아온다.83

---

76 음력 이월은 양력으론 3월이니 봄이 시작되는 때다. 봄에 내리는 비와 바람은 겨우내 잠들었던 대지를 깨우고 새 생명을 움트게 하는 생명 기운이다. 선천 세상에서 죽음이 가득했던 암울한 기운을 이겨내고 새로운 세상이 시작되는 후천 기운이다.

77 새로운 후천 세상은 죽임이 아닌 생명의 세상이다. 절망이 아닌 희망의 세상이다. 생명과 희망을 노래하는 가락이 생명을 뽐내는 꽃가지와 어우러지는 풍경이다.

78 도의 마음은 욕념의 티끌이 없는 맑은 거울이요 구슬이다.

79 도는 하나이고 텅 빈 허령이지만 거기서 나오는 조화와 활용은 무궁하다. 자신이 알고 있는 것만 고집하면, 새로운 상황이나 모르는 것에선 벽에 부딪힐 수밖에 없지만 자신이 아는 것 외에도 모든 가능성을 용인하고 받아들이며 배울 자세가 되어 있으면 어떤 상황도 이겨낼 수 있다. 그것이 허령의 유연함이요, 무한한 가능성이다.

80 우리 도의 시작은 한 사람의 위위심(세상을 구하고자 하는)에서 시작되었다. 또한 세상과 우주는 먼 옛날 한 점에서 시작되었다. 모든 위대한 것들의 시작은 어디서나 보는 흔하고 미천한 것이었다. 나의 오늘은 훗날 어떤 성취의 시작일까?

81 천지만물의 생명을 간섭하는 한울의 도는 잠시도 쉬지 않고 어디나 차별 없이 베풀지만(의암성사법설, 권도문) 불평하거나 공치사 하지 않는다. 다만 행할 뿐이다.

82 아무리 하찮은 물건이라도 한울의 이치가 담겨 있다. 그래서 물물천 사사천이요, 경물하라 하신 것이다. 불가에선 털구멍 하나에도 부처의 세계, 우주가 들어있다고 하지 않던가?(화엄경)

83 내가 눈 오줌도 강과 바다로 나갔다가 증발되어 비가 되고, 다시 지하수와 강물이 되고, 수돗물이 되어 내 입속으로 돌아온다. 나고 죽고, 생기고 없어짐도 반복되고, 모든 것은 인과가 되어 돌아오기 마련이다. 시간과 모습은 달라질 수 있어도 반복되지 않는 것은 없다. 그래서 무왕불복의 이치라 하셨다.

水流聲聲掛滌溪 花鳥谷谷弄春啼

물 흐르는 소리 소리는 맑은 시내에 걸렸고,84

꽃과 새는 골짝마다 봄을 희롱하며 울더라.85

弘海如天無用地 世事繞心胸海底

큰 바다가 한울 같아도 쓸 땅이 없고,86

세상 일이 마음에 둘렸으나 가슴바다 밑이라.87

圓覺性中一樹佳 萬枝花葉春色加

둥글게 깨달은 성품 속에 한 나무가 아름답고,88

일만 가지 꽃과 잎에 봄빛을 더했어라.89

建心百年事無二 用道億世德不偕

마음을 세운 백년에 일은 두 가지가 없고,90

도를 쓰는 억대에 덕이 함께하지 않더라.91

---

84 물 흐르는 소리는 생명 소리, 기운이 흐르는 소리다. 그 소리는 더러운 시궁창보다 깨끗한 계곡
   물에서 더욱 명랑하고 생기가 넘치게 들린다. 생명이 억압되는 부조리한 사회보다, 한울의 도
   가 실현되는 밝은 세상일수록 생명의 활기가 넘쳐흐를 것이다.
85 꽃과 새는 생명이요 생명을 표현하는 예술혼이고, 그대로 한울 모습이다. 새로운 세상이 시작되
   는 봄(후천)이 되면, 생명이 억압되던 선천에 피지 못했던 꽃과 노래하지 못했던 새가 자유롭게
   피고 노래하는 세상이 될 것이다.
86 바다가 넓으면 사람이 발 디딜 땅이 없다. 땅은 세속의 모든 갈등을 상징한다. 사는 데 어찌 우
   여곡절이 없으랴. 그러나 거기 얽매여 삶을 고해로 여기는 사람이 있는가 하면, 마음을 바다같
   이 넓게 가져 멀리 보고 크게 보며 살면 특별히 고생이랄 것도 없다.
87 육신이 있는 동안 세속의 갈등을 겪지만 거기에 얽매이지 않는다. 좋으면 좋고, 싫으면 싫고, 무
   심행 무애행 할 뿐이다.
88 원각성은 한울 이치, 법의 인과를 뜻한다.(의암성사법설, 삼성과) 한울 성품(나무 뿌리와 줄기)
   에서 자라난 만물(가지와 잎, 꽃)은 각각이 진리의 표현이니 어찌 아름답지 않으랴.
89 한울 이치는 억압과 획일이 아니라 자유와 다양함이다. 잘나거나 못나거나 그 자체로 의미가
   있고 아름다움이 있다. 그것이 한울의 진리요, 그것이 실현되는 봄이요, 춘삼월 호시절이다.
90 백년은 사람의 일평생. 누구나 호구지책에 급급할 것이 아니라 일생 동안 이룰 큰일을 염두에
   두고 살 일이다. 평생을 걸고 해야 할 일이 자신의 본모습을 찾고 그를 실현하는 것(한울사업)
   외에 또 달리 무엇이 있으랴.
91 偕 함께, 굳셀 해. 덕은 도가 세상에 실현되는 것이다. 도는 어느 세상, 어느 시기에나 항상 있었

風無去去天空餘 詩不詠詠意多書

바람은 가고 감이 없으나 한울은 비어 남고,92

시는 읊고 읊지 아니하나 뜻이 많은 글이라.93

燈下默念進退地 宇宙如如心無跡

등불 아래서 잠잠하게 생각하여 나아가고 물러가는 곳에,94

우주는 같고 같아 마음에 자취가 없어라.95

五萬年運此地回 吾心開處世亦開

오만 년 운이 이 땅에 돌아오니96

내 마음 열리는 곳에 세상도 또한 열리고,97

天地默默我獨惺 帝心不在玉京垞

천지는 잠잠한데 나 혼자 깨니98

지만 사람들이 그를 알고 덕으로 실현하는 것은 때마다 달랐다.

92 바람과 공기는 눈에 보이지 않는다. 그러나 그 오고 감을 느낄 수는 있다. 하지만 공기는 어디나 있는 것이고 있는 곳이 정해진 것도 아니니 어디로 가고 옴을 이야기할 수는 없다. 또한 그렇게 바람이 오거나 가더라도 한울은 항상 비어 있어 만물을 포용한다.

93 사람 말도 기록을 남기지 않으면 공중에 흩어져 흔적이 남지 않는다. 그중에서도 시문은 압축된 운율 속에 많은 뜻을 함축한다. 그러므로 인연이 없는 사람에겐 그저 지나가는 소리일 따름이지만 뜻을 알아듣는 사람에겐 시만큼 큰 감동과 많은 상상력을 자극하는 것은 없을 것이다. 그래서 예부터 선각자들은 깨달음을 시로 표현하곤 했고 현대에 와서 많은 문학이 번역되지만 가장 번역이 어려운 것이 시라고 한다.

94 등불은 어둠을 밝히는 빛이다. 어리석음을 깨우치는 스승이다. 스승의 지도 아래 공부하는 모습이다. 공부가 깊어지면 자신의 육관과 욕념이 일시적인 것임을 알게 된다. 이를 비워가며 생명이 시작되기 전 고요한 상태를 공부하게 된다. 이 공부가 진행될 때에는 잡념이 왔다가 사라지길 반복하며 차츰 마음이 맑아지게 된다.

95 일체가 한울임을 깨달으면 옳고 그르고, 너와 나, 이쪽과 저쪽의 분별이 사라지게 되고 모두가 하나인 한울이다. 이것이 동귀일체요 여여심이다. 그러나 그 같고 다른 마음도 또한 구체적 자취가 있는 것은 아니다. 마음으로 깨달을 뿐.

96 동학의 메시지는 지금까지와는 다른 삶, 다른 문명을 시작해야 한다는 명제다. 그 새로운 문명이 앞으로 오만 년을 이어갈 것이므로 거기에 동참할 것인가 낙오될 것인가는 각자 선택이다.

97 개벽은 전혀 다른 별천지가 아니다. 그대로의 세상이되 그것을 보는 나의 마음이 180도 달라진 것이다. 개벽된 마음으로 세상을 보면 새로운 세상이 보인다. 세상이 달라져도 내 마음이 그대로라면 자기만의 세상에 갇힌 꼴이 된다.

98 세상이 아직 선천 관념에서 깨어나지 못하고 있을 때 후천 진리를 외치는 선각자의 길은 외롭고 힘든 것이었다. 천지와 한울은 본래 크게 빈 곳이다. 개벽이 가까워도 사람 언어로 무엇을 가르

상제의 마음은 옥경대에 있지 않더라.99

天塵世塵吾亦塵 能呑能吐我自新

한울도 티끌 세상도 티끌 내 또한 티끌이니,100

능히 삼키고 능히 뱉으면 내 스스로 새로우리.101

背負胸抱慈悲事 法步能濟億億人

등에 지고 가슴에 안은 자비로운 일,102

법의 걸음이 능히 많은 사람을 건지리.103

空界如如寂寂夜 初月湧出白如晝

공의 세계는 여여적적한 밤인데,104

초승달이 솟아나니 밝기가 낮 같구려.105

步步登空無量看 天地與我一色空

걸음 걸음 빈 데 올라 헤아릴 수 없는 것을 보니,106

쳐 주진 않는다.

99 선천 관념에서 신이란 민중들의 비참한 삶과는 별개 세상에 있어 선택된 소수 사람이 아니면 감히 기도조차 할 수 없는 그런 존재였다. 그것을 이 세상 모든 티끌조차도 한울을 모시고 있다고 한 것이 동학이다. 그것은 가히 파천황의 전환이 아닐 수 없다.

100 일체가 한울의 지기요 허령이다. 잠시 각각 형상을 가지고 있는 것도 언젠가 허령으로 돌아간다. 너는 반드시 한울이 한울된 것이니(의암성사법설, 법문). 色卽是空, 空卽是色.(반야심경)

101 나에게 오고 가는 것을 나의 욕심으로 하면 그로 인해 수많은 싸움과 고통이 생길 것이지만, 일체가 한울이므로 어디로 오고 감이 따로 없음을 깨달으면 거기에 얽매이거나 집착하지 않고 자유롭게 행할 수 있다. 그것이 사람이건 재물이건.

102 일체가 한울임을 깨달으면 이 모두를 위하는 것이 한울과 나를 위하는 것이 됨을 알게 된다. 한울과 사람과 물건을 위하는 마음이 모심의 시작이다.

103 각자위심의 고해 속에 고통 받는 세상 사람들을 위하는 마음으로 진리를 전하여 참된 삶을 살게 하는 것이야말로 참 생명을 위하는 것이다.

104 우주는 본래 허령이 창창한 빈 곳이다. 빛조차 없는 무극이다.

105 생명이 시작되고 도가 베풀어지면(초승달이 솟아나면), 비었던 곳이 한울의 진면목으로 가득 찬다. 둘러보라 한울의 간섭과 은덕 아닌 곳이 어디 있는가!

106 육신의 습관된 마음을 벗어나 진리를 보기 위해선 한울 마음을 회복하기 위한 꾸준한 수행이 있어야 한다. 한울의 비어 있는 허령을 보면 그것은 사람 기준으로 헤아리거나 판단할 수 있는 것이 아니다.

한울 땅도 나와 더불어 일색공이더라.107

虛虛大宇然然裡 一切萬像自遊足

비고 빈 큰 우주는 그렇고 그러한 속에108

일체 만상이 스스로 놀기 족하더라.109

心在一朶思二分 半開來處半開塵

마음은 한 떨기인데 생각은 둘로 나뉘어110

반이나 열린 곳에 반은 티끌이고,111

天地雖分理不分 自心照見自心開

한울 땅이 아무리 나뉘었어도 이치는 나뉘지 아니하여112

내 마음 비치어 보는데 내 마음 열리네.113

法界眞眞精似玉 世事紛紛意如雲

법의 경지 참되고 참되어 정미로운 옥 같고,114

---

107 한울 진리를 깨달으면 일체가 한울이요 하나의 지기일 따름이다. 각각 형상이 달라도 하나의
　　모습이요, 다 다른 마음이어도 결국 허령일 뿐이다.
108 무한한 우주에서는 시시비비가 부질없다. 만물은 다만 한울이 부여한 대로 그러할 뿐이다.
109 한울 이치를 깨달으면 자유롭게 생명을 만끽할 것이다. 다만 스스로 습관심에 갇혀 스스로의
　　한계를 벗어나지 못하고 있을 뿐.
110 마음은 누구나 하나이다. 그러나 처음 태어날 때의 순수한 한울 마음을 잊고 감각의 욕념에만
　　따르는 습관심(제이천심)이 자신의 마음인 줄만 알고 산다. "사람이 태어난 그 처음에는 실로
　　한 티끌도 가지고 온 것이 없고 다만 보배로운 거울 한 조각을 가진 것뿐이라, 허공에 도로 비
　　치우니 왼쪽 가에 한 편은 여여적적하고 바른쪽 가에 한 편은 티끌이 자욱하고 자욱하니라."
　　(의암성사법설, 성범설)·
111 티끌 속에 매몰되어 있으면 티끌이 보이지 않는 법이다. 마음을 닦아 티끌 속에서 벗어나면 비
　　로소 티끌이 보이기 시작한다. 이것이 공부하는 사람의 허광심이요, 분별심이다. 그러나 그 티
　　끌마저도 모두가 위해야 할 한울인 것을.
112 현상은 분별이다. 모습도 다르고 삶도 다르다. 거기엔 분명 옳고 그름도 있다. 그러나 그러한
　　것을 분별하는 이치는 어디나 같다.
113 한울로부터 부여받은 본래 내 마음을 보고자 하는 발심이 있어야 그 진면목을 볼 수 있다. 보
　　려하지 않으면 어찌 보여줄 수 있겠는가? "생각을 하면 한울 이치를 얻을 것이요 생각을 하지
　　않으면 많은 이치를 얻지 못할 것이니…."(해월신사법설, 수심정기)
114 한울 법은 만물에 고루 베풀어진다. 소외되거나 버려짐이 없다. 그 정밀하고 세밀함이 옥과 같
　　이 소중하다. '한울 그물은 성글지만 빠져 나감이 없다'(도덕경,73장)

세상일 어지럽고 어지러워 뜻이 구름 같아라.[115]

個中料得用神權 能以起風能超雲

개 중에는 귀신을 부리는 권세를 얻어[116]

능히 바람을 일으키고 능히 구름을 뛰어 넘느니라.[117]

夜來天地日半分 義擧鬼神意共聞

밤이 천지에 오니 해가 절반이요,[118]

의를 드니 귀신이 뜻을 같이 듣더라.[119]

猛風亂塵仙一夢 事畢男兒歸畔雲

사나운 바람 어지러운 티끌은 신선의 한 꿈이니,[120]

일을 다한 사나이는 구름가로 되돌아가리라.[121]

返照先天未生顔 無聲無答無現歡

돌이켜 선천을 비치니 낯을 내지 못하고,[122]

소리도 없고 대답도 없고 나타난 즐거움도 없고,[123]

---

115 세상 모든 시시비비는 그것이 아무리 크고 중해도 찻잔 속 태풍이요, 부처님 손바닥 안 손오공이다. 결국 같은 한울로 동귀될 것이고 빈 것으로 돌아간다. 그러므로 그 시시비비에 연연함은 흩어져 없어질 뜬 구름에 집착하는 것과 같다.

116 누구나 모신 한울로서 살아가므로 그를 깨달으면 우주에 가득한 창창한 허령과 통할 수 있다. 이를 쓰는 것을 신통력이라 한다.(의암성사법설, 성심신상단)

117 신통력은 쓸 수 있으나 그에 집착함은 또 다른 습관심이다. 필요할 때 쓸 수 있지만 그를 버릴 수도 있을까? 그러므로 스승님들께선 신통력조차 작은 일이라 하여 쓰지 않으셨다 했다. "내가 독실히 공부할 때에 억수같이 내리는 비 가운데서도 옷과 두건이 젖지 아니하였으며, 능히 구십 리 밖에 있는 사람을 보았으며 또 능히 바르지 못한 기운을 그치었으며 조화를 썼으나 지금은 조금도 돌아보지 않고 끊었노라. 원래 이것들은 다 작은 일이요 결코 대도의 바른 도리가 아니니라."(해월신사법설, 기타)

118 밝은 대낮에는 해가 영원할 것 같지만 곧 지고 밤이 온다. 밤이고 낮이고 계속 갈아드는 것이 무왕불복이다. 밤과 낮뿐이랴, 젊음도 부와 권력도 영원하지 않다.

119 옳은 것은 한울을 위하는, 모두를 위하는 것이다. 한울이 감응하고 귀신이 감응할 것이다.

120 세상 일이 아무리 웅대하고 복잡해도 결국 지나고 보면 한낮 꿈이요, 이야깃거리일 뿐이다.

121 세상일을 다하면 한울 본래 자리로 돌아가게 마련이니, 그 곳은 허령이요, 빈 곳이다.

122 깨달은 뒤에 깨닫기 전의 치기어린 행동들을 돌아보면 부끄럽지 않을 수 있으랴?

百年舞坮風塵息 一片精神水月還

백년 춤추던 터에 바람과 티끌이 쉬고,[124]

한 조각 정신이 물과 달에 돌아오더라.[125]

多風手空頓覺昏 慈悲眼活天一村

많은 바람이 손에 비니 문득 어두운 것을 깨닫고,[126]

자비로운 눈이 살았으니 한울이 한 마을이라.[127]

月入碧海渾無跡 雲散蒼天內有痕

달이 벽해에 잠기니 도무지 자취가 없고,[128]

구름이 창공에 흩어지니 안으로 흔적이 있더라.[129]

神風掃盡白日寒 吾心虛虛宇宙欄

귀신 바람이 흰 날의 추위를 쓸어버리니[130]

---

123 일체가 한울임을 깨달으면 어디에 묻고 답을 기다릴 것인가? 自心自法할 뿐이다.

124 백년은 사람의 일평생이다. 일평생 춤추던 터는 우리 육신을 말한다. 육신이 있는 동안은 세상 풍진에 함께하지만 육신을 벗으면 더 이상 풍진에 얽매일 필요가 없다. 육신을 벗기 전이라도 육신 관념을 벗어나 깨달음을 얻어도 세상 풍진에 집착하지 않을 것이다.

125 한 조각 정신은 진정한 한울 마음이요 진리다. 물과 달은 수운과 해월. 결국 진리는 스승님 가르침을 통해 깨달을 수 있음이다.

126 많은 바람은 수많은 세상사의 희로애락. 많은 애환을 겪지만 결국 사람은 허령일 뿐이고 빈 곳으로 돌아간다. 이를 깨달으면 희로애락에 연연하는 어리석음을 벗어날 수 있을 것이다.

127 자신의 이익만을 보는 눈은 진실을 보지 못하는 각자위심의 어리석은 눈이지만, 만물을 위하는 눈은 자비의 눈이요, 분별심을 버리고 일체가 한울임을 깨달은 눈이다.

128 달이 지면 온 세상이 칠흙같이 어두운 세상이요, 허령창창한 세상이 된다. 달이 떠서 만물이 드러나는 것은 유정천 세상이요, 달이 진 뒤의 공허한 세상은 무정천 세상이다. 해월 선생은 세상 시비를 벗어난 분이시다. 육신이 살아 계실 때는 만물을 위하는 행을 하셨지만 돌아가신 뒤엔 한울과 하나 되어 허령 자리에 거하신다.

129 구름은 일정한 형상이 없다. 그러므로 흩어지면 그 흔적이 없다. 수운 선생 몸은 흩어져 흔적이 없으되, 당신이 남기신 뜻은 한울과 우주에 영원한 자취가 남을 것이다.

130 이 시문은 독립운동을 지원하시던 당시 상황을 표현한 듯하다. 흰 바탕의 해는 일본을 상징하고 일제 압제(추위)에 시달리는 것을 쓸어버리는 것은 '신풍'이라 하였다. 신풍은 민족정기요, 진리의 한울 기운일 것이다.

내 마음은 비고 비어 우주가 한 난간이라.131

共和漸進六洲界 天是團也人一團

공화는 점점 육대주로 나아가고132

한울이 바로 둥그니 사람도 한 둥근 것이라.133

兩君今至我自先 共自仙緣一般天

두 그대가 지금에 이르니 내가 스스로 먼저요,134

함께 스스로 신선 연분이니 한 가지 한울이라.135

法步充然思無疑 大行男兒斷指年

법의 걸음이 찼으니 생각에 의심 없고,136

크게 행할 사나이는 손가락을 끊고 맹서할 해로다.137

萬法在我勿求遙 一片心頭古今招

만법이 내게 있으니 멀리 구하지 말라.138

---

131 마음이 빈 허령의 경지가 되면 한울과 하나가 된다. 한울과 하나가 되면 온 세상이 한 가족이
요 한 울타리다.

132 선천 세상은 너와 나를 분별하고, 차별하여 이긴 자와 힘센 자가 모든 것을 독점하는 시기였지
만, 후천 세상은 잘난 이와 못난이 차별이 없는 모두가 서로 위하는 세상이 될 것이다. 그것이
어느 한 곳만 그러한 것이 아니라 모든 나라에 다 후천의 변화가 올 것이니 그것이 개벽이다.

133 團 둥글, 모일, 덩어리 단. 문맥으로 보아 둥글다는 뜻보다는 하나로 모인다고 해석하는 것이
자연스럽다. 사람도 한울도 만물도 모두 하나의 지기, 하나의 허령의 소산이다.

134 엄혹한 일제 치하에서 민족운동과 독립운동 선구에 섰던 천도교는 자신의 목숨을 돌보지 않고
대의를 위해 분투했던 지사가 많았다. 지금 이 구절은 의암 선생이 중요한 사명을 받은 두 지
사를 앞에 두고 격려하는 모습이 연상된다. 두 사람이 어려운 일을 하게 되었지만 선생이 앞장
서 모든 책임과 뒷일을 감당할 것이라는 다짐을 하시는 것일까?

135 같은 길을 위해 매진하니 같은 인연이요, 같은 한울 감응 속에 있음이다.

136 대의를 위해 나서는 것은 사사로운 욕심을 버리고 모든 한울을 위하는 것이니 한울 법의 행보
가 아닐 수 없다. 진리를 따르니 어찌 의심이 있으랴.

137 예부터 중요한 맹서를 할 때 단지하고 혈서를 쓰곤 했다. 부모에게 물려받은 몸을 훼손하지 않
도록 가르치던 유교 사회에서 이는 목숨을 건 맹세를 뜻했다.

138 "네 몸에 모셨으니 사근취원 하단 말가."(용담유사, 교훈가) 해답은 항상 가까이 있다. 눈 감고
귀 막고 있어 모를 뿐.

한 조각 마음머리에 예와 지금을 부르고,139

號令江山正日月 義氣天地靈仙橋

강산을 호령하니 일월이 바르고,140 의기 천지는 영선의 다리로다.141

覺心通空無頭尾 敍則無邊收不藏

깨달은 마음이 빈 데를 통하니 머리도 꼬리도(차례가) 없고,142

펴는 법이 가가 없어 거두어도 감추지 않나니,143

誰使是兒聞又知 萬智萬能我自由

누가 이 사나이로 하여금 듣고 또 알게 하나,144

만지만능은 내 자유로다.145

月照蒼江裏 倒天無嫌隙 魚呑皎月色 腹中天地明

달이 푸른 강 속을 비치니 거꾸러진 한울에 작은 틈도 없고146

---

139 "나의 기점은 성천의 기인한 바요, 성천의 근본은 천지가 갈리기 전에 시작하여 이때에 억억
   만년이 나로부터 시작되었고, 나로부터 천지가 없어질 때까지 이때에 억억만년이 또한 나에
   게 이르러 끝나는 것이니라."(의암성사법설, 성심변) 예와 지금 그리고 앞날까지 헤아리는 것
   이 모두 마음 소치다.

140 한울 이치에 따라 가르치고 인도하면 따르고 승복하지 않을 자가 없을 것이다. 만물이 바르게
   다스려짐을 일월이 바르다고 표현하셨다.

141 의로운 기운을 천지와 함께하면 그것이 신령한 한울과 하나 되는 길이요, 신선 삶과 하나 되는
   길이다.

142 진리는 어디나 통한다. 온 우주가 한 한울이치이기 때문이다. 그러므로 그 이치를 깨달으면 시
   작도 없고, 끝도 없고, 좋은 것도 나쁜 것도 없는, 일체가 하나임을 알게 된다.

143 敍 차례, 순서, 차례대로 행할 서. 한울의 법은 어디나 소외됨 없이 적용되고 베풀어진다. 그러
   므로 그 베풂에 끝이 없으며 숨기거나 감출 것도 없다.

144 나를 움직이고 생각하고 동작하게 하는 것은 누구인가? "내 속에 어떤 내가 있어 굴신동정하
   는 것을 가르치고 시키는가."(의암성사법설, 인여물개벽설)

145 나와 너, 나와 한울이 하나임을 깨달으면 진리를 알고 행함에 있어 거리낄 것이 없다. 이를 참
   된 자유라 한다. 개인 욕념대로 방종하는 것이 아니다. "일동일정과 일용행사를 내가 반드시
   자유롭게 하나니 좋으면 좋고, 착하면 착하고, 노하면 노하고, 살면 살고, 죽으면 죽고, 모든
   일과 모든 쓰임을 마음없이 행하고 거리낌 없이 행하니 이것을 천체의 공도공행이라 하느니
   라."(의암성사법설, 삼심관)

146 달 밝은 고요한 밤에 물에 비친 사물을 보면 이쪽이 진실인가, 저쪽이 진실인가? 어느 쪽이 허
   상이고 어느 쪽이 참인가? 나는 현실 속에 있는가 나의 꿈속에 있는가? 당신은 꿈과 현실을 명

고기가 흰 달빛을 삼키니 배 속에 한울 땅이 밝더라.147

方入於中伴鬼神 運動之跡能如天

방금 중에 들어 귀신과 짝하니148 운동하는 자취가 능히 한울 같고,149

放牛天地無間天 敎牛聲中自成天

소를 천지에 놓으니 한울과 간격이 없고,150

소를 가르치는 소리 가운데 스스로 한울을 이루어라.151

萬物盡是別無理 一成造化處處天

만물은 별다른 이치가 없고152 한 조화로 이루어진 곳곳의 한울이라.153

확히 구분할 수 있는가? 자신이 사는 이유를 모르고 자신이 하는 행을 모르면서 살면 그것이 꿈속을 헤매는 것이지 참된 삶이라 할 수 있는가? 이 모두가 진리를 깨닫고자 하는 이유다. 깨달으면 이쪽과 저쪽 분별이 없어진다. 일체가 한울이므로. "燈明水上無嫌隙 柱似枯形力有 餘"(동경대전, 유시)

147 물 속 고기가 물에 비친 달을 삼킨다. 달을 삼킨 물고기가 큰 것인가, 그것을 바라보는 내가 큰 것인가? 물속과 물 밖의 경계가 이미 사라졌다. "천꽃이 물에 거꾸로 서니 고기가 나비되고, 달빛이 바다에 비치니 구름 또한 땅이로다."(동경대전, 영소) "천지일월이 가슴 속에 드니, 천 지가 큰 것이 아니요, 내 마음이 큰 것이라."(의암성사법설, 강시)

148 수련 중 자신의 습관심을 잊고 본성 자리에 들면 한울의 허령과 하나가 됨을 체험하게 된다. 이를 강령이라 하고 한울의 신령한 기운과 하나가 되니 구부리고(귀) 펴는(신) 모든 동작이 이 의 감응과 간섭 아님이 없다.(해월신사법설, 천지인귀신음양)

149 자신의 욕념으로 행하는 것이 아닌 한울 마음으로 행하면 그 행하고 이룸이 곧 한울이 행하고 이룸이 된다.

150 불가에선 예부터 소가 진리를 상징했다. 아마도 인도에서 유래한 관념인 듯하다. 즉 사람 이 본래의 청정한 마음을 잃고 방황하는 것을, 목동이 소를 잃은 것으로 표현하고 이 잃어 버린 소를 찾아가는 과정을 도를 닦는 과정으로 묘사한 것이 절에 그려져 있는 심우도다. 즉 소를 천지에 놓았음은 이미 마음이 소를 찾는 집착을 버리고 천지에 가득한 것이 잃었 던 소임을 깨달은 것이다. 그러므로 그 마음은 곧 한울 진리와도 같다.

151 진리 공부하는 것을 소를 가르치는 것으로 표현했다. 잃어버린 소와 진리는 어디 있는가? 스스로의 마음에 있을 뿐이다. 그러므로 스스로 한울을 이루고 스스로 소가 되는 것이다.

152 세상에는 수많은 생명이 각기 다른 모습으로 살아간다. 모습은 다 다르되 그 살아가는 원리는 하나로 연결되니 그것이 곧 진리요 한울 이치다.

153 그러므로 해월선생은 물건마다 일마다 한울이라고 하셨다. 깨달으면 모두 한울이나 깨닫지 못 하면 모두가 각각이다.

我無身無心亦無 一水始分陰陽天

나도 없고 몸도 없고 마음 또한 없는 것이니,[154]

한 물이 처음으로 음과 양 한울을 나누었어라.[155]

大觀天地一氣天 形形色色造化天

크게 한울 땅을 보니 한 기운의 한울이요,[156]

형형색색 조화의 한울이요,[157]

屈伸動靜任意天 萬事治政一般天

굴신동정 마음대로 한울이요,[158]

만사를 다스리는 한 가지 한울이라.[159]

能知萬事自爲天 一發開口如意天

능히 만사를 알 수 있는 자연히 되는 한울이요,[160]

한 번 입을 열면 뜻과 같이 되는 한울이요,[161]

與物合德無間天 建道天地無疑天

물건과 같이 덕에 합하여 사이가 없는 한울이요,[162]

---

154 나와 나의 습관된 마음도 본래는 허령에서 온 것이고, 몸도 또한 백년이 못 가 흩어져 없어질 존재이다. 무엇이 있는 것이고 무엇이 없는 것인가? 이 분별을 넘어서야 한울을 보았다고 할 것이다.

155 음양이 나뉘기 전 무극은 크게 비고 어두운 것이라, 음에서 시작했다고 해도 틀리지 않는다. 그러므로 해월선생은 천지가 시작되기 전은 북극 일륙수 뿐 이었다고 하신 것이다.(해월신사 법설, 천지이기)

156 하늘과 땅을 이루는 것이 모두 하나의 지기다.

157 하늘과 땅 사이에 수많은 생명들(생물과 무생물 모두 포함)이 있다. 형태와 모습은 다 다르지만 그 이루어진 조화는 한울 이치일 뿐이다.

158 수많은 한울생명들이 자유자재로 몸을 움직일 수 있는 것도 모두 한울 간섭이다. 그것이 없으면 한 가지도 임의대로 할 수 없다. 그를 모르고 살아가고 있을 뿐.

159 세상에서 벌어지는 수많은 일들은 자연 조화에서 사람 일에 이르기까지 한울 이치와 한울 기운 작용 아닌 것이 없다. 물물천 사사천이다.

160 만물 이치가 하나이므로 한울 이치를 깨달으면 만사를 다 알 수 있게 된다(만사지). 만물과 만사가 하나로 통함을 알면 한울을 위하는 것이 자신을 위하는 것임을 또한 알게 된다.

161 습관된 마음이 아닌 한울 마음에서 나오는 말은 곧 한울 뜻을 사물에 베푸는 것이다.

162 군자의 덕은 한울과 함께한다고 하였다. 한울 이치가 물건에까지 베풀어지지 않음이 없으니

도를 천지에 세워도 의심 없는 한울이라.163

天生萬物心受天 道生萬事食補天

한울이 만물이 낳았으니 마음은 한울에서 받으며,164

도는 만사를 낳았으니 밥 먹는 것은 한울을 돕는 것이라.165

今朝唱韻奉命天 明朝刱運許諾天

오늘 아침에 운을 부르니 명을 받는 한울이요,166

내일 아침에 창명한 운이니 허락한 한울이라.167

於千萬物始一氣 各有成形各有性

천만물이 한 기운에서 시작되어168

각각 이룬 형상이 있으며 각각 성품이 있고,169

天道只在體物間 人事自行敎化中

천도는 다만 몸과 물건 사이에 있고,170

물건을 바르게 사용하고 아끼는 것이 한울 덕에 합하는 것이 된다.

163 한울 덕을 가르치는 것이 도라면 이를 세상에 세우고 펴는 것 또한 한울 덕행이다.

164 만물과 만물을 유지하는 마음이 모두 한울에서 나온 것이다. 그러므로 참된 마음을 잊고 살았다가도 다시 한울에 기원하면 본래 참된 마음을 회복할 수 있다.

165 도는 한울이 세상에 베풀어지는 방법이자 이치다. 모든 생명이 사는 이치가 그러므로 한울의 도. 생명은 먹는 것으로서 자신의 생명을 유지한다. 그러므로 먹는 것은 한울 생명을 돕는 것이요, 그래서 한울님을 주리게 하지 말라(해월신사법설, 십무천)하셨다.

166 奉 받들 봉. 운은 시나 노래를 짓기 위한 주제나 소재를 말한다. 운을 띄우는 것은 어떤 일을 시작하는 신호로 생각할 수 있다. 어떤 일을 시작하는가? 일생에 가장 중요한 일은 한울 명을 수행하는 일을 시작함이다.

167 刱. 創 비롯할, 만들 창. 오늘 한울 명을 받드는 일을 시작하면 내일은 한울의 큰 운수를 받음을 허락 받을 것이다. ★ 이 7언 절구는 뒤의 3구절에 심수천-식보천-봉명천-허락천 등으로 반복되는 운을 넣어 운율과 뜻을 살렸다.

168 우주 모든 만물은 모두 한울의 지기, 허령에서 시작된 것이다.

169 같은 한울에서 시작됐으나 생겨난 곳 기후와 토양 등에 따라 그 성질과 모양이 모두 다르다. "歌曰 而千古之萬物今 各有成各有形"(동경대전, 불연기연)

170 도가 세상에 구현된 것은 내 몸과 물건들이 그 증거다. 그 모두가 한울 간섭이 아니면 어찌 생

인사는 자연히 교화하는 가운데서 행하여지더라.171

夢中和語明如此 醒則送思難爲形

꿈속에 주고받는 말이 밝기 이와 같으나,172

깨면 보내는 생각이 형용하기 어려워라.173

夢中世界若如此 豈不爲形豈有異

꿈속의 세계가 만약 이 같으면,174

어찌 형용하지 못하며 어찌 다른 것이 있으리.175

氣滿天地無滯邊 變化能作正心處

기운은 천지가 막힘없는 가에 차고,176

변화는 능히 바른 마음 가지는 곳에 되어지더라.177

龍沈畫海鱗無濕 影在示鏡語不和

용이 그림 바다에 잠겼으나 비늘은 젖지 아니하고,178

겨났겠는가? 그러므로 내가 나를 위하는 것이고, 물건을 공경해야 하는 것이다.

171 사람 일은 자신의 욕심으로 억지로 하려 하면 탈이 나게 마련이다. 한울님 순리대로 하면 저절로 이루어지는 것을.

172 꿈은 이상 세계다. 한울 세상이다. 꿈속에선 현실의 장애 없이 뜻한 바를 이룰 수 있다. 그러나 꿈과 현실은 무엇이 다른가? 내 욕심이 남아 있는가, 남아 있지 않은가의 차이일 뿐인 것을.

173 꿈에서 깨어나 현실로 돌아오면 어느 틈엔가 꿈을 잊고, 꿈속에서 깨달은 답을 잊고 살아가는 자신을 발견하곤 한다. 수도원에서 수련할 때는 세상을 개벽할 수 있을 것 같다가 내려와 생활하다 보면 어느새 예전의 모습이 되어 있는 것처럼….

174 꿈이 현실이 되려면, 바른 생각을 하고 바른 이상 바른 도를 세워야 한다. 꿈조차 아상과 욕념에서 헤어나지 못하면 무엇을 더 기대하랴.

175 바른 꿈과 바른 이상을 세우면 비록 현실은 더디게 변할지라도 내일을 확신할 수 있을 것이다. 결국 일체가 한울로 돌아가는 것이므로.

176 한울 기운은 천지 어디서나 막힘이 없고 차별 없이 베풀어진다.

177 한울 덕과 합하면 바르게 뜻한 바를 이룰 것이나, 자신의 욕념으로 구하면 바르게 얻어지지 않을 것이다. 생명은 늘 변화한다. 바른 마음으로 변하면 바르게 이룰 것이나, 바르지 못한 마음을 가지면 그르칠 것이다.

178 용이 진짜 바다가 아닌 그림 속 바다에 잠겼으니 비늘이 젖을 리 없다. 진리를 찾으려면 자신의 진실 속에서 찾아야지 밖에서 찾거나 자신의 아상이나 허상에서 찾는 것은 용이 그림 속에서 비늘이 젖길 바라는 것과 같다.

그림자는 보이는 거울에 있으나 말은 화답치 못하고,[179]

雲影落地踏無盡 月色滿地禁無窮

구름 그림자가 땅에 떨어지니 밟아도 다함이 없고,[180]

달빛이 땅에 가득하니 금하여 다함이 없느니라.[181]

急水聲高半天外 緩步意出一世上

급한 물소리는 한울 밖에 드높고,[182]

느리게 거니는 뜻은 온 세상에 드러나고,[183]

雨聲風聲胸海起 意自往來衣無濕

비소리 바람소리는 가슴바다에서 일어나건만,[184]

뜻은 스스로 가고 오나 옷은 젖지 아니하더라.[185]

觀海惟是蒼蒼涯 讀書只在勞苦中

바다를 보는 것은 오직 이것이 창창한 물가요,[186]

---

179 거울에 비치는 모습은 자신과 똑같지만 거울 속 자신은 할 수 있는 것이 아무것도 없다. 진실한 자기만이 자신을 위하고 세상을 위하고 한울을 위할 수 있다. 지금 자신은 진실인가 허상인가? 진리를 모르고 한울을 위하는 삶을 살지 못하면 허상과 다를 것이 무엇인가?

180 구름 그림자는 넓게 덮이지만 사람 발길을 방해하지 않고 밟는다고 닳아 없어지지 않는다. 진리도 그러하다. 땅에 떨어진 구름 그림자는 세상에 펼쳐진 水雲 선생의 진리.

181 달빛이 땅을 비춤에 가리거나 차별하지 않는다. 누구에게나 무궁히 비칠 뿐이다. 땅에 가득한 달빛은 이 세상에 베풀어 주신 海月 스승님의 큰 덕.

182 급박하게 돌아가는 세상 소식은 언제나 시끌벅적하다. 하지만 그 소리가 아무리 요란해도 내 마음 평정한 곳은 고요할 뿐이다. 드러난 티끌 한울이 다가 아니다. ＊ 이 구절은 다음 구절과 대구가 되므로 '한울 밖에 드높지만'으로 번역하는 게 자연스럽다.

183 느리게 걷는 것은 확신이 있어서다. 넓고 큰 진리를 깨달으면 조급할 필요가 없다. 그렇게 차근차근 행해도 애써 알리려 하지 않아도, 한울의 도는 자연히 세상에 드러나게 된다.

184 온 세상의 희로애락이 모두 마음속에서 일어난다. 그 마음은 진리를 깨달으면 온 우주와 하나로 통하니 "천지일월이 가슴 속에 드니 한울이 큰 것이 아니요 내 마음이 큰 것이라."(의암성사법설, 강시)

185 현실 사업에 매진하며 노력하여도 마음 한 편은 거기에 물들지 않고 고요한 무형 세계에 있어야 현실의 희로애락에 마음을 빼앗기지 않을 수 있다.

글을 읽는 것은 다만 힘쓰고 괴로운 속에 있고,187

思不去天天來思 人不通道道通人

생각하는 것이 한울에 가는 것이 아니라 한울이 생각하는데 오고,188

사람이 도를 통하는 것이 아니라 도가 사람을 통하느니라.189

體物一世天地影 心氣萬年鬼神跡

체와 물은 한 세상 천지의 그림자요,190

마음과 기운은 만년 귀신의 자취니라.191

靈莫靈於天地 非人生而不靈

신령한 것은 한울과 땅보다 더 신령한 것이 없으나192

사람이 아니면 신령하지 못하고,193

---

186 涯 물가 끝 근처 애. 바다를 바다 속에서 볼 수는 없다. 바다는 바다 밖에서 가장 잘 보인다. 자
　　아를 보기 위해서도 자신의 감정에서 한 걸음 떨어져 객관적으로 봐야 하고, 어떤 난제에 닥친
　　경우도 그 곳에선 나오지 않던 답이 한 걸음 떨어져 제3자의 눈으로 보면 쉽게 보이기도 한다.
　　이것이 마음공부할 때 觀하는 법이다.(의암성사법설, 십삼관법 참조)

187 글을 읽고 책을 보는 것은 정보를 얻기 위함이다.(재미로 하는 경우도 있지만) 옛 사람들은 자
　　신이 걸어온 경험과 삶의 지혜를 책에 담아 후세 사람들의 교훈이 되도록 했고, 책을 통해 그
　　를 학습함으로써 사람들은 앞선 사람들의 실수를 반복하지 않고 보다 발전된 학문과 삶으로
　　나아갈 수 있었다. 그것이 인류 문명이 축적 돼온 방식이었다. 그러므로 책을 읽는 것은 노고
　　근면의 삶을 배우는 것이요, 삶의 진실을 간접적으로 체험하는 것이 아닐 수 없다.

188 "사람이 한울을 모신 것 아니라 한울이 사람을 거느렸고…."(의암성사법설, 성사님 편 강시)
　　내가 생각하는 것도 한울님 간섭이 없으면 어찌 가능하겠는가? 고정관념 속에 갇혀 있으면 총
　　체적 진실을 알기 어렵다.

189 윗 구절과 댓구. 자신의 습관심이 남아 있으면 진리를 깨닫기 어렵다. 습관된 고정관념을 버리
　　면 자연히 드러나는 것이 진실이요 진리다. 나의 욕심으로 이루어지는 것이 아니라 자연히 무
　　위이화 되는 것이니 도가 사람을 통한다고 해도 된다.

190 세상 모든 만물은 한울의 무형한 성령이 유형화한 것.(의암성사법설, 성령출세설 참조)

191 마음과 기운 또한 한울의 허령에서 나온 것이니, 한울님은 "귀신이란 것도 나"(동경대전, 논학
　　문)라고 하지 않으셨던가! 나의 몸과 물건은 잠깐 형상을 갖춘 것이고 마음과 기운이야말로
　　영원히 이어지는 것이다. 어느 것이 주이고 어느 것이 객인가!

192 천지 우주가 모두 한울 작용으로 이루어지고 운행되니 한울보다 신령한 것이 또 있으랴?

193 마음은 본래 비어서 자취가 없고(동경대전, 탄도유심급), 한울 또한 허령이므로 구체적 자취
　　를 나타내기 위해선 몸을 가진 사람이 그 역할을 해야 한다. 그러므로 한울은 사람에 의지하고
　　사람은 밥에 의지한다고 하신 것이다.

明莫明於日月 非耳目而不明

밝은 것은 해와 달보다 더 밝은 것이 없으나

귀와 눈이 아니면 밝지 못하느니라.194

明兮明兮神亦明 知兮知兮人亦知

밝고 밝음이여, 신도 또한 밝고195 알고 앎이여, 사람도 또한 알더라.196

山來思仁人與孰 意足茅屋堯日輝

산은 어진 것을 생각하는데 사람은 누구와 같이 할까.197

뜻은 초가집이라도 족하니, 요임금의 날이 비친 것이라.198

天地始創二字明 聖道誠盡三端止

한울 땅이 처음으로 생기어 두 글자가 밝아지고,199

성인의 도에 정성을 다하니 세 가지에 그치니라.200

地載萬物一毫輕 德被四海片心薄

땅은 만물을 실었으나 한 털끝같이 가볍고,201

---

194 윗 구절과 댓구. 해와 달이 아무리 밝아도 그것을 인지하는 사람이 없으면 소용없다. 아무리 좋은 붓이 있어도 사람이 쓰지 않으면 좋은 그림을 그릴 수 없는 것과 같다. 진실은 항상 지금 여기에 있지만, 나의 눈과 귀가 그것을 보고 듣지 못하면 소용없는 것이다.

195 밝음이란 어리석음의 어두움을 깨치는 진리의 상징이다.(동경대전, 팔절 참조) 귀신이란 한울 작용이 나타남을 말한다. 그러므로 귀신도 또한 한울이요 신령한 것이다.

196 앎이란 소통이다. 사물과 한울의 진실과 통하는 것이다. 마음을 열고 자신의 습관심을 버리는 사람에게 진리는 지금 현재 이 자리에 있다.

197 孰 누구 숙. 어짊은 배려다. 위하는 마음이다. 이 마음에서 부모를 위하는 효와 충이 시작된다. * 논어 옹야편에 공자가 智者樂水 仁者樂山 라 한 구절이 있다. 즉 지혜로운 사람은 머물러 있지 않고 변화하고 움직이며 새로운 것을 배우고 개혁해 가지만, 어진 사람은 의리를 편안히 하고 중후하여 움직이지 않는 산과 같다는 뜻이다. 그러므로 산에 감은 어진 것을 생각하고 공부하는 것을 상징하는데, 어진 것이란 두(二)사람(人) 사이의 배려하는 마음이므로 사람 간의 관계이다. 상대가 있어야 공부도 되고 어짊도 되는 것이다.

198 뜻이 한울과 우주에 통하면 몸이 어디에 있건 무슨 상관이랴. 요 임금 또한 한울 뜻을 깨달은 성인이니, 요 임금을 밝혀준 해와 나의 어리석음을 밝힌 해는 같은 한울 빛이요 같은 해다.

199 텅 빈 무극에서 세상이 시작되며 한울과 땅, 음과 양이 나뉘어 생겨났다.

200 우리 도는 많은 말을 할 것이 아니라 성경신 석 자라고 하셨다.(동경대전, 좌잠 참조) 또한 천지인 삼재의 수와 성심신 삼단이 스승님이 가르쳐 주신 도의 핵심이다.

201 어머니 대지는 만물을 싣고 키우고 다시 거두지만 그것을 자랑하거나 생색내지 않는다. 오직

덕은 사해에 덮였으나 조각 마음같이 엷더라.202

海帶月色水性潔 人守聖道天心燭

바다가 달빛을 두르니 수성이 깨끗하고,203

사람이 성인의 도를 지키니 천심이 밝아지느니라.204

無經無緯我獨生 幾多經緯使我苦

날도 없고 씨도 없이 나 홀로 태어나니205

얼마나 많은 날과 씨가 나를 괴롭히고,206

一超天堂破帝闕 孰能使我言經緯

한 번 천당에 뛰어 올라 상제의 대궐을 쳐부수면207

누가 능히 나로 하여금 경위를 말하라고 하리.208

月出夜無東 日落夕不西

달이 동쪽에 솟으나 밤은 동쪽이 없고,

대가를 바라는 인간 욕심이 공치사를 할 뿐이다.

202 덕은 한울 도가 실현된 것이다. 한울의 도와 덕은 온 세상 어디나 차별 없이 베풀어진다. 또한 대가를 바라지 않고 다만 베풀 따름이니 어디에도 마음의 부채가 없다. 어찌 가볍지 않으랴.

203 잔잔한 바다에 달빛이 훤하여 맑은 물이 다 보이는 듯하다. 바다에 뜬 달은 해월이요, 깨끗한 물은 수운이다. 수운(천황씨)의 맑은 뜻은 해월(지황씨)로 인해 밝혀졌다.

204 사람 마음이 천지의 공기이므로(인여물개벽설) 사람들의 마음이 성인의 가르침으로 바뀌고 개벽되면 천지 마음이 밝아지고 천지가 개벽된다. 여기서 사람은 인황씨를 은유할 수도 있다. 인황씨(의암 선생)가 도를 지킴으로써 끊어질 뻔했던 도맥이 이어질 수 있었다.

205 날줄과 씨줄은 사람이 살면서 겪는 모든 인연과 인과를 상징한다. 누구나 지금 현재 살고 있는 공간과 시간의 영향을 벗어날 수 없다. 그러나 한울님 세계에선 이 모든 인연과 인과가 소멸되고 일체가 하나로서 자유로워진다. 이를 해탈이라 한다. 날도 씨도 없이 홀로 태어났다 한 것은 세상 모든 구속에서 해탈하여 한울 사람으로 새롭게 거듭난 것을 뜻한다.

206 해탈하지 못한 세상 사람들은 이전 인과에 의해 현재 있는 공간과 시간에 위치하며, 지금 짓는 인과에 의해 내일 위치가 또한 정해질 것이다. 이 모든 인과를 자신이 선택하고 주관할 수 있는 것과 수동적으로 끌려 다니는 것은 삶의 모습이 180도 다를 것이다.

207 천당과 상제는 나의 본질을 구속하고 왜곡하는 현실의 모든 도그마, 억압의 상징이다. 나의 참 모습을 찾기 위해선 모든 선입관과 기득권을 부수고 개벽해야 한다.

208 천당의 상제 대궐을 부숨은 나를 싸고 있는 두터운 습관의 핵심을 깬 것을 뜻한다. 천심을 깨 달아 일체가 한울임을 체험하고 즐기면 날줄과 씨줄에 얽매이지 않는다.

해가 서쪽에 떨어지나 저녁은 서쪽이 아니라.[209]

大地圓無境 人眼不離堤

큰 땅은 둥글어 경계가 없건마는 사람의 눈은 둑을 떠나지 못하느니라.[210]

禍亂必責不正之道 飢寒自顧懶惰之心

재화와 난리는 반드시 바르지 못한 도를 꾸짖고,[211]

주리고 추운 것은 스스로 느리고 게으른 마음을 돌아보라.[212]

豁豁蕩蕩無碍地 上帝命敎令我曉

넓고 넓고 크고 큰 거리낌 없는 곳에서[213]

상제의 명령하고 가르치는 것이 나로 하여금 깨닫게 하고,[214]

孰能無蕩蕩之心 但使利慾遮遮路

---

209 달이 뜨고 지는 곳은 방향이 정해져 있지만 깨달은 세상은 따로 방향과 경계가 없다. 모두가 허령이요 한울이기 때문이다.

210 우주와 한울은 무한하다. 경계가 없다. 좋고 나쁨, 선과 악, 길고 짧은 것을 가리지 않는다. 모두를 포용한다. 그러나 사람 육신은 자신의 한정된 감각만을 믿고 분별하려 한다. 그러므로 육관으로 생각하지 말고 심령으로 생각하라고 하셨다.(해월신사법설, 수심정기) 눈이 떠나지 못하는 둑은 어디인가? 내 재산과 지위를 지키는 든든한 보호벽인가, 나를 습관과 욕망 속에 가두는 감옥인가? 내 마음을 소란스럽게 만드는 세상사인가, 진실을 올바르게 보지 못하게 만드는 욕념과 에고(아상)인가? 어찌 됐건 나와 세상을 단절시키는 가로막이다. 이 둑을 넘어서고 터뜨려야 한울을 바로 보고, 진실을 바로 볼 수 있을 것이다.

211 세상일은 모두가 인과다. 조그만 방심과 부정과 욕심들(바르지 못한 도)이 화와 난을 초래한다. 겪기 전엔 잘못을 깨닫지 못한다. 이를 그때그때 교정하고 참회하며 고치면 큰일을 당하지 않을 것이고, 큰 화를 당해도 그 원인을 돌아보고 바른 도로 돌아온다면 빨리 벗어날 수 있을 것이다.

212 한울이 사람을 낼 때 녹 없이는 아니 낸다고 하였다.(용담유사, 교훈가) 스스로 노력하여 많든 적든 자신의 녹을 찾아야 한다. 그렇지 못하면 생명이 상하게 되니, 한울을 주리거나 상하게 하지 말라고 하지 않으셨던가!(해월신사법설, 십무천) "정성이 이루어지는 바를 알지 못하거든 이에 스스로 자기 게으름을 알라."(동경대전, 후팔절)

213 무한히 넓고 거리낌 없는 곳은 모든 생명의 고향이자 근원인 한울이다. 그곳은 마음을 연 누구나 옆에 있지만 마음을 닫은 이에겐 한없이 먼 곳이며, 또한 무죄지지이기도 하다.(동경대전, 팔절)

214 나를 명령하고 가르치는 것은 누구인가? 나인가, 한울인가, 부모인가, 권력인가, 내 삶의 의지인가? 나는 오늘 온전한 자의로 살고 있는가? "내 속에 어떤 내가 있어 굴신동정하는 것을 가르치고 시키는가."(의암성사법설, 인여물개벽설)

누구인들 능히 넓고 큰마음이 없으랴마는,215

다만 사리사욕이 길을 막고 막느니라.216

有鬼神則 堯舜治 無鬼神則 桀紂亂

귀신이 있으면 요순의 다스림이요,217

귀신이 없으면 걸주의 난이니라.218

鳳凰臺役鳳凰遊 天心守處天心開

봉황대를 지어야 봉황이 놀고,219 천심을 지키는 곳에 천심이 열리더라.220

臥龍水性合 風浪自然靜

누운 용이 물 성품에 합하니, 바람과 물결이 자연히 고요하니라.221

鏡裡不生塵 萬塵起着鏡 若使本無鏡 萬塵何處着

거울 속에서 티끌이 생기는 것이 아니라

많은 티끌이 일어나 거울에 붙나니,222

---

215 누구나 태어나면서 한울의 마음을 받아 나온다. "사람이 태어난 처음엔 보배로운 거울 한 조
   각을 가진 것뿐이라."(의암성사법설, 성범설)
216 진실은 항상 그 자리에 있다. 다만 나의 습관심과 아상이 그를 가리고 있을 뿐.
217 귀신은 음양이고 굴신이며, 한울 이치다.(해월신사법설, 천지인 귀신음양) 그러므로 귀신
   이 있음은 한울 이치를 따르는 것이니 요순의 태평성세가 순천리 순천명한 덕분이다.
218 귀신이 없음은 한울 감응이 없는 것을 뜻한다. 걸과 주는 하나라와 은나라 마지막 임금으로 폭
   정으로 나라를 망하게 한 암군(暗君)의 대명사.
219 봉황은 상서로운 기운을 상징하는 상상 속 동물. 좋은 결과가 있으려면 좋은 인과를 많이 만들
   어야 하는 것은 당연한 이치. *이 구절은 수운 선생의 동경대전, <영소>를 인용한 것.
220 우는 아기 젖 준다. 한울을 찾고, 진리를 구하며, 참된 마음을 지키려 하는 사람에게 한울의 진
   리가 열릴 것이다. "땅은 거름을 들여야 오곡의 남음이 있고, 사람은 도덕을 닦아야 모든 일이
   얽히지 않느니라."(동경대전, 유고음) "우물을 판 뒤에야 물을 마실 것이요, 밭을 간 뒤에야 밥
   을 먹을 것이니…."(해월신사법설, 독공)
221 용은 물속에 산다. 사는 곳에 적응하지 못하여 몸부림치면 풍랑이 일 것이니, 옛 사람들은 풍
   랑을 용이 노하여 몸부림하는 것으로 여겼다. 내가 사는 곳의 환경이 나쁘면 나와 주위 사람들
   이 괴롭다. 나를 바꿀 것인가, 환경을 바꿀 것인가?
222 거울은 본래 있는 그대로 비칠 뿐이다. 주변이 바람 불고 소란스러우면 먼지가 일어 거울이 더
   러워질 것이다. 거울은 우리 마음이요, 티끌은 나의 마음을 가리는 마다. 마는 어디에서 오는
   가? 외부에서 나를 유혹하는가, 내 안에서 욕념이 생기는가?

만약 본래 거울을 없이 하면 많은 티끌이 어느 곳에 붙으랴.[223]

一片月上東 幾家人登樓 野花千萬枝 遊客忘歸家

한 조각 달이 동쪽에 솟으니 여러 집 사람이 다락에 오르고,[224]

들꽃 천만 가지에 놀던 손님이 집에 돌아가기를 잊었더라.[225]

一天之下無二東 皓月登空四海同

한 한울 아래 두 동녘이 없고[226]

흰 달이 공중에 솟으니 사해가 한 가지요,[227]

蕭蕭葉落九秋夜 志士男兒手生風

우수수 잎 지는 가을밤에[228] 뜻있는 사나이 손에 바람이 나느니라.[229]

勇拔天賜劍 一斬萬魔頭 魔頭如秋葉 枝上月精神

날래게 한울이 준 칼을 빼어서 단번에 만마의 머리를 베니,[230]

---

223 몸을 가지고 세상을 사는 데 티끌이 어찌 생기지 않으랴. 그를 닦느라 애쓰는 것은 또 다른 욕심. 지엽에서 헤매지 말고 근본 진리를 직각해야 한다. "나라는 티끌과 물건이란 티끌이 도시 한 티끌이니 어찌 여기에 물들며 저기에 물들겠는가."(의암성사법설, 진심불염)

224 어두운 밤하늘에 밝은 달이 솟으면 그 빛을 보기 위해 사람들이 모이는 것은 당연한 일이다. 전기가 없던 옛날에는 달빛이 유일한 조명이었다. 달빛은 어리석음(어둠)을 쫓는 진리의 빛이요, 그 빛을 따라 다락에 사람들이 오르는 것은 선각자의 인도를 따라 사람들이 진리 세계로 나아가는 것을 상징한다.

225 들에 핀 꽃은 모두 한울이 드러남이다. 이를 알아보면 세상이 모두 즐거운 한울이니 어찌 세상의 번다한 곳으로 돌아가랴?

226 진리를 깨달으면 온 세상이 다 같은 한울이다. 모든 분별이 없어지는데 어찌 동이 둘이 있으랴? 또한 이 글은 동학만이 한울의 온전한 진리를 밝혔음을 자부하는 것일 수도 있다.

227 달빛은 진리의 빛. 빛이 있기 전 어둠은 사물 본모습이 감추어진 세상이다. 거짓과 속임의 세상이다. 그러나 빛이 진실을 드러내면 일체가 한울임이 밝혀진다.

228 九秋는 음력 구월을 뜻하기도 하고, 가을 90일을 뜻하기도 한다. 또한 가을은 기존 모든 것을 거두고 저장하며 새로운 것이 나기 전 죽임의 계절이기도 하다.

229 가을은 겨울을 앞둔 변화를 준비하는 때이다. 새로운 세상을 준비하는 뜻이 있는 사람은 그를 위한 손길이 바쁠 것이다.

마귀 머리 가을 잎 같고 가지 위에 달빛과 같은 정신이로다.231

心如天地氣如山 雲裡龍亭自不閒

마음은 천지 같고 기운은 산 같은데,232

구름 속 용정이 스스로 분주하고,233

使此男兒難又生 不惜精神扶人間

이 사나이로 하여금 또 나게 하기 어려우니,234

정신을 아끼지 말고 인간을 도우리라.235

心投塵世上 去來都無跡 無然疑訝中 忽覺我爲我

마음을 티끌 세상에 던지니 가고 오는 것이 도무지 자취가 없고,236

언뜻 의심나는 중에 홀연히 내가 나 된 것을 깨닫느니라.237

---

230 마귀는 어디 있는가? 세상 온갖 악이 마귀인가, 내 본심을 흐리는 모든 것이 마귀인가? 이 모든 마를 없애고 천심을 지키는 한울의 칼은 무엇인가? "삼칠자를 그려내니 세상 악마 다 항복하네."(동경대전, 강시)

231 한울이 준 진리의 보검을 휘두르면 가을 낙엽처럼 마가 사라지고, 밝은 진리의 마음이 열리게 될 것이다.

232 마음이 열리면 천지부모 마음과 하나가 된다. 몸을 움직이는 기운 또한 천지의 지기와 하나로 통하니 이 마음과 기운을 기르는 공부가 심학이다.

233 裡 裏와 동자. 속, 내부, 가운데 리. 용은 비구름을 몰고 다닌다. 비는 또한 농경사회에서 햇볕과 함께 가장 중요한 한울의 베풂이다. 그러므로 구름 속에서 용이 분주함은 세상을 위해 자신의 역할을 하기 위함이다.

234 사람 일생은 백년을 못 가지만 연습과 다시는 없다. 지금 현재 살고 있는 생은 단 한 번뿐이다. 그것이 얼마나 소중한 것이 될지, 하찮은 것이 될지는 자신 선택에 달렸다.

235 모든 한울과 구름과 용이 생명들을 위해 분주하듯이, 한울 본성과 본마음은 만물을 위하는 것이다. 사람 본성은 사람들을 위하고 돕는 것이 가장 가까울 것이다.

236 마음 한쪽은 비고 고요한 무정천에 두지만, 한쪽은 번잡하고 티끌이 자욱한 유정천에 둔다. 이를 균형 있게 해야 비고 고요한 데 갇혀 세상을 돌보지 않거나, 티끌 속에 파묻혀 전체를 보지 못하는 우를 범하지 않을 것이다. 이를 자유롭게 하면 마음이 티끌 세상에 있어도 물들지 않고 공도공행할 수 있을 것이다. 색이 공이요, 공이 색이므로, 가는 것도 오는 것도, 손해 보는 것도 이익도 없다. 그저 그럴 뿐.

237 진리에 대한 발심은 의심에서 시작한다. 나의 본성은 무엇인가? 나는 왜 세상에 나서 어떤 삶을 살아야 하는가? 이러한 자신의 본성을 깨닫는 것이 진정한 내가 되는 것이다.

雖云天地闊 恒是心上明

비록 천지가 넓다고 말하나238 언제나 이 마음 위에서 밝아라.239

靜中能盡無形外 動處自知鬼神跡

고요한 속에서 능히 형상 없는 밖을 다할 수 있고,240

움직이는 곳에서 스스로 귀신의 자취를 알 수 있더라.241

道覺事事業 聾破聲聲天

도를 깨달으면 일마다 사업이요,

귀먹은 것을 깨치면 소리마다 한울소리요,242

滌塵有本天 遠害無惡人

티끌을 씻으면 본래 한울이 있고,

해로운 것을 멀리하면 악한 사람이 없느니라.243

君子無知不知無 小人有知不知有

군자는 앎이 없으나 알지 못하는 것이 없고,244

소인은 앎이 있으나 알지 못한 것이 있느니라.245

---

238 천지 우주는 무한하다. 인간 척도로 측량이 불가능하다. 그것을 뛰어넘어야 한다.

239 우주가 무한하되 내 마음이 아니면 그를 볼 수도 없고, 또한 마음은 그 무한한 우주 한계조차 없애고 뛰어넘을 수 있다.

240 비고 고요한 한울은 형상이 없는 한울이다. 모든 만물은 생기기 전이 무형이요, 또한 무형한 한울로 돌아간다. 이를 공부하는 것이 성품공부.

241 형상이 있는 한울은 항상 움직이고 변화한다. 이 움직이고 변하는 것이 음양이고, 귀신이며, 이를 수로 나타내는 것이 대정수요 주역이다.

242 만물은 본래 그대로 한울이다. 나의 욕심과 선입관이 그 본 모습을 보이지 않게 가리고 있을 뿐. 그 색안경을 벗는 순간 진실을 보게 되고 듣게 된다.

243 내 마음에 티끌이 자욱하면 그것은 이미 천심이 아닌 각자위심이요 욕념일 뿐이지만 그를 다시 닦아 맑게 하면 만물을 바르게 비추는 한울 마음이 된다. 사람 또한 자기 욕심에 의해 추해지고 악해지는 것일 뿐 마음을 다스리고 천심을 회복하면 여전히 한울 사람이다.

244 진실로 아는 사람은 자신이 안다고 나서지 않는다. 조용히 실행할 뿐. 어느 한 분야의 달인이 되면 학교에서 배운 이론과 수치를 몰라도 자기 일을 누구보다 정확하게 알고 해낸다.

日月光明亦爲塵 夜靜風寒鶴夢眞

해와 달이 밝고 빛나도 또한 티끌이요,[246]

밤은 고요하고 바람은 차도 학의 꿈은 참되어라.[247]

人事無道王城悲 世聲不到仙樓新

인사가 무도하니 왕성이 슬프고,[248]

세상 소리 이르지 아니하니 신선 다락이 새로워라.[249]

---

245 책이나 남에게 조금 얻어 들어 알게 된 것도 안다고 우쭐하는 사람일수록 실제 삶과 일에 그것
   을 적용해 보면 할 줄 아는 것이 없다. 머리로 아는 것보다 행과 하나로 이어질 때 진정으로 안
   다고 할 수 있을 것이다.
246 아무리 훌륭한 업적이 있어도 무한한 한울 세상에선 순간의 먼지일 뿐이다. 어떤 소중한 것도
   집착하면 마음을 가리는 티끌일 뿐이다.
247 밤은 어둠의 세계, 진리가 밝혀지지 않은 미몽 세상이다. 그런 어리석음의 세상이 고요한 것은
   아직 진리 빛이 보일 기미가 없는 것. 바람이 찬 것은 진리를 구하는 사람에게 닥치는 시련이
   아직 춥고 힘든 것을 나타낸다. 그렇지만 이런 어려움 속에서도 진리를 구하고 세상을 밝히고
   자 하는 참된 사람(학)의 희망이 세상을 밝음으로 이끄는 등불이 될 것이다.
248 사람-물건-천지의 기는 하나로 연결되어 있다. 사람들 삶이 피폐해져 있으면 사람들이 사는
   천지의 기가 어찌 편안할 수 있겠는가? 일제하의 왕성은 무도한 곳이었다. 지금은 어떠한가?
249 세상 온갖 유혹과 욕념에서 자유로워야 새로운 사람, 새로운 삶이 될 것이다. 이렇게 구습을
   벗어던진 새로운 한울 사람을 신인간이라 한다.

三十二. 其他詩文기타시문

(一) 椒井藥水 吟(초정약수 음)[1]

雖云芒木發花佳 蕩池蓮花尤香好

비록 가시나무라 이를지라도 핀 꽃은 아름답고,[2]

더러운 못에 연꽃이라도 향기는 더욱 좋더라.[3]

古今班常何有別 椒井洗心平等人

예와 지금 양반과 상놈이 무엇이 다름이 있으랴.[4]

초정에 마음을 씻으니 사람은 평등이더라.[5]

---

1 충북 청주 초정리 광천수는 세계 광천학회에서 미국 샤스터, 영국 나포리나스와 함께 세계 3대 鑛泉水로 꼽는다. 조선 세종 26년(1444년) 3월 2일에는 왕이 이곳에 행차하여 眼疾을 치료하였으며, 세조도 이곳에서 질병을 치료하였다. 東國與地勝覽 淸州牧 山川에서는 '淸州에서 東쪽으로 39里에 매운맛이 나는 물(椒水)이 있는데, 이 물에 목욕을 하면 피부병이 낫는다.'고 하였으며, 이수광의 <芝蜂類說>에는 '우리나라에 많은 초수가 있지만 그 중에서도 廣州와 淸州 초수가 가장 유명하다.'고 기록되어 있다. 예로부터 7~8월 한여름에는 초수의 약효가 제일 좋다고 하여 복날과 백중날에 많은 사람들이 이곳에 찾아와 목욕을 하며 더위를 식혔다. 의암 선생은 포덕56년 7월에 성묘를 위해 고향 청주를 방문하였다. 청주대교구에서 특별 성화회를 열고, 초정약수터를 거쳐 생가인 대주리를 돌아본 후 부모님 묘소에 성묘하였다. 이 시는 입도 전 21세 때 지은 것으로 전하는데, 7월 보름에 약수터에 가보니 강원 영월군수를 지낸 송월령과 평남 숙천군수를 지낸 변속천 두 양반이 약수터를 차지하고 피서하면서 백성들이 약수를 마지지 못하게 하였다. 이에 약수를 마시러온 백성들의 원성이 컸는데, 선생께선 약수터에도 양반 상놈의 차별이 있느냐며 소리를 치고, 약수를 떠 마신 후 백성들에게 약수를 돌렸다. 봉변당할까 피하는 두 양반에게 자신은 "청주에서 온 상놈"이라고 밝힌 후 이 시를 지어 농락하였다고 한다.

2 芒은 까끄라기, 털, 바늘 망. 세상 어떤 것도 자신만의 고유한 특징과 쓰임이 있다. 사람들의 산행을 방해하는 가시나무는 밉지만, 도둑을 막는 가시나무는 얼마나 고맙고 이쁠까? 그래서 '잘하는 목수는 구부러진 재목을 거절하지 않는다.'고 하였다.(해월신사법설, 대인접물)

3 주렴계는 연꽃 특징을 군자 성품에 비유하였다. "진흙에 나서 물들지 않고(出於泥而不染), 맑은 물결에 씻기면서도 요염하지 않고(濯淸漣而不妖), 가운데는 통하고 밖은 곧으며(中通外直), 넝쿨도 없고 가지도 없으며(不蔓不枝), 향은 멀리 가면서 더욱 맑아진다(香遠益淸)."(동경대전, 수덕문, 처사가 각주 참조) 어려움과 안 좋은 환경을 이긴 성과는 더욱 값진 법이다.

4 출신이 미천해도 크게 이룬 사람이 있고, 고귀한 집안에 망나니가 나기도 한다. 본인 노력과 정성이 자기 삶을 결정한다. 신분과 재산이 다가 아니다.

5 물은 예부터 마음의 때를 씻고 새로 태어나는 정화의 상징이었다. 그러므로 기도에 정한수를 올리기도 했고, 물로 세례 의식을 치르기도 했던 것이다.

(二) 龍門寺 吟(용문사 음)6

雲歸龍門寺 水流洛東江 疎雨靑山答 涼風碧空信

구름은 용문사로 돌아가고 물은 낙동강으로 흐르고,7

성근 비는 청산이 대답하고 서늘한 바람은 벽공의 편지로다.8

遊魚碧海心 啼鳥靑山意 白石萬年骨 紅花十日痕

노는 고기는 푸른 바다의 마음이요, 우는 새는 푸른 산의 뜻이라.9

흰 돌은 만년 뼈요, 붉은 꽃은 열흘 흔적이로다.10

花鳥啼春色 驚人夢法界

꽃과 새는 봄빛을 노래하고, 놀랜 사람이 법계를 꿈꾸도다.11

轉到寺門聽佛語 忘却世界夢三生

이럭저럭 절문에 이르러 부처의 말을 듣고,12

세계를 잊어버리고 삼생을 꿈꾸고,13

---

6 용문사는 경기도 양평에도 있고 경북 예천 소백산에도 있다. 낙동강과 함께 있는 곳이라면 예천 용문사를 방문하고 지은 것으로 보는 것이 맞겠다. 포덕40년(1899) 의암선생은 동학혁명후의 집요한 관의 추적을 피해 손병흠, 이용구, 김학수 등과 함께 예천 용문사에 피신한 적이 있다.

7 구름은 높은 산에 걸려 있으니 산사로 돌아간 것으로 표현하였고, 높은 산에는 깊은 물이 함께하는 법이니 소백산에선 낙동강이 발원한다. 소백산 경관을 한눈에 보는 듯하다.

8 부슬부슬 비가 오는 날 산 속에 있으면 나무와 풀들의 녹색이 더없이 짙어지고 그들이 뿜는 신선한 생명 내음 또한 온몸 가득 느낄 수 있다. 맑은 가을날 서늘한 바람이 선뜻 불면 파란 가을 하늘이 더없이 시원하게 느껴지며 여름동안의 과정을 정리하고 겨울을 준비하는 마음이 바빠진다.

9 푸른 바다에 유유히 노니는 고기는 걸리는 것 없이 자유롭게 온 바다를 다닌다. 산 속에서 우는 새 또한 경계를 나누지 않고 자유롭게 난다. 거리낌 없는 자유로움이야말로 한울 뜻이 아니겠는가?

10 산 모습은 꽃이 피고 잎이 나고 지면서 변하지만 그 자태와 골격은 변하지 않는다. 변하지 않는 삶의 중심(만년뼈)도 중요하고, 때에 맞춰 삶의 꽃을 피우는 것 또한 중요하다.

11 봄은 겨우내 움츠렸던 생명이 다시 활기를 되찾는 축제다. 새와 꽃은 그를 만끽하는 봄 전령이다. 그러면 한울 법 세계, 개벽 세상은 누가 꿈꾸고 누가 노래하는가? 배부르고 편안한 사람보다는 상처 받고 가난한 사람이 아닐까?

12 산을 올라 용문사에 다다라 부처가 깨달은 것을 되새겨보는 모습. 아마도 진리에 다다르기 위한 공부 과정도 이와 같을 것이다. 고비 고비 산을 넘어 진리 문턱을 넘어서는 순간이다.

13 진리 세계에 들어서면 세상 시비가 부질없다. 전생과 현생과 내생이 하나로 꿰어 있음을 알게 된다. 일체가 한울이므로.

弗人何可以有佛 非無豈敢乎有有

사람이 아니면 어찌 가히 부처가 있으며,[14]

없는 것이 아니면 어찌 감히 있음을 있다 하리.[15]

殿閣三佛進供養 臭散歸虛味食天

전각 세 부처께 공양을 드리니,[16]

냄새가 흩어져 빈 데 돌아가 맛은 한울을 먹이고,[17]

知是靈佛僧汝心 每食供養必成道

이 영한 부처를 아는 것은 중 네 마음이니,[18]

매양 먹을 때에 공양하면 반드시 도를 이루리라.[19]

(三) 金剛山 吟(금강산 음)

億萬山中金剛秀 十兆人間天士高

억만 산 중에 금강이 빼어나고,[20] 십조 인간에 한울선비가 제일 높고,[21]

---

14 진리가 있어도 그를 실천하고 행하는 사람이 없으면 무슨 소용이랴?

15 부자의 달콤함은 가난한 시절 쓰라림이 있기 때문이고, 낮의 밝음은 밤의 어두움 덕분이다. 있음과 없음, 밝음과 어두움, 음과 양, 이쪽과 저쪽, 이 모두 한울이며 동전의 양면일 뿐이다. 그 분별이 없어져 자유로워지는 것이 개벽이다.

16 불상을 모시는 대웅전에는 세 부처가 있는데, 가운데 본존불과 좌우 협시불 삼존불이다. 이는 법신(法身)·보신(報身)·화신(化身) 세 부처를 말하는데, 현세불인 석가여래·약사여래·아미타여래를 모시기도 하고, 과거·현재·미래불을 함께 모셔 삼존불이라고도 한다. 현세의 3불을 모시는 경우에는 삼세불(三世佛)이라고 한다. 부처께 공양을 드림은 한울을 모시는 기도와 같다. 진리의 핵심에 들어가는 것이다.

17 냄새는 눈에 보이지 않는 것. 우리 마음과 같다. 욕심과 분별심이 모두 본래 없는 것이고, 이 허령과 빈 마음을 깨닫는 것이 한울 본성을 깨닫는 것이니 이 깨달음이 한울을 먹이고 키운다.

18 불상에 기원하여 소원을 이루는 것은 불상이 영험한 것인가 기도하는 정성이 영험한 것인가?

19 부처께 올리는 것만 공양인가? 매 끼 먹는 것이 한울을 먹이고 부처를 먹이는 것이 아니고 무엇인가? 그러므로 식고하는 이치를 알면 도통은 그 안에 있다 하였다.(해월신사법설, 도결)

20 모든 산이 다 좋지만, 그 높이와 산세가 각각 다르다. 높은 산도 낮은 산도 있고 산세가 아름다운 산도 있고 평범한 산도 있다. 본질은 차별이 없지만 현상은 차이가 있다.

21 세상 사람이 모두 한울이지만 모두 그 이치를 깨달은 것은 아니다.

世人莫言鴻濛天 山在人在水亦在

세상 사람아, 홍몽천을 말하지 말라.22

산도 있고 사람도 있고 물도 또한 있거니.23

花發一樹萬世春 名高三人百代榮

꽃이 한 나무에 피니 온 세상이 봄이요,24

이름이 세 사람에 높으니 백대의 영화로다.25

武陵何處桃花遲 惟恐漁舟藏白雲

무릉이 어디냐, 복숭아꽃이 더디구나.26

오직 낚싯배가 무서워서 흰 구름에 숨고.27

大海遙望上連天 金剛一幅飛如烟

큰 바다를 멀리 바라보니 위로는 한울이 잇닿았고,28

금강 한 폭은 날리는 연기와 같고,29

百八九岳皆不俗 萬二千峯總古然

---

22 鴻 큰기러기, 클, 굳셀 홍. 濛 가랑비 올, 흐릿할 몽. 시시비비가 가득한 어지러운 현 세계를 홍
  몽천이라 한다. 아무리 어려운 문제도 해법이 있게 마련이고, 어지러운 세상이라도 살아갈 길
  은 있게 마련이다. 그것이 한울 도다.

23 산도 사람도 물도 모두 한울이다. 한울이 가르쳐 준 길이요, 증명이다. 성철스님이 '산은 산이요
  물은 물'이라고 했다. 마음이 복잡한 사람에겐 산과 물은 넘어야 될 고비일 뿐이지만, 한울을 깨
  달은 사람에겐 모두가 한울 진면목이다.

24 봄 소식은 한 송이 꽃에서 시작되고, 개벽은 진리를 깨달은 한 사람에서 시작된다. "한 몸이 다
  바로 꽃이면 온 집이 모두 바로 봄일세."(동경대전, 시문)

25 이름 높은 세 사람은 한울 진리를 깨달은 세 분 스승. 백대는 수 많음을 뜻하는 것으로 무극대도
  가 후천에 무궁히 전해질 것을 말한다.

26 무릉도원에서 복숭아꽃이 흘러와야 그를 따라 찾아갈 것이나, 마음을 깨달으면 자신이 곧 신선
  이요 사는 곳이 곧 무릉이니 복숭아꽃을 기다릴 일은 아니다. 선경 같은 금강산 경치를 노래.
  "不怕塵念起 惟恐覺來遲"(동경대전, 좌잠)

27 낚싯배는 진리(무릉)를 찾는 이고, 진리를 가린 구름은 습관된 욕념.(무하사 각주 19 참조)

28 동해 수평선을 보고 있다. 하늘과 땅이 맞닿은 것을 지평선과 수평선처럼 절실히 느끼게 해 주
  는 곳이 또 있을까? 그 끝 너머엔 어떤 세상이 있을까 하는 궁금함은 사람들의 오랜 호기심이었
  다. 그 끝 너머와 내 마음 너머는 아마도 하나로 이어질 것이다.

29 겸재 정선 금강전도를 보면 금강산 일만이천 봉우리를 한 폭에 표현하였다. 바닷가 높은 산은
  대부분 구름이나 안개와 함께하는 경우가 많아 이 구절 표현이 실감나는 이유다.

백팔 구악이 다 속되지 아니하고,[30] 만이천봉이 전부 옛 것인 듯하여라.[31]

(四) 鳳凰閣 吟(봉황각 음)[32]

德振四海明 地載三春晴

덕은 사해의 밝은 것을 떨치고, 땅은 삼춘의 개인 것을 실었고,[33]

誰能間其間 可得萬物情

누가 능히 그 사이에 끼어, 가히 만물의 정을 얻으리.[34]

(五) 夢詩(몽시)

尋者誰也工者何 尋者工者都是汝

---

30 금강산은 산 곳곳에 수많은 절과 암자를 품고 있는 수행 도량으로도 유명하고 금강이라는 이름
　도 불교와 인연이 깊다. 불교뿐 아니라 우리나라를 수호하는 오악의 하나로 유불선 수도자들이
　모여들어 수행하던 신성한 산이었으며, 그 산세 또한 속기가 없는 것으로 유명하다.

31 금강산의 수많은 봉우리를 만이천봉으로 표현한다. 이 모두가 새롭고 낯선 것이 아니라 오래된
　옛 것인 양 친근하다는 표현인 듯. 속된 마음을 버리고 한 마음 깨달으면 처음 보는 사물도 한울
　로서 하나로 통한다. '昔時此地見 今日又看看'(성령출세설)

32 포덕52년 8월 의암 선생은 총부직원들을 대동하고 우이동지역을 답사하다가 현 봉황각 일대
　토지를 매입하도록 지시하고 포덕53년 3월 7일에 각 연원 두목들 수련을 위해 봉황각 건축을
　기공, 6월 19일에 준공하였다. 당시엔 총부 직원들이 산골짜기 땅을 무엇 때문에 사는가 의아
　해 했다고 한다. 봉황각 건축 시작과 동시에 선생은 각 지방두목들을 소집하여 특별연성을 실
　시하고 지도하셨는데 이러한 지도자들 교육과 수련이 교회 포덕과 이후 3·1운동 등을 주도할
　교회 역량을 한층 발전 성숙시켰음은 물론이다. "두견 꽃은 웃는데 두견새는 울고, 봉황대 역사
　하는데 봉황새는 놀고 있네."(동경대전, 영소)

33 덕이란 한울 도가 실현된 것이다. 온 세상이 한울 덕 아님이 없다. 그 진리를 깨달으면 온 세상
　이 밝은 것이나 깨닫지 못하면 무명의 어두움이다. 땅이란 만물을 대가 없이 실어주고 포용하
　는 존재다. 그런 땅이 가장 아름다울 때는 역시 새 생명이 움트는 봄기운이 가득한 땅일 것이다.
　삼춘은 봄 석 달. 맹춘(孟春), 중춘(仲春), 계춘(季春)을 이른다.

34 한울 덕과 땅 덕 사이에 만물이 나고 활동한다. 이 이치를 깨닫는 것이 천도를 깨닫는 것이
　다. 이런 생명의 기운이 가득한 곳이 예부터 기도처로 애용되어 왔고, 북한산 계곡에 아늑
　히 자리 잡은 봉황각 또한 의암 선생 바람대로 수많은 인재를 길러낸 요람이 되었다.

찾는 자 누구이며 공부하는 자 누구인가.35

찾는 자 공부하는 자 전부가 너로다.36

夢破更醒依高枕 思中惟見眞不見

꿈을 꾸다 다시 깨어 높은 베개에 의지하니,37

생각 속에는 보이나 참을 보지 못하고,38

思者何人眞者誰 思者眞者都是心

생각하는 자 어떤 사람이며, 참된 자 누구인가.39

생각하는 자 참된 자 전부가 마음이니라.40

(六) 內院庵 吟(내원암 음)41

守心以來三十年 長看別天又有空

마음을 지킨 지 삼십 년에42

---

35 무엇을 찾고 무엇을 위해 공부하는가? 수동적인 반복이 아닌 자신이 진정으로 원하는 것을 하
   고 있는가? 내가 원하는 것이 아닌 남이 원하는 것을 하고 있다면 그건 나인가, 남인가?

36 모든 수행과 공부는 자기 참 모습을 찾는 것에서 시작한다. 나는 누구인가? 내 이름, 내 성
   격, 모습, 지위 등도 원래부터 있던 것들이 아니다. 변하지 않는 나의 본 모습은 무엇인가?

37 내가 살고 있는 세상이 현실인가, 꿈 속이 진짜인가? 자기가 누구인지 모르고, 자신이 원하는
   것을 하지 못하면 그것은 꿈인가, 현실인가?

38 마음으론 어떻게 해야 할지 알지만 실제 생활에선 습관대로 하는 경우가 많다. 자신이 알고 깨
   달은 대로 삶을 바꾸지 못하면 진실로 아는 것이 아니다.

39 진리를 구하고자 하는 사람과 진리는 얼마나 멀리 떨어져 있는가? 마음을 깨달으면 자신이 곧
   진리이나, 깨닫지 못하고 멀리서 구하면 한없이 멀 수밖에 없다.

40 "마음은 바로 성품으로서 몸으로 나타날 때 생기어 형상이 없이 성품과 몸 둘 사이에 있어 만리
   만사를 소개하는 요긴한 중추가 되느니라."(의암성사법설, 성심신삼단) 마음이 있어야 한울도
   진리도 자신도 보려 할 수 있다.

41 경남 양산 통도사 말사인 내원암은 수운 선생이 을묘년에 천서를 받은 뒤, 병자년 여름에 49일
   기도를 드린 곳이다. 또한50년(1909) 12월 20일 의암 선생이 제자 6인을 대동하고 49일 특별
   기도를 행하시고 성령출세설과 강시 등을 저술하신 천도교 성지다.

42 의암선생은 포덕23년 10월 5일 동학에 입도하셨다. 내원암에 가실 때(포덕50년)까지 대략 30
   여 년 수심정기 수행을 하신 것이다.

길이 별다른 한울과 또한 빈 것이 있음을 보았고,[43]

輕風忽起萬塵頭 無疑左右一觀天

가벼운 바람이 홀연히 티끌머리에서 일어나니,[44]

의심 없이 좌우가 한 가지로 한울을 보았노라.[45]

空空本無空 心爲空寂界 若使心不得 一塵不可形

비고 빈 것이 본래 빈 것이 아니라 마음이 비고 고요한 경지가 되니,[46]

만약 마음으로 하여금 얻지 못하면 한 티끌도 형용할 수 없느니라.[47]

心上無上天 性天亦無痕 若誦天道者 守心性與世

마음 위에 윗 한울이 없고 성품 한울도 또한 흔적이 없으니,[48]

만약 천도를 말하려는 자는 마음과 성품 지키기를 세상과 같이 하라.[49]

---

43 우물 안 개구리는 넓은 세상을 보지 못하고, 현실에 매몰되어 있는 사람은 주변을 돌아보지 못한다. 길고 멀리 보는 사람만이 넓은 또 다른 세상이 있고, 그 모두가 또한 결국은 빈 것이요, 허령임을 알 수 있을 것이다.

44 티끌은 어디에 있는가? 티끌과 나를 분별하는 습관심이 티끌이다. 티끌이 가득한 마음에서 홀연히 일어나는 바람은 무엇인가? 마음이 잠잠할 때는 고요한 성품이나, 무엇인가 보려 하고 하려 하면 모든 일의 근원이 된다. "마음이 성품 깨닫는 데 들어가면 스스로 그 자리에 있을 것이니 한번 조용함에 비고 고요한 극락이요, 한번 기쁨에 크게 화한 건곤이요, 한번 움직임에 풍운 조화이니라."(의암성사법설, 신통고)

45 비고 고요한 곳도 한울이요, 먼지가 자욱한 곳도 한울이다. 어느 한쪽만 옳다고 고집하나 한쪽만 취해선 안 된다.

46 고요한 것은 죽음이요, 움직이는 것은 산 것이다. 그러나 삶도 고요함과 움직임이 공존한다. 휴식과 활동, 태어남과 죽음 이 모두가 생명 모습이다. 그러므로 빈 곳은 활동을 준비하고 내재한 곳이지 언제나 빈 곳은 아니다. 활동하는 기운과 마음도 항상 움직이지만 고요한 쉼이 있어야 움직임이 유지될 수 있다. 활동과 고요함, 마음과 빈 곳은 하나의 두 모습인 것이다.

47 이 모두를 비춰 보고, 생각하며 그 얻은 바로부터 몸을 움직이는 데 이르기까지 모든 주관이 마음 역할이다. 그러므로 마음이 항상 진리를 생각하고 멀리 볼 수 있도록 하여 눈 앞 물욕이나 감정에 흔들리지 않도록 수행해야 한다.

48 내 마음이 없으면 한울과 성품이 다 무슨 의미가 있으랴. 깨달으면 일체가 곧 마음이요 성품이요 한울이나. 깨닫지 못하면 한울과 성품은 고사하고 자신도 모를 것이다.

49 도의 운수는 세상과 같이 한다. 세상이란 한울의 반영이기 때문이다. 그러므로 세상을 떠나 도를 찾을 수 없고, 세상을 떠나 도를 실현할 수도 없다. 세상을 위하고 한울을 위하는 마음이 한울 마음이며 이 마음을 지키는 것이 천도요 수심정기다.

虛鏡無天高 萬塵輕一毛 心白南海里 時紅東園桃

빈 거울은 한울 높음도 없고, 일만 티끌은 가볍기 한 터럭이라.50

마음은 남쪽 바다 마을에 회고, 때는 동쪽 동산 복숭아에 붉었고,51

當事諸君子 進義皆俊豪 吾家好男兒 百世壯氣挑

일을 당한 여러 군자는 의에 나아가 다 영웅호걸이니52

우리 집의 호남아여, 백대의 장한 기운을 뽐내세.53

然然一物無漏藏 森羅萬象總是天

그렇고 그러한 한 물건이 새는 것도 감춤도 없으니54

삼라만상이 모두 이 한울이라.55

好好如眞醒醉夢 步步登空我爲我

좋고 좋아 참인 듯 취한 꿈을 깨워56

걸음걸음 빈 데 오르니 내가 나를 위함이라.57

---

50 거울은 세상을 비추고 바라보는 마음이다. 그 마음에 티끌과 때가 없이 텅 빈 것은 한울 근원 마음에 들어간 것이다. 거기엔 모든 차별이 없다. 위아래, 너와 나, 있는 것과 없는 것도 없다. 일체가 다 한울일 뿐인데 따로 높은 한울이 어디 있으랴. 한울 마음에선 세상 모든 희로애락이 한 티끌이요, 한 순간일 뿐이다. 세상에서 아무리 크고 힘든 일이었어도.

51 한울을 깨달은 뒤엔 물물천 사사천이다. 만물이 새롭게 보이고 새롭게 느껴진다. 그 마음을 깨달은 곳이 남쪽 내원암이고, 복숭아는 후천 무릉도원이 가까이 왔음을 알리는 전령이다. 그것이 동쪽에 붉게 익었음은 동학이 후천의 새 세상을 열 것임을 뜻한다.

52 습관된 마음의 필부는 일에 임해서 개인적 이익을 생각하지만 일체가 한울임을 깨달은 사람은 모두를 위해 의로운 길을 따른다. "사람은 한울을 공경함으로써 자기의 영원한 생명을 알게 될 것이요, 한울을 공경함으로써 모든 사람과 만물이 다 나의 동포라는 전체의 진리를 깨달을 것이요, 한울을 공경함으로써 남을 위하여 희생하는 마음과 세상을 위하여 의무를 다할 마음이 생길 수 있나니…"(해월신사법설, 삼경)

53 우리 집은 천도교문. 호남아는 스승의 거룩한 뜻을 따르는 모든 제자. 백세는 많은 수를 상징. 오만 년 이어갈 무극대도를 모든 제자들과 함께 세상에 펴며 기꺼워하는 모습.

54 자연과 세상 모든 만물은 각각 모두 한울 기가 형상화된 것이므로 스스로 그러할 뿐이다. 그러한 한울 본 모습은 어디 더하거나 덜할 것도 감출 것도 없다.

55 생물과 무생물 모두가 한울의 지기가 화한 것이고 그 기에 의해 자신의 역할을 한다.

56 이렇듯 깨달으면 일체가 한울이라 어찌 즐겁지 않으며 기쁘지 않으랴. 꿈인 듯 생시인 듯 모든 일이 하려 하지 않아도 자연히 이루어지니 무심행 무애행이요, 무위이화다.

57 빈 데 오르는 걸음(욕심과 아상을 비워가는 수행)은 한울 진리를 향한 수행 길이요, 천도를 세상에 펴는 체행 길이기도 하다. 그러나 그것은 누구에게 공치사 받거나 대가가 있는 것이 아니

人生世間天春果 道明法界心秋海

사람이 세간에 나니 한울은 봄 열매요,[58]

도가 법계에 밝으니 마음은 가을 바다라.[59]

吾厭塵世來處顧 萬疊疑雲又重重

나는 티끌세상이 싫어 온 곳을 돌아보니,[60]

만겹 의심스러움이 또 거듭 겹쳤느니라.[61]

左塵右塵無容也 一超無聲還墜聲

왼쪽도 티끌 바른쪽도 티끌 형용할 수 없고,[62]

한 번 초월함에 소리 없는 것이 도로 소리에 떨어지고,[63]

有聲無聲非二地 穩看看熟一機綜

소리 있고 소리 없음이 두 땅이 아니니,[64]

조용히 보고 익히 보면 한 기틀에 모이느니라.[65]

다. 그저 빈 것일 뿐이고, 나를 위하는 것일 뿐이다.

58 만물이 한울의 표현이나 그 중 최령자가 사람이라 하였다. 그러므로 사람은 한울에서 가장 빼어난 열매일 것이다.

59 도가 밝아졌음은 모든 의심이 씻겨 없어졌음을 뜻한다. 마음이 도의 깨달음을 얻으면 잔잔한 가을 바다처럼 맑고 투명하여 무엇이든 비치고, 무한히 넓어 모든 것을 포용할 수 있을 것이다.

60 맑고 깨끗한 세상을 체험하면 복잡하고 더러운 세상은 다시 가고 싶지 않을 것이다. (그러나 깨끗한 곳과 더러운 곳은 같은 세상이요, 한 한울이다.)

61 깨끗한 세상을 보면 모든 것이 분명하지만, 더러운 세상을 보면 왜 한울 진리가 실현되지 않는지 의심스럽고 의아하다.

62 모든 것은 영원하지 않다. 생겼다 없어지는 티끌일 뿐이다.

63 소리 없는 것은 무형 한울, 소리 있는 것은 유형 한울. 유형 한울 속에선 티끌만 자욱하지만 영원한 진리의 세계인 무형 한울은 고요하고 텅 빈 곳이다. 그러나 무형 한울은 죽음의 세계요 생명이 있기 전 세계다. 체험하고 마음 중심을 무형한 한울에 둘 수는 있으되 거기서 살 수는 없다. 다시 티끌 한울, 유형한 한울로 돌아와야 한다.

64 결국 소리 있고 없음이 모두 한 한울이다. 생명은 죽음으로 돌아가고, 죽음은 다시 생명을 잉태하며 순환한다. 어느 한 쪽만 있어선 온전한 한울이 되지 못한다.

65 성품(소리 없는 무형천)과 마음과 몸(소리 있는 유형천)은 하나이며 함께 닦아야 바른 도를 깨달을 수 있다.

雙看萬塵不脫離 一觀微塵不染基

두 번 만 티끌을 보아도 벗어나지 아니하고,66

하나로 작은 티끌을 보아도 터전을 물들게 하지 않고,67

赤子抱玉無生心 聖道塵世不染塵

갓난 어린이 옥을 안아도 욕심이 없고,68

성인의 도는 티끌세상에서도 티끌에 물들지 않느니라.69

--

眞是知塵者不脫 只是知道者不染

참으로 티끌을 아는 사람은 이탈되지 아니하고,70

다만 도를 아는 사람은 물들지 아니하네.71

世法百年苦 聖法萬年愁

세상 법은 백년 괴로움이요, 성인의 법은 만년 근심이라.72

一破二法獨步立 心自樂樂世自樂

한 번에 두 법을 깨치고 홀로 서니,73

---

66 많은 티끌이 무엇인가? 결국 만진이 곧 한울 아니던가! 티끌과 한울이 둘이 아니니 어디 물들며
    어디 벗어날 것이 있는가?(의암성사법설, 진심불염)
67 큰 인물일수록 작은 허물에 연연해하지 않는다. 좋은 스승일수록 제자들 작은 허물을 야단치기
    보다 장점을 크게 칭찬하는 법이다. 누구나 약점이 있고 허물이 있는 법이지만 그 신령한 생명
    의 무한한 가능성과 영성을 가로막진 못한다.
68 갓난아기는 내 것 네 것 분별이 없다. 이것이 한울 마음이다. 내 것을 가리기 시작하며 각자
    위심이 시작되고 고해가 시작된다. 이를 다시 회복하는 것이 심학이요 시천주 가르침이다.
69 티끌도 나요 한울이다. 분별하면 물들까 저어되어 가리고 버리지만, 욕심 없는 한울 마음은 모두
    가 내 몸이요 내 티끌이다. "나라는 티끌과 물건이란 티끌이 도시 한 티끌이니 어찌 여기에 물
    들며 저기에 물들겠는가. 나와 한울이 둘이 아니요, 성품과 마음이 둘이 아니요, 성인과 범인이
    둘이 아니요, 나와 세상이 둘이 아니요, 삶과 죽음이 둘이 아니니라."(의암성사법설, 진심불염)
70 티끌을 더럽다고 하는 사람은 분별심이 남은 사람이다. 자기 자신도 티끌일 뿐인 것을.
71 도를 아는 사람은, 더러운 사람 깨끗한 사람, 더러운 일 깨끗한 일을 가리지 않는다.
72 세상 법은 사람들 삶을 바로잡기 위함이다. 사람들 삶은 세상이 변하며 계속 달라지므로 세상
    법도 따라 변한다. 그러나 성인 법은 변하지 않는 진리를 추구한다. 사람의 삶과 세상이 변해도
    달라지지 않는 한울 법을 따른다. 백년은 사람 일평생을, 만년은 영원한 시간을 상징한다.
73 세상 법과 한울 법은 다른가? 세상 이치가 모두 한울 이치에서 나왔으므로 한울 이치를 깨치면

마음이 스스로 즐겁고 즐거움에 세상은 스스로 즐거우니라.[74]

(七) 三聖庵 吟(삼성암 음)[75]

億千萬年鏡無間 流照精神遍法界

억 천만 년에 거울은 사이가 없고,[76]

흘러 비치는 정신은 법계를 밟았어라.[77]

(八) 百五日祈禱 吟(백오일기도 음)[78]

세상 이치 또한 자연히 깨치게 된다. 한울 이치만 알고 세상 법에 등한히 하면 무형천만 알고 유형천을 모르는 것. 이 모두를 깨우쳐야 비로소 바른 법을 행할 준비가 되었다고 할 것이다.

74 일체가 한울임을 깨달으면 일마다 사물마다 한울이니 어찌 즐겁지 않으랴. '춘삼월 호시절에 놀고 보고 먹고 보세' 할 것이다.

75 삼성암은 서울 삼각산 등 여러 곳에 있다. 동학이 현도 되기 전엔 산 속 암자에서 수행하곤 했고, 현도 이후에도 내원암 등에서 수련한 기록이 있어 절에서 수련한 것은 드문 일이 아니었다.

76 거울은 모든 것을 비추는 마음이요 한울 정신이다. 한울의 정수는 억만 년 전이나 후나 달라질 것이 없다. 형상과 모습은 변해도 생명 본질은 그대로다.

77 한울 정신은 억만 년 전부터 지금까지 끊임없이 흐르고 있다. 그것은 우주의 좋은 것 나쁜 것, 깨끗한 것 더러운 것을 모두 차별 없이 비추어 왔다. 그 모두가 한울의 이치요 진리요 법이다.

78 동양 사상에서 중요시하는 수가 있다. 천지인을 상징하는 3, 일 월 화 수 목 금 토 우주를 상징하는 7, 수 목 화 토 금 오행을 나타내는 5 등이 그것이다. ＊숫자 3은 예부터 한자문화권에서 길수(吉數)·신성수(神聖數)라 하여 최상의 수로 여겨왔다. 3은 최초의 양수인 1과 최초의 음수인 2가 결합하여 생겨난 변화수로서 음양의 조화가 완벽하게 이루어진 수이다. 짝수인 2처럼 둘로 갈라지지 않고 원수(原數)인 1의 신성함을 파괴하지 않은 채 변화하여 '완성된 하나'라는 상징을 지니고 있는 것이다. 따라서 근원적인 구조와 신성함을 드러낼 때 숫자 3은 어김없이 등장하게 된다. 예컨대 세계를 이루는 구성요소는 천·지·인 3재(三才)이고, 시간과 공간에 따라 과거·현재·미래 또는 천계(天界)·지계(地界)·명계(冥界)의 삼계(三界)로 구분된다. 또한 우리나라의 시조신인 환인(桓因)·환웅(桓雄)·단군(檀君)이 셋이면서 하나로 일체를 이룬다는 삼일신(三一神)적 인식은 인간 필연의 종교의식을 담고 있으며, 불교에서도 불·법·승의 삼보(三寶)가 모일 때 비로소 불교가 성립된다고 보고 있는 것이다. 숫자 7은 북두칠성에 대한 인식과 밀접하게 관련된 것으로 보인다. 하늘이 인간의 운명을 좌우한다고 믿었던 고대인들은 1년 어느 때라도 볼 수 있는 북두칠성이 곧 하늘을 상징하는 것으로 여기고 섬기면서 점차 칠성신앙(七星信仰)으로 발전하였다. 또한 망원경이 나오기 전까지 인간은 하늘에 별과 지구를 제외하고 해·달·수성·금성·화성·목성·토성이라는 7개의 '천체'가 있다고 보아 이를 주일의 기준으로 삼고 각 천체의 이름을 대입하였다. 음양오행사상으로 천지만물의 생성과 변화의 이치

祈禱百五日 白雪大野深 寒風無人道 獨樂萬年心

기도 백오일에 흰 눈이 큰 들에 깊고,[79]

찬바람 사람 없는 길에서 홀로 만년 마음을 즐기느니라.[80]

天有天有天 我有我有天 天無天無天 我無我無天

한울이 있고 한울이 있는 한울이면 내가 있고 내가 있는 한울이요,[81]

한울이 없고 한울이 없는 한울이면 내가 없고 내가 없는 한울이라.[82]

(九) 三難(삼난)

人有上下 上亦難下亦難 居上周調難 在下不過難

사람은 상하가 있으니 위도 어렵고 아래도 어려우니,[83]

를 해명한 동양에서도 일곱 천체와 7요일의 이름을 음양에 해당하는 일월(日月)과 오행(火水木金土) 으로 구성한 것이다. 이처럼 숫자 7은 동서양을 넘나들며 하늘을 이루는 근원적인 수로 여기게 되었고, 나아가 우주의 의미를 해명하는 신성한 수이자 음양오행의 동양사상을 담고 있는 수로 파악하였다.(구미래, 한국인의 상징세계) ✱✱ 천도교 핵심인 21자 주문을 3.7자 주문이라 부르는 것도 이런 의미가 담겨 있다. 그러므로 기도를 할 때도 7일 21일 49일 105일 단위로 하는데, 7일은 작은 우주인 자신을 되돌아보고 깨닫는 공부, 21일은 자신을 천지인 세상으로 확장해 공부하는 것, 49일은 자신을 벗어나 천지 우주 이치를 깨닫는 공부로 비견하기도 한다. 105일은 21일을 5회 하는 것이므로 자신과 세상, 그리고 만물 운행 이치(오행)를 공부하는 것으로 볼 수 있겠다. ✱✱ 미국의 의사 맥스웰 몰츠는 무엇이든 21일 동안 계속하면 습관이 된다는 사실을 발견했다. 우리의 뇌는 충분히 반복해 회로(시냅스)가 형성되지 않은 일에 저항하지만 21일 동안 무언가를 반복하면 생각이 대뇌피질에서 뇌간까지 전달되고 각인돼 저항감이 없어진다는 것. 21일은 두뇌 회로를 바꿔 '새로운 뇌'를 만드는 데 걸리는 최소 시간이다.

79 백오일 기도 마치는 때가 한겨울이었던가 보다. 기도 마칠 때 내린 눈이 넓은 들에 가득 내림은 무엇을 뜻하는가? 아마도 기도하며 얻은 깨달음이 세상 모든 티끌과 허물을 다 덮을 정도로 크고 깊었나 보다.

80 찬바람이 부는 길은 진리를 향한 험난하고 어려운 길. 보통 사람들은 육신 안락만을 찾고 험난한 측도 같은 마음 길에는 잘 들지 않는다. 오만 년 무궁한 한울 마음을 깨달았으니 즐겁지 않으랴만 함께 깨달은 이가 없으므로 홀로 즐길 수밖에.

81 한울도 있고 나도 있다고 보는 관점. 저쪽도 나도 한울도, 모두 같은 한울이므로 따로 존재함이 없다고 볼 수도 있지만 그러나 각각 움직일 수 있으므로 따로 실체가 있다고 보는 것이다. 나와 저쪽이 별개 존재라는 분별심과 각자위심과는 다르다.(의암성사법설, 십상관법 참조)

82 한울도 나도 모든 형상은 영원한 것이 아니다. 그러므로 현상에 집착함이 없이 크고 멀리 보며 마음을 자유롭게 해야 한다.

위에 있으면 두루 고르게 하기가 어렵고

아래 있으면 과하지 않기가 어려우니라.[84]

人有貧富 貧亦難富亦難 在富止欲難 在貧爲勤難

사람은 빈부가 있으니 빈자도 어렵고 부자도 어려우니,[85]

부자는 욕심을 멈추기 어렵고 빈자는 부지런하기가 어려우니라.[86]

人有死生 死亦難生亦難 居生養志難 臨死持心難

사람은 사생이 있으니 죽기도 어렵고 살기도 어려우니,[87]

살 때는 뜻을 양하기 어렵고,

죽음에 임하여는 마음을 가지기 어려우니라.[88]

---

[83] 모두가 한울을 모신 신령한 존재라는 것은 같지만, 나이 체격 재능 등은 모두 다르다. 이 다름을 인정하고 자신의 적성을 살려 자신과 세상을 위해 도움이 되도록 하면 좋겠지만 이를 인정하지 않고 남을 흉내 내려 하면 성공한 삶을 살기 어렵다.

[84] 부모에게 자식은 모두 소중하지만 애착이 더 가는 자식이 있게 마련이다. 하물며 직장이나 조직에서 아랫사람들 중에 능력이 있고 자신을 잘 따르는 사람에게 관심이 더 가는 것은 인지상정일 것이다. 하지만 이를 차별로 여기지 않게 하고 못하는 사람도 열심히 하면 상이 주어진다는 원칙을 명확히 하지 않으면 아랫사람을 잘 다스리고 이끌기 어렵다. 자식도 마찬가지. 아랫사람은 전체를 조망하는 안목이 부족한 경우가 많다. 때문에 일이나 대인 관계에서 부족하거나 과하거나 하기 쉽다.

[85] 재물이란 사람이 살아가는 데 도움이 되는 것이지만 없어선 안 될 무엇은 아니다. 재물의 많고 적음을 떠나 자신의 재물을 유용하게 잘 사용하면 그 사람이 부자요, 재물이 아무리 많아도 필요한 데 쓰지 못하면 그 사람 인생은 가난한 것이다.

[86] 9억을 가진 사람이 10억을 채우기 위해 더 욕심을 낸다고 했다. 부자는 재물 흐름을 잘 알고 그에 따른 사업을 잘하는 사람이다. 어떻게 하면 더 벌 수 있는지 알므로 욕심을 멈추기 어려울 것이다. 빈자는 여러 원인이 있겠지만 사업 안목이 없는 경우가 많다. 자신 주변에 재물을 벌 기회가 있음을 알면 부지런히 뛸 것이나 그런 기회가 있음도 모르면 어찌 뛰어다니겠는가?

[87] 태어남이 있으면 죽음이 있다. 죽음이 있으므로 삶이 의미가 있다. 삶과 죽음은 한울 순환에서 보면 하나일 뿐이다. 그 이치를 모르고 삶과 죽음에 얽매이면 사는 것도 고해요 죽는 것도 어렵다.

[88] 아침에 눈을 뜨고 출근하고 퇴근하고 잠드는, 반복되는 생활을 하다 보면 그렇게 습관대로 살 뿐, 자신이 무엇을 위해 사는지 나중엔 자신이 누구인지조차 망각하게 된다. 나는 누군가? 물어볼 일이다. 죽음에 임박하면 오히려 삶에 집착하게 된다. 자신이 그동안 하지 못한 것들이 한스럽다. 집착하고 미련이 있으면 평상심을 잃고 무리한 일을 벌이게 된다. 결국 자신과 주변사람들을 더욱 힘들게 만든다. 그러나 어쩌겠는가, 이미 지나간 삶을. 죽음조차 삶의 일부임을 받아

(十) 扶餘 吟(부여 음)89

百濟江山虛影飛 餘存景色一亭依

백제 강산에 빈 그림자 날리고,90

남아 있는 경색은 한 정자에 의지했네.91

故國忠魂愁雲含 今日義士文明衣

고국의 충혼은 수심을 머금었고,92

들이고 차분히 정리할 시간을 갖는다면 오히려 품위 있게 생의 마감을 할 수 있을 것이다.
★Chicago 대학 정신과 교수였던 Kübler-Ross는 임종을 앞둔 말기 환자 500여 명을 2년에 걸쳐 조사하여 임종 심리 변모 과정을 5단계로 나누어 정리하였다.
1단계 부정과 격리 시기 ; 나에게 그런 일이 있을 리 없다고 부정하는 시기로 의학적 증거가 있어도 이를 믿으려 하지 않는다. 이는 자신의 모든 것을 잃을지 모른다는 두려움에서 비롯된다. 갑작스런 충격에 대한 일종의 완충 장치로, 현실(죽음)에 대한 고통을 덜 느끼게 한다. 그러므로 충분한 시간을 주고 기다려 줄 수 있어야 한다.
2단계 분노 시기 ; 왜 하필 나냐? 하며 의료진과 가족에게 분노를 표출하기도 한다. 그 분노는 대상 개인을 보고 하는 것이 아니라 자기가 알고 있는 모든 것에 대한 분노를 표출하는 것이다. 인내심을 갖고 들어 주며 포용하는 태도가 필요하다.
3단계 협상 시기 ; 그래 인정한다 하지만… 하며 운명, 신에 타협을 구하는 시기. 예를 들어 자식이 대학 졸업할 때까지만 살기 원하며 협상한다. 환자를 피하지 말고 신중하게 대하여 미성숙한 행동이라도 성급한 판단을 하지 말고 현실을 직시하도록 도와준다.
4단계 우울 시기 ; 자기 직장, 능력 같은 자기가 상실한 것에 대해 비로소 애도하고 또한 죽게 된 자신을 애도한다. 모든 것을 잃는다는 안타까움, 불안, 슬픔이 느껴지는 단계. 죽음을 수용하려는 잠정적 준비 상태를 방해하지 않도록 회상과 격려, 용기로 지지한다.
5단계 용납 시기 ; 죽음을 진실로 받아들여 평온, 소망 중에 죽음을 맞이하는 단계. 소중히 생각하는 사람과 함께 있도록 해주며 자신이 가치 있는 존재였음을 알도록 해준다. (조두영, 임상행동과학, 일조각, 1986, 268-269쪽)
89 고구려에 밀려 한성에서 공주로 천도한 뒤 계속 불안했던 백제 왕실은 무령왕과 성왕 대에 이르러 어느 정도 원상을 회복, 더 강성한 왕국 건설 웅지를 가지고 성왕 16년(538년)에 부여로 천도하였다. 부여로 천도한 백제는 국호를 남부여로 고치고, 호남평야 지대의 경제 기반과 진취적인 대외 활동을 통해 이 같은 목표를 어느 정도 달성한다. 그리하여 백제역사상 부여시대(538~660년) 123년은 660년 나당연합군에 의해 멸망하기까지 백제 문화의 최전성기를 구가하였을 뿐 아니라 삼국 문화 중 최고의 예술혼을 피우게 되었다.
90 백마강, 낙화암 등 강산은 그대로지만 백제 자취는 모두 사라져 빈 그림자뿐이다. 옛 영화가 흔적도 없이 사라졌음은 보는 이를 수심에 잠기게 하고, 현상의 부질없음을 새삼 느끼게 한다.
91 낙화암 꼭대기에 백화정이 있는데 이는 궁녀들 원혼을 추모하기 위해 1929년 세워진 정자이다.
92 망국 백제의 한이 서린 부여에서 역시 망해 버린 조선의 한을 느끼신 것일까?

오늘의 의로운 선비는 문명을 입었더라.[93]

(十一) 詠春詩賦(영춘시부)[94]

1) 不勝春情更看天 萬山皆春杜鵑稀

춘정을 못 이겨 다시 한울을 보니,[95]

만산이 다 봄이언만 두견이 드물구나.[96]

春日到此吾亦春 萬區生靈都是花

봄 날씨가 되니 나도 또한 봄이요,[97] 만 구역 생령이 전부 꽃이로다.[98]

2) 乾道循環 其氣下降 坤道調和 其情上升

건도가 순환하니 그 기운이 내리고,[99]

곤도가 서로 화합하니 그 정열이 오른다.[100]

---

93 망국의 뜻있는 사람은 나라를 되찾고자 하는 뜻을 품었을 것이다. 무장 투쟁과 교육, 외교 등 여러 방법이 있을 것이나, 모두 한울 진리와 세상 문명에 바탕을 둔 것이어야 할 것이다.

94 봄을 노래한 시와 부(흥비가 각주1 참조)로 내용과 형식이 다른 몇 개 시문을 모아 놓은 듯하다. 내용상 다른 시문을 편의상 번호로 구분하였다.

95 봄은 생명이 다시 소생하는 계절이다. 그 생명 기운을 느껴 시를 짓기도 하고 노래하기도 하며 온 세상 생명이 즐기는 때이다.

96 두견새는 뻐꾸기목 두견과 새로 대만, 인도 등지에서 겨울을 난 뒤 봄에 돌아와 여름을 난다. 그러므로 두견이 돌아오지 않았음은 아직 봄이 다 된 것이 아님을 뜻하는데, 두견이는 나라를 빼앗긴 옛 촉나라 망제의 영혼이 새가 되어 불여귀를 부르짖으며 운다는 전설이 있다. 그러므로 두견이가 드물고 봄이 덜 왔음은 조선 독립이 아직 덜 되었음을 상징하는 것으로도 읽힌다.

97 사람은 환경 영향을 받게 마련이다. 봄이 되어 생명 기운이 가득하면 사람도 새로운 마음과 몸으로 한해를 시작하게 된다.

98 꽃은 생명의 절정이요, 표현이다. 죽어가는 생명은 추하지만 살아나는 생명은 어느 것이나 아름답다. 마치 꽃처럼.

99 하늘 기운은 땅으로 내려오고 땅 기운은 하늘로 올라가는 것이 정상적인 천도 순환이요, 화합 괘다.(지천태괘, 부화부순 공부하기 참조) 대지를 적시는 봄비 같은 것이 그런 것이다.

100 하늘 열기와 비로 언 땅이 녹으면 땅 속 씨앗들이 움이 트며 솟아나온다. 이것이 하늘로 향하며 화합하는 기운이다.

3) 春色夭夭化養物之布德 百態俱備豁發道之露亨

봄빛이 어여쁘고 어여쁘게 화하여 만물을 양하는 덕을 펴고,101

백 가지 모양을 갖추어 통하니 도를 발하는 형통함을 드러내느니라.102

山鳥啼時 枝枝葉葉靑靑 杜鵑花笑 方方谷谷紅紅

산새가 울 때에는 가지가지 잎새마다 푸르고 푸르고,103

두견화 필 때에는 이곳저곳 골짝마다 붉고 붉더라.104

4) 渡水淵川 千派歸一 玩花東山 萬人同樂

물 건너는 못과 내는 천 갈래가 하나로 돌아오고,105

꽃구경하는 동쪽 산엔 만 사람이 같이 즐기느니라.106

際玆 水光接天 月色滿世 潭魚成龍 林虎從風

이때를 당하여 물빛은 한울에 닿고, 달빛은 세상에 가득하고107

못의 고기는 용이 되고, 숲의 범은 바람을 따르느니라.108

---

101 봄기운은 생명을 살리는 기운이다. 한울 기운이다. 봄기운으로 만물이 생동하고 꽃이 피듯이, 한울 진리로 모든 생명을 살리는 것이 포덕이 될 것이다.

102 한울 도는 만물에 미치지 않음이 없다. 아무리 작은 미생물도 그 생명이 영위되는 정교한 메커니즘은 놀랍기 그지없다. 창조론자들이 절대자 설계가 아니고선 불가능한 것이라며 창조 증거로 종종 들곤 한다. 그러나 자연은 어느 것이나 스스로 그러할 뿐이다. 자기 생존을 위한 욕구보다 강한 것은 없다. 자신이 처한 환경에 맞게 진화하는 것이 만물에 공통된 한울 도다.

103 산새가 우는 계절은 생명이 가장 왕성한 계절이다. 그러므로 가지마다 잎새마다 생명으로 가득 차 그 정기를 느낄 수 있다. "소나무 잣나무는 푸릇푸릇 서 있는데 가지가지 잎새마다 만만마디로다."(동경대전, 화결시)

104 앞 구절과 댓구의 같은 내용. 두견화 피는 계절엔 다른 꽃들도 만발해 그 자태를 뽐낸다.

105 모든 물은 그 시작은 모두 다르지만 마지막엔 같은 바다로 귀결된다. 모든 사람들의 사는 모습이나 생각은 다 달라도 결국 하나의 이치로 돌아온다. "용담의 물이 흘러 네 바다의 근원이요, 구미산에 봄이 오니 온 세상이 꽃이로다."(동경대전, 절구)

106 꽃은 생명의 절정이요, 한울 정기다. 꽃구경하는 동쪽 산은 한울 진리를 만끽하는 동학을 뜻한다. 개벽된 동학 세상에선 모든 생명이 차별 없이 함께 생명을 즐긴다.

107 개벽된 세상은 또한 스승님들 가르침이 널리 펴지고 실천되는 세상이다. 물빛은 수운 선생의 가르침이요, 달빛은 해월 선생의 가르침을 뜻한다.

5) 端坐誦詩 百疊塵埃 低然惟夢外之事 黙念經綸 萬古盛衰 怳若是鏡裡之貌

단정히 앉아 시를 외우니 백겹 쌓인 티끌이 꿈밖의 일이요,109

고요히 경륜을 생각하니 만고의 성쇠가

황연히 거울 속의 모습 같더라.110

權度在質 處卜在時 才氣過人 勝己者厭

권도는 바탕에 있고, 처변은 시기에 있으나,111

재기가 사람에 지나면 자기보다 나은 사람을 싫어하느니라.112

6) 時運回春是芳暢而盡花容 才德兼備如滄海之一道量

시운에 봄 돌아오니 꽃답고 화창한 것이 다 꽃 모습이요,113

재주와 덕이 겸하여 갖추니 도량이 푸른 바다와 같더라.114

---

108 용은 물속에 사는 생물의 으뜸이고, 범은 숲속에 사는 생물의 으뜸. 사람이라면 깨달은 사람이
요 한울 사람이다. 범이 따르는 바람은 한울의 진리. "고기가 변하여 용이 되었으나 못에는 고
기가 있고, 바람이 숲 속에서 범을 끌어냈으니 범이 바람을 좇아가네."(동경대전, 영소)

109 단정히 앉아 외우는 시는 한울 마음을 깨우는 법문, 곧 주문이다. 한울을 위하는 법문을 외면
욕념으로 분주하던 마음이 차분히 가라앉고 세상일에 일희일비하지 않게 된다.

110 한울 중심에서 세상사를 보면 모든 이치가 확연히 드러나고 확실해진다. 숲 속에 있어선 숲이
얼마나 큰지 모르지만 숲 밖에서 보면 그를 알 수 있음과 같다.

111 사람마다 권한과 능력이 모두 다르다. 그것의 크고 작음은 그 사람 자질과 소양이 결정할 것이
고 그것을 사용하는 것은 적절한 때를 아는 데 그 성패가 달려 있다.

112 사람은 자기 능력의 70% 정도를 쓰는 위치가 적당하다. 자기 능력이 미치지 못하는 큰일을 맡
으면 재앙이 되기 쉽지만 자신 능력을 여유 있게 사용하고 남는 능력은 응급 상황이나 주변을
살필 수 있는 여력으로 남겨 놓는 것이 좋다. 재기가 사람에 지남은 자기 능력보다 큰 자리를
차지하거나 자신 재주를 겸양하지 않고 뽐내는 것이다. 자신을 드러내기보다 실속 있게 일하
는 사람도 있지만 불필요하게 자신을 자랑해 주위로부터 경계와 견제를 당하는 사람도 있다.

113 시운이 돌아와 봄이 되었음은 개벽 세상이 된 것이다. 개벽된 한울 세상에선 만물이 다 자신의
진면목을 드러내고 생명 본모습대로 사니 어찌 꽃만 아름답겠는가? 자신 모습에 충실한 모든
것은 그대로가 아름다움이다.

114 한울 세상에선 모두가 꽃처럼 아름답지만 사람은 재주와 덕이 고루 있어야 아름답다. 재주와
기술은 좋지만 인간적 면모가 부족하면 사람들을 속이고 이용하기 쉽고, 덕이 있으되 그를 펼
재주가 없으면 사람들에게 별 도움이 되지 못한다.

盛衰迭代 陰陽之翻覆 進退盈縮 君子之時中

성하고 쇠하고 서로 갈아드는 것은 음양의 번복이요,115

나아가고 물러가고 가득히 차고 줄어지는 것은 군자의 때에 맞춤이라.116

抱道潛居 布衣寒士 得雨能濟 時乎丈夫

도를 품고 숨어 사니 포의한사요,117

비를 얻어 능히 건지니 시호장부로다.118

信如磻石 期此日之意成 誠如堅城 當一時之可用

믿음이 반석 같으니 오늘의 뜻 이룸을 기약함이요,119

정성이 굳은 성 같으니 마땅히 한 때에 쓸 만하니라.120

義兮義兮 美哉美哉 窮理正心 通古今之無窮

---

115 낮과 밤이 돌아들고, 그믐과 보름이 돌아가는 것은 자연 순환이다. 이러한 자연 순환을 해석하는 체계가 음양이요, 오행이요, 주역괘 대정수다. "차고 비고 서로 갈아드는 수는 있으나…." (동경대전, 논학문)

116 한울의 순환이 있듯 사람에게도 순환이 있다. 기운이 성할 때와 쇠할 때가 있고, 나아가 뜻을 이룰 때와 물러나 뜻을 간직할 때가 있다. 물러서야 할 때 나서거나, 나서야 될 때 잠자코 있으면 모두 뜻을 이루기 어렵다. 마치 밤에는 자고 낮에는 활동해야 하는 것처럼.(해월신사법설, 용시용활 참조)

117 큰 뜻은 있으되 세상에 나아가 뜻을 펼 기회를 얻지 못하고 은거해 있는 선비를 베옷만 걸친 가난한 선비라 하였다. 비록 가난한 선비이나 기회가 되면 세상에 자신의 웅지를 펼 뜻과 실력을 갖춘 사람이니 승천하지 못한 용이요, 숲속에 숨은 범이다.

118 가문 날에 비처럼 반가운 게 있을까? 비를 얻었음은 뜻을 펼 기회를 만난 것이고 그 기회를 자기 영달이 아닌 모든 생명들을 구하기 위해 사용하면 이를 장부라 할 만한 것이다.

119 믿음은 모든 일을 이루는 기본이다. 자신이 하는 일에 확신이 없이 어찌 일을 하겠으며 자신이 가는 길에 확신이 없으면 목적지에 어찌 도달하겠는가? 그러므로 믿음은 모든 일의 근본이요 시작이고 믿음이 변치 않아야 뜻을 이룰 수 있다.

120 정성이란 변치 않고 꾸준함이다. 꾸준하려면 믿음이 있어야 함은 물론이다. 어떤 일이든 변치 않고 정성 드리면 이루지 못할 것이 없을 것이요, 언젠간 그 정성이 빛을 발해 크게 쓰이거나 크게 이루게 될 것이다.

의로움이여 의로움이여, 아름답도다 아름답도다.[121]

이치를 생각하고 마음을 바르게 하니 옛과 지금의 무궁한 것을 통하고,[122]

和平天下 達造化之手段

천하를 화평케 하니 조화의 수단을 득달하였더라.[123]

7) 烏子反哺 誠一心之孝悌 玄鳥知主 信萬事之不變

가마귀 새끼가 도로 먹이는 것은

한결 같은 마음의 효도와 공경을 정성함이요,[124]

제비가 주인을 아는 것은 만사의 변치 않는 것을 믿는 것이니라.[125]

8) 南辰圓滿 鳳凰來儀 北河澄淸 大道脫劫

남쪽별이 둥글게 차니 봉황이 와 거동하고,[126]

북쪽 하수가 맑고 맑으니 대도가 겁회를 벗느니라.[127]

---

121 꽃이 아름답지만 얼마 못 가 시들고 추해진다. 그러나 바른 생각과 바른 삶은 언제나 변하지 않는 아름다움이다.

122 이치공부와 마음(주문)공부는 항상 함께 해야 한다.(해월신사법설, 수도법) 이렇게 이치와 마음공부를 겸전하면 한울의 지극한 이치를 깨닫게 되니 한울 이치는 예와 지금이 하나요 만물이 하나요 온 우주가 하나로 통하는 무극대도이기 때문이다.

123 한울 이치를 깨달았으면 그 이치를 세상에 펴고 실천해야 한다. 세상에 도를 펴기 위해선 세상이 돌아가는 조화와 방편에 또한 능하여야 한다. 도는 높지만 세상 방편에 능하지 못하면 책상물림이요 구두선에 지나지 않을 것이다.

124 까마귀(가마귀) 새끼가 어미에게 도로 먹이는 것은 효의 표본으로 일컬어지는 것으로, 효란 사람을 위하는 마음, 仁의 가장 기본적 실천 규범이다. "가마귀 새끼가 도로 먹임이여, 저것도 또한 효도와 공경을 알고…."(동경대전, 불연기연)

125 제비(玄鳥)가 겨울을 난 뒤 봄에 다시 돌아오는 것은 자신이 살던 집과 주인이 그대로 있을 것이라는 믿음이 있기 때문이다. 믿음이야말로 모든 일의 지침이 되는 이유다. "제비가 주인을 앎이여, 가난해도 또 돌아오고 가난해도 또 돌아오도다."(불연기연)

126 봉황이 옴은 신령한 생명이 옴이요, 한울 세상이 됨을 뜻한다. 그런 개벽 세상이 오는 때는 남쪽별이 둥글게 찰 때라는 것이다. "남쪽별이 둥글게 차고 북쪽 하수가 돌아오면 대도가 한울같이 겁회를 벗으리라."(동경대전, 우음)

127 동학은 창도 이래 민족과 민중의 질곡을 함께 해 왔다. 동학이 세상에 드러나 개벽 세상을 가르치고 이끄는 날이 진정한 현도요, 대도가 겁회를 벗는 날일 것이다. 그 때는 남쪽별이 둥글

豁達貫通 平生之事業 盡誠盡敬 萬世之成功

도를 환히 깨달음은 평생의 사업이요,128

정성과 공경을 다함은 만세의 성공이니라.129

興兮興兮 樂哉樂哉 侍天奉天 感化神之樂樂

좋고 좋을시고, 즐겁고 즐거워라.130

한울을 모시고 한울을 받드니 감화신의 즐거움이요,131

讀書詠詩 泰和心之惺惺 物態風俗 已屬暮於西天

글을 읽고 시를 읊으니 태화심의 깨달음이라.132

물질의 모양과 풍속은 어느덧 서쪽 한울에 저물고,133

丈夫時乎 先刱明於東土

장부의 좋은 때는 먼저 동쪽 나라에서 창명되었느니라.134

日去月來新日之春 時乎時乎男兒之秋

게 차고 북쪽 하수가 맑게 돌아오는 때라는 것이다.(동경대전, 우음 각주 참조)

128 도를 깨닫는 것은 진정한 생명을 찾는 것이요, 진정한 삶을 회복하는 것이다. 모든 생명이 자신의 명을 실현하기 위해 평생을 경주하는 것이 아닌가?

129 정성과 공경은 한울 덕에 합하는 길이다. 나의 한 육신에 한정되지 않고 무궁한 한울 덕과 성공에 하나가 되는 길이다.

130 습관된 마음은 나와 남을 분별하므로 각자위심이고 서로 상해하여 고해가 되지만, 일체가 한울임을 깨달으면 서로 위하는 마음으로 화합하니 즐거운 삶이 된다. 춘삼월 호시절에 놀고 보고 먹고 보는 생명이 된다.

131 각자위심 극복은 시천주-모심에서 시작된다. 서로 위하고 모심으로써 서로 감화하고 화합하니 어찌 즐겁지 않으랴?

132 스승님 글과 시는 모두 한울 가르침이니 이를 읽고 외우면 자연히 마음이 평안해져 세상 번뇌와 근심을 잊고 큰 깨달음에 이를 수 있다.

133 현대 물질문명 시원은 서양이다. 자본주의와 공산주의 모두 물질문명을 어떻게 구현하느냐는 싸움에 다름 아니었다. 그러나 그 모두가 한계가 있음이 확인된 지금, 새로운 후천 문명 시작은 어떤 모습이며 어디에서 오는가?

134 장부는 한울 진리를 깨닫고 행하는 사람. 새로운 문명을 시작하는 가르침은 이미 동쪽 조선에서 창명되었다.

날이 가고 달이 오니 새 날의 봄이요,[135]
때가 가고 때가 오니 사나이의 가을이라.[136]

(十二) 南山公園 吟(남산공원 음)

南山에 숨은 虎는 威嚴을 감추었고 漢水에 잠긴 龍은 造化를 감췄더라 日後
에 風雲이 일면 天下震動… 歲月이 如流하여 春風和氣 돌아온다 男兒一生
宇宙間하여 快報天地尊師恩을 어 좋다 丈夫時乎 이때로다.
남산에 숨은 범은 위엄을 감추었고, 한수에 잠긴 용은 조화를 감췄더라.[137]
일후에 풍운이 일면 천하진동… 세월이 여류하여 춘풍화기 돌아온다.[138] 남
아 일생 우주간하여 쾌보천지존사은을, 어 좋다. 장부시호 이때로다.[139]

(十三) 開闢琴(개벽금)[140]

開而闢之 闢而開之 開者天地之始也
개하고 벽하며 벽하고 개하니,[141] 개란 것은 천지의 시작이요,[142]

---

135 해가 지고 달이 뜨고, 매일 순환하고 반복되고 같은 일상이되 항상 새롭고자 노력하는 이에겐
  항상 새로운 날이며 매일이 개벽이다. "날이 가고 달이 오고 새 날이 오니 천지정신이 나로 하
  여금 깨닫게 하도다."(해월신사법설, 강시)
136 봄이 시작하는 때라면 가을은 거두며 마무리하는 때다. 개벽 문을 봄에 열었으면 가을엔 그 완
  성과 결실을 맺어야 하는 때인 것이다. 개벽을 향한 열정이 느껴지는 구절이다.
137 범과 용은 큰 뜻을 품은 선비. 범이 숲에서 나오고 용이 물 밖으로 승천하면 세상을 바꾸는 큰
  일을 한다.
138 범과 용을 부르는 풍운은 독립의 시운인가? 범과 용이 뜻을 펼 수 있는 진리를 말함인가? 그
  모두가 맞아 천하를 진동하며 개벽이 되면 모든 생명체의 춘삼월 호시절이 될 것이다.
139 누구나 한 번 태어나고 다시 한울 품으로 돌아간다. 이 넓은 우주에 태어나 무의미하게 살다
  가기보다, 한울의 큰 진리를 깨우치고 천지부모와 진리를 전해 준 스승 은혜를 반포지효하듯
  이 되돌리면(쾌보천지존사은) 생이 얼마나 보람되고 즐겁겠는가?
140 琴 거문고 금. 거문고는 옛 선비들이 심신을 수련할 때 항상 함께하던 악기였다.
141 開 열, 통할, 비롯될 개. 闢 열, 물리칠 벽. 개벽이란 새로운 시작이다. 천지개벽이 처음 있었고,

闢者 萬物之初卽始而無終 初而無窮 始初也吾生之無窮也

벽이란 것은 만물의 처음이라 시작하여

마침이 없고 처음하여 다함이 없으니,143

시작과 처음은 곧 내가 사는 무궁한 것이라.144

琴中有和 心中有樂 和而樂之 天地位焉 萬物育焉

거문고 속에 화하는 것이 있고 마음속에 즐거운 것이 있으니,145

화하고 즐거워함에 천지가 자리 잡고 만물이 길러지느니라.146

(十四) 訣詩(결시)147

후천 개벽이 스승님들에 의해 시작되었다. 또한 각 개인마다 삶의 전환이 되는 개벽이 있을 것이다.

142 천지가 시작되는(빅뱅) 최초 개벽이 있었다. 천지우주는 수없는 세월을 팽창하다가 다시 수축해 소멸했다가, 다시 폭발해 팽창을 시작하며 반복 순환하는 것으로 추정한다.

143 처음 대폭발 때는 성간 가스와 몇 가지 원소뿐이었다. 그 원소들이 서로 반응하며 다양한 원소를 만들고 별과 우주 공간을 형성하니 만물이 형성되는 시작이었다. 그렇게 생긴 만물은 지금도 새로 생성하고 소멸하며 무궁히 순환한다.

144 시작은 삶의 시작이고 끝은 생명의 죽음이다. 매일매일 새롭게 시작하며 삶을 시작할 수도, 매일 삶의 끝이라 여기며 체념할 수도 있다. 어떤 삶을 살 것인지는 본인 선택이다. "나의 기점은 성천의 기인한 바요, 성천의 근본은 천지가 갈리기 전에 시작하여 이때에 억억만년이 나로부터 시작되었고, 나로부터 천지가 없어질 때까지 이때에 억억만년이 또한 나에게 이르러 끝나는 것이니라."(성심변)

145 음악은 사람들 마음을 하나로 모으고 감격과 환희 또는 참회와 비탄을 주기도 한다. 그렇기 때문에 예부터 신에게 올리는 기도나 제례 때 음악을 사용하기 시작하였고, 현자들은 그 나라 음악이 어떤가에 따라 그 나라 사람들 마음 상태와 정치가 잘 이루어지는지를 가늠할 수 있다고 하였다. 그러므로 옛 선비들의 수양 과목 중엔 음악이 반드시 있었다.(육예; 詩, 書, 樂, 禮, 射, 御, 사광의 고사) 거문고 소리가 맑고 청아하며 울림이 깊다면 그를 연주하고 듣는 사람의 마음이 편안하게 화하고 즐길 수 있을 것이다. 그것은 연주하는 사람 마음과 수양이 거문고를 통해 전해지기 때문이다.

146 만물은 다투면 서로 상해하지만, 위하고 화하면 서로 즐겁고 기화하며 생명을 기를 수 있다. * 어떤 사람이 화초를 기르며 하나는 정성껏 보살피고, 하나는 욕하며 저주하고, 하나는 무관심으로 방치했다고 한다. 얼마 뒤 잘 보살핀 화초는 윤기 나고 잘 자란 반면, 저주한 것은 비틀리고 잘 못 자랐고, 무관심한 것은 얼마 가지 않아 시들었다고 한다. 욕하는 것도 관심이 없으면 할 수 없다. 생명에는 소통이 가장 소중하고 무관심이 제일 무섭다.

147 訣 이별할, 작별, 송별할 결.

卿士貪榮忘後事 富翁守貨暗來塵

벼슬하는 선비는 영화를 탐내어 뒷일을 잊고,[148]

돈 모으는 늙은이는 재물을 지키느라 오는 티끌에 어둡고,[149]

往往風波漢水濱 天時地利不如人

이따금 바람과 물결이 한수 가에서 이니,[150]

천시 지리가 인화만 같지 못하고,[151]

非山非水居何處 只在弓弓待暮春

산도 아니요 물도 아닌 어느 곳에 살까.[152]

다만 궁궁에 있으니 저문 봄을 기다리라.[153]

(十五) 菊花 吟(국화 음)

笑爾群芳不同歸 一鬚一向艷陽來

---

148 욕심이 정확한 판단을 흐리게 한다. 지위와 권력에 욕심이 생기면 그를 유지하기 위해 비정상
   적인 수단과 무리수를 두게 되고 그것이 훗날 자신을 망치는 빌미가 되곤 한다.

149 재물이란 생명을 돕는 재화로 기능할 때 소중한 것이지 쌓아 놓고 순환하지 않으면 고여 썩게
   마련이다. 재물을 원하는 사람들이 주변에 모이고 아첨하거나 속이려 들기 십상이니 필요한
   곳에 쓰이도록 순환시키느니만 못할 것이다.

150 한수는 우리나라를 상징. 거기에 이는 바람과 물결은 우리나라와 거기 사는 사람들이 겪을 수
   많은 고난들.

151 맹자에 나오는 말.(의암성사법설, 도전 각주 참조) 사람들 마음이 화합하면 시기와 장소가 아
   무리 열악해도 소기의 성과를 이룰 수 있을 것이다. 반면에 아무리 때와 장소가 좋아도 사람들
   마음이 서로 각각이고 다툰다면 어찌 일을 도모하겠는가?

152 예부터 난리를 많이 겪은 우리나라 사람들은 세상이 흉흉해지면 어느 곳으로 가야 난을 피할
   수 있는지가 초미의 관심이었다. 정감록과 십승지지가 그런 관심을 대변한다.

153 난은 어디에서 오는가? 자신의 재앙은 물론 세상 난도 모두 사람 마음에서 비롯되는 것이니,
   마음을 바르게 하고 삶을 바르게 하여 세상을 바로잡는다면 그것이 곧 난을 막는 것이 아닌가?
   그러므로 모든 것은 마음 심 즉 궁궁, 궁을에 있는 것이다. 이런 개벽 가르침이 시작된 것이 초
   봄이라면 가르침이 널리 퍼져 무르익는 때가 늦은 봄이니 늦은 봄엔 개벽 세상이 다다른 것이
   다. "산도 이롭지 않고 물도 이롭지 아니하리라. 이로운 것은 밤낮 활을 당기는 사이에 있느니
   라."(신사법설, 강시)

웃는 너는 뭇 꽃과 같이 돌아가지 아니하고,154

한 수염은 한결같이 고운 볕을 향하여 오더라.155

(十六) 獄中夢詩(옥중몽시)156

春風三月登好館 日月光明萬姓歡

봄바람 삼월에 좋은 집에 오르니,157

일월이 빛나고 밝아 만백성이 즐기더라.158

(十七) 遺詩(유시)159

鐵身豈非煖 三作分合緣

쇠 몸인들 어찌 덥지 아니하리오.160

세 번 나누고 합하는 연분을 지으니161

---

154 국화는 예부터 사군자 중 하나로 다른 꽃과 다르게 여겨졌다. 쉬 유행에 휩쓸리거나 하지 않고 자신만의 향과 자태를 지킨다고 보았다.

155 국화 꽃잎 각각을 수염으로, 볕을 향하고 있음은 진리와 님을 향하는 것으로 표현했다.

156 의암 선생은 기미독립운동 이후 서대문 형무소에 수감되셨는데 사식 차입은 물론 면회 일체가 금지되었다. 건강하시던 선생은 외부와 두절된 채 수형생활을 하시던 중, 9개월째 되던 포덕 60년(1919) 11월 29일 돌연 뇌연화증으로 우반신 마비가 되고, 포덕61년 5월경에는 좌반신 마비까지 되었다. 10월에야 보석이 허가되어 출감하셨으나 투병 끝에 포덕63년 5월 19일 환원하셨으니 향년 62세셨다. 유해는 우이동 봉황각 앞에 안장되었다.(동학의 원류 341-349쪽)

157 봄바람 삼월은 새로운 세상이 온 좋은 시절. 좋은 집이란 독립된 새 나라, 또는 개벽된 새 세상이다. 그곳엔 어찌 가는가? 궁궁에 답이 있을 것이다.

158 일월이 빛남은 진리가 밝혀져 모든 한울과 만물이 제 모습을 되찾아 빛남이니 자신의 본성을 억압당하고 잊고 있던 모든 생명이 그를 되찾으면 얼마나 기쁘고 즐거울 것인가?

159 내용상 의암 선생이 마지막으로 남기신 시문으로 후학들에게 당부하는 내용이 절실하여 가슴이 저린다.

160 의암 선생이 살아오신 생애는 조선말과 일제를 거치며 역사 격랑 한복판에서 온 몸으로 그를 겪어내신 것이었다. 그렇게 열심히 뛰어다니고 살면 차가운 쇠로 만든 몸이라도 달구어질 것이라며 당신이 살아온 생을 은유한다.

老龍歸沛澤 候鳥送秋天

늙은 용은 패택으로 돌아가고,162 철새는 가을 한울로 보내고,163

握手未喜樂 別辭豈鮮明

손을 잡고 기뻐하고 즐거워하지 못하니164

이별하는 말인들 어찌 선명하리오.165

前程益多艱 後事任諸賢

앞길에 더욱 어려움이 많으리니166

뒷일을 여러 어진이에게 맡기노라.167

---

161 우리 도는 삼절운이라고 하셨다.(동경대전, 필법) 의암 선생은 그중 동학혁명 좌절과 일제라
는 두 번의 큰 질곡을 겪어 내셨다. 선생 당신도 해월 선생 세 수제자 중 막내로 해월선생 사후
에 삼암이 모두 헤어지는 아픔을 겪기도 하셨다.(송암은 순도, 구암은 시천교로) 또한 사람 생
명은 한울 성품과 기운 그리고 몸으로 이루어져 살다가 죽으면 다시 한울 원소와 기로 돌아가
는 것이다.

162 용은 큰 뜻을 품고 세상에 이바지하는 선비요 영웅이다. 늙은 용이라 함은 의암 선생 자신
을 지칭하는 것으로 못에서 나와 세상을 풍미하던 용이 이제 다시 나왔던 본원 자리로 돌아
감을 말한다. * 본래 패택의 용은 패현 출신으로 한나라를 건국한 유방을 일컫는 말.

163 철새는 봄에 돌아와 여름을 즐기고 추워지면 남쪽으로 겨울을 나기 위해 내려간다. 역시 한 시
절(당신의 일평생)을 떠나보내는 심정을 읊으신 내용이다.

164 일을 마무리 하면 기쁘고 즐거워야 마땅하지만 선생 사후에도 천도교와 우리 민족에게는 수많
은 힘로가 놓여 있었다. 이런 힘고를 물려주고 가시는 마음이 어찌 편안하셨겠는가?

165 앞으로 어떤 어려움이 있을지 예측조차 어렵고 또 그런 어려움을 함께하지 못함이 안타까우시
니 그런 말을 어찌 일일이 다할 수 있을까?

166 선생 생전에 동학혁명의 후유증을 극복하고 대도를 재건하셨지만 사후 일제 핍박과 해방 후
좌우 이념 분열 등으로(남에선 미군정에 의해 좌익으로, 북에선 종파주의로 몰려 탄압받았다)
천도교는 깊은 침체에 빠져든다.

167 스승님들 삶은 진정한 생이 어떤 것인지 표상이 되었다. 이제 그를 배우고 따르느냐 그렇지 못
하느냐는 온전히 후학들 몫이다.

三十三. 其他기타

(一) 현기문답玄機問答1

문 : 한울(天)은 무엇입니까.

답 : 자연한 이치와 자연한 기운으로 만물을 만드시는 창조주創造主를 이름
이니라.2

문 : 도道는 무엇입니까.

답 : 정당한 마음으로 정당한 권능을 행하는 것을 이름이니라.3

문 : 교敎란 무엇입니까.

답 : 사람의 지혜와 총명함이 한결같지 못하여 상등과 하등의 차별이 있는
데, 상등 사람의 자비慈悲한 마음으로 하등 사람을 일깨워 가르치는 것
을 이름이니라.4

문 : 권능權能은 무엇입니까.

답 : 마음이 정당한 이치에 있어 지혜로 세계의 권력을 경쟁하는데, 능能한
마음이 오히려 남음이 있고, 개인의 신분상 권한을 지키는데 세계의
능력으로도 능히 빼앗지 못한 공권公權이 있느니라.5

---

1 右는 天道教中에서 玄妙한 眞理를 研解하야 著述한 바인대 一般世人에게 供覽하기 위하여 玆에
揭載하노라.(만세보 219호; 포덕46(1907)년 3월 30일자.) 현기문답은 1906년 6월 17일 창간되
어 1907년 6월 29일 293호로 종간된 천도교에서 운영 간행한 일간 신문인 萬歲報에 15회
(1907.3.30- 4. 17)에 걸쳐 게재하여 천도교 교인들이 알아 갖추어야 할, 천도교 근본사상과 신
앙 방법, 교인 자세와 신념 등을 교육시킨 것이다.(김용천)
2 포덕문 1절 각주 참조. 한울을 어떻게 볼 것인지가 '神觀'이다.(신관은 현기문답 공부하기 참조)
3 천지가 한울 이치대로 운행하는 것은 한울의 도요, 사람이 세상 이치대로 행하는 것은 사람
의 도다.
4 한울 이치를 깨달은 사람이 많지 않아 고해 속에 사는 사람이 많다. 이를 가르치고 깨우쳐 새로운
사람을 만들고 새로운 세상을 만드는 것이 사랑이고 자비이며 도의 실천이 된다.
5 모든 생명은 한울이 부여한 생명을 자유롭게 누릴 권한이 있다. 이것이 사람에게는 인권이 될 것
이다. 현재 세계는 인종과 남녀노소에 구분 없는 보편적 인권을 보장하는 데는 성공하고 있으나
(아직도 어린이와 여성, 유색인종에 대한 차별이 큰 곳도 많은 것이 현실이다), 그것이 다른 생명
즉 동물과 식물, 무생물에까지 확장되진 못하고 있다. 환경보호운동도 철저히 인간 관점에서 이

문 : 한울이 공평하신 마음으로 사람을 내시는데 지혜와 총명이 어찌 상등
　　과 하등의 차별이 있습니까.

답 : 한울이 사람을 내실 때에 입으로 물을 머금어 뿜는 것과 같아서 혹 큰
　　방울도 있으며 혹 작은 방울도 있느니라.6

문 : 이치와 기운은 무엇입니까.

답 : 천지에 사뭇 차 있고 만물에 내외 없이 뻗어 있는 이치와 기운이 각기
　　그 부분이 있나니, 이치 모인 곳에 기운이 이치를 응하여 형상을 이루
　　는 자도 있으며, 형상을 이룬 곳에 이치가 형상을 따라 더욱 발명되는
　　자도 있느니라.7

문 : 이치와 기운의 부분이 각각 무엇입니까.

답 : 사람과 금수와 초목과 곤충이 되는 이치와 기운이 각기 종류가 있어 서

　　루어지는 것이 그 증거이고 따라서 그 한계도 어쩔 수 없다. 해월 선생의 삼경 가르침과 같이 만
　　물을 모두 한울로 공경함에 이르러 각자 명을 다할 수 있도록 해야 그 속에서 사는 사람들 삶의
　　권한과 질 또한 바르게 보장될 수 있을 것이다.

6 "그 사람 귀천의 다름을 명하고 그 사람 고락의 이치를 정했으나…"(논학문) 생명의 장점은 다양
　함에 있다. 아무리 똑똑한 사람이라도 모든 문제를 다 잘 해결할 수는 없다. 그러므로 다양한 사
　람들이 각자 장점을 잘 발휘할 수 있는 사회는 건강하게 발전할 수 있지만, 소수의 가치만이 존중
　되며 다수를 일방적으로 끌고 가는 사회(전제왕조, 전체주의, 공산독재)는 효율도 도덕도 저하되
　는 것은 역사가 증명한다. 사람 중엔 잘 생긴 사람도 있지만 그렇지 못한 사람도 있다. 그러나 누
　구나 남에겐 없는 장점이 있게 마련이고 잃는 것이 있으면 얻는 것도 있게 마련이다. 그런 다양한
　모습과 재주를 가진 사람들이 잘 어울리는 사회가 건강한 사회인 것이다. 따라서 요즘처럼 청소
　년들 지향이 몇몇 연예인 모습으로 획일화되는 것은 그만큼 우리 사회가 건강하지 못함을 반증한
　다. 사회뿐 아니라 자연도 생태계 균형이 깨져 한 종이 사라지면 다른 종도 연쇄적으로 멸종한다.
　진화 자체가 고등한 생물로의 일방통행이 아니라 주어진 환경에 다양하게 적응한 결과이고 각 종
　은 서로 밀접한 연관 관계로 이어진 하나의 생태계 연결고리를 형성하고 있기 때문이다. 그러므
　로 큰 방울은 큰 방울의 역할이, 작은 방울은 작은 방울의 역할이 있을 뿐, 상등과 하등의 차별이
　있는 것은 아니다. 똑같은 하나의 한울님일 뿐이다. ＊ 날 때 큰 방울이 되고 작은 방울이 되는 것
　은 부모와 조상의 인과가 만든다. 작은 방울로 태어나도 자신이 노력해 좋은 인과를 쌓아가면 얼
　마든지 큰 방울이 될 수 있음은 물론이다. 그래서 운명개척인 거다. 이 모두가 한울님 이치이다.
　그러나 이 물방울론은 한울님이 마음대로 무작위로 운명을 결정하는 것 같은 내용이라 논란이 있
　다.(현기문답이 의암선생의 저술이 아니라는)

7 한울의 생명이 발하기 전 상태를 이치 또는 성품이라 하고 활발히 작용하는 상태를 기운 또는 마
　음이라 한다. 모두가 한울 모습이요 한울 상태다.(해월신사법설 천지이기, 의암성사법설 성심신
　삼단 참조)

로 혼잡치 아니하여, 그 이치와 기운이 없어지지도 아니하며 생기지도 아니하여 항상 세상을 준비하느니라.8

문 : 세상은 무엇입니까.

답 : 만물이 형상形狀을 이루는 곳이니라.9

문 : 이치와 기운은 한울이요 형상은 세상이라 이를진대, 이치와 기운은 형상의 근본이라 한울과 세상을 어찌 써 분별합니까.

답 : 한울과 세상은 곧 한 곳이니, 만물이 생기기 전과 생기었다가 없어진 뒤는 다 한울이요, 형상이 있어 사람의 눈에 보이는 것이 세상이니라.10

문 : 지혜智慧는 무엇입니까.

답 : 공기가 사람의 영대에 들어가면 지혜가 되느니라.(지혜는 天慧)11

문 : 공기로써 사람의 지혜가 됨은 어찌하여 그러합니까.

답 : 천지는 한 공기라.12 공기 속에 쌓인 이치가 없는 곳이 없어 세상과 세상에 응하였으나 물품이 각기 이치로 발하여 공기로 형용을 이루며, 사람의 의견과 학문이 이치로 비롯하여 공기로 활동하느니, 이치와 공기 부분을 정하면 서로 내외 같으나 공기가 없으면 이치가 무엇을 근본하여 생기는가. 그러한 고로 이치는 공기 속에 한 요점이라 이름이 가하

---

8 다 같은 한울 원소이되, 무거운 원소는 금속이 되고 가벼운 원소는 기체가 된다. 복잡한 생명도 마찬가지. 각각 형상을 이루는 원소들이 다르고, 그 원소들이 형상을 이루는 방식도 다 다르다. 동물에서 생명체가 형상을 이루고 자신의 형상을 후손에 전하는 방식은 DNA라는 핵산 이중 나선구조로 밝혀져 있다.(DNA는 현기문답 공부하기 참조) 그 생명 방식이 한울 이치다.

9 사람이 사는 곳은 집이요, 만물이 사는 곳은 세상이다. 집이 없으면 살 수 없듯이 세상이 없으면 만물을 누가 품어 줄 것인가? 때문에 천지를 부모라 하신 것이다.

10 "영의 적극적 표현은 이것이 형상 있는 것이요, 영의 소극적 섭리는 이것이 형상 없는 것이니…."(성령출세설) 형상 없는 기와 형상 있는 세상 만물이 모두 같은 한울로서 서로 순환한다.

11 공기는 무엇을 뜻하는가? 다음 설명에서 '천지는 한 공기' '공기 속 요점이 이치'라 하시고, 공기를 많이 마시라고 한 것으로 보아, 공기는 우리가 흔히 마시는 산소와 질소 등 기체로서의 뜻보다는 우주에 가득한 허령창창한 기운, 즉 한울님의 지극하고 신령한 기운을 뜻하는 것으로 보아야 할 듯. 이 또한 외유기화다.

12 우주는 허령창창한 한 기운일 따름이다.(동경대전, 논학문)

도다. 사람이 공기를 많이 마시면 공기 속에 쌓인 이치가 사람의 마음에 통하여 의견과 학문을 장만하느니, 의견과 학문은 사람의 지혜라, 지혜를 기르고자 하는 자는 먼저 공기를 마시느니라.[13]

문 : 공기를 마시는 방법이 무엇입니까.

답 : 공기 속에 선하고 악하고 이롭고 해로운 종류가 각기 부분이 있으니, 그 부분에 대하여 능히 입으로 마시며 마음으로 마시기를 분간하여 각기 그 양을 채우는 것이 방법이니라.[14]

문 : 공기를 마시면 유익한 효험이 무엇입니까.

답 : 비유하건대 천지는 만물을 많이 쌓은 창고요, 사람은 그 물품을 주관하며 겸하여 그 물품 장기帳記를 가진 자니, 먼저 그 장기를 준하여 창고 물품을 차례로 쓰는 것이 효험이니라.[15]

문 : 사람이 쓰기를 위하여 물품을 준비하기는 누구입니까.

답 : 조화造化를 주재主宰하는 것은 한울님이시니라.[16]

---

13 그러므로 공기를 많이 마시라 함은 호흡을 많이 하는 것이 아니라(실제 필요 이상으로 과 호흡하면 호흡성 알칼리 혈증으로 몸이 상하게 된다) 한울님 지기를 많이 받아 지혜가 열리길 수련하는 것이니 주문 수련이 그것이고 주문의 뜻이 그렇다. 또한 한울님 이치가 담긴 많은 학문과 의견을 접하고 이를 자기 것으로 흡수하여 지혜의 근원으로 삼으라는 뜻이기도 하다. 그러나 학문도 마찬가지. 한울의 큰 뜻을 이해하지 못하면서 지식만 취하거나, 과도히 몰두하면 그 앎을 이용해 자신의 개인적 이익을 취하려 하거나 그것이 화근이 되어 스스로를 망치기도 한다.

14 입으로 마시는 것은 기체로서 공기, 마음으로 마시는 것은 학문과 의식 같은, 뜻으로서 공기. 자신이 필요한 만큼 마시고 소화하여야 한다. 자신의 분수 이상으로 욕심을 내면 입으로 마시거나 마음으로 마시거나 모두 탈이 난다. 수련할 때도 자신의 그릇에 맞는 감응을 구해야 답을 얻을 수 있지, 노력은 조금하고 많은 감화를 얻을 수는 없다. 뒤의 수련하는 방법을 설명한 구절을 참조.

15 사람은 만물 중 최령자라 하였다. 다 같은 한울이되 사람은 지혜가 있어 한울 이치를 알 수 있고 그 이치를 따라 만물을 활용하니 이를 유정천의 능력이라 한다. 일개 육신에 국한된 작은 몸은 그 능력이 유한하지만 한울님 모심을 자각하고 지극한 그 능력과 하나 되면 무한한 능력을 쓸 수 있다. 병을 약 없이 낫거나 자신과 사람들의 운명을 바꾸며 그로써 세상을 바꾸는 개벽이 모두 한울의 능력이다.(의암성사법설, 성심신상단)

16 '천' 설명 각주 참조. 한울님이 준비하시는 물품은 무엇인가? 눈에 보이는 재물이나 재화는 그 극히 일부일 것이다. 오히려 무형의 재능과 가능성, 희망 등이 사람이 살아가고 일을 이루는 가장 큰 자산일 것이다.

문 : 한울님이 개개인을 위하여 물품을 준비하십니까.

답 : 아니라. 세계 창시創始하던 날로부터 끝나는 날까지 생생무궁生生無窮
한 사람이 다 한 창고 물품으로 쓰느니라.17

문 : 그 증거는 무엇입니까.

답 : 한울은 한 신神이라. 신은 조화무궁한 자니, 유형有形한 물품과 무형無形
한 이치를 준비하는 데 천만 년이 한 날이요, 천만 리가 한 곳이요, 천
만 인이 한 사람이니라.18

문 : 사람의 영대靈臺는 무엇입니까.

답 : 한울의 조화는 신이요, 신의 명자明者는 사람의 성령性靈이니 영의 머무
는 곳이 영대니라.19

문 : 성령은 무엇입니까.

답 : 영은 사람의 지각을 준비하는 이치요, 성性은 영靈을 담는 그릇이니, 밝
고 신통함이 거울 같아서 천지 만물과 온갖 사리를 비추며 신기하고 공
교工巧함이 능히 조화 기틀을 가져, 사람 육신에 관계되는 일을 마음에
작정한 대로 낱낱이 수응酬應하느니 가히 신령하다 이를지로다.20 그러
나 다만 선하고 악한 것을 스스로 정하며 스스로 행하는 성질이 없는 고

---

17 한울의 이치를 잘 알아 활용하는 사람은 무궁한 활용이 가능할 것이요, 이치를 깨닫지 못한 사
람은 자신 몫조차 제대로 활용하지 못할 것이다.

18 "성천의 근본은 천지가 갈리기 전에 시작하여 이때에 억억만년이 나로부터 시작되었고, 나로부
터 천지가 없어질 때까지 이때에 억억만년이 또한 나에게 이르러 끝나는 것이니라."(의암성사
법설, 성심변)

19 한울 조화가 나타나는 것이 귀와 신이다. 드러나게 변화가 있는 것은 신이요, 조용히 눈에 띄지
않는 변화가 있는 것은 귀다.(해월신사법설, 천지인 귀신 음양 참조) 한울의 생명을 받아 만물
이 생기며, 형상이 생길 때 받은 기와 생명이 본래 마음이다.(성심신삼단) 이 마음이 있으므로
만물의 이치를 밝게 알 수 있어 이것이 신령한 영대가 된다. 누구나 한울님께 받은 영대가 있으
되 습관된 욕념이 이를 가리고 있어 지혜가 열리지 않아 어둠 속에서 헤매고 있다.

20 "반드시 모든 이치가 갖추어 있어 형상 없는 법체가 깨닫는 곳에 나타나며, 형상 있는 색체에 돌
아오는 빛이 돌려 비치어 밝지 아니한 곳이 없고 알지 못할 곳이 없으니, 이것을 허광심력이라
이르느니라."(의암성사법설, 삼심관)

로, 선한 마음을 만나면 선을 도와 좋은 정도에 이르고, 악한 마음을 만나면 또한 악을 도와 극極한 정도에 이르느니라.21

문 : 마음은 무엇입니까.

답 : 성령과 육신이 합하여 사람이 된 후에, 사람이 세상에 대하여 교섭하는 직책을 맡은 자인 고로, 항상 세상 정욕情慾이 많으니라.22

문 : 정욕은 무엇입니까.

답 : 육신에 관계되는 사정과 욕심이니 항상 정대正大하기 어려우니라.23

문 : 성령의 밝고 신령함을 근본하여 발생한 마음이 어찌 정대하기 어렵습니까.

답 : 한울이 사람을 시험하는데 선신善神과 악신惡神으로 하여금 사람의 마음 곁에 있다가, 사람의 이목구비耳目口鼻와 수족手足이 만물을 교섭하여 마음에 보고할 때에, 선신과 악신이 각기 마음에게 대하여 악신은 악한 이치로 권고하며 선신은 선한 이치로 권고하는데, 악한 권고는 사람의 마음에 재미와 기쁜 생각이 있고, 선한 권고는 맑고 한만閒漫하여 듣기에 재미가 적은 고로, 마음이 악신의 권고를 들어 그대로 이목구비와 수족에게 지휘하니, 그 지휘를 받는 자 어찌 정대한 말과 일을 행하리오.24 한울이 본래 사람의 자유를 허락하신지라, 선악은 물론하고 사

---

21 "한울님은 선악을 가리지 않기 때문이니라."(동경대전, 논학문) "다만 천체를 인과로 하여 무선무악하고 불생불멸하나니 이것이 이른바 본래 나니라."(의암성사법설, 삼성과) 무한 한 우주 공간에선 선악 분별이 무의미하지만 사람들의 삶과 현실에서는 의미가 있다. 그러 므로 선악을 분별하는 마음의 힘을 기르고 실천하는 것은 마음공부에 달려 있다.

22 "마음은 바로 성품으로서 몸으로 나타날 때 생기어 형상이 없이 성품과 몸 둘 사이에 있어 만리 만사를 소개하는 요긴한 중추가 되느니라."(의암성사법설, 성심신삼단) 마음이 있어 몸을 움직 여 살아가지만(정욕), 한울님의 이치를 찾고 한울님 성령과 하나 되고자 하는 것도 마음이다. 어떤 마음을 일으킬지는 자신에게 달려 있다.

23 몸이 있는 한, 식욕 색욕 수면욕 명예욕 같은 것은 피하기 어렵다. 다만 이런 욕심에 자신의 중심을 잃고 끌려 다니면 범인이요, 욕심을 절제하며 만물을 위하는 것이 군자, 성인이다.

24 선신과 악신은 모두 한울 기운. 나의 본 마음이 선신이요, 욕심에 물 든 마음이 악신이다. 본래 따로 있는 것이 아니라 마음 씀에 따라 작용과 결과가 달라질 뿐이다. "선악 간 마음용사 이는

람이 행하는 대로 볼 뿐이나 선한 사람에게는 명예와 복록으로써 영화를 누리게 하고, 악한 사람에게는 죄악과 형벌로써 앙화殃禍를 받게 하느니, 이는 다 한울의 시험으로 사람의 내두결과來頭結果가 되는 것이라. 처음 선악으로 시험할 때에 마음이 그 시험을 받지 아니하고 일분 동안만 다시 생각하여 악신의 재미있는 꾀임을 받지 아니하면, 선신의 권고가 자연히 마음을 감동하느니 무슨 말이든지 일을 행하고자 할 때에 아무리 급하더라도 먼저 생각을 돌려 선악을 분간한 후에 입으로 말을 발하며 몸으로 일을 행하면, 육신은 마음의 지휘를 받는 자라, 어찌 정대치 아니하리오.25

문 : 육신肉身은 무엇입니까.

답 : 육신은 사람이 세상에 난 처음 표준이요 성령의 집이니, 사람의 희로애락喜怒哀樂과 생사존망生死存亡이 다 육신에 관계하느니라.26

문 : 성령과 육신과 마음의 관계가 서로 어떠합니까.

답 : 성령은 한울의 한 부분이요, 육신은 세상의 한 부분이니, 성령과 육신이 합하여 사람의 한 전체를 이룬지라, 마음이 그 전체를 거느려 능히

역시 기운이오."(용담유사, 도덕가) "심령의 있음은 일신의 안정이 되는 것이요, 욕념의 있음은 일신의 요란이 되는 것이니라."(해월심사법사, 수심정기) 심령은 선신이요 욕념은 악신이다.

25 "사람이 움직일 때에 마음을 먼저 발하여 사지에 혈기와 정신이 통한 뒤에 동작하여야 서로 어김이 없는 것이요, 또한 말할 때에도 마음으로 먼저 생각하여 정과 맥이 서로 통한 뒤에 말을 하면 혈기가 감손되지 아니하나, 무심중에 말을 하면 기운과 피가 크게 상하고 음식도 무심 중 급하게 먹고 마시면 해가 되며, 보통 기거할 때에도 무심 중 급하게 움직이면 해가 되는 것이니 삼가고 삼가라."(의암성사법설, 위생보호장) 이것이 매매사사 심고하라는 가르침이다.

26 "몸이 있을 때에는 불가불 몸을 주체로 알아야 할 것이니, 왜 그런가 하면, 몸이 없으면 성품이 어디 의지해서 있고 없는 것을 말하며, 마음이 없으면 성품을 보려는 생각이 어디서 생길 것인가. 무릇 마음은 몸에 속한 것이니라."(성심신삼단) 도를 구한다며 세상을 등지고 몸을 혹사하며 고행하는 이들이 많다. 그러나 몸도 한울님 성품과 기운으로 이루어진 거룩한 한울이다. 몸을 떠나 도를 구하는 것은 물을 떠나 고기를 구하는 것과 같다. 몸은 또한 현실이다. 마음의 뜻이 아무리 크고 고귀해도 그것을 행할 육신 건강과 현실적인 실력(재력, 정치력 등)이 없다면 그 뜻을 어떻게 펼 수 있겠는가? 그래서 수운 선생도 마음공부하시며 검무를 함께 추셨던 것이다. 마음 개벽과 현실 개벽을 함께하기 위하여.

사람의 위치에 거居하며 사람의 일을 행하느니, 성령과 육신은 사람의 사람 노릇하는 자료요, 마음은 사람의 사람 노릇하는 주장主掌이니라.27

문 : 마음이 성령과 육신을 거느린다 이름은 어찌함입니까.

답 : 비유比喩하건대 성령은 물이요, 물이 능히 움직이며 흐르는 힘은 마음이요, 흐르는 물을 받는 곳은 육신이니, 육신이 없으면 성령이 위탁할 곳이 없고, 성령이 없으면 마음이 생길 근본이 없으나, 성령과 육신의 사이에 마음의 소개紹介가 없으면 다만 한 생물이 세상에 있다 이를지언정 사람의 이름에 상당한 지각과 능력이 있다 이르지 못하리니, 사람이 전체로 말하면 세 가지에 하나도 없지 못할 것이요, 각기 부분을 정하면 마음이 일신一身의 주권主權이니라.28

문 : 마음이 주권 노릇하는 자격은 무엇입니까.

답 : 성령을 수련修煉하고 육신을 보호하는 데 있느니라.29

문 : 수련과 보호하는 방법은 무엇입니까.

답 : 우물 근원에 흙이 막히지 아니하며 예리한 칼날에 녹이 슬지 아니하면, 물은 근원을 통하여 능히 바다와 하수를 이루며 칼은 둔鈍치 아니하여 능히 용과 범을 잡느니라.30 그 종조리終條理에서 성공한 것만 보면 다

---

27 성령은 한울님께 받은 본성이고, 육신은 현실적인 욕망을 상징한다. 육신의 욕망을 조절하고 양심과 성령에 따라 몸을 움직이는 주체는 마음이다. 이를 성심신삼단(의암성사법설, 무체법경), 정기신, 정심성(의암성사법설, 위생보호장), 또는 본능(id)-자아(ego)-초자아(superego) 등으로 설명하기도 한다. 보통 사람들은 본능과 그를 적절히 통제하는 자아는 알지만 한울 성령은 모르는 경우가 많다. 성령을 깨달으면 무한한 지혜가 열리지만 그를 깨닫는 것은 마음이다.

28 마음과 양심 조절이 없이 본능만으로 사는 것은 사람이 아닌 짐승이다. 그러나 짐승 본능은 자신이 생존에 필요한 범위를 넘어서 욕심내지 않는다. 오직 인간이 자기 필요 이상으로 욕심내어 환경을 파괴하고 타인을 해친다. 따라서 그 마음을 조절하는 공부가 필요한 것이다.

29 마음이 육신의 욕념에만 끌려 다니면 짐승에 가까운 것이나 욕념을 조절하고 한울 성령에 가까이 가려 하면 그것이 수련이요, 군자가 되는 길이다.

30 마음을 항상 한울 생각을 잊지 않고 닦으면(수심정기), 막히지 않는 우물이 되어 큰 이치를 깨달을 것이요(바다), 녹슬지 않고 잘 드는 칼이 되어 세상 부조리를 바로잡아 개벽하는 힘이 될 것이다. 이 모두가 진리를 구하고 한울을 위하는 한 마음에서 시작된다.

마음의 힘이라 이르나, 그 시초를 궁구窮究하면 성령을 수련한 효력에 근본한 고로, 사람이 성현聖賢을 자기自期하여 도덕에 주의主義하든지, 영웅을 자기하여 공업公業에 주의하든지, 먼저 성령수련으로 목적을 삼지 아니함만 같지 아니하니,31 대저 성령은 곧 마음 속 단전丹田이라,32 흩어진 정신을 수습하여 단전에 모으는데, 처음에는 세상 사념邪念이 정신을 끌어 매양每樣 단전 밖으로 빙빙 돌아, 사념이 자연히 없어지고 정신이 기를 찾아 단전에 들어가면, 이는 수련하는 초두初頭공부라. 단전에 밝고 맑은 빛이 있는 듯 없는 듯 혹 졸음도 오며 혹 사지四肢도 무기無氣하다가 그 모인 정신을 흩지 말고 날 공부와 달 공부와 해 공부가 차차 굳어지면, 단전에 밝은 빛이 점점 명랑하여 이치를 비추면 이치를 마음으로 보며, 형용을 비추면 형용을 마음으로 보며, 세계를 비추면 세계가 마음속에 있나니,33 그때를 당하여 마음이 민첩敏捷하고 활동하는 힘이 전보다 백천 배百千倍가 더한지라, 성현의 위치를 정하든지 영웅의 위치를 정하든지 때를 따라 사람의 높은 정도에 이르는데, 공덕功

---

31 한울의 큰 이치를 깨닫지 못하면, 두뇌가 명석하나 남을 속이는 데 낭비하고, 힘이 있으되 골목 대장이나 할 것이고, 돈이 있으되 유흥비로 탕진하게 될 것이다.

32 단전은 마음의 핵심이라는 뜻. 사람은 누구든 마음이 하루 중에도 수없이 움직이는데 욕심을 따라 움직이는 것이 많을 것이요, 한울 성령을 따라 움직이는 것이 적을 것이다. 마음속에서 한울의 성령을 항상 잊지 않도록 위하여 성령이 커가는 것이 마음공부.(해월신사법설, 양천주) * 단전은 흔히 배꼽 밑 3치(9cm쯤)의 부위를 말한다. 동양 의학에선 뇌를 상단전(上丹田), 심(心)을 중단전(中丹田), 배꼽 밑 3치의 부위를 하단전(下丹田)이라고 하며, 하단전은 정(精)을 저장하는 부(府)로, 중단전은 기(氣)를, 상단전은 신(神)을 저장하는 부라고 하였다. 사람 몸은 정(精)·기(氣)·신(神)에 의해 생명 활동이 이루어진다. 정을 잘 다스리면 기가 생기고, 기를 잘 수련하면 지혜(신)가 생긴다. 그러므로 정·기·신(성심신, 성심정)을 항상 잘 닦아야 한다.(의암성사법설, 위생보호장 참조)

33 "닦는 사람 염두에 반드시 양단이 있으리니, 부지런히 하고 부지런히 하여 쉬지 아니하며, 깨닫고 깨달아서 어둡지 아니하고, 적적하여 혼미하지 아니하면, 빈 가운데서 빛이 날 것이라. 반드시 모든 이치가 갖추어 있어 형상 없는 법체가 깨닫는 곳에 나타나며, 형상 있는 색체에 돌아오는 빛이 돌려 비치어 밝지 아니한 곳이 없고 알지 못할 곳이 없으니, 이것을 허광심력이라 이르느니라."(의암성사법설, 삼심관) 마음을 비우면 빛이 절로 난다.(해월신사법설, 허와실) 욕념을 버리고 한울을 위하는 마음을 잊지 않으면 그것이 수련이고 수심정기법이다. 이렇게 한울 마음을 잊지 않고 합하게 되면 지혜가 열리게 된다.

德과 사업이 세계의 으뜸이요 이름이 만고萬古에 빛나나니, 그 원인을 생각하면 대범 어디서 득력得力한 효험效驗이라 이르겠는가.34 그러나 육신 보호하는 방법이 생소生疎하면 반푼半分사람에 지나지 아니한 고로, 행실行實로써 풍화風化의 보호를 받으며 덕의로써 민중의 보호를 받으며 규칙으로써 사회의 보호를 받으며 법률로써 국가의 보호를 받으며 실업으로써 생계의 보호를 받아 육신상 강장强壯한 효력을 얻으면, 육신과 성령이 서로 합하여 사람의 고명高明한 가치로 세계문명이라 하는 이름을 저버리지 아니 하느니라.35

문 : 성령과 육신을 비교하면 소중所重함이 무엇입니까.

답 : 성령의 중함이 육신에 비할 바 아니나 다만 절충折衝하기 어려우니, 하등 사람은 성령으로써 육신을 거느리지 못하여 성령의 생맥生脈이 육신에 미칠 뿐이요, 중등 사람은 성령과 육신을 평등으로 대우하여 성령 범위에 있는 덕의德義와 육신 범위에 있는 이익利益을 항상恒常 아울러 취取할 사상思想이 있으며, 상등 사람은 육신 관계보다 성령을 중히 여김이 육칠분에 지나는 고로, 덕의와 이익을 함께 놓고 자의自意대로 취取하라 하면 항상 덕의를 취하며, 상등에 지난 사람은 성령의 밝고 신통한 보부寶符로 인간 업장業場에 허비할 생각이 적어 항상 유유탕탕悠悠蕩蕩히 세상 밖에 오유遨遊하니, 정도는 비록 높으나 인족 사회에 벗어진 사람이라 가히 법法받지 아니할지오. 다만 상등 사람의 지조志操를 표준하여 육신의 일평생을 지내면 사회가 자연히 문명하리니, 문명은 우리

---

34 성품과 마음을 수련하면 한울 이치를 깨닫고 지혜가 열린다. 한울 지혜로 한울 일을 행하면 되지 않을 일이 어디 있겠는가? 무위이화를 체험할 것이다.

35 성품과 마음을 수련하여 뜻이 높고 지혜가 있어도 몸이 없으면 그것을 실천할 수 없다. 몸은 육신의 건강함 뿐 아니라 사회적 실력을 의미함이니 법률과 실업 같은 것들이 모두 육신-현실 가치들이다. 천도교는 이런 세속 가치들에 매몰 되지만 않으면 이들이 한울 뜻을 실현하는 좋은 도구로 사용될 수 있음을 인정한다.

교회의 목적이니라.36

문 : 교는 상등 사람의 자비 사업慈悲事業으로 하등 사람을 인도引導하여 바른 길로 돌아오게 하는 것이 목적目的이라 그 인도하는 사람의 의무는 당연當然하나, 사람의 품질稟質이 원래 상등과 하등의 차별이 현수縣殊하여 하등 사람이 능히 상등 사람을 따라 미치지 못하는 것은 정한 일이라. 만일 사람으로 하여금 상등 사람을 표준하려 하다가 종말에 실효를 얻지 못하면, 필경畢竟은 교敎를 신앙하는 마음까지 나태懶怠할 염려가 없지 아니하거늘, 하등 사람으로 하여금 엽등躐等으로 상등 사람을 표준하라 함은 어찌함입니까.

답 : 하등을 상등으로 표준하면 그 의견意見과 도량度量은 배우지 못하나, 방향方向과 규모規模는 문명한 면목을 이루며, 겸하여 한울이 정제精製하신 수壽와 복福을 각기 분의分義대로 누리나니, 이는 다 교를 신앙하는 효험이라. 교에 대하여 점점 낙종樂從하는 마음이 있을지언정 어찌 나태한 생각을 두리오.37

문 : 교를 인연因緣하여 수와 복을 누림은 어찌함입니까.

답 : 교는 안으로 정신을 수습收拾하여 한울이 사람을 내신 이치와 사람이 세상에 처處하는 방법을 연구하며, 밖으로 행실과 법률과 실업에 주의主義하여 명예와 이익의 최우등을 스스로 기期하는데, 의복과 음식과 거

---

36 천도교가 목표로 하는 문명의 정의를 내리고 있다. 세속 가치에만 끌려 다니지 말고(하등사람), 그렇다고 현실을 등한히 하지도 말고(상등에 지난 사람), 육신 가치도 소홀히 하지 않되 성령을 위주로 삶과 세상을 이끌어가는 것이 천도교 문명이다. 즉 현실과 이상을 조화시키되, 현실이 따라오지 못해도 이상은 항상 높은 곳에 두고 현실을 이끌어야 할 것이다.

37 나는 하등 사람인가, 상등 사람인가? 하등과 상등 사람 모두 한울 사람이며 이것이 신분의 제한이 있는 것이 아님은 물론이다. 다만 그 뜻이 높고 행이 한울 뜻을 따르면 상등 사람이라 할 것이다. 아직 생업에 더 관심이 많고 자녀들이 다른 아이들보다 잘 나길 바라는 나는 분명 하등 사람이다. 그러나 스승님을 삶을 존경하고 그 가르침을 따르는 것은 그것이 옳은 것임은 분별할 수 있기 때문이다. 비록 그렇게 살진 못해도 그런 삶이 되도록 노력하며 그런 행들이 세상을 바꿀 것임을 믿기 때문이다.

처居處와 약藥을 각기 문명제도文明制度로 육신에 적당한 도수를 맞추거니, 어찌 천정天定한 수를 누리지 아니하며, 매양每樣 생각이 동動할 때에 생각으로 생각을 살펴 외람猥濫하며 음란淫亂하며 교만驕慢하며 방탕放蕩하며 탐貪하며 독毒하며 속이는 생각을 제거除去하면, 표면의 높은 행실이 결단코 법률에 저촉抵觸한 일이 없을 뿐 아니라, 겸兼하여 농상공農商工의 실업實業으로 육신肉身 자량資糧에 곤핍困乏한 일이 없거니, 어찌 지극한 복이 아니리오. 대범大凡 그 사람이 도덕의 군자君子요 명예의 군자니, 한울이 군자에게 대하여 무엇으로써 대접待接하리오. 그 대접하는 것은 인간 수복壽福이라. 수복을 누릴 때에 다시 생각하면 수복이 내려 어디로부터 좇아왔겠는가.38

문 : 교를 신앙하는 목적은 무엇입니까.

답 : 대범 신信은 정성의 근본이라.39 정성스러운 마음으로써 생각과 말과 일을 살피며,40 다만 그뿐만 아니라 그 살피는 것으로 말미암아 생각과 말과 일이 확실히 효력이 있는가 없는가 하여 또 다시 살피느니, 살피면 사람의 일동일정一動一靜이 자연히 천리天理에 합당合當할 것이요, 천리에 합당하면 일신상 광채光彩와 사회문명이 다 고등한 이치를 점령하리니,

---

38 수와 복을 누리는 것이 아마도 교를 신앙하는 가장 솔직한 목적일 것이다. 신앙하면 과연 수와 복이 오는가? 수는 병 없이 건강하게 장수하는 것이요, 복은 사업 성공으로 생각할 수 있다. 한울이 정하신 생명 이치를 알고 그에 따른 삶을 살면 질병 없이 장수하겠지만 그렇지 않으면 병으로 고통 받고 단명할 것이다. 이것을 연구하는 학문이 의학이다. 의학에서 말하는 질병 원인은 명료하다. 자야 할 때 안 자고 먹어야 할 때 안 먹고, 먹지 말아야 할 것을 먹고 휴식이 필요할 때 쉬지 못하는 것 등이다. 감염도 이런 것들로 인해 신체 방어기제가 약해지면 잘 온다. 이런 이치를 알아 지키면 물약자효가 왜 안 되겠는가?(해월신사법설 영부주문, 해월신사법설 기타 참조) 사업 성공도 마찬가지. 사람들 마음을 잘 읽고 순리대로 한다면 사업에 성공하지 못할 리 없지 않은가! 누구나 아는 이치를 욕심이 마음 거울을 가리면 보이지 않게 된다.(고생할 때 당사자는 이유를 몰라 헤매지만 주변 사람은 다 안다) 그러므로 항상 한울 마음으로, 객관의 입장에서 관하는 수련을 해야 한다.

39 해월신사법설, 성경신 참조.

40 생각과 말과 일을 하기 전과, 하면서 한울님께 고하고, 한울님 간섭과 함께 행하는 것이다.

사람의 정도는 살피는 범위 속에 진퇴進退한다 이름이 가可하도다. 그런 고로 날마다 살피는 공부를 힘쓰는데, 밤 열시를 당하여41 당일 살피던 마음과 살피던 것을 인연因緣하여 옳은 생각을 둠과 옳은 말을 발發함과 옳은 일을 행行하던 조건을 낱낱이 조사하여 선악의 다소多少를 비교하며, 그 살피던 마음과 조사하는 성력誠力을 날마다 연속하여, 날이 쌓여 달이 되고 달이 쌓여 해가 되도록 일만 분이라도 해타懈惰한 마음이 없으면, 내종乃終 회계會計에 자연히 옳은 것이 많을 것이요, 그 마음으로 또 여러 해를 지내면 순연純然한 옳은 것뿐이 회계에 나타나리니, 살피는 공功이 대저 어떠한가.42 그러나 살피는 것이 준적準的43이 없으면 마음이 항상 현황眩慌하며 주저躊躇하여 방향을 정定치 못하는 고로, 먼저 사람의 선악과 세상의 치란지사治亂之事를 증거하되, 시초에 무슨 생각과 무슨 말과 무슨 일에 근본하여 종말에 무슨 결과가 나타나는 것을 역사상 사적事蹟과 학문상 의견에 참고하여, 살피는 공부에 큰 준적을 삼느니라.44 준적을 비록 세우고자 하나 꺼리고 두려운 마음이 없으면 자행자지自行自止하여 근본이 완고完固하기 어려운 고로, 항상 천주를 모셔 엄숙하며 공경하는 마음으로 준적 근본을 삼느니라.45

문 : 천주46는 무형無形 중에 계시거늘 사람이 어찌 써 모시며, 천주를 모시

---

41 하루를 마무리하는 시간. 일찍 자는 사람은 이른 시간에, 늦게 일과를 마감하는 사람은 늦은 시간에 하루를 되돌아보는 기도를 하고 잠드는 것이 좋을 것이다.

42 하루를 마무리하며 추상적으로 잘 지냈는지 생각하는 것보다, 구체적으로 점검할 사항을 만들어 평가해 보는 것이 도움이 될 것이다.(현기문답 공부하기 참조)

43 준적; 활쏘기에서 표적을 겨냥하는 것. 어떤 목적의식이 있어야 함을 말씀하신 것이다.

44 사람들 살아온 경험이 모두 공부가 되고 스승이 될 것이다. 그 살아온 역사를 거울하고자 함이 역사를 기록하고 공부하는 목적이요, 역사 속에서 사람이 교훈해야 할 요점을 정리한 것이 성인들 가르침과 학문들일 것이다.

45 성령이 근본임을 알고 육신과 욕념은 객체임을 알면 함부로 행할 수 없다. 그러므로 한울을 모시고 위하고 공경하는 것이 모든 도의 시작이다.

46 한울님을 한자로 표기하면 天主가 된다.(동경대전, 포덕문, 논학문) 그 외 상제, 귀신, 음양, 천지부모 등 다양한 표현이 경전에 사용된다. 어찌됐건 그 모두 사람이 부르는 것이지 한울님은

는 연유緣由는 무엇입니까.

답 : 천주가 무형 중에 계시는 고로 사람이 무형한 마음으로써 모시나니, 천주가 만일 유형有形하시어 사람이 그 얼굴이 뵈오며 그 언어를 통하면, 사람의 공손恭遜한 낯빛과 공경한 말씀으로 천주의 뜻을 맞추기 쉬우며, 한 번 맞춘 뒤에는 사람의 마음이 혹 나태하기 쉽거니와, 천주를 항상 무형 중에 모셔 노여워하시는지 기뻐하시는지 측량測量하기 어려운 고로, 사람의 조심하고 공경하는 마음이 더욱 돈독敦篤하느니라.47 통상通常 사람의 마음이 항상 어른의 위엄威嚴에 꺼리든지, 덕화德化에 감동하든지, 양단 간兩端間 나타나는 일이 있은 후에야, 어른을 섬기는 마음이 게으르지 아니하거늘, 형용形容이 없으며 위엄과 덕화가 사람에게 대단히 관계가 없는 듯한 천주天主에 대하여 조심하며 공경하는 마음이 어찌 돈독하리오마는,48 대개 사람이 다 자기의 이익점을 인연하여 조심과 공경하는 실상實狀을 지키느니, 천주를 정성으로 모시면 육신의 평생에 복록福祿이 진진津津하며, 육신이 세상을 떠난 후라도 명예가 천만년에 현저顯著하며, 음덕陰德이 자손에게 무궁한 고로49 천주를 모시는 마음이 더욱 게으르지 아니하느니라.

문 : 천주를 모시는 절차節次는 무엇입니까.

답 : 아침에 일어나면 먼저 천주께 향하여 종일토록 선善한 사람이 되기를 축원祝願하며, 밥을 먹을 때에는 먼저 천주께 향하여 육신을 자양滋養하는 덕을 축하祝賀하며, 생각이 동動하든지 말을 하고자 하든지 일을 행行

그저 이름에 상관없는 한울님일 뿐이다.(다른 종교의 신의 명칭도 마찬가지)

47 무형한 한울을 모시는 마음은 그래서 더욱 삼가고 조심하여 공경을 잊지 않아야 한다. 수운 선생도 '무죄지지'가 가장 무섭다고 하지 않으셨나!(동경대전, 후팔절 각주 참조)

48 "무릇 지금 하품 사람은, 보이는 데는 강하고 무형한 데 소홀히 함은 이치의 당연한 것이라. 심히 책하여도 모자랄 것이나 도가 이미 창시하였은즉, 어찌 가히 깨닫지 못한 것으로만 돌려 전연 돌보지 않고 포기하는 밖에 내버려두겠는가."(해월신사법설, 도결)

49 이것이 한울님이 "나를 위하게 하면 너도 또한 장생"(동경대전, 포덕문)한다고 하신 뜻.

하고자 할 때에 먼저 천주께 향하여 선한 사람이 되기를 축원하며, 인하여 자세히 기억하였다가 저녁에 잠을 잘 때를 당하여 당일 기록한 발기發起를 조사하여 선악의 부분을 정한 후에, 천주를 받들어 선한 것은 천주께 은덕을 축하하며 악한 것은 자기가 회개悔改하기를 축원하되, 매일 한 모양으로 절차를 행하느니라.50

문 : 교의 정신은 무엇입니까.

답 : 사람마다 한울 광채光彩로 문명하며, 집집마다 한울 광채로 문명하며, 세계가 다 한울 광채로 문명함이 교의 정신이니라.51

문 : 교의 종지宗旨는 무엇입니까.

답 : 정성스러우며 공경하며 믿으오며 법을 지키는 것으로써 종지로 삼느니라.52

문 : 교인의 목적은 무엇입니까.

답 : 대범 사람의 마음이 육신의 이익에 관계가 중重한지라,53 신심信心으로 천주를 모심에 그 목적이 항상 수壽를 누리며 운명運命이 통하고 커서

---

50 물물천 사사천이다. 하찮은 일이라도 항상 고하고 움직이면 자신의 사욕을 차츰 잊고 천심 인도대로 움직일 수 있을 것이다. 그런 연후 일은 무위이화가 될 것이며, 매일 시작과 마무리를 한울님께 고하고 하루 중에 한울님 간섭을 잊지 않고 생활한다면 일년을 하루같이 보람되고 행복하게 살 수 있을 것이다.

51 나 혼자 오래 살고 잘 살자는 기도와 가르침이 아니다. 나보다 남을 위하고 한울을 위하여 모두 함께 행복한 삶을 살도록 하는 것이 천도교 정신이다. "한 사람이 착해짐에 천하가 착해지고, 한 사람이 화해짐에 한 집안이 화해지고, 한 집안이 화해짐에 한 나라가 화해지고, 한 나라가 화해짐에 천하가 같이 화하리니…."(해월신사법설, 대인접물) "천지의 도를 밝히고 음양의 이치를 통달하여 억조창생으로 하여금 각각 그 직업을 얻게 하면 어찌 도덕문명의 세계가 아니겠는가."(해월신사법설, 성인지덕화)

52 "우리 도는 넓고도 간략하니 많은 말을 할 것이 아니라, 별로 다른 도리가 없고 성·경·신 석자이니라."(동경대전, 좌잠) "우리 교회의 인내천의 일대 목적과 성신환신·규모일치·지인공애의 삼대 강령과 성경신법 사과와 주문·청수·시일·성미·기도의 오관 실행은 교회로서 제정한 유일한 규모니라."(신앙통일과 규모일치; 해월신사법설, 성경신, 의암성사법설, 성심신삼단 참조)

53 "몸이 있는 동안은 불가불 몸을 주체로 알아야 할 것이니…."(의암성사법설, 성심신삼단) 그러므로 몸의 이익을 외면해서도 안 되고 연연해서도 안 된다. 육신의 이익을 인정하되 집착하지 않고 한울을 위해 쓰려 노력하면 될 것이다.

지위가 높으며 복록이 진지眞摯하여 재산이 풍족豊足하기를 발원發願하느니,54 천주는 사람의 부모요 주재主宰라, 사랑하고 보호하는 마음이 어찌 범연하시리오.

문 : 교인의 면목面目은 무엇입니까.

답 : 면목은 자기의 행동이 타인에게 나타나는 자라. 교인의 행동이 항상 덕德과 의義와 화化와 강강强强으로써 때를 따라 면목을 지키느니라.55

<현기문답 공부하기>

1. 천도교의 신관

신관은 단행본이 발행될 정도로 많은 연구가 이루어지고 있다. 다만 신관을 보는 기준은 인간의 시각으로 보는 신일 뿐이지 신 자체 실상과는 관계없다는 점을 염두에 두어야 한다. 그러므로 여기서는 경전에 나타난 문구를 중심으로 스승님들이 어떻게 생각하셨는지 단초만 제시해 본다.

"천지는 알아도 귀신은 모르니 귀신이라는 것도 나니라."(동경대전, 논학문)

"기라는 것은 허령이 창창하여 일에 간섭하지 아니함이 없고 일에 명령하지 아니함이 없으나, 그러나 모양이 있는 것 같으나 형상하기 어렵고 들리는 듯하나 보기는 어려우니, 이것은 또한 혼원한 한 기운이요…."(동경대전,

---

54 오래 사는 것과 출세하는 것, 복록과 재산, 모두 육신의 이익이다. 이를 잊고 마음을 비우며 수련하면 이들은 자연히 얻어지지만 한울은 모른 채 이익만 추구한다면 어찌 얻을 수 있겠는가?

55 교인이라면 지켜야 할 덕목을 말씀하셨다. 덕은 베풂이다. 한울은 만물에게 아낌없이 베푸시는 분이다. 의는 옳음이다. 행하거나 이익을 취할 때 그것이 옳은 것인가 항상 깨어 있어야 한다. 화는 함께 함이다. 아무리 좋은 것, 옳은 것이라도 혼자 누려선 안 된다. 강은 굳셈이다. 옳다고 판단한 믿음을 흔들리지 않고 굳세게 지킬 수 있어야 뜻을 이룰 수 있을 것이다.

논학문)

"천상에 상제님이 옥경대 계시다고 보는 듯이 말을 하니 음양이치 고사하고 허무지설 아닐런가."(용담유사, 도덕가)

"푸르고 푸르게 위에 있어 일월성신이 걸려 있는 곳을 사람이 다 한울이라 하지마는, 나는 홀로 한울이라고 하지 않노라."(해월신사법설, 천지인 귀신 음양)

"천지를 이루어내고 도로 천지의 본체에서 살며, 만물을 생성하고 편안히 만물 자체에서 사니, 다만 천체를 인과로 하여 무선무악하고 불생불멸하나니 이것이 이른바 본래의 나니라."(의암성사법설, 삼성과)

창조주라 하므로 기존 종교에서 말하는 인격신(잘 생기고 체격 좋은 수염난 남성)을 연상할 수 있을 것이나, 사람은 우주 공간에서 먼지보다 작다. 어찌 신이 사람 형상에 갇혀 있겠는가? 창조주라 함은 만물을 생성하고 천지를 이루어내므로 이름한 것이다. 기존 종교 창조주는 처음 우주가 생길 때 현재까지의 모든 것을 미리 설계하고 만들어, 진화를 인정하지 않고 피조물과 엄격히 구분되는 '신'이나, 천도교 창조주는 만물을 만들고 다시 그 만물 속에 살며 함께 진화하고 발전한다.

인격신은 아니지만 신앙생활 하는 데 있어 인격신으로 이해하는 것의 장점은 신에게 친근하고 쉽게 접하고 기도할 수 있다는 점일 것이다. 그러므로 신은 사람 모습이 아니지만(無形) 부모처럼 대하고 모시라고 하였다.

"주라는 것은 존칭해서 부모와 더불어 같이 섬긴다는 것이요…."(동경대전, 논학문)

"천지는 곧 부모요 부모는 곧 천지니, 천지부모는 일체니라."(해월신사법설, 천지부모)

2. DNA

왓슨과 크릭이 DNA가 이중 나선구조임을 밝혀 1962년 노벨 의학상을 수상한 이후, 2003년 4월 14일에는 인간 게놈 지도가 완성되었다. 게놈이란 유전자를 뜻하는 gene과 염색체를 뜻하는 chromosome의 합성어로 인간 유전자를 구성하는 염색체 염기 서열을 해독하는 것이 게놈 프로젝트이다. 이렇게 인간 DNA를 구성하는 30억 쌍 염기 서열을 6개국 생물학자 3000여 명이 모두 풀어 '게놈 지도'를 완성한 것은, 유전자에 의한 질병 치료와 인간 유전의 신비에 접근하기 위한 것이었다. 그만큼 무한한 조합의 인간 유형이 생길 수 있다는 뜻이다. 그러나 현재 유전자 배열 순서만 확인 되었을 뿐, 각각 유전자가 구체적으로 어떤 형질을 발현하는지, 유전자 상호간 작용은 어떤지에 대한 연구는 무한한 미지 세계로 이제 막 진입했다고 할 수 있다. 그러나 건강한 유전자를 가진 사람은 건강한 삶을 사는가? 건강한 유전자를 받아 태어나도, 살아가며 잘못된 외유기화를 지속하면 유전자가 손상되고, 손상된 유전자는 비정상세포를 만들어 낸다. 그렇게 만들어진 비정상 세포가 장기의 기능을 떨어뜨리거나 자체가 암이 되기도 한다.

육체적으로 건강한 사람이 사고 외에도 무절제한 생활로 인해 건강을 해치고 단명하고 불행해지는 것을 얼마나 많이 보는가? 유전자는 우리 육신의 모습을 규정하는 한 단위일 뿐, 그것이 모든 것을 설명하진 못한다. 생명은 물질이 아닌 비고 고요한, 허령창창한 곳이 본원이기 때문이다. 실로 무형과 유형, 빈 것과 찬 것, 불연과 기연이 하나임을 알지 못하면 한쪽만 보고 판단하는 오류를 범하기 쉽다. 이것이 이신환성의 수련을 해야 하는 이유이기도 하다.

3. 하루의 마음 손익 점검

매일 저녁 하루를 마무리하며 그날 생활이 한울님 감응 속에서 생활했는지를 돌아본다. 마음을 비우고 텅 빈 공의 자리에 들어가는 명상도 좋지만, 초심자이거나 매일 복잡한 일상을 사는 사람들은 구체적인 일과를 되짚으며 반성하고 정리해 보는 것도 좋을 것이다. 다음은 구체적인 마음 챙김의 항목을 요약해 본 것이다.

1) 심고

   (1) 하루 종일 심고 없이 생활했다 ; -1

   (2) 밥 먹기 전 식고는 했다 ; 0

   (3) 모든 일에 심고하고 움직였다 ; +1

2) 마음 다스리기(愚 黙 訥)

   (1) 하루 종일 성내고, 서두르고, 욕심을 자제하지 못했다 ; -1

   (2) 일에 임해 모자란 듯, 조용히, 천천히 하려 노력했다 ; 0

   (3) 일용행사가 밝아 욕심 없이 이루어졌다 ; +1

3) 마음 위하기(爲爲心)

   (1) 하루 종일 다른 사람들 마음이나 기를 느끼지 못했다 ; -1

   (2) 사람들과 물건을 공경하고 위하려 노력했다 ; 0

   (3) 사람과 물건의 기운이 느껴지고 그에 따라 움직였다; +1

매일매일의 손익이 마이너스가 되지 않도록 노력해야 한다. 플러스가 되어 공부가 쌓이면 몸과 마음이 자유로워질 것이다.

천도교경전 공부하기의 길

천도교경전 공부하기의 길

1. 모든 것은 나에서 시작된다

2005년 7월 4일 미 항공우주국은 우주 탐사선 딥임팩트 호를 혜성에 충돌시켜 태양계 형성 당시의 물질을 조사해 우주의 생성 비밀을 알아내기 위한 실험을 실시했다.

과연 태초에 세상은 어떻게 해서 생겼을까? 이 무한한 우주에서 나는 어떤 존재인가? 텅 빈 우주 공간만큼 내 존재를 절감할 수 있는 곳은 없을 것이다. 생각해 보라, 주위엔 나 이외엔 아무 것도 없는 것이다. 가족도 이웃도 식물과 동물, 심지어는 디딜 땅과 숨 쉴 한 줌의 공기조차 없는 절대공간에 혼자 있다면….

아폴로 9호의 우주비행사 러셀 슈와이카트가 버크민스터 풀러에게서 받은 시가 있다. 텅 빈 우주에서 혼자 지구를 내려다본다고 생각하며 읽어보자.

> Environment to each must be
> "All that is excepting me"
> Universe in turn must be
> "All that is including me"
> The only difference between environment and universe is me….
> The observer, doer, thinker, lover, enjoyer

> 환경이란
>
> 나 이외의 모든 것
>
> 세상(우주)이란
>
> 나를 포함한 모든 것
>
> 환경과 세상의 단하나 차이는 바로 나
>
> 관찰하고, 행동하고, 생각하고, 사랑하고, 즐기는….

모든 것은 나의 인식에서 시작된다. 관찰하고 행동하고 생각하는 모든 것이 내가 인식하지 못하면 아무 의미가 없다. 내가 인식하지 못하거나 내 인식이 변하지 않으면 세상은 변하지 않는다.

의암 손병희 선생은 이렇게 말씀하셨다.

> 運用 最始起點曰 我니 我之起點은 性天之所基因이요 性天之所根本은 始乎天地未判之前而 是時 億億萬年이 自我而始焉하고 自我至天地之無 而하니 是時 億億萬年이 亦至我而終焉이니라.
>
> 모든 것이 시작되는 것은 바로 나이니 나의 시작이 곧 우주만물의 근원이요 우주만물의 시작은 이것이 하늘땅이 갈라지기 전이라 하는 것이니 이 모든 억억만년이 나로부터 시작되고 내가 없으면 하늘땅이 없는 것과 같으니 이 모든 억억만년이 또한 나에 이르러 마무리되는 것이다.

생명은 끊임없는 변화다. 끊임없는 순환이다. 우리가 인식하지 못하는 지금 이 순간에도 우리 몸속에서는 수많은 세포들이 새로 생기고 죽어간다. 우리 몸 밖에서는 수많은 사람들이 태어나고 죽고 변화하고 있다.

그러므로 나에 대한 정확한 인식은 나를 둘러싸고 있는 모든 생물학적, 정치적 환경을 올바르게 이해하는 것과 직결된다. 세상의 변화에서 나는 결코 자유롭지 못하기 때문이다.

나와 세상을 올바르게 이해하기 위한 노력들이 인류가 태어난 이래 꾸준히 이어졌고 또한 성과들도 여러 가지 학문과 가르침들로 정리되어 전해진다. 학교에서 배우는 기초과목에서부터 우주를 포괄하는 거시세계의 철학적 이해와 삶을 실천하는 종교적 신념에 이르기까지….

이러한 수많은 가르침들은 모두 나름의 의미가 있지만 내 생각에 크게 두 종류로 대별할 수 있을 것 같다.

하나는 물음에 대한 명확한 답을 주지만 자기의 답 이외의 다른 생각을 용납하지 않는 가르침들이고, 다른 하나는 명확한 답을 주진 않지만 있을 수 있는 다양한 가능성을 생각하게 하는 가르침들이 그것이다.

분명한 것을 좋아하고 깊이 생각하길 싫어하는 사람은 전자가 마음에 끌리겠지만, 이는 대부분 다양한 삶의 체험을 하지 못한 책상물림의 소산인 경우가 많다. 따라서 아무리 좋은 약이라도 어떤 이에게는 독이 될 수 있음을 무시하는 우를 범하는 경우가 종종 생긴다. 나아가 그것이 개인의 신념에서 끝나지 않고 권력에 의해 다른 사람에게 강요되거나 강제됐을 때의 참혹한 결과들은 역사에서도 숱하게 찾을 수 있다. 그것이 주는 교훈은 분명하지 않은가?

진정한 가르침이라면 배우면서 내 생각이 자라고 시야가 넓어지며 그럼으로써 몸과 마음이 자유로워져야 할 것이다. 특히나 수많은 가르침들 중에 으뜸(宗)이라는 가르침(敎)이라면 더 말할 나위가 없을 것이다.

자신이 따르고자 하는 가르침이 내 생각과 마음을 구속하고 제한하는가, 아니면 열어 주고 키워주는가 가늠해 볼 일이다. 물론 선택은 각자의 몫이지만 그 선택으로 세상이 닫혀 가는지, 열려 가는지의 결과도 온전히 감내해야 하기 때문이다.

2. 수운 최제우의 삶과 고민

21세기를 사는 우리 모습은 최소 5000년 이상 이 땅에서 이어져 온 전통적인 생활 방식과 단절되다시피 할 정도로 달라져 있다. 한자 문화권에서 영어 문화권으로, 농업 위주에서 상업과 서비스업 위주로, 한복에서 양복으로, 청국장에서 시리얼로, 초가집에서 아파트로, 좋건 싫건 이런 변화들은 이미 일상적인 우리 삶이 되었다.

그러나 생활이 급격히 변한 만큼의 혼란을 겪는 것 또한 어쩔 수 없는 일이다. 미국을 싫어하는 사람이 있는 만큼 미국을 동경하고 이민을 가거나 우리나라가 미국의 한 주로 편입되길 원하는 사람도 있고, 일본을 미워하는 만큼 일본문화를 사랑하고 일본의 신사에 가서 절을 하고 일제시대가 좋았다는 사람들도 있다.

과연 우리는 누구인가? 나는 누구인가? 내 정체성이 확인되지 않고 남을 알 수 있는가?

우리가 고전을 주목하는 이유는 단순히 그것이 오랫동안 이어져 왔기 때문이 아니다. 오랫동안 사랑 받아온 만큼 그 속에는 우리의 삶과 생각과 마음을 가장 잘 담아내는 것이 있기 때문이다. 그렇기 때문에 그것은 우리의 의문에 해답의 실마리를 줄 수 있다.

그중에서 우리는 한 사람의 삶과 생각에 주목하고자 한다. 그 사람은 우리 민족 5000년의 삶 동안 쌓아온 전통적인 많은 성과들을 이어받고 섭렵했지만, 자신이 나고 배운 기존의 삶들이 해체되어 가는 시기에 이를 치열하게 겪으며 고민했고, 결국 새로운 삶의 모습을 제시했다. 그는 동학의 창시자 수운 최제우,[56] 바로 그 사람이다.

수운 최제우의 문제의식은 각자위심各自爲心으로 요약된다. 세상 어느 누구도 다른 생명과 사물의 도움과 공존이 아니면 살아갈 수 없음에도 그러한 연결과 관계가 모두 단절되어 각각 자신만을 위해 남을 해치기까지 하는 상황이 혼란스러운 세상의 근본적인 원인이라는 것이다.

그 해법은 역시 그러한 단절을 극복하고 생명들 간의 기를 소통하게 해주며 그럼으로써 천지의 막힌 기운까지 열어 주는 것이라고 했다. 그로써 열리는 세상은 하늘과 땅, 사람과 만물이 모두 지금까지와는 다른 새로운 세상, 즉 후천개벽이 된다는 것이다.

그 구체적인 방법은 주문 21자로 요약되어 있지만 그중의 핵심은 바로 '모심'이다. 다른 사람의 마음과 기를 헤아리는 '모심'의 수행을 통해 그 사람의 마음과 기가 나의 그것과 하나가 될 수 있다는 것이다. 이러한 모심의 개념은 비단 사람뿐 아니라 동물과 무생물, 물건에까지 그 개념이 확장되어 '경천敬天, 경인敬人, 경물敬物'의 삼경 사상으로 구체화된다. 이것은 곧 개인과 세상이 소통하고 그럼으로써 작은 육신에 갇혀 있던 개인을 해방시켜 세상과 하나가 되도록 하는 큰 문을 연 것이었다.

3. 천도교경전의 이해

천도교를 창도한 수운 최제우 선생은 동학 천도교를 일러 '이같이 쉬운 도'라고 했다. 그런데 오늘날 일반인뿐 아니라 천도교인들 중에서도 천도교를 어렵게 느끼는 분들이 많다. 가장 큰 원인 중 하나가 경전이 어렵다고 느끼는 것이다.

천도교경전이 이처럼 어렵게 느껴지게 된 것은 우선 동학이 창도되고 경

---

56 동학 천도교에서는 최제우를 깨달은 사람이며 큰 스승이란 뜻으로 大神師라 경칭한다. 최제우의 수제자인 海月 최시형은 神師, 義菴 손병희는 聖師, 春菴 박인호는 上師로 경칭한다.[포덕 49년(1908) 4월 部區(=總部+敎區)總會의 의결]

전이 쓰인 100여 년 전과 현재의 사는 모습이 너무나 달라진 데 큰 원인이 있다. 한옥에서 마당의 흙을 밟고, 지붕을 얹고 살던 시절엔 사람과 자연이 단절되지 않고 서로 소통했다. 바람도 선선히 방으로 들어오고, 마당엔 땅 강아지가 숨고, 지붕에선 쥐가 밤마다 운동회를 하고, 처마 밑엔 제비가 새끼를 낳고 새끼에게 어미가 먹이를 물어다 주는 것을 보며 살았다. 그래서 '낮말은 새가 듣고 밤 말은 쥐가 들을 수 있었고', '땅 아끼기를 어머님 살같이' 할 수 있었다. 또한 교육을 받지 못한 사람들도 '생활한자' 정도는 소통이 가능했고 고사 성어들을 옛이야기처럼 들으며 자랐다.

그러나 지금의 우리 삶은 이런 자연, 교육과 너무나 단절되어 있다. 우리 아이들에게 새와 쥐는 동물원에나 가야 실물을 볼 수 있게 되었으니 옛말을 어찌 이해할 수 있겠는가? 자연과 단절된 삶은 그로 인한 각종 질병들은 차치하고 우리 삶 속에서 자연스럽던 스승님들의 가르침들이 너무나 낯설게 여겨지게 만든 것이다.

그러나 이러한 시대적·문화적 배경보다 더 직접적인 원인은 창도 이래 천도교의 경전 번역 작업이 거의 이루어지지 못했다는 데 있다. 이는 창도와 경전 저술 이후 100여 년의 시간 동안 온전히 경전 번역에 몰두할 수 없게 한 외적 요인과 더불어 전문적인 성직자를 두지 않는 천도교단 내부의 요인 등이 복합적으로 작용한 결과이다.

그래서 천도교를 창도하고 경전을 집필하던 당시의 삶의 모습과 심경 등을 종합해서 천도교경전을 현대인들이 쉽게 이해할 수 있게 번역하고 해설하는 것은 현대 문명의 위기 상황에서 돌파구가 될 정신문명을 찾는 오늘의 우리 모두에게 중대한 과제라고 할 수 있다. 물론 한자로 된 천도교경전의 원문은 1차적으로 한글 번역이 되었고, 또 몇몇 해설서가 나와 있다. 그러나 시기적으로 오래 전에 이루어졌거나 일부분의 학술적 번역에 그치는 경우가 대부분이다. 천도교를 신앙하려는 사람이나 천도교의 진리를 온전히 공부하려는 이, 천도교의 영성을 참되게 수행하고자 하는 이에게는 여전히 갈급한 상태인 것이다. 오늘 이 '천도교경전 공부하기'가 그에 대한 완전한 답이 될 순 없겠지만 그 노력의 물꼬를 트는 계기가 됐으면 한다.

4. 경전을 공부하는 자세

경전을 공부하는 것은 일반 서적을 공부하는 것과는 다른 마음가짐과 태도를 필요로 한다. 대체로 다음의 순서를 따른다면, 좀 더 깊이 있고 감응이 있는 경전 공부를 할 수 있을 것으로 본다.

먼저 심고한다. 심고心告는 마음으로 한울님께 고하는 절차다. 심고로써 한울님의 진리를 올바르게 받아들일 마음 자세를 갖춘다.

다음으로 본문을 정독한다. 모르는 구절은 자구에 얽매이지 말고 넘어가되 전편에 흐르는 큰 뜻을 느낄 수 있도록 한다. 이어 스스로 경전의 언어로 설명해 보고 다른 부분의 설명(경전 각 편)과도 비교해 본다. 이를 이경제경以經制經이라 하는데, 예부터 경전 공부의 가장 기본적인 방법으로 전한다. 또한 각 경편을 쓰신 분의 정성과 심정을 헤아려 보도록 노력한다. 그리고 실천해야 할 생활태도 및 양식을 구체적으로 자신의 경험에 비추어 자기 언어로 설명해 본다. 나름대로 설명해 보는 과정에서 내가 아는 것이 무엇이고 모르는 것이 무엇인지 좀 더 명확해진다.

다음은 공부하고 생각한 것을 기록한다. 오늘 공부한 본문의 주제와 자신의 경험에 따른 느낌 등을 기록한다. 기록은 불명확하고 일시적인 생각을 분명하게 정리해 주고 자기 것으로 만들어 준다.

다음은 발표한다. 자기 생각을 숨김없이 드러내어 다른 이들로부터 확인되고 정돈(객관화)되어야 편협되지 않고 진정으로 발전을 할 수 있다.

끝으로 마치는 심고를 한다. 이는 가르침을 주신 스승님과 모든 동덕들께 감사한 마음을 확인하는 것이다.

천도교경전은 다음과 같은 특성이 있다.

첫째, 천도교를 창도하고 계승한 스승님들이 직접 저술하였다. 제자들이 스승의 사후에 스승의 행적과 일화 등을 기록한 타종교에 비해 말씀의 왜곡이 없으나, 내용이 풍부하지 못하고 무미건조하게 느껴질 수 있다.

둘째, 경전을 남긴 세 분 스승님이 각기 다른 형태로 저술하였다. 개괄적으로 보아 해월신사법설과 의암성사법설은 동경대전/용담유사의 주석이다. 그러므로 세 편을 함께 공부해야 완전한 이해에 가까이 갈 수 있다.

셋째, 조선말에서 일제강점기까지의 언어로 쓰였으므로 당시의 정치, 경제, 사회적 상황에 대한 이해가 필요하다.

넷째, 한문(동경대전 등), 한글(용담유사 등), 혼용(해월신사법설, 의암성사법설)이 함께 쓰였으므로 원문을 대조하며 정확한 해석을 하도록 한다.

다음으로 수운 선생의 『동경대전』과 『용담유사』, 해월 선생의 『해월신사법설』, 의암 선생의 『의암성사법설』은 그 집필의 시기와 서술 방식을 고려하여 다음과 같은 정리를 해 볼 수 있다.

첫째, 동경대전・용담유사와 해월신사법설은 통상 동학시대라고 불리는 1905년 이전(실질적으로는 1897년 이전)에 집필되었다. 동경대전・용담유사는 수운 선생의 득도 이후 4년 동안에, 해월신사법설은 1861년 도통 전수 후 35년간 집필이 된다. 의암성사법설은 1897년 의암 선생이 동학의 도통을 이어받은 후부터 시작되나 주된 집필은 1900년 이후부터 약 20년 동안 집중적으로 이루어진다.

둘째, 동경대전・용담유사는 유불선 가운데 유교 용어가 상대적으로 많은 반면 해월신사법설은 일상적인 언어, 또는 도가 용어가 다른 편에 비하

여 상대적으로 주류를 이루고, 의암성사법설은 불가 용어나 개념이 상대적
으로 많이 차용된다.

셋째, 동경대전·용담유사는 함축·포괄적 내용이라고 한다면, 해월신사
법설은 단편적·일상적 내용이 주를 이루고, 의암성사법설은 논리적·해설
적 내용이 대부분이다.

넷째, 동경대전·용담유사 공부를 위해서는 다른 편과 비교 분석해야 하
고 특히 수련 체험이 필수적이다. 해월신사법설은 화제가 풍부하고 일상적
이어서 비교적 이해하기가 쉽다. 의암성사법설은 난해하고 분량도 많지만
그만큼 교리를 체계적으로 정리할 수 있다는 장점이 있다.

다음으로 생각해 볼 문제는 경전의 번역이다. 원래 동경대전과 해월신사
법설, 의암성사법설의 대부분은 원문이 한문이다. 또한 용담유사도 한글 가
사체로 되어 있으나 오늘날 잘 사용하지 않는 어려운 한자어가 많이 사용되
어 현대어 번역이 필수적인 요소이다.

현재의 동경대전을 비롯하여 용담유사 및 해월신사법설, 의암성사법설에
달린 번역문은 오래전에 이루어진 것이어서 앞으로 새로운, 좀 더 체계적인
번역이 하루 빨리 이루어져야 한다. 여기서는 그러한 번역을 위한 몇 가지
선결 과제를 제시해 본다.

첫째, 경전의 분석이 우선되어야 한다. 경전에 사용된 용어의 용례 색인
을 만들어야 한다. 경전 원문에 사용된 한자, 번역문(한글)의 색인, 말씀한 주
제들의 색인이 각각 필요하다. 그렇게 하여 언제나 필요한 구절을 쉽게 찾
아볼 수 있도록 해야 한다.

둘째, 경전의 비교 분석이다. 우선 3편 경전 간의 비교인데 이는 수운 선
생의 말씀은 해월 선생이, 해월의 말씀은 의암 선생이 가장 바르게 이해하
였다는 전제와 세 편 경전에 같은 말씀이 여러 번 반복, 인용된다는 사실에

착안한다. 그리고 교사와 경전을 비교함으로써 당시의 특수한 용어들을 이해하고 스승님이 제자들에게 당부하시던 당시의 개인적·사회적인 상황을 이해하고 절실한 심정까지 느껴 보도록 한다.

셋째, 기타 참고할 수 있는 교회 내외의 문헌 자료들을 참조해 정확하고도 객관적인 이해가 되도록 한다.

이러한 분석을 통해 정확한 이해가 된 후엔 이러한 것들을 자기 것으로, 자기 경험으로 만드는 수련과 수행이 필요하다. 올바른 이해와 체행이 있은 연후에야 경전의 말씀들을 오늘의 살아 있는 일상 언어로 재창조할 수 있을 것이니, 이렇게 해서 나온 것이 제대로 된 '번역'이라고 할 수 있다.

찾아보기

[ㄷ]

천도교경전 공부하기(증보2판)

등　록　1994.7.1. 제1-1071
개정1쇄 발행 2010년 10월 25일
증보1판 발행 2013년 10월 15일
증보2판 발행 2017년 9월 20일
증보2판 2쇄 발행 2025년 3월 1일

지은이　라명재
펴낸이　박길수
편집장　소경희
편　집　조영준
디자인　이주향
관　리　위현정
펴낸곳　도서출판 모시는사람들
　　　　서울시 종로구 삼일대로 457 (경운동 수운회관) 1306호
전　화　02-735-7173 / 팩스 02-730-7173
인　쇄　프린트존
배　본　문화유통북스(031-937-6100)
홈페이지 http://www.mosinsaram.com/
ISBN 979-11-86502-95-2　93250